KB184548

형법주해

[III]

총 칙 (3)

[제 35 조 ~ 제 86 조]

편집대표 조 균 석
편집위원 이 상 원
　　　　　 김 성 돈
　　　　　 강 수 진

박영사

머리말

「형법주해」는 법서 출판의 명가인 박영사의 창업 70주년을 기념하기 위하여 출간되는 형법의 코멘타르(Kommentar)로서, 1992년 출간된 「민법주해」에 이어 30년 만에 이어지는 기본법 주해 시리즈의 제2탄에 해당한다.

그런 점에서 「민법주해」의 편집대표인 곽윤직 교수께서 '머리말'에서 강조하신 아래와 같은 「민법주해」의 내용과 목적은 세월은 흘렀지만 「형법주해」에도 여전히 타당하다고 생각된다.

> "이 주해서는 각 조문마다 관련되는 중요한 판결을 인용해 가면서 확정된 판례이론을 밝혀주고, 한편으로는 이론 내지 학설을 모두 그 출전을 정확하게 표시하고, 또한 논거를 객관적으로 서술하여 민법 각 조항의 구체적인 내용을 밝히려는 것이므로, (중략) 그 목적하는 바는, 위와 같은 서술을 통해서 우리의 민법학의 현재수준을 부각시키고, 아울러 우리 민법 아래에서 생기는 법적 분쟁에 대한 올바른 해답을 찾을 수 있게 하려는 데 있다."

이처럼 법률 주해(또는 주석)의 기능은 법률을 해석·운용함에 있어 도움이 되는 정보를 제공함으로써 구체적 사건을 해결하는 실무의 법적 판단에 봉사하는 데 있다고 할 수 있다. 주해서를 통해서 제공되어야 할 정보는 1차적으로 개별 조문에 대한 문리해석이다. 이러한 문리해석에 더하여, 주해서에는 각 규정들의 체계적 연관관계나 흠결된 부분을 메우는 보충적 법이론은 물론, 법률의 연혁과 외국 입법례 및 그 해석에 대한 정보가 담겨 있어야 하고, 때로는 사회문제를 해결할 수 있는 입법론이 제시되어야 한다.

그러나 무엇보다도 실무에서 중요한 역할을 하는 것은 판례이므로, 판례의 법리를 분석하고 그 의미를 체계적으로 정리하는 일은 주해서에서 빠뜨릴 수 없는 중요한 과제이다. 다만 성문법주의 법제에서 판례는 당해 사건에서의 기속력을 넘어 공식적인 법원(法源)으로 인정되지는 않으며, 판례 자체가 변경되기도 한다. 이러한 점에서 주해서는 단순한 판례의 정리를 넘어 판례에 대한 비판을 통해 판례를 보충하고 대안을 제시함으로써 장래 법원(法院)의 판단에 동원될 수 있는 법적 지식의 저장고 역할도 하여야 한다.

그런데 형사판결도 결국 형법률에 근거하여 내려진다. 형법률에 대한 법관의 해석으로 내려진 판결 및 그 속에서 선광(選鑛)되어 나오는 판례법리는 구체적인 사안과 접촉된 법률이 만들어 낸 개별적 결과이다. 그러므로 또 다른 사안을 마주하는 법관은 개별 법리의 원천으로 돌아갈 필요가 있다. 법관이 형법률을 적용함에 있어, 개별 사안에 나타난 기존의 판결이나 판례를 넘어 그러한 판례를 만들어 내는 형법률의 체계인 형법을 발견할 때 비로소 개별 법리의 원천으로 돌아가는 광맥을 찾은 것이다. 「형법주해」는 이러한 광맥을 찾는 작업에도 도움이 되고자 하였다. 즉, 「형법주해」는 판례의 눈을 통해서 형법을 바라보는 것을 넘어 형법원리 및 형법이론의 눈을 통해서도 형법을 관찰하려고 하였다.

이러한 작업은 이론만으로 이룰 수 있는 것도 아니고, 실무만으로 이룰 수 있는 것도 아니다. 이 때문에 형사법 교수, 판사, 검사, 변호사 등 62명이 뜻을 함께하여, 오랜 기간 각자의 직역에서 형법을 연구·해석하고 또 실무에 적용해 오면서 얻은 소중한 지식과 경험, 그리고 지혜를 집약함으로써, 이론과 실무의 조화와 융합을 꾀하였다.

우리의 소망은 「형법주해」가 올바른 판결과 결정을 지향하는 실무가들에게 의미 있는 이정표가 되고, 형법의 원점을 찾아가는 형법학자들에게는 새로운 생각의 장을 떠올리게 하는 단초가 되며, 형법의 숲 앞에 막 도착한 예비법률가들에는 그 숲의 전체를 바라볼 수 있는 안목을 키울 수 있도록 도와주는 안내자가 되는 것이다.

「형법주해」가 이러한 역할을 다할 수 있도록 최선의 노력을 다하였지만 부족한 부분이나 흠도 있으리라 생각된다. 모자란 부분은 개정판을 거듭하면서 시정·보충할 예정이다. 또한, 장래에는 「형법주해」가 형법의 실무적 활용에 봉사하고 기여하는 데에서 한 걸음 더 나아가 보다 높은 학문적인 차원에서의 형법 이해, 예컨대 형법의 정당성의 문제까지도 포섭할 수 있는 방안을 모색해 나갈 것을 다짐해 본다.

「형법주해」는 많은 분들의 헌신과 지원으로 출간하게 되었다. 먼저, 충실한 옥고를 집필하고 오랜 기간 정성을 다해 다듬어 주신 집필자들에게 감사드린다. 그리고 책 전체의 통일과 완성도를 높이기 위하여 각칙의 일부 조문에 한정된 것이기는 하지만, 독일과 일본의 중요 판례를 함께 검토해 주신 김성규 한국외국어대학 교수(독일)와 안성훈 한국형사·법무정책연구원 선임연구위원(일본)에게도 고마움을 전한다. 그리고 창업 70

주년 기념으로 「형법주해」의 출간을 허락해 주신 안종만 회장님과 안상준 대표님, 오랜
기간 편집위원들과 협의하면서 시종일관 열정을 보여주신 조성호 이사님과 편집부 여러
분께도 깊은 감사의 말씀을 드린다.

2024년 11월

편집대표 **조 균 석**
위원 **이 상 원**
위원 **김 성 돈**
위원 **강 수 진**

범 례

Ⅰ. 조 문

- 본문의 조문 인용은 '제○조 제○항 제○호'로 하고, 괄호 안에 조문을 표시할 때는 아래 (예)와 같이 한다. 달리 법령의 명칭 없이 인용하는 조문은 형법의 조문이고, 부칙의 경우 조문 앞에 '부칙'을 덧붙여 인용한다.

  예 § 49②(iii)   ← 형법 제49조 제2항 제3호
      § 12의2   ← 형법 제12조의2
      부칙 § 10   ← 형법 부칙 제10조

Ⅱ. 일 자

- 본문의 년, 월, 일은 그대로 표시함을 원칙으로 한다. 다만, 판례의 판시내용이나 인용문을 그대로 인용할 경우 및 ( )안에 법령을 표시하는 등 필요한 경우에는 년, 월, 일을 생략한다.

  예 (본문)   1990년 1월 1일
                     1953년 9월 18일 법령 제177호
  예 (판시 또는 괄호) "피고인이 1991. 1. 1. 어디에서 … 하였다."
                     기본법(1953. 9. 18. 법령 제177호)

Ⅲ. 재판례

1. 우리나라

대판 2013. 6. 27, 2013도4279
    ← 대법원 2013년 6월 27일 선고 2013도4279 판결
대판 2013. 2. 21, 2010도10500(전)
    ← 대법원 2013년 2월 21일 선고 2010도10500 전원합의체판결

대결 2016. 3. 16, 2015모2898

　　　← 대법원 2016년 3월 16일 자 2015모2898 결정

대결 2015. 7. 16, 2011모1839(전)

　　　← 대법원 2015 7월 16일 자 2011모1839 전원합의체결정

헌재 2005. 2. 3, 2001헌가9

　　　← 헌법재판소 2005년 2월 3일 선고 2001헌가9 결정

서울고판 1979. 12. 19, 72노1208

　　　← 서울고등법원 1979년 12월 19일 선고 72노1208 판결

* 재판례의 인용은 헌재, 대판(또는 대결), 하급심 순으로 하고, 같은 심급 재판례가 여럿인 경우 연도 순으로 인용하되, 가급적 최초 판결, 주요 판결, 최종 판결 등으로 개수를 제한한다.

2. 외 국

• 외국의 재판례는 그 나라의 인용방식에 따른다. 다만, 일본 판례의 경우에는 '연호'를 서기연도로 바꾸는 등 다음과 같이 인용한다.

　最判 平成 20(2008). 4. 25. 刑集 62 · 5 · 1559

　　　← 最判平成20. 4. 25刑集62卷5号1559頁

- 판례집: 刑錄(대심원형사판결록), 刑集(대심원형사판례집, 최고재판소형사판례집), 裁判集(刑事)(최고재판소재판집형사), 高刑集(고등재판소형사판례집), 特報(고등재판소형사판결특보), 裁特(高等裁判所刑事裁判特報), 下刑集(하급심재판소형사재판례집), 刑月(형사재판월보), 高刑速(고등재판소형사재판속보집), 判時(判例時報), 判夕(판례타임즈), LEX/DB(TKC Law Library) 등

Ⅳ. 문헌 약어 및 인용방식

　* 같은 집필자라고 하여도 각주 번호는 조문별로 새로 붙인다.

1. 형법총칙/각칙 교과서

• 교과서 등 문헌은 가능한 한 최신의 판으로 인용한다.

• 각 조항의 주해마다 처음으로 인용하는 개소에서 판을 포함하는 서지사항을 밝히고, 그 후에 이를 다시 인용하는 경우에는 '저자, 면수'와 같은 형태로 한다.

[형법총칙]

김성돈, 형법총론(8판), 10

이재상·장영민·강동범, 형법총론(11판), §31/2

김성돈, 10(재인용인 경우)

[형법각칙]

이재상·장영민·강동범, 형법각론(12판), §31/2

이재상·장영민·강동범, §31/12(재인용인 경우)

2. 교과서 외 단행본

- 교과서 외 단행본은 각 조항마다 처음 인용하는 개소에서 제목, 판, 출판사, 연도를 포함하는 서지사항을 밝히고, 그 후에 이를 다시 인용하는 경우에는 '저자, 제목, 면수'와 같은 형태로 한다.

김성돈, 기업 처벌과 미래의 형법, 성균관대학교 출판부(2018), 259

양형위원회, 2022 양형기준, 100

김성돈, 기업 처벌과 미래의 형법, 300(재인용인 경우)

3. 논 문

- 각 조항의 주해마다 처음으로 인용하는 개소에서 정기간행물 등의 권·호수 및 간행연도를 포함하는 서지사항을 밝히고, 그 후에 이를 다시 인용하는 경우에는 "필자(주 ○), 인용면수"와 같은 형태로 한다.

신양균, "과실범에 있어서 의무위반과 결과의 관련", 형사판례연구 〔1〕, 한국형사판례연구회, 박영사(1993), 62

천진호, "금지착오사례의 논증과 정당한 이유의 구체적 판단", 비교형사법연구 2-2, 한국비교형사법학회(2000), 305

- 각 대학의 법학연구소 등에서 발간하는 정기간행물은 학교명의 약칭과 함께 인용하지만, 이미 학교명 내지 이에 준하는 표기를 포함하고 있는 경우에는 간행물 이름만으로 인용한다.

4. 정기간행물 약어

사논	사법논집
사연	사법연구자료

자료   재판자료

해설   대법원판례해설

5. 주석서

예   주석형법 〔각칙(1)〕(5판), 104(민철기)

6. 외국 문헌

- 외국 문헌 등은 각국에서 통용되는 방식으로 인용하는 것을 원칙으로 한다.
- 외국 문헌의 경우 최초로 인용할 때에 간행연도 및 판수〔논문의 경우는, 정기간 행물 및 그 권·호수 등〕를 표시하고, 이후 같은 조항에서 인용할 때는 "저자〔또 는 필자〕, 인용면수"의 방법으로 인용하되〔같은 필자의 문헌을 여럿 인용하는 경우 에는 '(주 ○)'를 필자 이름 아래 붙인다〕, 저자의 경우는 성만 표기하는 것을 원 칙으로 한다.
- 자주 인용되는 문헌은 별도로 다음과 같이 인용한다.

  大塚 外, 大コン(3版)(9), 113(河村 博) ← 大塚 外, 大コンメンタール 第3版 第9卷, 인용면수(집필자)

7. 학위논문 인용방식

예   이은모, "약물범죄에 관한 연구", 연세대학교 박사학위논문(1991), 2
이은모, "약물범죄에 관한 연구", 10(재인용인 경우)

8. 다수 문헌의 기재 순서

- 교과서 등 같은 종류인 경우 '가, 나, 다' 순으로, 다른 종류인 경우 '교과서, 주 석서, 교과서 외 단행본, 논문' 순으로 각 기재한다.

V. 법령 약어 및 인용방법

1. 법 률

(1) 본문

- 조항별로 처음 인용 시에는 법령의 제목 전체를 기재한다. 재차 인용 시에는 법제처 법령에 약칭이 있는 경우는 그 약칭을 인용하되, 처음 인용 법령을 아

래와 같이 한다.

* 현재 효력을 가지는 법률을 기준으로 작성하고, 폐지된 법률의 경우 법률명 다음에 '(폐지)'를, 조문만 변경된 경우에는 법률명 앞에 '구'를 붙인다.

예 **교통사고 처리특례법(이하, 교통사고처리법이라 한다.)**

(2) 괄호

- **일반법령(예: 의료법)을 쓰되, 약어(예시)의 경우 약어만을 인용한다.**

약어(예시)

가폭	가정폭력범죄의 처벌 등에 관한 법률
경범	경범죄 처벌법
경직	경찰관 직무집행법
공선	공직선거법
교특	교통사고처리 특례법
국보	국가보안법
군형	군형법
도교	도로교통법
독점	독점규제 및 공정거래에 관한 법률
마약거래방지	마약류 불법거래 방지에 관한 특례법
마약관리	마약류 관리에 관한 법률
민	민법
민소	민사소송법
민집	민사집행법
범죄수익	범죄수익은닉의 규제 및 처벌에 관한 법률
법조	법원조직법
변	변호사법
보안	보안관찰법
보호관찰	보호관찰 등에 관한 법률
보호소년	보호소년 등의 처우에 관한 법률
부경	부정경쟁방지 및 영업비밀보호에 관한 법률
부등	부동산등기법
부수	부정수표 단속법
부실명	부동산 실권리자명의 등기에 관한 법률

부재특조	부재선고 등에 관한 특별조치법
사면	사면법
사법경찰직무	사법경찰관리의 직무를 수행할 자와 그 직무범위에 관한 법률
상	상법
성매매	성매매알선 등 행위의 처벌에 관한 법률
성충동	성폭력범죄자의 성충동 약물치료에 관한 법률
성폭방지	성폭력방지 및 피해자보호 등에 관한 법률
성폭처벌	성폭력범죄의 처벌 등에 관한 법률
소년	소년법
아청	아동·청소년의 성보호에 관한 법률
아학	아동학대범죄의 처벌 등에 관한 특례법
여전	여신전문금융업법
전부	전자장치 부착 등에 관한 법률
정통망	정보통신망 이용촉진 및 정보보호 등에 관한 법률
즉심	즉결심판에 관한 절차법
집시	집회 및 시회에 관한 법률
출관	출입국관리법
치감	치료감호 등에 관한 법률
통비	통신비밀보호법
특가	특정범죄 가중처벌 등에 관한 법률
특강	특정강력범죄의 처벌에 관한 특례법
특경	특정경제범죄 가중처벌 등에 관한 법률
폭처	폭력행위 등 처벌에 관한 법률
헌	헌법
헌재	헌법재판소법
형소	형사소송법
형실효	형의 실효에 관한 법률
형집	형의 집행 및 수용자의 처우 등에 관한 법률

2. 시행령 및 시행규칙은 법률의 예를 따르고, 괄호의 경우 일반법령(예: 의료법 시행령)을 쓰되, 법률약어의 경우 '령' 또는 '규'를 붙인다.

3. 부칙 및 별표는 법률명 뒤에 약칭 없이 '부칙', '별표'로 인용한다.

4. 외국법령의 조항 인용도 우리 법령의 인용과 같은 방식으로 한다.

예　(괄호) 독형 §312-b①(iii)　←　독일형법 제312조의b 제1항 제3호

참고문헌

1 형법총론(총론·각론 통합 포함) 교과서

저자	서명	출판사	출판연도
강동욱	강의 형법총론	박영사	2020
	강의 형법총론(제2판)	박영사	2021
	강의 형법총론(제3판)	박영사	2024
김성돈	형법총론(제5판)	성균관대학교 출판부	2017
	형법총론(제6판)	성균관대학교 출판부	2020
	형법총론(제7판)	성균관대학교 출판부	2021
	형법총론(제8판)	성균관대학교 출판부	2022
김성천	형법총론(제9판)	소진	2020
김성천·김형준	형법총론(제3판)	동현출판사	2005
	형법총론(제6판)	소진	2014
김신규	형법총론 강의	박영사	2018
김일수·서보학	새로쓴 형법총론(제11판)	박영사	2008
	새로쓴 형법총론(제12판)	박영사	2014
	새로쓴 형법총론(제13판)	박영사	2018
김준호	형법총론	엘리노아	2022
김태명	판례형법총론(제2판)	피앤씨미디어	2016
	형법총론 강의	정독	2021
김형만	형법총론	박영사	2015
김혜정·박미숙· 안경옥·원혜욱·이인영	형법총론(제2판)	정독	2019
	형법총론(제3판)	정독	2020
	형법총론(제4판)	정독	2022
	형법총론(제5판)	정독	2024
남흥우	형법총론	박영사	1980
류전철	형법입문 총론편(제3판)	준커뮤니케이션즈	2020
박상기	형법강의	법문사	2010
	형법총론(제7판)	박영사	2007
	형법총론(제9판)	박영사	2012
	형법학(총론·각론 강의)(제3판)	집현재	2018

참고문헌

저자	서명	출판사	출판연도
박상기 · 전지연	형법학(총론 · 각론 강의)(제4판)	집현재	2018
	형법학(총론 · 각론)(제5판)	집현재	2021
배종대	형법총론(제12판)	홍문사	2016
	형법총론(제13판)	홍문사	2017
	형법총론(제14판)	홍문사	2020
	형법총론(제15판)	홍문사	2021
	형법총론(제16판)	홍문사	2022
	형법총론(제17판)	홍문사	2023
	형법총론(제18판)	홍문사	2024
성낙현	형법총론(제3판)	박영사	2020
손동권 · 김재윤	새로운 형법총론	율곡출판사	2011
손해목	형법총론	법문사	1996
신동운	형법총론(제10판)	법문사	2017
	형법총론(제12판)	법문사	2020
	형법총론(제13판)	법문사	2021
	형법총론(제14판)	법문사	2022
	형법총론(제15판)	법문사	2023
	형법총론(제16판)	법문사	2024
안동준	형법총론	학현사	1998
	형법총론강의	형설출판사	2013
오영근	형법총론(제4판)	박영사	2018
	형법총론(제5판)	박영사	2019
	형법총론(제6판)	박영사	2021
오영근 · 노수환	형법총론(제7판)	박영사	2024
원형식	판례중심 형법총론	진원사	2014
유기천	형법학 총론강의(개정판)	일조각	1980
이건호	형법학개론	고려대학교 출판부	1977
이상돈	형법강의	법문사	2010
	형법강론(제2판)	박영사	2017
	형법강론(제3판)	박영사	2020
	형법강론(제4판)	박영사	2023
	형법강론(제5판)	박영사	2024
이영란	형법학 총론강의	형설출판사	2008
이용식	형법총론	박영사	2018
	형법총론(제2판)	박영사	2020

저자	서명	출판사	출판연도
이재상·장영민·강동범	형법총론(제10판)	박영사	2019
	형법총론(제11판)	박영사	2022
	형법총론(제12판)	박영사	2024
이정원	형법총론(증보판)	법지사	2001
	형법총론	신론사	2012
이정원·이석배·정배근	형법총론	박영사	2023
이주원	형법총론	박영사	2022
	형법총론(제2판)	박영사	2023
	형법총론(제3판)	박영사	2024
이형국	형법총론	법문사	2007
이형국·김혜경	형법총론(제6판)	법문사	2021
	형법총론(제7판)	법문사	2024
임웅	형법총론(제9정판)	법문사	2017
	형법총론(제10정판)	법문사	2018
	형법총론(제12정판)	법문사	2021
	형법총론(제13정판)	법문사	2022
임웅·김성규·박성민	형법총론(제14정판)	법문사	2024
정성근·박광민	형법총론(전정판)	성균관대학교 출판부	2012
	형법총론(전정2판)	성균관대학교 출판부	2015
	형법총론(전정3판)	성균관대학교 출판부	2020
정성근·정준섭	형법강의 총론(제2판)	박영사	2019
	형법강의 총론(제3판)	박영사	2022
정승환	형법학 입문	박영사	2024
정영석	형법총론(제5전정판)	법문사	1987
정영일	형법총론(제3판)	박영사	2010
	형법강의 총론(제3판)	학림	2017
	신형법총론	학림	2018
	형법총론(제2판)	학림	2020
	형법총론 강의(제3판)	학림	2020
	형법총론(신3판)	학림	2022
정웅석·최창호	형법총론	대명출판사	2019
조준현	형법총론(제4정판)	법문사	2012
주호노	형법총론	법문사	2019
	형법총론(제2판)	법문사	2022
진계호	형법총론(제6판)	대왕사	2000
	형법총론(제7판)	대왕사	2003

참고문헌

저자	서명	출판사	출판연도
진계호·이존걸	형법총론(제8판)	대왕사	2007
차용석	형법총론강의	고시연구사	1987
천진호	형법총론	준커뮤니케이션즈	2016
최병천	판례중심 형법총론	피앤씨미디어	2017
최호진	형법총론	박영사	2022
	형법총론(제2판)	박영사	2024
하태훈	판례중심 형법총·각론	법문사	2006
	사례관례중심 형법강의	법원사	2021
한상훈·안성조	형법입문	피앤씨미디어	2018
	형법개론(제3판)	정독	2022
한정환	형법총론(제1권)	한국학술정보	2010
홍영기	형법(총론과 각론)	박영사	2022
	형법(총론과 각론)(제2판)	박영사	2024
황산덕	형법총론(제7정판)	방문사	1982

② 형법각론 교과서

저자	서명	출판사	출판연도
강구진	형법강의 각론 I	박영사	1983
	형법강의 각론 I (중판)	박영사	1984
권오걸	형법각론	형설출판사	2009
	스마트 형법각론	형설출판사	2011
김선복	신형법각론	세종출판사	2016
김성돈	형법각론(제5판)	성균관대학교 출판부	2018
	형법각론(제6판)	성균관대학교 출판부	2020
	형법각론(제7판)	성균관대학교 출판부	2021
	형법각론(제8판)	성균관대학교 출판부	2022
	형법각론(제9판)	박영사	2024
김성천·김형준	형법각론(제4판)	소진	2014
	형법각론(제6판)	소진	2017
김신규	형법각론	청목출판사	2015
	형법각론 강의	박영사	2020
김일수	새로쓴 형법각론	박영사	1999
김일수·서보학	새로쓴 형법각론(제8판 증보판)	박영사	2016
	새로쓴 형법각론(제9판)	박영사	2018
김종원	형법각론 상	법문사	1973
	형법각론 상(제3정판)	법문사	1978

저자	서명	출판사	출판연도
김태명	판례형법각론(제2판)	피앤씨미디어	2016
김혜정·박미숙·안경옥·원혜욱·이인영	형법각론(제2판)	정독	2021
	형법각론(제3판)	정독	2023
남흥우	형법강의(각론)	고려대학교 출판부	1965
도중진·박광섭·정대관	형법각론	충남대학교 출판문화원	2014
류전철	형법각론(각론편)	준커뮤니케이션즈	2012
박강우	로스쿨 형법각론(제2판)	진원사	2014
박동률·임상규	판례중심 형법각론	경북대학교출판부	2015
박상기	형법각론(전정판)	박영사	1999
	형법각론(제8판)	박영사	2011
박찬걸	형법각론	박영사	2018
	형법각론(제2판)	박영사	2022
배종대	형법각론(제10전정판)	홍문사	2018
	형법각론(제11전정판)	홍문사	2020
	형법각론(제12판)	홍문사	2021
	형법각론(제13판)	홍문사	2022
	형법각론(제14판)	홍문사	2023
백형구	형법각론	청림출판	1999
	형법각론(개정판)	청림출판	2002
서일교	형법각론	박영사	1982
손동권	형법각론(제3개정판)	율곡출판사	2010
손동권·김재윤	새로운 형법각론	율곡출판사	2013
	새로운 형법각론(제2판)	율곡출판사	2022
손해목	형법총론	법문사	1996
신동운	형법각론(제2판)	법문사	2018
	판례백선 형법각론 1	경세원	1999
	판례분석 형법각론(증보판)	법문사	2014
심재무	형법각론강의 I	신지서원	2009
오영근	형법각론(제3판)	박영사	2014
	형법각론(제4판)	박영사	2017
	형법각론(제5판)	박영사	2019
	형법각론(제6판)	박영사	2021
	형법각론(제7판)	박영사	2022
	형법각론(제8판)	박영사	2023
원형식	형법각론(상)	청목출판사	2011
	판례중심 형법각론	동방문화사	2016

참고문헌

저자	서명	출판사	출판연도
원혜욱	형법각론	피데스	2017
유기천	형법학(각론강의 상·하)(전정신판)	일조각	1982
이건호	형법학개론	고려대학교 출판부	1977
	신고형법각론	일신사	1976
	형법각론	일신사	1980
이영란	형법학 각론강의	형설출판사	2008
	형법학 각론강의(제3판)	형설출판사	2013
이용식	형법각론	박영사	2019
이재상·장영민·강동범	형법각론(제11판)	박영사	2019
	형법각론(제12판)	박영사	2021
	형법각론(제13판)	박영사	2023
이정원	형법각론(보정판)	법지사	1999
	형법각론	법지사	2003
	형법각론	신론사	2012
이정원·류석준	형법각론	법영사	2019
이형국	형법각론	법문사	2007
이형국·김혜경	형법각론(제2판)	법문사	2019
	형법각론(제3판)	법문사	2023
임웅	형법각론(제9정판)	법문사	2018
	형법각론(제10정판)	법문사	2019
	형법각론(제11정판)	법문사	2020
	형법각론(제12정판)	법문사	2021
	형법각론(제13정판)	법문사	2023
정성근·박광민	형법각론(제4판)	삼영사	2011
	형법각론(전정2판)	성균관대학교 출판부	2015
	형법각론(전정3판)	성균관대학교 출판부	2019
정성근·정준섭	형법강의 각론	박영사	2017
	형법강의 각론(제2판)	박영사	2022
정영석	형법각론(제4전정판)	법문사	1980
	형법각론(제5전정판)	법문사	1992
정영일	형법각론(제3판)	박영사	2011
	형법강의 각론(제3판)	학림	2017
	형법각론	학림	2019
정웅석·최창호	형법각론	대명출판사	2018
정창운	형법학각론	정연사	1960

저자	서명	출판사	출판연도
조준현	형법각론	법원사	2002
	형법각론(개정판)	법원사	2005
	형법각론(3판)	법원사	2012
조현욱	형법각론강의 (Ⅰ)	진원사	2008
주호노	형법각론	법문사	2023
진계호	신고 형법각론	대왕사	1985
	형법각론(제5판)	대왕사	2003
진계호·이존걸	형법각론(제6판)	대왕사	2008
최관식	형법각론(개정판)	삼우사	2017
최호진	형법각론	준커뮤니케이션즈	2014
	형법각론 강의	준커뮤니케이션즈	2015
	형법각론	박영사	2022
한남현	형법각론	율곡출판사	2014
한정환	형법각론	법영사	2018
황산덕	형법각론(제6정판)	방문사	1986

③ 특별형법

저자(편자)	서명	출판사	출판연도
김정환·김슬기	형사특별법	박영사	2021
	형사특별법(제2판)	박영사	2022
박상기·신동운·손동권· 신양균·오영근·전지연	형사특별법론(개정판)	한국형사정책연구원	2012
박상기·전지연·한상훈	형사특별법(제2판)	집현재	2016
	형사특별법(제3판)	집현재	2020
박상기·전지연	형사특별법(제4판)	집현재	2023
이동희·류부곤	특별형법(제5판)	박영사	2021
이주원	특별형법(제5판)	홍문사	2018
	특별형법(제6판)	홍문사	2020
	특별형법(제7판)	홍문사	2021
	특별형법(제8판)	홍문사	2022
	특별형법(제9판)	홍문사	2023

4 주석서 · 실무서 등

저자(편자)	서명	출판사	출판연도
김종원	주석형법 총칙(상 · 하)	한국사법행정학회	1988, 1990
박재윤	주석형법 총칙(제2판)	한국사법행정학회	2011
김대휘 · 박상옥	주석형법 총칙(제3판)	한국사법행정학회	2019
김윤행	주석형법 각칙(상 · 하)	한국사법행정학회	1982
박재윤	주석형법 각칙(제4판)	한국사법행정학회	2006
김신 · 김대휘	주석형법 각칙(제5판)	한국사법행정학회	2017
한국형사판례연구회	형사판례연구 (1) – (30)	박영사	1993 – 2022
법원행정처	법원실무제요 형사 〔Ⅰ〕·〔Ⅱ〕		2014
사법연수원	법원실무제요 형사 〔Ⅰ〕·〔Ⅱ〕·〔Ⅲ〕		2022

5 외국 문헌

저자(편자)	서명	출판사	출판연도
大塚 仁 外	大コンメンタール刑法 (第2版) (1) – (13)	靑林書院	1999 – 2006
	大コンメンタール刑法 (第3版) (1) – (13)	靑林書院	2013 – 2021
西田典之 外	注釈刑法 (1), (2), (4)	有斐閣	2010 – 2021

목 차

제 2 장 죄

제 4 절 누 범

제 5 절 경합범

제 3 장 형

제 1 절 형의 종류와 경중

목 차

제 2 절 형의 양정

제 3 절 형의 선고유예

제 4 절 형의 집행유예

제 5 절 형의 집행

제 6 절 가석방

제 7 절 형의 시효

제 8 절 형의 소멸

제 4 장 기 간

제 4 절 누 범

〔총 설〕

Ⅰ. 의 의

　누범(累犯)이란 문리적으로는 거듭하여 누적적으로 범한 범죄라는 의미를 가진다. 법개념으로서 누범(광의)은 범죄로 처벌받은 사람이 다시 범한 죄를 의미한다. 협의의 누범은 광의의 누범 중에서 일정한 요건하에 형이 가중되는 범죄를 말한다. 제35조는 협의의 누범을 규정하고 있다. 누범은 누범을 범한 사람(누범자)을 가리키기도 한다. 　1

　누범의 전제가 되는 확정판결을 받아 처벌받은 범죄를 전범(前犯)이라 하고, 후에 범한 누범을 후범(後犯)이라 한다. 전범과 후범 사이에 특정한 관련이 있는 경우를 특별누범이라고 하고, 그러한 관련이 요구되지 않는 경우를 일반누범이라고 한다. 제35조는 일반누범을 규정하고 있고, 특별누범은 특별법에서 규정하고 있다. 　2

Ⅱ. 성 질

1. 본 질(누범 가중의 근거)

　누범은 형을 가중한다. 누범의 형을 가중하는 이유에 대하여 세 가지 관점의 근거가 제시되고 있다. 　3

(1) 행상책임가중설

4   전범으로 인하여 형벌을 받았음에도 불구하고 그 형벌이 주는 경고를 무시하고 또다시 범죄를 저질렀다는 잘못된 범인의 생활태도, 행위자가 그와 같이 범죄에 이르는 삶을 형성하며 살아온 삶의 궤적이나 태도에 대하여 비난을 가할 수 있고[행상(行狀)책임)], 이것이 책임가중사유로 되어 가중처벌된다는 관점이다.

(2) 행위책임가중설

5   전범으로 인하여 형벌을 받았음에도 그 경고를 무시한 채 다시 범죄를 범한 것은 후범에 대한 범죄추진력이 새로이 강화되었기 때문인데, 전 판결의 경고기능 무시와 범죄추진력의 강화는 행위책임의 가중을 정당화할 수 있는 근거가 되고, 이러한 후범은 행위에 대한 비난가능성, 즉 행위책임이 증대되므로 가중처벌된다는 관점이다. 행위책임을 실질적으로 파악하여, 경고 무시가 비난할 수 있는 경우에 한하여 누범 가중을 함으로써 행위책임을 실질적으로 파악하여야 한다는 견해[1]도 있다.

(3) 형사정책적 가중설

6   재범방지라는 형사정책적 목표를 달성하기 위하여 가중처벌한다는 관점이다.

(4) 소결

7   누범제도의 근저에는 위 세 가지 고려가 다 존재한다. 헌법재판소 역시 세 가지 모두에서 누범 가중의 근거를 찾고 있다.[2] 그런데 우리 형법은 전범의 존재와 일정기간 내의 후범의 존재라는 행위 측면의 요건을 누범의 요건으로 규정하고, 전범으로 인한 행위자 속성(가령, 상습성)을 요건으로 하지는 않고 있다

---

1 이재상·장영민·강동범, 형법총론(12판), §42/14.
2 헌법재판소는 기본적으로 위 세 가지 모두를 고려하고 있지만(헌재 1995. 2. 23, 93헌바43 등), 그중 전 판결(형벌)의 경고기능 무시와 범죄추진력 강화로 인한 행위책임의 가중과 재범예방이라는 형사정책적 고려를 중시한다(헌재 2011. 5. 26, 2009헌바63 등; 헌재 2019. 2. 28, 2018헌바8 등). 대법원도 누범 가중은 전범에 대한 형벌의 경고적 기능을 무시하고 다시 범죄를 저질렀다는 점에서 초범에 비하여 비난가능성·반사회성 및 책임이 더 크고, 사회방위, 범죄의 특별예방 및 일반예방, 더 나아가 사회의 질서유지의 목적을 달성하기 위한 하나의 수단이라고 하여 행위책임과 형사정책에서 그 근거를 찾고 있다(대판 2005. 4. 14, 2005도1258). 전범에 대한 형벌의 경고기능을 무시하고 다시 누범기간 내에 범행을 저지른 점에서 불법성과 비난가능성을 무겁게 평가하여 범죄를 예방하여는 것이라는 설시(헌재 2019. 7. 25, 2018헌바209 등; 대판 2020. 3. 12, 2019도17381)도 같은 맥락이다.

는 점을 고려할 때, 우리 형법의 누범은 행위책임이 가중된다는 데 그 핵심이
있다고 생각된다.[3]

2. 죄수론과 형벌론

누범은 죄수론의 문제라고 보는 견해가 있다.[4] ① 누범은 수개의 범죄를   8
누적적으로 범한 경우이고 경합범은 수개의 범죄를 병렬적으로 범한 경우라는
차이가 있을 뿐, 동일한 행위자의 수개의 범죄가 존재하고 그 효과로서 형이 가
중된다는 점에서 공통되며, ② 형법이 누범을 형이 아니라 죄의 장에 규정하고
있고, ③ 죄수론은 심판대상인 범죄 사이만을 대상으로 하는 것이 아니라 다른
범죄와의 관계도 대상으로 한다는 점을 근거로 한다.

이에 대하여, 누범은 형벌론의 문제로서 법률상의 가중사유라는 견해가 있   9
다.[5] ① 형법이 누범을 경합범과 구별하여 다른 절에서 규정하고 있고, ② 누범
의 전범은 심판의 대상이 아니라는 점을 근거로 한다.

죄수는 범죄들 사이의 관계를 의미하는데, 누범은 전범과 후범 사이의 관계   10
라기보다는 후범의 형을 정함에 있어 전범을 고려하는 것이다. 누범은 형벌의
문제이다. 일반누범은 법정형에서 처단형을 정해가는 과정의 일부인데, 특별누
범 중에는 법정형 자체를 가중하여 규정하기도 한다. 어느 경우든 형벌론의 문
제이다.

3. 상습범과 누범

상습범과 누범은 통상 수개의 범죄를 전제로 하고, 가중처벌된다는 점에서   11

---

3 헌법재판소와 대법원도 상습범은 행위자책임에 형벌 가중의 본질이 있고, 누범은 행위책임에 형
   벌 가중의 본질이 있다고 이해하고 있다(헌재 2002. 10. 31, 2001헌바68; 대판 2007. 8. 23,
   2007도4913). 행위자책임이라는 견해로는 오영근, 형법총론(5판), 478.
4 오영근, 474; 정영일, 형법총론(3판), 505(기본적 성격에 있어서 범죄론상의 문제이지만 양형상
   형벌가중사유로 취급되고 있는 만큼 형벌론과도 밀접한 관계가 있다).
5 강동욱, 강의 형법총론(3판), 427; 김성돈, 형법총론(7판), 841; 김신규, 형법총론 강의, 583; 박상
   기·전지연, 형법학(총론·각론)(5판), 364; 손동권·김재윤, 새로운 형법총론, §38/26; 이재상·장
   영민·강동범, §42/4; 이정원·이석배·정배근, 형법총론, 443-444; 이주원, 형법총론(3판), 519;
   정성근·정준섭, 형법강의 총론(3판), 468; 정웅석·최창호, 형법총론, 89; 최호진, 형법총론(2판),
   868; 주석형법 〔총칙(2)〕(3판), 248(김대휘); 윤동호·하태영, 형벌가중체계의 개선방안: 누범·상
   습범·경합범, 한국형사정책연구원(2006), 69.

유사하다. 그러나 누범은 누적적 행위를 하였다는 행위책임에 주목하는 데 비하여, 상습범은 범죄의 습벽이라는 행위자책임에 주목하는 점에서 근본적인 차이가 있다.[6] 여기서 습벽은 일반적 범죄 성향이 아니라 특정유형의 범죄 성향을 의미한다. 따라서 상습범은 총칙이 아닌 각칙에서 개별적 규정을 두고 있다.

12   이와 같이 양자가 그 성질을 달리하고 있기 때문에, 누범이라고 해서 언제나 상습범인 것도 아니고 상습범이라고 해서 언제나 누범인 것도 아니다.[7] 상습범은 전과 없이도 인정될 수 있다.[8] 상습범이면서 동시에 누범일 수도 있는데 이를 상습누범이라고 하고, 그렇지 않은 누범을 보통누범이라고 한다.

Ⅲ. 위헌성 문제

13   누범은 전범의 존재를 이유로 후범을 가중처벌하는 것이다. 이러한 가중처벌이 헌법에 부합하는가? 헌법재판소는 아래와 같이 누범가중이 헌법에 위반되지 않는다고 누누이 결정하여 왔다.[9]

1. 일사부재리의 원칙

14   전범에 대한 처벌이 끝났음에도 불구하고 이를 기초로 후범을 누범이라 하여 무겁게 처벌하는 것은 전범을 후범과 합하여 다시 처벌하는 것이므로 헌법 제13조 제1항 후단의 일사부재리의 원칙에 반하는 이중처벌이라는 견해가 있다.[10] 이에 대하여 헌법재판소는, ① 누범 가중은 전범에 대하여 형벌을 받았음에도 그 형벌의 경고기능을 무시하고 다시 범행을 하였다는 데 있는 것이지 전범을 후범과 일괄하여 다시 처벌하는 것이 아니고, ② 우리 형법은 장기만을 가중하고 단기는 가중하지 않으므로 법관이 최단기형을 선고할 수도 있으며, ③ 전범의 존재는 양형요소일 뿐 전범 자체가 심판의 대상으로 다시 처벌받는 것이

---

6 대판 2007. 8. 23, 2007도4913.
7 대판 2007. 8. 23, 2007도4913.
8 대판 2009. 9. 10, 2009도5075(상습사기); 대판 2011. 11. 24, 2009도980(상습사기).
9 헌재 1995. 2. 23, 93헌바43; 헌재 2011. 5. 26, 2009헌바63 등; 헌재 2019. 11. 28, 2018헌바
  207 등.
10 배종대, 형법총론(18판), §187/6; 오영근, 474, 479.

〔이 상 원〕

아니라는 이유로, 일사부재리의 원칙에 위배되지 않는다고 하였다.[11]

2. 평등원칙

누범 가중은 전범이 있다는 사실, 즉 전과자라는 사회적 신분을 이유로 차 15
별대우를 하는 것으로서 헌법 제11조 제1항의 평등의 원칙에 위배된다는 견해
가 있다.[12] 이에 대하여 헌법재판소는, 누범은 전범에 대한 형벌의 경고적 기능
을 무시하고 다시 범죄를 저질렀다는 점에서 사회적 비난가능성이 높고, 누범이
증가하고 있는 현실에서 사회방위, 범죄의 특별예방 및 일반예방, 사회질서의
유지라는 형벌목적을 달성하기 위한 적정한 수단이므로, 합리적 근거 있는 차별
이어서 평등원칙에 위배되지 않는다고 하였다.[13]

3. 책임주의 및 책임·형벌 비례의 원칙

수형(受刑)사실은 사회적응과 적법행위 가능성을 낮추어 오히려 책임감경사 16
유인데, 일반예방의 관점에서 누범 가중하는 것은 책임주의에 반하고 책임에 비
하여 과도한 형벌을 부과하는 것으로서, 책임주의 및 책임·형벌 비례의 원칙에
위배된다는 견해가 있다.[14] 이에 대하여 헌법재판소는, ① 누범을 가중처벌하는
것은 행위책임이 가중되고 형사정책적 목적을 달성하기 위한 것이므로 행위책
임을 근간으로 하는 책임주의에 반하지 않으며, ② 누범조항은 전범과 후범이
모두 법정형이 아닌 선고형으로서 '금고 이상에 해당하는 죄'일 것을 요구함으
로써 경미한 범죄에 대해서는 누범 가중이 이루어지지 않도록 하고 있고, 전범
에 대해서는 형의 선고가 있었던 것만으로는 부족하고 형의 집행종료 또는 면
제까지 요구하는 한편, 전범과 후범 사이의 시간적 간격을 '3년'으로 제한하고
있으며, 형의 장기만을 2배 가중하는 형태로 법정형의 폭을 넓히고 있을 뿐 양
형실무에 있어 중대한 영향을 미치는 형의 단기는 가중하지 아니하고 있기 때
문에, 법원은 사안에 따라 원래 형의 최하한을 선고할 수도 있고 벌금형이 있는

---

11 대법원도 같은 입장이다[대판 1970. 9. 29, 70도1656; 대판 2007. 8. 23, 2007도4913(이중처벌)].
12 배종대, §187/6; 오영근, 478-79.
13 대법원도 같은 입장이다(대판 1983. 4. 12, 83도420; 대판 2008. 12. 24, 2006도1427).
14 오영근, 478.

경우 이를 선택하여 누범 적용 자체를 하지 않을 수도 있으므로, 책임·형벌 비례의 원칙에 반하는 과잉형벌이라고 하기는 어렵다고 하였다.

4. 결 어

17   누범 가중이 전범을 다시 처벌하는 것은 아니므로 일사부재리의 원칙에 반하지는 않는다. 그러나 누범기간 중 재범이라는 사유만으로 일률적으로 가중하는 것은 책임주의에 반하는[15] 면이 있고,[16] 이에 따라 불합리한 차별로서 평등원칙에 반하는 면이 있다.

18   이에 형식적으로 누범요건이 갖추어지더라도 실질적으로 비난가능성이 증대되는 경우에 한하여 가중을 하는 실질적 누범의 개념을 생각할 수 있다.[17] 그러나 해석론으로 이를 누범의 요건으로 하기는 어렵다. 다만, 우리 형법의 일반 누범은 장기만을 가중하므로 사안에 따라 실질적 누범으로 운용할 수 있는 여지가 있다. 이에 비해, 단기까지 가중하는 특별누범은 우회적인 해결방법조차 없어 헌법적인 문제가 여전히 해소되지 않는다.

〔이 상 원〕

---

15 김성돈, 844; 오영근, 479; 주석형법 〔총칙(2)〕(3판), 251(김대휘).
16 책임주의의 관점에서 누범규정을 두고 있지 않은 독일이나 스위스 등의 형법과 마찬가지로, 이를 폐지해야 한다는 주장〔주석형법 〔총칙(2)〕(3판), 252(김대휘)〕이 적지 않다. 정부의 1992년 형법 일부개정법률안의 경우, 누범규정을 무조건 삭제하는 것은 초범에 대하여 누범을 무겁게 처벌하는 국제적인 형사정책의 경향과 일치하지 않을 뿐만 아니라 특별예방의 관점에서도 누범에 대한 형의 가중은 누범의 사회복귀에 도움이 된다는 이유로 이를 존치하였으나〔법무부, 형법개정법률안 제안이유서(1992. 10), 67〕, 2011년 형법(총칙) 일부개정법률안의 경우, 누범규정은 상습범과 함께 책임주의에 반한다는 지적에 따라 함께 이를 삭제하는 대신 보안처분 제도를 형법에 편입하였다〔법무부, 형법(총칙)일부개정법률안 제안 이유서(2011. 4), 13〕.
17 김일수·서보학, 새로쓴 형법총론(12판), 592는 실질적 누범의 필요성이 있다고 한다. 주석형법 〔총칙(2)〕(3판), 258(김대휘)은 합헌적 해석으로 범죄적 연관성이 없거나 단순한 과실, 책임능력이 미약한 경우 등을 실질적 누범의 요건을 갖추지 못한 것으로 볼 수 있다고 한다.

제35조(누범)

① 금고(禁錮) 이상의 형을 선고받아 그 집행이 종료되거나 면제된 후 3년 내에 금고 이상에 해당하는 죄를 지은 사람은 누범(累犯)으로 처벌한다.

② 누범의 형은 그 죄에 대하여 정한 형의 장기(長期)의 2배까지 가중한다.

[전문개정 2020. 12. 8.]

구 조문

제35조(누범) ① 금고 이상의 형을 받어 그 <u>집행을 종료하거나 면제를 받은 후</u> <u>3년내에</u> 금고 이상에 해당하는 죄를 <u>범한 자는 누범으로</u> 처벌한다.

② 누범의 형은 <u>그 죄에</u> 정한 형의 <u>장기의</u> 2배까지 가중한다.

Ⅰ. 누범의 요건

누범의 요건은 전범(前犯)에 관한 요건과 후범(後犯)에 관한 요건으로 구분하여 볼 수 있다. 누범의 요건을 갖춘 전범을 누범전과라 한다. 후범은 당해 재판에서 누범이라고 판단되는 범죄이다.

1. 전범에 관한 요건

(1) 금고 이상의 형을 선고받았을 것

전범에 대하여 금고 이상의 형을 선고받아 확정되었을 것을 요한다. 금고 이상이어야 하므로 자격상실, 자격정지, 벌금, 구류, 과료, 몰수는 이에 해당하

지 않는다(§ 41). 유기금고나 유기징역을 선고받은 경우가 전형적인 예이다. 사
형이나 무기징역을 선고받고, 감형되어 형이 유기금고·징역으로 변경되거나 특
별감형되어 유기금고·징역으로 집행되는 경우(사면 § 5①(iii), (iv)), 또는 특별사
면이나 형의 시효로 집행이 면제된 경우(사면 § 5①(ii), 형 § 78)도 포함된다.[1] 그러
나 벌금을 납부하지 않아 노역장유치가 집행된 경우나 선고유예 또는 형 면제
의 판결은 금고 이상의 형이 선고된 경우가 아니므로 해당하지 않는다. 또 복권
은 형 선고의 효력을 상실시키는 것이 아니고, 다만 형 선고의 효력으로 상실
또는 정지된 자격을 회복시킴에 그치는 것이므로 누범 여부에 영향이 없다.[2]

3   형을 선고한 법원의 종류를 묻지 않아 군사법원도 포함되고, 부정기형도 포
함되며, 형 선고의 이유가 된 범죄사실의 내용도 묻지 않는다. 과실범 간의, 또
는 과실범과 고의범 간의 누범도 있을 수 있다.[3] 누범은 전범의 형 집행 또는
면제를 요건으로 하는데, 이는 확정판결을 전제로 하기 때문에 형이 확정되지
않은 경우는 누범의 전범이 아니다.[4]

(2) 형 선고의 효력이 유지되고 있을 것

4   금고 이상의 형을 선고받았더라도 그 효력이 상실되면 누범의 전과로 되지
않는다. 집행유예가 실효나 취소됨이 없이 유예기간이 지나면 형의 선고는 효력
을 잃으므로(§ 65) 누범의 전과가 되지 않는다.[5] 일반사면이 있으면 원칙적으로
형 선고의 효력이 상실되고, 형 선고의 효력을 상실시키는 예외적인 특별사면이
있는 경우도 마찬가지여서(사면 § 5①(i), (ii)), 누범의 전과가 되지 않는다.[6]

5   수형인이 자격정지 이상의 형을 받지 아니하고 형의 집행을 종료하거나 집
행이 면제된 날로부터 일정기간이 지나면 그 형이 실효된다(형실효 § 7①). 형이
실효된 경우에는 형의 선고에 의한 법적 효과가 장래에 향하여 소멸되므로 누
범의 전과가 되지 않는다.[7]

---

1 대판 1960. 1. 30, 4292형상788; 대판 1986. 11. 11, 86도2004(특별사면).
2 대판 1981. 4. 14, 81도543.
3 헌재 2002. 10. 31, 2001헌바68.
4 가령, 미결구금일수가 이미 항소심의 선고형량을 초과한 상황에서 피고인만 상고한 경우.
5 대판 2010. 9. 9, 2010도8021; 대판 2014. 9. 4, 2014도7088; 대판 2016. 6. 23, 2016도5032.
6 대판 1964. 3. 31, 64도34(일반사면). 대판 1964. 8. 31, 64도308.
7 대판 2010. 3. 5, 2010도8; 대판 2014. 9. 4, 2014도7088; 대판 2020. 3. 12, 2019도17381.

누범전과인 확정판결에 대하여 재심개시결정이 확정되어 다시 심판을 한 후 재심판결이 선고되어 확정된 때에는 종전의 확정판결은 당연히 효력을 상실하므로 종전판결은 누범전과가 되지 않으며, 이는 재심판결에서 종전과 동일한 형이 선고되어도 마찬가지이다.[8]

6

(3) 형의 집행이 종료되거나 면제될 것

형기의 만료로 형의 집행이 종료된다. 가석방의 경우는, 가석방 처분이 실효 또는 취소되지 아니하고 가석방기간을 경과한 때에 형의 집행이 종료된다(§76). 따라서 잔형기 경과 전인 가석방기간 중의 범죄에 대해서는 누범 가중을 할 수 없다.[9] 형의 집행을 면제받는 경우로는 형의 시효가 완성된 때(§77), 형집행 면제의 특별사면이 있은 때(사면 §5①(iii)) 등이 있다.

7

전형의 집행이 시작하기 전이나 집행 중, 또는 집행정지 중인 경우는 집행 종료나 면제된 것이 아니므로 누범이 되지 않는다. 따라서 복역 중 교도소 내에서, 또는 도주하여 죄를 범한 경우는 누범이 되지 않는다.

8

집행유예기간 중에 다시 죄를 범한 경우도 같다.[10] 다만, 집행유예가 취소되어 유예된 형이 집행된 경우에는 누범이 될 수 있다. 이 경우 누범기간의 기산점은 유예된 형의 집행을 실제로 종료한 날이고, 이로 인하여 처음부터 실형을 받은 경우보다 결과적으로 누범기간의 시점 및 종기가 더 늦어진다고 하더라도 마찬가지이다.[11] 선고유예가 실효된 되어 유예된 형을 선고한 경우(§61), 그 형의 집행을 기준으로 한다.

9

2. 후범에 관한 요건

(1) 금고 이상에 해당하는 죄를 지을 것

후범은 금고 이상에 해당하는 범죄여야 한다. 여기서 금고 이상에 해당하는 범죄란 유기금고나 유기징역으로 처단할 경우, 즉 유기금고나 유기징역이 유

10

---

8 대판 2017. 9. 21, 2017도4019.
9 대판 1976. 9. 14, 76도2071.
10 대판 1965. 10. 5, 65도676; 대판 1983. 8. 23, 83도1600.
11 헌재 2008. 12. 26, 2005헌바16; 대판 2005. 4. 14, 2005도1258. 다만, 유예가 취소된 범죄의 종류에 따라 의미가 달라지는 경우에는 문제점이 있다. 이에 대해서는 **III. 2. (2) 특강누범과 중형 선집행 원칙** 부분 참조.

일한 법정형이거나 선택형인 경우에 해당하는 죄를 의미하는 것으로, 법정형 중 벌금형 등 다른 형을 선택한 경우에는 누범 가중을 할 수 없다.[12]

11   후범은 범죄형태를 가리지 않으며, 미수나 기수, 공범과 정범을 불문한다. 또한, 전범인 누범전과와 후범 사이에 일정한 상관관계가 있을 필요도 없다.[13]

(2) 전범의 형 집행이 종료되거나 면제된 후 3년 내일 것

12   후범은 전범에 대한 형의 집행이 종료되거나 면제된 후 3년 내에 행해져야 한다. 이 3년을 누범시효라고도 하는데,[14] 누범기간이라 함이 더 적절하다.[15] 여기서 3년 내는 3년 이내로 이해되고 있다.[16] 일반적으로 누범기간은 집행종료일 또는 면제일부터 기산한다고 설명되고 있다.[17] 이에 대하여, 법문상 종료하거나 면제받은 '후'라고 되어 있다는 점과 제62조 제1항 단서 해석과의 균형상 종료나 면제일 다음 날이 기산점이라는 견해가 있다.[18] 일본의 재범(再犯)[19](우리 누범에 상응)에 관하여 학설은 기산일이 수형 최종일이라는 최종일설과 다음 날이라는

---

12 대판 1982. 7. 27, 82도1018; 대판 1982. 9. 14, 82도1702. 특별누범의 경우도 마찬가지이다[대판 1997. 4. 11, 95도1637 및 사법연수원, 형사판결서작성실무(2019), 171]. 누범 가중은 선고형을 정하기 전에 하므로 법정형이 아니라 선고형을 의미한다는 설명은 정확하지 않다.

13 대판 2008. 12. 24, 2006도1427.

14 배종대, 형법총론(18판), § 188/4; 이재상·장영민·강동범, 형법총론(12판), § 42/24; 이주원, 형법총론(3판), 520.

15 판례도 누범기간이라는 용어를 사용한다[대판 2006. 4. 7, 2005도9858(전) 등].

16 대판 1986. 11. 11, 86도2004; 대판 2014. 1. 29, 2013도12276.

17 강동욱, 강의 형법총론(3판), 429; 김성돈, 형법총론(7판), 842; 김일수·서보학, 새로쓴 형법총론(12판), 594; 김형만, 형법총론, 335; 배종대, § 188/4; 이재상·장영민·강동범, § 42/25; 이형국·김혜경, 형법총론(7판), 629; 임웅, 형법총론(12정판), 699-700; 정성근·박광민, 형법총론(전정3판), 561; 정성근·정준섭, 형법강의 총론(3판), 47. 이들이 기산일 당일을 포함한다는 의미인지는 명확하지 않다.

18 주석형법 〔총칙(2)〕(3판), 257(김대휘).

19 일본형법 제56조(재범) ① 징역에 처해진 자가 그 집행을 종료한 날 또는 그 집행의 면제를 받은 날로부터 5년 이내에 다시 죄를 범한 경우에 있어, 그 자를 유기징역에 처하는 때는 재범이라고 한다.
② 징역에 해당하는 죄와 동질(同質)의 죄로 사형에 처해진 자가 그 집행의 면제를 받은 날 또는 감형에 의하여 징역으로 감경되어 그 집행을 종료한 날 또는 그 집행의 면제를 받은 날로부터 5년 이내에 다시 죄를 범한 경우에 있어, 그 자를 유기징역에 처하는 때는 전항과 마찬가지이다.
③ 병합죄에 관하여 처단된 자가 그 병합죄 중에 징역에 처할 죄가 있음에도 그 죄가 가장 중한 죄가 아니기 때문에 징역에 처해지지 아니한 것인 때에는, 재범에 관한 규정의 적용에 있어서는 징역에 처해진 것으로 본다.
제57조(재범가중) 재범의 형은 그 죄에 관하여 정해진 징역의 장기의 2배 이하로 한다.

〔이 상 원〕

익일설이 있는데,[20] 판례는 처음 최종일설을 취했으나 익일설로 변경하였다.[21]

가령 상소 제기기간은 재판을 선고한 날로부터 진행된다고 규정되어 있지 13
만(형소 §343②) 초일을 산입하지 않듯이(형소 §66① 본문), 초일불산입의 원칙에
의한다면 다음 날이라고 볼 수 있다. 그러나 형의 집행과 시효기간의 초일을
1일로 산정하는 형법 규정(§85), 시효와 구속기간의 초일을 1일로 산정하는 형
사소송법 규정(형소 §66① 단서) 등을 고려할 때, 종료나 면제일 당일이 기산점이
라고 보는 것이 타당하다. 이러한 해석이 피고인에게도 유리하다.

형기종료에 따른 석방은 형기종료일에 한다(§86, 형집 §124②). 형기종료일 14
05:00 이후에 석방하는데(수용구분 및 이송·기록 등에 관한 지침[22] §43② 본문), 24:00
전에 석방하므로 형기 만료 전에 석방하는 셈이다. 그렇지만 석방한 후에까지
형의 집행이 지속된다고 할 수는 없으므로 형의 집행은 석방과 동시에 종료된
다고 보아야 한다. 그러므로 가령 석방된 직후 24:00 전에 범죄를 저지른 경우
라도, 집행 종료 후의 범죄로서 누범에 해당한다고 보아야 한다. 결국 누범기간
의 기산점은 형기종료일 당일이라고 함이 타당하다.[23] 다만, 가석방의 잔형기
경과로 인한 집행종료나 형의 시효로 인한 집행면제는 최종일 24:00에 효과가
발생하므로 그 다음 날이 기산일이 된다.

누범기간 내에 다시 죄를 범하였는지 여부는 실행행위를 하였는지 여부를 15
기준으로 결정하므로, 그 기간 내에 실행의 착수가 있으면 충분하고 기수에 이
르러야 하는 것은 아니다.[24] 예비·음모죄의 경우에는, 누범기간 내에 예비나 음
모가 있으면 된다. 계속범이나 상습범 등 포괄일죄의 일부가 누범기간 내에 행
해지면 나머지 행위가 기간 경과 후에 행해지더라도 그 전부가 누범이 된다.[25]
상상적 경합도 같다. 실체적 경합은 누범기간 내에 행해진 범죄만 누범이 된다.

---

20 이에 대해서는 大塚 仁 外, 大コン(3版)(4), 429-430(安東 章) 참조.
21 最判 昭和 57(1982). 3. 11. 刑集 36·3·253.
22 제정 2008. 12. 18. 법무부예규 제820호, 개정 2022. 3. 2. 법무부예규 제1294호.
23 대판 2005. 4. 14, 2005도1258[누범기간의 기산점은 (중략) 형의 집행을 실제로 종료한 날]도
   종료일부터 기산하는 취지로 이해된다.
24 대판 2006. 4. 7, 2005도9858(전).
25 대판 1982. 5. 25, 82도600.

〔이 상 원〕 **11**

Ⅱ. 누범의 처단

1. 형의 가중

16   누범의 형은 그 죄에 정한 형의 장기의 2배까지 가중한다. 이를 누범 가중이라 하는데(§ 56(iii)), 50년이 상한이다(§ 42 단서). 특별법상 누범은 단기까지 가중하는 경우가 있지만, 형법상 누범은 단기는 가중하지 않는다.[26] 누범 가중은 법관의 재량 없이 반드시 하여야 하는 필수적 가중사유로서 법정형으로부터 처단형을 정하는 과정에서 이루어진다(§ 56). 누범이라고 감경을 할 수 없는 것은 아니며, 정상참작감경을 포함하여 감경사유가 있으면 감경할 수 있다.[27] 경합범관계에 있는 A, B 두 죄 중 A에 대하여 무기징역형을, B에 대하여 유기징역형을 선택하고 그중 B에 대하여 누범 가중을 한 다음, 양자를 경합범 가중하여 무기징역형으로 처벌할 경우, 감경사유가 있어 감경하면 통상의 경우와 같이 취급하면 되고, 누범사유가 있다고 하여 유기징역형의 한도를 넘는 형을 선고할 수는 없다.[28] 누범전과가 2개 이상 있는 경우에도 최종 전과에 의하여 1회에 한하여 가중한다.

2. 누범사유의 인정

17   누범 가중을 하기 위해서는 누범사유가 되는 누범전과사실을 인정하여야 하며, 누범전과를 인정하지 않고 누범 가중을 함은 위법이다.[29] 누범전과는 범죄사실에 해당하는 것이 아니라 양형사유에 불과한 것이기 때문에, 공소장에 기재되어 있지 않더라도 법원은 누범전과를 인정하여 누범으로 처벌할 수 있고,[30] 자백만으로도 이를 인정할 수 있다.[31] 누범전과의 인정은 자유로운 증명으로는

---

26 대판 1969. 8. 19, 69도1129.

27 대판 1969. 8. 19, 69도1129.

28 대판 1992. 10. 13, 92도1428(전)[본 판결 평석은 이민걸, "무기징역 감경시 선고할 수 있는 징역형기의 범위", 형사판례연구 〔2〕, 한국형사판례연구회, 박영사(1994), 90-100]. 본 판결 선고 당시 무기징역을 감경한 유기징역의 상한이 통상상한인 15년이어서 가중상한인 25년까지 선고할 수 있는가가 문제되었는데, 2010년 개정으로 무기징역을 감경할 경우 그 상한이 가중상한인 50년으로 되었기 때문에(§ 55①(ii), § 42 단서), 무기징역형이 선택되었다는 이유로 50년을 넘어서지 못한다는 취지로 위 판례를 확장 이해한다.

29 대판 1966. 12. 6, 66도1430.

30 대판 1971. 12. 21, 71도2004.

31 대판 1979. 8. 21, 79도1528.

부족하고 엄격한 증명을 요한다.[32]

3. 누범의 부수적 효과

누범은 필요적 보석의 예외사유가 된다(형소 §95(ii)).   18

Ⅲ. 특별누범

1. 특정범죄 가중처벌 등에 관한 법률상 누범

특정범죄 가중처벌 등에 관한 법률(이하, 특정범죄가중법이라 한다.)은 몇 가지   19
종류의 누범을 규정하고 있다(이하, 이들을 통칭하여 '특가누범'이라 한다.). 특가누범
은 모두 본조의 일반누범의 특별규정으로서 특별누범에 해당한다.

(1) 재범누범

특정범죄가중법 제5조의5는 형법 제337조(강도상해·치상)·제339조(강도강간)의   20
죄 또는 그 미수죄로 형을 받아 그 집행을 종료하거나 면제를 받은 후 3년 내에
다시 이들 죄를 범한 자는 사형·무기 또는 10년 이상의 징역에 처한다(이하, 이
를 재범누범이라 한다). 재범누범은 원래 형에 사형을 추가하고 단기를 상향한 것
이다(다만, 제339조는 단기 동일).

(2) 다범누범

특정범죄가중법 제5조의4 제5항은 형법 제329조부터 제331조까지, 제333조   21
부터 제336조까지 및 제340조·제362조의 죄 또는 그 미수죄[33]로 세 번 이상 징
역형을 받은 사람이 다시 이들 죄를 범하여 누범으로 처벌하는 경우〔이하, 다범누
범(多犯累犯)이라 한다.〕, 절도, 강도, 장물로 유형을 나누어 법정형을 가중한다. 다
범누범은 전범 요건에 3회 이상 징역형을 요건으로 한 것이다. 여기서 '이들 죄'
라 함은 전범과 동일한 범죄일 필요는 없으나, 위 제5항 각 호에 열거된 모든
죄가 아니라 앞의 범죄와 동종의 범죄(동일한 호에 기재된 범죄)를 의미한다.[34]

---

32 대전고판 2000. 9. 22, 2000노337.
33 절도와 강도의 죄 중 비교적 불법성이 약한 제331조의2(자동차등불법사용), 특정범죄가중법 제5
  조의5에서 규정하는 제337조(강도상해·치사), 제339조(강도강간), 사형·무기만이 규정된 것을
  포함하는 제338조(강도살인·치사)를 제외한 범죄들 및 장물취득등죄.
34 헌재 2012. 5. 31, 2011헌바15 등; 대판 2018. 2. 13, 2017도19862; 대판 2020. 2. 27, 2019도

22   판례는 다범누범이 명확성의 원칙, 일사부재리의 원칙, 책임·형벌 비례의
원칙(과잉금지의 원칙), 평등원칙(형벌체계상 균형)에 위배되지 않는다고 한다.[35]

(3) 상습누범

23   특정범죄가중법 제5조의4 제6항은 상습적으로 형법 제329조부터 제331조
까지의 죄나 그 미수죄[36] 또는 5인 이상 공동 상습의 위 죄로 두 번 이상 실형
을 선고받고 그 집행이 끝나거나 면제된 후 3년 이내에 다시 상습적으로 이들
죄를 범한 경우에는 가중된 법정형으로 처벌한다(이하, 상습누범이라 한다.). 상습
누범은 전범과 후범이 모두 상습범인 절도로서 절도 다범누범보다 형이 무겁다.

24   상습누범에 관하여 헌법재판소는 책임원칙에 반하는 과잉형벌이라거나 법
관의 양형재량을 과도하게 제한한다고 할 수 없고, 일사부재리의 원칙에 반하지
않는다고 하면서 합헌결정을 한 바 있다.[37]

2. 특정강력범죄 처벌에 관한 특례법상 누범

(1) 특강누범

25   특정강력범죄의 처벌에 관한 특례법(이하, 특정강력범죄법이라 한다.) 제3조는
특정강력범죄로 형을 선고받고 그 집행이 끝나거나 면제된 후 3년 이내에 다시
특정강력범죄를 범한 경우에는, 그 죄에 대하여 정하여진 형의 장기 및 단기의
2배까지 가중한다(이하, 특강누범이라 한다). 특강누범은 본조의 특별규정으로서,[38]
그 요건에서 전범과 후범이 모두 특정강력범죄일 것을 요구한다는 점에서 전범
과 후범의 관련성을 요구하지 않는 본조의 일반누범과 차이가 있으며, 그 효과
면에서 일반누범과 달리 단기까지 2배 가중한 것이라는 차이가 있다.[39]

26   헌법재판소는 특정강력범죄법 제3조가 책임원칙에 반하는 과잉형벌이라거

18891; 대판 2023. 12. 21, 2023도12852, 2023전도144; 대판 2024. 1. 25, 2023도14307. 위 2019
도18891 판결의 해설은 성현창, "특정범죄 가중처벌 등에 관한 법률 제5조의4 제5항 제1호의 취
지 및 규율 범위", 해설 124, 법원도서관(2020), 637-651.

35 헌재 2012. 5. 31, 2011헌바15 등; 헌재 2019. 7. 25, 2018헌바209 등; 대판 2009. 11. 12, 2009
도9249; 대판 2018. 2. 13, 2017도19862.

36 자동차등불법사용죄를 제외한 절도의 죄.

37 헌재 2008. 11. 27, 2006헌바94. 단기의 2배까지 가중하도록 한 구법에 대한 판단인데, 현행법
도 다르지 않을 것으로 보인다.

38 헌재 2008. 12. 26, 2007헌가10 등('특례규정'이라 표현).

39 헌재 2008. 12. 26, 2005헌바16.

나 법관의 양형재량을 과도하게 제한한다거나 형벌체계상의 균형을 잃어 평등
원칙에 반한다고 볼 수 없다면서 합헌결정을 한 바 있다.[40] 이들 결정은 특정강
력범죄법 제3조 중 일부 범죄에 관하여 합헌결정을 한 것이고, 헌법재판소는 위
조항의 적용범위가 매우 넓어 전·후의 특정강력범죄의 구체적인 죄명과 유형에
따라서는 그 위헌심사기준이 달라질 수 있다고 한다.[41] 그러나 특히 현행법상
구체적으로 어떻게 달라지는지는 분명하지 않다.[42]

(2) 특강누범과 중형 선집행 원칙

가령 특정강력범죄로 징역 1년 6월에 집행유예 3년을 선고받고 그 집행유
예기간 중에 일반 범죄로 징역 2년 6월을 선고받아 집행유예가 실효됨에 따라
형사소송법 제462조의 중형 선집행의 원칙에 의하여 일반 범죄의 징역 2년 6월
이 먼저 집행되고 특정강력범죄의 1년 6월이 뒤에 집행된 후 3년 이내에 특정
강력범죄를 저질렀는데, 만일 특정강력범죄의 형을 먼저 집행하였더라면 그로
부터는 3년이 지난 후였을 경우라도 특강누범에 해당한다고 할 것인지 문제된
다.[43] 이 경우 검사가 예외적으로 특정강력범죄를 먼저 집행하였다면(형소§462
단서), 특강누범에 해당하지 않을 수 있기 때문이다. 집행유예라도 실제 형 집행
을 기준으로 한다는 원칙과 중형 선집행 원칙이 결합하여 형평에 어긋나거나
예측가능성을 침해하는 결과에 이를 수 있다. 제도적 정비가 필요하다.

(3) 재범누범의 특강누범

대법원은 제337조·제339조나 그 미수죄를 범하고 특정범죄가중법 제5조의5
요건을 갖춘 경우에 성립하는 특정범죄가중법위반죄는 특정강력범죄에 해당하
므로(특강§2②), 제337조·제339조의 법정형을 가중하여 규정한 특정범죄가중법

27

28

---

40 헌재 2008. 12. 26, 2005헌바16(제337조 강도치상죄 관련); 헌재 2008. 12. 26, 2006헌바16(제
337조 강도상해죄 관련); 헌재 2010. 2. 25, 2008헌가20(성폭력범죄 관련); 헌재 2010. 9. 30,
2009헌바116(성폭력범죄 관련).

41 헌재 2008. 12. 26, 2007헌가10 등.

42 대법원은 특별히 범죄를 특정함이 없이 특강누범에 대하여 합헌이라고 판단하였다(대판 2005.
4. 14, 2005도1258; 대판 2006. 5. 26, 2006도1640). 성폭력범죄 관련 특강누범이 합헌이라 한
것도 같은 맥락에서 이해된다(대판 2009. 5. 14, 2009도1947).

43 헌재 2008. 12. 26. 2005헌바16에서 문제되었던 쟁점인데, 당해 사건에서는 어떤 것을 먼저 집
행하든 누범기간 내이므로 재판의 전제성이 없다고 하여 본안판단을 하지 않았다. 당해 사건의
상고심인 대판 2005. 4. 14, 2005도1258은 위 헌법재판소 결정 전에 선고되었는데, 누범가중에
위법이 없다고 하였다.

의 법정형에 다시 특정강력범죄법에 의한 누범 가중을 하였다.[44] 이에 대하여 헌법재판소는, 하나의 행위에 대하여 사실상 동일한 내용이라 할 수 있는 특정범죄가중법 제5조의5의 가중사유와 특정강력범죄법 제3조의 누범가중사유를 중첩적으로 적용하는 것일 뿐만 아니라 그 가중된 형도 지나치게 높아 책임원칙에 반하고, 다른 범죄와 비교해 볼 때 형벌체계상의 정당성과 균형성을 상실하여 평등원칙에 위배된다는 이유로, 특정강력범죄법 제3조 중 위 특정범죄가중법위반 부분에 대한 위헌결정을 하였다.[45] 그 후 특정강력범죄법 제3조는 위 결정에서 위헌으로 선고된 형법 제337조 및 그 미수죄에 관한 특정범죄가중법위반죄의 경우를 적용범위에서 제외하는 것으로 개정되었는데(2014. 1. 17. 법률 제12198호), 형법 제339조의 경우도 같은 문제가 있으므로 이 부분도 함께 개정하는 것이 타당하다.

(4) 특강누범과 재범누범

29   재범누범은 제337조·제339조(미수 포함, 이하 같다.)에 관한 것이고, 사형·무기 또는 10년 이상의 징역에 처한다(특가 §5의5). 제337조·제339조도 특정강력범죄인데(특강 §2①), 유독 이들에 대하여만 재범누범을 둔 것은 우리 법이 이에 대하여 강한 처벌을 하는 입법정책을 취한 것이라 할 수 있다. 그런데 제337조·제339조의 죄에 특정범죄가중법을 적용하지 않고 유기징역형을 선택하여 특정강력범죄법 제3조를 적용하면, 제337조의 경우는 14년 이상, 제339조는 20년 이상의 징역에 처하게 되어, 유기징역에 관하여는 특강누범이 오히려 중한 결과가 된다. 위 위헌결정(2007헌가10 등) 후 개정된 현행법은 재범누범의 경우 특강누범의 적용이 전반적으로 배제된다고 해석되는데, 제337조·제339조를 무겁게 벌하려는 입법취지와는 반대의 결과가 된다. 중첩적이든 분리하든 재범누범과 특강누범을 이중으로 규정하는 것이 타당한지부터 의문이 있다.

---

44 대판 2006. 3. 23, 2006도536.

45 헌재 2008. 12. 26, 2007헌가10 등(당해 사건에서 문제된 제337조 및 그 미수죄의 재범누범에 대한 특강누범에 대하여 위헌결정). 이와 달리 반복적 음주운전(도교 §148의2①)은 누범과 구별되는 구성요건이므로, 이에 대해 본조의 누범 가중을 하더라도 일사부재리나 이중처벌금지에 반한다고 볼 수 없다(대판 2014. 7. 10, 2014도5868 참조).

3. 폭력행위 등 처벌에 관한 법률상 누범

폭력행위 등 처벌에 관한 법률(이하 , 폭력행위처벌법이라 한다.) 제2조 제3항 및 30
제3조 제4항은 폭력행위처벌법 또는 관련 형법 조항을 위반하여 2회 이상 징역
형을 받은 사람이 공동폭력범죄(폭처§2②) 또는 특수폭력범죄(형법 각 조항)를 범
하여 누범으로 처벌할 경우 가중된 법정형을 정하고 있다(이하, 폭력누범이라 한
다.). 이것도 본조의 특별규정이라 할 수 있는데, 2회의 폭력 전력을 요구한다는
점에서 요건이 강화되어 있다.

유사한 내용의 구 폭력행위처벌법 제3조 제4항에 대하여 헌법재판소와 대법 31
원은 일사부재리의 원칙, 평등원칙, 책임원칙, 형벌체계상의 균형에 문제가 없어
합헌이라고 한 바 있는데,[46] 현행법도 구조가 크게 다르지 않다.

4. 그 밖의 특별누범

환경범죄 등의 단속 및 가중처벌에 관한 법률 제8조는 누범의 가중이라 하 32
여 위 법에 정한 특정 죄로 금고 이상의 형을 선고받고 그 집행이 끝나거나 집
행을 면제받은 지 3년 내에 특정 죄를 범한 경우 가중된 법정형으로 처벌하고
(이하, 환경누범이라 한다.), 보건범죄 단속에 관한 특별조치법 제3조의2도 재범자
의 특수가중이라 하여 유사한 규정을 두고 있다(이하, 보건누범이라 한다.).

이들은 전범과 후범이 같은 법을 위반한 범죄인 누범에 대하여 법정형 자체 33
를 가중하고 있는데, 본조의 일반누범의 특별규정으로서 특별누범에 해당한다.

Ⅳ. 일반누범과 특별누범

1. 이중 가중

판례는 특정범죄가중법 제5조의4 제5항의 다범누범이나 제6항의 상습누범 34
이 성립하면 위 조항의 가중된 형을 적용한 후 다시 본조에 의하여 누범 가중한
다고 하면서, 그 근거로 ① 입법취지가 해당 범죄에 대하여 법정형을 강화하기
위한 데 있다는 점, ② 조문의 체계가 구성요건을 규정하는 형식으로 되어 있다

---

46 헌재 2002. 10. 31, 2001헌바68; 대판 2007. 8. 23, 2007도4913.

는 점, ③ 적용요건이나 효과가 본조와 달리 규정되어 있다는 점에 비추어 위 조항은 새로운 구성요건을 창설한 것으로 해석하여야 한다는 것을 근거로 들고 있다.[47]

35   특별누범은 그 효과를 규정함에 있어 법정형 자체를 가중하여 규정한 경우(특정범죄가중법의 누범, 폭력범죄 누범, 환경누범, 보건누범)(전자)와 장기와 단기의 2배까지 가중한다고 규정한 경우(특강누범)(후자)가 있다. 위 판례의 논거 ①은 양자에 공통되고, ②와 ③은 전자에만 해당한다. 이에 비추어 볼 때, 전자는 그 법에 규정된 가중 법정형에 본조의 누범 가중을 추가로 하고, 후자는 그 법에 규정된 가중만을 한다는 것이 판례의 입장이라고 이해된다. 그러나 특별누범은 어느 것이나 그 고유의 요건에 본조의 요건이 더하여 지는 것으로 그 성질이 누범임에 틀림없고, ②와 ③과 같은 차이는 규정 형식의 차이일 뿐 실질적인 차이라고 하기 어려우며, 과연 입법자가 판례의 이해처럼 양자를 달리 취급하기 위하여 의도적으로 다른 입법형식을 취하였는지는 의문이다. 특별누범은 그 자체에 누범의 요건이 갖추어져 있는 것으로서 이에 더하여 일반누범의 가중을 추가로 하는 판례의 입장은 누범에 대한 이중 평가로서 헌법에 맞지 않는 해석이라고 생각한다.[48] 판례는 가중된 법정형을 규정하는 형식의 누범은 본조의 특례규정이 아니라는 취지이나,[49] 본조의 요건이 포함된 특별누범은 어느 것이나 본조에 대한 특별규정으로서 특별법 규정만 적용되고 본조는 적용되지 않는다고 보아야 한다.

2. 직권 적용

36   판례는 누범 가중 사유는 범죄사실이 아니라 양형사유이므로 공소장에 기재되어 있지 않더라도 법원이 직권으로 누범전과를 인정하고 누범으로 처벌할 수 있다고 한다.[50] 판례는 나아가 공소장에 본조가 기재되어 있더라도 이에 구애받지 말고 특정강력범죄법 제3조를 적용하여야 하고,[51] 공소장변경 없이 특정

---

47 다범누범에 관한 대판 1994. 9. 27, 94도1391; 대판 2020. 5. 14, 2019도18947 및 상습누범에 관한 대판 2006. 12. 8, 2006도6886.
48 재범누범의 특강누범이 위헌이라고 판단한 헌재 2008. 12. 26, 2007헌가10 등 참조.
49 대판 1994. 9. 27, 94도1391. 본 판결 평석은 손동권, "상습범 및 누범에 대한 형벌가중의 문제점", 형사판례연구 [4], 한국형사판례연구회, 박영사(1996), 105-135.
50 대판 1971. 12. 21, 71도2004.
51 대판 2012. 7. 5, 2012도6154 등.

범죄가중법 제5조의4 제5항을 적용할 수 있다고 한다.[52] 그러나 적어도 특별누
범 규정을 적용하기 위해서는 공소장변경이 필요하고, 피고인의 방어에 실질적
불이익이 없는 경우에 한하여 직권으로 인정할 수 있다고 보는 것이 타당하다.

〔이 상 원〕

---

52 대판 2007. 7. 27, 2007도4097. 본 판결 해설은 정태학, "특정범죄 가중처벌 등에 관한 법률 제5
　　조의4 제1항과 같은 조 제5항의 관계", 해설 74, 법원도서관(2008), 801-814.

제36조(판결선고후의 누범발각)

판결선고후 누범인 것이 발각된 때에는 그 선고한 형을 통산하여 다시 형을 정할 수 있다. 단, 선고한 형의 집행을 종료하거나 그 집행이 면제된 후에는 예외로 한다.

Ⅰ. 의　의

1　　　재판과정에서 누범인 사실이 밝혀지면 누범 가중을 하여 형을 선고한다. 그런데 누범인 사실이 판결선고 후에 비로소 발각된 경우, 그 선고형에는 누범 가중이 반영되지 않은 상태이다. 본조는 이 경우 그 선고한 형을 통산하여 다시 형을 정할 수 있도록 한 것이다.

2　　　이는 ① 피고인이 전과사실을 은폐하여 누범 가중을 면하는 부당함을 막거나,[1] 이에 더하여 ② 재판 중 전과 확인으로 심리가 지연될 위험을 막기 위한 것이라 설명되고 있다.[2] 그런데 위 ①은 본조가 피고인의 귀책사유를 요건으로 하지 않는다는 점에서, ②는 전과사실의 확인에 심리 지연이 있을 정도로 과다한 노력이 드는 경우가 일반적이지는 않다는 점에서, 위 각 근거는 그 정당성이 박약하다고 할 것이다.

1　김형만, 형법총론, 336; 박상기·전지연, 형법학(총론·각론)(5판), 365; 배종대, 형법총론(18판), § 188/8; 이정원·이석배·정배근, 형법총론, 447; 이주원, 형법총론(3판), 522; 정성근·정준섭, 형법강의 총론(3판), 472; 정영일, 형법총론(3판), 511.

2　김성돈, 형법총론(8판), 855; 김신규, 형법총론 강의, 571; 오영근·노수환, 형법총론(7판), 547; 이재상·장영민·강동범, 형법총론(12판), § 42/30; 최호진, 형법총론(2판), 873; 주석형법〔총칙(2)〕(3판), 262(김대휘).

　　　　　　　　　　〔이 상 원〕

II. 제도의 내용

1. 요 건

(1) 판결선고 후

누범인 사실이 판결선고 후 발각되어야 한다. 이는 집행유예 취소사유인   3
집행유예 판결선고 후 결격사유가 발각된 때(§ 64)와 같은 의미로 이해된다.[3]

판결선고 후란 판결확정 후를 의미한다.[4] 확정 전 누범사유가 발각된 때에   4
는 상소를 통하여 가중된 형을 정할 수 있기 때문이다. 판결선고 후 확정 전에
발각된 때라도 마찬가지이다. 다만 제1심 판결에 대해 피고인만 항소한 상태에
서 비로소 누범임이 밝혀진 경우, 불이익변경금지의 원칙상 항소심은 제1심보
다 무거운 형을 선고할 수 없는 경우와 같이 상소를 통하여 가중된 형을 정할
기회가 없는 경우는 확정 전이라도 판결선고 후 발각이라고 보아야 한다는 견
해가 있을 수 있다.[5] 그러나 이러한 해석은 제도를 복잡하게 할 뿐만 아니라 뒤
에 보는 바와 같은 본조 폐지론을 고려할 때 엄격하게 해석할 필요가 있기 때문
에 검사의 상소 여부와 무관하게 판결확정 후로 해석하는 것이 타당하다. 위 사
례와 같은 경우, 항소심으로서는 누범 가중을 하되 불이익변경금지의 원칙상 무
거운 형을 선고하지 못한다는 취지를 밝혀줌으로써 충분하고, 이 판결이 확정된
후 본조에 의하여 형을 다시 정할 수는 없다고 본다.[6]

(2) 누범인 것이 발각된 때

본조는 법원이 직권으로 형을 다시 정하라는 취지가 아니라 검사에게 그러   5
한 청구권을 부여한 것이라고 이해된다.[7] 누범인 것이 발각되었다고 함은 그 사

---

3 사법연수원, 법원실무제요 형사 [III](2022), 299.
4 판례도 집행유예 취소 원인이 결격사유 발각에 관하여 상소불가능성을 근거로 하고 있다(대결
   1976. 4. 14, 76모12; 대결 2001. 6. 27, 2001모135).
5 노태악, "집행유예의 결격사유가 되는 전과의 발견과 집행유예선고의 취소", 해설 39, 법원도서
   관(2002), 388은 집행유예 결격에 관하여 유사한 관점을 논하고 있다.
6 마찬가지로 사법연수원, 법원실무제요 형사 [III](2022), 286은 "집행유예 판결에 대하여 피고인
   만이 항소하였는데 검사의 항소기간이 도과하여 이미 항소할 수 없게 된 후에 집행유예 취소
   요건에 해당하는 그 이전의 전과가 발견된 경우, 그 항소심에서는 불이익변경금지 원칙상 집
   행유예 판결이 유지되어야 하고, 그 확정 후의 발각이 아니므로 집행유예의 취소청구도 할 수
   없다."고 한다.
7 집행유예 취소에 관한 대결 1976. 4. 14, 76모12. 「형법 제64조에 의하면 집행유예의 선고를 받

유를 알게 된 검사의 청구로 법원이 이를 인정하게 된 것을 의미한다. 판결확정
전에 누범이 발각된 때에는 청구하지 못한다. 검사가 누범사유가 있음을 안 경
우뿐만 아니라 이를 알 수 있는 객관적인 상황이 존재함에도 부주의로 알지 못
한 경우도 포함된다.[8] 피고인의 귀책사유 유무는 고려되지 않는다고 본다. 본조
에 그러한 요건을 규정하고 있지 않기 때문이다. 그리하여 가령 검사의 부주의
와 피고인의 귀책사유를 비교하여 후자가 큰 경우에는 본조가 적용된다고 하는
것[9]은 타당하지 않다. 피고인의 적극적인 기망이 있었다 하더라도 이를 간파하
지 못한 검사에게 귀책사유가 있다면, 본조의 청구는 할 수 없다고 본다.

(3) 형 집행이 종료되거나 면제되지 않을 것

6 　　선고한 형의 집행을 종료하거나 그 집행이 면제된 후에는 다시 형을 정할
수 없다(§ 36 단서). 집행종료나 면제의 의미는 제35조 제1항의 그것과 같다.

2. 절 차

7 　　누범이 발각된 경우 검사는 그 범죄사실에 대한 최종 판결을 한 법원에 청
구하며, 법원은 피고인이나 대리인의 의견을 들은 후 결정에 의하여 다시 형을
정한다(형소 § 336, § 335②). 여기서 최종 판결을 한 법원이란 확정된 형을 선고한
최종 법원을 의미하고, 항소기각이나 상고기각을 한 법원은 그로써 판결이 확정
되더라도 이에 해당하지 않는다.

8 　　누범 발각의 경우 다시 형을 '정할 수 있다'고 규정하고 있으므로(§ 36 본문),
법원은 사안에 따라 다시 형을 정하지 아니할 수도 있다고 해석된다. 다시 형을
정하는 결정에 대하여는 즉시항고를 할 수 없고 보통항고만 허용된다.[10]

은 후 제62조 단행의 사유가 발각된 때에는 집행유예의 선고를 취소한다고 규정되어 있고 형사
소송법 제335조에 의하면 형의 집행유예의 취소는 검사가 청구하도록 되어 있는바 형법 제64조
에 집행유예의 선고를 받은 후 동법 제62조 단행의 사유, 즉 금고이상의 형의 선고를 받아 집행
을 종료한 후 또는 집행이 면제된 후로부터 5년을 경과하지 아니한 자인 것이 발각된 때라 함은
집행유예선고의 판결이 확정된 후에 비로소 위와 같은 사유가 발각되었음을 말한다 할 것이고
이와 같은 경우 검사는 집행유예의 취소청구를 할 수 있다는 뜻으로 해석할 것이다.」
　　본 판결 평석은 이재화, "집행유예의 취소요건인 전과에 대한 발각의 시기주체 및 그 정도",
법조 26-1, 법조협회(1977), 129-139.

8 집행유예 결격에 관한 대결 2001 6. 27, 2001모135 참조. 본 판결 해석은 노태악(주 5), 381-393.
9 집행유예 취소에 관한 대결 2000 7. 31, 2000모55가 이러한 입장에 있는 것으로 보인다.
10 형사소송법 제336조(경합범 중 다시 형을 정하는 절차) 제2항이 제335조(형의 집행유예 취소의

〔이 상 원〕

Ⅲ. 위헌성의 문제

1. 일사부재리의 원칙

확정판결 후에 누범이 발각되어 새로운 사정에 기하여 단지 가중형만을 추   9
가하는 것은 일사부재리의 원칙에 저촉된다고 할 수 없다는 견해가 있다.[11] 판
결의 확정력은 사실심리의 가능성이 있는 최후의 시점인 판결선고 시를 기준으
로 한다.[12] 그 전의 행위는 피고인의 은폐 여부나 검사의 인지·귀책사유 여부
에 관계없이 모두 기판력이 미친다. 누범은 전범의 존재가 후범의 행위불법을
가중시키는 것으로서(이에 대해서는 **제4절 [총설] Ⅱ. 성질** 부분 참조), 실질적으로 후
범의 요건사실이라 할 수 있다. 누범인 요건은 언제나 판결선고 이전에 존재하
는 사유로서 그 판결의 확정으로 기판력이 미치고, 따라서 후에 발견되었다고
하여 다시 형을 정하는 것은 일사부재리의 원칙에 반한다.[13]

2. 진술거부권

누범전과를 은폐하였다고 하여 가중형을 추가하는 것은 진술거부권을 침해   10
한다는 견해가 있다.[14] 그러나 처음부터 누범전과를 은폐하지 않고 자백하더라
도 어차피 누범 가중되었을 것이므로 은폐로 추가적인 불이익이 생기지 않는
이상 본조가 진술 강요를 하였다고 하기는 어렵다.

3. 입법론

본조는 헌법에 위반된다. 일본형법에는 본조와 유사한 내용의 제58조가 있   11

절차) 제3항(전항의 결정에 대하여는 즉시항고를 할 수 있다.)을 준용하지 아니하기 때문이다
〔사법연수원, 법원실무제요 형사 [Ⅲ](2022), 299〕.

11 정성근·박광민, 형법총론(전정3판), 562. 이 견해도 이중심리의 위험이 있으므로 입법론적으로
재고의 여지가 있다고 한다. 이 견해가 같은 취지라고 제시한 대판 1968. 5. 21, 68도336은 제
35조가 일사부재리의 원칙에 반하지 않는다고 한 것이다.

12 대판 1993. 5. 25, 93도836.

13 강동욱, 강의 형법총론(3판), 429; 김성돈, 855-856; 김성천·김형준, 형법총론(6판), 501; 김일수·서
보학, 새로쓴 형법총론(13판), 596; 배종대, § 188/8; 이재상·장영민·강동범, § 42/31; 임웅·김성
규·박성민, 형법총론(14정판), 705.

14 김성돈, 856; 김일수·서보학, 596; 배종대, § 188/8; 이재상·장영민·강동범, § 42/31; 임웅·김성
규·박성민, 705.

었는데, 일사부재리의 원칙에 반한다는 이유로 1947년 삭제되었다. 본조는 삭제되어야 한다.[15]

〔이 상 원〕

---

15 김성천·김형준, 501; 박상기·전지연, 365; 이형국·김혜경, 형법총론(7판), 630.

제 5 절 경합범

〔총 설〕

Ⅰ. 죄수론

1. 의 의

죄수(罪數)란 범죄의 개수를 말한다. 범죄의 개수를 어떠한 기준에 의하여 판단할 것인가, 범죄의 개수에 따른 법적 취급을 어떻게 할 것인가가 문제되는데, 이에 관한 논의를 죄수론이라 한다. 죄수론은 동일한 행위자가 몇 개의 범죄를 저질렀는가를 따지는 것으로서 행위자 1인을 전제로 한다.   1

죄수론은 1개의 범죄가 성립하는 기준에 관한 논의로서 범죄론에 속한다. 이에 비하여, 위 기준에 따라 수개의 범죄로 판단된 경우, 그 경합하는 수개의 범죄를 어떻게 처리할 것인가 하는 문제(이를 범죄경합론이라고도 함)는 형벌론의 문제이다.   2

죄수는 실체법적으로 기수시기, 가중법규의 적용, 처단형의 범위 등에 영향을 미치고, 소송법적으로 사건의 단일성과 동일성, 공소사실의 특정, 재체포·재구속의 제한, 공소제기의 효력 범위, 재기소 금지, 기판력의 범위 등에 영향을 미친다.   3

죄수론상 1죄는 구성요건을 1회 충족하여 범죄가 1회 성립하는 경우를 말하는 실체법적 개념이며, 실체법상 1죄이므로 절차법(소송법)상으로도 1죄로 취   4

급되고 형벌도 1회만 부과된다(1죄 1회 처벌의 원칙). 즉, 죄수론상 1죄는 소송법 상으로도 1죄이다. 죄수론상 수죄는 수회 처벌이 가능하다. 그런데 죄수론상 수 죄이면서도 죄형법정주의(죄형의 균형)의 절차법적 측면, 신속한 재판, 이중처벌 금지, 법적 안정성, 피고인의 이익 등 합목적적 관점에서 1회의 절차에 따라 1회 의 처벌이 요청되는 경우가 있다. 이러한 경우를 1죄로 파악하여 소송법상 1죄 로 취급한다. 소송법상 1죄는 처벌 1회성의 원칙이 적용되어 과형상 1죄가 된다.

5　　　실체법상 1죄('실체상 1죄'라고도 함)는 죄수론상 1죄로서 범죄론의 문제이다. 이에 비하여 소송법상 1죄('소송상 1죄'라고도 함)는 형벌론의 문제이다. 따라서 실 체법상 수죄를 소송법상 1죄로서 1회 처벌한다고 하더라도 죄수론상 1죄가 되 는 것은 아니다.

6　　　다만 논의의 연관성 때문에 양자를 함께 논의하는 것이 일반적이며, 여기서 도 함께 살펴본다.

2. 죄수 판단의 기준

7　　　학설들은 죄수를 판단하는 기준으로 아래의 기준들을 제시하여 왔다. 이들 은 실체법상 죄수를 판단하는 기준이다.

(1) 행위표준설

8　　　객관주의 입장에서 범죄의 본질이 행위에 있다고 보고 행위의 개수에 따라 범죄의 개수를 정하는 견해이다. 그리하여 행위가 1개이면 1죄, 행위가 수개이 면 수죄가 된다. 행위표준설은 처음 행위를 자연적 의미의 행위로 이해하여 신 체동작의 객관적 개수를 기준으로 죄수를 결정하였다. 그러나 자연적 의미의 신 체동작을 기준으로 할 경우 신체동작 하나하나마다 죄를 인정해야 해야 하는 문제가 생긴다. 그리하여 사회적·법적 관점에서 평가되는 행위의 개수를 기준 으로 죄수를 판단하려는 견해가 등장하였다. 그러나 사회적·법적 관점의 평가 는 이미 행위에 대한 규범적 평가를 거치는 것으로서 객관적 행위를 기준으로 한다는 원칙에서 벗어나 있는 것이다. 행위표준설은 또 폭행하여 재물을 강취하 는 강도죄와 같이 수개의 행위로 이루어진 1개의 범죄를 설명하기 어렵다.

(2) 의사표준설

9　　　행위자에 주목하는 주관주의 범죄론에서는 범죄의사의 표현으로서 범죄를

바라본다. 의사표준설은 행위자가 실현하려는 범죄의사의 개수에 따라 범죄의 개수를 결정하는 견해이다. 그러나 의사표준설은 행위의 정형성을 무시하는 문제점이 있을 뿐만 아니라 행위자 내심에 있는 의사의 개수를 파악하는 것도 쉽지 않다.

(3) 법익표준설

객관주의 입장에서 범죄의 본질이 법익의 침해에 있다고 보고, 침해되는 보   10
호법익 또는 결과의 개수를 기준으로 범죄의 개수를 정하는 견해이다. 이에 따르면, 가령 수인의 주택에 불을 놓은 경우 개인적 법익을 침해하는 재물손괴죄는 법익귀속 주체의 수에 따라 수죄가 성립하지만, 사회적 법익을 침해하는 방화죄는 1개의 죄가 성립한다. 그러나 법익은 법질서가 보호하는 이익이라는 규범적 판단이 선행될 때 정해지는 관념적 개념으로서 객관적으로 포착하기 어렵다는 문제점이 있다.

(4) 구성요건표준설

죄수는 전(前) 법률적인 문제가 아니라 법률적인 구성요건 충족의 문제이므   11
로 구성요건을 충족하는 개수에 따라 범죄의 개수를 정한다는 견해이다.[1] 구성요건은 법익을 구체화하여 규정하면서 이 법익을 침해하거나 위태롭게 하는 행위의 객관적 정형을 규정하여 놓은 것이므로, 규범적 요소를 반영하면서도 객관성을 유지하는 장점이 있다. 그러나 구성요건을 표준으로 하더라도 규범적 판단을 거쳐야 하므로 구성요건 충족의 개수를 판단하는 것이 쉬운 일만은 아니다.

(5) 소결

법률 없으면 범죄 없다. 범죄는 법률 이전에 선험적으로 존재하는 것이 아   12
니라 법률에 의하여 규정된다. 법률이 범죄행위의 정형으로 규정한 구성요건이 범죄를 판정하는 기준이 되므로 그 개수 역시 구성요건을 기준으로 하여야 한다. 그러나 구성요건을 기준으로 한다고 하더라도 구체적인 판단을 위해서는 범죄의 실질을 구성하는 행위, 의사, 법익(결과)을 함께 고려할 수밖에 없다. 오히

---

[1] 강동욱, 강의 형법총론(3판), 364; 김신규, 형법총론 강의, 500; 김형만, 형법총론, 307; 손동권·김재윤, 새로운 형법총론, §34/6; 이용식, 형법총론(2판), 191; 이재상·장영민·강동범, 형법총론(12판), §37/7-8; 이주원, 형법총론(3판), 443; 이형국·김혜경, 형법총론(7판), 549; 정성근·정준섭, 형법강의 총론(3판), 408; 정영일, 형법총론(3판), 469; 정웅석·최창호, 형법총론, 154-155; 주석형법 〔총칙(2)〕(3판), 279(김대휘).

려 이 때문에 구성요건설은 행위표준설, 의사표준설, 법익표준설이 만날 수 있는 공통의 장을 제공하였다고 할 수 있다. 요컨대, 구성요건을 충족하는 횟수에 따라 범죄의 개수를 정하되(구성요건표준설의 입장) 이를 판단함에 있어서 실질적 요소를 고려하여야 하는데, 그 각 요소의 가중치는 개별적인 범죄마다 차이가 있을 수 있어, 어느 때는 행위가, 어느 때는 의사가, 어느 때는 법익(결과)이 전면으로 부각된다. 판례의 죄수 판단 기준이 일관되지 않아 보이는 것은 바로 이러한 때문이라 생각한다.

3. 죄수 판단의 실제

13　　판례는 어느 한 견해에만 따르지 아니하고 학설들이 주장하는 표준들을 종합적으로 고려하되, 각 구성요건의 특성에 따라 강조점을 달리하곤 한다. 아래에서는 범죄유형별로 판례의 구체적 기준을 살펴본다.

(1) 절도의 죄

14　　절도죄(§329)는 원칙적으로 재물의 관리귀속(점유)을 기준으로 죄수를 결정한다. 같은 관리인의 방안에서 A 소유의 물건과 B 소유의 물건을 절취한 경우는, 관리귀속이 1개이므로 1죄이다.[2] 이에 비해 A 집에 침입하여 A의 방에서 물건을 절취하고 그 집에 세들어 사는 B의 방에서 물건을 절취한 경우는, 관리자가 달라 2개의 죄가 성립한다.[3]

(2) 강도의 죄

15　　절도죄의 기준은 강도죄(§333)에도 적용된다. 강도가 가족을 이루는 수인에게 폭행·협박을 가하여 집안에 있는 재물을 탈취한 경우, 그 재물은 가족의 공동점유 아래 있는 것으로서 이를 탈취하는 행위는 그 소유자가 누구인지 불문하고 단일한 강도죄가 성립한다.[4] 이는 절도죄와 더불어 법익침해를 기본적으로 고려하면서도(법익표준), 단일한 범의로써(의사표준) 절취한 시간과 장소가 접착되어 있다(행위표준)는 점[5]도 함께 고려한 것이라 생각된다. 한편, 제334조 제2

---

2 대판 1970. 7. 21, 70도1133.
3 대판 1989. 8. 8, 89도664.
4 대판 1996. 7. 30, 96도1285.
5 대판 1970. 7. 21, 70도1133; 대판 1979. 10. 10, 79도2093; 대판 1989. 8. 8, 89도664; 대판 1996. 7. 30, 96도1285 참조.

　　　　　　　　　　　　　　〔이 상 원〕

항의 특수강도(흉기휴대 또는 합동 강도)에 있어서 주거침입은 그 구성요건이 아니므로 강도범인이 그 범행수단으로 주거침입을 한 경우에 그 주거침입행위는 강도죄에 흡수되지 아니하고 별개로 주거침입죄(§319①)를 구성하는데,[6] 이는 구성요건의 행위 정형을 고려한 것이다(구성요건표준).

강도상해죄(§337 전단)는 신체라는 일신전속적 법익에 대한 범죄라는 면이 강하므로 강도가 수인에게 상해를 가한 경우, 피해자별로 범죄가 성립하여 수죄가 된다.[7] 그런데 절도범이 체포를 면탈할 목적으로 수인을 폭행하여 그중 1인에게 상해를 가한 경우, 포괄하여 1개의 강도상해죄만 성립한다.[8] 마찬가지로, 가족 수인에게 폭행하여 공동점유의 재물을 강취하고 그중 1인에게 상해를 가한 경우도 1개의 강도상해죄만 성립할 것이다.[9] 그러나 강도가 수인이 각기 점유관리하고 있는 재물을 각 강취하였다면 피해자들의 수에 따라 수개의 강도죄가 성립하고,[10] 그중 1인에게 상해를 가한 경우에는 강도죄와 강도상해죄가 따로 성립한다.

절도범인이 체포를 면탈할 목적으로 경찰관에게 폭행·협박을 가한 때에는 준강도죄(§335)와 공무집행방해죄(§136①)를 구성하고, 두 죄는 상상적 경합관계에 있다.[11] 그런데 위에서 추론되는 바처럼 절도가 체포를 면탈할 목적으로 수인에게 폭행·협박을 가한 경우는 1개의 준강도죄가 성립한다. 그러므로 위에서 경찰관을 포함하여 수인을 폭행하였다면 1개의 준강도죄와 1개의 공무집행방해죄가 성립한다. 다만, 이 경우는 실체적 경합관계에 있다고 봄이 상당하다. 강도가 체포를 면탈할 목적으로 경찰관을 폭행한 때에는 강도죄와 공무집행방해죄가 실체적 경합관계에 있기 때문이다.[12]

16

17

---

6 대판 2009. 12. 24, 2009도9667(합동절도인 특수절도죄) 참조.
7 대판 1987. 5. 26, 87도527. 본 판결 해설은 이창구, "강도상해죄의 죄수", 해설 7, 법원행정처 (1988), 489-497.
8 대판 2001. 8. 21, 2001도3447.
9 사법연수원, 형사판결서작성실무(2019), 242.
10 대판 1991. 6. 25, 91도643. 본 판결 평석은 이민걸, "강도죄 및 강도상해죄의 죄수관계", 형사판례연구 〔3〕, 한국형사판례연구회, 박영사(1995), 214-236.
11 대판 1992. 7. 28, 92도917.
12 대판 1992. 7. 28, 92도917.

(3) 사기의 죄

18   여러 차례에 걸쳐 재물을 편취한 경우에는 원칙적으로 사기죄(§347)의 수죄
가 된다. 그런데 동일인에 대하여 단일한 범의를 가지고 동일한 방법에 의하여
여러 차례에 걸쳐 재물을 편취하면, 그 전체가 포괄하여 일죄로 된다.[13] 물론
범의의 단일성과 계속성이 인정되지 않거나 범행방법이 동일하지 않은 경우에
는 수죄가 된다.[14] 그러나 여러 사람의 피해자에 대하여 따로 기망행위를 하여
각각 재물을 편취한 경우에는, 비록 범의가 단일하고 범행방법이 동일하더라도
각 피해자의 피해법익은 독립한 것이므로 그 전체가 포괄일죄로 되지 아니하고,
피해자별로 독립한 여러 개의 사기죄가 성립한다.[15] 이러한 판단은 피해법익의
수를 구성요건적으로 평가한 데 따른 것이라 할 수 있다.

19   사기의 수단으로 위조문서·유가증권, 부정수표, 위조통화 등을 사용한 경
우, 이들 죄는 사기죄와 별도로 성립하는데,[16] 이 경우 보호법익과 구성요건이
다르며 행위의 일부만 일치하는 점이 고려된 것으로 보인다.

(4) 횡령·배임의 죄

20   횡령죄(§355①)와 배임죄(§355②)도 사기죄와 마찬가지로 보호법익의 수가
죄수 판단의 중요한 기준으로 작용한다. 국세와 지방세를 함께 수납하는 공무원
이 단일한 범의로 세금을 횡령한 경우 피해자(국가, 지방자치단체)별로 별개의 죄
가 성립하고,[17] 수인으로부터 임차하여 보관하던 여러 개의 재물을 1개의 행위
에 의하여 횡령한 경우 수죄가 된다.[18] 그러나 수개의 업무상횡령행위라 하더라

---

13 대판 2005. 9. 15, 2005도1952.
14 대판 2004. 6. 25, 2004도1751(실체적 경합관계).
15 대판 2004. 7. 22, 2004도2390; 대판 2010. 4. 29, 2010도2810.
16 대판 1979. 7. 10, 79도840(위조통화를 행사하여 재물을 불법영득한 때에는 위조통화행사죄와
   사기죄가 성립한다고 한 사례); 대판 1991. 9. 10, 91도1722(피고인이 예금통장을 강취하고 예금
   자 명의의 예금청구서를 위조한 다음 이를 은행원에게 제출행사하여 예금인출금 명목의 금원을
   교부받았다면 강도, 사문서위조, 위조사문서행사, 사기의 각 범죄가 성립하고, 이들은 실체적 경
   합관계라고 한 사례); 대판 2004. 6. 25, 2004도1751(사기의 수단으로 발행한 수표가 지급거절된
   경우, 부정수표단속법위반죄와 사기죄는 실체적 경합범이라고 한 사례). ① 위 79도840 판결 평
   석은 류전철, "상상적 경합과 실체적 경합의 구별 문제", 죄형법정원칙과 법원 I, 한국형사법학
   회, 박영사(2023), 292-306, ② 위 91도1722 판결 평석은 이기헌, "경합범과 상상적 경합", 형사
   판례연구 [7], 한국형사판례연구회, 박영사(1999), 150-193.
17 대판 1995. 9. 5, 95도1269.
18 대판 2013. 10. 31, 2013도10020(다만, 이들 수죄는 상상적 경합관계).

도 피해법익이 단일하고 범죄의 태양이 동일하며 단일 범의의 발현에 기인하는
일련의 행위라고 인정될 때에는 포괄하여 1개의 범죄가 성립한다.[19]

(5) 폭행·상해의 죄

폭행죄(§260①)나 상해죄(§257①)는 피해자별로 1개의 죄가 성립한다. 따라 　21
서 폭행 피해자를 구체적으로 특정하지 않고 '100여 명'이라고만 기소한 것은
공소사실이 특정되지 않은 위법한 공소이고,[20] 같은 일시, 장소에서 같은 목적
으로 수인에게 상해를 가하였다면 피해자별로 별개의 죄가 성립한다.[21] 이들은
모두 법익을 주요 기준으로 삼은 것이다.

공무집행방해죄와 같이 폭행을 구성요건 행위의 일부로 포함하는 범죄가 　22
성립하면 폭행죄는 따로 성립하지 않는다. 그러나 이를 넘어 상해를 가한 경우
에는, 공무집행방해죄의 구성요건에 포함되지 않아 별도의 죄가 성립한다. 다만
특수공무집행방해를 하여 상해를 가한 경우에는, 이를 구성요건에 포함하고 있
는 특수공무집행방해치상죄(§144② 전문)만 성립한다.[22] 이들은 구성요건이 중요
기준으로 작용한 것이다. 이에 비하여, 업무방해죄(§314①)는 폭행을 구성요건
행위로 하고 있지 않고 폭행죄와 보호법익을 달리하고 있으므로 폭행도 별개의
죄로 성립한다.[23]

(6) 강간의 죄

강간죄(§297)는 일신전속적인 인격적 법익을 침해하는 범죄로서 피해자가 　23
다르면 수죄가 성립한다(법익표준). 동일 피해자에 대한 범행이라도 원칙적으로
행위 시마다 1개의 범죄가 성립한다(행위표준).[24] 다만, 항거불능하게 하여 1회

19　대판 2006. 6. 2, 2005도3431.
20　대판 1995. 3. 24, 95도22.
21　대판 1983. 4. 26, 83도524.
22　대판 2008. 11. 27, 2008도7311. 본 판결 평석은 손동권, "부진정 결과적 가중범과 고의범의 죄
　　수 문제: 부진정 결과적 가중범과 중한 결과에 대한 고의범의 죄수", 죄형법정원칙과 법원 I, 한
　　국형사법학회, 박영사(2023), 104-120.
23　대판 2012. 10. 11, 2012도1895. 「업무방해죄와 폭행죄는 그 구성요건과 보호법익을 달리하고
　　있고, 업무방해죄의 성립에 일반적·전형적으로 사람에 대한 폭행행위를 수반하는 것은 아니며,
　　폭행행위가 업무방해죄에 비하여 별도로 고려되지 않을 만큼 경미한 것이라고 할 수도 없으므
　　로, 설령 피해자에 대한 폭행행위가 동일한 피해자에 대한 업무방해죄의 수단이 되었다고 하더
　　라도 그러한 폭행행위가 이른바 '불가벌적 수반행위'에 해당하여 업무방해죄에 대하여 흡수관계
　　에 있다고 볼 수는 없다.」
24　대판 1982. 12. 14, 82도2442(미성년자의제강간·강제추행); 대판 1987. 5. 12, 87도694(피해자

간음하고 200미터쯤 오다가 위 상태를 이용하여 다시 1회 간음한 사안에서 두 번째 행위가 처음 행위의 계속으로 볼 수 있다고 하여 1죄를 인정한 오래 전 사례가 있는데,[25] 이 판단이 현재도 유지될지는 의문이다.

(7) 문서·유가증권의 죄

24   문서위조죄(§ 225, § 231)나 유가증권위조죄(§ 214)는 원칙적으로 문서나 유가증권의 개수를 기준으로 죄수를 결정하여 문서나 유가증권마다 1개의 죄가 성립한다.[26] 그런데 1개라도 2인 이상의 작성명의인이 있는 때에는 각 명의자마다 1개의 문서가 성립되므로, 연명 문서를 위조한 경우는 작성명의인의 수대로 복수의 문서위조죄가 성립한다.[27] 이들은 작성 명의에 대한 사회의 신뢰라는 보호법익이 명의자마다 존재한다고 보는 것으로 법익을 표준으로 한 것이라 할 수 있다.

(8) 뇌물의 죄

25   여러 개의 뇌물수수행위가 있는 경우에 단일하고 계속된 범의하에 동종의 범행을 일정기간 반복하여 행한 것이고 피해법익도 동일한 경우에는 각 범행을 통틀어 뇌물수수죄(§ 129①) 1죄가 성립하지만, 그러한 범의의 단일성과 계속성을 인정할 수 없을 때에는 각 범행마다 별개의 죄가 성립한다.[28] 이는 의사표준을 강조한 것이다.

4. 일죄와 수죄

26   죄수를 기준으로 범죄를 분류할 경우, 우선 일죄(一罪)와 수죄(數罪)로 구분할 수 있고, 다시 각 그 하위의 여러 유형으로 분류할 수 있다. 학설과 실무는 이러한 유형 분류에 의견이 일치되는 경우도 있지만 서로 다른 경우도 있어 통일되어 있지 않다.

를 1회 강간하여 상처를 입게 한 후 약 1시간 후에 장소를 옮겨 같은 피해자를 다시 1회 강간한 행위는 그 범행시간과 장소를 달리하고 있을 뿐만 아니라 각 별개의 범의에서 이루어진 행위로서 실체적 경합범에 해당한다고 한 사례); 대판 1996. 9. 6, 96도1763. 위 87도694 판결 평석은 허일태, "연속범의 죄수", 형사판례연구 [5], 한국형사판례연구회, 박영사(1997), 155-175.

25 대판 1970. 9. 29, 70도1516.

26 대판 1982. 12. 14, 82도1362(사문서위조); 대판 1983. 4. 12, 82도2938(유가증권위조).

27 대판 1956. 3. 2, 4288형상343; 대판 1977. 7. 12, 77도1736; 대판 1987. 7. 21, 87도564(다만, 1개의 행위로서 상상적 경합이 됨). 위 87도564 판결 해설은 강종쾌, "복수인명의의 문서를 위조한 경우의 죄수와 범죄의 경합", 해설 8, 법원행정처(1988), 447-454.

28 대판 1998. 2. 10, 97도2836; 대판 2000. 1. 21, 99도4940.

먼저 일죄에 관하여, ① 실체법상 일죄를 단순일죄와 포괄일죄로 구분하고,
계속범, 결합범, 협의의 포괄일죄, 집합범(상습범, 영업범, 직업범)을 행위통합적 구
성요건이라 정의한 다음, 행위통합적 구성요건 중 계속범, 결합범, 협의의 포괄
일죄를 법조경합과 함께 단순일죄로, 행위통합적 구성요건 중 접속범, 집합범을
포괄일죄로 파악하는 견해,[29] ② 실체법상 일죄를 단순일죄라 하고 이를 협의의
단순일죄와 포괄일죄로 구분하여, 협의의 단순일죄를 일행위일죄, 결합범, 계속
범, 상태범으로, 포괄일죄를 협의의 포괄일죄(접속범 포함), 광의의 포괄일죄(상습
범, 영업범, 직업범)로 구분하는 한편, 법조경합을 단순일죄의 영역에 위치시키는
견해,[30] ③ 일죄를 단일죄와 단순일죄로 구분하고, 단순일죄에 법조경합과 포괄
일죄를 위치시키면서, 포괄일죄를 협의의 포괄일죄와 광의의 포괄일죄로 구분
하여 후자에 결합범, 계속범, 접속범, 집합범(영업범, 직업범, 상습범)이 속한다고
보는 견해,[31] ④ 일죄(단순일죄)를 본래 의미의 단순일죄, 포괄일죄, 법조경합으
로 구분하고, 포괄일죄의 유형으로 협의의 포괄일죄, 계속범, 결합범, 집합범(직
업범, 상습범, 영업범), 접속범을 드는 견해,[32] ⑤ 일죄를 단순일죄와 포괄일죄로
구분하고, 법조경합을 단순일죄의 하나로 위치시키며, 포괄일죄에 결합범, 계속
범, 접속범, 집합범, 연속범이 있다고 하는 견해,[33] ⑥ 일죄에 법조경합과 포괄
일죄가 포함되고, 포괄일죄에는 결합범, 계속범, 접속범, 연속범, 집합범(영업범,
상습범, 직업범)이 있다고 하는 견해,[34] ⑦ 단순일죄에 법조경합을 포함시키고, 포
괄일죄에 협의의 포괄일죄, 결합범, 계속범, 접속범, 연속범, 집합범(상습범, 영업
범, 직업범)이 포함된다고 이해하는 견해,[35] ⑧ 단순일죄, 법조경합, 포괄일죄를
일죄로 보면서도 단순일죄와 법조경합은 실체상 일죄이고 포괄일죄는 소송상 일
죄라고 하면서, 포괄일죄에 공벌적(共罰的) 수반·사전·사후행위, 접속범, 연속범,
집합범(상습범, 영업범)이 있다고 하는 견해[36] 등 그 분류가 통일되어 있지 않다.

---

29 김성돈, 형법총론(7판), 738-760.

30 신동운, 형법총론(15판), 786-817

31 주석형법 〔총칙(2)〕(3판), 281-318(김대휘).

32 정성근·박광민, 형법총론(전정3판), 503-519.

33 오영근, 형법총론(5판), 457-473.

34 성낙현, 형법총론(3판), 728-747; 이재상·장영민·강동범, §38/1-40.

35 김일수·서보학, 새로쓴 형법총론(12판), 513-530.

36 김준호, 형법총론, 443-459.

28   위 ①, ②의 견해는 결합범, 계속범 등을 단순일죄로 파악하는 데 비하여 ③ 내지 ⑦의 견해는 이를 포괄일죄로 파악하고 있고, 위 ① 내지 ④의 견해는 현행법상 연속범을 부정하는 데 비하여 ⑤ 내지 ⑦의 견해는 이를 인정하고 있다. 그리고 위 ① 내지 ⑦의 견해는 포괄일죄를 실체법상 일죄로 파악하는 데 비하여, ⑧의 견해는 소송법상 일죄로 파악한다.

29   한편, 죄수론상 수죄는 원칙적으로 소송법상으로도 수죄로 취급된다. 그런데 과형상 1죄는 죄수론상 수죄이면서도 합목적적 관점에서 처벌 1회성의 원칙이 적용되어 소송법상 1죄로 취급된다. 과형상 1죄와 관련하여 상상적 경합, 견련범, 연속범이 논의된다. 이에 관하여는 **제40조(상상적 경합) 주해** 부분에서 살펴본다. 소송법상 수죄는 모두 죄수론상 수죄로서 실체법상 수죄이다. 소송법상 수죄는 수회 처벌된다. 이때 수죄 사이의 관계를 실체적 경합이라 하고, 이들 범죄를 경합범(실체적 경합범)이라고 한다. 경합범이 동시에 심판되는 경우 1개의 형을 선고할 것인지는 입법례에 따라 다른데, 1개의 형이 선고되는 경우라도 각 범죄에 대한 형벌이 부과되는 것으로서 1회 처벌과는 다르다. 경합범이 별도로 심판되는 경우에는 각 죄별로 형이 선고되며, 이때 수회에 걸쳐 처벌이 됨은 명백하다. 이 경우의 경합범을 단순수죄라고도 한다. 경합범에 관하여는 **제37조(경합범), 제38조(경합범과 처벌례) 및 제39조(판결을 받지 아니한 경합범, 수개의 판결과 경합범, 형의 집행과 경합범) 주해** 부분에서 살펴본다.

30   아래에서는 죄수론(실체법)상 1죄로 논의되는 것을 중심으로 살펴본다.

II. 단순일죄

1. 의 의

31   단순일죄란 1개의 구성요건을 1회 충족하는 범죄를 말한다. 그러나 구체적으로 보면 단순일죄에도 여러 가지 형태를 발견할 수 있다.

2. 기본단순일죄

32   1개의 범죄의사로 1개의 행위를 하여 1개의 법익을 침해함으로써 1개의 구성요건을 실현하는 단순일죄가 가장 기본적인 형태이다. 예컨대, 칼로 피해자를

1회 찔러 상해를 가한 경우 단순일죄인 1개의 상해죄가 성립한다. 이러한 기본적 형태의 단순일죄를 필자는 '기본단순일죄'라고 한다.[37]

그런데 의사, 행위, 법익, 구성요건이 1개라는 것은 평가적 개념일 수밖에 없다. 가령 오른손으로 왼뺨을 1회 때린 것이 1죄이지만, 연이어 왼손으로 오른뺨을 1회 더 때려도 1죄이다. 신체적 접촉이 있을 때마다 1개씩의 폭행죄가 성립하는 것이 아니라 사회적으로 볼 때 하나의 기회에 이루어진 일련의 접촉을 1개의 행위로 평가하는 것이다. 나아가 가령 자연적으로 1개의 행위라고 보이는 칼로 1회 찌른 행위도 몸을 일으킨 행위, 팔을 뻗는 행위, 칼을 신체에 찌르는 행위 등 수많은 행위로 분절해 볼 수 있다. 결국 1개는 평가적 1개이다.   33

그렇지만 어느 경우이든지 기본단순일죄는 사회통념상 구성요건이 1회 충족된다는 것이 비교적 단순하고 명확하게 인지된다.   34

3. 확장단순일죄

자연적으로 보면 수개의 행위처럼 보이는 일련의 행위들을 확장적으로 보아 1개의 행위로 파악하고 일죄로 평가하는 경우가 있는데, 필자는 이를 '확장단순일죄'라고 한다.[38] 확장단순일죄에는 결합범, 계속범, 접속범이 있다. 앞서 본 바와 같이 결합범, 계속범, 접속범을 포괄일죄의 일종으로 보는 견해도 있는데, 이는 일련의 행위들을 포괄적으로 1개의 행위로 파악한다는 취지로 이해된다.   35

(1) 결합범

구성요건 자체가 수개의 행위를 포함하는 경우가 있다. 이 경우 수개의 행위가 그 구성요건행위로서 1개의 행위로 평가되어 1죄로 된다. 이를 결합범이라 한다. 결합범을 구성하는 각 행위는 그 자체로 각 다른 구성요건에 해당하는 행위인데, 법률이 이를 하나의 구성요건으로 통합하여 1죄로 만든 것이다. 따라서 결합범은 각기 범죄를 구성하는 수개의 행위가 결합하여 하나의 구성요건을 이루는 범죄라 할 수 있다. 예컨대, 폭행행위와 재물탈취행위는 서로 구분되는 2개의 행위이지만 양자를 결합하여 하나의 강도행위로 규정한 강도죄 구성요건에 따   36

---

37 유사한 개념으로서, 하나의 행위로 하나의 구성요건이 실현되는 경우를 일행위일죄라 하는 견해도 있다[신동운, 786].

38 유사한 개념으로 일본에서는 결합범과 접속범을 포함하는 포괄(적) 단순일죄라는 개념을 사용하고 있다[大塚 仁 外, 大コン(3版)(4), 190-93(中山善房)].

라 1개의 강도행위로 평가되고 1죄가 된다. 강도강간죄(§ 339)나 강도살인죄(§ 338 전문)는 여기에 강간 또는 살인이라는 행위가 더 결합된 형태의 결합범이다.

37   각 구성행위가 각각 독립된 범죄에 해당하지만 각 행위를 분절하지 않고 1개의 결합범으로 처벌하는 것은 결합범의 불법성이 각 구성행위의 불법성의 단순 합(合)보다 중대하기 때문에 그에 상응한 처벌을 하려는 데 그 이유가 있다.

(2) 계속범

38   시간적 계속성이 구성요건적 행위의 요소인 범죄를 계속범이라 한다.[39] 체포·감금죄(§ 276①)나 주거침입죄가 그 예이다. 범죄행위 자체가 어느 정도 시간적으로 계속되어야 하므로,[40] 확실한 정도의 시간적 계속이 있어야 기수에 이르고, 일시적인 것에 그친 경우에는 미수가 성립할 뿐이다.[41] 계속범은 일정기간 동안 지속된 행위를 1개의 행위로 확장하여 파악하므로 확장단순일죄에 해당한다.

39   계속범은 가벌적인 위법행위가 계속 반복되는 범죄[42]로서,[43] 일단 기수에

---

[39] 대판 2006. 9. 22, 2004도4751[공익법인이 주무관청의 승인을 받지 않은 채 수익사업을 하는 행위(공익법인의설립·운영에관한법률위반죄)는 시간적 계속성이 구성요건적 행위의 요소로 되어 있다는 점에서 계속범에 해당한다고 한 사례].

[40] 대판 1960. 9. 16, 4293형상399.

[41] 대판 2018. 2. 28, 2017도21249(피고인의 집을 나가려는 피해자를 막아서며 집안으로 밀치고 이를 뿌리치고 나와 엘리베이터를 탄 피해자의 팔을 잡고 끌어내리려 한 사안에서, 체포미수죄를 인정한 사례); 대판 2020. 3. 27, 2016도18713(피고인들이 함께 피해자를 움직이지 못하도록 붙잡은 채 약 20여 미터를 끌고 가다가 다른 사람의 저지와 만류로 더 이상 끌고 가지 못한 사안에서, 체포미수죄를 인정한 사례).

[42] 대판 2009. 4. 16, 2007도6703(전). 「구 농지법 제2조 제9호에서 말하는 '농지의 전용'이 이루어지는 태양은, 첫째로 농지에 대하여 절토, 성토 또는 정지를 하거나 또는 농지로서의 사용에 장해가 되는 유형물을 설치하는 등으로 농지의 형질을 외형상으로뿐만 아니라 사실상 변경시켜 원상회복이 어려운 상태로 만드는 경우가 있고, 둘째로 농지에 대하여 외부적 형상의 변경을 수반하지 않거나 또는 외부적 형상의 변경을 수반하더라도 사회통념상 원상회복이 어려운 정도에 이르지 않은 상태에서 그 농지를 다른 목적에 사용하는 경우 등이 있을 수 있다. 전자의 경우와 같이 농지전용행위 자체에 의하여 당해 토지가 농지로서의 기능을 상실하여 그 이후 그 토지를 농업생산 등 외의 목적으로 사용하는 행위가 더 이상 '농지의 전용'에 해당하지 않는다고 할 때에는, 허가 없이 그와 같이 농지를 전용한 죄는 그와 같은 행위가 종료됨으로써 즉시 성립하고 그와 동시에 완성되는 즉시범이라고 보아야 할 것이다. 그러나 후자의 경우와 같이 당해 토지를 농업생산 등 외의 다른 목적으로 사용하는 행위를 여전히 농지전용으로 볼 수 있는 때에는 허가 없이 그와 같이 농지를 전용하는 죄는 계속범으로서 그 토지를 다른 용도로 사용하는 한 가벌적인 위법행위가 계속 반복되고 있는 계속범이라고 보아야 할 것이다.」
본 판결 해설은 김태업, "허가 없이 농지를 전용한 죄의 성격(즉시범인지 계속범인지 여부)", 해설 80, 법원도서관(2009), 817-839.

[43] 불법단체 가입과 같은 즉시범에서 그 가입행위 종료 후 그 결과로 인한 불법성의 지속상태가 있

이른 후에도 같은 행위가 지속되는 한 가벌적 위법상태는 계속 존재하여 실행행위가 종료될 때까지의 행위가 모두 1개의 행위로 포괄되고, 최후 시점이 범죄의 기수이며 종료시점이 된다.[44] 따라서 계속범의 실행행위가 종료될 때까지는 공소시효가 진행하지 않는다.[45] 계속범을 승계하여 위법상태를 유지하는 경우, 그 승계인도 범죄가 성립한다.[46] 계속범의 일부에 대하여 처벌을 받았더라도 기판력의 시점(최종 사실심판결 선고 시) 후의 행위에 대하여 다시 처벌할 수 있다.[47] 계속범의 중간에 법률의 변경이 있는 경우 원칙적으로 종료시점의 법률이 적용된다.[48] 다만 부칙에서 개정 전의 행위에 대하여 종전규정에 의한다는 경과규정을 두는 경우는 이에 따르며, 이때 계속범은 개정 전후로 각 독립된 행위로 평가된다.[49]

판례에서 계속범으로 인정된 예로는, 주차장법위반죄(용도 외 사용),[50] 건축법위반죄(용도변경),[51] 문화재보호법(문화재 은닉),[52] 공익법인의설립·운영에관한법률위반죄(미승인 수익사업),[53] 시장법위반(무허가 시장개설),[54] 국가보안법위반죄(은거),[55] 건설폐기물의재활용촉진에관한법률위반죄(폐기물 처리),[56] 수질환경보전법위반(오염물질 방류),[57] 여신전문금융업법위반죄(카드정보 보유)[58] 등이 있다.

40

지만, 이는 계속범에서 말하는 범행 자체의 계속 상태와는 구별된다(대판 1960. 4. 5, 4293형상57 참조).

44 기수 후의 행위 포괄에 관하여 대판 1970. 12. 22, 70도2313 참조.
45 대판 1999. 3. 9, 98도4582; 대판 2001. 9. 25, 2001도3990; 대판 2006. 9. 22, 2004도4751.
46 대판 2006. 1. 26, 2005도7283; 대판 2013. 6. 27, 2013도2630.
47 대판 2006. 1. 26, 2005도7283.
48 대판 1992. 12. 8, 92도407; 대판 2001. 9. 25, 2001도3990; 대판 2023. 3. 16, 2022도15319.
49 대판 2001. 9. 25, 2001도3990.
50 대판 1999. 3. 9, 98도4582; 대판 2006. 1. 26, 2005도7283.
51 대판 2013. 6. 27, 2013도2630.
52 대판 2004. 2. 12, 2003도6215.
53 대판 2006. 9. 22, 2004도4751.
54 대판 1981. 10. 13, 81도1244.
55 대판 1960. 9. 16, 4293형상399. 구 국가보안법(폐지제정 1958. 12. 26. 법률 제500호) 제19조 (왕래, 잠입, 은거, 형의 가중) 제3항은 특정한 범죄를 범할 목적으로 특정한 결사 등의 지령을 받고 은거(隱居) 중인 자를 처벌하는 규정을 두고 있었으나, 1960년 6월 10일(법률 제549호) 전부개정되면서 은거죄는 삭제되었다.
56 대판 2009. 1. 30, 2008도8607(업체에 위탁하여 불법으로 폐기물을 처리하는 경우, 위탁계약 시 성립하는 즉시범이 아니라 폐기물의 처리가 계속되는 한 종료되지 않는 계속범이라고 한 사례).
57 대판 1992. 12. 8, 92도407.
58 대판 2008. 5. 29, 2008도2099.

〔이 상 원〕   **37**

(3) 계속범과 즉시범, 상태범

41   계속범은 즉시범, 상태범과 구별되는 개념으로 제시된다. 즉시범과 상태범은 구성요건적 행위의 시간적 계속성을 요건으로 하지 않는다는 점에서 계속범과 구별된다. 앞서 본 바와 같이 계속범은 범주적으로 확장단순일죄에 속한다고 할 수 있지만, 즉시범, 상태범, 계속범이 죄수의 관점에서 제시된 개념이 아니기 때문에, 계속범이 확장단순일죄라 하여 즉시범과 상태범이 기본단순일죄라고 단정할 수는 없고, 이에 관하여는 추가적인 고려가 필요하다.

(가) 즉시범

42   시간적 계속을 필요로 하지 않는 즉시범[59]은 구성요건에 해당하여 기수에 이르는 즉시 성립하고 그와 동시에 완성된다.[60] 예컨대, 법인이 분묘를 설치하기 위하여 부지를 조성하는 행위를 종료할 때 장사등에관한법률위반죄가 즉시 성립하고 완성되며, 분묘설치나 매장이 완료될 것을 요하지 않는다.[61] 이와 달리 직무유기죄(§ 122)는 직무를 수행할 작위의무의 존재와 그 위반을 전제로 하고 있는데, 작위의무를 수행하지 아니함으로써 구성요건에 해당하는 사실이 있고 그 후에도 계속하여 위법한 부작위상태가 계속되는 한 가벌적 위법상태는 계속 존재하고 있다고 할 것이며, 제122조 후단은 이를 전체적으로 보아 1죄로 처벌하는 취지로 해석되므로 이를 즉시범이라고 할 수 없다.[62] 판례는 강간죄(§ 297),[63] 국가보안법위반죄(잠입, 단체구성·가입),[64] 국가공무원법위반죄(정당가입),[65] 폐기물관리법위반죄(미신고)[66] 등이 즉시범이라고 하였다.

43   즉시범이 완성된 후의 상황은 즉시범의 성부와 관계가 없다. 예컨대, 군형법상 무단이탈죄(군형 § 30①)는 즉시범으로서 허가 없이 근무장소 또는 지정장소를 일시 이탈함과 동시에 완성되고, 그 후의 사정인 이탈기간의 장단 등은 무단이탈죄의 성립에 아무런 영향이 없다.[67] 또 유사수신행위는 장래에 출자금의 전

---

59 대판 1960. 4. 5, 4293형상57.
60 대판 2009. 4. 16, 2007도6703(전).
61 대판 2018. 8. 28, 2017도7937.
62 대판 1965. 12. 10, 65도826(전); 대판 1997. 8. 29, 97도675.
63 대판 1988. 9. 9, 88도1240.
64 대판 1960. 4. 5, 4293형상57; 대판 1960. 9. 16, 4293형상399; 대판 1991. 3. 12, 91도3.
65 대판 2014. 5. 16, 2013도929.
66 대판 2001. 12. 24, 2001도4506.
67 대판 1983. 11. 8, 83도2450.

액 또는 이를 초과하는 금액을 지급할 것을 약정하고 출자금을 수입하는 행위를 함으로써 즉시 성립하고 그와 동시에 완성되는 즉시범으로서, 그 후 상품권 구매자가 상품권을 일반가맹점에서 정상적으로 사용하였다는 사정은 범죄성립 후의 사정에 불과하다.[68]

즉시범이 성립하면, 그 후 그로 인한 위법상태가 지속되더라도 계속범이 되는 것은 아니다. 후행의 사정은 고려되지 않기 때문이다. ① 국외여행허가를 받은 병역의무자가 연장허가를 받지 않고 기간 내에 귀국하지 않은 경우, 그 즉시 병역법위반죄가 성립하고 완성되며, 그 이후 귀국하지 않은 상태가 계속되더라도 범행이 계속되는 것은 아니다.[69] ② 군무이탈죄는 즉시범으로서 군무이탈행위를 함과 동시에 범죄가 완성되며 그 후 군무이탈행위가 계속되었더라도 별죄로 되지 않는다.[70] ③ 토지의 형질을 변경하는 죄는 그 성립과 동시에 완성되는 즉시범이고, 이미 변경된 토지를 사용하는 행위는 위 죄에 해당하지 않는다.[71] ④ 신고 없이 배출시설 설치한 가축분뇨의관리및이용에관한법률위반죄는 그 행위가 종료됨으로써 즉시 성립하고 그와 동시에 완성되는 즉시범이므로, 배출시설설치 당시 신고대상자가 아니었다면 그 후 법령의 개정에 따라 신고대상자가 되었고 그 후에도 계속 신고 없이 종전대로 사용하였더라도 범죄가 성립하지 않는다.[72] ⑤ 국가보안법상 반국가단체구성죄[73]·가입죄,[74] 국가변란을 목적으로 하는 결사 또는 집단을 구성하는 죄[75]는 범죄의 성립과 동시에 완성하는 즉시범으로서, 결사나 집단구성 상태의 계속을 처벌하는 취지가 아니며,[76] 가입 후 탈퇴하지 않는다고 하여 계속해서 가입죄가 성립하는 것도 아니다.[77]

위와 같이 범죄성립 후의 위법상태가 즉시범의 성부에 영향을 미치지 않기

44

45

---

68 대판 2009. 9. 10, 2009도5075.
69 대판 2022. 12. 1, 2019도5925. 본 판결 해설은 어재원, "국외여행허가의무 위반으로 인한 병역법 위반죄의 공소시효 기산점", 해설 134, 법원도서관(2023), 343-368.
70 대판 1963. 1. 17, 62도236; 대판 1963. 12. 12, 63도254.
71 대판 1998. 4. 14, 98도364.
72 대판 2011. 7. 14, 2011도2471.
73 대판 1970. 11. 24, 70도1860.
74 대판 1961. 10. 5, 4294형상208.
75 대판 1961. 9. 28, 4294형상378.
76 대판 1961. 9. 28, 4294형상378.
77 대판 1961. 10. 5, 4294형상208.

때문에, 즉시범 성립 후의 법률로써 즉시범으로 발생한 위법상태를 처벌할 수 없다. 예컨대, 자동차 양수인이 15일 내에 이전등록신청을 하지 아니한 자동차관리법위반죄는 기간 내에 등록하지 않음으로써 곧바로 성립하고 그와 동시에 완성되는 즉시범이므로, 위 죄가 신설되기 전에 등록기간이 도과하였다면 그 후 신설 이후까지 계속하여 등록을 하지 않고 있더라도 범죄 성립 후의 법률로써 처벌할 수 없다.[78]

46   그런데 즉시범 성립 후의 사정이 즉시범의 성부와 무관하다는 것이 아무런 문제가 되지 않는다는 것을 의미하지는 않으며, 후행행위가 별도의 구성요건으로 파악되는 경우에는 별죄가 성립할 수 있다. 예컨대, 국가보안법상 이적단체 구성·가입죄가 즉시범으로 성립되었다고 해서 그 이후의 이적활동이 그에 흡수되는 것이라고 볼 수 없고, 별개의 범죄가 성립한다.[79] 범죄단체 등의 조직죄는 범죄단체 등을 구성하거나 가입함으로써 즉시 성립하고 그와 동시에 완성되는 즉시범이므로, 그 후 다른 범죄단체에 가입하는 행위로 처벌해도 이중처벌이 아니다.[80]

47   위와 같이 즉시범 성립 후의 행위가 범죄가 되는 경우라도 그것은 별개의 범죄로 성립하는 것으로서 즉시범과는 무관하다. 도주죄(§145①)는 즉시범으로서 범인이 간수자의 실력적 지배를 이탈한 상태에 이르렀을 때에 기수가 되어 도주행위가 종료하는 것이고, 도주원조죄(§147)는 도주죄에 있어서의 범인의 도주행위를 야기시키거나 이를 용이하게 하는 등 그와 공범관계에 있는 행위를 독립한 구성요건으로 하는 범죄이므로, 도주죄가 기수에 이른 이후에 범인의 도피를 도와주는 행위는 범인도피죄(§151①)에 해당할 수 있을 뿐 도주원조죄에는 해당하지 아니한다.[81]

48   한편, 즉시범인지 여부는 구성요건에 따라 일의적(一義的)으로 결정되는 것이 아니어서 같은 죄명이라도 상황에 따라 즉시범일 수도 있고 아닐 수도 있다. 판례는 농지전용에 있어 농지인지 여부는 공부상 지목 여하에 불구하고 사실상

---

78 대판 2013. 7. 25, 2012도15057.
79 대판 1997. 6. 27, 96도1369; 대판 1997. 10. 24, 96도1327.
80 대판 1997. 10. 10, 97도1829(폭력행위등처벌에관한법률위반).
81 대판 1991. 10. 11, 91도1656.

의 현상에 따라 가려야 한다면서, 원상회복이 어려운 상태로 농지전용행위를 하는 경우는 그 행위가 종료됨으로써 농지법위반죄가 즉시 성립하고 그와 동시에 완성되는 즉시범이고, 원상회복이 어려운 정도에 이르지 않은 상태에서 전용하는 경우는 다른 용도로 사용하는 동안 위법상태가 계속 반복되고 있는 계속범이라고 한다.[82] 이에 비하여, 공유수면 매립은 매립행위로 사실상 대지화하였더라도 지적공부에 등록되지 않는 한 여전히 공유수면이라는 이유로 공유수면의 외부적 형상이 변경되었는지 여부와 관계없이 무단으로 점·사용하는 한 가벌적인 위법행위가 계속·반복되고 있는 계속범이라고 한다.[83] 그러나 농지와 공유수면을 달리 취급할 필요는 없다고 생각된다.

　즉시범은 법률 규정에 따라 다른 행위와 합하여 포괄일죄가 될 수 있다. 폭력행위 등 처벌에 관한 법률(이하, 폭력행위처벌법이라 한다.) 제4조 제1항은 범죄단체를 구성하거나 이에 가입한 자를 처벌하다가 2006년 3월 24일 개정으로 범죄단체 구성·가입 또는 활동한 자를 처벌하는 내용으로 개정되었다. 위 개정 전에는 범죄단체를 구성함으로써 폭력행위처벌법위반죄가 즉시 성립하고 그와 동시에 완성되는 즉시범이고 계속범이 아니라고 하였다가,[84] 위 개정[85] 이후에는 범죄단체를 구성하거나 이에 가입한 자가 나아가 구성원으로 활동하는 경우 포괄일죄의 관계에 있다고 하는데,[86] 이는 구성·가입·활동이 포괄적으로 동일한 구성요건의 내용으로 규정되어 있기 때문으로 보인다. 이에 비하여, 범죄단체 구성원의 조직원이 저지른 개별적 폭력행위(예컨대, 공동강요)는 폭력행위처벌법위반(단체등의구성·활동)죄와 범행의 목적이나 행위 등 측면에서 일부 중첩되는 부분이 있더라도, 일반적으로 구성요건을 달리하는 별개의 범죄로서 특별한 사정이 없는 한 법률상 1개의 행위로 평가되는 경우로 보기 어려워 상상적 경

49

---

82 대판 1996. 9. 24, 96도1536; 대판 2009. 4. 16, 2007도6703(전).
83 대판 2010. 9. 30, 2008도7678.
84 대판 1992. 2. 25, 91도3192; 대판 1992. 11. 24, 92도1931; 대판 1993. 6. 8, 93도999; 대판 1995. 1. 20, 94도2752; 대판 2005. 9. 9, 2005도3857; 대판 2009. 6. 11, 2009도1274.
85 범죄단체 등의 구성·가입죄가 즉시범이어서 공소시효가 완성된 경우 범죄단체 등이 구성원으로서 계속 활동하더라도 처벌할 수 없다는 불합리한 점을 고려하여 처벌의 근거를 마련한 개정으로 평가된다. 범죄단체 등의 구성원으로서의 '활동'의 의미 및 그 판단 기준에 관한 판결로는 대판 2008. 5. 29, 2008도1857; 대판 2009. 6. 11, 2009도2337; 대판 2009. 9. 10, 2008도10177; 대판 2013. 10. 17, 2013도6401; 대판 2014. 2. 13, 2013도12804 참조.
86 대판 2015. 9. 10, 2015도7081.

합이 아닌 실체적 경합관계에 있다고 한다.[87]

50   즉시범은 범죄성립과 동시에 공소시효가 진행한다.[88] 허가 없이 위험물 제
조소를 변경한 죄는 변경 즉시,[89] 공무원이 정당에 가입한 죄는 가입함으로써
즉시,[90] 국가보안법상 반국가단체구성죄는 구성 즉시[91] 각 범죄가 성립하고 그
와 동시에 완성되는 즉시범이고, 그때부터 공소시효가 진행된다.[92]

   (나) 상태범

51   상태범은 실행행위의 시간적 계속성을 요건으로 하지 않는다는 점에서 계
속범과 구별되며 즉시범과 같다. 상태범이 실현한 새로운 상태는 위법하다. 예
컨대, 허가 없이 도로를 점용하여 주거로 사용한 행위는 상태범이므로 도로의
계속점용은 위법하며, 점용 동기가 당국의 부당한 철거대집행에 인한 것이라 하
더라도 정당화될 수 없다.[93] 상태범은 계속범과 달리 일단 구성요건이 실현되면
그 즉시 기수에 이르고, 그로 인하여 실현된 위법상태를 추가적인 범죄실현으로
파악하지 않는다.

52   계속범이 일단 기수에 이른 이후에도 행위가 계속되어 기수 시와 범죄종료
시가 일치하지 않는 데 비하여, 즉시범이나 상태범은 기수 시와 범죄종료 시가
일치한다.[94] 여기서 상태범을 즉시범과 동의어라고 하거나,[95] 양자를 특별히 구
별하지 않는 견해[96]가 있다. 나아가 즉시범을 상태범의 한 유형으로 보는 견해
도 있다.[97] 이에 대하여 상태범은 기수(종료) 이후에도 그로 인한 위법상태가 계
속된다는 점에서 즉시범과 구별된다고 보는 견해[98]가 있다.

대판 2022. 9. 7, 2022도6993.
대판 2014. 5. 16, 2013도929.
대판 2009. 4. 9, 2008도11572.
대판 2014. 6. 26, 2013도10945; 대판 2014. 6. 26, 2013도16388; 대판 2014. 5. 16, 2012도
   12867; 대판 2014. 5. 16, 2013도828; 대판 2014. 5. 16, 2013도929.
대판 1970. 11. 24, 70도1860.
대판 1970. 11. 24, 70도1860.
대판 1986. 10. 14, 86도435.
여기서의 종료는 미수론에서 실질적으로 범죄가 완성된다는 의미의 완료(완수, 종료)와는 다른
   의미로서, 최초의 기수 이후에도 범죄행위가 계속됨에 따라 구성요건의 실현이 확장된 최종시점
   을 의미한다.
이재상·장영민·강동범, §5/22.
성낙현, 91; 오영근, 66; 이형국·김혜경, 88.
김일수·서보학, 96; 홍영기, 형법(총론과 각론)(2판), §7/15.
강동욱, 57; 김일수·서보학, 97; 신동운, 510, 787; 정성근·박광민, 82-83.

그러나 예컨대 즉시범인 살인죄(§250①)에 있어서도 기수 후 피해자의 생명 53
이 침해되었다는 위법상태가 계속된다는 점을 고려할 때, 범죄로 인한 위법상태
의 계속이 즉시범과 상태범을 구별하는 표지가 될 수는 없다. 그렇지만 즉시범
은 그 후행행위가 다른 구성요건에 해당하면 별도의 죄로 처벌하는 것과 달리,
상태범은 가령 절도범이 절도품을 손괴한 행위를 별개의 재물손괴죄(§366)로 처
벌하지 않는 것처럼 후행행위가 일응 구성요건에 해당하는 것으로 볼 수 있음
에도 이를 처벌하지 않는다.[99] 이때 후행행위를 불가벌적 사후행위라고 하는데,
바로 이 점이 상태범과 즉시범을 구별하는 표지가 된다. 다만 상태범의 사후행
위가 언제나 불가벌인 것은 아니며, 일정한 요건하에서 불가벌이 된다(이에 관하
여는 후술). 이렇게 본다면, 상태범은 기수와 동시에 범죄가 완성된다는 점에서
즉시범의 일종이지만, 그중 일정한 사후행위가 불가벌로 되는 범죄유형을 말한
다고 할 수 있다. 예컨대, 횡령죄는 상태범이므로 횡령행위의 완료 후에 횡령물
을 처분하더라도 그것이 그 횡령행위에 의하여 평가되어 버린 것으로 볼 수 있
는 범위 내의 것이라면 별죄를 구성하지 않고,[100] 산림절도죄도 상태범이므로
절취한 원목이 합법적으로 생산된 것처럼 관계당국을 기망하여 구 산림법(현 산
림자원의 조성 및 관리에 관한 법률) 소정의 연고권자로 인정받아 수의계약의 방법으
로 이를 매수하였다 하더라도 별도로 사기죄를 구성하지 않는다.[101]

판례 중에는 상태범과 즉시범을 엄밀히 구분하지 않는 경우가 있다. 예컨대, 54
학대죄(§273①)는 육체적으로 고통을 주거나 정신적으로 차별대우를 하는 행위가
있음과 동시에 범죄가 완성되는 상태범 또는 즉시범이어서 계속되는 일련의 폭행
행위 중 위법성이 조각되는 부분이 있다면 그 부분을 따로 떼어 무죄의 판결을
할 수 있다고 한다.[102] 다만, 이는 학대죄가 계속범이 아니라는 데에 초점이 있는
것으로서 이를 들어 판례가 상태범과 즉시범을 동일시한다고까지 보기는 어렵다.

---

99 신동운, 787; 정성근·박광민, 83.
100 대판 1978. 11. 28, 78도2175; 대판 2006. 10. 13, 2006도4034(피고인이 명의신탁받아 보관 중
　　 이던 토지를 임의로 매각하여 이를 횡령한 경우에 그 매각대금을 이용하여 다른 토지를 취득하
　　 였다가 이를 제3자에게 담보로 제공하였다고 하더라도 이는 횡령한 물건을 처분한 대가로 취득
　　 한 물건을 이용한 것에 불과할 뿐이어서 명의신탁 토지에 대한 횡령죄와 별개의 횡령죄를 구성
　　 하지 않는다고 한 사례).
101 대판 1974. 10. 22, 74도2441.
102 대판 1986. 7. 8, 84도2922.

55   계속범은 처음 기수에 이른 후에도 범죄가 계속되는 동안 공동정범과 방조범의 성립이 가능하고, 범죄가 최종 종료한 때부터 공소시효가 진행한다. 이에 비하여, 상태범은 기수 이후에는 공동정범이 성립하지 않는다.[103] 기수 이후 방조범이 성립할 수 있는가에 관하여, ① 기수 이후에는 방조범의 성립이 불가능하다는 견해[104]와 ② 방조범은 성립할 수 있다는 견해[105]가 있다. 위 ②의 견해는, A가 지갑을 훔친 후 달아나다가 추격을 따돌리기 위하여 때마침 만난 친구 B에게 지갑을 맡긴 경우, A의 절도는 기수에 이르렀지만 B는 절도방조가 되는 경우를 예로 들고 있다.[106] 그러나 위 예는 절도가 기수에 이른 후 아직 완료되지 않은 시점의 방조가 성립함을 의미하는 것으로, 계속범과 같이 계속되는 행위로 범죄가 지속되는 경우 최종 종료 시까지 방조가 성립하는 경우와는 구별된다. 결국, 기수 이후에는 상태범의 방조범이 성립하지 않는다고 할 때, 기수는 완료를 의미하는 것으로 보는 것이 타당하며, 이러한 전제에서 위 명제는 타당하다.

56   정범이 공중송신권을 침해하는 게시물을 인터넷 웹사이트 서버 등에 업로드하여 공중이 개별적으로 선택한 시간과 장소에서 접근할 수 있도록 이용에 제공하면 공중송신권 침해는 기수에 이르지만, 정범이 침해 게시물을 서버에서 삭제하는 등으로 게시를 철회하지 않으면 가벌적인 위법행위가 계속 반복되고 있어 공중송신권 침해의 범죄행위가 종료되지 않았으므로, 그러한 정범의 범죄행위는 방조의 대상이 될 수 있고, 따라서 침해 게시물에 연결되는 링크를 제공하는 행위는 공중송신권 침해의 방조가 된다는 판례[107]도 기수 후에 방조가 가능함을 보여주지만,[108] 공중송신권 침해를 일종의 계속범으로 보고 그 최종 종료 시까지 방조가 성립할 수 있다고 판시한 것으로 이해된다. 요컨대, 상태범이

---

103 대판 2008. 10. 23, 2008도6080(입목을 절취하기 위하여 캐낸 때에 절도죄는 기수에 이르렀으므로 그 후 승용차까지 함께 운반하였다 하여 특수절도죄가 되는 것은 아니라고 한 사례). 본 판결 평석은 문상배, "입목절도죄의 기수시기", 형사재판의 제문제(6권): 고현철 대법관 퇴임기념 논문집, 박영사(2009), 287-294; 허일태, "영산홍사건(Rhododendron indicum)", 형사법연구 21-2, 한국형사법학회(2009), 275-298.
104 김일수·서보학, 91; 오영근, 66.
105 신동운, 510, 787.
106 신동운, 701.
107 대판 2021. 9. 9, 2017도19025(전). 본 판결 평석과 해설은 김대원, "방조범의 인과관계", 형사판례연구 [30], 한국형사판례연구회, 박영사(2022), 127-153; 이한상, "침해 게시물에 연결되는 링크를 제공하는 행위와 공중송신권 침해의 방조 여부", 해설 130, 법원도서관(2022), 377-407.
108 신동운, 700.

완료된 후에는 공동정범이나 방조범이 성립하지 않는다(위 ①의 견해). 이 법리는 정당방위나 공소시효에도 마찬가지여서, 상태범은 범죄가 완료될 때까지 정당방위가 가능하며, 공소시효도 이때부터 진행한다.

한편 불가벌적 사후행위에 대한 공범의 성립은 가능하므로, 예컨대 관세포탈의 본범이 관세포탈품인 녹용을 양여·운반한 행위는 불가벌적 사후행위지만 이를 알선한 공범은 처벌할 수 있다는 판례[109]가 있다. 이 판례가 상태범에 대한 사후공범이 성립할 수 있다는 취지가 아닌가 생각할 수 있다. 그러나 이는 상태범의 본범은 사후행위로 처벌되지 않지만, 그 사후행위에 가담한 공범은 처벌할 수 있다는 취지로서, 상태범(위 예에서 관세포탈죄)의 사후공범이 성립한다는 취지는 아니다.   57

(다) 즉시범, 상태범, 계속범과 죄수

계속범은 범주적으로 확장단순일죄에 속한다. 즉시범과 상태범은 기본단순일죄에 해당할 경우가 많다. 그러나 즉시범, 상태범, 계속범은 죄수의 관점에서 제시된 개념이 아니다. 따라서 계속범이 확장단순일죄라 하여 즉시범과 상태범이 기본단순일죄라고 단정할 수는 없다.   58

판례는 내란죄(§87)는 다수인이 한 지방의 평온을 해할 정도의 폭동을 하였을 때 이미 구성요건이 완전히 충족되는 상태범이고, 일련의 폭동행위가 단일한 내란죄의 구성요건을 충족하는 단순일죄라 한다.[110] 그런데 판례가 상태범으로 본 사안은 내란죄의 폭동이 비상계엄이 전국으로 확대된 1980. 5. 17.부터 비상계엄이 해제된 1981. 1. 24.까지의 일련의 사태였고, 이를 계속범이 아니라 단순일죄라고 하였다.[111] 여기서 단순일죄라 한 것은 계속범이 아니라는 취지일 뿐 기본단순일죄나 확장단순일죄라는 취지로 보이지는 않으며, 1년여에 걸친 일련의 사태를 포괄하여 1개의 범죄가 성립한다는 취지로 보인다. 상태범은 구체적인 범죄의 내용에 따라 기본단순일죄, 확장단순일죄, 포괄일죄 등이 될 수   59

---

109 대판 1977. 5. 18, 77도541.
110 대판 1997. 4. 17, 96도3376(전).
111 원심은 내란죄의 국헌문란 폭동이 1980. 5. 17. 비상계엄의 전국 확대로 시작되어 국민들의 저항에 굴복해 대통령직선제 요구를 받아들인 1987. 6. 29.까지 계속된 계속범이라고 하였으나(서울고판 1996. 12. 16, 96노1892), 대법원은 비상계엄이 해제된 1981. 1. 24. 종료된 단순일죄라고 하였다(위 96도3376 전원합의체 판결).

있다. 즉시범 역시 마찬가지이다.

60   상태범에 공통되는 표지는 죄수가 아니라 그 사후행위가 불가벌이 될 수 있다는 점, 즉 불가벌적 사후행위가 존재한다는 점이다.

(4) 불가벌적 사후행위

(가) 의의

61   불가벌적 사후행위란 선행행위가 기수에 이른 후의 행위가 선행행위 때문에 불가벌로 되는 경우 그 후행행위를 말한다. 선행행위와 사후행위 사이에 일정한 관계가 있을 것을 개념 정의에 포함하는 견해가 많다. 가령 사후행위가, ① 선행범죄에 의하여 획득한 위법한 이익을 확보·사용·처분하는 행위,[112] ② 선행범죄에 의하여 취득된 위법한 이익을 실현하거나 처분하는 행위,[113] ③ 선행범죄에 의하여 취득한 위법한 이익이나 상태를 사후에 확보·이용·처분하는 행위,[114] ④ 사전행위의 결과를 이용·유지하는 행위,[115] ⑤ 동일한 객체를 향한 행위로서 선행행위와 원인과 결과의 관계에 서는 행위[116]라는 등의 관계 설정을 한다. 불가벌적 사후행위가 위와 같은 관계에 있는 경우에 성립하는 경우가 많기는 하겠지만, 이러한 관계가 불가벌적 사후행위의 개념요소는 아니다.[117]

(나) 법적 성질

62   불가벌적 사후행위가 처벌되지 않는 이유에 관하여 여러 가지 이론이 가능하다.

(a) 일본에서의 논의

63   일본의 경우,[118] ① 통설적 견해는 범죄가 성립하지 않는다는 것으로서 사후행위가 범죄사실의 일부를 형성하지 않는다고 한다. 그러나 그 법적 구성은 완전하지 않은데, 구성요건해당성이 없다고 한다면 애초에 범죄가 되지 않는데

---

112 강동욱, 368; 김신규, 506; 김일수·서보학, 521; 김혜정·박미숙·안경옥·원혜욱·이인영, 형법총론(4판), 432; 이재상·장영민·강동범, §38/13; 정영일, 476; 주석형법 [총칙(2)](3판), 292-93 (김대휘).
113 성낙현, 733.
114 김태명, 형법총론강의, 433; 임웅, 형법총론(9정판), 604; 한상훈·안성조, 형법개론(3판), 318.
115 배종대, 형법총론(18판), §170/10; 이주원, 450; 정성근·박광민, 508; 정성근·정준섭, 414.
116 김준호, 454.
117 김성돈, 744(주로 선행범죄에 의하여 획득한 위법한 이익을 확보하거나 사용·처분하는 행위가 있을 경우 문제된다)도 같은 취지로 보인다.
118 이하 일본의 논의는 大塚 仁 外, 大コン(3版)(4), 216-219(中山善房) 참조.

군이 불가벌이라고 말할 필요가 없지 않은가 하는 비판이 가능하고, 책임조각사유라고 한다면 왜 책임이 조각되는지 이유가 불분명하며, 인적 처벌조각사유라고 한다면 증거상 절도품을 운반한 것은 분명한데 절도행위를 했는지는 불분명한 경우 장물운반죄로 인정하는 것은 절도범인이라면 처벌되지 않는 행위를 이것이 불분명한 채 처벌하는 것이 되어 '의심스러울 때에는 피고인의 이익으로'라는 원칙에 반한다는 비판이 가능하다.

이에 대하여, ② 불가벌적 사후행위도 범죄로서 성립하지만 그것으로 처벌되지는 않는 것이라는 견해가 있다. 여기에는, ⓐ 불가벌적 사전·사후행위는 구성요건상 포괄적으로 평가되는 것이 아니라 처벌상 포괄적으로 취급되는 것으로서 법조경합의 하나인 흡수관계와는 다른 흡수일죄라고 하는 견해, ⓑ 불가벌적 사후행위도 범죄로서 성립하지만 선행범죄로 생긴 위법상태가 예상하는 범위에 있고, 새로운 법익침해가 없기 때문에 선행범죄의 형에 포괄적으로 평가된다고 하는 견해, ⓒ 불가벌적 사후행위도 범죄로서 성립하지만 처분상 일죄로 취급되어야 하며, 주(主)행위가 유죄로 되면 종(從)된 사후행위의 무가치는 함께 처벌된다는 견해, ⓓ 불가벌적 사후행위와 사전행위는 본래 수죄이지만 흡수관계에 유사한 포괄적 평가의 관계로서 일죄와 같이 처벌되는 것이라는 견해, ⓔ 불가벌적 사전·사후행위는 수개의 범죄가 서로 앞뒤로 성립한 경우 그중 어느 한 범죄로 처벌되면 다른 행위가 처벌되지 않는 관계에 있는 것으로서, 수죄성과 처벌일회성의 원칙이 적용된다는 견해 등이 있다.

위 ①의 견해는 불가벌적 사후행위를 범죄 성부의 문제, 즉 범죄론의 문제로 보는 데 비하여, ②의 견해는 수죄에 대한 포괄처벌의 문제, 즉 형벌론의 문제로 본다. 위 ②의 입장에서 사후행위는 처벌되지 않는 것이 아니라 함께 처벌되는 것이라는 의미로 불가벌적 사전·사후행위라는 용어 대신 공벌(共罰)적 사전·사후행위라는 용어를 사용하기도 한다.

(b) 우리나라에서의 논의

우리나라의 경우, ① 지배적인 견해는 불가벌적 사후행위가 처벌되지 않는 이유는 사후행위가 선행행위에 흡수되어 별도로 범죄가 성립하지 않기 때문이라고 하면서, 법조경합 중 흡수관계의 하나로 이해한다. 흡수되는 근거에 관하

64

65

66

여는, ⓐ 사후행위의 불법이 선행행위에 의하여 이미,[119] 포괄적으로,[120] 완전히[121] 평가되었다거나, ⓑ 범죄의 전체적인 성격이 주된 범죄행위만에 의하여 결정되고,[122] 전체 사건을 평가해 볼 때 선행행위에 대한 처벌만으로 그 행위에 대한 처벌이 더 이상 요구되지 않는다거나,[123] ⓒ 후행범죄가 선행범죄에 의해 예정된 것으로 선행범죄에 의하여 침해된 법익에 포섭되고,[124] 후행범죄가 선행범죄의 내용 속에 당연히 포함된 것이며,[125] 추가적인 법익침해가 없기 때문[126] 이라는 등의 설명을 하고 있다.

67   이에 대하여, ② 사후행위가 선행행위의 법적 평가에 이미 포함되어 후행행위가 범죄로 성립하지 않는다는 점에서는 지배적인 견해와 같지만, 법조경합의 흡수관계로는 파악하지 아니하고 협의의 단순일죄로서의 상태범의 내용으로 설명하는 견해,[127] ③ 법조경합의 보충관계로서 범죄가 성립하지 않는다고 보는 견해,[128] ④ 기존의 주된 범죄의 포괄적 평가범위 내에 해소되는 경우 부진정 실체적 경합으로서 결과반가치에 대한 이중평가금지의 원칙 때문에 불가벌이라고 하면서 범죄가 성립하지 않는다고 하는 견해[129]가 있다.

68   한편, ⑤ 사후행위에 관한 가벌적 평가가 선행행위의 처벌 안에 함께 포함되어 사후행위를 포괄일죄로 처리하는 것이라고 하면서 불가벌적 사후행위라기보다는 공벌적 사후행위라 함이 정확하다고 하는 견해[130]는 사후행위가 범죄로 성립하고 다만 처벌을 함께 하는 것으로 이해하는 것이라 생각된다.

69   판례는 아래에서 보는 바와 같이 선행행위의 처벌에 사후행위가 함께 평가

---

119 강동욱, 368; 김태명, 433-34; 성낙현, 733; 이재상·장영민·강동범, §38/13(이미 완전히 평가); 정영일, 477(이미 완전히 평가); 주석형법 〔총칙(2)〕(3판), 292-93(김대휘)(이미 완전히 평가).
120 정성근·박광민, 508-509.
121 김일수·서보학, 521; 김혜정·박미숙·안경옥·원혜욱·이인영, 432; 이정원·이석배·정배근, 형법총론, 403; 이주원, 450; 이형국·김혜경, 558; 정웅석·최창호, 160; 최호진, 형법총론(2판), 783.
122 박상기, 형법총론(7판), 493(흡수관계라고 하면서도 보충관계와 유사하다고 한다).
123 김성돈, 744.
124 이용식, 194.
125 오영근, 460.
126 홍영기, §45/4.
127 신동운, 787.
128 김성천·김형준, 형법총론(3판), 640.
129 임웅, 605.
130 김준호, 454. 주석형법 〔총칙(2)〕(3판), 293(김대휘)도 유사한 입장을 보이기도 한다.

되어 포함되어 있기 때문에 구성요건에 해당하지 않고 범죄가 성립하지 않는다는 구성을 하고 있다고 이해되며, 대체로 위 지배적인 견해와 궤를 같이 하는 것으로 보인다.[131]

(c) 소결

생각건대, 불가벌적 사후행위는 선행행위로 창출된 위법상태를 넘어서는 추가적인 불법을 창출하지 않고 단순히 유지만 하는 데 그치는 경우, 이를 별도의 범죄로 파악하지 않는다는 데에 그 핵심이 있다. 만일 추가적인 범죄가 성립한다고 본다면, 범인에게 범죄 이전의 상태로 되돌리는 의무를 부과하고 이에 위반하는 경우를 또 다른 범죄로 파악하는 것과 같기 때문이다. 그러므로 불가벌적 사후행위는 처음부터 범죄(불법)가 성립하지 않는 것으로, 일단 성립한 범죄(불법)를 다른 범죄(선행범죄) 때문에 범죄가 아니게 되거나 처벌을 하지 않는 것이 아니다. 따라서 선행행위와 후행행위가 모두 범죄로 성립하고, 다만 처벌 1회성의 원칙에 따라 양자를 포괄하여 처벌하는 형벌론의 문제라거나, 이에 따라 공벌적 사후행위라 함이 정확하다는 이해는 타당하지 않다. 가령 절도품을 손괴한 경우, 일응 타인의 재물을 손괴한다는 구성요건에는 해당하지만 절도로써 재물에 대한 전면적인 탈취를 파악한 이상 추가적인 불법이 발생한 것이 아니므로, 손괴의 불법은 결국 절도의 불법에 포함되어 있기 때문에 따로 범죄 자체가 성립하지 않는다고 보는 것이 타당하다. 다만, 손괴 부분에 제329조(절도)와 별도로 제366조(재물손괴등)가 적용되어 양자가 경합하지 않은가 하는 법적인 고민을 제시한다는 측면에서는 두 법조가 경합하고 그중 후자의 적용 여부가 문제되는 사태(불법이나 범죄가 아닌 사태)가 전자에 흡수된다고 할 수는 있을 것이다.

(다) 성립요건

(a) 선행범죄의 존재

선행행위가 범죄로 성립하여야 사후행위가 불가벌로 된다. 선행범죄는 대체로 재산죄인 경우가 많으나 반드시 이에 한정되지 않는다. 공인중개사의 업무 및 부동산 거래신고에 관한 법률을 위반하여 무자격 중개행위를 한 대가로 받

---

131 대판 1999. 4. 13, 98도3619. 이 판례는 "대마소지가 절도죄의 불가벌적 사후행위로서 절도죄에 포괄흡수된다고 할 수 없다."고 설시함으로써, 불가벌적 사후행위는 선행범죄에 포괄흡수됨을 전제로 하고 있다.

은 돈을 소비하는 것도 불가벌적 사후행위에 해당한다.[132]

(b) 사후행위의 구성요건해당성

72   사후행위는 그 자체로는 일응 구성요건에 해당하는 행위여야 한다.[133] 불가
벌적 사후행위는 구성요건의 흡수에 관한 문제이므로 위법·유책한 행위일 필요
까지는 없다.

73   A가 퇴사하면서 회사 파일을 반환하거나 폐기하지 않고 이후 B 경영의 경
쟁회사에 입사하여 공모하여 이용한 경우, A가 파일을 반환·폐기하지 않아 이
미 업무상배임죄의 기수에 이르렀기 때문에 이후 파일을 이용한 것은 불가벌적
사후행위에 해당하나 이에 공모·가담한 B는 업무상배임죄(§356, §355②)가 별도
로 성립한다고 한 원심에 대하여 대법원은, 위 파일을 이용할 때 A는 피해 회사
의 사무를 처리하는 자의 지위에 있지 않으므로 파일 이용이 업무상배임죄의
구성요건에 해당하지 않고, 따라서 B가 A의 행위에 공모·가담하였다고 하더라
도 부정경쟁방지및영업비밀보호에관한법률위반(영업비밀누설등)죄 외에 따로
업무상배임죄가 성립하지 않는다고 하였는데,[134] 이는 사후행위가 신분범의 행
위가 아니어서 구성요건해당성 자체가 없으므로 불가벌적 사후행위의 문제가
아니라는 취지로 보인다.

74   또한 재산범죄를 저지른 이후에 별도의 재산범죄의 구성요건에 해당하는
사후행위가 있었다면 비록 그 행위가 불가벌적 사후행위로서 처벌의 대상이 되
지 않는다 할지라도 그 사후행위로 인하여 취득한 물건은 재산범죄로 인하여
취득한 물건으로서 장물이 될 수 있지만, 컴퓨터등사용사기죄(§347의2)로 타인의
계좌로부터 자신의 계좌로 이체한 예금에서 자신의 현금카드를 사용하여 현금
을 인출한 경우, 별도로 절도죄나 사기죄의 구성요건에 해당하지 않고 그 현금

---

132 대판 2012. 5. 24, 2010도3950. 본 판결 해설은 박영호, "공인중개사 아닌 자가 중개수수료를 수
    수한 행위로 약식명령이 확정된 경우에 중개수수료를 횡령하였다는 범죄행위로 다시 처벌할 수
    있는지 여부", 해설 92, 법원도서관(2012), 961-984.
133 강동욱, 368; 김성돈, 744(위법·유책한 행위일 것까지 요구); 김태명, 433; 성낙현, 733; 이용식,
    194; 이재상·장영민·강동범, §38/15; 임웅, 605; 정성근·박광민, 508; 홍영기, §45/4.
134 대판 2017. 6. 29, 2017도3808[본 판결 평석은 이경렬, "퇴사시 영업비밀 반출과 업무상배임죄
    의 성부", 형사판례연구 [26], 한국형사판례연구회, 박영사(2018), 253-297]. 이 판결과 같은 논
    리라면 횡령으로 보관자의 지위를 벗어났음에도 불가벌적 사후행위의 문제로 보는 것과 논리적
    으로 일관되지 않은 면이 있다.

도 장물이 아니라고 한 사례[135]도 같은 맥락에서 이해할 수 있다.

(c) 선행범죄로 평가된 범위 내

사후행위를 처벌하지 않는 이유는 선행행위의 처벌에 사후행위가 함께 평 75
가되어 포함되어 있다고 보는 데에 있다. 즉, 사후행위가 선행범죄에 의하여 평
가된 범위 내에 머물기 때문이다. 그러므로 불가벌적 사후행위가 되려면 사후행
위가 선행범죄로 평가된 범위 내일 것을 요한다. 선행행위로 평가된 범위란 선
행행위로 실현된 불법을 의미한다. 따라서 사후행위로 추가적인 불법의 창출이
없다면 선행범죄로 평가된 불법의 범위 내로서 불가벌이다.

판례는 종래 횡령죄의 이득액을 전체가치설의 입장에서 파악하여 최초의 76
횡령행위로 물건 전부를 취득한 것으로 보아 이후의 행위는 모두 불가벌적 사
후행위로 보았다가 전체가치설을 폐기하면서 불가벌의 기준을 제시한 바 있다.
보관하던 타인의 재물에 대하여 수회 처분행위를 한 경우, 후행 처분행위가 선
행 처분행위에 의하여 발생한 위험을 현실적인 법익침해로 완성하는 수단에 불
과하거나 그 과정에서 당연히 예상될 수 있는 것으로서 새로운 위험을 추가하
는 것이 아니라면 후행 처분행위에 의해 발생한 위험은 선행 처분행위에 의하
여 이미 성립된 횡령죄에 의해 평가된 위험에 포함되는 것이므로 후행 처분행
위는 불가벌적 사후행위에 해당하지만, 후행 처분행위가 선행 처분행위로 예상
할 수 없는 새로운 위험을 추가함으로써 법익침해에 대한 위험을 증가시키거나
선행 처분행위와는 무관한 방법으로 법익침해의 결과를 발생시키는 경우에는
선행 처분행위에 의하여 이미 성립된 횡령죄에 의해 평가된 위험의 범위를 벗어
나는 것이므로 특별한 사정이 없는 한 별도로 횡령죄를 구성한다고 하였다.[136]

---

135 대판 2004. 4. 16, 2004도353. 본 판결 평석은 천진호, "타인명의예금 인출행위의 형사책임과 장
   물죄", 형사판례연구 [13], 한국형사판례연구회, 박영사(2005), 354-387.
136 대판 2013. 2. 21, 2010도10500(전)(피해자 A 종중으로부터 토지를 명의신탁받아 보관 중이던
   피고인 甲이 개인 채무 변제에 사용할 돈을 차용하기 위해 위 토지에 근저당권을 설정하였는데,
   그 후 피고인 甲, 乙이 공모하여 위 토지를 B에게 매도한 사안에서, 피고인들의 토지 매도행위
   가 별도의 횡령죄를 구성한다고 본 원심 판단을 정당하다고 본 사례); 대판 2015. 1. 29, 2014도
   12022. 위 법리에 따라, 근저당권을 설정하여 횡령한 후 별개의 근저당권을 설정하거나 매각한
   경우 별도의 횡령죄가 성립한다. 여기서 판례가 말하는 위험은 판례가 횡령죄를 위험범으로 보
   기 때문으로 횡령죄로 발생시킨 불법을 이르는 것이다.
     본 판결 평석은 김봉수, "'횡령 후 처분행위'에 대한 형법적 평가", 형사판례연구 [25], 한국형
   사판례연구회, 박영사(2017), 197-228; 백원기, "횡령죄의 본질과 불가벌적 사후행위에 관한 비

즉, 후행행위가 선행범죄로 평가된 불법에 포함되는가 여부를 기준으로 하면서, 새로운 불법을 창출하거나 선행범죄와 무관한 방법으로 한 후행행위는 불가벌적 사후행위가 아니라는 것이다.

77   불가벌적 사후행위라고 한 판례를 보면, ① 장물인 자기앞수표를 취득한 후 현금 대신 교부한 경우 별도의 사기죄를 구성하지 않고,[137] ② 전기통신금융사기로 계좌이체받은 돈을 현금으로 인출하더라도 사기 피해자에 대하여 따로 횡령죄를 구성하지 않으며,[138] ③ 종친회장이 공탁관을 기망하여 종친회를 피공탁자로 한 공탁금을 출급받아 종친회를 피해자로 한 사기죄가 성립한 후 종친회에 대해 공탁금의 반환을 거부하더라도 별도의 횡령죄가 성립하지 않고,[139] ④ 회사 명의 정기예금에 질권을 설정해 준 후 채권자의 인출에 동의한 경우 질권설정의 배임 외에 별도의 횡령죄를 구성하지 않는다[140]고 한다.

78   이와 달리 후행행위가 새로운 법익을 침해하는 경우에는, 선행범죄로 평가된 범위를 벗어나 불가벌적 사후행위가 되지 않고 별죄를 구성한다.

79   불가벌적 사후행위가 아니라고 한 판례를 보면, ① 절취한 대마를 흡입할 목적으로 소지하는 행위는 별개의 죄를 구성하고, 절도죄와 무허가대마소지죄는 경합범 관계에 있고,[141] ② 자동차를 절취한 후 자동차등록번호판을 떼어내

판적 고찰", 형사판례연구 [23], 박영사(2015), 301-336; 신동운, "횡령 후의 횡령죄 성립 여부", 법학 54-4, 서울대학교 법학연구소(2013), 291-314; 우인성, "횡령죄의 불가벌적 사후행위에 관한 판례 변경", 양승태 대법원장 재임 3년 주요 판례 평석, 사법발전재단(2015), 398-410; 이상원, "횡령인가 불가벌적 사후행위인가", 형사재판의 제문제(7권), 사법발전재단(2014), 104-122.

137 대판 1993. 11. 23, 93도213(자기앞수표의 현금성을 적시).

138 대판 2017. 5. 31, 2017도3045. 「전기통신금융사기(이른바 보이스피싱 범죄)의 범인이 피해자를 기망하여 피해자의 돈을 사기이용계좌로 송금·이체받았다면 이로써 편취행위는 기수에 이른다. 따라서 범인이 피해자의 돈을 보유하게 되었다고 하더라도 이로 인하여 피해자와 사이에 어떠한 위탁 또는 신임관계가 존재한다고 할 수 없는 이상 피해자의 돈을 보관하는 지위에 있다고 볼 수 없으며, 나아가 그 후에 범인이 사기이용계좌에서 현금을 인출하였다고 하더라도 이는 이미 성립한 사기범행의 실행행위에 지나지 아니하여 새로운 법익을 침해한다고 보기도 어려우므로, 위와 같은 인출행위는 사기의 피해자에 대하여 따로 횡령죄를 구성하지 아니한다. 그리고 이러한 법리는 사기범행에 이용되리라는 사정을 알고서도 자신 명의 계좌의 접근매체를 양도함으로써 사기범행을 방조한 종범이 사기이용계좌로 송금된 피해자의 돈을 임의로 인출한 경우에도 마찬가지로 적용된다.」
    본 판결 해설은 이진혁, "전기통신금융사기(보이스피싱 범죄)와 횡령죄의 성립 여부", 해설 112, 법원도서관(2017), 356-377.

139 대판 2015. 9. 10, 2015도8592.

140 대판 2012. 11. 29, 2012도10980(질권설정행위의 사후조처에 불과하다고 설시).

141 대판 1999. 4. 13, 98도3619(새로운 법익 침해).

는 행위는 절도의 불가벌적 사후행위가 아니라고[142] 한다. ③ 횡령금을 적법한 재산으로 가장할 목적으로 은닉한 경우 범죄수익은닉은 횡령의 불가벌적 사후행위가 아니라 별죄를 구성하고,[143] ④ 범죄수익 처분에 관한 사실을 가장하는 행위는 그 발생원인에 관한 사실을 가장하는 행위에 대한 불가벌적 사후행위가 아니다.[144] ⑤ 장물을 취득한 후 장물이 아닌 것처럼 매도하는 경우, 매수인에 대한 기망행위는 장물취득의 불가벌적 사후행위가 아니라 별도로 사기죄가 성립한다.[145] ⑥ 유사수신행위로 조달받은 출자자의 자금을 별도의 기망행위로 다시 투자받는 행위는 유사수신행위의규제에관한법률위반죄 외에 별죄인 사기죄를 구성하고,[146] ⑦ 허위 작성·공시된 재무제표를 이용한 사기적 부정거래로 인한 자본시장과금융투자업에관한법률위반죄는 허위 재무제표 작성·공시로 인한 주식회사의외부감사에관한법률위반죄의 불가벌적 사후행위에 해당하지 않는다.[147] ⑧ 외화도피 목적으로 수입 가격을 조작하는 방법으로 피해은행을 기망하여 신용장을 개설하게 한 후 신용장대금을 수령한 경우, 수입 가격 조작행위는 사기범행의 불가벌적 사후행위가 아니다.[148]

　피해자가 다른 경우는 새로운 법익을 침해하는 것이다. ① 대표이사가 회사업무(분양)와 관련하여 수분양자를 기망하여 편취한 분양대금은 회사의 소유이므로 이를 횡령하는 경우, 회사를 피해자로 하는 별도의 횡령죄가 성립한다.[149] ② A로부터 할인 의뢰를 받은 수표가 부도가 예상됨에도 이를 속이고 B로부터 받은 수표할인금을 횡령한 경우, 사기 피해자인 B와의 관계에 있어서는 사기죄의 불가벌적 사후행위이지만 A에 대한 관계에 있어서는 새로운 법익을

80

---

142 대판 2007. 9. 6, 2007도4739(새로운 법익 침해).

143 대판 2020. 2. 6, 2018도8808(구성요건이나 보호법익을 달리함).

144 대판 2019. 8. 29, 2018도13792(전).

145 대판 2011. 4. 28, 2010도15350(새로운 법익 침해). 본 판결 해설은 이미선, "장물죄에서 본범이 되는 범죄행위에 대하여 우리 형법이 적용되지 않는 경우 그 법적 평가 기준 및 장물에 해당하기 위한 요건과 횡령죄와 관련된 법률관계에 외국적 요소가 있는 경우 소유권 귀속관계 등의 판단 기준", 해설 88, 법원도서관(2011), 646-660.

146 대판 2023. 11. 16, 2023도12424(새로운 보호법익 침해).

147 대판 2013. 1. 24, 2012도10629(구성요건 행위의 내용이나 보호법익이 다름).

148 대판 2012. 9. 27, 2010도16946(새로운 법익 침해. 다만, 신용장 개설 전에 가격 조작이 있었으므로 사후행위라기보다는 수반행위의 문제임).

149 대판 1989. 10. 24, 89도1605; 대판 2005. 4. 29, 2005도741(각 침해법익을 달리한다고 설시).

침해한 것으로 횡령죄가 성립한다.[150] ③ 기망으로 기술신용보증기금의 보증서를 발급받아(사기) 이를 이용하여 은행으로부터 대출금을 받은 경우(사기), 후자가 전자에 흡수되거나 불가벌적 사후행위가 되는 것은 아니다.[151]

81   피해자가 동일한 경우에도 새로운 법익의 침해가 될 수 있다. ① 대표이사가 개인채무를 위하여 회사 약속어음을 발행하고 연대보증하게 한 후에 회사돈을 인출하여 채무를 변제한 경우, 배임의 불가벌적 사후행위가 아니라 별죄인 횡령죄를 구성하고,[152] ② 회사로 하여금 펀드운영사에게 펀드출자금을 정해진 시점보다 선지급하게 하여 배임죄를 범한 다음 운영사로부터 펀드출자금을 임의로 인출한 행위는 별도로 횡령죄를 구성한다.[153]

82   새로운 법익이 반드시 선행행위로 침해된 법익보다 커야 하는 것은 아니다. 판례 중에는 신용카드를 절취한 후 사용한 경우 신용카드의 부정사용행위는 새로운 법익의 침해로 보아야 하고 그 법익침해가 절도범행보다 큰 것이 대부분이므로 절도범행의 불가벌적 사후행위가 되는 것은 아니라고 한 판례가 있지만,[154] 보다 큰 법익의 침해를 요건으로 한다는 취지로 이해할 것은 아니다.

(d) 선행행위 정범의 사후행위

83   장물죄는 자기의 범죄에 의하여 영득한 물건에 대하여는 성립되지 아니하고 이는 불가벌적 사후행위에 해당한다고 할 것이지만, 여기에서 자기의 범죄라 함은 정범자(공동정범과 합동범을 포함)에 한정된다.[155] 이처럼 불가벌적 사후행위의 법리는 선행범죄를 범한 정범에 한하여 적용되며, 선행범죄의 정범이 아닌 사람의 사후행위에는 적용되지 않는다(불가벌적 사후행위의 상대성).

(라) 법적 취급

84   불가벌적 사후행위는 선행범죄에 흡수되어 별죄를 구성하지 않는다. 따라서 선행범죄의 공소장에 불가벌적 사후행위를 공소사실의 일부로 기재할 필요

---

150 대판 1998. 4. 10, 97도3057.
151 대판 2022. 6. 30, 2018도10973.
152 대판 2011. 4. 14, 2011도277(새로운 보호법익 침해).
153 대판 2014. 12. 11, 2014도10036.
154 대판 1996. 7. 12, 96도1181. 본 판결 평석은 조지은, "신용카드 부정사용죄의 죄수", 특별형법판례100선, 한국형사판례연구회·대법원 형사법연구회, 박영사(2022), 388-391.
155 대판 1986. 9. 9, 86도1273.

는 없다.[156]

처벌만을 면하는 것이 아니라 범죄의 성립 자체가 부정되는 것이므로 선행   85
범죄가 공소시효의 완성 등 소송법적 이유로 처벌될 수 없는 경우에도 사후행
위는 불가벌이다. 다만, 선행범죄가 무죄로 되는 경우에는 흡수할 범죄가 없으
므로 불가벌적 사후행위가 아니어서 별죄가 성립한다. 선행범죄에 대한 증명이
부족하여 무죄가 되는 경우에도 마찬가지로 볼 수밖에 없다.[157]

불가벌적 사후행위가 별죄로 되는 것은 아니지만 일응 구성요건에 해당하   86
는 행위로서 위법하므로 이에 대한 정당방위가 가능하다. 가령 훔친 재물을 손
괴하는 행위를 막는 것은 정당방위가 될 수 있다. 다만 이것이 절도죄에 대한
정당방위는 아니며, 위법한 손괴행위에 대한 방위로 평가된다. 불가벌적 사후행
위가 선행행위에 흡수되어 최종적으로는 구성요건해당성이 부정되지만, 정당방
위를 할 수 있는 공격행위는 반드시 형벌법규의 구성요건에 해당하여 범죄가
성립하여야 하는 것은 아니다.

불가벌적 사후행위가 범죄로 성립하지만 선행범죄와 함께 포괄하여 처벌된   87
다는 입장을 취하면, 불가벌적 사후행위가 종료된 때부터 선행범죄의 공소시효
가 진행된다고 보는 것이 논리적이다. 그러나 범죄는 선행범죄만이 성립하고 사
후행위는 범죄로 성립하지 않으므로 선행범죄의 종료 시부터 공소시효가 진행
된다.

불가벌적 사후행위는 그 상대성으로 인하여 사후행위에 가담한 제3자의 가   88
벌성을 부정하지는 못한다. 앞서 본 바와 같이 관세장물의 양여를 알선한 공
범[158]과 같이 사후행위에만 가담한 경우나, 절도교사범의 장물취득과 같이 선행
범죄의 교사·방조범이 사후행위에 가담한 경우, 제3자는 사후행위에 대한 책임
을 진다. 다만 그것이 선행행위의 사후공범이 되는 것은 아니고, 사후행위를 구
성요건으로 하는 범죄가 성립할 수 있을 뿐이다.

이 경우 사후행위에 대한 범죄가 언제나 성립하는 것은 아니고, 제3자가 개   89

---

156 대판 2021. 9. 9, 2017도19025(전) 중 반대의견에 대한 대법관 1인의 보충의견(불가벌적 사후행
    위의 개념 자체가 쟁점인 사안은 아니었음).
157 이 경우 검사의 선택에 따라 범죄가 달라질 수 있는 문제점은 있으나, 기소재량의 범위 내에서
    는 위법하다고까지는 볼 수 없다.
158 대판 1977. 5. 18, 77도541.

[이 상 원]

입함으로써 사후행위가 새로운 불법을 창출한 것으로 평가될 경우에 한하여 성립한다. 가령 절도품의 손괴, 횡령물의 처분 등의 경우는 제3자가 개입하더라도 새로운 불법이 창출되었다고 할 수 없어 재물손괴죄나 추가 횡령죄의 공범이 성립한다고 할 수 없다.

(5) 접속범

(가) 의의

90   접속범이란 동일한 구성요건에 해당하는 동일 태양의 수개 행위가 단절 없이 반복되어 불가분적으로 결합된 범죄를 말한다. 수개의 행위는 모두 동일한 구성요건에 해당하는 동일한 법익에 대한 행위로서 동일한 실질을 가진다. 수개의 행위는 또 동일 태양의 행위가 반복되는 것으로서 뇌물 요구, 약속, 수수와 같이 행위태양이 다른 경우는 이에 해당하지 않는다. 수개의 행위는 단절 없이 반복됨으로써 불가분적으로 결합되어 있는데, 이는 단일한 범의 아래 수개의 행위가 동일한 기회에 접속하여 행해질 때 인정될 수 있다. 접속범이라 불리는 이유는 이 때문이다. 접속범은 수개의 행위가 포괄하여 구성요건을 1회 충족하기 때문에 1죄로 평가되는데, 수개의 행위를 전제로 한다는 점에서 기본단순일죄와 구별되지만, 각 행위가 매우 밀접하게 접속되어 있어 사회통념상 1개의 행위로 볼 수 있다는 점에서 단순일죄의 범주에 속한다고 할 것이어서, 후술하는 포괄일죄라기보다는 확장단순일죄에 해당한다고 봄이 타당하다.

91   판례는 접속범의 개념을 명시적으로 인정하면서 이를 포괄일죄의 하나로 파악하고 있다. 즉 포괄적 1죄란 각기 존재하는 복수의 행위가 그 구성요건을 한 번만 충족하는 것이라고 포괄적으로 평가되는 것을 말하며, 협의의 포괄일죄, 결합범, 집합범, 접속범, 계속범 등이 이에 해당하여 본래적으로 1죄라고 하면서, 접속범은 서로 접속하여 동종의 행위를 반복하는 것을 말하고, 이 반복된 동종의 행위는 구성요건을 한 번만 충족하는 것으로 포괄적으로 평가되며, 접속범이 일죄로 파악되는 것은 복수의 행위가 동일 죄명에 해당하며 그 피해법익이 단일하고 범의에 계속성이 있기 때문이라고 한다.[159]

---

159 대판 1984. 8. 14, 84도1139(업무상횡령).

(나) 요건

　판례의 정의에 따르면, 접속범은 ① 동종의 행위를 접속하여 반복할 것, ② 　92
복수의 행위는 동일 죄명에 해당할 것, ③ 피해법익이 단일할 것, ④ 범의에 계
속성이 있을 것을 요건으로 하고, 이 경우 반복된 행위가 구성요건을 한 번만
충족하는 것으로 포괄적으로 평가된다는 것이다.[160]

　판례는 접속범 외의 다른 포괄일죄, 즉 결합범, 집합범, 계속범은 구성요건 　93
상 동종 복수행위의 존재를 전제로 하거나 또는 행위의 계속성을 요구하고 있
다는 점에서, 또 연속범은 행위의 연속성 즉 독립된 수개의 행위의 존재를 전제
로 하고 있다는 점 등에서 접속범과 구별된다고 하는데,[161] 접속범은 구성요건
자체에서 복수행위의 존재를 전제로 하지는 않는다는 점에서 결합범이나 집합
범과 구별되고, 행위의 계속성을 요구하지 않는다는 점에서 계속범과 구별되며,
복수행위가 독립적이지 않다는 점에서 연속범과 차이가 있다는 취지로 보인다.

　접속범은 수개의 행위가 접속되어 있다는 데에 핵심이 있고, 바로 이 때문 　94
에 일죄로 파악된다. 그러므로 수개의 행위는 동일한 법익에 대한 행위로서 동
일한 구성요건에 해당하는 행위여야 하고, 접속이란 수개의 행위가 동일한 기회
에 단절 없이 이루어져 밀접불가분의 관계에 있음을 의미한다. 또한 이에 대한
인식이 있어야 주관적 요건인 고의가 인정되므로, 고의는 단일하거나 적어도 단
절 없이 계속되어야 한다. 즉, 제1행위 당시 이미 전체에 대한 고의가 있거나
제1행위가 종료되기 전에 제2행위에 대한 고의가 연결된 경우에 한하여 접속범
이 성립한다. 예컨대, 처음부터 창고에 있는 물건 전부를 절취할 고의로 3일에
걸쳐 1/3씩 반출한 경우는 전체고의를 인정할 수 있고, 컴퓨터를 절취할 고의로
창고에 들어갔는데 냉장고도 있어 함께 절취할 생각이었으나 차량 상황상 컴퓨
터만 들고 나오고, 다음 날 냉장고를 절취하려 갔는데 TV도 있어 함께 절취할
생각이었으나 차량 상황상 냉장고만 들고 나오고, 그 다음 날 냉장고를 들고나
온 경우는 고의의 밀접한 연결을 인정할 수 있어, 접속범으로서 1죄가 된다. 필
자는 이를 '접속고의'라 한다. 그러나 특정한 창고의 물건을 훔치려고 마음먹었
으나 구체적인 대상은 생각하지 않은 채 기회가 되는대로 가서 어느 날은 컴퓨

160　대판 1984. 8. 14, 84도1139.
161　대판 1984. 8. 14, 84도1139.

터를, 어느 날은 냉장고를 들고 나온 경우는, 구체적 고의가 접속되지 않아 행위의 단절이 있으므로 접속범이 아니다.

(다) 성립 범위

95   일본에서도 일찍부터 학계에서 접속범의 개념을 인정하여 왔다.[162] 일본 판례 중에는, ① 같은 창고에서 2시간 사이에 쌀 3섬씩 3회에 걸쳐 합계 9섬을 절취한 경우, 단시간 내에 동일 장소, 동일 기회에 행해진 동종의 동작이어서 단일한 범의에 의한 일련의 동작이므로 1개의 죄가 성립한다고 한 사례,[163] ② 밀수입화물 전부에 대한 운반보관을 의뢰받고 그 일부를 A 창고에, 나머지를 B 창고에 운반하여 보관한 경우, 위 각 행위는 화물소유자의 1회의 의뢰에 의하여 동일한 기회에 계속하여 행하여진 것으로서 편의상 나누어 운반·보관한 것에 지나지 않으므로 포괄하여 단순일죄를 구성한다고 한 사례[164]가 대표적인 접속범의 예로 거시된다.

96   우리 판례도, ① 은행직원이 예금으로 받은 돈을 4년 3개월간 수시로 부정인출하여 횡령한 경우, 횡령범행이 전 기간을 통하여 접속되어 있고 피해법익의 단일함이 인정되므로 1죄라 하고,[165] ② 매일매일의 자금 등의 사정에 따라 공장 가동에 필요한 최소한도의 물량을 선반출하고자 수입면허를 받지 않고 보세장치장으로부터 반출한 경우, 적어도 한날에 이루어진 수회의 반출행위는 단일하고 계속된 범의 아래 이루어진 것으로서 포괄하여 1죄를 구성한다고 하며,[166] ③ 하나의 사건에 관하여 한 번 선서한 증인이 같은 기일에 여러 가지 사실에 관하여 기억에 반하는 허위의 진술을 한 경우, 하나의 범죄의사에 의하여 계속하여 허위의 진술을 한 것으로서 포괄하여 1개의 위증죄(§ 152①)를 구성하는 것이고 각 진술마다 수개의 위증죄를 구성하는 것이 아니며,[167] ④ 회계보고 허위기재로 인한 지방교육자치에관한법률위반죄는 하나의 회계보고서에 여러 가지

---

162 大場茂馬, 刑法總論 下卷, 中央大学(1912), 895; 大塚 仁 外, 大コン(3版)(4), 192-193(中山善房).
163 最判 昭和 24(1949). 7. 23. 刑集 3·8·1373.
164 最判 昭和 29(1954). 7. 2. 刑集 8·7·991.
165 대판 1984 8. 14, 84도1139. 다만 현실적으로 보면, 4년 3개월에 걸친 전 행위에 대하여 처음부터 전체고의가 있었다거나 범의가 단절 없이 연속되었다고 보기는 어렵다는 점을 고려하면, 이 사안이 접속범에 해당하는지는 의문이다.
166 대판 1984. 6. 26, 84도782.
167 대판 1998. 4. 14, 97도3340; 대판 2007. 3. 15, 2006도946.

선거비용 항목에 관하여 허위 사실을 기재하였더라도 선거비용의 항목에 따라
별개의 죄가 성립하는 것이 아니라 전체로서 하나의 죄가 성립하고, 수개의 선
거비용 항목을 허위기재한 하나의 선거비용 보전청구서를 제출하여 선거비용을
과다 보전받아 이를 편취하였다면 이는 일죄로 평가되어야 하고, 각 선거비용
항목에 따라 별개의 사기죄가 성립하는 것은 아니라고[168] 한다.

(라) 법적 취급

판례는 우리 형법은 구 형법이 규정하고 있던 연속범 규정을 삭제하여 연   97
속범을 경합범으로 해석할 수 있으므로 공소장 기재에 있어 각 행위를 명시하
여야 하고, 기판력의 범위도 심판대상이 된 사실에만 한정되게 되어 소추 및 심
판 절차상 불편이 따르기 때문에 접속범의 개념이 중요한 소임을 갖는다고 한
다.[169] 이는 결국 접속하여 반복되는 동종의 행위를 접속범으로 파악하여 공소
장의 기재와 기판력의 범위에서 일죄로 파악하는 데 접속범의 의미가 있다는
취지로 이해된다.

4. 포괄단순일죄

단독으로도 구성요건에 해당하는 수개의 행위가 그 구성요건에 특성 때문에   98
1개의 죄로 포괄되는 범죄유형이 있다. 이를 통상 협의의 포괄일죄라 하는데. 대
체로 하나의 구성요건이 수개의 행위태양을 규정하고 있어 이들 행위태양을 함께
실행하더라도 포괄적으로 1개의 범죄만 성립하는 경우를 말한다고 이해되고 있
다.[170] 판례의 이해도 유사하여, 협의(좁은 의미)의 포괄일죄는 하나의 구성요건에
수개의 행위태양이 규정되어 있으나 이들 일련의 행위가 다 같이 동일법익을 침

---

168 대판 2017. 5. 30, 2016도21713. 「회계보고 허위기재로 인한 지방교육자치에 관한 법률 위반죄
   와 증빙서류 허위기재로 인한 지방교육자치에 관한 법률 위반죄는 각 그 행위 주체, 행위 객체
   등 구체적인 구성요건에 있어 차이가 있고, 증빙서류 허위기재 행위가 회계보고 허위기재로 인
   한 지방교육자치에 관한 법률 위반죄에 비하여 별도로 고려되지 않을 만큼 경미한 것이라고 할
   수도 없으므로, 증빙서류 허위기재 행위가 이른바 '불가벌적 수반행위'에 해당하여 회계보고 허
   위기재로 인한 지방교육자치에 관한 법률 위반죄에 대하여 흡수관계에 있다고 볼 수는 없다.」
169 대판 1984 8. 14, 84도1139.
170 강동욱, 370; 김일수·서보학, 525; 성낙현, 737; 신동운, 789; 임웅, 614; 정성근·박광민, 511;
   주석형법 [총칙(2)](3판), 300(김대휘). 나아가 정성근·박광민은 행위 상호 간에 수단과 목적 또
   는 원인과 결과 관계가 있다고 하고, 강동욱과 김대휘는 수개의 행위는 동일한 법익을 침해한다
   고 한다.

해하여 포괄적으로 구성요건을 1회만 충족하는 경우를 말한다고 한다.[171]

99   이런 관점에서, 뇌물의 요구·약속·수수라는 수개의 단계적 행위가 있는 경우 포괄하여 뇌물수수죄(§129①)가 성립하고,[172] 범인도피와 은닉(장소제공)을 함께 한 경우 포괄하여 범인은닉죄(§151①)가 성립하며, 체포하여 감금한 경우 감금죄(§276①)가 성립하고,[173] 약국개설자 아닌 사람이 의약품을 취득하여 판매한 경우 포괄하여 약사법위반 1죄가 성립한다.[174]

100   그런데 위와 같은 구성요건의 특성은 법조경합 중 흡수관계나 보충관계에서 주된 행위에 종된 행위(피흡수법 또는 보충법의 행위)가 흡수되는 경우에 일반적으로 나타난다. 예컨대, 칼로 피해자를 찔러 사망하게 한 경우 의복 손상 부분이 살인죄에 흡수되어 포괄하여 살인죄 1죄가 성립하며, 예비행위를 하고 실행하여 기수에 이른 경우 포괄하여 기수가 되고 보충관계에 있는 예비는 기수에 흡수된다(이에 대해서는 **III. 법조경합** 부분 참조). 뇌물을 요구하여 수수한 경우 요구죄가 수수죄에 흡수되고 포괄하여 1죄가 되는 것도 양자가 보충관계에 있기 때문이다.

101   필자는 이와 같이 수개의 행위가 법조경합에 의하여 주된 범죄로 흡수되어 포괄하여 1죄가 되는 경우를 통칭하여 '포괄단순일죄'라고 한다. 이때 수개의 행위는 반드시 동일한 구성요건에 해당할 필요도 없고, 동일한 법익에 대한 행위일 필요도 없다. 또한 1개의 가해행위가 의복과 신체를 손상시키는 경우처럼, 자연적으로는 1개의 행위이지만 손괴행위와 살해행위로 구분되는 경우를 포함한다.

102   포괄단순일죄는 서로 법조경합의 관계에 있는 수개의 부분들이 구성요건의 해석상 이들을 포괄하여 1개의 단위로 관념할 수 있는 단순일죄의 성격을 가지고 있다.

---

171 대판 1985. 7. 9, 85도740; 대판 1986. 7. 22, 86도1012(전) 반대의견.
172 대판 1985. 7. 9, 85도740.
173 대판 1986. 7. 22, 86도1012(전) 반대의견 참조. 본 판결 해설은 "한상호, "가중처벌법률시행 전후에 걸쳐 범하여진 포괄적 일죄에 대한 적용법률", 해설 6, 법원행정처(1987), 369-383.
174 대판 2001. 8. 21, 2001도3312.

5. 포괄일죄

(1) 의의

　학설상 포괄일죄에 대한 이해는 다양하다. 그런데 우리 판례는 오랫동안 포괄　103
일죄의 법리를 발전시켜 왔다. 여기서는 판례의 포괄일죄를 중심으로 살펴본다.

　판례는 포괄일죄를 각기 따로 존재하는 수개의 행위가 1개의 구성요건을　104
한번 충족하는 경우라고 정의하면서,[175] 이 수개의 행위가 혹은 흡수되고 혹은
사후행위가 되고 혹은 위법상태가 상당 정도 시간적으로 경과하는 등으로 본래
적으로 1죄의 관계에 있으므로 별죄가 성립하거나 과형상 1죄가 되지 않는다고
한다.[176] 이처럼 판례는 법조경합을 포함하여 수개의 행위가 포괄하여 일죄로
파악되는 거의 모든 태양을 포괄일죄로 이해하고 있는 것으로 보인다. 그러나
포괄일죄는 여러 행위가 법적으로 1개의 행위로 평가되는 경우를 말하고, 법조
경합은 법적으로 1개로 평가된 행위에 여러 조문의 적용이 문제되는 경우를 말
하는 것으로서 양자는 관점이 다른 것이며, 동일 평면의 문제가 아니다.

　판례는 포괄일죄를 본래적 1죄로 파악하면서 그 종개념(種槪念)으로 협의의　105
포괄일죄, 결합범, 집합범, 접속범, 계속범을 위치시킨다.[177] 학설은 이들을 광
의의 포괄일죄라고 부르기도 하는데, 판례는 '광의의 포괄일죄'라는 용어 자체를
사용하지는 않고 있다. 다만 전원합의체 판결의 반대의견에서, 광의(넓은 의미)의
포괄일죄는 상습범, 영업범, 직업범 등과 같이 수죄에 대비되는 개념으로 수개
의 행위가 포괄적으로 1개의 구성요건에 해당하여 법률상 일죄로 되는 것을 말
한다고 한 바 있다.[178]

　여기서는 각기 따로 존재하는 수개의 행위가 포괄하여 1개의 구성요건을　106
한번 충족하는 경우를 포괄일죄라고 부르되, 단순일죄로 파악되는 경우는 포괄
일죄에서 제외하여, 결합범, 접속범, 계속범은 확장단순일죄라고 하고, 협의의
포괄일죄는 포괄단순일죄라고 한다.

---

175 대판 1982. 11. 23, 82도2201(포괄1죄라 표현); 대판 1984. 8. 14, 84도1139(포괄적 1죄라 표현);
　　대판 1988. 2. 9, 87도58(포괄1죄라 표현).
176 대판 1982. 11. 23, 82도2201.
177 대판 1984. 8. 14, 84도1139.
178 대판 1986. 7. 22, 86도1012(전) 반대의견.

(2) 포괄일죄의 요건

107   판례는 단일하고 계속된 범의 아래 동종의 범행을 일정기간 반복하여 행하고 그 피해법익도 동일한 경우에는 각 범행을 통틀어 포괄일죄로 본다고 하거나,[179] 동일 죄명에 해당하는 수개의 행위 혹은 연속된 행위를 단일하고 계속된 범의하에 일정기간 계속하여 행하고 그 피해법익도 동일한 경우에는 이들 각 행위를 통틀어 포괄일죄로 처단한다고 한다.[180] 또 동일 죄명에 해당하는 수개의 행위 혹은 연속된 행위를 단일하고 계속된 범의하에 일정기간 계속하여 행하고 그 피해법익도 동일한 경우에는 이들 각 행위를 통틀어 포괄일죄로 처단하여야 할 것이나, 범의의 단일성과 계속성이 인정되지 아니하거나 범행방법이 동일하지 않은 경우에는 각 범행은 실체적 경합범에 해당한다.[181]

108   또한 수개의 업무상횡령행위라도 피해법익이 단일하고 범죄의 태양이 동일하며 단일범의의 발현에 기인하는 일련의 행위라고 인정될 때, 포괄하여 1개의 범죄가 된다고 한다.[182]

109   이에 비추어 보면 판례가 요구하는 포괄일죄의 요건은, ⓐ 단일하고 계속된 범의, ⓑ 동종의 행위, 동일 죄명에 해당하는 수개의 행위, 연속된 행위, 범죄 태양의 동일, 일련의 행위, ⓒ 일정기간 계속 반복하여 행할 것, ⓓ 피해법익의 동일, ⓔ 범행방법 및 장소의 동일이다. 아래에서는 ① 수개의 행위(ⓑ,

---

179 대판 1984. 5. 15, 84도233(11일 동안 4회에 걸쳐 불법 담배 160갑 판매); 대판 1990. 6. 26, 90도466(3회에 걸쳐 알선 교제비 450만 원 수수); 대판 1990. 10. 10, 90도1580(새마을금고 이사장이 업무상 보관하던 돈을 부정 인출); 1996. 7. 12, 96도1181(절취한 신용카드로 2시간 20분 동안 가맹점 7곳에서 물품 구입); 대판 2000. 1. 21, 99도4940(1994. 2.부터 1998. 1. 사이에 설과 추석 및 연말마다 동일인으로부터 매번 금 1,000,000원씩 뇌물 수수).

180 대판 1996. 4. 23, 96도417(출판사를 설립하여 불량만화를 제작하다가 문제가 되자 출판사를 폐업하고 근접한 시기, 동일 장소에서 제목과 스토리가 다르지만 동일한 문제점이 있는 불량만화를 제작한 경우, 포괄일죄 인정); 대판 2002. 6. 14, 2002도1256(7,542회에 걸쳐 허위매수주문을 하고 취소하는 방법으로 시세조종행위를 한 경우, 주식 소유자가 수인이라도 사회적 법익이 보호법익으로서 법익의 동일성 인정); 대판 2005. 9. 30, 2005도4051; 대판 2012. 3. 29, 2011도14135.

181 대판 2022. 2. 24, 2021도17110. 「무면허운전으로 인한 도로교통법 위반죄에 있어서는 어느 날에 운전을 시작하여 다음 날까지 동일한 기회에 일련의 과정에서 계속 운전을 한 경우 등 특별한 경우를 제외하고는 사회통념상 운전한 날을 기준으로 운전한 날마다 1개의 운전행위가 있다고 보는 것이 상당하므로 운전한 날마다 무면허운전으로 인한 도로교통법 위반의 1죄가 성립한다고 보아야 한다.」

182 대판 1993. 10. 12, 93도1512(7개월여 동안 8회에 걸쳐 업무상 보관 중인 군용 백미를 꺼내어 감); 대판 2006. 11. 9, 2004도4234; 대판 2007. 1. 12, 2004도8071; 대판 2009. 2. 12, 2006도6994; 대판 2009. 6. 25, 2008도10096; 대판 2013. 6. 13, 2013도4737.

ⓒ, ⓔ), ② 동일 구성요건(ⓑ), ③ 동일한 피해법익(ⓓ), ④ 범의의 단일성과 계속성(ⓐ)으로 구분하여 살펴본다.

(가) 수개의 행위

포괄일죄는 독립된 수개의 행위(ⓑ)를 전제로 한다. 1개의 행위이거나 독립되지 않은 수개의 행위는 단순일죄가 될 뿐 포괄일죄가 되지는 않는다. 다만, 판례는 계속범이나 접속범 등 비독립적인 행위가 계속·접속된 경우도 포괄일죄에 포함시킨다.

수개의 행위는 포괄하여 1죄로 묶일 만큼 유사성이 있어야 한다. 따라서 수개의 행위는 동종의 행위여야 하고, 동일 죄명에 해당하여야 한다(ⓑ). 이 점에서 살인죄에 흡수되는 의복손괴는 포괄일죄의 관계라고 하기 어렵다. 또 범죄의 태양도 같아야 한다.

다만 일정기간 계속하여 행한다(ⓒ)는 요건은 간단(間斷)없이 지속적으로 계속될 것까지 요하는 것은 아니며, 수개의 행위를 1개로 묶을 정도의 계속성이 있으면 행위마다 독립적으로 이루어져도 무방하다. 또 반복하여 행한다(ⓒ)는 요건도 완전 동일한 행위의 반복을 의미하는 것이 아니라 유사한 행위가 반복하여 이루어짐을 의미한다. 연속하는 행위 또는 일련의 행위(ⓑ)도 같은 의미로 이해된다.

한편 범행방법 및 장소의 동일성을 요건으로 제시하고 있으나(ⓔ), 이 요건 또한 수개의 행위를 1개로 묶을 요인 중의 하나로 요구하는 것이므로 이를 충족할 정도면 충분하고 언제나 같은 방법과 장소를 요하는 것은 아니며, 방법이나 장소의 동일성이 1죄성을 인정하는 데 결정적인 경우는 별론으로 하고, 일반적으로 방법의 유사성이나 장소의 관련성이 있으면 된다. 그러므로 수개의 업무상횡령행위 도중에 공범자의 변동이 있는 경우라 하더라도 그 수개의 행위가 피해법익이 단일하고 범죄의 태양이 동일하며 단일범의의 발현에 기인하는 일련의 행위라고 인정된다면, 별개의 죄가 되는 것이 아니라 포괄일죄가 된다.[183]

(나) 동일 구성요건

포괄일죄는 각기 따로 존재하는 수개의 행위가 1개의 구성요건을 한번 충족하는 경우를 말하므로, 구성요건을 달리하는 행위들은 포괄일죄를 구성하지

110

111

112

113

114

---

183 대판 2009. 2. 12, 2006도6994(군 산림조합장 및 임직원의 조직적 비자금 조성행위들 중 공범의 범위에 일부 변동이 있어도 포괄하여 업무상횡령죄가 성립한다고 한 사례).

않는다.[184] 가령 횡령, 배임 등의 행위와 사기의 행위는 포괄일죄를 구성할 여지가 없다.[185]

(다) 동일한 피해법익

115   피해자가 다르면 피해법익이 다르므로 포괄일죄가 성립하지 않는다. 사기죄에 있어서 수인의 피해자에 대하여 각 피해자별로 기망행위를 하여 각각 재물을 편취한 경우에, 그 범의가 단일하고 범행방법이 동일하다고 하더라도 포괄일죄가 성립하는 것이 아니라 피해자별로 1개씩의 죄가 성립한다.[186] 다만 피해자들이 하나의 동업체를 구성하는 등으로 '피해법익이 동일하다고 볼 수 있는 사정'[187]이 있는 경우에는 피해자가 복수이더라도 포괄일죄가 성립할 수 있는데,[188] 이 경우 피해자들이 부부 사이라는 사정만으로 포괄일죄가 되는 것은 아니다.[189]

---

184 대판 1988. 2. 9, 87도58.
185 대판 1988. 2. 9, 87도58.
186 대판 1989. 6. 13, 89도582; 대판 2003. 4. 8, 2003도382; 대판 2011. 4. 14, 2011도769; 대판 2023. 12. 21, 2023도13514.
187 일본 판례 중에는 약 2개월에 걸쳐 사정을 모르는 아르바이트생을 일본 관서지방 각지에 배치하여 모금함을 들고 거리에서 통행인들에게 기부를 하라고 권유하여 다수의 통행인으로부터 2,480만 엔을 기부받아 편취하였다는 가두모금사기 사안에서, "개개의 피해자별로 구별하여 개별적으로 기망행위를 한 것이 아니라, 불특정 다수의 통행인 일반에 대하여 일괄하여 개별 일시, 장소에서 같은 내용의 정형적인 권유를 하여 기부금을 모으는 행태를 취하였고, 또한 피고인의 1개의 의사, 기도에 기하여 계속적으로 행해진 활동으로 인정된다. 이에 더하여, 이와 같은 가두모금에서 기부에 응한 피해자는 비교적 소액의 현금을 모금함에 투입하면 이름도 말하지 않고 그대로 가버리는 것이 통례이고, 모금함에 투입된 현금은 바로 다른 피해자가 투입한 현금과 혼화(混和)되어 특정성을 잃어버리는 것으로 개별적으로 구별하여 수형하는 것은 아니다."고 판시하면서, 포괄일죄를 인정한 것이 있다[最判 平成 22(2010). 3. 17. 刑集 64·2·111]. 위 판결은 피해자가 다른 경우에도 '동일한 피해법익'(피해법익의 일체성)을 인정한 사례인데, 위 판결에 대하여 다수 학설은 찬성하지만, 포괄일죄의 해석의 한계를 넘은 것이라는 비판도 유력하다[田中優輝, "包括一罪の成否", 法学教室 No. 522(2024. 3), 88].
188 대판 2011. 4. 14, 2011도769; 대판 2015. 4. 23, 2014도16980; 대판 2023. 12. 21, 2023도13514.
189 대판 2011. 4. 14, 2011도769(피해자들이 부부 사이이지만, 피해법익이 동일하다고 볼 별다른 근거가 없음에도 이 사건 각 사기죄가 포괄하여 일죄라고 본 원심의 판단은 위법하다고 한 사례). 이와는 달리 피해자가 부부인 경우에 포괄일죄가 성립한다고 한 판례로는 대판 2023. 12. 21, 2023도13514[피고인이 부부인 피해자 A와 B에게 "토지를 매수하여 분필한 후 이를 분양해서 원금 및 수익금을 지급하겠다."면서 기망한 후, 이에 속아 피고인에게 투자하기 위해 공동재산인 건물을 매도하여 돈을 마련한 피해자들로부터 피해자 A 명의 예금계좌에서 1억 원, 피해자 B 명의 예금계좌에서 4억 7,500만 원, 합계 5억 7,500만 원을 송금받아 이를 편취하였다는 이유로 특정경제범죄가중처벌등에관한법률위반(사기)죄로 기소된 사안에서, 각 피해자 명의의 예금계좌에 예치된 금전에 관한 권리는 특별한 사정이 없는 한 각 피해자에게 별도로 귀속되므로 민사상 권리 귀속관계의 면에서는 각 피해자가 피고인의 기망행위로 별도의 재산상 법익을 침해당

(라) 범의의 단일성과 계속성

(a) 단일성과 계속성

수개의 행위는 단일하고 계속된 범의 아래 행해져야 한다. 판례는 범의의 단일성과 계속성이 인정되지 아니하거나 범행방법 및 장소가 동일하지 않은 경우, 각 범행은 실체적 경합범에 해당한다고 한다.[190]

① 사기죄 등 재산범죄에서 동일한 피해자에 대하여 단일하고 계속된 범의 하에 동종의 범행을 일정기간 반복하여 행한 경우에는 그 각 범행은 통틀어 포괄일죄가 될 수 있고,[191] ② 동일한 상대방과의 사이에 단일한 범의로 계속된 것이고 피해법익도 동일한 일련의 수뢰행위는 포괄일죄이며,[192] ③ 돈을 준 장소나 기간이 일정하지 아니하고 돈을 건넨 전체의 기간이 길거나 돈을 받은 일자 사이에 상당한 간격이 있다 할지라도 그 범의의 계속성이나 시간적 접속성을 인정하는 데 지장이 되지는 않고,[193] ④ 국가배상사건 심의결정 공무원에게 돈을 건넬 때마다 부탁한 사건 내용이 다르다 하여 범의의 단일성과 계속성을 부인하지는 못한다.[194] ⑤ 무면허운전으로 인한 도로교통법위반죄에 있어서는 어느 날에 운전을 시작하여 다음 날까지 동일한 기회에 일련의 과정에서 계속 운전을 한 경우 등 특별한 경우를 제외하고는 사회통념상 운전한 날을 기준으

116

117

하였다고 볼 수도 있으나, 포괄일죄를 판단하는 기준 중 하나인 피해법익의 동일성은 민사상 권리 귀속관계 외에 해당 사건에 나타난 다른 사정도 함께 고려하여 판단해야 하는데, 피고인의 피해자들에 대한 기망행위의 공통성, 기망행위에 이르게 된 경위, 재산 교부에 관한 의사결정의 공통성, 재산의 형성·유지 과정, 재산 교부의 목적 및 방법, 기망행위 이후의 정황 등 모든 사정을 고려하여 보면, 피해자들에 대한 사기죄의 피해법익이 동일하다고 평가될 수 있어 이들에 대한 사기죄가 포괄일죄를 구성한다고 한 사례].

190 대판 2005. 9. 30, 2005도4051(음란동영상이 저장된 서버 컴퓨터를 압수당한 후 새로운 장비와 프로그램을 갖추어 영업을 재개한 경우, 범의의 갱신이 있다고 한 사례); 대판 2013. 5. 24, 2011도9549(폐기물 매립장소의 변경은 범의의 갱신을 가져올 수 있다고 한 사례); 대판 2013. 11. 28, 2013도10467(도박사이트 운영장소, 운영자, 입출금방식이 다르고 각 단독범과 공범으로 기소된 경우, 범의의 단일성과 계속성, 범행방법의 동일성이 인정되지 않는다고 한 사례); 대판 2020. 5. 14, 2020도1355(각 다른 성매매업소 운영주와 임대차계약을 체결하여 한 수회의 성매매장소 제공행위를 포괄일죄라 단정할 수 없다고 한 사례).

191 대판 2016. 10. 27, 2016도11318(범행 사이의 기간과 범행경위에 비추어 범의의 단일성과 계속성이나 범행방법의 동일성을 단정하기 어렵다고 한 사례). 본 판결 평석은 최준혁, "포괄일죄와 경합범의 구별기준", 법조 721, 법조협회(2017), 761-788.

192 대판 1981. 3. 24, 80도2832; 대판 1987. 5. 26, 86도1648(뇌물을 여러 차례에 걸쳐 수수).

193 대판 1978. 12. 13, 78도2545; 대판 2000. 1. 21, 99도4940.

194 대판 1978. 12. 13, 78도2545.

〔이 상 원〕　　　　　　　　　　　　　　　　　　　　**65**

로 운전한 날마다 1개의 운전행위가 있다고 보는 것이 상당하므로 운전한 날마다 무면허운전으로 인한 도로교통법위반의 1죄가 성립한다.[195]

(b) 전체고의와 연속고의

118   판례가 제시하는 범의의 단일성과 계속성의 의미가 반드시 명확하지는 않다. 판례는 사기죄 등 재산범죄에서 각 범행이 포괄일죄가 되느냐 경합범이 되느냐는 그에 따라 피해액을 기준으로 가중처벌을 하도록 하는 특별법이 적용되는지 여부 등이 달라질 뿐 아니라 양형 판단 및 공소시효와 기판력에 이르기까지 피고인에게 중대한 영향을 미치게 되므로 매우 신중하게 판단하여야 한다면서, 특히 범의의 단일성과 계속성은 개별 범행의 방법과 태양, 범행의 동기, 각 범행 사이의 시간적 간격, 그리고 동일한 기회 내지 관계를 이용하는 상황이 지속되는 가운데 후속 범행이 있었는지 여부, 즉 범의의 단절이나 갱신이 있었다고 볼 만한 사정이 있는지 여부 등을 세밀하게 살펴 논리와 경험칙에 근거하여 합리적으로 판단하여야 한다고 한다.[196]

119   범의 단일성은 수개 행위에 존재하는 범의가 하나의 단위로 파악될 수 있을 때 인정될 수 있다. 우선 각 개별행위 전체에 대한 고의가 있어야 하나의 단위로 인정할 수 있다는 입장이 있다. 이를 '전체고의'라 하는데, 전체고의는 각 개별행위 전체의 주요한 내용을 파악하고 각 행위의 상세까지는 아니라도 적어도 침해법익, 법익의 주체, 장소, 시간, 대략의 실행방법을 미리 파악하는 정도에 이를 때 인정된다. 이에 대하여, 각 개별행위에 대한 고의들이 심리적 연장선을 형성하여 후행결의가 후행결의의 연속으로 나타나는 경우에도 하나의 단위로 인정할 수 있다는 입장이 있다. 이를 '연속고의'라 한다.

120   우리 형법은 행위형법을 기본으로 하고 있으므로 고의는 행위에 대한 고의를 의미하고, 특정된 행위를 떠난 행위자의 주관적 속성으로서의 고의를 의미하지는 않는다. 따라서 심리적 연장선만으로는 고의를 인정하기에 부족하며, 하나의 단위로서의 '전체고의'가 있어야 한다. 다만, 이 전체고의는 최초행위 당시

---

[195] 대판 2022. 2. 24, 2021도17110(식당에서 식사한 전후 집에서 식당까지, 식당에서 집까지 무면허운전한 것은 단일하고 계속된 범의 아래 같은 날 근접하여 이루어진 일련의 행위로서 피해법익도 동일하므로 포괄일죄라고 한 사례).

[196] 대판 2016. 10. 27, 2016도11318(범행 사이의 기간과 범행경위에 비추어 범의의 단일성과 계속성이나 범행방법의 동일성을 단정하기 어렵다고 한 사례).

모든 개별행위에 대한 상세한 내용까지 확정적으로 파악하여야만 되는 것은 아니며, 개괄적인 전체고의가 있은 위에 각 개별행위 당시 구체적 고의로 특정되는 경우도 포함한다고 생각한다. 예컨대 회사의 자금을 관리하는 직원이 수차례에 걸쳐 횡령한 경우, 최초의 행위 당시 전체 범행의 개요에 대하여 대략적으로나마 파악하고 나아가 구체적인 금액은 각 개별행위 당시에 특정한 경우에 비로소 하나의 고의를 인정할 수 있다. 이때 후행행위에 대한 구체적 고의가 선행행위의 종료 전에 이어진 경우는 물론 선행행위 후에 이어진 경우라도 이것이 대략적 전체고의의 구체적 발현이라고 인정되는 경우에는, 범의의 계속성이 있어 하나의 고의로 인정할 수 있다. 그러나 장차 주어지는 기회에 따라 그때그때 회사자금을 인출하겠다는 의사만으로는 고의의 계속성이나 단일성을 인정할 수 없다. 판례가 개별 범의의 단절이나 갱신이 있으면 단일성과 계속성을 인정할 수 없다고 하면서, 범행의 방법과 태양, 범행의 동기, 각 범행 사이의 시간적 간격, 그리고 동일한 기회 내지 관계를 이용하는 상황이 지속되는 가운데 후속 범행이 있었는지 여부를 판단기준으로 제시하고 있는 것은 이러한 의미의 전체고의를 포괄일죄의 요건으로 하고 있는 것이라 할 수 있다. 다만 판례는 실제 사안의 해결에 있어서는 수년에 걸친 횡령행위처럼 연속고의만 있는 것으로 보이는 사안에서도 포괄일죄를 인정하고 있는데, 이는 판례 스스로 제시한 범의의 단일성·계속성의 법리에도 맞지 않는다고 생각한다.

(3) 포괄일죄의 성립범위

(가) 집합범

포괄일죄의 한 태양으로 논의되는 것 중에 집합범이 있다. 집합범이란 구성요건 자체에서 수개의 동종행위가 집합적으로 행하여질 것이 예정되고, 이들이 구성요건을 1회 충족하는 것으로 평가되는 범죄를 말한다. 영업범, 직업범, 상습범이 집합범으로 논해진다.   **121**

(a) 영업범과 직업범

영업범·직업범은 구성요건의 성질에서 이미 동종행위가 반복될 것으로 당연히 예상되는 범죄로서,[197] 위 일련의 동종행위를 업(業)으로서 계속적·반복적   **122**

---

197 대판 2004. 7. 22, 2004도2390.

으로 행하는 범죄유형을 말하는데, 그중 영리를 목적으로 하는 경우를 영업범, 영리를 목적으로 하지 않는 경우를 직업범이라 한다. 동종행위를 반복하더라도 구성요건의 성질이 이를 예상하는 범죄가 아니라면 영업범이 아니다. 판례는 영업범을 포괄일죄의 하나로 보면서,[198] 동일 죄명에 해당하는 수개의 행위를 단일하고 계속된 범의하에 일정기간 계속하여 행하고 그 피해법익도 동일한 경우에는 이들 각 행위를 통틀어 포괄일죄로 처단하여야 한다는 이유를 제시하고 있는데,[199] 이는 포괄일죄의 일반요건과 같다. 즉, 판례는 영업범이라는 이유만으로 포괄일죄라고 보는 것이라기보다는 포괄일죄의 요건을 갖춘 영업범을 포괄일죄라고 보는 것이라 할 수 있다.[200]

123   영업범·직업범은 다수의 행위를 계속·반복하여 업으로 행하는 행위가 구성요건행위이므로 이를 구성하는 개개의 행위에 대하여 처음부터 구체적인 인식이 없더라도 개괄적으로 전체고의를 인정할 수 있다.

124   판례가 포괄일죄로 인정한 예로는, ① 무등록으로 외국환거래업무를 한 행위,[201] ② 약국개설자가 아니면서 의약품을 판매하거나 판매목적으로 취득한 행위,[202] ③ 무면허 의료영업행위,[203] ④ 비의료인의 의료기관 개설행위,[204] ⑤ 부정의약품 제조·판매행위,[205] ⑥ 무등록 건설업 영위행위[206] 등이 있다.

125   이에 비하여, 성매매알선행위와 성매매에 제공되는 사실을 알면서 건물을

---

198 대판 2017. 4. 28, 2016도21342.

199 대판 2001. 8. 21, 2001도3312; 대판 2003. 8. 22, 2002도5341.

200 대판 2014. 7. 24, 2013도12937. 「무등록 건설업 영위 행위는 그 범죄의 구성요건의 성질상 동종 행위의 반복이 예상된다 할 것이고, 그와 같이 반복된 수개의 행위가 단일하고 계속된 범의하에 근접한 일시·장소에서 유사한 방법으로 행하여지는 등 밀접한 관계가 있어 그 전체를 1개의 행위로 평가함이 상당한 경우에는 이들 각 행위를 통틀어 포괄일죄로 처벌하여야 한다.」

201 대판 2003. 8. 22, 2002도5341.

202 대판 2001. 8. 21, 2001도3312.

203 대판 2014. 1. 16, 2013도11649. 「무면허 의료행위는 그 범죄구성요건의 성질상 동종 범죄의 반복이 예상되는 것이므로, 영리를 목적으로 무면허 의료행위를 업으로 하는 자가 반복적으로 여러 개의 무면허 의료행위를 단일하고 계속된 범의 아래 일정 기간 계속하여 행하고 그 피해법익도 동일한 경우라면 이들 각 행위를 통틀어 포괄일죄로 처단하여야 할 것이다.」

204 대판 2018. 11. 29, 2018도10779.

205 대판 2021. 1. 14, 2020도10979[보건범죄 단속에 관한 특별조치법(이하, 보건범죄단속법이라 한다.) 제3조 제1항 제2호의 부정의약품제조등죄는 연간 의약품 소매가격이 1천만 원 이상일 것을 구성요건으로 하고 있는데, 여러 해에 걸쳐 제조·판매한 경우 어느 한 해가 1천만 원 이상이면 다른 해가 1천만 원 이상인 여부와 무관하게 전 기간이 포괄일죄로 된다고 한 사례].

206 대판 2014. 7. 24, 2013도12937.

〔이 상 원〕

제공한 행위는 비록 그 처벌규정을 같은 조항에 두고 있더라도 범행방법이 다르고 필연적 연관성이 없으므로 포괄일죄가 아닌 별개의 죄라고 한다.[207]

비의료인이 의료인 명의로 의료기관을 개설하여 운영하면서 개설자 명의를 순차로 변경하면서 운영한 경우 각 개설자 명의별로는 포괄하여 일죄가 성립하지만, 명의가 변경되면 범의가 단일하다거나 범행방법이 종전과 동일하다고 보기 어려우므로 개설자 명의별로 별개의 범죄가 각 성립하고, 각 죄는 실체적 경합범의 관계에 있다.[208] 또 건설업등록 없이 수회에 걸쳐 동일 병원의 리모델링 공사를 한 경우 포괄일죄가 성립하지만, 다른 공사들과 시간적 간격이 상당하고 장소도 다른 공사는 그러하지 않다.[209]

126

(b) 상습범

1) 의의

상습범이라 함은 범죄의 기본적 구성요건에 해당하는 행위를 한 사람이 그 범죄행위를 반복하여 저지르는 습벽, 즉 상습성이라는 행위자적 속성을 갖추었다고 인정되는 경우에, 이를 가중처벌 사유로 삼고 있는 범죄유형을 가리킨다.[210]

127

상습성을 갖춘 사람이 여러 개의 죄를 반복하여 저지른 경우에는, 각 죄를 별죄로 보아 경합범으로 처단할 것이 아니라 그 모두를 포괄하여 상습범이라고 하는 하나의 죄로 처단하는 것이 상습범의 본질 또는 상습범 가중처벌 규정의 입법취지에 부합한다는 것이 일찍부터 대법원이 견지하여 온 견해이다.[211]

128

이에 대하여, 상습범은 상습성 있는 사람의 범행을 무겁게 처벌하려는 것이지 포괄하여 하나의 죄로 처벌하려는 것이 아니므로 수개의 상습범은 수개의 죄로 보아야 한다는 견해[212]가 있다. 상습범이라도 상습성이라는 행위자 속성을 처

129

---

207 대판 2011. 5. 26, 2010도6090.

208 대판 2018. 11. 29, 2018도10779.

209 대판 2014. 7. 24, 2013도12937.

210 대판 2000. 3. 10, 99도2744; 대판 2004. 9. 16, 2001도3206(전); 대판 2012. 5. 10, 2011도12131; 대판 2019. 6. 20, 2018도20698(전).

211 대판 1966. 6. 28, 66도693(원래 상습범에 있어서 수개의 행위가 상습으로 반복되었을 경우에는, 그 수개의 행위를 포괄하여 한 죄로 하는 것이다); 대판 1978. 2. 14, 77도3564(전); 대판 2004. 9. 16, 2001도3206(전).

212 대판 2004. 9. 16, 2001도3206(전) 별개의견(1인). 본 판결 평석은 박광민, "상습범의 죄수와 기판력이 미치는 범위", 형사판례연구 [14], 한국형사판례연구회, 박영사(2006), 25-44; 이우재, "상습사기죄 중 일부에 대하여 확정재판이 있는 경우 그 재판의 기판력의 기준시전에 범해진 상

벌하는 것이 아니라 상습성에 기한 범죄행위를 처벌하는 것이 행위책임의 원칙에
부합하고, 상습범은 기본범죄의 법정형에 1/2 가중하는 경우가 많은데, 수개의 상
습범을 범한 경우 경합범 가중과 같아져 상습범을 가중처벌하는 취지가 상쇄된다
는 점을 고려할 때, 상습성의 표지만으로 포괄일죄로 평가하는 것은 타당하지 않
고, 수개의 상습범이 포괄일죄의 일반요건을 갖추었을 때 비로소 포괄일죄가 된
다고 함이 타당하다. 이렇게 보는 것이 판례가 영업범 등 다른 포괄일죄의 경우
영업성 외에 포괄일죄의 일반요건을 갖추었을 때 포괄일죄로 파악하는 것과 일관
된다. 다만, 아래에서는 상습범을 포괄일죄로 보는 판례의 입장을 전제로 하여 살
펴본다. 포괄일죄로서의 상습범과 관련된 법리를 함께 살피기 위함이다.

2) 상습범의 법정성

130   상습성이 있는 사람이 같은 종류의 죄를 반복하여 저질렀다 하더라도 상습
범을 별도의 범죄유형으로 처벌하는 규정이 없는 한 그 각 죄는 원칙적으로 별
개의 범죄로서 경합범으로 처단한다.[213] 상습범의 구성요건이 없는 이상 상습범
을 친고죄에서 제외하는 규정이 있다고 하여 포괄일죄가 되지는 않는다.[214] 다
만, 이때 상습의 개념도 상습범의 그것과 다르지 않다. 가령 저작권법이 친고죄
제외사유로 규정한 '상습적으로'(저작권법 §140)라 함은 반복하여 저작권 침해행
위를 하는 습벽으로서의 행위자의 속성을 말하고, 이러한 습벽의 유무를 판단함
에 있어서는 동종 전과가 중요한 판단자료가 되나 동종 전과가 없다고 하더라

습범행에 확정재판의 기판력이 미치는지 여부", 형사재판의 제문제(5권): 이용우 대법관 퇴임기
념 논문집, 박영사(2005), 39-75.

213 대판 2012. 5. 10, 2011도12131.

214 대판 2012. 5. 10, 2011도12131. 「저작권법은 제140조 본문에서 저작재산권 침해로 인한 제
136조 제1항의 죄를 친고죄로 규정하면서, 제140조 단서 제1호에서 영리를 위하여 상습적으로
위와 같은 범행을 한 경우에는 고소가 없어도 공소를 제기할 수 있다고 규정하고 있으나, 상습
으로 제136조 제1항의 죄를 저지른 경우를 가중처벌한다는 규정은 따로 두고 있지 않다. 따라서
수회에 걸쳐 저작권법 제136조 제1항의 죄를 범한 것이 상습성의 발현에 따른 것이라고 하더라
도, 이는 원칙적으로 경합범으로 보아야 하는 것이지 하나의 죄로 처단되는 상습범으로 볼 것은
아니다. 그것이 법규정의 표현에 부합하고, 상습범을 포괄일죄로 처단하는 것은 그것을 가중처
벌하는 규정이 있기 때문이라는 법리적 구조에도 맞다.그리고 저작재산권 침해행위는 저작권자
가 같더라도 저작물별로 침해되는 법익이 다르므로 각각의 저작물에 대한 침해행위는 원칙적으
로 각 별개의 죄를 구성한다고 할 것이다. 다만 단일하고도 계속된 범의 아래 동일한 저작물에
대한 침해행위가 일정기간 반복하여 행하여진 경우에는 포괄하여 하나의 범죄가 성립한다고 볼
수 있다.」

도 범행의 횟수, 수단과 방법, 동기 등 제반 사정을 참작하여 저작권 침해행위를 하는 습벽이 인정되는 경우에는 상습성을 인정한다.[215]

3) 상습범과 수개행위

상습범은 통상 수개의 행위가 상습적으로 행해질 것이 예상되지만, 상습성은 행위자적 속성이고 행위 속성이 아니므로 반드시 수개의 범행이 반복되어야 하는 것은 아니고, 1회의 범행이라도 그것이 상습성의 발현에 의한 것이라면 상습범이 된다. 이에 상습성을 갖춘 사람이 수개의 범행을 반복하여 저지른 경우 원칙적으로 경합범으로 보아야 하고, 다만 보호법익이나 행위의 태양과 방법, 의사의 단일 또는 갱신 여부, 시간적·장소적 근접성 등 일반적 포괄일죄 요건을 갖춘 경우에 한하여 포괄일죄가 된다는 견해[216]가 있다. 그러나 판례는 수개의 행위를 별죄로 보아 경합범으로 처단할 것이 아니라 그 모두를 포괄하여 상습범이라고 하는 하나의 죄로 처단하는 것이 상습범의 본질 또는 상습범 가중처벌 규정의 입법취지에 부합한다고 한다.[217]

131

4) 상습성의 의미

범죄에 있어서의 상습이란 범죄자의 어떤 버릇, 범죄의 경향을 의미하는 것으로서, 행위의 본질을 이루는 성질이 아니고 행위자의 특성을 이루는 성질을 의미하는 것이므로, 상습성의 유무는 피고인의 연령·성격·직업·환경·전과사실, 범행의 동기·수단·방법 및 장소, 전에 범한 범죄와의 시간적 간격, 그 범행의 내용과 유사성 등 여러 사정을 종합하여 판단한다.[218]

132

양벌규정의 적용에 있어서는 행위자인 법인의 대표자나 법인 또는 개인의 대리인·사용인 그 밖의 종업원의 위와 같은 습벽 유무에 따라 사업주의 상습 여부를 판단한다.[219]

133

---

215 대판 2011. 9. 8, 2010도14475. 본 판결 평석은 전지원·김동준, "저작권법 제140조 단서 제1호에서 '상습적으로'의 의미와 판단 기준 및 같은 법 제141조 양벌규정을 적용할 때 친고죄 해당 여부를 판단하는 기준", 자유와 책임 그리고 동행: 안대희 대법관 재임기념, 사법발전재단(2012), 651-701.

216 대판 2004. 9. 16, 2001도3206(전) 별개의견(1인).

217 대판 1978. 2. 14, 77도3564(전); 대판 2004. 9. 16, 2001도3206(전); 대판 2019. 6. 20, 2018도20698(전).

218 대판 2006. 5. 11, 2004도6176.

219 대판 2011. 9. 8, 2010도14475.

가) 상습사기

134   상습사기죄(§ 351, § 347)에서의 상습성이라 함은 반복하여 사기행위를 하는 습벽으로서 행위자의 속성을 말하고, 이러한 습벽의 유무를 판단함에 있어서는 사기의 전과가 중요한 판단자료가 되나, 사기의 전과가 없다고 하더라도 범행의 횟수, 수단과 방법, 동기 등 제반 사정을 참작하여 사기의 습벽이 인정되는 경우에는 상습성을 인정하여야 한다.[220] 사기행위의 습벽은 행위자의 사기습벽의 발현으로 인정되는 한 동종의 수법에 의한 사기범행의 습벽만을 의미하는 것이 아니라 이종(異種)의 수법에 의한 사기범행을 포괄하는 사기의 습벽도 포함한다.[221]

나) 상습폭력

135   직계존속인 피해자를 2회 폭행하고, 4회 상해를 가한 것은 존속에 대한 동일한 폭력습벽의 발현에 의한 것으로 인정되므로, 그중 법정형이 더 무거운 상습존속상해죄(§ 264, § 257②)에 나머지 행위들을 포괄시켜 하나의 죄만이 성립한다.[222]

136   상해죄 및 폭행죄의 상습범에 관한 제264조는 "상습으로 제257조, 제258조, 제258조의2, 제260조 또는 제261조의 죄를 범한 때에는 그 죄에 정한 형의 2분의 1까지 가중한다."라고 규정하고 있다. 제264조에서 말하는 '상습'이란 위 규정에 열거된 상해 내지 폭행행위의 습벽을 말하는 것이므로, 위 규정에 열거되지 아니한 다른 유형의 범죄까지 고려하여 상습성의 유무를 결정하여서는 아니 된다.[223] 폭행죄의 상습성은 폭행 범행을 반복하여 저지르는 습벽을 말하는 것으로서, 동종 전과의 유무와 그 사건 범행의 횟수, 기간, 동기 및 수단과 방법 등을 종합적으로 고려하여 상습성 유무를 결정하여야 하고, 단순폭행, 존속폭행의 범행이 동일한 폭행 습벽의 발현에 의한 것으로 인정되는 경우, 그중 법정형이 더 중한 상습존속폭행죄(§ 264, § 260②)에 나머지 행위를 포괄하여 하나의 죄만이 성립한다.[224]

---

220 대판 2009. 9. 10, 2009도5075, 99감도97; 대판 2011. 11. 24, 2009도980.
221 대판 1999. 11. 26, 99도3929; 대판 2000. 2. 1, 99도4797.
222 대판 2003. 2. 28, 2002도7335.
223 대판 2018. 4. 24, 2017도21663.
224 대판 2018. 4. 24, 2017도10956. 본 판결 평석은 조현욱, "폭행죄의 상습성 유무 판단 방법과 죄수", 형사법의 신동향 63, 대검찰청(2022), 303-333.

구 폭력행위처벌법 제2조 제1항에서 상습폭력행위를 처벌하는 규정을 두고 있었는데, 2006년 3월 24일 개정 전에 상해, 폭행, 협박, 주거침입, 재물손괴, 체포·감금, 강요, 공갈 등 여러 폭력행위 유형을 한 조문에 포괄하여 상습범으로 처벌하던 것을 2006년 개정으로 3가지 유형으로 분류하여 호를 달리하여 규정하였다가, 2016년 1월 6일 개정으로 이를 삭제하여 상습범은 형법에 의해서만 규율하게 되었는데, 상해·폭행(§264), 체포·감금(§279), 협박(§285), 공갈(§351)의 죄의 상습범이 그것이다. 구 폭력행위처벌법 제2조 제1항에서 말하는 상습성이라 함은 위 조항에 게기한 형법 각조에 해당하는 각개 범죄행위의 상습성만을 의미하는 것이 아니고, 각개 범죄행위를 포괄한 폭력행위를 하는 습벽도 포함하는 것이라고 해석되었다.[225] 나아가 구 폭력행위처벌법 제2조 제1항에서 말하는 상습이란 같은 항 각 호에 열거된 각 범죄행위 상호 간의 상습성만을 의미하는 것이 아니라 같은 항 각 호에 열거된 모든 범죄행위를 포괄한 폭력행위의 습벽을 의미하는 것이라고 해석되어, 위와 같은 습벽을 가진 사람이 위 제2조 제1항 각 호에 열거된 형법 각 조 소정의 다른 수종의 죄를 범하였다면, 그 각 행위는 그 각 호 중 가장 무거운 법정형의 상습폭력범죄의 포괄일죄에 해당하였다.[226] 이 경우 폭력의 습벽이 인정된다면, 단독으로 위 각개 폭력행위를 하였는지 아니면 다른 사람과 공동하여 하였는지 여부는 상습범의 포괄일죄로 처단하는 데에 있어 문제가 되지 않았다.[227] 구 폭력행위처벌법 제2조 제1항에서 정한 상습성의 유무는 피고인의 연령·성격·직업·환경·전과사실, 범행의 동기·수단·방법 및 장소, 전에 범한 범죄와의 시간적 간격, 그 범행의 내용과 유사성 등 여러 사정을 종합하여 판단하였다.[228]

---

225 대판 1990. 4. 24, 90도653(손괴죄의 상습성을 따로 인정할 자료가 없더라도 상해죄의 전과사실 등에 의하여 손괴 및 상해를 포함한 폭력행위범행의 상습성을 인정할 수 있고, 상해와 손괴를 상습폭력범죄의 포괄일죄로 인정할 수 있다고 한 사례).
226 대판 2008. 8. 21, 2008도3657; 대판 2012. 8. 17, 2012도6815(제1호의 상습협박과 제3호의 상습공갈이 제3호의 상습폭력범죄의 포괄일죄를 구성한다고 한 사례); 대판 2012. 1. 26, 2011도15356[수회의 존속상해와 특수존속협박의 전과와 이 사건 존속상해들이 모두 존속폭력습벽의 발현으로 인정되므로 이 사건 존속상해행위들이 포괄하여 하나의 폭력행위처벌법위반(상습존속상해)를 구성한다고 한 사례].
227 대판 2008. 8. 21, 2008도3657(같은 호에 규정된 상습상해와 공동공갈이 모두 폭력행위 습벽의 발현으로서 포괄일죄에 해당한다고 한 사례).
228 대판 2006. 5. 11, 2004도6176; 대판 2012. 1. 26, 2011도15356.

138   한편 구 폭력행위처벌법은 제3조 제1항에서 집단적 또는 흉기(또는 그 밖의
위험한 물건) 휴대 폭력행위를 처벌하는 규정을 두고 있었는데, 2006년 유형화된
제2조 제1항의 예에 따르는 것으로 개정되었다가, 2016년 개정으로 이를 삭제
하여 형법에 의해서만 규율하게 되었다. 구 폭력행위처벌법상 흉기 휴대 폭력행
위와 흉기 비휴대 폭력행위는 별도로 규정하였으므로 양자는 제2조 제1항 상습
폭력죄의 포괄일죄의 관계에 있지 않았다.[229] 구 폭력행위처벌법은 또 제3조 제
3항에서 집단적 또는 흉기(위험한 물건) 휴대 폭력행위의 상습범을 규율하고 있
었는데, 제2조 제1항과 같이 종래 여러 폭력행위 유형을 한 조문에 포괄하여 규
정하던 것을 2006년 개정으로 3가지 유형으로 분류하여 호를 달리하여 규정하
였다가, 2016년 개정으로 이를 삭제하여 상습범은 형법에 의해서만 규율하게 되
었다. 구 폭력행위처벌법 제3조 제3항은 집단적 폭력 또는 흉기 휴대 폭력의 상
습성이 있는 사람이 위 죄를 범한 경우에만 적용되고, 그와 같은 상습성은 없는
채로 제2조 제1항에 열거된 단순 폭력행위의 상습성이 있는 사람이 제3조 제1
항의 죄를 범한 경우에까지 적용되는 것은 아니었다.[230]

다) 상습도박

139   상습도박죄(§246②)의 상습성이라 함은 반복하여 도박행위를 하는 습벽으로
서 행위자의 속성을 말하는데, 이러한 습벽의 유무를 판단함에 있어서는 도박의
전과나 도박횟수 등이 중요한 판단자료가 된다 할 것이나, 도박전과가 없다 하
더라도 도박의 성질과 방법, 도금의 규모, 피고인이 도박에 가담하게 된 태양
등의 제반 사정을 참작하여 도박의 습벽이 인정되는 경우에는 상습성을 인정하
여도 무방하다.[231]

라) 상습절도 · 강도

140   단순절도 사실과 야간주거침입절도 사실들이 있어 이것들이 상습적으로 반
복된 것이라고 인정되는 경우에는, 그중 법정형이 무거운 상습야간주거침입절
도죄(§332, §330)에 나머지 행위들을 포괄시켜 하나의 죄만이 성립된다.[232] 3번

---

229 대판 1998. 7. 14, 98도1579; 대판 2001. 11. 30, 2001도5657(단순 폭력행위 습벽만으로 흉기 휴
   대 폭력행위 습벽을 인정할 수 없다고 한 사례).
230 대판 1993. 1. 19, 92도2690.
231 대판 1995. 7. 11, 95도955.
232 대판 1979. 12. 11, 79도2371.

의 특수절도 사실, 2번의 동 미수 사실, 1번의 야간주거침입절도 사실, 1번의 절도 사실이 상습적으로 반복되었다면, 상습특수절도, 상습특수절도미수, 상습야간주거침입절도, 상습절도의 4가지 행위가 실질적 경합범관계에 있는 것이 아니라 그중 법정형이 가장 무거운 상습특수절도죄(§332, §331)에 나머지의 행위를 포괄하여 하나의 죄만 성립한다.[233] 그러나 절도와 장물은 포괄일죄에 있지 않다.[234]

　　일반적으로 주거침입은 절도죄의 구성요건요소가 아니므로 절도범행의 수 　141
단으로 한 주거침입은 절도죄와 실체적 경합관계에 있다.[235] 이에 비하여, 야간주거침입절도(§330)나 손괴 후 야간주거침입 특수절도(§331①)는 주거침입이 구성요건요소로서 일죄의 일부를 이룬다. 구 특정범죄 가중처벌 등에 관한 법률(이하, '특정범죄가중법'이라 한다.) 제5조의4 제1항은 상습적으로 형법 제329조부터 제331조까지의 죄 또는 그 미수범을 범한 사람에 대하여 같은 형을 규정하고 있었다. 종래 이에 위반하여 상습절도등 죄를 범한 범인이 그 범행의 수단으로 주거침입한 경우에는 절도상습성의 발현으로 보여지는 이상 절도행위의 착수 여부를 불문하고 상습절도등 죄에 흡수된다고 하였다.[236] 이는 주거침입을 구성요건요소로 하지 않는 단순절도에 대하여도 주거침입을 구성요건요소로 하는 야간주거침입절도와 동등하게 취급하여 동일한 법정형으로 처벌하고 있는 점에 비추어 주거침입은 위 법조의 구성요건적 평가에 포함되어 있다고 해석한 결과로서, 만일 그렇게 보지 않는다면 단순절도로 주거침입을 한 경우 경합범 가중을 하게 되어 야간주거침입절도의 경우보다 처단형이 더 무겁게 되는 불합리가 생기기 때문이었다.[237]

---

233 대판 1975. 5. 27, 75도1184.
234 대판 1989. 2. 14, 85도1435(순차 행한 ①, ②, ③ 절도범행 중 ①, ②를 상습절도로 기소한 후 ③에 대해 별개 상습절도로 기소한 것은 이중기소이나, 제1심 계속 중 ③이 장물알선으로 공소장변경되면 이중기소 위법상태는 해소되었으니 실체심리해야 한다고 한 사례). 본 판결 해설은 유정주, "이중기소의 판단기준이 되는 공소사실", 해설 10, 법원행정처(1989), 547-554.
235 대판 1984. 12. 26, 84도1573(전); 대판 2008. 11. 27, 2008도7820(특정범죄가중법 제5조의4 제5항 위반죄); 대판 2009. 12. 24, 2009도9667(제331조 제2항 특수절도죄).
236 대판 1984. 12. 26, 84도1573(전)(5인의 반대의견 있음)(종래 흡수되지 않는다고 한 대판 1983. 4. 12, 83도422와 별개의 주거침입죄가 성립하지 않는다고 한 대판 1983. 6. 28, 83도1068이 충돌하고 있었음); 대판 2012. 9. 27, 2012도9386.
237 대판 1984. 12. 26, 84도1573(전). 본 판결 평석은 최준혁, "범죄목적을 숨긴 출입은 주거침입인가?", 형사판례연구 〔23〕, 한국형사판례연구회, 박영사(2015), 405-430.

142   그런데 2015년 위헌결정[238]에 의한 2016년 법률 개정(2016. 1. 16. 법률 제
13717호)으로 위 특정범죄가중법 조항이 삭제되어, 현재 상습절도등 죄는 형법
제332조에 의하여만 규율하게 되었다. 그런데 제332조는 상습으로 제329조 내
지 제331조의2의 죄를 범한 자는 그 죄에 정한 형에 2분의 1까지 가중한다고
규정하고 있기 때문에 기본 구성요건인 절도의 종류에 따라 상습범의 법정형이
달라진다. 따라서 상습절도는 상습야간주거침입절도보다 형이 가벼워 상습절도
의 수단으로 주간에 주거침입을 한 경우, 야간의 경우와 달리 주거침입죄가 별
도로 성립한다고 해석하게 되었다.[239] 이와 같이 동일한 법정형인지 여부가 주
거침입죄의 흡수 여부를 결정하는 요인이기 때문에, 절도의 종류에 따라 법정형
이 달라지지 않고 동일하게 규정하고 있는 경우는 종래의 판례처럼 주거침입죄
가 상습절도등 죄에 흡수되어 별개로 성립하지 않게 된다.[240]

143   구 특정범죄가중법 제5조의4 제3항은 여러 강도죄의 상습범을 가중처벌하
면서 동일한 법정형을 규정하였는데, 그중 강도예비는 명시되지 않았지만, 상습
강도죄를 범한 범인이 그 범행 외에 상습적인 강도의 목적으로 강도예비를 하
였다가 강도에 이르지 아니하고 강도예비에 그친 경우에도 그것이 강도상습성
의 발현이라고 보여지는 경우에는 강도예비행위는 상습강도죄에 흡수되어 상습
강도죄 1죄만을 구성하고, 이와 별개로 강도예비죄(§343)를 구성하지 않는다고
해석되었다.[241] 그러나 이 조항 역시 2016년 개정으로 삭제되어 현재는 형법 제
341조에 의하여만 규율되지만, 제341조 역시 강도예비의 상습범은 명시하지 않
고 있고 그 법정형은 기본 구성요건인 강도의 종류를 불문하고 동일하여 종래
구 특정범죄가중법과 같은 구조를 가지고 있을 뿐만 아니라 강도예비는 그에

---

238 헌재 2015. 2. 26, 2014헌가16 등.
239 대판 2015. 10. 15, 2015도8196; 대판 2015. 10. 15, 2015도9049. 그러나 이러한 해석에도 문제
    는 있다. 절도의 상습성은 이종절도 사이에도 인정되고 상습으로 여러 절도행위를 한 경우 가장
    무거운 죄에 나머지 행위들을 포괄시켜 1개의 죄만 성립하는데(대판 1975. 5. 27, 75도1184; 대
    판 1979. 12. 11, 79도2371), 예컨대 상습으로 수개의 야간주거침입을 한 경우는 포괄하여 1죄
    가 성립하고, 그중 하나가 주간에 이루어진 경우에는 주거침입죄가 별개로 성립하여 경합범 가
    중을 추가로 하게 된다면 처단형의 불균형이 생기게 되기 때문이다.
240 대판 2017. 7. 11, 2017도4044(특정범죄가중법 제5조의4 제6항의 죄). 본 판결 평석은 최종원,
    "특정범죄 가중처벌 등에 관한 법률 제5조의4 제6항 위반죄와 주거침입죄의 죄수관계", 청연논
    총 15, 사법연수원(2019), 97-123.
241 대판 2002. 11. 26, 2002도5211; 대판 2003. 3. 28, 2003도665.

〔이 상 원〕

이은 강도와 보충관계에 있어 성질이 같으므로, 위 해석은 현재도 유효하다고
생각된다.

　　자동차등불법사용죄(§ 331의2)는 불법영득의 의사가 없는 이른바 사용절도행   144
위 중 타인의 자동차 등과 같은 일정한 교통수단을 일시 사용한 행위를 처벌하
기 위하여 마련된 규정으로서, 통상의 절도죄와 비교하여 볼 때 주관적인 요건
을 제외한 나머지 범죄의 구성요건이나 태양이 절도죄와 동일하고, 이러한 이유
로 다른 절도죄와 함께 같은 장에 규정되어 있으며, 상습절도죄에 관한 제332조
에서 구성요건의 하나로 열거되어 있다는 점을 고려할 때, 절도의 습벽이 있는
사람이 절도, 야간주거침입절도, 특수절도죄의 전부 또는 일부와 함께 자동차등
불법사용죄를 범한 경우에는, 이들 행위를 포괄하여 형법상 상습절도죄의 1죄
만 성립한다.242 나아가 구 특정범죄가중법 제5조의4 제1항은 상습으로 형법 제
329조 내지 제331조의 죄 또는 그 미수죄를 범한 자만 규정하고 제331조의2의
자동차등불법사용죄가 빠져 있지만, 관련 법조항의 규정 취지나 자동차등불법
사용죄의 성질에 비추어 보면, 상습으로 절도, 야간주거침입절도, 특수절도 또
는 그 미수 등의 범행을 저지른 사람이 마찬가지로 절도 습벽의 발현으로 자동
차등불법사용의 범행도 함께 저지른 경우, 그것이 절도 습벽의 발현이라고 보이
는 이상 자동차등불법사용의 범행은 상습절도등의 죄에 흡수되어 1죄만이 성립
하고, 이와 별개로 자동차등불법사용죄는 성립하지 않는다고 해석되었다.243

　5) 상습범의 법정형

　　예컨대 상습특수상해죄는 특수상해죄에 정한 형의 2분의 1을 가중한다고   145
규정하고(§ 264), 특수상해죄의 법정형은 1년 이상 10년 이하의 징역이다(§ 258의2
①). 판례는 형법 각 규정의 문언, 형의 장기만을 가중하는 형법 규정에서 그 죄
에 정한 형의 장기를 가중한다고 명시하고 있는 점과 제264조에서 상습범을 가
중처벌하는 입법 취지 등을 종합하면, 단기와 장기를 모두 가중하여 1년 6개월

---

242 대판 2002. 4. 26, 2002도429.
243 대판 2002. 4. 26, 2002도429[특정범죄가중법위반(절도)죄로 기소되고 제1심 판결 선고 후 자
　　동차불법사용죄로 공소제기된 사안에서, 양자가 포괄일죄에 관계에 있고 전자에 대한 공소제기
　　의 효력이 후자에 미친다는 이유로 공소기각판결을 한 사례]. 본 판결 해설은 조원철, "절도습벽
　　의 발현에 의한 형법 제331조의2 소정의 자동차등불법사용의 범행과 특정범죄가중처벌등에관한
　　법률 제5조의4 제1항 소정의 상습절도죄의 관계", 해설 41, 법원도서관(2002), 602-608.

이상 15년 이하의 징역에 처한다는 의미로 새겨야 한다고 한다.[244] 형법은 총칙
에서는 장기의 2분의 1을 가중한다고 규정하면서(§34, §35, §38), 각칙에서는 '그
죄에 정한 형의 2분의 1까지' 가중한다고 규정하고 있고(§135, §144, §203, §264,
§278, §285, §305의2, §332, §351), 판례는 이를 단기 가중의 논거로 삼고 있다. 그
러나 장·단기를 모두 가중할 경우 '장기 및 단기의 2분의 1까지' 가중한다고 명
시한 예(폭처 §5①)도 있는 점에 비추어 보면, 장·단기를 특정하지 않은 것이 단
기도 가중한다는 취지라고 단정할 수는 없다. 또한 제정형법의 정부초안에서는
각칙의 가중을 '그 죄에 정한 형의 2분의 1을' 가중한다고 되어 있었는데, 이것
이 '그 죄에 정한 형의 2분의 1까지' 가중한다고 수정된 바 있는데, 그 취지가
분명하지는 않으나 '까지'에 의미를 부여한다면 장기만을 가중하는 것이 입법자
의 의도라고 볼 수 있다.

(c) 연속범

146   연속범이란 단독으로도 범죄를 구성하는 동종의 수개의 행위가 연속되는
형태의 범죄유형을 말한다. 연속범은 수개의 행위가 연속될 경우 병과주의에 의
하여 처단되는 것이 가혹하다는 인식하에 독일에서 발달한 개념인데, 원래는 실
체법상 죄수의 문제가 아니라 처단상의 문제로 논의되었다.

147   의용형법은 과형상 일죄로서 연속범을 인정하고 있었지만(구 §55), 우리 형
법은 이를 폐지하였다. 연속범 규정이 삭제됨에 따라 연속범은 경합범으로 취급
하게 되었다.[245]

148   그런데 판례는 종래 연속범에 해당한다고 할 사안에 대하여 포괄일죄라 하
여 일죄로 파악하는 사례가 많다. 이에 대하여, ① 판례는 연속범이라는 용어를
사용하고 있지는 않지만 연속범으로 보아 포괄일죄로 처리하고 있다고 이해하
는 견해(연속범설),[246] ② 판례의 포괄일죄는 연속범보다 협소한 접속범을 인정

---

244 대판 2017. 6. 29, 2016도18194.
245 대판 1955. 8. 19, 4288형상157(구 형법의 연속범·견련범은 수개의 행위 중 가장 법정형 또는
     범정이 중한 죄의 일죄로 총괄하여 처단하는 것이므로 수개의 행위는 총괄한 일죄의 일부일 뿐
     독립한 수개가 아니며, 현행 형법에서는 상상적 경합범을 제외하고는 연속범 견련범을 막론하고
     일체 인정하지 않고 각 행위를 수개의 독립한 범죄로 보아 경합범으로 하여 가중하기로 하였다
     고 하면서, 허위공문서작성죄와 허위작성공문서행사죄가 구법상의 연속범·견련범에 해당한다고
     판시); 대판 1984. 8. 14, 84도1139(경합범으로 처단하는 해석이 가능하게 되었다고 판시).
246 김일수·서보학, 526; 김혜정·박미숙·안경옥·원혜욱·이인영, 448; 배종대, §171/5; 오영근,

한 것이라고 이해하는 견해(접속범설),[247] ③ 판례가 연속범을 인정한 것은 아니지만 독일 연속범의 요건에 영향을 받아 독자의 포괄일죄로 파악하고 있다고 이해하는 견해(독자적 포괄일죄설)[248] 등이 제시되어 있다.

판례는 앞서 본 바와 같이 명시적으로 연속범을 부정하고 있다. 다만 종래 연속범에 해당한다고 볼 수 있는 사안 중에서 앞서 본 포괄일죄의 요건을 갖춘 경우 이를 포괄일죄로 파악하여 일죄로 취급한다. 그 범위는 접속범보다 넓지만 포괄일죄의 요건을 갖추어야 하므로 구 형법상의 연속범보다 좁다. 그런데 판례의 현실을 보면, 실제 사안에서 포괄일죄의 범위를 넓게 인정하는 경향이 있고, 판례에 대한 학자들의 이해가 분분한 것도 이 때문이라 생각된다. 요컨대, 우리 형법상 연속범의 개념은 채택되어 있지 않고 판례에 의하여 발달한 포괄일죄 개념에 의하여 연속된 수개의 행위가 일죄로 평가되는 경우가 있는데, 그 요건을 너무 완화하지 않는 것이 바람직하다. 149

(4) 포괄일죄의 법적 취급

(가) 실체법상 효과

(a) 실체법상 일죄

포괄일죄는 수개의 행위가 하나의 단위로 파악되어 구성요건을 한번 충족하는 경우로서, 다수설과 판례는 실체법상 일죄로 이해하고 있다. 이에 대하여 실체법상으로는 수죄이지만 소송상 일죄로 취급하는 것이라는 견해가 있다.[249] 이 견해는 포괄일죄를 범죄론의 문제가 아닌 형벌론의 문제로 보아 수개의 범죄이지만 1회만 처벌하는 것으로 보는 것으로 이해된다. 그러나 우리 판례가 발전시켜 온 포괄일죄는 실체법상 범죄성립의 문제로서 실체법상 일죄로 봄이 타당하다. 150

(b) 범죄 액수

포괄일죄가 실체법상 일죄로 파악되기 때문에, 포괄일죄의 이득액, 수뢰액, 포탈세액 등 범죄의 액수는 포괄일죄를 구성하는 수개 행위의 금액을 모두 합 151

469; 주석형법 〔총칙(2)〕(3판), 307(김대휘).

247 김성돈, 756. 박광민, "연속범이론의 재검토", 형사법연구 13, 한국형사법학회(2000), 144; 이경렬, "수죄인 연속범의 소송법적 문제의 해결방법 제안", 형사법연구 17, 한국형사법학회(2002), 76은 판례가 접속범을 인정하고 있는데 접속범과 다른 연속범을 인정할 필요가 없다고 한다.

248 신동운, 811.

249 김준호, 452.

산하여 산정하고, 이에 따라 일정 금액 이상인 때 가중처벌하는 구성요건을 특별법이 규정하고 있는 경우 특별법에 해당하는지 여부는 합산한 금액을 기준으로 판단한다.[250]

(c) 범죄의 시기

152   포괄일죄는 최종행위의 실행 종료 시에 완성된다. 따라서 포괄일죄로 되는 개개의 범죄행위가 다른 종류의 죄[251]의 확정판결의 전후에 걸쳐서 행하여진 경우에는, 그 죄는 두 죄로 분리되지 않고 확정판결 후인 최종의 범죄행위 시에 완성된다.[252]

(d) 포괄일죄와 법률개정

153   포괄일죄의 구성요건을 신설하는 내용의 법률개정이 있는 경우, 그 시행 전의 행위에 대하여는 포괄일죄에 포괄시켜 처벌할 수 없다(§1①). 예컨대, 상습강제추행죄(§305의2, §298)에 관한 제305조의2가 신설되기 전에 범한 행위는 상습강제추행죄로 처벌할 수 없고 행위시법에 기초하여 강제추행죄(§298)로 처벌할 수 있을 뿐이다.[253]

154   포괄일죄로 되는 개개의 범죄행위 전후로 그에 적용되는 처벌규정이 중간에 변경된 경우는 어떻게 볼 것인가? 초기 판례는 신·구법의 경중을 비교할 필요도 없이 포괄일죄 전체에 대하여 신법을 적용 처벌한다고 한 것[254]과 형법총

---

250 대판 2000. 4. 20, 99도3822(전)(특정범죄가중법 제8조 제1항의 연간 포탈세액은 각 연도별로 포탈한 모든 세액을 합산한 금액을 의미한다); 대판 2011. 7. 28, 2009도8265(특정경제범죄 가중처벌 등에 관한 법률 제3조 제1항의 이득액은 단순일죄의 이득액이나 포괄일죄가 성립되는 경우의 이득액의 합산액을 의미하는 것이고 경합범으로 처벌될 수죄에 있어서 그 이득액을 합한 금액을 의미하는 것은 아니다). 위 99도3822 전원합의체 판결 평석은 민중기, "특정범죄가중처벌등에관한법률 제8조 제1항 소정의 '연간'의 의미", 형사재판의 제문제(3권), 박영사(2000), 181-195; 조인호, "특정범죄가중처벌등에관한법률 제8조 제1항의 '년간 포탈세액", 21세기사법의 전개: 송민 최종영 대법원장 재임기념, 박영사(2005), 433-444.

251 현재는 '다른 죄'라고 함이 정확하다. 이에 대해서는 아래 (4) (나) (e) **포괄일죄와 확정판결** 부분 참조.

252 대판 2001. 8. 21, 2001도3312; 대판 2023. 7. 13, 2023도4371.

253 대판 2016. 1. 28, 2015도15669. 같은 취지로는 대판 2022. 12. 29, 2022도10660[아동·청소년의성보호에관한법률위반(상습성착취물제작·배포등)]; 대판2023. 5. 18, 2023도3549 판결(스토킹범죄의처벌등에관한법률위반).

254 대판 1970. 8. 31, 70도1393[종래 무면허 의료행위를 처벌하던 의료법 조항에 더하여 영리의 목적으로 하는 경우를 가중처벌하는 보건범죄단속법이 제정·시행된 1969. 11. 5. 전후에 영리 목적으로 무면허 의료행위를 한 사안에서, 전체를 포괄일죄로 하여 신법인 보건범죄단속법을 적용

칙은 원칙적으로 타 법령에 정한 죄에도 적용하는데, 형법 부칙(1953. 9. 18.) 제4조 제1항이 "1개의 죄가 본법 시행 전후에 걸쳐서 행하여진 때에는 본법 시행 전에 범한 것으로 간주한다."고 규정하고 있는 취지에 비추어 개정 전의 법률에 따라 의율된다고 한 것[255]이 있었다.[256] 그러나, 행위시법주의의 행위 시는 범죄의 종료 시를 의미하며, 부칙은 형법총칙 규정이 아니라고 하여 개정 후 법률을 적용하여야 한다고 판례를 통일하였다.[257] 이후 판례는 포괄일죄로 되는 개개의 범죄행위가 법 개정의 전후에 걸쳐서 행하여진 경우, 신·구법의 법정형에 대한 경중을 비교하여 볼 필요도 없이 범죄실행 종료 시의 법이라고 할 수 있는 신법을 적용하여 포괄일죄로 처단하여야 한다고 일관되게 판시하여 오고 있다.[258]

종래 제357조, 제347조 제1항에 의하여 규율되던 상습사기에 관하여 특정경제범죄 가중처벌 등에 관한 법률(이하, 특정경제범죄법이라 한다.)이 제정되어 1984년 1월 1일부터 시행됨에 따라 이득액 1억 원 이상의 사기는 위 법률에 의하여 가중처벌하게 되었다(구 특경 §3①). 그런데 상습사기가 위 법률 시행 전후에 행해진 경우 전체를 위 법률로 의율하게 되면 시행 전의 행위 부분은 행위 후의 법률

155

한다고 한 사례].

255 대판 1985. 7. 9, 85도740(금융기관 직원이 특정범죄가중법 제정·시행 전후에 수재를 한 사안에서, 종전 법률인 형법에 따라 의율하여야 한다고 판시하면서, 부정한 청탁 없이 수재한 경우는 특정범죄가중법으로 신설된 것이므로 개정 전후의 포괄일죄 문제가 아니라고 한 사례).

256 그러나 위 85도740 판결 이후 대법원 전원합의체 판결은, "위 부칙은 형법시행에 즈음하여 구형법과의 관계에서 그 적용범위를 규정한 경과법으로서 형법 제8조에서 규정하는 총칙규정이 아닐 뿐 아니라 범죄의 성립과 처벌은 행위시의 법률에 의한다고 규정한 형법 제1조 제1항의 해석으로서도 행위종료시의 법률의 적용을 배제한 점에서 타당한 것이 아니므로 신·구형법과의 관계가 아닌 다른 법과의 관계에서는 위 부칙을 적용 내지 유추적용할 것이 아니다."라고 판시하여, 이와 배치되는 위 85도740 판결 등을 폐기하였다[대판 1986. 7. 22, 86도1012(전)]. 이러한 다수의견에 대하여, 위 부칙은 행위시법주의를 규정한 형법총칙 규정 또는 그 보완 규정이라는 반대의견이 있다.

257 대판 1986. 7. 22, 86도1012(전).

258 대판 1998. 2. 24, 97도183(법정형이 상향된 국회의원선거법 개정 전후에 걸친 사전선거운동 사례); 대판 1994. 10. 28, 93도1166(법정형이 무겁게 개정된 전후에 걸친 사전선거운동행위를 포괄일죄로 보아 개정된 지방의회선거법을 적용한 사례); 대판 2009. 4. 9, 2009도321; 대판 2022. 9. 16, 2019도19067(2014년 독점규제 및 공정거래에 관한 법률 개정으로 부당지원행위의 요건이 '현저히 유리한 조건'에서 '상당히 유리한 조건'으로 완화되고 종전 부당지원행위에 해당하던 부당한 거래단계 추가행위가 별도의 행위유형으로 규정되었는데, 개정 전 규정에 따른 부당지원행위의 요건을 충족하는 행위를 개정 전후에 걸쳐 행함으로써 포괄일죄에 해당한다면, 개정법에 따라서 처벌하여야 하고, 이는 개정법 부칙이 개정법 시행 당시 계속 중인 거래에 대해서는 1년간 종전 규정을 적용한다고 규정하더라도 마찬가지라고 한 사례).

에 의하여 가중처벌되게 되는 문제가 있다. 이에 판례는 그 시행 이후의 범행으로 인한 이득액이 1억 원 이상인 경우에는, 법정형이 무거운 특정경제범죄법위반죄에 나머지 행위를 포괄시켜 특정경제범죄법위반죄 1죄가 성립한다고 한다.[259] 또 2008년 12월 26일 개정·시행된 특정범죄가중법 제2조 제2항은 "형법 제129조, 제130조 또는 제132조에 규정된 죄를 범한 자는 그 죄에 대하여 정한 형(제1항의 경우를 포함한다)에 수뢰액의 2배 이상 5배 이하의 벌금을 병과한다."라는 규정을 신설하여 뇌물수수죄 등에 대하여 종전에 없던 벌금형을 필수적으로 병과하도록 하였는데, 형법법규 불소급의 원칙(헌 §13①)과 행위시법주의(§1②)에 비추어 보면, 포괄일죄인 뇌물수수 범행이 위 신설 규정의 시행 전후에 걸쳐 행하여진 경우에 있어 위 특정범죄가중법 제2조 제2항에 규정된 벌금형 산정의 기준이 되는 수뢰액은 위 규정이 신설된 2008년 12월 26일 이후에 수수한 금액으로 한정된다고 한다.[260]

156   그런데 게임산업진흥에 관한 법률(이하, 게임산업진흥법이라 한다.)이 제정되어 시행된 2006년 10월 29일 전후에 걸쳐서 등급분류를 받은 게임물과 다른 내용의 것을 이용에 제공하여 사행행위를 하게 한 행위를 포괄일죄로 보고 전체 행위에 대하여 신법인 게임산업진흥법을 적용하고 그 전체 수익 상당액을 추징한 원심이 정당하다고 한 바 있는데,[261] 이는 위 법률 제정으로 비로소 처벌하거나 추징하던 것이 아니라 그 전에 이미 음반·비디오물 및 게임물에 관한 법률에 의하여 처벌·추징하고 있었기 때문으로 생각된다.

(e) 공범

1) 공동정범

157   포괄일죄의 범행 도중에 공동정범으로 범행에 가담한 사람은 범행에 가담할 때에 이미 이루어진 종전의 범행을 알았다 하더라도 가담 이후의 범행에 대하여만 공동정범으로 책임을 진다(승계적 공동정범 부정).[262] 마찬가지로 계속된 거래행

---

259 대판 1986. 7. 22, 86도1012(전).
260 대판 2011. 6. 10, 2011도4260. 본 판결 해설은 차문호, "2008. 12. 26. 법률 제9169호로 개정된 특정범죄 가중처벌 등에 관한 법률 제2조 제2항의 시행을 전후한 포괄일죄에 대하여 벌금형 산정의 기준이 되는 수뢰액의 산정방법", 해설 88, 법원도서관(2011), 864-879.
261 대판 2009. 4. 9, 2009도321.
262 대판 1982. 6. 8, 82도884(연속된 히로뽕 제조 도중에 가담); 대판 2007. 11. 15, 2007도6336(일

위 도중에 공동정범으로 범행에 가담한 사람 역시 범행에 가담할 때에 이미 이루어진 종전의 범행을 알았다 하더라도 가담 이후의 범행에 대하여만 공동정범으로 책임을 진다.[263]

한편 판례는, 포괄일죄의 관계에 있는 범행의 일부를 실행한 후 공범관계에서 이탈하였으나 다른 공범자에 의하여 나머지 범행이 이루어진 경우, 이탈 후 행해져 관여하지 않은 부분에 대하여도 죄책을 부담한다고 한다.[264] 다만 이탈 후 다른 공범의 행위를 중단시킨 경우는 책임이 없고,[265] 일련의 직권남용권리행사방해 중간에 공직에서 퇴임한 경우는 직권이 존재하지 않아 기능적 행위지배가 계속되었다는 특별한 사정이 없는 한 직권남용권리행사방해죄(§123)의 공범으로서 책임을 지지 않는다고[266] 한다.

그런데 가령 3회에 걸친 일련의 ①, ②, ③ 횡령행위 중 ②에만 가공한 경우처럼 포괄일죄를 이루는 구성행위 중 일부에만 가공한 경우 그 가담 이후의 행위 ③에 대하여도 공범의 책임을 지는지에 관하여 판례는 분명하지 않으나, 직접 가담하지 않은 행위에 대하여는 행위지배가 있는 경우에 한하여 공범이 성립한다고 함이 타당하다. 따라서 위의 경우 ②행위에 대하여만 공범이 성립한다. 이런 관점에서 본다면, 퇴사하여 더 이상 업무를 맡지 않게 된 사람은 그 후의 행위를 저지하지 못하더라도 원칙적으로 공범의 책임을 지지 않는다고 봄이 타당하다.

158

159

런의 시세조종행위 중간부터 가담); 대판 2019. 8. 29, 2019도8357(일련의 업무상배임행위 중간부터 가담).

263 대판 1997. 6. 27, 97도163(조합에서 담보 없이 외상거래계약을 체결된 후 조합의 판매부장으로 부임한 사람이 거래를 계속한 사례).

264 대판 2002. 8. 27, 2001도513(다단계조직의 사기범행 중 관리이사직을 사임); 대판 2011. 1. 13, 2010도9927(일련의 시세조종 중간에 해고되어 이탈); 대판 2018. 1. 25, 2017도12537(가습기살균제 제조 결정 후 퇴직하고 그 후 실제 제조). ① 위 2001도513 판결 해설은 민유숙, "공범관계로부터의 이탈: 실행 착수 전과 실행 착수 후", 해설 43, 법원도서관(2003), 702-720, ② 위 2020도9927 판결 해설은 박영호, "포괄일죄의 관계에 있는 범행의 일부 실행 후 공범관계에서 이탈한 공범자가 관여하지 않은 범죄에 대한 책임 여부", 해설 88, 법원도서관(2011), 558-570.

265 대판 2018. 1. 25, 2017도12537. 본 판결 평석은 허황, "소위 '가습기살균제' 사건에서 귀속의 문제: 대법원 2018. 1. 25. 선고 2017도12537 판결 및 서울중앙지방법원 2021. 1. 12. 선고 2019고합142, 388, 501 판결에 대한 검토", 형사법연구 35-2, 한국형사법학회(2023), 137-174.

266 대판 2020. 1. 30, 2018도2236(전); 대판 2020. 2. 13, 2019도5186. 위 2018도2236 전원합의체 판결 평석은 오병두, "직권남용행위를 집행한 하급 공무원의 면책범위", 형사판례연구 [29], 한국형사판례연구회, 박영사(2021), 33-70.

2) 교사범과 방조범

160   이미 범행결의를 하고 있는 사람에 대하여는 원칙적으로 교사가 성립하지 않으므로 포괄일죄의 착수가 있는 경우에는 교사가 성립하지 않는다는 견해가 있을 수 있다. 그러나 포괄일죄를 구성하는 일부 행위에 대한 구체적 결의가 있기 전에 그 행위에 대하여 교사한 경우는 그에 대한 교사가 성립할 수 있다고 본다. 같은 맥락에서 방조 역시 포괄일죄 전체가 아니라 방조의 고의가 있는 부분에 한하여 성립한다고 본다.

(f) 포괄일죄와 상상적 경합

161   포괄일죄를 이루는 행위가 여러 개의 죄에 해당하는 경우, 상상적 경합이 성립한다. 예컨대 하나의 유사상표 사용행위로 수개의 등록상표에 대하여 상표권 침해행위가 계속하여 이루어진 경우, 등록상표마다 포괄하여 1개의 범죄가 성립하고, 각 상표법위반죄는 상상적 경합관계에 있다.[267]

(g) 포괄일죄와 누범

162   포괄일죄의 일부 범행이 누범기간 내에 이루어진 이상 나머지 범행이 누범기간 경과 후에 이루어졌더라도 그 범행 전부가 누범에 해당한다.[268]

(나) 소송법상 효과

(a) 공소사실의 특정

163   공소장의 공소사실은 특정하여 기재하여야 한다(형소 § 254④). 그런데 포괄일죄에 있어서는 포괄일죄를 구성하는 개개의 행위에 대하여 구체적으로 특정되지 아니하더라도 전체 범행의 시기와 종기, 범행방법, 피해자나 상대방, 범행 횟수나 피해액의 합계 등을 명시하면 이로써 그 범죄사실은 특정되는 것[269]으로 본다.[270]

---

267 대판 2011. 7. 14, 2009도10759(A 상표권침해에 대한 확정판결의 기판력이 B 상표권 침해에 미치지 않는다고 한 사례); 대판 2020. 11. 12, 2019도11688. ① 위 2009도10759 판결 해설은 박병민, "수개의 등록상표에 대한 상표권침해행위가 계속하여 행하여진 경우, 상표권침해죄의 죄수 관계", 해설 90, 법원도서관(2012), 491-520, ② 위 2019도11688 판결 해설은 김기수, "하나의 유사상표 사용행위로 수 개의 등록상표를 동시에 침해한 경우의 죄수관계", 해설 126, 법원도서관(2021), 458-484.

268 대판 2012. 3. 29, 2011도14135.

269 대판 2023. 6. 29, 2020도3626. 본 판결 해설은 정진화, "성매매 의사가 없는 성매수자에 대한 성매매알선행위에 관하여 성매매알선죄가 성립하는지 여부", 해설 136, 법원도서관(2023), 321-338.

270 일본 판례도 같은 취지이다[最決 平成 26(2014). 3. 17. 刑集 68·3·368(약 1개월 내지 4개월간

(b) 공소제기의 효력과 심판의 대상

포괄일죄는 실체법상 1죄로서 소송법상으로도 1죄로 취급된다. 포괄일죄의
일부에 대한 공소제기는 전부에 효력이 미치고, 전부가 잠재적 심판의 대상이
된다. 판결의 주문은 일죄에 대하여는 하나의 주문이 선고되므로 포괄일죄를 구
성하는 행위가 수개이더라도 주문은 1개이며,[271] 각 구성행위마다 다른 결론이
병존하는 경우 유죄, 무죄, 면소, 공소기각의 순으로 1개만 주문에 기재하고, 다
른 사유는 이유에 그 취지를 설시한다.

164

(c) 포괄일죄와 공소시효

포괄일죄의 공소시효는 최종 범죄행위가 종료한 때로부터 진행한다.[272] 예
컨대 부정한 방법으로 북한이탈주민의 보호 및 정착지원에 관한 법률에 따른
보호나 지원을 받은 경우, 그 공소시효는 보호 또는 지원을 최종적으로 받은 때
로부터 진행한다.[273]

165

(d) 포괄일죄와 공소장변경

1) 범죄사실의 추가

공소제기의 효력은 공소가 제기된 범죄사실과 동일성이 인정되는 범죄사실
의 전체에 미치는 것이므로 포괄일죄의 범죄사실에 대한 공판심리 중에 그 범
죄사실과 포괄일죄의 관계에 있는 범죄사실이 추가로 발견된 경우에는, 검사는
공소장변경절차에 의하여 그 범죄사실을 공소사실로 추가할 수 있다.[274] 포괄일
죄라도 공소장변경 없이 추가로 발견된 사실을 인정할 수는 없다. 또한 검사가
단순사기죄로 기소한 경우, 비록 상습성이 인정된다고 하더라도 공소장변경 없
이는 법원이 상습사기죄로 인정하여 처벌할 수 없다.[275]

166

각 피해자들에 대하여 일련의 폭행을 행사하여 상해를 가하였다는 취지의 공소사실에 대하여, 피
해자, 기간, 장소, 폭행의 태양 및 상해의 결과 기재에 비추어 공소사실이 특정되었다고 한 사례)].
271 대판 1961. 10. 26, 4294형상449.
272 대판 2002. 10. 11, 2002도2939; 대판 2014. 7. 24, 2013도12937; 대판 2015. 10. 29, 2014도5939.
273 대판 2015. 10. 29, 2014도5939.
274 대판 2000. 3. 10, 99도2744(상습범). 본 판결 평석은 박광민, "포괄일죄의 일부에 대한 추가기소
와 확정판결에 의한 전후사건의 분리", 형사판례연구 [11], 한국형사판례연구회, 박영사(2003),
254-273.
275 대판 2000. 2. 11, 99도4797. 본 판결 해설은 안철상, "상습사기의 범행의 중간에 동종의 죄에
관한 확정판결이 있는 경우 확정판결 전후의 각 사건 사이에 동일성이 인정되는지 여부", 해설
34, 법원도서관(2000), 902-915.

〔이 상 원〕   **85**

2) 분단된 사실

167   포괄일죄의 관계에 있었더라도 확정판결로 분단된 사실은 공소장변경으로 추가할 수 없다. 포괄일죄인 영업범에서 공소제기의 효력은 공소사실과 동일성이 인정되는 범죄사실의 전체에 미치므로 공판심리 중에 공소사실과 동일성이 인정되는 범죄사실이 추가로 발견된 경우에 공소장변경절차에 의하여 그 범죄사실을 공소사실로 추가할 수 있으나, 공소사실과 추가로 발견된 범죄사실 사이에 그 사실들과 동일성이 인정되는 또 다른 범죄사실에 대한 유죄의 확정판결이 있는 때에는, 추가로 발견된 확정판결 후의 범죄사실은 공소사실과 분단되어 동일성이 없는 별개의 범죄가 되며, 따라서 검사는 공소장변경절차에 의하여 확정판결 후의 범죄사실을 공소사실로 추가할 수는 없고, 별개의 독립된 범죄로 공소를 제기하여야 한다.[276]

3) 이중기소와 공소장변경

가) 포괄일죄 + 포괄일죄

168   상습범에 있어서 공소제기의 효력은 공소가 제기된 범죄사실과 동일성이 인정되는 범죄사실 전체에 미치는 것이며, 또한 공소제기의 효력이 미치는 시적 범위는 사실심리의 가능성이 있는 최후의 시점인 판결선고 시를 기준으로 삼아야 한다. 따라서 검사가 일단 상습사기죄로 공소제기한 후 그 공소의 효력이 미치는 위 기준 시까지의 사기행위 일부를 별개의 독립된 상습사기죄로 공소제기를 하는 경우, 비록 그 공소사실이 먼저 공소제기를 한 상습사기의 범행 이후에 이루어진 사기 범행을 내용으로 한 것일지라도 공소가 제기된 동일사건에 대한 이중기소에 해당되어 허용될 수 없다.[277]

169   다만 포괄적 일죄를 구성하는 행위의 일부에 관하여 추가기소된 경우에는, 일죄를 구성하는 행위 중 누락된 부분을 추가 보충하는 취지라고 볼 것이어서 이중기소의 위법이 있다 할 수 없다.[278]

---

276 대판 2017. 4. 28, 2016도21342.

277 대판 1999. 11. 26, 99도3929, 99감도97.

278 대판 1993. 10. 22, 93도2178(1991. 6. 9.부터 11. 27.까지 사행행위 영업을 한 사실로 구속기소되었다가 보석으로 석방된 후 1992. 1.부터 영업을 재개하여 1992. 10. 7.까지 같은 영업을 한 사안에서, 양자는 포괄일죄라고 한 사례). 본 판결 해설은 신양균, "포괄일죄와 이중기소", 형사판례연구 [3], 한국형사판례연구회, 박영사(1995), 425-442.

나) 단순일죄 + 포괄일죄

검사가 단순일죄라고 하여 사기 범행을 먼저 기소하고 포괄일죄인 상습사   170
기 범행을 추가로 기소하였으나 그 심리과정에서 전후에 기소된 범죄사실이 모
두 포괄하여 상습사기의 일죄를 구성하는 것으로 밝혀진 경우에는, 검사로서는
원칙적으로 먼저 기소한 사건의 범죄사실에 추가기소의 공소장에 기재한 범죄
사실을 추가하여 전체를 상습범행으로 변경하고 그 죄명과 적용법조도 이에 맞
추어 변경하는 공소장변경 신청을 하고, 추가기소한 사건에 대하여는 공소취소
를 하는 것이 형사소송법의 규정에 충실한 온당한 처리라고 할 것이다.

그러나 이와 같은 처리에 의하지 않더라도 검사의 추가기소에는 전후에 기   171
소된 각 범죄사실 전부를 포괄일죄로 처벌할 것을 신청하는 취지가 포함되었다
고 볼 수 있어 공소사실을 추가하는 등의 공소장변경과는 절차상 차이가 있을
뿐 그 실질에 있어서 별 차이가 없으므로, 석명에 의하여 추가기소의 공소장의
제출은 포괄일죄를 구성하는 행위로서 먼저 기소된 공소장에 누락된 것을 추가
보충하고 죄명과 적용법조를 포괄일죄의 죄명과 적용법조로 변경하는 취지의
것으로서 1개의 죄에 대하여 중복하여 공소를 제기한 것이 아님이 분명하여진
경우에는, 위의 추가기소에 의하여 공소장변경이 이루어진 것으로 보아 전후에
기소된 범죄사실 전부에 대하여 실체 판단을 하여야 하고, 추가기소에 대하여 공
소기각의 판결을 할 필요는 없다.[279] 이러한 법리는 단순일죄라 하여 특수절도
범행을 기소한 후 포괄일죄인 상습특수절도 범행을 추가기소한 경우도 같다.[280]

이와 같이 공소장변경으로 인정하는 것은 방어권을 보장하려는 공소장변경   172
제도의 취지와 이중위험을 받지 않게 하려는 이중기소금지의 취지에 반하지 않
고 절차유지의 원칙이나 소송경제에 부합하기 때문이다. 즉, 공소장변경 제도는
피고인의 방어권행사를 실질적으로 보장하려는 당사자주의적 견지에서 공소사
실의 동일성이 인정되는 범위 내라 할지라도 공소장변경절차에 의하여 심판의
대상을 명확히 한정하지 아니하면 심판대상이 되지 아니하는 것으로 함으로써

---

279 대판 1999. 11. 26, 99도3929, 99감도97.
280 대판 1996. 10. 11, 96도1698(3회의 특수절도를 경합범으로 기소한 후 추가로 3회의 특수절도를
    상습범으로 기소한 사안). 본 판결 평석은 김만오, "포괄일죄와 이중기소", 형사재판의 제문제(1
    권), 박영사(1997), 335-350; 이한성, "포괄일죄에 대한 추가기소방식의 공소장변경", 형사재판의
    제문제(1권), 351-368.

피고인이 예상하지 아니한 처벌을 받는 불이익을 방지하려는 것인데, 포괄일죄가 추가기소되는 경우에도 구체적으로 추가적으로 심판대상이 되는 사실이 명확히 제시되어 피고인이 방어하여야 할 대상이 분명히 한정되므로 이를 공소장 변경으로 보더라도 방어권행사에 아무런 지장이 없고, 이중기소의 경우 공소기각판결을 한 취지는 동일 사건에 대하여 피고인으로 하여금 이중위험을 받지 아니하게 하고 법원이 2개의 실체판결을 하지 아니하도록 함에 있는 것이나, 포괄일죄의 일부 사실이 2차례에 걸쳐 기소된 것을 공소장변경으로 보아 전부에 대하여 실체 판단을 하고 추가기소된 사실에 대하여 공소기각의 판결을 하지 아니하더라도 동일 법원에서 병합하여 심리하는 이상 피고인이 이중위험에 처할 수는 없고, 1개의 판결이 선고될 것이기 때문에 2개의 실체판결이 날 가능성도 배제할 수 있게 되므로 아무런 문제점이 없으며, 또한 이를 허용하는 것이 절차유지의 원칙이나 소송경제에도 부합할 것이기 때문이다.[281]

173   이에 비추어 보면, 나아가 석명절차를 거치지 아니하였다 하더라도 전후에 기소된 전부를 포괄일죄로 인정하여 실체 판단을 할 수 있다. 검사가 단순일죄라고 하여 존속상해 범행을 먼저 기소하고 다시 포괄일죄인 폭력행위처벌법위반(상습존속상해) 범행을 추가로 기소하였는데 이를 병합하여 심리하는 과정에서 전후에 기소된 각각의 범행이 모두 포괄하여 하나의 폭력행위처벌법위반(상습존속상해)죄를 구성하는 것으로 밝혀진 사안에서, 판례는 이중기소에 대하여 공소기각의 판결을 하도록 한 취지는 동일 사건에 대하여 피고인으로 하여금 이중처벌의 위험을 받지 아니하게 하고 법원이 2개의 실체판결을 하지 아니하도록 함에 있으므로, 위와 같은 경우 법원이 각각의 범행을 포괄하여 하나의 폭력행위처벌법위반(상습존속상해)죄로 인정한다고 하여 이중기소를 금하는 위법의 취지에 반하는 것이 아닌 점과 법원은 실체적 경합범으로 기소된 범죄사실에 대하여 그 범죄사실을 그대로 인정하면서 다만 죄수에 관한 법률적인 평가만을 달리하여 포괄일죄로 처단하더라도 이는 피고인의 방어에 불이익을 미치는 것이 아니므로 공소장변경 없이도 포괄일죄로 처벌할 수 있는 점에 비추어 보면, 비록 폭력행위처벌법위반(상습존속상해)죄의 포괄일죄로 공소장을 변

---

281 대판 1996. 10. 11, 96도1698.

경하는 절차가 없었다거나 추가기소의 공소장의 제출이 포괄일죄를 구성하는 행위로서 먼저 기소된 공소장에 누락된 것을 추가·보충하는 취지의 것이라는 석명절차를 거치지 아니하였다 하더라도, 법원은 전후에 기소된 범죄사실 전부에 대하여 실체 판단을 할 수 있고, 추가기소된 부분에 대하여 공소기각판결을 할 필요는 없다고 하였다.[282]

다) 단순일죄 + 단순일죄

검사가 수개의 협박 범행을 먼저 기소하고 다시 별개의 협박 범행을 추가로 기소하였는데 이를 병합하여 심리하는 과정에서 전후에 기소된 각각의 범행이 모두 포괄하여 하나의 협박죄를 구성하는 것으로 밝혀진 경우, 이중기소에 대하여 공소기각판결을 하도록 한 형사소송법 제327조 제3호의 취지는 동일 사건에 대하여 피고인으로 하여금 이중처벌의 위험을 받지 아니하게 하고 법원이 2개의 실체판결을 하지 아니하도록 함에 있으므로, 위와 같은 경우 법원이 각각의 범행을 포괄하여 하나의 협박죄로 인정한다고 하여 이중기소를 금하는 위법의 취지에 반하는 것이 아닌 점과 법원은 실체적 경합범으로 기소된 범죄사실에 대하여 그 범죄사실을 그대로 인정하면서 다만 죄수에 관한 법률적인 평가만을 달리하여 포괄일죄로 처단하더라도 이는 피고인의 방어에 불이익을 미치는 것이 아니므로 공소장변경 없이도 포괄일죄로 처벌할 수 있는 점에 비추어 보면, 비록 협박죄(§ 283①)의 포괄일죄로 공소장을 변경하는 절차가 없었다거나 추가기소의 공소장의 제출이 포괄일죄를 구성하는 행위로서 먼저 기소된 공소장에 누락된 것을 추가·보충하는 취지의 것이라는 석명절차를 거치지 아니하였다 하더라도, 법원은 전후에 기소된 범죄사실 전부에 대하여 실체 판단을 할 수 있고, 추가기소된 부분에 대하여 공소기각의 판결을 할 필요는 없다.[283]

(e) 포괄일죄와 확정판결

1) 포괄일죄 일부의 확정판결

상습범으로서 포괄일죄의 관계에 있는 여러 개의 범죄사실 중 일부에 대하여 유죄판결이 확정된 경우에, 그 확정판결의 사실심판결 선고 전에 저질러진

174

175

---

282 대판 2012. 1. 26, 2011도15356.
283 대판 2007. 8. 23, 2007도2595(실체적 경합범으로 기소된 수개의 협박 범행과 추가기소된 협박 범행이 심리과정에서 포괄일죄로 밝혀진 사례).

나머지 범죄에 대하여 새로이 공소가 제기되었다면 그 새로운 공소는 확정판결이 있었던 사건과 동일한 사건에 대하여 다시 제기된 데 해당하므로, 이에 대하여는 판결로써 면소의 선고를 하여야 한다(형소 § 326(i)).[284]

176　　　다만 판례는 이러한 법리가 적용되기 위해서는 전의 확정판결에서 당해 피고인이 상습범으로 기소되어 처단되었어야 하고, 상습범 아닌 기본 구성요건의 범죄로 처단되는 데 그친 경우에는, 가사 뒤에 기소된 사건에서 비로소 드러났거나 새로 저질러진 범죄사실과 전의 판결에서 이미 유죄로 확정된 범죄사실 등을 종합하여 비로소 그 모두가 상습범으로서의 포괄적 일죄에 해당하는 것으로 판단된다 하더라도, 뒤늦게 앞서의 확정판결을 상습범의 일부에 대한 확정판결이라고 보아 그 기판력이 그 사실심판결 선고 전의 나머지 범죄에 미친다고 보아서는 아니 된다[285]고 한다.[286] 판례가 위와 같이 본 현실적인 이유는 처벌의 불합리에 있는 것으로 보인다.[287] 이러한 법리는 상습범에 한정되는 것이 아

---

284 대판 2004. 9. 16, 2001도3206(전); 대판 2008. 11. 27, 2008도7270; 대판 2010. 5. 27, 2010도2182; 대판 2019. 6. 20, 2018도20698(전).

285 대판 2004. 9. 16, 2001도3206(전). 「확정판결의 기판력이 미치는 범위를 정함에 있어서는 그 확정된 사건 자체의 범죄사실과 죄명을 기준으로 하는 것이 원칙이고 비상습범으로 기소되어 판결이 확정된 이상, 그 사건의 범죄사실이 상습범 아닌 기본 구성요건의 범죄라는 점에 관하여 이미 기판력이 발생하였다고 보아야 할 것이며, 뒤에 드러난 다른 범죄사실이나 그 밖의 사정을 부가하여 전의 확정판결의 효력을 검사의 기소내용보다 무거운 범죄유형인 상습범에 대한 판결로 바꾸어 적용하는 것은 형사소송의 기본원칙에 비추어 적절하지 않기 때문이다.」

286 위 2001도3206 전원합의체 판결에는, ① 기판력이 미치는 범위는 확정판결의 죄명이나 판단내용이 아니라 공소사실의 동일성에 의하여 정해진다고 하면서 공소불가분의 원칙과 일사부재리의 원칙상 기본 구성요건으로 확정판결을 받았더라도 기판력이 미치며, 다수의견은 법원이나 검사의 부주의로 인한 위험을 피고인에게 전가하고 피고인에게 불이익을 돌리는 것이며 소인개념을 채택하지 않은 우리 법상 무리라는 반대의견(1인)과, ② 수개의 상습범행은 원칙적으로 수개의 죄라고 하는 별개의견(1인)이 있다. 위 전원합의체 판결 전의 판례는 위 ①의 반대의견과 같이 두 죄가 사후적으로 보아 상습범의 관계에 있다면 상습범으로 확정판결을 받았는지와 관계없이 기판력이 미친다고 보았다[대판 1978. 2. 14, 77도3564(전); 대판 2002. 10. 25, 2002도1736]. 위 77도3564 전원합의체 판결은 특수절도로 확정판결을 받은 후 그 판결 선고 전에 범한 야간주거침입절도로 기소된 사안인데, 다수의견(9인)은 기판력이 미친다고 하였으나, 반대의견(7인)은 기소범위를 넘어서 판단할 수 없고, 면소하게 되면 상습범을 후대하는 결과가 되며, 검사가 쪼개서 기소할 경우라도 실제로는 피고인에게 크게 불리하지 않는다는 이유로 기판력이 미치지 않는다고 하였는데, 이 의견이 위 2001도3206 전원합의체 판결의 다수의견이 된 것이다. 이후 대법원은 같은 입장을 유지하고 있다[대판 2010. 5. 27, 2010도2182; 대판 2008. 11. 27, 2008도7270(특정범죄가중법 제5조의4 제5항은 상습범 규정이 아니므로 이로써 처벌받았더라도 그 확정 전에 범한 다른 절도범행에 대하여 기판력이 미치지 않는다고 한 사례); 대판 2010. 2. 11, 2009도12627].

287 대판 2020. 5. 14, 2020도1355. 「성매매장소를 제공한 수개의 행위가 동일한 범죄사실이라고 쉽

니라 포괄일죄 일반에 적용된다. 판례는 영업범에 관하여 같은 법리를 전제로 판단한 바 있다.[288]

　　그런데 확정판결의 사실이 포괄일죄인지 여부에 따라 기판력의 범위를 달　　177
리하는 판례의 태도에는 의문이 있을 수 있다. 기판력이 미치는 범위인 동일한 사건이란 판결 이전에 존재하는 죄수의 문제로서 그 사건의 일부가 어떠한 죄명으로 확정판결을 받았는지에 따라 사건의 죄수가 달라지는 것은 아니기 때문이다.

　　영리를 목적으로 무면허 의료행위를 업으로 하는 사람의 여러 개의 무면허　　178
의료행위가 포괄일죄의 관계에 있고 그중 일부에 대하여 판결이 확정된 경우, 사실심 판결선고 시 이전에 이루어진 범행에 확정판결의 효력이 미친다고 하면서 그 확정판결의 범죄사실이 보건범죄단속법 제5조 제1호 위반죄(영리목적)가 아니라 단순히 의료법 제27조 제1호 위반죄(영리목적 요건 없음)로 공소제기된 경우도 마찬가지라는 판례가 있다.[289] 이는 공소사실과 확정판결의 범죄사실이 다른 구성요건이라도 확정판결의 사실이 포괄일죄이므로 그와 구성요건을 공유하는 다른 범행에까지 기판력이 미친다는 취지로 이해된다. 그렇지만 확정판결의 죄명이 다름에도 기판력이 미친다고 보았다는 점에서 앞서 본 법리와는 약간 차이가 있다.

　　또한 폭력행위처벌법위반(상습상해)죄로 확정판결을 받은 후 그 확정판결　　179
전에 범한 행위에 대하여 폭력행위처벌법위반(공동공갈)죄로 기소된 사안에서, 양자가 모두 폭력행위 습벽이 발현되어 저질러진 것으로 위 두 죄는 포괄일죄의 관계에 있으므로 확정판결의 효력이 폭력행위처벌법위반(공동공갈)죄에 대하여도 미친다고 한 판례가 있다.[290] 이는 상습범 확정판결의 기판력이 비상습

게 단정하여 포괄일죄로 인정을 하면, 자칫 범행 중 일부만 발각되어 그 부분만 공소가 제기되어 확정판결을 받게 된 후에는 나중에 발각된 부분을 처벌하지 못하여 그 행위에 합당한 기소와 양형이 불가능하게 될 수 있는 불합리가 나타나 처벌규정을 둔 입법 취지가 훼손될 여지도 있다.」
288 대판 2020. 5. 14, 2020도1355. 「확정된 위 각 약식명령은 영업이 아닌 단순 성매매장소 제공행위 범행으로 처벌된 것이고, 이 사건 역시 영업이 아닌 단순 성매매장소 제공행위 범행으로 기소된 것이어서 그 구성요건의 성질상 동종 행위의 반복이 예상되는 경우라고 볼 수 없다. 또한 성매매장소 제공행위와 성매매알선행위의 경우 성매매알선행위가 장소제공행위의 필연적 결과라거나 반대로 장소제공행위가 성매매알선행위에 수반되는 필연적 수단이라고 볼 수도 없다.」
289 대판 2014. 1. 16, 2013도11649.
290 대판 2008. 8. 21, 2008도3657.

범의 공소사실에도 미친다는 취지로서 비상습범의 확정판결이 상습범의 공소사
실에 미치지 않는 것과 대비되는데, 그 타당성에는 의문이 있다.

2) 확정판결 전후의 포괄일죄

180   포괄일죄로 되는 개개의 범죄행위가 다른 죄에 대한 확정판결의 전후에 걸
쳐서 행해진 경우에는 그 죄는 두 죄로 분리되지 않고 확정판결 후인 최종의 범
죄행위 시에 완성된 1죄로 본다.[291] 상습범을 구성하는 여러 범행 중 중간의 행
위에 대하여 상습범이 아닌 기본 구성요건으로 확정판결을 받은 후, 그 확정판
결의 사실심판결 선고 전후의 다른 범행들이 상습범으로 처단될 경우, 확정판결
전후의 범행들 전부가 포괄일죄로 된다.[292]

181   이와 달리 포괄일죄로 되는 개개의 범죄행위가 같은 포괄일죄에 대한 확정판
결의 전후에 걸쳐서 행하여진 경우에는, 전후 범죄사실의 일죄성은 그에 의하여
분단(분리)되어 확정판결 선고 이전의 행위와 확정판결의 행위만이 포괄하여 일죄
로 되고, 확정판결 후의 행위는 이와 경합범 관계에 있는 별개의 범죄가 된다.[293]

---

291 대판 2001. 8. 21, 2001도3312(의약품 불법판매·취득 중 도로교통법위반죄로 확정판결을 받은
경우, 약사법위반은 포괄일죄로서 확정판결 후 범행); 대판 2003. 8. 22, 2002도5341(2년여에 걸
쳐 무등록 외국환업무를 하던 중 횡령죄로 확정판결을 받은 경우, 외국환거래법위반은 포괄일죄
로서 확정판결 후 범행). 위 판결들은 '다른 종류의 죄의 확정판결'이라고 판시하였는데, 그 후
같은 포괄일죄로 확정판결 판결을 받은 경우에만 면소되는 것으로 판례 변경이 있었으므로[대
판 2004. 9. 16, 2001도3206(전)], 이후 '다른 죄의 확정판결', 즉 같은 포괄일죄가 아닌 다른 죄
의 확정판결을 의미하는 것으로 이해함이 타당하다.
292 대판 2004. 9. 16, 2001도3206(전) 참조.
293 대판 2000. 2. 11, 99도4797[포괄일죄의 관계에 있는 ⓐ, ⓑ, ①범행에 대하여 ⓐ범행 - ⓑ범행
- ⓑ판결 선고·확정 - ①범행(이 사건) - ⓐ판결 선고·확정으로 진행된 사안에서, ⓐ범행과
①범행은 ⓑ확정판결 전후로 분리되어 동일성이 없는 사건이므로 각 주문을 선고하여야 하고,
원래 ⓐ범행에 대하여 ⓑ확정판결 때문에 면소를 선고하여야 하지만, 유죄의 판결이 확정되었
더라도 이것이 ①범행에 대한 판단에 영향을 미치지 않는다고 한 사례]; 대판 2000. 3. 10, 99
도2744(판결 확정 후의 범죄사실은 확정 전의 범죄사실과 별개의 상습범이어서 확정판결 전의
범죄사실에 대한 공소에 공소장변경으로 확정판결 후의 범죄사실을 추가할 수 없고, 별개의 독
립된 범죄로 공소를 제기하여야 한다고 한 사례); 대판 2017. 5. 17, 2017도3373[2014년 녹용엑
기스 판매로 유죄 확정판결을 받은 후(2015. 9. 4. 확정), 2015. 9. 5.부터 2016년까지 녹용엑기
스 판매로 기소된 경우, 별개의 독립된 범죄이므로 식품위생법이 정한 '형 확정 후 5년 이내의
재범'에 해당한다고 한 사례). 이들 판결은 포괄일죄를 분단(분리)시키는 확정판결이 동일한 습
벽에 의한 범죄사실에 대한 유죄의 확정판결(위 99도2744 판결) 또는 동종의 죄에 관한 확정판
결(위 99도4797의 판결)이라고 하나, 2001도3206 판결 이후 동종의 죄는 같은 포괄일죄라는 의
미로 이해하여야 한다. 이 점에서 2001도3206 전원합의체 판결(주 285) 이후에도 동종의 죄에
관한 확정판결이라고 한 것(위 2017도3373 판결)은 정확하지 않다.

3) 기판력의 시적 범위

포괄일죄의 관계에 있는 범행 일부에 대하여 판결이 확정된 경우에는 사실　182
심 판결선고 시를 기준으로 그 이전에 이루어진 범행에 대하여는 확정판결의 기
판력이 미쳐 면소의 판결을 선고하여야 하고,[294] 포괄일죄의 관계에 있는 범행의
일부에 대하여 약식명령이 확정된 경우에는 그 약식명령의 발령 시를 기준으로
하여 그 이전에 이루어진 범행에 대하여 면소의 판결을 선고하여야 한다.[295]

상습범에서 공소제기의 효력이 미치는 시적 범위는 사실심리의 가능성이　183
있는 최후의 시점인 판결선고 시를 기준으로 삼아야 하므로 공소제기의 효력과
판결의 기판력은 그때까지 행하여진 행위에 대하여만 미친다. 따라서 상습범에
서 상습성에 의해 저질러진 일련의 범행 사이에 그것들과 동일한 습벽에 의해
저질러진 또 다른 범죄사실에 대한 유죄의 확정판결이 있는 경우에는 전후 범
죄사실의 일죄성은 그 확정판결에 의해 분단되어 동일성이 없는 별개의 범죄가
되는데, 이는 유죄의 확정판결 전후의 범죄사실은 그것이 동일한 습벽에 의해
저질러졌다 하더라도 동시에 심리할 가능성이 없기 때문이다.[296]

4) 분단의 시점

포괄일죄의 일부에 대한 확정판결이 있는 경우 그 전후로 포괄일죄가 분단　184
되는 시점은 언제인가? 위와 같이 분단되는 이유는 전후의 사실이 동시 심리의
가능성이 없기 때문이므로 그 최후시점인 확정판결의 사실심판결 선고 시가 되
고, 이 시점이 기판력의 시점이 된다. 따라서 확정판결의 사실심판결 선고 시
이전에 이루어진 범행에 대하여는 기판력이 미쳐 면소판결을 하고, 선고 후에
이루어진 범행은 이와 별개의 범죄가 된다.[297]

---

294 대판 2006. 5. 11, 2006도1252; 2014. 1. 16. 선고 2013도11649; 2020. 5. 14, 2020도1355. 대판
　　2004. 9. 16, 2001도3206(전)은 확정판결의 '사실심판결 선고 전'에 저질러진 범죄라는 표현을
　　썼으나 '이전'이 아닌 '전'이라는 취지는 아니라고 이해된다.

295 대판 1981. 6. 23, 81도1437(발령 시까지 행해진 범죄 면소, 그 이후 범행 1개 범죄); 대판 1994.
　　8. 9, 94도1318(발령 시 전의 범행은 면소되고, 이후 범행을 1개의 범죄로 처벌); 대판 2001.
　　12. 24, 2001도205(발령일까지의 범죄를 면소); 대판 2013. 6. 13, 2013도4737.

296 대판 2019. 6. 20, 2018도20698(전). 본 판결 평석은 홍은표, "재심재판절차의 본질과 기판력,
　　후단 경합범의 성립", 사법 50, 사법발전재단(2019), 575-608.

297 대판 2000. 3. 10, 99도2744는 확정판결에 의하여 분단되어 판결확정 후에 저질러진 범죄사실은
　　별개의 상습범이라고 하였으나, 사실심판결 선고 시가 아니라 판결확정 시라는 취지로는 보이지
　　않는다.

185 가령 순차로 행한 ⓐ - ① - ② - ③의 죄가 포괄일죄의 관계에 있는데, ⓐ 죄가 먼저 발각되어 확정판결을 받은 후 ①, ②, ③죄가 기소된 경우, 즉 ⓐ범 행 - ①범행 - ⓐ선고 - ②범행 - ⓐ확정 - ③범행 - ①, ②, ③기소의 순으로 진행된 경우, ⓐ죄가 포괄일죄로 확정판결을 받았다면, 사실심 선고 전의 ①범 행은 확정판결의 기판력이 미쳐 면소되고, ②범행은 그 자체는 판결확정 전의 범행이지만 ③범행과 포괄일죄로서 확정 후에 완성된 죄가 되어 제37조 후단 경합범이 아니며, ②, ③죄에 대하여 확정 후 범행으로 1개의 주문이 선고된다.

5) 재심판결의 기판력

186 재심심판절차에서 선행범죄, 즉 재심대상판결의 공소사실에 후행범죄를 추 가하는 내용으로 공소장을 변경하거나 추가로 공소를 제기한 후 이를 재심대상 사건에 병합하여 심리하는 것이 허용되지 않으므로 재심심판절차에서는 후행 범죄에 대하여 사실심리를 할 가능성이 없으며, 또한 재심심판절차에서 재심개 시결정의 확정만으로는 재심대상판결의 효력이 상실되지 않으므로 재심대상판 결은 확정판결로서 유효하게 존재하고 있고, 따라서 재심대상판결을 전후하여 범한 선행범죄와 후행범죄의 일죄성은 재심대상판결에 의하여 분단되어 동일 성이 없는 별개의 상습범이 되기 때문에 선행범죄에 대한 공소제기의 효력은 후행범죄에 미치지 않고, 선행범죄에 대한 재심판결의 기판력은 후행범죄에 미 치지 않는다.[298]

Ⅲ. 법조경합

1. 의 의

187 법조경합은 행위가 외관상 여러 법조의 구성요건에 경합하여 해당되는 것 으로 보이지만 그중 1개 법조만이 적용되고 다른 법조는 배제되거나 흡수되어 일죄만 성립하는 경우를 말한다. 경합하는 구성요건을 함께 적용하면 동일한 행위에 대하여 이중평가를 하게 되는 부당한 결과가 되어 이를 방지하기 위함 이다.

---

298 대판 2019. 6. 20, 2018도20698(전).

판례는 법조경합은 1개의 행위[299]가 외관상 수개의 죄의 구성요건에 해당하는 것처럼 보이나 실질적으로 1죄만을 구성하는 경우를 말하며, 실질적으로 1죄인가 또는 수죄인가는 구성요건적 평가와 보호법익의 측면에서 고찰하여 판단하여야 한다고 설명한다.[300] 본인을 기망하여 배임행위를 한 경우, 사기죄는 임무위배를 구성요소로 하지 않고 배임죄는 기망을 구성요소로 하지 않아 양자는 구성요건을 달리하므로 실질적으로 수죄로서 법조경합이 아니라 상상적 경합이 되고,[301] 제3자를 기망하여 배임행위를 한 경우는 실체적 경합이 된다.[302]

188

법조경합은 수개의 법조가 경합하더라도 실질적으로 1개의 법조만 적용되므로 수죄가 아니라 1죄가 성립한다. 단순일죄뿐만 아니라 포괄일죄에서도 법조경합이 있을 수 있다. 법조경합에는 특별관계, 흡수관계, 보충관계, 택일관계가 있다.

189

2. 특별관계

(1) 의의

어느 구성요건(A)이 다른 구성요건(B)의 모든 요소에 추가적인 요소를 더하여 설정된 경우,[303] 후자(B)를 일반구성요건, 전자(A)를 특별구성요건이라 하고,

190

---

299 여기서 말하는 1개의 행위란 구성요건을 충족시키는 행위 전체를 1개로 평가하여 이르는 것으로서, 자연적으로는 수개의 행위일 수도 있다.

300 대판 2004. 1. 15, 2001도1429[사기죄와 보건범죄단속법위반(무허가 의약품 제조)죄는 입법목적과 보호법익이 다르고 구체적인 구성요건에 상당한 차이가 있어 법조경합 부정]; 대판 2014. 3. 27, 2013도11969(주택법과 경비업법은 입법목적이 달라 관련 법률 함께 적용·); 대판 2020. 7. 9, 2019도17405(산지관리법위반죄와 경제자유구역의지정및운영에관한특별법위반죄는 보호법익이 달라 법조경합 부정).

301 대판 2002. 7. 18, 2002도669(전)(신용협동조합의 전무인 피고인이 조합의 담당직원을 기망하여 예금인출금 또는 대출금 명목으로 금원을 교부받은 위 각 행위는 사기죄와 업무상배임죄에 각 해당하고, 두 죄는 상상적 경합이라고 한 사례). 본 판결 평석은 이창한, "업무상배임행위에 사기행위가 수반된 경우, 사기죄와 업무상배임죄의 관계", 21세기사법의 전개: 송민 최종영 대법원장 재임기념, 박영사(2005), 533-539.

302 대판 2010. 11. 11, 2010도10690(건물관리인이 건물주로부터 월세임대차계약 체결업무를 위임받고도 임차인들을 속여 전세임대차계약을 체결하고 그 보증금을 편취한 경우, 사기죄와 별도로 업무상배임가 성립하고, 두 죄가 실체적 경합범의 관계에 있다고 본 원심판단을 수긍한 사례). 본 판결 평석은 류전철, "배임죄와 사기죄의 경합관계", 형사판례연구 [19], 한국형사판례연구회, 박영사(2011), 210-235.

303 B가 a+b+···+n의 요소로 이루어지고, A가 적어도 a+b+···+n+(n+1)의 요소로 이루어진 경우.

일반구성요건을 규정한 법규를 일반법(lex generalis, 보통법), 특별구성요건을 규정한 법규를 특별법(lex specialis)이라 한다. 특별법은 일반법보다 내포는 두텁고 외연은 좁다.

191   어느 행위가 일반법(보통법)의 구성요건과 특별법의 구성요건을 동시에 충족하는 경우, 일반법에 대한 특별법의 관계를 특별관계라 한다. 이 경우 특별법이 일반법을 배제하여 특별법만 적용되며, 특별법은 일반법에 우선한다. 이때 일반법에 따른 가벌성은 특별법에 따른 가벌성의 뒤로 후퇴한다. 예컨대, 존속살해죄(§ 250②)나 촉탁살인죄(§ 252①)는 살인죄(§ 250①)에 대한 특별구성요건이고, 살인죄는 이들에 대한 일반구성요건이다. 제250조 제2항이나 제252조 제1항은 제250조 제1항에 대한 특별법이고, 제250조 제1항은 이들에 대한 일반법이다. 직계존속을 살해한 경우, 제250조 제1항은 적용되지 않고 제250조 제2항만 적용되어 살인죄는 성립하지 않고 존속살해죄만 성립한다.

192   특별관계에 있어서는 특별법의 구성요건을 충족하는 행위는 일반법의 구성요건을 충족하지만, 반대로 일반법의 구성요건을 충족하는 행위는 그것만으로는 특별법의 구성요건을 충족하지 못한다.[304] 예컨대, 존속살해죄는 언제나 살인죄의 구성요건을 충족하지만 살인죄가 언제나 존속살해죄의 구성요건을 충족하는 것은 아니다.

193   한편, 구성요건은 동일하고 법정형만 상향한 경우도 특별관계로 보아야 할 것인가? 헌법재판소는 일반법에 대비되는 특별법은 개념적으로 특별법의 구성요건이 일반법의 모든 구성요건을 포함하면서 그 밖의 특별한 표지까지 포함한 경우를 뜻하고 법정형만 가중한 경우를 뜻하는 것은 아니라고 하면서, 형법상 범죄와 똑같은 구성요건을 규정하면서 법정형만 상향 조정한 구 특정범죄가중법 제5조의4 제1항(상습절도)이나 구 폭력행위처벌법 제3조 제1항(흉기 휴대 폭행 등)[305]은 형법 본조에 대하여 특별관계에 있지 않다는 전제에서, 위 특정범죄가중법 조항이나 폭력행위처벌법 조항이 형법 조항을 배제하지 않고 검사는 사안에 따라 선택하여 기소할 재량이 있다고 한다. 추가적인 구성요건 표지가 없다

---

304 대판 2003. 4. 8, 2002도6033; 대판 2005. 2. 17, 2004도6940; 대판 2012. 8. 30, 2012도6503; 대판 2013. 4. 26, 2013도2024, 2013전도43.
305 헌재 2015. 9. 24, 2014헌바154 등.

는 점에서 일반법과 특별법의 관계에 있지 않다는 점은 타당하지만, 그렇다고
양자가 모두 유효한 법률로서 함께 적용된다고 보는 것은 타당하지 않고, 법정
형을 가중하는 법률을 제정함으로써 형법 조항이 사문화되어 사실상 법률의 개
정이 있는 것으로서 위 특정범죄가중법이나 폭력행위처벌법 조항만이 적용된다
고 보는 것이 타당하다.

(2) 성립 범위

(가) 파생구성요건

특별관계는 기본구성요건과 파생구성요건 사이에 성립할 수 있다. 전자가   194
일반구성요건, 후자가 특별구성요건이 된다. 기본구성요건(예컨대, 살인죄)에 대
하여 파생구성요건은 가중구성요건(예컨대, 존속살해죄) 또는 감경구성요건(예컨대,
촉탁살인죄)을 구성하는데, 전자를 가중적 특별관계, 후자를 감경적 특별관계라
한다.

(나) 특별법

특별구성요건이 일반법과 다른 법률, 즉 특별법에 규정되는 경우도 있다.   195
일반형벌법규와 특별형벌법규가 있는 때에는 후자가 우선하여 적용된다.[306]

교통사고처리특례법위반(치사·상)죄(교특 § 3①, 형 § 268)는 업무상과실치사·   196
상죄(§ 268)와 특별관계에 있다. 법정형은 동일하지만, 업무상과실이 차의 운전
자의 교통사고와 관련된 경우에는 교통사고처리 특례법(이하, 교통사고처리법이라
한다.)이 특별법으로 우선하여 적용되기 때문이다. 한편, 판례는 음주운전의 도
로교통법위반(음주운전)죄와 음주로 인한 특정범죄가중법위반(위험운전치상)죄
는 실체적 경합관계에 있고,[307] 교통사고처리법위반(치상)죄는 특정범죄가중법
위반(위험운전치상)죄에 흡수되어 별죄를 구성하지 않으며,[308] 업무상과실 재물
손괴로 인한 도로교통법위반죄는 특정범죄가중법위반(위험운전치상)죄와 상상
적 경합관계에 있다[309]고 한다. 위 위험운전치상죄(특가 § 5의11)는 주취상태에서
교통사고를 일으켜 사람을 상해에 이르게 한 행위를 구성요건으로 하고 있으므

---

306 대판 1967. 4. 18, 67도113.
307 대판 2008. 11. 13, 2008도7143.
308 대판 2008. 12. 11, 2008도9182. 본 판결 평석은 이진국, "위험운전치사상죄와 교통사고처리특
    례법위반죄의 관계", 특별형법 판례100선, 157-160.
309 대판 2010. 1. 14, 2009도10845.

로 음주운전은 구성요건에 포함되지 않고,[310] 교통사고처리법위반(치상)죄의 특수한 경우를 규정한 것으로서 이와 특별관계에 있다고 봄이 타당하다. 따라서 교통사고처리법위반(치상)죄가 위험운전치상죄에 흡수된다고 하는 판례의 이해는 정확하지 않다.

(다) 결합범

197   결합범은 구성범죄에 대하여 특별관계에 있다. 예컨대, 강도는 절도와 폭행에 대하여, 강도상해는 강도와 상해에 대하여 특별관계에 있다.

(라) 결과적 가중범

198   특별관계는 기본범죄와 결과적 가중범 사이에도 인정될 수 있다. 상해치사죄(§ 259①)는 상해죄(§ 257①)의 결과적 가중범으로서 특별관계에 있다. 가중결과와 결과적 가중범 사이에도 같아, 상해치사죄(§ 259①)는 과실치사죄(§ 267)에 대하여도 특별관계에 있다. 부진정결과적 가중범에 있어서, 고의로 중한 결과를 발생하게 한 행위가 별도의 구성요건에 해당하고 그 고의범에 대하여 결과적 가중범에 정한 형보다 더 무겁게 처벌하는 규정이 있는 경우에는 그 고의범과 결과적 가중범이 상상적 경합관계에 있지만, 고의범에 대하여 더 무겁게 처벌하는 규정이 없는 경우에는 결과적 가중범이 고의범에 대하여 특별관계에 있다고 해석되므로 결과적 가중범만 성립하고 이와 법조경합의 관계에 있는 고의범에 대하여는 별도로 죄를 구성하지 않는다.[311]

(마) 형사범과 행정범

199   두 법조 사이에 입법목적, 보호법익, 구성요건의 내용에 차이가 있으면 특별관계에 있다고 할 수 없다. 이런 기준에 따라 행정범과 형사범 사이,[312] 행정

---

310 주석형법〔총칙(2)〕(3판), 285-286(김대휘)은 위험운전치상죄가 음주운전과 교통사고처리법위반(치상)의 결합범이라고 보지만, 음주운전은 사고 이전부터 있은 행위여서 양자가 별개의 범죄라고 보는 것이 판례의 태도이다.

311 대판 1996. 4. 26, 96도485(현주건조물방화치사죄는 살인죄와 특별관계에 있지만, 존속살해죄와는 상상적 경합관계에 있다고 판시); 대판 2008. 11. 27, 2008도7311〔공무원에 대하여 위험한 물건을 휴대하여 고의로 상해를 가한 경우, 특수공무집행방해치상죄만 성립하고 구 폭력행위처벌법위반(집단·흉기등상해)죄는 구성하지 않는다고 판시〕. 위 2008도7311 판결 평석은 손동권, "부진정 결과적 가중범과 고의범의 죄수 문제: 부진정 결과적 가중범과 중한 결과에 대한 고의범의 죄수", 죄형법정원칙과 법원 I, 한국형사법학회, 박영사(2023), 104-120.

312 대판 1982. 7. 13, 82도925(구 감정평가에 관한 법률의 벌칙규정은 행정벌의 성질을 가지고 있고 형법상의 배임수재죄 규정은 형사벌로서 보호법익을 달리한다며 특별관계 부정); 대판 1997. 6.

범과 행정범 사이[313]에 특별관계가 부정되고 별죄가 성립하는 경우가 많다.

(3) 법적 효과

특별관계에 있는 두 법조는 구체적인 사건에 적용하기 전에 법조 자체가 　200
추상적으로 경합하여 특별법이 일반법을 배제하여 특별법만 적용된다. 특별법
은 일반법의 진부분집합이 되며, 아래와 같이 표시할 수 있다.

[특별관계] A⊂B, A∩B=A　(A: 일반법, B: 특별법)

양자의 구성요건을 모두 충족하는 행위는 특별법의 구성요건에만 해당하게 　201
된다. 예컨대, 존속을 살해한 행위는 존속살해죄만 성립하며 살인죄는 성립하지
않는다. 검사가 존속살해의 범죄행위를 공소사실로 하면서 살인죄로 의율하여
기소하면 법률적용을 잘못한 것이다. 그러나 존속인지 여부가 불분명한 경우 살
인죄로 기소하거나, 나아가 존속이지만 공소사실을 살인행위로만 구성하여 기
소하는 것은 허용된다고 본다. 검사의 기소재량은 사실관계에서 존속살해죄로
구성할지 살인죄로 구성할지에 관한 재량이 있기 때문이다. 물론 이러한 재량의
행사가 자의적일 경우에는 공소권의 남용에 해당하겠지만, 그에 이르지 않는 한
기소는 적법하고, 판사는 기소된 한도에서 판단하게 된다.

일반법에 대한 특별구성요건이 존재하고 일반법을 가중처벌하는 별도의 특 　202
별법이 존재할 경우, 일반법을 근거로 특별구성요건에 해당하는 행위를 가중처벌
할 수 없다. 사기의 이득액이 5억 원 이상이면 특정경제범죄법위반(사기)죄(특경
§3)가 성립하며, 이는 사기죄(§347)와 특별관계에 있다. 한편 보험사기방지 특별
법상의 보험사기(동법 §8) 역시 사기죄(§347)와 특별관계에 있다. 위 각 경우에 일
반법인 형법은 적용되지 않아 사기죄는 성립하지 않는다. 그런데 특정경제범죄법
제3조는 일반법조로 형법 제347조만 규정하고 보험사기방지 특별법 제8조는 규
정하지 않고 있다. 보험사기에는 일반법이 적용되지 않아 사기죄가 성립하지 않

27, 97도1085(자동차등록판 부정사용을 처벌하는 자동차관리법 규정과 공기호부정사용을 처벌하
는 형법규정은 보호법익을 달리하고 구성요건에 차이가 있어 특별관계에 있지 않다고 판시).
313 대판 1993. 6. 22, 93도498(허위보고를 처벌하는 공인회계사법 규정과 감사보고서 허위기재를
처벌하는 주식회사의 외부감사에 관한 법률 규정이 특별관계에 있지 않다고 판시).

으므로 보험사기의 이득액이 5억 원 이상인 경우 특정경제범죄법에 따른 가중처벌을 할 수 없게 된다. 이에 보험사기방지 특별법은 이득액 5억 원 이상의 가중처벌규정을 별도로 마련하였다(동법 §11). 물론 보험사기의 사안에서 검사는 사기를 공소사실로 하고 특정경제범죄법으로 의율하여 공소를 제기할 재량이 있다.

3. 흡수관계

(1) 의의

203   흡수관계란 구성요건(B)에 해당하는 행위가 그 불법 및 책임의 내용이 일반적·전형적으로 다른 구성요건(A)에 평가적으로 포섭되어 그 구성요건으로 평가함으로써 충분하여 이에 흡수시키고 별죄를 구성하지 않는 경우를 말한다. 이때 흡수하는 법(A)을 전부법 또는 흡수법(lex comsumens)이라 하고, 흡수되는 법(B)을 부분법 또는 피흡수법(lex comsumpta)이라 한다. 흡수관계를 인정하는 이유는 피흡수법의 구성요건을 실현하는 행위가 흡수법의 불법에 포섭되기 때문이며, 그러한 포섭이 일반적이고 전형적인 경우에 흡수관계가 인정된다.

(2) 성립범위

(가) 불가벌적 수반행위

204   불가벌적 수반행위란 주된 범죄(흡수법)에 수반하는 행위가 논리 필연적이지는 않지만 일반적·전형적으로 다른 구성요건(피흡수법)을 충족하고, 후자의 불법이나 책임의 내용이 주된 범죄에 비하여 경미하기 때문에 별도로 벌하지 아니하는 행위를 말한다.[314] 살해하는 과정에서 의복을 손상시킨 경우, 손괴 부분이 살인죄에 흡수되는 것이 대표적인 예이다. 의복 손상이 살해행위에 언제나 수반하는 것은 아니지만 일반적·전형적으로 수반된다. 이 점에서 불가벌적 수반행위를 전형적 수반행위라고도 한다. 한편, 수반행위는 처벌되지 않는 행위가 아니라 주된 범죄와 함께 포괄하여 처벌된다는 취지에서 공벌적(共罰的) 수반행위라고 하는 견해도 있다.[315]

---

314 대판 2012. 10. 11, 2012도1895. 「불가벌적 수반행위'란 법조경합의 한 형태인 흡수관계에 속하는 것으로서, 행위자가 특정한 죄를 범하면 비록 논리 필연적인 것은 아니지만 일반적·전형적으로 다른 구성요건을 충족하고 이때 그 구성요건의 불법이나 책임의 내용이 주된 범죄에 비하여 경미하기 때문에 처벌이 별도로 고려되지 않는 경우를 말한다.」

315 김준호, 453.

예컨대, ① 상해를 가하면서 한 협박행위는 상해죄에 흡수되고,[316] ② 감금 **205**
의 수단으로 한 단순한 협박행위는 감금죄에 흡수되며,[317] ③ 자동차불법사용
에 수반되는 유류소비행위는 자동차불법사용죄에 흡수되고,[318] ④ 인장을 위조
하고 그 위조한 인장을 사용하여 사문서를 위조한 경우 인장위조죄(§ 239①)는
사문서위조죄(§ 231)에 흡수되며,[319] ⑤ 신용카드부정사용에 수반하는 매출표에
서명 교부하는 행위는 여신전문금융업법위반죄에 흡수되고,[320] 이들은 별죄로
처벌되지 않는다.

수반행위는 일반적 · 전형적으로 수반하는 행위로서 별도로 고려되지 않을 **206**
만큼 경미한 행위여야 주된 범죄에 흡수된다. 수반행위가 이를 넘어 고유한 불
법과 책임 내용을 가질 경우 흡수되지 않는다. 피해자를 폭행하여 업무방해를
한 경우 폭행은 업무방해죄에 흡수되지 않고,[321] 업무방해의 과정에서 행하여진
재물손괴가 별도로 고려되지 않을 만큼 경미한 것이라고 할 수 없으므로 업무
방해죄에 대하여 불가벌적 수반행위가 아니라 실체적 경합관계에 있다.[322]

회계보고 허위기재로 인한 지방교육자치에관한법률위반죄와 증빙서류 허위 **207**
기재로 인한 지방교육자치에관한법률위반죄는 구체적인 구성요건에 있어 차이
가 있고, 후자가 전자에 비하여 별도로 고려되지 않을 만큼 경미한 것이라고 할
수도 없으므로, 후자가 불가벌적 수반행위에 해당하여 전자에 대하여 흡수관계
에 있다고 볼 수 없다.[323]

---

316 대판 1976. 12. 14, 76도3375(소주병으로 머리를 쳐 상해를 가하고 가위로 찔러 죽인다고 협박
   을 한 경우, 협박행위가 같은 시간 장소에서 동일한 피해자에게 가해졌다면 상해의 단일범의하
   에서 이루어진 하나의 폭언에 불과하여 상해죄에 포함된다고 한 사례).
317 대판 1982. 6. 22, 82도705(자동차에 타지 않으면 가만있지 않겠다고 협박하면서 자동차에 강제
   로 태운 사안).
318 대판 1985. 3. 26, 84도1613(자동차불법사용죄가 신설되기 전에 절도죄로 기소된 사안에서, 유
   류에 대한 절도죄를 예비적으로 추가하는 공소장변경을 불허한 사례).
319 대판 1978. 9. 26, 78도1787.
320 대판 1992. 6. 9, 92도77(신용카드업법위반의 사안).
321 대판 2012. 10. 11, 2012도1895(피해자의 택시운행을 방해하는 과정에서 피해자를 폭행한 사안
   에서, 업무방해죄와 폭행죄는 구성요건과 보호법익을 달리하고 있고 업무방해죄의 성립에 일반
   적 · 전형적으로 폭행행위를 수반하는 것은 아니며, 폭행행위가 별도로 고려되지 않을 만큼 경미
   한 것이라고 할 수도 없으므로 설령 폭행행위가 동일한 피해자에 대한 업무방해죄의 수단이더라
   도 불가벌적 수반행위로서 업무방해죄에 흡수된다고 할 수 없다고 한 사례).
322 대판 2009. 10. 29, 2009도10340.
323 대판 2017. 5. 30, 2016도21713.

208   미성년자를 약취한 후에 강간을 목적으로 가혹한 행위 및 상해를 가하고
나아가 강간 및 살인미수를 범한 경우, 약취한 미성년자에 대한 가혹행위·상해
로 인한 특정범죄가중법위반죄 및 미성년자에 대한 강간 및 살인미수행위로 인
한 성폭력범죄의처벌등에관한특례법위반(강간등살인)죄가 각 성립하고, 설령 상
해의 결과가 강간 및 살인미수행위 과정에서 발생한 것이라도 불가벌적 수반행
위가 되는 것이 아니라 실체적 경합범관계에 있다.[324]

209   여기서 경미하다는 것은 수반행위 자체의 중대성을 절대적으로 평가하는 개
념이라기보다는 흡수법의 구성요건과의 관계에서 상대적으로 평가하는 개념이다.
군형법상 반란죄(군형§5)는 반란과정에서 벌어질 수 있는 살인, 약탈, 파괴, 방화,
공무집행방해 등 각종의 범죄행위를 하나의 반란행위로 묶어 함께 처벌하는 집단
적 범죄이므로, 반란을 구성하는 특정의 살인행위에 대하여 공동실행의 의사가
있는 사람은 반란죄와는 별도로 살인죄가 성립하나, 그렇지 않은 사람은 살인행
위에 대하여 반란죄의 책임 이외에 별도로 살인죄의 책임을 지지 않는다.[325] 마
찬가지로 내란의 실행과정에서 폭동행위에 수반하여 개별적으로 발생한 살인행위
는 내란행위의 한 구성요소를 이루는 것이므로 내란행위에 흡수되어 내란목적살
인의 별죄를 구성하지 아니하나(이때 내란목적살인은 무죄), 특정인 또는 일정한 범
위 내의 한정된 집단에 대한 살해가 내란의 와중에 폭동에 수반하여 일어난 것이
아니라 그것 자체가 의도적으로 실행된 경우에는 내란에 흡수될 수 없고 내란목
적살인죄(§88)의 별죄를 구성한다.[326] 또 반란의 진행 과정에서 그에 수반하여 일
어난 지휘관계엄지역수소이탈 및 불법진퇴는 반란 자체를 실행하는 전형적인 행
위라고 인정되므로, 군형법상 반란죄에 흡수되어 별죄를 구성하지 아니한다.[327]

210   또한 수반행위가 별도로 고려되지 않을 만큼 경미한지 여부는 수반행위가

---

324 대판 2014. 2. 27, 2013도12301, 2013전도252, 2013치도2.
325 대판 1997. 4. 17, 96도3376(전).
326 대판 1997. 4. 17, 96도3376(전).
327 대판 1997. 4. 17, 96도3376(전). 이 판결에는 수반행위가 주된 범죄에 흡수된다고 보려면 적어
   도 수반행위의 불법이나 책임의 내용을 주된 범죄의 그것에 함께 포함시켜 평가하여도 부족함이
   없기 때문에 수반행위의 반가치를 별도로 평가하지 않아도 무방한 경우에 한정하여야 한다면서,
   지휘관의 불법진퇴행위나 계엄지역수소이탈행위는 반란죄에 일반적·전형적으로 수반되는 관계
   에 있다고 보기 어려울 뿐만 아니라 그 불법이나 책임 내용을 반란죄에 흡수하여 평가할 수 없
   는 고유하고도 중대한 반가치가 있는 범죄라고 하지 않을 수 없으므로 반란죄에 흡수된다고 볼
   수는 없고, 각각 별도의 죄가 성립한다는 반대의견이 있다.

주된 범죄와 독립한 별개의 행위인지 여부와 밀접하게 연결되어 있다. 매입한 향정신성의약품을 처분함이 없이 계속 소지하고 있는 경우, 소지행위가 매매행위와 불가분의 관계에 있거나 매매행위에 수반되는 필연적 결과로서 일시적으로 행하여진 것이라면 매매행위에 포괄 흡수되지만, 그렇지 않은 경우라면 향정신성의약품의 매매죄와는 별도로 소지죄가 성립한다.[328] 따라서 향정신성의약품 수수의 죄가 성립되는 경우 그 수수행위의 결과로서 당연히 수반되는 향정신성의약품 소지행위는 수수죄의 불가벌적 수반행위로서 수수죄에 흡수되고, 별도로 범죄를 구성하지 아니하지만,[329] 수수한 메스암페타민을 투약하고서 잔량을 은닉하는 방법으로 소지한 경우[330]나 메스암페타민을 매수한 후 적당한 기회에 이를 투약하기 위하여 사무실 책상 위에 있는 화분 밑에 숨겨 둔 경우[331]는 수수행위에 수반되는 필연적 결과로 볼 수는 없고 사회통념상 수수행위와는 독립한 별개의 행위를 구성하므로, 소지행위가 수수행위의 불가벌적 수반행위로서 수수죄에 흡수되어 별도로 범죄를 구성하지 않는다고 할 수 없다.

(나) 보충관계

보충관계에 있는 법조들을 실현하는 행위 중 보충구성요건을 실현하는 행위   **211**
는 주된 구성요건에 흡수된다. 보충관계가 주된 구성요건에의 포섭을 일반적·전형적으로 만들기 때문이다. 불가벌적 사전행위는 이에 해당하는 한 예이다. 보충관계와 흡수관계에 관하여는 후술할 **III. 4. 보충관계** 부분 참조.

(다) 불가벌적 사후행위

앞서 확장단순일죄 부분에서 본 바와 같이, 불가벌적 사후행위는 선행행위   **212**
에 흡수되어 별죄가 성립하지 않는다고 보는 것이 다수설이다. 이에 의하면, 불가벌적 사후행위는 선행범죄와 흡수관계에 있다. 그러나 보다 정확하게 말하면, 사후행위는 선행행위의 평가 속에 이미 포함되어 있는 것으로서 행위 당시 새로운 법익침해나 불법 실현이 없어 애초부터 범죄가 성립하지 않는다. 살인에 흡수되는 의복 손괴와 같이 불가벌적 수반행위는 일단 살인죄의 보호법익과 별개의 법익침해가 발생하여 구성요건에 해당하지만, 주된 범죄에 흡수되어 별죄

---

328 대판 1995. 7. 28, 95도869(향정신성의약품 소지); 대판 2022. 11. 30, 2022도10658(마약 소지).
329 대판 1990. 1. 25, 89도1211.
330 대판 1999. 8. 20, 99도1744.
331 대판 1995. 7. 28, 95도869.

가 성립하지 않는 것과 구별된다. 즉, 불가벌적 수반행위는 범죄행위(의복 손괴)가 흡수되지만 불가벌적 사후행위는 범죄 아닌 사태(도품 파손)가 흡수된다. 이 점에서 불가벌적 수반행위를 공벌적 수반행위라고 부르는 것은 가능하지만, 불가벌적 사후행위를 공벌적 사후행위라고 부르는 것은 적절하지 않다.

(3) 법적 효과

(가) 법조의 중첩 여부

213   흡수관계는 피흡수법의 구성요건을 실현하는 행위가 흡수법의 불법에 일반적·전형적으로 흡수되는 관계에 있는 것으로서, 관련 법조의 외연이 중첩된다거나 한 행위에 대하여 법조가 경합하는 것이 아니다.

(나) 죄수와 형벌

214   살인예비, 미수, 기수를 차례로 행한 경우처럼 동질의 보호법익을 대한 수개의 행위가 기수에 흡수되는 경우를 동질적 흡수관계라 하고, 살해의 와중에 의복을 손상하게 한 행위에서 손괴가 살인에 흡수되는 경우처럼 이질의 보호법익에 대한 행위가 흡수되는 경우를 이질적 흡수관계라 하여, 전자는 1죄가 성립하는 죄수론의 문제이고, 후자는 수죄가 성립하고 다만 처벌을 어떻게 할 것인가 하는 형벌론의 문제라는 견해가 있다.[332]

215   그러나 흡수관계는 보호법익의 동질성 여부를 떠나 흡수법의 구성요건에 피흡수법의 불법을 포괄하여 평가하는 것이므로 죄수의 문제로서, 흡수관계가 인정되면 이를 포괄하여 1죄로 취급하는 것이다.

(다) 형의 하한

216   흡수관계가 인정되어 흡수법의 구성요건에 피흡수법을 실현하는 행위가 흡수되고, 이에 따라 흡수법의 범죄 1죄만이 성립한다고 하더라도, 이 죄에는 피흡수법의 불법이 함께 포함되어 있는 것이므로, 피흡수법의 불법 이상의 형벌이 부과되어야 한다. 따라서 피흡수법의 법정형에 흡수법의 법정형보다 형종이나 형기(액수)가 무거운 것이 있다면, 이를 하한으로 하여야 한다. 요컨대, 피흡수법이 흡수법에 밀려 적용이 배제되더라도 형의 하한을 정하는 한도에서는 효력을 유지한다.[333]

---

332 大塚 仁 外, 大コン(3版)(4), 194-195(中山善房).
333 Gropp, Strafrecht Allgemeiner Teil (4. Aufl), 622-623 참조. 반대의 견해로는 주석형법 〔총칙

(라) 기소재량

흡수관계에 따라 피흡수법은 배제되므로 검사는 흡수법을 적용하여 기소할   217
수 없다. 다만, 사실관계 자체를 피흡수법에 따라 구성한 경우에는 그 구성요건
으로 기소할 수 있다. 검사는 공소권 남용이 아닌 범위에서 기소재량이 있기 때
문이다.

4. 보충관계

(1) 의의

보충관계란 다른 법조(A)가 적용되지 않는 경우에 비로소 어떤 법조(B)가 보충   218
적으로 적용되는 관계를 말한다. 이때 기본적으로 먼저 적용되는 법(A)을 기본법
또는 주법(lex primaria), 보충적으로 적용되는 법(B)을 보충법(lex subsidiaria)이라고
한다. 주법은 보충법에 우선한다. 보충법에 따른 보충적 구성요건(보충구성요건)은
주법에 따른 주된 구성요건(주구성요건)이 성립하지 않는 경우에 비로소 고려된다.

(2) 성립범위

보충관계는 법률이 명시적으로 인정하는 명시적 보충관계와 법문에 명시되   219
지는 않았지만 해석에 의하여 인정되는 묵시적 보충관계가 있다.

(가) 명시적 보충관계

명시적 보충관계의 예로는, '전7조에 기재한 이외에 대한민국의 군사상 이   220
익을 해하거나 적국에 군사상 이익을 공여한 자'를 구성요건으로 하는 일반이적
죄(§99)와 그 '전7조' 중 하나인 외환유치죄(§92) 등 사이의 관계, '불을 놓아 제
164조부터 제166조까지에 기재한 외의 물건을 불태워 공공의 위험을 발생하게
한 자'를 구성요건으로 하는 일반물건방화죄(§167)와 현주건조물방화죄(§164①)
의 관계가 있다. 주법의 적용으로 외환유치죄나 현주건조물방화죄가 성립하면
보충법인 일반이적죄나 일반물건방화죄는 성립하지 않고, 전자가 성립하지 않
는 경우에 한하여 후자가 성립한다. 이들은 주법의 구성요건 '외(外)'를 보충법의
구성요건에 명시함으로써 주법이 적용되지 않는 경우에 한하여 적용됨을 명시
하고 있다. 예컨대, 일반개념으로는 현주건조물이 물건의 하나로서 부분집합을

---

(2)](3판), 298(김대휘) 참조.

이루지만 법문이 일반물건방화의 구성요건에서 현주건조물을 제외함으로써 양자가 중첩적으로 적용되지는 않는다.

(나) 묵시적 보충관계

(a) 연관된 구성요건

221   현주건조물방화죄(§ 164①), 공용건조물방화죄(§ 165), 일반건조물방화죄(§ 166), 일반물건방화죄(§ 167)는 각 순차로 전자가 성립하지 않을 경우 비로소 후자가 성립하는 관계에 있다. 이 점에서 이들은 보충관계에 있다. 그중 일반건조물방해죄와 일반물건방화죄는 법문에서 '제○조에 기재한 외의'라고 명시함으로서 명시적 보충관계임을 밝히고 있다. 이에 비하여, 공용건조물방화죄는 그러한 내용이 없다. 그러나 공용건조물이라도 사람이 현존하는 건물에 대한 방화는 현존건조물방화죄가 성립하고 공용건조물방화죄는 성립하지 않는데, 이는 후자가 전자에 대하여 묵시적 보충관계에 있기 때문이다.

(b) 경범죄

222   법정형에 차이가 있는 두 구성요건이 구성요건요소를 공유할 때, 무거운 한 구성요건이 성립함에 따라 가벼운 구성요건이 성립하지 않는 경우, 전자는 주법, 후자는 보충법으로서 양자는 보충관계에 있다.

223   거짓으로 119 화재 신고를 하여 소방관의 직무집행을 방해하는 경우, 위계공무집행방해죄(§ 137)가 성립하지 않을 경우에 한하여 보충적으로 거짓신고의 경범죄처벌법위반죄(경범 § 3③(ⅲ))가 성립한다. 판례는 이 경우 거짓신고로 인한 경범죄처벌법위반죄가 위계공무집행방해죄에 흡수되는 법조경합 관계에 있다고 한다.[334] 그러나 보다 정확히 말한다면, 경범죄처벌법위반죄에 해당하는 행위가 위계공무집행방해죄에 흡수되는 것이고, 경범죄처벌법위반죄의 해당 법조나 구성요건이 위계공무집행방해죄의 해당 법조나 구성요건에 흡수되는 것은 아니다. 양 법조나 구성요건은 보충관계에 있는 것이다.

(c) 경과범죄(불가벌적 사전행위)

1) 예비·음모, 미수, 기수

224   판례는 동일한 법익에 대한 범죄가 기수에 이르기까지 수차에 걸쳐 예비나

---

334 대판 2022. 10. 27, 2022도10402.

미수행위를 하다가 드디어 기수에 이른 경우, 그 일련의 행위가 단일한 의사발동에서 나왔고 그 사이에 범의의 갱신이 없는 한 각 행위가 같은 일시 장소에서 행하여진 여부나 방법이 동일한지 여부를 불문하고 그때까지의 행위는 모두 실행행위의 일부로서 포괄적으로 보아 단순한 1개의 범죄가 성립한다고 한다.[335] 판례는 또 상습강도를 범하고 별도의 상습강도를 위한 예비행위를 한 경우 후자의 강도예비행위는 상습강도에 흡수되어 상습강도죄 1죄만 성립한다고 하는데,[336] 상습범을 구성하는 구성범죄 사이에서도 같은 법리를 적용한 결과이며, 이때 예비행위는 기수범에 흡수되는 것으로 평가하였다.

　　이와 같이 최종 기수에 이르기까지의 경과범죄가 기수범에 흡수되는 관계로 기수범이 성립하면 예비·음모나 미수는 성립하지 않고, 기수범이 성립하지 않는 경우에 비로소 성립하게 된다. 이 점에서 예비·음모는 미수나 기수에 대하여, 미수는 기수에 대하여 보충관계에 있다고 할 수 있다. 이 경우 예비·음모 행위는 미수나 기수죄에 흡수되고 미수행위는 기수에 흡수되어 각 1죄를 이룬다. 즉 예비·음모나 미수의 법조가 기수의 법조에 흡수되는 것은 아니고 이들은 보충관계에 있으며, 흡수되는 것은 그 각 행위이다.

225

　　2) 뇌물

　　뇌물의 요구하고 약속한 다음 수수한 경우, 포괄하여 뇌물수수죄(§ 129①)가 성립한다.[337] 뇌물의 요구나 약속만 있고 수수에 이르지 못한 경우에 뇌물요구 또는 약속이 성립한다는 점에서, 뇌물요구나 약속은 수수에 대하여 보충적 구성요건이 된다. 수수에까지 이른 경우, 요구행위나 약속행위는 경과범죄로서 수수죄에 흡수되어 수수죄 1죄가 성립한다. 이들은 단계적 행위로서 동일한 법익을 침해하고 있기 때문이다.[338]

226

---

335 대판 1965. 9. 28, 65도695(공모하여 2회 예비행위를 하고 살해한 사안에서, 범의의 갱신이 없어 1개의 살인기수죄가 성립한다고 한 사례); 대판 1983. 1. 18, 82도2761[미성년자를 수회 유인하려 하다가 결국 유인에 성공하여 살해한 사안에서, 장애미수 - 중지미수 - 기수로 이어지는 일련의 행위 중간에 범의의 갱신(중지미수)이 있어 미수와 기수의 경합범이 성립한다고 한 사례].
336 대판 2003. 3. 28, 2003도665.
337 대판 1985. 7. 9, 85도740. 본 판결 평석은 강종쾌, "형벌가중처벌규정 시행 전후에 걸쳐 범하여진 포괄적일죄에 대한 가중처벌규정의 적용여부", 해설 5, 법원행정처(1986), 273-281.
338 대판 1985. 7. 9, 85도740 참조.

3) 불가벌적 사전행위

227   동일한 법익에 대하여 일련의 행위가 행해진 경우, 후행행위로 처벌되는 결과 처벌되지 않는 사전행위를 불가벌적 사전행위라 한다. 이 경우 불가벌적 사전행위는 후행하는 행위가 처벌되는 한 처벌되지 않고 후행행위가 존재하지 않거나 처벌되지 않는 경우에 보충적으로 처벌되는데, 이 때문에 불가벌적 사전행위는 보충관계에 있다고 할 수 있다. 기수가 처벌되는 경우 예비·음모나 미수, 뇌물수수가 처벌되는 경우 요구나 약속이 불가벌적 사전행위의 예로 들어지고 있다. 그러나 이들은 기수나 뇌물수수에 흡수되어 함께 처벌되는 것이지 처벌을 하지 않는 것이 아니다. 이 점에서 이를 공벌적 사전행위라고 부르는 견해[339]가 있다. 불가벌적 사전행위라는 용어는 별개의 범죄로 성립하지 않는다는 의미에서 사용되는 것이고, 공벌적 사전행위라는 용어는 실제로 함께 처벌된다는 의미에서 사용되는 것이다.

(d) 가벼운 침해방법

228   동일한 법익에 대한 침해방법 중에서 가벼운 유형의 침해방법은 무거운 유형의 침해방법에 대하여 보충관계에 있다.

1) 동일한 법익에 대한 작위와 부작위

229   판례는 호흡보조장치의 제거를 지시한 의사의 행위가 작위에 의한 살인방조에 해당한다고 하면서, 하나의 범죄가 적극적 작위에 의하여 이루어질 수 있음은 물론 결과 발생을 방지하지 아니하는 소극적 부작위에 의하여도 실현될 수 있는 경우, 행위자가 자신의 적극적인 신체적 활동이나 물리적·화학적 작용을 통하여 적극적으로 타인의 법익 상황을 악화시킴으로써 결국 그 타인의 법익을 침해하기에 이르렀다면 작위에 의한 범죄로 봄이 원칙이고, 작위에 의하여 악화된 법익 상황을 다시 되돌이키지 아니한 점에 주목하여 부작위로 볼 것은 아니라고 한다.[340] 이는 법익침해로 이어지는 일련의 사태에 작위와 부작위의 양면이 모두 존재한다면 작위범으로 보아야 한다는 것으로서, 결국 부작위범은 작위범이 성립하지 않을 때 보충적으로 성립한다는 취지로 이해된다.

---

339 김준호, 452.
340 대판 2004. 6. 24, 2002도995(보라매병원 사건). 본 판결 평석은 김성룡, "치료행위중단에 있어서 작위와 부작위의 구별", 형사판례연구 〔13〕, 한국형사판례연구회, 박영사(2005), 138-168.

2) 작위범과 부작위범의 경합

판례는, ① 단속 공무원이 위법사실을 발견하고도 직무상 의무에 따른 적 **230**
절한 조치를 하지 아니하고 오히려 위법사실을 적극적으로 은폐할 목적으로 허
위의 공문서를 작성·행사한 경우, 직무위배의 위법상태는 허위공문서작성 당시
부터 그 속에 포함되어 있는 것으로 작위범인 허위공문서작성죄(§227), 허위작
성공문서행사죄(§229, §227)만 성립하고 부작위범인 직무유기죄(§122)는 따로 성
립하지 않는다[341]고 한다.[342]

또한, ② 경찰관이 검거지시를 받고서도 조치를 취하지 않고 오히려 피의 **231**
자에게 전화로 도피하라고 권유하여 도피하게 한 경우, 직무위배의 위법상태가
범인도피행위 속에 포함되어 있으므로 작위범인 범인도피죄(§151①)만 성립하고
부작위범인 직무유기죄는 따로 성립하지 아니한다.[343]

③ 담당 공무원이 허가요건의 불비를 알았음에도 직무상 의무에 따른 적절 **232**
한 조치를 하지 아니하고 오히려 위계로써 어업허가 처리문서에 상사의 최종결
재를 받은 경우, 직무위배의 위법상태가 위계공무집행방해 속에 포함되어 있는
것이므로 작위범인 위계공무집행방해죄만 성립하고 부작위범인 직무유기죄는
따로 성립하지 않는다.[344]

위와 같이 작위범만 성립하는 것은 부작위행위가 작위범에 흡수되어 별도 **233**
의 죄로 성립하지 않기 때문이라 할 수 있다. 이때 부작위범은 작위범이 성립하
지 않는 경우에 보충적으로 성립하여 보충관계에 있다. 다만, 판례는 하나의 행

---

341 대판 1993. 12. 24, 92도3334〔다만, 당해 사안은 농지불법전용사실 은폐(직무위배)를 위하여 허
   위공문서를 작성한 것이 아니라 농지전용허가(별도의 목적)를 위하여 작성한 것이어서 실체적
   경합이라 판단]; 대판 1999. 12. 24, 99도2240(경찰관이 도박사실을 적발하고도 도박사실을 발
   견하지 못한 것처럼 근무일지를 허위로 작성하여 파출소장에서 허위로 보고한 사안에서, 허위공
   문서작성죄 및 허위작성공문서행사죄만 성립한다고 판단); 대판 2004. 3. 26, 2002도5004(폐수
   배출시설 폐쇄명령 불이행 사실을 은폐하기 위하여 허위의 출장복명서를 작성한 사안에서, 허위
   공문서작성죄 및 허위작성공문서행사죄만 성립한다고 판단). 위 92도3334 판결 평석은 윤동호,
   "부작위범의 죄수 및 경합", 법조 722, 법조협회(2017), 638-670.
342 판례는 나아가 읍장이 위법건축을 교사하고 그 후 군수로부터 시정지시를 받고 그대로 방치한
   사안에서, 직무위배의 위법상태는 건축법위반 교사행위 때부터 그 행위에 내재해 있었고, 그 후
   시정지시를 받고 방치한 행위도 위 직무위배의 위법상태가 그대로 계속된 것에 불과하므로, 직
   무유기죄가 따로 성립하지 않는다고까지 하였다(대판 1980. 3. 25, 79도2831).
343 대판 1996. 5. 10, 96도51.
344 대판 1997. 2. 28, 96도2825.

위가 부작위범인 직무유기죄와 작위범인 범인도피죄의 구성요건을 동시에 충족하는 경우,[345] 또는 하나의 행위가 부작위범인 직무유기죄와 작위범인 허위공문서작성·허위작성공문서행사죄의 구성요건을 동시에 충족하는 경우,[346] 공소제기권자는 재량에 의하여 작위범으로 공소를 제기하지 않고 부작위범인 직무유기죄로만 공소를 제기할 수 있고, 이때 법원은 공소 범위 내에서 직무유기죄를 인정하여 처벌할 수 있다고 한다. 이는 주범에 의하여 배제된 보충법을 적용한 것으로 부당한 듯이 보이지만, 기소재량에 따라 공소사실 자체를 직무유기죄로 구성하여 기소한 것으로 평가할 수 있고, 이에 법원이 직무유기죄만 인정하는 것이 위법하다고 할 수는 없다.

234   한편, 위에서 보충법인 직무유기죄의 법정형은 1년 이하의 징역이나 금고 또는 3년 이하의 자격정지인데(§ 122), 주법, 즉 작위범인 위계공무집행방해죄(§ 137), 허위공문서작성죄(§ 227), 범인도피죄(§ 151)의 법정형은 자유형은 직무유기죄보다 무겁지만 이와 함께 벌금형이 선택형으로 규정되어 있는데, 이는 직무유기죄의 자격정지보다 가볍다. 여기서 직무유기죄가 성립하지 않고 작위범만 성립하기 때문에 작위범의 법정형에 의하면 된다는 견해가 있을 수 있다. 그러나 작위범에는 직무유기행위가 포함되어 있기 때문에 직무유기죄의 형보다 낮을 수는 없고 직무유기죄가 처단형의 하한을 설정한다. 따라서 작위범의 벌금형은 선택할 수 없다. 이때 직무유기죄에 규정된 자격정지를 선택할 수도 있다. 비록 직무유기행위가 주구성요건에 포함됨에 따라 직무유기죄는 성립하지 않지만, 작위범의 뒤로 물러난 직무유기죄의 법조에 정한 형벌은 적용될 수 있다. 직무유기죄에 대한 평가를 하여야 하기 때문이다.

(다) 정범, 교사범, 종범

235   종범은 교사범과 정범에 대하여, 교사범은 정범에 대하여 보충관계에 있다. 각 후자가 성립하지 않을 때 비로소 전자가 성립하기 때문이다.

(3) 법적 효과

(가) 법조의 중첩 여부

236   특별관계에 있는 두 법조는 개념상 구성요건의 중첩이 있다. 그러나 보충

---

345 대판 1999. 11. 26, 99도1904.
346 대판 2008. 2. 14, 2005도4202.

관계에 있는 두 법조의 개념상 관계는 일의적으로 확정되지 않아, 두 법조가 적용되는 외연의 중첩 여부는 경우에 따라 다르다.

　　명시적 보충관계는 법문에서 양자의 적용 영역을 분리해 놓고 있다. 예컨　237
대, 현주건조물방화죄와 일반건조물방화죄는 구성요건이 중첩되는 경우가 없다.
경과범죄나 가벼운 침해방법의 경우 역시 구성요건상 중첩은 없다. 동일 구성요
건 내의 작위, 부작위도 하나의 자연적 행위가 동시에 작위이면서 부작위인 경
우는 아니다. 이를 다음과 같이 표시할 수 있다.

[보충관계 ①] A∩B=∅　(A: 주법, B: 보충법)

　　묵시적 보충관계 중 연관된 구성요건은 구성요건의 중첩이 있다. 사람이　238
현존하는 공용건조물에 대한 방화는 현존건조물방화죄와 공용건조물방화죄의
개념상 두 구성요건에 모두 해당한다. 그러나 현존건조물이지만 공용건조물이
아닐 수 있고 공용건조물이지만 현존건조물이 아닐 수 있으므로, 어느 한 구성
요건이 다른 구성요건의 부분집합인 관계에 있지는 않다. 경범죄와 형법상의 범
죄 사이의 관계도 이에 해당한다.

[보충관계 ②] A⊄B, A⊅B, A∩B ≠ ∅　(A: 주법, B: 보충법)

(나) 법조경합

　　위에서 보듯 위 [보충관계 ②]의 경우 한 행위에 대하여 법조가 중첩적으로　239
적용되는 경우가 있을 수 있고, 이때 법조경합으로 주법이 보충법에 우선하여
적용된다. 그러나 위 [보충관계 ②]의 경우 중에서도 양자의 중첩되지 않는 부
분, 즉 (A∪B) - (A∩B)에 해당하는 영역에서는 법조가 경합하지 않으며, 각자
의 범죄가 성립할 뿐이다.

　　위 [보충관계 ①]의 경우는 양자가 중첩되는 부분, 즉 A∩B이 존재하지 않　240
는다. 따라서 하나의 행위에 대하여 두 개의 법조가 경합하는 경우는 없다. 이
점에서 법조경합은 존재하지 않는다.

241   이렇게 본다면, 보충관계에 있는 법조들은 법조 자체가 추상적으로 경합하지는 않으며, 구체적 사안에서 하나의 행위에 법조가 경합하여 적용되는 경우가 있을 뿐이다.

(다) 보충관계와 흡수관계

242   보충관계에 있는 법조들은 법조가 경합한다기보다 법조는 병존하고, 병존하는 법조가 1죄로 평가되는 단독 또는 일련의 행위에 적용됨에 있어 보충법이 주법 뒤로 물러나는 관계에 있다. 이때 보충법에 해당하는 행위는 주법의 구성요건으로 흡수된다. 전자의 행위가 후자의 불법에 일반적·전형적으로 포섭되기 때문이다. 다만, 위 [보충관계 ②]에서 보충법과 주법이 법조 자체에서 경합하는 경우가 있을 수 있으며(예컨대, 사람이 현존하는 공용건조물에 방화), 이 경우 동일한 행위에 대한 주법의 우선 적용은 법조 자체가 경합한 결과로서 보충법에 해당하는 행위가 흡수되는 관계는 아니다.

243   병존하는 행위 중 하나에 의하여 주법이 실현되면 보충법을 실현한 행위는 주법의 구성요건에 흡수된다. 예컨대, 수차례 예비와 미수행위를 하다가 기수에 이른 경우, 예비와 미수는 기수에 흡수되어 별죄가 성립하지 않는다. 이때 예비, 미수, 기수의 법조는 경합하는 것이 아니라 병존한다. 이 점에서 보충관계를 법조경합이라 하는 것은 정확하지 않다. 다만 기수에 이르는 일련의 사태를 1개의 행위로 평가할 때 그 행위에 여러 법조가 적용되고, 이 점에서 규범적으로 평가된 1개의 행위에 수개의 법조가 경합한다고 관념할 수는 있다.

244   구성요건상 배제관계에 있어도 병존은 가능하다. 예컨대, 형법은 현주건조물방화죄와 일반물건방화죄의 대상을 명시적으로 구분하여 현주건조물이면서 일반물건인 경우는 존재하지 않는다. 그러나 현주건조물과 함께 그 안에 있는 일반물건도 불태운 경우, 양자에 대한 방화가 모두 있지만 보충구성요건에 해당하는 행위인 일반물건방화죄는 주구성요건인 현주건조물방화죄에 흡수되어 별죄로 성립하지 않는다.

(라) 기소재량

245   주법이 적용되면 보충법은 적용되지 않으므로 검사는 보충법을 적용하여 기소할 수 없다. 다만, 사실관계 자체를 보충법에 따라 구성한 경우에는 보충구

성요건으로 기소할 수 있다. 검사는 공소권 남용이 아닌 범위에서 기소재량이 있기 때문이다.

5. 택일관계

(1) 의의

택일관계란 두 개의 구성요건이 논리적으로 상호배척의 관계에 있어 하나 의 구성요건에 해당하면 다른 구성요건에 해당할 수 없는 관계를 말한다.

246

택일관계에서는 하나의 행위에 수개의 법조가 중첩적으로 적용되는 경우는 발생하지 않는다. 이 때문에 택일관계는 법조경합에 해당하지 않는다는 견해가 있다(부정설).[347] 즉, 법조경합은 행위가 외견상 수개의 구성요건에 해당하는 경 우인 데 반하여 택일관계는 외견상으로도 하나의 범죄만 성립하는 경우이므로 법조경합과 구별된다는 것이다.[348] 여기서 외견상 수개의 구성요건에 해당한다 는 의미가 분명하지는 않으나, 구성요건이 중첩되는 경우[349] 또는 같은 행위가 수개의 법조에 해당하는 것으로 보이는 경우[350]를 의미하는 것으로 보인다.

247

이에 대하여, 택일관계도 법조경합의 일종이라는 견해가 있다(긍정설).[351] 택 일관계는 행위가 택일관계에 있는 어느 구성요건에도 해당할 여지가 있다고 보 이는 경우로서 여러 개의 법조에 해당하는 것으로 보이는 상황이므로 법조경합 에 해당한다거나,[352] 법조경합은 어느 행위에 대하여 일응 적용될 가능성이 있는 법규정이 수개 있으나 자세히 관찰하면 하나의 법규정만이 적용되고 다른 법규 정은 배제되는 경우로서 택일관계도 이에 해당한다고[353] 한다. 한편, 1개의 행위 가 둘 이상의 구성요건에 해당할 때 경합하는 구성요건 상호 간에 선후나 우열 이 없어 그중 어떤 구성요건을 적용하더라도 무방하지만 경합하는 구성요건 모

248

---

347 강동욱, 370; 김성돈, 741-42; 김일수·서보학, 524; 박상기, 485; 박상기·전지연, 형법학(총론· 각론)(5판), 324; 배종대, §170/17; 손동권·김재윤, §35/20; 이재상·장영민·강동범, §38/3; 이 주원, 453; 이형국·김혜경, 561; 정성근·박광민, 505; 홍영기, §45/6.
348 이재상·장영민·강동범, §38/3; 정성근·박광민, 505.
349 김성돈, 741-42; 박상기, 485.
350 김일수·서보학, 524
351 김신규, 509; 김준호, 451; 신동운, 801; 오영근·노수환, 형법총론(7판), 533; 이용식, 195; 임웅, 613.
352 신동운, 801.
353 김신규, 509; 오영근·노수환, 533.

두를 적용할 수 없는 경우에 택일관계가 발생한다면서, 생명에 대한 위험을 발생시킨 중상해와 불치나 난치의 질병에 이르게 한 중상해가 경합하는 경우나 업무상과실과 중과실이 경합하는 경우가 이에 해당한다고 하는 견해도 있다.[354]

249   구성요건이 개념상 중첩되거나 하나의 행위에 수개의 법조가 중첩적으로 적용되는 경우는 특별관계나 보충관계의 일부에서만 발견된다. 따라서 구성요건의 중첩성을 법조경합의 개념적 요소로 본다면 이들만이 법조경합이라 하여야 하고, 흡수관계나 대부분의 보충관계는 법조경합에 해당하지 않는다고 보아야 한다. 어느 경우이든 결국 1개의 법조만 적용된다. 법조경합을 논하는 이유는 1개 또는 수개의 자연적 행위를 법률(평가)상 1개의 행위로 평가하는 과정에서 적용가능성이 있는 수개의 법조가 경합하고, 그중에서 어느 법조를 적용할 것인가를 판단하기 위함이다.[355] 이런 관점에서 본다면, 택일관계는 적용가능성이 있는 수개의 법조가 서로 배척관계에 있는 경우로서 외견상 법조가 경합한다고 볼 수 있다. 이 점에서 택일관계를 법조경합의 한 유형으로 파악할 수 있다. 판례는 비양립적 관계에 있는 범죄 사이에는 하나의 범죄만 성립한다고 하고 있는데(이에 대해서는 아래 **택일관계의 (2) 성립 범위** 부분 참조), 판례가 말하는 비양립적 관계는 택일관계에 해당한다.

250   특별관계, 흡수관계, 보충관계는 관계되는 두 법조 사이에 우열이 있지만, 택일관계는 그러한 우열이 없다.

(2) 성립 범위

(가) 비양립적 객체

(a) 횡령과 배임

251   횡령죄는 재물을, 배임죄는 재산상 이익을 행위의 객체로 한다. 재물이 재산상 이익의 일종이고 횡령죄의 주체인 타인의 재물을 보관하는 자가 배임죄의 주체인 타인의 사무를 처리하는 자의 일종이라고 본다면, 횡령죄와 배임죄는 특별관계에 있다고 보게 된다.[356] 이에 대하여 재물과 재산상 이익은 재산을 공통

---

354 임웅, 613.
355 부정설의 논리에 따르면, 보충관계 중 외연의 중첩이 없는 경우(앞서 본 위 [보충관계 ①]의 경우)도 법조경합이 아니라고 보아야 한다.
356 김성돈, 형법각론(9판), §30/11; 배종대, 형법각론(14판), §73/2; 이재상·장영민·강동범, 형법각론(13판), §20/3.

된 유개념으로 하지만 서로 다른 개념으로서 재물은 재산상 이익에 포함되지 않는다고 본다면, 횡령죄와 배임죄는 택일관계가 된다.[357]

판례는 배임죄와 횡령죄는 다 같이 신임관계를 기본으로 하여 죄질이 같고　**252** 형벌도 같은 조문에 규정되어 경중에 차이가 없으므로 횡령사실을 배임죄로 의율하거나,[358] 배임사실을 횡령죄로 의율하더라도[359] 법령적용의 잘못이 판결 결과에 영향을 미치지 않는다고 한다. 횡령죄와 배임죄를 택일관계로 보는 견해에서는 살인죄로 기소되었는데 공소장변경 없이 존속살해죄로 인정할 수 없듯이 특별관계에서는 공소장변경 없이 특별구성요건으로 인정할 수 없는 점에 비추어 보면, 우리 판례가 횡령죄와 배임죄의 관계를 특별관계로 보고 있지 않다고 이해하기도 한다.[360]

(b) 살인과 시체손괴

살인죄(§ 250①)과 시체손괴죄(§ 161①)는 모두 인체를 대상으로 하지만 전자　**253** 는 생존하는 사람, 후자는 사망한 사람(시체)을 대상으로 하므로 양자는 동시에 성립하지 않고, 어느 하나가 성립하면 다른 하나는 성립할 수 없다.

(나) 비양립적 행위

판례는 외형상으로는 범죄사실의 기초가 되는 일련의 행위가 여러 개의 범　**254** 죄에 해당되는 것 같지만 합쳐져서 하나의 사회적 사실관계를 구성하는 경우에 그에 대한 법률적 평가는 하나밖에 성립되지 않는 비양립적인 관계가 있을 수 있는데, 이러한 경우 일방의 범죄가 성립하는 때에는 타방의 범죄는 성립할 수 없고, 일방의 범죄가 무죄로 될 때에만 타방의 범죄가 성립할 수 있다고 한다.

예컨대, ① 피고인이 A로부터 돈을 빌리면서 담보 명목으로 B에 대한 채권　**255** 을 양도하였는데 채권양도 통지 전에 이를 추심하여 임의로 소비한 경우, 채권양도할 의사가 처음부터 없었다면 사기죄가 되고 채권양도할 의사는 있었다면 횡령죄가 되어 사기죄와 횡령죄는 비양립적인 관계에 있고,[361] ② 아파트 소유

---

357 신동운, 802-803; 주석형법 〔총칙(2)〕(3판), 262, 297(김대휘).
358 대판 1957. 6. 7, 4290형상102; 대판 1975. 4. 22, 75도123; 대판 1990. 3. 27, 89도1083.
359 대판 1990. 11. 27, 90도1335; 대판 2006. 5. 26, 2003도8095; 대판 2006. 6. 27, 2006도1187.
360 신동운, 형법각론(3판), 1279. 다만 판례는 양자의 법정형이 동일한 점에 주목하여 판결 결과에 영향이 없다는 취지로서, 이를 들어 횡령죄와 배임죄의 관계를 추론하기에는 무리가 있다.
361 대판 2011. 5. 13, 2011도1442.

권자인 피고인이 가등기권리자 A에게 소유권이전청구권가등기를 말소해 주면 대출은행을 변경한 후 곧바로 다시 가등기를 설정해 주겠다고 속여 가등기를 말소하게 하여 재산상 이익을 편취하고, 가등기를 회복해 줄 임무에 위배하여 아파트에 제3자 명의로 근저당권 및 전세권설정등기를 마침으로써 A에게 손해를 가하였다고 하여 사기죄 및 배임죄로 기소된 사안에서, 사기죄를 인정하는 이상 비양립적 관계에 있는 배임죄는 별도로 성립하지 않는다고 한다.[362] 여기서 사기죄와 횡령죄, 사기죄와 배임죄는 비양립적 관계로서 어느 하나가 성립하면 다른 하나가 성립하지 않는 택일관계에 있다고 할 수 있다.

256   한편, ③ A로부터 판매위탁을 받은 차량에 관하여, B에게 매도하겠다고 하여 매매대금을 편취하고(피해자 B), 위 매매대금을 횡령한 행위(피해자 A)는 비양립적 관계에 있지 않아 택일관계가 아니다.[363]

(다) 양립적 구성요건

257   공무수행의 알선에 관하여 금품을 받은 행위를 처벌하는 규정들이 있다. 제132조(알선수뢰)는 "공무원이 그 지위를 이용하여 다른 공무원의 직무에 속한 사항의 알선에 관하여 뇌물을 수수, 요구 또는 약속한 때에는 3년 이하의 징역 또는 7년 이하의 자격정지에 처한다."고 규정하고, 특정범죄가중법 제2조(뇌물죄의 가중처벌)는 형법 제132조의 수뢰액이 3천만 원 이상인 경우 액수에 따라 징역형의 형기를 가중하고 벌금형을 병과하며, 특정범죄가중법 제3조(알선수재)는 "공무원의 직무에 속한 사항의 알선에 관하여 금품이나 이익을 수수·요구 또는 약속한 사람은 5년 이하의 징역 또는 1천만원 이하의 벌금에 처한다."고 규정하고, 변호사법 제111조 제1항은 "공무원이 취급하는 사건 또는 사무에 관하여 청탁 또는 알선을 한다는 명목으로 금품·향응, 그 밖의 이익을 받거나 받을 것을 약속한 자 또는 제3자에게 이를 공여하게 하거나 공여하게 할 것을 약속한 자는 5년 이하의 징역 또는 1천만원 이하의 벌금에 처한다. 이 경우 벌금과 징역은 병과할 수 있다."고 규정한다.[364]

---

362 대판 2017. 2. 15, 2016도15226. 본 판결 평석은 김재봉, "사기죄와 배임죄의 죄수·경합 관계", 법조 729, 법조협회(2018), 855-888.
363 대판 2019. 7. 11, 2018도3688.
364 특정경제범죄법 제7조도 유사한 규정이지만 금융회사 등의 임직원의 직무에 관한 것으로 직접 중첩되지는 않는다.

형법 제132조와 특정범죄가중법 제2조는 주체가 공무원에 한정되지만, 특   **258**
정범죄가중법 제3조와 변호사법 제111조 제1항은 주체에 제한이 없으며, 특정
범죄가중법 제3조는 액수가 다액이라는 점에서 다른 조항들과 구별된다. 그리
고 법정형은 특정범죄가중법 제2조, 변호사법 제111조 제1항, 특정범죄가중법
제3조, 형법 제132조의 순으로 무겁다. 그러나 이들은 구성요건의 내용이 유사
하여 동일한 행위가 이들 조항에 중복적으로 해당할 여지가 많다.

이와 관련하여, 양립하는 수개의 구성요건이 그 어느 것이나 적용될 수 있는   **259**
경우를 '선택관계'라 하면서, 선택관계에서는 어느 하나가 선택되면 다른 법조는
배제되지만, 그렇다고 하여 법조경합의 관계는 아니라고 하는 견해가 있다.[365]

판례는 특정범죄가중법 제3조는 변호사법 제111조 제1항과 동일사항을 규   **260**
율대상으로 삼고 있지만 변호사법 조항이 특정범죄가중법 조항에 대하여 신법
이라고 할 수 없다고 하면서, 형법 제132조나 변호사법 제111조 제1항에도 불
구하고 특정범죄가중법 제3조가 적용될 수 있고, 공무원이고 다액인 경우 특정
범죄가중법 제2조에 의하여 가중처벌된다는 취지로 판단한 바 있다.[366] 또한 청
탁·알선 명목으로 금품을 수수한 경우, 특정범죄가중법 제3조 혹은 변호사법
제111조 제1항 위반죄가 성립한다고 한다.[367] 한편, 뇌물액수에 따라 가중처벌

---

365 주석형법 〔총칙(2)〕(3판), 298(김대휘).

366 대판 1983. 3. 8, 82도2873. 이 판결은 특정범죄가중법 제3조(전자)가 변호사법위반(당시 변
§54, 현행 변 §111①)(후자)에 대하여 특별가중처벌의 요건 없이 무겁게 처벌하는 내용을 규정
하더라도 유효하다고 하면서(당시 법정형: 전자는 5년 이하의 징역 또는 5만 원 이하의 벌금, 후
자는 3년 이하의 징역), 특정범죄가중법 제3조는 주체에 제한이 없으므로 공무원이 지위를 이용
하여 알선한 경우, 특정범죄가중법 제2조에 의하여 가중처벌되는 경우 외에는 특정범죄가중법
제3조가 적용된다고 하였다.

367 대판 2007. 6. 28, 2002도3600〔당시 법정형은 특정범죄가중법 제3조와 변호사법 제90조 제1호
(현 §111①에 해당) 모두 5년 이하의 징역 또는 1천만 원 이하의 벌금으로 같은데, 다만 후자는
징역과 벌금을 병과할 수 있다고 규정〕; 대판 2008. 2. 28, 2007도10004〔청탁 또는 알선할 의사
없이 그 명목으로 금품을 받은 경우, 변호사법 제111조 위반죄가 성립하거나 특정범죄가중법위반
(알선수재)죄가 성립하는 것과 상관없이 사기죄를 구성한다고 판시〕. 한편 대판 2010. 10. 14,
2010도387은 특정범죄가중법 제3조 '및' 변호사법 제90조 제1호 위반죄가 성립한다는 취지로 판
시하였는데, 양자의 구성요건에 해당한다는 취지일 뿐 이를 넘어 양자가 동시에 모두 성립한다
는 취지라고는 보기 어렵다. 또한 대판 1986. 3. 25, 86도436은 공무원이 취급하는 사무에 관하
여 청탁 명목으로 금품을 교부받으면 그로써 변호사법위반(당시 변 §78(i), 현행 변 §111①)
가 성립하고 알선수뢰죄나 증뇌물전달죄는 성립할 여지가 없다고 판시하지만, 범죄의 주체가 공
무원이 아닌 사안에 관한 것으로서 공무원인 경우에도 변호사법위반죄가 성립하면 알선수뢰죄
가 성립하지 않는다는 취지는 아니다.

하는 특정범죄가중법 제3조는 형법 제132조와 특별관계에 있다고 할 수 있다. 그런데 판례는 수뢰액수가 특정범죄가중법(특별법)에 해당되는 사안에서 검사가 형법(일반법)을 적용하여 기소한 경우, 법원은 형이 무거운 특정범죄가중법을 적용할 수 없고 형법을 적용하여야 한다고 한다.[368] 요컨대, 판례는 형법 제132조, 특정범죄가중법 제3조, 변호사법 제111조 제1항은 특별관계나 신·구법 관계가 아니고, 그중 어느 조항을 검사가 선택하여 기소하면 법원에 기소된 바에 따라 판결을 한다는 취지로 이해된다. 실무도 대체로 이와 같이 운용되고 있다.

261   그런데 상습절도에 관하여 형법과 똑같은 구성요건을 규정하면서 법정형만 상향 조정한 특정범죄가중법 조항은 법적용을 오로지 검사의 기소재량에만 맡기고 있을 뿐만 아니라 형벌체계상의 정당성과 균형성을 상실하여 헌법에 위반된다는 헌법재판소의 결정[369]에서 보듯이, 공무 알선에 관한 위 조항들은 위헌의 소지가 있다.

262   이처럼 동일한 행위가 여러 법조에서 규정되어 있고 그들 사이에 우열을 가리기 어려운 경우, 이러한 입법은 지양되어야 하지만, 수많은 법률 사이에서 그러한 결과가 발생할 가능성은 상존한다. 이 경우 관련 조항을 모두 위헌이라고 하는 견해도 있을 수 있지만, 다수의 법조가 규정하는 구성요건의 내용이 명확하다면 적용법조가 다수라는 사실만으로 위헌이라고 볼 수는 없으며, 다만 관련 법조 중 형이 가장 가벼운 법조에 정한 형이 법정형이 된다고 해석함이 타당하다. 따라서 적용 구성요건은 관련 법조 중 선택할 수 있지만, 법정형은 공무원의 공무알선에 관하여는 형법 제132조, 비공무원의 공무알선에 관하여는 특정범죄가중법 제3조에 정한 형으로 처벌함이 타당하다.

263   결국 동일한 내용을 규정하는 법조들이 병존하고 그들 사이에 우열이 없을 경우, 어느 법조이든 적용할 수 있으나 하나의 법조가 적용되면 다른 법조의 적용은 배제되고, 그 법정형은 가장 가벼운 형을 정한 법조에 따른다. 이를 택일관계와 구별하여 '선택관계'라고 부를 수 있다.

(3) 법적 효과

264   택일관계에 있는 두 법조는 서로 배척관계에 있으므로 어느 행위가 하나의

---

368 대판 2006. 6. 15, 2006도1718.
369 헌재 2015. 2. 26, 2014헌가16 등.

법조에 해당하면 다른 법조에 해당할 수 없다. 따라서 검사가 그중 하나를 선택하여 기소할 재량은 없다.[370]

〔이 상 원〕

---

370 대판 2020. 1. 30, 2018도2236(전) 다수의견에 대한 대법관 2명의 보충의견이 문화예술인에 대한 부당한 지원배제를 한 처분행위가 직권남용권리행사방해죄의 핵심인데도 이를 소추하지 않고 지원배제 과정에서 이루어진 명단송부행위를 소추하였더라도 이들 행위가 택일관계에 있지 않으므로 법원은 기소된 사실에 대하여 판단하면 되고, 전자를 기소하지 않았다고 하여 달라지지 않는다고 한 것은 택일관계의 이러한 성격을 전제로 한 것이다.

  본 판결 평석은 오병두, "직권남용행위를 집행한 하급 공무원의 면책범위", 형사판례연구 [29], 한국형사판례연구회, 박영사(2021), 33-70.

제37조(경합범)

**판결이 확정되지 아니한 수개의 죄 또는 금고 이상의 형에 처한 판결이 확정된 죄
와 그 판결확정전에 범한 죄를 경합범으로 한다. 〈개정 2004. 1. 20.〉**

Ⅰ. 의 의

1   본조는 경합범을 정의하고 있다. 전단은 판결이 확정되지 아니한 수개의
죄를 규정하고 있는데 이를 '제37조 전단 경합범'이라 하고, 후단은 금고 이상의
형에 처한 판결이 확정된 죄와 그 판결확정 전에 범한 죄를 규정하고 있는데 이
를 '제37조 후단 경합범'이라 한다.

2   판결이 확정되지 아니한 수개의 죄는 동시에 경합하여 심판할 수 있다. 이
에 제37조 전단 경합범을 '동시적 경합범'이라고도 한다. 동시에 심판할 수 있었
지만 그중 일부에 대하여 먼저 재판이 진행되어 판결이 확정된 경우가 있을 수
있다. 이때 판결이 확정된 죄와 그 판결확정 전에 범한 죄는 동시에 심판할 수
있었지만 그러하지 못했고 사후적으로 보니 경합관계에 있음이 드러난 것이다.
이에 제37조 후단 경합범을 '사후적 경합범'이라고도 한다.

3   전단 경합범이든 후단 경합범이든 수개의 행위에 의하여 범해진 수개의 죄
가 병존하여 실체적으로 경합하는 관계에 있다. 이에 본조의 경합범을 '실체적
경합범'이라고 한다. 실체적 경합범은 경합하는 수개 범죄의 기본적 모습이다.
이에 실체적 경합범을 단순히 '경합범'이라고도 한다. 이 때문에 본조는 표제를
경합범이라 하였다.

II. 제37조 전단 경합범

1. 개 요

본조의 경합범은 동일한 피고인이 범한 수개의 죄 사이의 관계에 관한 것 4
이다. 다른 피고인의 범죄는 공범이라도 경합범 관계에 있는 것은 아니다.

한 피고인이 수개의 죄를 범한 경우, 순차로 형을 정하고 순차로 집행하는 5
방법을 생각할 수 있다. 그러나 수개의 죄로 재판을 받는 경우 각 죄별로 형을
정하여 형을 순차로 집행하는 것은 그 계속성·누적성으로 인하여 단순한 형의
합산 이상의 가중적 영향을 피고인에게 미친다. 이에 수개의 죄를 동시에 심판
할 경우 형의 부과를 어떻게 할 것인가가 문제되고, 제37조 전단 경합범(이하,
II. 및 III. 부분에서는 '전단 경합범' 또는 '경합범'이라고 한다.)은 이런 관점에서 실천적
의미를 가진다.

2. 요 건

전단 경합범이 성립하기 위해서는 수개의 행위로 범한 수개의 죄가 판결이 6
확정되지 아니하여 동시에 심판할 수 있는 경우여야 한다.

(1) 수개의 죄

전단 경합범이 성립하려면 수개의 죄가 병존하여야 한다. 단순일죄는 물론 7
포괄일죄나 법조경합으로 일죄로 평가되는 경우에는 일견 수개의 죄가 성립하
는 것처럼 보여도 경합범이 아니다.

(2) 수개의 행위

수개의 죄는 수개의 행위로 범한 것이어야 한다. 수개의 죄가 1개의 행위로 8
범해진 경우는 상상적 경합(§40)으로서 실체적 경합과 구분된다. 여기에서 수개
의 행위인지 1개의 행위인지는 법적 평가를 떠나 사회관념상 행위가 사물자연
의 상태로서 평가되는 바에 따른다.[1]

이 기준에 따를 때, 사람을 살해하고 시체를 유기한 경우 살인죄(§250①)와 9
시체유기죄(§161①)의 경합범이 성립하고 후자가 전자의 불가벌적 사후행위가

---

[1] 대판 1987. 2. 24, 86도2731; 대판 2009. 4. 9, 2008도5634; 대판 2017. 9. 21, 2017도11687; 대
판 2023. 12. 28, 2023도12316.

되는 것은 아니며,[2] 횡령을 교사한 후 그 횡령한 물건을 취득한 경우 횡령교사죄(§355①, §31①)와 장물취득죄(§362①)의 경합범이 성립하고,[3] 약속어음 2장을 위조한 경우 2개의 유가증권위조죄(§214①)가 성립한다.[4] 이들은 각 행위가 별개의 행위라고 평가된 것이다.

10   그런데 판례는 1개의 행위란 법적 평가를 떠나 사회관념상 행위가 사물자연의 상태로서 1개로 평가되는 것을 의미한다고 하면서도, 이 기준에 따라 1개의 행위로 평가함에 다소 인색한 편으로 실제로는 법적 평가를 일정 부분 고려하는 것으로 보인다.

11   ① 강취한 예금통장으로 은행에서 예금을 인출하는 경우, 즉 예금청구서를 위조한 다음 은행원에게 제출하여 예금을 인출한 경우 사문서위조죄(§231), 위조사문서행사죄(§234), 사기죄(§347①)의 경합범이 성립하고,[5] ② 사기의 수단으로 발행한 수표가 지급거절된 경우 부정수표단속법위반죄와 사기죄의 경합범이 성립하며,[6] ③ 수인의 피해자에 대하여 피해자별로 기망행위를 하여 각 재물을 편취한 경우 범의가 단일하고 범행방법이 동일하더라도 포괄일죄가 아니라 피해자별로 1개씩의 사기죄가 성립하고,[7] ④ 증뢰자가 그 아들 명의의 계좌에 입금하고 수뢰자가 현금카드로 출금하는 방식으로 뇌물을 수수한 경우 뇌물수수죄(§129①)와 범죄수익은닉의규제및처벌등에관한법률위반죄의 경합범이 성립한다고[8] 한다.

(3) 판결이 확정되지 않은 죄

12   수개의 행위에 의한 수개의 죄는 모두 판결이 확정되지 않아야 한다. 판결선고 후 상소기간 중이거나 상소가 제기된 때에는 판결이 확정되지 않은 경우에 속한다. 그러나 확정판결을 받은 이상 그 후 형의 선고가 효력을 잃거나 형의 집행이 면제되거나 형이 소멸된 경우에도 판결이 확정된 경우에 해당된다.

---

2 대판 1984. 11. 27, 84도2263; 대판 1997. 7. 25, 97도1142.
3 대판 1969. 6. 24, 69도692.
4 대판 1983. 4. 12, 82도2938.
5 대판 1991. 9. 10, 91도1722.
6 대판 2004. 6. 25, 2004도1751.
7 대판 2013. 1. 24, 2012도10629(저축은행 임원이 피해자들을 기망하여 후순위채권을 매입하게 한 사례).
8 대판 2012. 9. 27, 2012도6097.

원래 전단 경합범 관계에 있는 두 죄 중 한 죄에 대하여만 공소가 제기되어   13
확정판결을 받게 되면, 두 죄는 더 이상 전단 경합범이 아니다.

(4) 동시 심판

수개의 죄는 동시에 심판되는 경우여야 한다. 수개의 죄가 동시에 심판할   14
수 있었더라도 그중 일부만 기소되거나 다른 절차에서 재판을 받는 경우에는
당해 절차에서 경합범으로 취급되지 못한다.

수개의 죄 중 일부만 기소되었으나 나머지 죄가 추가기소되어 병합심리된   15
때에는 경합범으로 처단하며, 그 병합심리가 항소심에서 비로소 이루어진 때에
도 같다.[9] 제1심에서 각기 판결이 선고된 후 항소심에서 병합된 경우, 경합범
관계는 직권조사사유이므로 항소이유서의 제출이 없더라도 제1심 판결을 모두
파기하고 경합범 처벌례에 따라 판단하여야 한다.[10]

전단 경합범으로 기소된 ⓐ, ⓑ죄 중 ⓐ죄는 유죄, ⓑ죄는 무죄가 선고되   16
고 검사만의 상고로 ⓑ죄에 대하여 파기환송한 경우, 항소심은 ⓑ죄에 대하여
만 심리할 수 있으므로 ⓐ, ⓑ죄는 더 이상 경합범 관계에 있지 않다.[11]

확정판결 전후의 두 죄는 판결이 확정되지 않았더라도 동시에 심판하는 관   17
계가 아니므로 각 별개의 죄일 뿐 경합범이 아니다. 그 확정판결에 대하여 재심
이 개시되더라도 확정판결로서 유효하게 존재하고 재심심판절차에서 다른 사건
을 추가하는 공소장변경도 허용되지 않으므로,[12] 확정판결 전후의 죄들이 경합
범이 되는 것은 아니다.

---

9 대판 1972. 5. 9, 72도597; 대판 2019. 12. 12, 2019도12560.
10 대판 1998. 10. 9, 98모89. 본 판결 평석은 서명수, "경합범과 변론의 분리", 형사재판의 제문제
  (2권), 박영사(1999), 483-494.
11 대판 1974. 10. 8, 74도1301.
12 대판 2019. 6. 20, 2018도20698(전). 본 판결 평석은 홍은표, "재심심판절차의 본질과 기판력,
  후단 경합범의 성립", 사법 50, 사법발전재단(2019), 575-608.

〔이 상 원〕   **123**

III. 제37조 후단 경합범

1. 개 요

18   동일한 피고인이 수개의 죄를 범하였는데 그중 어느 한 죄에 대하여 확정판결이 있은 후 다른 죄가 기소될 경우, 이미 판결이 확정된 범행을 다시 재판할 수는 없으므로 이들을 동시에 심판할 수 없어 따로 형을 선고할 수밖에 없다. 그런데 만일 일부가 먼저 확정되지 않았더라면 함께 재판을 받았을 가능성이 있을[13] 뿐만 아니라 확정판결을 받고서도 다시 범죄를 저지른 것과 판결을 받기 전에 저지른 것 사이에는 차이가 있을 수 있기 때문에(판결의 경고기능), 확정판결 전과 후의 범죄를 확정판결로써 차단하여 별도로 판단할 필요가 있게 된다. 제37조 후단 경합범(이하, III. 부분에서는 '후단 경합범' 이라고 한다.)은 이런 관점에서 실천적 의미를 가진다.

19   가령 ⓐ, ⓑ, ⓒ, ⓓ, ⓔ의 범행을 저질렀는데 그중 ⓒ만 발각되어 확정판결을 받은 후 ⓐ, ⓑ, ⓓ, ⓔ 범행이 발각되어 이들이 기소된 경우, ⓐ와 ⓒ, ⓑ와 ⓒ가 각 후단 경합범 관계에 있다. 이때 ⓐ, ⓑ는 전단 경합범이고, ⓓ, ⓔ는 이와 따로 전단 경합범이 된다. 확정판결 전의 범죄(ⓐ, ⓑ)와 후의 범죄(ⓓ, ⓔ) 사이에는 본조 전·후단의 어느 경합범 관계도 성립하지 않는다.[14]

2. 요 건

20   후단 경합범이 성립하기 위해서는 수개의 행위로 범한 수개의 죄가 판결이 확정되지 아니하여 동시에 심판할 수 있는 경우여야 한다.

(1) 수개의 행위에 의한 수개의 죄

21   후단 경합범 역시 수개의 행위로 수개의 죄를 범했을 때 그 죄들 사이의 관계를 말한다. 구체적 내용은 전단 경합범과 같다.

---

13 이런 점에서 판례는 후단 경합범은 "'여러 개의 죄를 동시에 재판받을 경우와의 형평성'을 실체법적 관점에서 구현한 것"이라고 한다[대판 2024. 5. 23, 2021도6357(전)].
14 대판 1970. 12. 22, 70도2271; 대판 2011. 6. 10, 2011도2351.

(2) 금고 이상의 형에 처한 판결의 확정

(가) 금고 이상의 형에 처한 판결

사형, 징역, 금고형에 처한 판결이 있어야 한다. 집행유예도 포함한다. 그러   22
나 벌금형에 처한 판결이나 약식명령은 이에 포함되지 않는다. 따라서 벌금형
확정 전후의 수죄는 전단 경합범의 관계에 있다.[15]

원래 제정형법 이래 '판결이 확정된 죄'라고만 규정하여 '판결'이 확정된 죄   23
이면 충부하고, 그 형이 금고 이상일 필요는 없었다. 또한, 여기의 판결에는 약
식명령도 포함되었다.[16] 그런데 동시에 재판을 받아 경합범으로 처벌받는 경우
가 분리하여 따로 재판을 받는 경우보다 피고인에게 유리한 면이 있고, 판결의
경고기능을 상대적으로 경미한 범죄에까지 적용함이 가혹하며, 약식명령까지
확정판결로 보아 별도의 주문을 선고하는 것이 소송경제상 바람직하지 않은 면
이 있다.

이에 2004년 1월 20일 형법 개정으로 '금고 이상의 형에 처한 판결'이 확정   24
된 경우로 축소하게 되었다. 위 개정에는 경과규정을 두지 않았지만, 일반적으
로 두 개의 형을 선고하는 것보다 하나의 형을 선고하는 것이 피고인에게 유리
하므로 특별한 사정이 없는 한 제1조 제2항을 유추 적용하여 개정법 시행 당시
법원에 계속 중인 사건 중 개정법 시행 전에 벌금형 등에 처한 판결이 확정된
경우에도 적용된다.[17]

(나) 확정

판결확정이란 판결이 상소 등 통상의 불복방법에 의하여 다툴 수 없게 된   25
상태를 말한다.[18] 판결이 확정되었다 함은 확정판결이 있었던 사실 자체를 의미
한다. 따라서 확정판결이 있은 죄의 형의 집행을 종료하였는지 여부, 집행유예
기간의 도과로 집행유예가 실효되었는지 여부,[19] 일반사면 여부,[20] 선고유예기

---

15 대판 2004. 2. 13, 2003도7554; 대판 2004. 4. 23, 2004도805; 대판 2004. 5. 26, 2003도7124;
   대판 2005. 3. 11, 2003도8197.
16 대판 1982. 4. 13, 80도537; 대판 2001. 11. 30, 2001도5657.
17 대판 2004. 2. 13, 2003도7554; 대판 2004. 4. 23, 2004도805; 대판 2004. 5. 26, 2003도7124;
   대판 2005. 3. 11, 2003도8197.
18 이재상·조균석·이창온, 형사소송법(15판), 박영사(2023), § 54/1.
19 대판 1984. 8. 21, 84모1297.
20 대판 1995. 12. 22, 95도2446; 대판 1996. 3. 8, 95도2114.

간의 도과로 면소되었는지 여부에 관계없이 판결이 확정된 죄에 해당한다.

26   판결이 확정되면 그에 대한 재심절차가 진행 중이라도 그것만으로 확정판
결의 존재 또는 효력을 부정할 수 없으므로 후단 경합범의 요건에 해당하지 않
는다고 할 수 없다.[21]

(3) 판결확정 전에 범한 죄

(가) 판결확정 전

27   본조는 '판결확정 전'에 범한 죄가 후단 경합범이라고 규정하고 있다. 판결
은 상소기간이 도과된 때, 상소의 포기·취하가 있은 때, 대법원 판결이 선고된
때 확정된다. 따라서 이 시점 전에 범한 죄가 후단 경합범이 된다고 해석하는
것이 문언상 자연스럽다. 이에 따르면, 사실심판결 선고 후 판결확정 전에 범한
죄는 판결이 확정된 죄와 후단 경합범의 관계에 있게 된다. 판례도 같은 입장에
있다.[22]

28   그런데 후단 경합범을 인정하는 취지는 동시심판의 가능성이 있었다는 점
에 있고, 그 때문에 제39조 제1항은 동시에 판결할 경우와 형평을 고려하여 형
을 선고한다고 규정하고 있다. 여기에 본조의 '판결확정 전'이라는 표현은 제정
형법부터 있어 온 것이지만 제39조 제1항은 2005년 7월 29일 개정으로 '동시에
판결할 경우와 형편을 고려하'도록 하였다는 점을 추가로 고려할 때, 법문의 판
결확정 전에 범한 죄란 판결확정 전에 범하여 동시에 판결할 수 있었던 죄를 의
미한다고 해석할 수 있다. 이에 따르면, 판결확정 전의 범죄란 확정판결의 사실
심판결 선고 이전의 범죄를 의미한다고 해석함이 타당하다.[23]

(나) 범한 죄

29   판결확정 전에 범한 죄라 함은 판결확정 전에 범죄가 종료된 경우를 말한
다. 따라서 포괄일죄를 포함하여 범행의 중간에 '별종의 죄'(해당 판례상 표현인데,

---

21 대판 2008. 10. 23, 2008도209. 본 판결 해설은 김종호, "형법 제37조 후단 경합범에 대한 제39
   조 제1항의 적용", 해설 78, 법원도서관(2009), 529-539.
22 대판 1983. 7. 12, 83도1200(1981. 11. 28. 저지른 밀항단속법위반죄는 부산지방법원 항소부에
   서 1981. 11. 27. 징역 2년에 3년간 집행유예의 형을 선고받아 1981. 12. 5. 확정된 향정신성의
   약품관리법위반죄와의 사이에 후단 경합범의 관계에 있다고 판시한 사례).
23 대판 2019. 6. 20, 2018도20698(전)도 동시에 판결할 수 없었던 범죄는 후단 경합범이 될 수 없
   다고 한다.

다른 죄라 함이 타당)에 대한 판결의 확정이 있는 경우 범행이 종료된 때에 범한 죄로서 확정판결 후의 범죄가 된다.[24]

(4) 동시심판의 가능성

본조 후단 및 제39조 제1항의 문언과 입법 취지 등에 비추어 보면, 아직 판결을 받지 아니한 죄가 판결이 확정된 죄와 동시에 판결할 수 없었던 경우에는 후단 경합범의 관계가 성립할 수 없다.[25] 이 경우 아직 판결을 받지 아니한 죄가 판결이 확정된 죄와 동시에 판결할 수 없었다고 하여 판결확정 후에 범한 죄와 전단 경합범의 관계에 있는 것도 아니어서, 판결확정을 전후한 수개의 죄는 별도로 형을 정하여 선고할 수밖에 없다.[26]   30

ⓐ죄로 유죄의 확정판결을 받은 사람이 그 후 별개의 ⓑ죄를 저질렀는데 위 확정판결에 대하여 재심이 개시된 경우, ⓑ죄가 재심대상판결에 대한 재심판결의 확정 전에 범한 것이라도 ⓐ죄, ⓑ죄는 후단 경합범 관계에 있지 않은데, 이는 재심절차가 먼저 개시되는 경우라면 재심판절차에서 ⓑ죄를 추가하는 공소장 변경이 허용되지 않아 ⓑ죄를 재심심판절차에서 ⓐ죄와 함께 심리하여 동시에 판결할 수 없고, 재심절차가 후에 개시되는 경우라면 ⓑ죄에 대한 심판절차 당시 ⓐ죄는 확정판결을 받은 상태이므로 동시에 판결할 수 없기 때문이다.[27]   31

다만, 별개의 범죄가 애초 재심대상판결 전에 범해진 경우는 동시 심판의 가능성이 있다. ⓐ범행 - ⓑ범행 및 금고 이상 확정판결 - ⓒ범행 - ⓑ범행에 대한 재심판결의 확정이 순차로 이루어진 사안에서, ① 재심판결에서 금고 이상 형이 선고된 경우, ⓐ범행은 ⓑ범행과 후단 경합범 관계에 있어 형평을 고   32

---

24 대판 2003. 8. 22, 2002도5341; 대판 2023. 7. 13, 2023도4371.
25 대판 2008. 10. 23, 2008도209; 대판 2011. 6. 10, 2011도2351; 대판 2011. 10. 27, 2009도9948; 대판 2012. 9. 27, 2012도9295; 대판 2014. 3. 27, 2014도469; 대판 2014. 5. 16, 2013도12003. 예컨대 위 2012도9295 판결은 ⓐ범행 - ⓑ죄 판결 확정 - ⓒ범행 - ⓐ죄 판결 확정의 사안에서, ⓒ는 ⓐ와 동시에 판결할 수 없어 후단 경합범이 아니라고 판단하였다. 이에 대하여, ⓐ범행 - ⓑ범행 - ⓒ범행 - ⓐ죄 판결 확정 - ⓑ죄 판결 확정의 경우, ⓒ죄는 ⓐ죄, ⓑ죄 모두와 후단 경합범 관계에 있다.
26 대판 2011. 6. 10, 2011도2351; 대판 2014. 3. 27, 2014도469. 위 2014도469 판결 평석은 최병각, "사후적 경합범에 대한 고찰", 형사판례연구 〔24〕, 한국형사판례연구회, 박영사(2016), 259-290.
27 대판 2019. 6. 20, 2018도20698(전). 이 판결에는 재심심판절차에서 다른 사건을 병합할 수 있다고 하는 전제에서 동시에 심판할 수 있었던 경우는 후단 경합범이 성립한다는 반대의견(대법관 2명)이 있다.

려하여 하나의 형을 선고하고, ⓒ범행은 재심절차에서 병합심리가 허용되지 않아 처음부터 ⓐ범행과 병합하여 심리할 수 없으므로 재심판결의 확정 전의 범행이지만 ⓑ범행과 후단 경합범 관계에 있지 않고 전단 경합범 관계에도 있지 않아 별도로 형을 선고해야 하지만, ② 재심판결에서 무죄나 금고 미만의 형이 선고된 경우는 ⓐ범행, ⓒ범행이 전단 경합범으로서 하나의 형을 선고한다.[28]

33   공직선거법은 선거범죄에 대하여는 다른 죄와 분리 선고하도록 하고 있다 (공선 § 18③[29]). 판결이 확정된 선거범죄와 확정되지 아니한 다른 죄,[30] 판결이 확정된 다른 죄와 확정되지 아니한 선거범죄[31]는 후단 경합범 관계에 있지 않다.

3. 포괄일죄와 확정판결

34   이에 대한 상세는 **본절 [총설] II. 5. 포괄일죄** 부분 참조.

〔이 상 원〕

---

28 대판 2023. 11. 16, 2023도10545. 본 판결 해설은 김종헌, "재심대상판결 이전 범죄와 재심대상판결 이후 범죄 사이에 형법 제37조 전단의 경합범 관계가 성립하는지 여부", 해설 138, 법원도서관(2024), 595-609.

29 공직선거법 제18조(선거권이 없는 자) ③ 「형법」 제38조에도 불구하고 제1항제3호에 규정된 죄와 다른 죄의 경합범에 대하여는 이를 분리 선고하고, 선거사무장ㆍ선거사무소의 회계책임자(선거사무소의 회계책임자로 선임ㆍ신고되지 아니한 사람으로서 후보자와 통모(通謀)하여 해당 후보자의 선거비용으로 지출한 금액이 선거비용제한액의 3분의 1 이상에 해당하는 사람을 포함한다) 또는 후보자(후보자가 되려는 사람을 포함한다)의 직계존비속 및 배우자에게 제263조 및 제265조에 규정된 죄와 이 조 제1항제3호에 규정된 죄의 경합범으로 징역형 또는 300만원 이상의 벌금형을 선고하는 때(선거사무장, 선거사무소의 회계책임자에 대하여는 선임ㆍ신고되기 전의 행위로 인한 경우를 포함한다)에는 이를 분리 선고하여야 한다.

30 대판 2021. 10. 14, 2021도8719.

31 대판 2023. 11. 16, 2023도12333.

제38조(경합범과 처벌례)

① 경합범을 동시에 판결할 때에는 다음 각 호의 구분에 따라 처벌한다.

1. 가장 무거운 죄에 대하여 정한 형이 사형, 무기징역, 무기금고인 경우에는 가장 무거운 죄에 대하여 정한 형으로 처벌한다.

2. 각 죄에 대하여 정한 형이 사형, 무기징역, 무기금고 외의 같은 종류의 형인 경우에는 가장 무거운 죄에 대하여 정한 형의 장기 또는 다액(多額)에 그 2분의 1까지 가중하되 각 죄에 대하여 정한 형의 장기 또는 다액을 합산한 형기 또는 액수를 초과할 수 없다. 다만, 과료와 과료, 몰수와 몰수는 병과(倂科)할 수 있다.

3. 각 죄에 대하여 정한 형이 무기징역, 무기금고 외의 다른 종류의 형인 경우에는 병과한다.

② 제1항 각 호의 경우에 징역과 금고는 같은 종류의 형으로 보아 징역형으로 처벌한다.

[전문개정 2020. 12. 8.]

구 조문

제38조(경합범과 처벌례) ① 경합범을 동시에 판결할 때에는 다음의 구별에 의하여 처벌한다.

1. 가장 중한 죄에 정한 형이 사형 또는 무기징역이나 무기금고인 때에는 가장 중한 죄에 정한 형으로 처벌한다.

2. 각 죄에 정한 형이 사형 또는 무기징역이나 무기금고이외의 동종의 형인 때에는 가장 중한 죄에 정한 장기 또는 다액에 그 2분의 1까지 가중하되 각 죄에 정한 형의 장기 또는 다액을 합산한 형기 또는 액수를 초과할 수 없다. 단 과료와 과료, 몰수와 몰수는 병과할 수 있다.

3. 각 죄에 정한 형이 무기징역이나 무기금고이외의 이종의 형인 때에는 병과한다.

② 전항 각호의 경우에 있어서 징역과 금고는 동종의 형으로 간주하여 징역형으로 처벌한다.

I. 의 의

1   본조는 경합범을 동시에 판결할 때의 처벌기준, 즉 제37조 전단 경합범의 처벌기준에 관하여 규정하고 있다.

2   여러 죄가 실체적으로 경합할 때 각 죄에 대하여 따로 형을 선고하고 그 형을 따로 집행하는 방법을 생각할 수 있다. 그러나 이러한 경우 형벌의 누진적 효과로 인하여 가혹한 형벌이 될 수 있다. 이에 경합범을 처단하기 위한 기준들이 제시되어 있다. 우리 법은 형벌의 종류에 따라 처단의 기준을 달리하고 있다.

3   한편, 범죄의 특성상 다른 범죄와 함께 선고하지 않고 분리하여 선고할 필요가 있는 경우가 있다. 이러한 경우에는 경합범이라도 형을 따로 선고하게 된다.

II. 경합범의 처단기준

1. 형벌 종류의 선택

4   우리 법은 형벌의 종류에 따라 처단의 기준을 달리하는데, 원칙적으로 사형, 무기징역, 무기금고에는 흡수주의를, 그 외 같은 종류의 형인 경우는 가중주의를, 다른 종류의 형인 경우는 병과주의를 취하고 있다.

5   여기서 어느 한 기준을 택하려면 형의 종류가 선택되어 있음을 전제로 한다. 제56조와 실무 관행에 따르면, 양형의 과정은 법정형, 각칙 본조 가중, 제34조 제2항 가중, 과형상 일죄, 형의 종류 선택, 누범 가중, 법률상 감경, 경합범

가중, 정상참작 감경, 선고의 결정의 순서[1]로 이루어진다.[2] 또한 여기서, 경합범 가중에는 가중주의에 의한 가중뿐만 아니라 제37조 전단 경합법에 대한 본조의 적용 및 제37조 후단 경합범에 대한 제39조의 적용이 모두 포함되는 것으로 운용하는 것이 실무이다.[3]

2. 흡수주의

(1) 의의

흡수주의란 가장 무거운 죄의 형에 다른 죄의 형을 흡수시켜 가장 무거운 6 죄에 정한 형으로 처단하는 방식을 말한다. 우리 법은 가장 무거운 죄에 대하여 정한 형이 사형, 무기징역, 무기금고인 경우 흡수주의를 따르고 있다(§ 38①(i)). 이 경우 다른 형을 더하는 것이 별다른 의미를 가지지 못하기 때문이다.

(2) 흡수의 방법

사형이나 무기형이 ① 형의 선택이 있는 단계에서의 형인지, ② 법률상 감 7 경[4]을 한 후의 형인지, ③ 정상참작감경을 한 후의 선고형[5]인지 견해가 나뉠 수 있다. 형법은 법률상 감경 후 정상참작감경 전에 경합범 가중을 한다고 규정하고 있고(§ 56), 본조 제1항 제1호의 흡수는 제2호의 경합범 가중과 구별하여 경

---

1 [표 1] 양형의 과정

순위	내용	비고
1	구성요건 및 법정형을 표시하는 규정	
2	각칙 조문에 따른 가중	
3	제34조 제2항에 따른 가중	
4	과형상 일죄	제40조
5	형의 종류의 선택	제54조
6	누범 가중	제35조
7	법률상 감경	제55조
8	경합범 가중	제38조
9	정상참작감경	제53조
10	선고형의 결정	

2 사법연수원, 형사판결서작성실무, 158.
3 사법연수원, 형사판결서작성실무, 175-178.
4 사형이나 무기형에서는 누범 가중은 무의미하다(§ 35②).
5 주석형법 〔총칙(2)〕(3판), 262(김대휘), 329.

합범 처리라고 말하기도 하지만,[6] 제1호와 제2호를 통일적으로 취급함이 타당
하므로, 제56조의 경합범 가중에는 경합범 처리를 모두 포함하는 것으로 해석하
여 법률상 감경 후 정해지는 형을 기준으로 사형이나 무기형인지를 정한다고
본다.

8   가장 무거운 죄는 형을 기준으로 정하고, 형이 같을 때에는 죄질, 범정 순
으로 기준을 삼아 정한다. 사형과 무기징역이 경합하는 경우는 사형에 무기징역
이 흡수된다. 사형과 사형, 무기징역과 무기징역이 경합하는 경우는 죄질과 범
정을 기준으로 한다. 죄질의 비교에 법정형이 고려된다. 가령 법정형에 사형만
이 규정되어 있는 범죄와 사형과 무기징역의 선택형 중 사형을 선택한 범죄를
비교할 때, 전자가 후자보다 죄질이 무겁다. 죄질이 같으면 범정이 무거운 죄에
의한다. 범정의 비교는 일응 양형사유의 경중을 기준으로 한다.

(3) 흡수의 예외

9   가장 무거운 죄의 형이 무기징역과 함께 벌금형이 병과되는 경우(예컨대, 특
경 § 3②, § 5⑤), 벌금형은 무기형에 흡수되지 않고 병과된다. 입법자가 병과를
규정했기 때문이다. 그러나 가장 무거운 죄의 형은 사형이나 무기형인데 흡수되
는 형에 벌금형의 병과가 있는 경우는, 사형이나 무기형에 흡수되고 벌금형은
병과되지 않는다. 이에 비하여, 부가형인 몰수나 추징은 어느 쪽이든 부가하여
선고할 수 있다고 본다.

3. 가중주의

(1) 의의

10   가중주의란 가장 무거운 죄의 형을 기본으로 하여 이에 대하여 일정한 가
중을 하여 정한 형으로 처단하는 방식을 말한다. 우리 법은 가장 무거운 죄에
정한 형이 사형, 무기징역, 무기금고 외의 같은 종류의 형인 경우, 가중주의를
취하고 있다(§ 38①(ii)).

11   사형, 무기징역, 무기금고 외의 같은 종류의 형이란, 유기징역, 유기금고,
자격정지, 벌금, 구류, 과료 상호 간을 말하며, 이때 징역과 금고는 같은 종류의

---

6 사법연수원, 형사판결서작성실무, 175.

형으로 보아 징역형으로 처벌한다(§ 38②).

(2) 가중의 방법

가중주의가 적용되는 경우 가장 무거운 죄에 정한 형의 장기 또는 다액에   12
2분의 1까지 가중하되[7] 각 죄에 정한 형의 장기 또는 다액을 합산한 형기 또는
액수를 초과할 수 없고(§ 38①(ii) 본문), 유기징역·금고형을 가중하는 경우 50년
을 초과할 수 없다(§ 42 단서).

가중의 기본이 되는 기본범죄는 경합범들에 대하여 형종을 선택하고 누범   13
가중과 법률상 감경을 하여 산정된 형을 기준으로 가장 무거운 죄가 된다. 형은
상한(장기 또는 다액)을 먼저 비교하고, 그것이 같은 때에는 하한(단기 또는 소액)을
비교한다(§ 50②). 형이 같을 때에는 죄질에 의하고, 죄질도 같으면 범정에 의한
다(§ 50③). 가장 무거운 죄 아닌 죄에 정한 형의 단기가 가장 무거운 죄에 정한
형의 단기보다 무거운 때에는 전자의 무거운 단기를 하한으로 한다.[8] 가벼운 죄
에 병과형이나 몰수·추징이 있는 때에는 이들을 포함한다.

(3) 양형기준

2분의 1은 가중의 상한을 정한 것이다. 이 상한은 2개 이상의 범죄는 그 수   14
에 상관없이 동일하게 적용된다. 양형기준은 법정형보다 세분하여 형량범위를
정하고 있기 때문에 통상 위와 같이 산정된 처단형보다 좁은 범위의 형량범위
를 제공한다. 즉 형법총칙과 같이 기본범죄 형량의 일정 비율을 가산하는 방식
으로는 양형기준이 추구하는 목적을 달성하기 곤란하므로 양형기준은 형법총칙
과는 다른 처리방식을 채택하였는데, 형법총칙의 경합범 가중방식과 구별하기
위하여 양형기준은 '다수범죄 처리기준'이라는 명칭을 사용한다.[9]

7　일본 판례는 일본형법 제47조(유기의 징역 및 금고의 가중)(우리 형법 § 38①(ii) 중 유기징역·금
　고 부분과 같은 취지)의 가중방법과 관련하여, 병합죄(우리 경합죄에 해당)를 구성하는 각 개별
　범죄에 관하여 그 법정형의 한도 내에서 처단형을 정하되, 가장 무거운 죄의 법정형에 2분의 1
　을 가중한 범위 내에서 합산하여야 한다는 취지의 원심판결을 파기하고, 일본형법 제47조가 정
　한 바에 따라 "병합죄를 구성하는 각 범죄 전체에 대한 통일형을 처단형으로 형성하고, 수정된
　법정형이라고도 할 수 있는 그 처단형의 범위 내에서 각 범죄 전체에 대한 구체적인 형을 결정
　하는 것"이라고 판시하였다〔最判 平成 15(2003). 7. 10. 刑集 57·7·903〕. 이는 우리 형법총칙
　상의 경합범 가중방법과 같다고 하겠다.
8　대판 1985. 4. 23, 84도2890.
9　양형위원회, 2024 양형기준 해설, 26-27.

15   다수범죄 처리기준에 따르면, 앞서 살펴본 위 (2)의 방법에 따라 가장 무거운 죄의 양형기준상 형량범위 상한이 다른 경합 범죄의 양형기준상 형량범위 상한보다 낮은 경우에는, 경합되는 범죄를 기본범죄로 한다. 2개의 다수범에 있어서는, 기본범죄의 형량범위 상한에 다른 범죄의 형량범위 상한의 2분의 1을 합산하여 형량범위를 정하고, 3개 이상의 다수범에 있어서는, 기본범죄의 형량범위 상한에 다른 범죄 중 형량범위 상한이 가장 높은 범죄의 형량범위 상한의 2분의 1, 두 번째로 높은 범죄의 형량범위 상한의 3분의 1을 합산하여 형량범위를 정하며, 기본범죄의 형량범위 하한보다 다른 범죄의 형량범위 하한이 높은 경우에는 하한을 다른 범죄의 형량범위 하한으로 한다.[10] 어떤 경우에도 양형기준에 의한 형량범위가 위 (2)의 방법에 의한 처단형의 범위를 벗어나는 경우에는, 후자의 범위 내에 한정된다.

(4) 가중의 예외

16   조세범과 관세범에 대하여는 본조 제1항 제2호 중 벌금 경합에 관한 제한가중규정을 적용하지 아니한다(조세범 처벌법 §20[11], 관세법 §278[12]). 판례는 이 규정이 단지 각 죄에 정한 벌금의 다액을 합산한 액수를 초과할 수 없다는 부분을 적용하지 않는다는 취지가 아니라 가중주의 자체를 적용하지 아니한다는 취지라고 하면서, 각 죄마다 벌금형을 따로 정하여 이를 합산한 액수의 벌금형을 선고하여야 한다고 한다.[13] 특정범죄 가중처벌 등에 관한 법률은 조세범과 관세범에 대하여 가중처벌하면서 벌금형을 병과하는 규정을 두고 있으면서도, 본조 제1항 제2호의 적용배제 규정을 두고 있지 않지만, 조세범처벌법이나 관세법의 위 적용배제 조항이 적용된다.[14]

---

10 양형위원회, 2024 양형기준 해설, 27.
11 조세범 처벌법 제20조(「형법」 적용의 일부 배제) 제3조부터 제6조까지, 제10조, 제12조부터 제14조까지의 범칙행위를 한 자에 대해서는 「형법」 제38조제1항제2호 중 벌금경합에 관한 제한가중규정을 적용하지 아니한다.
12 관세법 제278조(「형법」 적용의 일부 배제) 이 법에 따른 벌칙에 위반되는 행위를 한 자에게는 「형법」 제38조제1항제2호 중 벌금경합에 관한 제한가중규정을 적용하지 아니한다.
13 대판 1984. 2. 28, 83도2470; 대판 2009. 7. 31, 2009도3131; 대판 2018. 5. 11, 2018도2425.
14 대판 1982. 4. 13, 82도256; 대판 1996. 5. 31, 94도952.

〔이 상 원〕

4. 병과주의

경합하는 각 죄에 정한 형이 사형,[15] 무기징역, 무기금고 외의 다른 종류의 형인 경우에는 병과한다(§ 38①(iii)). 본조 제1항 제2호에 따라 가중할 때, 가장 무거운 죄에 정한 형이 병과형이면 그 법조의 적용에 의하여 병과하지만, 가벼운 죄에 정한 형이 병과형이거나 가장 무거운 죄가 아닌 죄에 정한 병과형이 더 무거운 경우에는 본조 제1항 제3호가 적용되어 병과된다.

17

각 죄에 정한 형이 과료와 과료, 몰수와 몰수인 경우에는 병과할 수 있고, 몰수의 대체형인 추징도 병과될 수 있다(§ 38①(ii) 단서). 또한, 경범죄에 대하여는 구류와 과료를 병과할 수 있다(경범 § 5).

18

5. 경합범의 분리 선고

경합범임에도 경합범 가중으로 1개의 형을 선고하지 않고 분리 선고하는 경우가 있다. 선거범과 다른 죄가 경합하는 경우 등(공선 § 18③[16])이 그 예이다.

19

---

15 법문에는 사형이 규정되어 있지 않으나 사형도 흡수주의에 따르므로 병과주의가 적용되지 않는다.
16 공직선거법 제18조(선거권이 없는 자) ① 선거일 현재 다음 각 호의 어느 하나에 해당하는 사람은 선거권이 없다.

  1. 금치산선고를 받은 자
  2. 1년 이상의 징역 또는 금고의 형의 선고를 받고 그 집행이 종료되지 아니하거나 그 집행을 받지 아니하기로 확정되지 아니한 사람. 다만, 그 형의 집행유예를 선고받고 유예기간 중에 있는 사람은 제외한다.
  3. 선거범, 「정치자금법」 제45조(정치자금부정수수죄) 및 제49조(선거비용관련 위반행위에 관한 벌칙)에 규정된 죄를 범한 자 또는 대통령·국회의원·지방의회의원·지방자치단체의 장으로서 그 재임중의 직무와 관련하여 「형법」(「특정범죄가중처벌 등에 관한 법률」 제2조에 의하여 가중처벌되는 경우를 포함한다) 제129조(수뢰, 사전수뢰) 내지 제132조(알선수뢰)·「특정범죄가중처벌 등에 관한 법률」 제3조(알선수재)에 규정된 죄를 범한 자로서, 100만원 이상의 벌금형의 선고를 받고 그 형이 확정된 후 5년 또는 형의 집행유예의 선고를 받고 그 형이 확정된 후 10년을 경과하지 아니하거나 징역형의 선고를 받고 그 집행을 받지 아니하기로 확정된 후 또는 그 형의 집행이 종료되거나 면제된 후 10년을 경과하지 아니한 자(형이 실효된 자도 포함한다)
  4. 법원의 판결 또는 다른 법률에 의하여 선거권이 정지 또는 상실된 자
② 제1항제3호에서 "선거범"이라 함은 제16장 벌칙에 규정된 죄와 「국민투표법」 위반의 죄를 범한 자를 말한다.
③ 「형법」 제38조에도 불구하고 제1항제3호에 규정된 죄와 다른 죄의 경합범에 대하여는 이를 분리 선고하고, 선거사무장·선거사무소의 회계책임자(선거사무소의 회계책임자로 선임·신고되지 아니한 사람으로서 후보자와 통모(通謀)하여 해당 후보자의 선거비용으로 지출한 금액이 선거비용제한액의 3분의 1 이상에 해당하는 사람을 포함한다) 또는 후보자(후보자가 되려는 사람

이는 선거범의 양형에 따라 선거권 정지 여부가 결정되기 때문에(공선 § 18①), 다른 죄를 제외한 선거범만의 양형을 확인할 필요가 있기 때문이다.[17]

20　　공인중개사법위반죄와 다른 죄의 경합범에 대하여 벌금형을 선고하는 경우에도 분리 선고를 한다(공인중개사법 § 10의2[18]). 이는 공인중개사법위반죄로 300만 원 이상의 벌금형을 선고받았는지 여부가 중개사무소 개설등록 결격사유의 기준이 되기 때문이다.[19] 따라서 경합범에 대하여 징역형을 선고하는 경우는 분리 선고할 필요가 없다.[20] 분리 선고는 그 밖에 새마을금고법 제21조의2, 농업협동조합법 제49조의2, 수산업협동조합법 제51조의2, 중소기업협동조합법 제51조의2에도 규정되어 있다.

21　　그러나 선거범과 다른 범죄가 상상적 경합관계에 있는 경우는 분리 선고하지 않고 제40조에 따라 가장 무거운 죄에 정한 형으로 처벌하는데, 이는 가장 무거운 죄가 선거범인지 묻지 않고 상상적 경합관계에 있는 모든 죄를 통틀어 선거범으로 취급[21]하기 때문이다. 분리 선고 사건은 심리도 분리하여 한다. 법원은 선거범을 다른 죄와 분리 심리할 것을 결정·고지하고, 같은 기록에 별도의 공판조서를 작성하여 진행하며, 판결은 특별한 사정이 없는 한 하나의 판결문으로 선고하되, 형을 분리하여 선거범에 대한 형벌과 그 밖의 죄에 대한 형벌로 나누어 정한다.[22] 또한 공인중개사법위반죄와 다른 범죄가 상상적 경합관계

을 포함한다)의 직계존비속 및 배우자에게 제263조 및 제265조에 규정된 죄와 이 조 제1항제3호에 규정된 죄의 경합범으로 징역형 또는 300만원 이상의 벌금형을 선고하는 때(선거사무장, 선거사무소의 회계책임자에 대하여는 선임·신고되기 전의 행위로 인한 경우를 포함한다)에는 이를 분리 선고하여야 한다.

17 대판 1999. 4. 23, 99도636; 대판 2004. 4. 27, 2002도315; 대판 2021. 7. 21, 2018도16587. 이들 판결은 분리심리하여 따로 선고하는 것은 선거범이 아닌 다른 죄가 선거범의 양형에 영향을 미치는 것을 최소화하기 위한 것이라고 한다.

18 공인중개사법 제10조의2(벌금형의 분리 선고) 「형법」 제38조에도 불구하고 제48조 및 제49조에 규정된 죄와 다른 죄의 경합범(競合犯)에 대하여 벌금형을 선고하는 경우에는 이를 분리 선고하여야 한다.

19 대판 2022. 1. 13, 2021도14471; 대판 2022. 7. 14, 2022도5129. 이들 판결은 분리 선고의 취지는 다른 죄가 개설등록의 결격사유 등과 관련 있는 공인중개사법위반죄의 벌금형 양형에 영향을 미치는 것을 최소화하기 위한 것이라고 한다.

20 대판 2022. 1. 13, 2021도14471. 함께 선고하여도 공인중개사법위반에 대하여 결격사유인 징역형을 선택한 것이 명백하기 때문으로 보인다.

21 대판 1999. 4. 23, 99도636; 대판 2021. 7. 21, 2018도16587. 위 99도636 판결 해설은 이태종, "선거범과 상상적 경합관계에 있는 비선거범의 취급", 해설 32, 법원도서관(1999), 700-714.

22 대판 2004. 4. 27, 2002도315.

에 있는 경우도 분리 선고하지 않고 제40조에 따라 가장 무거운 죄에 정한 형으로 처벌하는데, 이는 그 가장 무거운 죄가 공인중개사법위반인지 묻지 않고 상상적 경합관계에 있는 모든 죄를 통틀어 공인중개사법위반죄로 취급하여 하나의 형을 선고하기[23] 때문이다.

상상적 경합에 대하여는 분리 선고에 관한 특별규정이 없다는 점, 상상적 경합하는 죄들은 하나의 법정형으로 처단하므로 분리 선고와 어울리지 않는다는 점 등을 고려하면, 판례의 입장은 이해할 만하다. 그러나 가령 다른 죄에 정한 형이 징역형밖에 없는 등 선거범 등의 법정형보다 높은 경우, 선거범 등에 대한 형벌을 초과하는 평가를 받게 된 것이라는 점 등을 고려할 때, 상상적 경합관계에 있는 모든 죄를 선거범 등으로 취급하는 것은 타당하지 않다. 다만, 이 경우 선거범 등에 대한 양형이 얼마인지를 정확하게 파악하기가 쉽지 않다는 문제가 있다.

22

〔이 상 원〕

---

23 대판 2022. 1. 13, 2021도14471; 대판 2022. 7. 14, 2022도5129.

제39조(판결을 받지 아니한 경합범, 수개의 판결과 경합범, 형의 집행과 경합범)

① 경합범중 판결을 받지 아니한 죄가 있는 때에는 그 죄와 판결이 확정된 죄를 동시에 판결할 경우와 형평을 고려하여 그 죄에 대하여 형을 선고한다. 이 경우 그 형을 감경 또는 면제할 수 있다. 〈개정 2005. 7. 29.〉

② 삭제 〈2005. 7. 29.〉

③ 경합범에 의한 판결의 선고를 받은 자가 경합범 중의 어떤 죄에 대하여 사면 또는 형의 집행이 면제된 때에는 다른 죄에 대하여 다시 형을 정한다.

④ 전 3항의 형의 집행에 있어서는 이미 집행한 형기를 통산한다.

Ⅰ. 의 의

1　　본조는 경합범 중 일부에 대하여 판결, 사면, 형집행면제 등의 사유가 있는 경우의 처리기준에 관하여 규정하고 있다. 경합범은 범죄별로 처벌하는 것이 아니라 제37조에 따라 경합범 전부에 대하여 병합된 1개의 형을 부과함을 원칙으로 한다. 그런데 경합범의 일부에 대하여 판결, 사면, 형집행면제 등의 사유가 있는 경우, 이러한 원칙을 지킬 수 없게 된다.

2　　본조 제1항은 사후적 경합범의 처벌기준, 즉 제37조 후단 경합범의 처벌기준에 관하여 규정하고 있는데 2015년 7월 29일 개정되었고, 제2항도 이와 관련된 규정이었는데 위 개정으로 삭제되었다.[1] 본조 제3항은 사면 또는 형집행면제의 경우 처리방법에 관하여 규정하고 있고, 제4항은 위와 같은 처리를 함에 있

---

1 위 개정 전 제39조(판결을 받지 아니한 경합범, 수개의 판결과 경합범, 형의 집행과 경합범)
　① 경합범중 판결을 받지 아니한 죄가 있는 때에는 그 죄에 대하여 형을 선고한다.
　② 전항에 의한 수개의 판결이 있는 때에는 전조의 예에 의하여 집행한다.

어 이미 집행한 형기를 통산한다는 규정이다.

II. 사후적 경합범의 처단

1. 별도의 형 선고

본조 제1항의 '경합범 중 판결을 받지 아니한 죄'란 제37조 후단 경합범 관   3
계에 있는 죄 중 판결을 받지 아니한 죄를 말한다. 제37조 후단 경합범 관계에
있는 죄는 원래 경합범으로서 동시에 심판할 수 있었던 죄였는데, 그중 일부가
확정판결을 받은 경우이다. 본조 제1항은 위 확정판결의 기판력을 인정하여 이
에 대하여는 다시 판결을 하지 않고 확정판결을 받지 아니한 죄에 대하여만 따
로 형을 선고한다고 규정한 것이다. 본조 제1항의 '그 죄에 대하여 형을 선고한
다' 함은 이를 의미한다.

판결을 받지 아니한 죄에 대하여 따로 형을 선고하게 되면, 이 판결과 이미   4
확정판결을 받은 죄에 대한 판결이 존재하여 경합범에 대하여 수개의 판결이
존재하게 된다. 본조 제2항은 원래 위와 같은 수개의 판결을 집행할 때 제38조
의 예, 즉 경합범의 처벌례에 의하여 집행한다고 규정하고 있었다. 그런데 이에
의할 때 가령 유기징역을 선고한 경우 가장 무거운 죄에 정한 장기의 2분의 1까
지 가중한다는 제38조 규정의 준용은 판결을 받은 죄와 받지 않은 죄의 선고형
을 기준으로 2분의 1 범위 내에서 집행하는 것이 아니라 각 선고형을 합산한 형
을 법정형에 법률상 감경 등을 한 처단형을 기준으로 2분의 1 범위 내에서 집행
하는 것[2]이기 때문에 현실에 있어서는 동시에 함께 형을 선고할 때보다 피고인
에게 불리할 가능성이 있었다.[3]

이에 2005년 7월 29일 형법 개정으로, 본조 제1항에서 동시에 판결할 경우   5
와의 형평을 고려하여 판결이 확정되지 않은 죄에 대하여 형을 선고하도록 하

---

2 대결 1967. 3. 6, 67초6(각 판결이 선고한 형기를 위 법조예에 의하여 경감집행한다는 취지가 아
  니고 그 각 판결의 선고형을 합산한 형기를 위 법조의 예에 의하여 그 경합범 중 가장 무거운
  죄에 정한 법정형의 장기에 그 2분의 1을 가중한 형기범위 내에서 집행한다는 취지).
3 대판 2019. 4. 18, 2017도14609(전). 본 판결 해설은 홍은표, "후단 경합범에 대하여 형법 제39
  조 제1항에 따라 형을 감경함에 있어 제55조 제1항의 감경한도 이하로 감경할 수 있는지 여부",
  해설 120, 법원도서관(2019), 549-577.

여 집행단계가 아닌 선고단계에서 고려하도록 하고, 집행단계에서 고려하도록
한 본조 제2항을 삭제하였다.

2. 형평을 고려한 선고

(1) 취지

6　　　2005년 개정법이 제37조 후단 경합범에 대하여 별도로 형을 선고함에 있어
판결이 확정된 죄와 동시에 판결할 경우와 형평을 고려하여 형을 선고하도록
한 것(§39① 전문)은 후단 경합범과 전단 경합범 사이에 처벌의 불균형이 없도록
하고자 하면서도, 그 구체적인 방법으로서 판결을 받지 아니한 죄에 대하여 심
판하는 법원이 위 죄의 처단형의 범위 내에서 형평을 고려하여 합리적이고 적
절한 선고형을 정할 재량을 부여하는 취지의 유연한 입법형식을 취한 것이다.[4]

7　　　이러한 입법형식을 취한 이유는, ① 판결을 받지 아니한 죄와 판결이 확정
된 죄에 제38조를 적용하여 산출한 처단형의 범위 내에서 전체형을 정한 다음
그 전체형에서 판결이 확정된 죄에 대한 형을 공제한 나머지를 판결을 받지 아
니한 죄에 대한 형으로 선고하거나, ② 판결을 받지 아니한 죄와 판결이 확정된
죄에 대한 선고형의 총합이 두 죄에 대하여 제38조를 적용하여 산출한 처단형
의 범위 내에 속하도록 형을 선고하는 방법으로, 전체형을 정하거나 처단형의
범위를 제한하게 되면, 이미 판결이 확정된 죄에 대하여 일사부재리의 원칙에
반할 수 있고, 먼저 판결을 받은 죄에 대한 형이 확정됨에 따라 뒤에 판결을 선
고받는 제37조 후단 경합범에 대하여 선고할 수 있는 형의 범위가 지나치게 제
한되어 책임에 상응하는 합리적이고 적절한 선고형의 결정이 불가능하거나 현
저히 곤란하게 될 우려가 있음을 감안하였기 때문이다.[5]

(2) 법원의 재량

8　　　형평을 고려하여 판결을 받지 아니한 죄에 대하여 형을 선고하는 경우, 선
고하는 죄의 처단형의 범위 내에서 어떠한 형을 선고할지는 법원의 재량이다.

4　대판 2008. 9. 11, 2006도8376; 대판 2019. 4. 18, 2017도14609(전). 위 2006도8376 판결 평석은
　이천현, "형법 제39조 제1항의 의미", 형사판례연구 [17], 한국형사판례연구회, 박영사(2009),
　94-117.
5　대판 2008. 9. 11, 2006도8376.

　　　　〔이　상　원〕

법원은 그 형을 감경 또는 면제할 수도 있다(§ 39① 후문). 형을 감경 또는 면제할 것인지는 임의적인 것으로서[6] 원칙적으로 법원의 재량이다.[7]

그러나 법원의 재량이 무제한적인 것은 아니며, 판결이 확정된 죄의 선고형에 비추어 감경 또는 면제를 하는 것이 형평을 실현하는 것으로 인정될 경우에만 허용된다.[8]   9

(3) 형평의 판단

형평에 맞는 정당한 것인지 여부는 판결이 확정된 죄의 선고형과 이와 후단 경합범 관계에 있는 죄에 대하여 선고할 형의 각 본형을 기준으로 판단하되,   10
집행유예 등을 부가할 경우 관련 제반 사정을 종합하여 전체적 · 실질적으로 판단한다.[9] ⓐ범행 - ⓑ범행 - ⓒ범행 - ⓐ죄 판결 확정 - ⓑ죄 판결 확정의 경우, ⓒ죄는 ⓐ, ⓑ죄 모두와 후단 경합범 관계에 있으므로 ⓒ에 대한 판결을 선고할 때는 ⓐ, ⓑ, ⓒ죄 모두를 동시에 판결할 경우와 형평을 고려한다.[10]

(4) 처단형의 제한

법원이 형을 선고함에 있어 판결을 받지 아니한 죄에 대한 처단형의 범위   11
에 의한 제한을 받지만, 그 선고형의 총합이 각 죄에 대하여 제38조를 적용하여 산출한 처단형의 범위 내에 속하도록 하는 제한을 받는 것은 아니다.[11] 따라서 확정판결의 형이 무기징역인 경우, 제38조가 무기징역에 대하여 흡수주의를 취하였다고 하여 판결을 받지 아니한 죄에 대하여 반드시 형을 면제하여야 하는 것은 아니며,[12] 처단형의 범위 내에서 추가로 형을 선고할 수 있다.

---

6 대판 2008. 10. 23, 2008도209. 본 판결 해설은 김종호, "형법 제37조 후단 경합범에 대한 제39조 제1항의 적용", 해설 78, 법원도서관(2009), 529-539.

7 대판 2008. 9. 11, 2006도8376.

8 대판 2011. 9. 29, 2008도9109.

9 대판 2011. 9. 29, 2008도9109[이미 징역 2년에 집행유예 3년에 처하는 판결이 확정된 군무이탈죄(법정형 2년 이상 10년 이하의 징역) 등과 제37조 후단 경합범 관계에 있는 강도상해죄(법정형 무기징역 또는 7년 이상의 유기징역)에 대하여 원심법원이 본조 제1항의 법률상 감경을 하고 거듭 정상참작감경을 하여 산출한 처단형 범위 내인 징역 3년으로 형을 정하고 그 집행을 유예한 사안에서, 선고된 각 본형의 합계, 집행유예의 실효 가능성 및 강도상해죄와 관련된 제반 사정에 비추어, 원심의 조치는 판결이 확정된 죄와 제37조 후단 경합범을 동시에 판결할 경우와의 형평을 고려한 것으로 볼 수 있어 정당하다고 한 사례].

10 대판 2008. 10. 23, 2008도209.

11 대판 2008. 9. 11, 2006도8376; 대판 2011. 9. 29, 2008도9109.

12 대판 2008. 9. 11, 2006도8376.

(5) 감경 또는 면제

12　　　본조 제1항에 따른 형의 감경은 법률상 감경에 관한 제55조의 적용을 받는
가? 이는 면제까지 허용되는 점에 비추어 법정형에 하한이 설정되어 있는 경우,
그 하한의 2분의 1 미만으로 선고할 수 있는가의 문제에서 현실화된다. 대법원
전원합의체 판결은 본조 제1항의 감경도 법률상 감경의 하나로서 제55조, 제56
조의 적용을 받는다고 하면서 유기징역을 감경할 때에는 그 형기의 2분의 1 미
만으로는 감경할 수 없다[13]고 한다.[14] 그러나 본조 제1항의 감경 또는 면제는

13　대판 2019. 4. 18, 2017도14609(전)[피고인이 마약류관리에관한법률위반(향정)죄의 범죄사실로
　　징역 4년을 선고받아 그 판결이 확정되었는데, 위 판결확정 전에 향정신성의약품을 1회 판매하고
　　1회 판매하려다 미수에 그쳤다는 내용의 마약류관리에관한법률위반(향정) 공소사실로 기소된 사
　　안에서, 법정형인 무기 또는 5년 이상의 징역 중에서 유기징역을 선택하고 제37조 후단 경합범에
　　대한 감경과 작량감경(정상참작감경)을 한 원심으로서는 제56조 제4호, 제5호, 제6호 및 제55조
　　제1항 제3호에 따른 처단형인 징역 1년 3개월부터 11년 3개월까지의 범위 내에서 형을 정했어
　　야 하는데도, 이와 달리 제37조 후단 경합범에 대하여 본조 제1항에서 정한 감경을 할 때에는
　　제55조 제1항이 적용되지 않는다는 전제에서 위와 같은 법률상 처단형의 하한을 벗어난 징역 6
　　개월을 선고한 원심의 판단에 법리오해의 잘못이 있다고 한 사례]. 위 판결의 다수의견의 요지
　　는 아래와 같다. 「형법 제37조 후단 경합범(이하 '후단 경합범'이라 한다)에 대하여 형법 제39조
　　제1항에 의하여 형을 감경할 때에도 법률상 감경에 관한 형법 제55조 제1항이 적용되어 유기징
　　역을 감경할 때에는 그 형기의 2분의 1 미만으로는 감경할 수 없다. 그 이유는 다음과 같다. ①
　　처단형은 선고형의 최종적인 기준이 되므로 그 범위는 법률에 따라서 엄격하게 정하여야 하고,
　　별도의 명시적인 규정이 없는 이상 형법 제56조에서 열거하고 있는 가중·감경할 사유에 해당하
　　지 않는 다른 성질의 감경 사유를 인정할 수는 없다. 형의 감경에는 법률상 감경과 재판상 감경
　　인 작량감경이 있다. 작량감경 외에 법률의 여러 조항에서 정하고 있는 감경은 모두 법률상 감
　　경이라는 하나의 틀 안에 놓여 있다. 따라서 형법 제39조 제1항 후문에서 정한 감경도 당연히
　　법률상 감경에 해당한다. 형법 제39조 제1항 후문의 "그 형을 감경 또는 면제할 수 있다."라는
　　규정 형식도 다른 법률상의 감경 사유들과 다르지 않다. 이와 달리 형법 제39조 제1항이 새로운
　　감경을 설정하였다고 하려면 그에 대하여 일반적인 법률상의 감경과 다른, 감경의 폭이나 방식이
　　제시되어야 하고 감경의 순서 또한 따로 정했어야 할 것인데 이에 대하여는 아무런 정함이 없다.
　　감경의 폭이나 방식, 순서에 관해 달리 정하고 있지 않은 이상 후단 경합범에 대하여도 법률상
　　감경 방식에 관한 총칙규정인 형법 제55조, 제56조가 적용된다고 보는 것이 지극히 자연스럽다.
　　② 후단 경합범에 따른 감경을 새로운 유형의 감경이 아니라 일반 법률상 감경의 하나로 보고,
　　후단 경합범에 대한 감경에 있어 형법 제55조 제1항에 따라야 한다고 보는 것은 문언적·체계적
　　해석에 합치될 뿐 아니라 입법자의 의사와 입법연혁 등을 고려한 목적론적 해석에도 부합한다.」
　　같은 취지로는 대판 2021. 1. 21, 2018도5475(전).

14　위 2017도 14609 전원합의체 판결에는 2개의 반대의견이 있다. ① 대법관 3명의 반대의견은 형
　　평을 고려하여 적절한 범위에서 형을 감경하여 선고형을 정하거나 형을 면제할 수 있도록 규정
　　한 것으로 법률상 감경에 관한 제55조의 적용을 받지 않는 별도의 형평수단인 감경이라고 하면
　　서, 제55조 제1항이 적용되지 않고 하한의 '2분의 1'보다 낮은 형으로도 감경할 수 있다고 한다.
　　② 대법관 1명의 반대의견은 본조 제1항의 감경 또는 면제는 제56조 제4호의 법률상 감경에 해
　　당하며 제55조 제1항은 적용되지 않는다고 하면서, '감경 또는 면제'는 분절적인 의미가 아니라

동시심판할 경우와의 형평을 고려하여 합당한 형을 선고하고자 하는 방법으로 제시된 것임으로 고려할 때, 반드시 제55조의 제한에 구속되지는 않아 2분의 1 미만으로도 감경할 수 있다고 보는 것이 타당하다.[15]

(6) 선고유예

후단 경합범 중 판결을 받지 아니한 죄에 대하여 판결을 선고함에 있어 선고유예를 할 수 있는가? 판례는 선고유예는 자격정지 이상의 형을 받은 전과가 있는 사람에 대하여 할 수 없는데, 후단 경합범의 요건인 금고 이상의 형이 확정된 죄도 위 전과에 해당하므로 선고유예를 할 수 없다고 한다.[16] 그러나 형의 면제까지 가능한 점에 비추어 형평에 합당하면 선고유예도 할 수 있다고 본다.[17]

13

(7) 수개 형의 집행

2005년 개정 전에는 경합범에 대한 수개의 형이 확정된 경우 경합범 처벌례에 따라 집행하도록 하였으므로, 무기징역의 확정판결이 있는 경우 후단 경합범 관계에 있는 죄에 대하여 선고된 유기징역형은 무기징역에 흡수되고, 따라서 후에 무기징역형이 유기형으로 감형되더라도 추가로 선고된 유기징역형을 집행할 수 없었다.[18] 그러나 2005년 개정으로 본조 제2항이 삭제되어 각 형은 별개로 집행되게 되었다. 2개 이상의 형을 집행하는 경우 무거운 형을 먼저 집행하는 것이 원칙이지만(형소 § 462 본문), 검사는 소속 장관의 허가를 얻어 무거운 형의 집행을 정지하고 다른 형을 집행할 수 있으므로(형소 § 462 단서), 위와 같은 감형의 가능성을 고려할 때, 사형이나 무기징역형과 유기징역형이 경합하는 경우에는 유기징역형을 먼저 집행하는 것이 바람직하다.

14

3. 확정판결 전후의 죄

확정판결 전후의 죄 상호 간에는 아무런 경합범 관계가 없고, 별개의 죄이다. 따라서 그 각각에 대하여 형을 선고한다. 또 전후의 죄에 대하여 각 자유형

15

일체로서의 단일한 개념으로 이해되어야 하므로 그 처단형의 범위의 하한은 '0'이 되고 상한은 장기나 다액의 2분의 1로 되며, 달리 그 중간에 공백의 여지는 없다고 한다.

15 같은 취지로는 이재상·장영민·강동범, 형법총론(12판), § 39/37b. 이와는 달리 위 전원합의체 판결의 다수의견과 같은 견해로는 신동운, 형법총론(16판), 838; 이주원, 형법총론(3판), 489.
16 대판 2010. 7. 8, 2010도931; 대판 2017. 9. 12, 2017도10577; 대판 2018. 4. 10, 2018오1.
17 신동운, 840.
18 대결 1991. 8. 9, 91모54; 대결 2006. 5. 29, 2006모135.

을 선고할 경우, 모두 집행유예를 선고하거나 그중 하나에 대하여만 집행유예를 선고하는 것도 가능하다.[19] 이 경우 집행유예의 시기(시점)는 집행유예를 선고한 판결의 확정일이고, 법원이 임의로 그 시기를 정할 수는 없다.[20]

16   확정판결 전의 수개의 범죄 또는 후의 수개의 범죄 상호 간은 전단 경합범이 될 수 있다. 가령 순차로 ①범행 - ②범행 - ⓐ범행에 대한 확정판결 - ③범행 - ④범행이 이루어진 경우, ①죄, ②죄는 서로 전단 경합범 관계에 있으면서 각 ⓐ죄와 후단 경합범 관계에 있고, ③죄, ④죄는 서로 전단 경합범 관계에 있지만 ①죄, ②죄, ⓐ죄와는 아무런 경합범 관계에 있지 않은 별개의 죄이다. 따라서 ①죄, ②죄에 대한 형과 ③죄, ④죄에 대한 형을 따로 선고한다. 이 경우 ①죄, ②죄에 대하여는 ⓐ죄와 동시에 판결할 경우와 형평을 고려하여 형을 선고하지만, ③죄, ④죄에 대하여는 그러한 고려 없이 별개로 선고한다. 따라서 소년에 대한 두 부정기형의 단기 합계가 5년을 초과하여도 소년법 제50조 제1항에 위반되는 것은 아니다.[21]

17   확정판결 전후의 수개의 형은 각 별개로 집행된다.

III. 경합범에 관한 형의 분리

1. 의 의

18   본조 제3항은 경합범에 의한 판결을 선고받은 사람이 경합범 중 어떤 죄에 대하여 사면 또는 형의 집행이 면제된 때에는 다른 죄에 대하여 다시 형을 정한다고 규정하고 있다.

19   예컨대 ⓐ, ⓑ 두 죄에 대하여 1개의 형이 선고되었는데 그중 ⓐ죄에 대하여 일반사면이 이루어지거나 집행이 면제된 경우, 그 효력이 ⓑ죄에 대한 부분까지 미치는 것은 아니므로 ⓑ죄에 대한 부분에 대한 조치가 필요하게 된다.

---

19 대판 2002. 2. 26, 2000도4637(제37조 후단의 경합범 관계에 있는 죄에 대하여 두 개의 징역형을 선고하면서 하나의 징역형에 대하여만 집행유예를 선고하고 그 집행유예기간의 시기를 다른 하나의 징역형의 집행종료일로 한 것은 위법하다고 한 사례).

20 대판 2002. 2. 26, 2000도4637; 대판 2019. 2. 28, 2018도13382.

21 대판 1983. 10. 25, 83도2323.

〔이 상 원〕

이에 본조 제3항은 경합범으로 1개의 형을 선고받은 죄 중 일부가 사면이 **20**
나 형집행면제된 경우, 남은 다른 죄에 대하여 다시 형을 정하도록 한 것이다.

2. 요　건

(1) 경합범에 의한 판결의 선고를 받은 자

본조 제3항은 1개의 형을 선고받은 경합범 중 일부에 사면 등의 사유가 생 **21**
긴 경우의 조치를 규정한 것이므로 경합범이더라도 1개의 형을 선고받은 경우
가 아니라면 그 적용이 없다. 따라서 후단 경합범은 이에 해당하지 않고 전단
경합범만 관련되며, 전단 경합범 중에서도 형종이 다르거나 선거범 등의 사유로
분리하여 형이 선고됨에 따라 사면 등의 사유가 발생한 범죄에 대한 형이 특정
되는 경우에는 본항이 적용되지 않는다.

상상적 경합범의 일부에 대하여 사면 등의 사유가 발생한 경우에도 본항의 **22**
적용을 고려할 수 있지만, 우리 형법은 제37조의 경합범과 관련하여 본조를 규
정하고, 상상적 경합에 관한 제40조는 이와 별도로 규정하고 있으므로, 해석론
상 상상적 경합이 포함된다고 보기는 어렵다. 따라서 상상적 경합범의 일부에
사면 등의 사유가 발생하더라도 다시 형을 정하지는 않는다.[22]

(2) 경합범 중 어떤 죄에 대한 사면 또는 형의 집행 면제

(가) 어떤 죄

경합범 중 '어떤 죄'란 경합범 중 일부 죄를 의미한다. **23**

(나) 사면

본조 제3항의 사면은 일반사면을 가리킨다. 일반사면은 죄의 종류를 정하 **24**
여 대통령령으로 한다(사면 § 8). 일반사면이 있으면 형 선고의 효력이 상실된다
(사면 § 5①(i)). '형 선고의 효력이 상실된다'라고 함은 형 선고의 법률적 효과가
없어진다는 것을 의미한다.[23] 1개의 형이 선고된 경합범 중 일부 죄에 대하여
형 선고의 효력이 상실되므로 다른 죄에 대한 형을 다시 정하게 한 것이다.

특별사면은 원칙적으로 본항의 사면에 해당하지 않는다. 특별사면은 원칙 **25**
적으로 형의 집행을 면제하고 특별한 사정이 있는 경우 형 선고의 효력을 상실

---

22 같은 취지로는 주석형법 〔총칙(2)〕(3판), 262(김대휘).
23 대판 1995. 12. 22, 95도2446.

시키는데(사면 § 5①(ii)), 어느 경우나 선고된 형을 단위로 하여 이루어지므로 형의 분리가 필요하지 않기 때문이다. 다만 여러 개의 형이 병과된 사람에 대하여 병과형 중 일부의 집행을 면제하거나 형 선고의 효력을 상실시키는 특별사면이 있는 경우, 그 특별사면의 효력이 병과된 나머지 형에게까지 미치는 것은 아니다.[24] 예컨대 징역형의 집행유예와 벌금형이 병과된 사람에 대하여 징역형 집행유예의 효력을 상실시키는 특별사면이 있는 경우, 벌금형의 집행이 면제되는 것은 아니다.

(다) 형의 집행 면제

26   형의 집행 면제는 특정한 사람에게 선고된 형의 집행을 면제해 주는 조치를 말한다. 형의 집행 면제의 사유로는 특별사면이 있는 때, 재판이 확정된 후 법률 변경으로 당해 행위가 범죄를 구성하지 않게 된 때(§ 1③), 형의 시효가 완성된 때(§ 77) 등이 있다.

27   그런데 특별사면이나 형의 시효 완성은 선고된 형 단위로 이루어지고 그 형의 근거인 경합범 중 일부 죄에 대하여 이루어지는 것이 아니므로 형의 분리가 필요하지 않다. 따라서 위 각 경우 중 재판 확정 후의 법령 변경만이 본조 제3항의 형의 집행 면제에 해당한다.[25]

3. 절 차

28   본조 제3항에 따라 형을 다시 정해야 할 경우, 검사가 그 범죄사실에 대한 최종판결을 한 법원에 청구하여 법원이 피고인 또는 그 대리인의 의견을 물은 후에 결정을 한다(형소 § 336).[26] 최종판결을 한 법원은 당해 형을 실체적으로 정한 최종법원을 의미하므로 항소기각이나 상고기각을 한 법원은 포함하지 않는다.

29   형을 다시 정한다는 것은 당해 죄에 대한 심판을 다시 하는 것이 아니라 선고된 형 부분만을 다시 정한다는 것이다. 따라서 다시 형을 정하는 법원은 형이 선고되는 죄에 대하여 사실인정이나 법령적용을 기존의 확정판결과 달리 판단

---

24 대결 1997. 10. 13, 96모33.

25 신동운, 838.

26 형사소송법 제336조 제1항의 형법 제39조 '제4항'은 '제3항'의 오기이다.

〔이 상 원〕

할 수 없다.

Ⅳ. 형의 통산

　　본조 제4항은 본조 제1항 내지 제3항의 형의 집행에 있어서는 이미 집행한　　30
형기를 통산한다고 규정하고 있다. 이는 2005년 본조 제1항이 개정되고 제2항
이 삭제되기 전부터 있던 조항인데, 위 개정에도 불구하고 변경 없이 현재에 이
르고 있다.

　　그런데 본조 제4항은 수개의 형을 합산하여 집행하는 경우에 이미 집행한　　31
형기는 수개의 형 중 일부에 해당하는 것이어서 이를 통산하라는 취지이므로,[27]
수개의 형을 합산하지 않고 별개로 집행하는 경우에는 적용되지 않는다고 보아
야 한다. 따라서 2005년 개정 전의 본조 제1항, 제2항에 따라 후단 경합범에 대
하여 합산하여 형을 집행하는 경우에는 본조 제4항에 따라 이미 집행한 형기를
통산하지만, 예컨대 구법에 따라 무기징역형만을 집행할 뿐 다른 형을 더 이상
집행하지 아니하는 경우에는 적용될 여지가 없어서, 무기징역형이 사후에 징역
20년 형으로 감형되었다 하더라도 마찬가지로 그 적용이 없다고 하였다.[28] 그러
나 현행법에서는 확정판결 전의 범죄에 대하여 형평을 고려하여 형을 선고하고
그 형은 확정판결의 형과 별개로 집행되고, 위 예에서 무기징역의 확정판결 후
에 그 확정판결 전의 범죄에 대하여 유기징역형을 선고하는 경우라도 별개로
집행하므로 본조 제4항에 따라 통산할 여지가 없어졌다.

　　결국, 본조 제4항은 본조 제3항에 따라 사면 등으로 다시 형을 정하는 경우　　32
형의 집행에 있어서 이미 집행한 형기를 통산한다는 의미만을 가지게 되었다.
본조 제4항의 '전 3항'은 '제3항'으로 개정함이 타당하다.

〔이　상　원〕

---

27 대결 2006. 5. 29, 2006모135.
28 대결 2006. 5. 29, 2006모135.

제40조(상상적 경합)

한 개의 행위가 여러 개의 죄에 해당하는 경우에는 가장 무거운 죄에 대하여 정한 형으로 처벌한다.

[전문개정 2020. 12. 8.]

구 조문

제40조(상상적 경합) <u>1개의</u> 행위가 <u>수개의</u> 죄에 해당하는 경우에는 가장 <u>중한 죄에</u> 정한 형으로 처벌한다.

Ⅰ. 의 의

1. 과형상 일죄

1　　실체법상 수개의 죄가 성립하지만, 형벌을 부과함에 있어 일죄로 취급하여 1개의 형을 선고하는 경우가 있다. 이를 과형상 일죄라 한다. 과형상 일죄는 형벌을 부과하는 절차에서 일죄로 취급하기 때문에 소송법상 일죄라고도 한다.

2　　종래 과형상 일죄로 논의되어 온 것에는 상상적 경합, 연속범, 견련범이 있다. 상상적 경합은 한 개의 행위가 여러 개의 죄에 해당하는 경우를 말한다. 연속범은 단독으로도 범죄를 구성하는 동종의 수개 행위가 연속되는 형태의 범죄유형을 말한다. 견련범은 범죄의 수단 또는 결과인 행위가 다른 죄명에 해당하는 경우로서 수개의 죄가 수단·목적 또는 원인·결과의 관계에 있는 경우를 말한다.

3　　의용형법은 위 3가지 모두를 과형상 일죄로 인정하고, 가장 무거운 형으로

처단하거나(의용형법 §54, 상상적 경합, 견련범), 일죄로 처단하였다(의용형법 §55, 연속범: 연속한 수개의 행위로서 동일한 죄명에 해당하는 때). 연속범이나 견련범까지 과형상 일죄로 인정함에 따라 심판범위를 지나치게 확대할 수 있었고, 한편으로 이들을 실체법상 별개의 죄로 하여 신체구속을 연장하는 수단으로 사용하였다.[1] 우리 형법은 연속범과 견련범[2]의 개념을 형법에서 배제함으로써(제정형법 부칙 §4② 참조) 심판범위의 확장을 방지하고, 형사소송법은 1개의 목적을 위하여 동시 또는 수단결과의 관계에서 행하여진 행위를 재구속의 제한사유에 포함시킴으로써(형소 §208②) 연속범과 견련범에 대한 순차 구속을 금지하였다.[3]

이로써 우리 형법에서 인정하는 과형상 일죄에는 상상적 경합만이 남게 되었다.   4

2. 상상적 경합

본조는 한 개의 행위가 여러 개의 죄에 해당하는 경우를 상상적 경합이라 하고 있다. 외관상 1개의 행위로 보이지만 분석적으로 볼 때 여러 개의 죄에 해당하는 행위로 관념할 수 있다는 의미에서 관념적 경합이라고도 한다. 상상적 경합관계에 있는 여러 개의 죄를 상상적 경합범이라 한다. 상상적 경합은 한 개의 행위가 실질적으로 여러 개의 구성요건을 충족한다.[4]   5

---

1 신동운, 형법총론(15판), 807-808.
2 일본형법 제54조(1개의 행위가 2개 이상의 죄명에 해당하는 경우 등의 처리) 제1항 후문은 "범죄의 수단 또는 결과인 행위가 다른 죄명에 해당하는 때는 그중 가장 무거운 형으로 처단한다."고 규정하여, 견련범(牽連犯)을 인정하고 있다. 판례는 문서위조죄와 위조문서행사죄[大判 明治 42(1909). 7. 27. 刑錄 15·1097], 위조문서행사죄와 사기죄[大判 明治 44(1911). 11. 10. 刑錄 17·1871], 주거침입죄와 주거 내에서의 절도죄[最判 昭和 28(1953). 2. 20. 裁判集(刑事) 74·149], 살인죄, 상해죄, 방화죄 등 제한된 범위 내에서만 견련범을 인정하고 있다. 1940년의 개정형법가안, 1961년의 개정형법준비초안, 1974년의 개정형법초안 모두 견련범 규정을 삭제하였다.
3 신동운, 808-809.
4 대판 2012. 10. 11, 2012도1895.

II. 종 류

1. 같은 종류의 상상적 경합

6   한 개의 행위로 성립하는 여러 개의 죄가 같은 구성요건에 해당하는 경우를 같은 종류(동종)의 상상적 경합이라고 한다. 예컨대, 1개의 문서에 2인 이상의 작성명의인이 있을 때 각 명의자마다 1개의 문서가 성립하므로 2인 이상의 연명으로 된 문서를 위조하는 경우 작성명의인의 수대로 수개의 문서위조죄가 성립하고 각 문서위조죄가 상상적 경합범에 해당하는데,[5] 이들은 모두 같은 구성요건에 해당하므로 같은 종류의 상상적 경합에 해당한다.

2. 다른 종류의 상상적 경합

7   한 개의 행위로 성립하는 여러 개의 죄가 다른 구성요건에 해당하는 경우를 다른 종류(이종)의 상상적 경합이라고 한다. 예컨대, 피해자를 조수석에 태워 운전하던 중 강간할 마음이 생겨 하차 요구를 거절한 채 계속 운행하여 여관 앞길까지 강제로 데려가 강간하려다 미수에 그친 경우, 감금과 강간미수의 두 행위가 시간적·장소적으로 중복될 뿐만 아니라 감금행위 자체가 강간의 수단인 협박행위를 이루고 있어 감금죄(§ 276①)와 강간미수죄(§ 300, § 297)가 상상적 경합 관계에 있는데,[6] 이는 서로 구성요건이 다른 이종의 상상적 경합에 해당한다.

III. 요 건

1. 한 개의 행위

(1) 개념

8   상상적 경합은 한 개의 행위가 여러 개의 죄에 해당하는 경우이다. 여기서 한 개의 행위라 함은 법적 평가를 떠나 사회관념상 행위가 사물자연의 상태로

---

5 대판 1987. 7. 21, 87도564(사문서위조죄). 본 판결 해설은 강종쾌, "복수인명의 문서를 위조한 경우의 죄수와 범죄의 경합", 해설 8, 법원행정처(1988), 447-454.
6 대판 1983. 4. 26, 83도323. 본 판결 평석은 최우찬, "감금죄와 강간죄의 관계", 형사판례연구〔2〕, 한국형사판례연구회, 박영사(1994), 134-150.

서 1개로 평가되는 것을 의미한다(판례7)8.

　　이런 기준에서 보면, ① 무면허 운전행위와 주취 운전행위,9 ② 동일한 기회 ⟨9⟩
에, 동일한 장소에서 다수의 피해자를 상대로 한 위력에 의한 업무방해행위,10
③ 같은 일시, 장소에서 피해자의 기념전시회에 참석한 손님들에게 피해자가
공사대금을 주지 않는다는 취지로 소리를 치며 소란을 피웠다는 1개의 행위에
의하여 실현된 업무방해와 명예훼손,11 ④ 집회 및 시위와 그로 인하여 성립하
는 일반교통방해,12 ⑤ 안전보건총괄책임자로서 작업계획서 작성에 관한 조치
를 하지 않은 산업안전보건법 위반행위와 경영책임자로서 안전보건관리체계의
구축 및 그 이행에 관한 조치를 하지 않은 중대재해 처벌 등에 관한 법률(이하,
중대재해처벌법이라 한다.) 위반행위,13 ⑥ 스토킹범죄의 처벌 등에 관한 법률(이하,
스토킹처벌법이라 한다.)상 잠정조치 불이행으로 인한 스토킹처벌법, 위반행위와 스

---

7 대판 2017. 9. 21, 2017도11687; 대판 2023. 12. 28, 2023도12316; 대판 2024. 9. 27, 2024도
　7832. 일본 판례도 일본형법 제54조 제1항 전문(1개의 행위가 2개 이상의 죄명에 해당하는 때는
　그중 가장 무거운 형으로 처단한다)의 상상적 경합에 있어 '1개의 행위'란 "법적 평가를 떠나 구
　성요건적 관점을 사상(捨象)한 자연적 관찰을 기초로 행위자의 동태가 사회적 견해상 1개인 것
　으로 평가를 받는 경우를 말한다."고 판시하여, 같은 입장이다[最判 昭和 49(1974). 5. 29. 刑集
　28·4·114].
8 같은 취지로 배종대, 형법총론(18판), §172/5; 신동운, 형법총론(16판), 824; 오영근·노수환, 형
　법총론(7판), 552; 이용식, 형법총론(2판), 201; 홍영기, 형법(총론과 각론), §46/4. 그러나 이와
　는 달리, 한 개의 행위는 법적 개념이며, 침해된 구성요건과의 관계에서만 행위의 수가 결정될
　수 있으므로, 구성요건적 의미에서 행위가 한 개로 평가되는 것을 의미한다는 견해도 있다[강동
　욱, 강의 형법총론(3판), 380; 손동권·김재윤, 새로운 형법총론, §36/4; 이재상·장영민·강동범,
　형법총론(12판), §39/6; 이형국·김혜경, 형법총론(7판), 380; 정영일, 형법총론(3판), 487].
9 대판 1987. 2. 24, 86도2731.
10 대판 2017. 9. 21, 2017도11687.
11 대판 2007. 2. 23, 2005도10233.
12 대판 2011. 8. 25, 2008도10960.
13 대판 2023. 12. 28, 2023도12316[피고인 甲 주식회사의 대표이사로서 경영책임자이자 안전보건
　총괄책임자인 피고인 乙이, 산업재해 예방에 필요한 주의의무를 게을리하고 안전조치를 하지 아
　니하여 피고인 甲 회사와 도급계약을 체결한 관계수급인인 A 사업체 소속 근로자 B가 피고인
　甲 회사의 야외작업장에서 중량물 취급 작업인 철제 방열판 보수 작업을 하던 중 크레인 섬유벨
　트가 끊어지고 방열판이 낙하하면서 B를 덮쳐 사망에 이르게 함과 동시에, 재해예방을 위한 안
　전보건관리체계의 구축 및 그 이행에 관한 조치를 하지 아니하여 사업장의 종사자 B가 사망하
　는 중대산업재해에 이르게 하였다는 내용의 업무상과실치사, 산업안전보건법위반, 중대재해처벌
　법위반(산업재해치사)의 공소사실이 제1심 및 원심에서 모두 유죄로 인정된 사안에서, 위 각 법
　의 목적, 보호법익, 행위태양 등에 비추어 보면, 중대재해처벌법위반(산업재해치사)죄와 근로자
　사망으로 인한 산업안전보건법위반죄 및 업무상과실치사죄는 상호 간 사회관념상 1개의 행위가
　수개의 죄에 해당하는 경우로서 상상적 경합관계에 있다고 한 사례].

〔이 상 원〕　　　　　**151**

토킹범죄로 인한 스토킹처벌법 위반행위[14] 등은 1개의 행위로 평가된다.

10   그러나 ① 차량 안에서 강간을 시도하였으나 미수에 그친(강간미수) 후 1시간 30분 가량 운전하여 이동한 다음 이미 겁을 먹고 항거불능상태에 있는 피해자를 간음(강간)한 경우,[15] ② 피해자를 강간하여 상해를 입히고(강간치상) 1시간 후 피고인 집으로 끌고 가 항거불능 상태의 피해자를 다시 강간한 경우[16]는 사회관념상 1개의 행위라 볼 수 없어 실체적 경합에 해당한다.

11   오래 전 판례 중에는, 피해자를 위협하여 항거불능케 한 후 1회 간음하고 200미터쯤 오다가 다시 1회 간음한 경우 단순일죄라 한 사례[17]가 있지만, 미성년자의제강간죄 또는 미성년자의제강제추행죄는 행위 시마다 1개의 범죄가 성립한다는 사례[18]에 비추어 볼 때, 성범죄에서는 성적 행위가 범죄의 핵심으로서 원칙적으로 그 행위별로 다른 행위라고 보는 것이 사회관념에 부합한다고 생각된다.

(2) 행위의 동일성

12   범죄는 구성요건에 해당하는 행위이다. 상상적 경합은 각 구성요건에 해당하는 행위가 동일할 때 이를 한 개의 행위로 평가하는 것이다. 행위의 동일성은 부작위범 사이에서도 인정되지만, 부작위범과 작위범 사이에는 행위의 동일성이 없어 상상적 경합은 불가능하다.[19]

(가) 행위 전체의 동일

13   하나의 교통사고로 수인을 다치게 한 경우 교통사고처리특례법위반(치상)죄들의 상상적 경합이 되는데, 이 경우 각 구성요건 해당행위인 과실 운전행위는 완전히 동일한 하나의 행위이다(과실범과 과실범의 상상적 경합). 하나의 교통사

---

14 대판 2024. 9. 27, 2024도7832(원심은 실체적 경합으로 판단).
15 대판 1996. 9. 6, 96도1763.
16 대판 1987. 5. 12, 87도694.
17 대판 1970. 9. 29, 70도1516.
18 대판 1982. 12. 14, 82도2442.
19 강동욱, 381; 김일수·서보학, 새로쓴 형법총론(13판), 533-534; 배종대, §172/5; 손동권·김재윤, §36/4; 이주원, 형법총론(3판), 469; 이형국·김혜경, 581; 임웅·김성규·박성민, 형법총론(14판), 642; 정영일, 487-488; 최호진, 형법총론(2판), 805. 이와는 달리, 부작위범과 작위범 사이에도 행위의 동일성을 인정할 수 있다는 견해도 있다[오영근·노수환, 553(퇴거에 불응하기 위해 퇴거를 요구하는 주인을 폭행한 경우는 퇴거불응죄와 폭행죄의 상상적 경합이 될 수 있다); 주석형법〔총칙(2)〕(2판), 419-420(김대휘)(의사가 수술이 필요한 환자를 착오하여 멀쩡한 다른 환자에게 신체침해를 하고 수술이 필요한 환자의 상태를 악화시킨 때에는 상상적 경합이 인정될 수 있고, 이 경우 중상해와 부작위에 의한 상해의 상상적 경합을 인정한 독일 판례(BGHSt 37, 107(135))도 있다].

고로 사람을 다치게 하고 재물을 손괴한 경우, 교통사고처리특례법위반(치상)죄와 도로교통법위반죄의 상상적 경합이 되는 것도 마찬가지이다.

상상적 경합인 음주운전과 무면허운전[20]은 음주 또는 무면허 상태가 동일한 운전행위 전체에 걸쳐 있는 것으로서 행위 전체가 완전히 동일하다. 이에 비하여 음주운전과 제한속도위반으로 인한 도로교통법위반은 후자가 전자의 일부의 시점에 존재하는 것이지만, 전자는 운전행위 자체, 후자는 속도위반행위가 구성요건행위로서 서로 다르므로 실체적 경합이 된다.   14

(나) 행위 일부의 동일

행위의 일부만 동일한 경우는 행위의 동일성이 인정되지 않아 한 개의 행위로 취급되지 않는다. 예금통장을 강취하고 예금청구서를 위조한 다음 은행원에게 제출하여 예금을 인출한 경우, 강도, 사문서위조, 위조사문서행사, 사기의 각 범죄는 일부 부분적 동일성이 있더라도 실체적 경합이다.[21] 사기의 수단으로 발행한 수표가 지급거절된 경우 부정수표단속법위반과 사기의 관계도 같다.[22]   15

그러나 두 구성요건의 불법의 핵심을 이루는 주요 부분의 행위가 동일한 경우에는 전체가 동일하지 않아도 상상적 경합이 될 수 있다. 피해자들로부터 재물을 강취한 후 현주건조물에 방화하여 살해한 경우, 강도살인죄(§338 전문)와 현주건조물방화치사죄(§164② 후문)의 상상적 경합이 된다.[23] 강도가 반항을 억압하기 위해 폭행으로 상해를 입혔으나 재물이 없어 미수에 그치고 항거불능상태의 피해자를 간음하려 하였으나 미수에 그친 경우, 강도강간미수죄(§342, §339)와 강도치상죄(§337 후문)의 상상적 경합이 된다.[24]   16

(다) 계속범과 행위의 동일성

행위의 일부가 동일한 사례 중 계속범이 관련되는 경우가 있다.   17

감금행위가 강간죄의 수단이 되는 경우 감금죄와 강간죄의 상상적 경합이 되지만,[25] 감금행위가 단순히 강도상해의 수단이 되는 데 그치지 않고 강도상해   18

---

20 대판 1987. 2. 24, 86도2731.
21 대판 1991. 9. 10, 91도1722.
22 대판 2004. 6. 25, 2004도1751.
23 대판 1998. 12. 8, 98도3416.
24 대판 1988. 6. 28, 88도820. 대판 2010. 4. 29, 2010도1099(강도가 상해를 가하였으나 재물은 강취하지 못하고 그 자리에서 피해자를 간음한 경우, 강도상해죄와 강도강간죄가 성립한다고 한 사례).
25 대판 1983. 4. 26, 83도323.

〔이 상 원〕   **153**

의 범행이 끝난 뒤에도 계속된 경우에는 감금죄와 강도상해죄의 실체적 경합이
된다.[26] 전자는 계속범과 계속범을 통해 달성되는 다른 범죄의 행위가 주요 부분
에서 동일하고, 후자는 다른 범죄와 무관한 계속범이 추가로 존재하기 때문이다.

19   계속범의 진행 중에 별도의 범죄가 발생한 경우는 실체적 경합이 된다. 음
주운전 중 교통사고를 일으킨 경우 도로교통법위반(음주운전)죄와 음주로 인한
특정범죄 가중처벌 등에 관한 법률(이하, 특정범죄가중법이라 한다.)상의 위험운전치
상죄(특가 § 5의11 전단)는 실체적 경합관계에 있는데,[27] 계속범(음주운전) 중에 행
한 별도의 범죄로서 행위가 구분되기 때문으로 보인다. 이에 비하여, 위 위험운
전치상죄와 도로교통법상 업무상과실재물손괴죄는 계속범(음주운전)의 행위와 구
별되는 교통사고라는 동일한 행위를 구성요건해당행위로 하고 있으므로 상상적
경합이 된다.[28]

(3) 공범과 행위의 개수

20   공동정범 1인의 행위는 공동행위자 전체에 효력을 미친다. 따라서 甲, 乙이
합동하여 A를 강간함에 있어 甲만 강간하고 乙은 폭행에만 가담한 경우, 강간
의 수단인 폭행은 사회관념상 1개의 공동행위로 평가될 수 있지만, 甲, 乙이 순
차로 A를 간음한 경우에는 폭행이 공동이라고 하더라도 각 별개의 행위로서 실
체적 경합이라고 봄이 상당하다.[29] 甲, 乙이 A, B를 합동하여 강간하기로 하고
甲은 A를 강간하였으나 乙은 B에 대하여 미수에 그친 경우, 甲, 乙 모두 A에 대
한 성폭력범죄의 처벌 등에 관한 특례법상 합동강간죄(성폭처벌 § 4①)의 기수와
B에 대한 미수의 실체적 경합이 되고, 이때 만일 甲이 다시 B를 간음하였다면
甲, 乙 모두 A, B에 대한 합동강간 기수가 되고, 이와 별도로 B에 대한 합동강
간 미수가 성립한다고 본다.[30]

21   하나의 교사행위로 수개의 범죄를 실행하게 한 경우(예컨대, 수개의 절도행위
를 교사) 또는 수개의 범죄를 하나의 행위로 방조한 경우(예컨대, 수개의 상해행위를

---

26 대판 2003. 1. 10, 2002도4380.
27 대판 2008. 11. 13, 2008도7143.
28 대판 2010. 1. 14, 2009도10845.
29 사법연수원, 형사판결서작성실무(2019), 252는 1죄라 한다.
30 사법연수원, 형사판결서작성실무(2019), 252는 B에 대한 미수는 B에 대한 기수에 흡수된다고
   한다.

할 정범에게 칼 1자루를 준 경우), 교사나 방조행위가 한 개이기 때문에 교사범, 종범은 상상적 경합이 된다는 견해가 있을 수 있다. 그러나 우리 형법은 공범종속성설에 따라 정범의 실행행위도 교사범이나 종범의 성립요소로 되는 만큼, 이러한 경우는 실체적 경합이라고 봄이 타당하다.[31]

(4) 연결효과에 의한 상상적 경합

서로 별개의 범죄행위들이 각 제3의 범죄의 일부 행위와 중복되어 상상적 경합관계에 있을 때, 별개의 범죄가 제3의 범죄에 의하여 연결되어 서로 상상적 경합관계에 있게 되는 경우를 '연결효과에 의한 상상적 경합'이라 한다.   22

판례는, ① 뇌물을 수수한 다음 공도화인 도시계획도를 변조하고 이를 구청에 비치하여 행사한 사안에서, 공도화변조죄(§225)와 변조공도화행사죄(§229)가 수뢰후부정처사죄(§131①)와 각각 상상적 경합관계에 있을 때에는 공도화변조죄와 변조공도화행사죄가 실체적 경합관계에 있더라도 상상적 경합관계에 있는 수뢰후부정처사죄와 대비하여 가장 무거운 죄에 정한 형으로 처단하면 충분하다고 하고,[32] ② 뇌물을 받고 예비군출석부에 출석한 것으로 허위기재하고 이를 예비군중대 사무실에 비치한 사안에서, 허위공문서작성죄(§227)와 허위작성공문서행사죄(§229)가 수뢰후부정처사죄와 각각 상상적 경합범관계에 있을 때에는 허위공문서작성죄와 허위작성공문서행사죄 상호 간은 실체적 경합관계에 있다고 할지라도 상상적 경합관계에 있는 수뢰후부정처사죄와 대비하여 가장 무거운 죄에 정한 형으로 처단하면 충분하다고 한다.[33] 이들은 연결효과에 의한 상상적 경합을 인정한 사례들이라 할 수 있다.[34]   23

연결효과에 의한 상상적 경합을 인정할 것인가에 관하여 학설은 나뉜다. ① 긍정설은 연결효과를 부정하면 제3의 행위가 이중평가되기 때문에 이를 인정하여야 한다고 한다[35]는 입장이다. 이에 대하여, ② 부정설은 연결효과에 의   24

---

31 주석형법 [총칙(2)](2판), 418(김대휘).
32 대판 2001. 2. 9, 2000도1216. 본 판결 평석은 김성돈, "이중평가금지와 연결효과에 의한 상상적 경합", 형사판례연구 [10], 한국형사판례연구회, 박영사(2002), 172-200; 이승호, "상상적 경합의 비교단위", 형사판례연구 [10], 201-229.
33 대판 1983. 7. 26, 83도1378.
34 일본 판례도 연결효과에 의한 상상적 경합을 인정하고 있다[最判 昭和 33(1958). 5. 6. 刑集 12·7·1297].
35 배종대, §172/7; 정성근·박광민, 형법총론(전정3판), 523; 한상훈·안성조, 형법개론(3판), 323.

한 상상적 경합은 범죄행위와 행위단일성 문제를 혼동하는 것이고, 경합범으로
처벌해야 할 범죄를 제3의 행위 때문에 상상적 경합으로 처벌하는 것은 정당한
처벌이라 할 수 없으며, 연결하는 범죄의 경중에 따라 다른 두 개의 행위가 상
상적 경합이 되거나 실체적 경합이 된다는 것도 설득력이 없다고 한다.[36] 부정
설 중에는 2개의 행위를 실체적 경합으로 가중한 형과 상상적 경합관계에 있는
제3의 행위와 비교하여 무거운 형으로 처벌한다는 견해도 있다.[37] ③ 절충설은
제3의 죄가 경합하는 다른 범죄들 중 적어도 하나보다 무겁거나 동등한 경우에
만 긍정하고, 제3의 죄가 경합하는 다른 범죄들보다 가벼운 경우는 제3의 죄까
지 모두 실체적 경합이 된다고 한다.[38]

25   위 ②의 부정설은 하나의 구성요건행위를 가진 제3의 범죄와 행위가 동일
하여 상상적 경합이 된 다른 범죄 때문에 수개의 행위로 나뉘어 실체적 경합이
된다는 점에서 이론상 난점이 있고, 위 ③의 절충설 중 제3의 범죄가 가벼워 실
체적 경합으로 보는 부분 역시 마찬가지이다. 이와 같은 현상은 독립된 2개의
행위를 1개의 행위로 포괄하는 제3의 범죄의 존재 때문에 발생하는 것으로서,
독립되었다고 하지만 밀접한 관련이 있는 행위들이다. 연결효과에 의한 상상적
경합을 인정하는 것이 타당하고, 실체적 경합이 배제됨으로써 올 수 있는 양형
의 불균형은 법관의 양형재량에 의하여 조정될 수 있다. 나아가 제3의 범죄는
그 각 부분행위가 다른 범죄와 상상적 경합이 되므로 통상 다른 범죄보다 무겁
다. 이에 비추어 보면, 위 ①의 긍정설과 ③의 절충설은 실제로는 접근하게 되
고, ①의 긍정설에 대한 비판점인 양형의 불합리가 현실화되는 경우는 드물 것
으로 보인다.

26   하나의 교통사고로 인적 피해와 물적 피해를 야기하고 도주한 경우, 치상

---

36 김혜정·박미숙·안경옥·원혜욱·이인영, 형법총론(5판), 463; 박상기·전지연, 형법학(총론·각론)
   (5판), 335; 오영근·노수환, 556; 이재상·장영민·강동범, § 39/14(부정설의 입장에서 판례가 연
   결효과에 의한 상상적 경합을 인정하지 않으면서도 처벌에 있어서는 긍정하는 것과 같은 효과를
   인정한 것이라고 평가).

37 김혜정·박미숙·안경옥·원혜욱·이인영, 463; 이재상·장영민·강동범, § 39/14. 다만, 이는 상상
   적 경합을 실체적 경합보다 먼저 처단하는 현행 실무와는 괴리가 있다.

38 강동욱, 382; 김성돈, 형법총론(7판), 773; 김일수·서보학, 535; 성낙현, 형법총론(3판), 753; 이형
   국·김혜경, 583; 임웅·김성규·박성민, 643; 주석형법 [총칙(2)](2판), 420(김대휘)(양형 과정에서
   제3의 죄가 무거우면 각 경합범들이 이에 흡수되어 제3의 죄에 정한 형으로 처벌하게 되고, 제3의
   죄가 가벼우면 제3의 죄가 각 경합범에 흡수되어 이들을 실체적 경합범으로 처리하면 된다).

후 미조치의 점(도교 § 148)은 특정범죄가중법위반(도주치상)죄에 흡수되나, 손괴 후 미조치의 점(도교 § 148)은 과실손괴의 점(도교 § 151)과 별개의 죄로 성립한다. 판례는 이 경우 특정범죄가중법위반(도주치상)죄는 손괴 후 미조치의 도로교통 법위반죄와는 상상적 경합관계에 있고,[39] 손괴의 도로교통법위반죄와는 실체적 경합관계에 있다고 한다.[40] 그러나 손괴의 도로교통법위반죄와 손괴 후 미조치 의 도로교통법위반죄는 실체적 경합관계에 있지만,[41] 위 각 죄는 특정범죄가중 법위반(도주치상)죄와 상상적 경합관계에 있다고 할 수 있으므로, 이들 죄 모두 가 연결효과에 의한 상상적 경합관계가 된다고 봄이 타당하다.

2. 여러 개의 죄

한 개의 행위는 여러 개의 죄에 해당하여야 한다. 각 죄가 보호법익을 달리 하는 경우에는 여러 개의 죄가 된다.[42]　　　　　　　　　　　　　　　　　27

공직선거법 제230조 제1항 제4호는 공직선거법에서 정한 일정한 경우를 제 외하고 선거운동과 관련하여 금품 기타 이익을 제공하는 등의 행위를 처벌하기 위한 규정이고, 동항 제5호는 선거에 영향을 미치게 하기 위해 탈법 방법에 의 한 문자 전송이나 인터넷 홈페이지의 게시판 게시 등의 행위에 대한 대가로 금 품 기타 이익을 제공하는 등의 행위를 처벌하기 위한 규정으로서, 위반행위의 대상, 대가 관계 유무, 선거에 영향을 미칠 목적의 유무 등 구성요건과 규제대 상에 차이가 있으므로, 후자가 전자에 대하여 특별법 관계에 있는 것이 아니고, 1개의 행위가 각각의 구성요건을 충족하는 경우이다.[43]　　　　　　　　　　28

이에 비하여, 허위진단서작성죄(§ 233)의 대상은 공무원이 아닌 의사가 사문 서로서 진단서를 작성한 경우에 한정되고, 공무원인 의사가 공무소의 명의로 허 위진단서를 작성한 경우에는 허위공문서작성죄만이 성립하고 허위진단서작성죄 는 별도로 성립하지 않으므로 이들은 상상적 경합관계에 있지 않다.[44]　　　29

---

39 대판 1993. 5. 11, 93도49. 본 판결 평석은 이유정, "교통사고와 죄수", 형사판례연구 〔4〕, 한국
　형사판례연구회, 박영사(1996), 276-306.
40 대판 1996. 4. 12, 95도2312.
41 대판 2017. 9. 7, 2017도9689.
42 대판 2001. 2. 9, 2000도1216(수뢰후부정처사와 공도화변조 및 변조공도화행사).
43 대판 2017. 12. 5, 2017도13458.
44 대판 2004. 4. 9, 2003도7762〔본 판결 평석은 민유숙, "허위진단서작성죄와 허위공문서작성죄의

Ⅳ. 법적 취급

1. 처 단

30   상상적 경합은 가장 무거운 죄에 대하여 정한 형으로 처벌한다. 이는 우선 가장 무거운 형을 규정한 법조에 의하여 처단한다는 취지이다. 가장 무거운 죄를 정하기 위해서는 형의 경중을 비교한다. 이때 법정형,[45] 죄질, 범정의 순으로 기준이 된다(§ 50).

31   법정형은 법률이 정한 구성요건에 대한 형벌이다. 다른 종류의 형 사이에는 제41조에 정한 순서에 따른다(§ 50① 본문). 징역이 금고보다 무거운 형이지만(§ 41), 무기금고와 유기징역은 무기금고가 무겁고, 유기금고의 장기가 유기징역의 장기를 초과하는 때에는 유기금고가 무겁다(§ 50① 단서). 같은 종류의 형은 상한(장기 또는 다액)을 먼저 비교하고, 그것이 같은 때에는 하한(단기 또는 소액)을 비교한다(§ 50②). 법정형 중 병과형 또는 선택형이 있을 때에는 가장 무거운 형을 기준으로 경중을 정함이 원칙이다.[46] 자유형이 같을 때에는 벌금형이 병과되는 경우, 자유형만 있는 경우, 벌금형이 선택형인 경우의 순으로 무겁다.[47] 법정형의 비교에 의하여 경중이 가려지지 않는 경우에는 죄질에 의한다. 죄명이 다르면 죄질이 다른 것으로 본다. 죄질이 같으면 범정에 의한다(§ 50③).

32   다음으로, 가장 무거운 죄에 대하여 정한 형으로 처벌한다고 함에는 가장 무거운 형을 규정한 법조에 의하여 처단한다는 취지와 함께 다른 법조에 정한 형의 하한보다 가볍게 처단할 수 없다는 취지, 즉 각 법조의 상한과 하한 모두 무겁게 처단하라는 취지가 포함된다.[48] 이에 따라 가벼운 죄의 하한이 무거운

관계", 해설 50, 법원도서관(2004), 620-644]. 이 판례는 국립병원 의사로서 공무원인 피고인이 허위진단서를 작성하고 그 대가로 금품을 수수한 사안에서, 허위공문서작성죄만 성립하고 이것이 부정처사후수뢰죄와 실체적 경합관계에 있다고 한다. 이는 앞서 허위공문서작성죄와 수뢰후부정처사죄가 상상적 경합관계에 있다고 한 것(대판 1983. 7. 26, 83도1378)과 모순되는 면이 있다.

45 상상적 경합은 형의 종류를 선택하기 전에 하기 때문이다. 따라서 이 경우 형의 경중의 비교는 처단형이나 선고형이 아닌 법정형을 표준으로 함을 원칙으로 한다(대판 1992. 11. 13, 92도2194 참조).

46 대판 1983. 11. 8, 83도2499; 대판 1992. 11. 13, 92도2194.

47 대판 1996. 7. 26, 96도1158.

48 대판 2006. 1. 27, 2005도8704; 대판 2008. 12. 24, 2008도9169; 대판 2012. 6. 28, 2012도3927.

때에는 그 하한이 처단형의 하한이 되고, 병과형이나 몰수·추징이 있는 때는 이들이 처단형에 포함된다.

위와 같은 운용은 법정형 중 무거운 형만 비교하는 중점적 대조주의와 법   33
정형 전체를 비교하는 전체적 대조주의 중 후자를 취한 것이라 할 수 있다. 이
에 대하여, 상한과 하한을 모두 고려하는 통설[49]과 판례는 본조가 '가장 무거운
형'이 아니라 '가장 무거운 죄에 대하여 정한 형'이라 규정하고 있는 점에 비추
어 불리한 유추해석이라는 비판이 있다.[50]

2. 소송상 일죄

상상적 경합은 소송상 일죄로 취급된다. 상상적 경합관계에 있는 수개의   34
죄 중 일부에 대한 공소제기는 전체에 효력이 미치고, 그 전체가 잠재적 심판대
상이 된다.

따라서 일부를 기소한 나머지 행위는 추가기소할 수 없고, 공소장변경에 의   35
하여 추가할 수 있다. 다만 추가기소된 공소사실이 상상적 경합관계에 있음이
밝혀진 경우, 그 추가기소에 의하여 전후에 기소된 각 공소사실 전부를 처벌할
것을 신청하는 취지가 포함되었다고 볼 수 있어, 공소사실을 추가하는 등의 공
소장변경과는 절차상 차이가 있을 뿐 그 실질에 있어서 별 차이가 없기 때문에,
법원으로서는 석명권을 행사하여 검사로 하여금 추가기소의 진정한 취지를 밝
히도록 하여 검사의 석명에 의하여 추가기소가 상상적 경합관계에 있는 행위
중 먼저 기소된 공소장에 누락된 것을 추가 보충하는 취지로서 1개의 죄에 대
하여 중복하여 공소를 제기한 것이 아님이 분명하여진 경우에는, 그 추가기소에
의하여 공소장변경이 이루어진 것으로 보아 전후에 기소된 공소사실 전부에 대
하여 실체 판단을 하여야 하고 추가기소에 대하여 공소기각의 판결을 할 필요
가 없다.[51]

상상적 경합은 소송상 일죄로서 주문은 1개만 선고된다. 따라서 주문의 근   36

---

49 강동욱, 384; 배종대, §172/9; 이재상·장영민·강동범, §39/19; 이형국·김혜경, 584; 임웅·김성
   규·박성민, 645; 정성근·정준섭, 형법강의 총론(3판), 429; 정영일, 494.
50 오영근·노수환, 557.
51 대판 2012. 6. 28, 2012도2087(한도초과 대출로 상호저축은행법위반죄와 업무상배임죄가 상상
   적 경합한 사례); 대판 2023. 6. 15, 2023도3038.

〔이 상 원〕   **159**

거가 되지 못한 부분은 이유에서만 설시한다.[52] 상상적 경합관계에 있는 수개의
죄는 현실적 심판이 되었는지 여부와 관계없이 그 전부에 대하여 기판력이 발
생한다.[53]

37   상상적 경합관계에 있는 수개의 죄 중 일부에 대한 상소는 그 전부에 효력
이 미친다.[54] 상상적 경합관계에 있는 두 죄에 대하여 한 죄는 무죄, 한 죄는 유
죄가 선고되어 검사만이 무죄부분에 대하여 상고하였더라도 유죄부분도 상고심
의 심판대상이 된다.[55]

3. 실체상 수죄

38   상상적 경합은 실체에 있어서는 수죄이고, 상상적 경합범에 대하여 가장 무
거운 죄에 정한 형으로 처벌한다고 하여 가벼운 죄의 처벌을 면한다는 것은 아
니다.[56] 따라서 공소시효도 각 죄별로 따로 판단하며, 일부의 죄가 친고죄이고
그에 대하여 고소가 없거나 취소되었다고 하더라도 다른 비친고죄의 처벌에 영
향을 미치지 않는다.

〔이 상 원〕

---

52 대판 1996. 4. 12, 95도2312.
53 대판 1990. 1. 25, 89도252; 대판 2017. 9. 21, 2017도11687; 대판 2023. 6. 29, 2020도3705.
54 대판 2003. 5. 30, 2003도1256.
55 대판 2005. 1. 27, 2004도7488.
56 대판 1983. 4. 26, 83도323.

제 3 장 형

〔총 설〕

Ⅰ. 형벌이론

형법은 범죄와 형벌(내지 형사제재)을 규율하는 법률이다. 어떠한 행위가 범   **1**
죄가 되고, 그 범죄에는 어떠한 형벌이 가해지는지가 규정되어 있다. 형법이론
은 범죄이론과 형벌이론으로 나누어진다. 범죄이론은 범죄의 본질을 어떻게 이
해할 것인가에 관한 이론이고, 형벌이론은 형벌의 목적 내지 본질이 무엇인가를
규명하고자 하는 이론이다. 형벌이론은 범죄에 대해 형벌이라는 수단을 가지고
대응하는 일에 정당성을 부여하기 위한 이론적 모색이라는 성격을 가진다.

서구에서 근대형법이 태동한 이래 형벌이론은 형벌의 본질이 무엇인지를   **2**
둘러싸고 응보형주의와 목적형주의가 대립하는 형태로 시작되었다. 전자는 형

벌을 과거에 범해진 범죄에 대한 자기목적적 반작용으로 보는 것이므로 절대적
형벌이론(절대주의)이라 불리고, 후자는 형벌을 범죄에 대한 단순한 반작용이 아
니라 미래지향적으로 일정한 목적을 위해 부과되는 수단으로 보는 것이므로 상
대적 형벌이론(상대주의)이라 불린다.

1. 응보형주의와 목적형주의

(1) 응보형주의와 절대주의

3   응보형주의란 범인에 대하여 형벌을 과하는 목적과 본질을 응보(應報)의 원
리에 기초하여 해석하는 입장을 말한다. 범죄라고 하는 해악에 대한 반작용으로
서 국가에 의해 가해지는 정당한 응보가 형벌이라고 보는 것이다. 응보형주의는
형벌을 모든 범죄예방적 목적으로부터 분리하여 범죄의 본질을 응보에 있다고
이해하므로, 형벌은 다른 목적을 가진 것이 아니라 그 자체가 목적이라고 본다.
이와 같이 응보형주의를 전제로 하여 형벌 자체에 절대적 의의를 인정하는 입
장을 절대적 형벌이론 또는 절대주의라고 한다. 절대주의는 형벌의 근거를 오로
지 정의의 요구 또는 도의적 필요성에서 찾으며, "범죄가 있기 때문에 벌한다
(Punitur, quia peccatum est)."라고 설파한다.

4   형법이론사적으로 보면, 응보형주의는 인간의 자유의사를 전제로 한 비결
정론(非決定論)을 취했던 고전학파(구파)의 학자들이 폭넓게 채용했던 이론이다.
범죄자에게는 자유의사에 반하여 범죄를 범한 도의적 책임이 있고, 이러한 행위
에 대한 응보로서 가해지는 것이 형벌인 것이다. 대표적인 이론으로서 계몽기의
독일의 철학자인 칸트(Immanuel Kant, 1724-1804)가 주장한 절대적 응보론과 헤겔
(Georg Wilhelm Friedrich Hegel, 1770-1831)이 주장한 등가적(等價的) 응보론이 있다.

5   칸트는 형벌은 범죄인이나 사회에 다른 이익을 제공하기 위한 수단이 아니
라 오로지 죄를 범하였기 때문에 과해지는 정의의 명령(Gebot der Gerechtigkeit)이
라고 하였다. 시민 사회가 합의에 의해 스스로 해체하는 경우라 할지라도 옥중
의 살인범은 그 전에 사형에 처해야 한다고 했다. 그리고 사람의 처벌을 다른
사람의 범죄예방을 위해 사용하는 것은 사람을 수단으로 취급하는 것이므로 허
용할 수 없다고 했다. 또한 형벌은 범죄의 경중에 정확하게 대응해야 하므로 살
인에는 사형, 강간에는 거세형을 과해야 한다는 동해보복론(同害報復論)을 주장하

였는데, 이는 '눈에는 눈, 이에는 이'라고 하는 이른바 탈리오(Talio)적 응보관과
맥락이 상통한다.

헤겔은 변증법에 입각하여 형벌을 변증법적 필연이라고 설명하였는데, 범   6
죄는 법(法)의 부정(否定)이고, 이를 다시 부정함으로써 법률을 회복시키는 것이
형벌이라고 보았다. 즉 범죄는 법의 부정이고, 형벌은 법의 부정의 부정이며,
침해된 법과 정의를 회복하는 것에 형벌의 의의가 있다고 본 것이다. 또한 헤겔
은 형벌의 내용이 칸트와 달리 동해보복적일 필요는 없고, 범죄와 동일하지 않
아도 동일한 가치의 것이면 충분하다고 하는 이른바 등가치응보론(等價値應報論)
내지 동가보복론(同價報復論)을 주장했다.

(2) 목적형주의와 상대주의

응보형론이 형벌을 자기목적적인 것으로 파악하는 것에 비하여 형벌의 목   7
적을 상대적으로 파악하는 견해가 상대적 형벌이론이다. 형벌은 고통이며 해악
이기 때문에 단순히 범죄에 대한 응보가 정의라고 하는 관념론으로는 정당화될
수 없고, 범죄예방이라고 하는 합리적인 목적을 가진 경우에 비로소 정당화된다
고 보는 것이다. 연혁적으로 보면, 목적형주의는 인간의 의사는 소질이나 환경
에 의해 결정된다며 자유의사를 부정했던 결정론(決定論)을 취했던 근대학파(신
파)의 학자들이 채용했던 이론이다. 이에 따르면, 범죄자의 반사회적 성격이나
동기 등의 주관적 측면을 중시하고, 이러한 반사회적 성격을 개선·교육하기 위
한 수단이 형벌이라고 보는 것이다.

목적형주의의 경우, 형벌은 그 자체로서 의미가 있는 것이 아니라 일정한   8
목적, 즉 사회의 방위나 보호에 그 의의가 있다고 본다. 이를 사회방위론이라고
부른다. 형벌에 의한 사회방위의 목적은 범인을 교육하여 선량한 사회인으로서
사회에 복귀시킴으로써 이를 달성할 수 있게 된다. 형벌의 목적 내지 본질에 대
하여 교육형주의 또는 개선형주의의 입장을 취한다. 이와 같이 형벌은 그 자체
로서 절대적 의의가 있는 것이 아니라 장래에 대한 범죄의 예방이라는 현실적
인 목적을 가지고 있고, 이 외에 다른 특별한 의의를 인정하지 않는다는 점에서
이를 상대적 형벌이론 또는 상대주의라고 한다. 상대주의는 형벌의 근거를 유용
성 내지 합목적성에서 찾으며, "범죄를 범하게 하지 않기 위해서 벌한다(Punitur,
ne pecdetur)."라고 주장한다.

9   상대적 형벌이론은 형벌로부터 일정한 목적을 기대하는 이론인데, 그 목적
의 내용에 따라 일반예방이론과 특별예방이론으로 나누어진다.

2. 일반예방이론과 특별예방이론

(1) 일반예방이론

10   일반예방이론이란 범인에게 형벌을 과함으로써 일반인에게 경각심을 가지
게 하여 장래의 범죄를 예방하려는 입장을 말한다. 일반인이 범죄를 범하는 것
을 예방하려는 관점인데, 이미 죄를 범한 범죄자의 재범을 예방하려는 관점인
특별예방과 대비된다.

11   서구에서는 19세기초 고전학파로서 이른바 심리강제설(心理强制說)을 주장한
포이에르바하(Paul Johann Anselm von Feuerbach, 1775-1833)가 일반예방주의를 선도
한 대표적인 학자이다. 심리강제설이란 계몽적인 합리적 인간상을 전제로, 법률
에 의한 형벌이라고 하는 해악의 사전고지를 통한 심리적 위화에 의해 범죄를
그만두도록 강제할 수 있다는 이론이다.[1] 근대형법의 아버지로 불리는 포이에
르바하가 주창한 심리강제설은 형벌 위화에 의한 일반예방 효과를 거두기 위해
범죄와 형벌을 규정한 성문의 법률이 필요하다는 것이고, 이는 곧 "범죄 없으면
형벌 없다."는 이른바 죄형법정주의와 논리적으로 연계되어 있다는 점에 특색이
있다. 잘 알려진 바와 같이 서구에서 중세까지는 생명형이나 신체형 중심의 잔
혹한 형벌이 횡행했고, 이는 일반인에게 이러한 형벌의 집행을 보여줌으로써 위
화하여, 즉 겁을 먹게 하여 범죄를 예방하려는 목적을 가지고 있었다. 중세를
거치며 계몽기에 이르러서는 이러한 '위화에 의한 예방(위화예방)'도 보다 세련된
형태로 이론이 변화한 것이라 볼 수 있다. 즉 포이에르바하는 형법에 어떠한 행
위가 범죄가 되며, 이에 대하여 어떠한 형벌이 과해지는지를 미리 법률에 규정하

---

1 전술한 바와 같이 형법학 사조(思潮)에 있어서 일반적으로 고전학파(구파)는 응보형론과 절대주의,
   근대학파(신파)는 목적형론과 상대주의의 입장을 각각 취한다. 전자는 칸트(Kant), 헤겔(Hegel)의
   견해가 대표적이고, 후자는 리스트(Liszt), 페리(Ferri)의 견해가 대표적이다. 그러나 고전학파의
   학자라고 하더라도 항상 절대주의를 취하는 것은 아니라는 점에 주의를 요한다. 예컨대 포이에
   르바하는 심리강제에 의한 범죄의 예방을 주장하는 점에서 상대주의적 입장에 서있는 것이며,
   이후 19세기 중기 이후의 고전학파에 속하는 학자들은 오히려 대부분 상대주의적 입장을 따르
   고 있다.

고, 이를 일반인에게 알림으로써 개개인의 심리를 강제하여 일반예방을 도모하려고 한 것이다. 나아가 이러한 심리강제는 실제의 형의 집행에 의해 더욱 강화되게 된다. 그러나 단순히 과거와 같이 잔혹한 형벌의 집행에 의한 일반예방만을 내세우기보다는 성문형법에 의한 형벌의 예고(豫告)에 의한 일반예방을 중요시함으로써 형벌의 인도화(人道化) 등을 뒷받침할 수 있게 된 것이다.

한편, 일반예방이론은 소극적 일반예방이론과 적극적 일반예방이론으로 나누기도 한다.[2] 전자는 잠재적 범죄인인 일반인을 위화함으로써 장래의 범죄를 방지하는 것을 의미함에 반하여, 후자는 일반인에게 규범의 존재와 작용을 확신시킴으로써 규범의식을 강화하여 법질서를 준수하게 하는 것을 말한다. 　　12

전자의 소극적 일반예방이론은, 범죄자를 처벌하여 그 처벌 및 처벌과정을 직접 보거나 알게 된 사회 일반인의 심리에 영향을 미침으로써 범죄예방의 효과를 걷을 수 있다는 견해를 말하는데, 위 포이에르바하의 심리강제설이 그 이론적 토대가 된다.[3] 즉, 일반인에 대한 심리적 위협 또는 위화를 통한 일반예방 효과를 의미하는 것이다. 　　13

이에 비하여 후자의 적극적 일반예방이론이란, 형벌이 소극적으로 잠재적 범죄인에 대해 위하작용만 하는 것이 아니라 형벌을 통해 법에 충실한 시민들의 내면에 적극적으로 긍정적인 효과를 일으키는 점을 강조하는 형벌이론이다. 독일의 야콥스(Günther Jakobs, 1937-현재)에 의해 주장된 이론으로서, 종래의 일반예방이론은 형벌에 중점을 두고 있었지만, 적극적 일반예방이론에서는 규범의 내용에 중점을 두고 있다는 점에 특색이 있다. 이 이론에 의하면, 범죄인에 대 　　14

---

2 김성돈, 형법총론(8판), 803; 김혜정·박미숙·안경옥·원혜욱·이인영, 형법총론(5판), 16; 박상기, 형법총론(9판), 16-17; 배종대, 형법총론(18판), §4/26-30; 손동권·김재윤, 새로운 형법총론, §2/12-14; 오영근·노수환, 형법총론(7판), 569; 이재상·장영민·강동범, 형법총론(12판), §4/13; 이주원, 형법총론(3판), 9; 이형국·김혜경, 형법총론(7판), 30-31; 정성근·박광민, 형법총론(전정2판), 64-65; 정영일, 형법총론(3판), 23-24; 홍영기, 형법(총론과 각론)(2판), §2/14-15.

3 소극적 일반예방주의 대표적 학자로는 포이에르바하 외에 베카리아(Cesare Beccaria, 1738-1794)가 있다. 베카리아는 그의 저서 「범죄와 형벌」(1764)에서, 형벌권이란 시민이 사회계약을 통하여 공탁한 자유의 총화에 근거하여야 하며, 이 근거를 초월한 형벌권의 행사는 권력의 남용으로서 부정한 것이므로, 시민의 자유를 보장하기 위하여는 범죄와 형벌을 사전에 법률로 명확히 규정할 필요가 있고(죄형법정주의), 범죄와 형벌 사이에는 균형이 유지되어야 하며(죄형균형론), 형벌의 목적은 이미 죄를 범한 범인에게 고통을 주기 위한 것이 아니라 사회일반인이 다시 동일한 범죄를 범하지 않도록 예방하는 데 있다고 하였다(이재상·장영민·강동범, §4/15).

해 형벌이 부과되는 것을 보면서 형법의 구속력 내지 규범력이 여전히 유지되는 것을 확인하고 더욱 법을 준수하려는 생각을 적극적으로 가지게 되며, 결국 형법이 추구하는 질서 내지 가치가 더욱 공고히 된다는 것이다. 이와 같이 일반인의 의식 속에 법준수의 필요성이 내면화되어 가는 과정을 '법충성(내지 규범준수)의 훈련'이라고 하고, 형법질서가 공고화되어 가는 과정을 '규범의 안정화'라고 한다.

(2) 특별예방이론

15   특별예방주의란 범인에게 형벌을 가함으로써 범죄인 자신이 장래 재차 범죄를 저지르지 않도록 예방하려는 입장을 말한다.[4] 형벌의 목적 내지 정당화의 근거가 무엇인지를 규명하려는 형벌이론에 있어서, 그 해답을 범죄를 범한 행위자에 대한 장래의 범죄예방에서 구하는 시각인 것이다. 형벌이 장래에 미치는 효과가 사회 일반인을 향하는 일반예방과 달리, 범죄자 개인을 향하고 있다는 점에 특색이 있다.

16   특별예방주의는 19세기 중엽 이후 산업혁명에 따른 자본주의의 발전과 함께 재범자가 급증함에 따라 자유의사를 전제로 한 응보형주의의 한계가 드러나게 되자, 자연과학의 발달이 형법학에도 영향을 미쳐 형벌에 대하여도 자연과학적·실증적 방법으로 그 본질을 규명하고자 했던 이론이다. 근대학파(신파)의 탄생을 뒷받침했던 이탈리아의 실증주의 학자들인 롬브로조(Cesare Lombroso, 1836-1909), 페리(Enrico Ferri, 1856-1929), 가로팔로(Raffaele Garofalo, 1851-1934) 등에 의해 주장되었고, 리스트(Franz v. Liszt, 1851-1919)의 목적형주의[5]에 의해 확립되었다.

17   1880년대에 이를 주창한 리스트 이래 세 가지 하위목적을 가지고 있는 이론으로 설명되어 왔는바, ① 무해화, ② 위하, ③ 개선(또는 재사회화)이 그것이다. 오늘날 범죄자에 대한 장기간의 자유박탈을 통해 범죄자를 무해화(무력화)시킴으로써 사회의 안전을 확보하는 목적을 강조하는 특별예방이론을 소극적 특

---

4 오영근·노수환, 570[(형벌의) 세 목적 중 정당한 목적이 될 수 있는 것은 특별예방뿐이고 응보나 일반예방은 형벌의 목적이 될 수 없고 기능은 될 수 있다]; 이형국·김혜경, 597(형벌은 특히 범인의 개선, 교화와 재사회라는 특별예방을 중시해야 한다).

5 Liszt, "Der Zweckgedanke im Strafrecht", Strafrechtliche Aufsätz und Vorträge, Bd 1, 1891. 이에 대한 번역은 심재우·윤재왕·홍영기, 프란츠 폰 리스트의 형법사상 – 마르부르크강령, 박영사(2023) 참조.

별예방이론이라고 하고, 범죄자의 개선 및 재사회화에 초점을 맞추는 특별예방
이론을 적극적 특별예방이론이라고 부르기도 한다. 특별예방의 구체적인 내용
에는 개선불가능한 범죄인을 사회로부터 격리시켜 무력화하거나 형벌 부과에
의한 위화를 통해 당해 범죄자의 재범을 예방하는 것이 포함되지만, 오늘날 특
별예방의 핵심은 범죄인을 개선·교육하고 사회에 복귀시켜 재사회화하는 것에
보다 방점을 두고 있다고 할 것이다.

3. 절충적 이론

(1) 학설

응보이론과 특별예방이론, 일반예방이론을 절충하는 입장이며, 이 세 가지   18
를 종합적으로 고려하고 있다는 점에서 절충설 또는 결합설이라고 부른다. 여기
에는, ① 형벌의 의미에 관하여 응보에 관점에서 예방의 관점을 절충하는 응보
(우위)적 절충설, ② 응보형론, 특별예방론, 일반예방론의 모든 관점을 형벌의
목적으로 동위적(同位的)으로 병존시키는 동위적 절충설, ③ 응보의 사고를 배제
하고 특별예방과 일반예방을 형벌의 목적으로 파악하는 예방적 절충설(변증법적
절충설) 등이 있다. 위 ①, ②는 응보를 우위에 두는지 여부에 차이가 있지만,
응보, 일반예방, 특별예방의 세 가지를 모두 고려한다는 점에서는 공통적이다.
이를 합쳐서 응보적 절충설이라 부를 수 있을 것이다. 그리고 위 ③은 형벌실현
의 각 단계에서 특별예방과 일반예방의 장점들만이 나타나도록 이를 변증법적
을 합일(合一)시키려고 하는 견해이다. 응보사상을 형법에서 완전히 배제함으로
써 형법의 합리성을 유지하고 인간의 존엄과 자유를 보장하며 형사정책과 형벌
목적론의 발전방향을 일치시키려고 한다.

한편, 형벌실현의 각 단계별로 각기 다른 형벌목적이 타당하다는 견해로서   19
단계별 형벌목적이론이 있다.[6] 먼저 형사입법의 단계에서는 법률에 형벌을 규
정하는 것이 장차 범죄를 범할지도 모르는 잠재적 범죄인인 모든 사람에 대해
경고하는 목적을 가지고 있고(일반예방목적), 다음으로 법원에 의해 형벌이 선고
되는 단계에서는 그 법률에 정한 법정형의 범위 내에서만 형벌이 선고되어야

---

6 강동욱, 강의 형법총론(3판), 44; Naucke, Tendenzen in Strafrechtsentwiklung, 1975, S. 28-31
   (김성돈, 806에서 재인용).

하지 행위자의 책임의 범위를 넘어서는 형벌이 선고되어서는 안 된다고 하며(응보목적), 마지막으로 형벌이 선고되어 그것이 집행되는 단계에서는 행위자의 개선 및 교화를 지향하는 재사회화의 목적(특별예방목적)이 관건이 된다고 한다.[7]

20   우리나라 형법학계의 다수의 견해는 위 세 가지를 모두 고려하는 절충설 내지 결합설의 입장이다.[8] 어느 하나의 이론에 의하여 형벌의 의미와 목적을 설명할 수는 없고, 이들 이론의 장점을 결합하고 대립을 극복함으로써 형벌의 본질이나 목적을 설명할 수 있다고 보는 것이다. 이에 의하면 형벌은 본질상 응보의 성격을 가지지만, 책임의 범위 안에서 일반예방과 특별예방의 목적도 고려하여야 한다. 응보이론에 있어서는 책임에 상응한 형벌만 정당하다는 책임주의를 그 한계로서 유지하고 있고, 책임은 형벌의 상한을 제한할 뿐이며, 형벌의 하한은 일반예방과 특별예방에 의하여 결정되지 않을 수 없다. 아울러 형벌집행단계에 있어서의 사회복귀사상 내지 재사회화를 강조하면서 형벌의 개별화 및 형벌완화를 가능케 하는 범위 내에서 적극적 특별예방의 목적을 수용하고 있다.

(2) 판례

21   판례 중에는 보안처분의 개념을 형벌과 비교하여 정의하면서 부수적으로 '형벌'은 '응보를 주된 목적'으로 하고 있다고 언급한 것[9]들이 있다.[10] 응보를 주

---

7 이와 관련해서 비교법적으로 보면, 일본형법학의 경우 형벌이론에서 병합주의(倂合主義)와 배분주의(配分主義)라는 개념을 사용하고 있다. 전자의 병합주의(내지 병합설)란, 절대주의와 상대주의의 주장을 병합하여 형벌의 법적 근거를 '정의(正義)' 및 '합목적성'에 구하는 입장을 말하며, "범죄가 있기 때문에, 그리고 범죄를 범하지 않게 하기 위해 벌한다(Punitur, quia peccatum est, ne peccetur)."라고 주장한다. 후자의 배분주의(또는 배분설)란, 절대주의나 상대주의와 같이 형벌의 이념을 정의 또는 합목적성의 어느 하나로 통일하여 이해하는 것이 아니라, 형벌의 발전단계에 대응하여 각기 다른 이념을 인정하는 입장이다. 이러한 주장의 선구적인 예로서 독일형법학자인 마이어(Max Ernst Mayer, 1875-1923)를 들며, 그에 의하면 형벌은 입법자, 재판관, 교도관의 각 국가기관과의 관계에 있어서 형벌의 법정(法定), 형벌의 양정(量定) 및 형벌의 집행의 3단계로 구분되고 있고, 각 단계의 형벌의 지도이념은 각각 응보, 법의 확신(確信) 및 목적형(目的刑)이고, 이를 모두 일관하는 형벌의 목적은 찾을 수 없다고 한다. 이에 관한 내용은 大塚外, 大コン(3版)(1), 19(大塚 仁) 참조.

8 김혜정·박미숙·안경옥·원혜욱·이인영, 17; 배종대, §4/63; 손동권·김재윤, §2/21; 신동운, 형법총론(11판), 8; 이재상·장영민·강동범, §4/31; 이주원, 9; 임웅·김성규·박성민, 형법총론(14정판), 73; 정성근·박광민, 66; 정영일, 27; 차용석, 형법총론강의, 73.

9 대판 1988. 11. 16, 88초60(일반적으로 보안처분은 반사회적 위험성을 가진 자에 대하여 사회방위와 교화를 목적으로 격리수용하는 예방적 처분이라는 점에서 범죄행위를 한 자에 대하여 응보를 주된 목적으로 그 책임을 추궁하는 사후적 처분인 형벌과 구별되어 그 본질을 달리하는 것으로서 형벌에 관한 죄형법정주의나 일사부재리 또는 법률불소급의 원칙은 보안처분에 그대로 적

된 목적으로 하고 있다는 것이 곧바로 일반예방이나 특별예방을 목적을 부정하는 것은 아니며, 오히려 이를 부수적 목적으로 볼 여지를 열어둔 것이라 말할 수 있다. 해석상 우리나라 판례는 기본적으로 응보와 예방의 양 측면을 모두 고려하는 절충적 입장11인 것으로 이해된다.

　헌법재판소도 징역에 정역의무를 부과한 제67조(징역)에 대하여, "이 사건 법률조항은 수형자의 교정교화와 건전한 사회복귀를 도모하고, 노동의 강제를 통하여 범죄에 대한 응보 및 일반예방에 기여하기 위한 것으로서 그 목적이 정당하고, 수단의 적합성도 인정된다."고 판시하여,12 형벌의 목적으로서 '응보' 및 '(일반)예방'을 명시적으로 언급한 바 있다. 한편, 헌법재판소 결정의 반대의견13 중에는 "형벌의 목적은 응보, 범죄의 일반예방, 범죄인의 개선(특별예방)에 있음"을 명시한 것도 있다.

22

용되지 않는다); 대판 2009. 5. 14, 2009도1947(보안처분은 범죄행위를 한 자에 대한 응보를 주된 목적으로 그 책임을 추궁하는 사후적 처분인 형벌과 구별되어 그 본질을 달리하는 것으로서 형벌에 관한 일사부재리의 원칙이 그대로 적용되지 않는다); 대판 2011. 7. 28, 2011도5813(전자감시제도는 범죄행위를 한 자에 대한 응보를 주된 목적으로 책임을 추궁하는 사후적 처분인 형벌과 구별되어 본질을 달리한다).

10 대법원 전원합의체 판결의 반대의견 중에는 "형벌의 목적은 교정에 있는 것이며 응보가 그 목적은 아니다."라고 한 것이 있다[대판 1984. 10. 10, 82도2595(전)(타인의 사무를 처리할 의무의 주체가 법인인 경우 그 법인의 대표기관이 배임죄의 주체가 된다는 다수의견에 대하여, 반대의견은 "법인은 사법상의 의무주체가 될 뿐 범죄능력이 없다고 하나 바로 이 사법상의 의무주체가 배임죄의 주체가 되는 것이므로 이것을 떠나서 배임죄는 성립할 수 없다 할 것이고 법인의 대표기관은 법인이 타인에 대하여 부담하고 있는 의무내용대로 사무를 처리할 임무가 있다는 그 임무는 법인에 대하여 부담하는 임무이지 법인의 대표기관이 직접 타인에 대하여 지고 있는 임무는 아니므로 그 임무에 위배하였다 하여 이를 타인에 대한 배임죄가 성립한다고 할 수 없다."는 입장)].

11 대판 1999. 6. 11, 99도763(형사법 본연의 존재의의라 할 응보 및 일반예방의 견지에서 피고인을 사회로부터 영구히 격리하는 극형이 불가피하다고 할 것이므로, 피고인에 대한 제1심의 양형이 너무 무거워서 부당하다고는 인정되지 아니한다); 대판 2009. 5. 14, 2009도1947[범죄의 특별예방 및 일반예방의 수단이라는 점 등을 고려하면 (이하 생략)].

12 헌재 2012. 11. 29, 2011헌마318.

13 헌재 1996. 11. 28, 95헌바1(재판관 조승형의 반대의견).

Ⅱ. 형벌 일반

1. 형벌의 의의

(1) 형벌과 형사제재

23   형벌은 범죄에 대한 법적 효과로서 그 범죄자에게 과하는 제재이고, 법익의 박탈을 내용으로 한다. 우리나라 형법은 사형, 징역, 금고, 자격상실, 자격정지, 벌금, 구류, 과료, 몰수의 9가지를 형벌로 규정하고 있다(§41). 범죄에 대한 법률 효과인 형벌은 범죄자에 대한 법익의 박탈을 그 내용으로 한다. 이를 박탈되는 법익의 성격에 따라 대별하면, 생명형(사형), 자유형(징역, 금고, 구류), 자격형 내지 명예형(자격상실, 자격정지), 재산형(벌금, 과료, 몰수)의 4가지로 구분된다. 즉, 생명형은 생명의 박탈, 자유형은 자유의 박탈 내지 신체의 구금, 자격형은 자격의 박탈, 재산형은 재산의 박탈 내지 감소를 그 형벌내용으로 하고 있다.

24   우리나라 형법과 연혁적인 관련이 있는 일본형법(1907년 제정)의 경우, 종전까지 형벌의 종류는 7가지를 규정하고 있었다. 주형(主刑)으로서 사형(死刑), 징역(懲役), 금고(禁錮), 벌금(罰金), 구류(拘留), 과료(科料), 그리고 부가형으로서 몰수(沒收)가 그것이다(일형 §9). 징역은 형사시설에 구치하여 소정의 작업을 행하게 하는 형벌이고(일형 §12), 금고는 형사시설에 구치하되 이러한 작업의 부과되지 않는다는 점(일형 §13)에서 차이가 있다. 그러나 2022년 6월 17일 일본형법의 개정14에 의해 징역과 금고의 구별이 폐지되고, '구금형(拘禁刑)'으로 단일화되었다.15 동 개정이유서는 "형사시설에 있어서 수형자의 처우 및 집행유예제도 등을 더 한층 충실하게 하기 위해, 징역 및 금고를 폐지하여 구금형을 창설하고, 그 처우내용 등을 정함과 동시에 집행유예를 선고할 수 있는 대상자의 확대 등의 조치를 강구하며, 또한 죄를 범한 사람에 대한 형사시설, 그 밖의 시설 내와 사회 내에서의 처우의 충실을 도모하기 위한 규정을 정비함"에 있다는 점을 밝히고 있다. 이와 같이 형법상 신설된 구금형은 구금형에 처해진 사람에 대하여

---

14 정식적으로는 「형법 등의 일부 개정하는 법률(刑法等の一部を改正する法律)」에 따른 개정이다. 위 법률은 구금형의 신설 이외에 이와 연계되는 교정처우에 관한 개정(형사수용시설 및 피수용자 등의 처우에 관한 법률의 일부개정) 등을 포함하고 있다.

15 위 개정 법률은 2025년 6월 1일 시행 예정이다.

는 개선갱생을 도모하기 위해 필요한 작업을 실시하거나 또는 필요한 지도를 행할 수 있도록 하고 있다(개정법 §9).

　　형벌은 개인의 범죄행위에 대한 책임비난으로서 과해지는 것이다. 따라서 　25 형벌은 행위자를 처벌하는 것에 한정된다. 예외적으로 행정형법에서 행위자 이외에 법인이나 사용주를 양벌하는 규정을 두고 있지만, 이것도 행위자의 범죄행위에 대해 다른 자에게 책임비난을 가할 수 있는 경우에 한정되는 것이다. 형벌의 주체는 국가이다. 이러한 의미에서 형벌은 언제나 공형벌(公刑罰)이자 국가형벌이고, 사인(私人)에 의한 형벌은 허용되지 않는다.

　　형벌은 범죄에 대한 법률효과로서 개별적 범죄에 대해 그 책임을 전제로 　26 하여 범죄자에게 과해지는 것이라는 점에서 범죄인의 재범위험성을 근거로 하여 과해지는 보안처분과 구분된다. 즉 형벌은 과거의 범죄행위에 대한 행위자의 책임에 상응한 징벌수단으로서 과해지는 것임에 비하여, 보안처분은 장래의 재범위험성을 근거로 하여 책임과 무관하게 또는 책임의 양과 상관없이 예방수단으로서 과해지는 것이다. 형벌은 과거를 대상으로 하고, 보안처분은 미래를 향한 제재라는 것이 이러한 의미이다. 이러한 형벌과 보안처분을 포괄하여 칭하는 개념이 형사제재이다. 오늘날 형사제재는 형벌 이외에 다양한 보안처분을 확대 적용해온 상황이지만, 오랜 역사를 가지고 있을 뿐만 아니라 여전히 가장 중요하고 원칙적인 것이 형벌이라는 점에는 변함이 없다.

(2) 형벌과 보안처분의 이원주의

　　우리나라 형법은 과거의 범죄행위에 대한 형벌과 장래의 재범위험성에 대 　27 한 예방수단으로서의 보안처분의 두 가지 형사재제를 규정하여 병렬적으로 부과하고 있는데, 이를 '형벌과 보안처분의 이원주의(병과주의)'라고 한다.[16] 이와 달리 형벌과 보안처분의 본질을 동일한 것으로 파악하고, 위법행위에 대하여 양자 중 어느 하나만을 부과하는 입법태도를 일원주의라고 하고, 형벌은 책임의 정도에 따라 언제나 선고되지만 그 집행단계에서 보안처분의 집행으로 대체되

---

16 판례도 이원론의 입장이다[주석형법 [총칙(2)](3판), 375(이상원)]. 예컨대, 대판 2010. 9. 30, 2010도6403. 「형법 제62조의2 제1항에서 말하는 보호관찰은 형벌이 아닌 보안처분의 성격을 갖는 것으로서, 과거의 불법에 대한 책임에 기초하고 있는 제재가 아니라 장래의 위험성으로부터 행위자를 보호하고 사회를 방위하기 위한 합목적적인 조치이다.」

거나 보안처분의 집행이 끝난 후에 집행하는 입법태도를 대체주의[17]라고 한다.

28   현행 형법전에 규정되어 있는 보안처분의 종류로는 ① 보호관찰, ② 사회
봉사명령, ③ 수강명령의 세 가지가 있다. 위 형법상의 보호관찰 등은 형의 선
고유예 및 집행유예와 결합된 형태로만 운용된다는 특성이 있지만, 판례는 이
형법상의 보호관찰을 보안처분이라고 본다.[18] 연혁적으로 보면, 1953년 제정 시
에는 형법전에 보안처분에 관한 규정이 없었다. 1995년 12월 29일 개정에서 형
의 보호관찰부 선고유예(§ 59의2)와 보호관찰부 집행유예 및 사회봉사명령·수강
명령(§ 62의2), 보호관찰부 가석방(§ 73의2)이 입법화되면서 형법전에 그 근거를 두
게 되었다.[19] 형법전에는 위 각 보호관찰 등의 요건을 비롯하여 보호관찰의 기
간, 준수사항 위반에 의한 선고유예·집행유예·가석방의 취소에 관한 규정을 두
고 있으나, 보호관찰 및 사회봉사명령·수강명령의 시행과 관련된 세부적인 절
차는 보호관찰 등에 관한 법률[1988년 12월 31일 보호관찰법이 제정되었다가, 1995년 1
월 5일 보호관찰 등에 관한 법률(법률 제4933호)로 명칭이 변경되어 오늘에 이르고 있음](이

---

17 대체주의가 타당한 방법이라는 견해로는 김성돈, 889; 이재상·장영민·강동범, § 45/15; 임웅·김
  성규·박성민, 732; 정성근·박광민, 741. 오영근·노수환, 632-633은 형벌과 보안처분의 관계와
  그 집행방법을 나누어, 전자에는 일원론과 이원론이 있고, 이원론에 의할 경우 후자에는 택일주
  의, 대체주의, 병과주의가 있다고 하고, 이주원, 557-558은 형법과 보안처분의 본질과 그 집행방
  법을 나누어, 전자에는 일원론과 이원론이 있고, 이원론에 의할 경우 후자에는 대체주의, 병과주
  의가 있다고 한다.
18 대판 1997. 6. 13, 97도703(개정 형법 제62조의2 제1항에 의하면 형의 집행을 유예를 하는 경우
  에는 보호관찰을 받을 것을 명할 수 있고, 같은 조 제2항에 의하면 제1항의 규정에 의한 보호관
  찰의 기간은 집행을 유예한 기간으로 하고, 다만 법원은 유예기간의 범위 내에서 보호관찰의 기
  간을 정할 수 있다고 규정되어 있는바, 위 조항에서 말하는 보호관찰은 형벌이 아니라 보안처분
  의 성격을 갖는 것으로서, 과거의 불법에 대한 책임에 기초하고 있는 제재가 아니라 장래의 위
  험성으로부터 행위자를 보호하고 사회를 방위하기 위한 합목적적인 조치이므로, 그에 관하여 반
  드시 행위 이전에 규정되어 있어야 하는 것은 아니며, 재판시의 규정에 의하여 보호관찰을 받을
  것을 명할 수 있다고 보아야 할 것이고, 이와 같은 해석이 형벌불소급의 원칙 내지 죄형법정주
  의에 위배되는 것이라고 볼 수 없다); 대판 2010. 9. 30, 2010도6403.
19 1995년 형법전에의 편입 이전의 상황을 보면, ① 1969년의 「공소보류자관찰규칙」(법무부령 제
  163호)은 국가보안법(1980년 12월 31일 법률 제3318호) 위반에 관하여 공소를 보류시키는 자에
  게 보호관찰처분을, ② 1970년의 「형집행정지자관찰규정」(대통령령 제4554호)은 형의 집행을
  정지시키는 자에 대한 보호관찰처분을, ③ 형법 제75조의 '가석방 처분을 받은 자'에 대한 '감시
  에 관한 규칙'으로서 만들어진 「가석방자보호관찰규정」은 가석방자에 대한 보호관찰을 각각 규
  정하고 있었다. ④ 1977년 소년법(1977년 12월 31일 법률 제304호)에 소년비행자에 대한 보호
  처분(소년 § 30)과 감호처분(소년 § 32)이 규정되었으나, 성인범죄자에 대한 보호관찰에 관한 법
  률적 규정은 이 시기까지도 마련되지 않았다.

하, 보호관찰법이라 한다.)에 의해 규율되고 있다.

한편, 형법전에 규정된 보호관찰 이외에도 소년법, 전자장치 부착 등에 관   29
한 법률(이하, 전자장치부착법이라 한다.),[20] 성폭력범죄자의 성충동 약물치료에 관
한 법률(이하, 성충동약물치료법이라 한다.), 아동·청소년의 성보호에 관한 법률(이
하, 청소년성보호법이라 한다.), 성폭력범죄의 처벌 등에 관한 특례법(이하, 성폭력처벌
법이라 한다.), 가정폭력범죄의 처벌 등에 관한 법률(이하, 가정폭력처벌법이라 한다.),
보안관찰법 등의 다양한 개별 법률에 보호관찰이나 수강명령, 사회봉사명령 등
에 관한 규정을 두고 있고, 이러한 다양한 특별법의 보호관찰 등에 있어서도 그
시행과 관련된 세부적인 절차는 개별법상의 특례규정을 제외하고는 보호관찰법
에 의해 규율되거나 보호관찰법의 규정을 준용하도록 하고 있다.[21]

그리고 형법전 이외의 특별법에 다양한 유형의 보안처분이 확대 규정되어   30
왔는데, 대표적인 것으로 치료감호 등에 관한 법률(이하, 치료감호법이라 한다.)상의
치료감호(치감 §16), 보안관찰법상의 보안관찰처분(보안 §4), 소년법상의 보호처
분(소년 §32①(i) 내지 (x)), 전자장치부착법상의 전자장치 부착명령(전부 §5, §9),
성폭력처벌법상의 신상정보의 등록 및 공개(성폭처벌 §43, §47), 청소년성보호법상
의 신상공개(아청 §49), 성충동약물치료법상의 치료명령(성충동 §4, §8) 등이 있다.
이에 앞서 연혁적으로 보면, 1980년 12월 16일 사회보호법의 제정으로 상습범에
대한 자유박탈적 보안처분으로서 보호감호가 도입되었다가, 2005년 8월 4일 사
회보호법의 폐지와 더불어 보호감호제도가 폐지된 바 있다.

헌법재판소는 "보안처분은 그 본질, 추구하는 목적 및 기능에 있어 형벌과   31
는 다른 독자적 의의를 가진 사회보호적인 처분이므로 형벌과 보안처분은 서로
병과하여 선고한다고 해서 (중략) 헌법 제13조 제1항이 규정한 일사부재리의 원
칙에 위반하였다고 할 수 없다."는 입장을 취하고 있다.[22] 나아가, 헌법 제13조

---

20 2020년 2월 4일 개정 전 법률명은 특정 범죄자에 대한 보호관찰 및 전자장치 부착 등에 관한
   법률이고, 2012년 12월 18일 개정 전 법률명은 특정 범죄자에 대한 위치추적 전자장치 부착 등
   에 관한 법률이다.
21 보호관찰법 제1조는 "이 법은 죄를 지은 사람으로서 재범 방지를 위하여 보호관찰, 사회봉사, 수
   강 및 갱생보호 등 체계적인 사회 내 처우가 필요하다고 인정되는 사람을 지도하고 보살피며 도
   움으로써 건전한 사회 복귀를 촉진하고, 효율적인 범죄예방 활동을 전개함으로써 개인 및 공공
   의 복지를 증진함과 아울러 사회를 보호함을 목적"으로 하고 있음을 밝히고 있다.
22 헌재 1997. 11. 27, 92헌바28(보안관찰법 제2조 등 위헌소원, 합헌·각하).

의 이중처벌금지의 원칙에서 말하는 '처벌'은 "원칙적으로 범죄에 대한 국가의 형벌권 실행으로서의 과벌을 의미하는 것이고, 국가가 행하는 일체의 제재나 불이익처분을 모두 그 '처벌'에 포함시킬 수는 없다."고 보았다.[23] 따라서 청소년 성보호법상의 신상정보공개제도(아청 § 49)에 대하여, "공개되는 신상과 범죄사실은 이미 공개재판에서 확정된 유죄판결의 일부로서, 개인의 신상 내지 사생활에 관한 새로운 내용이 아니고, 공익목적을 위하여 이를 공개하는 과정에서 부수적으로 수치심 등이 발생된다고 하여 이것을 기존의 형벌 외에 또 다른 형벌로서 수치형이나 명예형에 해당한다고 볼 수는 없다."고 판시하여, 신상공개제도는 헌법 제13조의 이중처벌금지의 원칙에 위배되지 않는다고 보았다.

2. 형벌권

(1) 국가의 형벌권

32   형벌권(刑罰權)이란 국가의 통치권에 속하며, 국가에 의해 행사되는 권능을 말한다. 헌법 제12조 제1항은 "누구든지 (중략) 법률과 적법한 절차에 의하지 아니하고는 처벌·보안처분 또는 강제노역을 받지 아니한다."고 규정하고 있다. 절차법적 측면에서의 적법절차의 원칙뿐만 아니라 실체법적 측면에서의 죄형법정주의의 이념을 담고 있는 위 헌법조항은 국가에 의한 형벌권 행사의 근거이자 그 정당성을 판단하는 기준이 된다. 현대국가에 있어서 형벌권은 국가통치권의 한 작용으로서 행사되며, 일반적으로 입법부가 제정한 법률에 의해 개개의 범죄별로 형벌이 법정(法定)되고, 이를 바탕으로 개별 범죄에 대한 사법부의 심판을 통해 형벌이 적용되며, 형집행기관 내지 교정기관에 의해 형벌이 집행되는 순서로 실현되게 된다. 국가형벌권은 ① 형벌의 법정, ② 형벌의 적용, ③ 형벌의 집행이라는 일련의 단계를 거치며 구체적으로 실현된다고 할 것이다.

(2) 국가형벌권의 의미와 한계 - 헌법재판소의 결정

33   국가의 형벌권 행사와 관련하여 헌법재판소는, "헌법 제10조에서 보장하는 인간의 존엄과 가치는 국가가 형벌권을 행사함에 있어 사람을 국가행위의 단순한 객체로 취급하거나 비인간적이고 잔혹한 형벌을 부과하는 것을 금지하고, 행

---

23 헌재 2003. 6. 26, 2002헌가14(합헌).

형(行刑)에 있어 인간 생존의 기본조건이 박탈된 시설에 사람을 수용하는 것을 금지한다. 구금의 목적 달성을 위하여 필요최소한의 범위 내에서는 수형자의 기본권에 대한 제한이 불가피하다 하더라도, 국가는 어떠한 경우에도 수형자의 인간의 존엄과 가치를 훼손할 수 없다."고 판시하였는데,[24] 여기서 국가형벌권의 행사에 있어 비안간적이고 잔혹한 형벌의 부과 금지, 인간 생존의 기본조건이 박탈된 행형시설에의 수용 금지를 그 한계로서 제시하고 있다. 이를 바탕으로 교정시설의 1인당 수용면적이 수형자의 인간으로서의 기본 욕구에 따른 생활조차 어렵게 할 만큼 지나치게 협소하다면, 이는 그 자체로 국가형벌권 행사의 한계를 넘어 수형자의 인간의 존엄과 가치를 침해한다고 본 것이다.

　　또한 위 판시의 전제적 판단으로서, "인간의 존엄과 가치는 모든 인간을 그 자체로서 목적으로 존중할 것을 요구하고, 인간을 다른 목적을 위한 단순한 수단으로 취급하는 것을 허용하지 아니하는바, 이는 특히 국가의 형벌권 행사에 있어 매우 중요한 의미를 가진다. 국가의 형벌권 행사는 공동체의 질서를 유지함으로써 인간의 존엄과 가치를 보호하기 위한 것이기도 하지만, 동시에 그 대상이 되는 피의자·피고인·수형자의 인간의 존엄과 가치에 대한 위협이 될 수도 있기 때문이다. 인간의 존엄과 가치는 국가가 형벌권을 행사함에 있어서 피의자·피고인·수형자를 다른 모든 사람과 마찬가지로 존엄과 가치를 가지는 인간으로 대우할 것을 요구한다."고 하였다. 이는 국가형벌권의 정당성이 '공동체의 질서를 유지'하는 데 있다는 점을 밝히는 동시에, '인간의 존엄과 가치를 보호'해야 하는 것이 그 한계로서 작용한다는 점을 명확히 한 것이다. 여기서 전자의 공동체의 질서유지라는 목적 내지 기능은 국가가 형벌권을 행사하는 것을 정당화하는 실질적인 근거가 된다.

3. 형벌집행권의 소멸

　　형벌권은 구체적 사건에 있어서의 재판의 확정을 통해 형벌집행권을 발생시킨다. 이렇게 발생한 형벌집행권에 의해 형벌이 집행되지만, 그 집행의 종료로 형벌집행권이 소멸하고, 또는 다른 일정한 사유의 발생으로 인해 형벌집행권이 소멸하는 경우가 있다. 형벌집행권의 소멸은 후술하는 형의 선고의 효력이

---

24 헌재 2016. 12. 29, 2013헌마142(구치소 내 과밀수용행위 위헌 확인).

소멸(내지 상실)되는 것과는 차이가 있다.

36   형벌집행권이 소멸되는 사유는, 첫째, 형벌의 집행의 종료이다. 형벌집행권은 형의 집행의 종료로 인해 당연히 소멸된다. 가석방기간의 만료에 의해서도 형벌집행권은 소멸된다. 가석방의 처분을 받은 후 그 처분이 실효 또는 취소되지 아니하고 가석방기간을 경과한 때에는 형의 집행을 종료한 것으로 본다(§76①). 선고형의 형기만료일을 그 집행종료일로 보는 것이 상당하다.

37   둘째, 범인의 사망 또는 법인의 소멸이다. 형벌은 수형자에게만 적용되는 일신전속적인 성격을 지니므로, 범인이 사망하거나 법인이 소멸하여 존속하지 아니하게 되었을 때에는 형벌의 집행은 허용되지 않는다.

38   셋째, 형의 시효의 완성이다. 형의 선고를 받은 자는 시효의 완성으로 인하여 그 집행이 면제된다(§77). 형의 시효의 완성은 형벌권을 소멸시키는 사유이지만, 형의 선고의 효력까지 소멸시키는 것은 아니다.

39   넷째, 사면에 의한 형 집행의 면제이다. 헌법은 대통령에게 법률이 정하는 바에 의하여 사면·감형 또는 복권을 명할 수 있도록 하고 있다(헌§79①). 현행 사면법상으로 사면의 종류에는 일반사면과 특별사면이 있다(사면§2). 그중에 형을 선고받은 사람을 대상으로 하는 특별사면의 경우에는 원칙적으로 형의 집행이 면제된다(사면§5①(ii)).

40   다섯째, 외국에서의 재판집행의 효력으로서 형 집행을 면제하는 경우이다. 현행 형법은 "죄를 지어 외국에서 형의 전부 또는 일부가 집행된 사람에 대해서는 그 집행된 형의 전부 또는 일부를 선고하는 형에 산입한다."고 하여, 형의 집행을 필요적으로 감면하도록 하고 있다(§7). 이는 재판에서의 판결 선고를 통해 이루어지는데, 그 형의 집행이 면제되는 재판의 경우에는 형벌집행권이 소멸된다.

4. 형의 선고의 효력의 상실

41   형의 선고는 그 판결의 확정에 의해 형벌집행권을 발생시키는 외에 그 자체의 효력을 가진다. 그 효력은 형벌집행권이 소멸된 이후에도 존속하는 것이 일반적이다. 형 면제 판결의 선고의 경우에도 형벌집행권의 발생 자체는 없지만, 이것이 일종의 유죄판결이기 때문에 동일한 효력을 가지게 된다. 형의 선고

의 효력은 일정한 사유에 의해 소멸될 때까지는 존속하며, 그 기간 중에는 각종 법령상의 자격제한도 수반한다. 예컨대, 국가공무원법상의 공무원의 자격제한 등이 이에 속한다. 형의 선고의 효력은 이러한 자격제한과 같이 형벌집행권을 넘어서는 범위까지 효력을 미치기도 하지만, 반면 형의 선고의 효력이 상실된 때에는 형벌집행권은 물론 각종의 자격제한도 법적으로는 모두 소멸된다.

형의 선고의 효력이 상실되는 사유로는, 첫째, 형의 실효이다. 징역 또는 금고의 집행을 종료하거나 집행이 면제된 자가 피해자의 손해를 보상하고 자격 정지 이상의 형을 받음이 없이 7년을 경과한 때에는 본인 또는 검사의 신청에 의하여 그 재판의 실효를 선고할 수 있다(§81). **42**

둘째, 집행유예기간의 만료이다. 집행유예의 선고를 받은 후 그 선고의 실효 또는 취소됨이 없이 유예기간을 경과한 때에는 형의 선고는 효력을 잃는다(§65). **43**

셋째, 사면이다. 죄를 범한 사람을 대상으로 하는 일반사면이 내려진 경우에 **44** 는 형 선고의 효력이 상실된다(사면 §5①(i)).[25] 특별사면의 경우에는 전술한 바와 같이 원칙적으로 형벌집행권이 소멸하지만, 예외적으로 특별한 사정이 있을 때 에는 이후 형 선고의 효력을 상실하게 할 수 있도록 하고 있다(사면 §5①(ii) 단서).

5. 소년에 대한 과형상의 특례

소년법상 19세 미만의 소년에 대하여는 범죄를 범한 경우라도 형벌을 대신 **45** 하여 보호처분을 과할 수 있도록 하고 있다. 절차적으로 보면, 범죄사건이 아닌 그 밖의 소년비행사건은 경찰서장이 직접 관할 소년부에 송치하지만(소년 §4), 소년형사사건은 일단 검사에게 송치되어 검사가 수사종결처분으로서의 판단을 하게 된다. 소년법은 이들 범죄소년에 대하여 소년법원에 의한 소년보호절차와 형사법원에 의한 소년형사절차를 구분하고 있고, 양자 중 어떠한 절차로 진행할 것인지를 검사의 재량에 맡기고 있다.

소년법은 소년에 대해 형사처분을 과하더라도 소년형사사건에 대하여는 소 **46** 년이 건전하게 성장하도록 돕기 위해 다음과 같은 과형상의 특례규정이 적용된 다. 소년법에서 말하는 소년은 19세 미만의 자를 말한다(소년 §2). '소년'인지의

---

25 다만, 형을 선고받지 아니한 자에 대하여는 공소권이 상실된다(사면 §5①(i)).

여부는 소년사건의 심판 시, 즉 사실심판결 선고 시를 기준으로 판단되어야 한다.[26] 소년범에 대한 특례규정은 소년의 특성 때문에 현재 소년이라는 상태를 중시하여 소년의 건전한 육성을 기하려는 취지에서 인정된 것이기 때문이다.[27]

47   첫째, 사형 및 무기형의 완화이다. 죄를 범할 당시 18세 미만인 소년에 대하여는 사형 또는 무기형으로 처할 경우에는 15년의 유기징역으로 한다(소년 §59). 사형 또는 무기형에 대한 감형의 특례를 인정한 것은 소년에게 교정 교화의 기회를 주어 장래의 여망을 기대하기 위함이다.[28]

48   둘째, 부정기형(不定期刑)이다. 소년이 법정형으로 장기 2년 이상의 유기형에 해당하는 죄를 범한 경우에는 그 형의 범위에서 장기와 단기를 정하여 선고한다(소년 §60). 다만, 장기는 10년, 단기는 5년을 초과하지 못한다. 이 경우 형의 단기가 지난 소년범의 행형 성적이 양호하고 교정의 목적을 달성하였다고 인정되는 경우에는 관할 검찰청 검사의 지휘에 따라 그 형의 집행을 종료시킬 수 있도록 하고 있다(소년 §60④).

49   셋째, 미결구금일수의 산입이다. 소년법상의 임시조치(소년분류심사원에 위탁)(소년 §18①(iii))가 있었을 때에는 그 위탁기간은 형법상의 판결선고 전 구금일수에 전부 산입된다(소년 §61).

50   넷째, 환형처분의 금지이다. 18세 미만의 소년에게는 제70조(노역장유치)에 따른 유치의 선고를 하지 못하도록 하고 있다(소년 §62 본문). 다만, 판결선고 전 구속되었거나 소년법상의 임시조치(소년 §18①(iii))가 있었을 때에는 그 구속 또는 위탁의 기간에 해당하는 기간은 노역장에 유치된 것으로 보아 제70조(판결선고 전 구금일수의 통산)를 적용할 수 있다(소년 §62 단서).

51   다섯째, 가석방 요건의 완화 및 기간의 단축이다. 성인의 경우 무기에 있어서는 20년, 유기에 있어서는 형기의 3분의 1을 경과한 후 가석방이 가능한 것에 비하여(§72), 소년의 경우에는 무기형의 경우에는 5년, 15년 유기형의 경우에는 3년, 부정기형의 경우에는 단기의 3분의 1의 기간이 지나면 가석방을 허가할 수 있도록 하고 있다(소년 §65). 아울러 가석방 기간의 종료에 있어서도 징역 또는

---

26 대판 2009. 5. 28, 2009도2682.
27 대판 1991. 12. 10, 91도2393; 대판 2009. 5. 28, 2009도2682.
28 대판 1960. 9. 30, 4293형상509.

금고를 선고받은 소년이 가석방된 후 그 처분이 취소되지 아니하고 가석방 전에 집행을 받은 기간과 같은 기간이 지난 경우에는 형의 집행을 종료한 것으로 한다(소년 §66).

여섯째, 자격제한의 완화 등이다. 소년이었을 때 범한 죄에 의하여 형의 선고 등을 받은 사람에 대하여는, ① 형을 선고받은 자가 그 집행을 종료하거나 면제받은 경우, ② 형의 선고유예나 집행유예를 선고받은 경우에는 자격에 관한 법령을 적용할 때 장래에 향하여 형의 선고를 받지 아니한 것으로 보도록 하고 있다(소년 §67).   **52**

III. 보안처분

1. 보안처분의 의의

보안처분이란 형벌로는 행위자의 사회복귀와 범죄의 예방이 불가능하거나   **53**
행위자의 특수한 위험성으로 인하여 형벌의 목적을 달성할 수 없는 경우에 형벌을 대체하거나 보완하기 위하여 부과되는 예방적 성격의 형사제재를 말한다. 형벌이 책임비난을 전제로 하고 책임주의의 범위 내에서 과해지는 것임에 반하여, 보안처분은 행위자의 사회적 위험성을 전제로 하여 특별예방의 관점에서 선고되는 것이다. 또한 형벌이 과거의 범죄행위를 대상으로 하는 제재임에 반하여, 보안처분은 장래를 향한 예방적 성격의 제재라는 점에서도 서로 구별된다. 본래 보안처분은 범인의 사회적 위험성에 착목하여 사회방위의 취지에서 자유를 박탈하거나 제한하는 성격에서 출발하였지만, 현재는 사회방위의 측면보다 오히려 교육, 치료 내지 보호를 통해 본인을 개선·갱생시킨다는 취지까지 포함하는 개념으로 확장되어 있다.

헌법 제12조 제1항은 "누구든지 (중략) 법률과 적법한 절차에 의하지 아니하   **54**
고는 처벌·보안처분 또는 강제노역을 받지 아니한다."고 규정하고 있다. 이는 보안처분법정주의를 선언한 것이다.[29] 보안처분은 국회가 제정한 성문법률에 의해야 한다는 점에서 형벌의 죄형법정주의와 유사한 원리에 의해 규율된다. 판

---

29 박정일, 형사제재로서 보안처분의 이론과 실제, 박영사(2023), 30.

례도 "죄형법정주의 원칙상 형벌법규는 문언에 따라 엄격하게 해석·적용하여야 하고 피고인에게 불리한 방향으로 지나치게 확장해석하거나 유추해석해서는 안 되는 것이 원칙이고, 이는 특정 범죄자에 대한 위치추적 전자장치 부착명령의 요건을 해석할 때에도 마찬가지이다."라고 판시한 바 있다.[30] 보안처분의 부과에서는 원칙적으로 행위시법이 아니라 재판시법이 기준으로 작용하게 된다. 형벌법규와 달리 보안처분을 규율하는 법률에는 소급효금지의 원칙이 적용되지 않는 것이 원칙이다.[31] 다만, 입법자가 소급효에 관하여 명시적인 경과규정을 두고 있는 경우에는 이에 따른다.[32]

55   그간 우리나라에서는 범죄에 대한 적극적인 예방의 필요성 등을 명목으로 형벌과는 별개로 다양한 유형의 보안처분이 도입·적용되어 왔다. 아래에서는 우선 보안처분에 대한 연혁적 고찰로서 2005년 8월 4일에 폐지되었던 구 사회보호법상의 보호감호제도 등을 살펴본 후, 현행 법률에 근거를 두고 있는 다양한 유형의 보안처분에 대하여 그 의의와 부과·집행의 절차를 중심으로 이를 살펴보도록 한다.

2. 구 사회보호법상의 보안처분 – 보호감호 등

(1) 의의

56   전술한 바와 같이 현행헌법 제12조 1항은 누구든지 법률과 적법한 절차에 의하지 아니하고는 보안처분을 받지 아니한다고 규정하여 보안처분에 관한 헌

---

30 대판 2012. 3. 22, 2011도15057, 2011전도249(전). 본 판결 평석은 김혜정, "소년법상 보호처분의 성격과 전자장치부착명령 요건과의 관계", 형사판례연구 [21], 한국형사판례연구회, 박영사(2013), 617-642; 신현범, "부착명령의 발령요건인 '2회 이상의 성폭력범죄'에 소년보호처분 전력이 포함되는지 여부", 양승태 대법원장 재임 3년 주요 판례 평석, 사법발전재단(2015), 356-367.
31 대판 1983. 6. 28, 83도1070. 「사회보호법 제1조는 과거에 실형전과를 가진 자로서 동종 또는 유사한 죄를 범하여 재범의 위험성이 있고 특수한 교육개선 및 치료가 필요하다고 인정되는 자에 대하여 보호처분을 함으로써 사회복귀를 촉진하고 사회를 보호하려는데 그 목적이 있다고 설명하고 있는 바와 같이 사회보호법상의 보호처분은 형벌과는 달리 이미 형벌을 받은 자를 이중으로 처벌하기 위함이 아니고 이미 처벌을 받은 자라 할지라도 생태적 또는 습성적으로 동종 또는 유사한 죄를 반복할 위험성이 있는 실형전과자에 대한 앞으로의 범죄예방 및 교화조치로서 필요한 보호처분을 하자는데 있는 것이므로 형벌과는 별도로 또는 이를 병행하여 보호처분을 한다 한들 이를 가지고 일사부재리의 원칙 또는 법률불소급의 원칙에 관한 헌법위반이라고 할 수 없다.」
    같은 취지의 판결로는 대판 2011. 4. 14, 2011도453.
32 대판 2013. 4. 11, 2013도1525; 대판 2014. 3. 27, 2013도13095.

법적 근거를 마련해두고 있다. 이러한 보안처분법정주의는 1972년 12월 27일에 제정된 대한민국헌법 제8조에 처음으로 규정되었다. 이를 근거로 여러 특별법에 보안처분을 규정하게 되었는데, 그 대표적인 것이 1975년에 제정된 사회안전법(법률 제2769호, 1975. 7. 16. 제정, 1989년 개정 시 보안관찰법으로 법률명 변경)과 1980년에 제정된 사회보호법(법률 제3286호, 1980. 12. 8. 제정)이었다.

　　그중 1980년에 제정된 사회보호법은 '보호처분'이라는 명칭으로, ① 재범의 위험성이 있는 전과자를 사회로부터 격리시켜 그 개선을 도모하는 보호감호(保護監護), ② 책임무능력이나 약물중독으로 형벌의 의미를 이해하지 못하는 사람을 치료시설에 격리하여 개선을 도모하는 치료감호(治療監護), ③ 재범의 위험성이 있는 범죄인을 사회 내에 놓아두면서 지도하고 원호하는 보호관찰(保護觀察)의 세 가지 보안처분을 규정하고 있었다. 이 가운데 자유박탈적 보안처분에 해당하는 것은 보호감호와 치료감호이다. 위 ①의 보호감호는 동종 또는 유사한 죄를 범한 사람을 대상으로 해서 상습성 등의 일정한 요건[33]을 갖추고 재범의 위험성이 있다고 인정되는 사람을 사회로부터 격리시켜 보호감호시설에 수용하는 보안처분이다. 그러나 사회보호법은 특히 보호감호의 남용 등에 대한 반인권적 악법의 시비 속에서 이중처벌이라는 비난이 제기되었을[34] 뿐만 아니라 지나치게 사회방위의 측면에 치우쳐 과잉입법금지의 원칙에 위배되는 등 위헌의 소지가 있다는 이유로 2005년 8월 4일 폐지되었다. 그리고 대체입법으로 위 ②의 치료감호처분을 유지·보완하기 위해 치료감호법이 제정되었다. 아울러 위 ③의 보호관찰에 관한 특별법으로는 보호관찰법이 있다.

---

33 구 사회보호법 제5조(보호감호) 보호대상자가 다음 각 호의 1에 해당하고 재범의 위험성이 있다고 인정되는 때에는 보호감호에 처한다.
　　1. 동종 또는 유사한 죄로 2회 이상 금고 이상의 실형을 받고 형기합계 3년 이상인 자가 최종형의 전부 또는 일부의 집행을 받거나 면제를 받은 후 다시 동종 또는 유사한 별표의 죄를 범한 때
　　2. 별표에 규정된 죄를 수회 범하여 상습성이 인정될 때
　　3. 보호감호의 선고를 받은 자가 그 감호의 전부 또는 일부의 집행을 받거나 면제를 받은 후 다시 동종 또는 유사한 별표의 죄를 범한 때
34 이와 관련하여 헌재 1989. 7. 14, 88헌가5는 "구 사회보호법 제5조 제1항은 전과나 감호처분을 선고받은 사실 등 법정의 요건에 해당되면 재범의 위험성 유무에도 불구하고 반드시 그에 정한 보호감호를 선고하여야 할 의무를 법관에게 부과하고 있으니 헌법 제12조 제1항 후문, 제37조 제2항 및 제27조 제1항에 위반된다."고 판시하여, 필요적 보호감호에 대해 위헌이라고 결정한 바 있다.

58   이와 같이 우리나라의 경우, 1980년 사회보호법의 제정으로 상습범에 대한
자유박탈적 보안처분으로서 보호감호가 도입되었으나, 2005년 사회보호법의 폐
지와 더불어 보호감호제도가 폐지되었다.[35] 그러나 이후 2010년 11월 법무부가
입법예고한 형법개정안에서는 상습범에 대한 가중처벌을 삭제하는 대신 보호수
용(保護收容)이라는 명칭으로 구 보호감호제도에 상응하는 자유박탈적 보안처분을
재도입하는 방안을 제시하였으나,[36] 강한 반대에 부딪혀 폐안되었다.

(2) 부과·집행절차 - 구 사회보호법상의 보호감호

59   구 사회보호법상의 보호감호의 절차는 원칙적으로 검사의 보호감호청구로
부터 개시된다. 검사는 제1심 판결의 선고 전까지 감호청구를 할 수 있었고, 다
만 법원은 공소제기된 사건의 심리결과 보호감호에 처함이 상당하다고 인정할
때에는 검사에게 감호청구를 요구할 수 있도록 했다(사회보호법 §14). 법원은 보
호감호가 청구된 사건을 심리하여 그 청구가 이유 있다고 인정할 때에는 판결
로써 보호감호를 선고하여야 하고, 이유 없다고 인정할 때에는 판결로써 청구기
각을 선고하여야 하며, 감호사건의 판결은 피고사건의 판결과 동시에 선고하도
록 되어 있었다(동법 §20).

60   보호감호의 집행은 검사가 지휘한다(동법 §22). 보호감호는 피보호감호자를
보호수용시설에 수용하여 감호·교화하고, 사회복귀에 필요한 직업훈련과 근로
를 과하는 방식으로 이루어지며, 다만 근로를 부과하기 위해서는 피보호수용자
의 동의가 있어야 한다(동법 §7①). 한편, 보호감호시설의 장은 적당한 기관에
피보호감호자의 감호 등을 위탁할 수 있다(동법 §7②). 보호감호시설에의 수용기
간은 7년을 초과할 수 없다(동법 §7③).

61   법무부에 설치된 사회보호위원회(보호처분의 관리와 집행에 관한 사항을 심사·결
정하기 위해 법무부에 설치된 행정위원회의 일종으로 판사·검사 또는 변호사의 자격이 있는

---

35 사회보호법 법률 제7656호 폐지 2005. 8. 4. [폐지이유 및 주요내용] "현행 사회보호법상의 보호
  감호처분 등은 피감호자의 입장에서는 이중처벌적인 기능을 하고 있을 뿐만 아니라 그 집행실태
  도 구금위주의 형벌과 다름없이 시행되고 있어 국민의 기본권을 침해하고 있고, 사회보호법 자
  체도 지난 권위주의시대에 사회방위라는 목적으로 제정한 것으로 위험한 전과자를 사회로부터
  격리하는 것을 위주로 하는 보안처분에 치중하고 있어 위헌적인 소지가 있기 때문에 이를 폐지
  하여 국민의 기본권을 보장하려는 것임."
36 보호수용의 요건(안 §83의3) 등 그 내용과 신설이유에 대해서는 법무부, 형법(총칙)일부개정법
  률안 제안 이유서(2011. 4), 89-105 참조.

7인 이내의 위원과 의사의 자격이 있는 2인 이내의 위원으로 구성되고 위원장은 법무부차관
이 된다.)는 피보호감호자에 대하여 그 집행개시 후 매 1년마다 가출소 여부를
심사·결정하며, 가출소한 피보호감호자에 대하여는 매 6월마다 집행면제 여부
를 심사·결정한다(동법 §25).

　피보호감호자가 가출소된 때에는 보호관찰에 부해진다(동법 §10). 이 경우 　　62
보호관찰의 기간은 3년이고, 피보호관찰자는 보호관찰법에 규정된 준수사항을
이행하여야 한다. 보호관찰기간이 만료된 때에는 피보호관찰자에 대하여 보호
감호의 집행이 면제된다(동법 §27①). 또한, 보호관찰기간이 만료되지 않은 경우
라도 사회보호위원회는 피보호관찰자가 관찰성적이 양호한 때에는 보호감호의
집행면제를 결정할 수 있었다(동법 §27②). 사회보호위원회는 피보호관찰자가 고
의로 금고 이상의 형에 해당하는 죄를 범하거나 준수사항 기타 보호관찰에 관
한 지시·감독에 위반한 때에는 결정으로 가출소를 취소하고 다시 보호감호를
집행할 수 있었다(동법 §30).

　한편, 검사는 형사소송법 제471조 제1항[37] 각 호의 어느 하나에 해당하는 　　63
사유가 있을 때에는 같은 조에 따라 보호감호의 집행을 정지할 수 있었다(동법
§31). 즉, 자유형집행의 정지에 해당하는 사유와 동일한 사유가 있을 때에 검사
의 지휘로 보호감호의 집행을 정지할 수 있도록 했다. 이 경우 보호감호의 집행
이 정지된 자에 대한 관찰은 형집행정지자에 대한 관찰의 예에 따른다.

---

37 형사소송법(2007. 6. 1. 개정되기 전의 것) 제471조 (동전)(= 자유형집행의 정지) ① 징역, 금고
　또는 구류의 선고를 받은 자에 대하여 다음 각호의 1에 해당한 사유가 있는 때에는 형을 선고한
　법원에 대응한 검찰청검사 또는 형의 선고를 받은 자의 현재지를 관할하는 검찰청검사의 지휘에
　의하여 형의 집행을 정지할 수 있다.
　　1. 형의 집행으로 인하여 현저히 건강을 해하거나 생명을 보전할 수 없을 염려가 있는 때
　　2. 연령 70세 이상인 때
　　3. 잉태 후 6월 이상인 때
　　4. 출산 후 60일을 경과하지 아니한 때
　　5. 직계존속이 연령 70세 이상 또는 중병이나 장애인으로 보호할 다른 친족이 없는 때
　　6. 직계비속이 유년으로 보호할 다른 친족이 없는 때
　　7. 기타 중대한 사유가 있는 때
　② 검사가 전항의 지휘를 함에는 소속 고등검찰청검사장 또는 지방검찰청검사장의 허가를 얻어
　야 한다.

3. 치료감호 등에 관한 법률상의 치료감호 및 치료명령

(1) 의의

64 　　전술한 바와 같이 2005년 구 사회보호법이 폐지됨에 따라 동법에서 규정하고 있던 치료감호제도를 새롭게 규율하기 위한 대체입법으로 치료감호법(2005. 8. 9. 제정, 2016년 개정 시 치료감호 등에 관한 법률로 법률명 변경)이 제정되었다. 현행 치료감호법상의 치료감호는 심신장애 상태, 마약류·알코올이나 그 밖에 약물중독 상태, 정신성적(情神性的) 장애가 있는 상태 등에서 범죄행위를 한 자로서 재범의 위험성이 있고 특수한 교육·개선 및 치료가 필요하다고 인정되는 자에 대하여 치료감호시설에 수용하여 보호와 치료의 조치를 행하는 보안처분을 말한다(치감 §1, §2).[38] 대인적 보안처분이자 자유박탈적 보안처분에 속한다.

65 　　2015년 12월 1일 치료감호법 개정 시에 치료명령제도가 새롭게 도입되었다 (2016. 12. 2. 시행). 치료감호는 시설 내 보안처분으로서 자유박탈적 보안처분임에 대하여, 치료명령은 비교적 경미한 범죄자에 대한 통원치료 방안으로 사회 내 보안처분에 속한다.

66 　　그리고 치료감호법은 피치료감호자에 대한 치료감호가 가종료되었을 때나 치료감호시설 외에서 치료받도록 법정대리인등에게 위탁되었을 때 등에는 필요적으로 보호관찰이 시작되도록 하고 있다(치감 §32①). 이 경우 보호관찰기간은 3년이며(치감 §32②), 구체적인 절차는 보호관찰법을 따르고 있다. 아래에서는 '치료감호' 제도에 초점을 맞추어 그 요건 및 부과·집행절차 등을 살펴본다.

(2) 요건

67 　　치료감호대상자는 치료감호시설에서 치료를 받을 필요가 있고 재범의 위험성이 있는 자로서 다음의 어느 하나에 해당하는 자를 말한다(치감 §2①). 즉, ① 형법 제10조 제1항에 따라 벌하지 아니하거나 같은 조 제2항에 따라 형을 감경할 수 있는 심신장애인으로서 금고 이상의 형에 해당하는 죄를 지은 자, ② 마약·향정신성의약품·대마, 그 밖에 남용되거나 해독(害毒)을 끼칠 우려가 있는 물질이나 알코올을 식음(食飮)·섭취·흡입·흡연 또는 주입받는 습벽이 있거나 그에 중

---

38 한편, 치료감호법에서는 재범의 위험성이 있는 심신장애자나 약물중독자 등에 대한 사회 내 보안처분으로서 보호관찰제도를 함께 규정하고 있다.

독된 자로서 금고 이상의 형에 해당하는 죄를 지은 자, ③ 소아성기호증(小兒性嗜好症), 성적가학증(性的加虐症) 등 성적 성벽(性癖)이 있는 정신성적 장애인으로서 금고 이상의 형에 해당하는 성폭력범죄를 지은 자이다.

'재범의 위험성'이란 피감호청구인이 장래에 다시 심신장애나 마약 등의 습벽·중독으로 인한 상태에서 범행을 저지를 개연성39을 말한다.40 구 사회보호법상의 치료감호는 '재범의 위험성'만을 요건으로 규정하였으나(구 사회보호법 §8①), 현행법은 '치료를 받을 필요(성)'을 명문화함으로써 치료감호의 선고요건을 보다 강화하였다. 한편, 위 ③의 성폭력범죄에 대하여도 치료감호처분을 할 수 있도록 한 것은 2008년 6월 13일의 법률 개정에 따른 것이다.

68

---

39 치료감호의 요건이 되는 재범의 위험성이라 함은, "피감호청구인이 장래에 다시 심신장애의 상태에서 범행을 저지를 상당한 개연성이 있는 경우를 말하고, 그 위험성 유무는 피감호청구인에 대한 위험성의 하나의 징표가 되는 원인행위로서 당해 범행의 내용과 판결선고 당시의 피감호청구인의 심신장애의 정도, 심신장애의 원인이 될 질환의 성격과 치료의 난이도, 향후 치료를 계속 받을 수 있는 환경의 구비여부, 피감호청구인 자신의 재범예방 의지의 유무 등 제반 사정을 종합적으로 평가하여 객관적으로 판단하여야 한다."(대판 1990. 8. 28, 90감도103; 대판 2000. 7. 4, 2000도1908, 2000감도62). 그리고 구 사회보호법 제8조 제1항 제2호(현행 치감 §2①(ii)에 대응)의 '재범의 위험성'이라 함은, "피감호청구인이 장차 그 물질 등의 주입등 습벽 또는 중독증세의 발현에 따라 다시 범죄를 저지를 것이라는 상당한 개연성이 있는 경우를 말한다 할 것인데, 그 위험성 유무는 ① 판결선고 당시의 피감호청구인의 습벽 또는 중독증세의 정도, 치료의 난이도, 향후 치료를 계속 받을 수 있는 환경의 구비여부, 피감호청구인 자신의 치료에 관한 의지의 유무와 그 정도, ② 피감호청구인의 연령, 성격, 가족관계, 직업, 재산정도, 전과사실, 개전의 정 등 사정, ③ 피감호청구인에 대한 위 습벽 또는 중독증세의 발현에 관한 하나의 징표가 되는 당해 감호청구원인이 된 범행의 동기, 수법 및 내용, ④ 전에 범한 범죄의 내용 및 종전 범죄와 이 사건 범행 사이의 시간적 간격 등 제반 사정을 종합적으로 평가하여 객관적으로 판단하여야 한다."(대판 2003. 4. 11, 2003감도8).

40 재범의 위험성을 인정한 판례로는, 대판 2000. 7. 4, 2000도1908; 대판 2003. 4. 11, 2003감도8; 대판 2005. 9. 30, 2005도4208, 2005감도16; 대판 2005. 9. 30, 2005도3940, 2005감도15 등. 한편 재범의 위험성을 부정한 판례로는, 대판 1984. 5. 22, 84감도103(판결선고 당시에는 정신질환으로 치료의 필요성이 있음이 인정되더라도 피감호청구인이 치료할 경제적 능력이 있고, 현증상이 중하지 아니하고 상당기간의 입원치료 또는 약물복용으로 어렵지 않게 재발되지 않을 상태를 이룩할 수 있고 본인도 이에 임할 의지도 보이며 학교 및 가족의 도움으로 자신의 행동을 통제하는 한편 스스로 재발방지의 자구책을 강구할 예방능력이 있다고 인정된다면, 기왕의 병력이 있고 완치를 위하여 치료의 필요성이 인정된다는 사실만으로는 재범의 위험성이 있다고 단정하기 어렵다); 대판 1984. 10. 10, 84감도257(치료감호청구의 원인이 된 범행이 정신질환으로 인한 것이라 하여도 범행후의 감정 당시에는 정신분열등 정신질환을 시사하는 증상은 발견되지 아니하고 다만 기능저하에서 결과되는 이해의 감소나 의사 소통의 부적절함을 엿볼 수 있는 정신박약자일 뿐 정신질환이 인정되지 않는다면 그로 인한 재범의 위험성이 있다고 할 수 없다).

〔이 동 희〕   **185**

(3) 부과절차 - 검사의 치료감호 청구 및 법원의 치료감호 선고

(가) 치료감호의 청구

69　　　　치료감호의 부과·집행절차를 개괄적으로 보면, 절차의 개시는 우선 검사의 치료감호 청구로부터 시작된다. 즉 검사가 치료감호를 청구할 때에는 정신건강의학과 등의 전문의의 진단이나 감정을 참고하여야 하며(치감 §4②), 검사는 치료감호 청구에 필요한 자료를 직접 조사하거나 사법경찰관리에게 조사를 지휘할 수 있도록 하고 있다(치감 §5). 또한, 검사는 조사와 관련하여 판사로부터 치료감호영장을 발부받아 보호구속(보호구인 및 보호구금을 포함)을 할 수 있다(치감 §6①).

70　　　　검사의 치료감호 청구는 피고사건에 대한 기소 없이 독립적으로 청구할 수도 있다(치감 §7). 즉, ① 형법 제10조 1항(심신상실), ② 친고죄에 있어 고소가 없거나 취소된 경우나 반의사불벌죄에 있어 처벌불원 의사표시가 있거나 처벌을 원한다는 의사표시를 철회한 경우, ③ 기소유예 처분을 하는 경우에는 검사는 공소를 제기하지 아니하고 치료감호만을 청구할 수도 있다. 또한, 공소제기된 사건에 관하여 심신상실을 이유로 무죄판결이 확정되어 다시 공소를 제기할 수 없는 경우에도 독립하여 치료감호를 청구할 수 있다.[41] 그리고 치료감호청구사건의 공판을 시작한 후 심신장애에 해당하지 아니한다는 명백한 증거가 발견되고 검사의 청구가 있을 때에는 법원은 형사소송법에 따른 공판절차로 이행하여야 한다(치감 §10①).

71　　　　한편, 법원은 치료감호청구사건에 있어 심신장애 또는 정신성적 장애가 있는지의 여부를 판단하기 어려울 때에는 정신건강의학과 전문의 등에게 재감정을 명할 수 있다(치감 §13). 또한 법원은 피고인에 대한 정신감정을 실시함에 있어 그 장애가 장차 사회적 행동에 있어서 미칠 영향 등에 관하여도 아울러 감정하게 하고, 그 감정의견을 참작하여 객관적으로 판단한 결과 정신질환이 계속되어 피고인을 치료감호에 처함이 상당하다고 인정될 때에는 치료 후의 사회복귀와 사회안전을 도모하기 위하여 별도로 보호처분이 실시될 수 있도록 검사에게 치료감호 청구를 요구할 수 있다.[42]

---

41 대판 1999. 8. 24, 99도1194. 본 판결 평석은 이승녕, "심급제도에 따른 치료감호와 독립청구", 형사재판의 제문제(3권), 박영사(2000), 408-430.
42 대판 1998. 4. 10, 98도549.

(나) 치료감호의 선고

치료감호의 부과는 법원의 판결로 선고된다. 법원은 치료감호사건을 심리 72
하여 그 청구가 이유 있다고 인정할 때에는 판결로써 치료감호를 선고하여야
하며, 이유가 없다고 인정할 때 또는 피고사건에 대하여 심신상실 외의 사유로
무죄를 선고하거나 사형을 선고할 때에는 판결로써 청구기각을 선고하여야 한
다(치감 §12①). 치료감호사건의 판결은 피고사건의 판결과 동시에 선고하여야
하지만, 다만 치료감호법 제7조에 따라 치료감호만을 독립적으로 청구한 경우에
는 피고사건의 판결 없이 치료감호사건의 판결만을 선고하게 된다(치감 §12②).

(4) 집행절차

(가) 검사의 집행지휘, 검사의 소환 및 치료감호집행장 발부

치료감호의 집행은 검사의 집행지휘에 의거해서 이루어진다. 검사는 보호 73
구금되어 있지 아니한 피치료감호자에 대한 치료감호를 집행하기 위하여 소환
할 수 있고, 소환에 응하지 아니하면 치료감호집행장을 발부하여 보호구인할 수
있다(치감 §21①, ②). 피치료감호자가 도망하거나 도망할 염려가 있을 때 또는
피치료감호자의 현재지를 알 수 없을 때에는 검사는 소환 절차를 생략하고 치
료감호집행장을 발부하여 보호구인할 수 있으며, 이 경우 치료감호집행장은 치
료감호영장과 동일한 효력이 있다(치감 §21③, ④).

피치료감호자는 치료감호시설에 수용되어 치료를 위한 조치가 행해진다. 74
피치료감호자를 수용하는 기간은 치료감호법 제2조 제1항 제1호(심신장애인·심신
미약자) 및 제3호(성적 성벽이 있는 정신성적 장애인)에 해당하는 자는 15년을 초과할
수 없고, 제2조 제1항 제2호(마약·알코올 등의 습벽·중독자)에 해당하는 자는 2년
을 초과할 수 없다(치감 §16②). 피치료감호자에 대한 처우와 관련하여 2017년
개정법은 이를 대폭 강화하였는데, 면회, 텔레비전 시청, 치료 등의 권리를 보장
하고 있고(치감 §§26-28), 법무부장관이 연 2회 이상 치료감호시설의 운영실태 및
피치료보호자에 대한 처우상태를 점검하도록 하고 있다(치감 §31).

(나) 치료감호심의위원회에 의한 가종료 등의 심사·결정 및 보호관찰의 부과

법무부 산하에 설치된 치료감호심의위원회[43]는 치료감호 집행을 시작한 후 75

---

43 치료감호심의위원회는 법무부 산하에 설치된 위원회로, 위원장은 법무부차관, 위원은 판사·검
사 또는 변호사의 자격이 있는 6명 이내의 위원과 정신과 등 전문의의 자격이 있는 3명 이내의

6개월마다 치료감호의 종료 또는 가종료 여부를 심사·결정하고, 가종료 또는
치료위탁된 피치료감호자에 대하여는 가종료 또는 치료위탁 후 매 6개월마다
종료 여부를 심사·결정한다(치감 §22). 또한, 치료감호심의위원회는 치료감호 집
행이 시작된 후 1년이 지났을 때에는 상당한 기간을 정하여 그의 법정대리인,
배우자, 직계친족, 형제자매에게 치료감호시설 외에서의 치료를 위탁할 수 있다
(치감 §23①).

76   치료감호심의위원회는 피치료감호자에 대한 치료감호시설 간 이송에 관한
사항, 치료의 위탁·가종료 및 그 취소와 치료감호의 종료 여부에 관한 사항, 피
보호관찰자[44]에 대한 준수사항의 부과 및 준수사항 전부 또는 일부의 추가·변
경 또는 삭제에 관한 사항, 치료감호기간 만료 시 보호관찰 개시에 관한 사항
등을 심의·결정하도록 되어 있다(치감 §37③). 이와 관련하여 피보호자의 주거
지를 관할하는 지방검찰청 또는 지청의 검사는 위 사항에 관하여 치료감호심의
위원회에 심사·결정을 신청할 수 있고(치감 §43①), 보호시설의 장이나 보호관찰
관은 검사에게 위 신청을 요청할 수 있다(치감 §43③). 피치료감호자와 그 법정대
리인등은 피치료감호자가 치료감호를 받을 필요가 없을 정도로 치유되었음을 이
유로 치료감호의 종료 여부를 심사·결정하여 줄 것을 위원회에 신청할 수 있다
(치감 §44①).

(다) 검사에 의한 치료감호의 집행정지

77   치료감호법은 본법은 형사소송법 제471조 제1항 각 호의 어느 하나에 해당
하는 사유가 있을 때에는 같은 조에 따라 검사가 치료감호의 집행을 정지할 수
있도록 하고 있다(치감 §24). 즉, 자유형집행의 정지에 해당하는 사유와 동일한
사유가 있을 때에 검사의 지휘로 치료감호의 집행을 정지할 수 있도록 하고 있
다. 이 경우, 치료감호의 집행이 정지된 자에 대한 관찰은 형집행정지자에 대한
관찰의 예에 따른다(치감 §24).

위원으로 구성되어 있다(치감 §37①, ②). 위원회의 구성, 운영, 서무 및 자문위원의 위축과 그
밖에 필요한 사항은 대통령령으로 정하도록 되어 있다(치감 §37⑥ 및 치감령 §14 이하 참조).
44 치료감호법에 의거하여 보호관찰을 받는 자를 말하며, ① 피치료감호자에 대한 치료감호가 가종
료되었을 때, ② 피치료감호자가 치료감호시설 외에서 치료받도록 법정대리인등에게 위탁되었
을 때 등에는 보호관찰이 시작된다(치감 §§32-36 참조).

(5) 치료명령 - 대상자, 요건 및 집행방법

치료명령대상자는 ① 형법 제10조 제2항에 따라 형을 감경할 수 있는 심신 78
장애인으로서 금고 이상의 형에 해당하는 죄를 지은 자, ② 알코올을 식음하는 습벽이 있거나 그에 중독된 자로서 금고 이상의 형에 해당하는 죄를 지은 자, ③ 마약·향정신성의약품·대마, 그 밖에 대통령령으로 정하는 남용되거나 해독을 끼칠 우려가 있는 물질을 식음·섭취·흡입·흡연 또는 주입받는 습벽이 있거나 그에 중독된 자로서 금고 이상의 형에 해당하는 죄를 지은 자의 어느 하나에 해당하는 자로서 통원치료를 받을 필요가 있고 재범의 위험성이 있는 자이다(치감 §2의3).

법원은 치료명령대상자에 대하여 형의 선고 또는 집행을 유예하는 경우에 79
는 치료기간을 정하여 치료를 받을 것을 명할 수 있다(치감 §44의2①). 치료를 명하는 경우, 법원은 보호관찰은 병과하여야 한다(치감 §44의2②). 보호관찰기간은 선고유예의 경우에는 1년, 집행유예의 경우에는 그 유예기간으로 한다. 다만, 법원은 집행유예 기간의 범위에서 보호관찰기간을 정할 수 있다(치감 §44의2③). 치료기간은 보호관찰기간을 초과할 수 없다(치감 §44의2④).

치료명령은 검사의 지휘를 받아 보호관찰관이 집행한다(치감 §44의6①). 치 80
료명령을 받은 사람에 대해서는 정신건강의학과 전문의의 진단과 약물 투여, 상담 등 치료 및 「정신건강증진 및 정신질환자 복지서비스 지원에 관한 법률」(이하, 정신건강복지법이라 한다.)에 따른 정신건강전문요원 등 전문가에 의한 인지행동 치료 등 심리치료 프로그램의 실시 등의 방법으로 집행한다(치감 §44의6②). 치료명령을 받은 사람은 ① 보호관찰관의 지시에 따라 성실히 치료에 응할 것, ② 보호관찰관의 지시에 따라 인지행동 치료 등 심리치료 프로그램을 성실히 이수할 것이라는 사항을 준수하여야 한다(치감 §44의5).

4. 보호관찰, 사회봉사명령, 수강명령

(1) 보호관찰제도의 유형

현행법상 보호관찰제도는 그 내용과 목적의 측면에서 다양한 형태가 있어 그 81
본질 내지 법적 성격을 획일적으로 정의하기는 어렵다. 현행법상의 보호관찰제도를 대별하자면, ① 형벌을 대신하여 부과되는 경우(형벌대체형 보호관찰)도 있고, ② 형집행 후 형벌을 보충하여 부과되는 경우(형벌보충형 보호관찰), ③ 형벌의 선고 또는 집행을 유예하거나 가석방하는 조건으로 이루어지는 경우(형벌유예형 보호 관찰)로 구분할 수 있다.

82   위 ①에 속하는 것으로는 소년법상의 보호처분이 대표적이고, 성인을 대상 으로 한 보호관찰 중에서는 가정폭력처벌법상의 보호관찰(가폭 § 40), 성매매알선 등 행위의 처벌에 관한 법률상의 보호관찰(성매매 § 14) 등을 꼽을 수 있다. 위 보 호관찰은 검사가 행위자에 대하여 사건의 성격, 동기, 성행, 습벽 등을 고려하여 해당 법률에 다른 보호처분을 하는 것이 적절한다고 인정하여 가정법원에 송치 한 경우에 이루어지는 보호관찰로서, 일종의 다이버전(diversion)과 유사한 성격 을 가지고 있다.

83   위 ②에 속하는 것으로는 청소년성보호법상의 아동·청소년대상 성범죄를 범하고 재범의 위험성이 인정되는 사람에게 부과되는 보호관찰(아청 § 61), 성충 동약물치료법상의 성충동 약물치료를 선고받은 사람에게 15년 이내의 치료기간 동안 필요적으로 부과되는 보호관찰(성충동 § 8②), 전자장치부착법상의 살인·강 도·성폭력범죄·유괴범죄를 저지를 사람으로서 해당 범죄를 다시 범할 위험성 이 있다고 인정되는 사람에게 부과되는 보호관찰(전부 § 21의2, § 21의3)이 있다. 즉, 이 경우 법원이 검사의 청구에 의해 형의 집행이 종료된 사람에게 보호관찰 과 그 준수사항(전부 § 21의4)을 부과할 수 있다.

84   끝으로, 위 ③에 속하는 것으로 대표적인 것이 바로 형법상의 보호관찰이 다. 형법상 선고유예, 집행유예, 가석방을 조건으로 하여 보호관찰을 부과할 수 있도록 되어 있다. 이러한 형벌을 유예하는 조건부의 보호관찰의 법적 성격과 관련해서는, ⓐ 사회봉사명령이나 수강명령과 함께 보안처분으로 보자는 견해, ⓑ 제3자의 독자적 형사제재수단으로 이해하는 견해, ⓒ 형법상의 보호관찰은 소년법상의 보호관찰과 유사한 성격을 가지지만, 가석방 시의 보호관찰은 자유 형 집행방법의 변형으로 보는 견해 등이 대립하고 있다. 대법원은 이러한 보호 관찰을 보안처분으로 보고 있다[이에 대해서는 § 62의2(보호관찰, 사회봉사·수강명령) 주해 참조].45

85   또한, 위 ③에 속하는 특별법상의 보호관찰이 있다. 성폭력처벌법에서 성폭

---

45 대판 1997. 6. 13, 97도703; 대판 2010. 9. 30, 2010도6403.

력범죄자에게 형의 선고를 유예하면서 부과하는 보호관찰(성폭처벌 §16①)과 형의 집행을 유예하면서 부과해야 하는 보호관찰(성폭처벌 §16④), 그리고 청소년성보호법에서 법원이 아동·청소년대상 성범죄를 범한 소년에 대하여 형의 선고를 유예하는 경우에 필요적으로 부과해야 하는 보호관찰(아청 §21①), 전자장치부착법에서 위치추적 전자장치 부착명령 판결을 선고받지 아니한 특정 범죄자가 가석방되면서 가석방기간 동안 전자장치를 필요적으로 부착하는 조건으로 받게 되는 보호관찰(전부 §22①) 등이 그 예에 속한다.

아래에서는 보호관찰에 관한 기본법으로서 기능하고 있는 보호관찰법을 중심으로 보호관찰의 부과·집행절차를 살펴본 후, 개별법상의 특례규정으로 볼 수 있는 몇 가지 특별법에서의 보호관찰에 대하여 살펴보도록 한다. **86**

(2) 형법 및 보호관찰법상의 보호관찰 등

보호관찰법에 따른 보호관찰이 적용되는 대상자는, ① 형법 제59조의2에 따라 보호관찰을 조건으로 형의 선고유예를 받은 사람, ② 형법 제62조의2에 따라 보호관찰을 조건으로 형의 집행유예를 선고받은 사람, ③ 형법 제73조의2 또는 보호관찰법 제25조에 따라 보호관찰을 조건으로 가석방되거나 임시퇴원된 사람, ④ 소년법 제32조 제1항 제4호(단기보호관찰) 및 제5호(장기보호관찰)의 보호처분을 받은 사람, ⑤ 다른 법률에서 보호관찰법에 따른 보호관찰을 받도록 규정된 사람이다(보호관찰 §3①). **87**

또한 사회봉사·수강명령의 대상자는, ① 형법 제62조의2에 따라 사회봉사 또는 수강을 조건으로 형의 집행유예를 선고받은 사람, ② 소년법 제32조에 따라 사회봉사명령 또는 수강명령을 받은 사람, ③ 다른 법률에서 보호관찰법에 따른 사회봉사 또는 수강을 받도록 규정된 사람이다(보호관찰 §3②). **88**

(3) 부과절차

보호관찰부 선고유예 및 보호관찰부 집행유예의 경우에는 법원이 판결로써 보호관찰을 명하게 된다. 법원은 형의 선고를 유예하는 경우에는 재범방지를 위하여 지도 및 원호가 필요한 때에는 보호관찰을 받을 것을 명할 수 있고, 형의 집행을 유예하는 경우에는 보호관찰을 받을 것을 명하거나 사회봉사 또는 수강을 명할 수 있다(보호관찰 §59의2, §62의2). 이 경우 보호관찰의 기간은 보호관찰부 선고유예는 1년, 보호관찰부 집행유예는 그 유예기간 또는 법원이 보호관찰 **89**

〔이 동 희〕 **191**

기간을 따로 정한 경우에는 그 기간이다(보호관찰 §30).

90   보호관찰부 가석방의 경우, 가석방된 사람은 가석방기간 - 무기형은 10년, 유기형은 남은 형기로 하되 10년을 초과할 수 없음 - 중 보호관찰을 받도록 되어 있고, 다만 가석방을 허가한 행정관청이 필요가 없다고 인정한 때에는 그러하지 아니하다(보호관찰 §73의2②). 이에 따라 보호관찰법에서는 성인수형자가 형의 집행 및 수용자의 처우에 관한 법률 제122조에 따라 가석방되는 경우와 소년수형자가 가석방되는 경우에는, 법무부장관 소속의 보호관찰심사위원회가 보호관찰의 필요성을 심사하도록 하고 있다(보호관찰 §24① 및 §23③).

91   보호소년에 대한 임시퇴원의 경우에는 보호관찰심사위원회가 임시퇴원이 적절한지를 심사하여 결정하면(보호관찰 §23), 임시퇴원자는 보호관찰에 부해지게 되고(보호관찰 §3①(iii)), 그 기간은 퇴원일부터 6개월 이상 2년 이하의 범위에서 보호관찰심사위원회가 정한다(보호관찰 §30). 보호소년 등의 처우에 관한 법률(이하, 보호소년법이라 한다.)에 따르면, 소년원장은 교정성적이 양호한 자 중 보호관찰의 필요성이 있다고 인정되는 보호소년에 대하여는 보호관찰법 제22조 제1항에 따라 보호관찰심사위원회에 임시퇴원을 신청하여야 하고(보호소년 §44), 이에 따른 임시퇴원에 관한 사항은 보호관찰심사위원회가 심사·결정하도록 되어 있다(보호관찰 §6(ii)).

92   한편, 가석방 및 임시퇴원 그 자체에 대한 심사·결정은 법무부장관 소속의 보호관찰심사위원회[46]가 행하고(보호관찰 §5, §6),[47] 심사·결정은 수용기관(교도소·구치소·소년교도소 및 소년원)의 장의 신청에 의거하되(보호관찰 §22), 다만 소년수형자의 경우에는 신청이 없더라도 직권으로 가석방 및 임시퇴원을 심사·결정할 수 있다(보호관찰 §23②).

93   그리고 소년법상의 보호처분의 일종으로서의 단기보호관찰 및 장기보호관

---

[46] 보호관찰에 관한 사항을 심사·결정하기 위하여 법무부장관 소속에 설치된 보호관찰심사위원회는 가석방과 임시퇴원의 심사·결정 이외에도 가석방의 취소 및 임시퇴원의 취소, 보호관찰의 임시해제와 그 취소, 보호관찰의 정지와 그 취소, 가석방 중인 사람의 부정기형의 종료에 관한 사항 등에 관한 사항을 심사·의결한다(보호관찰 §6).

[47] 보호관찰심사위원회는 위원장을 포함하여 5명 이상 9명 이하의 위원으로 구성되며 위원장은 고등검찰청 검사장 또는 고등검찰청 소속 검사 중에서 법무부장관이 임명하고, 위원은 판사, 검사, 변호사, 보호관찰소장, 지방교정청장, 교도소장, 소년원장 및 보호관찰에 관한 지식과 경험이 풍부한 사람 중에서 법무부장관이 임명하거나 위촉한다(보호관찰 §7).

찰은 소년부 판사가 소년보호사건을 심리한 결과 보호처분을 할 필요가 있다고 인정하면 결정으로써 보호관찰에 부하게 된다(소년 §32). 이 경우 보호관찰의 기간은 단기보호관찰은 1년이고, 장기보호관찰은 2년이지만, 소년부 판사는 보호관찰관의 신청에 따라 결정으로써 1년의 범위에서 한 번에 한하여 그 기간을 연장할 수 있다(소년 §33②, ③). 또한, 소년부 판사는 보호관찰처분에 따른 부가처분으로서 보호관찰처분을 할 때에 3개월 이내의 기간을 정하여 보호소년법에 따른 대안교육 또는 소년의 상담·선도·교화와 관련된 단체나 시설에서의 상담·교육을 받을 것을 동시에 명할 수 있고, 1년 이내의 기간을 정하여 야간 등 특정 시간대의 외출을 제한하는 명령을 보호관찰대상자의 준수사항으로 부과할 수 있으며, 가정상황 등을 고려하여 필요하다고 판단되면 보호자에게 소년원·소년분류심사원 또는 보호관찰소 등에서 실시하는 소년의 보호를 위한 특별교육을 받을 것을 명할 수 있다(소년 §32의2).

한편, 소년법에서는 소년부 판사가 결정하는 보호처분의 종류로 단기보호관찰과 장기보호관찰 외에 수강명령과 사회봉사명령을 두고 있다(소년 §32①(ii), (iii)). 수강명령은 12세 이상의 소년에게만 할 수 있으며, 사회봉사명령은 14세 이상의 소년에게만 할 수 있다(소년 §32③, ④). 또한, 수강명령은 100시간, 사회봉사명령은 200시간을 초과할 수 없다(소년 §33④). **94**

(4) 집행절차

보호관찰, 사회봉사, 수강 및 갱생보호에 관한 사무를 관장하기 위하여 법무부장관 소속으로 보호관찰소를 두고 있다(보호관찰 §14). 보호관찰소는 보호관찰, 사회봉사명령 및 수강명령을 집행하는 행정기관이며, 해당사무를 처리하기 위해 보호관찰관을 둔다(보호관찰 §16). 또한 범죄예방활동을 하고 보호관찰활동과 갱생보호사업을 지원하기 위하여 명예직의 범죄예방 자원봉사위원(법무부 훈령에 따라 법사랑 위원이라고 함)을 둘 수 있도록 하고 있고, 위원은 법무부장관이 위촉하도록 되어 있다(보호관찰 §18). **95**

보호관찰은 법원의 판결이나 결정이 확정된 때 또는 가석방·임시퇴원된 때부터 시작된다(보호관찰 §29①). 보호관찰대상자는 대통령령으로 정하는 바에 따라 주거, 직업, 생활계획, 그 밖에 필요한 사항을 관할 보호관찰소의 장에게 신고하여야 한다(보호관찰 §29②). 보호관찰은 보호관찰대상자의 주거지를 관할하 **96**

는 보호관찰소 소속 보호관찰관이 담당하며(보호관찰 §31), 보호관찰관의 지도·감독을 받아야 한다(보호관찰 §32①).

97   모든 보호관찰대상자는 법정의 준수사항[48]을 지켜야 한다(보호관찰 §32①). 위 법정의 일반준수사항 외에 법원 및 보호관찰심사위원회는 판결의 선고 또는 결정의 고지를 할 때에는 범죄의 내용과 종류 및 본인의 특성 등을 고려하여 필요하면 보호관찰 기간의 범위에서 기간을 정하여 특별히 지켜야 할 준수사항을 따로 과할 수 있다(보호관찰 §32③).[49] 보호관찰대상자가 준수사항을 위반하는 등 사정변경의 상당한 이유가 있는 경우에는 법원은 보호관찰소의 장의 신청 또는 검사의 청구에 따라, 보호관찰심사위원회는 보호관찰소의 장의 신청에 따라 각각 준수사항의 전부 또는 일부를 추가, 변경하거나 삭제할 수 있다(보호관찰 §32④).

98   한편, 보호관찰소의 장은 보호관찰대상자가 이러한 준수사항을 위반하거나 위반할 위험성이 있다고 인정할 상당한 이유가 있는 경우에는 준수사항의 이행을 촉구하고 형의 집행 등 불리한 처분을 받을 수 있음을 경고할 수 있으며(보호관찰 §38), 아울러 이러한 준수사항 위반 등의 경우에 있어 주거부정, 소환불응, 도주한 경우나 도주할 염려가 있는 경우에는 구인장을 발부받아 구인하거나 긴급구인하여 수용기관 등에 유치할 수 있다(보호관찰 §§39-43).

99   사회봉사·수강명령은 보호관찰관이 집행하고, 다만 보호관찰관은 국공립기관이나 그 밖의 단체에 그 집행의 전부 또는 일부를 위탁할 수 있다(보호관찰 §61①). 위탁한 경우에는 보호관찰관은 법원 또는 법원의 장에게 통보하여야 하고, 법원

---

48 모든 보호관찰대상자가 지켜야 할 법정의 준수사항은, ① 주거지에 상주(常住)하고 생업에 종사할 것, ② 범죄로 이어지기 쉬운 나쁜 습관을 버리고 선행(善行)을 하며 범죄를 저지를 염려가 있는 사람들과 교제하거나 어울리지 말 것, ③ 보호관찰관의 지도·감독에 따르고 방문하면 응대할 것, ④ 주거를 이전(移轉)하거나 1개월 이상 국내외 여행을 할 때에는 미리 보호관찰관에게 신고할 것의 4가지이다(보호관찰 §32②).

49 특별히 지켜야 할 준수사항으로 열거된 것은, ① 야간 등 재범의 기회나 충동을 줄 수 있는 특정 시간대의 외출 제한, ② 재범의 기회나 충동을 줄 수 있는 특정 지역·장소의 출입 금지, ③ 피해자 등 재범의 대상이 될 우려가 있는 특정인에 대한 접근 금지, ④ 범죄행위로 인한 손해를 회복하기 위하여 노력할 것, ⑤ 일정한 주거가 없는 자에 대한 거주장소 제한, ⑥ 사행행위에 빠지지 아니할 것, ⑦ 일정량 이상의 음주를 하지 말 것, ⑧ 마약 등 중독성 있는 물질을 사용하지 아니할 것, ⑨ 「마약류관리에 관한 법률」상의 마약류 투약, 흡연, 섭취 여부에 관한 검사에 따를 것, ⑩ 그 밖에 보호관찰 대상자의 재범 방지를 위하여 필요하다고 인정되어 대통령령으로 정하는 사항의 10가지이다(보호관찰 §32③).

은 법원 소속 공무원으로 하여금 사회봉사 또는 수강할 시설 또는 강의가 사회봉사·수강명령 대상자의 교화·개선에 적당한지 여부와 그 운영 실태를 조사·보고하도록 하고, 부적당하다고 인정하면 그 집행의 위탁을 취소할 수 있다(보호관찰 §61②, ③). 한편, 사회봉사·수강명령 대상자는 보호관찰소의 장에게 신고하여야 하고, 보호관찰의 집행에 관한 지시에 따르고, 주거를 이전하거나 1개월 이상 국내외여행을 할 때에는 미리 보호관찰관에게 신고할 것의 준수사항을 지켜야 한다(보호관찰 §62②). 법원은 판결의 선고를 할 때 위 준수사항 외에 대통령령으로 정하는 범위에서 본인의 특성 등을 고려하여 특별히 지켜야 할 사항을 따로 과할 수 있다(보호관찰 §62③).

사회봉사·수강명령 대상자의 준수사항이나 명령 위반에 따른 경고, 구인, 100
유치, 집행유예 취소 및 보호처분 변경 등에 관하여는 보호관찰의 상응한 규정이 준용된다(보호관찰 §64).

(5) 보호관찰의 임시해제와 그 취소, 정지와 그 취소

보호관찰심사위원회는 보호관찰 대상자의 성적이 양호할 때에는 보호관찰소 101
의 장의 신청을 받거나 직권으로 보호관찰을 임시해제할 수 있다(보호관찰 §52①). 임시해제 중에는 보호관찰은 하지 않지만, 대상자는 준수사항을 계속하여 지켜야 한다(보호관찰 §52②). 임시해제 결정을 받은 사람에 대하여 다시 보호관찰을 하는 것이 적절하다고 인정되면 보호관찰소의 장의 신청을 받거나 직권으로 임시해제 결정을 취소할 수 있다(보호관찰 §52③).

보호관찰심사위원회는 가석방 또는 임시퇴원된 사람이 있는 곳을 알 수 없 102
어 보호관찰을 계속할 수 없을 때에는 보호관찰소의 장의 신청을 받거나 직권으로 보호관찰을 정지하는 결정(정지결정)을 할 수 있고, 이 결정 후 보호관찰을 정지한 사람이 있는 곳을 알게 되면 즉시 그 정지를 해제하는 결정(정지해제결정)을 하여야 한다(보호관찰 §53①, ②). 한편, 보호관찰심사위원회는 정지결정을 한 후 소재불명이 천재지변이나 그 밖의 부득이한 사정 등 보호관찰대상자에게 책임 있는 사유로 인한 것이 아닌 것으로 박혀진 경우에는 그 정지결정을 취소하여야 한다(보호관찰 §53⑤).

(6) 보호관찰을 조건으로 한 형의 선고유예의 실효 및 집행유예의 취소, 가석방 및 임시퇴원의 취소, 보호처분의 변경

103 형법상 보호관찰부 선고유예 및 보호관찰부 집행유예의 경우, 보호관찰 기간 중에 준수사항을 위반하고 그 정도가 무거운 때에는 유예한 형을 선고하거나 집행유예의 선고를 취소할 수 있다(보호관찰 §61②, §64②). 이러한 보호관찰을 조건으로 한 형의 선고유예의 실효 및 집행유예의 취소는 검사가 보호관찰소의 장의 신청을 받아 법원에 청구하며(보호관찰 §47①), 법원은 보호관찰대상자 또는 그 대리인의 의견을 물은 후에 결정을 하여야 한다(보호관찰 §47②, 형소 §335).

104 가석방 또는 임시퇴원된 사람이 보호관찰기간 중 준수사항을 위반하고 위반 정도가 무거워 보호관찰을 계속하기가 적절하지 아니하다고 판단되는 경우에는, 보호관찰심사위원회가 보호관찰소의 장의 신청을 받거나 직권으로 가석방 및 임시퇴원의 취소를 심사하여 결정할 수 있다(보호관찰 §48①). 이 경우 보호관찰심사위원회는 결정서에 관계서류를 첨부하여 법무부장관에게 이에 대한 허가를 신청하여야 하며, 법무부장관은 그 결정이 정당하다고 인정되면 이를 허가할 수 있다(보호관찰 §48②).

105 소년법상의 단기보호관찰 및 장기보호관찰의 보호처분을 받는 사람이 보호관찰 기간 중 준수사항을 위반하고 그 정도가 무거워 보호관찰을 계속하기 적절하지 아니하다고 판단되면 보호관찰소의 장은 보호관찰소 소재지를 관할하는 법원에 보호처분의 변경을 신청할 수 있다(보호관찰 §49①). 이 경우 법원은 보호관찰소의 장의 신청에 따라 결정으로써 보호처분 및 부가처분을 변경할 수 있다(소년 §37).

5. 보안관찰법상의 보안관찰

(1) 의의

106 1975년 7월 16일에 제정된 사회안전법은 형법, 군형법, 국가보안법상의 소위 반국가사범인 '보안관찰 해당범죄'를 범한 사람에 대하여 보안처분을 가하는 것을 목적으로 한 법률이다. 제정 당시 사회안전법은 반국가사범에 대한 보안처분으로서 시설 내 처우인 보안감호와 더불어 사회 내 처우인 보호관찰을 두고 있었다. 그러나 사회안전법은 실제에 있어서 보안감호를 중심으로 운영되었고,

보호관찰은 규정상의 제도에 그쳤을 뿐 현실에 있어서 별로 실행되지 않았다.[50] 이후 1989년 6월 16일에 사회안전법은 폐지되고 대신 보안관찰법이 제정되었는데, 법률명칭의 변경과 보안감호 및 주거의 제한·지정의 폐지, 보안관찰 대상범죄의 일부 축소, '보호관찰'의 '보안관찰'에로의 개명 등의 개정이 이루어진 후, 큰 틀에서의 변화는 없이 현재까지 이어져 왔다.

현행 보안관찰법상의 보안관찰(保安觀察)이란 반국가적 행위를 내용으로 하는 일정한 범죄인 보안관찰해당범죄[51] 또는 이와 경합된 범죄로 금고 이상의 형의 선고를 받고 그 형기합계가 3년 이상인 자로서 형의 전부 또는 일부의 집행을 받은 사실이 있는 자 - 이를 '보안관찰처분대상자'라 함(보안 §3) - 를 대상으로 하여 보안관찰해당범죄를 다시 범할 위험성이 있다고 인정할 충분한 이유가 있어 재범의 방지를 위한 관찰이 필요한 자에게 부과되는 처분을 말한다(보안 §4). 　107

(2) 부과·집행절차

보안관찰처분은 검사가 법무부장관에게 청구하고, 법무부장관이 보안관찰 처분심의위원회(법무부차관인 위원장과 6인의 위원으로 구성하고, 위원은 대통령이 임명·위촉)의 의결을 거쳐 결정하도록 되어 있다. 형벌과는 별개로 독자적으로 부과되며, 행정처분에 의해 부과된다는 점이 큰 특징이다.[52] 부과절차를 구체적으로 보면, 검사가 보안관찰처분청구서를 법무부장관에게 제출하고(보안 §8), 보안관 　108

---

50 이승호, "우리나라 보안처분의 역사적 전개", 형사정책 7, 한국형사정책학회(1995), 88.
51 보안관찰법 제2조(보안관찰해당범죄) 이 법에서 "보안관찰해당범죄"라 함은 다음 각 호의 1에 해당하는 죄를 말한다.
　　1. 형법 제88조·제89조(제87조의 미수범을 제외한다)·제90조(제87조에 해당하는 죄를 제외한다)·제92조 내지 제98조·제100조(제99조의 미수범을 제외한다) 및 제101조(제99조에 해당하는 죄를 제외한다)
　　2. 군형법 제5조 내지 제8조·제9조제2항 및 제11조 내지 제16조
　　3. 국가보안법 제4조, 제5조(제1항중 제4조제1항제6호에 해당하는 행위를 제외한다), 제6조, 제9조제1항·제3항(제2항의 미수범을 제외한다)·제4항
52 이와 관련하여 형사제재인 보안관찰을 행정처분에 의해 부과하도록 규정되어 있다는 점, 그리고 기간 갱신의 이유가 피보안관찰자에게 통지되지도 않고 갱신과정에서 피보안관찰자의 의견진술을 비롯한 참여권도 마련되어 있지 않은 점에서 보안처분도 적법절차에 의할 것을 규정하고 있는 헌법 제12조 제1항과 제27조 제1항에 위배된다는 비판을 받고 있다(이러한 비판적 견해로는 김성돈, 895). 아울러 보안관찰법은 사상범죄를 통제하는 역할을 했던 구 사회안전법의 대체 법률로서 단순한 재범예방의 측면보다는 헌법상의 양심의 자유, 집회·결사의 자유 등 여러 기본권에 대한 중대한 침해를 가능하게 하는 내용으로 이루어져 있어 과잉금지의 원칙에 위반된다는 점도 함께 지적하고 있다.

찰처분에 관한 심의·의결은 법무부에 설치된 보안관찰처분심의위원회에서 하며(보안 §12), 보안관찰처분에 관한 결정은 보안관찰처분심의위원회의 의결을 거쳐 법무부장관이 행한다(보안 §14①, §12⑨). 한편, 검사는 보안관찰 청구를 위하여 필요한 때에는 보안관찰처분대상자, 청구의 원인이 되는 사실과 보안관찰처분을 필요로 하는 자료를 조사할 수 있고(보안 §9①), 사법경찰관리는 검사의 지휘를 받아 관련 조사를 할 수 있다(보안 §9②).

109   보안관찰처분의 집행은 검사가 지휘한다(보안 §17). 아울러 검사 및 사법경찰관리는 피보안관찰자의 재범을 방지하고 건전한 사회복귀를 촉진하기 위하여 일정한 사항을 지도할 수 있다(보안 §19①). 또한, 검사 및 사법경찰관은 재범방지를 위하여 특히 필요한 경우에는 보안관찰해당범죄를 범한 자와의 회합·통신의 금지, 집회 또는 시위 장소에의 출입 금지 등의 일정한 조치를 취할 수 있다(보안 §19②). 보안관찰처분의 기간은 재범의 위험성이 충분하고 재범의 방지를 위한 관찰이 필요한 때에 2년의 기간으로 보안관찰처분을 할 수 있으나(보안 §5①), 법무부장관은 검사의 청구가 있는 때에는 보안관찰처분심사위원회의 의결을 거쳐 그 기간을 2년을 단위로 제한 없이 갱신할 수 있다(보안 §5②).

6. 소년법상의 보호처분

(1) 의의

110   소년법은 반사회성이 있는 소년에 대한 보안처분으로 자유박탈적 보안처분 및 자유제한적 보안처분의 다양한 종류의 보호처분을 할 수 있도록 하고 있다. 소년범에 대한 보안처분을 '보호처분'이라고 명명하고 있으며, 이는 교화·개선을 기본으로 하는 처우대책이라는 특성을 가지고 있다. 소년법상의 보호처분의 종류로는, ① 보호자 또는 보호자를 대신하여 소년을 보호할 수 있는 자에게 감호 위탁, ② 수강명령, ③ 사회봉사명령, ④ 보호관찰관의 단기(短期) 보호관찰, ⑤ 보호관찰관의 장기(長期) 보호관찰, ⑥ 아동복지법에 따른 아동복지시설이나 그 밖의 소년보호시설에 감호 위탁, ⑦ 병원, 요양소 또는 보호소년법에 따른 소년의료보호시설에 위탁, ⑧ 1개월 이내의 소년원 송치, ⑨ 단기 소년원 송치, ⑩ 장기 소년원 송치의 10가지가 있다(소년 §32①). 이 가운데 단기·장기보호관찰, 수강명령, 사회봉사명령의 자유제한적 보안처분에 대하여는 앞에서 살펴본 바와 같다.

소년법상의 보호처분은 소년의 건전한 육성을 꾀할 목적으로 강구된 조치 111
로서 일반적으로 재범의 위험성이 있는 범죄인으로부터 사회를 보호하겠다는
사회방위적 구상에서 마련된 실질적 의미의 보안처분과는 구별된다. 또한 소년
법에 의한 보호처분을 받은 전력이 있다고 하더라도, 이는 유죄의 확정판결을
받은 경우에 해당하지 않는다.[53] 소년법상의 보호처분은 형사처벌과는 선택적
관계로 설정하여 보호처분을 받은 소년에 대하여는 다시 공소를 제기하거나 소
년부에 송치할 수 없도록 하고 있다(소년 §53). 판례도 이 경우 공소제기 절차가
위법이므로 공소기각의 판결을 내려야 한다고 본다.[54]

(2) 검사선의주의, 검사의 결정 전 조사 및 소년부송치

보호처분의 부과절차와 관련한 우리나라 소년법의 가장 큰 특징 중의 하나 112
가 이른바 검사선의(先議)주의라 말할 수 있다. 범죄사건이 아닌 그 밖의 소년비
행사건은 경찰서장이 직접 관할 소년부에 송치하지만, 소년형사사건은 일단 검
사에게 송치되어 검사가 수사종결처분으로서의 판단을 하게 된다. 소년법은 이
들 범죄소년에 대하여 소년법원에 의한 소년보호절차와 형사법원에 의한 소년
형사절차를 구분하고 있고, 양자 중 어떠한 절차로 진행할 것인지를 검사의 재
량에 맡기고 있다. 즉 검사의 판단에 의하여 형사처벌과 보호처분이 일차적으로
결정되는 것이며, 이를 검사선의주의라고 한다.

검사는 소년에 대한 피의사건에 대하여 소년부송치, 공소제기, 기소유예 등 113
의 처분을 결정하기 위하여 필요하다고 인정하면 피의자의 주거지 또는 검찰청
소재지를 관할하는 보호관찰소의 장, 소년분류심사원장, 소년원장에게 피의자의
품행, 경력, 생활환경이나 그 밖에 필요한 사항에 관한 조사를 요구할 수 있다
(소년 §49의2①). 이를 검사의 결정 전 조사라고 한다. 조사요구를 받은 보호관찰

---

53 대판 2012. 3. 22, 2011도15057, 2011전도249(전). 「피부착명령청구자가 소년법에 의한 보호처
분(이하 '소년보호처분'이라고 한다)을 받은 전력이 있다고 하더라도, 이는 유죄의 확정판결을
받은 경우에 해당하지 아니함이 명백하므로, 피부착명령청구자가 2회 이상 성폭력범죄를 범하였
는지를 판단할 때 소년보호처분을 받은 전력을 고려할 것이 아니다.」
　　본 판결 평석은 김혜정, "소년법상 보호처분의 성격과 전자장치부착명령 요건과의 관계", 형사
판례연구 [21], 한국형사판례연구회, 박영사(2013), 617-642; 신현범, "부착명령의 발령요건인
'2회 이상의 성폭력범죄'에 소년보호처분 전력이 포함되는지 여부", 양승태 대법원장 재임 3년
주요 판례 평석, 사법발전재단(2015), 356-367.
54 대판 1996. 2. 23, 96도47.

소의 장 등은 지체 없이 이를 조사하여 서면으로 해당 검사에게 통보하여야 한다(소년 §49의2②).

114   검사는 소년에 대한 피의사건을 수사한 결과 보호처분에 해당하는 사유가 있다고 인정한 경우에는 사건을 소년보호사건의 관할부서인 지방법원 또는 가정법원의 관할 소년부에 송치하여야 한다(소년 §49①). 소년부는 검사가 송치한 사건을 조사·심리한 결과 그 동기와 죄질이 금고 이상의 형사처분을 할 필요가 있다고 인정할 때에는 결정으로써 해당 검찰청 검사에게 송치할 수 있고, 이 경우 송치된 사건에 대하여 검사는 다시 소년부에 송치할 수 없다(소년 §49②, ③). 역으로 형사사건으로 공소제기된 경우, 수소법원은 소년에 대한 피고사건을 심리한 결과 보호처분에 해당할 사유가 있다고 인정하면 결정으로써 사건을 관할 소년부에 송치하여야 한다(소년 §50).

(3) 검사에 의한 조건부기소유예

115   검사는 소년피의자에 대하여, ① 범죄예방자원봉사위원의 선도나 ② 소년의 선도·교육과 관련된 단체·시설에서의 상담·교육·활동 등의 선도 등을 받게 하는 조건으로 피의사건에 대한 공소를 제기하지 아니할 수 있다(소년 §49의3 전문). 이 경우 검사는 소년과 소년의 친권자·후견인 등 법정대리인의 동의를 받아야 한다(소년 §49의3 후문). 이러한 선도를 조건으로 내리는 검사의 기소유예 처분을 선도조건부 기소유예라 하며, 이는 검사의 재량으로 일종의 보안처분을 할 수 있도록 한 것이라 볼 수 있다.

(4) 법원의 결정 전 조사

116   소년부 판사는 조사관에게 사건 본인, 보호자 또는 참고인의 심문이나 그 밖에 필요한 사항을 조사하도록 명할 수 있다(소년 §11①). 또한, 소년부는 조사 또는 심리를 할 때에 정신건강의학과의사·심리학자·사회사업가·교육자나 그 밖의 전문가의 진단, 소년분류심사원의 분류심사 결과와 의견, 보호관찰소의 조사결과와 의견 등을 고려하여야 한다(소년 §12).

117   이러한 법원의 결정 전 조사와 관련해서 보호관찰법에서는 법원이 소재지 또는 소년의 주거지를 관할하는 보호관찰소의 장에게 소년의 품행, 경력, 가정상황, 그 밖의 환경 등 필요한 사항에 관한 조사를 의뢰할 수 있고(보호관찰 §19 의2①), 이러한 의뢰를 받은 보호관찰소의 장은 지체 없이 조사하여 서면으로 법

원에 통보하도록 하고 있다(보호관찰 §19의2②).

(5) 보호처분의 결정 및 집행

소년부 판사는 심리한 결과 보호처분을 할 필요가 있다고 인정하면 결정으 118
로써 소년법 제32조 제1항 소정의 10가지의 보호처분 중 어느 하나에 해당하는
보호처분을 하여야 한다(소년 §32①). 각 보호처분 상호 간에는 그 전부 또는 일
부를 병합할 수 있다(소년 §32②).

소년부 판사는 보호처분을 결정하였을 때에는 조사관, 소년부 법원서기관·법 119
원사무관·법원주사·법원주사보, 보호관찰관, 소년원 또는 소년분류심사원 소속
공무원, 그 밖에 위탁 또는 송치받을 기관 소속의 직원에게 그 결정을 집행하게
할 수 있다(소년 §35). 한편, 보호자 등에의 감호위탁, 아동복지시설·소년보호시
설에의 감호위탁, 소년의료보호시설에의 위탁의 경우, 소년부 판사는 위탁받은
자에게 소년에 관한 보호고서나 의견서를 제출하도록 요구할 수 있고, 조사관에
게 처분에 관한 집행상황을 보고하게 할 수 있고, 필요하다고 인정되면 위탁받
은 자에게 그 집행과 관련된 사항을 지시할 수 있다(소년 §36).

(6) 보호처분의 변경 및 취소

소년부 판사는 위탁받은 자나 보호처분을 집행하는 자의 신청에 따라 결정 120
으로 보호처분(소년 §32) 및 부가처분(소년 §32의2)을 변경할 수 있다(소년 §37①
본문). 다만, 보호자 등에의 감호위탁, 아동복지시설·소년보호시설에의 감호위
탁, 소년의료보호시설에의 위탁의 경우 등의 경우에는 직권으로도 변경할 수 있
다(소년 §37① 단서). 처분을 변경하는 결정을 집행하는 절차는 보호처분의 집행
절차를 준용한다(소년 §37②).

보호처분이 계속 중일 때에는 사건 본인이 처분 당시 19세 이상인 것으로 121
밝혀진 경우 및 10세 미만으로 밝혀진 경우에는 소년부 판사는 결정으로써 그
보호처분을 취소하여야 한다(소년 §38).

(7) 소년원에서의 임시퇴원

앞에서 살펴본 바와 같이 소년원에서의 퇴원·임시퇴원에 대한 심사·결정 122
은 법무부장관 소속 하의 보호관찰심사위원회가 행한다(보호관찰 §§5-7). 소년원
의 장은 보호소년이 수용된 후 6개월이 지나면 그 소년원의 소재지를 관할하는
보호관찰심사위원회에 그 사실을 통보하여야 하며(보호관찰 §21②), 소년법 제65

조 각 호의 기간이 지난 보호소년에 대하여는 보호관찰심사위원회에 퇴원·임시퇴원을 신청할 수 있다(보호관찰 §22). 보호관찰심사위원회의 심사·결정은 소년원의 장의 신청에 의거하되(보호관찰 §22), 위 통보를 받은 경우에는 신청이 없더라도 직권으로 퇴원·임시퇴원을 심사·결정할 수 있다(보호관찰 §23②).

7. 전자장치 부착 등에 관한 법률상의 위치추적 전자장치 부착명령

(1) 의의

123   위치추적 전자장치(이하, 전자장치라 한다.) 부착명령은 성폭력범죄, 미성년자 대상 유괴범죄, 살인범죄, 강도범죄, 스토킹범죄 등 전자장치부착법상의 특정범죄(전부 §2(i))를 범한 범죄자의 신체에 전자장치를 부착하여 위치를 확인하거나 이동경로를 탐지하는 처분(전부 §5, §2(iv))을 말한다.

124   2007년 4월 27일 제정 당시 성폭력범죄를 대상으로 도입된 이래 여러 차례 개정을 거치면서 법률명의 변경과 더불어 부착명령의 대상범죄가 확대되어 왔다. 구체적으로 보면, ① 2007년 4월 27일 제정된 특정 성폭력범죄자에 대한 위치추적 전자창치 부착 등에 관한 법률(2008년 10월 28일 시행)은 애초 그 적용범위를 '성폭력범죄'로 한정하고 있었으나, ② 2009년 5월 8일 일부개정(법률 제9654호)으로 법제명을 특정 범죄자에 대한 위치추적 전자장치 부착 등에 관한 법률로 변경하면서 그 적용범위를 '미성년자 대상 유괴범죄'를 포함한 '특정범죄'로 확대하였다. 이후 ③ 2010년 4월 15일 일부개정(법률 제10257호)에서는 '살인범죄'를 특정범죄에 포함시켰고, ④ 2012년 12월 18일 일부개정에서는 법률명을 특정 범죄자에 대한 보호관찰 및 전자장치 부착 등에 관한 법률로 변경하면서 '강도범죄'까지 특정범죄에 포함시켜 그 적용범위를 더욱 확대시켰다. 그리고 ⑤ 2020년 2월 4일 일부개정(법률 제16923호)에서는 법률명을 전자장치 부착 등에 관한 법률로 변경하면서 특정범죄 이외의 범죄로 가석방되는 사람에 대해서도 적용되도록 하고, 보석 허가자의 도주 방지와 출석 담보를 위하여 주거제한 등의 조치와 함께 전자장치 부착을 보석조건으로 부과할 수 있도록 하는(전부 §31의2 내지 §31의5)[55] 한편, '가해제'를 보다 이해하기 쉬운 '임시해제'라는 명칭으로

---

55 이 밖에도 대법원은 전자장치의 부착을 구속집행정지의 조건으로 부가할 수 있다고 한다(대결 2022. 11. 22, 2022모1799). 즉 대법원은, "전자장치 부착으로 인해 제한되는 피부착자의 자유는

변경하였다. ⑥ 2023년 7월 11일 일부개정(법률 제19519호)으로 스토킹범죄가 살인 등 흉악범죄로 이어져 피해자에게 중대한 피해를 끼치는 것을 방지하기 위하여 특정범죄에 스토킹범죄(스토킹범죄의 처벌 등에 관한 법률 §18①, ②의 죄)를 포함시켰다.

한편, 부착명령의 시기·대상자를 법 제정 당시 의원입법안에서는 교정시설에서의 출소 후로 제한하고 있었으나, 적용범위를 확대하여 징역형 종료 이후의 전자장치 부착, 가석방·가종료자에 대한 전자장치 부착, 집행유예 단계에서의 전자장치 부착, 나아가 보석 단계에서의 전자장치 부착으로 세분화하여 적용하고 있다. **125**

판례는 전자장치 부착제도가 보안처분에 해당한다고 본다.[56] 전자장치 부착제도는 범죄행위를 한 사람에 대한 응보를 주된 목적으로 그 책임을 추궁하는 사후적 처분인 형벌과 구별되어 그 본질을 달리하는 것으로서 형벌에 관한 일사부재리의 원칙이 그대로 적용되지 않으므로, 위 법률이 형 집행의 종료 후에 부착명령을 집행하도록 규정하고 있다 하더라도 그것이 일사부재리의 원칙에 반한다고 볼 수 없다.[57] 또한, 불이익변경금지의 원칙이 적용되지 않는다.[58] **126**

자신의 위치가 24시간 국가에 노출됨으로 인하여 행동의 자유가 심리적으로 위축된다는 것일 뿐 행동 자체가 금지되거나 물리적으로 제한되는 것은 아니다(헌재 2012. 12. 27, 2011헌바89 결정 등 참고). 전자장치의 부착은 피고인의 기본권을 제한하는 성격을 갖고 있지만 구속보다 가벼운 처분을 통하여 피고인의 도주를 방지하여 가장 중한 기본권 제한인 구속의 목적을 달성할 수 있다는 점에서 불구속재판의 원칙의 실현에 기여하면서 비례의 원칙에도 어긋나지 않는다. 또한 전자장치 부착은 전자장치부착법상 보석의 조건으로도 허용되고 있다. 따라서 전자장치 부착은 구속집행정지 조건으로도 허용된다고 보아야 한다.”고 판시하고 있다.

56 대판 2009. 9. 10, 2009도6061, 2009전도13. 「특정 성폭력범죄자에 대한 위치추적 전자장치 부착에 관한 법률에 의한 전자감시제도는, 성폭력범죄자의 재범방지와 성행교정을 통한 재사회화를 위하여 그의 행적을 추적하여 위치를 확인할 수 있는 전자장치를 신체에 부착하게 하는 부가적인 조치를 취함으로써 성폭력범죄로부터 국민을 보호함을 목적으로 하는 일종의 보안처분이다.」
　　본 판결 평석은 김혜정, “전자장치부착명령의 법적 성격과 제 문제”, 법조 660, 법조협회(2011), 299-331.

57 대판 2009. 9. 10, 2009도6061, 2009전도13. 「특정 성폭력범죄자에 대한 위치추적 전자장치 부착에 관한 법률에 의한 전자감시제도는, 성폭력범죄자의 재범방지와 성행교정을 통한 재사회화를 위하여 그의 행적을 추적하여 위치를 확인할 수 있는 전자장치를 신체에 부착하게 하는 부가적인 조치를 취함으로써 성폭력범죄로부터 국민을 보호함을 목적으로 하는 일종의 보안처분이다.」

58 대판 2011. 4. 14, 2010도16939, 2010전도159(아동·청소년대상 성폭력범죄의 피고인에게 ‘징역 15년 및 5년 동안의 위치추적 전자장치 부착명령’을 선고한 제1심 판결을 파기한 후 ‘징역 9년, 5년 동안의 공개명령 및 6년 동안의 위치추적 전자장치 부착명령’을 선고한 원심의 조치가 불이익변경 금지의 원칙에 위배되지 않는다고 한 사례). 본 판결 해설은 신종열, “아동·청소년의 성보호에

(2) 대상자 및 요건

127   전자장치 부착명령의 대상자는, ① 일정한 성폭력범죄(전부 §2(ii))를 저지른
사람으로서 성폭력범죄를 다시 범할 위험성이 있다고 인정되는 사람(전부 §5①),
② 미성년자 대상 유괴범죄(전부 §2(iii))를 저지른 사람으로서 미성년자 대상 유
괴범죄를 다시 범할 위험성이 있다고 인정되는 사람(전부 §5②), ③ 살인범죄(전
부 §2(iii의2))를 저지른 사람으로서 살인범죄를 다시 범할 위험성이 있다고 인정
되는 사람(전부 §5③), ④ 일정한 강도범죄(전부 §2(iii의3))를 저지른 사람으로서
다시 강도범죄를 범할 위험성이 있다고 인정되는 사람(전부 §5④), ⑤ 일정한 스
토킹범죄(전부 §2(iii의4))를 저지른 사람으로서 스토킹범죄를 다시 범할 위험성이
있다고 인정되는 사람(전부 §5⑤)이다.[59]

관한 법률에 의한 성범죄자 신상정보 공개명령의 예외사유", 해설 88, 법원도서관(2011), 820-837.
59 전자장치부착법 제5조(전자장치 부착명령의 청구) ① 검사는 다음 각 호의 어느 하나에 해당하
고, 성폭력범죄를 다시 범할 위험성이 있다고 인정되는 사람에 대하여 전자장치를 부착하도록
하는 명령(이하 "부착명령"이라 한다)을 법원에 청구할 수 있다.
   1. 성폭력범죄로 징역형의 실형을 선고받은 사람이 그 집행을 종료한 후 또는 집행이 면제된
      후 10년 이내에 성폭력범죄를 저지른 때
   2. 성폭력범죄로 이 법에 따른 전자장치를 부착받은 전력이 있는 사람이 다시 성폭력범죄를
      저지른 때
   3. 성폭력범죄를 2회 이상 범하여(유죄의 확정판결을 받은 경우를 포함한다) 그 습벽이 인정
      된 때
   4. 19세 미만의 사람에 대하여 성폭력범죄를 저지른 때
   5. 신체적 또는 정신적 장애가 있는 사람에 대하여 성폭력범죄를 저지른 때
② 검사는 미성년자 대상 유괴범죄를 저지른 사람으로서 미성년자 대상 유괴범죄를 다시 범할
위험성이 있다고 인정되는 사람에 대하여 부착명령을 법원에 청구할 수 있다. 다만, 유괴범죄로
징역형의 실형 이상의 형을 선고받아 그 집행이 종료 또는 면제된 후 다시 유괴범죄를 저지른
경우에는 부착명령을 청구하여야 한다.
③ 검사는 살인범죄를 저지른 사람으로서 살인범죄를 다시 범할 위험성이 있다고 인정되는 사
람에 대하여 부착명령을 법원에 청구할 수 있다. 다만, 살인범죄로 징역형의 실형 이상의 형을
선고받아 그 집행이 종료 또는 면제된 후 다시 살인범죄를 저지른 경우에는 부착명령을 청구하
여야 한다.
④ 검사는 다음 각 호의 어느 하나에 해당하고 강도범죄를 다시 범할 위험성이 있다고 인정되는
사람에 대하여 부착명령을 법원에 청구할 수 있다.
   1. 강도범죄로 징역형의 실형을 선고받은 사람이 그 집행을 종료한 후 또는 집행이 면제된 후
      10년 이내에 다시 강도범죄를 저지른 때
   2. 강도범죄로 이 법에 따른 전자장치를 부착하였던 전력이 있는 사람이 다시 강도범죄를 저
      지른 때
   3. 강도범죄를 2회 이상 범하여(유죄의 확정판결을 받은 경우를 포함한다) 그 습벽이 인정된 때
⑤ 검사는 다음 각 호의 어느 하나에 해당하고 스토킹범죄를 다시 범할 위험성이 있다고 인정되

여기서의 재범의 위험성은 재범할 가능성만으로는 부족하고 대상자가 장래 128
에 다시 대상 범죄를 범하여 법적 평온을 깨뜨릴 상당한 개연성이 있음을 의미
한다.[60] 또한 살인범죄의 재범의 위험성 유무는 대상자의 직업과 환경, 당해 범
행 이전의 행적, 범행의 동기, 수단, 범행 후의 정황, 개전의 정 등 여러 사정을
종합적으로 평가하여 객관적으로 판단하여야 하고, 이러한 판단은 장래에 대한
가정적 판단이므로 판결 시를 기준으로 하여야 한다.[61]

(3) 부과·집행절차[62] - 징역형 종료 이후의 위치추적 전자장치의 부착

첫째, 검사의 청구와 법원의 부착명령 판결의 선고이다. 징역형 종료 이후 129
의 위치추적 전자장치의 부착은 검사의 부착명령의 청구(전부 §5)에 의거, 법원
의 판결로서 명하게 된다(전부 §9). 검사는 법정의 요건을 갖춘 경우 법원에 부
착명령을 청구할 수 있는 재량을 가지고 있다. 다만, 유괴범죄나 살인범죄로 징
역형의 실형 이상의 형을 선고받아 그 집행이 종료 또는 면제된 후 다시 동종의
유괴범죄나 살인범죄를 저지른 경우에는 검사는 의무적으로 부착명령을 청구해
야 한다(전부 §5② 단서, §5③ 단서). 청구를 받은 법원은 부착명령 청구가 이유
있다고 인정하는 때에는 법정의 기간의 범위 내에서 부착기간을 정하여 판결로
부착명령을 선고하여야 한다(전부 §9①).[63]

둘째, 부착명령 판결 등의 통지이다. 법원은 부착명령을 선고한 때에는 그 130
판결이 확정된 날부터 3일 이내에 피부착명령자의 주거지를 관할하는 보호관찰
소의 장에게 판결문의 등본을 송부하여야 하고(전부 §10①), 교도소, 소년교도소,
구치소, 국립법무병원 및 군교도소의 장은 피부착명령자가 석방되기 5일 전까

는 사람에 대하여 부착명령을 법원에 청구할 수 있다.
  1. 스토킹범죄로 징역형의 실형을 선고받은 사람이 그 집행을 종료한 후 또는 집행이 면제된
     후 10년 이내에 다시 스토킹범죄를 저지른 때
  2. 스토킹범죄로 이 법에 따른 전자장치를 부착하였던 전력이 있는 사람이 다시 스토킹범죄를
     저지른 때
  3. 스토킹범죄를 2회 이상 범하여(유죄의 확정판결을 받은 경우를 포함한다) 그 습벽이 인정
     된 때

60 대판 2012. 5. 10, 2012도2289, 2012감도5, 2012전도51.
61 대판 2018. 9. 13, 2018도7658, 2018전도54, 55, 2018보도6, 2018모2593.
62 그 밖에 보석 단계에서의 전자장치 부착에 관해서는 전자장치부착법 제5장(§§31의2-31의5)에서,
   스토킹행위자에 대한 전자장치 부착에 관해서는 제5장의2(§§31의6-31의8)에서 규정하고 있다.
63 부착명령을 선고받은 사람은 부착기간 동안 보호관찰법에 따른 보호관찰을 받는다(전부 §9③)
   (신설 2010. 4. 15.).

지 피부착명령자의 주거지를 관할하는 보호관찰소의 장에게 그 사실을 통보하여야 한다(동조②).

131   셋째, 준수사항의 부과이다. 법원은 부착명령을 선고하는 경우, 부착기간의 범위에서 준수기간을 정하여 야간, 아동·청소년의 통학시간 등 특정 시간대의 외출제한, 어린이 보호구역 등 특정지역·장소에의 출입금지, 주거지역의 제한, 피해자 등 특정인에의 접근금지, 특정범죄 치료 프로그램의 이수(500시간 이내), 마약 등 중독성 있는 물질의 사용금지, 그 밖에 부착명령을 선고받는 사람의 재범방지와 성행교정을 위하여 필요한 사항의 준수사항 중 하나 이상을 부과할 수 있다(전부 §9의2①). 이 경우 법원은 "부착기간의 범위 내에서 준수기간을 정하여"(전부 §9의2①) 부과하여야 한다.[64]

132   넷째, 검사의 집행지휘와 보호관찰관의 부착명령 집행이다. 부착명령은 검사의 지휘를 받아 보호관찰관이 집행한다(전부 §12). 부착명령은 특정범죄사건에 대한 형의 집행이 종료되거나 면제·가석방되는 날 또는 치료감호의 집행이 종료·가종료되는 날 석방 직전에 피부착명령자의 신체에 전자장치를 부착함으로써 집행한다(전부 §13).

133   다섯째, 부착기간의 연장 및 준수사항의 추가·변경이다. 피부착자가 ① 정당한 사유 없이 보호관찰법 제32조에 따른 준수사항을 위반한 경우, ② 정당한 사유 없이 전자장치부착법 제14조 제2항을 위반하여 신고하지 아니한 경우, ③ 정당한 사유 없이 전자장치부착법 제14조 제3항을 위반하여 허가를 받지 아니하고 주거 이전·국내여행 또는 출국을 하거나, 거짓으로 허가를 받은 경우, ④ 정당한 사유 없이 전자장치부착법 제14조 제3항에 따른 출국허가 기간까지 입국하지 아니한 경우의 어느 하나에 해당하는 경우에는, 법원은 보호관찰소의 장의 신청에 따른 검사의 청구로 1년의 범위에서 부착기간을 연장하거나 준수사항을 추가 또는 변경하는 결정을 할 수 있다(전부 §14의2①). 위 ① 내지 ④ 외의 사정변경이 있는 경우에도 법원은 상당한 이유가 있다고 인정되면 보호관찰소의 장의 신청에 따른 검사의 청구로 준수사항을 추가, 변경 또는 삭제하는 결정을 할 수 있다(전부 §14의2②).

---

64 대판 2012. 5. 24, 2012도1047.

여섯째, 부착명령의 임시해제 및 그 취소이다. 보호관찰소의 장 또는 피부 　134
착자 및 그 법정대리인은 해당 보호관찰소를 관할하는 보호관찰심사위원회에
부착명령의 임시해제를 신청할 수 있다(전부 § 17①). 이 신청은 부착명령의 집행
이 개시된 날부터 3개월이 경과한 후에 하여야 하며, 신청이 기각된 경우에는
기각된 날부터 3개월이 경과한 후에 다시 신청할 수 있다(전부 § 17②). 보호관찰
심사위원회는 임시해제의 심사를 위하여 필요한 때에는 보호관찰소의 장으로
하여금 필요한 사항을 조사하게 하거나 피부착자나 그 밖의 관계인을 직접 소
환·심문 또는 조사할 수 있다(전부 § 18②). 심사위원회는 피부착자가 부착명령이
계속 집행될 필요가 없을 정도로 개선되어 재범의 위험성이 없다고 인정하는
때에는 부착명령의 임시해제를 결정할 수 있고, 이 경우 피부착자로 하여금 주거
이전 상황 등을 보호관찰소의 장에게 정기적으로 보고하도록 할 수 있다(전부
§ 18④). 보호관찰소의 장은 부착명령이 임시해제된 자가 특정범죄를 저지르거나
주거이전 상황 등의 보고에 불응하는 등 재범의 위험성이 있다고 판단되는 때
에는 보호관찰심사위원회에 임시해제의 취소를 신청할 수 있고, 이 경우 보호관
찰심사위원회는 임시해제된 자의 재범의 위험성이 현저하다고 인정될 때에는
임시해제를 취소하여야 한다(전부 § 19).

일곱째, 부착명령 집행의 종료이다. 부착명령은 ① 부착명령기간이 경과한 　135
때, ② 부착명령과 함께 선고한 형이 사면되어 그 선고의 효력을 상실하게 된
때, ③ 부착명령이 임시해제된 자가 그 가해제가 취소됨이 없이 잔여 부착명령
기간을 경과한 때의 어느 하나에 해당하는 때에 그 집행이 종료된다(전부 § 20).

(4) 가석방 및 가종료 등과 전자장치 부착

(가) 가석방과 전자장치 부착

부착명령 판결을 선고받지 아니한 특정 범죄자로서 형의 집행 중 가석방되 　136
어 보호관찰을 받게 되는 자는 준수사항 이행 여부 확인 등을 위하여 가석방기
간 동안 전자장치를 부착하여야 한다(전부 § 22①). 보호관찰심사위원회는 특정범
죄 이외의 범죄로 형의 집행 중 가석방되어 보호관찰을 받는 사람의 준수사항
이행 여부 확인 등을 위하여 가석방 예정자의 범죄내용, 개별적 특성 등을 고려
하여 가석방 기간의 전부 또는 일부의 기간을 정하여 전자장치를 부착하게 할
수 있다(보호관찰 § 22②). 보호관찰심사위원회는 전자장치를 부착하게 되는 자의

주거지를 관할하는 보호관찰소의 장에게 가석방자의 인적사항 등 전자장치 부
착에 필요한 사항을 즉시 통보하여야 한다(전부 § 22④).

(나) 가종료 등과 전자장치 부착

137   또한, 치료감호법상의 치료감호심의위원회는 부착명령 판결을 선고받지 아
니한 특정 범죄자로서 치료감호의 집행 중 가종료 또는 치료위탁되는 피치료감
호자나 보호감호의 집행 중 가출소되는 피보호감호자에 대하여 치료감호법 또
는 사회보호법(법률 제7656호로 폐지되기 전의 법률을 말한다)에 따른 준수사항 이행
여부 확인 등을 위하여 보호관찰 기간의 범위에서 기간을 정하여 전자장치를
부착하게 할 수 있다(전부 § 23①). 치료감호심의위원회는 전자장치부착법 제23조
제1항에 따라 전자장치 부착을 결정한 경우에는 즉시 피부착결정자의 주거지
를 관할하는 보호관찰소의 장에게 통보하여야 한다(전부 § 23②). 치료감호시설
의 장·보호감호시설의 장 또는 교도소의 장은 가종료자등이 가종료 또는 치료
위탁되거나 가출소되기 5일 전까지 가종료자등의 주거지를 관할하는 보호관찰
소의 장에게 그 사실을 통보하여야 한다(전부 § 23③).

(5) 형의 집행유예와 부착명령

138   법원은 특정범죄를 범한 자에 대하여 형의 집행을 유예하면서 보호관찰을
받을 것을 명할 때에는 보호관찰 기간의 범위 내에서 기간을 정하여 준수사항
의 이행여부 확인 등을 위하여 전자장치를 부착할 것을 명할 수 있다(전부 § 28
①). 특정 범죄자에 대하여 집행유예를 선고할 경우에 보호관찰을 받을 것을 함
께 명할지 여부 및 구체적인 준수사항의 내용, 나아가 전자장치부착법 제28조
제1항에 따라 전자장치의 부착을 명할지 여부 및 그 기간 등에 대한 법원의 판
단은 그 전제가 되는 집행유예의 선고와 일체를 이루는 것으로서, 보호관찰명령
이나 부착명령이 관련 법령에서 정하고 있는 요건에 위반한 것이 아닌 한, 형의
집행유예를 선고하는 것과 마찬가지로 법원의 재량사항에 속한다고 보는 것이
타당하다.[65] 법원은 위 제1항에 따른 부착명령기간 중 소재지 인근 의료기관에
서의 치료, 지정 상담시설에서의 상담치료 등 대상자의 재범방지를 위하여 필요
한 조치들을 과할 수 있다(전부 § 28②). 법원은 전자장치 부착을 명하기 위하여

---

65 대판 2012. 8. 30, 2011도14257, 2011전도233.

필요하다고 인정하는 때에는 피고인의 주거지 또는 그 법원의 소재지를 관할하는 보호관찰소의 장에게 범죄의 동기, 피해자와의 관계, 심리상태, 재범의 위험성 등 피고인에 관하여 필요한 사항의 조사를 요청할 수 있다(전부 § 28③).

부착명령은 전자장치 부착을 명하는 법원의 판결이 확정된 때부터 집행한 **139** 다. 부착명령의 집행 중 보호관찰 준수사항 위반으로 유치허가장의 집행을 받아 유치된 때에는 부착명령 집행이 정지된다(전부 § 29①). 이 경우 검사가 보호관찰소의 장의 집행유예 취소신청을 기각한 날 또는 법원이 검사의 집행유예취소청구를 기각한 날부터 그 잔여기간을 집행한다(전부 § 29②).

8. 성폭력범죄자에 대한 보안처분 – 성폭력범죄의 처벌 등에 관한 특례법 등

(1) 개관

사회적 약자를 대상으로 하는 성폭력범죄에 대해 강력한 대응을 촉구하는 **140** 사회적 분위기와 맞물려, 그간 성폭력범죄에 적극적으로 대응하는 입법으로서 여러 관련 특별법의 제·개정을 통해 다양한 형태의 보안처분을 지속적으로 도입해왔다. 이에 속하는 대표적인 보안처분으로는 ① 성폭력처벌법상의 보호관찰, 사회봉사명령, 수강명령 및 이수명령, 신상정보 등록제도, ② 청소년성보호법상의 신상정보 공개명령 및 고지명령, 취업제한명령, ③ 성충동약물치료법상의 성충동 약물치료명령, ④ 치료감호법상의 치료감호, ⑤ 전자장치부착법상의 전자장치 부착명령 등을 꼽을 수 있다.

그중 위 ④와 ⑤는 앞에서 이미 살펴보았고, ②와 ③에 대하여는 아래에서 **141** 항을 바꾸어 별도로 살펴보도록 한다. 여기서는 위 ①의 성폭력처벌법상의 보안처분제도에 초점을 맞추어 그 주요한 내용을 설명하도록 한다[이에 대한 상세는 **주해 IX(각칙 6) [특별법 I]** 참조].

(2) 보호관찰

법원이 성폭력범죄를 범한 사람에 대하여 형의 선고를 유예하는 경우에는 **142** 1년 동안 보호관찰을 받을 것을 명할 수 있다(성폭처벌 § 16① 본문). 다만, 성폭력범죄를 범한 소년법 제2조에 따른 소년에 대하여 형의 선고를 유예하는 경우에는 반드시 보호관찰을 명하여야 한다(성폭처벌 § 16① 단서).

(3) 수강명령과 이수명령

143   법원이 성폭력범죄를 범한 사람에 대하여 유죄판결(선고유예 제외)을 선고하거나 약식명령을 고지하는 경우에는 500시간의 범위에서 재범예방에 필요한 수강명령 또는 성폭력 치료프로그램의 이수명령을 병과하여야 한다(성폭처벌 §16②본문). 다만, 수강명령 또는 이수명령을 부과할 수 없는 특별한 사정이 있는 경우에는 그러하지 아니하다(성폭처벌 §16② 단서).

144   수강명령 또는 이수명령은 ① 일탈적 이상행동의 진단·상담, ② 성에 대한 건전한 이해를 위한 교육, ③ 그 밖에 성폭력범죄를 범한 사람의 재범예방을 위하여 필요한 사항을 그 내용으로 한다(성폭처벌 §16⑦).

145   성폭력범죄를 범한 자에 대하여 수강명령은 형의 집행을 유예할 경우에 그 집행유예기간 내에서 병과하고, 이수명령은 벌금 이상의 형을 선고하거나 약식명령을 고지할 경우에 병과한다(성폭처벌 §16③). 다만, 이수명령은 성폭력범죄자가 전자장치부착법에 따른 이수명령을 부과받은 경우에는 병과하지 아니한다(성폭처벌 §16③ 단서).

146   법원이 성폭력범죄를 범한 사람에 대하여 형의 집행을 유예하는 경우에는 위 수강명령 외에 그 집행유예기간 내에서 보호관찰 또는 사회봉사 중 하나 이상의 처분을 병과할 수 있다(성폭처벌 §16④). 수강명령 또는 이수명령은 형의 집행을 유예할 경우에는 그 집행유예기간 내에, 벌금형을 선고하거나 약식명령을 고지할 경우에는 형 확정일부터 6개월 이내에, 징역형 이상의 실형(實刑)을 선고할 경우에는 형기 내에 각각 집행한다(성폭처벌 §16⑤ 본문). 다만, 수강명령 또는 이수명령은 성폭력범죄를 범한 사람이 청소년성보호법 제21조에 따른 수강명령 또는 이수명령을 부과받은 경우에는 병과하지 아니한다(성폭처벌 §16⑤ 단서).

147   수강명령 또는 이수명령이 벌금형 또는 형의 집행유예와 병과된 경우에는 보호관찰소의 장이 집행하고, 징역형 이상의 실형(치료감호와 징역형 이상의 실형이 병과된 경우 포함)과 병과된 경우에는 교정시설의 장 또는 치료감호시설의 장이 집행한다(성폭처벌 §16⑥ 본문). 다만, 징역형 이상의 실형과 병과된 이수명령을 모두 이행하기 전에 석방 또는 가석방되거나 미결구금일수 산입 등의 사유로 형을 집행할 수 없게 된 경우에는 보호관찰소의 장이 남은 이수명령을 집행한다(성폭처벌 §16⑥ 단서).

성폭력범죄를 범한 사람으로서 형의 집행 중에 가석방된 사람은 가석방기 148
간 동안 보호관찰을 받는다(성폭처벌 §16⑧ 본문). 다만, 가석방을 허가한 행정관
청이 보호관찰을 할 필요가 없다고 인정한 경우에는 그러하지 아니하다(성폭처벌
§16⑧ 단서). 아울러 보호관찰, 사회봉사, 수강명령 및 이수명령에 관하여 성폭력
처벌법에서 규정한 사항 외의 사항에 대하여는 보호관찰법을 준용하도록 하고
있다(성폭처벌 §16⑨).

(4) 신상정보 등록제도

성폭력처벌법은 성범죄자의 신상정보 등록제도를 규정하고 있는바, 2015년 149
헌법재판소는 종전에 범죄의 경중에 관계없이 획일적으로 신상정보 등록을 규
정한 부분에 대해 헌법불합치결정을 내렸다.[66] 이를 반영하여 2016년 12월 20
일 성폭력처벌법 개정을 통해 신상정보 등록제도를 재정비하였다.

---

[66] 헌재 2015. 7. 30, 2014헌마340. 「가. 성범죄자의 재범을 억제하고 수사의 효율성을 제고하기 위
하여, 일정한 성범죄를 저지른 자로부터 신상정보를 제출받아 보존·관리하는 것은 정당한 목적
을 위한 적합한 수단이다. 처벌범위 확대, 법정형 강화만으로 카메라등이용촬영범죄를 억제하기
에 한계가 있으므로 위 범죄로 처벌받은 사람에 대한 정보를 국가가 관리하는 것은 재범을 방지
하는 유효하고 현실적인 방법이 될 수 있다. 카메라등이용촬영죄의 행위 태양, 불법성의 경중은
다양할 수 있으나, 결국 인격체인 피해자의 성적 자유 및 함부로 촬영당하지 않을 자유를 침해하
는 성범죄로서의 본질은 같으므로 입법자가 개별 카메라등이용촬영죄의 행위 태양, 불법성을 구
별하지 않은 것이 지나친 제한이라고 볼 수 없고, 신상정보 등록대상자가 된다고 하여 그 자체로
사회복귀가 저해되거나 전과자라는 사회적 낙인이 찍히는 것은 아니므로 침해되는 사익은 크지
않은 반면 이 사건 등록조항을 통해 달성되는 공익은 매우 중요하다. 따라서 이 사건 등록조항은
개인정보자기결정권을 침해하지 않는다. 나. 성범죄의 재범을 억제하고 수사의 효율성을 제고하기
위하여, 법무부장관이 등록대상자의 재범 위험성이 상존하는 20년 동안 그의 신상정보를 보존·관
리하는 것은 정당한 목적을 위한 적합한 수단이다. 그런데 재범의 위험성은 등록대상 성범죄의
종류, 등록대상자의 특성에 따라 다르게 나타날 수 있고, 입법자는 이에 따라 등록기간을 차등화
함으로써 등록대상자의 개인정보자기결정권에 대한 제한을 최소화하는 것이 바람직함에도, 이 사
건 관리조항은 모든 등록대상 성범죄자에 대하여 일률적으로 20년의 등록기간을 적용하고 있으
며, 이 사건 관리조항에 따라 등록기간이 정해지고 나면, 등록의무를 면하거나 등록기간을 단축
하기 위해 심사를 받을 수 있는 여지도 없으므로 지나치게 가혹하다. 그리고 이 사건 관리조항이
추구하는 공익이 중요하더라도, 모든 등록대상자에게 20년 동안 신상정보를 등록하게 하고 위 기
간 동안 각종 의무를 부과하는 것은 비교적 경미한 등록대상 성범죄를 저지르고 재범의 위험성도
많지 않은 자들에 대해서는 달성되는 공익과 침해되는 사익 사이의 불균형이 발생할 수 있으므로
이 사건 관리조항은 개인정보자기결정권을 침해한다. 다. 이 사건 관리조항의 위헌성을 제거하기
위하여 등록기간의 범위를 차등적으로 규정하고 재범의 위험성이 없어지는 등 사정 변경이 있는
경우 등록의무를 면하거나 등록기간을 단축하기 위한 수단을 마련하는 것은 입법자의 형성재량
의 영역에 속하므로 헌법불합치결정을 선고하고, 다만 2016. 12. 31.을 시한으로 입법자가 개선
입법을 할 때까지 이 사건 관리조항의 계속적용을 명한다.」

〔이 동 희〕 **211**

150　　　신상정보의 등록대상자는 등록대상 성범죄로 유죄판결이나 약식명령이 확정된 자 또는 별도로 공개명령이 확정된 자이다(성폭처벌 §42①). 다만, 성적 목적을 위한 공공장소 침입행위(성폭처벌 §12), 통신매체를 이용한 음란행위(성폭처벌 §13) 및 아동·청소년성착취물 배포·전시 등(아청 §11③), 아동·청소년성착취물 소지(아청 §11⑤)의 범죄로 벌금형을 선고받은 자는 등록대상자에서 제외된다(성폭처벌 §42① 단서).

151　　　동록대상자는 등록대상 성범죄로 유죄판결이나 약식명령이 확정된 날로부터 30일 이내에 성명, 주민등록번호, 주소 및 실제거주지, 직업 및 직장 등의 소재지, 연락처(전화번호, 전자우편주소를 말함), 신체정보(키와 몸무게), 소유차량의 등록번호 등의 기본신상정보를 자신의 주소지를 관할하는 경찰관서의 장에게 제출하여야 한다(성폭처벌 §43① 본문). 다만, 등록대상자가 교정시설 또는 치료감호시설에 수용된 경우에는 그 교정시설의 장 또는 치료감호시설의 장에게 기본신상정보를 제출함으로써 이를 갈음할 수 있다(성폭처벌 §43① 단서). 관할경찰관서의 장 또는 교정시설등의 장은 등록대상자로부터 제출받은 기본신상정보 및 변경정보와 제2항 및 제4항에 따라 저장·보관하는 전자기록을 지체 없이 법무부장관에게 송달하여야 한다(성폭처벌 §43⑤). 송달된 등록대상자 신상정보는 법무부장관이 등록한다(성폭처벌 §44①).

152　　　신상정보의 등록기간은 범죄의 경중에 따라 차등이 있다. 법무부장관은 ① 신상정보 등록의 원인이 된 성범죄로 사형, 무기징역·무기금고형 또는 10년 초과의 징역·금고형을 선고받은 사람은 30년, ② 신상정보 등록의 원인이 된 성범죄로 3년 초과 10년 이하의 징역·금고형을 선고받은 사람은 20년, ③ 신상정보 등록의 원인이 된 성범죄로 3년 이하의 징역·금고형을 선고받은 사람 또는 아동·청소년의 성보호에 관한 법률에 따라 공개명령이 확정된 사람은 15년, ④ 신상정보 등록의 원인이 된 성범죄로 벌금형을 선고받은 사람은 10년 동안 각각 등록정보를 보존·관리하여야 한다(성폭처벌 §45①).

153　　　성범죄자에 대한 신상정보가 등록되었다고 해도 등록정보가 곧바로 외부에 공개되는 것은 아니다. 등록정보는 법원의 공개명령이나 고지명령이 있어야 비로소 외부에 공개된다. 등록정보에 대한 공개명령과 고지명령의 집행은 후술하는 청소년성보호법에 따라 여성가족부장관이 행하도록 되어 있다(성폭처벌 §47①②).

9. 아동·청소년의 성보호에 관한 법률상의 신상등록정보 공개·고지명령, 취업제한명령

(1) 보안처분의 종류

청소년성보호법은 아동·청소년대상 성범죄의 처벌과 절차에 관한 특례를 규정하고 있는 법률인데, 이에 해당하는 성범죄자에 대한 보안처분으로서, ① 신상정보에 관한 등록정보 공개명령 및 ② 등록정보 고지명령이 있고, ③ 취업제한명령 등이 있다. 아래에서는 위 3가지 보안처분의 의의 및 부과·집행절차를 중심으로 살펴본다[이에 대한 상세는 **주해 IX(각칙 6) [특별법 II]** 참조].

154

(2) 등록정보 공개명령

등록정보 공개명령은 일정한 성범죄자에 대하여 공개하도록 제공되는 등록정보 - 성명, 나이, 주소 및 실제거주지, 신체정보(키와 몸무게), 사진, 등록대상 성범죄의 요지(판결일자, 죄명, 선고형량을 포함), 성폭력범죄 전과사실(죄명 및 회수), 전자장치부착법에 따른 전자장치 부착 여부(아청 §49③) - 를 공개정보라고 하며(아청 §49④), 법원이 공개정보를 일정한 등록기간 동안 정보통신망을 이용하여 공개하도록 하는 명령을 공개명령이라고 한다(아청 §49①).

155

법원은 일정한 성범죄자에 대하여 공개명령을 등록대상 사건의 판결과 동시에 선고하여야 한다(아청 §49① 본문). 다만, 피고인이 아동·청소년인 경우 그 밖에 신상정보를 공개하여서는 아니 될 특별한 사정이 있다고 판단하는 경우에는 그러하지 아니하다(아청 §49① 단서). 공개명령 및 고지명령의 예외사유로 되어 있는 '피고인이 아동·청소년인 경우'에 해당하는지 여부는 사실심 판결의 선고 시를 기준으로 판단한다.[67]

156

등록정보의 공개명령의 대상이 되는 성범죄자는 ① 아동·청소년대상 성폭력범죄를 저지른 자, ② 성폭력처벌법상의 일정한 범죄를 저지른 자, ③ 위 ①, ②의 죄를 범하였으나 형법 제10조 제1항(심신장애인)에 따라 처벌할 수 없는 자로서 ①, ②의 죄를 다시 범할 위험성이 있다고 인정되는 자이다(아청 §49①). 등록정보의 공개기간은 형의 실효 등에 관한 법률 제7조에 따른 기간을 초과하지 못하도록 되어 있는데(동법 §49②), 이에 따라 등록정보의 공개기간은 3년을

157

---

67 대판 2012. 5. 24, 2012도2763.

초과하는 징역·금고의 경우에는 10년, 3년 이하의 징역·금고의 경우에는 5년, 벌금의 경우에는 2년을 초과하지 못한다. 등록정보의 공개기간은 원칙적으로 판결이 확정된 때부터 기산한다(아청 §49②). 공개명령은 여성가족부장관이 정보통신망을 이용하여 집행한다(아청 §52①). 공개정보를 정보통신망을 이용하여 열람하고자 하는 자는 실명인증 절차를 거쳐야 한다(아청 §49⑥).

(3) 등록정보 고지명령

158   등록정보 공개대상자 중 일정한 성범죄자에 대해 법원이 판결로 공개명령 기간 동안 일정한 고지정보를 일정한 사람들에게 대하여 고지하도록 하는 명령을 고지명령이라고 한다(아청 §50①). 법원은 등록대상 성범죄 사건의 판결과 동시에 고지명령을 선고하여야 한다(아청 §50① 본문). 다만, 피고인이 아동·청소년인 경우, 그 밖에 신상정보를 고지하여서는 아니 될 특별한 사정이 있다고 판단하는 경우에는 그러하지 아니하다(아청 §50① 단서).

159   고지명령의 대상이 되는 성범죄자는 ① 아동·청소년대상 성폭력범죄를 저지른 자, ② 성폭력처벌법상의 일정한 범죄를 저지른 자, ③ 위 ①, ②의 죄를 범하였으나 「형법」 제10조 제1항(심신장애인)에 따라 처벌할 수 없는 자로서 ①, ②의 죄를 다시 범할 위험성이 있다고 인정되는 자이다(아청 §50①).

160   법원의 고지명령은 ① 집행유예를 선고받은 고지대상자는 신상정보 최초 등록일부터 1개월 이내, ② 금고 이상의 실형을 선고받은 고지대상자는 출소 후 거주할 지역에 전입한 날부터 1개월 이내, ③ 고지대상자가 다른 지역으로 전출하는 경우에는 변경정보 등록일부터 1개월 이내에 하여야 한다(아청 §50③).

161   고지명령에 따라 고지해야 하는 고지정보는 ① 고지대상자가 이미 거주하고 있거나 전입하는 경우에는 공개명령 대상인 공개정보(다만, 아청 §49③(iii)에 따른 주소 및 실제거주지는 상세주소를 포함), ② 고지대상자가 전출하는 경우에는 위 ①의 고지정보와 그 대상자의 전출 정보이다(아청 §50④). 고지명령의 집행은 여성가족부장관이 한다(아청 §51①). 여성가족부장관은 고지정보를 관할구역에 거주하는 아동·청소년이 속한 세대의 세대주와 어린이집의 원장 및 육아종합지원센터·시간제보육서비스지정기관의 장, 유치원의 장, 초·중등 학교의 장, 읍·면사무소와 동 주민센터의 장(경계를 같이 하는 읍·면 또는 동 포함), 교습소의 장·개인과외교습자·학교교과교습학원의 장, 아동복지시설(아동양육·일시보호·보호치료

시설, 공동생활가정, 지역아동센터)의 장, 청소년복지시설의 장, 청소년수련시설의 장에게 우편·이동통신단말장치 등 여성가족부령으로 정하는 바에 따라 송부하고, 읍·면 사무소 또는 동 주민자치센터 게시판에 30일간 게시하는 방법으로 고지명령을 집행한다(아청 §51④).

(4) 취업제한명령

취업제한명령은 성범죄로 그 형 또는 치료감호의 전부 또는 일부의 집행을 종료하거나 집행이 유예·면제된 날부터 일정기간 각종 아동·청소년 관련기관을 운영하거나 아동·청소년 관련기관에 취업하거나 또는 사실상 노무를 제공할 수 없도록 하는 처분이다(아청 §56①). **162**

법원은 성범죄로 형 또는 치료감호를 선고하는 경우에는 판결로 아동·청소년 관련기관 - 유치원, 초·중등학교, 학원, 청소년 보호·재활센터, 청소년활동시설, 청소년쉼터, 어린이집, 아동복지시설, 청소년 지원시설, 성매매피해상담소 등(아청 §56① 각 호의 시설 등) - 에의 취업제한명령을 성범죄 사건의 판결과 동시에 선고하여야 한다(아청 §56①). 다만, 재범의 위험성이 현저히 낮은 경우, 그 밖에 취업을 제한하여서는 아니 되는 특별한 사정이 있다고 판단하는 경우에는 그러하지 아니한다(아청 §56① 단서). 취업제한기간은 10년을 초과하지 못한다(아청 §56②). **163**

10. 성폭력범죄자의 성충동 약물치료에 관한 법률상의 성충동 약물치료

(1) 의의 및 요건

'성충동 약물치료'란 비정상적인 성적 충동이나 욕구를 억제하기 위한 조치로서 성도착증 환자(성충동 §2(i))[68]에게 약물 투여 및 심리치료 등의 방법으로 도착적인 성기능을 일정기간 동안 약화 또는 정상화하는 치료를 말한다(성충동 §2(iii) 참조). **164**

2010년 7월 23일 법 제정 시에는 16세 미만의 피해자에 대해 성폭력범죄를 **165**

---

68 성충동약물치료법 제2조(정의) 이 법에서 사용하는 용어의 뜻은 다음과 같다.
　1. "성도착증 환자"란 「치료감호 등에 관한 법률」 제2조제1항제3호에 해당하는 사람 및 정신건강의학과 전문의의 감정에 의하여 성적 이상 습벽으로 인하여 자신의 행위를 스스로 통제할 수 없다고 판명된 사람을 말한다.

저지른 재범의 위험성이 있는 성도착증 환자에 대해서만 가능했으나, 이후 2012년 12월 18일 개정에 의해 피해자의 연령에 관계없이 이를 부과할 수 있도록 확대 적용되었다. 성충동약물치료법은 성폭력범죄를 저지른 성도착증 환자로서 성폭력범죄를 다시 범할 위험성이 있다고 인정되는 사람에 대하여 성충동약물치료를 실시하여 성폭력범죄의 재범을 방지하고 사회복귀를 촉진하는 것을 목적으로 하는데(성충동 §1), 이러한 목적과 본질에 비추어 볼 때 보안처분으로 분류된다.[69] 또한 성충동 약물치료는 원칙적으로 형집행 종료 이후 신체에 영구적인 변화를 초래할 수도 있는 약물의 투여를 피청구자의 동의 없이 강제적으로 상당 기간 실시하게 된다는 점에서 헌법이 보장하고 있는 신체의 자유와 자기결정권에 대한 가장 직접적이고 침익적(侵益的)인 처분에 해당한다.[70]

166   성충동 약물치료는 ① 비정상적 성적 충동이나 욕구를 억제하거나 완화하기 위한 것으로서 의학적으로 알려진 것일 것, ② 과도한 신체적 부작용을 초래하지 아니할 것, ③ 의학적으로 알려진 방법대로 시행될 것이라는 세 가지 요건을 모두 갖추어야 허용된다(성충동 §3). 성충동 약물치료명령의 내용 및 특성과 최소침해성의 원칙 등을 요건으로 하는 보안처분의 성격 등에 비추어, 장기간의 형 집행 및 그에 부수하여 전자장치 부착 등의 처분이 예정된 사람에 대해서는 위 형 집행 및 처분에도 불구하고 재범의 방지와 사회복귀의 촉진 및 국민의 보호를 위한 추가적인 조치를 취할 필요성이 인정되는 불가피한 경우에 한하여 이를 부과함이 타당하다.[71]

(2) 부과·집행절차

167   첫째, 검사의 약물치료명령의 청구 및 조사 요청이다. 검사는 사람에 대하여 성폭력범죄를 저지른 성도착증 환자로서 성폭력범죄를 다시 범할 위험성이 있다고 인정되는 19세 이상의 사람에 대하여 약물치료명령(이하, 치료명령이라 한다.)을 법원에 청구할 수 있다(성충동 §4①).

---

69 대판 2014. 2. 27, 2013도12301, 2013전도252, 2013치도2; 대판 2015. 3. 12, 2014도17853, 2014감도45, 2014전도286, 2014치도6.

70 대판 2014. 2. 27, 2013도12301, 2013전도252, 2013치도2; 대판 2015. 3. 12, 2014도17853, 2014감도45, 2014전도286, 2014치도6.

71 대판 2014. 2. 27, 2013도12301, 2013전도252, 2013치도2; 대판 2015. 3. 12, 2014도17853, 2014감도45, 2014전도286, 2014치도6.

위 치료명령의 요건으로 '성폭력범죄를 다시 범할 위험성'이란 재범할 가능 168
성만으로는 부족하고 피청구자가 장래에 다시 성폭력범죄를 범하여 법적 평온
을 깨뜨릴 상당한 개연성을 의미한다.[72] 비록 피청구자가 성도착증 환자로 진단
받았다고 하더라도 그러한 사정만으로 바로 피청구자에게 성폭력범죄에 대한
재범의 위험성이 있다고 단정할 것이 아니라, 치료명령의 집행시점에도 여전히
약물치료가 필요할 만큼 피청구자에게 성폭력범죄를 다시 범할 위험성이 있고
피청구자의 동의를 대체할 수 있을 정도의 상당한 필요성이 인정되는 경우에
한하여 비로소 치료명령의 요건을 갖춘 것으로 보아야 한다. 이 경우 법원이 피
청구자의 '성폭력범죄를 다시 범할 위험성'을 판단함에 있어서는, 피청구자의 직
업과 환경, 동종 범행으로 인한 처벌 전력, 당해 범행 이전의 행적, 그 범행의
동기, 수단, 범행 후의 정황, 개전의 정 등과 아울러 피청구인의 정신성적 장애
의 종류와 정도 및 치료 가능성, 피청구인이 치료명령의 과정에서 받을 약물치
료 또는 인지행동치료 등을 자발적이고도 적극적으로 따르고자 하는 의지, 처방
약물로 인하여 예상되는 부작용의 가능성과 정도, 예상되는 형 집행 기간과 그
종료 당시 피청구자의 연령 및 주위환경과 그 후 약물치료 등을 통하여 기대되
는 재범방지 효과 등의 여러 사정을 종합적으로 평가하여 판결 시를 기준으로
객관적으로 판단하여야 할 것이다.[73]

특히 치료감호와 치료명령이 함께 청구된 경우에는, 치료감호를 통한 치료 169
에도 불구하고 치료명령의 집행시점에도 여전히 약물치료가 필요할 만큼 피청
구자에게 성폭력범죄를 다시 범할 위험성이 있고 피청구자의 동의를 대체할 수
있을 정도의 상당한 필요성이 인정되는 경우에 한하여 치료감호와 함께 치료명
령을 선고할 수 있다.[74]

이 경우 치료명령 청구대상자(치료명령 피청구자)에 대하여 정신건강의학과 170
전문의의 진단이나 감정을 받은 후 치료명령을 청구하여야 한다(성충동 § 4②).

---

72 대판 2014. 2. 27, 2013도12301, 2013전도252, 2013치도2; 대판 2015. 3. 12, 2014도17853,
  2014감도45, 2014전도286, 2014치도6.
73 대판 2014. 2. 27, 2013도12301, 2013전도252, 2013치도2.
74 대판 2014. 12. 11, 2014도6930, 2014감도25, 2014전도126, 2014치도3; 대판 2015. 3. 12, 2014
  도17853, 2014감도45, 2014전도286, 2014치도6. 위 2014도6930 등 판결 해설은 이현석, "성폭력
  범죄를 저지른 정신성적 장애자에게 치료감호와 함께 치료명령을 선고하기 위한 요건", 해설
  102, 법원도서관(2015), 529-557.

치료명령의 청구는 공소가 제기되거나 치료감호가 독립청구된 성폭력범죄사건
(피고사건)의 항소심 변론종결 시까지 하여야 한다(성충동 §4③). 검사는 치료명령
을 청구하기 위하여 필요하다고 인정하는 때에는 피청구자의 주거지 또는 소속
검찰청 소재지를 관할하는 보호관찰소의 장에게 범죄의 동기, 피해자와의 관계,
심리상태, 재범의 위험성 등 치료명령 피청구자에 관하여 필요한 사항의 조사를
요청할 수 있다(성충동 §5①). 이 경우 요청을 받은 보호관찰소의 장은 조사할
보호관찰관을 지명하여야 한다(성충동 §5②). 지명된 보호관찰관은 검사의 지휘
를 받아 지체 없이 필요한 사항을 조사한 후 검사에게 조사보고서를 제출하여
야 한다(성충동 §5③).

171   둘째, 법원의 판결에 의한 치료명령의 선고 및 준수사항 부과이다. 법원은
15년의 범위에서 치료기간을 정하여 판결로 선고하여야 하며, 이 판결은 피고사
건의 판결과 동시에 선고하여야 한다(성충동 §8①, ④). 치료명령을 받은 사람은
치료기간 동안 보호관찰법에 따른 보호관찰을 받는다(성충동 §8②).

172   치료명령을 받은 사람은 치료기간 동안 보호관찰법 제32조 제2항 각 호(제4
호 제외)의 준수사항과 성충동약물치료법 제10조 제2항 각 호의 준수사항(보호관
찰관의 지시에 따라 ① 성실히 약물치료에 응할 것, ② 정기적으로 호르몬 수치 검사를 받을
것, ③ 인지행동 치료 등 심리치료 프로그램을 성실히 이수할 것)을 이행해야 한다(성충동
§10①). 아울러 위 준수사항 이외에 법원은 보호관찰법 제32조 제3항 각 호에
규정된 준수사항을 별도로 부과할 수 있다(성충동 §10②). 법원은 검사가 제출한
정신건강의학과 전문의의 진단 또는 감정의견만으로 치료명령 피청구자의 성도
착증 여부를 판단하기 어려울 때에는 다른 정신건강의학과 전문의에게 다시 진
단 또는 감정을 명할 수 있다(성충동 §9).

173   셋째, 법원의 치료명령 판결 등의 통지이다. 법원은 판결이 확정된 날부터
3일 이내에 치료명령을 받은 사람의 주거지를 관할하는 보호관찰소의 장에게
판결문의 등본과 준수사항을 적은 서면을 송부하여야 한다. 한편, 교도소 등의
장은 치료명령을 받은 사람이 석방되기 3개월 전까지 그 주거지를 관할하는 보
호관찰소의 장에게 그 사실을 통보하여야 한다(성충동 §11).

174   넷째, 검사의 치료명령 집행지휘 및 보호관찰관의 집행이다. 치료명령은 검
사의 지휘를 받아 보호관찰관이 집행한다(성충동 §13). 치료명령은 의료법에 따

른 의사의 진단과 처방에 의한 약물 투여, 정신건강증진 및 정신건강복지법에
따른 정신보건전문요원 등 전문가에 의한 인지행동 치료 등 심리치료 프로그램
의 실시 등의 방법으로 집행한다(성충동 §14①). 보호관찰관은 치료명령을 받은
사람에게 치료명령을 집행하기 전에 약물치료의 효과, 부작용 및 약물치료의 방
법·주기·절차 등에 관하여 충분히 설명하여야 한다(성충동 §14②). 보호관찰관
은 석방되기 전 2개월 이내에 치료명령을 받은 사람에게 치료명령을 집행하여
야 한다(성충동 §14③). 치료명령을 받은 사람은 치료기간 중 상쇄약물의 투약
등의 방법으로 치료의 효과를 해하여서는 아니되고(성충동 §15①), 형의 집행이
종료되거나 면제·가석방 또는 치료감호의 집행이 종료·가종료 또는 치료위탁
되는 날로부터 10일 이내에 주거지 관할 보호관찰소에 출석하여 서면으로 신고
하여야 하며(성충동 §15①), 주거 이전 또는 7일 이상의 국내여행을 하거나 출국
할 때에는 미리 보호관찰관의 허가를 받아야 한다(성충동 §15②).

(3) 검사의 청구에 의한 법원의 치료기간 연장 및 준수사항의 추가·변경·삭제

법원은 ① 준수사항을 위반한 경우, ② 형집행 종료 후 주거지 관할 보호관 　175
찰소에의 신고의무에 위반하여 신고하지 아니한 경우, ③ 허가 없이 주거를 이
전하거나 국내여행 또는 출국하거나 거짓으로 허가를 받은 경우에는, 보호관찰
소의 장의 신청에 따른 검사의 청구로 치료기간을 결정으로 연장할 수 있다(성충
동 §16①). 또한 이 경우, 법원은 준수사항을 추가 또는 변경하는 결정을 할 수
있다(성충동 §16②). 위 ①, ②, ③의 사항 외에 사정변경이 있는 경우에도 법원은
보호관찰소의 장의 신청에 따른 검사의 청구로 성충동약물치료법 제10조 제2항의
재량적 준수사항을 추가, 변경 또는 삭제하는 결정을 할 수 있다(성충동 §16③).

(4) 보호관찰심사위원회의 치료명령 임시해제 및 그 취소

보호관찰소의 장 또는 치료명령을 받은 사람 및 그 법정대리인은 치료명령 　176
의 집행이 개시된 날부터 6개월이 지난 후에는 해당 보호관찰소를 관할하는 보
호관찰심사위원회에 치료명령의 임시해제를 신청할 수 있는데, 이에 대하여는
법무부 소속의 위 심사위원회가 심사 및 결정을 한다(성충동 §§17-18). 이 경우
보호관찰심사위원회는 보호관찰소의 장으로 하여금 필요한 사항의 조사를 명하
게 하거나 치료명령을 받은 사람이나 그 밖의 관계인을 직접 소환·심문 또는
조사할 수 있다(성충동 §18②).

177   보호관찰소의 장은 임시해제된 사람이 성폭력범죄를 저지르거나 주거 이전 상황 등의 보고에 불응하는 등 재범의 위험성이 있다고 판단되는 때에는 심사위원회에 임시해제의 취소를 신청할 수 있고, 그 취소 여부에 대한 결정은 보호관찰심사위원회의 권한으로 되어 있다(성충동 § 19).

(5) 치료명령의 종료

178   법원이 선고한 치료명령은 ① 치료기간이 지난 때, ② 치료명령과 함께 선고한 형이 사면되어 그 선고의 효력을 상실하게 된 때, ③ 치료명령이 임시해제된 사람이 그 임시해제가 취소됨이 없이 잔여 치료기간을 지난 때의 어느 하나에 해당하는 때에 그 집행이 종료된다(성충동 § 20).

(6) 처벌

179   성충동약물치료법에 따른 약물치료를 받아야 하는 사람이 도주하거나 정당한 사유 없이 제15조 제1항(치료명령을 받은 사람은 치료기간 중 상쇄약물의 투약 등의 방법으로 치료의 효과를 해하여서는 아니 된다.)의 의무를 위반한 때에는 7년 이하의 징역 또는 2천만 원 이하의 벌금에(성충동 § 35①), 위 제10조 제1항 각 호의 준수사항을 위반한 때에는 3년 이하의 징역 또는 1천만 원 이하의 벌금에(성충동 § 35②), 위 제10조 제2항에 따른 준수사항을 위반한 때에는 1천만 원 이하의 벌금에(성충동 § 35③)에 각각 처한다.

180   성충동 약물치료는 치료대상자의 신체의 자유, 사생활의 자유, 개인의 자기운명결정권, 인격권 등의 기본권을 제한하는 조치이므로, 성충동약물치료법 제35조는 약물치료 등 치료명령을 수인하기 어려운 정당한 사유가 있는 경우에는 피고인이 치료명령에 따른 준수사항을 위반하더라도 벌할 수 없도록 하여 기본권의 침해를 최소화하고자 하고 있는데, 정당한 사유는 구체적인 사안에서 법관이 개별적으로 판단해야 하는 불확정개념으로서, 실정법의 엄격한 적용으로 생길 수 있는 불합리한 결과를 막고 구체적 타당성을 실현하기 위한 것이므로 정당한 사유는 구성요건해당성을 조각하는 사유로, 정당한 사유가 없다는 사실을 검사가 증명하여야 하고, 이는 형법상 위법성조각사유인 정당행위나 책임조각사유인 기대불가능성과는 구별된다.[75] 이때 준수사항 위반행위에 정당한 사유

---

75 대판 2021. 8. 19, 2020도16111.

가 있는지 여부를 판단함에 있어서는, 성충동약물치료법의 목적과 기능 및 준수사항 위반에 대한 성충동약물치료법 제35조 제2항의 입법 취지를 충분히 고려하면서, 피고인이 준수사항을 위반하게 된 구체적인 동기와 경위, 준수사항을 위반함으로써 발생한 결과 등을 종합적으로 고려하여 구체적인 사안에 따라 개별적으로 판단하여야 한다.[76]

〔이 동 희〕

---

76 대판 2021. 8. 19, 2020도16111〔피고인이 성폭력범죄를 저질러 성충동약물치료법에 따른 1년간의 치료명령을 선고받아 확정되었는데, 그 집행에 불응하여 성충동약물치료법위반죄로 징역 1년 6월을 복역하다가 징역형 집행종료 2개월 전 재개된 치료명령의 집행시도에서 약물치료 부작용에 대한 우려 등을 이유로 보호관찰관의 약물치료 지시에 다시 불응함으로써 '정당한 사유' 없이 준수사항을 위반하였다는 내용으로 기소된 사안에서, 치료명령을 규정한 성충동약물치료법 제8조 제1항에 대한 헌법재판소의 헌법불합치결정에 따라 성충동약물치료법이 2017년 12월 19일 법률 제15254호로 개정되어 치료명령의 집행시점에 집행의 필요성을 다시 한번 심리·판단하도록 하는 집행면제 신청 제도가 신설되었는데(성충동 §8의2), 그 부칙 제3조는 신설된 집행면제 관련 규정이 개정법 시행 전에 치료명령을 선고받은 사람에 대해서도 적용된다고 규정한 점, 피고인의 경우 집행시도 당시 치료명령 선고일로부터 6년 가까이 경과하였으므로 여전히 재범의 위험성이 있는지 등 치료명령 집행의 필요성에 대한 법원의 판단을 다시 받을 필요가 있었고, 피고인도 이를 원한다는 의사표시를 하였던 점, 그런데 피고인은 성충동약물치료법 제8조의2 제2항의 집행면제 신청기간의 제한 등으로 인하여 법원의 판단을 다시 받지 못한 점 등을 종합하면, 피고인은 집행시도 당시 집행의 필요성에 대한 법원의 판단을 받을 필요가 있었음에도 그 기회를 얻지 못한 상황에서 이러한 점을 이유로 약물치료 지시에 불응한 것으로 볼 수 있어 피고인의 준수사항 위반행위에는 정당한 사유가 있다는 이유로, 이와 달리 보아 공소사실을 유죄로 인정한 원심의 판단에 성충동약물치료법 제35조 제2항의 '정당한 사유'에 관한 법리오해의 잘못이 있다고 한 사례〕.

제1절 형의 종류와 경중

제41조(형의 종류)
형의 종류는 다음과 같다.
  1. 사형
  2. 징역
  3. 금고
  4. 자격상실
  5. 자격정지
  6. 벌금
  7. 구류
  8. 과료
  9. 몰수

Ⅰ. 서 설

1. 형벌의 개념

1   형법상의 형, 즉 형벌은 국가가 범죄에 대한 법률상의 효과로서 범죄자에 대하여 그 책임의 범위 내에서 부과하는 법익의 박탈을 내용으로 하는 제재이다.[1]

---

[1] 형벌과 보안처분을 명확히 구별하게 된 근대학파 이후에는 형벌의 개념을 위와 같이 이해하는 것이 일반적이고, 우리나라의 통설이다〔강동욱, 강의 형법총론(3판), 395; 김성돈, 형법총론(7판),

형벌은 국가가 독점하고 있는 국가적 제재이다. 형벌의 주체가 국가라는 점에서 언제나 공형벌(公刑罰)이고, 사적 제재는 형벌의 개념에 포함될 수 없으며, 개인이 이른바 사형(私刑)을 집행하는 것은 허용되지 않는다.

형벌은 범죄를 전제로 하는 법률적 효과이다. 따라서 "범죄가 없으면 형벌도 없다(nulla poena sine criminen)." 다만, 형벌은 범죄에 대해서가 아니라 범죄자에 대하여 과하여지는 제재이다. 따라서 범죄주체가 아닌 사람을 처벌하는 행정적 처벌법규나 그 밖의 단속법규에서 정한 제재는 엄격한 의미에서 형법상의 형벌과는 다르다고 보아야 한다. 형벌은 책임을 전제로 하고 과거에 행하여진 범죄행위에 대하여 과하는 제재라는 점에서, 미래의 범죄적 위험성을 전제로 하는 보안처분과도 구별된다.   **2**

범죄에 대한 법률효과인 형벌은 법익의 박탈을 내용으로 한다. 이를테면, 생명형은 생명의 박탈을, 자유형은 신체의 구금을, 재산형은 재산권의 감소를 내용으로 하고 있다.   **3**

형벌의 고유한 성질을 파악하려면 형벌과 유사한 다른 제재를 비교하여 살펴볼 필요가 있다.   **4**

2. 형벌과 유사한 처분 또는 제재

(1) 과태료 및 과징금

(가) 과태료

과태료는 행정기관이 행정상의 질서를 유지하기 위하여 규범위반자에게 가하는 금전적 제재이다. 과태료는 상대방에게 금전적 불이익을 부과한다는 점에서 벌금과 동일하지만, 행정법상의 질서벌의 일종일 뿐 벌금 자체는 아니다. 따   **5**

807; 김신규, 형법총론 강의, 534; 김일수·서보학, 새로쓴 형법총론(13판), 549; 김혜정·박미숙·안경옥·원혜욱·이인영, 형법총론(5판), 473; 박상기, 형법총론(9판), 529; 배종대, 형법총론(18판), §174/1; 손동권·김재윤, 새로운 형법총론, §37/1; 신동운, 형법총론(12판), 827; 이재상·장영민·강동범, 형법총론(12판), §40/2; 이주원, 형법총론(3판), 497; 임웅, 형법총론(12정판), 653; 정성근·박광민, 형법총론(전정3판), 535; 정영일, 형법총론(2판), 475; 정웅석·최창호, 형법총론, 62; 진계호·이존걸, 형법총론(8판), 691; 최호진, 형법총론(2판), 826; 주석형법 〔각칙(2)〕(3판), 371(이상원)]. 형의 의미를 중시하여 형벌을 범죄행위에 대한 사회적 불승인 또는 범죄자에 대한 비난을 통한 법익의 박탈(김성돈, 807)로 정의하거나, 범죄행위에 대한 사회윤리적 비난이자 국가의 공식적 제재수단(김일수·서보학, 549)이라고 정의하기도 하나, 통설의 전통적인 이해와 개념을 달리하는 것으로 보이지는 않는다.

〔최   환〕   **223**

라서 과태료 부과처분은 형사처벌과는 성질이나 목적을 달리하는 별개의 것이
므로 과태료를 납부한 후에 형사처벌을 한다고 하여 이를 일사부재리의 원칙(헌
§ 13①)에 반하는 것이라고 할 수 없다.[2]

6   과태료사건의 재판은 종전에 비송사건절차법에 의하였는데(비송사건절차법 § 247
내지 § 250), 2007년 12월 21일 질서위반행위에 대한 과태료 부과의 일반법으로서
질서위반행위규제법이 제정되어 2008년 6월 22일부터 시행되고 있다. 질서위반
행위규제법은 '법률(지방자치단체의 조례 포함)상의 의무를 위반하여 과태료를 부과
하는 행위'를 '질서위반행위'로 정의하여, 그 성립요건과 과태료의 부과·징수 및
재판 등에 관한 사항을 규정하고 있는데, 기존 비송사건절차법상 과태료 관련 규
정 내용을 포함하면서 과태료의 부과·징수, 재판 및 집행 등의 절차에 관하여는
질서위반행위규제법의 규정을 우선 적용하도록 하고(질서위반행위규제법 § 5), 재판
및 집행에 관하여 비송사건절차법의 일부 규정을 준용하고 있다(동법 § 28).

7   다만 질서위반행위규제법 및 동법 시행령은 '질서위반행위', 즉 '법률이나
조례상의 의무를 위반하여 과태료를 부과하는 행위'라고 하더라도, ① 민법, 상
법 등 사인 간의 법률관계를 규율하는 법 또는 민사소송법, 가사소송법, 민사집
행법, 형사소송법, 민사조정법 등 분쟁 해결에 관한 절차를 규율하는 법률상의
의무를 위반하여 과태료를 부과하는 행위나, ② 공증인법·법무사법·변리사법·
변호사법 등 기관·단체 등이 질서유지를 목적으로 구성원의 의무 위반에 대하
여 제재를 할 수 있도록 규정하는 법률에 따른 징계사유에 해당하여 과태료를
부과하는 행위는 질서위반행위규제법의 규율대상인 질서위반행위에서 제외하고
있다(동법 § 2(i) 단서, 동법 시행령 § 2). 위 ①의 과태료 부과처분은 질서위반행위와
마찬가지로 질서벌의 일종으로 볼 수 있으나,[3] 위 ②의 과태료 부과처분은 해당
기관 또는 단체 등이 기관 내부의 질서유지를 목적으로 구성원의 의무 위반에
대하여 가하는 제재라는 점에서 아래에서 보는 징계벌의 일종에 해당하고 질서
벌과는 성질을 달리 한다고 봄이 타당하다.

8   질서위반행위규제법의 제정 전에는 대법원은 과태료와 같은 행정질서벌은
행정질서유지를 위하여 행정법규위반이라는 객관적 사실에 대하여 과하는 제재

---

2 대판 1989. 6. 13, 88도1983; 대판 1992. 2. 11, 91도2536; 대판 1996. 4. 12, 96도158.
3 소송절차상의 질서벌에 대하여는 아래 2. (3) 부분 참조.

이므로 반드시 현실적인 행위자가 아니라도 법령상 책임자로 규정된 사람에게 부과할 수 있고, 위반자의 의무 해태를 탓할 수 없는 정당한 사유가 있는 등 특별한 사정이 없는 한 위반자에게 고의·과실이 없다고 하더라도 부과될 수 있다고 하여, 과태료 부과의 주관적 요건으로 위반행위에 대한 고의·과실은 불필요하다고 보았다.[4] 그러나 질서위반행위규제법 제7조는 "고의 또는 과실이 없는 질서위반행위는 과태료를 부과하지 아니한다."라고 규정함으로써 과태료의 부과 대상인 질서위반행위에 대하여도 책임주의의 원칙을 채택하여 행위자에게 귀책사유가 없으면 과태료를 부과할 수 없도록 규정하였고, 판례도 이를 분명히 하였다.[5] 다만 질서위반행위규제법이 적용되지 않는 과태료 외의 과징금 등의 행정상 제재조치에 대하여는, 대법원은 여전히 주관적 요건으로 위반행위에 대한 고의·과실을 요하지 않는다고 보고 있다.[6] 또한 질서위반행위규제법의 제정 전에는 판례는 과태료 부과처분은 죄형법정주의의 규율대상에 해당하지 아니한다고 보았으나,[7] 질서위반행위규제법 제6조는 "법률에 따르지 아니하고는 어떤 행위도 질서위반행위로 과태료를 부과하지 아니한다."라고 규정하여 법정주의를 채택하였다. 따라서 적어도 질서위반행위규제법의 적용대상인 질서위반행위에 대하여는 종전의 판례가 적용될 수 없을 것이다.

한편 질서위반행위규제법에 의하면, 질서위반행위의 성립과 과태료 처분은 원칙적으로 행위 시의 법률에 따르지만(동법 §3①), 질서위반행위 후 법률이 변경되어 그 행위가 질서위반행위에 해당하지 않게 되거나 과태료가 변경되기 전의 법률보다 가볍게 된 때에는 법률에 특별한 규정이 없는 한 변경된 법률을 적용하여야 한다(동법 §3②). 따라서 질서위반행위에 대하여 과태료 부과의 근거 법률이 개정되어 행위 시의 법률에 의하면 과태료 부과대상이었지만 재판 시의 법률에 의하면 과태료 부과대상이 아니게 된 때에도, 개정 법률의 부칙에서 종

9

---

4 대판 1994. 8. 26, 94누6949; 대판 2000. 5. 26, 98두5972 등.
5 대결 2011. 7. 14, 2011마364; 대결 2014. 11. 18, 2014마1522.
6 대판 2012. 5. 10, 2012두1297; 대판 2020. 7. 19, 2020두36472.
7 헌재 1998. 5. 28, 96헌바83; 대판 1995. 6. 30, 93추83 등. 따라서 지방자치단체가 조례안에서 조례 위반에 대하여 형벌을 가할 수 있도록 규정하는 것은 죄형법정주의에 위배되어 허용될 수 없으나, 과태료를 부과하도록 규정하였다면 죄형법정주의의 위반이라고 할 수 없다고 보았다(위 93추83 판결 등 참조).

전 법률 시행 당시에 행해진 질서위반행위에 대하여 행위 시의 법률을 적용하는 규정을 두었다면 과태료를 부과할 수 있다.[8]

(나) 과징금

10   과징금도 행정법상의 의무위반 또는 불이행에 대한 금전적 제재라는 점에서 과태료와 유사하다. 그러나 과징금은 위반행위로 인한 경제적 이익환수를 주된 목적으로 하는 행정청의 처분으로서, 행정행위의 형식으로 부과되고, 그에 대한 권리구제 역시 행정소송법상 항고소송의 일종인 취소소송에 의한다는 점에서 과태료와 구별된다.[9]

(2) 범칙금

11   범칙금제도는 범칙행위를 범한 사람에게 형사절차에 앞서 경찰서장 등 행정기관의 통고처분에 의하여 일정액의 범칙금을 납부하는 기회를 부여하여 범칙금을 납부하는 사람에 대하여는 기소를 하지 아니하고 사건을 간이하고 신속·적정하게 처리하기 위한 제도라는 점에서, 법원의 재판절차와는 제도적 취지 및 법적 성질에서 차이가 있다.[10]

12   범칙금제도를 활용하는 예로서, 도로교통법(§162 이하), 경범죄 처벌법(§6 이하)에서 정한 범칙행위에 대한 경찰서장 등의 통고처분, 조세범 처벌절차법(§15 이하)·관세법(§311 이하)에서 정한 조세범칙행위·관세범칙행위에 대한 국세청장·관세청장 등의 통고처분 등이 있다. 위 법률상의 범칙행위에 대한 벌칙 규정들은 형벌의 일종인 벌금이나 구류 또는 과료를 정하고 있어서 형벌법규에 해당한다. 따라서 원칙적으로는 형사소송절차나 즉결심판절차 등을 거쳐서 법관이 형을 선고하여야 할 것이나, 통고처분에 따라 범칙행위자가 범칙금 납부 등 그 통고를 이행하게 되면 범칙사건의 조사 및 처분 절차는 종료하고,[11] 동일한 사

---

8 대결 2020. 12. 8, 2020마6912. 이 점에서 입법자가 경과규정으로 형이 무거운 재판시법을 적용하는 규정을 두어 행위시법 주의를 배제하는 것이 원칙적으로 허용되지 않는 형벌불소급의 원칙과 구별된다.

9 김성돈, 808.

10 대판 2012. 9. 13, 2012도6612; 대판 2020. 4. 29, 2017도13409; 대판 2023. 3. 16, 2023도751. 위 2023도751 판결 해설은 김병주, "이미 통고처분이 이루어진 범칙행위와 동일성이 인정되는 공소사실로 다시 기소된 경우 공소제기의 절차가 법률의 규정을 위반하여 무효인지 여부", 해설 136, 법원도서관(2023), 524-534.

11 따라서 경찰서장이 범칙행위에 대하여 통고처분을 한 이상, 범칙자의 위와 같은 절차적 지위를 보장하기 위하여 통고처분에서 정한 범칙금 납부기간까지는 원칙적으로 경찰서장은 즉결심판을

건에 대하여 다시 처벌할 수 없게 되는 일사부재리의 효력이 발생한다(도교 § 164
③, 경범 § 8③, 조세범 처벌절차법 § 15③, 관세법 § 317). 일사부재리의 효력은 범칙금
통고의 이유에 기재된 당해 범칙행위 자체 및 그 범칙행위와 동일성이 인정되
는 행위에 한정된다.[12] 따라서 범칙행위와 같은 시간과 장소에서 이루어진 행위
라 하더라도 범칙행위의 동일성을 벗어난 형사범죄행위에 대하여는 범칙금의 납
부에 따라 확정판결에 준하는 일사부재리의 효력이 미치지 아니한다.[13]

통고에 불복하거나 불이행하는 범칙행위자에 대하여는 즉결심판절차가 새   13
롭게 개시되거나 행정기관의 고발이 이루어져 형사절차가 새롭게 개시된다는
점에서,[14] 범칙금제도는 외관상 '비범죄화' 전략을 추구한 것이라고 할 수 있음
에도 범칙행위의 범죄성이 여전히 인정되고 있어서 진정한 의미의 비범죄화라
고 볼 수 없다고 평가되거나,[15] 형벌법규를 완전히 비범죄화한 것은 아니지만
법관이 주재하는 형사절차를 생략하게 하여 사실상 비범죄화와 비슷한 기능을
발휘한다고 평가되기도 한다.[16]

(3) 소송절차상의 질서벌

소송절차상의 질서벌은 법관이 소송절차의 진행과 관련하여 부과하는 제재   14
이다. 법정 등의 질서를 유지하기 위하여 심리방해자 등에 대하여 부과하는 감
치 및 과태료(법조 § 61), 증인에 대한 감치 및 구인(민소 § 311②, § 312, 형소 § 151②,
§ 152)과 과태료(민소 § 311, 형소 § 151), 강제집행절차상 재산명시신청에 따른 재산
명시기일의 불출석자 등에 대한 감치(민집 § 68①) 등이 여기에 속한다. 소송절차
상의 질서벌도 행정질서벌의 일종이므로, 형벌과는 달리 그에 대하여는 일사부

청구할 수 없고, 범칙행위에 대한 형사소추를 위하여 이미 한 통고처분을 임의로 취소할 수 없
으며, 검사도 동일한 범칙행위에 대하여 공소를 제기할 수 없다고 보아야 한다(대판 2020. 4.
29, 2017도13409; 대판 2021. 4. 1, 2020도15194; 대판 2023. 3. 16, 2023도751).

12 대판 2011. 4. 28, 2009도12249; 대판 2022. 11. 30, 2022도10024.
13 대판 2011. 4. 28, 2009도12249; 대판 2012. 9. 13, 2012도6612. 위 2012도6612 판결 해설은 심
담, "피고인이 범칙금의 통고처분을 받게 된 범칙행위인 음주소란과 이 사건 폭력행위 등 처벌
에 관한 법률 위반죄의 공소사실인 흉기휴대협박행위가 기본적 사실관계가 동일한 것으로 평가
할 수 있는지 여부", 해설 94, 법원도서관(2013), 822-841.
14 이 점에서 판례는 조세범 처벌절차법상 통고처분은 형사절차의 사전절차로서의 성격을 가진다고
본다(대판 2016. 9. 28, 2014도10748).
15 김성돈, 808.
16 신동운, 829.

재리의 효력이 인정되지 않는다. 소송절차상의 질서벌인 감치가 형벌이 아닌 이상, 정당한 사유 없이 재산명시기일에 출석하지 아니한 사람에 대하여 형벌 대신 감치에 처하도록 법령이 개정된 경우, 형사소송법 제326조 제4호에서 정한 '범죄 후의 법령개폐로 형이 폐지되었을 때'에 해당할 것임은 당연하다.[17]

(4) 징계벌

15   형벌이 널리 일반 국민을 대상으로 부과되는 제재인 반면, 징계벌은 공무원 또는 전문직역 등 특수한 영역에 종사하는 사람들을 대상으로 해당 기관 또는 단체 등이 기관 내부의 질서유지를 목적으로 그 구성원의 의무위반에 대하여 부과하는 제재이다. 비위행위를 범한 공무원에 대한 파면, 해임, 정직, 감봉, 견책 등의 징계처분이나(국가공무원법 § 79 이하), 변호사에 대한 영구제명, 제명, 정직, 과태료, 견책 등의 징계처분(변 § 90 이하) 등이 그 예이다.

16   징계벌에 대하여는 일사부재리의 효력이 발생하지 않는다. 따라서 징계벌이 부과된 사건에 대하여 별도의 형사처벌을 가할 수 있다.

(5) 성범죄자에 대한 부수처분

17   성폭력범죄의 처벌 등에 관한 특례법(이하, 성폭력처벌법이라 한다.), 아동·청소년의 성보호에 관한 법률(이하, 청소년성보호법이라 한다.), 전자장치 부착 등에 관한 법률(이하, 전자장치부착법이라 한다.), 치료감호 등에 관한 법률(이하, 치료감호법이라 한다.), 성폭력범죄자의 성충동 약물치료에 관한 법률(이하, 성충동약물치료법이라 한다.) 등은 성폭력범죄자에 대하여 형벌 외에도 재범방지와 사회방위를 위하여 불이익한 처우를 내용으로 하는 각종 처분을 과할 수 있도록 규정하고 있다[상세는 **본장 [총설] III. 보안처분** 참조]. 성폭력처벌법 및 청소년성보호법에서 정한 신상정보 등록, 공개·고지명령, 수강·이수명령, 취업제한명령 등은 검사의 청구 없이 유죄판결과 동시에 선고·고지하는 부수처분이다. 전자장치부착법, 치료감호법, 성충동약물치료법에서 정한 위치추적 전자장치 부착명령, 치료감호명령, 성충동약물치료명령 등은 재범의 위험성이 있는 성폭력범죄자의 신체의 자유를 실질적으로 제한하는 처분으로서 검사의 청구를 요하고, 피고사건의 판결과 동시에 선고하는 것이 원칙이다(다만, 독립사건으로 사건부호·번호는 별도 부여).

---

17 대판 2002. 8. 27, 2002도2086; 대판 2002. 9. 24, 2002도4300. 위 2002도2086 판결 해설은 박수성, "민사집행법의 여행과 형의 폐지", 해설 43, 법원도서관(2003), 692-701.

위와 같은 성범죄자에 대한 부수처분들이 대상자에게 미치는 불이익은 형　　18
벌 못지않게 클 수 있는데, 그 법적 성질을 형벌로 볼 것인지, 보안처분으로 볼
것인지에 대하여는 견해가 대립된다. 판례는 특정범죄로부터 국민을 보호함을
목적으로 하는 일종의 보안처분으로서, 응보를 주된 목적으로 책임을 추궁하는
사후적 처분인 형벌과는 본질을 달리하므로, 소급입법금지의 원칙이나 이중처
벌금지의 원칙 등이 그대로 적용될 수 없다고 한다.[18] 다만 판례는 그 주된 성
격을 보안처분으로 파악하면서도, 법률 개정에 따른 소급적용과 관련해서는 입
법 취지, 관련 규정과의 관계, 부칙 경과규정의 내용 등을 종합하여 판단하는
태도를 취하고 있다.[19]

(6) 그 밖에 이중처벌금지 · 일사부재리의 원칙이 문제되는 제재 및 절차

① 형의 집행 및 수용자의 처우에 관한 법률(이하, '형집행법'이라 한다.)은 수　　19
용자가 형사법률 저촉행위, 자해행위, 작업 등의 태만 및 거부 행위, 금지물품
반입 등 행위, 거짓사실 신고 행위, 그 밖의 규율 위반 행위를 하면, 소장은 징
벌위원회의 의결에 따라 그 수용자에 대하여 소정의 징벌을 부과할 수 있도록
규정하고 있다(형집 § 107 이하). 형집행법상의 징벌은 수형자의 교도소 내의 준수
사항위반에 대하여 과하는 행정상의 질서벌의 일종으로서 형법 법령에 위반한
행위에 대한 형사책임과는 그 목적, 성격을 달리한다. 따라서 형집행법에 따른
징벌을 받은 수용자에 대하여 형사처벌을 한다고 하더라도 일사부재리의 원칙
에 위반되는 것은 아니다.[20]

② 가정폭력범죄의 처벌 등에 관한 특례법(이하, 가정폭력처벌법이라 한다.)에　　20
규정된 가정보호사건의 조사 · 심리는 검사의 관여 없이 가정법원이 직권으로 진
행하는 형사처벌의 특례에 따른 절차로서, 당사자주의와 대심적 구조를 전제로
하는 형사소송절차와는 내용과 성질을 달리하여 형사소송절차와 동일하다고 보
기 어려우므로, 가정폭력처벌법에 따른 보호처분의 결정 또는 불처분결정에 대
하여는 확정된 형사판결에 준하는 효력을 인정할 수 없다. 보호처분의 결정이

---

18 대판 2010. 12. 23, 2010도11996, 2010전도86; 대판 2012. 9. 13, 2012도9497(위치추적 전자장
　　치 부착명령); 대판 2011. 3. 24, 2010도14393, 2010전도120; 대판 2012. 4. 26, 2012도2759; 대
　　판 2012. 5. 24, 2012도2763(공개 · 고지명령).
19 대판 2013. 7. 25, 2013도6181, 2013전도122; 대판 2013. 9. 12, 2013도6424, 2013전도134.
20 대판 2000. 10. 27, 2000도3874.

확정된 경우에는 원칙적으로 가정폭력행위자에 대하여 같은 범죄사실로 다시 공소를 제기할 수 없으나(가폭 § 16), 보호처분은 확정판결이 아니고 따라서 기판력도 없으므로, 동일한 사건에 대하여 다시 공소제기가 되었다면 면소판결을 할 것이 아니라 공소제기의 절차가 법률의 규정에 위배하여 무효인 때에 해당한 경우이므로 형사소송법 제327조 제2호의 규정에 의하여 공소기각의 판결을 하여야 한다. 나아가 가정폭력처벌법은 불처분결정에 대해서는 그와 같은 규정을 두고 있지 않을 뿐만 아니라, 가정폭력범죄에 대한 공소시효에 관하여 불처분결정이 확정된 때에는 그때부터 공소시효가 진행된다고 규정하고 있어(가폭 § 17①) 불처분결정이 확정된 가정폭력범죄라 하더라도 일정한 경우 공소가 제기될 수 있음을 전제로 하고 있으므로, 불처분결정이 확정된 후에 검사가 동일한 범죄사실에 대하여 다시 공소를 제기하였다거나 법원이 이에 대하여 유죄판결을 선고하였더라도 이중처벌금지의 원칙 내지 일사부재리의 원칙에 위배된다고 할 수 없다.[21]

21

③ 외국법원에서 형사처벌을 과하는 확정판결을 받았더라도 형사판결은 국가주권의 일부분인 형벌권 행사에 기초한 것이어서 그 외국 판결은 우리나라 법원을 기속할 수 없고 우리나라에서는 기판력도 없어 일사부재리의 원칙이 적용되지 않으므로, 피고인이 동일한 행위에 관하여 우리나라 형벌법규에 따라 다시 처벌받는다고 하더라도 일사부재리의 원칙에 반한다고 할 수 없다.[22] 제7조는 이에 따른 피고인의 실질적인 불이익을 완화하기 위하여, "죄를 지어 외국에서 형의 전부 또는 일부가 집행된 사람에 대해서는 그 집행된 형의 전부 또는 일부를 선고하는 형에 산입한다."라고 규정하고 있다.[23]

---

21 대판 2017. 8. 23, 2016도5423.

22 대판 2017. 8. 24, 2017도5977(전). 본 판결 평석은 김기준, "형법 제7조의 적용범위에 대한 비판적 고찰", 형사소송 이론과 실무 10-1, 한국형사소송법학회(2017), 163-200; 오권철, "외국에서 미결구금되었다가 무죄판결을 받은 사람의 미결구금일수를 형법 제7조의 유추적용에 의하여 그가 국내에서 같은 행위로 선고받는 형에 산입할 수 있는지", 고영한 대법관 재임기념 논문집, 사법발전재단(2018), 503-537; 전지연, "외국에서의 미결구금과 형의 산입 문제", 죄형법정원칙과 법원 I, 한국형사법학회, 박영사(2023), 86-103.

23 다만 판례는 제7조에서 정한 '외국에서 형의 전부 또는 일부가 집행된 사람'이란 '외국 법원의 유죄판결에 의하여 자유형이나 벌금형 등 형의 전부 또는 일부가 실제로 집행된 사람'을 말한다고 해석하여, 형사사건으로 외국 법원에 기소되었다가 무죄판결을 받은 사람은 그 판결을 받기까지 상당 기간 미결구금되었더라도 위 규정에 의한 산입의 대상이 될 수 없다고 해석한다[대판 2017.

3. 형벌의 종류

(1) 현행 형법의 규정

본조는 무거운 순서로 사형, 징역, 금고, 자격상실, 자격정지, 벌금, 구류, 과료, 몰수 등 9가지 종류의 형벌을 규정하고 있다.[24] 본조는 제정형법 이래 그 대로인데, 그동안 두 차례 개정법률안이 국회에 제출되었지만 성사되지 못하였다. 즉, ① 1992년 형법 일부개정법률안[25]은 형의 종류를 사형, 징역, 금고, 자격정지, 벌금, 구류, 과료로 한정하고, 자격상실은 형의 부수효과에 불과하고, 몰수는 반드시 형벌로서의 성질만을 가지고 있는 것이 아니라는 이유로 형의 종류에서 제외하고 다른 절에 규정하였다.[26] ② 2011년 형법(총칙) 일부개정법률안[27]은 형의 종류를 사형, 징역, 벌금, 구류의 4종으로 간소화하고, 금고는 징역으로 단일화하여 폐지하며, 자격상실, 자격정지는 형벌의 종류에서는 제외하되 자유형의 부수적 효과로서는 여전히 존속시키고, 실무상 활용이 없는 과료는 폐지하며, 보안처분적 성격을 가지는 몰수는 형벌의 종류에서 제외하여 별도로 규정하였다.[28]

(2) 시대의 변천과 형벌의 종류

(가) 조선시대

조선시대 이전인 고조선시대에도 8조법금(八條法禁)[29]이 있었고, 삼국시대에

22

23

---

8. 24, 2017도5977(전)].

24 다른 나라의 형벌에 대해서는 주석형법 〔각칙(2)〕(3판), 393-394(이상원) 참조.

25 정부가 1992년 7월 7일 제출한 형법 일부개정법률안은 1992년 11월 3일 상정되었다가 1995년 12월 1일 대안반영폐기되었는데, 본조의 개정은 이루어지지 못하였다.

26 법무부, 형법개정법률안 제안이유서(1992. 10), 48-49.

27 정부가 2011년 3월 25일 제출한 형법총칙의 전면개정을 내용으로 하는 형법(총칙)일부개정법률안(의안번호 1811304)으로서, 2011년 10월 27일 국회 법제사법위원회에 회부되었다가, 2012년 5월 29일 제18대 국회의 임기만료로 폐기되었다. 의안 전문은 http://likms.assembly.go.kr/bill/billDetail.do?billId=ARC_Z1J1G0J3C2J5B1K7G3T3I3S1J9P3E9 참조(2024. 8. 최종 방문).

28 법무부, 형법(총칙)일부개정법률안 제안 이유서(2011. 4), 46-50.

29 팔조금법(八條禁法)이라고도 하며, 그중 3조목이 한서지리지(漢書地理志)를 통하여 현재까지 전해지고 있는데, ① 사람을 죽인 자는 즉시 죽인다(相殺以當時償殺), ② 상해를 입힌 경우에는 곡식으로 배상한다(相傷以穀償), ③ 도적질한 경우에 (그 도적이) 남자인 경우 적몰(籍沒)하여 그 집의 종(奴)으로 삼고, 여자인 경우 여종(婢)으로 삼되, 스스로 속량(贖良)하고자 하는 자는 1인당 50만 전(錢)을 내야 한다(相盜者男沒入爲其家奴 女子爲婢 欲自贖者 入五十萬)는 것이다 〔김영수, 한국헌법사(수정증보판), 학문사(2001), 58-59〕.

는 생명형, 자유형, 신체형, 재산형, 신분형, 명예형, 연좌형 등이 있었으며,[30] 고
려시대에는 태형(笞刑), 장형(杖刑), 도형(徒刑), 유형(流刑), 사형(死刑)의 5형제도(5刑
制度)가 확립되었다.[31]

24   조선시대의 형벌[32]은 크게 정형(正刑)과 윤형(閏刑)으로 나누어 볼 수 있고,
그 밖에 부가형의 성격을 가지는 자자(刺字),[33] 몰관(沒官),[34] 피해배상, 환형제도
로서 속전(贖錢)이 있었다. 정형은 태형(笞刑), 장형(杖刑), 도형(徒刑), 유형(流刑),
사형(死刑)의 5형을 말하고, 윤형은 죄인의 신분에 따라 본래의 형벌에 대신하여
일정한 신분상의 제재 내지 불이익을 가하는 형으로, 관리의 신분에 과하는 형
과 도사(道士)나 승려의 신분에 과하는 형이 있었다.

25   정형 중에 태형은 작은 싸리나무 회초리[소형장(小荊杖)][35]로 죄인의 볼기(둔
부)를 때리는 형벌로, 10대에서 50대까지 5등급이 있고, 매 10대에 형이 한 등급
씩 가감된다. 장형은 대형장(大荊杖)[36]으로 죄인의 볼기를 때리는 형벌로, 60대
에서 100대까지 5등급이 있고, 매 10대에 형이 한 등급씩 가감된다. 도형은 관
에 잡아두고 소금을 굽게 하거나 쇠를 불리게 하는 등 온갖 힘들고 괴로운 일을
시키는 형벌로, 기간은 죄질에 따라 1년에서 3년까지 5등급이 있고, 매 장 10대
와 도역 반년에 형 1등이 가감된다(예컨대, 장 100대와 도 3년에 대하여 1등이 감하면,
장 90대와 도 2년 6월이 됨). 도형의 한 종류로 충군(充軍)이 있는데, 강제노역의 내
용이 군역이라는 점에서 일반 도형과 차이가 있다. 유형은 먼 지방으로 귀양을

---

30 삼국시대의 형벌에 대해서는 이동명, "삼국시대 형벌제도 연구", 법학연구 34, 한국법학회(2009),
    1-18 참조.
31 이에 대한 상세는 채웅석, 「고려사」 형법지 역주, 신서원(2009) 참조,
32 조선시대의 형벌에 대해서는 김기춘, 조선시대형전 - 경국대전형전을 중심으로 -, 삼영사(1990);
    서일교, 조선왕조 형사제도의 연구, 박영사(1974); 안상훈·김성돈, 조선시대의 형사법제 연구 -
    총칙의 현대 형사법 편례에 따른 재정립, 한국형사정책연구원(2015) 참조.
33 신체의 특정 부위에 먹물로 죄명을 새겨 넣은 형벌이다. 대명률 형률 절조조에는 "처음으로 절
    도를 범한 자는 모두 오른팔 위에 절도 2자를 자자하고, 두 번 범한 자는 왼팔 위에 자자하며,
    세 번 범하는 자는 교형에 처한다. 이전에 자자를 받은 것을 보고 죄를 준다."고 정하고 있다.
34 몰관은 범죄인의 가족이나 그 재산을 관에서 몰수하는 것을 총칭하는 것으로, 몰수, 적몰(籍沒)
    (모반이나 반역을 범한 범죄인의 모든 가족과 재산을 몰수하는 것), 추징의 세 종류가 있다.
35 형법대전에서는 소형조(小荊條)라고 하며, 길이는 3자 5치(약 106cm), 지름은 굵은 것(大頭)이
    2푼 7리(약 0.8cm), 얇은 것(小頭)이 1푼 7리(약 0.5cm)이다.
36 길이는 3자 5치, 지름은 굵은 것(大頭)이 3푼 2리(약 1cm), 얇은 것(小頭)이 2푼 2리(약 0.7cm)
    이다.

보내 죽을 때까지 배소(配所)를 떠나 자유롭게 활동하지 못하게 주거제한이나 감금 등을 하는 형벌로서, 2000리, 2500리, 3000리로 3등급이 있고, 500리를 기준으로 형 1등이 가감되는데, 반드시 장형과 병과되고(예컨대, 유 2000리 장 100), 노역이 없으며 형기가 정해져 있지 않고, 임금의 사령(赦令)이나 왕명에 의해서만 특별히 석방될 수 있었다. 유형의 한 종류로서, 고향으로부터 1천리 밖으로 옮기는 천사(遷徙), 관원의 가벼운 범죄에 대하여 비교적 가까운 곳으로 보내는 부처(付處), 비교적 먼 지역으로 보내 허가 없이 그곳에서 벗어나지 못하도록 일정한 장소에 격리하여 감금하는 안치(安置)[37]가 있었다. 사형은 목숨을 빼앗는 형벌로서, 목매달아 죽이는 교(絞)형과 목을 베어 죽이는 참(斬)형이 있고, 그 외에도 대역죄나 패륜을 저지른 죄인에 대하여 오살(五殺), 육시(戮屍), 거열(車裂) 등 잔인한 방법으로 죽이는 능지처사(陵遲處死) 또는 능지처참(凌遲處斬), 사약을 마시게 하여 죽이는 사사(賜死), 죽은 사람의 무덤을 파헤쳐 시신을 꺼내 참형 또는 능지처사하는 부관참시(剖棺斬屍)가 있었다. 사형을 집행한 후에는 사형수의 머리를 막대기 끝에 매달아 사람들이 보도록 하는 효수(梟首)나 길거리에 내버려 두는 기시(棄市)가 있었다.

(나) 대한제국시대

대한제국시대인 1905년에 제정된 형법대전(刑法大全)은 형을 주형과 부가형으로 구분하고(§92), 주형은 사형, 유형(流刑), 역형(役刑), 금옥형(禁獄刑), 태형(笞刑)으로(§93), 부가형은 면관(免官)·면역(免役), 몰입(沒入)으로(§99) 구별하였다.

구체적으로 주형은 선고하는데(§101), 사형은 교(絞)하고(§94), 유형은 도지(島地)에 압부(押付)하여 보수(保授)[38]하되 종신에서부터 1년으로 10단계가 있고(§95), 역형은 감옥에 수금(囚禁)하여 복역하게 하는 것으로 그 단계는 유형과 같으며(§96), 금옥형은 감옥에 수금하되 10개월부터 1개월까지 10단계가 있고(§97), 태형은 소형조(小荊條)로 둔부를 때리는 것으로 100부터 10까지 10단계가 있다(§98). 부가형은 선고하지 않는데(§116), 면관은 본·겸직을 빼앗는 것을, 면역은 맡은

---

37 안치에는 죄인의 고향에 안치하는 본향안치(本鄕安置), 섬이나 산간지방 등 외딴 곳에 안치하는 절도안치(絶島安置), 일정한 거소에 감금하고 주위에 가시나무 울타리를 설치하여 안치하는 위리안치(圍籬安置)가 있다.

38 도망가지 못하도록 감시하는 것을 말하고, 유형을 받은 죄인에게 거주할 곳을 제공하고 그를 감호하는 책임을 지는 사람을 보수주인(保授主人)이라고 하였다.

역무(任役)을 그만두게 하는 것으로(§ 42), 공죄(公罪)(§ 67(iii))[39]에 유·역 1년 이상이나 사죄(私罪)(§ 67(iv))에 태 100 이상의 죄를 범한 자에게 시행하고(§ 117), 몰입은 일반범죄에 관한 물건을 함께 관(官)에 몰입(沒入)한다(§ 117).

(다) 일제시대

28 조선형사령(1911)에 의하여 우리나라에 시행된 의용형법은 사형, 징역, 금고, 벌금, 구류, 과료, 몰수 등 7가지 종류의 형벌을 인정하고 있었고, 현행 일본형법 제9조도 그와 동일하다. 참고로, 일본에서도 그동안 몇 차례 형법 개정 논의가 있어 개정형법가안,[40] 개정형법준비초안, 개정형법초안 등이 마련된 바 있지만 전면 개정은 이루지 못하였다. 그런데 형벌의 종류와 관련해서는, 2022년 6월 17일 형법이 개정되어(법률 제67호) 징역형과 금고형이 '구금형'으로 단일화되었으며(일형 § 9), 개정형법은 2025년 6월 1일부터 시행될 예정이다.

(3) 형벌의 분류

(가) 박탈 법익의 종류에 따른 분류

29 형벌은 박탈되는 법익의 종류에 따라 생명형, 자유형, 재산형 및 명예형으로 분류할 수 있다. 형법이 정한 형벌 중 사형은 생명형에, 징역·금고·구류는 자유형에, 벌금·과료·몰수는 재산형에, 자격상실·자격정지는 명예형에 해당한다.[41] 역사적으로 보면 근대 이전 조선시대까지 중국에서 유래한 태(笞), 장(杖), 도(徒), 유(流), 사(死)의 5가지 형이 전통 법제상 형벌의 기본적 내용이었고, 그 중 태, 장형은 수형자의 신체에 대하여 직접 고통을 가하는 신체형에 해당하였다. 그러나 우리나라를 비롯하여 근대 이후 대부분의 국가는 극히 예외적인 경우를 제외하고는 신체형을 채택하지 않고 있다.

---

39 형법대전 제67조 황실범과 국사범과 공죄와 사죄는 다음과 같이 나눈다.
 3. 공죄는 공사상(公事上)에 불각(不覺)하고 실착(失錯)한 자
 4. 사죄는 공사(公事)·사사(私事)를 물론(勿論)하고 자의고범(恣意故犯)한 자

40 개정형법가안은 주형과 부가형의 구별을 없애고, 형의 종류를 사형, 징역, 금고, 벌금, 구류 및 과료의 6종으로 하며, 몰수는 형 이외의 특별처분으로 규정하였다. 개정형법가안은 1931년 총칙부분이, 1940년 각칙 부분이 각 성안·공포되었는데, 1927년 및 1930년의 독일 형법개정초안을 참고한 것으로서, 우리 제정형법 규정과 일본 개정형법가안 규정의 유사성에 비추어 우리 제정형법은 일본 개정형법가안의 직·간접적인 영향을 받은 것으로 평가된다.

41 형사소송법은 '재판의 집행'과 관련하여 '사형', '자유형', '재산형', '자격형'의 용어를 사용한다(형소 § 463 이하).

(나) 부가성 유무에 따른 분류

형벌의 부가성에 따라 독립적으로 그 형을 선고할 수 있는 주형(主刑)과, 주　　30
형에 부가하여서만 선고할 수 있는 부가형(附加刑)으로 분류하기도 한다. 의용형
법 제9조[42]는 몰수 외의 형을 주형으로, 몰수를 부가형으로 규정하여 주형과 부
가형의 개념을 채택하고 있었으나, 형법은 그 구별을 폐지하였다. 다만, 제49조
는 몰수형의 부가성만을 인정하고 있다.

형법상의 형벌 중 자격상실은 사형, 무기징역, 무기금고 선고의 효과로서　　31
인정되고, 형법각칙에서 별도로 자격상실에 처하는 규정은 없다.[43]

한편 형법각칙의 법정형을 정한 형벌에는 해당하지 않지만, 총칙은 집행유　　32
예 또는 선고유예의 경우에 법관이 선고할 수 있는 보호관찰, 사회봉사명령, 수
강명령의 제재도 아울러 규정하고 있다(§ 59의2, § 62의2).

II. 사　형

1. 사형제도의 의의

(1) 사형의 개념

사형(死刑)(Todesstrafe, death penalty)이란 수형자의 생명을 박탈하는 형벌이다.　　33
생명의 박탈을 내용으로 한다는 점에서 생명형이라고 하고, 형법이 규정하는 형
벌 중 가장 중한 형벌이라는 의미에서 극형(極刑)(capital punishment)이라고도 한다.

(2) 사형제도의 연혁

사형은 가장 오랜 역사를 지닌 형벌로서, 형벌사의 내용은 곧 사형의 역사　　34
라고 할 수 있다. 사형제도를 성문화한 최초의 법은 기원전 18세기 바빌로니아
의 함무라비 법전(기원전 1750년 경)보다 3세기 정도 앞선 인류 최초의 성문법으

42　현행 일본형법 제9조도 동일하다.
　　일본형법 제9조(형의 종류) 사형, 징역, 금고, 벌금, 구류 및 과료를 주형으로 하고, 몰수를 부
　가형으로 한다.
43　대부분의 학자들은 현행 형법상 몰수 외의 형벌을 주형으로 분류하고 있으나, 자격상실의 경우
　특별히 재판에 의해 독립적으로 그 형만 따로 선고되는 것이 아니고, 다른 일정한 형이 확정되
　면 그 형의 효력으로서 당연히 소정의 자격이 상실되는 것이라는 이유로 자격상실을 몰수와 함
　께 부가형으로 분류하는 견해도 있다(정영일, 513).

〔최　　환〕　　　　　**235**

로 알려져 있는 수메르의 우르남무 법전(Ur-Nammu Code)으로, 위 법전은 살인죄와 강도죄를 저지른 경우 사형에 처하도록 규정하고 있었다. 고대 로마시대의 경우 로마 최고(最古)의 성문법인 기원전 15세기의 12표법(lex duodecim tabularum)에 최초로 사형제도가 규정되었고, 신성모독에 관한 처형을 규정한 율리우스법(lex Julia majestatis)은 로마제국의 최후까지 사형제도의 근거로 작용하였다. 우리나라에서도 고조선시대의 8조법금에 사형제도가 있었다.

35　　　사형은 동서를 막론하고 고대부터 존재하였는데, 특히 근대 이전의 위하시대(威嚇時代)에는 살인죄나 반역죄와 같은 중범죄뿐만 아니라 재산에 대한 범죄에 이르기까지 광범위하게 사형이 인정되고 있었고, 근대 초기의 절대왕권국가에서는 권력자의 권위를 드러내고 일반예방효과를 극대화하기 위하여 형벌의 대종을 이룰 정도로 흔히 사용되었다. 그러나 18세기 내지 19세기 초부터 자연법 사상, 개인주의 사상의 확산과 계몽주의의 영향에 따라 범죄와 형벌의 균형을 강조하는 고전학파의 이론이 받아들여지고, 생명존중 사상, 인도형 사상이 확립되면서 점차 그 범위가 축소·완화되기 시작하였다. 사형제를 체계적으로 비판하고 폐지를 주장한 대표적인 사상가는 이탈리아의 베카리아(Cesare Beccaria)로서, 그의 저서「범죄와 형벌에 대하여」[44](1764)를 통하여 형벌은 범죄의 경중과 균형을 이루어야 하고, 그 균형은 법률로써 정해야 한다는 죄형법정주의의 사상과 고문 및 사형제도의 폐지를 주장하였다.

36　　　현재는 상당수의 문명국가에서 사형을 폐지하거나 축소하여, 포르투갈, 독일, 스위스, 오스트리아, 영국, 스페인, 프랑스, 스칸디나비아 국가 등의 서유럽 국가와 남미국가 대부분에서 사형제도가 폐지되었다. 그러나 여전히 일본, 미국의 일부 주 등 많은 국가에서 존치하고 있기도 하고, 인권존중의 차원에서 존폐 여부의 논란을 거듭하고 있다. 다만, 사형제도를 존치하고 있는 국가에서도 그 범위를 최소한도로 제한하고 집행방법도 가급적 고통을 주지 않는 과학적인 방법으로 대체되어야 한다는 요청이 지배적이다. 국제사면위원회(Amnesty International)에 의하면,[45] 2023년 말 현재 사형제도를 완전히 폐지한 국가가 112개국,[46] 군법상

---

44 이에 대한 번역은 한인섭 역, 체사레 베카리아의 범죄와 형벌, 박영사(2010).

45 https://www.amnesty.org/en/what-we-do/death-penalty(2024. 5. 최종 방문).

46 아르헨티나, 호주, 오스트리아, 벨기에, 볼리비아, 불가리아, 캄보디아, 캐나다, 콜롬비아, 크로아

의 범죄나 전시(戰時) 범죄 등 예외적인 범죄들에 대하여만 제한적으로 사형제도를 유지하고 통상의 범죄에 대하여는 사형을 폐지한 국가가 9개국,[47] 사형제도 자체는 존재하나 10년 이상 집행하지 않아 실질적인 사형폐지국가로 분류된 국가가 23개국[48] 등으로서 법률상 또는 사실상 사형을 폐지한 국가는 모두 144개국이고, 사형제도를 존속시키면서 실제로 사형을 집행하고 있는 국가는 55개국[49]이다. 우리나라는 1997년 마지막으로 사형을 집행한 이후 사형 집행을 하지 아니하여 국제사면위원회에 의하여 실질적인 사형폐지국가로 분류되어 있다.

(3) 사형제도의 위헌성

사형이 헌법상의 기본권인 생명권에 대한 제한이라는 점에서 위헌성이 문제되어 왔다. 이에 대하여 대법원은 일찍부터 사형제도가 헌법에 위반되지 않는다고 보아 왔고,[50] 헌법재판소는 두 차례에 걸쳐 사형제도가 합헌임을 선언하였다.[51]

37

[헌재 1996. 11. 28, 95헌바1]

38

1. 생명권 역시 헌법 제37조 제2항에 의한 일반적 법률유보의 대상이 될 수밖에 없는 것이나, 생명권에 대한 제한은 곧 생명권의 완전한 박탈을 의미한다 할 것이므로, 사형이 비례의 원칙에 따라서 최소한 동등한 가치가 있는 다른 생명 또는 그에 못지 아니한 공공의 이익을 보호하기 위한 불가피성이 충족되는 예외적인 경우에만 적용되는 한, 그것이 비록 생명을 빼앗는 형벌이라 하더라도 헌법 제37조 제2항 단서에 위반되는 것으로 볼 수는 없다. 모든 인간의 생명

티아, 체코 공화국, 덴마크, 에콰도르, 에스토니아, 핀란드, 프랑스, 독일, 그리스, 온두라스, 헝가리, 아이슬란드, 아일랜드, 이탈리아, 라트비아, 리히텐슈타인, 리투아니아, 룩셈부르크, 마케도니아, 몰타, 멕시코, 모나코, 몽골, 네팔, 네덜란드, 뉴질랜드, 니카라과, 노르웨이, 파나마, 파라과이, 필리핀, 폴란드, 포르투갈, 루마니아, 세르비아, 슬로바키아, 슬로베니아, 남아프리카, 스페인, 스웨덴, 스위스, 터키, 우크라이나, 영국, 우루과이, 우즈베키스탄, 베네수엘라 등.

47 브라질, 부르키나 파소, 칠레, 엘살바도르, 과테말라, 이스라엘, 카자흐스탄, 페루, 잠비아.

48 우리나라를 포함하여 알제리, 카메룬, 가나, 케냐, 라오스, 라이베리아, 러시아 연방, 스리랑카, 타지키스탄, 통가, 탄자니아 등.

49 아프가니스탄, 바레인, 방글라데시, 중국, 쿠바, 이집트, 에티오피아, 인도, 인도네시아, 이란, 이라크, 일본, 쿠웨이트, 레바논, 리비아, 말레이시아, 북한, 파키스탄, 카타르, 사우디아라비아, 싱가포르, 수단, 대만, 태국, 아랍 에미리트, 미국, 베트남, 예멘, 짐바브웨 등.

50 대판 1963. 3. 28, 62도241; 대판 1967. 9. 19, 67도988; 대판 1983. 3. 8, 82도3248; 대판 1990. 4. 24, 90도319; 대판 1991. 2. 26, 90도2906 등.

51 헌재 1996. 11. 28, 95헌바1; 헌재 2010. 2. 25, 2008헌가23. 다만 1996년 결정 당시는 9인의 헌법재판관 중 위헌의견이 2인에 불과하였으나, 2010년 결정에서는 3인의 위헌의견과 1인의 일부 위헌의견이 있었다.

은 자연적 존재로서 동등한 가치를 갖는다고 할 것이나 그 동등한 가치가 서로 충돌하게 되거나 생명의 침해에 못지 아니한 중대한 공익을 침해하는 등의 경우에는 국민의 생명·재산 등을 보호할 책임이 있는 국가는 어떠한 생명 또는 법익이 보호되어야 할 것인지 그 규준을 제시할 수 있는 것이다. 인간의 생명을 부정하는 등의 범죄행위에 대한 불법적 효과로서 지극히 한정적인 경우에만 부과되는 사형은 죽음에 대한 인간의 본능적 공포심과 범죄에 대한 응보욕구가 서로 맞물려 고안된 "필요악"으로서 불가피하게 선택된 것이며 지금도 여전히 제 기능을 하고 있다는 점에서 정당화될 수 있다. 따라서 사형은 이러한 측면에서 헌법상의 비례의 원칙에 반하지 아니한다 할 것이고, 적어도 우리의 현행 헌법이 스스로 예상하고 있는 형벌의 한 종류이기도 하므로 아직은 우리의 헌법질서에 반하는 것으로 판단되지 아니한다.

2. 형법 제250조 제1항이 규정하고 있는 살인의 죄는 인간생명을 부정하는 범죄행위의 전형이고, 이러한 범죄에는 그 행위의 태양이나 결과의 중대성으로 미루어 보아 반인륜적 범죄라고 규정지워질 수 있는 극악한 유형의 것들도 포함되어 있을 수 있는 것이다. 따라서 사형을 형벌의 한 종류로서 합헌이라고 보는 한 그와 같이 타인의 생명을 부정하는 범죄행위에 대하여 행위자의 생명을 부정하는 사형을 그 불법효과의 하나로서 규정한 것은 행위자의 생명과 그 가치가 동일한 하나의 혹은 다수의 생명을 보호하기 위한 불가피한 수단의 선택이라고 볼 수 밖에 없으므로 이를 가리켜 비례의 원칙에 반한다고 할 수 없어 헌법에 위반되는 것이 아니다.

39   [헌재 2010. 2. 25, 2008헌가23]

[사형제도의 헌법적 근거] 헌법 제110조 제4항은 법률에 의하여 사형이 형벌로서 규정되고 그 형벌조항의 적용으로 사형이 선고될 수 있음을 전제로 하여, 사형을 선고한 경우에는 비상계엄하의 군사재판이라도 단심으로 할 수 없고 사법절차를 통한 불복이 보장되어야 한다는 취지의 규정으로, 우리 헌법은 문언의 해석상 사형제도를 간접적으로나마 인정하고 있다.

[헌법 제37조 제2항에 의하여 생명권을 제한할 수 있는지 여부 및 생명권의 제한이 곧 생명권의 본질적 내용에 대한 침해인지 여부] 헌법은 절대적 기본권을 명문으로 인정하고 있지 아니하며, 헌법 제37조 제2항에서는 국민의 모든 자유와 권리는 국가안전보장·질서유지 또는 공공복리를 위하여 필요한 경우에 한하여 법률로써 제한할 수 있도록 규정하고 있어, 비록 생명이 이념적으로 절대적 가치를 지닌 것이라 하더라도 생명에 대한 법적 평가가 예외적으로 허용될 수 있다고 할 것이므로, 생명권 역시 헌법 제37조 제2항에 의한 일반적 법률유보의 대상이 될 수밖에 없다. 나아가 생명권의 경우, 다른 일반적인 기본권 제한의 구조와는 달리, 생명의 일부 박탈이라는 것을 상정할 수 없기 때문에 생명권에 대한 제한은 필연적으로 생명권의 완전한 박탈을 의미하게 되는바, 위와 같이 생명권의 제한이 정당화될 수 있는 예외적인 경우에는 생명권의 박탈이 초래된다 하더라도 곧바로 기본권의 본질적인 내용을 침해하는 것이라 볼 수는 없다.

[사형제도가 헌법 제37조 제2항에 위반하여 생명권을 침해하는지 여부] (가) 사형은 일반국민에 대한 심리적 위하를 통하여 범죄의 발생을 예방하며 극악한 범죄에 대한 정당한 응보를 통

하여 정의를 실현하고, 당해 범죄인의 재범 가능성을 영구히 차단함으로써 사회를 방어하려는 것으로 그 입법목적은 정당하고, 가장 무거운 형벌인 사형은 입법목적의 달성을 위한 적합한 수단이다. (나) 사형은 무기징역형이나 가석방이 불가능한 종신형보다도 범죄자에 대한 법익침해의 정도가 큰 형벌로서, 인간의 생존본능과 죽음에 대한 근원적인 공포까지 고려하면, 무기징역형 등 자유형보다 더 큰 위하력을 발휘함으로써 가장 강력한 범죄억지력을 가지고 있다고 보아야 하고, 극악한 범죄의 경우에는 무기징역형 등 자유형의 선고만으로는 범죄자의 책임에 미치지 못하게 될 뿐만 아니라 피해자들의 가족 및 일반국민의 정의관념에도 부합하지 못하며, 입법목적의 달성에 있어서 사형과 동일한 효과를 나타내면서도 사형보다 범죄자에 대한 법익침해 정도가 작은 다른 형벌이 명백히 존재한다고 보기 어려우므로 사형제도가 침해최소성원칙에 어긋난다고 할 수 없다. 한편, 오판가능성은 사법제도의 숙명적 한계이지 사형이라는 형벌제도 자체의 문제로 볼 수 없으며 심급제도, 재심제도 등의 제도적 장치 및 그에 대한 개선을 통하여 해결할 문제이지, 오판가능성을 이유로 사형이라는 형벌의 부과 자체가 위헌이라고 할 수는 없다. (다) 사형제도에 의하여 달성되는 범죄예방을 통한 무고한 일반국민의 생명 보호 등 중대한 공익의 보호와 정의의 실현 및 사회방위라는 공익은 사형제도로 발생하는 극악한 범죄를 저지른 자의 생명권이라는 사익보다 결코 작다고 볼 수 없을 뿐만 아니라, 다수의 인명을 잔혹하게 살해하는 등의 극악한 범죄에 대하여 한정적으로 부과되는 사형이 그 범죄의 잔혹함에 비하여 과도한 형벌이라고 볼 수 없으므로, 사형제도는 법익균형성원칙에 위배되지 아니한다. [사형제도가 인간의 존엄과 가치를 규정한 헌법 제10조에 위반되는지 여부] 사형제도는 우리 헌법이 적어도 간접적으로나마 인정하고 있는 형벌의 한 종류일 뿐만 아니라, 사형제도가 생명권 제한에 있어서 헌법 제37조 제2항에 의한 헌법적 한계를 일탈하였다고 볼 수 없는 이상, 범죄자의 생명권 박탈을 내용으로 한다는 이유만으로 곧바로 인간의 존엄과 가치를 규정한 헌법 제10조에 위배된다고 할 수 없으며, 사형제도는 형벌의 경고기능을 무시하고 극악한 범죄를 저지른 자에 대하여 그 중한 불법 정도와 책임에 상응하는 형벌을 부과하는 것으로서 범죄자가 스스로 선택한 잔악무도한 범죄행위의 결과인바, 범죄자를 오로지 사회방위라는 공익 추구를 위한 객체로만 취급함으로써 범죄자의 인간으로서의 존엄과 가치를 침해한 것으로 볼 수 없다. 한편 사형을 선고하거나 집행하는 법관 및 교도관 등이 인간적 자책감을 가질 수 있다는 이유만으로 사형제도가 법관 및 교도관 등의 인간으로서의 존엄과 가치를 침해하는 위헌적인 형벌제도라고 할 수는 없다.

[대판 1983. 3. 8, 82도3248]   40

인도적 또는 종교적 견지에서 존귀한 생명을 빼앗아 가는 사형은 피해야 할 것임에는 이론이 있을 수 없다. 그러나 한편으로는 범죄로 인하여 침해되는 또 다른 존귀한 생명을 외면할 수 없고 또 사회공공의 안녕과 질서를 위하여 생명형의 존치를 이해하지 못할 바가 아니다. 이것은 바로 그 나라의 실정법에 나타나는 국민적 총의라고 파악될 것이며, 방화죄가 불특정다수인의 생명, 신체, 재산에 대하여 위험을 발생시키고 공공의 평온을 해하는 공공위험죄인 까닭에 그 형이 특히 무겁고 역사적으로는 나라마다 방화죄에 극형을 부과하였음이 일반이었음에 비추어 보고 형법 제164조가 생명형을 규정한 취의로 보아 사형이 반드시 피해야 할 형이라고만 할 이유도 없다.

41   **[대판 1991. 2. 26, 90도2906]**
헌법 제12조 제1항에 의하면 형사처벌에 관한 규정이 법률에 위임되어 있을 뿐 그 처벌의 종류를 제한하지 않고 있으며, 현재 우리나라의 실정과 국민의 도덕적 감정 등을 고려하여 국가의 형사정책으로 질서유지와 공공복리를 위하여 형법 등에 사형이라는 처벌의 종류를 규정하였다 하여 이것이 헌법에 위반된다고 할 수 없다.

42   **[대판 2015. 8. 27, 2015도5785, 2015전도105]**
사형제도에 관하여는, 국가가 생명의 절대적 가치를 전제로 하면서도 국가에 의한 인간의 생명의 박탈을 제도적으로 허용하여서는 안 된다거나 사형의 범죄예방효과가 크지 않고 오판의 가능성을 배제할 수 없다는 등의 이유로 이를 폐지하여야 한다는 논의가 계속되어 왔고, 우리나라에서는 1998년 이래 지금까지 장기간 사형집행이 이루어지지 않고 있어 사형선고의 실효성 자체에 대해서도 의문이 제기되고 있으며, 최근에 사형제도를 폐지하는 내용의 법안이 국회에 발의되어 있기도 하다. 그러나 사형제도의 폐지에 관한 입법자의 결단이 아직 이루어지지 아니하고 있고, 헌법재판소 또한 2010. 2. 25. 선고 2008헌가23 결정에서 사형제도가 헌법에 위반되지 아니한다고 선고한 바 있는 이상, 법을 적용하는 법원으로서는 현행 법제상 사형제도가 존치하고 그것이 합헌으로 받아들여지고 있는 한, 법정 최고형으로 사형이 규정되어 있는 범죄에 대하여 최고형을 선고함이 마땅하다고 판단되는 경우 사형을 선고하는 것이 불가피한 선택이라고 하지 않을 수 없다.

43   다만 대법원은, 사형제도의 합헌성을 인정하면서도 뒤에서 보는 것과 같이 사형의 선고에 앞서 양형 조건들에 대한 엄격한 심리를 요구하고 있다. 대법원과 헌법재판소가 사형제도에 대한 존치의 필요성을 인정하고 있음에도 형법이 제정된 1950년대부터 사형제도의 존폐에 대한 뜨거운 논쟁이 계속되어 왔고, 제도의 존치 여부에 관한 논쟁은 현재도 계속 중이다.[52]

---

52 상세는 아래 **II. 5. 사형존폐론** 부분 참조.

2. 사형범죄의 범위

(1) 형법상의 사형

형법은 제정 당시부터 사형 규정을 두고 있었다. 현행 형법에서 법정형으로   **44**
사형을 정하고 있는 범죄는 내란죄(§ 87), 내란목적살인죄(§ 88), 외환유치죄(§ 92),
여적죄(§ 93), 모병이적죄(§ 94①), 시설제공이적죄(§ 95), 시설파괴이적죄(§ 96), 간첩
죄(§ 98), 폭발물사용죄(§ 119), 현주건조물 등 방화치사죄(§ 164② 후문), 살인·존속
살해죄(§ 250), 위계 등에 의한 촉탁살인 등의 죄(§ 253), 약취·유인 등 살인죄
(§ 291①), 강간 등 살인죄(§ 301의2 전문), 인질살해죄(§ 324의4 전문), 강도살인죄
(§ 338 전문), 해상강도살인·치사·강간죄(§ 340③) 등이 있다.

형법상 사형이 절대적 법정형으로 규정된 범죄는 외환죄 중 여적죄(§ 93)뿐   **45**
이고, 나머지 범죄는 모두 상대적 법정형으로 규정되어 있어, 법관의 양형재량
에 따라 사형과 자유형을 선택하여 처단할 수 있다. 나아가 사형이 절대적 법정
형으로 규정되어 있는 범죄에 대하여도 정상참작감경(§ 53)의 여지가 있으므로
반드시 사형에 처해야 하는 것은 아니다.

범행 시 18세 미만인 소년에게는 사형 또는 무기형을 과하지 않고(소년 § 59),   **46**
사형을 감경할 때는 무기 또는 20년 이상 50년 이하의 징역 또는 금고로 한다
(§ 55①).

(2) 형사특별법상의 사형

우리나라는 형법 외에도 특별법에서 사형범죄를 비교적 광범위하게 인정하   **47**
여 사형범죄의 범위를 현저하게 확대하고 있다. 군형법에는 상당수의 범죄에 대
해 사형이 규정되어 있고, 입법 당시의 사회적 상황과 정치적·정책적 판단에
따라 정치범죄, 경제범죄, 반사회적 성격이 강한 범죄 등에 대하여 사형에 처하
는 규정이 신설되었다. 법정형으로 사형을 정하고 있는 대표적인 형사특별법으
로는 군형법(§ 5, § 11, § 13, § 44 등), 국가보안법(§§ 3-6 등), 폭력행위 등 처벌에 관
한 법률(§ 4), 특정범죄 가중처벌 등에 관한 법률(§ 5의2, § 5의3, § 5의5 등), 성폭력
처벌법(§ 9), 청소년성보호법(§ 10), 마약류관리에 관한 법률(§ 58), 보건범죄단속에
관한 특별조치법(§ 2, § 3, § 3의2), 국민보호와 공공안전을 위한 테러방지법(§ 17)
등이 있다. 다만, 위와 같이 형사관계법령에서 폭넓게 사형을 법정형으로 규정

하고 있는 법률조항들은 개정입법 또는 헌법재판소의 위헌결정에 의하여 점차 축소·폐지되고 있는 추세에 있다.

48   이와 같이 광범위한 사형규정을 두고 있는 형사특별법의 입법 상황에 대하여는 문명국가의 형법이라고는 할 수 없을 정도로 지나치게 많은 사형규정을 지니고 있다거나, 시대상황에 맞지 않기 때문에 사형제도를 존치하더라도 시급히 폐지하거나 개선하여야 한다는 비판이 있다.[53]

3. 사형 선고의 허용 조건

(1) 대법원의 태도

49   대법원은 범죄로 인해 침해되는 또 다른 생명을 외면할 수 없고(응보적 근거), 범죄의 일반예방적 견지에서 사형의 선택도 허용될 수 있으며(일반예방적 근거), 사회공공의 안녕과 질서유지를 위하여도 생명형의 존치를 이해할 수 있고(사회방위적 근거), 우리나라의 실정과 국민의 도덕적 감정(정서적·현실적 근거)에 비추어 허용되어야 한다는 등의 이유를 들어 사형제도의 불가피성을 인정하면서도, 양형의 조건이 되는 모든 사정을 참작하여 범행에 대한 책임의 정도와 형벌의 목적상 사형의 선고가 정당화될 수 있는 특별한 사정이 있음이 명확히 밝혀진 경우에 한하여 예외적으로 허용되어야 한다고 하여, 양형 조건들에 대한 철저한 심리가 요구됨을 반복하여 밝히고 있다.

50   [대판 2002. 2. 8, 2001도6425][54]
우리 법이 사형제도를 두고 있지만, 사형은 사람의 목숨을 빼앗는 마지막 형벌이므로, 사형의 선고는 범행에 대한 책임의 정도와 형벌의 목적에 비추어 그것이 정당화될 수 있는 특별한 사정이 있는 경우에만 허용되어야 하고, 따라서 사형을 선고함에 있어서는 범인의 연령, 직업과 경력,

---

53 박상기·전지연, 형법학(총론·각론 강의)(4판), 342; 오영근, 형법총론(5판), 505.
54 생명침해범에 대한 양형과 관련하여 우리 대법원이 본 판결을 통하여 사형에 대한 의미 있는 판단을 하였다고 평가하는 견해가 있다[윤병철, "생명침해범에 대한 양형", 형사판례연구 [12], 한국형사판례연구회, 박영사(2004), 122-157]. 위 견해는 대법원이 위 판결로써 종래와 다른 사형 선고의 요건을 밝히거나 사형제도의 위헌성을 선언한 것은 아니나, 종래의 일반적인 양형기준으로는 사형 선고가 불가피한 피고인에 대하여도 범행에 대한 책임의 정도와 형벌의 목적상 사형의 선고가 정당화될 수 있는 특별한 사정의 존재에 대한 입증을 요구함으로써 사형 선고 시 양형의 조건을 엄격히 심리하여야 함을 명시하였고, 위 판결 이후 각급 법원에서 사형의 선고에 신중을 기하는 경향이 생겼고, 실제로 사형 선고가 감소하였다고 분석하고 있다(동, 126-127).

성행, 지능, 교육정도, 성장과정, 가족관계, 전과의 유무, 피해자와의 관계, 범행의 동기, 사전계획의 유무, 준비의 정도, 수단과 방법, 잔인하고 포악한 정도, 결과의 중대성, 피해자의 수와 피해감정, 범행 후의 심정과 태도, 반성과 가책의 유무, 피해회복의 정도, 재범의 우려 등 양형의 조건이 되는 모든 사항을 참작하여 위와 같은 특별한 사정이 있음을 명확하게 밝혀야 한다.[55]

[대판 2023. 7. 13, 2023도2043]   51

사형은 인간의 생명을 박탈하는 냉엄한 궁극의 형벌로서 사법제도가 상정할 수 있는 극히 예외적인 형벌이라는 점을 감안할 때, 사형의 선고는 범행에 대한 책임의 정도와 형벌의 목적에 비추어 누구라도 그것이 정당하다고 인정할 수 있는 특별한 사정이 있는 경우에만 허용된다. 따라서 사형을 선고할 것인지 결정하려면 형법 제51조가 규정한 사항을 중심으로 범인의 나이, 직업과 경력, 성행, 지능, 교육정도, 성장과정, 가족관계, 전과의 유무, 피해자와의 관계, 범행의 동기, 사전계획의 유무, 준비의 정도, 수단과 방법, 잔인하고 포악한 정도, 결과의 중대성, 피해자의 수와 피해감정, 범행 후의 심정과 태도, 반성과 가책의 유무, 피해회복의 정도, 재범의 우려 등 양형의 조건이 되는 모든 사항을 철저히 심리하여야 하고, 그러한 심리를 거쳐 사형의 선고가 정당화될 수 있는 사정이 밝혀진 경우에 한하여 비로소 사형을 선고할 수 있다.[56] 법원은 이를 위하여 기록에 나타난 양형조건들을 평면적으로만 참작하는 것에서 더 나아가, 피고인의 성행과 환경 등 주관적인 양형요소를 심사할 수 있는 객관적인 자료를 확보하여 심사하여야 할 것은 물론이고, 범행 결의, 준비 및 실행 당시를 전후한 피고인의 정신상태나 심리상태의 변화 등에 대하여서도 관련 분야의 전문적인 의견을 참조하여 깊이 있게 심리를 하여야 한다.[57]

따라서 법원은 양형의 조건이 되는 사항들 중 피고인에게 유리한 정상과 불리한 정상을 충분히 심사하여야 하고, 나아가 구체적인 양형요소가 피고인에게 불리한 정상과 유리한 정상을 모두 포함하는 경우 양쪽을 구체적으로 비교 확인한 결과를 종합하여 양형에 나아가야 한다.

(2) 사형을 선고한 원심판결을 파기한 사례

대법원이 원심의 사형 선고가 부당하다고 판단하여 원심판결을 파기한 사례는 다음과 같다.[58]   52

---

55 대판 2001. 3. 9, 2000도5736 참조.
56 대판 1985. 6. 11, 85도926; 대판 2003. 6. 13, 2003도924; 대판 2016. 2. 19, 2015도12980(전) 등 참조.
57 대판 1999. 6. 11, 99도763; 대판 2003. 6. 13, 2003도924 등 참조.
58 공간된 대법원판결에 대한 검색 결과, 아래에서 보는 대판 2023. 7. 13, 2023도2043 이후 원심에서 사형이 선고되었다가 양형부당을 이유로 대법원에서 파기된 사례는 발견되지 아니한다 (2024. 5. 마지막 검색).

(가) 대판 2023. 7. 13, 2023도2043

53   강도살인죄 등으로 무기징역형을 선고받아 집행 중인 피고인이 수용실의 이
른바 '방장'으로서 함께 수용되어 있던 피해자(남, 42세)가 수용수칙을 잘 지키지 않
는다는 이유 등으로 불만을 품고 평소 피해자를 폭행·강제추행하여 오던 중 다른
재소자와 공모하여 피해자를 구타하여 기절시키는 등 가혹행위를 하여 피해자를
살해한 사안에서, 피고인이 범행 당시 20대의 나이라는 사정은 종래부터 다수의
판례에서 사형 선고가 정당화되기 어려운 사정 중 하나로 밝혀온 점, 범행 당시 코
로나바이러스감염증 - 19의 영향으로 교도소 수용자들의 밀집도가 더 높아지고 운
동이 제한되었던 시기로, 위 범행이 교도소에서 저지른 범죄라는 점을 불리한 정
상으로만 볼 것이 아니라, 교도소의 특성이 수용자들의 심리와 행동에 영향을 미
칠 여지가 있음을 고려하고 특히 당시 교정기관이 예측할 수 없었던 상황으로 수
용자들에 대한 관리·감독이 어려울 수 있었다는 점을 감안할 필요가 있는 점, 위
범행은 장기간 누적된 폭행으로 인한 것으로, 이러한 폭행은 개개의 행위 시마다
피해자를 살해하기 위한 확정적인 고의에 따른 것이라기보다는 피해자를 괴롭히
려는 목적과 미필적인 고의하에 이루어진 것이어서, 피고인이 미필적 고의로 범행
을 저질렀다는 점은 중요한 양형요소에 해당하고, 여기에 피고인이 살인 범행에
흉기나 위험한 물건을 사용하지 않은 것과 피해자가 한 사람에 그친 것 또한 중요
한 사정으로 다른 유사사건에서의 양형과 그 형평성을 비교할 수 있는 점 등을 종
합하면, 사형 선고로 피고인에게 미치는 영향의 중대성이 다른 형벌과 비교할 수
없고, 법원의 신중한 양형판단 필요성 또한 다른 형의 경우와 비교할 수 없이 높
으므로, 사형의 선택기준이나 다른 유사사건과의 일반적 양형의 균형상 피고인에
대하여 사형을 선택한 원심 판단에 법리오해 등의 위법이 있다고 판단하였다.

(나) 대판 2003. 6. 13, 2003도924[59]

54   피고인이 약 7개월여의 단기간 동안에 부녀자들을 상대로 흉기 등을 이용하
여 금품을 강취·강간하고, 강간과정에서 일부 피해자들이 자신의 얼굴을 보았다
는 이유로 신고를 염려하여 살해하는 등 강간등살인(미수) 3회, 특수강도강간 3회,
강도상해 5회, 강도 2회 등을 저지른 사안에서, 피고인의 범행내용에 비추어 피고

---

[59] 본 판결 평석은 이상철, "형의 양정이 심히 부당하다고 인정할 현저한 사유가 있는 때에 관한 연
구", 형사판례연구 〔14〕, 한국형사판례연구회, 박영사(2006), 307-354.

인이 어떤 성적 충동과 환상에 빠진 상태에서 충동조절능력에 장애가 있었던 것은 아닌가 하는 의심을 가질 수 있고, 피고인은 교도소를 출소한 후 최초로 특수절도 등 범행을 저지르기까지 2년간은 부친이나 자형과 생활하면서 생업에 종사하고 종교에 귀의한 상태에서 다른 범죄를 저지르는 등의 별다른 문제없이 정상적인 생활을 해 왔는데, 2001. 12. 14. 교통사고를 당하여 2002. 3. 4.까지 뇌좌상 등으로 입원치료를 받고 퇴원한 직후인 같은 달 중순 이 사건 강도강간 범행을 비로소 저지르기 시작하여 검거되기까지 불과 석달 정도의 기간 사이에 연속적인 이 사건 범죄들을 저지르게 되었으며 시간이 흐를수록 점차 더 그 범행의 수법이 대담·흉포하게 되어 온 점에 비추어, 정상적인 생활을 하던 피고인이 갑자기 어떤 연유로 끔직한 범행들을 단기간에 걸쳐 연속적으로 저질렀고 또한 시간이 갈수록 더욱 대담·흉포한 범행을 하게 되었던 것인지에 관하여 피고인의 정신상태나 심리적 상태의 변화를 전문가의 의견을 들어보는 등 객관적 조사를 해 볼 필요도 있으며, 피고인의 교통사고로 인한 병력이 심리상태나 정신상태에 어떤 영향을 끼쳤다는 의심을 할 여지도 있고, 피고인이 20대의 젊은 나이이고 수사기관 이래 그 범행을 순순히 자백하면서 잘못을 뉘우치고 있는 태도를 보이고 있는 점과 피고인의 성장환경 등을 더하여 보면, 원심으로서는 피고인에게 사형을 선고하는 것이 정당화될 수 있는 특별한 사정이 있는지 여부를 깊이 있고 철저하게 심리하여 명확하게 밝혀 보았어야 한다는 이유로, 사형을 선고한 원심판결을 파기하였다.

　(다) 대판 2002. 2. 8, 2001도6425

　피고인이 약 1년 6개월 남짓한 기간 동안 저지른 9명의 부녀자에 대한 강간 등의 범행으로 제1심에서 중형을 선고받고 항소심 재판을 기다리던 중 도주하여 다시 강도살인의 범행을 저지른 사안에서, 피고인에게 아직 교화개선의 여지가 있고, 우발적으로 피해자를 살해한 것으로 보이며, 재판과정에서 일부를 제외한 나머지 범행을 자백하면서 깊이 참회하고 반성하고 있는 점 등에 비추어, 사형을 선고한 것은 형의 양정이 심히 부당하다는 이유로 원심판결을 파기하였다.

　(라) 대판 2001. 3. 9, 2000도5736

　교제하던 여자의 어머니와 임신 중인 올케를 살해하고 그 오빠도 살해하려고 하였으나 미수에 그친 사안에서, 피고인이 교화개선의 여지가 있고, 범행이 우발적인 충동에서 비롯된 것이며, 수사 및 재판 과정에서 범행 모두를 시인하

55

56

면서 용서를 빌고 참회하고 있는 점 등에 비추어, 사형으로 처단하는 것은 형의 양정이 심히 부당하다는 이유로 원심판결을 파기하였다.

(마) 대판 2000. 7. 6, 2000도1507

57　　6년 사이에 3회에 걸쳐 젊은 남녀 3명을 특별한 이유 없이 살해하고 시체를 유기한 사안에서, 피고인이 교화개선의 여지가 있고, 범행이 우발적인 충동에서 비롯된 것이며, 마지막 범행에 대한 수사 과정에서 앞의 2건의 범행을 스스로 자백하여 수사가 이루어지게 된 점 등에 비추어, 사형으로 처단하는 것은 형의 양정이 심히 부당하다는 이유로 원심판결을 파기하였다.

(바) 대판 1999. 6. 11, 99도763

58　　피고인이 사소한 동기만으로 처와 두 딸을 살해한 사안에서, 피고인은 3세 무렵에 아버지를 여의고 생활고에 찌들려 어머니의 사랑과 교화를 제대로 받지 못한 채 성장하여 그 성격이 내성적으로 되고 충동의 억제력을 기르지 못하였으며, 초등학교 졸업이 학력의 전부인 사실, 피고인은 이 사건 범행 당시 34세 11개월 안팎이었는데 1984.에 도로교통법위반으로 벌금 50,000원을 선고받은 외에는 형사처벌을 받은 전력이 없는 사람으로서, 어려운 환경에도 불구하고 샤시 기술 등을 배워 사회에 적응하고 다른 사람에게 경제적 부담을 지우는 일 없이 단칸 사글세방에서 4인 가족의 생계를 유지하여 왔으며, 가족 외의 사람에게는 온순하게 행동하여 온 사실, 피고인이 이 사건 범행을 미리 치밀하게 준비한 흔적은 없고 경찰 이래 이 사건 범행 모두를 순순히 자백하면서 범행을 뉘우치고 있는 사실, 피고인은 평소에는 비교적 온순하고 사회에 대한 반감을 가지거나 공격적이지는 아니하였던 사실에 비추어 볼 때, 기록에 나타난 이 사건 범행의 동기, 수단, 잔악성, 피해자의 수, 피고인의 연령, 피고인의 성장환경, 교육정도, 지능정도, 성격, 범행 당시의 생활형편 등의 사정을 평면적으로만 참작하는 것에서 더 나아가, 이 사건 범행이 가족을 상대로 한 특수한 유형의 범행임을 유의하여 정신과 의사나 임상심리학자로 하여금 감정을 하게 하여 그들의 전문적인 의견을 들어보는 등, 가족 간에 흐르는 복잡미묘한 상호심리관계 및 피고인이 이 사건 범행을 결의하고 준비하며 실행할 당시를 전후한 피고인의 정신상태나 심리상태의 변화 등에 대하여 깊이 있는 심리를 하여 본 다음에 그 결과를 종합하여 양형에 나아갔어야 한다는 이유로, 사형을 선택한 제1심 판단을 유지한 원심판결을 파기하였다.

(사) 대판 1995. 1. 13, 94도2662

처제를 강간, 살해하고 이를 은폐하기 위하여 시체를 유기한 사안에서, 때 59
로는 순간적인 감정을 주체하지 못하거나 격정적인 상태에서 흔히 저질러지기
쉬운 강간 및 살인을 그 주된 내용으로 하는 일련의 범행이 문제된 경우, 사전
에 모든 범행이 치밀하게 계획되어 이루어진 경우와 단순히 우발적이고 순간적
인 감정으로 인하여 이루어진 경우, 그리고 최초 범행은 사전 계획하에 실행에
옮겨졌으나 그에 잇따른 범행은 당초 범행을 은폐하거나 또는 흥분된 상태에서
순간적으로 범의가 일어나 우발적으로 저질러진 경우에 있어서 각 그 양형조건
을 달리하므로, 과연 피고인이 피해자를 강간한 다음 살해할 것을 사전에 치밀
하게 계획하고 범행한 것인지, 아니면 강간만 할 생각으로 범행하였는데 순간적
인 상황의 변화로 살인의 범행에까지 이어졌던 것인지 여부가 면밀히 심리·확
정된 다음에 그 양형을 정하여야 옳다는 이유로, 피고인을 사형에 처한 원심판
결을 파기하였다.

(아) 대판 1992. 8. 14, 92도1086

수차례의 범죄전력이 있는 피고인이 강도살인을 한 후 죄증을 인멸하기 위 60
해 강취차량에 불을 지르고, 그 범행 후에도 다시 특수절도 등의 범행을 저지른
사안에서, 피고인이 이 사건 강도살인의 범행당시 21세 6개월의 젊은 나이이었
고, 두 차례 폭력행위로 벌금형을 선고받은 외에 형사처벌을 받은 사실은 없는
사람으로서 현재 부모와 동거하는 여인 및 어린 딸을 두고 있으며, 피해자를 살
해하게 된 것도 처음부터 계획하고 의도한 것이라기보다 술에 취하여 흥분한
상태로 승용차를 강취하는 과정에서 우발적으로 저질러진 것으로 보이고, 수사
와 재판을 받는 과정에서 살인의 범의를 제외한 사실 자체는 대체로 시인하고,
피해자의 유족과 원만히 합의하여 그들도 피고인의 처벌을 원하지 않는다는 의
사를 표명하고 있는 점에 비추어, 원심이 피고인을 사형으로 처단한 것은 그 형
이 심히 무겁다고 인정할 현저한 사유가 있는 때에 해당한다고 보아 파기자판
하여 무기징역형을 선고하였다.

(3) 사형을 유지한 사례

(가) 대판 2016. 2. 19, 2015도12980(전)(고성 군부대 총기난사 사건)

군인인 피고인이 소속 부대의 간부나 동료 병사들의 피고인에 대한 태도를 61

따돌림 내지 괴롭힘이라고 생각하던 중 초소 순찰일지에서 자신의 외모를 희화화하고 모욕하는 표현이 들어 있는 그림과 낙서를 보고 충격을 받아 소초원들을 모두 살해할 의도로 수류탄을 폭발시키거나 소총을 발사하고 도주함으로써 상관 및 동료 병사 5명을 살해하고 7명에게 중상을 가하였으며, 군용물손괴·군용물절도·군무이탈 행위를 하였다는 내용으로 기소된 사안에서, 범행 동기와 경위, 범행 계획의 내용과 대상, 범행의 준비 정도와 수단, 범행의 잔혹성, 피고인이 내보인 극단적인 인명 경시 태도, 피해자들과의 관계, 피해자의 수와 피해결과의 중대함, 전방에서 생사고락을 함께하던 부하 혹은 동료 병사였던 피해자들과 유족 및 가족들이 입은 고통과 슬픔, 국토를 방위하고 국민의 생명과 재산을 보호함을 사명으로 하는 군대에서 발생한 범행으로 성실하게 병역의무를 수행하고 있는 장병들과 가족들, 일반 국민이 입은 불안과 충격 등을 종합적으로 고려하면, 비록 피고인에게 일부 참작할 정상이 있고 예외적이고도 신중하게 사형 선고가 이루어져야 한다는 전제에서 보더라도, 범행에 상응하는 책임의 정도, 범죄와 형벌 사이의 균형, 유사한 유형의 범죄 발생을 예방하여 잠재적 피해자를 보호하고 사회를 방위할 필요성 등 제반 견지에서 법정 최고형의 선고가 불가피하므로 피고인에 대한 사형 선고가 정당화될 수 있는 특별한 사정이 있다는 이유로, 피고인에게 사형을 선고한 제1심 판결을 유지한 원심의 조치를 수긍하였다.

(나) 대판 2015. 8. 27, 2015도5785, 2015전도105

62　　　　피고인이 여성인 피해자 A와 사귀던 중 A를 두 번에 걸쳐 폭행하였다가 결별당하고 A의 부모인 피해자 B, C의 항의로 피고인의 부모로부터도 꾸지람을 들었으며, 위 폭행 사실이 대학교 내에 알려져 총 동아리 연합회 회장을 그만두게 되자 앙심을 품고, 배관공으로 가장하여 피해자들의 집에 들어가 칼과 망치로 B, C를 순차적으로 살해하고, 귀가한 A를 간음하고 감금하였다가, 생명에 위협을 느낀 A가 아파트 밖으로 뛰어내려 중상을 입은 사안에서, 범행의 동기와 경위, 범행계획의 내용과 대상, 범행의 준비 정도와 그 수단, 범행의 잔혹성, 피해자들과의 관계, 피해자 B, C가 살해당하고 피해자 A 또한 극심한 신체적·정신적 고통과 후유증을 겪게 된 점, 특히 피고인이 피해자 B, C 살해 후 보인 행태가 지극히 패륜적인 점, 피고인의 이 사건 범행이 우리 사회에 끼친 충격, 그 밖에 양형의 조건이 되는 제반 사정을 모두 참작하면, 사형을 선고할 경우의 양

형기준을 아무리 엄격하게 적용한다고 하더라도, 피고인의 이 사건 각 범행에 상응하는 책임의 정도, 범죄와 형벌 사이의 균형, 범죄에 대한 응보, 일반예방 및 사회보호의 제반 견지에서 볼 때, 이 사건은 피고인에 대한 극형의 선고가 정당화될 수 있는 특별한 사정이 있다고 봄이 타당하다는 이유로, 피고인에게 사형을 선고한 제1심 판결을 유지한 원심의 조치를 수긍하였다.

(다) 대판 2009. 2. 26, 2008도9867

피고인이 여아 2명을 강제추행, 살해하고 이를 은폐하기 위하여 시체를 토　63 막내어 유기한 사안에서, 피고인이 사소한 이유로 성인 여성 1명을 때려 숨지게 하고, 몇 해 지나지 않아 다시 자신의 힘으로 스스로를 방어하기 힘든 여자 어린이 2명을 유인하여 강제추행한 다음 살해한 점, 그 후 이를 은폐하기 위하여 치밀한 계획 아래 시체들을 여러 토막으로 절단하고 이를 야산에 나누어 묻거나 하천에 버리는 등 그 범행수단이 잔혹하고 무자비하여 온 사회를 경악하게 만든 점, 이 사건 각 범행에 이르게 된 동기에 전혀 납득할 만한 사정이 없는 점, 피고인의 수사기관과 법정에서의 진술 태도에 비추어 피고인이 진심으로 그 잘못을 뉘우치고 있는지에 대하여 의심이 가고, 오히려 여성 및 사회를 탓하면서 자신의 행위를 합리화하려는 경향이 있으며 개선교화의 여지도 거의 없고, 또한 동일한 범행을 반복한 점에 비추어 재범의 위험성이 매우 큰 점 등을 종합적으로 고려하여 피고인에게 사형을 선고한 조치는 정당한 것으로 받아들일 수밖에 없고, 그 형의 양정이 심히 부당하다고 인정할 현저한 사유를 찾아볼 수 없다는 이유로, 사형을 선고한 원심의 양형을 수긍하였다.

(라) 대판 2004. 9. 3, 2004도3538

피고인이 종교단체인 영생교에서 교주에 대한 맹목적인 충성심으로 배교자　64 또는 이탈자를 납치, 감금, 나아가 살인까지 저지르는 소위 '처단조'로서 활동하면서 종교적인 이유만으로 같은 교인들을 살해한 사안에서, 피고인이 공범들을 범행에 가담시키고 사전에 범행을 치밀하게 계획하고 나아가 그 실행행위도 주도한 주범인 점, 사전에 세운 범행계획에 따라 미리 범행도구를 준비하고 공범들과 역할을 분담한 상태에서, 범행을 예상하지 못하고 있는 피해자들 뒤에서 망치로 머리를 내리치거나 노끈으로 목을 졸라 피해자들을 살해한 것으로서, 다수의 공범들이 관여하고 치밀하게 계획된 조직적인 범행이며 범행수법이 잔혹

하고 무자비하며 더구나 범행 후 피해자들의 사체를 암매장하고 일부 피해자의
차량을 저수지에 수장시켜 범행을 철저하게 은폐하는 등 그 죄질이 극히 반사
회적이고 불량하며, 단지 종교단체를 이탈하거나 교주를 비방하였다는 등의 종
교적인 이유만으로 같은 교인이었던 피해자들을 죄의식 없이 살해하는 등 인명
을 경시하는 반사회적 태도와 악성이 극에 달한 점, 피해자들은 범행을 예상하
지 못한 상태에서 영문도 모른 채 억울하게 살해당하였을 뿐만 아니라 그 유족
들도 극심한 정신적 충격과 고통을 받고 있으며, 피해보상이 되지 않은 점 등을
고려하면 사형을 선고한 원심의 양형을 수긍할 수 있다고 하였다.

(마) 대판 2003. 3. 28, 2002도6611

65 공범과 함께 6명의 피해자들을 상대로 강도범행을 자행하고 살해한 사안에
서, 피고인이 젊은 청년으로 형사처벌을 받은 적이 없는 초범이며, 고등학교를
졸업하고, 군복무를 마친 후 등 비교적 성실하게 살아 온 것으로 보이고, 검거
이후 제1심 법정에 이르기까지 범행을 대부분 순순히 자백하며 뉘우치고 있는
빛을 보이는 등 참작할 사유가 없다고 할 수 없으나, 단시간 내에 무슨 수를 써
서라도 목돈을 만들겠다는 생각에 사로잡혀 부녀자들을 상대로 연쇄적으로 강
도살인 행각을 벌여 손쉽게 돈을 마련하기로 마음먹고 범행에 이르게 된 것으
로 그 동기에 있어서 비난가능성이 매우 높고, 공범과 함께 나일론 끈과 삽 등
범행에 필요한 도구들을 승용차 안에 넣고 다니면서 범행대상을 물색하였으며,
범행에 이용할 차량에 다른 차량의 번호판과 택시표시등을 부착하여 택시로 위
장하는 등 치밀한 사전준비를 하였고, 그 살해방법에 있어서도 단지 신고를 할
지 모른다는 이유만으로 아무런 저항을 하지 못하고 두려움에 떨고 있던 피해
자들을 한 사람의 예외도 없이 나일론 끈을 피해자들의 목에 감고 피고인과 공
범이 그 한쪽 끝을 각자 잡고 동시에 10여 분 동안 힘껏 잡아당기는 잔인하고
극악한 방법으로 피해자들을 살해하였으며, 제2의 강도살인 범행 이후에는 살
해한 피해자들의 시체를 차례로 승용차의 트렁크에 싣고 다니면서 태연히 또
다른 강도살인 범행 대상자를 물색하고 다녔고, 일부 피해자들에 대하여는 살해
하기 직전에 강간범행까지 자행하는 등 그 범행수법이 매우 대담하고 포악할
뿐만 아니라, 그 죄질 또한 극히 반사회적이고 불량하며, 불과 10여 일이라는
단기간 내에 반복적으로 아무런 죄의식 없이 6명이나 되는 피해자들을 상대로

동일한 수법의 강도살인 범행을 무차별적으로 되풀이함으로써 피고인의 성격의 잔혹성과 인명경시 태도를 극명하게 드러내고 있고, 피해자들의 유족에게 어떠한 변상 조치도 이루어지지 않았으며, 이 사건 범행이 직장 선배인 공범의 제의에 따라 저질러진 것이라고 하더라도 피고인이 피해자들을 상대로 강도와 강간을 하고 살인을 하는 일련의 범행에 적극적으로 가담한 점에 비추어, 사형을 선고한 제1심 판단을 그대로 유지한 원심의 양형을 유지하였다.

(바) 대판 2000. 10. 13, 2000도3189

피해자 C와 싸움을 벌이다가 피해자가 실신하자 피해자가 후에 보복을 할지 모른다는 이유로 공범들과 공모하여 피해자를 살해한 사안에서, 피고인이 살인죄 등으로 징역 12년의 형을 선고받아 복역하다가 가석방된 후 불과 3개월 만에 이 사건 강도상해 범행을 저질렀고, 그 후 대범하게도 그 피해자인 A와 계속 연락을 취하면서 그의 사주를 받아 B를 테러하려고 시도하는 과정에서 이 사건 특수절도 등의 범행을 저질렀으며 A로부터 돈이 많은 사람을 알아내어 그를 상대로 다시 강도범행을 저지르려고 하는 계획을 추진하였던 점, 위 강도상해 범행 후 불과 2개월이 못되어 사소한 이유로 피해자 C와 싸움을 벌이다가 C가 실신하자 C가 후에 보복을 할지 모른다는 이유로 C를 살해하기로 공범들과 공모한 후 잔인한 방법으로 살해하였으며, 범행 모의 후 위 싸움의 전말을 알고 있는 D를 데려와서 자신들의 범행에 가담할 것을 강요하고 이에 응하지 않으면 그마저 살해하려고 하였던 점, C를 살해한 후 신원이 파악되지 않도록 시체를 수백 개로 토막내어 숲속에 암매장하였고, 범행에 대한 비밀을 유지하고 공범들 상호 간의 결속을 강화한다는 의미로 시체에서 간을 꺼내어 나누어 먹는 엽기적인 행위를 한 점, 피고인이 위 각 범행을 적극적으로 주도하여 실행한 점, 이 사건 각 범행의 피해자들에게 현재까지 아무런 보상이 이루어지지 않고 있는 점, 피고인은 검찰에 검거된 후에도 원심 법정에 이르기까지 수차례에 걸쳐 진술을 번복하는 등 그다지 반성하는 태도를 보이지 않고 있는 점, 피고인 등의 위와 같은 야만적이고 엽기적인 범행으로 인하여 사회에 큰 충격을 준 점 등 기록에 나타난 여러 양형조건에 비추어 보면, 비록 이 사건 살인 범행이 사전에 치밀하게 계획된 범행이 아니고 피고인이 다소 반성하는 태도를 보이고 있다는 점을 고려한다고 하더라도 피고인에게 사형을 선고한 원심의 양형이 부당하다고 볼 수 없다고 판단하였다.

〔최 환〕

(사) 대판 1996. 12. 23, 96도2588

67　　피고인이 폭력배 무리의 우두머리로서 반대파 폭력배 2명을 살해한 사안에서, 이 사건 범행 전에도 수회에 걸쳐 폭력범죄를 저질러 수회 실형을 복역한 바 있음에도 고등학생들까지 포함된 폭력배를 모아 그 우두머리 노릇을 하면서 단지 다른 폭력배 무리가 자신의 존재를 인정해 주지 않는다는 등의 이유만으로 범행을 저질러 동기에 전혀 참작할 만한 점이 없는 점, 범행 당일 오전 무렵부터 공동피고인들에게 흉기를 구입하도록 지시하고, 피고인 자신은 담력을 키우기 위하여 마약을 투약하는 등 범행 준비과정이 매우 치밀하고 조직적인 점, 피고인 등의 1차 범행으로 거의 사경에 이른 피해자를 병원에까지 찾아가 공동피고인들로 하여금 재차 칼로 찔러 살해하도록 지시하고 출동한 경찰관들까지 무차별 폭행하도록 지시하여 반대파 2명을 살해하고 경찰관 3명을 포함한 7명에게 상해를 가하는 등 범행대상, 방법이 무차별적이고 매우 잔인한 점, 피해자 측과의 합의가 이루어지지 않은 점, 범행 후 도망다니면서도 범행을 후회하거나 반성한 흔적을 찾아볼 수 없을 뿐만 아니라 오히려 공동피고인들에게 범행과정을 조작하도록 지시한 점 등에 비추어, 사형을 선고한 제1심 판결을 유지한 원심의 조치가 수긍할 수 있다고 보았다.

(아) 대판 1996. 4. 12, 96도486

68　　피고인이 피해자들의 주거에 침입하여 부녀자들을 강간하고 2명을 살해한 사안에서, 피고인이 절도죄 등으로 3회 이상 복역한 전력이 있고, 이 사건 범행도 감호처분의 집행을 받던 중 가출소한 지 2개월 조금 지나 미리 식도를 절취하여 준비한 다음, 심야에 타인의 가정집 등에 침입하여 강도와 부녀자 강간을 하면서 식도로 피해자들을 마구 찔러 2명의 생명을 빼앗고, 3명의 피해자에게는 중상을 입히고, 4명의 남편 있는 부녀와 나이 어린 여중학생을 강간하려는 등 그 피해 결과가 무거운 점, 범행 경위와 수법을 보더라도 피해자 A의 집에서는 잠에서 깨어나 울부짖는 어린 3자녀 앞에서 피해자를 강간하려다 겁에 질려 반항도 하지 못하는 피해자를 4회나 찔러 무참히 살해하고, 피해자 B의 집에서는 피해자가 피고인에게 "처가 임신 중이니 몸을 결박하지 말아달라."는 애원을 하였으나 오히려 벽돌로 피해자의 머리를 내려치고 신음하는 피해자가 보는 앞에서 당시 임신 5개월의 피해자의 처로 하여금 변태적인 성행위를 하도록 강요하

였고, 피해자 C의 집에서는 식도로 피해자의 가슴을 찔러 고통스럽게 죽어가는 피해자 앞에서 피해자의 처를 강간하려고 하는 등 그 범행 수법이 잔인하고 포악한 점 등을 종합하면, 사형을 선고한 원심의 양형이 적절하다고 판단하였다.

(4) 사형선고 현황

최근 10년간 제1심 형사공판사건 종국처리 현황을 기준으로 사형이 선고된 인원은 다소간의 증감이 있고 2018년에는 최고치인 5명을 기록하기도 하였으나, 사형이 선고되지 않은 해도 여러 해 되는 등 전반적으로 사형의 선고가 감소하는 추세이다.[60]

4. 사형의 집행

(1) 사형집행의 방법

역사적으로 사형집행을 위한 다양한 방법이 사용되었다. 근대 이전의 위하시대에는 매우 잔인한 방법으로 집행되었고, 그 집행 현장도 공개되는 것이 보통이었다.[61] 근대국가로 전환되고 인권존중 사상이 확립되면서 잔인한 집행방법과 공개적인 집행이 축소되었다.

오늘날 사형 집행은 국가에 따라 다른 방법으로 행하여진다. 교수(hanging), 총살(shooting), 전기살(electrocution), 가스살(lethal gas), 주사살(lethal injection) 등이 각국에서 주로 사용되고 있는 집행방법이다. 우리 형법은 교수하여 집행하도록 규정하여(§66) 교수형을 채택하고 있고, 집행을 공개하지 아니한다. 다만 군형법은 그 적용대상자에 대한 사형을 소속 군 참모총장 또는 군사법원의 관할관이 지정한 장소에서 총살로써 집행하도록 규정하여(군형 §3), 총살형을 채택하였다.

(2) 사형집행의 절차

사형을 선고한 판결이 확정된 때에는 검사는 지체 없이 소송기록을 법무부

60　법무연수원, 2023 범죄백서(2024), 306 [표 II-52].

2013	2014	2015	2016	2017	2018	2019	2020	2021	2022
2	1	-	-	-	5	3	-	-	1

61　미셸 푸코(오생근 역), 감시와 처벌, 나남(2012), 23 이하는 앙시앵 레짐 시대(구 시대)에 왕권 유지의 수단으로 이용되어 잔인하고 공개적으로 행하여졌던 고문 및 사형 집행의 모습을 매우 세밀하게 묘사하고 있다. 저자는 이러한 집행 방법을 절대군주의 위력 과시와 공포 주입을 위한 중요한 정치적 의식으로 파악하였다.

장관에게 제출하여야 한다(형소 §464). 법무부령인 자유형등에 관한 검찰집행사무규칙(이하, 자유형집행규칙이라 한다.)은 판결선고법원에 대응하는 검찰청의 장이 보고하도록 규정하고 있다(자유형집행규칙 §8①).

73   사형을 선고한 판결이 확정된 때에는 해당 검찰청의 장은 4개월 이내에 법무부장관에게 사형집행을 구신(具申)하여야 한다(자유형집행규칙 §9①).

74   사형은 법무부장관의 명령에 의하여 집행하고 사형집행의 명령은 판결이 확정된 날부터 6개월 이내에 하여야 한다(형소 §463, §465①). 위 규정에서 정한 사형집행명령의 기간인 6개월 이내는 훈시규정이다.

75   법무부장관이 사형 집행을 명령한 때에는 5일 이내에 집행하여야 한다(형소 §466). 검사는 법무부장관의 사형집행명령이 있는 날부터 5일 이내에 형집행지휘서에 의하여 사형수가 재소하고 있는 구치소 또는 교도소의 장에게 사형집행을 지휘하여야 한다(자유형집행규칙 §10①).

76   집행은 교정시설의 사형장에서 하고(§66,[62] 형집 §91①), 공휴일과 토요일에는 집행하지 아니한다(형집 §91②). 사형의 집행에는 검사와 검찰청서기관과 교도소장 또는 구치소장이나 그 대리자가 참여하여야 하고, 검사 또는 교도소장 또는 구치소장의 허가가 없으면 누구든지 형의 집행장소에 들어가지 못한다(형소 §467). 사형의 집행에 참여한 검찰청서기관은 집행조서를 작성하고 검사와 교도소장 또는 구치소장이나 그 대리자와 함께 기명날인 또는 서명하여야 한다(형소 §468).

77   사형의 선고를 받은 자가 심신장애로 의사능력이 없는 상태에 있거나 임신 중인 여자인 때에는 법무부장관의 명령으로 집행을 정지하였다가, 심신장애의 회복 또는 출산 후 법무부장관의 명령에 의하여 집행한다(형소 §469).

78   군형법 적용대상자의 사형 집행절차에 대하여는 군사법원법이 별도로 규정하고 있는데, 위 법률은 국방부장관의 명령에 의하여 사형을 집행하고, 그 집행에 군검사와 검찰서기 등이 참여하며, 집행조서를 작성하고, 심신장애자나 임신한 여자에 대한 집행을 정지하도록 하는 등 집행 절차에 관한 형사소송법의 관련 규정에 대응하는 규정들을 두고 있다(군사법원법 §506 이하).

---

62 형집행법이나 형사소송법은 교도소·구치소 또는 교정시설이라는 명칭을 사용하고 있는 반면, 형법(2020. 12. 8. 법률 제17571호로 개정되기 전의 것)은 '형무소'라는 명칭을 사용하다가 위 법률의 개정에 따라 '교정시설'로 명칭을 변경하였다.

(3) 사형확정자의 수용 및 처우

구 행형법은 사형확정자의 처우 등에 관한 별도의 규정을 두지 않고, 다만 79
동법 시행령 제170조에서 미결수용자에 관한 규정을 준용하도록 규정하고 있었
다.[63] 그러나 사형확정자는 미결수용자도, 수형자도 아닌 특별한 지위에 있고, 사
형확정자의 구금은 무죄추정의 원칙이 적용되는 미결수용자의 구금이나 교정교화
를 통한 사회복귀를 전제로 하는 수형자의 수용과는 그 목적이나 성질이 다르다
는 점에서, 사형확정자에 대한 독자적인 처우를 별도로 규정하여야 한다는 비판
이 있었다. 이에 따라 구 행형법을 전면개정한 형집행법은 '사형확정자'에 관하여
별도의 장(형집 제2편 제10장)을 두어 그 수용과 처우를 규율하고 있다.

형집행법은 '사형의 선고를 받아 그 형이 확정된 사람'을 사형확정자로 정 80
의하는 한편(형집 §2(iii)), 사형확정자를 수형자, 미결수용자 등과 함께 '수용자'에
포함시키고 있다(형집 §2(iv)). 따라서 원칙적으로 사형확정자에 대하여도 '수용
자의 처우'에 관한 제2편 제1장 내지 제7장의 일반 규정들이 적용된다고 볼 수
있을 것이다.[64]

다만, 사형확정자의 수용시설에의 수용 및 처우가 형의 집행이라고 할 수는 81
없을 뿐만 아니라 사형집행 대기기간 동안에는 사형이라는 집행형의 성질상 건
전한 사회복귀보다는 원만한 수용생활의 도모에 교정처우의 목적이 있다.[65] 이
를 고려하여 형집행법은 사형확정자에 대하여는 사회복귀를 전제로 하는 분류
심사를 통한 처우의 대상에서 제외하는 한편(형집 제8장 참조), 교정시설의 장으
로 하여금 사형확정자의 심리적 안정 및 원만한 수용생활을 위하여 교육 또는
교화프로그램을 실시하거나 신청에 따라 작업을 부과할 수 있도록 규정하면서,
사형확정자에 대한 교육·교화프로그램, 작업, 그 밖의 처우에 필요한 사항은 법
무부령으로 따로 정하도록 하고 있다(형집 §90). 사형확정자는 원칙적으로 독거
수용하되, 자살방지 등 적절한 처우를 위하여 필요한 경우에는 혼거수용할 수

---

63 우리 구 행형법의 기초가 되었던 일본의 구 감옥법 제9조도 사형 선고를 받은 자에 대하여 형사
피고인에게 적용되는 규정을 준용하도록 규정하고 있었다. 일본은 2006년 5월 24일부터 감옥법
을 대신하여 「형사시설 및 수용자의 처우 등에 관한 법률(刑事施設及び受刑者の処遇等に関する
法律)」이 시행되었고, 2007년 6월 1일 「형사수용시설 및 피수용자 등의 처우에 관한 법률(刑事
収容施設及び被収容者等の処遇に関する法律)」로 명칭이 변경되었다.
64 신양균, "사형확정자의 처우", 법조 670, 법조협회(2012), 155 이하.
65 헌재 2009. 10. 29, 2008헌마230.

있고, 사형확정자가 수용된 거실은 참관할 수 없다(형집 §89). 이때의 수용은 사형집행을 위한 구금으로서 미결구금도 아니고 형의 집행기간도 아니다. 따라서 사형이 무기징역으로 특별감형된 경우에도, 그 구금기간을 처음부터 무기징역을 받은 경우와 동일하게 가석방요건 중의 하나인 형의 집행기간에 다시 산입할 수는 없다.[66]

82   형집행법 시행규칙은 위 법률의 위임에 따라 사형확정자에 대한 처우를 상세하게 규정하고 있다.

5. 사형존폐론

(1) 사형존폐론의 연혁

83   사형제도의 존치, 폐지 여부는 오늘날까지 오랜 세월 동안 끊임 없이 그에 대한 논쟁이 계속되고 있다. 사형폐지론은 앞서 본 바와 같이 근대에 들어서 18세기 후반 베카리아를 비롯한 일부 계몽사상가들에 의하여 강력하게 전개되었다. 베카리아는 당시의 사회계약론에 근거하여 사형제도를 비판하였다. 즉 그는 생명이 인간의 이익 가운데 최대의 것이고, 국민이 자신의 생명을 미리 방기할 수는 없는 것이므로, 사형은 애초에 사회계약의 본래의 취지에 어긋난다고 보면서, 사형은 정당하지도, 필요하지도 않다고 주장하였다. 베카리아 이후로 나탈레(T. Natale), 페스탈로찌(J. Pestalozzi), 하워드(J. Howard), 위고(V. Hugo), 벤덤(J. Bentham) 등에 의하여 사형폐지론이 주장되었고, 20세기에 들어와서는 리프만(M. Liepmann), 칼버트(E. Calvert), 서덜랜드(E. H. Sutherland) 등으로 계승되었다.

84   한편 일찍이 중세시대 카톨릭교회의 최대 신학자인 토마스 아퀴나스(St. Thomas Aquinas)는 사형의 정당성을 변호하고 신체절단형까지도 인정하였다. 사형폐지론이 계몽주의의 영향을 받았지만, 오히려 종교개혁가인 루터(M. Luther), 자연법학자인 그로티우스(H. Grotius)와 푸펜도르프(S. Pufendorf), 계몽사상가인 몽테스키외(C. Montesquieu), 사회계약론자인 루소(J. Rousseau), 경험론자인 로크(J. Locke) 등은 사형의 합리성을 긍정하고, 사형제도를 옹호하였다. 칸트(E. Kant)와 헤겔(G. Hegel)도 사형의 존치를 강력하게 주장하였고, 이탈리아의 범죄학자 롬브로

---

66 대결 1991. 3. 4, 90모59.

조(C. Lombroso), 페리(E. Ferri) 등도 사형의 불가피성을 인정하였다.

현재에 이르러서도 사형폐지론은 사형이 인간의 존엄과 가치를 보장하는   85
헌법과 합치하지 않고, 정책적으로도 합리적인 형벌이 될 수 없다는 면에서 많
은 학자들에 의하여 주장되고 있는 반면, 사형존치론은 사형이 응보와 범죄억제
라는 형벌의 목적에 의하여 정당화되며, 일반의 법의식에 의하여 자명하고도 필
요한 형벌로 인정되고 있다는 점을 이론적 근거로 삼는다.[67]

사형제도 존폐론과 관련한 우리나라 학계의 주장도 그 논거에서는 전통적   86
인 내용이라고 평가할 수 있는데,[68] 각 견해의 주요 논거는 아래와 같다.

(2) 사형폐지론의 근거

사형폐지론의 입장에 서는 견해[69]의 논거는 아래와 같이 정리할 수 있다.   87

① 사형은 인간의 이성이 아닌 복수심이라는 본능에 근거한 야만적이고 잔
혹한 형벌이다. 인간의 생명권은 선험적이고 자연법적인 권리로서 이를 박탈할
수 없음에도, 사형은 인간 존엄과 가치의 근원인 생명을 박탈하기 때문에 인도
적으로 허용될 수 없고, 헌법에 반한다. 개선이 불가능한 흉악범에 대한 사회배
제처분이 필요하다고 하더라도, 그 방법으로서 사형 외의 다른 수단(예컨대, 가석
방 없는 무기형)도 반드시 고려하여야 한다.

② 사형제도의 일반예방효과에 의문이 있고, 사형의 범죄억제효과가 실증
적으로 입증된 바가 없다. 사형의 위하적 효과는 일반인이 기대하는 것처럼 높
지 않고, 그 주된 대상이 되는 중죄에 대하여는 거의 무력하다. 사형에 해당하
는 중죄의 발생빈도가 사형을 폐지한 국가에서 증가하고 있는 것도 아니고, 사
형을 존치하고 있는 국가에서 현저히 낮은 것도 아니다.

③ 모든 재판에 있어서 오판의 가능성을 절대적으로 배제할 수는 없는데,
사형이 집행된 후에는 오판에 대한 회복이 불가능하다.

④ 사형은 순수한 응보일 뿐 범죄인에게서 교화를 위한 최소한의 기회조차
박탈하므로, 교화 및 개선이라는 형벌의 합리적 목적과 무관하다.

---

67 이재상·장영민·강동범, §40/9, 13.
68 박상기, 532.
69 김성돈, 811-812; 김일수·서보학, 558-560; 배종대, §174/12-19; 오영근, 502-505; 이상돈, 형법
　강론(5판), 331; 이정원·이석배·정배근, 형법총론, 426; 이형국·김혜경, 형법총론(6판), 589; 임
　웅, 661-662; 진계호·이존걸, 694-695; 홍영기, 형법(총론과 각론)(2판), §47/6.

⑤ 사형은 정치적 반대세력, 소수민족, 인종, 종교 및 소외집단에 대한 탄압도구로 악용될 수 있고, 그에 대한 편견이 중요한 역할로 작용할 수 있다.

⑥ 범죄의 원인에는 범죄자의 악성뿐만 아니라, 사회환경적 요인도 무시할 수 없음에도, 사형은 범죄에 대한 사회환경적 요인을 무시하는 불합리한 형벌이다.

(3) 사형존치론의 근거

88

사형존치론 또는 단계적 폐지론의 입장에 서는 견해[70]의 논거는 아래와 같이 정리할 수 있다.[71]

① 사형이 다른 어떠한 형벌보다도 강력한 위하적 효과를 가지고 있음을 부정할 수는 없다. 인간은 본능적으로 생명에 대한 애착을 갖고 있으므로, 사형의 예고는 강력한 범죄억제력을 갖는다.

② 형벌의 본질이 응보인 이상 사형은 반사회적 범죄에 대한 사회의 도덕적 분노의 표현으로서 일반인의 정의관념에 부합하고, 사회의 안정에 본질적이고 중요한 역할을 수행할 수 있다.

③ 사형의 폐지가 이상론으로는 바람직하다고 하더라도 한 국가의 정치적·사회적·문화적 기반을 고려하여 상대적으로 논의하여야 한다. 국민의 법의식이 사형을 자명하고 필연적인 형벌로 받아들이고 있는 이상 이를 폐지하는 것은 타당하지 않다.

④ 사회방위의 목적을 달성하기 위하여 반사회적 흉악범을 사회로부터 제거하여야 한다.

⑤ 우리 헌법 제110조 제4항[72]은 사형제도에 관한 간접적인 근거를 규정하고 있고, 우리의 사회적 상황을 종합적으로 고려할 때 사형제도의 폐지는 시기상조이다.

---

70 강동욱, 398; 김신규, 538; 김혜정·박미숙·안경옥·원혜욱·이인영, 478; 성낙현, 형법총론(3판), 769; 손동권·김재윤, §37/11; 이재상·장영민·강동범, §40/14-15; 정성근·박광민, 537-538; 정영일, 478-479; 정웅석·최창호, 63-64.
71 우리나라에서의 사형제도에 관한 논란은 사형제도의 폐지를 궁극적 목표로 하는 점에서는 일치하므로, 폐지론과 존치론이라는 명칭 부여는 타당하다고 볼 수 없고, 사형 폐지의 당위성을 중심으로 하는 학계의 논의는 의미가 없으므로, 우리 형법의 운용상 사형제도가 초래하는 심각한 문제점의 제거방안을 중심으로 논해야 한다는 비판도 있다(박상기, 533).
72 헌법 제110조 ④ 비상계엄하의 군사재판은 군인·군무원의 범죄나 군사에 관한 간첩죄의 경우와 초병·초소·유독음식물공급·포로에 관한 죄중 법률이 정한 경우에 한하여 단심으로 할 수 있다. 다만, 사형을 선고한 경우에는 그러하지 아니하다.

(4) 입법론

(가) 사형제도의 개선 및 대체형벌의 도입

우리나라 학계에서는 적어도 사형제도가 법이론적으로는 정당성을 찾을 수 89 없다는 견해가 상대적 다수로 보이나, 존치론의 입장에 선 학자들도 사형제도의 영원한 존속을 지지하는 견해는 극히 소수이고, 점진적·단계적 폐지가 바람직 하다거나, 사형범죄의 범위를 축소하고 그 선고나 집행을 제한하여야 한다는 데 에 대부분 의견이 일치하고 있다.

한편 존폐론의 어느 입장을 취하는지 여부를 떠나 현행 사형제도의 개선 90 또는 사형폐지에 따른 대체형벌의 도입 방안으로 사형대상의 범위 축소[73] 외에 도, ① 중국의 사형집행유예(연기)제도[74]와 같이 일정한 집행유예 취소사유가 없 는 때에는 유예기간 종료 시에 법원의 선고에 의하여 무기징역형 등으로 전환 하는 제도의 도입,[75] ② 법관의 전원일치에 의한 사형선고,[76] ③ 초범자에 대한 사형선고 금지 등과 같은 사형선고 기준의 구체적 명시 및 사형선고에 대한 재 심청구사유의 확대,[77] ④ 가석방을 허용하지 않는 무기형 내지 종신 구금제도 (절대적 종신형)의 도입[78] 등이 주장되고 있다.

위와 같은 방안들 중 위 ① 내지 ③은 현행 사형제도에 대한 개선방안인 91 반면, ④의 절대적 종신형은 주로 사형제도의 폐지를 전제로 그 대체형벌로 논 의되고 있다. 위 방안들 중 사형집행유예제도에 대하여는, 이를 도입할 경우 사

---

73 김신규, 538-539; 김혜정·박미숙·안경옥·원혜욱·이인영, 478; 최호진, 830.
74 중국 형법은 사형선고를 받은 자에 대하여 반드시 집행하여야 하는 경우가 아니면 사형을 선고 함과 동시에 2년의 집행유예를 선고할 수 있고, 사형의 집행유예를 선고받은 자가 그 유예기간 동안 고의범죄를 범하지 아니한 경우에는 무기징역으로, 중대한 공적을 세운 경우에는 15년 이 상 20년 이하의 유기징역으로 각 감경하며, 유예기간 중에 고의범죄를 범하고 조사 결과 사실로 밝혀진 자에 대하여는 최고인민법원이 심사·비준하여 사형을 집행하도록 규정하고 있다(중국형 법 § 48, § 50 참조).
　중국 사형제도의 상세에 관하여는 박경춘, "중국의 사형제도 연구", 해외연수검사연구논문집 21-2, 법무연수원(2006) 참조.
75 김일수·서보학, 559; 손동권·김재윤, § 37/12; 오영근, 505; 임웅, 662; 정성근·박광민, 538; 최 호진, 830.
76 김일수·서보학, 560; 오영근, 505; 진계호·이존걸, 696.
77 박상기, 534.
78 임웅, 661; 진계호·이존걸, 697; 이보영, 박봉진, "사형제도의 존폐와 그 현실적 대안", 법학연구 25, 한국법학회(2007), 362-367; 허일태, "사형의 대체형벌로서 절대적 종신형의 검토", 형사정책 12-2, 한국형사정책학회(2000), 233-236.

형선고를 어렵지 않게 생각할 우려가 있고 사형폐지를 보류시키는 역할을 할 뿐이라는 이유에서 사면제도의 활용이 더욱 합리적이라는 견해가 있고,[79] 중국에서 사법살인을 방지하기 위해 고안된 제도로서 역사적 배경이 다른 우리 사형제도의 개선책으로 삼는 것은 한계가 있다는 비판[80]도 제기된다.

92   최근 사형의 대안으로 그 도입에 관한 다양한 논의가 이루어지는 절대적 종신형에 대하여는 아래에서 살펴본다.

(나) 사형의 대체형벌로서의 절대적 종신형

93   일반적으로 절대적 종신형이란 가석방이 허용되지 않고, 사면, 감형, 복권 등에 의하여도 형의 집행이 면제되거나 감경되지 않는 종신형을 의미한다. 이에 반하여, 상대적 종신형은 소정의 최저 복역기간(가석방불허기간)이 지난 후에는 가석방이 허용되는 종신형이다. 형법상의 무기징역형도 포괄적으로는 상대적 종신형에 해당한다고 할 수 있다.[81]

94   절대적 종신형은 수형자의 생명을 박탈하지 아니하면서도 재범의 가능성이 매우 높은 반사회적·반인륜적인 흉악범죄자를 사회로부터 영구히 격리할 수 있어 사회방위적 기능을 달성할 수 있고, 사형과 무기징역형의 간극을 해소할 수 있으며, 오판으로 인한 사형집행의 위험성도 피할 수 있다는 점에서, 사형제도가 폐지될 경우 인간의 존엄성과 국민의 법 감정의 충돌을 조화롭게 해결할 수 있는 대체형벌 내지 합리적인 대안으로 채택·도입되어야 한다는 주장이 상당하다.[82]

95   반면에 석방의 전망이 전혀 없는 종신형은 인간의 존엄과 가치를 본질적으로 침해하고, 형벌이론이 추구하는 형벌의 목적에도 부합하지 않으며, 죽음의 시기만을 미룬다는 의미 외에 형사정책적 의미는 없고, 사형과 비교하더라도 인권침해의 경중을 따지기 어려운 형벌로서 위헌의 소지가 클 뿐 아니라 사회복귀가 불가능한 상태에서 죽음만 기다리게 한다는 점에서 감형이나 사면이 가능한 현재의 사형보다 오히려 더 잔인하고 가혹한 형벌일 수 있으며, 인간의 존엄과 가치를 보호하기 위하여 사형을 폐지하면서 이를 대체하는 형벌로 인권의 본질을

79 진계호·이존걸, 696.

80 이덕인, "사형폐지의 정당성" 중앙법학 12-2(2010), 122-123.

81 이원경, "사형의 대체방안으로서 종신형제도에 관한 제문제", 교정연구 69, 한국교정학회(2015), 270.

82 임웅, 661; 진계호·이존걸, 697.

침해하는 절대적 종신형을 도입하자는 것은 논리 모순이라는 등의 비판이 유력
하고,[83] 이에 따라 사형의 대체형벌로서 절대적 종신형이 아닌 상대적 종신형을
도입하는 것이 바람직하다고 보는 견해도 다수 있다.[84] 현재 사형의 대체형벌에
관한 국내 논의의 대략적인 추세는 절대적 종신형보다는 가석방을 허용하는 상
대적 종신형이 더욱 설득력 있는 대안으로 모아지고 있다고 설명된다.[85]

독일의 경우, 종전 후인 1949년 기본법에서 사형이 폐지되고 1953년 형법
개정을 통하여 사형 관련 규정이 삭제된 이래 약 30년 동안 절대적 종신형이 도
입·시행되었으나, 1977년 7월 21일 연방헌법재판소의 위헌결정[86]에 따라 1981
년 형법 개정이 이루어져 가석방이 가능한 상대적 종신형으로 대체되었다. 유럽
인권재판소는 2013년과 2017년 두 차례의 판결[87]에서, 석방 또는 감형을 허용
하지 않는 종신형은 유럽인권협약에 위배된다는 취지로 판단한 바 있다. 사형제
도가 폐지된 대부분 국가들의 경우 종래의 절대적 종신형 제도에서 상대적 종
신형 제도로 나아가는 경향을 보인다.[88]

96

---

83 이재상·장영민·강동범, §40/15; 김대근·이덕인·권지혜, 사형 폐지에 따른 법령정비 및 대체형
    벌에 관한 연구, 한국형사정책연구원(2020), 359-370; 김선택, "사형제도의 헌법적 문제점", 고려
    법학 44(2005), 166; 박성철, "사형제도의 폐지와 대체형벌에 관한 소고", 형사정책연구 21-4, 한
    국형사정책연구원(2010), 141 이하; 박찬걸, "사형제도의 합리적 대안에 관한 연구", 법학논총
    29-1, 한양대학교 법학연구소(2012), 15 이하; 이승준, "사형폐지와 '새로운' 상대적 종신형의 채
    택", 법학연구 17-3, 연세대학교 법학연구원(2007), 141; 주현경, "절대적 종신형 도입에 대한 비
    판적 검토", 고려법학 68(2013), 397 이하; 한영수, "사형의 대체형벌로서 종신형의 도입에 관한
    연구", 형사정책 33-3, 한국형사정책학회(2021), 119-120.
84 김대근·이덕인·권지혜(주 83), 370; 김선택(주 83), 167; 신양균, "절대적 종신형을 통한 사형폐
    지?", 비교형사법연구 9-2, 한국비교형사법학회(2007), 641; 한영수(주 83), 119-120. 사형폐지의
    과도기적인 대안으로서 우선 절대적 종신형을 도입하였다가 종국적으로는 상대적 종신형을 도
    입함이 바람직하다는 견해로는 박찬걸(주 83), 15 이하 및 박성철(주 83), 141 이하.
85 김대근·이덕인·권지혜(주 83), 370.
86 BVerfGE 45, 187. 이 결정에서 독일 연방헌법재판소는 절대적 종신형을 규정한 독일형법 제211
    조에 대하여, 종신형 자체는 합헌이나, 특별사면의 가능성이 있다는 것만으로는 인간의 존엄성
    에 맞는 행형의 요건이 충족되기에 부족하므로 종신형의 집행을 배제할 수 있는 조건과 절차를
    법률로 규율할 것이 요구된다는 취지로 판단하였다. 위 결정의 번역은 김대근·이덕인·권지혜
    (주 83), 416 이하.
87 Vinter and Others. v. The United Kingdom(Application nos. 66069/09, 130/10 and 3896/10)
    [2016] III ECHR 317(2013. 7. 9.); Hutchinson v. The United Kingdom(Application no.
    57592/08) [2016] ECHR 021(2017. 1. 17.). 위 각 판결의 완역은 김대근·이덕인·권지혜(주 83),
    481 이하 참조.
88 김대근·이덕인·권지혜(주 83), 371; 박성철(주 83), 141; 허일태(주 54), 230-231.

97   한편 우리 정부는 2023년 10월 3일 "우리나라는 1997년 12월 사형 집행 이후 현재까지 사형을 집행하지 않아 국제엠네스티(국제사면위원회)에서 '사실상 사형 폐지국'으로 분류되는 등 중대 흉악범죄자에 대한 형 집행의 공백이 발생하고, 현행법상 무기형을 선고받은 중대범죄자의 경우에도 20년이 지나면 가석방될 수 있어 이들에 대한 엄벌을 촉구하는 국민적 요구가 커진다."는 이유로,[89] 현행 형법상 사형제도의 폐지 없이 형법상 무기형을 가석방이 허용되는 무기형과 가석방이 허용되지 아니하는 무기형으로 구분하고, 무기형을 선고하는 경우에는 가석방이 허용되는지 여부를 함께 선고하도록 하여, 살인 등 중대범죄자의 죄질에 따른 단계적 처분이 가능하도록 무기형의 유형에 절대적 종신형을 추가하고(안 § 42②), 무기형을 선고하는 경우에는 가석방이 허용되는지 여부를 함께 선고하도록 규정하는(안 § 72) 내용의 형법 일부개정법률안[90]을 제출한 바 있다.[91]

〔최   환〕

---

89 형법 일부개정법률안 제안이유 참조.
90 신·구 조문 대비표

현 행	개 정 안
제42조(징역 또는 금고의 기간) 징역 또는 금고는 무기 또는 유기로 하고 유기는 1개월 이상 30년 이하로 한다. 단 유기징역 또는 유기금고에 대하여 형을 가중하는 때에는 50년까지로 한다.	제42조(징역 또는 금고의 기간 등) ① (좌와 같음)
〈신 설〉	② 무기징역 또는 무기금고는 가석방이 허용되는 무기형과 가석방이 허용되지 아니하는 무기형으로 한다.
〈신 설〉	제72조(무기형의 선고와 가석방) 피고사건에 대하여 무기형을 선고하는 경우에는 가석방이 허용되는지 여부를 함께 선고하여야 한다.
제72조(가석방의 요건) ① 징역이나 금고의 집행 중에 있는 사람이 행상(行狀)이 양호하여 뉘우침이 뚜렷한 때에는 무기형은 20년, 유기형은 형기의 3분의 1이 지난 후 행정처분으로 가석방을 할 수 있다. 〈단서 신설〉	제72조의2(가석방의 요건) ① (좌의 본문과 같음). 다만, 무기형의 경우에는 제72조에 따라 가석방이 허용되는 경우에 한정한다.

91 정부가 제출한 형법 일부개정법률안(의안번호 2125236)은 2023년 11월 1일 국회 법제사법위원회에 회부되었으나, 제21대 국회의 임기만료로 폐기되었다.

제42조(징역 또는 금고의 기간)

징역 또는 금고는 무기 또는 유기로 하고 유기는 1개월 이상 30년 이하로 한다. 단, 유기징역 또는 유기금고에 대하여 형을 가중하는 때에는 50년까지로 한다. 〈개정 2010. 4. 15.〉

Ⅰ. 자유형

1. 자유형의 의의

자유형(自由刑)(Freiheitsstrafe)이란 수형자의 신체적 자유를 박탈하거나 제한하는 것을 내용으로 하는 형벌을 말한다. 넓은 의미로는 국외추방이나 유형(流刑), 거주지제한 등과 같이 범죄자의 사회생활상 자유를 박탈하거나 제한하는 것까지도 포함시킬 수 있을 것이나, 일반적으로는 수형자의 신체적 자유 박탈을 내용으로 하는 형벌을 의미한다. 현행 형법은 징역, 금고, 구류의 3가지 자유형을 인정하고 있다.

자유형은 근대형벌체계의 핵심을 이루고 있고, 형벌효과나 활용도의 측면에서 가장 중심적인 지위를 차지하고 있다. 자유형은 본래 사형이나 벌금형을 집행하기 위하여 수형자를 일시적으로 구금하던 데서 시작하였으나, 근대 자유형제도는 16세기 중반 무렵 창설된 영국의 '교도소(Bridewell)'[1]와 독일어권 국가

1

2

---

1 1553년 에드워드 6세에 의해 최초로 런던 교도소가 St. Bride's Well 근처에 설립된 점에서 유래된 명칭으로서 부랑자, 무법자를 수용하던 시설을 이른다. '감화원'으로 번역되기도 한다. 부랑자들을 처벌하고 가난한 사람들의 부담을 덜어준다는 목적을 내세운 1572년 엘리자베스 1세 치세의 법령(구빈법, poor law)에 따라 주(州)별로 그 설립을 원조하여 영국 각지에서 설립되었고, 17세기 초 무렵에는 유럽 전역에 설립되었다.

의 '교도소(Zuchthaus)'[2]에서 비롯되었다고 보는 것이 일반적이다.[3] 이들 시설은 체계적으로 걸인을 수용하고 노역에 투입하던 가장 오래된 근대적 의미의 교정시설로서 오늘날 감옥의 초기 단계로 평가된다. 그러나 당시의 교도소는 수용자의 교화를 목표로 내세우기는 하였으나, 노동력 착취, 열악한 여건, 간수들의 부패와 극심한 차별대우 등의 문제가 만연하였고, 이러한 교도소의 상황은 감옥개혁운동을 촉발시켰다. 감옥개혁운동을 주도한 대표적인 사상가인 하워드(John Howard)는 1777년 저서 「영국과 웨일즈 교도소의 상태」(The State of the Prisons in England and Wales)를 통하여 당시의 비참한 교도소 상태를 비판하면서 행형개선과 사형폐지를 주장하였는데, 그의 주장은 구미 각국의 행형개선에 영향을 주었으며, 그의 사후 1866년 영국에서 그의 인도주의를 이어받은 하워드협회가 설립되면서 서구의 감옥제도 개혁이 본격화되었다.

3   자유형의 집행은 수형자의 교정교화를 통한 사회복귀에 그 주된 목적이 있다. 형의 집행 및 수용자의 처우에 관한 법률은 이를 명시적으로 선언하고 있다(형집 §1). 그 밖에 자유형에는 보안, 즉 수형자를 집행기간 동안 격리 수용하여 재범하지 못하게 하는 목적도 있다고 설명되거나,[4] 수형자의 명예를 실추시키고, 노역을 통하여 국가 재정에 도움을 얻는 부수적인 목적을 포함하고 있다고 설명되기도 한다.[5] 다만 자유형의 목적으로 후자의 내용, 즉 수형자의 명예실추 작용 및 국가재정에 대한 도움을 드는 견해에 대하여는, 이는 자유형 집행의 현실적 기능에 불과할 뿐 목적이 될 수는 없다는 비판이 있다.[6] 자유형 집행의 주된 목적이 수형자의 사회복귀에 있는 이상 그 집행에 있어서 자유박탈 외의 다른 고통이 수반되어서는 아니 되고 수형자의 인간다운 생활을 보장할 수 있도록 해야 한다.

4   자유형이 근대 이후 대표적인 형벌의 위치를 차지한 것은 범죄와 형벌의 균형을 강조한 고전학파의 영향에서 비롯된 것이고, 근대학파의 등장에 따라 수형자에 대한 자유의 박탈이라는 의미를 넘어서 적극적으로 수형자를 개선 · 교화

---

2 독일어권 국가의 징역장, 교도소, 감화원을 총칭한다.

3 고전주의 시대 유럽에서 벌어진 국가에 의한 범법자나 부랑자, 걸인 등의 수용 현상(이른바 '대감호')에 관하여는 미셸 푸코(이규현 역), 광기의 역사, 나남(2012), 113 이하 참조.

4 배종대, 형법총론(18판), §175/1.

5 김일수 · 서보학, 새로쓴 형법총론(13판), 560. 이재상 · 장영민 · 강동범, 형법총론(12판), §40/18.

6 배종대, §175/1; 진계호 · 이존걸, 형법총론(8판), 697-698.

하는 수단으로 사용되었다. 우리나라도 1961년 구 행형법의 전부개정을 통하여 종전에 사용하던 형무소, 소년형무소, 형무관의 명칭을 각각 교도소, 소년교도소, 교도관으로 바꾸는 등 교정·교화의 목적을 강조하여 현재에 이르고 있다.

2. 자유형의 종류와 구별개념

형법은 징역, 금고, 구류 등 세 종류의 자유형을 규정하고 있다(§41(ii), (iii), (vii)). 징역과 금고는 정해진 노역(定役)에 복무할 의무가 있는지 여부에 따라 구별되고, 징역·금고와 구류는 그 기간에 따라 구별된다.

형사소송법에 따른 피고인 또는 피의자의 구속이나 체포도 신체의 자유를 박탈한다는 점에서 자유형과 유사하나, 자유형은 형벌의 일종이라는 점에서 형사절차의 진행과 증거의 확보를 위한 처분으로서 형벌에 속하지 않는 구속이나 체포와는 구별된다. 다만, 체포기간 또는 구속기간은 판결선고 전의 구금일수로서 그 전부가 무기징역을 제외한 자유형이나 벌금·과료에 관한 노역장 유치기간에 산입된다(§57).

벌금에 따르는 노역장유치(§70)는 그 자체가 독립된 형벌이 아니라는 점에서 자유형과 구별되지만, 벌금형에 부수적으로 부과되는 환형처분으로서 실질은 신체의 자유를 박탈하여 징역형과 유사한 형벌적 성격을 가지고 있다.[7] 대법원도 벌금형에 따르는 노역장유치는 실질적으로 자유형과 동일하므로, 그 집행에 대하여 자유형의 집행에 관한 규정이 준용된다(형소 §492)고 하고,[8] 헌법재판소는 노역장유치도 형벌불소급의 원칙의 적용대상이 된다고 보아 노역장유치와 관련된 법률의 개정으로 동일한 벌금형을 선고받은 사람에게 그 기간이 장기화되는 등 불이익이 가중된 때에는, 범죄행위 시의 법률에 따라 노역장 유치기간을 정하여 선고하여야 한다고 한다.[9]

노역장 유치기간은 벌금 미납의 경우 1일 이상 3년 이하, 과료 미납의 경우 1일 이상 30일 미만이다(§69②). 다만, 형법은 선고하는 벌금이 1억 원 이상인 경우의 노역장 유치기간 하한을 별도로 정하고 있다(§70②).

---

7 헌재 2017. 10. 26, 2015헌바239, 2016헌바177.
8 대판 2017. 9. 26, 2017도9458.
9 헌재 2017. 10. 26, 2015헌바239, 2016헌바177.

Ⅱ. 징역과 금고

1. 징 역

(1) 형의 내용

9   징역은 수형자를 교정시설에 수용하여 정해진 노역〔정역(定役)〕에 복무하게 하는 형벌이다(§67). 수형자에게 노역의무가 부과된다는 점에서 금고와 구별되고, 기간이 1개월 이상이라는 점에서 기간이 1일 이상 30일 미만인 구류와 구별된다. 수형자는 자신에게 부과된 작업과 그 밖의 노역을 수행하여야 할 의무가 있고(형집 §66), 수형자에게 부과하는 작업은 건전한 사회복귀를 위하여 기술을 습득하고 근로의욕을 고취하는 데에 적합한 것이어야 한다(형집 §65①).

(2) 형의 기간

10   징역은 유기징역과 무기징역으로 나뉜다. 유기징역의 기간은 1개월 이상 30년 이하이지만, 유기징역을 가중할 때에는 그 상한을 50년까지로 한다(§42). 종전에는 유기징역의 상한을 15년으로 하되, 가중할 때에는 25년까지로 하도록 정하고 있었으나, 2010년 4월 15일 형법 개정으로 위와 같이 형기의 상한이 2배로 늘어났다.[10] 유기형의 상한은 국가마다 달라서 독일은 15년(독형 §38②), 일본은 20년(일형 §12①), 프랑스는 30년(프형 §131-1①(ii))을 상한으로 하고 있다.

11   무기징역은 형의 만료일이 없으므로 종신형(life imprisonment)과 유사하다고 할 수 있으나, 형의 기간이 정하여져 있지 않은 점에서 사망의 시점까지를 기간으로 하는 종신형과는 다르다고 하여야 한다.[11] 무기징역형을 선택하였더라도 법률상의 감경 또는 정상참작감경을 통하여 유기징역형으로 감경될 수 있고(§53, §55), 무기징역형이 선고된 경우에도 20년이 경과하면 가석방이 가능하다(§

---

10 위와 같이 유기형의 상한을 늘린 개정 형법의 입법 취지는 '무기징역과 유기징역 간 형벌 효과가 지나치게 차이가 나고 중대한 범죄에 따른 형벌을 선고하는 데 제한이 있어, 유기징역의 상한을 상향조정하여 행위자의 책임에 따라 탄력적으로 형 선고를 가능하게' 하기 위한 데 있으나, 이에 대하여는 매우 강한 비판들이 제기된다〔대표적으로 오영근, 형법총론(5판), 509; 하태훈, "법치국가에서의 형법과 형사소송법의 과제", 고려법학 62(2011); 한인섭, "유기징역형의 상한: 근본적인 재조정이 필요하다", 공익과 인권 17(2011) 등 참조〕. 그 비판의 요지는 형벌에 대한 종합적 균형을 무시한 채 응보나 예방의 고려를 넘어서는 초강경정책을 전격적·졸속적으로 입법화한 것으로서 소극적 일반예방효과에 대한 입법자의 근거 없는 맹신의 결과라거나 현대적 형사정책의 지향점과 전혀 부합하지 아니하고, 책임주의에 반할 수 있다는 것이다.

11 정영일, 형법총론(2판), 481.

72①). 무기징역의 집행 중에 있는 자에 대한 가석방 요건 역시 종전의 10년 이 상에서 위 형법 개정을 통하여 20년 이상의 경과로 강화되었다.[12]

　　무기징역을 감경할 경우에는 10년 이상 50년 이하의 징역으로 하고(§ 55① (ii)), 유기징역을 감경할 경우에는 그 형기의 2분의 1로 한다(§ 55①(iii)). 위 형법 개정 전에는 무기징역을 감경할 경우 7년 이상의 징역으로 하도록 규정하고 있 었을 뿐 상한은 규정하지 아니하여 개정 전 형법 제42조의 규정에 의한 유기징 역형의 상한인 15년을 넘는 징역형을 선고할 수 있는지가 문제되었다. 이에 대 하여 대법원은, 무기징역을 정상참작감경하는 경우 경합범가중사유나 누범가중 사유가 있다고 하더라도 유추해석금지의 원칙에 따라 15년을 넘는 징역형은 선 고할 수 없다고 해석하여,[13] 결국 무기징역의 감경 시 선고할 수 있는 형량범위 의 상한은 징역 15년으로 제한되는 결과가 되었는데, 개정 형법은 무기징역을 감경할 경우의 상한을 함께 규정함으로써 입법적으로 해결하였다. **12**

(3) 소년에 대한 과형상의 특칙

(가) 사형·무기형의 금지

　　죄를 범할 당시 18세 미만인 소년을 사형 또는 무기형으로 처할 경우[14]에 는 15년의 유기징역으로 하고(소년 § 59), 특정강력범죄를 범한 때에는 20년의 유 기징역으로 한다(특강 § 4①). 현행 소년법은 소년을 19세 미만으로 하여 임의적 감경사유로 함(소년 § 2, § 60②)과 동시에 위와 같이 범죄 시 17세인 자까지는 사 형과 무기형을 폐지하였다. 위 규정들에 대한 적용연령의 기준 시는 범죄 시로 서, 범죄 시 18세 미만이면 재판 시의 연령은 묻지 아니한다. **13**

---

12 헌법재판소는 위와 같이 무기징역에 대한 가석방 요건을 강화한 개정 형법 규정을 형법 개정 당 시에 이미 수용 중인 사람에게도 적용하는 형법(2010. 4. 15. 법률 제10259호) 부칙 제2항이 신 뢰보호 원칙에 위배되어 신체의 자유를 침해한다고 볼 수는 없다고 판단하였다(헌재 2013. 8. 29, 2011헌마408).

13 대판 1992. 10. 13, 92도1428(전). 「형법 제38조 제1항 제1호는 경합범 중 가장 중한 죄에 정한 형이 사형 또는 무기징역이나 무기금고인 때에는 가장 중한 죄에 정한 형으로 처벌하도록 규정 하고 있으므로, 경합범 중 가장 중한 죄의 소정형에서 무기징역형을 선택한 이상 무기징역형으 로만 처벌하고 따로이 경합범가중을 하거나 가장 중한 죄가 누범이라 하여 누범 가중을 할 수 없음은 더 말할 나위도 없고, 위와 같이 무기징역형을 선택한 후 형법 제56조 제6호의 규정에 의하여 작량감경을 하는 경우에는 같은 법 제55조 제1항 제2호의 규정에 의하여 7년 이상의 징 역으로 감형되는 한편, 같은 법 제42조의 규정에 의하여 유기징역형의 상한은 15년이므로 15년 을 초과한 징역형을 선고할 수 없다.」

14 법정형이 아니라 선고하려고 한 처단형을 말한다(대판 1986. 12. 23, 86도2314).

(나) 부정기형

14   부정기형은 형기를 정하지 않고 과하는 형벌로서, 여기에는 형기의 상한과 하한을 정하여 일정 범위 내에서 부정기형을 선고하는 상대적 부정기형과 상·하한을 정하지 않고 선고하는 절대적 부정기형이 있다. 소년법은 상대적 부정기형을 채택하여, 소년이 법정형으로 장기 2년 이상의 유기형에 해당하는 죄를 범한 때에는 그 법정형기의 범위 내에서 장기와 단기를 정하여 선고하되, 장기는 10년, 단기는 5년을 초과하지 못하도록 규정하고 있다(소년 §60①). 다만, 특정강력범죄를 범한 때에는 장기는 15년, 단기는 7년을 초과하지 못한다(특강 §4②).

15   '장기 2년 이상의 유기형'이란 실제로 선택된 형의 법정형을 말한다. 따라서 법정형이 사형, 무기형에 해당하는 죄를 범하였으나 법원이 감경하여 유기형으로 처단하는 경우 또는 법정형이 사형, 무기형, 장기 2년 이상의 유기형에 해당하는 죄를 범하고 법원이 그중 사형이나 무기형을 선택하였으나 이를 감경하여 유기형으로 처단하는 경우에는 부정기형을 선고하여서는 아니 되나,[15] 사형, 무기형 등이 선택형으로 규정된 경우라도 실제로 선택된 형이 장기 2년 이상의 유기형인 때에는 부정기형을 선고하여야 한다.[16] 반대로, 법정형의 장기가 2년 미만에 해당하는 죄를 범하였으나 법원이 가중하여 처단형의 장기가 2년 이상이 된 경우에는 정기형을 선고하여야 한다.[17] 형식상 장·단기의 형을 선고하였더라도 '장기 1년, 단기 1년'과 같이 실질상 정기형을 선고하는 것은 위법하다.[18] 집행유예, 선고유예의 경우에는 부정기형을 선고하지 아니한다(소년 §60③).

16   부정기형은 법정형이나 처단형이 아닌 선고형을 의미하므로,[19] 처단형의 단기가 5년을 초과하더라도 단기는 5년으로 선고하여야 한다.[20] 다만, 제37조 후단의 경합범에 해당하여 2개의 형을 선고하는 경우에는 그 단기형의 합계가

---

15 대판 1983. 4. 26, 83도210; 대판 1990. 10. 23, 90도2083; 대판 1991. 4. 9, 91도357. 이 경우는 장·단기의 제한이 없으므로 징역 10년 이상의 선고도 가능하다(대판 1986. 12. 23, 86도2314; 대판 1988. 5. 24, 88도501).
16 대판 1967. 1. 31, 66도1731.
17 대판 1960. 9. 30, 4293형상509.
18 대판 1956. 1. 31, 4288형상371.
19 대판 1981. 7. 7, 81도1522; 대판 1983. 6. 14, 83도993.
20 법원행정처, 법원실무제요 소년(2014), 462.

〔최   환〕

5년을 초과하더라도 위법하다고 할 수 없다.[21]

　　부정기형은 피고인이 소년인 경우에 선고하는 것이므로, 범행 당시 소년이　　17
더라도 선고 시 성년에 이르렀다면 정기형을 선고하여야 한다. 피고인이 제1심
판결 선고 후에 성년에 이른 경우에도 항소심은 부정기형을 선고한 제1심 판결
을 파기하고, 정기형을 선고하여야 한다.[22] 다만 상고심은 순수한 사후심이므
로, 피고인이 항소심판결 선고 후 상고심계속 중에 성년이 된 경우에는 항소심
의 부정기형 선고는 적법하다고 본다.[23]

　　피고인이 제1심 판결 선고 시 소년에 해당하여 부정기형을 선고받았고, 피　　18
고인만이 항소한 항소심에서 피고인이 성년에 이르러 항소심이 제1심의 부정기
형을 정기형으로 변경해야 할 경우, 불이익변경금지의 원칙의 위반 여부는 부정
기형의 장기와 단기의 중간형을 기준으로 삼아야 한다.[24]

(4) 형의 집행

　　구금되어 있는 피고인에 대하여 자유형의 판결이 확정된 때에는 그 재판을　　19
한 법원에 대응하는 검찰청 검사는 해당 구치소 또는 교도소의 장에게 형집행
지휘서를 송부하여 집행을 지휘한다(형소 §459, §460, 자유형등에 관한 검찰집행사무
규칙[25] §5).

　　구금되어 있지 않거나 구금되어 있다가 석방된 피고인에 대하여 자유형의　　20
판결이 확정된 때에는 검사는 형을 집행하기 위하여 피고인을 소환하여야 하고,
소환에 응하지 아니한 때에는 형집행장을 발부하여 구인하여야 한다(형소 §473①
②, 자유형집행규칙 §6, 자유형 확정자에 대한 형집행업무 처리 지침[26] §3 이하). 다만, 형
의 선고를 받은 자가 도망하거나 도망할 염려가 있는 때 또는 현재지를 알 수

21　대판 1983. 10. 25, 83도2323.
22　대판 1966. 3. 3, 65도1229(전).
23　대판 1998. 2. 27, 97도3421.
24　대판 2020. 10. 22, 2020도4140(전). 종전의 선례는 부정기형과 정기형 사이에서 경중을 가리는
　　경우에는 부정기형 중 최단기형과 정기형을 비교하여야 한다고 보았으나(대판 2006. 4. 14,
　　2006도734 등), 위 전원합의체 판결로 변경되었다.
　　　본 판결 평석은 조지은, "소년범에 대한 부정기형과 불이익변경금지의 원칙: 대법원 2020. 10.
　　22. 선고 2020도4140 전원합의체 판결을 중심으로", 법학논문집 47-1, 중앙대학교 법학연구원
　　(2023), 35-56.
25　이하, 자유형집행규칙이라 한다.
26　2015. 11. 4. 대검 예규 제814호.

없는 때에는 소환함이 없이 형집행장을 발부하여 구인할 수 있다(형소 § 473③).
검사가 형집행장을 발부한 때에는 집행담당사무직원은 형집행장을 사법경찰관
에게 교부하여야 한다(자유형집행규칙 § 6③). 형집행장은 구속영장과 동일한 효력
이 있고(형소 § 474②), 형집행장의 집행에는 형사소송법 제1편 제9장에서 정하는
피고인의 구속에 관한 규정을 준용한다(형소 § 475). 여기서 '피고인의 구속에 관
한 규정'은 '피고인의 구속영장의 집행에 관한 규정'을 의미하므로, 형집행장의
집행에 관하여는 구속의 사유에 관한 형사소송법 제70조나 구속이유의 고지에
관한 형사소송법 제72조가 준용되지 아니한다.[27] 사법경찰관리가 자유형을 선
고받은 사람을 집행하기 위하여 구인하려면 검사로부터 발부받은 형집행장을
상대방에게 제시하여야 하지만(형소 § 85①), 형집행장을 소지하지 아니한 경우
에 급속을 요하는 때에는 상대방에 대하여 형집행 사유와 형집행장이 발부되었
음을 고하고 집행할 수 있다(형소 § 85③).[28] 따라서 형집행장의 집행 시 구속의
사유나 구속이유의 고지가 이루어지지 않았다고 하여 그 집행이 위법하다고 할
수는 없지만, 형집행장의 제시 없이 구인할 수 있는 '급속을 요하는 때'에도 형
집행 사유와 형집행장이 발부되었음을 고하고 집행하여야 하는데, 사법경찰관
리가 벌금 미납으로 인한 노역장 유치 집행의 상대방에게 형집행 사유와 더불
어 벌금 미납으로 인한 지명수배 사실을 고지하였다고 하더라도 그 고지를 형
집행장이 발부되어 있는 사실도 고지한 것이라거나 형집행장이 발부되어 있는
사실까지도 포함하여 고지한 것이라고 볼 수는 없으므로 적법한 직무집행에 해
당한다고 할 수 없다.[29]

21   자유형의 형기는 판결이 확정된 날부터 기산하고(§ 84①), 형기의 '연월'은 연
또는 월 단위로 계산한다(§ 83). 형기종료일은 형기산일로부터 역(曆)에 따라 적
산(積算)하여 미결통산일수 등을 공제하지 않은 형기종료일(가종료일)을 정한 후
여기에서 미결통산일수, 집행제기간(일부 집행기간 등), 감형기간의 순으로 공제하
여 산정한다(수용구분 및 이송·기록 등에 관한 지침[30] 참조).[31] 위와 같이 형법이 형

---

27 대판 2013. 9. 12, 2012도2349.
28 대판 2013. 9. 12, 2012도2349; 대판 2017. 9. 26, 2017도9458.
29 대판 2017. 9. 26, 2017도9458.
30 법무부 예규 제1294호, 2022. 3. 2.
31 헌재 2013. 5. 30, 2011헌마861.

기의 연월을 역수에 따라 계산하도록 하면서 윤달이 있는 해에 형집행 대상이 되는 경우에 관하여 형기를 감하여 주는 보완규정을 두지 않았다고 하더라도 위헌이라고 볼 수는 없다.[32]

형사소송법 제460조에 규정한 검사의 형의 집행지휘는 형사소송법 제477조에 규정한 검사의 재산형 등의 집행명령 등과 함께 '재판의 집행에 관한 검사의 처분'으로서 형사소송법 제489조에서 정한 이의신청의 대상이 되고,[33] 여기에는 검사의 수형자에 대한 형기종료일 지정처분도 포함된다.[34] 재심판결이 확정된 때에는 재심대상판결은 당연히 효력을 상실하나 그때까지 재심대상판결에 의하여 이루어진 형의 집행은 적법하게 이루어진 것으로서 그 효력을 잃지 아니한다. 따라서 재심판결에서 새로이 자유형을 선고한 때에는 재심대상판결에 의한 자유형집행기간은 재심판결의 자유형집행 시 당연히 집행을 마친 것으로 통산된다.[35]

2. 금 고

금고는 수형자를 교정시설에 수용하여 자유를 박탈하는 형벌이다(§68). 정해진 노역에 복무하게 하지 않는다는 점을 제외하면 징역과 같고, 기간이 1개월 이상이라는 점에서 구류와 구별된다. 다만, 금고의 수형자에 대하여도 신청이 있으면 작업을 부과할 수 있다(형집 §67). 현재의 행형 실무상 대다수의 금고형 수형자가 작업을 신청하여 노역에 종사하고 있어 징역과의 구별이 현실적으로 의미가 없어졌다고 보는 견해들이 있고, 이는 뒤에서 보는 것과 같은 자유형의 단일화 필요성에 대한 근거의 하나로 제기된다.

연혁적으로는 강제노역의무가 부과되는 징역형이 파렴치범에게 부과되는 비명예형으로 평가된 반면, 금고형은 과실범이나 사상범, 정치범과 같이 명예를 존중해야 할 필요가 있는 비파렴치범에 대한 형벌로 이해되어 왔고, 이러한 이유로 금고는 '명예구금'이라고 불리기도 한다.

---

32 헌재 2013. 5. 30, 2011헌마861.
33 대결 2001. 8. 23, 2001모91.
34 헌재 2012. 5. 31, 2010헌아292.
35 대판 1991. 7. 26, 91재감도58.

Ⅲ. 자유형의 개선 논의

25   징역, 금고, 구류 등 세 종류의 자유형을 규정하고 있는 현행 형법의 태도
에 대하여 형종을 하나로 통일하고, 단기자유형과 무기자유형을 폐지 또는 제한
하여야 한다는 개선론이 제시되고 있다.

1. 자유형의 단일화(일원화)

26   자유형의 단일화 문제는 징역과 금고를 하나의 자유형으로 단일화하자는 논
의이다. 징역과 금고의 구별은 사상범, 정치범과 같은 확신범이나 과실범은 파
렴치범이 아니므로 명예형으로서 금고를 과할 필요가 있다는 데에 그 근거를
두었다. 그러나 독일형법[36]과 오스트리아형법[37]은 노역 복무 여부에 따른 자유
형의 구분이 수형자의 재사회화에 도움이 된다고 보기 어렵고, 징역이 금고에 대
하여 강한 억지력을 갖는 것도 아니라는 이유로 이른바 단일자유형(einheitliche
Freiheitsstrafe)을 채택하였다. 일본도 2022년 6월 13일 형법을 개정하여 우리나라
와 같이 징역형과 금고형으로 나누어져 있던 자유형을 각각 폐지하고, '구금형'
을 창설하여 자유형을 단일화하였는데,[38] 개정 형법은 2025년 6월 1일부터 시
행 예정이다.

27   단일자유형의 채택은 형법의 가장 중요한 개정이고 의미 있는 형사정책의
발전으로 평가된다.[39] 우리나라에서도 자유형을 단일화하여야 한다는 주장이
강하게 제기되고 있다.

28   자유형의 단일화에 찬성하는 입장은 징역과 금고를 단일화하고, 수형자에
게 작업의무를 부과할 것인지 여부는 형집행 단계에서 형사정책적으로 판단함

---

36 징역과 금고를 구분하지 않고 단일형으로서의 자유형(Freiheitsstrafe)만을 규정하여 그 기간을
    1개월 이상 15년 이하로 정하였다(독형 § 38, § 39).
37 금고를 규정하지 않고 구류를 자유형에 포함시켜 유기자유형을 1일 이상 20년 이하로 규정하였
    다(오스트리아형법 § 18②).
38 개정 일본형법 제12조(구금형) ① 구금형은 무기 및 유기로 하고, 유기금고형은 1일 이상 20년
    이하로 한다.
    ② 구금형은 형사시설에 구치한다.
    ③ 구금형에 처해진 자에게는 개선갱생을 도모하기 위하여 필요한 작업을 하도록 하거나 필
    요한 지도를 할 수 있다.
39 김성돈, 형법총론(7판), 813; 이재상·장영민·강동범, § 40/23.

으로써 개별처우의 문제로 다루는 것이 바람직하다고 본다. 그 논거는 다음과 같이 정리될 수 있다. ① 징역과 금고를 구분하는 것은 경비의 이중화, 수용행정의 불편을 초래하고, 교정주의 행형정책을 일관성 있게 추진하는 데 지장을 준다. ② 범죄를 파렴치범과 비파렴치범으로 구별하는 것이 반드시 범죄의 종류마다 가능한 것은 아니고, 구별기준이 지나치게 상대적이다. ③ 명예구금은 노동을 천시하는 전근대적 발상과 계급사상의 역사적 유물에 불과하고, 오늘날에는 노동을 하는 것이 명예의 손상이 될 수 없다. ④ 행형의 실제에서도 금고 수형자의 대부분이 신청에 의하여 노역에 종사하고 있어 징역과 금고의 구별이 더 이상 의미가 없게 되었다. ⑤ 징역과 금고를 구별하면 징역을 받는 사람은 파렴치범이라는 낙인이 찍히고 사회복귀가 어렵게 되어 재사회화라는 행형목적에 반한다. ⑥ 실무적으로 금고의 선고가 드물고, 세계적으로도 자유형의 단일화가 이루어지고 있다.

　　이에 대하여, 자유형의 단일화를 반대하는 입장의 논거는 다음과 같다. ① 행형정책상의 문제는 양자의 구별을 부인할 근거로서 타당하지 않다. ② 범죄의 파렴치성이 다소 상대적이기는 하지만, 그에 따른 구별이 불가능한 것은 아니다. ③ 노역부과는 강제성이 없을 때에는 천시될 수 없으나, 강제적일 때에는 천시될 수도 있다. ④ 구금형은 교육만을 목적으로 하는 것은 아니고, 응보적 징벌로서의 의미도 있으므로 그 내용을 구분할 필요가 있다.　　29

　　현재 우리나라에서는 자유형의 단일화를 찬성하는 입장이 지배적 견해이다.[40]　30 또한, 이 견해를 취하는 학자들은 대부분 징역과 금고의 구별을 없애야 할 뿐만 아니라 구류까지 폐지하여 자유형이라는 명칭으로 완전한 단일화를 이루는 것이 바람직하다고 본다.[41]

40　김성돈, 814; 박상기, 형법총론(9판), 535; 배종대, § 175/6; 손동권·김재윤, 새로운 형법총론, § 37/25; 이재상·장영민·강동범, § 40/24; 임웅, 형법총론(12정판), 664; 정성근·박광민, 형법총론(전정3판), 539; 정영일, 482; 진계호·이존걸, 699.

41　구류의 폐지 필요성에 대한 근거로는 후술하는 단기자유형의 폐해와 아울러, ① 징역형이나 금고형에 대해서도 인정되는 집행유예나 선고유예가 구류에 대해서는 인정되지 않는 것은 모순이고, ② 형벌의 경중 면에서 볼 때 자유박탈형인 구류가 5만 원 이하의 벌금보다 더 가벼운 형벌종류로 취급되고 있어서, 피고인의 방어권이 크게 제한되는 즉결심판을 통해 구류가 선고될 수 있고, 대개 경찰서의 유치장에서 집행되고 있어 행형이념과도 상치된다는 점 등이 들어진다(김성돈, 814).

31   2011년 정부의 형법(총칙) 일부개정법률안은 금고를 징역으로 단일화하여 폐지하면서도 구류를 존치시키고 있음은 앞서 본 바와 같다.

2. 단기자유형의 폐지 또는 제한

32   자유형의 개선방안으로 단기자유형의 폐지·제한도 주장되고 있다. 단기자유형의 단기가 어느 정도의 기간을 의미하는지에 대하여는 견해의 대립이 있고, 이에 대하여 1949년 국제형법 및 형무회의(International Penal and Penitentiary Commission)는 3개월 이하, 1959년 범죄예방 및 범죄자처우에 관한 국제연합회의(UN Congress on the Prevention of Crime and Treatment Offenders)는 6개월 이하를 제시하였고, 미국에서는 대체로 1년 이하로 보는 경향이 있으나, 우리나라의 다수설은 6개월 이하의 자유형으로 보고 있다.[42]

33   단기자유형은 비교적 가벼운 범죄를 범한 사람과 초범자에게 부과되는 것이 보통이나, 이러한 사람을 교도소에 수용하면 '범죄수법을 습득하기에는 충분한 기간이고 개선·교화되기에는 불충분한 기간'이기 때문에 수형자의 교정교화에 적합하지 않은 반면, 오히려 다른 수형자들로부터 악성과 범죄의 감염을 받을 우려가 커서 재범 및 누범의 원인이 될 뿐만 아니라, 가벼운 범죄임에도 전과자로서 낙인되고 직업상실의 타격을 받게 되며, 가족이 겪는 고통이 너무 크고, 사회일반인에 대한 일반예방적 위하효과도 기대할 수 없으며, 수형시설의 부족현상을 가중시킨다는 등의 폐해나 단점을 이유로 단기자유형을 폐지하는 것이 바람직하다는 견해가 우리나라의 다수설이다.[43] 이 견해는 단기자유형의 대체방안으로 벌금형, 보호관찰부 집행유예 및 선고유예, 무구금 강제노동, 주말 또는 휴일구금·가택구금 및 개방교도소 등 탄력적인 구금제도, 피해원상회복제 내지 소송촉진 등에 관한 특례법에서 정한 배상명령제(동법 §25 이하) 등의 도입 또는 활용을 제시하고 있다.

34   단기자유형의 폐해에 기초한 이러한 견해와는 반대로 경고적 의미의 단기

---

42 김일수·서보학, 562; 박상기, 535; 배종대, §175/5; 손동권·김재윤, §37/20; 오영근, 508; 이재상·장영민·강동범, §40/25; 임웅, 664; 정성근·박광민, 539-540; 정영일, 482; 진계호·이존걸, 700.

43 김일수·서보학, 562; 박상기, 536; 배종대, §175/5; 이재상·장영민·강동범, §40/25; 임웅, 664-665; 정성근·박광민, 539-540; 진계호·이존걸, 700.

자유형이 반드시 부정적인 효과만을 초래하는 것은 아니고, 예컨대 미국의 단기 감금 후의 보호관찰(shock probation) 또는 일부집행유예(split sentencing)와 같이 사용하기에 따라서는 장점도 가질 수 있으므로, 단기자유형을 형벌의 종류로서 존치시켜서 그 장점을 발휘시키도록 하고, 단점을 최대한 개선시키는 방안이 모색되어야 한다는 반론도 유력하게 제기된다.[44] 위 견해가 제안하는 단기자유형에 대한 개선방안으로서의 자유형의 일부에 대한 집행유예는 입법론으로서는 별론, 현행 형법의 해석론으로서는 허용될 수 없다.[45]

3. 무기자유형의 완화

무기자유형은 무거운 범죄를 저지른 범죄자에 대한 최후적인 제재로서 대부분의 문명국가에서 채택하고 있고, 특히 사형제를 폐지한 국가에서는 생명 침해 범죄에 대한 필수적인 형벌로 인식되고 있다.[46] 그런데 무기자유형에 대해서는 계속적인 장기간의 자유박탈 및 사회로부터의 완전한 추방 효과를 가지고 온다는 이유로 수형자의 사회복귀를 포기한 잔혹하고 비인도적인 형벌이라는

35

---

44 손동권·김재윤, §37/23. 오영근, 508-509도 같은 취지의 견해로 이해된다. 이 견해는 폐지론에서 단기자유형의 대체방안으로 들고 있는 개선안 중 벌금형으로의 대체제도는 독일과 같은 일수벌금제도를 취할 때 비로소 실효성이 있을 뿐 총액벌금제도를 취하는 우리나라의 경우 보통인의 경제능력을 기준으로 한 벌금액만으로 일반인, 특히 부자에게 형벌효과를 얻기는 어렵다고 비판하면서, 단기자유형의 장점 때문에 2011년 법무부 형법총칙개정안도 극단적인 단기자유형에 해당하는 구류를 폐지하지 않고 존치시켰다고 보고 있다.

45 대판 2007. 2. 22, 2006도8555. 「집행유예의 요건에 관한 형법 제62조 제1항 본문은 '3년 이하의 징역 또는 금고의 형을 선고할 경우에 제51조의 사항을 참작하여 그 정상에 참작할 만한 사유가 있는 때에는 1년 이상 5년 이하의 기간 '형'의 집행을 유예할 수 있다.'고 규정하고, 같은 조 제2항은 '형을 '병과'할 경우에는 그 형의 '일부'에 대하여 집행을 유예할 수 있다.'고 규정하고 있는바, 비록 형법 제62조 제1항이 '형'의 집행을 유예할 수 있다고만 규정하고 있다고 하더라도, 이는 같은 조 제2항이 그 형의 '일부'에 대하여 집행을 유예할 수 있는 때를 형을 '병과'할 경우로 한정하고 있는 점에 비추어 보면, 조문의 체계적 해석상 하나의 형의 전부에 대한 집행유예에 관한 규정이라 할 것이다. 또한, 하나의 자유형에 대한 일부집행유예에 관하여는 그 요건, 효력 및 일부 실형에 대한 집행의 시기와 절차, 방법 등을 입법에 의해 명확하게 할 필요가 있으므로, 그 인정을 위해서는 별도의 근거 규정이 필요하다고 할 것이다.」
   본 판결 평석은 박길성, "1개의 형을 선고하면서 그 형기의 일부에 대해서는 실형을 선고하고 나머지 일부에 대해서만 집행유예를 선고하는 것이 가능한지 여부(소극)", 해설 70, 법원도서관(2007), 665-693.

46 다만, 사형제를 폐지한 국가들의 경우 가석방이 절대적으로 금지되는 무기형(절대적 종신형)에서 가석방을 허용하는 무기형(상대적 종신형)으로 변화하는 추세에 있음은 앞서 살펴본 바와 같다[§41(**형의 종류**) II. 5. (4) **입법론** 부분 참조].

비판이 있고, 헌법상 인간의 존엄과 가치, 형벌의 명확성을 요구하는 죄형법정
주의의 요청 등에 반한다는 이유로 위헌성이 지적되기도 한다.[47] 또한, 우리나
라 실정법상 무기수에 대한 가석방은 수형자의 권리가 아니라 국가의 은혜적인
행정적 처분에 불과하다는 비판도 있다.[48]

36 　　　이러한 측면에서 무기수에게도 일정기간의 집행을 통하여 재범의 우려가
없게 된다면 독일형법(독형 § 57, § 57a)과 같이 필요적 가석방을 보장해 주어야 한
다거나,[49] 형기를 명확히 규정하여 명칭을 '장기징역·금고'로 바꾸는 것이 바람
직하다는 견해[50]가 있다. 나아가 유기형의 장기가 크게 늘어난 현행 형법하에서
무기형의 실효성에 의문이 제기된다거나,[51] 유기형의 상한을 종전과 같이 환원
시키거나, 20년, 가중 시 30년 정도로 완화해야 한다는 강한 비판[52]도 있다.

IV. 가석방 없는 종신형 제도의 도입론

37 　　　현행 무기자유형 제도에 대한 위의 개선론과는 별개로, 형법상 사형제도가
폐지될 경우의 대안 또는 대체형벌로서 가석방이 허용되지 않는 무기형, 즉 절
대적 종신형의 도입이 논의되고 있다. 이에 대하여는 절대적 종신형도 사형 못
지않게 인권의 본질을 침해하여 위헌의 소지가 크고 형벌의 목적에도 부합하지
않으므로, 가석방이 허용되는 상대적 종신형의 도입이 바람직하다는 반론도 유
력하다[이에 대한 상세는 § 41(형의 종류) II. 5. (4) 입법론 부분 참조].

〔최　　환〕

---

47 김일수·서보학, 563; 정영일, 482. 특히 절대적 종신형에 대한 비판에 관하여는, **제41조(형의 종**
　　류) II. 5. (4) (나) 사형의 대체형벌로서의 절대적 종신형 부분 참조.
48 손동권·김재윤, § 37/19.
49 손동권·김재윤, § 37/19; 김성돈, 자유형제도의 개선방안, 한국형사정책연구원(1995), 85.
50 정영일, 신형법총론, 519.
51 정영일, 형법총론(2판), 486.
52 오영근, 509.

제43조(형의 선고와 자격상실, 자격정지)

① 사형, 무기징역 또는 무기금고의 판결을 받은 자는 다음에 기재한 자격을 상실한다.

　　1. 공무원이 되는 자격

　　2. 공법상의 선거권과 피선거권

　　3. 법률로 요건을 정한 공법상의 업무에 관한 자격

　　4. 법인의 이사, 감사 또는 지배인 기타 법인의 업무에 관한 검사역이나 재산
　　　 관리인이 되는 자격

② 유기징역 또는 유기금고의 판결을 받은 자는 그 형의 집행이 종료하거나 면제될 때까지 전항 제1호 내지 제3호에 기재된 자격이 정지된다. 다만, 다른 법률에 특별한 규정이 있는 경우에는 그 법률에 따른다. 〈개정 2016. 1. 6.〉

[2016. 1. 6. 법률 제13719호에 의하여 2014. 1. 28. 헌법재판소에서 위헌 및 헌법불합치 결정된 이 조 제2항을 개정함.]

　　제44조(자격정지)의 주해 참조.　　　　　　　　　　　　　　　　　　　　1

〔최　　환〕

제44조(자격정지)

① 전조에 기재한 자격의 전부 또는 일부에 대한 정지는 1년 이상 15년 이하로 한다.
② 유기징역 또는 유기금고에 자격정지를 병과한 때에는 징역 또는 금고의 집행을
종료하거나 면제된 날로부터 정지기간을 기산한다.

Ⅰ. 명예형의 의의

1　　　명예형(名譽刑)(Ehrenstrafe)이란 범인의 명예감정을 손상시키거나, 범인이 명
예적으로 누릴 수 있는 권리 또는 자격을 박탈하거나 제한하는 것을 내용으로
하는 형벌을 말한다. 자격형(資格刑)이라고도 한다. 명예형을 범인의 명예감정에
손상을 주는 치욕형(peine humiliante) 또는 견책형(Verweisstrafe)과 명예를 내포하
는 권리를 박탈 또는 제한하는 권리박탈형(peine private de droits) 또는 자격형으
로 분류하기도 한다.[1] 형법은 전자의 형벌을 두고 있지 않고, 권리 또는 자격을
박탈·제한하는 자격상실 및 자격정지의 두 가지만을 인정하고 있다.

2　　　아동·청소년의 성보호에 관한 법률 및 성폭력범죄의 처벌 등에 관한 특례
법에서 정한 공개·고지명령 절차는, 성범죄자의 신상정보를 일정기간 동안 정
보통신망을 이용하여 공개하도록 하는 조치를 취함으로써 누구든지 인터넷을
통해 공개명령 대상자의 공개정보를 열람할 수 있도록 하거나(공개명령), 범죄자
의 신상정보 등을 공개명령기간 동안 대상자가 거주하는 지역의 주민 등에게
고지하도록 하여 지역 주민 등이 인터넷을 통해 열람하지 않고도 대상자의 고
지정보를 알 수 있게 하는 제도로서(고지명령)〔이에 대한 상세는 **주해 Ⅸ(각칙 6) 제
32장 [특별법 Ⅰ·Ⅱ]** 참조〕, 모두 대상자의 명예를 박탈하고 명예감정에 손상을 주

1　김일수·서보학, 새로쓴 형법총론(13판), 570; 임웅, 형법총론(12정판), 674-675.

는 치욕형적인 성격을 갖는 형사제재로 볼 수 있을 것이다.[2] 그러나 대법원은 공개·고지명령 제도가 성폭력범죄 등을 효과적으로 예방하고 범죄로부터 국민을 보호함을 목적으로 하는 일종의 보안처분으로서, 응보를 주된 목적으로 책임을 추궁하는 사후적 처분인 형벌과 본질을 달리한다고 본다.[3]

II. 명예형의 종류

1. 자격상실

자격상실이란 일정한 형의 선고가 있으면 그 형의 효력으로 당연히 일정한 자격이 상실되는 형벌을 말한다. 즉, 자격상실은 보통의 형과 같이 선고되는 것이 아니라 사형이나 무기징역, 무기금고가 선고되면 그 선고의 효력으로 일정한 자격이 당연히 영구적으로 상실되는 것이다. 비록 형법이 자격상실을 독자적인 주형으로 규정하고 있으나, 형법각칙이나 다른 법률에서 독립한 별개의 형으로 자격상실을 규정한 예가 없고, 판결 주문에 따로 선고될 수 없어 주문으로서의 의미도 없으므로, 사실상 사형, 무기징역, 무기금고의 주형에 대한 부수적 효과로서의 성질을 가질 뿐이다. 다만 자격상실을 감경할 때에는 7년 이상의 자격정지로 하는데(§ 55①(iv)), 이때에는 주문에 다른 주형과 함께 자격상실의 감경된 형으로서 7년 이상의 기간을 특정한 자격정지형을 선고할 수도 있을 것이다.

사형, 무기징역 또는 무기금고의 판결을 받은 사람은, ① 공무원이 되는 자격, ② 공법상의 선거권과 피선거권, ③ 법률로 요건을 정한 공법상의 업무에 관한 자격, ④ 법인의 이사, 감사 또는 지배인 기타 법인의 업무에 관한 검사역이나 재산관리인이 되는 자격을 당연히 상실한다(§ 43①). 여기서 '법률로 요건을 정한 공법상의 업무에 관한 자격'은 공법상의 업무에 관하여 그 자격요건을 법률로 정한 경우를 가리킨다.[4] 즉 제43조 제1항 제4호에 의하여 상실되는 자격은 공민권적 성격을 갖는 것을 의미하므로, 변호사, 의사 등 전문직 자격은 이에 해당하지 않는다.

3

4

---

2 진계호·이존걸, 형법총론(8판), 712; 주석형법 〔총칙(2)〕(3판), 425(이상원).
3 대판 2011. 3. 24, 2010도14393, 2010전도120; 대판 2012. 4. 26, 2012도2759; 대판 2012. 5. 24, 2012도2763.
4 정영일, 형법총론(2판), 483.

〔최　　환〕　　　　**279**

2. 자격정지

5   자격정지란 일정한 기간 동안 일정한 자격의 전부 또는 일부가 정지되는 형벌을 말한다. 자격상실과 달리 자격정지는 선택형(예컨대, § 129)으로 또는 병과형(예컨대, § 114③)으로 과할 수 있다. 자격정지는 일정한 형의 판결을 받은 사람에 대하여 그 자격이 당연히 정지되는 경우(당연정지)(§ 43②)와 위와 같이 선택형이나 병과형으로 과하는 판결선고에 의하여 정지되는 경우(선고정지)(§ 44)가 있다.

(1) 당연정지

6   유기징역 또는 유기금고의 판결을 받은 사람은 그 형의 집행이 종료되거나 면제될 때까지, ① 공무원이 되는 자격, ② 공법상의 선거권과 피선거권, ③ 법률로 요건을 정한 공법상의 업무에 관한 자격이 당연히 정지된다(§ 43② 본문). 자격상실과 달리 법인의 이사, 감사 또는 지배인 기타 법인의 업무에 관한 검사역이나 재산관리인이 되는 자격은 정지되지 않는다.

7   다만, 다른 법률에 특별한 규정이 있는 경우에는 그 법률에 따른다(§ 43② 단서). 다른 법률에 특별한 규정이 있으면 이를 따르도록 한 제43조 제2항 단서의 규정은 2016년 1월 6일 개정 형법(법률 제13719호)으로 신설된 조항인데, 형법은 제정 이래 위 개정 이전까지는 제43조 제2항에서 유기징역 또는 유기금고의 판결을 받은 사람에 대해 공법상의 피선거권 외에도 공법상의 선거권까지 제한 없이 정지되도록 규정하고 있었다. 그러나 2014년 헌법재판소는 집행유예기간 중인 사람과 수형자에 대해 전면적 · 획일적으로 공법상의 선거권을 제한하는 위 규정과 공직선거법의 관련 규정들이 과잉금지의 원칙과 평등원칙에 위반된다는 이유로 2015년 12월 31일을 개선입법 시한으로 정한 헌법불합치결정을 선고하였다.[5] 이에 따라 2015년 공직선거법의 개정으로 종전 '금고 이상의 형의 선고를 받고 그 집행이 종료되지 아니하거나 그 집행을 받지 아니하기로 확정되지 아니한 자'에 대하여 일률적으로 선거권을 제한하던 같은 법 제18조 제1항 제2호가 "1년 이상의 징역 또는 금고의 형의 선고를 받고 그 집행이 종료되지 아니하거나 그 집행을 받지 아니하기로 확정되지 아니한 사람. 다만 그 형의 집행유예를 선고받고 유예기간 중에 있는 사람은 제외한다."라고 개정되었고(즉, 수형자

---

5 헌재 2014. 1. 28, 2012헌마409 등.

중 1년 미만의 징역 또는 금고의 실형을 선고받은 자와 1년 이상의 징역 또는 금고에 대한 집행유예를 선고받고 그 유예 기간 중에 있는 자에 대해서는 선거권이 제한되지 않는 취지로 개정된 것임), 형법도 위와 같이 단서 규정을 신설하여 공법상의 선거권에 대한 자격정지는 다른 법률의 규정에 따르도록 개정된 것이다.

(2) 선고정지

판결 선고에 의하여, ① 공무원이 되는 자격, ② 공법상의 선거권과 피선거권, ③ 법률로 요건을 정한 공법상의 업무에 관한 자격, ④ 법인의 이사, 감사 또는 지배인 기타 법인의 업무에 관한 검사역이나 재산관리인이 되는 자격의 전부 또는 일부를 일정기간 동안 정지시키는 경우를 말한다. 당연정지의 경우와 달리 법인의 이사, 감사 또는 지배인 기타 법인의 업무에 관한 검사역이나 재산관리인이 되는 자격도 정지의 대상에 포함된다. 다만 자격정지는 징역이나 금고보다 가벼운 형벌이므로, 앞서 본 바와 같이 제43조 제2항 단서와 개정 공직선거법 제18조 제1항 제2호에 따라 공법상의 선거권은 자격정지에서 정지되는 자격에 포함되지 않는다고 보아야 한다.

8

앞서 본 바와 같이 자격정지가 선택형으로 규정되어 있는 경우에는 법원의 선택에 따라 자격정지만이 선고될 수 있고, 병과형으로 규정되어 있는 경우에는 다른 형벌과 함께 자격정지가 병과될 수 있다. 자격정지 기간은 1년 이상 15년 이하로 한다(§44①). 자격정지의 기산점은 자격정지만 선고한 때에는 판결확정일이고(§84①), 유기징역 또는 유기금고형에 병과한 때에는 그 집행종료일 또는 면제일이다(§44②).

9

형법상 복권은 자격정지의 선고를 받은 자만을 대상으로 하고 있다(§82). 피고인이 죄를 범한 후 외국국적을 취득하였어도 자격정지형을 선고할 수 없는 것은 아니다.[6] 위 각 자격 중 일부에 대하여만 정지를 선고할 경우에는 판결 주문에 정지의 대상이 되는 자격의 종류까지도 구체적으로 명시하여야 한다. 자격정지를 감경할 때에는 그 형기의 2분의 1로 하되(§55①(v)), 그 기간을 1년 미만으로 감경할 수 없다고 보는 것이 실무관행이다(§42, §44①, §45 단서 참조).[7]

10

---

6 대판 1988. 11. 8, 88도1630.
7 사법연수원, 형사판결서작성실무(2018), 38.

III. 명예형에 관한 입법론

11   명예형의 문제점을 지적하면서 그 폐지나 개선이 필요하다는 다양한 입법론이 주장되고 있다.

12   구체적으로는, ① 명예형은 중세부터 19세기까지 유럽 각국에서 이용되고 있던 원시적인 형벌로서, 법관의 판결에 의하여 명예의 상실을 선고하는 것은 피고인의 사회복귀에 부정적으로 작용할 뿐이므로, 부가형으로서의 명예형은 폐지하고, 독일형법과 같이 법률에 의하여 유죄판결에 부여된 부수효과로 규정하는 데 그치는 것이 타당하다는 견해,[8] ② 명예형은 전과자에 대한 사회적 차별을 제도화한 것으로 범죄인의 재사회화 이념에 배치되고, 특히 자격상실은 형의 부수효과일 뿐이기 때문에 형벌의 종류에서 삭제하는 것이 바람직하며, 상실 또는 정지되는 자격의 대상은 국가공무원법, 공직선거법 등 해당되는 개별법에서 그 요건을 규정함으로써 충분하다는 견해,[9] ③ 자격상실은 사면이나 가석방이 되더라도 복권이라는 별도의 사면조치가 없으면 자격을 영원히 상실하는 점에서 자격정지로 대체하는 것이 타당하다는 견해[10] 등이 있다.

13   또한 현행의 자격정지에 대해서는, ① 병과형으로서의 자격정지는 수형자의 재사회화라는 관점에서 입법론적으로 재검토를 요한다는 견해[11]나, ② 정지기간 만료 전이라 하더라도 자격회복의 가능성을 인정하는 것이 필요하다는 견해[12]가 있고, ③ 독일형법과 같이 현재 행정처분으로 시행하는 운전면허의 정지나 취소를 자격형으로 흡수하는 것이 자동차관련 범죄의 증가에 비추어 타당하고, 직업활동의 남용이나 의무위반으로 인하여 형의 선고를 받은 때에는 일정기간 동안 직업이나 영업수행을 금지시키는 독일형법상의 직업금지(Berufsverbot) 제도를 도입하는 것도 고려해 볼 만하다는 견해[13]도 있다.

14   2011년 정부의 형법(총칙) 일부개정법률안은 자격상실에 대한 폐지 주장을

---

8 이재상·장영민·강동범, 형법총론(12판), §40/47; 손동권·김재윤, 새로운 형법총론, §37/57; 진계호·이존걸, 712.
9 김성돈, 형법총론(7판), 827.
10 박상기, 형법총론(9판), 544; 박상기·전지연, 형법학(총론·각론)(5판), 352-353.
11 이형국·김혜경, 형법총론(6판), 598.
12 박상기, 545; 정영일, 485.
13 박상기, 545.

받아들여 자격상실을 형의 종류에서 삭제하는 한편, 자격정지에 대해서도 실무상 선고에 의한 자격정지가 활용되지 않고 있으므로 형의 종류에서 삭제하는 것이 타당하다는 이유로 자격정지도 삭제하였다.[14] 그러나 1992년 정부의 형법 일부개 정안은 형의 종류로서 자격상실은 삭제하되, 형의 부수효과로서의 자격상실과 정 지에 관한 제43조는 물론 형의 종류로서의 자격정지도 그대로 두었다(각 자구 등 일부 수정).[15]

〔최　환〕

---

14 법무부, 형법(총칙)일부개정법률안 제안 이유서(2011. 4), 49.
15 법무부, 형법개정법률안 제안이유서(1992. 10), 53-54.

제45조(벌금)

벌금은 5만원 이상으로 한다. 다만, 감경하는 경우에는 5만원 미만으로 할 수 있다. 〈개정 1995. 12. 29.〉

Ⅰ. 재산형

1　　재산형(財産刑)(Vermögenstrafe)이란 범인으로부터 일정한 재산을 박탈하는 것을 내용으로 하는 형벌이다. 형법은 재산형으로 벌금, 과료, 몰수의 3종류를 인정하고 있다.

2　　역사적으로 재산형 제도의 대표적인 벌금형은 범죄에 대한 씨족공동체(Sippe) 간의 사적 복수가 금지되면서 이를 대체하여 등장한 중세 유럽의 속죄금(贖罪金)(Wergeld)에서 기원을 찾을 수 있다. 속죄금은 사적 배상 제도로서 공적인 형벌은 아니었으나, 중세 후기 국가권력의 강화에 따른 국가형벌권의 확립에 따라 공적인 형벌의 지위를 차지하게 되었다.

3　　오늘날 자본주의 사회에서 재산형은 형벌체계에서 차지하는 비중이 더욱 커지면서 경미한 범죄에 대한 제재의 범위를 넘어 사실상 주형(主刑)으로서의 지위를 누리고 있고, 단기자유형 등 자유형의 폐단을 줄이는 중요한 형사정책적 기능을 수행하고 있다고 평가된다.

Ⅱ. 벌 금

1. 벌금형의 의의

4　　벌금형(罰金刑)(Geldstrafe)은 범인에게 일정한 액수의 금전을 국가에 납입할

의무를 강제로 부담하게 하는 것을 내용으로 하는 형벌이다. 형법이 규정하는 재산형 중에서 가장 무거운 형벌이다.

일정한 금액의 지급의무를 부담하게 하는 채권적 효력을 갖는 데에 그친다는 점에서 재산권을 일방적으로 국가에 이전시키는 물권적 효력을 발생시키는 몰수와는 구별된다. 과료와는 액수와 노역장 유치기간에서 차이가 있을 뿐이고, 벌금과 과료는 성격상 주형이라는 점에서도 부가형인 몰수와 구별된다. 5

오늘날 벌금형은 단기자유형의 제한 등으로 인하여 모든 형벌 중 가장 많은 비중을 차지하고 있는 형벌이다. 2022년 기소된 전체 인원 572,086명 중 약식명령이 69.8%(399,583명)에 이르러 구공판 30.2%(172,503명)의 2배가 넘고,[1] 2022년 제1심 형사공판사건 처리인원 223,504명의 24.7%에 해당하는 55,299명에 대하여 벌금형이 선고되었다.[2] 벌금형이 널리 이용되는 원인으로는, 벌금형으로 처벌할 수 있는 범죄영역이 형성된 점(예컨대, 교통범죄), 형벌관이 과거의 복수형법에서 행위·행위자 형법으로 전환된 점, 국가기능에 대한 이해와 여러 사회문화적 조건이 크게 바뀐 점, 벌금을 통하여 수형기관의 과밀화와 이로 인한 경비증가를 줄이고, 범죄자의 재범률을 낮추면서 사회활동의 기회는 신장하는 효과를 거둘 수 있다는 장점을 인식하게 된 점 등이 제시된다.[3] 6

2. 벌금형의 성질

벌금형도 형벌인 이상 일신전속성을 가진다. 따라서 제3자의 대납은 허용되지 않고, 범인 외의 자와의 공동연대책임을 질 수도 없으며, 원칙적으로 상속도 허용되지 않는다. 7

다만 예외적으로 몰수 또는 조세, 전매 기타 공과에 관한 법령에 의하여 재판한 벌금 또는 추징은 그 재판을 받은 자가 재판확정 후 사망한 경우에는 그 상속재산에 대하여 집행할 수 있고(형소 §478), 법인에 대하여 벌금, 과료, 몰수, 추징 등을 명한 경우에 법인이 그 재판확정 후 합병에 의하여 소멸한 때에는 합병 후 존속한 법인 또는 합병에 의하여 설립된 법인에 대하여 집행할 수 있다 8

---

1 법무연수원, 2023 범죄백서(2024), 237.
2 약식명령 사건을 제외한 구공판 사건만을 기준으로 하면 집행유예가 33.5%로 가장 높고, 그 다음이 유기징역형(29.0%), 벌금형의 순이다[법무연수원, 2023 범죄백서(2024), 307].
3 박상기, 형법총론(9판), 537-538.

(형소 §479).

9   한편 통설은 벌금형의 일신전속성을 이유로 범인이 국가에 대해 가지고 있
는 채권과의 상계가 허용되지 않는다고 보고 있으나,[4] 대법원은 적어도 국가의
벌금채권을 자동채권으로 하는 상계는 허용된다고 해석한다.

10   **[판례] 대판 2004. 4. 27, 2003다37891**
     상계는 쌍방이 서로 상대방에 대하여 같은 종류의 급부를 목적으로 하는 채권을 가지고 자동
     채권의 변제기가 도래하였을 것을 그 요건으로 하는 것인데, 형벌의 일종인 벌금도 일정 금액
     으로 표시된 추상적 경제가치를 급부목적으로 하는 채권인 점에서는 다른 금전채권들과 본질
     적으로 다를 것이 없고, 다만 발생의 법적 근거가 공법관계라는 점에서만 차이가 있을 뿐이나
     채권 발생의 법적 근거가 무엇인지는 급부의 동종성을 결정하는 데 영향이 없으며, 벌금형이
     확정된 이상 벌금채권의 변제기는 도래한 것이므로 달리 이를 금하는 특별한 법률상 근거가
     없는 이상 벌금채권은 적어도 상계의 자동채권이 되지 못할 아무런 이유가 없다.

3. 벌금형의 내용

(1) 총액벌금형제도

11   벌금은 5만 원 이상으로 하며, 감경하는 경우에는 5만 원 미만으로도 할 수
있다(§45). 벌금형의 상한에는 제한이 없고, 각 처벌규정에서 개별적으로 정해
진다. 다만, 경제사정의 변동에 따른 벌금액 등의 특례를 정한 벌금 등 임시조
치법은 위 법률 또는 다른 법령에 따라 산출되거나 다른 법령에 규정된 벌금의
다액이 10만 원 미만일 때에는 그 다액을 10만 원으로 하도록 규정하고 있다(벌
금 등 임시조치법 §3). 형법각칙에 규정된 범죄들에 대한 벌금형의 상한은 최저
200만 원 이하에서 최고 3,000만 원 이하까지이다. 우리 형법과 같이 범죄에 대
한 벌금액수가 법정되어 일정액의 벌금을 확정된 총액의 형태로 부과하는 제도
를 총액벌금형제도(總額罰金刑制度)(Geldsummensystem, Gesamtsummensystem)라고 한
다. 벌금형의 양정에 관하여는 형법에 별도의 규정이 없으므로, 양형에 관한 일

---

4 강동욱, 강의 형법총론(3판), 402; 김성돈, 형법총론(7판), 815; 김일수·서보학, 새로쓴 형법총론
  (13판), 564; 배종대, 형법총론(18판), §176/3; 성낙현, 형법총론(3판), 770; 손동권·김재윤, 새로
  운 형법총론, §37/31; 이주원, 형법총론(3판), 503; 이형국·김혜경, 형법총론(6판), 592; 임웅,
  형법총론(12판), 665; 정성근·박광민, 형법총론(전정3판), 540; 정영일, 형법총론(2판), 486;
  진계호·이존걸, 형법총론(8판), 700.

반규정(§51)이 적용될 뿐이다.

(2) 환형유치명령

(가) 의의

벌금 또는 과료를 납입하지 않는 경우 일정한 유치기간을 정하여 피고인을 **12** 노역장에 수용·노역하게 함으로써 그 형에 대신하는 처분을 환형유치(換刑留置) 또는 노역장유치라고 한다. 벌금은 판결확정일부터 30일 내에 납입하여야 하고, 벌금을 납입하지 아니한 자는 1일 이상 3년 이하, 과료를 납입하지 아니한 자는 1일 이상 30일 미만의 기간 동안 노역장에 유치하여 작업에 복무하게 한다(§69). 벌금의 일부만 납입한 경우에는 벌금액과 유치기간의 일수에 비례하여 납입금액에 상당한 일수를 공제한다(§71). 환형유치는 부수처분인 점에서 형과 다르다.

(나) 환형유치명령

벌금형 또는 과료형을 선고할 때에는 그 형의 선고와 동시에 노역장 유치 **13** 기간을 판결로 선고하여야 한다(§70, 형소 §321②). 다만, 선고 당시 18세 미만의 소년에 대하여는 환형유치 선고를 하지 못한다(소년 §62 본문).

환형유치의 성질상 자연인에 대하여 부과된 벌금에 관하여만 선고가 가능 **14** 하고, 법인에 대하여는 환형유치를 할 수 없다고 보아야 할 것이다.[5] 다만, 판례는 법인에 대하여 환형유치를 선고한 판결이나 약식명령의 효력에 관하여 법인의 성질상 집행불능에 그칠 뿐이라고 한다.[6]

환형유치명령을 판결 주문에 기재하는 방식은 환형률 표시방식[7]과 유치기 **15** 간 표시방식[8]이 있는데, 현행 법원 실무는 전자의 방식에 따르고 있다. 환형률 표시방식에 의할 경우, 1일에 미달하는 단수금액이 나올 때에는 그 처리에 관하여 단수금액을 1일로 환산할지 또는 버릴지를 정하여 함께 기재한다.[9]

---

5 대판 2004. 4. 27, 2003다37891.
6 대판 1963. 7. 11, 63오3. 따라서 당해 판결이나 약식명령의 심판이 법령에 위반되었다고 볼 수는 없다.
7 예컨대, '피고인이 위 벌금을 납입하지 않는 경우 10만 원을 1일로 환산한 기간 피고인을 노역장에 유치한다.'고 선고하는 방식이다.
8 예컨대, '피고인이 위 벌금을 납입하지 않는 경우 100일 동안 피고인을 노역장에 유치한다.'고 선고하는 방식이다.
9 예컨대, '다만, 단수금액은 1일로 한다.' 또는 '다만, 단수금액은 버린다.'와 같은 방식으로 기재한다.

(다) 유치기간 및 환산금액

16   형법은 벌금의 경우 1일 이상 3년 이하로, 과료의 경우 1일 이상 30일 미만으로 유치기간을 제한하고 있다(§ 69②). 따라서 선고하는 벌금액이 아무리 많더라도 위 유치기간을 초과할 수는 없다. 또한, 벌금액에 따라 유치기간의 하한을 제한하여 선고하는 벌금이 1억 원 이상 5억 원 미만인 경우에는 300일 이상, 5억 원 이상 50억 원 미만인 경우에는 500일 이상, 50억 원 이상인 경우에는 1,000일 이상의 유치기간을 정하도록 규정하고 있다(§ 70②).

17   징역형과 벌금형이 병과된 경우에 벌금형의 노역장 유치기간이 3년을 넘지 않는 한 징역형의 기간보다 길다고 하더라도 위법이라 할 수 없고,[10] 징역형과 벌금형 중 벌금형을 선택하여 선고하면서 그에 대한 유치기간을 환산한 결과 선택형의 하나로 되어 있는 징역형의 장기보다 유치기간이 더 길 수 있게 되었다고 하더라도 위법이 아니다.[11] 또한 벌금형이 제1심보다 감경되었다면 비록 그 벌금형에 대한 노역장 유치기간이 제1심보다 더 길어졌다고 하더라도 전체적으로 보아 형이 불이익하게 변경되었다고 할 수는 없고,[12] 벌금형이 제1심보다 감경되었을 뿐만 아니라 그 벌금형에 대한 노역장 유치기간도 줄어든 경우라면 노역장유치 환산의 기준 금액이 제1심의 그것보다 낮아졌다 하여도 형이 불이익하게 변경되었다고 할 수 없다.[13]

18   노역장유치도 형벌불소급의 원칙이 적용되므로, 법률 개정으로 동일한 벌금형을 선고받은 사람에게 노역장 유치기간이 장기화되는 등 불이익이 가중된 때에는 행위시법을 적용하여 노역장 유치기간을 정하여야 한다.[14]

19   환산금액은 대체로 하루의 노역을 금전으로 환산하여 이것으로 벌금액이나 과료액을 나눈 일수를 유치기간으로 정하므로 원칙적으로 1일의 노역대가가 기준이 될 것이다. 최근 법원의 실무는 대체로 1일 10만 원으로 환산금액을 정하고 있다. 환산금액의 산정은 법원의 자유재량이나,[15] 유치기간의 상한이 3년이

---

10 대판 1971. 3. 20, 71도251.
11 대판 2000. 11. 24, 2000도3945.
12 대판 1977. 9. 13, 77도2114; 대판 1981. 10. 24, 80도2325; 대판 2000. 11. 24, 2000도3945.
13 대판 2000. 11. 24, 2000도3945.
14 헌재 2017. 10. 26, 2015헌바239, 2016헌바177.
15 대판 1970. 11. 24, 70도1813.

므로 선고하는 벌금이 거액일 경우에는 그에 따라 환산금액도 증액할 필요가 생기게 되고, 선고하는 벌금이 일정 액수 이상인 경우 제70조 제2항의 제한까지 받게 됨은 물론이다.

(라) 환형유치명령의 집행

벌금형에 따르는 노역장유치는 실질적으로 자유형과 동일한 것으로서 그 집행에 대하여는 자유형의 집행에 관한 규정이 준용된다(형소 § 492). 따라서 사법경찰관리가 벌금형을 받은 사람을 노역장유치의 집행을 위하여 구인하는 경우, 급속을 요하는 때를 제외하고는 검사로부터 발부받은 형집행장을 상대방에게 제시하여야 한다(형소 § 85①③).[16]

한편 2009년 3월 25일 제정(시행 2009. 9. 26)된 벌금 미납자의 사회봉사 집행에 관한 특례법(이하, 벌금미납자법이라 한다.)은 경제적 이유로 인한 노역장유치를 최소화하기 위하여 벌금 미납자에 대한 노역장유치를 사회봉사로 대신하여 집행할 수 있는 특례와 절차를 규정하고 있다. 벌금미납자법에 따르면, 대통령령으로 정한 일정한 금액 범위 내의 벌금형[17]이 확정된 벌금 미납자는 검사의 납부명령일부터 30일 이내에 주거지를 관할하는 지방검찰청의 검사에게 사회봉사를 신청할 수 있고(벌금미납자법 § 4①), 신청을 받은 검사는 신청인이 소정의 소극적 요건에 해당하지 않는 한 법원에 사회봉사의 허가를 청구하여야 하며(동법 § 5①), 법원은 검사의 청구를 받은 날부터 14일 이내에 벌금 미납자의 경제적 능력, 사회봉사 이행에 필요한 신체적 능력, 주거의 안정성 등을 고려하여 사회봉사 허가 여부를 결정한다(동법 § 6① 본문). 판례는 벌금미납자법에서 사회봉사의 대체집행 신청을 할 수 있는 기간으로 정한 '검사의 납부명령일부터 30일 이내'는 신청의 종기(終期)만을 규정한 것이고, 그 종기는 검사의 납부 '명령일'이 아니라 납부명령이 '고지된 날'부터 30일이 되는 날이라고 해석하고 있다.[18]

20

21

---

16 대판 2013. 9. 12, 2012도2349; 대판 2017. 9. 26, 2017도9458.
17 2020년 1월 7일 개정된 벌금미납자법 시행령 제2조는 벌금미납자법 적용대상인 벌금액을 500만 원으로 정하고 있다.
18 대결 2013. 1. 16, 2011모16. 「벌금 미납자의 사회봉사 집행에 관한 특례법」(이하 '특례법'이라 한다.)은 벌금 미납자에 대한 노역장 유치를 사회봉사로 대신하여 집행할 수 있는 제도를 새로 도입하면서, 벌금형이 확정된 벌금 미납자는 검사의 '납부명령일부터 30일 이내에' 사회봉사를

(3) 가납명령

(가) 의의

22   가납명령(假納命令) 또는 가납판결은 벌금, 과료 또는 추징의 선고를 하는 경우 판결 확정 후에는 집행할 수 없거나 집행하기 곤란할 염려가 있다고 인정한 때 미리 집행력을 얻기 위하여 그 금액에 상당한 금액의 납부를 명하는 부수처분이다. 법원의 직권 또는 검사의 청구에 의하여 형의 선고와 동시에 판결로써 선고한다(형소 §334①, ②). 가납명령은 임의적인 것으로서 원칙적으로 법원의 재량에 의하여 그 판결 여부가 결정되나, 부정수표 단속법에 따라 벌금을 선고하는 경우에는 필요적으로 가납명령을 하여야 한다(부수 §6 전단).

(나) 내용

23   가납을 명하는 판결이 선고되면 확정 전이라도 즉시 집행할 수 있다(형소 §334③). 다만 가납명령은 재산적 압류를 수단으로 하는 벌금형 보전방법이므로, 그 판결 확정 전 집행력 부여의 효력은 민사소송법상의 가집행선고와 같은 것이어서, 인신을 압류하는 유치명령에까지 확정된 집행력을 부여하는 것은 아니다.[19] 따라서 유치명령은 가납명령의 유무를 묻지 않고 그 판결 확정 후에야 집행할 수 있다. 구속된 피고인에 대하여 벌금형이 선고되면 그 구속영장은 효력을 잃고(형소 §331), 가납명령이 있다고 하여 달리 볼 수 없다. 다만 구속된 피고인에게 부정수표 단속법에 의하여 벌금이 선고되면서 가납명령이 선고된 경우에는, 벌금을 가납할 때까지 계속 구속한다(부수 §6 후단).

(4) 유치명령

(가) 의의

24   유치명령은 판결 확정 후 벌금을 납입하지 않는 경우 완납할 때까지 피고인을 노역장에 유치하는 부수처분이다. 벌금을 선고할 때에는 동시에 그 금액을 완납할 때까지 노역장에 유치할 것을 명할 수 있다(§69① 단서). 형법은 '벌금을

신청할 수 있다고 규정하고 있다(제4조 제1항). 여러 사정, 특히 특례법의 입법 취지 등을 종합해 보면, 벌금 미납자가 사회봉사의 대체집행 신청을 할 수 있는 처음 시점, 즉 시기(始期)를 특별히 제한하여 해석할 이유는 없으므로, 신청은 벌금형이 확정된 때부터 가능하다고 볼 것이다. 따라서 위 규정은 신청을 할 수 있는 종기(終期)만을 규정한 것으로 새기는 것이 타당하고, 그 종기(終期)는 검사의 납부'명령일'이 아니라 납부명령이 벌금 미납자에게 '고지된 날'로부터 30일이 되는 날이라고 해석하는 것이 옳다.」

19 1963. 4. 26. 재판예규 37호 「유치명령과 가납명령과의 관계」(재형 63-12).

완납할 때까지'로 규정하고 있지만, 그 기간은 제70조에 의하여 선고된 환형유치기간의 범위 내로 제한되고, 환형유치 선고를 할 수 없는 18세 미만의 소년에 대하여는 유치명령도 금지된다.

(나) 환형유치와의 구별

유치명령과 환형유치명령은 벌금 납부에 대신하여 납부의무자를 유치한다는 점에서는 동일하다. 그러나 유치명령은 벌금에 대하여만 임의적으로 선고할 수 있는 반면(§69① 단서), 환형유치명령은 벌금 및 과료 모두에 필요적으로 선고한다(§69②). 또한 벌금 및 과료는 판결 확정일부터 30일 내에 납입하면 되므로(§69① 본문), 환형유치명령은 그 판결이 확정되더라도 30일이 지나야 집행할 수 있으나, 유치명령이 있는 경우에는 판결이 확정되면 즉시 노역장유치의 집행을 할 수 있다.

25

한편 즉결심판에 관한 절차법은 구류의 선고를 받은 피고인이 일정한 주소가 없거나 또는 도망할 염려가 있을 때 선고기간의 범위 내에서 5일을 초과하지 아니하는 기간 경찰서유치장에 유치할 것을 명령할 수 있도록 규정하고 있는데(즉심 §17①), 위 유치명령은 구류의 집행을 위한 미결구금의 성질을 갖는 것으로서 선고와 동시에 집행력을 갖는 등 형법에서 정한 유치명령과는 성질과 목적이 다르다.

26

4. 벌금형의 장단점과 개선론

(1) 벌금형의 장단점

벌금형의 장점으로는, 재산의 박탈을 가져와 일반적인 위하력을 갖고 있고, 현대의 소비사회에 적합하고도 효과적인 형벌이며, 자유형의 집행에 따른 범인의 구금으로 인한 생업 중단이나 직업 상실, 범죄로부터의 감염 등 단기자유형의 폐해를 피할 수 있으며, 오판으로 인한 피해의 회복이 쉽고, 집행비용도 적게 소요된다는 점을 들 수 있다.

27

반면, 범인의 자력에 따라 형벌로서의 효과가 달라지고, 그 집행으로 인하여 범인 가족의 생계에까지 지장을 초래함으로써 형벌의 일신전속성이 실질적으로 침해될 수 있으며, 특히 자력이 있는 자에 대하여는 일반예방이나 특별예방효과를 기대하기 어렵고, 재산만을 박탈할 뿐 범인의 인격에 직접적인 영향을

28

주지 못하므로 교정교화의 효과도 크지 않으며, 벌금을 미납할 경우 결국 노역
장유치 집행으로 또다시 단기자유형의 부정적 영향이 야기될 수 있다는 점 등
이 단점으로 제시된다.

29　　　이러한 이유로 벌금형의 장점을 유지하면서 그 부과와 집행을 개선하기 위
한 아래와 같은 다양한 방안의 개선론이 주장되어 일부는 입법에 반영되었다.

(2) 일수벌금형제도의 도입

30　　　형법이 채택하고 있는 일정액을 총액으로 선고하는 총액벌금형제도에 대하
여는, 범인의 빈부 격차를 고려할 수 없고, 범죄의 불법과 책임을 정확히 액수로
산정할 수 없다는 비판이 있다. 이에 따라 입법론으로 핀란드, 스웨덴, 덴마크 등
에서 채택되고 독일과 오스트리아 형법 등에 도입된 일수벌금형제도(日數罰金刑
制度)(Tagessatzsystem, Day Fines)를 도입하는 것이 바람직하다는 견해가 유력하게
제기되고 있다.[20]

31　　　일수벌금형제도는 개별 범죄의 법정형에 벌금의 구체적 법정액수를 정하는
것이 아니라, 범죄의 경중에 따라 일수를 정하고, 범인의 주관적인 경제 상황을
고려하여 일수당 정액을 정한 다음 일수에 일수당 정액을 곱하여 벌금액을 확
정하는 제도이다.[21] 이 제도는 범인의 경제력에 따른 벌금액의 차등화를 통하여
형벌효과의 균등화를 이루려는 데 근본적인 취지가 있다고 설명된다.

32　　　일수벌금형제도에 대하여는 벌금총액을 먼저 확정하고 일수를 이에 맞추는
경우에는 총액벌금형제도와 다를 바 없는 문제점이 있다거나,[22] 개인의 정확한
재산상태를 파악할 수 있는 제도가 완비되어 있어야 제 기능을 발휘할 수 있다
는 지적이 있고,[23] 범인의 경제상황을 조사하는 것이 곤란하고 법관이 자의적으
로 일수정액을 산정할 위험이 있으므로 바로 채택하기는 쉽지 않고, 현실적으로

20　김성돈, 816; 김일수·서보학, 565; 박상기, 538; 배종대, §176/4; 손동권·김재윤, §37/35; 이재
　　상·장영민·강동범, 형법총론(11판), §40/31; 이형국·김혜경, 592; 임웅, 667; 진계호·이존걸,
　　701.
21　안성훈, "벌금형 집행의 개선방안 - 일수벌금형제도 도입을 중심으로 - ", KIC ISSUE PAPER 3,
　　한국형사정책연구원(2014. 6), 4. 예컨대, "피고인을 100일의 벌금에 처한다. 1일당 벌금액은 10
　　만 원으로 한다."는 방식으로 벌금형을 선고한다.
22　박상기, 539.
23　박상기, 539; 오영근, 형법총론(5판), 512; 이병기·신의기, 벌금형의 운용과 집행의 효율성 제고
　　방안, 한국형사정책연구원(1994), 85.

는 프랑스와 같이 총액벌금형제도와 일수벌금형제도를 병존시키는 제도가 바람
직하다는 견해도 있다.[24]

(3) 벌금의 분납제도 및 납부기한 연장제도의 도입

형법은 판결 확정 후 30일 이내에 벌금의 전액을 납입하도록 규정하고 있 　33
다. 이에 대하여 벌금형이 대체자유형으로 전환됨에 따른 단기자유형의 폐해를
방지하기 위하여 벌금의 납입가능성을 고려하여 피고인이 일시에 벌금을 납입
할 수 없는 때에는 벌금의 분납 또는 납부기한의 연장을 허용하여야 한다는 지
적이 종전부터 있어 왔다.[25]

2016년 1월 6일 법률 제13720호로 신설되어 2018년 1월 7일 시행된 개정 　34
형사소송법 제477조 제6항은 벌금, 과료, 추징 등의 분할납부, 납부연기 및 납
부대행기관을 통한 납부 등 납부방법에 필요한 사항을 법무부령으로 정할 수
있도록 함으로써, 벌금 등의 분납이나 납부연기에 관한 근거규정을 마련하였고,
이에 따라 법무부령인 재산형 등에 관한 검찰 집행사무규칙(이하, 재산형집행규칙
이라 한다.)은 재산형의 분납(재산형집행규칙 § 12)과 신용카드 등에 의한 납부(재산
형집행규칙 § 15의2)를 허용하고 있다.[26]

(4) 벌금형에 대한 집행유예

종래 벌금형보다 무거운 자유형에 대하여는 집행유예를 인정하면서도 벌금 　35
형에 대하여는 이를 인정하지 않는 것은 형평에 어긋나고, 집행유예제도의 형사
정책적 목표를 벌금형에 대하여 부정할 이유도 없다는 학계의 비판이 있었다.
이를 반영하여 2016년 1월 6일 법률 제13719호로 개정된 제62조가 2018년 1월
7일 시행됨으로써 500만 원 이하의 벌금형을 선고할 경우 벌금형에 대하여도
집행유예의 선고가 가능하게 되었다. 다만, 실무상으로 벌금형에 대한 집행유예
의 선고가 폭넓게 활용되고 있지는 않은 것으로 보인다.

(5) 벌금형 적용범위의 확대 및 조정

벌금형이 단기자유형을 효과적으로 대체하기 위해서는 징역형만을 법정형 　36

24　정성근·박광민, 541.
25　김성돈, 816; 김일수·서보학, 565; 박상기, 539; 손동권·김재윤, § 37/36; 오영근, 513; 이재상·장
　　영민·강동범, § 40/32; 정성근·박광민, 541; 정영일, 487; 진계호·이존걸, 701.
26　이에 대하여는 벌금의 분납 및 연기제도를 형법전 자체에 규정할 필요가 있다는 견해도 있다(오
　　영근, 513).

으로 규정하고 가벼운 범죄에 대하여는 벌금형을 선택적으로 규정하여 벌금형의 적용범위를 확대하는 것이 요청된다는 견해도 꾸준히 제기되고 있다.[27] 형법은 1995년 12월 29일 개정을 통하여 상당수 범죄들에 대하여 벌금형을 선택형으로 추가하였는데,[28] 학설은 그 밖에도 벌금형을 선택형으로 추가할 필요가 있는 범죄들로 외국원수나 외국사절에 대한 폭행(§ 107, § 108), 도주(§ 145), 도주원조(§ 147), 분묘발굴(§ 160), 진화(방수)방해(§ 169, § 180), 수도불통(§ 195), 공인 등 위조·부정사용(§ 238), 사인 등 위조·부정사용(§ 239), 주거·신체 수색(§ 321), 각종 예비·음모죄 등을 들고 있다.

37　　아울러 징역형의 상한은 다르면서도 벌금형의 상한은 같은 범죄들의 경우에는, 벌금형의 액수를 자유형의 기간과 균형에 맞도록 조정할 필요가 있다는 지적도 있다.[29]

(6) 벌금형의 과태료 전환

38　　다수의 행정형법이 행정상의 단순불이행에 대해 벌금형을 규정하고 있는 데 대하여, 행정상의 의무불이행은 법익침해적 성격이 없어 행위의 불법 측면에서 형벌로 대응할 만한 당위성이 없다거나, 형벌인 벌금형을 과하는 것은 비례의 원칙에 어긋난다는 이유로 이를 비범죄화하거나 과태료로 전환하여야 한다는 주장이 있다.[30]

〔최　　환〕

27　김성돈, 816-817; 김신규, 554; 김일수·서보학, 566; 손동권·김재윤, § 37/39; 오영근, 513; 이재상·장영민·강동범, § 40/34; 이정원·이석배·정배근, 형법총론, 430; 이주원, 505; 임웅, 668; 정성근·박광민, 541; 진계호·이존걸, 702.

28　직권남용(§ 123), 공무집행방해(§ 136, 137), 무고(§ 156), 허위공문서작성(§ 227), 사문서위조(§ 231), 자격모용사문서작성(§ 232), 존속상해(§ 257②), 존속폭행(§ 260②), 유기 및 존속유기(§ 271①, ②), 존속학대(§ 273②), 체포·감금 및 존속체포·감금(§ 276), 명예훼손(§ 307②) 등.

29　김성돈, 817; 오영근, 513. 예컨대, 강제집행면탈죄(§ 327)와 절도죄(§ 329)의 징역형은 각각 3년 이하, 6년 이하로서 다르지만, 벌금형은 1천만 원 이하로 동일하므로 상호 간 균형이 맞지 아니하여 조정이 필요하다는 것이다.

30　김성돈, 817; 오영근, 513; 이주원, 505; 최호진, 형법총론(2판), 837.

제46조(구류)

구류는 1일 이상 30일 미만으로 한다.

구류는 수형자를 1일 이상 30일 미만 경찰서유치장, 구치소 또는 교도소 내 1
에 구치하는 것을 내용으로 하는 형벌이다(§46, §68, 즉심§18②). 기간이 1일 이
상 30일 미만이라는 점에서 징역이나 금고와 구별된다. 또한 구류는 형벌의 일
종이라는 점에서 수사와 재판의 원활한 진행과 증거의 확보를 위한 형사소송법
상 강제처분인 구속이나 구인과 구별되고, 독립된 자유형이라는 점에서 재산형
인 벌금이나 과료에 대한 환형처분인 노역장유치와도 구별된다.

구류는 형법각칙에서는 비교적 경미한 범죄에 대하여 예외적인 경우에만 2
규정되어 있고,[1] 주로 경범죄 처벌법이나 그 밖의 질서위반법규에 규정되어
있다. 구류의 집행도 그 재판을 한 법원에 대응한 검찰청검사가 지휘함이 원
칙이다(형소§460). 다만 실무상 구류형은 흔히 즉결심판절차를 통하여 선고되
는데, 즉결심판에 따라 경찰서유치장에서 하는 구류형의 집행은 경찰서장이
하고, 그 집행결과를 지체없이 검사에게 보고하되(즉심§18①), 구치소 또는 교
도소에서 집행할 때에는 검사가 이를 지휘한다(즉심§18②).

구류의 형을 받은 자에 대하여는 원칙적으로 노역에 복무하게 하지 않으나, 3
수형자의 신청이 있는 경우에는 작업을 부과할 수 있다(형집§67). 구류의 형을
감경할 때에는 그 장기의 2분의 1로 한다(§55①(vii)).

구류에 대하여는 집행유예나 선고유예가 인정되지 않고, 정식재판이 아닌 4
즉결심판을 통하여 선고될 수 있어 인권보장과 행형 이념에 배치된다는 등의
이유로 자유형의 단일화 또는 단기자유형에 대한 개선방안과 함께 구류의 폐지
론이 제기되고 있음은 앞서 본 바와 같다[**§42(징역 또는 금고의 기간) III. 자유형의
개선논의** 부분 참조]. 2011년 정부의 형법(총칙) 일부개정법률안에서는 구류를 존

---

1 공연음란(§245), 폭행(§260①), 과실치상(§266①), 협박(§283①), 자동차등 불법사용(§331의2),
   편의시설부정이용(§348의2)의 죄만이 구류를 선택형으로 규정하고 있다.

치시키고 있다.[2]

〔최   환〕

---

2 법무부, 형법(총칙)일부개정법률안 제안 이유서(2011. 4), 48-49. 존치 이유에 대하여, "구류가 짧
  지만 날카롭고 위협적이라는 3S(short, sharp and shock)적 형사정책적 효과를 거두면서도 전과
  기록에 남지 않고, 집행유예결격사유에도 해당하지 않으며, 공무원 자격상실 등의 부수효과도
  없는 점에서, 피고인에게 여전히 유리하다는 점"을 고려하였다고 한다.

제47조(과료)

과료는 2천원 이상 5만원 미만으로 한다. 〈개정 1995. 12. 29.〉

　　과료는 범인에게 2천 원 이상 5만 원 미만의 금전에 대한 납입의무를 부담하　　1
게 하는 형벌이다(§ 47). 일정한 금액의 금전 지불을 강제로 부담시킨다는 점에서
벌금과 같은 재산형의 일종이고, 과료를 납입하지 아니한 자에 대하여도 환형유치
와 가납명령이 인정되는 점은 벌금과 마찬가지이지만, 벌금에 비하여 그 부과되는
금액의 액수가 적고, 환형유치에 따른 노역장 유치기간이 1일 이상 30일 미만의
기간이라는 점에서 차이가 있다. 또한, 벌금과 달리 과료에 대하여는 선고유예나
유치명령이 인정되지 아니한다(§ 59①, § 69① 단서). 과료는 형벌의 일종이라는 점에
서 행정상의 제재 내지 질서벌에 불과한 과태료나 범칙금, 과징금 등과 구별된다.

　　구류와 마찬가지로 과료도 형법각칙에서는 예외적인 경우에만 규정되어 있　　2
고,[1] 주로 경범죄 처벌법이나 그 밖의 질서위반법규에 규정되어 있다.

　　과료에 대하여도, 과료는 벌금형과 금액만 차이가 있을 뿐 형으로서의 성질　　3
이나 기본구조는 동일하여 납입기간, 집행, 환형유치, 가납 등 절차면에서 차이
가 없으며, 실무상 과료가 선고되는 경우는 매우 드물고, 경미한 범죄에 대하여
는 질서벌인 과태료로 대처할 수 있으며, 5만 원 미만의 금전적 제재가 범죄에
방효과를 가지는 지도 의문이고, 과태료의 액수가 오히려 과료보다 높아서 형벌
로서의 위상에 부합하지도 못한다는 등의 이유로 폐지론이 제기되고 있다.[2]
2011년 정부의 형법(총칙) 일부개정법률안에서는 이러한 논의를 받아들여 형의
종류에서 과료를 삭제하였음은 앞서 본 바와 같다.

〔최　　환〕

1　공연음란(§ 245), 폭행(§ 260①), 과실치상(§ 266①), 협박(§ 283①), 자동차등 불법사용(§ 331의2),
　편의시설부정이용(§ 348의2), 점유이탈물횡령(§ 360①)의 죄만이 과료를 선택형으로 규정하고
　있다.
2　김성돈, 형법총론(7판), 818; 박상기, 형법총론(9판), 540; 손동권·김재윤, 새로운 형법총론, § 37/41;
　오영근, 형법총론(5판), 514; 정영일, 형법총론(2판), 488.

〔최　　환〕

제48조(몰수의 대상과 추징)

① 범인 외의 자의 소유에 속하지 아니하거나 범죄 후 범인 외의 자가 사정을 알면서 취득한 다음 각 호의 물건은 전부 또는 일부를 몰수할 수 있다.

　1. 범죄행위에 제공하였거나 제공하려고 한 물건

　2. 범죄행위로 인하여 생겼거나 취득한 물건

　3. 제1호 또는 제2호의 대가로 취득한 물건

② 제1항 각 호의 물건을 몰수할 수 없을 때에는 그 가액을 추징한다.

③ 문서, 도화, 전자기록등 특수매체기록 또는 유가증권의 일부가 몰수의 대상이 된 경우에는 그 부분을 폐기한다.

[전문개정 2020. 12. 8.]

구 조문

제48조(몰수의 대상과 추징) ① 범인이외의 자의 소유에 속하지 아니하거나 범죄후 범인이외의 자가 정을 알면서 취득한 다음 기재의 물건은 전부 또는 일부를 몰수할 수 있다.

　1. 범죄행위에 제공하였거나 제공하려고 한 물건.

　2. 범죄행위로 인하여 생하였거나 이로 인하여 취득한 물건.

　3. 전2호의 대가로 취득한 물건.

② 전항에 기재한 물건을 몰수하기 불능한 때에는 그 가액을 추징한다.

③ 문서, 도화, 전자기록등 특수매체기록 또는 유가증권의 일부가 몰수에 해당하는 때에는 그 부분을 폐기한다.

Ⅰ. 몰수의 의의

1. 몰수의 개념

몰수는 범죄의 반복을 막거나 범죄로부터 이득을 얻지 못하게 할 목적으로 범죄행위와 관련된 재산의 소유권을 박탈하여 국고에 귀속시키는 것을 내용으로 하는 재산형으로서, 원칙적으로 다른 형에 부가하여 과하는 부가형이다(§49). 소유권을 박탈한다는 것은 소유와 점유(소지) 모두를 박탈한다는 뜻으로 해석된다. 형법은 몰수를 재산형의 일종으로 규정하고 있다. 이에 따라 학설은 몰수를 형식적으로는 형벌의 일종으로 이해하면서도, 몰수의 구체적인 법적 성격에 관하여는 아래에서 보는 것과 같이 다양한 견해로 나뉘고 있다.

몰수는 범죄행위와 관련된 일정한 재산권을 범인으로부터 박탈하여 일방적으로 국가에 귀속시키는 물권적 효과를 가진다는 점에서, 범인에 대하여 일정 금액의 납부의무를 강제적으로 부담시킬 뿐인 벌금이나 과료와는 차이가 있다.

2. 몰수의 법적 성격

몰수의 법적 성격에 관한 논의는 몰수가 형벌인가 아니면 보안처분인가를 둘러싼 논의라고 할 수 있다. 학설상으로는, ① 형식적으로는 형벌이나 실질적으로는 대물적 보안처분이라는 견해,[1] ② 형법이 몰수를 형벌의 일종으로 규정하고 있으므로 형식적으로 뿐만 아니라 실질적으로도 재산형으로 파악하여야 한다는 견해,[2] ③ 형벌과 보안처분의 중간영역에 위치한 독립된 형사제재라는

1 박상기, 형법총론(9판), 541; 이형국·김혜경, 형법총론(7판), 603; 정성근·박광민, 형법총론(전정 3판), 542; 최호진, 형법총론(2판), 840.
2 배종대, 형법총론(18판), §176/8; 오영근, 형법총론(5판), 515. 배종대 교수는 제41조가 몰수를 형벌의 일종으로 규정하고 있는 이상 몰수는 분명히 형벌로 파악하여야 한다고 하면서, 몰수되

견해,[3] ④ 행위자 또는 공범의 소유에 속하는 물건의 몰수는 재산형으로서의 성격을 갖지만, 제3자의 소유에 속하는 물건의 몰수는 보안처분의 성격을 갖는다는 견해,[4] ⑤ 범인으로부터 물건의 소유권을 박탈하여 재산적 손실을 입는 고통을 주는 의미에서 형벌인 동시에 비록 재산적 가치가 없더라도 위험물 또는 유해물인 경우에는 범인의 수중에서 빼앗아 소지를 박탈하는 의미에서 보안처분적 성질도 갖는다는 견해[5] 등이 있다.

4 대법원은 반복하여 몰수는 공소사실에 대하여 형사재판을 받는 피고인에 대한 유죄판결에서 다른 형에 부가하여 선고되는 형벌이라고 판시하여,[6] 원칙적으로 몰수를 부가적 형벌로 파악하고 있는 것으로 보인다. 헌법재판소는 몰수를 다른 형에 부가하여 과하는 형의 일종이라고 하면서도,[7] 형식적으로는 일종의 형벌이지만 실질적으로는 범죄의 반복 위험성을 예방하고 범인이 범죄로부터 부당한 이득을 취하지 못하도록 하는 것을 목적으로 하는 대물적 보안처분의 성격을 가진다고 보고 있다(위 ①의 견해).[8]

는 모든 대상이 범죄를 방지하기 위한 목적은 아니기 때문에 몰수의 실질적 내용이 보안처분의 성격을 갖는지에 관한 논의는 별 의미가 없다는 입장이다.

3 김일수·서보학, 새로쓴 형법총론(13판), 567; 손동권·김재윤, 새로운 형법총론, §37/44. 주석형법 〔총칙(2)〕(3판), 442(이상원)는 몰수는 어느 경우이든 형벌로서의 성격, 보안처분으로서의 성격, 원상회복조치로서의 성격을 모두 가지고 있고, 경우에 따라 그들 사이의 비중이 달라질 뿐이므로, 세 가지 성격을 겸유하고 있는 독자적인 제재라고 하여 위 견해와 같은 취지로 이해된다.

4 강동욱, 강의 형법총론(3판), 406; 김신규, 형법총론 강의, 546; 성낙현, 형법총론(3판), 772; 신동운, 형법총론(16판), 863; 이재상·장영민·강동범, 형법총론(12판), §40/37; 임웅, 형법총론(12정판), 669; 진계호·이존걸, 형법총론(8판), 703; 정영일, 형법총론(2판), 489; 한상훈·안성조, 형법개론(3판), 345. 김성돈, 형법총론(7판), 819는 형식적으로는 재산형의 일종이나, 실질적으로 볼 때 몰수대상의 특성에 따라 몰수의 법적 성격도 달리 파악되어야 하고, 이에 따르면 제48조 제1항 제1호의 '범죄제공물'은 범죄반복의 위험성을 예방하고 범인에게 불법이득을 금지하려는 목적에서 부과되는 대물적 보안처분의 성격을 갖는다고 보는 것이 타당하며, 특별법상의 몰수 중에도 물건 자체가 위험하거나 다른 범죄에 사용할 위험이 있는 경우에 몰수하는 규정을 두었다면 이러한 몰수는 형벌적 성격이 나타나지 않으므로 그 법적 성격을 보안처분으로 보는 것이 타당하다고 하는데, 몰수의 대상에 따라 법적 성격을 달리 보는 점에서 위 견해들과 같은 취지로 이해된다.

5 이정원·이석배·정배근, 형법총론, 432. 사법연수원, 형사판결서작성실무(2018), 60은 형법이 몰수를 형으로 규정함과 동시에 유죄의 재판을 아니할 때에도 몰수의 요건이 있는 때에는 몰수만을 선고할 수 있다고 규정함으로써 이를 명백히 하고 있다고 본다.

6 대판 1965. 2. 23, 64도653; 대판 1970. 2. 10, 69다2051; 대판 1970. 3. 24, 70다245; 대판 1980. 12. 9, 80도584; 대판 1989. 2. 14, 88도2211; 대판 1999. 5. 11, 99다12161; 대판 2008. 2. 14, 2007도10034 등.

7 헌재 1995. 11. 30, 94헌가3.

8 헌재 2008. 12. 26, 2005헌바30; 헌재 2019. 2. 28, 2017헌바401.

〔최   환〕

우리 형법이 몰수를 부가형으로 규정하고 있는 이상 원칙적으로 형벌의 일 　5
종으로 볼 수밖에 없을 것이나, 제3자 소유의 물건에 대한 몰수나 해당 물건 자
체의 위험성 내지 유해성을 이유로 하는 몰수의 경우에는 보안처분으로서의 실
질을 갖고 있음을 부인하기 어려우므로, 결국 양자의 성격을 겸유하는 독자적인
제재로 이해함이 타당할 것이다.

II. 몰수의 종류

1. 필요적 몰수와 임의적 몰수

(1) 의의

몰수에는 필요적 몰수와 임의적 몰수가 있다. 본조 제1항은 "몰수할 수 있다." 　6
고 하여 임의적 몰수를 원칙으로 규정하고 있다. 따라서 형법총칙에 따른 몰수의
경우, 그 몰수의 요건에 해당하는 물건이라도 이를 몰수할 것인지는 법원의 재량
에 맡겨져 있다.9 특별법 중에서는 범죄수익은닉의 규제 및 처벌에 관한 법률(이하,
'범죄수익은닉규제법'이라 한다.)이 범죄수익 등에 대하여 '몰수할 수 있다'고 하여 임의
적 몰수를 규정하고 있다(§ 8①).10

재판실무에서는 임의적 몰수인 경우라도 압수된 물건이 몰수의 요건에 해 　7
당하는 때에는 가급적 몰수 선고를 하는 것이 통례이다.11

필요적 몰수는 반드시 몰수해야 하는 경우로서, 형법각칙12이나 각종 특별 　8
법13의 개개의 처벌법규에 규정되어 있다. 특별법에서 해당 법률의 입법 목적과

9　대판 2002. 9. 4, 2000도515; 대판 2018. 3. 13, 2017도18648; 대판 2018. 7. 26, 2018도8194; 대
　판 2024. 1. 4, 2021도5723.
10　판례도 범죄수익은닉규제법에 의한 몰수 여부가 법원의 재량에 맡겨져 있다고 해석한다(대판
　2020. 10. 15, 2020도960).
11　압수되지 않은 재산이라도 몰수할 수 있으나 재판실무에서는 일반적으로 하지 않는다. 더욱이
　압수되지 않은 물건이 몰수할 수 없게 되었다고 추징을 하는 경우는 사실상 찾아볼 수 없다[사
　법연수원, 형사판결서작성실무(2018), 60].
12　뇌물 또는 뇌물에 제공할 금품(§ 134), 아편에 관한 죄에 제공한 아편 등(§ 206), 배임수·증재죄
　에 의하여 취득한 재물(§ 357③) 등을 필요적 몰수의 대상으로 규정하고 있다.
13　변호사법, 관세법, 외국환관리법, 마약류관리에 관한 법률, 공무원범죄에 관한 몰수 특례법, 특정
　경제범죄 가중처벌 등에 관한 법률, 게임산업진흥에 관한 법률, 성매매알선 등 행위의 처벌에
　관한 법률, 문화재보호법 등 다양한 개별 법률에서 필요적 몰수를 규정하고 있다.

취지 등을 고려하여 몰수·추징의 성격이나 그 범위 등에 관하여 형법과 달리 정한 경우에는, 특별법 우선의 원칙상 특별법 규정이 적용되는 한도에서 형법총칙의 적용이 배제된다. 그러나 특별법에 따른 몰수·추징 요건이 구비되지 않고 본조의 요건이 충족되는 경우에는, 이에 따른 몰수·추징이 가능하다.[14] 필요적 몰수의 경우라도 주형을 선고유예하는 경우에는, 몰수 또는 몰수에 갈음하는 추징도 선고유예를 할 수 있다.[15]

(2) 임의적 몰수와 비례의 원칙

9　　판례는 몰수 여부가 법원의 재량에 맡겨져 있다고 하더라도 형벌 일반에 적용되는 비례의 원칙에 의한 제한을 받는다고 한다. 이때 몰수가 비례의 원칙에 위반되는 여부를 판단하기 위해서는, 몰수 대상 물건이 범죄 실행에 사용된 정도와 범위 및 범행에서의 중요성, 물건의 소유자가 범죄 실행에서 차지하는 역할과 책임의 정도, 범죄 실행으로 인한 법익 침해의 정도, 범죄 실행의 동기, 범죄로 얻은 수익, 물건 중 범죄 실행과 관련된 부분의 별도 분리 가능성, 물건의 실질적 가치와 범죄와의 상관성 및 균형성, 물건이 행위자에게 필요불가결한 것인지 여부, 몰수되지 아니할 경우 행위자가 그 물건을 이용하여 다시 동종 범죄를 실행할 위험성 유무 및 그 정도 등 제반 사정이 고려되어야 한다.[16]

10　　이에 따라 판례는, ① 일본국 엔화를 허가나 신고 없이 휴대하여 외국으로 출국하려다가 적발되어 미수에 그친 사안에서 그 엔화를 몰수한 경우[17]나, ② 피고인이 명의신탁을 받아 피고인 명의로 소유권이전등기를 마친 토지 및 그 지상 건물에서 명의신탁자와 공동하여 영업으로 성매매알선 등 행위를 한 사안에서 그 토지와 건물을 몰수한 경우[18]는, 각 비례의 원칙에 위반되지 않다고 판시하였다.

---

14 대판 1974. 6. 11, 74도352; 대판 2018. 7. 26, 2018도8194.
15 대판 1978. 4. 25, 76도2262.
16 대판 2008. 4. 24, 2005도8174; 대판 2013. 5. 23, 2012도11586; 대판 2024. 1. 4, 2021도5723.
17 대판 2008. 4. 24, 2005도8174.
18 대판 2013. 5. 23, 2012도11586(명의신탁자 甲은 처음부터 성매매알선 등 행위를 하기 위해 부동산을 취득하여 피고인에게 명의신탁한 후 약 1년 동안 성매매알선 등 행위에 제공하였고, 일정한 장소에서 은밀하게 이루어지는 성매매알선 등 행위의 속성상 장소의 제공이 불가피하다는 점, 부동산은 5층 건물인데 2층 내지 4층 객실 대부분이 성매매알선 등 행위의 장소로 제공된 점, 피고인은 부동산에서 이루어지는 성매매알선 등 행위로 발생하는 수익의 자금관리인으로, 甲과 함께 범행을 지배하는 주체가 되어 영업으로 성매매알선 등 행위를 한 점, 부동산의 실질적인 가치는 크지 않은 반면 피고인이 성매매알선 등 행위로 벌어들인 수익은 상당히 고액인

그러나 ③ 필로폰 수수의 범죄사실과 관련하여 그 수수 장소가 촬영된 사진이 저장된 휴대전화기를 압수한 경우, 위 휴대전화기가 최초 압수 당시에는 몰수 요건에 형식적으로 해당한다고 볼 수 있었으나 위 범죄 수행에 실질적으로 기여한 것이라고 단정하기 어려운 사정이 있는 때에는, 위 휴대전화기는 범죄와 무관한 개인의 사생활의 비밀과 자유, 정보에 대한 자기결정권 등 인격적 법익에 관한 모든 것이 저장되어 있는 사적 정보저장매체로서로서 그것이 갖는 인격적 가치·기능이 현저히 커서 몰수로 인하여 피고인에게 미치는 불이익의 정도가 지나치게 큰 편이라는 점에 비추어, 비례의 원칙상 몰수가 제한되는 경우에 해당한다고 볼 여지가 많다고 판시하였다.[19]

2. 이익박탈적 몰수·추징과 징벌적 몰수·추징

판례는 몰수·추징을 규정한 처벌법규의 입법목적과 취지, 규정 내용과 형식 등에 따라 개개의 처벌법규에서 정한 몰수·추징을 범죄행위로 인한 부정한 이익을 보유하지 못하게 하는 이익박탈적 성격을 갖는 일반적 몰수·추징과, 위반자에 대한 제재로서의 징벌적 성격을 갖는 징벌적 몰수·추징으로 구별하고 있다. 징벌적 추징은 민법상 다수 당사자의 채권관계에서의 분할의 원칙이 적용되지 않아 공범자 각자에 대하여 그 가액 전부의 추징을 명하여야 하고,[20] 범인에게 이득이 없더라도 추징을 할 수 있다는 점에서 형법총칙상의 임의적 몰수·추징은 물론 이익박탈적 성격을 가진 다른 필요적 몰수·추징과도 그 대상과 범위에 현저한 차이가 있다.[21]

학설로는 필요적 몰수는 범죄행위로 인한 이득의 박탈을 목적으로 하는 것이 아니라 징벌적인 성질을 가지는 처분이라고 보는 견해가 있다.[22] 징벌적 몰

점, 피고인은 초범이나 공동정범 甲은 이와 동종 범죄로 2회 처벌받은 전력이 있을 뿐 아니라 성매매알선 등 행위의 기간, 특히 단속된 이후에도 성매매알선 등 행위를 계속한 점 등을 고려할 때, 부동산을 몰수한 원심의 조치는 정당하다고 한 사례).

본 판결 평석은 우인성, "성매매 업소 몰수와 비례 원칙 위반 여부", 사법 26, 사법발전재단 (2013), 341-376.

19 대판 2024. 1. 4, 2021도5723.
20 대판 1971. 3. 23, 71도158; 대판 1998. 5. 21, 95도2002(전) 등.
21 징벌적 추징의 상세에 관하여는 아래 **VIII. 5. 징벌적 추징** 부분 참조.
22 신동운, 863.

수·추징의 경우 통상 개별 법규에서 정한 요건을 갖추면 필요적으로 선고하도
록 규정되어 있기는 하나, 필요적 몰수·추징이라고 하여 항상 징벌적 제재로서
의 성질을 갖는다고 보기는 어렵고, 실제로 현행법상 필요적 몰수·추징을 규정
한 것들 중에서 이익박탈적 성질을 갖는 것으로 해석되는 규정들도 다수 있으
므로 의문이다.

Ⅲ. 몰수의 요건

1. 대물적 요건(몰수의 대상)

(1) 서설

14   몰수의 대상이 되는 물건은, ① 범죄행위에 제공하였거나 제공하려고 한
물건(§ 48①(i)), ② 범죄행위로 인하여 생겼거나 취득한 물건(§ 48①(ii)), ③ 위 ①
또는 ②의 대가로 취득한 물건(§ 48①(iii))이다. 몰수의 대상은 범죄행위와 관련
된 것임을 요한다.[23] 즉 몰수나 추징을 선고하기 위하여는 몰수나 추징의 요건
이 공소가 제기된 범죄사실과 관련되어 있어야 하고, 법원으로서는 범죄사실에
서 인정되지 아니한 사실에 관하여는 몰수나 추징을 선고할 수 없다.[24]

15   물건의 개념에 관하여는, ① 민법 제98조의 물건과 다른 개념으로 유체물
에 한하지 않고 권리 또는 이익도 포함한다는 견해가 다수설로 보인다.[25] 이에
대하여, ② 민법상의 물건 개념을 유추하여 해석하여야 한다는 전제에서 민법
제98조에 따라 본조의 몰수대상물도 유체물 및 전기 기타 관리할 수 있는 자연
력에 한한다고 보는 견해[26]가 있다. 다만 후자의 견해도 총칙상의 '물건'과 개별

---

23 대판 1967. 2. 7, 66오2.
24 대판 2009. 8. 20, 2009도4391; 대판 2016. 12. 15, 2016도16170.
25 김일수·서보학, 567; 손동권·김재윤, § 37/45; 이재상·장영민·강동범, § 40/38; 임웅, 670; 정성
　근·박광민, 543; 정영일, 491; 진계호·이존걸, 704. 위 견해들은 뇌물죄에서 수뢰의 목적이 금
　품의 무상대여에 의한 금융이익일 때에는 그 금융이익이 뇌물이라고 해석한 대판 1976. 9. 28,
　76도2607; 대판 2004. 5. 28, 2004도1442 등의 판결을 근거로 들고 있으나 의문이다. 위 판결들
　은 모두 뇌물죄에서 필요적 몰수·추징(§ 134)의 대상이 되는 '뇌물'에 관한 해석일 뿐, 형법총칙
　규정의 '물건'에 관한 해석으로 보기는 어렵기 때문이다. 한편 정영일, 491은 위와 같이 몰수의
　대상인 '물건'은 민법상의 '물건'과는 의미를 달리하여 권리나 이익도 포함한다고 보면서도, 한편
　으로 489에서는 '물건'의 의미가 민법에 의하여 정해진다고 하고 있어서 의문이다.
26 신동운, 864; 주석형법 〔총칙(2)〕(3판), 444(이상원); 정현미, "몰수·추징제도의 비교법적 고찰

처벌법규에서 정한 몰수대상물을 구분하여, 예컨대 뇌물죄의 몰수대상물인 뇌물(§ 134)은 물건뿐만 아니라 이익도 포함하는 개념이라고 본다. 형법이 '물건'의 개념에 관한 정의규정을 별도로 두고 있지 않은 이상 민법상 '물건'의 개념에 의할 수밖에 없을 것이므로, 위 ②의 견해가 타당하다고 본다. 판례도 "형법이 민법이 정의한 '물건'과 다른 내용으로 '물건'의 개념을 정의하고 있다고 볼 만한 사정도 존재하지 아니한다."고 판시하여,[27] 위 ②의 견해의 입장이다. 어느 견해에 의하더라도 형법각칙이나 특별법에서 정한 몰수·추징의 대상이 통상 기본법인 형법총칙 규정보다 확장되어 있으므로, 실무상 양 견해의 실질적인 차이는 크지 않을 것이다.

　　동산은 물론 부동산도 몰수의 대상인 물건이 된다. 전자기록은 일정한 저장매체에 전자방식이나 자기방식에 의하여 저장된 기록으로서 저장매체를 매개로 존재하는 물건이므로 본조 제1항 각호의 사유가 있는 때에는 몰수할 수 있다.[28] 가령 휴대전화의 동영상 촬영기능을 이용하여 피해자를 촬영한 행위 자체가 범죄에 해당하는 경우, 휴대전화는 '범죄행위에 제공된 물건', 촬영되어 저장된 동영상은 휴대전화에 저장된 전자기록으로서 '범죄행위로 인하여 생긴 물건'에 각각 해당하고, 이러한 경우 법원이 휴대전화를 몰수하지 않고 동영상만을 몰수하는 것도 가능하다.[29]

16

　　그러나 예금채권[30]이나 신용카드회사에 대한 신용판매대금지급채권[31]은 물론, 범죄행위에 이용된 웹사이트[32]는 몰수나 추징의 대상에 해당하지 않는다.

17

　　및 개선방안", 형사법개정연구자료집 II, 법무부(2009), 21; 조균석, "범죄수익 몰수제도의 문제점과 개선방안", 인권과 정의 420, 대한변호사협회(2011), 113.

27 대판 2021. 1. 28, 2016도11877; 대판 2021. 10. 14, 2021도7168; 대판 2023. 1. 12, 2020도2154.
28 대판 2017. 10. 23, 2017도5905; 대판 2024. 1. 4, 2021도5723.
29 대판 2017. 10. 23, 2017도5905(휴대전화기의 동영상 촬영기능을 이용하여 피해자에 대한 강간범행 장면을 촬영하여 저장한 사안에서, 위 휴대전화기를 몰수하지 않고 위 동영상만을 몰수하였다고 하여 위법하다고까지 할 수는 없다고 한 사례); 대판 2024. 1. 4, 2021도5723.
30 대판 2023. 1. 12, 2020도2154(은행 계좌로 송금받는 방법으로 범행의 보수를 받는 경우, 은행에 대한 예금채권을 취득할 뿐이어서 '물건'에 해당한다고 보기 어려워 추징의 대상에 해당하지 않는다고 한 사례).
31 대판 2021. 1. 28, 2016도11877(식품 판매 대가로 수령한 은행에 대한 예금채권이나 신용카드회사에 대한 신용판매대금지급채권은 물건에 해당하지 않으므로 추징의 대상도 아니라고 한 사례).
32 대판 2021. 10. 14, 2021도7168(피고인이 범죄행위에 이용한 웹사이트는 몰수의 대상인 '물건'에 해당하지 않으므로, 그 웹사이트 매각을 통해 취득한 대가는 추징의 대상에 해당하지 않는다고

〔최　　환〕　　　　　　**305**

18　　　몰수는 특정된 물건에 대한 것이고, 추징은 본래 몰수할 수 있었음을 전제로 하므로, 뇌물로 제공할 금품이 특정되지 않았다면 몰수할 수 없고, 그 가액을 추징할 수도 없다.[33] 몰수는 본조의 요건을 갖춘 물건이 현존할 경우에 한하여 선고할 수 있으므로, 그 물건이 소비, 멸실, 양도, 파괴, 분실, 혼동 등의 이유로 존재를 상실한 때에는 몰수할 수 없다. 부합, 혼화, 가공 등 첨부에 관한 민법 규정에 따라 물건의 소유권이 변경된 경우에 그 합성물, 혼화물 또는 가공물을 분리하는 것은 사회경제상 불합리하여 이를 1개의 물건으로 보아 주된 동산의 소유자에게 귀속시키는 것이므로(민 §§ 257-259), 주된 물건인 원물을 몰수하면 첨부된 물건도 당연히 함께 몰수된다고 보는 것이 옳을 것이다.[34] 대체물 특히 금전의 경우에는 별도로 보관되었거나[예컨대, 봉금(封金)] 압수되어 선고 당시 그 특정성이 명확할 때에만 몰수할 수 있고, 특정성을 상실하였다면 추징의 문제가 생길 뿐이다. 종물은 주물의 처분에 따르므로 주물을 몰수할 수 있을 때에는 종물도 당연히 몰수할 수 있다고 보아야 할 것이다. 예컨대, 칼을 몰수할 경우 칼집을, 권총을 몰수할 경우 장전된 탄환 등도 함께 몰수할 수 있을 것이나, 예금통장이 몰수되었다고 하여 그 예금반환채권까지 몰수되었다고 볼 수는 없다.[35] 범죄행위에 의하여 취득한 물건에서 과실이 생긴 때에 몰수하여야 할 압수물이 멸실, 파손 또는 부패의 염려가 있거나 보관하기에 불편하여 형사소송법 제132조의 규정에 따라 매각하여 그 대가를 보관하는 경우에는, 그 대가보관금은 몰수 대상인 압수물과 동일시할 수 있으므로, 추징이 아닌 몰수의 대상이 된다.[36]

(2) 범죄행위에 제공하였거나 제공하려고 한 물건(제공물건)

(가) 범죄행위에 제공한 물건

19　　　'범죄행위에 제공한 물건'이란 현실적으로 범죄행위의 수행에 사용된 물건을 말한다. 여기에서 범죄행위란 구성요건에 해당하는 위법한 행위를 말한다(다수설).[37] 범죄의 실행행위 자체에 직접 사용된 물건뿐만 아니라 실행행위 착수

한 사례).

33 대판 1996. 5. 8, 96도221; 대판 2015. 10. 29, 2015도12838; 대판 2021. 1. 28, 2016도11877; 대판 2023. 4. 27, 2022도15459.

34 최규연, "몰수와 그 집행에 관한 고찰", 법무연구 16, 법무연수원(1989), 170.

35 대판 1997. 11. 14, 97다34235.

36 대판 1996. 11. 12, 96도2477.

37 김일수·서보학, 567; 배종대, §176/10; 임웅, 670; 진계호·이존걸, 704-705. 다만 이에 대하여

전이나 실행행위 종료 후의 행위에 사용하였더라도 범죄행위의 수행에 실질적으로 기여하였다고 인정되는 물건은 여기에 포함된다.[38]

[대판 2006. 9. 14, 2006도4075][39]　　　　　　　　　　　　　　　　　　　　　　　　　20

형법 제48조 제1항 제1호의 "범죄행위에 제공한 물건"이라 함은, 가령 살인행위에 사용한 칼 등 범죄의 실행행위 자체에 사용한 물건에만 한정되는 것이 아니며, 실행행위의 착수 전의 행위 또는 실행행위의 종료 후의 행위에 사용한 물건이더라도 그것이 범죄행위의 수행에 실질적으로 기여하였다고 인정되는 한 위 법조 소정의 제공된 물건에 포함된다고 볼 것이다.

위에서 본 바와 같이 이 사건의 경우, 피고인은 대형할인매장을 1회 방문하여 범행을 할 때마다 1-6개 품목의 수십만 원어치 상품을 절취하여 이를 자신의 소나타 승용차(증 제1호)에 싣고 갔고, 그 물품의 부피도 전기밥솥·헤머드릴·소파커버·진공포장기·안마기·전화기·DVD플레이어 등 상당한 크기의 것이어서 대중교통수단을 타고 운반하기에 곤란한 수준이었으므로, 이 사건 승용차는 단순히 범행장소에 도착하는 데 사용한 교통수단을 넘어서 이 사건 장물의 운반에 사용한 자동차라고 보아야 할 것이며, 따라서 형법 제48조 제1항 제1호 소정의 범죄행위에 제공한 물건이라고 볼 수 있다.

(나) 범죄행위에 제공하려고 한 물건

'범죄행위에 제공하려고 한 물건'이란 범죄행위에 사용하려고 준비하였으나　　21 실제 사용하지 못한 물건을 의미한다. 형법상의 몰수가 공소사실에 대하여 형사재판을 받는 피고인에 대한 유죄판결에서 다른 형에 부가하여 선고되는 형인 점에 비추어, 어떠한 물건을 '범죄행위에 제공하려고 한 물건'으로서 몰수하기 위하여는 그 물건이 유죄로 인정되는 당해 범죄행위에 제공하려고 한 물건임이 인정되어야 한다.[40]

[대판 2008. 2. 14, 2007도10034]　　　　　　　　　　　　　　　　　　　　　　　　22

형법 제48조 제1항 제1호는 몰수할 수 있는 물건으로서 '범죄행위에 제공하였거나 제공하려고

는 구성요건해당성과 위법성, 책임 등 범죄의 성립요건을 갖추어 유죄로 인정된 행위를 의미한다고 보는 견해가 있으나(정영일, 491), 의문이다. 뒤에서 보는 바와 같이 심신상실, 형사미성년자 등 책임무능력을 이유로 무죄를 선고하는 경우에도 몰수를 선고할 수 있다고 해석되기 때문이다(§ 49 단서).

38　대판 2006. 9. 14, 2006도4075; 대판 2024. 1. 4, 2021도5723.
39　본 판결 해설은 전원열, "몰수의 대상인 범죄행위에 제공한 물건의 의미", 해설 66, 법원도서관(2007), 269-275.
40　대판 2008. 2. 14, 2007도10034.

한 물건'을 규정하고 있는데, 여기서 범죄행위에 제공하려고 한 물건이란 범죄행위에 사용하려고 준비하였으나 실제 사용하지 못한 물건을 의미하는바, 형법상의 몰수가 공소사실에 대하여 형사재판을 받는 피고인에 대한 유죄판결에서 다른 형에 부가하여 선고되는 형인 점에 비추어, 어떠한 물건을 '범죄행위에 제공하려고 한 물건'으로서 몰수하기 위하여는 그 물건이 유죄로 인정되는 당해 범죄행위에 제공하려고 한 물건임이 인정되어야 한다. (중략) 이 사건 압수물은 피고인이 2007. 7. 24. 체포될 당시 위 각 외국환거래법위반의 범행과 같은 방법으로 중국 교통은행의 계좌로 송금하려고 하였으나 미처 송금하지 못하고 소지하고 있던 각 자기앞수표 또는 현금인 사실을 알 수 있고, 이 사건 압수물에 의한 동종의 범행이 실행되었다 하더라도 이는 유죄로 인정된 판시 각 외국환거래법위반의 범행과는 별개의 범죄이므로, 이 사건 압수물은 피고인이 장차 실행하려고 한 동종의 외국환거래법위반의 범행에 제공하려고 한 물건으로 볼 수 있을 뿐, 원심이 유죄로 인정한 판시 각 외국환거래법위반의 범행에 제공하려고 한 물건이라고는 볼 수 없고, 따라서 피고인으로부터 이 사건 압수물을 몰수할 수 없다.

23   예컨대, ① 살인에 사용한 흉기나 살인에 사용하려고 준비한 독극물, ② 도박자금으로 대여한 금전,[41] ③ 피해자로 하여금 사기도박에 참여하도록 유인하기 위하여 제시한 수표,[42] ④ 절도범행을 저지르면서 장물의 운반에 사용한 자동차[43] 등은 범죄행위에 제공하였거나 제공하려고 한 물건으로서 몰수의 대상이 된다. 그 밖에, ⑤ 오락실업자, 상품권업자 및 환전소 운영자가 공모하여 사행성 전자식 유기기구에서 경품으로 배출된 상품권을 현금으로 환전하면서 그 수수료를 일정한 비율로 나누어 가지는 방식으로 영업을 한 경우, 환전소 운영자가 환전소에 보관하던 현금 전부,[44] ⑥ 손님들이 성인오락실에서 경품으로 제공받은 상품권을 현금으로 환전해주는 환전소에서 압수한 현금과 상품권,[45] ⑦ 사행성 게임기의 기판 및 본체,[46] ⑧ 마사지 업소를 운영하면서 성매매대가를 관리하는 데 사용한 체크카드[47] 등도 여기에 해당한다.

24   판례는 ① 관세법상 허위신고의 대상이 된 물건은 신고의 대상물에 지나지

---

41 대판 1982. 9. 28, 82도1669.
42 대판 2002. 9. 24, 2002도3589.
43 대판 2006. 9. 14, 2006도4075.
44 대판 2006. 10. 13, 2006도3302.
45 대판 2007. 3. 15, 2006도8929(사행행위 등 규제 및 처벌 특례법 위반 범행에 제공하였거나 제공하려 한 물건 또는 범죄행위로 취득한 물건에 해당한다고 보아 이를 몰수한 원심의 조치를 수긍한 사례).
46 대판 2006. 12. 8, 2006도6400.
47 대판 2018. 3. 13, 2017도18648.

않아 신고로서 이루어지는 허위신고죄의 범죄행위 자체에 제공되는 물건이라고 할 수 없으므로 본조 제1항의 몰수요건에 해당한다고 볼 수 없지만,[48] ② 토지개발채권을 구 외국환관리법 소정의 허가 없이 휴대하여 출국하려다 미수에 그친 경우 그 토지개발채권은 수출미수행위에 제공된 물건으로서 본조 제1항 제1호의 제공물건에 해당하여 몰수의 대상이 된다[49]고 한다.

또한, ③ 금원의 무신고 반출로 인한 외국환거래법위반의 범행으로 체포될 당시 미처 송금하지 못하고 소지하고 있던 자기앞수표 또는 현금은 동종의 범행이 실행되었다 하더라도 유죄로 인정된 외국환거래법위반의 범행과는 별개의 범죄이므로, 피고인이 장차 실행하려고 한 동종의 외국환거래법위반 범행에 제공하려고 한 물건으로 볼 수 있을 뿐, 그 이전에 범해진 외국환거래법위반의 범행에 제공하려고 한 물건이라고는 볼 수 없어 몰수의 대상이 되지 아니하나,[50] ④ 외국환거래법상 수개의 무등록 외국환업무를 단일하고 계속된 범의하에 일정기간 계속하여 행할 경우 그 각 행위는 포괄일죄를 구성하고, 이와 같이 포괄일죄를 구성하거나 구성할 수 있는 행위에 제공된 금원은 범죄행위에 제공하였거나 제공하려고 한 물건으로서 몰수의 대상이 될 수 있는데, 압수된 현금, 수표, 미화 등이 무등록 외국환업무를 위하여 소지하고 있던 것이라면, 그 소지행위 자체가 외국환거래법 제3조 제1항 제14호 (마)목의 외국환업무에 해당하여 이미 행한 다른 외국환업무와 함께 포괄일죄를 구성할 수 있을 뿐 아니라 장차 이를 지급함으로써 역시 포괄일죄를 구성하는 행위가 될 수 있으므로, 위 현금, 수표, 미화 등은 포괄일죄를 구성하는 범죄행위에 제공하였거나 제공하려고 한 물건으로서 몰수의 대상이 된다[51]고 한다.

위와 같은 판례를 종합하면, 결국 대법원은 당해 물건이 유죄로 인정된 공소사실과 별개의 범죄에 제공하였거나 제공하려고 한 것이라면 몰수의 대상이 될 수 없으나, 유죄로 인정된 공소사실과 일죄를 구성하거나 또는 구성할 수 있는 행위에 제공하였거나 제공하려고 한 물건은 몰수의 대상이 된다고 해석하는 태도로 이해할 수 있다.

---

48 대판 1974. 6. 11, 74도352.
49 대판 2002. 9. 4, 2000도515.
50 대판 2008. 2. 14, 2007도10034.
51 대판 2009. 10. 15, 2008도10912.

27   과실범의 실행행위에 제공된 물건도 몰수할 수 있는가의 문제가 있다. 예컨대 업무상과실치사·상죄에서 사상의 결과를 야기한 자동차나 업무상실화죄에서 발화 원인이 된 가연성 물질도 몰수할 수 있는가의 문제이다. 독일형법은 제74조에서 고의로 범죄행위가 행하여진 때에 몰수할 수 있도록 하여 고의범으로 한정하는 규정을 두고 있으나, 우리 형법은 명문규정이 없다. 이에 대하여는, ① 범죄행위에 제공된 물건이란 범죄행위에 제공한다는 주관적인 의사나 인식이 있어야 하는데, 과실범은 이러한 현실적인 인식 없이 부주의로 제공된 것이기 때문에 과실범에 제공된 물건은 몰수할 수 없다는 견해,[52] ② 몰수의 취지를 관철하면 과실범에 제공된 물건도 몰수함이 마땅하나, 범죄자가 범죄의사 없이 행한 행위에 단지 도구가 되었을 뿐이므로 이러한 물건에까지 몰수를 확장한다면 너무 가혹하게 될 것이라는 견해[53] 등이 있다. 일본의 경우 견해가 나뉘는데, 다수설은 범죄행위에 제공한다는 의사 또는 인식이 있을 것이 필요하다는 이유로 과실범에 제공된 물건은 몰수의 대상이 되지 않는다고 보는 반면, 과실범도 고의범과 마찬가지로 결과발생의 원인이 된 실행행위라는 개념이 존재할 수 있으므로 이러한 행위에 사용된 물건을 범죄행위에 제공한 물건으로 해석하는 것이 부당하지 않다는 견해[54]도 있다.

(3) 범죄행위로 인하여 생겼거나(생성물건), **취득한 물건**(취득물건)

(가) 생성물건

28   '범죄행위로 인하여 생긴 물건'(생성물건)이란 범죄행위 이전에는 없었으나 범죄행위로 인하여 비로소 생긴 물건을 말한다. 예컨대, 문서위조행위로 작성한 위조문서나 통화위조행위로 제조한 위조통화 등이 여기에 해당한다.

(나) 취득물건

29   '범죄행위로 인하여 취득한 물건'(취득물건)이란 범죄행위 당시에도 이미 존재하고 있었으나 범인이 범죄행위를 수단으로 얻게 된 물건을 말한다. 예컨대, 도박행위로 얻은 금품이나 범행의 보수로 받은 금품 등이 여기에 해당한다.[55]

---

52 최규연(주 34), 158.

53 이경재, "한국과 일본의 몰수제도에 관한 비교법적 고찰", 형사정책 10, 한국형사정책학회(1998), 139.

54 일본에서의 논의는 大塚 外, 大コ(3版)(1), 424(出田孝一).

55 다만 범죄행위로 인하여 취득한 물건이란 재산범죄에 의해 취득한 재물과 같이 범죄의 객체를

절도 등 재산범죄로 취득한 장물도 여기에 해당함은 물론이나, 범인 외의 자의 소유에 속하는 물건으로서 피해자에 대한 환부의 대상이 되는 것이지 몰수하여서는 아니 된다(형소 §333①). 절도를 해 주기로 약속하고 금품을 받은 경우, 절도죄의 예비·음모는 벌하지 않으므로 범죄행위로 인하여 생겼거나 취득한 물건이라고 할 수 없어 몰수의 대상이 되지 않는다.[56]

취득물건은 범죄행위가 그 취득의 원인이 되어야 하므로, 통일원장관의 반입승인 없이 북한으로부터 수입하여 보세장치장에 장치한 물건은 구 남북교류협력에 관한 법률(2000. 12. 29. 법률 제6316호로 개정되기 전의 것) 제27조 제1항 제2호 위반의 미수에 그친 범죄행위로 인하여 취득한 것으로서 몰수의 대상이 되지만,[57] 미화를 휴대하여 우리나라에 입국한 후 구 외국환관리법(1991. 12. 27. 법률 제4447호로 전부개정되기 전의 것) 제18조, 같은 법 시행령 제28조 제1항의 규정에 따라 등록하지 아니한 경우에는 그 등록하지 않은 행위 자체에 의하여 취득한 미화는 있을 수 없으므로 취득물건에 해당하지 않고, 당해 미화를 등록하지 아니하였다는 범행에 대한 제공물건에도 해당하지 아니한다.[58] 범죄행위로 인하여 취득한 것으로 충분하므로, 피고인이 주식회사의 대표이사로서 특정경제범죄 가중처벌 등에 관한 법률(이하, 특정경제범죄법이라 한다.) 제7조에 해당하는 알선수재행위를 하고 그 대가로 회사 계좌를 통해 수수료를 받았다면, 수수료에 대한 권리가 회사에 귀속된다 하더라도 행위자인 피고인으로부터 수수료로 받은 금품을 몰수 또는 그 가액을 추징할 수 있고, 피고인이 개인적으로 실제 사용한 금품이 없더라도 마찬가지이다.[59]

그런데 판례는 외국환거래법(구 외국환관리법에 대응) 위반행위로 취득한 외국환 등을 필요적으로 몰수·추징하도록 규정한 외국환거래법 제30조[60]에서 말하

말한다는 전제에서, 범행의 보수로 받은 금품은 범죄행위로 취득한 물건이 아니라 범죄행위로 생긴 물건이라고 해야 한다는 견해도 있다(오영근, 516).

56 오영근, 516.
57 대판 1995. 5. 23, 93도1750.
58 대판 1982. 3. 9, 81도2930; 대판 1991. 6. 11, 91도907.
59 대판 2015. 1. 15, 2012도7571.
60 외국환거래법 제30조(몰수·추징) 제27조제1항 각 호, 제27조의2제1항 각 호 또는 제29조제1항 각 호의 어느 하나에 해당하는 자가 해당 행위를 하여 취득한 외국환이나 그 밖에 증권, 귀금속, 부동산 및 내국지급수단은 몰수하며, 몰수할 수 없는 경우에는 그 가액을 추징한다.

는 '취득'에 대하여는, 해당 범죄행위로 인하여 '결과적으로 이를 취득한 때'를 말한다고 제한적으로 해석함이 타당하다고 한다.[61] 따라서 ① 피고인이 수출행위에 제공하기 위하여 자기앞수표를 밀반출하였다가 이를 타에 전달한 경우는 이를 취득하였다고 볼 수 없고,[62] ② 무등록 외국환업무 등을 영위하면서 환전을 위하여 받은 국내지급수단이나 외국환 자체는 외국환거래법상 몰수·추징 대상이 아니며, 다만 수수료로 받은 금액에 대하여 몰수·추징할 수 있을 뿐이고,[63] 나아가 ③ 비록 재단법인의 이사 겸 사무총장인 피고인이 신고의무를 위반한 금전대차 거래행위를 실제로 집행하였지만 금전대차계약의 차용 당사자는 법인이어서, 차입금이 법인 계좌로 입금되었다가 법인으로부터 다시 대여자에게 반환되었고, 실질적으로 피고인이 차입금을 자신에게 귀속시켰다고 인정할 만한 자료가 없다면, 피고인이 결과적으로 차입금을 취득하였다고 인정하기 어렵다고 본다.[64]

32   위와 같이 판례가 외국환거래법상 몰수·추징의 요건인 '취득'의 의미를 제한적으로 해석하는 것은 외국환거래법상 몰수·추징이 징벌적 제재의 성질을 갖고 있는 데에 기인하는 면이 있다고 생각된다. 판례는 외국환거래법상 필요적 몰수·추징의 성질을 징벌적 제재인 것으로 해석하고 있다.[65] 따라서 외국환거래법상 일단 몰수 요건에 해당하게 되면 징벌적 몰수·추징의 특성상 그 대상과 범위가 확대되고, 외국환거래법 위반행위는 취급 외국환 등의 액수가 거액인 경우가 흔하므로, 관세법위반의 경우와 같이 징벌적 성격만을 강조하여 당해 외국환 등을 취급한 공동범칙자 전원에 대하여 그 소유나 점유, 이익의 취득 여부 등을 묻지 않고 가액 전액을 필요적으로 추징하게 될 경우 매우 가혹한 결과에 이르게 될 수 있다. 판례가 징벌적 성질에도 불구하고 굳이 몰수·추징의 요건 단계에서 '취득'의 의미를 제한적으로 해석하는 것은 개별 사건에서 구체적 타

---

61 대판 2017. 5. 31, 2013도8389.
62 대판 1979. 9. 25, 79도1309.
63 대판 2013. 7. 12, 2013도4721. 환전을 위하여 피고인 등이 받은 홍콩달러 합계액 전액을 피고인으로부터 추징한 제1심 판결을 파기하고, 피고인으로부터 환전을 위하여 받은 한화 합계액 중 2%에 해당하는 수수료 146,792,470원만을 추징한 원심 판단을 수긍한 사안이다.
64 대판 2017. 5. 31, 2013도8389. 특히 이 판결은 앞서 본 특정경제범죄법상의 알선수재죄에 관한 위 2012도7571 판결의 판시 내용과 비교하여 볼 필요가 있다고 본다.
65 대판 1998. 5. 21, 95도2002(전) 이래 일관된 판례의 태도이다.

당성을 확보하고자 한 것으로 이해할 수 있을 것이다.[66] 이러한 이유에서 외국
환거래법상 몰수요건인 '취득'의 의미를 형법총칙상 임의적 몰수대상인 취득물
건의 해석에도 그대로 적용할 필요가 있을지는 의문이 있는데, 판례는 동일한
취지로 해석하는 것으로 보인다.[67]

　　본호의 취득물건은 범인이 받은 실질적인 이익과 일치하는 경우가 전형적　　**33**
일 것이나 반드시 그러하지는 않다. 공무원이 그 직무에 관하여 금전을 무기한
무이자로 차용한 경우 수뢰자가 받은 실질적 이익은 무기한 무이자차용금의 금
융이익 상당이므로 그 금융이익이 뇌물이고, 소비대차의 목적인 금전 자체는 뇌
물이 아니므로 대여로 받은 그 금전 자체는 제134조에 의하여 몰수·추징할 수
없지만, 범죄행위로 인하여 취득한 물건으로서 본조 제1항 제2호에 의하여 몰수
할 수 있다.[68]

(4) 제1호 또는 제2호의 대가로 취득한 물건(대가물건)

　　몰수대상물을 처분하여 범인이 그 대가로 취득한 물건을 말한다. 몰수할　　**34**
물건의 소유권이 선의의 제3자에게 이전되는 등의 이유로 국가가 그 소유권을
강제로 취득할 수 없는 경우에, 원래 몰수할 물건의 대가로 범인이 취득한 물건
을 몰수하도록 한 것이다.[69] 피해자가 있는 재산범죄의 장물은 범인 이외의 자
의 소유에 속하지 아니하여 몰수의 대상이 될 수 없으므로, 그 장물을 처분한
대가로 취득한 금전이 압수된 경우에도 이를 피해자에게 교부하여야 한다(형소

66　외국환거래법상 몰수 요건인 '취득'의 의미를 판례와 같이 해석하게 되면, 결과적으로 징벌적 제
　　재로서의 성격이 매우 약화되고, 이익박탈적 몰수·추징과 실질적인 차이가 없어질 수도 있다고
　　보인다. 근본적으로는 외국환거래법상 몰수·추징을 징벌적 제재의 성격을 가진 것으로 보는 대
　　법원의 기존 해석이 재검토되어야 할 필요가 있다고 생각된다.
67　대판 2021. 7. 21, 2020도10970. 다만 위 판결에서 '몰수·추징의 대상은 범죄행위로 인하여 취
　　득한 물건을 뜻한다'는 법리와 함께 외국환거래법에 관한 위 2013도8389 판결의 법리를 설시하
　　고 있기는 하나, 위 판결은 피고인들이 사업장폐기물배출업체로부터 인수받은 폐기물을 적법한
　　시설이 아닌 곳에 매립하였다는 범행과 관련하여 피고인들이 폐기물배출업체로부터 지급받은
　　돈이 몰수·추징의 대상이 될 수 있는지가 문제되었고, 피고인들은 정상적인 절차에 따라 폐기
　　물이 처리되는 것을 전제로 돈을 받았다고 주장한 사안에서, 취득물건으로서 위 돈을 몰수·추
　　징하려면 범죄행위를 전제로 수수되었다는 사실이 인정되어야 한다는 취지로 판단한 것으로서,
　　'결과적으로 물건(돈)을 취득한 때'에 해당하는지 여부와는 직접적인 관련이 없어 보인다.
68　대판 1976. 9. 28, 75도3607.
69　신동운, 867. 여기서 대가란 유상양도에 의한 반대급부(매각대금 등)를 말한다[사법연수원, 형사
　　판결서작성실무(2018), 62].

§ 333②).[70]

35 형법상의 몰수제도는 원칙적으로 개개의 물건을 대상으로 하고, 본조 제1항 제3호의 대가물건도 원물(原物)이 본조 제1항 제1, 2호의 요건을 갖추었음을 전제로 한다. 따라서 형법총칙상의 몰수 규정을 확장하여 해석하더라도, 범죄행위로 취득한 금전과 범인의 다른 금전을 합하여 취득한 새로운 물건이나 그 중 가분에 대한 몰수·추징은 허용되기 어렵고, 범인이 아닌 가족 등 제3자의 재산에 대한 추징도 불가능하여, 범인이 몰수대상인 불법수익 등을 은닉하였을 경우에는 몰수·추징을 할 수 없게 되는 문제가 있다. 이에 따라 총칙상의 몰수 규정만으로는 오늘날 점증하는 경제적 이익을 추구하는 범죄에 대한 대응에 한계가 있음을 고려하여, 1995년 1월 5일 공무원범죄에 관한 몰수 특례법(이하, 공무원범죄몰수법이라 한다.)(1995. 1. 5. 법률 제4934호)의 제정을 시작으로, 일정한 범죄와 관련된 불법수익이나 재산의 몰수·추징에 관한 특례의 규정을 목적으로 하는 마약류불법거래방지에 관한 특례법(이하, 마약거래방지법이라 한다.)(1995. 12. 6. 법률 제5011호), 범죄수익은닉규제법(2001. 9. 27. 법률 제6517호), 불법정치자금 등의 몰수에 관한 특례법(이하, 불법정치자금법이라 한다.)(2005. 8. 4. 법률 제7652호), 부패재산의 몰수 및 회복에 관한 특례법(이하, 부패재산몰수법이라 한다.)(2008. 3. 28. 법률 제8993호) 등 각종 특례법이 제정·시행되고 있다. 위 법률들은 범죄행위로 얻은 불법수익과 그로부터 유래한 재산까지도 몰수할 수 있도록 규정하여 몰수의 대상을 확대하고 있다.[71]

2. 대인적 요건

(1) 서설

36 몰수를 하기 위하여는 그 대상물이 범인 외의 자의 소유에 속하지 아니하거나, 범죄 후 범인 외의 자가 사정을 알면서 취득한 물건이어야 한다. 몰수대상물에 대한 대물적 요건이 그 물건 자체의 특정한 성질에 관한 것인 반면, 대인적 요건은 몰수대상물과 그 물건의 귀속주체와의 관계에 관한 것이다.[72] 양벌

---

70 대판 1966. 9. 6, 66도853.
71 각종 특례법상의 몰수·추징에 관한 상세는 아래 **IX. 특례법상 범죄수익 등에 대한 몰수·추징** 부분 참조.
72 신동운, 864.

규정에 의하여 법인을 처벌하는 경우, 적용을 배제하는 특별한 규정이 없는 한 행위자뿐만 아니라 법인에 대하여도 몰수나 추징을 과하여야 한다.[73]

(2) 범인 외의 자의 소유에 속하지 않는 물건

(가) 의의

범인 외의 자의 소유에 속하지 않는 것은 범인의 소유에 속하는 것과 어느 누구의 소유에도 속하지 않는 것을 말한다.   37

누구의 소유에 속하는지는 판결선고 시를 기준으로 하여 판단하여야 한 다.[74] 따라서 범행 시에는 범인의 소유였으나 판결선고 전에 범인이 사망하여 그 물건의 소유권이 상속인에게 이전된 경우에는 몰수할 수 없다고 봄이 타당하고,[75] 반대로 범행 시에는 범인 이외의 자의 소유에 속하였더라도 판결선고 시에 범인의 소유로 된 물건은 몰수할 수 있다고 보아야 할 것이다.   38

소유권의 귀속은 공부상의 명의가 아니라 권리의 실질적인 귀속관계에 따라 판단하여야 한다.[76] 타인의 소유명의로 되어 있는 물건이라 하여도 범인이 그 물건을 완전히 지배하여 실질적으로 소유권이 있다고 인정되는 때에는 범인에 속한 물건으로서 몰수할 수 있다.[77]   39

(나) 범인의 소유에 속하는 물건

피고인의 소유에 속하는 물건은 당연히 몰수할 수 있다. 범인이 소유권을 가지는 이상 타인이 점유하더라도 몰수할 수 있다. 반대로 타인의 소유에 속하면 범인이 일시 점유하더라도 몰수할 수는 없다.   40

피고인 소유의 물건으로서 압수되었다가 검사에 의하여 피고인에게 환부된 물건은 피고인이 소지하고 있는 것으로서, 몰수는 압수되어 있는 물건에 대하여만 하는 것이 아니므로 이를 몰수할 수 있다.[78]   41

여기서의 범인에는 공범자도 포함되므로, 피고인 자신의 소유물은 물론 공범자의 소유물도 그 공범자의 소추 여부를 불문하고 소지자인 피고인으로부터   42

---

73 대판 1961. 5. 31, 4293형상923; 대판 1980. 12. 9, 80도584.
74 김성돈, 821; 김일수·서보학, 568; 임웅, 672-673; 정성근·박광민, 544; 정영일, 490; 진계호·이 존걸, 707.
75 김성돈, 821; 임웅, 673; 정성근·박광민, 544; 정영일, 490; 진계호·이존걸, 707.
76 대판 1999. 12. 10, 99도3478.
77 한상곤, "몰수, 추징에 있어서의 부가성의 의미와 그 대상자", 자료 50, 법원도서관(1990), 18.
78 대판 1977. 5. 24, 76도4001.

이를 몰수할 수 있다.[79] 공범자는 공동피고인으로서 동시에 재판을 받고 있는 자임을 요하지 않으므로, 기소중지된 공범자의 소유물도 다른 공범자로부터 몰수할 수 있다.[80]

43　　　　공범자의 1인에 대한 몰수의 확정판결이 있는 때에도 다른 공범자에 대하여 다시 동일한 물건의 몰수를 선고할 수 있다는 것이 판례의 태도인데,[81] 이에 대하여는 공범자에 대한 몰수확정판결에 의해 일단 소유권이 국고에 귀속한 후에는 그 물건의 소유인 공범자나 다른 공범자들로부터 몰수에 의하여 이미 국고에 귀속된 동일한 물건을 다시 몰수하는 것은 무의미하므로 허용되지 않는다고 해석하여야 한다는 반대견해[82]가 있다. 일본의 판례도 대심원 이래 관세법 위반 사건의 공범자 중 1인에 대한 몰수판결이 확정되더라도 다른 공범자에 대하여 거듭 동일물의 몰수를 선고할 수 있다고 판시하여[83] 우리 판례와 같은 태도를 취하여 왔는데, 그 이유로서 공범자 중 1인에 대한 몰수판결이 확정되더라도 그 판결의 확정력이 그 공범자에 대한 관계에만 존재하고 다른 공범자에게는 미치지 않음을 들고 있다.[84] 그런데 몰수판결에 대하여 상대적 효력설을 취하는 우리나라와 달리 대세적 효력을 갖고 있다고 해석하는 일본에서는(상세는 아래 **VI. 2. 몰수판결의 상대적 효력** 부분 참조), 위와 같은 판례들이 대세적 효력을 간과한 것이라는 이유로 비판받고 있다. 다만 최고재판소[85]가 몰수판결에 의한 소유권의 국고귀속의 효력은 그 판결을 받은 피고인과 국가 사이뿐만 아니라 대세적으로 발생한다고 명시적으로 밝힌 이후에 학설은 범인에 대한 몰수판결이 확정되어 목적물의 소유권이 국고에 귀속되었다면 다른 범인에 대하여 거듭 동일물의 몰수를 선고할 수 없다고 해석하면서도, 거듭 몰수를 선고하더라도 무

---

79 대판 1984. 5. 29, 83도2680; 대판 2000. 5. 12, 2000도745; 대판 2004. 10. 27, 2003도6738; 대판 2006. 11. 23, 2006도5586; 대판 2013. 5. 23, 2012도11586. 범죄수익은닉규제법 제9조 제1항에서 정한 '범인'의 해석에서도 마찬가지이다(위 2012도11586 판결).

80 대판 1984. 5. 29, 83도2680.

81 대판 1979. 2. 27, 78도2246.

82 한상곤(주 77), 18.

83 大判 大正 5(1916). 9. 27. 刑録 22·1456; 大判 大正 12(1923). 12. 5. 刑集 2·409; 大判 大正 12(1923). 11. 26. 刑集 2·838; 大判 昭和 10(1935). 4. 8. 刑集 14·391; 最判 昭和 24(1949). 5. 28. 刑集 3·6·878.

84 大判 昭和 10(1935). 4. 8. 刑集 14·391.

85 最判 昭和 37(1962). 11. 28. 刑集 16·11·1577, 1593.

익한 것일 뿐 실해(實害)가 생기는 것은 아니라는 이유로 위법이라고까지 할 수는 없다고 본다.[86] 몰수판결에 대한 상대적 효력설을 취하는 우리의 경우에는 공범자 중 1인에 대한 몰수판결이 확정되더라도 다른 공범자에 대하여 몰수판결을 선고할 수 있다고 보는 판례의 태도가 타당한 해석일 것이다.

공범자에는 공동정범, 교사범, 방조범에 해당하는 사람은 물론 필요적 공범 44
관계에 있는 사람도 포함된다.[87] 따라서 피고인과 甲이 공동하여 피해자에게 상해를 가하여 피해자가 사망에 이른 경우, 甲이 기소되지 않았더라도 범행에 사용된 甲 소유의 부엌칼을 피고인으로부터 몰수할 수 있으며,[88] 피고인이 乙에게서 명의신탁을 받아 피고인 명의로 소유권이전등기를 마친 토지 및 그 지상 건물에서 乙과 공동하여 영업으로 성매매알선 등 행위를 하였다면, 乙의 소추 여부를 불문하고 피고인으로부터 위 부동산을 몰수할 수 있다.[89]

나아가 '범인'에 해당하는 공범자는 반드시 유죄의 죄책을 지는 사람에 국 45
한된다고 볼 수 없고 공범에 해당하는 행위를 한 사람이면 충분하므로, 이러한 사람의 소유물도 본조 제1항의 '범인 외의 자의 소유에 속하지 아니하는 물건'으로서 이를 피고인으로부터 몰수할 수 있다. 따라서 피고인이 丙에게 부정한 청탁을 하면서 금품을 교부하여, 丙이 피고인의 범행을 폭로하는 데 증거로 활용하겠다는 의사로 이를 수수한 경우, 丙에게 부정한 청탁의 대가로서 수수한다는 의사가 있었는지 여부를 불문하고 丙의 행위는 필요적 공범에 해당하는 행위이므로 丙이 수수하였다가 수사기관에 제출하여 압수된 금품이 丙의 소유인 이상 피고인으로부터 이를 몰수할 수 있다.[90]

[대판 2006. 11. 23, 2006도5586]   46
피고인 이외의 제3자의 소유에 속하는 물건에 대하여 몰수를 선고한 판결의 효력은 원칙적으로 몰수의 원인이 된 사실에 관하여 유죄의 판결을 받은 피고인에 대한 관계에서 그 물건을

---

86 大塚 外, 大コン(3版)(1), 435-436, 454-455(出田孝一).
87 대판 2001. 3. 9, 2000도794; 대판 2004. 10. 27, 2003도6738; 대판 2006. 11. 23, 2006도5586.
88 대판 2000. 5. 12, 2000도745.
89 대판 2013. 5. 23, 2012도11586.
90 대판 2006. 11. 23, 2006도5586. 본 판결 해설은 김현용, "형법 제48조 제1항의 '범인'에 포함되는 공범자의 범위(유죄의 죄책을 지지 않는 공범자의 소유물을 몰수할 수 있는지 여부)", 해설 66, 법원도서관(2007), 276-287.

소지하지 못하게 하는 데 그치고 그 사건에서 재판을 받지 아니한 제3자의 소유권에 어떤 영향을 미치는 것은 아닌 점과 형법 제49조 단서에 의하면 행위자에게 유죄의 재판을 아니할 때에도 몰수의 요건이 있는 때에는 몰수를 선고할 수 있는 점 등에 비추어 볼 때, 형법 제48조 제1항의 '범인'에 해당하는 공범자는 반드시 유죄의 죄책을 지는 자에 국한된다고 볼 수 없고 공범에 해당하는 행위를 한 자이면 족하다고 할 것이어서, 이러한 자의 소유물도 형법 제48조 제1항의 '범인 이외의 자의 소유에 속하지 아니하는 물건'으로서 이를 피고인으로부터 몰수할 수 있다 할 것이다.

47　　　　형벌은 공범자 전원에 대하여 각기 별도로 선고하여야 할 것이므로, 공범자 중 1인 소유에 속하는 물건에 대한 부가형인 몰수에 관하여도 개별적으로 선고하여야 한다.[91] 판례는 몰수선고에 관한 상대적 효력설을 취하여 몰수선고의 효력은 그 판결을 받은 피고인에 대해서만 발생한다고 해석하고 있으므로, 공범의 소유에 속하는 물건을 그 물건의 소유자가 아닌 다른 공범으로부터 몰수하더라도, 몰수대상물의 소유를 박탈하기 위하여는 소유자인 공범에 대한 판결에서 따로 몰수를 선고하여야 한다.

48　　　　다만 판례 중에는, 피고인이 다른 공동피고인들에게 도박자금으로 금원을 대여하여 도박방조죄로 기소된 사안에서, 피고인이 대여한 금원은 피고인의 소유가 아니라 공동피고인들의 소유에 속하게 되므로 공동피고인들로부터 본조 제1항 제1호 또는 제2호를 적용하여 몰수할 수 있을 뿐이고, 피고인으로부터 몰수할 성질의 것은 아니라는 이유로, 피고인에 대하여 추징을 선고한 원심판결을 파기한 사례가 있다.[92] 추징을 허용하지 아니한 위 판결의 결론은 수긍할 수 있으나 이유에는 의문이 있다. 앞서 본 바와 같이 '범인'에는 공범자도 포함되므로, 피고인이 공범인 공동피고인들에게 대여한 도박자금이 공동피고인들의 소유에 속한다고 하더라도 피고인에게서도 몰수할 수 있다고 보는 것이 옳을 것이다.[93] 따라서 위 사안에서 피고인에 대하여 몰수가 불가능한 때에 해당하지 아니하여 그 가액을 추징할 수 없다거나, 또는 국가가 추징할 수 있는 가액은

---

91 대판 1979. 2. 27, 78도2246; 대판 2013. 5. 23, 2012도11586.
92 대판 1982. 9. 28, 82도1669.
93 다만 몰수는 소유자가 아닌 사람에 대한 관계에서는 그 소지 내지 점유를 박탈하는 효력밖에 없으므로, 위 금원을 소유하지도, 소지하지도 않은 피고인에 대한 몰수판결은 장차 피고인이 위 금원을 소지나 점유하지 못하도록 하는 정도의 소극적 의미만 있을 뿐임은 별도의 문제이다.

　　　　　　　　〔최　　환〕

몰수로 인한 이득을 초과할 수 없다는 추징의 보충적 성격에 따른 제약〔상세는 **VIII. 5. (3) (나) 추징의 보충성에 따른 제한** 및 **(4) 이른바 단계적 추징의 문제** 부분 참조〕으로 인하여 공범 중 1인으로부터 당해 물건을 몰수하는 판결이 확정되었다면 다른 공범들에 대하여는 추징할 수 없다고 볼 수는 있을지언정, 몰수 자체가 허용되지 않는다고 할 것은 아니다. 다만 위 사안에서, 만약 피고인이 도박자금으로 사용되는 것을 모르고 금원을 대여하여 공동피고인들과 사이에 공범관계가 인정되지 않는다면, 위 금원이 피고인에 대한 관계에서는 범인 자신이나 그 공범자의 소유라고 할 수 없으므로, 피고인으로부터 몰수할 수 없다고 보아야 할 것이다. 위 판결 후에 판례는 문화재보호법위반 사건에서, "형법 제48조 제1항의 범인 속에는 공범자를 포함한다고 해석되므로 범인자신의 소유물은 물론 공범자의 소유물에 대하여도 그 공범자가 소추되어 있음을 불문하고 이를 몰수할 수 있다."고 판결하여 공범자의 소유물도 몰수할 수 있음을 명백히 하였고,[94] 이후 반복하여 같은 취지로 판시하고 있다.

범인 외의 자의 소유에 속하는 물건은 원칙적으로 몰수할 수 없다. 따라서 **49** 장물이나 매각위탁을 받은 엽총[95]은 모두 범인 외의 자의 소유에 속하는 물건으로서 몰수할 수 없다. 공무원이 그 권한에 의하여 작성한 문서는 그 내용이 허위이거나 불실기재된 것이라고 하더라도 그 기재부분 자체는 당해 공무소의 소유에 속하므로 몰수 또는 폐기할 수 없다. 따라서 불실기재된 등기부의 기재부분,[96] 허위신고에 의하여 작성된 가호적부의 기재부분,[97] 허위작성된 공문서의 허위기재부분[98]은 폐기의 대상이 될 수 없다. 불실기재된 등기부원본에 의한 등기부등본의 기재부분은 폐기의 대상이 되지 않지만,[99] 등본의 기재를 변개한 경우 그 등본 중 변개부분은 폐기가 가능하다.[100]

(다) 어느 누구의 소유에도 속하지 않는 물건

어느 누구의 소유에도 속하지 않는 물건에는 그 존재가 사회에 유해하고 **50**

---

94 대판 1984. 5. 29, 83도2680.
95 대판 1966. 1. 31, 65오4.
96 대판 1957. 8. 2, 4290형상190.
97 대판 1959. 6. 30, 4292형상177.
98 대판 1983. 6. 14, 83도808.
99 대판 1960. 7. 13, 4293형상128.
100 대판 1960. 3. 16, 4292형상858.

〔최   환〕

위험하기 때문에 법률상 어느 누구의 소유나 소지도 금지되는 물건[금제품(禁制品), 예컨대 위조통화, 위조문서[101] 등), 무주물 또는 권리자 불명인 물건 등이 포함된다. 무가치에 가까운 1개의 못 같은 소유자 불명의 물건도 특단의 사유가 없는 한 소유권을 포기한 것으로 볼 수 있으므로 몰수할 수 있다.[102] 불법원인급여에 해당하여 소유자에게 반환청구권이 없는 물건 또는 소유자가 반환청구권을 포기한 물건도 몰수가 가능하다.[103]

(3) 범죄 후 범인 외의 자가 사정을 알면서 취득한 물건

51   범인 외의 자의 소유에 속하는 물건이라고 하더라도 범죄 후 범인 외의 자가 사정을 알면서 취득한 물건은 몰수할 수 있다.

52   사정을 안다는 것은 본조 제1항 각호에 해당하는 물건임을 알고 있는 것을 의미한다.[104] 위 각호의 사정을 알면 충분하고 구체적으로 몰수의 대상인지까지 알아야 하는 것은 아니다.[105] 물건을 취득할 당시 그 사정을 알지 못하였다면, 취득 후에 알게 되었다고 하더라도 몰수할 수 없다고 보아야 한다.

53   '취득'에는 소유권을 취득한 경우는 물론 질권, 저당권 등의 물권을 취득한 경우도 포함된다. 범인으로부터 직접 취득하여야 할 필요는 없다. 따라서 선의의 취득자로부터 악의로 취득한 경우도 포함된다.[106] '범죄 후' 사정을 알면서 취득하였어야 하므로, 범행 전에 취득하여 범행 시에는 이미 범인 외의 자의 소유에 속하였다면, 소유자가 그 사정을 알고 있는 경우라도 몰수의 대상이 되지 않는다.[107]

---

101 대결 1984. 7. 24, 84모43.
102 사법연수원, 형사판결서작성실무(2018), 64-65.
103 김성돈, 821.
104 김성돈, 822; 김일수·서보학, 569; 박상기, 542; 배종대, § 176/15; 손동권·김재윤, § 37/49; 오영근, 517; 임웅, 673; 이재상·장영민·강동범, § 40/44; 정성근·박광민, 544; 진계호·이존걸, 707; 사법연수원, 형사판결서작성실무(2018), 65.
105 오영근, 517.
106 사법연수원, 형사판결서작성실무(2018), 65.
107 사법연수원, 형사판결서작성실무(2018), 65.

IV. 몰수의 부가성 및 그 예외

몰수는 타형에 부가하여 과하는데(§ 49 본문), 이를 몰수의 부가성이라고 한 **54** 다. 다만, 그 예외로 행위자에게 유죄의 재판을 하지 아니할 때에도 몰수의 요 건이 있는 때에는 몰수만을 선고할 수 있다(§ 49 단서)[이에 대한 상세는 **§ 49(몰수의 부가성) 주해** 참조].

V. 소송법적 문제

1. 압수의 요부

몰수할 물건은 압수되어 있는 것이 보통이나, 반드시 압수되어 있는 물건에 **55** 대하여만 하는 것이 아니므로,[108] 몰수 대상 물건이 압수되어 있는지 또는 적법 한 절차에 의하여 압수되었는지 여부는 몰수의 요건이 아니다. 따라서 몰수 대 상 물건에 대한 압수 자체가 위법하게 되었다고 하더라도 몰수의 요건을 갖추 었다면 그에 대한 몰수의 효력에 영향을 미칠 수 없다.[109]

2. 증명의 정도

몰수 대상이 되는지 여부나 추징액의 인정 등 몰수·추징의 사유는 범죄구 **56** 성요건 사실에 관한 것이 아니어서 엄격한 증명이 필요 없다는 것이 판례의 태 도이다.[110] 이에 대하여는, 몰수도 형벌의 일종인 이상 엄격한 증명의 대상이 된다고 해야 한다는 반대견해가 있다.[111] 엄격한 증명이 필요 없다는 것은 증거 능력이 없는 증거나 법률이 규정한 증거조사방법을 거치지 아니한 증거에 의한 증명, 즉 이른바 자유로운 증명이 허용된다는 의미이다. 엄격한 증명의 대상이

---

108 따라서 판결선고 전 검사에 의하여 압수된 후 피고인에게 환부된 물건도 피고인으로부터 몰수할 수 있다(대판 1977. 5. 24, 76도4001).
109 대판 2003. 5. 30, 2003도705; 대판 2014. 9. 4, 2014도3263.
110 대판 1973. 4. 17, 73도279; 대판 1982. 2. 9, 81도3040; 대판 1987. 4. 11, 87도399; 대판 1993. 6. 22, 91도3346; 대판 2006. 4. 7, 2005도9858(전); 대판 2008. 6. 26, 2008도1392; 대판 2014. 7. 10, 2014도4708; 대판 2015. 4. 23, 2015도1233 등.
111 임웅, 670; 진계호·이존걸, 704.

되지 않는다고 하더라도 역시 증거에 의하여 인정되어야 함은 당연하고, 그 증명 대상이 되는 물건이나 범죄수익 등을 특정할 수 없는 경우에는 몰수·추징할 수 없다.[112]

57   다만 몰수·추징의 사유가 범죄구성요건 사실이 되는 경우, 예컨대 피고인에 대한 공소사실의 적용법조가 뇌물죄의 수뢰액에 따라 가중처벌하도록 규정한 특정범죄 가중처벌 등에 관한 법률(이하, '특정범죄가중법'이라 한다.) 제2조 제1항인 경우에 수뢰액은 그 다과에 따라 범죄구성요건이 되므로 단순뇌물죄에서의 수뢰액과는 달리 엄격한 증명의 대상이 된다고 보아야 한다.[113]

3. 불이익변경금지의 원칙

58   몰수도 형의 일종이므로 불이익변경금지의 원칙이 적용된다(형소 § 368, § 396②, § 457②). 추징도 몰수에 대신하는 처분으로서 몰수와 마찬가지로 형에 준하여 평가하여야 하므로 그에 관하여도 불이익변경금지의 원칙이 적용된다.[114] 형이 불이익한지 여부는 주문을 개별적·형식적으로 고찰할 것이 아니라, 전체적·실질적으로 고찰하여 결정하여야 한다.[115]

59   ① 주형을 같이 하면서 새로이 몰수를 선고하는 것은 불이익변경금지의 원칙에 위배되어 허용되지 않지만,[116] ② 제1심의 형량인 징역 2년에 집행유예 3년 및 금 5억여 원의 추징을 항소심에서 징역 1년에 집행유예 2년 및 금 6억여 원의 추징으로 변경하는 것은 불이익변경이 아니고,[117] ③ 제1심에서 징역 1년 6월에 집행유예 3년을, 환송 전 원심에서 징역 1년 형의 선고유예를 각 선고받은 데 대하여, 환송 후 원심에서 벌금 40,000,000원의 형과 금 16,485,250원의 추징의 선고를 모두 유예한 경우 전체적·실질적으로 볼 때 제1심 판결이나 환

---

112 대판 2006. 4. 7, 2005도9858(전); 대판 2008. 6. 26, 2008도1392; 대판 2014. 7. 10, 2014도4708.
113 대판 2011. 5. 26, 2009도2453.
114 대판 1982. 4. 13, 82도256; 대판 2006. 11. 9, 2006도4888.
115 대판 1998. 3. 26, 97도1716(전). 본 판결 평석은 김병운, "불이익변경금지원칙에 있어서 불이익변경의 판단기준: 주형과 부가형을 중심으로 ", 형사재판의 제문제(2권), 박영사(2000), 495-509; 서기석, "불이익변경의 판단기준", 국민과 사법: 윤관 대법원장 퇴임기념, 박영사(12999), 826-827; 한영수, "불이익변경 여부의 판단기준", 형사판례연구 [8], 한국형사판례연구회, 박영사(2000), 526-549.
116 대판 1992. 12. 8, 92도2020.
117 대판 1998. 5. 12, 96도2850.

송 전 원심판결보다 불이익하게 변경되었다고 볼 수 없다.[118] 또한, ④ 제1심이 징역 3년과 몰수를 선고하였는데, 항소심이 주형에서 징역 1년을 감축하여 징역 2년을 선고하였다면 제1심에서 몰수한 물건 외에 미화 5,966달러를 새롭게 추가하여 몰수하였더라도 피고인에게 불이익하게 변경되었다고 할 수 없다.[119]

한편 판례는, 제1심 판결에서 선고된 추징을 항소심 판결에서 몰수로 변경하는 것은 형식적으로 보면 제1심이 선고하지 아니한 전혀 새로운 형을 선고하는 것으로 보일지 모르나, 추징은 몰수에 갈음하여 그 가액의 납부를 명하는 처분으로서, 실질적으로 볼 때 몰수와 표리관계에 있어 차이가 없으므로, 항소심이 몰수의 가능성에 관하여 제1심과 견해를 달리하여 추징을 몰수로 변경하더라도, 그것만으로 피고인의 이해관계에 실질적 변동이 생겼다고 볼 수는 없으며, 따라서 이를 두고 형이 불이익하게 변경되는 것이라고 보아서는 안 되고, 몰수할 물건의 가격이 크게 올랐다 하더라도 불이익변경 여부는 문제될 수 없다고 한다.[120] 위 판결의 취지에 비추어, 제1심 판결에서 선고된 몰수를 항소심에서 추징으로 변경하거나, 제1심 판결에서 선고된 추징을 항소심에서 일부 몰수, 일부 추징으로 변경하더라도 불이익하게 변경되었다고 볼 수는 없을 것이다.[121]

60

4. 몰수·추징 부분에만 파기사유가 있는 경우 상소심의 처리

(1) 몰수·추징 부분에 대한 일부상소의 효력

피고사건의 재판 가운데 몰수·추징에 관한 부분만을 불복대상으로 삼아 상소가 제기되었다 하더라도, 상소심으로서는 이를 적법한 상소제기로 다루어야 하는 것이지 몰수·추징에 관한 부분만을 불복대상으로 삼았다는 이유로 그 상소의 제기가 부적법하다고 보아서는 아니 된다. 몰수·추징 부분에 대한 상소의 효력은 그 부분과 불가분의 관계에 있는 본안에 관한 판단 부분에까지 미쳐 원심판결 전부가 상소심으로 이심된다.[122]

61

---

118 대판 1998. 3. 26, 97도1716(전).
119 대판 1977. 3. 22, 77도67.
120 대판 2005. 10. 28, 2005도5822.
121 조휴옥, "뇌물죄에서의 추징의 대상과 방법", 청연논총 6, 사법연수원(2009), 369.
122 대판 2008. 11. 20, 2008도5596(전)(본 판결로써, 종전 본안에 관한 판단 부분에 대한 상소 없이 몰수·추징 부분에 한하여 상소하는 것은 허용되지 않는다고 해석한 대판 1984. 12. 11, 84도1502; 대판 2007. 11. 15, 2007도6775 등을 폐기). 본 판결 해설은 박이규, "추징에 관한 부분에

(2) 상소심의 파기 범위

62　　　몰수 또는 추징에 관한 상소가 이유 있는 경우 원심판결 전부를 파기할 것
인지, 또는 몰수·추징 부분만 파기할 것인지가 문제될 수 있다. 종래 대법원은
주형과 몰수 또는 추징을 선고한 원심판결 중 몰수 또는 추징 부분에 관해서만
파기사유가 있을 때에도 원심판결 전부를 파기하였다가, 대판 1992. 7. 28, 92
도700에서 원심판결 중 추징 부분만을 파기하고 자판한 이래 몰수·추징 부분만
을 파기하여 자판하고 있는 것으로 보인다.[123]

63　　　그런데 대법원은 원심판결 중 몰수·추징 부분만 위법한 경우에도, ① 원심
이 몰수·추징을 하여야 함에도 전혀 몰수·추징을 선고하지 않은 경우[124]에는
자판하면서도 원심판결 전부를 파기하였고, ② 원심판결을 자판하지 않고 환송
하는 경우[125]에는 항상 원심판결 전부를 파기하고 있다. 위와 같은 경우에 대법
원이 원심판결 전부를 파기하는 이유는, 위 ①의 경우 원심판결에 몰수나 추징
부분이 없어 그 부분만 특정하여 파기할 수 없고,[126] ②의 경우 파기되지 않은
부분이 분리 확정되는 문제가 발생하여 원심판결을 전부 파기할 수밖에 없기
때문이라고 설명된다.[127]

64　　　한편 몰수·추징을 하지 않아야 함에도 원심이 몰수·추징을 선고함으로 인하
여 그 몰수·추징 부분이 전부 위법하게 된 경우에 대법원의 주류적 판결은 원심판
결 전부를 파기하고 있는 것으로 보이나,[128] 최근에는 원심판결 중 몰수·추징 부
분만을 파기하는 판결이 선고되기도 하였다.[129] 위와 같은 경우에 대법원이 원심
판결 전부를 파기하는 이유에 관하여는, 만약 일부 파기를 하게 되면 원심판결 중
몰수·추징 부분을 파기한다는 주문 외에는 달리 주문에 표시할 방도가 없어 주문
으로는 판결내용을 이해하기 곤란한 문제가 발생하기 때문이라고 설명된다.[130] 그

한하여 상소한 경우의 취급", 해설 78, 법원도서관(2009), 635-654.

123 대판 1996. 11. 29, 96도2490; 대판 1999. 4. 9, 98도4374; 대판 2008. 2. 14, 2007도10034 등.

124 대판 2005. 10. 28, 2005도5822.

125 대판 2005. 7. 28, 2005도2557; 대판 1999. 12. 21, 98도4262 등.

126 대판 2005. 10. 28, 2005도5822.

127 정준영, "추징 부분에 한하여 상소한 경우의 취급", 정의로운 사법: 이용훈 대법원장 재임기념,
　　사법발전재단(2011), 859.

128 대판 2006. 12. 8, 2006도6410; 대판 2001. 7. 24, 2000도5069; 대판 2000. 6. 13, 2000도691 등.

129 대판 2016. 12. 15, 2016도16170.

130 정준영(주 127), 859.

러나 상소의 일부만이 이유 있어 원심판결 중 일부에 대하여만 파기사유가 있는 경우 주문에서 그 부분이 특정될 수 있다면 그 부분에 한하여 원심판결을 파기함이 원칙이고 또한 이로써 충분하므로, 위와 같은 경우에는 원칙으로 돌아가 최근의 사례와 같이 원심판결 중 몰수·추징 부분만을 파기함이 더욱 타당할 것이다.

5. 몰수형의 공소시효

형사소송법 제249조 제7호는 몰수에 해당하는 범죄의 공소시효를 1년으로 규정하고 있다. 그러나 몰수는 어디까지나 부가형으로서 몰수를 주형으로 규정하거나 몰수만을 형벌로 규정한 범죄는 없고, 현행 법제상 몰수의 선고만을 위한 공소제기도 허용될 수 없으므로, 위 규정이 주형의 공소시효와 독립된 몰수형만의 공소시효를 규정하였다고 볼 수 있는지는 의문이다. **65**

비록 형법이 몰수를 형의 일종으로 규정하고 있기는 하나, 공소시효기간은 공소사실에 대한 법정형이 그 기준이 되고, 2개 이상의 형을 병과하거나 수개의 형이 선택형으로 규정된 경우 무거운 형이 기준이 되는데(형소 §250), 형법은 몰수를 가장 가벼운 형으로 규정하고 있고, 몰수만을 형벌로 규정한 범죄는 없는 이상, 공소사실에 대한 법정형 중 몰수형에 대한 공소시효기간의 경과로써 그 범죄의 공소시효가 완성되는 경우를 상정하기는 어렵기 때문이다.[131] 결국 현행 법제상으로는 몰수형에 대한 독자적인 공소시효가 인정되는지 여부에 관한 논의는 사실상 무의미하고, 주형의 법정형에 대한 공소시효기간이 곧 그 범죄의 공소시효기간이 된다고 봄이 타당할 것이다. **66**

VI. 몰수의 효과

1. 물권적 효과

몰수는 대상물의 재산권을 범인으로부터 박탈하여 일방적으로 국고에 귀속시키는 물권적 효과를 가진다. 따라서 범인이 가지고 있던 대상물건의 재산권은 **67**

---

131 제49조 단서에 따라 예외적으로 부가형인 몰수만을 선고하는 때에도, 2개 이상의 형에서 그 1개를 과할 경우에 해당하여 형사소송법 제250조에 의하여 공소시효의 기준은 몰수가 아니라 무거운 형인 주형이 되므로 마찬가지일 것이다.

그 의사와 관계없이 소멸된다. 이때 국가의 권리 취득은 원시취득이다. 대상물
건의 소유권이 강제로 국가에 귀속된다는 점에서 일정한 금액의 지급의무를 부
과할 뿐인 벌금형과 구별된다.

68   몰수대상물에 대한 재산권이 국고에 귀속되는 시기에 관하여는, ① 몰수재
판이 확정된 때에 국고에 귀속된다는 재판확정시설과, ② 재판이 확정된 후 검
사의 지휘에 의하여 집행된 때에 국고에 귀속된다는 집행시설로 나뉜다. 판례는
관세포탈물품이 취득양여 등으로 전전양도된 경우 그에 관여된 어느 범인으로
부터 몰수한다는 판결이 확정되었다면 그 물품이 이미 검사에 의하여 압수되고
있는 한 그 판결의 확정과 동시에 그 범칙물품은 국고귀속이 된다고 하여, 대상
물이 압수되어 있는 사안에서는 위 ①의 재판확정시설을 취하는 것으로 보인
다.[132] 대상물이 압수되어 있지 않은 경우가 문제인데, 민법상 물권변동의 일반
원칙에 따라 대상물이 부동산인 경우 판결확정 시에(민 § 187), 동산의 경우 국가
의 점유 취득 시(민 § 188), 즉 집행 시에 국고에 귀속된다고 해석함이 타당할 것
이다.

2. 몰수판결의 상대적 효력

69   몰수판결에 따른 소유권의 국고귀속의 효력이 그 선고를 받은 당해 형사사건
의 피고인에 대한 관계에서만 미치는지, 아니면 당해 형사사건의 피고인뿐만 아
니라 제3자에까지 미치는지에 관하여는 견해의 대립이 있다. 전자는 ① 상대적
효력설(또는 대인적 효력설), 후자는 ② 절대적 효력설(또는 대세적 효력설)로 불린다.

70   대법원은 일관하여 피고인 외의 제3자의 소유에 속하는 물건에 대하여 몰
수를 선고한 판결의 효력은 원칙적으로 몰수의 원인이 된 사실에 관하여 유죄
의 판결을 받은 피고인에 대한 관계에서 그 물건을 소지하지 못하게 하는 데 그
치고, 그 사건에서 재판을 받지 않은 제3자의 소유권에 어떠한 영향을 미치는
것은 아니라고 하여,[133] 위 ①의 상대적 효력설의 입장이다. 상대적 효력설에

---

132 대판 1980. 8. 26, 80도620.
133 대판 1965. 2. 23, 64도653; 대판 1966. 12. 27, 66다1703; 대판 1970. 2. 10, 69다2051; 대판
     1970. 3. 24, 70다245; 대판 1974. 7. 16, 73다1519; 대판 1999. 5. 11, 99다12161; 대판 2006.
     11. 23, 2006도5586; 대결 2017. 9. 29, 2017모236.

따르면, 그 물건의 소유를 박탈하기 위하여는 공범자의 전원에 대하여 각기 별도로 몰수를 선고하여야 한다.[134]

　　우리 대법원과 달리 일본 판례는 몰수할 물건이 제3자의 소유에 속한다고 하더라도 피고인에 대한 몰수 선고에 의하여 그 제3자의 소유권이 박탈된다고 해석하여 위 ②의 절대적 효력설을 취하고 있다.[135] 일본의 학설·판례의 주류는 몰수 선고가 절대적 효력을 갖고 있음을 전제로 하여,[136] 그에 따른 문제점을 보완해 나가는 데에 주된 관심을 기울여 왔다. 이에 따라 일본에서는 일찍부터 형법총칙상 몰수와 달리 지정(知情) 요건을 별도로 규정하지 아니한 관세법 등 개별 법률상 몰수의 경우에 선의의 제3자 소유물을 몰수할 수 있는지 여부(실체법적인 문제)와, 몰수의 실체법적 요건을 갖추었다고 하더라도 적법절차의 관점에서 제3자에게 당해 소송절차에 대한 고지, 변명, 방어의 기회를 부여하지 않고 타인의 판결에 의하여 재산권을 박탈할 수 있는지 여부(절차법적인 문제)의 문제를 중심으로 제3자 소유물에 대한 몰수의 위헌성이 논의되었다.

　　일본 최고재판소는, ① 관세법위반의 범행에 제공된 제3자 소유의 선박을 몰수한 하급심판결에 대하여 타인의 형사사건으로 제3자의 소유권을 박탈하는 것은 헌법에 위배된다는 취지로 상고한 사건에서, 일본 구 관세법 제83조 제1항에 따른 선박 등의 몰수에 있어서 그 선박 등이 제3자의 소유에 속한 경우에는 그 제3자가 악의일 경우에 한하여 몰수할 수 있는 것으로 한정해석하여야 하고, 그와 같이 해석한다면 위헌이 아닐 것이라고 판시하여,[137] 몰수의 절대적 효력을 당연한 전제로 삼았고, 그 후 ② 제3자 소유물에 대한 필요적 몰수를 규정한 일본 관세법 제118조 제1항[138](우리 관세법 § 282②에 대응)의 규정에 따른 몰수는

71

72

---

134 대판 1979. 2. 27, 78도2246; 대판 2013. 5. 23, 2012도11586.
135 最判 昭和 37(1962). 11. 28. 刑集 16·11·1577, 1593.
136 따라서 공범자 중 1인에 대하여 몰수판결이 확정되었더라도 다른 공범자에 대하여 거듭 동일물의 몰수를 선고할 수 있다는 대심원 이래의 판례는 절대적 효력을 간과한 것이라는 비판을 받고 있음은 앞서 본 바와 같다.
137 最判 昭和 32(1957). 11. 27. 刑集 11·12·3132. 위 판결 이후 구 관세법 제83조는 제3자 소유물에 대하여 제3자가 정을 아는 경우에 한하여 몰수하도록 개정되었다.
138 일본 관세법 제118조 ① 제108조의4부터 제111조까지(수출해서는 아니 되는 화물을 수출하는 죄·수입해서는 아니 되는 화물을 수입하는 죄·수입해서는 아니 되는 화물을 보세구역에 두는 등의 죄·관세를 면하는 등의 죄·허가를 받지 아니하고 수출입하는 등의 죄)의 범죄에 관련된 화물(제110조 또는 제111조의 범죄에 관련된 화물은 수입제한화물등에 한한다.), 그 범죄행위에

위 규정에서 정한 범죄와 관계있는 선박, 화물 등으로서 위 규정 단서에 해당하지 않는 것에 대하여 피고인의 소유에 속하는지 여부를 묻지 않고 그 소유권을 박탈하여 국고에 귀속시키는 처분으로서, 피고인 외의 제3자의 소유인 경우에도 피고인에 대한 부가형으로서의 몰수 선고에 의하여 그 제3자의 소유권 박탈의 효과가 생기는 취지라고 해석함이 상당하다고 하여 명시적으로 몰수의 절대적 효력을 선언하면서도, 그 몰수에 관하여 당해 소유자에 대하여 고지, 변명, 방어의 기회를 부여하지 않고 소유권을 박탈하는 것은 현저히 불합리하고 적법절차를 규정한 일본헌법이 용인하지 않는 것이라고 하여, 위 관세법 규정에 의한 제3자 소유물의 몰수는 헌법에 위반된다고 판시하였다.[139] 이에 따라 1963년 「형사사건에 있어 제3자 소유물의 몰수절차에 관한 응급조치법」이 제정·시행되기에 이르렀다.[140]

73   우리 대법원은, 개별 법률에서 정한 몰수는 형법총칙의 몰수에 대한 특별규정으로서 그 법률에서 피고인이 점유 또는 소유하는 해당 물품을 필요적으로 몰수하도록 규정하고 있는 이상, 그 물품이 피고인 외의 제3자의 소유에 속하더라도 그 제3자의 선의·악의를 불문하고 몰수하여야 한다고 해석하고 있다.[141] 위와 같이 해석하더라도 우리 판례가 일본과는 달리 상대적 효력설을 취하여 피고인에 대한 몰수판결의 효력이 제3자의 소유권에 영향을 미치지 않는다고

제공된 선박, 항공기 또는 제112조(밀수화물의 운반등을 하는 죄)의 범죄에 관련된 화물(제108조의4 또는 제109조의 범죄에 관련된 화물 및 수입제한화물등에 한한다.)(이하, 본조에서는 「범죄화물등」이라 총칭한다.)은 몰수한다. 다만, 범죄화물등이 범인 이외의 자의 소유에 관련되고, 또한 그 자가 다음 각호의 어느 하나에 해당하는 경우에는 그러하지 아니하다.
  1. 제108조의4부터 제112조까지의 범죄가 행하여지는 것을 미리 알지 못하고 그 범죄가 행해진 때부터 계속하여 범죄화물등을 소유하고 있다고 인정되는 때
  2. 전호의 범죄가 행해진 후 그 정을 모르고 범죄화물등을 취득하였다고 인정되는 때
139 最判 昭和 37(1962). 11. 28. 刑集 16·11·1577, 1593.
140 위 법률의 요지는 검사는 임의적 몰수의 경우 제3자 소유물의 몰수가 필요하다고 인정될 때에, 필요적 몰수의 경우 반드시, 당해 제3자에게 피고사건이 계속 중인 법원, 피고인의 성명, 몰수할 물건의 품명, 수량, 몰수의 이유로 되는 사실, 참가신청을 할 수 있다는 취지, 참가신청의 기간 등을 고지·공고하고, 제3자는 당해 피고사건에 참가신청을 할 수 있으며, 법원이 참가를 허가한 때에는 참가인은 몰수에 관하여 피고인과 동일한 소송상 권리를 갖고, 그에 대하여 진술할 기회를 부여받으며, 필요한 소송행위를 할 수 있다는 취지이다. 제3자 소유물의 몰수에 대한 일본 최고재판소 판례의 추이와 위 법률 내용의 상세에 관하여는 大塚 外, 大コン(3版)(1), 443(出田孝一) 이하 참조.
141 대판 1965. 2. 23, 64도653; 대결 1992. 9. 18, 92모22; 대판 1999. 5. 11, 99다12161; 대판 2004. 3. 26, 2003도8014.

보는 결과, 소유자인 제3자로서는 민사소송에 의하여 몰수물의 반환을 청구하는 등 권리 행사에 지장이 없고, 형사소송법 제484조에 따라 몰수물의 교부를 청구할 수도 있으므로,[142] 일본의 경우와 같은 위헌의 문제는 생기지 않을 것이다. 대법원도 반복하여 위와 같은 해석이 헌법에 위배되지 아니함을 명시적으로 밝힌 바 있다.[143] 일본과 같은 몰수대상물의 소유자인 제3자의 권리를 보호하는 법 규정이 없는 우리 법제에서는 부득이한 해석일 것이다. 다만 이에 대하여는 제3자에 대한 위와 같은 사후구제의 가능성은 적법절차와는 별개의 문제이므로, 입법론으로서 실체법상으로는 악의의 제3자 소유물에 대하여만 몰수를 인정하거나, 제3자가 받은 손실을 보상하는 규정을 두어야 하고, 절차법상으로는 악의의 제3자라고 하더라도 당해 소송절차에 참가할 수 있는 절차를 마련하여야 한다는 견해가 있다.[144]

한편 공무원범죄몰수법(§§ 13-22)을 비롯하여 범죄수익에 대한 몰수를 인정하고 있는 특례법들은 일본의 위 응급조치법의 내용과 유사한 제3자 참가절차 등의 특례 규정들을 두고 있다(상세는 아래 **IX. 특례법상 범죄수익 등에 대한 몰수·추징** 부분 참조). 앞서 본 바와 같이 일본 판례가 절대적 효력설을 취하면서도, 몰수대상물의 소유자인 제3자가 당해 소송절차에 참여할 절차와 방법이 마련되어 있지 않다는 이유로 제3자 소유물에 대한 몰수가 위헌이라고 선언함으로써 몰수판결의 절대적 효력을 인정하기 위한 전제조건으로 소유자인 제3자에 대한 방어기회의 부여를 들고 있고, 우리 대법원도 관세법상 몰수에 관하여 "형사사건의 피고인도 아니고 그 사건에 있어서 방어의 기회를 가질 수도 없었던 선박 소유자인 원고에게까지 그 효력이 미칠 수 없다."고 하여 소유자인 제3자에 대한 방어의 기회가 부여되지 않은 점을 상대적 효력설을 취하는 근거로 들고 있으므로,[145] 특례법상 제3자 참가절차 규정에 따라 몰수대상 재산의 소유자인 제3자에게 피고인에 대한 당해 형사사건절차에 참가하여 몰수와 관련한 자신의 권리를 주장할 기회가 부여되었다면, 각 특례법에 따른 피고인에 대한 몰수판결의 효력

74

---

142 판례는 상대적 효력설에 대한 근거의 하나로 형사소송법 제484조의 규정을 들기도 한다(대판 1966. 12. 20, 66다2080; 대판 1966. 12. 27, 66다1703).
143 대판 1965. 2. 23, 64도653; 대판 1970. 2. 10, 69다2051.
144 최규연(주 34), 180.
145 대판 1966. 12. 27, 66다1703.

은 그 제3자에게도 미친다고 해석함이 타당할 것이다.[146]

75　　　몰수선고의 효력이 유죄판결을 받은 피고인에 대해서만 발생하는 이상, 피고인 외의 제3자는 몰수의 대상이 된 물건의 소유자임을 주장하여 민사소송으로 국가에 대하여 그 반환을 청구할 수 있다.[147] 다만 판례는, 공범과 함께 공동피의자로 입건되었다가 소재불명이나 조사불응으로 기소중지 처분이 되어 피의사건이 완결되지 않은 피의자는 그 공범에 대하여 압수물의 몰수를 선고한 확정 판결에 자신이 공범으로 인정되어 있다면, 그 압수의 효력이 자신에 대한 관계에서는 여전히 남아 있으므로, 위 판결의 효력이 자신에게는 미치지 않는다거나 그 피의사건에서 압수된 물건의 소유권이 자신에게 있다는 사실만으로 위 압수물의 인도를 청구할 수는 없다고 한다.[148] 위 판결을 근거로 대법원이 공범에 대한 관계에서는 절대적 효력설의 입장을 취하였다고 이해하는 견해가 있다.[149] 그러나 위 판결은 압수물의 소유자가 몰수선고를 받은 공범과 함께 공동피의자로 입건된 사안으로서, 압수물의 소유자 자신에 대한 피의사건에서 이루어진 압수의 효력은 당해 피의사건이 완결되지 않은 이상 여전히 그 소유자에게 미치고 있어 압수물의 소유자로서는 자신에 대한 피의사건이 완결되지 아니한 상태에서는 압수의 효력을 부인할 수 없다는 취지로 이해되므로, 결국 공동피의자에 대한 압수의 효력에 관한 해석일 뿐 공범에 대한 몰수판결의 효력과는 그 평면을 달리 하는 사안이라고 봄이 옳을 것이다.

76　　　압수한 서류 또는 물품에 대하여 몰수의 선고가 없는 때에는 압수를 해제한 것으로 간주하므로(형소 § 332), 어떠한 압수물에 대한 몰수의 선고가 포함되지 않은 판결이 선고되어 확정되었다면 검사에게 그 압수물을 제출자나 소유자 그 밖의 권리자에게 환부하여야 할 의무가 당연히 발생하는 것이고, 권리자의

---

146 같은 취지로 김용찬, "뇌물의 몰수·추징의 대상자에 대한 고찰", 자료 123, 법원도서관(2012), 179, 184.

147 대판 1970. 3. 24, 70다245; 대판 1999. 5. 11, 99다12161.

148 대판 1970. 7. 24, 70다636; 대판 1995. 3. 3, 94다37097. 한편 판례는 관세장물의 혐의가 있다고 보아 압수하였으나 관세포탈된 물건인지 불명하여 기소중지 처분을 한 경우, 그 압수물은 관세장물이라고 단정할 수 없어 국고에 귀속시킬 수 없을 뿐만 아니라 압수를 더 이상 계속할 필요도 없으므로, 피의자는 압수물의 환부를 청구할 수 있고, 피의자가 압수 후에 그 소유권을 포기하는 등으로 실체법상의 권리를 상실하더라도, 수사기관의 환부의무나 그에 대응하는 피의자의 절차법상의 환부청구권이 소멸하지는 않는다고 한다[대결 1996. 8. 16, 94모51(전)].

149 한상곤(주 77), 16-18.

환부신청에 의한 검사의 환부결정 등 어떤 처분에 의하여 비로소 환부의무가 발생하는 것은 아니다.[150]

VII. 몰수에 관한 입법론

몰수제도가 범죄수익의 원천을 차단하는 등 조직범죄에 대한 효과적인 대응 수단으로서의 중요성이 커짐에 따라 형법상 몰수의 대상을 '물건'뿐만 아니라 금전 그 밖의 재산까지 포함하여 범죄수익의 몰수가 가능하도록 몰수 대상을 확대할 필요가 있고, 주된 범죄에 대하여 공소가 제기되지 않은 경우에도 몰수의 요건이 있는 때에는 재범방지 또는 범죄수익의 박탈이라는 관점에서 독립적으로 몰수를 청구할 수 있는 제도를 도입할 필요가 있다는 주장이 제기되고 있다.[151]　　77

정부의 1992년 형법 일부개정법률안(안 §88[152])[153]과 2011년 형법(총칙) 일부개정법률안(안 §81[154])[155]은 위와 같은 주장을 반영하여 몰수대상을 확대하고 '독립몰수제도'를 도입하였다.　　78

VIII. 추 징

1. 의의 및 법적 성질

추징은 몰수대상물의 전부 또는 일부를 몰수할 수 없을 때에 몰수에 갈음　　79

---

150 대판 1995. 3. 10, 94누14018; 대판 2001. 4. 10, 2000다49343.

151 손동권·김재윤, §37/55; 오영근, 519; 조균석(주 26), 120 이하.

152 안 제88조(몰수 등의 특례) 몰수·추징 또는 폐기는 행위자에게 유죄의 재판을 하지 아니하거나 공소를 제기하지 아니하는 경우에도 그 요건이 있는 때에는 이를 몰수할 수 있다.

153 법무부, 형법개정법률안 제안이유서(1992. 10), 95-96.

154 안 제81조(몰수 등의 특례) 제79조에 따른 몰수(제80조제2항에 따른 일부 몰수를 포함한다) 및 제80조제1항에 따른 추징은 행위자에게 유죄의 재판을 하지 아니하거나 공소를 제기하지 아니하는 경우에도 그 요건을 갖추었을 때에는 선고할 수 있다.

155 법무부, 형법(총칙)일부개정법률안 제안 이유서(2011. 4), 81-82. 제안이유를 보면, 범인이 사망하거나 소재불명 등을 이유로 기소할 수 없거나, 범인을 기소유예하거나 혹은 정신장애자를 이유로 치료감호만을 청구하는 경우에도 장래에 대한 범죄예방이나 범죄로 인한 이익의 박탈이라는 관점에서 몰수가 요구되는 경우도 있으므로, 이를 고려하여 "공소를 제기하지 아니하는 경우에도"라는 요건을 추가하였다고 한다. 다만, 미국의 민사몰수의 경우와 같은 입증의 정도를 완화하는 규정을 형법에 도입하는 데에는 부정적인 의견이 지배적이어서 채택하지 않았다고 한다.

하여 그 가액의 납부를 명하는 부수처분이다(§ 48②). 몰수가 대상물에 대한 소유권을 바로 국가에 귀속시키는 물권적 효력을 가지는 반면, 추징은 그 물건의 가액에 대한 지급의무를 부과하는 채권적 효력을 가지는 데 그친다. 또한 추징액을 납부하지 않는 경우 재산형과 마찬가지로 민사집행법이나 국세징수법에 따른 집행절차에 의하여 집행할 수 있으나, 추징은 몰수에 갈음하는 환형처분이지 형 자체는 아니므로, 추징액을 납부하지 않는 경우에도 피고인을 노역장에 유치할 수 없다는 점에서 벌금이나 과료와 구별된다.

80   형법은 제41조에서 형의 종류를 정하면서 추징을 이에 포함시키지 아니하였으므로 추징을 형이라고 할 수는 없을 것이나, 몰수에 갈음하여 과하는 처분이라는 점에서 형에 준한다고 보아야 한다. 판례도 추징을 일종의 형이라거나,[156] 부가형의 성격[157] 또는 부수처분으로서 형벌적 성격[158]을 가진다고 하고, 나아가 추징이 제41조에 의하여 형이 아님은 명백하나 실질적으로 볼 때 몰수와 차이가 없으며 특히 보안처분적 의미를 가지지 아니하는 점에서는 몰수보다도 오히려 순수한 형벌적 성격을 보유하므로 형이라는 것을 실질적인 의미에서 논할 때에는 반드시 형에 준하여 고려하고 평가하여야 한다[159]고 한다. 따라서 몰수·추징의 요건을 정한 부패재산몰수법 제6조 제1항[160]을 해석함에 있어서도, 형벌법규의 해석은 엄격하여야 하고, 문언의 가능한 의미를 벗어나 피고인에게 불리한 방향으로 해석하는 것은 죄형법정주의의 내용인 확장해석금지에 따라 허용되지 않는다는 법리의 취지를 고려할 필요가 있다고 한다.[161]

---

156 대판 1989. 2. 14, 88도2211.
157 대판 1979. 4. 10, 78도3098; 대판 2009. 6. 25, 2009도2807.
158 대판 2024. 6. 13, 2023도17596.
159 대판 1961. 11. 9, 4294형상572; 대판 2006. 11. 9, 2006도4888.
160 부패재산몰수법 제6조(범죄피해재산의 특례) ① 제3조의 재산이 범죄피해재산으로서 범죄피해자가 그 재산에 관하여 범인에 대한 재산반환청구권 또는 손해배상청구권 등을 행사할 수 없는 등 피해회복이 심히 곤란하다고 인정되는 경우에는 몰수·추징할 수 있다.
제3조(부패재산의 몰수) ① 부패재산은 몰수할 수 있다. 다만, 다른 법령에 따라 부패재산을 몰수하여야 하는 경우에는 그 법령에 따라 몰수한다.
② 제1항에 따라 몰수하는 부패재산이 부패재산 외의 재산과 합하여진 경우에는 부패재산과 그 외의 재산이 합하여진 재산(이하 "혼합재산"이라 한다) 중 부패재산의 비율에 상당하는 부분을 몰수할 수 있다.
161 대판 2024. 6. 13, 2023도17596.

　　추징에 대하여도 몰수와 마찬가지로 불이익변경금지의 원칙이 적용되고,[162] 　81
검사가 추징을 구하는 의견을 진술하지 아니하였더라도 법원은 직권으로 추징
을 선고할 수 있다.[163] 행위자에게 유죄의 재판을 하지 아니할 때에도 몰수의
요건이 있는 때에는 몰수만을 선고할 수 있도록 규정한 제49조 단서에 근거하
여 추징만을 선고할 수도 있으나,[164] 이 경우에도 추징의 요건이 공소사실과 관
련되어 있어야 함은 앞서 본 바와 같다.

　　몰수와 마찬가지로 추징도 임의적 추징과 필요적 추징으로 나눌 수 있다. 　82
또한 추징은 범인에 대한 부정한 이익의 박탈이 주목적으로서 원칙적으로 이익
박탈적 성격을 갖는다고 할 수 있으나, 판례가 관세법, 마약류 관리에 관한 법
률(이하, 마약류관리법이라 한다.), 외국환거래법 등에서의 추징은 위반자에 대한 제
재로서의 징벌적 성격을 갖는다고 해석하여 이익박탈적 추징과는 그 추징의 대
상과 방법을 달리 보고 있다는 것도 앞서 본 바와 같다.

　　이에 대하여 추징은 원칙적으로 이익박탈적 성격을 갖는 대상에 한해서 인 　83
정되어야 하고, 위험성 방지라는 보안처분적 성격을 갖는 범죄제공물건에 대해
서까지 추징을 인정하는 본조 제2항의 태도는 재고되어야 한다는 견해가 있
다.[165] 나아가 개별책임의 원칙에 따르는 이익박탈적 추징과 달리 관세법 등 특
별법상 추징의 경우 입법목적과 취지에 따라 징벌적 성격을 갖고 있다고 해석
하여 공동연대추징을 인정하는 판례의 태도에 대하여, 특별법의 규정도 형법과
규정 형식이 다르지 않고 공동연대를 인정하는 특별규정도 없으므로 징벌적 추
징이 가능하다거나 이를 이유로 공동연대추징을 명할 수 있다고 해석하는 것은
죄형법정주의와 책임주의의 원칙에 반할 우려가 크다는 비판도 있다.[166]

---

162 대판 1961. 11. 9, 4294형상572; 대판 1982. 4. 13, 82도256; 대판 2006. 11. 9, 2006도4888.
163 대판 1989. 2. 14, 88도2211.
164 대판 2008. 11. 13, 2006도4885.
165 김성돈, 823.
166 김성돈, 823-824; 정영일, 496; 김대휘, "징벌적 추징에 관하여", 형사판례연구 [8], 한국형사판례
　　연구회, 박영사(2000), 172; 서보학, "외국환관리법상 몰수·추징의 법적 성격과 추징방법", 저스티
　　스 32-2, 한국법학원(1999), 135.

2. 요 건

(1) 몰수 요건의 구비

84   추징은 몰수에 갈음하는 처분으로서 본래 몰수할 수 있었음을 전제로 하는
것이다.[167] 따라서 추징을 하기 위해서는 몰수의 요건이 갖추어져 있음을 요하
고, 처음부터 몰수의 요건이 존재하지 아니하여 몰수가 허용되지 않는 물건에
대하여는 추징도 할 수 없다. 뇌물에 제공할 금품이 특정되지 않았다면 이를 몰
수할 수 없으므로 그 가액을 추징할 수도 없고,[168] 범죄수익은닉규제법이나 성
매매알선 등 행위의 처벌에 관한 법률(이하, 성매매처벌법법이라 한다.), 게임산업진흥
에 관한 법률(이하, 게임산업법이라 한다.) 등에 의한 추징에 있어서도 몰수·추징의
대상이 되는 범죄수익을 특정할 수 없는 경우에는 추징이 허용되지 않는다.[169]

85   몰수대상물이 외국에 소재한다고 하더라도 몰수의 장애사유가 될 뿐이므로
추징에 지장이 없지만, 나아가 외국에 소재하는 물품에 대한 외국법원의 몰수재
판으로 그 소유가 박탈된 경우에는 이로써 우리나라에서 다시 몰수할 수 없게
되었으므로, 추징도 할 수 없다는 것이 판례의 태도이다.[170]

86   그런데 위와 같이 외국에 있는 범칙물건이 외국법원의 재판에 의하여 몰수
되어버린 경우뿐만 아니라, 공범 중 1인에 대한 우리 법원의 몰수판결이 확정된
경우, 예컨대 관세포탈물품이 전전양도되고 이에 관련된 어느 범인으로부터 이
미 그 물건이 압수되어 이를 몰수하는 확정판결이 있었던 경우에도 몰수할 수
없게 되었다는 이유로 추징을 할 수 없다고 보는 견해가 있다.[171] 위 견해는 범
칙물품의 전전양도에 관여한 범인에 대한 몰수판결의 확정으로써 그 물건이 국
고에 귀속된 경우, '다른 범인과의 관계에서도 실질상 몰수한 것과 마찬가지'라

---

167 대판 1996. 5. 8, 96도221; 대판 2015. 10. 29, 2015도12838.
168 대판 1996. 5. 8, 96도221; 대판 2015. 10. 29, 2015도12838.
169 대판 2007. 6. 14, 2007도2451; 대판 2008. 6. 26, 2008도1392; 대판 2014. 7. 10, 2014도4708.
170 대판 1979. 4. 10, 78도831; 대판 1980. 8. 19, 80도1592. 다만 대판 1977. 5. 24, 77도629는 "외
   국판결에 의하여 몰수·추징의 선고가 있었던 경우라도 관세법 제198조의 몰수할 수 없는 때에
   해당한다 할 것이므로 그 물품의 범칙 당시의 국내도매가격에 상당한 금액을 피고인으로부터 추
   징하여야 마땅하다."고 판시하여, 추징을 허용하지 않는 위 두 판결과는 상반된 태도를 보이고
   있다. 한편 위 78도831 판결 및 80도1592 판결에 대하여는, 관세법상 추징의 징벌적 성격을 강
   조하는 판례의 주류적 경향에서 다소 벗어난 판결로 보는 견해도 있다[김대휘(주 166), 167].
171 사법연수원, 형사판결서작성실무(2018), 71(공범 중 1인에 대한 몰수의 확정판결로 인하여 몰수
   장애사유가 발생하였다고 보고 있다); 조휴옥(주 121), 371-372도 같은 취지로 보인다.

는 이유로 다른 범인에 대하여는 추징을 명할 수 없다고 본 대판 1980. 8. 26,
80도620 및 대판 1981. 12. 8, 81도2223의 각 판결을 들어 위와 같이 보고 있다.

위 사안에서 추징을 할 수 없다는 위 견해의 결론은 옳을 것이나, 그 이유   87
를 몰수가 허용되지 않기 때문이라고 보는 것은 의문이다. 위 각 판결이 '다른
범인과의 관계에서도 실질상 몰수한 것과 마찬가지'라는 표현을 사용하여 몰수
판결에 대세적 효력이 있는 듯이 판시하고 있지만, 몰수판결의 상대적 효력설을
취하는 우리 판례의 해석론으로는 다른 범인에 대하여도 몰수판결의 효력이 미
친다거나 그로 인하여 몰수를 선고할 수 없다는 판시로 이해할 것은 아니고, 범
칙물품의 취급에 관여하여 그 물품을 전매처분한 다른 범인에 대하여도 그 절
차에서 추징이 아닌 몰수의 선고는 가능하다고 보아야 할 것이다.[172] 앞서 몰수
의 대인적 요건에서 본 바와 같이, 판례가 형벌의 개별성을 이유로 공범자에 대
한 몰수판결이 확정된 때에도 다른 공범자에 대하여 다시 동일한 물건의 몰수
를 선고할 수 있다고 해석하고 있음에 비추어 보아도 그러하다[**III. 2. (2)(나) 범
인의 소유에 속하는 물건** 부분 참조].[173] 물건의 소유자가 아닌 다른 범인에 대한 몰
수의 선고가 소지 또는 점유 박탈의 의미에 그침은 별론으로 하더라도, 압수물
에 대하여 몰수형을 선고받지 않은 경우 제출자나 소유자 그 밖의 권리자는 환
부를 청구할 수 있고, 국가에 대하여 민사소송으로 그 물건의 반환을 청구할 수
도 있음에 비추어 볼 때,[174] 공범자 사이의 소유관계가 불명인 경우 등에는 이
미 공범 중 1인에 대한 몰수판결이 확정되었다고 하더라도 여전히 다른 공범에
대하여 몰수를 선고할 현실적인 필요가 있고, 공범이 아닌 제3자 소유물의 경우
에도 몰수선고가 판결 당사자인 피고인에 대하여만 효력이 있는 이상 다른 공
범의 점유 박탈을 위하여 몰수를 선고할 실익도 있다.

위 80도620 판결 및 81도2223 판결은 모두 범칙물품이 그 취득자로부터 압   88
수되었다가 그에 대한 몰수판결이 확정된 사안으로서, 판결 확정과 동시에 범칙
물품이 국고귀속됨으로써 공범 중 1인에 대한 몰수의 집행이 완료되었다고 볼
수 있다. 따라서 이러한 경우에는 국가가 추징에 의하여 얻을 수 있는 이익이

---

172 같은 취지로 주석형법 〔총칙(2)〕(3판), 454-455(이상원).
173 대판 1979. 2. 27, 78도2246.
174 대판 2000. 12. 22, 2000다27725; 대판 2001. 4. 10, 2000다49343.

몰수로 인한 이득을 초과할 수 없다는 추징의 보충적 성격에 따른 제약[상세는
VIII. 5. (3) (나) 추징의 보충성에 따른 제한 및 **(4) 이른바 단계적 추징의 문제** 부분 참조]으
로 인하여 더 이상 다른 공범에 대한 추징이 허용되지 않는다고 이해할 것이지,
몰수 자체가 허용되지 아니하여 추징도 할 수 없다는 취지로 보아서는 곤란하
다고 생각된다(즉, 몰수가 가능한 이상 추징의 요건으로서의 '몰수할 수 없을 때'에 해당하
지 아니하여 추징이 허용되지 않는다고 볼 수도 있을 것임[175]).

(2) 몰수의 불능

89   '몰수할 수 없을 때'란 몰수의 요건은 갖추고 있으나, 사실상·법률상의 장애
로 인하여 몰수할 수 없는 경우를 말한다.[176] 장애사유가 소비·훼손·분실 등과
같은 사실상의 원인이든 혼동·선의취득 등과 같은 법률상의 원인이든 묻지 않는
다. 범인이 소비, 은닉하는 등 그 소유 또는 점유의 상실이 범인의 이익으로 귀
속시킬 수 있는 사유로 인한 경우뿐만 아니라, 범인의 이익과는 관계없는 훼손,
분실 그 밖에 소재장소로 말미암은 장애사유로 인한 경우도 포함한다.[177]

90   따라서 ① 몰수대상물을 외국에 있는 사람이 피고인을 위하여 보관하고 있
는 경우,[178] ② 어선으로 밀수입되던 물품이 외국 연안에서 외국의 연안 경비정
에 의하여 탈취되어 버린 경우,[179] ③ 구 외국환관리법 위반범죄의 범칙물인 아
파트가 외국 내에 있고 그 지역 내에는 당해 외국과 우리나라 사이에 사법공조에
관한 협약 등이 맺어지지 않고 있어 우리의 재판권을 행사할 수 없는 경우[180]는

---

175 일본 판례 중에는 이와 같은 경우에 공범인 취득자에 대한 몰수의 선고가 있었으므로, '몰수할
    수 없을 때'에 해당하지 아니하여 다른 공범으로부터 추징할 수 없다고 본 사례가 있다[最判 昭
    和 36(1961). 12. 14. 刑集 12·11·1845]. 다만 이용우, "몰수·추징에 관한 몇 가지 문제", 법조
    35-12, 법조협회(1986), 33-34는 위 80도620 판결 및 81도2223 판결이 '다른 범인과의 관계에 있
    어서도 실질상 몰수한 것과 마찬가지'라고 하여 마치 몰수판결에 대세적 효력이 있는 것으로 판
    시한 것은 부적절한 표현이라고 하면서도, 어느 범인으로부터 범칙물건이 몰수된 경우에 다른
    범인으로부터 또다시 몰수할 수 없음은 몰수의 대물적 처분성으로 인하여 당연하다고 보고 있
    으나, 몰수판결의 상대적 효력설을 취하는 우리 판례의 태도에 비추어 의문이다.
176 강동욱, 411; 김성돈, 824; 박상기, 542; 배종대, § 176/16; 오영근, 518; 이재상·장영민·강동범,
    § 40/45; 이형국·김혜경, 607; 임웅, 673; 정성근·박광민, 545; 정영일, 495; 홍영기, 형법(총론
    과 각론)(2판), § 47/14.
177 대판 1991. 12. 13, 91도2274.
178 대판 1976. 6. 22, 73도2625(전).
179 대판 1991. 12. 13, 91도2274.
180 대판 1998. 5. 12, 96도2850.

소재장소 등으로 말미암은 장애사유로 인하여 몰수할 수 없는 경우에 해당하여 추징하여야 한다. 다만 위와 같은 경우에도 외국법원의 몰수재판으로 그 물건이 몰수되기에 이르렀다면, 우리 법원이 몰수할 수 없게 되어 추징도 허용되지 않는다는 것이 판례의 태도임은 앞서 본 바와 같다.

몰수는 특정한 물건에 대한 것이므로, 몰수대상물이 금전인 경우 금전 그 자체가 특정되어 현존하면 몰수하여야 하고, 그렇지 않으면 그 가액을 추징하여야 한다(상세는 아래 **VIII. 4. 추징의 대상 및 방법** 부분 참조).   91

3. 추징액의 산정기준 시

몰수할 수 없는 물건이 금전인 경우 그 금액을 추징하면 될 것이나, 금전이   92
아닌 물건의 경우에는 어느 시점을 기준으로 그 물건의 가액을 산정할 것인지가 문제이다. 관세법[181]과 같이 추징가액의 산정기준 시를 법률로 정하고 있는 경우에는 문제가 없으나, 이러한 규정이 없는 경우의 기준시점에 관하여는 견해가 대립된다.

이에 대하여는, ① 범행시설(수수시설. 추징의 취지는 불법의 이익을 보유하지 못   93
하게 하는 데 있으므로 범행 시의 가액에 따라야 한다는 견해), ② 몰수불능시설(추징은 몰수를 대신하여 보충적으로 과하는 것이므로 몰수대상물을 몰수할 수 없게 된 때의 가액에 따라야 한다는 견해),[182] ③ 재판선고시설(추징이 범죄에 따른 이득의 박탈이라는 몰수의 취지를 관철하는 것을 목적으로 하고 있어 범인이 그 물건을 계속 보유하고 있다가 몰수의 선고를 받았다면 잃었을 이득 상당액을 추징하는 것이 추징의 본지에 부합하므로 재판선고 시의 가액을 기준으로 하여야 한다는 견해), ④ 목적물의 가액이 범행 이후 시점에서도 변동이 없는 경우에는 재판선고시설이 타당하나, 유가증권처럼 유통되는 물건의 경우에는 유통과정에 의하여 형성된 시장가격에 따라 가액이 변동될 수 있으므로 범행 시를 기준으로 하여야 한다는 견해[183] 등이 있는데, 위 ③의 재판선고시설[184]이 다수설이다.

---

181 관세법 제282조 제3항은 '범칙 당시의 국내도매가격에 상당한 금액'이라고 규정하여 범행 시를 기준으로 산정하도록 명문으로 규정하고 있다.
182 신영호, "몰수의 법적 성격에 관하여", 법학연구 41-1, 부산대학교 법학연구소(2000), 230.
183 박상기, 542.
184 김성돈, 824-825; 김일수·서보학, 569; 배종대, § 176/16; 손동권·김재윤, § 37/52; 오영근, 518; 이

94   판례도 몰수할 수 없는 때에 추징하여야 할 가액은 범인이 그 물건을 보유
하고 있다가 몰수의 선고를 받았더라면 잃었을 이득 상당액을 의미하므로, 다
른 특별한 사정이 없는 한 그 가액산정은 재판선고 시의 가격을 기준으로 하여
야 한다고 하여 원칙적으로 위 ③의 재판선고시설을 취하고 있다.[185] 다만 판
례는, 물건의 수수 당시부터 물건의 사용 등으로 그 가치의 감소가 당연히 예
상되는 경우와 같이 피고인의 이득액의 감소가 당연히 예상되는 경우에 추징하
여야 할 가액은 물건의 수수 당시의 가격을 기준으로 하여야 한다고 하여 예외
적으로 위 ①의 범행시설을 취하고 있다.[186] 또한 판례는 범죄행위로 비상장주
식을 취득하였다가 판결선고 전 이를 처분한 사안에서, 주식의 판결선고 시의
주가뿐만 아니라 그 처분가액도 정확히 알 수 없는 경우에는 피고인에게 가장
유리하게 주식의 시가가 가장 낮을 때를 기준으로 산정한 가액을 추징하여야
한다고 한 원심의 판단을 수긍하여, 재판선고시설의 또 다른 예외를 인정하기
도 하였다.[187]

95   한편 피고인이 공여자로부터 장래 시장의 형성으로 시가 앙등이 예견되는
시에서 불하받은 체비지 150평을 낙찰원가 9,500만 원에 매수하였다가 약 2년
반 후에 이를 5억 원에 환가받음으로써 그 차액인 4억 500만 원 상당의 경제적
이익인 뇌물을 수수하였다는 공소사실에 대하여, 투기적 사업에 참여할 기회를
제공받은 경우도 뇌물에 해당한다고 하면서 다만 그 뇌물액수의 산정에 있어서,
매수 당시 체비지의 시세가 위 낙찰원가에 불과하더라도 그 투기적 사업에 참
여할 기회를 얻은 것이 바로 뇌물죄의 객체인 이익에 해당한다는 이유로 차액

재상·장영민·강동범, § 40/46; 임웅, 674; 정성근·박광민, 545; 정영일, 495; 진계호·이존걸, 710.
다만 배종대, 형법각론(14판), § 155/54; 손동권, 형법각론(3개정판), 769; 오영근, 형법각론(5판),
709; 이재상·장영민·강동범, 형법각론(13판), § 43/74; 임웅, 형법각론(11판), 956; 정성근·박
광민, 형법각론(전정3판), 742; 정영일, 형법각론(초판), 692는 형법총칙상 추징의 추징가액 산정
기준 시에 관하여 재판선고시설을 취하는 것과 달리 뇌물죄에 관한 각칙 제134조의 추징의 경
우에는 그 산정기준 시에 관하여 몰수불능시설을 취하고 있는데, 총칙과 각칙 규정의 추징가액
산정기준 시를 달리 볼 합리적인 이유가 없다는 점에서 의문이다.
185 대판 1991. 5. 28, 91도352; 대판 2007. 3. 15, 2006도9314; 대판 2008. 10. 9, 2008도6944 등.
186 대판 2016. 7. 22, 2015도4216. 이에 따라 피고인이 인도받은 차량과 관련한 추징액을 인도받을
당시의 차량 가격을 기준으로 산정한 원심의 조치가 정당하다고 보았다.
187 대판 2005. 7. 15, 2003도4293. 위 판결의 취지에 따르면, 판결선고 시의 가액은 알 수 없으나
처분가액을 알 수 있는 경우에는 이를 기준으로 추징액을 산정할 수 있다고 해석될 수 있어, 예
외적으로 몰수불능시설을 취하였다고 볼 여지도 있다.

4억 500만 원 상당의 뇌물수수(특정범죄가중법위반)로 볼 수는 없으나 제129조의 뇌물수수죄로 처벌할 수 있다는 취지로 판시한 판례[188]와, 이러한 경우 뇌물수수죄의 기수 시기는 투기적 사업에 참여하는 행위가 종료된 때로 보아야 하며, 그 행위가 종료된 후 경제사정의 변동으로 당초의 예상과는 달리 그 사업참여로 아무런 이득을 얻지 못한 경우라도 뇌물수수죄의 성립에는 영향이 없다고 판시한 판례[189]를 들어, 대상물이 재물이 아닌 재산상 이익인 경우에는 판례가 위 ①의 범행시설을 취한 것으로 해석될 여지가 있다는 견해도 있다.[190]

일본의 경우 종래 범행시설이 다수였으나, 여러 학설 중 한 가지만으로 일관하는 경우 구체적 사안에 따라 난점이 발생한다는 이유로 추징이 문제가 되는 유형에 따라 여러 학설을 병용하여야 한다는 견해인 개별화설이 등장한 이후 개별화설이 점차 증가하는 추세이다.[191] 우리 대법원이 원칙적으로 위 ③의 재판선고시설을 취하고 있는 것과 달리 일본의 판례는 대심원 이래, "수뢰자는 뇌물을 수수함으로써 그 물건의 그 당시 가액에 상당하는 이익을 얻은 것이고, 그 후 일시의 경과 등에 따른 그 물건 가액의 증감 같은 것은 위 수수와는 별개의 원인에 기한 것에 불과하므로, 몰수를 대신하여 추징하여야 할 금액은 그 물건의 수수 당시의 가액에 따라야 하는 것으로 해석함이 상당하다."는 이유로, 위 ①의 범행시설을 취하고 있다.[192]

---

188 대판 1994. 11. 4, 94도129.
189 대판 2002. 11. 26, 2002도3539.
190 이범균, "가. 부패방지법 제50조 제1항의 규정에서 '업무처리 중 알게 된 비밀'의 의미, 나. 공직자가 업무처리 중 알게 된 비밀을 이용하여 물건을 매수한 후 시세가 상승한 다음 처분하여 전매차익을 얻은 경우, 부패방지법 제50조 제1항 위반죄의 성립시기(=물건 매수 시) 다. 추징액 산정의 기준시기", 해설 66, 법원도서관(2007), 495.
191 일본의 학설 대립에 대한 소개는 이범균(주 190), 496 이하; 西田 外, 注釈刑法(2), 816-818(上嶌 一高) 참조.
192 大判 昭和 4(1929). 11. 8. 刑集 8·601; 最判 昭和 43(1968). 9. 25. 刑集 22·9·871(뇌물의 가액을 추징하여야 할 경우 그 가액은 뇌물수수 시를 기준으로 할 것이 아니라 몰수가 불능하게 된 시점의 가액을 추징하여야 한다고 해석한 원심판결에 대하여, 범행시설을 취한 위 대심원 판례가 유지되어야 한다고 판시하면서, 원심판결이 위 대심원 판례와 상반되는 판단을 한 위법이 있다는 이유로 이를 파기한 사례).

〔최   환〕   **339**

4. 추징의 대상 및 방법

(1) 추징의 대상

97   추징의 대상과 관련하여 실무상 문제되는 가장 대표적인 것은 뇌물죄에서
의 뇌물 등 부패범죄로 취득한 이익이다. 제134조는 범인 또는 사정을 아는 제3
자가 받은 뇌물 또는 뇌물로 제공하려고 한 금품을 필요적으로 몰수 또는 추징
하도록 규정하고 있다. 위 규정에 의한 필요적 추징은 범인이 취득한 당해 재산
을 범인으로부터 박탈하여 범인으로 하여금 부정한 이익을 보유하지 못하게 함
에 그 목적이 있으므로,[193] 일반적 추징인 이익박탈적 추징에 해당한다. 아래에
서는 뇌물죄에서의 추징을 중심으로 이익박탈적 추징의 대상과 방법에 관하여
살펴보고[뇌물죄에서의 추징에 관한 상세는 **주해 V(각칙 2) § 134(몰수, 추징)** 부분 참조],
징벌적 추징에 대하여는 항을 달리하여 별도로 보기로 한다.

98   뇌물죄에서 뇌물의 내용인 이익이란 금전, 물품, 그 밖의 재산적 이익뿐만
아니라 사람의 수요·욕망을 충족시키기에 충분한 일체의 유형·무형의 이익을
포함한다. 뇌물로 제공되었으나 수수되지 않은 경우에도 몰수·추징의 대상이
되는 데에 의문이 없고,[194] 제공이 약속된 뇌물이나 공여의 의사표시의 대상이
된 뇌물도 몰수·추징의 대상이 된다.[195] 다만 이 경우에도 몰수는 특정된 물건
에 대한 것이고, 추징은 본래 몰수할 수 있었음을 전제로 하므로, 뇌물에 제공
할 금품이 특정되지 않았다면 몰수할 수 없고, 그 가액을 추징할 수도 없다.[196]

(2) 추징의 상대방

99   부정한 이익의 박탈을 목적으로 하는 일반적 추징의 경우, 실질적으로 귀속
된 이익이 없는 피고인에 대하여는 추징할 수 없다.[197] 뇌물의 경우, 뇌물을 보유
하고 있는 사람이 있는 경우, 그로부터 몰수·추징하여야 한다. 따라서 수뢰자가
뇌물을 보관하고 있는 경우에는 수뢰자로부터 몰수·추징하여야 하나, 수뢰자가

---

193 대판 2002. 6. 14, 2002도1283; 대판 2005. 10. 28, 2005도5822; 대판 2007. 5. 10, 2007도1309;
    대판 2014. 5. 16, 2014도1547.
194 대판 1996. 5. 8, 96도221.
195 주석형법 〔각칙(1)〕(5판), 503(홍기만); 조흠옥(주 121), 375; 최진영, "형사법상 필수적 추징에
    대하여", 실무연구자료 7권, 대전지방법원(2006), 329.
196 대판 1996. 5. 8, 96도221; 대판 2015. 10. 29, 2015도12838.
197 대판 2007. 10. 12, 2007도6019; 대판 2014. 7. 10, 2014도4708.

수수한 뇌물을 그대로 보관하고 있다가 증뢰자에게 반환하였다면 증뢰자로부터 몰수·추징하여야 한다.[198] 그러나 수뢰자가 받은 금품을 증뢰자에게 반환하였다고 하더라도 그 받은 금품 자체를 그대로 반환한 것이 아닌 이상 수뢰자로부터 몰수·추징하여야 한다. 그리고 수뢰자가 공여자에게 반환하라고 공범에게 준 돈을 공범이 임의로 소비한 경우에도, 수뢰자로부터 전액을 추징하여야 한다.[199]

(3) 추징액의 산정

(가) 개별추징 및 분할추징의 원칙

판례는 여러 사람이 공동으로 몰수대상물을 취득한 경우, 그 몰수·추징의 성격에 따라 대체로 이익박탈적 몰수·추징의 경우 개별책임을, 징벌적 몰수·추징의 경우 연대책임을 지우고 있다.

100

즉 판례는 이익박탈적 추징에 관하여, 여러 사람이 공동으로 몰수대상물을 취득한 경우에는 "각자가 실제로 얻은 이익의 가액, 즉 실질적으로 귀속된 이익만을 개별적으로 추징하여야 하고, 만일 개별적 이득액을 확정할 수 없다면 전체 이득액을 평등하게 분할하여 추징하여야 한다."고 판시하고 있다.[200] 뇌물[201]은 물론, 성매매 알선행위[202]로 얻은 금품,[203] 의료법[204]에 위반하여 수수

101

---

198 대판 1984. 2. 28, 83도2783; 대판 2008. 3. 27, 2007도10290; 대판 2020. 6. 11, 2020도2883. 일본 판례도 같은 입장이다[最決 昭和 29(1954). 7. 5. 刑集 8·7·1035].

199 대판 1989. 2. 28, 88도2405.

200 대판 1999. 4. 9, 98도4374 등.

201 대판 1994. 5. 24, 94도837; 대판 2008. 12. 11, 2008도6952; 대판 2017. 12. 22, 2017도15538 등. 일본 판례도 종래 수뢰의 뇌물의 경우, ① 공범자 각자에 대한 추징은 공범자 사이에 분배액에 따라 정해지고[大判 昭和 9(1934). 7. 16. 刑集 13·972], ② 분배액이 불명한 때는 평등하게 분배하여 추징한다[大判 昭和 10(1935). 1. 29. 刑集 14·29]고 하였다. 그러나 그 후 이와는 다소 다르게, ③ 공무원과 비공무원이 공모하여 뇌물을 수수한 사안에서, 공범자 각자에 대하여 공무원이라는 신분에 불구하고 각각 뇌물액 전부를 추징할 수 있고, 상당하다고 인정되는 경우에는 재량에 따라 각자에게 일부를 추징하거나 일부 공범자에 대해서만 추징할 수도 있으며, 공범자 사이에 분배, 보유 또는 소비 상황이 불명일 때에는 뇌물액을 균분하여 각 추징할 수 있다고 판시하고 있다[最決 平成 16(2004). 11. 8. 刑集 58·8·905].

202 성매매처벌법 제25조(몰수 및 추징) 제18조부터 제20조까지에 규정된 죄를 범한 사람이 그 범죄로 인하여 얻은 금품이나 그 밖의 재산은 몰수하고, 몰수할 수 없는 경우에는 그 가액(價額)을 추징한다.

203 대판 2009. 5. 14, 2009도2223; 대판 2018. 7. 26, 2018도8657.

204 의료법 제88조(벌칙) 다음 각 호의 어느 하나에 해당하는 자는 3년 이하의 징역이나 3천만원 이하의 벌금에 처한다.
　　2. 제23조의5(주: 부당한 경제적 이익등의 취득금지)를 위반한 자. 이 경우 취득한 경제적 이익등은 몰수하고, 몰수할 수 없을 때에는 그 가액을 추징한다.

한 불법리베이트,[205] 변호사법[206]에 위반하여 취득한 금품[207]의 경우에도 마찬
가지이다. 여기서 공동취득(수수)자는 공동정범뿐 아니라 교사범 또는 종범도 해
당할 수 있고, 소추 여부는 불문한다.[208] 다만 공동정범이 아닌 교사범 또는 종
범의 경우에는, 정범과의 관계, 범행 가담 경위 및 정도, 이익 분배에 관한 사전
약정의 존재 여부, 공여자의 의사, 종범 또는 교사범이 취득한 금품이 전체 이
익에서 차지하는 비중 등을 고려하여 공동취득(수수)자에 해당하는지를 판단하
여야 한다.[209]

(나) 비용이나 반대급부를 지출한 경우

102   몰수대상물을 취득하기 위하여 일정한 비용이나 반대급부를 지출한 경우,
몰수·추징의 범위에 관한 입법론 및 해석론으로는, ① 취득한 금품 등의 총가
치에서 지출한 비용이나 반대급부를 공제하여 그 차액만큼만 몰수·추징하여야
한다는 '순익주의'와, ② 지출한 경제적 이익의 액수에 상관없이 수수한 금품 등
의 모든 가치를 몰수·추징하여야 한다는 '총액주의'가 대립되고 있다.

103   판례는 ⓐ 뇌물과 관련하여, "공무원이 뇌물을 받음에 있어서 그 취득을 위
하여 상대방에게 뇌물의 가액에 상당하는 금원의 일부를 비용의 명목으로 출연
하거나 그 밖에 경제적 이익을 제공하였다 하더라도, 이는 뇌물을 받는 데 지출
한 부수적 비용에 불과하다고 보아야 할 것이지, 이로 인하여 공무원이 받은 뇌
물이 그 뇌물의 가액에서 위와 같은 지출액을 공제한 나머지 가액에 상당한 이
익에 한정되는 것이라고 볼 수는 없으므로, 그 공무원으로부터 뇌물죄로 얻은
이익을 몰수·추징함에 있어서는 그 받은 뇌물 자체를 몰수하여야 하고, 그 뇌물

---

205 대판 2022. 9. 7, 2022도7911.
206 변호사법 제116조(몰수·추징) 제34조(제57조, 제58조의16 또는 제58조의30에 따라 준용되는 경
     우를 포함한다)를 위반하거나 제109조제1호, 제110조, 제111조 또는 제114조의 죄를 지은 자 또
     는 그 사정을 아는 제3자가 받은 금품이나 그 밖의 이익은 몰수한다. 이를 몰수할 수 없을 때에
     는 그 가액을 추징한다.
207 대판 1999. 4. 9, 98도4347.
208 대판 2001. 3. 9, 2000도794; 대판 2004. 10. 27, 2003도6738; 대판 2011. 11. 24, 2011도9585.
209 대판 2011. 11. 24, 2011도9585(용역계약을 가장하여 뇌물을 수수하기 위해 설립한 회사의 대표
     이사로 등재함으로써 뇌물수수를 방조한 방조범은 뇌물의 공동수수자로 볼 수 없다고 한 사례);
     대판 2021. 4. 29, 2020도16369(필로폰 판매업자인 정범으로부터 대가를 받고 판매할 필로폰을
     공급하는 방법으로 위 범행을 용이하게 한 방조범은 정범의 판매행위로 인한 수익을 정범과 공
     동으로 취득하였다고 평가할 수 없다고 한 사례).

의 가액에서 위와 같은 지출을 공제한 나머지 가액에 상당한 이익만을 몰수·추징할 것은 아니다."라고 하고,[210] ⓑ 범인이 성매매알선 등 행위를 하는 과정에서 지출한 세금 등의 비용은 성매매알선의 대가로 취득한 금품을 소비하거나 자신의 행위를 정당화시키기 위한 방법의 하나에 지나지 않으므로 추징액에서 이를 공제할 것은 아니라고 하여,[211] 원칙적으로 위 ②의 총액주의의 입장으로 보인다.[212]

5. 징벌적 추징

(1) 개념

추징은 원래 몰수대상물의 전부 또는 일부를 몰수할 수 없을 때 그 가액에 **104** 상당한 금액을 징수함으로써 범인에게 범죄에 의한 불법한 이득을 보유시키지 않도록 하기 위하여 부과하는 몰수에 대한 환형처분이다. 이러한 본래 의미의 추징을 일반적 추징 또는 이익박탈적 추징이라고 하는 데 비하여, 판례는 관세법, 마약류관리법 등 특별법상의 추징 중에는 그 입법목적과 취지에 따라 부정한 이익의 박탈에 그치지 아니하고 위반자에 대한 제재로서의 징벌적 성격을 갖는 것이 있다고 해석하여 일반적 추징과 구분하고 있는데, 이와 같은 추징을 징벌적 추징이라고 한다.

대법원은 형법상의 뇌물범죄,[213] 배임수재죄,[214] 특정범죄가중법상의 알선 **105** 수재죄 및 특정경제범죄법상의 알선수재죄,[215] 변호사법위반죄,[216] 게임산업법위반죄,[217], 정치자금법위반죄,[218] 공무원범죄몰수법[219]이나 범죄수익은닉규제

---

210 대판 1999. 10. 8, 99도1638. 같은 취지로 대판 2017. 3. 22, 2016도21536.
211 대판 2009. 5. 14, 2009도2223.
212 주석형법 〔각칙(1)〕(5판), 508(홍기만); 조휴옥(주 121), 383; 최진영(주 195), 334-335.
213 대판 2002. 6. 14, 2002도1283; 대판 2005. 10. 28, 2005도5822; 대판 2007. 5. 10, 2007도1309.
214 대판 2017. 4. 7, 2016도18104.
215 대판 1999. 6. 25, 99도1900; 대판 2010. 3. 25, 2009도11660; 대판 2012. 6. 14, 2012도534.
216 대판 1982. 7. 27, 82도1310; 대판 1993. 12. 28, 93도1569; 대판 1996. 11. 29, 96도2490; 대판 1999. 4. 9, 98도4374.
217 대판 2014. 7. 10, 2014도4708.
218 대판 2004. 12. 10, 2004도5652(구 정치자금에관한법률위반죄).
219 대판 2004. 10. 27, 2003도6738; 대판 2005. 10. 28, 2005도5822; 대판 2007. 2. 22, 2006도8214; 대판 2010. 7. 8, 2010도3545.

법[220]상의 몰수·추징은 범죄행위로 인한 이득을 박탈하여 부정한 이익을 보유하지 못하게 하는 데 목적이 있다고 보는 반면, 마약류관리법위반,[221] 관세법위반,[222] 특정경제범죄법상의 재산국외도피행위,[223] 외국환관리법위반,[224] 밀항단속법위반[225] 등의 죄에서 몰수·추징은 범칙행위에 대한 엄한 단속과 일반예방적 효과를 위한 위하적 징벌로서의 성격을 갖는다고 해석하고 있다. 아래에서는 구체적 사건에서 그 징벌적 성격이 어떻게 나타나고 있는지 판례를 중심으로 살펴본다.

(2) 추징의 상대방

106　　　징벌적 제재로서의 성격을 갖는 추징의 경우 여러 명의 공범자 중 직접 물건을 처분하여 실제로 이익을 얻은 사람에 한하지 않고, 공범자 각자에 대하여 그 가격 전부의 추징을 명하여야 한다.

107　　　여러 사람이 공모하여 관세를 포탈하거나 관세장물을 알선, 운반, 취득한 경우에는 범칙자의 1인이 그 물품을 소유하거나 점유하였다면 그 물품의 범칙 당시의 국내도매가격 상당의 가액 전액을 그 물품의 소유 또는 점유사실의 유무를 불문하고 범칙자 전원으로부터 각각 추징할 수 있고, 범인이 밀수품을 소유하거나 점유한 사실이 있다면 압수 또는 몰수가 가능한 시기에 범인이 이를 소유하거나 점유한 사실이 있는지 여부에 상관없이 몰수 또는 추징할 수 있다.[226] 공범은 물론 범칙물을 점유하며 알선한 사람에 대하여도 그 가격 전부를 추징하여야 한다.[227] 범칙자 중의 일부에 대하여 이미 추징을 선고한 판결이 확

---

220 대판 2007. 11. 30, 2007도635.
221 대판 1982. 11. 9, 82도2055; 대판 1993. 3. 23, 92도3250; 대판 1999. 7. 9, 99도1695; 대판 2008. 11. 20, 2008도5596(전).
222 대판 1984. 6. 12, 84도397; 대판 2009. 6. 25, 2009도2807. 일본 판례도 같은 입장이다[最判 昭和 33(1958). 3. 13. 刑集 12·3·527].
223 대판 1995. 3. 10, 94도1075; 대판 2002. 4. 29, 2002도7262.
224 현행 외국환거래법 제30조에 해당하는 구 외국환관리법(1999. 4. 1. 외국환거래법 시행으로 폐지) 제33조에 의한 추징의 성격에 관하여 부정이익의 박탈에 목적이 있다는 판례와 범죄사실에 대한 징벌적 제재라는 판례로 나뉘어 있었으나, 대판 1998. 5. 21, 95도2002(전)에서 징벌적 제재의 성격을 띠고 있다고 해석하여, 이익박탈적 추징이라고 본 기존의 일부 판결을 변경하였다.
225 대판 2008. 10. 9, 2008도7034.
226 대판 1983. 5. 24, 83도639; 대판 1984. 6. 12, 84도397; 대판 2005. 7. 29, 2005도3478; 대판 2007. 12. 28, 2007도8401.
227 대판 1983. 3. 8, 82도3050.

정되었다고 하더라도 그 후 다른 범칙자에 대한 재판에서 다시 추징을 선고할
수 있다.[228]

　　마약류관리법위반의 범행으로 인하여 이득을 취한 바 없다 하더라도 법원　108
은 가액의 추징을 명하여야 하고,[229] 향정신성의약품의 소유자나 최종소지인뿐
만 아니라 동일한 의약품을 취급한 피고인들 각자에 대하여 그 취급한 범위 내
에서 의약품 가액 전액의 추징을 명하여야 한다.[230] 별건으로 처벌된 마약류 제
조자에 대한 추징의 선고가 없었다고 하더라도 다른 공범자에게 범행에 제공된
마약류 가액의 추징을 명할 수 있다.[231]

(3) 추징액의 산정

(가) 공동연대추징

　　징벌적 추징에서 공범자 각자에 대하여 그 가격 전부의 추징을 명하여야　109
한다는 것은, 공범자 중 어떤 사람이 전부 납부한 때에는 모든 범칙자에 대한
추징은 면제되지만 전부 납부가 되지 아니한 때에는 각 범칙자가 추징에 복종
하여야 한다는 의미이다(부진정연대). 이 점에서 다수 당사자 사이의 채권관계에
관한 민법상 분할의 원칙은 적용이 없고, 이득의 박탈을 목적으로 하는 일반적
추징과도 구별된다.[232]

　　특별법의 입법목적과 취지에 따라 추징의 징벌적 성격을 인정하면서 그 귀　110
결로 공동연대의 추징이 가능하다고 보는 대법원의 태도에 대하여는, 추징도 부
가형으로서 일종의 형벌이고 몰수의 환형처분으로 해석되는 이상, 특별규정이
나 명확한 근거 없이 피고인들에게 불이익한 선고를 할 수 없고, 당해 물건을
점유하고 있지 아니하며 그로부터 어떠한 이득도 취하지 않은 공범자에게 몰수
에 갈음하여 추징을 선고하는 것은 책임주의와 죄형법정주의에 위배된다는 비
판이 있음은 앞서 본 바와 같다.[233]

---

228 대판 1976. 11. 23, 76도3045.
229 대판 1990. 12. 26, 90도2381; 대판 1999. 7. 9, 99도1695; 대판 2007. 3. 15, 2006도9314.
230 대판 1989. 12. 8, 89도1920; 대판 1999. 7. 9, 99도1695; 대판 2001. 12. 28, 2001도5158; 대판
　　2007. 3. 15, 2006도9314; 대판 2009. 6. 11, 2009도2819.
231 대판 1983. 9. 13, 83도1894.
232 대판 1971. 3. 23, 71도158; 대판 1971. 9. 28, 71도1394; 대판 1973. 2. 13, 72도2732; 대판
　　1973. 8. 31, 73도1550; 대판 1973. 8. 24, 76도2024; 대판 1981. 3. 24, 81도74.
233 김성돈, 823-824; 정영일, 496; 김대휘(주 166), 172; 서보학(주 166), 135.

(나) 추징의 보충성에 따른 제한

111　　　징벌적 추징의 경우에도 몰수에 대한 환형처분으로서 추징 자체의 보충성에 따른 제약이 있음을 유의해야 한다. 몰수할 수 없을 때에 추징하여야 할 가액은 몰수의 선고를 받았더라면 잃게 될 이득상당액을 초과하여서는 아니 되고,[234] 국가가 추징에 의하여 얻을 수 있는 이익은 몰수로 인한 이득을 초과할 수 없다.

112　　　따라서 범칙자 전원에게 전액 추징을 명하였다고 하더라도, 그중 1인 또는 수인이 전부 또는 일부를 납부하거나 집행당한 때에는 다른 범칙자에게는 집행이 면제되거나 잔액만 집행하여야 한다.[235] 또한 범칙물건이 악의의 취득자에게 전전양도되었다가 압수된 경우에 그중의 1인으로부터 이를 몰수하는 판결이 확정되었다면, 다른 범칙자로부터 그 가액을 추징할 수 없다.[236] 일본의 판례는, 일본관세법 제118조(몰수·추징에 관한 규정)의 범죄화물이 수인의 범인 사이에 순차양도된 경우, 그 사정을 아는 최종취득자가 세관장의 통고처분에 대한 이행으로서 그 화물을 세관에 납부하였거나, 범인 중 1인이 통고처분에 대한 이행으로서 이미 추징금 상당액을 납부하여 국고에 귀속된 후에는 다른 범인에 대하여 거듭 추징을 선고하는 것은 허용되지 않는다고 보는데,[237] 타당한 결론이라고 본다. 위 판결의 취지에 따른다면, 범인 중 1인에 대한 추징판결이 집행된 경우에도 그 후에는 다른 범인에 대한 추징의 선고는 허용될 수 없을 것이다.[238]

113　　　구 향정신성의약품관리법(2000. 1. 12. 법률 제6146호 마약류관리법 제2조로 폐지) 제47조 제1항에 의한 몰수나 추징이 징벌적 성질의 처분이라고 하더라도, 피고인을 기준으로 하여 그가 취급한 범위 내에서 의약품 가액 전액의 추징을 명하면 되는 것이지, 동일한 의약품을 취급한 피고인의 일련의 행위가 별죄를 구성한다고 하여 그 행위마다 따로 그 가액을 추징하여야 하는 것은 아니다. 따라서 필로폰을 수수하여 그중 일부를 직접 투약한 경우에는 수수한 필로폰의 가액만을 추징할 수 있고, 직접 투약한 부분에 대한 가액을 별도로 추징할 수 없다.[239]

---

234 대판 2017. 9. 21, 2017도8611.
235 대판 1981. 3. 24, 81도74 등 다수.
236 대판 1980. 8. 26, 80도620; 대판 1981. 12. 8, 81도2223.
237 最判 昭和 38(1963). 12. 4. 刑集 17·12·2415.
238 같은 취지로 이용우-(주 175), 44.
239 대판 1997. 3. 14, 96도3397; 대판 2000. 9. 8, 2000도546.

(4) 이른바 단계적 추징의 문제

관세법이나 마약류관리법은 각 범칙행위마다 범칙물품에 대한 필요적 몰수·추징을 규정하고 있는데, 예컨대 관세포탈품이 밀수입되어 양여, 취득 등의 각 단계를 거쳐 전전유통되거나, 향정신성의약품이 제조, 매매알선, 매매, 투약 등의 단계를 거쳐 전전유통되는 등으로 다수의 사람들이 그 취급에 관여하여 동일한 물품을 객체로 하는 범행들이 단계적으로 이루어진 경우 각각의 범칙에 따라 각 범행단계마다 해당 물품에 대한 몰수·추징을 중첩적으로 할 것인가의 문제, 나아가 그 물품의 전부 또는 일부가 최종소유자로부터 압수되어 몰수가 선고된 경우 이미 그 소유권을 상실한 나머지 범인들에 대하여도 몰수대상물의 가액을 추징할 수 있는가의 문제가 이른바 '단계적 추징'의 문제이다. 단계적 추징에서는 단계적으로 관여한 범인 사이에 반드시 공범관계가 존재하지는 않는다는 점에서 공범관계를 기초로 한 공동연대추징에 관한 논의와는 차이가 있다.

단계적 추징의 허용 여부에 대하여는, ① 1개의 범죄에 다수의 공범자가 관계된 경우와 동일하게 부진정연대채무로 이해하여 이미 동일한 범행물건이 관계된 범인 1인으로부터 몰수되어 국고에 귀속된 이상 다른 범인에 대하여 중첩적으로 몰수를 선고하거나 몰수에 대응하는 추징을 선고하는 것은 허용되지 않고, 또한 몰수할 수 없는 경우에 모든 공범자에 대하여 그 가액을 추징하더라도 그중 1인으로부터 추징금의 전부 또는 일부가 납부되어 국고에 귀속된 이상 범죄가 여러 개 성립한다는 이유로 다시 다른 범인으로부터 중첩적으로 추징하는 것은 허용되지 않는다는 부정설[240], ② 다른 범인에게 몰수와 추징이 과하여졌는지 여부를 불문하고 취급자 전원에 대하여 그가 취급한 가액 전부를 추징하여야 한다는 긍정설, ③ 특별법상의 추징이 순수하게 특정물에 대한 범인 소유·소지의 박탈을 목적으로 하는 몰수의 환형처분인 경우, 예컨대 관세법위반에서 공용선박의 몰수와 같은 경우에는 단계적 추징을 부정하고, 추징이 궁극적으로 범인의 이득으로 돌아갈 특정의 이익이나 금전적 가치를 강제징수하여야

114

115

---

240 김대휘(주 166), 173 이하; 조용무, "형사법상의 필요적 몰수·추징과 실무상의 몇 가지 문제점에 관하여", 사논 11, 법원도서관(1980), 623-624. 다만 위와 같이 보면서도 조용무, 앞의 글은 단계적 추징을 인정할 것인지 여부는 몰수·추징을 규정한 각 특별법의 입법 목적에 따라 결정될 문제로서 일률적으로 논할 성질의 것이 아니라고 하고, 김대휘(주 166)는 대향적 공범들에 대한 단계적·중첩적 추징은 허용될 수 없다고 한다.

할 경우, 예컨대 밀수화물의 몰수와 같은 경우에는 단계적 추징을 긍정함이 타
당하다는 절충설[241] 등이 대립한다.

116   대법원의 입장에 관하여는, 관세포탈품의 전전양도에 관여한 범인 중의 1인
으로부터 그 물품을 몰수한다는 판결이 확정되었다면 그 물품이 이미 검사에
의하여 압수되고 있는 한 다른 범인에 대하여는 그 가액을 추징할 수 없다는 대
판 1980. 8. 26, 80도620 및 같은 취지의 대판 1981. 12. 8, 81도2223이 단계적
추징을 부인한 사례로 소개되기도 하고[242](다만 이에 대하여는, 위 각 판결의 사안에
서 만약 당해 물품이 압수되지 못하였다면 범인들 모두에 대한 가격 전부의 추징을 부정하는
취지는 아니라는 이유로 단계적 추징을 전면적으로 부정하는 판결이라고 단정하기 곤란하다
는 견해도 있음[243]), 향정신성의약품의 소유자나 최종소지인뿐만 아니라 동일한
의약품을 취급한 피고인들 모두에 대하여 그 취급한 범위 내에서 의약품가액
전액의 추징을 명하여야 한다는 대판 1982. 11. 9, 82도2055; 대판 1989. 12. 8,
89도1920; 대판 2002. 12. 6, 2002도5820 등이 단계적 추징을 긍정한 사례로 소
개되기도 한다. 또한 앞서 **(3)의 (나) '추징의 보충성에 따른 제한'**에서 본 일본
최고재판소의 판례[244]도 위 80도620 판결 및 81도2223 판결과 같은 취지의 판
결로 소개된다.

117   우리 판례의 태도를 종합하여 보면, 대법원은 몰수에 대한 환형처분으로서
의 추징의 보충적 성격에 따른 논리적 귀결로서 단계적 추징의 문제에 대하여
도 제한적 해석을 하고 있어 결과적으로 위 ①의 부정설의 입장에 선 것으로
이해된다. 즉 추징의 징벌성을 인정하여 원칙적으로 관세포탈품이나 향정신성
의약품의 전전유통에 관여한 범인들 각자에 대하여 그 취급한 범위 내에서 해
당 물건 가격 전액의 추징을 명하되, 그 물건이 압수되어 범인 중 1인에 대한
몰수판결이 확정되었거나, 범인 중 1인에 대한 추징의 집행으로 그 추징금이 납
부되었거나, 또는 범인 중 1인이 임의로 관세포탈품을 납부하거나 추징금을 납
입한 경우, 달리 말하면 범인 중 1인에 대한 몰수 또는 추징의 집행이 이루어졌

---

241 권영준, "단계적 추징의 문제", 제19기 사법연수생논문집, 사법연수원(1990), 301.
242 송진훈, "관세포탈물이 전전양도된 경우의 몰수·추징", 해설 2, 법원행정처(1981), 266.
243 권영준(주 241), 300; 임회동, "판례가 보는 형사법상의 몰수와 추징", 사논 14, 법원도서관(1983),
    421.
244 最判 昭和 38(1963). 12. 4. 刑集 17·12·2415.

거나 그와 동일시할 수 있는 경우에는 추징의 보충적 성격(국가가 추징에 의하여 얻을 수 있는 이익은 몰수로 인한 이득을 초과할 수 없다는 원칙)에 따라 이미 집행된 부분에 관하여는 다른 범인에 대한 단계적·중첩적 추징이 허용되지 않고, 나머지 미집행 부분에 해당하는 가액에 한하여 추징의 선고가 가능하다고 보는 것이다. 결국 위 80도620 판결이나 81도2223 판결은 단계적 추징의 가부 문제에 관한 별도의 판시라기보다는, 제3자 소유물에 대한 몰수의 상대적 효력만을 인정하면서 다수 범칙자에 대한 추징에 있어서 추징의 보충성을 요구하는 앞서 본 기존 판례들과 같은 취지에서 국가가 추징에 의하여 몰수 이상의 이득을 얻을 수 없도록 하되, 이를 집행의 면에서 조정하도록 해석한 데에 따른 결과라고 보아야 할 것이다.[245]

한편 일본의 판례 중에는, 범칙화물이 甲으로부터 乙에게 양도되고 乙에 대한 몰수의 선고가 있었던 경우에 甲으로부터 추징할 수 있는지에 관하여, "乙에 대하여 몰수의 선고를 하고 있으므로 관세법 제118조 제2항에서 말하는 '이를 몰수할 수 없을 때'에 해당하지 아니하여 甲으로부터 추징할 수 없다."고 하면서도, 나아가 일본형법 제19조 제1항 제4호, 제19조의2(우리 형법 §48①(iii), ②에 해당)에 의하여 甲에 대하여 범칙물품의 대가(乙에게 양도한 대금)를 몰수하거나 추징하는 것은 가능하다고 본 사례가 있다.[246] 즉 甲에 대하여 관세법상의 추징을 선고할 수는 없어도, 범칙물품의 대가에 대한 형법상의 몰수·추징은 가능하다는 것이다. 위 판결에 대하여는, 일응 타당하다고 평가하면서도 특별법인 관세법상으로는 추징할 수 없다고 하면서 일반법인 형법상 추징이 가능하다고 하는 것은 오히려 이상하다는 지적[247]과, 추징의 보충성과 관련하여 상당한 의미가 있다는 평가[248]가 있다.

118

---

245 송진훈(주 242), 266-267.
246 最判 昭和 36(1961). 12. 14. 刑集 12·11·1845.
247 조용식, "몰수와 추징에 관한 판례의 경향 및 그 분석", 재판과 판례 5, 대구판례연구회(1996), 457-458; 같은 취지로 송진훈(주 242), 268. 조용식, 앞의 글은, 입법론으로 관세법상 추징을 특별취급할 것이 아니라 범죄로 인한 이득의 박탈이라는 형법본래의 추징으로 환원시키되 다만 임의적이 아닌 필요적인 것으로만 규정하여, 범칙자가 수인인 경우에 추징의 대상자는 실제로 이득을 본 범칙자에 한정하고, 추징의 액수도 실제로 이득을 본 액수가 되도록 하면 충분하다고 한다.
248 이용우(주 175), 44.

IX. 특례법상 범죄수익 등에 대한 몰수·추징

1. 범죄수익 몰수제도의 도입

119   우리 형사법상 몰수 규제방식은 형법상의 물건에 대한 몰수제도와 각종 특례법상 범죄수익에 대한 몰수제도로 이원화되어 있다고 평가된다.[249] '범죄수익에 대한 몰수'란 범죄행위로 인하여 직접 또는 간접적으로 취득한 모든 재산을 박탈하여 국고에 귀속키는 것을 말한다.[250]

120   범죄수익 몰수제도는 1970년대부터 1980년대 사이에 각국에서 약물범죄 및 그 배후의 조직범죄에 대한 대응을 강화하기 위하여 도입되기 시작하였고, 2000년대 들어서는 부패범죄에까지 그 적용영역이 확대되었다. 범죄수익의 몰수가 국제적으로 크게 부각되게 된 것은 1988년 12월 19일 미국, 영국, 독일 등이 약물범죄 및 조직범죄에 대한 국제적 협력을 강화하기 위하여 주도적으로 참여한 '빈 협약[251]이 체결되면서부터이다. 우리나라는 빈 협약 및 1990년 'FATF 40개 권고'[252]에 대한 이행입법으로 1995년에는 마약거래방지법을, 2001년에는 범죄수익은닉규제법을 제정하였다. 또한 이와는 별도로 마약거래방지법의 제정에 앞서 1994년 이른바 '인천북구청 세무비리사건'을 계기로 기존의 몰수제도가 공무원범죄로 인한 범죄수익 몰수에 적절히 대응하기 어려운 점이 지적되어 1995년 최초의 몰수특례법인 공무원범죄몰수법이 제정되었고, 2005년에는 정치자금범죄에 대응하기 위하여 불법정치자금법이 제정되었다. 그리고 2003년 부패범죄에 대한 국제적인 협력의 필요성에 따른 '국제연합 부패방지 협약[253]이 체결됨에 따라 위 협약에 가입하기 위하여 2008년 부패재산몰수법을 제정하였다.

121   현재 우리나라는 형법상 몰수·추징을 규정하면서 범죄수익의 몰수에 관

---

249 박미숙, "한국의 몰수제도의 문제점과 개선방안", 형사소송 이론과 실무 9-2, 한국형사소송법학회(2016), 317; 정웅석, "특례법상 범죄수익의 몰수에 관한 연구", 형사소송 이론과 실무 9-2, 한국형사소송법학회(2016), 199.
250 정웅석(주 249), 199; 홍찬기, "범죄수익 몰수·추징제도의 문제점과 개선방안", 형사법연구 26-2, 한국형사법학회(2014), 194.
251 「마약 및 향정신성물질의 불법거래방지에 관한 국제연합협약」(United Nations Convention Against Illicit Traffic in Narcotic Drugs and Psychotropic Substances).
252 Financing Action Task Force and Money Laundering 40 Recommendation.
253 United Nations Convention against Corruption.

한 기본법 내지 일반법으로서의 역할을 하는 범죄수익은닉규제법을 두고, 특별히 공무원범죄, 마약류범죄, 정치자금범죄, 부패범죄 등에 대응하는 별도의 법률을 두어 각 몰수대상범죄에 관한 특례규정을 두는 방식을 취하고 있다고 할 수 있다.[254]

2. 범죄수익 몰수제도의 내용

(1) 몰수대상의 확대

특례법상 범죄수익 몰수제도는 몰수의 대상을 '물건'으로 한정하지 않고 '재산'을 그 대상으로 삼고 있다. 몰수의 대상이 되는 '범죄수익 등'[255]을 구성하는 '재산'이란 물건뿐만 아니라 예금채권과 같은 금전채권, 특허권 등의 무체재산권, 채무면제와 같은 소극적 재산의 감소 등 무형적 이익을 포함한 사회통념상 경제적 가치가 있는 이익 일반을 의미한다.[256] 판례도 공무원범죄몰수법 제2조 2호에서 정한 '불법수익'에는 그것이 특정공무원범죄의 범죄행위로 얻은 것이라면, 형법 제48조에서 정한 바와는 달리 물건뿐만 아니라 채권이나 무형의 재산권 기타 경제적 가치가 있는 모든 재산상의 이익을 포함한다고 한다.[257] 가상화폐인 비트코인도 재산적 가치가 인정되는 무형의 재산이므로, 범죄수익은닉규제법에서 정한 범죄수익으로서 몰수할 수 있다.[258]

각 특례법은 범죄로 얻은 재산이나 그로부터 유래한 재산을 몰수할 수 있도록 규정하는 한편, 몰수대상 재산과 다른 재산이 혼화(범죄수익은닉규제법) 또는 혼합(나머지 특례법)되어 있는 경우에도 몰수할 수 있도록 하여, 형법 및 특별법의 규정에 의한 몰수에 비하여 그 대상을 크게 확대하고 있다. 불법수익이 몇 단계에 걸쳐 다른 형태로 계속적으로 변형된 경우, 각 단계에서 취득한 재산은 모두 불법수익에서 유래한 재산에 해당된다.[259] 불법수익으로 투자한 주식에 기

122

123

---

254 정웅석(주 249), 200.
255 특례법마다 몰수대상인 범죄에 의하여 생긴 재산을 '불법수익', '불법정치자금등', '범죄수익' 등으로 달리 이르고 있으나, 실질적인 의미는 사실상 동일하다.
256 법무부, 범죄수익은닉의 규제 및 처벌 등에 관한 법률 해설, 법무자료 244(2002), 93.
257 대판 2005. 11. 10, 2005도5135; 대판 2007. 2. 22, 2006도8214.
258 대판 2018. 5. 30, 2018도3619. 본 판결 평석은 김정훈, "비트코인을 범죄수익으로 취득한 경우 몰수·추징이 가능한지 여부", 해설 116, 법원도서관(2018), 530-532.
259 주석형법 [각칙(1)](5판), 519(홍기만); 조휴옥(주 121), 387.

하여 취득한 이익배당금, 신주인수권, 주식배당 등은 불법수익에서 유래된 재산
에 대한 과실에 유사한 경우로서 몰수의 대상이 된다. 주식배당의 결과 발행되
는 주식 또는 신주인수권에 기하여 배정받은 신주는 모두 몰수대상주식의 파생
물이므로 몰수의 효력이 미친다.[260] 피고인이 직무와 관련하여 장래 시가 상승이
기대되는 비상장주식의 매수를 통하여 투기적 사업에 참여할 기회를 얻은 사안
에서, 피고인이 얻은 불법수익은 투기사업에 참여할 기회이고, 피고인이 주식을
매수하였다가 이를 처분하여 얻은 돈은 위와 같은 불법수익의 변형 내지 증식으
로서 명백히 불법수익으로부터 유래한 재산에 해당하여 몰수하여야 한다.[261]

124   또한, 마약거래방지법과 범죄수익은닉규제법은 범죄로 얻은 재산이나 그로
부터 유래한 재산뿐만 아니라 범죄에 제공된 재산 및 그로부터 얻은 범죄수익
등의 자금세탁에 관련된 재산까지 몰수대상으로 삼고 있다.

(2) 몰수·추징 보전제도

125   최초의 몰수특례법인 공무원범죄몰수법이 제정되기 전에는 법원 또는 수사
기관이 몰수대상재산의 은닉이나 산일을 방지하기 위하여 할 수 있는 조치는
형사소송법 제106조에 따른 압수 정도가 전부였다. 그러나 압수만으로는 범죄
로 얻은 재산, 수익 등의 처분행위를 막기 곤란하고, 범인에 대한 몰수·추징판
결의 선고가 확정되더라도 이미 그 대상 재산이 은닉되어 집행할 수 없다는 지
적이 있었다. 이에 따라 각 특례법은 몰수·추징 보전제도를 도입하여 불법수익
을 미리 처분하지 못하도록 하고, 기소 전에도 몰수·추징 보전이 가능하도록
하여 대상재산이 확정판결 전에 은닉·산일되는 문제점을 보완하고 있다.

(3) 불법재산에 대한 증명책임의 완화

126   공무원범죄몰수법(§ 7), 불법정치자금법(§ 7), 마약거래방지법(§ 17), 범죄수익은
닉규제법(§ 10의4)은 불법재산에 대한 증명책임 완화규정을 두어, 범인이 취득한 재
산이 불법수익이나 불법정치자금 등으로 형성되었다고 볼 만한 상당한 개연성이
있는 경우에는, 엄격한 증명이 없더라도 해당 재산을 몰수·추징할 수 있도록 규정
하고 있다. 다만, 부패재산몰수법은 별도의 증명책임 완화규정을 두고 있지 않다.

---

260 주석형법 [각칙(1)](5판), 519(홍기만), 조휴옥(주 121), 389.
261 대판 2005. 11. 10, 2005도5135. 다만, 재산의 성질 등을 고려하여 몰수함이 상당하지 아니하다
   고 인정될 때에는 이를 몰수하는 대신 그 가액을 추징할 수 있다고 판시하였다[특례법상 몰수의
   추징 전환에 관하여는 아래 (5) 부분 참조].

(4) 제3자 참가절차

제3자 소유물에 대한 몰수의 경우, 각 특례법도 범인 외의 자가 범죄 후 그　127
정을 알면서 취득한 범죄수익 등을 몰수할 수 있도록 규정한 점에서는 형법상 몰
수와 그 요건이 유사하다. 그러나 앞서 본 바와 같이 판례가 몰수 선고의 상대적
효력만을 인정하고 당해 사건에서 재판을 받지 않은 제3자의 소유권에 어떠한 영
향을 미치지는 아니한다고 해석하고 있음을 고려하여, 각 특례법은 제3자 참가절
차 등의 특례를 마련하여 몰수될 염려가 있는 재산을 가진 제3자가 피고인에 대한
형사사건에 참가하는 절차를 규정하는 한편, 제3자가 범죄 전에 권리를 취득하거
나 범죄 후에 정황을 알지 못하고 권리를 취득한 때에는 그 권리가 그대로 유지되
도록 하여 선의의 제3자를 보호하고 있다. 공무원범죄몰수법, 불법정치자금법, 마
약거래방지법은 제3자 참가절차에 관한 별도의 규정을 두고 있고, 범죄수익은닉규
제법과 부패재산몰수법은 마약거래방지법의 규정을 포괄적으로 준용하고 있다.

몰수대상물의 소유자인 제3자가 각 특례법에서 정한 참가절차 규정에 따라　128
당해 형사사건절차에 참가하여 자신의 권리를 주장할 기회를 부여받은 경우에
는, 형법상의 몰수와 달리 피고인에 대한 몰수판결의 효력은 그 물건의 소유자
인 제3자에게도 미친다고 해석할 수 있을 것이다.

(5) 몰수가 타당하지 아니한 경우의 추징 전환

형법상의 추징은 몰수가 불가능할 때에만 허용되지만, 각 특례법은 몰수가　129
가능하다고 하더라도, 당해 재산의 성질, 사용상황, 그 재산에 관한 범인 외의
자의 권리유무, 그 밖의 사정을 고려하여 그 재산을 몰수하는 것이 타당하지 아
니하다고 인정할 때에는 추징을 선고할 수 있도록 규정하였다(공무원범죄몰수법
§6, §3②, 마약거래방지법 §16, §13②, 범죄수익은닉규제법 §10①, 불법정치자금법 §6,
§3②, 부패재산몰수법 §5①). 몰수대상재산을 몰수할 수 없게 된 경우가 아니라고
하더라도, 부동산의 지분 등과 같이 그 성질상 몰수보다는 추징하는 것이 적절
한 경우에는 추징으로의 전환을 인정하는 특례를 마련한 것이다.

판례는, ① 피고인이 뇌물로 받은 주식이 압수되어 있지 않고 주주명부상　130
피고인의 배우자 명의로 등재되어 있으며, 위 배우자는 몰수의 선고를 받은 사람
이 아니어서 그에 대해서는 몰수물의 제출을 명할 수도 없고, 몰수를 선고한 판
결의 효력도 미치지 않는 경우, 위 주식을 몰수함이 상당하지 아니하다고 보아

〔최　　환〕　　　　　　**353**

몰수하는 대신 그 가액을 추징할 수 있고,[262] ② 직무와 관련하여 장래 시가 상승이 기대되는 비상장주식의 매수를 통하여 투기사업에 참여할 기회를 얻은 피고인이 그 주식을 처분하여 얻은 돈은 불법수익으로부터 유래한 재산에 해당하므로 이를 몰수하여야 하나, 재산의 성질 등을 고려하여 몰수함이 상당하지 아니하다고 인정될 때에는 이를 몰수하는 대신 그 가액을 추징할 수 있다고 한다.[263]

3. 입법론

131   현행 범죄수익 몰수제도에 대한 입법론으로서, 각 특례법상 몰수·추징 규정의 적용 경합 및 그에 따른 해석의 어려움 등을 들어 범죄수익 몰수제도를 단일화하고 재정비하여 형법 및 형사소송법에 포괄적으로 규정하여야 한다거나,[264] 몰수에 관한 기본법률로서 통일된 특별법을 두어 통합하여야 한다[265]는 제안이 있다.

X. 폐 기

132   문서, 도화, 전자기록 등 특수매체기록 또는 유가증권의 일부가 몰수에 해당하는 때에는 그 부분을 폐기한다(§48③).

133   문서 등의 일부가 위조 또는 변조된 경우 그 나머지 부분이 진정할 뿐만 아니라 진정 부분이 위·변조 부분과 독립하여 효력을 갖고 제3자의 정당한 이익에도 관계가 있는 경우에는, 그 문서 전부를 몰수하여서는 아니 되고, 위·변조 부분만을 폐기하여야 한다. 예컨대 지적등본의 기재를 변개한 경우에 그 변개 부분은 공문서변조의 범죄행위로 인하여 생긴 것으로서 누구의 소유도 허용되지 아니하므로 폐기하여야 하고,[266] 차용증서 중 보증인란만 위조되었거나, 진정하게 발행된 어음·수표의 보충권이 남용되어 위조로 인정되는 경우 위조 부분인 보증채무 부분이나 보충기재 부분만을 폐기하여야 한다. 다만, 원래 공무

---

262 대판 2005. 10. 28, 2005도5822.
263 대판 2005. 11. 10, 2005도5135.
264 조균석(주 26), 121.
265 박미숙·김성규, 추징금징수의 실효성 확보를 위한 법제도 정비방안, 한국형사정책연구원(2008), 123; 홍찬기(주 250), 214.
266 대판 1960. 3. 16, 4292형상858.

원이 그 권한에 의하여 작성한 문서는 설령 그 내용이 신청당사자의 허위신고에 의하여 작성되는 등의 사유로 객관적인 사실에 상반되는 경우라 하더라도 그 문서의 기재 부분 자체는 당해 공무소의 소유에 속하므로 폐기할 수 없다. 따라서 불실기재된 등기부의 기재 부분[267]이나 허위신고에 의하여 작성된 가호적부의 기재 부분,[268] 피·엑스 공무원이 그 권한에 의하여 작성한 월간판매실적보고서의 허위기재 부분[269]은 폐기의 대상이 될 수 없다. 불실기재된 등기부 원본에 의한 등기부등본은 등기공무원의 권한에 의하여 적법하게 작성된 것으로서 범죄행위로 인하여 불실기재된 것이 아니므로 등기부 원본에 부정기재가 있다고 하더라도 등기부등본의 기재 부분을 폐기할 수는 없다.[270]

위·변조 부분과 진정 부분이 불가분의 일체를 이루고 있거나, 진정 부분이 특별한 법적 의미가 없고 제3자의 이익과도 무관한 경우에는, 그 문서 전부를 몰수할 수 있다. 예컨대, 유효기간이 지난 공무원증의 사진 및 기재 사항을 위·변조한 경우가 여기에 해당한다.[271] **134**

1995년 12월 29일 개정된 형법은 전자기록 등 특수매체기록을 폐기의 대상으로 추가하였다. 컴퓨터에 의한 정보처리기술의 발달에 따라 등장한 전자기록 등 특수매체기록이 종래의 종이문서를 대체함에 따라 각종 문서위조·행사죄, 공무상 비밀표시무효죄(§140), 공용서류 등 무효죄(§141), 업무방해죄(§314), 비밀침해죄(§316), 권리행사방해죄(§323), 재물손괴죄(§366)의 행위의 객체에 특수매체기록이 추가된 것과 궤를 같이 한다. 전자기록 등 특수매체기록이란 일정한 저장매체에 전자방식이나 자기방식에 의하여 저장된 기록을 의미한다.[272] **135**

'폐기'는 물리적 방법에 의한 제거나 소거를 말한다.[273] 폐기의 집행은 위조 또는 변조 부분에 그 표시를 한 후 정당한 소지인에게 물건을 환부하는 방법으로 한다(형소 §485①). **136**

〔최　환〕

---

267 대판 1957. 8. 2, 4290형상190.
268 대판 1959. 6. 30, 4292형상177.
269 대판 1983. 6. 14, 83도808.
270 대판 1960. 7. 13, 4293형상128.
271 사법연수원, 형사판결서작성무(2018), 63.
272 대판 2003. 10. 9, 2000도4993.
273 정영일, 496.

〔최　환〕　　　　　**355**

제49조(몰수의 부가성)

몰수는 타형에 부가하여 과한다. 단, 행위자에게 유죄의 재판을 아니할 때에도 몰수의 요건이 있는 때에는 몰수만을 선고할 수 있다.

I. 의 의

1   본조는 몰수의 부가성과 그 예외에 관하여 규정하고 있다.

2   몰수는 다른 형에 부가하여 과하는 부가적 형벌이므로(§ 49 본문), 원칙적으로 공소사실에 관하여 유죄의 재판을 받은 피고인에 대한 주형에 부가하여 선고된다. 주형을 선고유예하는 경우에 몰수나 추징의 선고유예도 가능하지만,[1] 주형에 대하여 선고를 유예하지 않으면서 몰수와 추징에 대하여서만 선고를 유예할 수는 없다.[2]

II. 예 외

3   본조 단서는 행위자에게 유죄의 재판을 하지 아니한 때에도 몰수의 요건을 갖춘 때에는 몰수만을 선고할 수 있도록 규정하여(§ 49 단서), 몰수의 부가성에 대한 예외를 인정하고 있다. 몰수에 갈음하는 추징도 위 규정에 근거하여 선고할 수 있다.[3] 따라서 범죄구성요건에 해당하는 위법한 행위가 있었으나 심신상실, 형사미성년자 등 책임능력의 결여로 인하여 무죄의 판결을 할 경우에도, 몰

---

1 대판 1978. 4. 25, 76도2262; 대판 1980. 3. 11, 77도2027; 대판 1980. 12. 9, 80도584.
2 대판 1979. 4. 10, 78도3098; 대판 1988. 6. 21, 88도551.
3 대판 1992. 7. 28, 92도700. 본 판결 평석 및 해설은 서정걸, "몰수·추징의 부가성의 의미 및 그 예외", 형사판례연구 [2], 한국형사판례연구회, 박영사(1996), 101-115; 윤진수, "1. 범죄의 증명이 없거나 공소시효가 완성된 경우에 추징을 할 수 있는지 여부, 2. 원심판결중 추징부분만을 파기자판할 수 있는지 여부", 해설 18, 법원행정처(1993), 849-859.

〔최   환〕

수나 추징만을 선고할 수 있다.[4] 이러한 경우는 주형의 기초가 되는 범죄행위가 구성요건에 해당하고 위법한 행위로서 국가에 형벌권이 있음에도 행위자를 비난할 수 없는 주관적인 사유로 인하여 무죄가 되는 것에 불과하기 때문이다. 그러나 구성요건해당성이 없거나 위법성이 없는 경우 또는 범죄의 증명이 없는 경우에 해당하여 무죄의 재판을 하는 때에는, 주형의 기초가 되는 범죄행위가 존재한다고 할 수 없고 몰수를 허용할 정당한 필요성도 없으므로 몰수가 허용되지 아니한다.

　　이른바 '독립몰수', 즉 형사절차와 독립된 절차에 따른 몰수를 허용할 것인지는 입법정책의 문제이기도 한데, 우리 법제는 이를 채택하지 아니하여 공소가 제기되지 아니한 범죄에 관한 몰수는 허용되지 않는다. 따라서 압수된 물건의 몰수만을 위한 공소제기는 불가능하고, 불기소처분을 하는 경우에도 압수된 물건만을 몰수할 수 없다.[5] 제기된 공소는 몰수판결이 선고되는 당해 피고인에 대한 것이어야 함은 물론이다. 이와 같이 우리 법제상 공소의 제기 없이 별도로 몰수만을 선고할 수 있는 제도가 마련되어 있지 않은 이상 본조 단서에 근거하여 몰수나 추징을 선고하기 위해서는 그 몰수나 추징의 요건이 공소가 제기된 공소사실과 관련되어 있어야 하고, 공소사실이 인정되지 않는 경우에 이와 별개의 공소가 제기되지 아니한 범죄사실을 법원이 인정하여 그에 관하여 몰수나 추징을 선고하는 것은 불고불리의 원칙에 위반되어 불가능하다.[6] 같은 이유에

4

4　박상기, 543; 손동권·김재윤, § 37/53; 사법연수원 형사판결서 작성론, 사법발전재단(2022), 55; 서정걸(주 3), 109; 윤진수(주 3), 853; 이용우, "몰수·추징에 관한 몇 가지 문제", 법조 35-12, 법조협회(1986), 26; 한상곤, "몰수, 추징에 있어서의 부가성의 의미와 그 대상자", 자료 50, 법원도서관(1990), 15.

5　박상기, 543.

6　대판 1992. 7. 28, 92도700(공소도 제기되지 아니하였을 뿐만 아니라 이미 공소시효가 완성된 바이올린 밀반입의 사실을 인정하여 그 바이올린의 시가를 추징한 것은 위법하다고 한 사례); 대판 2008. 11. 13, 2006도4885; 대판 2010. 5. 13, 2009도11732(위 법리가 변호사법 제116조의 몰수·추징에도 적용된다고 한 사례); 대판 2020. 10. 15, 2020도960; 대판 2022. 11. 17, 2022도8662(부패재산의 몰수 및 회복에 관한 특례법 제6조 제1항, 제3조 제1항, 제2조 제3호에서 정한 몰수·추징의 원인이 되는 범죄사실은 공소제기된 범죄사실에 한정된다고 한 사례); 대판 2022. 12. 29, 2022도8592('도박죄'와 '도박공간개설죄'는 독립된 별개 범죄이므로, '도박공간개설죄'로만 기소된 피고인이 직접 도박에 참가하여 얻은 수익은 도박공간개설로 얻은 범죄수익에 해당하지 않는다고 보아, 이 부분을 제외한 나머지 금액에 대해서만 범죄수익은닉의 규제 및 처벌 등에 관한 법률 제8조 내지 제10조에 따라 추징을 명한 원심 판단을 수긍하여 검사의 상고를 기각한 사례).

서, 공소시효의 완성, 확정판결의 기판력에 대한 저촉 등의 사유로 실체판단에
들어가 공소사실을 인정함이 없이 면소를 선고하는 경우에도 몰수나 추징을 선
고할 수 없다.[7] 공소기각의 경우에도 마찬가지라고 보아야 할 것이다.[8]

5   다만 몰수나 추징의 요건이 공소가 제기된 공소사실과 관련성이 있으면 본
조 단서에 따라 몰수나 추징이 가능하므로, 검사가 피고인들의 행위를 성매매알
선 등 행위의 처벌에 관한 법률(이하, 성매매처벌법이라 한다.) 제2조 제1항 제2호[9]
(가)목에 해당하는 행위로 기소하였다고 하더라도, 피고인들의 행위가 범죄수익
은닉의 규제 및 처벌 등에 관한 법률(이하, 범죄수익은닉규제법이라 한다.)에 따른 몰
수의 대상이 되는 같은 호 (다)목의 행위로도 인정된다면, 이 부분 공소사실은
위 (다)목의 행위와 관련성이 인정되므로, 위 (다)목의 행위에 관계된 재산을 몰
수하더라도 불고불리의 원칙에 위반되지 않는다.[10]

6   몰수나 추징은 일종의 형으로서 검사가 공소를 제기하면서 관련 몰수·추징
규정의 적용을 빠뜨렸다거나 몰수·추징을 구하는 의견을 진술하지 않았다고 하
더라도 법원은 직권으로 이를 적용하여 몰수·추징을 선고할 수 있고, 이는 불
고불리의 원칙에 반하는 것이 아니다.[11]

7   한편 판례는, 주형을 선고유예하는 경우에 본조 단서를 근거로 몰수나 추징
만을 선고할 수 있다고 보고 있다.[12] 이러한 판례의 해석에 대하여는, 선고유예
는 유죄판결의 일종이므로 몰수의 부가형으로서의 성격에 비추어 몰수나 추징
의 선고는 당연히 가능하고, 위 규정에서 정한 몰수의 부가성에 대한 예외의 경

---

7 대판 1992. 7. 28, 92도700; 대판 2007. 7. 26, 2007도4556. 판례는 만일 그와 같이 보지 않는다
  면 현행법상 형의 일종으로 규정되어 있는 몰수나 추징에 대하여만은 공소시효의 제도가 적용되
  지 않는다는 부당한 결과가 되기 때문이라는 이유를 아울러 들고 있다.
8 박상기, 543; 손동권·김재윤, § 37/54; 정영일, 493; 사법연수원 형사판결서 작성론, 사법발전재
  단(2022), 61.
9 성매매처벌법 제2조(정의) ① 이 법에서 사용하는 용어의 뜻은 다음과 같다.
  2. "성매매알선 등 행위"란 다음 각 목의 어느 하나에 해당하는 행위를 하는 것을 말한다.
    가. 성매매를 알선, 권유, 유인 또는 강요하는 행위
    나. 성매매의 장소를 제공하는 행위
    다. 성매매에 제공되는 사실을 알면서 자금, 토지 또는 건물을 제공하는 행위
10 대판 2020. 10. 15, 2020도960(범죄수익은닉규제법 제8조 제1항 제1호에 따라 공소사실과 관련
   이 있는 성매매영업장소의 임대차보증금반환채권을 몰수할 수 있다고 한 사례).
11 대판 1978. 6. 13, 78도1033; 대판 1989. 2. 14, 88도2211; 대판 2007. 1. 25, 2006도8663.
12 대판 1973. 12. 11, 73도1133(전) 등.

우로 보기는 어렵다는 비판이 있다.[13]

특별사면의 효력이 미치는 범위는 몰수·추징의 부가성과는 무관하다고 보 8
아야 하고, 주형인 징역형에 대한 특별사면이 있는 경우에 추징이 부가형이라고
하여 추징에 대하여도 형 선고의 효력이 상실된다고 볼 수는 없다.[14]

〔최　　환〕

---

13 박상기, 543; 손동권·김재윤, §37/54.
14 대결 1996. 5. 14. 96모14.

제50조(형의 경중)

① 형의 경중은 제41조 각 호의 순서에 따른다. 다만, 무기금고와 유기징역은 무기금고를 무거운 것으로 하고 유기금고의 장기가 유기징역의 장기를 초과하는 때에는 유기금고를 무거운 것으로 한다.

② 같은 종류의 형은 장기가 긴 것과 다액이 많은 것을 무거운 것으로 하고 장기 또는 다액이 같은 경우에는 단기가 긴 것과 소액이 많은 것을 무거운 것으로 한다.

③ 제1항 및 제2항을 제외하고는 죄질과 범정을 고려하여 경중을 정한다.

[전문개정 2020. 12. 8.]

구 조문

제50조(형의 경중) ① 형의 경중은 제41조 기재의 순서에 의한다. 단, 무기금고와 유기징역은 금고를 중한 것으로 하고 유기금고의 장기가 유기징역의 장기를 초과하는 때에는 금고를 중한 것으로 한다.

② 동종의 형은 장기의 긴 것과 다액의 많은 것을 중한 것으로 하고 장기 또는 다액이 동일한 때에는 그 단기의 긴 것과 소액의 많은 것을 중한 것으로 한다.

③ 전2항의 규정에 의한 외에는 죄질과 범정에 의하여 경중을 정한다.

I. 의 의

1   본조는 형의 경중을 규정하고 있다. 비교하는 형의 종류가 다른 경우에는 제41조에 따라 형의 경중을 비교하고(§ 50①), 형의 종류가 같은 경우에는 법정형의 장기(다액)를 먼저 비교하고, 장기(다액)가 같으면 단기(소액)를 비교한다(§ 50②). 형의 종류와 법정형이 모두 동일한 경우 죄질과 범정을 비교한다(§ 50③).

2   형법상 형의 경중 문제가 발생하는 때는 ① 범죄 후 법률 변경에 따른 신·구

법의 형의 경중(§ 1②), ② 사실의 착오와 결과적 가중범(§ 15①, ②), ③ 공범과 신분(§ 33 단서), ④ 경합범 가중(§ 38①(ii))[1], ⑤ 상상적 경합(§ 40) 등이다.[2] 그 밖에 불이익변경금지의 원칙(형소 § 368, § 396②, § 439, § 457의2)의 적용에 있어서도 형의 경중이 문제된다.

II. 형의 경중의 판단기준

1. 형의 종류

형의 경중은 제41조 기재의 순서에 따른다(§ 50① 본문). 따라서 제41조에 따라 사형, 징역, 금고, 자격상실, 자격정지, 벌금, 구류, 과료, 몰수의 순서대로 형의 경중을 판단한다. 다만, 무기금고와 유기징역은 무기금고를 무거운 것으로 하고 유기금고의 장기가 유기징역의 장기를 초과하는 때에는 유기금고를 무거운 것으로 한다(§ 50① 단서). 종합하면 사형 - 무기징역 - 무기금고 - 유기징역(유기금고) - 자격상실 - 자격정지 - 벌금 - 구류 - 과료 - 몰수의 순서로 형이 무겁다.

3

2. 법정형

같은 종류의 형은 장기가 긴 것과 다액의 많은 것을 무거운 것으로 하고 장기 또는 다액이 같은 경우에는 그 단기가 긴 것과 소액의 많은 것을 무거운 것으로 한다(§ 50② 본문). 징역형 상호 간에는 장기를 먼저 비교하고 장기가 동일하면 단기를 비교하고, 벌금형 상호 간에는 다액을 먼저 비교하고 다액이 동일하면 소액을 비교한다. 법정형 중 병과형 또는 선택형이 있을 때에는 이 가운데 가장 무거운 형을 기준으로 하여 다른 형과의 경중을 정하는 것이 원칙이다.[3] 징역형의

4

1　다만, 제38조 제1항 제2호의 '무거운 죄'는 형의 선택 및 법률상 가중·감경을 거친 처단형을 의미하므로 다른 경우와 성격을 달리한다. 즉 경합범 가중에서는 이미 선택한 형을 기준으로 형의 경중을 비교하게 되므로 형의 종류에 따른 경중이 문제되지 않고, 법정형 중 선택형이 있는지 여부가 법정형의 경중에 영향을 미치지 않는다.

2　이용구, "형의 경중", 청연논총 8, 사법연수원(2011), 401.

3　대판 1983. 11. 8, 83도2499('3년 이하의 징역'에서 '5년 이하의 징역 또는 1천만 원 이하의 벌금'으로 법정형이 개정된 경우, 개정 전 구법의 형이 더 가벼움); 대판 1992. 11. 13, 92도2194('10년 이하의 징역 또는 1천만 원 이하의 벌금'에서 '3년 이하의 징역 또는 2천만 원 이하의 벌금'으로 법정형이 개정된 경우, 개정 후 신법의 형이 더 가벼움).

〔이 도 행〕

장기와 단기가 같은 경우에는, 벌금형의 선택형이 있는 법정형이 더 가볍다.[4]

3. 죄질과 범정

5   형의 종류와 법정형이 동일한 경우 죄질과 범정에 의하여 경중을 정한다 (§50③). 죄질은 보호법익에 대한 침해 또는 그 위험성과 그러한 결과를 가져오는 행위의 위법성에 대한 가치판단의 정도이고, 범정은 범죄(행위와 그 결과)에 대한 행위자의 내적 관여 정도로 책임요소에 포함되어 있는 비난가능성의 정도를 의미한다.[5]

6   먼저, 법정형이 같더라도 범죄의 질이 다르면 죄질에 따라 형의 경중을 가리는데, 통상 죄명이 다르면 죄질이 다른 것으로 본다.[6] 판례는 횡령죄(§355①)와 배임죄(§355②)는 다같이 신임관계를 기본으로 하고 있는 같은 죄질의 재산범죄로서 그 형벌에 있어서도 경중의 차이가 없고, 동일한 범죄사실에 대하여 단지 법률적용만을 달리한다고 판시하고 있다.[7]

7   다음으로, 죄질이 같으면 범정에 따라 형의 경중을 가르는데, 범정의 경중은 피해액이나 피해 정도 등을 기준으로 판단한다.[8]

---

4 대판 1996. 7. 26, 96도1158('5년 이하의 징역'에서 '5년 이하의 징역 또는 1천만 원 이하의 벌금'으로 개정된 경우 개정 후 신법의 형이 더 가벼움).

5 이용구(주 2), 401. 범정을 책임요소에 해당하는 행위자의 내면적인 심정반가치라는 견해[김일수·서보학, 새로쓴 형법총론(13판), 572], 책임판단의 대상인 범죄행위자의 주관적 사정[정영일, 형법총론(3판), 539]도 같은 입장이다. 이러한 견해에 대하여 반드시 거기에 한하는 것은 아니라며, 범정은 구체적으로 행해진 당해 범죄의 정상을 말한다는 견해[주석형법〔총칙(2)〕(3판), 463(이상원)]도 있다.

6 예를 들어, 장물취득과 장물보관, 뇌물수수와 뇌물요구(약속), 위조공문서행사(또는 위조사문서행사)와 공문서위조(또는 사문서위조)는 죄질이 다르다. 장물취득이 장물보관보다, 뇌물수수가 뇌물요구나 뇌물약속보다, 위조공문서행사(또는 위조사문서행사)가 공문서위조(또는 사문서위조)보다 죄질이 무겁다. 또한, 기수가 미수보다 죄질이 더 무겁고, 동일 죄명이라도 구성요건이나 행위태양이 다르면 죄질이 다르다[사법연수원 형사판결서 작성론, 사법발전재단(2022), 187].

7 대판 1999. 11. 26, 99도2651.

8 사법연수원 형사판결서 작성론, 사법발전재단(2022), 187. 일본 판례는 범정은 당해 범죄의 성질, 범행의 수법, 피해의 정도, 그 밖의 일체의 정상을 의미한다고 하고[東京高判 昭和 32(1957). 10. 3. 高刑集 10·9·708], 범정의 비교는 개개의 범죄사실에 있어 위와 같은 구체적 사정을 종합적으로 판단하여 행한다고 한다[東京高判 昭和 29(1954). 12. 27. 東高刑時報 5·12·485].

Ⅲ. 관련 문제

법정형에 대한 가중·감경 과정을 거쳐 일차적으로 구체화된 형인 처단형   8
및 법원이 처단형의 범위 내에서 구체적으로 형을 양정하여 선고하는 선고형의
경우에도, 명문의 규정은 없으나 위와 같은 기준에 따라 경중을 판단하면 된
다.[9] 판례는 ① 형의 집행유예와 집행면제 사이에서는 집행유예가 더 가볍고,[10]
② 징역형의 선고유예와 벌금형 사이에는 벌금형이 더 무거우며,[11] ③ 징역형
과 집행유예된 징역형 사이에는 집행유예된 징역형의 형기가 길면 집행유예 없
는 더 짧은 징역형보다 무겁다[12]고 한다.

〔이 도 행〕

---

9 김일수·서보학, 572; 이형국·김혜경, 형법총론(7판), 610; 임웅·김성규·박성민, 형법총론(14정
    판), 680; 주석형법 〔총칙(2)〕(3판), 463(이상원).
10 대판 1963. 2. 14, 62도248.
11 대판 1966. 4. 6, 65도1261.
12 대판 1976. 1. 17, 75도1513.

제 2 절　형의 양정

[총　설]

Ⅰ.의　의

1　　형법은 총칙 '제3장 형'에서 '제2절 형의 양정'이라는 표제하에 법률상 감경, 정상참작감경 등을 규정하고 있다. 형의 양정이란 제51조의 양형과 동일한 용어이고,[1] 문자 그대로 형량을 정하는 것을 의미한다(§51 참조).

2　　협의의 양형은 법정형을 출발점으로 하여 형의 종류를 선택하고 처단형의 범위 내에서 선고형을 결정하는 것을 의미하고,[2] 광의의 양형은 형의 선고에서 나아가 형의 집행 여부까지 결정하는 것을 말한다.

3　　법원조직법은 법관이 형의 종류를 선택하고 형량을 정할 때 양형기준을 존중하여야 한다고 규정하고(법조 §81①) 있고, 대법원 양형위원회가 설정한 양형기준에는 형종 및 형량의 기준과 함께 집행유예 기준이 마련되어 있으므로, 여기서의 양형은 광의의 양형으로 볼 것이다.

4　　한편, 형법총칙 제3장 형, 제2절 형의 양형에서 규정하고 있는 양형은 협의의 양형에 해당하는데, 아래에서는 협의의 양형에 대해서 상술한다.

5　　형의 양정이 부당하다고 인정할 사유가 있는 때는 판결에 대한 항소이유가 되며(형소 §361의5(xv)), 사형, 무기 또는 10년 이상의 징역이나 금고가 선고된 사

---

[1] 국민의 형사재판 참여에 관한 법률은 형의 양정과 양형을 동의어로 사용하고 있다(동법 §12, §46④).
[2] 최협의의 양형은 처단형을 출발점으로 하여 구체적 형량을 결정하는 선고형의 결정 단계만을 말한다[법원행정처, 양형실무(1999), 98].

건에 있어서 형의 양정이 심히 부당하다고 인정할 현저한 사유가 있는 때는 판결에 대한 상고이유가 된다(형소 § 383(iv 후단)).[3] 이를 실무상 양형부당을 이유로 한 상소라고 한다.

II. 양형이론

1. 책임주의의 원칙

이는 형벌은 책임에 기초하고 그 책임에 비례하여야 한다는 원칙이다. "책임 없으면 형벌 없다."는 책임주의의 원칙에 따라 양형은 행위자의 책임(양형책임)에 의하여 제한된다. 독일형법 제46조 제1항은 "행위자의 책임은 양형의 기초이다."라고 규정하여 책임주의의 원칙을 천명하고 있고, 우리 통설,[4] 판례[5]도 양형에서 책임주의의 원칙을 형사책임의 기본원칙으로 인정하고 있다. 판례는 제51조에서 정한 양형조건 외 별도의 범죄사실에 해당하는 사정을 증거 없이 핵심적인 형벌가중적 양형조건으로 삼아 양형을 함으로써 피고인에 대하여 사실상 공소가 제기되지 않은 범행을 추가로 처벌한 것과 같은 실질에 이른 경우에는 책임주의의 원칙의 본질적 내용을 침해한 것이라고 판시하였다.[6] 법원조직법 제81조의6 제2항 제1호는 양형기준을 설정·변경할 때 피고인의 책임의 정도를 반영할 것을 원칙으로 규정하고 있다.

6

---

3 판례는 위 규정에서 정한 양형부당의 상고이유는 10년 이상의 징역이나 금고 등의 형을 선고받은 피고인의 이익을 위한 것으로 볼 수 있으므로, 검사는 피고인에게 불리하게 원심의 양형이 가볍다거나 원심이 양형의 전제사실을 인정하는 데 자유심증주의의 한계를 벗어난 잘못이 있다는 사유를 상고이유로 주장할 수 없다고 한다(대판 2022. 4. 28, 2021도16719, 2021전도165, 2021보도54).

4 김성돈, 형법총론(8판), 846; 오영근·노수환, 형법총론(7판), 594; 이재상·장영민·강동범, 형법총론(12판), § 41/24; 이주원, 형법총론(3판), 526; 이형국·김혜경, 형법총론(7판), 622; 임웅·김성규·박성민, 형법총론(14정판), 686.

5 대판 2007. 4. 19, 2005도7288(전). 「사기로 인한 특경가법 제3조 위반죄에 있어서는 편취한 재물이나 재산상 이익의 가액이 5억 원 이상 또는 50억 원 이상이라는 것이 범죄구성요건의 일부로 되어 있고 그 가액에 따라 그 죄에 대한 형벌도 매우 가중되어 있으므로, 이를 적용함에 있어서는 편취한 재물이나 재산상 이익의 가액을 엄격하고 신중하게 산정함으로써, 범죄와 형벌 사이에 적정한 균형이 이루어져야 한다는 죄형균형 원칙이나 형벌은 책임에 기초하고 그 책임에 비례하여야 한다는 책임주의 원칙이 훼손되지 않도록 유의하여야 할 것이다.」

6 대판 2008. 5. 29, 2008도1816.

2. 양형책임과 예방의 관계

7   양형에서도 예방, 즉 일반예방과 특별예방을 고려해야 할 것인지에 대해서는 여러 논의가 있다. 이처럼 양형에서의 책임과 예방의 관계가 어떠해야 하는지에 관한 논의가 양형이론이다.

(1) 학설

(가) 유일형이론

8   유일형(唯一刑)이론은 책임은 일정한 크기를 가진 것이므로 정당한 형벌은 하나일 수밖에 없다는 견해로, '점형(點刑)이론'이라고도 한다. 책임과 일치하는 형벌은 다른 형벌의 목적으로 인하여 수정될 수는 있으나, 책임을 초과할 수는 없다고 한다. 이 이론에 대해서는, 책임과 일치하는 정확한 형벌을 정하는 것은 불가능하고,[7] 설사 일정한 양의 책임이 존재한다고 하더라도 이를 정확하게 인식하는 것은 인간의 능력을 벗어나는 것이고,[8] 양형에서 일반예방이나 특별예방의 목적을 고려할 수 없으며, 상대적 부정기형을 인정할 수 없다는 비판이 제기된다.[9]

(나) 책임범위이론

9   책임범위이론은 책임과 일치하는 정확한 형벌을 정할 수는 없으며, 형벌은 그 하한과 상한 내에 책임에 적합한 범위가 있으므로, 이 범위에서 일반예방과 특별예방을 고려하여 양형해야 한다는 견해로, '폭(幅)의 이론'이라고 한다. 이 이론이 다수설이다.[10] 이 이론에 대해서는, 과연 적정한 형의 범위가 어느 정도인지는 구체적으로 제시하지 못하고 있으며, 다만 현저하게 범위를 벗어난 양형을 위법으로 판단하여 법률심의 통제를 받게 하기 위한 이론적 수단으로 작동

---

7 이재상·장영민·강동범, §41/27.

8 주석형법 〔총칙(2)〕(3판), 466(이상원).

9 오영근·노수환, 595.

10 강동욱, 강의 형법총론(3판), 415; 배종대, 형법총론(18판), §182/6(인간의 인식론 한계를 감안하면 다른 대안은 없음); 이재상·장영민·강동범, §41/27(양형의 복잡한 과정을 합리적으로 분석하고 형벌목적의 충돌을 조화할 수 있는 이론); 이형국·김혜경, 622(다른 학설에 비하여 설득력이 큼); 임웅·김성규·박성민, 689(양형의 복잡성과 양형요소들의 상호갈등관계를 고려하면 가장 타당함); 정성근·박광민, 형법총론(전정2판), 701. 이와는 달리, 각 양형이론은 모두 양형에서 법관의 자유재량이라는 입장을 거부하는 것으로, 유일형이론은 좀더 단호한 태도로, 책임범위이론은 유연한 태도를 취하는 차이가 있을 뿐이라는 견해(오영근·노수환, 595)도 있다.

한다는 비판이 있다.[11]

(다) 단계이론

일정한 양형단계에서 각각 책임과 예방을 고려해야 한다는 견해로, '위가(位價)이론'이라고도 한다. 즉 형량은 불법과 책임에 의하여 결정하고, 형벌의 종류와 집행 여부는 예방을 고려하여 결정해야 한다는 것이다. 이 이론에 대해서는, 형량을 결정함에 있어 예방목적의 고려를 부정함으로써 양형에서의 예방목적을 약화시켰다거나,[12] 형벌목적의 단계적 분리고찰이 가능한지 의문이라는[13] 비판 등이 있다.

이러한 비판에 따라, 단계이론 중에는 책임을 상한선으로 하고 법질서의 방위라는 적극적 일반예방목적을 하한선으로 한 뒤, 그 안에서 구체적으로 형을 양정할 경우 특별예방목적의 우위를 주장하는 견해도 있는데, 이를 특별예방형 단계이론이라고 한다.[14]

(2) 판례

판례는 위 ②의 '폭의 이론'을 수용하는 입장에서, "제1심과 비교하여 양형의 조건에 변화가 없고 제1심의 양형이 재량의 합리적인 범위를 벗어나지 아니하는 경우에는 이를 존중함이 타당하며, 제1심의 형량이 재량의 합리적인 범위 내에 속함에도 항소심의 견해와 다소 다르다는 이유만으로 제1심판결을 파기하여 제1심과 별로 차이 없는 형을 선고하는 것은 자제함이 바람직하다."고 판시하였다.[15]

---

11 법원행정처, 양형실무(1999), 27.

12 강동욱, 415; 이재상·장영민·강동범, §41/28.

13 법원행정처, 양형실무(1999), 27-28.

14 독일의 클라우스 록신(C. Roxin)이 주장한 이론인데, 현대의 재사회화 형법의 관점에서 볼 때 타당한 양형이론이라는 견해[김일수·서보학, 578; 법원행정처, 양형실무(1999), 28]도 있다.

15 대판 2015. 7. 23, 2015도3260(전). 「양형부당은 원심판결의 선고형이 구체적인 사안의 내용에 비추어 너무 무겁거나 너무 가벼운 경우를 말한다. 양형은 법정형을 기초로 하여 형법 제51조에서 정한 양형의 조건이 되는 사항을 두루 참작하여 합리적이고 적정한 범위 내에서 이루어지는 재량 판단으로서, 공판중심주의와 직접주의를 취하고 있는 우리 형사소송법에서는 양형판단에 관하여도 제1심의 고유한 영역이 존재한다. 이러한 사정들과 아울러 항소심의 사후심적 성격 등에 비추어 보면, 제1심과 비교하여 양형의 조건에 변화가 없고 제1심의 양형이 재량의 합리적인 범위를 벗어나지 아니하는 경우에는 이를 존중함이 타당하며, 제1심의 형량이 재량의 합리적인 범위 내에 속함에도 항소심의 견해와 다소 다르다는 이유만으로 제1심판결을 파기하여 제1심과 별로 차이 없는 형을 선고하는 것은 자제함이 바람직하다.」

(3) 검토

13   양형에서 책임과 예방을 조화할 수 있다는 의미에서 통설 및 판례의 입장
과 마찬가지로 위 (나)의 책임범위이론이 타당하다고 하겠다. 참고로, 법무부의
1992년 형법개정법률안 제44조(양형의 기준) 제1항은 "형을 정함에 있어서는 범
인의 책임을 기초로 한다."고 규정하였고,[16] 2011년 형법(총칙)개정법률안 제46
조(양형의 원칙) 제1항은 "형은 범인의 책임을 기초로 하여 정하여야 한다."고 규
정하여,[17] 책임이 양형의 기초임을 명문화하였다. 나아가 2011년 개정법률안은
같은 조 제2항 제5호에서 형을 정함에서 있어 고려하여야 할 사항으로 "형의 부
과에 따른 장래의 범죄 예방 및 범인의 재사회화"를 규정하여, 책임과 일반예방
및 특별예방의 조화를 꾀하였다.

III. 양형위원회와 양형기준

1. 양형위원회의 설립과 구성

14   법원조직법이 2007년 1월 26일 개정되고 2007년 4월 27일 시행됨에 따라
양형위원회가 설치되었다. 형(刑)을 정할 때 국민의 건전한 상식을 반영하고 국
민이 신뢰할 수 있는 공정하고 객관적인 양형(量刑)을 실현하기 위한 것이 양형
위원회의 설립 목적이다(법조 §81의2①). 법관이 재판에 참고할 수 있는 구체적
이고 객관적인 양형기준을 설정하도록 함으로써 양형의 편차를 줄이고, 양형기
준을 공개함으로써 투명성을 높여 국민의 신뢰를 높이려는 것이다.

위 전원합의체 판결의 반대의견은 "다수의견과 같이 양형에 있어서의 이른바 '폭의 이론'을 수
용하여 제1심의 양형이 적정한 양형의 폭 범위 내에서 이루어진 것이라면 이를 존중하여야 한다
고 하면서도 항소심이 이를 위반하여도 적법한 상고이유로 볼 수는 없다고 해석하는 것은, 다수
의견이 밝힌 법리의 규범력을 스스로 포기하는 것과 다를 바 없다."고 하여, 다수의견이 '폭의
이론'을 수용하였다고 평가하고 있다.

본 판결 평석과 해설은 신동운, "양형판단과 형사항소심의 구조: 대법원 2015. 7. 23. 선고
2015도3260 전원합의체 판결에 대한 평석", 법학 57-4, 서울대학교 법학연구소(2016), 197-224;
민철기, "항소심이 자신의 양형판단과 일치하지 않는다고 하여 양형부당을 이유로 제1심판결을
파기하는 경우 양형심리 및 양형판단 방법이 위법하다고 평가할 수 있는지 여부", 해설 106, 법
원도서관(2016), 611-650.

16 법무부, 형법개정법률안 제안이유서(1992. 10), 57-59.
17 법무부, 형법(총칙)일부개정법률안 제안 이유서(2011. 4), 54-55.

양형위원회는 양형기준의 설정·변경과 이와 관련된 양형정책의 심의를 위하 　　15
여 그 권한에 속하는 업무를 독립적으로 수행한다(법조 §81의2②, ③).

양형위원회는 위원장 1명을 포함한 13명의 위원으로 구성되는데(법조 §81의 　　16
3①), 위원장은 15년 이상 판·검사, 변호사, 법학교수 등의 직에 있거나 있었던
자 중에서 대법원장이 임명·위촉하며, 위원은 법관 4인, 법무부장관이 추천하
는 검사 2인, 대한변호사협회장이 추천하는 변호사 2인, 법학교수 2인, 그 밖에
학식과 경험이 있는 자 2인을 대법원장이 임명·위촉한다(법조 §81의3②, ③). 위
원장과 위원의 임기는 2년이고, 연임할 수 있다(법조 §81의3④).

2. 양형기준

(1) 양형기준의 의의

법관이 합리적인 양형을 도출하는 데 참고할 수 있도록 법원조직법 제8편 　　17
에 따라 설립된 양형위원회가 설정한 기준이 양형기준이다(법조 §81의6①). 양형
위원회는 양형기준을 설정함에 있어서 '1. 범죄의 죄질 및 범정과 피고인의 책
임의 정도를 반영할 것', '2. 범죄의 일반예방 및 피고인의 재범 방지와 사회복
귀를 고려할 것', '3. 동종 또는 유사한 범죄에 대하여는 고려하여야 할 양형요
소에 차이가 없는 한 양형에 있어 상이하게 취급하지 아니할 것', '4. 피고인의
국적·종교 및 양심·사회적 신분 등을 이유로 양형상 차별을 하지 아니할 것'이
라는 네 가지 원칙을 준수하여야 한다(법조 §81의6②).

(2) 양형기준의 설정

2007년 법원조직법을 개정으로 양형기준제도를 도입하면서 양형기준을 설 　　18
정함에 있어서의 기본원칙이나 고려하여야 할 사항을 규정하되, 양형위원회가
다양한 양형요소를 고려하여 합리적인 양형기준을 마련할 수 있도록 양형기준
의 구체적인 형태에 관한 세부사항은 규정하지 아니하였다. 다만, 양형위원회가
개정 법원조직법 시행 후 2년 내에 최초의 양형기준을 설정하도록 규정하였다
[법조 부칙(2007. 1. 26.) §2].

비교법적으로 존재하는 양형기준에는 미국식 격자형과 영국식 개별형이 있 　　19
다. 미국식 격자형[18]은 범죄등급과 범죄전력만으로 양형범위를 정하기 때문에

---

18 미국 연방양형기준은 수직축에 43개의 범죄등급(offence level)과 수평축에 6개의 피고인의 범죄

개별적 양형요소를 고려할 수 없는 한계가 있다. 따라서 양형위원회는 모든 범
죄에 통일적으로 적용되는 단일한 양형기준을 설정하는 방식이 아닌, 개별범죄
의 특성을 반영하여 범죄군별로 독립적인 양형기준을 설정하는 방식을 채택하
였다. 즉, 범죄별 행위 속성과 보호법익 등을 기준으로 범죄군을 분류한 다음,
그 범죄군별로 개별적 양형기준을 설정하는 방식을 취하고 있다. 이에 따라 제1
기 양형위원회는 2009년 4월 24일 살인범죄, 뇌물범죄, 성범죄, 강도범죄, 횡령·
배임범죄, 위증범죄, 무고범죄에 대하여 최초로 양형기준을 설정하였다. 이후
양형기준 설정작업을 계속해온 결과 2023년까지 47개 범죄군에 대한 양형기준
이 설정된 상태이다.

(3) 양형기준의 효력

20   양형기준은 법관이 형종을 선택하고 형량을 정함에 있어 참고하여야 하지
만, 법적 구속력은 갖지 않는 권고적 기준에 해당된다(법조 §81의7① 단서). 다만
법관은 합리적 양형을 정하는 데 참고할 수 있는 구체적이고 객관적인 기준으
로서 마련되어 그 내용의 타당성에 의하여 일반적인 설득력을 가지는 것으로
예정되어 있는 양형기준을 존중하여야 한다.[19] 법관이 양형기준을 벗어난 판결
을 하는 경우에는 판결서에 양형의 이유를 기재하여야 하고(법조 §81의7② 본문).
이 경우 양형기준의 의의, 효력 등을 감안하여 당해 양형을 하게 된 사유를 합
리적이고 설득력 있게 표현하는 방식으로 그 이유를 기재하여야 한다.[20]

Ⅳ. 양형의 과정

1. 형법에 따른 양형의 과정

(1) 개요

21   협의의 양형은 법관이 선고형을 결정하는 과정으로 형법총칙에 따른 선고
형 결정과정은 다음과 같다. 양형은 법정형 확인, 처단형 확정, 선고형 결정의
단계를 거치며, 법정형을 기초로 하여 형벌의 종류를 선택하고 이를 가중하거나

경력범주(criminal history category)를 두어 258개(cell)의 나누어진 범위에서 형을 결정한다.
19 대판 2009. 12. 10, 2009도11448.
20 대판 2010. 12. 9, 2010도7410, 2010전두44.

감경하여 처단형을 정한 다음 그 처단형의 범위에서 구체적인 선고형을 정하는 과정으로 이루어진다. 그 순서는 아래 표 [1]과 같다.

[표 1] 선고형 결정 순서

순서	내용	비고
1	구성요건 및 법정형을 표시하는 규정	
2	각칙 조문에 따른 가중	
3	제34조 제2항에 따른 가중	
4	과형상 일죄(상상적 경합)	제40조
5	형의 종류의 선택	제54조
6	누범 가중	제35조
7	법률상 감경	제55조
8	경합범 가중	제38조
9	정상참작감경	제53조
10	(처단형의 범위에서) 선고형의 결정	

이처럼 형의 양정은 법정형 확인, 처단형 확정, 선고형 결정 등 단계로 구분 **22** 되는데, 법관은 형의 양정을 할 때 법정형에서 형의 가중·감경 등을 거쳐 형성 된 처단형의 범위 내에서만 양형의 조건을 참작하여 선고형을 결정해야 한다.[21] 아래에서는 법정형, 처단형, 선고형의 순서를 살펴본다.

(2) 법정형

법정형은 구성요건에 해당하는 법률에 규정된 형을 의미한다. 증거에 의하 **23** 여 범죄사실이 유죄로 인정되면 가장 먼저 '범죄사실에 해당하는 법조'를 확정하 게 되는데, 그 법조에 기재된 형이 법정형이다. 법정형은 양형과정의 시작점에서 처단형의 범위를 산출하는 기준이 된다는 점에서 중요한 의미가 있다. 법원조직 법도 양형위원회가 양형기준을 설정·변경할 때 고려하여야 할 첫 번째 요소로 법정형을 규정하고 있다(법조 §81의6③(i)). 예를 들어, 살인죄의 법정형은 제250조 제1항이 규정하고 있는 '사형, 무기징역 또는 5년 이상의 유기징역'이다.

---

21 대판 2008. 9. 11, 2006도8376; 대판 2021. 1. 21, 2018도5475(전).

(3) 처단형

24　　처단형은 법정형에서 형의 종류를 선택한 다음 법률상 가중·감경, 정상참작
감경을 거친 형을 의미한다. 법정형에서 처단형을 산출하는 순서는 제56조에 규
정되어 있는데, ① 각칙 조문에 따른 가중, ② 제34조 제2항에 따른 가중, ③ 누
범 가중, ④ 법률상 감경, ⑤ 경합범 가중, ⑥ 정상참작감경의 순서로 한다.

25　　위와 같이 형법은 범죄의 구성요건에 해당하는 행위에 상응하는 법정형을
정하여 두고, 법정형에 대한 법률상 가중·감경 및 정상참작감경을 통해 최종적
인 처단형을 정하도록 하고 있다. 즉, 처단형은 오직 법률 규정에 근거한 법관
의 법률적용에 따른 결과이다.[22]

26　　실무상 '법령의 적용'을 할 때에 구성요건에 해당하는 규정의 적용, 각칙 조
문에 따른 가중, 제34조 제2항에 따른 가중, 상상적 경합의 처리를 한 후에 형
의 선택(형종 선택)을 하며, 이후 누범 가중, 법률상 감경, 경합범 가중, 정상참작
감경을 적용하여 처단형을 산출한다. 예를 들어 살인죄(사형, 무기징역, 5년 이상의
징역)를 저지른 청각 및 언어 장애인에 대하여 유기징역형을 선택하고, 법률상
감경(청각 및 언어 장애인 감경)을 하면 처단형의 범위는 '2년 6월 이상 15년 이하
의 징역'이 되고, 여기에 정상참작감경을 할 경우 처단형의 범위는 '1년 3월 이
상 7년 6월 이하의 징역'이 된다.

27　　법관은 법률상 처단형의 범위 내에서 선고형을 결정하여야 하므로, 법률상
처단형의 범위는 선고형을 결정하는 최종적인 기준이 된다.

28　　형의 가중, 감면의 이유되는 사실의 진술이 있는 때에는 이에 대한 판단을
유죄판결에 명시하여야 하므로(형소 § 323②), 처단형에 대한 소송관계인의 주장
이 있는 경우에는 이에 대한 판단을 판결에 명시하여야 한다.[23]

---

22 대판 2021. 1. 21, 2018도5475(전)(임의적 감경사유의 존재가 인정되고 법관이 그에 따라 징역
형에 대해 법률상 감경을 하는 경우, § 55①(ⅲ)에 따라 상한과 하한을 모두 2분의 1로 감경하여
야 하며, 이러한 현재 판례와 실무의 해석은 여전히 타당하다고 한 사례).

23 다만, 판례는 법률상 형의 가중, 감면의 이유로 되는 사실을 필요적 가중, 필요적 감경, 필요적
면제의 사유만을 의미한다고 본다(대판 1967. 11. 21, 67도1176). 따라서 필요적 가중사유인 누
범(§ 35), 필요적 감경사유인 청각 및 언어 장애인(§ 11), 중지범(§ 26), 위증죄, 무고죄에서 재판
확정전 자백 또는 자수(§ 153, § 157), 장물죄에서 본범과 신분관계가 있는 경우(§ 365②), 내란,
외환유치, 외국에 대한 사전, 현주건조물방화, 통화위조 등 예비·음모죄에서 실행에 이르기 전
자수(§ 90①, § 101①, § 111③, § 120①, § 175, § 213), 공직선거법위반죄의 자수(공선 § 262), 국
가보안법위반죄의 자수·고발 등(국보 § 16)이 이에 해당한다. 이에 반하여, 임의적 감면사유나

(4) 선고형

선고형은 법률상 처단형의 범위 내에서 구체적으로 형량을 결정하여 선고 **29**
하는 형을 의미한다. 예를 들어 살인죄(사형, 무기, 5년 이상의 징역)를 저지른 청각
및 언어 장애인에 대하여 유기징역형을 선택하고, 법률상 감경(청각 및 언어 장애
인 감경) 및 정상참작감경을 한 처단형의 범위(1년 3월 이상 7년 6월 이하의 징역) 내
에서 징역 3년을 선고할 경우, 징역 3년이 선고형이 된다.

자유형의 선고형에는 정기형과 부정기형이 있고, 부정기형은 절대적 부정 **30**
기형과 상대적 부정기형으로 나뉜다. 상대적 부정기형은 현행법상 소년범에게
만 인정된다. 소년이 법정형으로 장기 2년 이상의 유기형에 해당하는 죄를 범한
경우에는 그 형의 범위에서 장기와 단기를 정하여 선고하되 장기는 10년, 단기
는 5년을 초과하지 못한다(소년 §60①).[24]

선고형을 결정할 때에는 양형의 조건을 참작하여야 한다(§51). 실무상 판결 **31**
문에 기재하는 '양형의 이유'는 통상 선고형을 결정하게 된 이유를 기재하는데,
양형조건의 존부와 그 평가 등을 기재한다. 양형기준을 벗어난 판결을 하는 경
우(법조 §81의7②),[25] 피고인이 정식재판을 청구한 사건에 대하여 약식명령의 형
보다 중한 형을 선고하는 경우(형소 §457의2②)에는 법률상 판결서에 양형의 이
유를 기재할 의무가 있으나, 그 외의 경우에는 법률상 의무사항은 아니다.[26] 양

종범의 주장은 이에 대한 판단을 판결에 명시할 필요는 없다. 한편 필요적 면제사유인 친족상도
례 규정 중 '직계혈족, 배우자, 동거친족, 동거가족 또는 그 배우자 간의 형면제 조항(§328①)'에
대해서는, 헌법재판소에서 경제적 이해를 같이하거나 정서적으로 친밀한 가족 구성원 사이에서
발생하는 수인 가능한 수준의 재산범죄에 대한 형사소추 내지 처벌에 관한 특례의 필요성을 긍
정하면서도, 일률적 형면제로 인하여 구체적 사안에서 형사피해자의 재판절차진술권을 형해화하
는 경우가 발생할 수 있다는 이유로, 입법개선을 명하는 적용중지(2025년 12월 31일 시한) 헌법
불합치결정을 하였다(헌재 2024. 6. 24, 2020헌마468 등).
24 특정강력범죄를 범한 소년에 대하여 부정기형을 선고할 때에는 소년법 제60조 제1항 단서에도 불
구하고 장기는 15년, 단기는 7년을 초과하지 못한다(특강 §4②).
25 대판 2010. 12. 9, 2010도7410, 2010전도44. 「위원회 설치의 목적, 구성, 업무내용, 양형기준을
설정·변경하면서 준수하여야 하는 여러 원칙 및 고려사항, 양형기준의 효력 등에 관한 각 규정
의 내용 및 그 입법 경위 등을 종합하면, 법관은 양형을 할 때에 위와 같은 양형기준을 존중하
여야 하고, 법원은 약식절차 또는 즉결심판절차에 의하여 심판하는 경우가 아닌 한, 양형기준을
벗어난 판결을 함에 따라 판결서에 양형의 이유를 기재하여야 하는 경우에는 위와 같은 양형기
준의 의의, 효력 등을 감안하여 당해 양형을 하게 된 사유를 합리적이고 설득력 있게 표현하는
방식으로 그 이유를 기재하여야 할 것이다.」
26 대판 1975. 10. 25, 75도2580; 대판 1994. 12. 13, 94도2584.

형이유의 기재는 양형의 객관성, 투명성을 도모하고 상소심에서 양형사유를 심사하는 데 도움을 준다.[27]

2. 양형기준에 따른 양형의 과정

(1) 개관

32   형법에 의한 처단형 산출과정이나 양형의 조건이 지나치게 단순하고 추상적이어서 구체적 사건의 양형에 대한 지침적 기능을 다하지 못하고 있다는 비판이 있어왔다. 대법원 양형기준은 미리 질적으로 구분하여 정해놓은 특별양형인자를 확정하고 비교·평가하여 권고영역을 결정하고, 권고영역에 따른 세부적인 형량범위를 제시함으로써 선고형 결정과정을 구체화하였다.

33   대법원 양형기준에 따른 선고형 결정과정은 아래 표 [2]와 같다.

[표 2] 양형기준에 따른 선고형 결정 과정[28]

순서	내용	비고
1	범죄유형 결정	
2	권고영역 결정	3단계(감경·기본·가중)
3	형량범위의 결정	
4	다수범죄 처리기준에 따른 형량범위 결정	
5	선고형 결정	

(2) 범죄유형 결정

34   양형기준은 동일한 범죄군에 속한 범죄들을 일정한 기준에 따라 여러 가지 범죄유형으로 분류하고 동일한 범죄유형에 대하여 같은 형량범위를 권고하는 방식을 취하고 있다.[29] 양형기준에 따른 양형의 과정에서는 가장 먼저 당해 범죄가 양형기준의 어느 유형에 속하는지를 결정하여야 한다. 양형기준은 '유형의

---

27 사법연수원, 법원실무제요 형사 [III](2022), 224.
28 양형위원회, 2024 양형기준 해설, 7-8 참조. 선고형이 결정된 후에는 형의 집행유예 여부를 결정한다.
29 양형위원회, 2024 양형기준 해설, 5.

정의'에서 각 유형에 관하여 상세히 정의하고 있으므로 이를 참고하여 범죄유형을 결정한다. 예를 들어, 원한관계에 기인한 살인의 경우 살인범죄 양형기준의 2유형(보통동기살인)[30]에 해당한다.

(3) 권고영역 결정

양형기준은 범죄유형별로 3단계 권고영역(감경영역, 기본영역, 가중영역)을 제   35
시하고 있고, 특별양형인자에 따라 권고영역이 결정되므로, 권고영역을 결정하기 위해서는 특별양형인자의 존부를 확인한 다음 이를 비교·평가하여야 한다.

양형기준은 범죄군과 범죄유형에 따라 양형인자를 질적으로 구분해 놓았   36
고, 특별양형인자에 따라 권고영역에 따른 형량범위가 산출되며, 권고 형량범위 내에서 선고형을 결정하는 구조로 되어 있다. 따라서 당해 사건에서 양형인자가 존재하는지 여부를 확정하는 것이 권고영역 및 형량범위 결정, 나아가 선고형을 결정하는 출발점이 된다.

특히 권고영역은 특별양형인자를 고려하여 결정되므로, 당해 사건에서 특   37
별양형인자의 존부를 확정하는 것이 양형기준의 적용과정에서 매우 중요한 부분을 차지하게 된다. 법관은 충분한 양형심리를 통해 양형자료를 조사·평가하여 양형인자의 존부를 확정하여야 한다. 양형심리를 통해 복수의 특별양형인자가 존재하는 것으로 확정되었다면, 양형인자의 평가를 통해서 권고영역을 결정하게 된다. 양형기준이 정하는 양형인자의 평가원칙은 크게 두가지인데, '행위인자 우월의 원칙'과 '같은 성격의 특별양형인자 동등 원칙'이다. '행위인자 우월

---

30 살인범죄 양형기준 [유형의 정의] 제2유형(보통동기살인)(양형위원회, 2024 양형기준, 364).
- 보통의 동기에 의한 살인범행으로서, 다음 요소 중 하나 이상에 해당하거나, 제1, 3, 4, 5유형에 속하지 않는 살인범행을 의미한다.
- 원한관계에 기인한 살인
  - 애인의 변심 또는 관계 청산 요구에 앙심을 품고 살인
  - 피해자로부터 인간적 무시나 멸시를 받았다고 생각하여 앙심을 품고 살인
  - 말다툼, 몸싸움 등 시비 끝에 격분하여 살인
- 가정불화로 인한 살인
  - 의처증 또는 의부증으로 배우자 살해
  - 배우자에 대한 불만 누적으로 배우자 살해
- 채권채무관계에서 비롯된 불만으로 인한 살인
  - 채무변제 불응을 이유로 살인
  - 채무변제 독촉을 이유로 살인
- 그 밖에 이에 준하는 경우

의 원칙'은 행위책임의 원칙을 실현하기 위해서 행위인자를 행위자/기타인자보
다 중하게 취급하는 원칙이고,[31] '같은 성격의 특별양형인자 동등 원칙'은 같은
행위인자 상호 간 또는 같은 행위자/기타인자 상호 간에는 특별감경인자와 특
별가중인자를 동등하게 보아 개수를 기준으로 상쇄되도록 하는 원칙이다.[32]

38　　　　특별양형인자의 존부 확정과 평가 결과 가중요소가 큰 경우에는 가중영역
을, 감경요소가 큰 경우에는 감경영역을, 그 밖의 경우에는 기본영역을 선택할
것을 권고한다. 예를 들어 원한관계에 기인한 살인의 경우 살인범죄 양형기준의
2유형(보통동기살인)에 해당하는데, 양형심리 결과 '농아자'라는 특별감경인자가
있는 경우 감경영역이 권고된다.

(4) 형량범위 결정

39　　　　특별양형인자의 존부확정 및 평가에 따라 권고영역이 결정되면, 그 권고영
역에 따른 형량범위가 권고된다. 예를 들어 살인범죄 양형기준의 2유형(보통동기
살인)에서 '농아자'라는 특별감경인자가 있는 경우 감경영역이 권고되고, 그에 따
른 형량범위는 '징역 7년에서 12년까지'이다.

40　　　　그런데 특별가중인자 또는 특별감경인자 일방만 2개 이상 존재하거나 특별
가중인자가 특별감경인자보다 2개 이상 많은 경우(또는 특별감경인자가 특별가중인
자보다 2개 이상 많은 경우)에는, 권고 형량범위를 특별조정한다. 특별양형인자에
대한 평가 결과 가중영역에 해당하는 사건에서 특별가중인자만 2개 이상 존재
하거나 특별가중인자가 특별감경인자보다 2개 이상 많을 경우에는 양형기준에
서 권고하는 형량범위 상한을 1/2까지 가중하고, 특별양형인자에 대한 평가 결
과 감경영역에 해당하는 사건에서 특별감경인자만 2개 이상 존재하거나 특별감
경인자가 특별가중인자보다 2개 이상 많을 경우에는 양형기준에서 권고하는 형
량범위 하한을 1/2까지 감경한다. 예를 들어 원한관계에 기인한 살인의 경우 살
인범죄 양형기준의 2유형(보통동기살인)에 해당하고, 양형심리 결과 '농아자'라는
특별감경인자가 있는 경우 감경영역이 권고되어 '징역 7년에서 12년까지'가 권
고 형량범위이다. 그런데 만약 '처벌불원'이라는 특별감경인자가 추가로 존재한

---

31 다만, '처벌불원'은 행위자/기타인자이지만 피해회복을 도모하는 형사정책적 목적에서 행위인자
　와 동등하게 평가할 수 있도록 예외를 두었다.
32 양형위원회, 2024 양형기준 해설, 16.

다면, 특별감경인자만 2개 이상 존재하는 경우로서 권고 형량범위를 특별조정하여 '징역 3년 6월[33]에서 12년까지'가 권고된다.

한편, 양형기준이 권고하는 형량범위가 법률상 가중/감경에 의한 처단형 범위와 불일치하는 경우에는 당연히 법률상 처단형의 상한 또는 하한을 따라야 한다. 즉 양형기준이 권고하는 형량범위의 상한이 법률상 처단형의 상한보다 높은 경우에는 법률상 처단형의 상한이 기준이 되고, 양형기준이 권고하는 형량범위의 하한이 법률상 처단형의 하한보다 낮은 경우에는 법률상 처단형의 하한이 기준이 된다.[34] 예를 들어 원한관계에 기인한 살인의 경우 살인범죄 양형기준의 2유형(보통동기살인)에 해당하고, 양형심리 결과 '농아자', '처벌불원'이라는 특별감경인자가 2개 있는 경우 권고 형량범위의 특별조정으로 '징역 3년 6월에서 12년까지'가 권고되지만, 살인죄의 처단형이 5년 이상[35]일 경우에는 법률상 처단형을 따라 권고 형량범위가 '징역 5년에서 12년까지'가 된다.

(5) 다수범죄 처리기준에 따른 형량범위 결정

형법총칙은 경합범 가중을 한 다음 정상참작감경을 하도록 하고 있는 반면, 양형기준은 단일범을 기준으로 법률상 필요적 가중·감경사유는 물론 임의적 감경사유와 정상참작감경사유까지 모두 고려하여 유형을 분류하고 권고영역을 정한 다음 경합범 처리를 하는 순서를 따르고 있다.[36] 먼저, 양형기준상 권고 형량범위의 상한이 높은 범죄를 기본범죄로 결정한다. 다음으로, 다수범이 2개인 경우에는 기본범죄의 형량범위 상한에 다른 범죄의 형량범위 상한의 1/2을 더한다. 다수범이 3개 이상인 경우에는 기본범죄의 형량범위 상한에 다른 범죄 중 형량범위 상한이 가장 높은 범죄의 형량범위 상한의 1/2을 더하고, 다시 형량범위 상한이 그 다음으로 높은 범죄의 형량범위 상한의 1/3을 더한다.[37]

(6) 선고형 결정

단일범의 경우에는 특별 조정을 거친 권고 형량범위 내에서, 경합범의 경우

41

42

43

---

33 형량범위 하한인 7년의 1/2까지 감경.
34 양형위원회, 2024 양형기준 해설, 24.
35 정상참작감경을 하지 않는 경우이다.
36 양형위원회, 2024 양형기준 해설, 24.
37 결과적으로 다수범죄 처리기준에 의하여 가중될 수 있는 최대값은 기본범죄 형량범위 상한의 5/6
　라고 할 수 있다.

에는 단일범의 권고 형량범위를 기초로 다수범죄 처리기준을 적용하여 산출한 형량범위 내에서 최종 선고형을 정하게 된다. 이때 일반양형인자는 물론, 특별 양형인자도 종합적으로 고려하게 된다. 양형기준이 제시하고 있는 일반양형인 자는 예시적인 것에 불과하므로, 개별 사안에 존재하는 다양한 양형요소 중 당 해 사건의 양형에 반영하는 것이 적절하다고 판단되는 요소는 양형기준에 제시 되지 않은 것이더라도 일반양형인자로 함께 고려할 수 있다.[38] 예를 들어 원한 관계에 기인한 살인의 경우 살인범죄 양형기준의 2유형(보통동기살인)에 해당하 고, 양형심리 결과 '농아자'라는 특별감경인자가 있는 경우 감경영역이 권고되어 '징역 7년에서 12년까지'가 권고 형량범위이므로, 그 권고 형량범위 내에서 특별 양형인자와 일반양형인자를 종합적으로 고려하여 선고형을 결정하게 된다.

〔이 도 행〕

---

38 양형위원회, 2024 양형기준 해설, 33.

제51조(양형의 조건)

형을 정함에 있어서는 다음 사항을 참작하여야 한다.

1. 범인의 연령, 성행, 지능과 환경

2. 피해자에 대한 관계

3. 범행의 동기, 수단과 결과

4. 범행 후의 정황

Ⅰ. 의 　의

본조는 양형에서 참작할 요소를 규정하고 있다. 형법은 '양형의 조건'이라는 　　1
용어를 사용하고 있으나, 양형인자, 양형요소[1]도 같은 용어로 볼 것이다. 제62
조와 제59조는 집행유예와 선고유예의 요건을 심사할 때 본조의 사항을 참작하
도록 규정하고 있다.

양형의 조건에 관하여 규정한 본조의 사항은 널리 형의 양정에 관한 법원의 　　2
재량사항에 속하고, 이는 열거적인 것이 아니라 예시적인 것이다.[2] 또한, 본조에
는 범죄행위에 관련된 사유들과 더불어 범죄행위자인 피고인에 관련된 사유들이
더 많이 열거되어 있다는 점은 양형의 심리·판단 단계에서 주목할 필요가 있다.[3]

1　법원조직법 제81조의6 제2항 제3호는 고려하여야 할 '양형요소'라는 용어를 사용하고 있다.

2　대판 2017. 8. 24, 2017도5977(전)(외국에서의 미결구금을 양형인자로 본 사례). 본 판결 평석은
　오권철, "외국에서 미결구금되었다가 무죄판결을 받은 사람의 미결구금일수를 형법 제7조의 유추
　적용에 의하여 그가 국내에서 같은 행위로 선고받는 형에 산입할 수 있는지 여부", 고영한 대법관
　재임기념 논문집, 사법발전재단(2018), 503-537; 전지연, "외국에서의 미결구금과 형의 산입 문
　제", 죄형법정원칙과 법원 I, 박영사(2023), 86-103; 최석윤, "외국에서 집행된 형의 산입", 법조
　726, 법조협회(2017), 471-502.

3　대판 2002. 10. 25, 2002도4298(강간살인, 살인범행에 대하여 심신미약 감경만 하고 정상참작감

〔이 도 행〕　　　　　　　　　　　　　　　　　　　　　　　　　　　　　**379**

3   한편, 법원조직법 제81조의6 제3항은 양형위원회가 양형기준을 설정·변경할 때 형법 제51조가 정한 사항 등을 고려하여야 한다고 규정하고 있다.[4] 대법원 양형위원회가 설정한 양형기준에서는 '양형인자'라는 용어를 사용하고 있는데, ① 다양한 양형인자의 기본성격(행위인자, 행위자/기타인자), ② 책임의 경중에 영향을 미치는 내용(가중인자, 감경인자), ③ 그 정도(특별양형인자, 일반양형인자)에 따라 양형인자를 질적으로 구분하고 있다.[5]

Ⅱ. 양형의 조건

1. 범인의 연령, 성행, 지능과 환경(제1호)

(1) 범인의 연령

4   범죄행위가 아닌 피고인 자신과 관련되는 요소로서 행위자인자를 의미한다.

5   범인의 연령이 14세 미만인 경우 책임조각사유로 정하고 있는 제9조에 비추어 범인의 연령이 14세 이상이라고 하더라도 범행 당시 연령이 낮은 경우에는 책임능력이 미약한 것으로 보아 유리한 양형조건으로 참작할 수 있다.

6   소년법은 죄를 범할 당시 18세 미만인 소년에 대하여 사형 또는 무기형으로 처할 경우 15년의 유기징역으로 하고(소년 § 59), 소년이 법정형 장기 2년 이상의 유기형에 해당하는 죄를 범한 경우에는 장기 10년, 단기 5년을 초과하지 않는 범위 안에서 형을 선고하며(소년 § 60①), 소년의 특성에 비추어 상당하다고 인정되는 때에는 그 형을 감경할 수 있다(소년 § 60②)고 규정하여 소년에 대한 형벌의 특례를 규정하고 있는데, 범인의 연령을 양형조건으로 고려할 때에도 이러한 규정의 취지를 반영해야 할 것이다.

7   또한 형사소송법은 70세 이상의 고령자에 대하여는 형의 집행을 정지할 수 있다고 규정하고 있고(형소 § 471①(ii)), 대법원 양형기준에서도 피고인이 고령인

경을 하지 아니한 채 무기징역형을 선고한 것은 형의 양정이 심히 부당하다고 한 사례).
4 형법상 양형의 조건 외에 범죄의 유형 및 법정형, 범죄의 중대성을 가중하거나 감경할 수 있는 사정, 범죄 전력을 고려할 것을 규정하고 있다.
5 양형인자의 질적 구분을 통해서 양형인자를 수치화 또는 계량화하지 않으면서도 양형인자와 양형의 상관관계를 양형기준에 합리적으로 반영하고, 양형의 객관적 논증이 가능하도록 하였다[양형위원회, 2024 양형기준 해설, 12].

사정을 집행유예 기준의 긍정적 참작사유로 규정하고 있는 범죄군이 많다.

(2) 범인의 성행

성행은 성품과 행실을 의미한다(법조 §81의6③(iii)는 성행 대신 성품과 행실이라 8
는 용어를 사용하고 있음).

범죄행위자의 개별적인 심성, 성격, 성품이나 생활행태 등이 당해 범죄행위 9
와 밀접하게 관련되어 있고 그것이 범행을 통하여 명백히 나타나 있을 때에는,
책임요소 중 범죄구성요건의 실행행위에 포함되어 있는 행위불법의 주관적 측
면에 해당하는 양형조건으로 참작될 수 있다. 이는 범행의 동기·목적과 함께
범죄행위자의 법적대적·법경시적 심성이나 이른바 범죄적 에너지의 강도 등 범
죄행위에 대한 불법의 정도를 판단하는 간접징표의 하나가 될 수 있을 것이기
때문이다.[6]

범인의 성행과 관련하여 실무상 중요한 양형요소로 고려되는 것이 전과이 10
다. 누범전과나 상습성을 인정할 수 있는 전과는 법률상 가중사유로 규정되어
있고, 집행유예 결격사유가 되는 전과 또는 선고유예 결격사유가 되는 전과는
집행유예 또는 선고유예를 선고하는 데 장애가 된다는 점에서 가중인자로 작용
한다.

(3) 범인의 지능

범인의 지능이 높고 낮음은 그 자체로는 범죄구성요건의 실행행위에 포함 11
되어 있지 않은 행위자요소에 해당하나, 범인의 지능이 범인이 당해 범죄행위를
실행한 것과 일정한 관련성을 인정할 수 있어 그 범죄행위에 나타난 행위자의
범죄실행의지의 강도나 책임능력의 정도 등을 추론할 수 있는 자료가 될 수 있
는 경우에는, 범죄구성요건의 실행행위에 포함되어 있는 행위불법의 책임요소
가 될 수 있다.[7] 범인의 높은 지능이 범죄 실행이나 증거인멸에 이용된 경우 가
중인자로 작용할 것이다. 반면, 범인의 낮은 지능이 사물을 변별할 능력이나 의
사를 결정할 능력의 저하와 연관이 있을 경우 감경인자로 작용할 것이다.

(4) 범인의 환경

성별, 종교, 국적, 학력, 경력, 건강상태, 직업 또는 사회적 신분, 가족관계, 12

---

6 법원행정처, 양형실무(1999), 59.
7 법원행정처, 양형실무(1999), 65.

주거관계, 교우관계, 재산관계를 비롯한 경제적 상태 등 개인적·사회적·경제적 환경을 모두 포함한다.[8]

13   양형기준은 절도범죄 등에서 '생계형 범죄'[9]를 특별감경인자로 규정하고 있으며,[10] 성범죄 등 여러 범죄군에서 피고인의 건강상태가 매우 좋지 않음, 피고인의 구금이 부양가족에게 과도한 곤경을 수반, 사회적 유대관계 분명 등을 집행유예의 긍정적 일반참작사유로 규정하고, 사회적 유대관계 결여를 부정적 주요참작사유로 규정하여 범인의 환경을 양형기준에 반영하고 있다.

14   한편, 뇌물범죄 양형기준은 집행유예기준에서 '신분상실'이 집행유예 참작사유로 고려되어서는 안 된다고 명시하고 있다.[11]

2. 피해자에 대한 관계(제2호)

15   피고인과 피해자의 관계로, 친족관계, 업무상 고용관계, 보호관계 등을 들 수 있다. 예를 들어 성범죄 양형기준은 신고의무자 또는 보호시설 종사자의 범행을 특별가중인자로, 인적 신뢰관계 이용, 친족관계인 사람의 범행 등을 일반가중인자로 규정하고 있다.[12]

3. 범행의 동기, 수단과 결과(제3호)

16   '범행동기'는 중요하게 고려되는 양형조건이다. 살인범죄 양형기준은 범행동기를 기준으로 참작 동기 살인, 보통 동기 살인, 비난 동기 살인 등 범죄유형을 구분하고 있으며, 업무방해범죄 양형기준은 참작할 만한 범행동기를 특별감경인자로, 비난할 만한 범행동기를 특별가중인자로 규정하고 있다.[13]

---

8 법원행정처, 양형실무(1999), 65.
9 생계형 범죄[예컨대 양형위원회, 2024 양형기준, 626(절도범죄의 경우)].
  다음 요소 중 하나 이상에 해당하는 경우를 의미한다.
  - 궁핍한 가계상황을 벗어나기 위한 경우
  - 치료비, 학비 등을 마련하기 위한 경우
  - 그 밖에 이에 준하는 경우
10 한편, 강도범죄와 지식재산권범죄 양형기준은 '생계형 범죄'를 일반감경인자로 규정하고 있다.
11 양형위원회, 2024 양형기준, 171.
12 예컨대 양형위원회, 2024 양형기준, 438(강간죄의 경우).
13 업무방해범죄 양형기준의 양형인자의 정의를 보면, '참작할 만한 범행동기'는 피해자에게도 범행의 발생에 상당한 책임이 있는 경우, 공공의 이익 또는 타인의 권익 실현을 주된 목적으로 하는

'범행의 수단'은 행위책임과 관련된 양형요소인데, 양형기준은 위험한 물건을   17
휴대한 경우(폭력범죄, 공무집행방해범죄 등), 잔혹한 범행수법(살인범죄,[14] 폭력범죄 등),
범행수법이 매우 불량한 경우(사기범죄,[15] 증권·금융범죄 등), 가학적·변태적 침해행
위 또는 극도의 성적 수치심 증대(성범죄[16]) 등을 가중인자로 규정하고 있다.

경우(자신의 권익 실현을 아울러 목적으로 하는 경우도 포함), 방해된 업무가 적법성 또는 유효
성 등의 측면에서 보호가치가 상대적으로 낮고, 그 점이 범행동기에 영향을 미친 것으로 보이는
경우, 그 밖에 이에 준하는 경우를 의미하고[양형위원회, 2024 양형기준, 561], '비난할 만한 범
행동기'는 피해자에 대한 보복·원한, 증오감에서 범행을 저지른 경우, 정당하지 않은 경제적 대
가 또는 이익을 목적으로 범행한 경우, 범행 자체를 즐겨서 저지른 경우, 그 밖에 이에 준하는
경우를 의미한다[양형위원회, 2024 양형기준, 563].

14 살인범죄 양형기준상 '잔혹한 범행수법'의 양형인자의 정의는 다음과 같다[양형위원회, 2024 양
형기준, 368].
 • 고통의 강도와 시간적 계속성 등의 측면에서 볼 때 통상의 정도를 넘어서는 극심한 육체적
   또는 정신적 고통을 가하여 피해자를 살해한 것으로서, 다음 요소 중 하나 이상에 해당하는
   경우를 의미한다.
   - 방화로 사람을 살해한 경우
   - 폭발물을 이용하여 사람을 살해한 경우
   - 살해 전 피해자의 신체 일부분을 고의로 손상한 경우
   - 칼이나 둔기 등 흉기를 사용하여 신체의 급소 등을 수십 차례 찌르거나 가격한 경우
   - 그 밖에 이에 준하는 경우
15 사기범죄 양형기준상 '범행수법이 매우 불량한 경우'의 양형인자의 정의는 다음과 같다[양형위원
회, 2024 양형기준, 322].
 • 다음 요소 중 하나 이상에 해당하는 경우를 의미한다.
   - 범행의 수단과 방법을 사전에 치밀하게 계획한 경우
   - 금융, 증권, 무역, 회계 등 전문직 종사자가 직무수행의 기회를 이용하여 범행한 경우
   - 장부조작, 문서위조 등의 방법을 적극적으로 동원하여 범행한 경우
   - 고도의 지능적인 방법을 동원하여 범행한 경우
   - 지금까지는 알려지지 아니한 신종의 전문적 수법을 창출하여 범행한 경우
   - 그 밖에 이에 준하는 경우
   ※ 사기범죄를 저지르면서 문서의 위조 또는 변조 범행이 수반된 경우에는 다수범죄로 취급
     하지 아니하고 문서에 관한 범행을 양형인자로만 취급한다.
16 성범죄 양형기준의 양형인자의 정의는 다음과 같다[양형위원회, 2024 양형기준, 459].
 가. 가학적·변태적 침해행위
   • 다음 요소 중 하나 이상에 해당하고 그 침해 정도가 심한 경우를 의미한다.
     - 결박 기타 수단으로 피해자를 장기간 움직이지 못하도록 만든 행위
     - 담뱃불, 바늘, 몽둥이 그 밖의 도구를 사용하여 피해자의 신체에 침해를 가하는 행위
     - 성기 속에 이물질을 삽입하는 행위
     - 그 밖에 이에 준하는 행위
 나. 극도의 성적 불쾌감 증대
   • 범행 과정에서 다음과 같은 행위 중 하나 이상이 수반되어 피해자의 성적 불쾌감이 매우
     큰 경우를 의미한다.
     - 범행 과정을 촬영한 경우

18　　　'범행의 결과'는 주로 발생한 피해의 정도가 문제되는데, 양형기준은 피해자에게 심각한 피해를 야기한 경우(사기,[17] 횡령·배임, 공갈, 방화, 지적재산권범죄, 권리행사방해범죄 등), 범죄로 인하여 중대한 사회적·경제적 폐해가 야기된 경우(문서범죄,[18] 통화·유가증권·부정수표단속법위반범죄, 업무방해범죄 등), 중한 상해(폭력범죄 등) 등을 가중인자로 규정하고 있고, 실제 피해가 경미한 경우(권리행사방해범죄 등), 경미한 상해(폭력범죄, 성범죄 등) 등을 감경인자로 규정하고 있다.

4. 범행 후의 정황(제4호)

19　　　범행의 결과를 제외한 범행 후의 행위자요소를 뜻한다.[19] 양형에서 가장 중요하게 고려되는 범행 후의 정황은 '합의 또는 피해회복'이다. 양형기준은 피해회복의 정도에 따라 처벌불원,[20] 실질적 피해 회복(공탁 포함),[21] 상당한 피해 회복(공탁 포함) 등으로 합의 관련 양형인자를 구분하고 있다. 성범죄 양형기준은 '합의 시도 중 2차 피해 야기[22]'를 일반가중인자로 규정하고 있다.

　　　　　- 피해자의 자녀, 배우자, 부모 등 다른 사람이 보는 앞에서 범행을 저지른 경우
　　　　　- 성적 유희를 위한 도구를 사용한 경우
　　　　　- 그 밖에 이에 준하는 경우
17 사기범죄 양형기준의 양형인자의 정의는 다음과 같다[양형위원회, 2024 양형기준, 322].
　• 다음 요소 중 하나 이상에 해당하는 경우로서 피고인이 예견하고 있었거나 예견할 수 있었던 경우를 의미한다.
　　　- 피해자 회사가 자금경색으로 파산하게 하거나 심각한 경영위기에 처하게 한 경우
　　　- 피해자 회사의 신뢰추락으로 주가가 폭락하게 한 경우
　　　- 연쇄부도를 야기한 경우
　　　- 피해자가 대부분의 재산을 상실하게 한 경우
　　　- 그 밖에 이에 준하는 경우
18 공문서범죄 및 사문서범죄 양형기준의 양형인자의 정의는 다음과 같다[양형위원회, 2024 양형기준, 55, 335].
　　• 범행으로 인하여 대규모의 경제적 손실을 야기하거나, 대규모의 이득을 취득하거나, 많은 피해자를 양산하는 등 사회적·경제적 질서를 교란하여 그 폐해가 중대하고 심각한 경우를 의미한다.
19 주석형법 [총칙(2)](2판), 538(이상원).
20 피고인이 자신의 범행에 대하여 진심으로 뉘우치고, 피해자나 유족(피해자가 사망한 경우)이 처벌불원의 법적·사회적 의미를 정확히 인식하면서 이를 받아들여 피고인의 처벌을 원하지 않는 경우를 의미한다[예컨대 양형위원회, 2024 양형기준, 9(강도범죄의 경우)].
21 피고인이 피해 회복을 위한 진지한 노력 끝에 합의에 준할 정도(재산적 피해만 발생한 경우에는 그 손해액의 약 2/3 이상)로 피해를 회복시키거나 그 정도의 피해 회복이 확실시되는 경우를 의미한다[예컨대 양형위원회, 2024 양형기준, 10(강도범죄의 경우)].
22 합의를 시도하는 과정에서 피해자를 지속적으로 괴롭히거나, 합의거절에 대한 유형·무형의 불

한편, '피고인의 반성'도 실무상 중요한 양형인자이다. 양형기준은 살인, 뇌 **20**
물 등 대부분의 범죄군에서 '진지한 반성'을 일반감경인자로 규정하고 있고, 살
인범죄, 강간치사 등의 범죄에서 '반성 없음'을 특별가중인자로 규정하고 있다.
피고인이 범행을 부인하고 있다고 하여 반성하지 않고 있다고 볼 수는 없다.[23]
범행의 자백 여부, 피해회복의 노력 등을 종합적으로 고려하여 피고인의 반성
여부를 판단하여야 할 것이다.

III. 양형조건의 심리

같은 종류 또는 유사한 범죄에 대해서는 고려하여야 할 양형요소에 차이가 **21**
없으면 양형에서 서로 다르게 취급되어서는 안 된다(법조 §81의6②(iii) 참조)[24]. 여
기서 양형의 조건, 양형인자, 양형요소가 실질적인 의미를 가지게 되며, 양형인
자의 존부 확정이 양형심리의 핵심이 된다. 따라서 법관은 충분한 양형심리를 통
해 양형자료를 조사·평가하여 양형인자의 존부를 확정하여야 한다.

형사사건에 있어 양형은 재판의 요체이므로 양형인자에 관한 심리는 공소 **22**
사실의 인정 여부에 관한 심리에 못지않게 중요하다.[25] 다만, 양형의 조건이 되
는 사유에 관하여는 이를 판결에 일일이 명시하지 아니하여도 위법은 아니다.[26]

양형심리의 방법으로는 증인신문 등 증거조사, 피고인신문 등이 있고, 양형 **23**
조사관에 의한 양형조사, 보호관찰소에 대한 판결전 조사에 의해서도 양형자료
를 조사할 수 있다.

한편 국민참여재판에서 유죄평결을 할 경우 배심원은 판사와 함께 양형에 **24**
관하여 토의하고 그에 관한 의견을 개진하는데, 재판장은 양형에 관한 토의 전
에 양형의 조건을 설명하여야 한다(국민의 형사재판 참여에 관한 법률 §46④).

이익을 암시하는 등 부당한 압력을 가하거나 이에 준하는 방법으로 피해를 일으킨 경우를 의미
한다(양형위원회, 2024 양형기준, 462).
23 양형기준도 살인범죄 등에서 '반성 없음'을 특별가중인자로 규정하면서도 범행의 단순 부인은 제
외됨을 명시하고 있다[예컨대 양형위원회, 2024 양형기준, 370(살인범죄의 경우)].
24 양형기준 설정·변경 시 준수하여야 하는 원칙이나, 형사재판 양형에서도 당연히 적용되는 원리
라 할 것이다.
25 사법연수원, 법원실무제요 형사[III](2022), 223.
26 대판 1994. 12. 13, 94도2584.

Ⅳ. 양형조건의 평가

1. 양형인자의 평가

25   양형심리를 통해 양형인자가 존재하는 것으로 확정되었다면, 양형을 결정하기 위해서 양형인자를 비교·평가하는 것이 필요하다. 어느 양형인자를 무겁게 또는 가볍게 고려할 것인지 또는 전혀 고려하지 않을 것인지는 법관이 구체적인 사정을 종합적으로 고려하여 판단하여야 할 것이다.

26   대법원 양형기준은 다양한 양형인자들을 질적으로 구분하여 두고 있는데, 먼저 감경인자와 가중인자로 구분한 다음, 양형에 미치는 영향력을 고려하여 특별양형인자와 일반양형인자로 나누고 이를 다시 행위인자와 행위자/기타인자로 세분하고 있다. 나아가 양형의 대원칙인 '행위책임의 원칙'을 실현하기 위해 원칙적으로 행위인자를 행위자/기타인자보다 무겁게 취급하고, 같은 행위인자 상호 간 또는 같은 행위자/기타인자 상호 간에는 특별감경인자와 특별가중인자를 동등하게 보아 개수를 기준으로 상쇄되도록 하였다.

2. 이중평가금지의 원칙

27   이중평가금지의 원칙은 범죄의 구성요건에 포함되어 있는 사정을 구체적인 양형의 과정에서 다시 고려하는 것을 금지하는 원칙이다. 독일형법 제46조 제3항은 "구성요건의 요소인 사유는 양형에 고려해서는 아니 된다."고 규정하고 있다. 우리 형법에는 이 원칙에 관한 명문의 규정이 없지만, 합리적인 양형을 추구하기 위하여 당연히 적용되는 원칙이라 할 것이다.[27] 예를 들어 살인죄에 있어서 살인의 고의나 타인의 생명박탈 등의 사정은 구성요건의 일부로 포함되어 이미 평가되었으므로, 이중평가금지의 원칙에 따라 별도의 양형인자로 참작해서는 아니 된다.

〔이 도 행〕

---

27 법원행정처, 양형실무(1999), 104.

제52조(자수, 자복)

① 죄를 지은 후 수사기관에 자수한 경우에는 형을 감경하거나 면제할 수 있다.

② 피해자의 의사에 반하여 처벌할 수 없는 범죄의 경우에는 피해자에게 죄를 자복 (自服)하였을 때에도 형을 감경하거나 면제할 수 있다.

[전문개정 2020. 12. 8.]

구 조문

제52조(자수, 자복) ① 죄를 범한 후 수사책임이 있는 관서에 자수한 때에는 그 형을 감경 또는 면제할 수 있다.

② 피해자의 의사에 반하여 처벌할 수 없는 죄에 있어서 피해자에게 자복한 때에도 전항과 같다.

Ⅰ. 의　의

본조는 자수 또는 자복의 경우 형을 감경하거나 면제할 수 있다고 규정하고 있다(§52). 임의적 감경사유와 감경방법에 대해서는 **제55조(법률상의 감경) 주해** 부분에서 살펴본다.

1

Ⅱ. 자　수

1. 자수의 의의

자수는 범인이 자발적으로 자신의 범죄사실을 수사기관에 신고하여 그 소추를 구하는 의사표시이다.[1] 자수를 형의 임의적 감면사유로 규정한 취지는 뉘

2

---

1 대판 2004. 10. 14, 2003도3133; 대판 2011. 12. 22, 2011도12041. 위 2003도3133 판례 해설은

우치는 정상에 의한 책임의 경감 및 수사와 처벌의 용이함을 위한 정책적 고려에 따라 재판부가 형의 감면 여부를 임의적으로 결정할 수 있게 함으로써 양형의 구체적인 타당성을 확보하기 위한 것이다.[2]

3   자수를 임의적 감면사유로 정하고 있는 본조를 일반규정으로서 두고, 자수자에 대한 비난가능성 내지 양형책임이 감소된다는 점 또는 중대한 범죄를 미연에 방지하려는 정책적 목적을 중요하게 고려하거나(§90① 단서, §101① 단서, §111③ 단서, §120① 단서, §175 단서, §213 단서 등), 오판을 방지하고 국가형벌권을 적정하게 행사할 수 있다는 점을 중요하게 고려하여(§153, §154, §157 등), 일정한 요건하에 형을 필요적으로 감면하는 형법의 개별 조항을 두고 있다.

4   또한 형법 이외에 특별법상 자수의 효과로서 형의 필요적 감면을 규정하고 있는데, 국가의 안전 및 국민의 생존·자유의 확보나 국민의 자유로운 의사와 민주적인 절차에 의한 공직후보자의 선출과 같이 그 법익이 중대하고 발각이 어려운 범죄의 자수를 권유하거나 오판을 방지하기 위하여 공직선거법상 선거부정관련 범죄에 대한 자수(공선 §262①)[3] 및 국가보안법상 자수(국보 §16(i))[4]에 대하여 형의 필요적 감면을 규정하고 있다.[5]

한주한, "형법 제52조 제1항에 정한 자수의 의미와 요건", 해설 53, 법원도서관(2005), 381-394.
2 한주한(주 1), 384.
3 공직선거법 제262조(자수자에 대한 특례) ① 다음 각 호의 어느 하나에 해당하는 사람이 자수한 때에는 그 형을 감경 또는 면제한다.
    1. 제230조제1항·제2항, 제231조제1항 및 제257조제2항을 위반한 사람 중 금전·물품, 그 밖의 이익 등을 받거나 받기로 승낙한 사람(후보자와 그 가족 또는 사위의 방법으로 이익 등을 받거나 받기로 승낙한 사람은 제외한다)
    2. 다른 사람의 지시에 따라 제230조제1항·제2항 또는 제257조제1항을 위반하여 금전·물품, 그 밖의 재산상의 이익이나 공사의 직을 제공하거나 그 제공을 약속한 사람
    ② 제1항에 규정된 자가 각급선거관리위원회(읍·면·동선거관리위원회를 제외한다)에 자신의 선거범죄사실을 신고하여 선거관리위원회가 관계수사기관에 이를 통보한 때에는 선거관리위원회에 신고한 때를 자수한 때로 본다.
4 국가보안법 제16조(형의 감면) 다음 각호의 1에 해당한 때에는 그 형을 감경 또는 면제한다.
    1. 이 법의 죄를 범한 후 자수한 때
    2. 이 법의 죄를 범한 자가 이 법의 죄를 범한 타인을 고발하거나 타인이 이 법의 죄를 범하는 것을 방해한 때
5 헌재 2013. 10. 24, 2012헌바278.

2. 자수의 요건

(1) 자수의 시기

본조 제1항은 '죄를 지은 후'라고만 규정하고 있으므로 자수의 시기에는 제한   5
이 없다. 구 형법에서는 자수는 발각 전이어야 한다는 시기적 제한을 두었으나,
현행 형법은 이러한 제한을 삭제하였다. 언론에 혐의사실이 보도된 후나 수사가
개시된 후 또는 범죄사실과 범인이 발각되어 수사기관의 지명수배를 받은 후라도
자발적으로 범죄사실을 수사기관에 신고한 경우에는 자수에 해당한다.[6]

(2) 자수의 상대방

수사기관에 자수하여야 한다. 수사기관은 검사 또는 사법경찰관을 말한다   6
(형소 § 195, § 196). 수사기관 아닌 자에게 자수의 의사를 전한 것만으로는 자수라
고 할 수 없다.[7]

(3) 자발적 신고

자수는 범인이 스스로 자기의 범행을 자발적으로 신고하고 그 처분을 구하   7
는 의사표시를 말한다. 따라서 내심의 의사로는 부족하고, 외부로 표시되어야
한다.[8] 그리고 수사기관의 직무상 질문 또는 조사에 응하여 범죄사실을 진술하
는 것은 자백일 뿐, 자발성이 없어 자수로는 되지 않는다.[9] 판례 중에는 세관
검색 시 금속탐지기에 의해 대마 휴대 사실이 발각될 상황에서 세관 검색원의
추궁에 의하여 대마 수입 범행을 시인한 사안에서, 이는 피고인이 자발적으로
한 것이 아니라 금속탐지기에 의하여 이미 대마초 휴대 사실이 곧 발각될 상황
에서 세관 검색원의 추궁에 못 이겨 한 것이므로, 자발성이 결여되어 자수라고
할 수 없다고 판단한 것[10]이 있다. 이에 비추어 판례상으로는 '수사기관이 이미
범죄를 인지하고 있거나 곧 인지할 가능성이 있는지 여부'가 자발성을 판단하는
데 중요한 의미를 가지는 것으로 볼 수 있다.[11]

---

6 대판 1965. 10. 5, 65도597; 대판 1994. 5. 10, 94도659; 대판 1994. 9. 9, 94도619.
7 대판 1954. 12. 21, 4287형상164.
8 대판 2004. 10. 14, 2003도3133.
9 대판 1982. 9. 28, 82도1965(피고인 집에서 밀항 첩보 추궁에 시인); 대판 1992. 8. 14, 92도962(불
   심검문 도주자 검거 후 추궁에 시인); 대판 2002. 6. 25, 2002도1893(임의동행 후 설득에 시인).
10 대판 1999. 4. 13, 98도4560.
11 일본 판례도 ① 경찰관이 해당 범죄사실에 대하여 혐의를 가지기 전에 불심검문 단계에서 자백
   한 경우 자수에 해당한다[東京高判 昭和 42(1967). 2. 28. 東高刑時報 18·2·58]고 판시하였으

(4) 신고의 내용

8 신고의 내용이 되는 '자신의 범죄사실'이란 자기의 범행으로서 범죄성립요건을 갖춘 객관적 사실을 의미한다. 수개의 범죄사실 중 일부에 관하여만 자수한 경우에는 그 부분 범죄사실에 대하여만 자수의 효력이 있다.[12] 수사기관에 대한 신고가 자발적이라고 하더라도 그 신고의 내용이 자기의 범행을 명백히 부인하는 등의 내용으로 자기의 범행으로서 범죄성립요건을 갖추지 아니한 사실일 경우에는 자수는 성립하지 않고,[13] 이러한 경우 그 후의 재판과정에서 범행을 시인하였다고 하더라도 새롭게 자수가 성립할 여지는 없다.[14] 또한 수사기관에 자진출석을 하였으나 최초의 수사과정에서 범행을 부인하였고 그 의사가 분명히 밝혀진 경우에는, 그 후의 수사과정에서 범행을 시인한다고 하여 자수가 성립하는 것은 아니다.[15] 그러나 일단 자수가 성립한 이상 자수의 효력은 확정적으로 발생하고, 그 후에 범인이 번복하여 수사기관이나 법정에서 범행을 부인한다고 하더라도 일단 발생한 자수의 효력이 소멸하는 것은 아니다.[16]

(5) 자수의 동기

9 자수의 동기는 자수의 요건이 아니다. 뉘우침이 없는 자수는 그 외형은 자수일지라도 법률상 형의 감면사유가 되는 진정한 자수라 할 수 없다는 판시가 있으나,[17] 이를 자수의 요건에 관한 판례라고 볼 수 없다. 뉘우침 여부는 임의적 감경 여부의 판단에 영향이 있는 것으로 보아야 한다.

나, ② 경찰관의 직무질문 시 소지품 제시와 입수 경위를 질문받고 절도범행을 자백한 경우[東京高判 昭和 28(1953). 4. 10. 東高刑時報 3·4·152] ③ 병원에서 의복의 혈흔 등에 관하여 경찰관으로부터 계속 추궁을 당한 끝에 살인범행을 자백한 경우[東京高判 昭和 45(1970). 9. 10. 東高刑時報 21·9·307]는 자수(일형 §42①)에 해당하지 않는다고 판시하였다.

12 대판 1994. 10. 14, 94도2130.

13 대판 1994. 10. 14, 94도2130. 일본 판례 중에는 폭력단 간부가 대립 폭력단 사무소에 권총을 발사한 뒤 수사기관에 발각되기 전에 경찰서에 출석하여 범행 시 사용한 것과 다르게 발사를 위장한 다른 권총을 소지하고 이를 사용하였다고 허위의 진술을 한 사안에서, 위 범행이 발각되기 전에 수사기관에 자신의 범죄사실을 신고한 이상, 그때 사용한 권총에 관하여 허위의 진술을 하였더라도 자수에 해당한다고 판시한 것이 있다[最決 平成 13(2001). 2. 9. 刑集 55·1·76].

14 대판 1993. 6. 11, 93도1054; 대판 1994. 10. 14, 94도2130; 대판 1999. 7. 9, 99도1695; 대판 1999. 9. 21, 99도2443; 대판 2004. 10. 14, 2003도3133.

15 대판 1993. 6. 11, 93도1054; 대판 1994. 10. 14, 94도2130.

16 대판 1999. 7. 9, 99도1695; 대판 2002. 8. 23, 2002도46.

17 대판 1983. 3. 8, 82도3248; 대판 1999. 8. 20, 99도878.

〔이 도 행〕

(6) 자수의 방식

자수는 서면 또는 구술로 검사 또는 사법경찰관에게 하여야 한다(형소 § 240, § 237, § 238). 　　10

3. 자수의 효과

형법상 자수는 임의적 감면사유이다(§ 52①). 형의 감면이 법원의 재량에 맡　　11
겨져 있는 임의적 감면사유에 불과하므로, 자수감경을 하지 아니하였다거나 자
수감경 주장에 대하여 유죄판결의 이유에서 명시적으로 판단을 하지 아니하였
다고 하여 위법하다고 할 수 없다.[18] 이에 반하여 위증죄, 무고죄에서 재판 확
정 전 자수(§ 153, § 157), 내란, 외환유치, 외국에 대한 사전, 현주건조물방화, 통
화위조 등 예비·음모죄에서 실행에 이르기 전 자수(§ 90①, § 101①, § 111③, § 120
①, § 175, § 213), 공직선거법위반죄의 자수(공선 § 262), 국가보안법위반죄의 자수
등(국보 § 16)은 필요적 감경사유이다. 한편, 양형기준은 대부분의 범죄군에서 자
수를 특별감경인자로 규정하고 있다.

III. 자 복

피해자의 의사에 반하여 처벌할 수 없는 범죄의 경우에는 피해자에게 죄를　　12
자복한 때에도 임의적 감경사유로 규정하고 있다(§ 52②). 자복은 반의사불벌죄에
서 피해자에게 범죄를 고백하는 것이다.[19] 반의사불벌죄를 범한 사람이 피해자
에게 자복하는 것은 형사소추권의 행사 여부를 좌우할 수 있는 사람에게 자신의
범죄를 알리는 행위란 점에서 범죄자가 스스로 수사기관에 자기의 범행을 신고
하여 그 처분을 구하는 의사표시인 자수와 그 구조 및 성격이 유사하므로, 반의
사불벌죄에서의 자복에 대하여 자수와 동일한 법적 효과를 부여한 것이다.[20]

친고죄는 자복의 대상범죄가 아니나, 본조의 입법취지나 자복의 본질에 비　　13

---

18 대판 1991. 11. 12, 91도2241; 대판 1992. 8. 14, 92도962; 대판 2004. 6. 11, 2004도2018; 대판
　2023. 6. 1, 2023도3258; 대판 2024. 7. 11, 2021도6051.
19 따라서 반의사불벌죄가 아닌 범죄를 저지른 후 수사기관에 구속되기 전에 피해자의 부모를 찾아
　가서 사죄하였다고 하더라도, 본조의 자복에는 해당하지 않는다(대판 1968. 3. 5, 68도105).
20 헌재 2018. 3. 29, 2016헌바270 참조.

추어 친고죄도 포함된다는 견해도 있다.[21] 이러한 주장을 고려하여, 정부의 1992
년의 형법 일부개정법률안(안 § 45②)[22]이나 2011년의 형법(총칙) 일부개정법
률안(안 § 47②)[23] 모두 친고죄에도 자복을 인정하는 것으로 규정하였다.

〔이 도 행〕

---

21 이형국 · 김혜경, 형법총론(7판), 617; 임웅 · 김성규 · 박성민, 형법총론(14정판), 684.
22 법무부, 형법개정법률안 제안이유서(1992. 10), 61-62.
23 법무부, 형법(총칙)일부개정법률안 제안 이유서(2011. 4), 56.

　　　　　　　　　　〔이 도 행〕

제53조(정상참작감경)

범죄의 정상에 참작할 만한 사유가 있는 경우에는 그 형을 감경할 수 있다.

[전문개정 2020. 12. 8.]

구 조문

제53조(작량감경) 범죄의 정상에 참작할 만한 사유가 있는 **때에는 작량하여** 그 형을 감경할 수 있다.

Ⅰ. 의 의

법원은 범죄의 정상에 참작할 만한 사유가 있는 경우에는 그 형을 감경할 수 있다(§ 53). 정상참작감경은 법정형이나 법률상 가중·감경을 마친 처단형이 지나치게 가혹한 경우 이를 시정하기 위한 장치로 기능하고 있다. 개정 전 형법은 '작량감경'이라고 규정하였으나, 2020년 12월 8일 알기 쉬운 형법 개정으로 '정상참작감경'으로 용어가 변경되었다. 법률상 감경과 구분하여 재판상 감경이라고도 한다.

1

Ⅱ. 정상참작감경사유

정상참작감경사유는 '범죄의 정상에 참작할 만한 사유'이다(§ 53). 법률상 감경이 법률이 정한 감경사유가 인정되는 경우 형을 감경하는 것임에 비하여, 정상참작감경은 법률이 정한 감경사유가 인정되지 않는 경우에도 법관의 재량에 의하여 형을 감경할 수 있다는 차이가 있다. 참고로 제62조 제1항 본문은 '정상에 참작할 만한 사유'를 집행유예 요건으로 규정하고, 제59조 제1항은 '뉘우치는

2

〔이 도 행〕　　　　　　　　　　　　　　　　　　　**393**

정상이 뚜렷할 때'를 선고유예의 요건으로 규정하고 있다. '범죄의 정상에 참작할 만한 사유'란 제51조가 양형조건으로 규정한 범인의 연령, 성행, 지능과 환경, 피해자에 대한 관계, 범행의 동기, 수단과 결과, 범행 후의 정황을 종합하여 판단할 수밖에 없다.[1]

III. 정상참작감경의 방법

1. 법률상 감경 방법의 적용

3   정상참작감경의 방법에 대해서는 형법에 규정은 없으나, 법률상 감경에 준하여 제55조 제1항을 적용하여야[2][3] 한다.

4   유기징역을 감경할 때에는 제55조 제1항 제3호에 따라 그 형기의 2분의 1로 감경하는데, '장기의' 2분의 1까지 가중하는 경합범 가중(§ 38①(ii))이나 '장기의' 2배까지 가중한다고 규정한 누범 가중(§ 35②)과는 달리 '그 형기의' 2분의 1로 감경한다고 규정하고 있으므로, 장기 및 단기를 모두 2분의 1로 감경한다. 다만, 유기징역은 1개월 이상으로 한다는 제42조의 규정에 따라 단기를 감경하는 경우에도 1개월이 하한이 된다.

5   벌금을 감경할 때는 그 다액의 2분의 1로 감경한다(§ 55①(vi)). 문언상 '그 다액의'라고 규정하고 있어 상한만 감경하는 것으로 해석될 여지가 있으나, 다액의 2분의 1이라는 문구는 금액의 2분의 1이라고 해석하여 그 상한과 함께 하한도 2분의 1로 내려가는 것으로 해석해야 한다.[4] 예를 들어 법정형이 500만 원 이상 800만 원 이하로 규정되어 있는 경우 상한만 2분의 1을 감경할 수 있다고 하면,

---

1 제62조는 제51조의 사항을 참작하여 그 정상에 참작할 만한 사유가 있는 때 집행유예를 할 수 있다고 규정하고 있다.

2 대판 1964. 10. 28, 64도454. 「형법 제53조는 작량감경을 할 수 있음을 규정하였을 뿐 그 감경의 방법에 관하여 직접적인 규정은 없으나 작량감경의 경우에 있어서도 일정한 범위를 정하여 그 범위 내에서만 각 범죄사정에 적합한 양형을 하게 하여야 할 것이며 작량감경의 방법도 형법 제55조 소정 감경의 방법에 의하는 것으로 해석함이 상당하다.」

3 대판 2021. 1. 21, 2018도5475(전). 「작량감경은 오로지 법관의 재량에 의해 형을 감경하는 것인 반면, 법률상 감경은 형법이 정한 감경사유가 인정되는 경우 형을 감경하는 것이고, 작량감경이든 법률상 감경이든 감경의 방법은 형종에 따라 형법 제55조에서 정한 바에 따라야 한다.」

4 대판 1978. 4. 25, 78도246(전).

처단형이 500만 원 이상 400만 원 이하로 기이한 결과가 된다(위 78도246 전원합의체 판결의 다수의견도 이를 지적하고 있음). 제45조는 벌금은 5만 원 이상으로 한다고 규정하면서 단서에 감경하는 경우에는 5만 원 미만으로 할 수 있다고 규정하고 있으므로, 벌금을 정상참작감경하는 경우 5만 원 미만으로 할 수 있다.

2. 정상참작감경사유가 수개 있는 경우

법률상 감경할 사유가 수개 있는 때에는 거듭 감경할 수 있으나(§ 55②), 정상참작감경 사유는 수개 있어도 거듭 감경할 수 없다.[5] 이를 허용할 경우 자유롭게 정상참작감경을 거듭하여 법률상 감경사유를 법에 열거한 취지를 몰각시킬 수 있기 때문이다.   6

다만, 법률상 감경을 한 후 다시 정상참작감경을 할 수는 있다. 이는 제56조가 이미 예정하고 있는 바다.   7

3. 정상참작감경의 순서

한 개의 죄에 정한 형이 여러 종류인 때에는 먼저 적용할 형을 정하고 그 형을 감경한다(§ 54). 형을 가중·감경할 사유가 경합된 때에는 ① 각칙 조문에 따른 가중, ② 제34조 제2항에 따른 가중, ③ 누범 가중, ④ 법률상 감경, ⑤ 경합범 가중, ⑥ 정상참작감경의 순서로 한다(§ 56).   8

법관은 법령의 적용 과정을 통해 처단형을 확정하는데, 구성요건에 해당하는 규정의 적용, 각칙 조문에 따른 가중, 제34조 제2항에 따른 가중, 상상적 경합을 적용한 후에 형의 선택(형종 선택)을 하며, 이후 누범 가중, 법률상 감경, 경합범 가중, 정상참작감경을 적용하여 처단형을 산출하는바, 먼저 형종을 선택한 다음, 법률상 감경 등을 하고 마지막으로 정상참작감경을 한다.   9

실무상 정상참작감경은 법률상 감경을 다하고도 그 처단형보다 낮은 형을 선고하여야 할 때에 최후에 하는 감경이다.[6]   10

〔이 도 행〕

---

5 대판 1964. 4. 7, 63도410.
6 대판 1991. 6. 11, 91도985; 대판 1994. 3. 8, 93도3608; 대판 2005. 9. 29, 2005도6120.

제54조(선택형과 정상참작감경)

한 개의 죄에 정한 형이 여러 종류인 때에는 먼저 적용할 형을 정하고 그 형을 감경한다.

[전문개정 2020. 12. 8.]

구 조문

제54조(선택형과 작량감경) 1개의 죄에 정한 형이 수종인 때에는 먼저 적용할 형을 정하고 그 형을 감경한다.

1   본조는 한 개의 죄에 정한 형이 여러 종류인 때에는 먼저 적용할 형을 정한 다음에, 그 형을 감경한다는 규정이다. 이는 정상참작에 따라 감경하는 경우의 규정이지만, 법률상의 감경(§55)을 하는 경우에도 적용된다고 할 것이다. 즉, 적용할 형의 선택은 상상적 경합 처리 후 누범 가중, 법률상 감경, 경합범 가중, 정상참작감경을 하기 전에 하여야 한다.[1]

2   정상참작감경은 법정형 또는 법률상 가중이나 감경을 통하여 얻은 처단형마저도 무거워 그 최하한보다도 더 낮은 형을 선고는 것이 상당하다고 판단되는 경우에 행해지는 것[2]인 점에 비추어, 법정형이나 처단형의 범위 내에서 정상참작감경을 하여 얻을 수 있는 형과 같은 형을 선고할 수 있다고 하면 굳이 제53조를 적용하여 정상참작감경을 할 필요가 없을 것이다.

3   따라서 선택형에 사형과 무기형이 있는 경우, 굳이 사형을 선택한 후 정상참작감경하여[사형을 감경하면, 무기 또는 20년 이상 50년 이하의 징역 또는 금고(§55①(i))] 무기형을 선고할 필요는 없을 것이다. 일본 판례 중에는 강도살인죄와 시체유기죄의 경합범인 피고인에 대하여 무기징역에 처하는 경우, 굳이 사형을 선택한 후에 정상참작감경하여 무기징역을 선고하는 것은 허용되지 않는다고 한 것이

---

1 사법연수원 형사판결서 작성론, 사법발전재단(2022), 189.
2 大判 昭和 7(1932). 6. 6. 刑集 11·756.

396   〔이 도 행〕

있다.[3]

　　한편 선택형에 무기형과 유기형이 있는 경우, 적절한 양형을 위하여 무기징　　**4**
형을 선택한 후 정상참작감경하여[무기형을 감경하면, 10년 이상 50년 이하의 징역이나
금고(§55①(ii))] 유기징역형[유기형의 상한은 30년(§42 본문)]을 선고할 수 있다. 실
무상 무기와 유기의 징역형이 선택형으로 규정되어 있는 때에 유기의 징역형을
선택하는 경우에는 유기징역형을 선택한다는 뜻을 판결서에 기재하고, 유죄로
인정되는 범죄가 여러 개이고 각 선택하는 형이 여러 개인 경우에는 선택하는
형 가운데 같은 형끼리 모아서 기재하되, 형이 무거운 순서로 기재한다.[4] 판례는
법정형에서 무기징역을 선택한 후 정상참작감경을 한 결과 유기징역이 되었을
경우에는, 피고인이 미성년자라 하더라도 부정기형을 선고할 수 없다고 한다.[5]

　　유기형과 벌금형이 선택형으로 되어 있는 경우에는, 각각의 형의 성질에 비　　**5**
추어 무거운 징역형을 선택하여 감경하는 것이 벌금형에 처하는 것보다 양형상
적절한 경우도 있으므로 유기형을 선택하는 것은 허용된다.[6]

　　본조의 표제는 제53조의 표제와 마찬가지로 2020년 12월 28일 알기 쉬운　　**6**
형법 개정에 따라 '선택형과 작량감경'에서 '선택형과 정상참작감경'으로 변경되
었다.

〔이 도 행〕

3　最判　昭和 40(1965). 11. 2. 刑集 19·8·797.

4　사법연수원, 형사판결서작성론, 189-190.

5　대판 1988. 5. 24, 88도501[살인죄 및 사체은닉죄(후에 시체은닉죄로 죄명 변경)가 유죄로 인정
　된 미성년인 피고인에 대하여 무기징역형을 선택한 후 징역 12년을 선고한 것은 정당하다고
　한 사례].

6　大塚 外, 大コン(3版)(5), 826(高橋省吾); 西田 外, 注釈刑法(1), 969(佐藤隆之).

제55조(법률상의 감경)

① 법률상의 감경은 다음과 같다. 〈개정 2010. 4. 15.〉

  1. 사형을 감경할 때에는 무기 또는 20년 이상 50년 이하의 징역 또는 금고로 한다.

  2. 무기징역 또는 무기금고를 감경할 때에는 10년 이상 50년 이하의 징역 또는 금고로 한다.

  3. 유기징역 또는 유기금고를 감경할 때에는 그 형기의 2분의 1로 한다.

  4. 자격상실을 감경할 때에는 7년 이상의 자격정지로 한다.

  5. 자격정지를 감경할 때에는 그 형기의 2분의 1로 한다.

  6. 벌금을 감경할 때에는 그 다액의 2분의 1로 한다.

  7. 구류를 감경할 때에는 그 장기의 2분의 1로 한다.

  8. 과료를 감경할 때에는 그 다액의 2분의 1로 한다.

② 법률상 감경할 사유가 수개 있는 때에는 거듭 감경할 수 있다.

Ⅰ. 의 의

1   법률상 감경은 법률의 규정에 의하여 형을 감경하는 것을 말한다. 형을 감경할 사유가 법률로 정해져 있다는 점에서 정상참작감경(재판상 감경)과 구분된다. 판례는 별도의 명시적인 규정이 없는 이상 제56조에서 열거하고 있는 가중·감경할 사유에 해당하지 않는 다른 성질의 감경사유를 인정할 수는 없다고 한다.[1]

---

[1] 대판 2019. 4. 18, 2017도14609(전)(법정형에 하한이 설정된 제37조 후단 경합범에 대하여 제39조 제1항 후문에 따라 형을 감경할 때에는 제55조 제1항이 적용되어, 유기징역의 경우 그 형기의 2분의 1 미만으로 감경할 수 없다고 한 사례). 본 판결 해설은 홍은표, "후단 경합범에 대하여 형법 제39조 제1항에 따라 형을 감경함에 있어 제55조 제1항의 감경한도 이하로 감경할 수 있는지 여부", 해설 120, 법원도서관(2019), 549-577.

Ⅱ. 법률상 감경사유

입법자는 범죄의 성립 및 처벌과 관련된 중요한 사항들을 법률상 감경의 **2** 요건으로 정한 뒤, 해당 요건이 범죄의 성립 또는 처벌 범위의 결정에 일반적으로 미치는 영향이나 중요성을 종합적으로 고려하여 필요적 감경, 임의적 감경으로 구별하여 규정하였다.

필요적 감경의 경우 감경사유의 존재가 인정되면 반드시 형을 감경해야 함 **3** 에 반해, 임의적 감경은 감경사유의 존재가 인정되더라도 법관의 재량에 따라 감경을 할 수도 있고 하지 않을 수도 있다.[2] 한편, 처단형의 하한을 낮출 필요가 없다면 굳이 임의적 감경을 하지 않는 방식으로 실무관행이 형성되어 있다.

1. 필요적 감경사유

형법이 규정한 필요적 감경사유는 청각 및 언어 장애인(§11), 중지범(§26), **4** 종범(§32②), 위증죄, 무고죄에서 재판 확정 전 자백 또는 자수(§153, §157), 장물죄에서 본범과 신분관계가 있는 경우(§365②), 내란, 외환유치, 외국에 대한 사전, 현주건조물방화, 통화위조 등 예비·음모죄에서 실행에 이르기 전 자수(§90①, §101①, §111③, §120①, §175, §213) 등이 있다. 그리고 특별법이 규정한 필요적 감경사유는 공직선거법위반죄의 자수(공선 §262), 국가보안법위반죄의 자수·고발·범죄실행 방해 등(국보 §16)이 있다.

2. 임의적 감경사유

형법이 규정한 임의적 감경사유는 심신미약(§10②), 과잉방위(§21②), 과잉 **5** 피난(§22③), 과잉자구행위(§23②), 장애미수(§25②), 불능미수(§27 단서), 경합범 중 판결을 받지 아니한 죄(§39① 후문), 자수·자복(§52), 범죄단체등의 조직(§114 단서), 해방감경(§295의2, §324의6) 등이 있다. 그 밖에 특별법에서 소년감경(소년 §60②), 공익신고자 등의 범죄행위(공익신고자보호법 §14①) 등을 임의적 감경사유

---

2 대판 2021. 1. 21, 2018도5475(전)(임의적 감경사유의 존재가 인정되고 법관이 그에 따라 징역형에 대해 법률상 감경을 하는 경우, 제55조 제1항 제3호에 따라 상한과 하한을 모두 2분의 1로 감경하여야 하며, 이러한 현재 판례와 실무의 해석은 여전히 타당하다고 한 사례).

로 규정하고 있다.

6   심신미약(§ 10②)은 본래 필요적 감경사유였으나, 2018년 12월 18일 형법 개
정으로 임의적 감경사유로 변경되었다.

7   외국에서 받은 형의 전부 또는 일부의 집행을 받은 경우 임의적 감경사유
였으나(개정 전 § 7), 2015년 5월 28일 헌법재판소 헌법불합치결정[3] 이후 2016년
12월 20일 법률 제14415호로 개정된 제7조는 외국에서 집행된 형의 전부 또는
일부를 선고하는 형에 산입하는 것으로 규정하였다.

Ⅲ. 법률상 감경의 방법

1. 형의 종류에 따른 감경 방법

(1) 사형의 감경

8   사형을 감경할 때에는 무기 또는 20년 이상 50년 이하의 징역 또는 금고로
한다(§ 55①(i)). 예를 들어 살인죄(사형, 무기, 5년 이상의 징역)를 저지른 청각 및 언
어 장애인에 대하여 사형을 선택하고, 법률상 감경(청각 및 언어 장애인 감경)을 하
면 처단형의 범위는 무기징역 또는 20년 이상 50년 이하의 징역이 된다.

9   한편, 소년법 제59조 및 특정강력범죄의 처벌에 관한 특례법 제4조 제1항
은 죄를 범할 당시 18세 미만인 소년에 대하여 사형 또는 무기형으로 처할 경우
에는 15년 또는 20년의 유기징역으로 한다고 규정하고 있는데, 이는 특별법에
서 사형 및 무기형의 완화를 규정하고 있는 것으로 본조의 법률상 감경과는 다
르다.

(2) 무기징역·금고의 감경

10   무기징역 또는 무기금고를 감경할 때에는 10년 이상 50년 이하의 징역 또
는 금고로 한다(§ 55①(ii)). 예를 들어 살인죄(사형, 무기, 5년 이상의 징역)를 저지른
청각 및 언어 장애인에 대하여 무기징역형을 선택하고, 법률상 감경(청각 및 언어
장애인 감경)을 하면 처단형의 범위는 10년 이상 50년 이하의 징역이 된다.

---

3 헌제 2015. 5. 28, 2013헌비129.

(3) 유기징역·금고의 감경

유기징역을 감경할 때에는 본조 제1항 제3호에 따라 그 형기의 2분의 1로 　　11
감경하는데, '장기의' 2분의 1까지 가중하는 경합범 가중(§38①(ii))이나 '장기의'
2배까지 가중한다고 규정한 누범 가중(§35②)과는 달리 '그 형기의' 2분의 1로
감경한다고 규정하고 있으므로 장기 및 단기를 모두 2분의 1로 감경한다.[4] 다
만, 유기징역은 1개월 이상으로 한다는 제42조의 규정에 따라 단기를 감경하는
경우에도 1개월이 하한이 된다. 예를 들어 살인죄(사형, 무기, 5년 이상의 징역)를
저지른 청각 및 언어 장애인에 대하여 유기징역형을 선택하고, 법률상 감경(청각
및 언어 장애인 감경)을 하면 처단형의 범위는 2년 6월 이상 15년 이하[5]의 징역이
된다.

(4) 자격상실, 자격정지의 감경

자격상실을 감경할 때에는 7년 이상의 자격정지로 하고(§55①(iv)), 자격정　　12
지를 감경할 때에는 그 형기의 2분의 1로 한다(§55①(v)).

(5) 벌금의 감경

벌금을 감경할 때는 그 다액의 2분의 1로 감경한다(§55①(vi)). 문언상 '그　　13

---

4 대판 2021. 1. 21, 2018도5475(전)〔각 징역형을 선택한 폭행죄(2년 이하 징역)와 실체적 경합관
계에 있는 특수상해미수죄(1년 이상 10년 이하)에 대해 미수 감경(징역 6월 이상 5년 이하)한
뒤, 특수상해미수죄에 경합범 가중(장기의 2분의 1을 가중)한 형기(7년 6월)보다 낮은 특수상해
미수죄와 폭행죄의 장기 합산 형기(7년)의 범위 내에서(§38①(ii)) 처단형(징역 6월 이상 7년 이
하)을 결정하고, 징역 8월, 집행유예 2년을 선고한 사례〕. 「유기징역형을 감경할 경우에는 '단기'
나 '장기'의 어느 하나만 2분의 1로 감경하는 것이 아니라 '형기', 즉 법정형의 장기와 단기를 모
두 2분의 1로 감경함을 의미한다는 것은 법문상 명확하다. 처단형은 선고형의 최종적인 기준이
되므로 그 범위는 법률에 따라서 엄격하게 정하여야 하고, 별도의 명시적인 규정이 없는 이상
형법 제56조에서 열거하고 있는 가중·감경할 사유에 해당하지 않는 다른 성질의 감경사유를 인
정할 수는 없다. 따라서 유기징역형에 대한 법률상 감경을 하면서 형법 제55조 제1항 제3호에서
정한 것과 같이 장기와 단기를 모두 2분의 1로 감경하는 것이 아닌 장기 또는 단기 중 어느 하
나만을 2분의 1로 감경하는 방식이나 2분의 1보다 넓은 범위의 감경을 하는 방식 등은 죄형법정
주의 원칙상 허용될 수 없다.」
　이러한 다수의견에 대하여는, "새로운 해석론에 따른 임의적 감경 방식은 법관의 재량이 개입
할 여지가 없이 감경한 구간과 감경하지 않은 구간을 합한 영역이 처단형 범위로 '당연확정'되
고, 그에 따라 처단형의 범위는 감경하지 않은 구간의 상한과 감경한 구간의 하한이라고 보는
것이며, 결과적으로는 법정형의 하한만 2분의 1로 감경하는 것과 동일한 결론에 이른다."는 별
개의견이 있다.
5 유기징역의 상한은 제42조 본문에 따라 30년이므로, 장기는 30년이 되고 1/2을 감경하면 15년이
된다.

〔이 도 행〕　　　　　　　　　　**401**

다액의'라고 규정하고 있어 상한만 감경하는 것으로 해석될 여지가 있으나, 다액의 2분의 1이라는 문구는 금액의 2분의 1이라고 해석하여 그 상한과 함께 하한도 2분의 1로 내려가는 것으로 해석해야 한다.[6] 예를 들어 법정형이 벌금 500만원 이상 800만 원 이하로 규정되어 있는 경우 상한만 2분의 1을 감경할 수 있다고 하면, 처단형이 벌금 500만 원 이상 400만 원 이하로 되어 기이한 결과가 된다(위 78도246 전원합의체 판결의 다수의견도 이를 지적하고 있음). 제45조는 벌금은 5만 원 이상으로 한다고 규정하면서 단서에 감경하는 경우에는 5만 원 미만으로 할 수 있다고 규정하고 있으므로, 벌금을 법률상 감경하는 경우 5만 원 미만으로 할 수 있다.

(6) 구류의 감경

14   구류를 감경할 때에는 그 장기의 2분의 1로 한다(§ 55①(vii)).

(7) 과료의 감경

15   과료를 감경할 때에는 그 다액의 2분의 1로 한다(§ 55①(viii)).

2. 법률상 감경사유가 수개 있는 경우

16   법률상 감경할 사유가 수개 있는 때에는 거듭 감경할 수 있다(§ 55②), 예를 들어 살인죄(사형, 무기, 5년 이상의 징역)에 대하여 유기징역을 선택하였는데, '청각 및 언어 장애인'과 '중지미수'라는 필요적 감경사유가 2개 있는 경우에는 징역 1년 3월부터 7년 6월까지가 처단형의 범위가 된다.

3. 법률상 감경의 순서

17   제54조는 1개의 죄에 정한 형이 여러 종류인 때에는 먼저 적용할 형을 정하고 그 형을 감경한다고 규정하고 있다. 위 조문의 표제는 '선택형과 정상참작감경'으로 되어 있지만, 정상참작감경뿐만 아니라 법률상 감경의 경우에도 적용된다고 본다.

18   형을 가중감경할 사유가 경합된 때에는 ① 각칙 조문에 따른 가중, ② 제34조제 2항에 따른 가중, ③ 누범 가중, ④ 법률상 감경, ⑤ 경합범 가중, ⑥ 정상

---

6 대판 1978. 4. 25, 78도246(전).

〔이 도 행〕

참작감경의 순서로 한다(§ 56).

　　실무상 법령의 적용을 할 때에 구성요건에 해당하는 규정의 적용, 각칙 조   19
문에 따른 가중, 제34조 제2항에 따른 가중, 상상적 경합을 적용한 후에 형의
선택(형종 선택)을 하며, 이후 누범가중, 법률상 감경, 경합범 가중, 정상참작감경
을 적용하여 처단형을 산출하는데, 먼저 형종을 선택한 다음, 법률상 감경 등을
하고 마지막으로 정상참작감경을 한다.

〔이 도 행〕

제56조(가중·감경의 순서)

형을 가중·감경할 사유가 경합하는 경우에는 다음 각 호의 순서에 따른다.

1. 각칙 조문에 따른 가중

2. 제34조제2항에 따른 가중

3. 누범 가중

4. 법률상 감경

5. 경합범 가중

6. 정상참작감경

[전문개정 2020. 12. 8.]

구 조문

제56조(가중감경의 순서) 형을 가중감경할 사유가 경합된 때에는 다음 순서에 의한다.

1. 각칙본조에 의한 가중

2. 제34조제2항의 가중

3. 누범가중

4. 법률상감경

5. 경합범가중

6. 작량감경

Ⅰ. 의 의

1   형을 가중·감경할 사유가 경합된 때에는 ① 각칙 조문에 따른 가중, ② 제34조 제2항에 따른 가중, ③ 누범 가중, ④ 법률상 감경, ⑤ 경합범 가중, ⑥ 정

상참작감경의 순서로 한다(§56). 판례는 별도의 명시적인 규정이 없는 이상 본 조에서 열거하고 있는 가중·감경할 사유에 해당하지 않는 다른 성질의 감경 사유를 인정할 수는 없다고 한다.[1]

실무상 법령의 적용을 할 때에 구성요건에 해당하는 규정의 적용, 각칙 조문에 따른 가중, 형법 제34조 제2항에 따른 가중, 상상적 경합을 적용한 후에 형의 선택(형종 선택)을 하며, 이후 누범가중, 법률상 감경, 경합범 가중, 정상참작감경을 적용하여 처단형을 산출한다.

II. 가중·감경의 순서

1. 각칙 조문에 따른 가중

형법상 각칙 조문에 따른 가중으로는 공무원의 직무상 범죄에 대한 형의 가중(§135), 특수공무집행방해죄(§144①), 특수체포·감금(§278), 상습범〔아편(§203), 폭행(§264), 체포·감금(§279), 협박(§285), 강간 등(§305의2), 절도(§332), 사기·공갈 등(§351)〕이 있다. 특별법상 폭력행위 등 처벌에 관한 법률 제2조 제2항, 아동·청소년의 성보호에 관한 법률 제18조, 아동학대범죄의 처벌 등에 관한 특례법 제7조 등의 경우에도, 각칙 조문에 따른 가중과 같이 특별구성요건을 정한 것으로 본다.

2. 제34조 제2항에 따른 가중

자기의 지휘, 감독을 받는 자를 교사 또는 방조하여 제34조 제1항(간접정범)의 결과를 발생하게 한 자는 교사인 때에는 정범에 정한 형의 장기 또는 다액에 그 2분의 1까지 가중하고, 방조인 때에는 정범의 형으로 처벌한다(§34②).

---

1 대판 2019. 4. 18, 2017도14609(전)(법정형에 하한이 설정된 제37조 후단 경합범에 대하여 제39조 제1항 후문에 따라 형을 감경할 때에는 제55조 제1항이 적용되어, 유기징역의 경우 그 형기의 2분의 1 미만으로 감경할 수 없다고 한 사례). 본 판결 해설은 홍은표, "후단 경합범에 대하여 형법 제39조 제1항에 따라 형을 감경함에 있어 제55조 제1항의 감경한도 이하로 감경할 수 있는지 여부", 해설 120, 법원도서관(2019), 549-577.

3. 누범 가중

5   누범의 형은 그 죄에 정한 형의 장기의 2배까지 가중한다(§ 35②). 그리고
특정강력범죄로 형을 선고받고 그 집행이 끝나거나 면제된 후 3년 이내에 다시
특정강력범죄를 범한 경우에는, 그 죄에 대하여 정하여진 형의 장기 및 단기의
2배까지 가중한다(특강 § 3). 특정강력범죄의 누범의 경우, 형법상 누범과 달리
장기뿐만 아니라 단기도 2배 가중한다.

6   유기징역 또는 유기금고에 대하여 형을 가중하는 때에는 50년까지로 한다
(§ 42 단서).

4. 법률상 감경

7   유기징역을 감경할 때에는 그 형기의 2분의 1로 감경하고(§ 55①(iii)), 벌금
을 감경할 때는 그 금액의 2분의 1로 감경한다(§ 55①(vi)).[2] 법률상 감경할 사유
가 수개 있는 때에는 거듭 감경할 수 있다(§ 55②).

5. 경합범 가중

8   가장 무거운 죄에 대하여 정한 형이 사형, 무기징역, 무기금고인 경우에는
가장 무거운 죄에 대하여 정한 형으로 처벌한다(§ 38①(i))(흡수주의).

9   각 죄에 대하여 정한 형이 사형, 무기징역, 무기금고 외의 같은 종류의 형
인 경우에는, 가장 무거운 죄에 대하여 정한 장기 또는 다액에 그 2분의 1까지
가중하되, 각 죄에 대하여 정한 형의 장기 또는 다액을 합산한 형기 또는 액수
를 초과할 수 없다(§ 38①(ii))(가중주의). 다만, 유기징역 또는 유기금고에 대하여
형을 가중하는 때에는 50년까지로 한다(§ 42 단서).

10   각 죄에 대하여 정한 형이 무기징역이나 무기금고 외의 다른 종류의 형인
경우에는 병과한다(§ 38①(iii))(병과주의).

6. 정상참작감경

11   법원은 범죄의 정상에 참작할 만한 사유가 있는 경우에는 그 형을 감경할

---

2 대판 1978. 4. 25, 78도246(전).

수 있다(§53). 본조는 형을 가중·감경할 사유가 경합하는 경우에 가중·감경의
순서를 정하고 있고, 이에 따르면 법률상 감경을 먼저하고 마지막으로 정상참작
감경을 하게 되어 있으므로, 법률상 감경사유가 있을 때에는 정상참작감경보다
우선하여 하여야 할 것이고, 정상참작감경은 이와 같은 법률상 감경을 다하고도
그 처단형의 범위를 완화하여 그보다 낮은 형을 선고할 때에 한다.[3]

〔이 도 행〕

---

3 대판 1991. 6. 11, 91도985; 대판 1994. 3. 8, 93도3608; 대판 2005. 9. 29, 2005도6120.

제57조(판결선고전 구금일수의 통산)

① 판결선고전의 구금일수는 그 전부를 유기징역, 유기금고, 벌금이나 과료에 관한 유치 또는 구류에 산입한다.〈개정 2014. 12. 30.〉
② 전항의 경우에는 구금일수의 1일은 징역, 금고, 벌금이나 과료에 관한 유치 또는 구류의 기간의 1일로 계산한다.
[2014. 12. 30. 법률 제12898호에 의하여 2009. 6. 25. 위헌 결정된 제57조제1항을 개정함]

Ⅰ. 의　의

1　　판결선고 전의 구금일수는 판결이 확정되기 전까지 체포 또는 구속된 기간을 말한다. 확정판결을 받기 전의 체포 또는 구속은 수사와 재판절차에서 신병을 확보하는 것으로 형의 집행과는 성격이 다르나, 신체의 자유를 제한한다는 점에 있어서는 자유형과 유사하기 때문에 본조 제1항은 인권 보호의 관점에서 미결구금일수를 본형에 산입하도록 규정하고 있다.

Ⅱ. 제57조 제1항의 개정

2　　개정 전의 본조 제1항은 "판결선고전의 구금일수는 그 전부 또는 일부를 유기징역, 유기금고, 벌금이나 과료에 관한 유치 또는 구류에 산입한다."고 규정하여 법관이 재량으로 미결구금일수 중 일부만을 본형에 산입할 수 있도록 하고 있었다. 그런데 헌법재판소는 위 제1항 중 '또는 일부' 부분이 헌법상 무죄추정의 원칙 및 적법절차의 원칙 등을 위배하여 합리성과 정당성 없이 신체의 자유를 침해한다고 하여 위헌결정을 하였다.[1] 위 헌법재판소 결정의 취지에 따라

---

1 헌재 2009. 6. 25, 2007헌바25.

2014년 12월 30일 법률 제12898호로 미결구금일수 전부를 본형에 산입하는 것으로 본조 제1항이 개정되었다.

III. 미결구금일수 산입의 주문 기재 요부

형사소송법 제321조 제2항은 판결 전 구금의 산입일수를 형의 선고와 동시에 판결로써 선고하여야 한다고 규정하고 있다. 미결구금일수 산입과 관련하여 미결구금일수를 법률상 당연히 산입하는 '법정통산'과 법원의 재량에 따라 산입하는 '재정통산'으로 나뉘고, 형사소송법 제482조(판결확정 전 구금일수 등의 산입)는 법정통산을, 개정 전 본조는 재정통산을 규정하고 있었다. 그런데 대법원은 판결 전 구금의 산입 일수를 형의 선고와 동시에 선고될 사항으로 규정하고 있는 형사소송법 제321조 제2항의 규정은 이른바 재정통산에 적용되는 것일 뿐, 법정통산에까지 적용되는 것은 아니라고 판시하여 왔다.[2]

위 판례에 따를 때, 개정 전 본조 제1항의 위헌결정에 따라 본조 제1항은 판결 선고 전 구금일수 전부를 본형에 산입한다는 이른바 법정통산의 근거 조항으로 되었으므로, 법원은 판결 선고 전 구금일수의 산입에 관한 사항을 판결로써 선고할 필요가 없다.[3] 그에 따라 본조 제1항 개정 이후에는 미결구금일수를 판결 주문에 기재하지 않는 것이 실무의 태도이다.[4]

〔이 도 행〕

2　대판 1999. 4. 15, 99도357(전). 본 판결 평석은 조해현, "미결구금일수 전부산입 주문", 국민과 사법: 윤관 대법원장 퇴임기념, 박영사(1999), 824-825.

3　대판 2009. 10. 15, 2009도8104; 대판 2010. 4. 29, 2010도3033.

4　다만, 미결구금일수가 본형기간을 초과하는 것을 방지하기 위하여 판결이 선고된 경우 지체 없이 형사사건 기록표지에 미결구금일수를 기재하도록 하고 있다[형사사건 기록표지에 기재할 피고인의 구속여부 등의 표시방법에 관한 예규(재형 91-2)(개정 2009. 7. 23. 재판예규 제1278호)].

제58조(판결의 공시)

① 피해자의 이익을 위하여 필요하다고 인정할 때에는 피해자의 청구가 있는 경우에 한하여 피고인의 부담으로 판결공시의 취지를 선고할 수 있다.

② 피고사건에 대하여 무죄의 판결을 선고하는 경우에는 무죄판결공시의 취지를 선고하여야 한다. 다만, 무죄판결을 받은 피고인이 무죄판결공시 취지의 선고에 동의하지 아니하거나 피고인의 동의를 받을 수 없는 경우에는 그러하지 아니하다. 〈개정 2014. 12. 30.〉

③ 피고사건에 대하여 면소의 판결을 선고하는 경우에는 면소판결공시의 취지를 선고할 수 있다. 〈신설 2014. 12. 30.〉

Ⅰ. 의 의

1   판결의 공시란 피해자의 이익 또는 피고인의 이익을 위하여 판결을 일간신문, 법원 홈페이지 등을 통하여 공시하는 것을 말한다.

Ⅱ. 제58조 제1항의 내용

2   피해자의 이익을 위하여 필요하다고 인정할 때에는 피해자의 청구가 있는 경우에 한하여 피고인의 부담으로 판결공시의 취지를 선고할 수 있다(§58①). 피해자의 청구가 있을 때만 판결의 공시가 가능하며, 피해자의 이익을 위하여 판결 공시의 필요성이 인정되어야 한다. 유죄판결 주문 다음에 "피고인에 대한 판결의 요지를 공시한다."고 표시하고, 판결주문과 함께 이를 선고한다.[1] 판결공시의 비용은 피고인이 부담한다.

---

1 명예훼손죄에서 피해자의 청구가 있는 경우 판결 공시의 필요성이 인정되는 경우가 있을 수 있으나(수원지판 1997. 12. 19, 96고단9168 등), 실무상 선고례는 거의 없는 것으로 보인다.

Ⅲ. 제58조 제2항의 내용

무죄의 판결을 선고하는 경우에는 무죄판결공시의 취지를 선고하여야 한다   3
(§58② 본문). 개정 전 본조 제2항은 피고사건에 대하여 무죄의 판결을 선고할
때에는 판결공시의 취지를 선고할 수 있다고 규정하고 무죄판결 시 판결공시를
법원의 재량으로 규정하였으나, 2014년 12월 30일 이를 개정(법률 제12898호)하여
무죄판결공시 취지의 선고를 의무화하였다. 개정의 취지는 판결공시의 활성화와
피고인의 명예회복을 위한 것이다. 다만, 무죄판결을 받은 피고인이 무죄판결공
시 취지의 선고에 동의하지 아니하거나 피고인의 동의를 받을 수 없는 경우에는
판결을 공시하지 않도록 함으로써 피고인의 의사를 존중하였다(§58② 단서).

판결공시에 대한 세부절차에 대해서는 재판예규인 판결 공시절차에 관한   4
지침(재형 83-3)(이하, 지침이라 한다.)[2]에서 규정하고 있다. 무죄판결을 선고한 경우
에는 선고기일에 출석한 피고인에게 무죄의 주문을 낭독한 다음 판결공시의 취
지를 설명하고, 판결공시에 동의하는지 여부를 확인하여야 한다(지침 §3①).[3] 피
고인에게 무죄를 선고하는 때에는 형사판결 주문 다음에 "피고인에 대한 판결의
요지를 공시한다."고 표시하고, 판결주문과 함께 이를 선고한다(지침 §2①). 판결
의 공시는, 공시의 취지를 선고한 판결이 확정된 이후에 당해 사건에 대한 제1
심 법원에서 하고(지침 §4),[4] 판결공시를 하는 법원의 본원소재지에서 발간되는
일반 일간신문의 광고란에 판결요지를 1회 게재하고, 법원 홈페이지를 통하여
공고하는 방법에 의함을 원칙으로 한다(지침 §5).

Ⅳ. 제58조 제3항의 내용

면소의 판결을 선고하는 경우에는 면소판결공시의 취지를 선고할 수 있다   5
(§58③). 2014년 12월 30일 개정으로 공시 취지의 선고를 원칙적 의무화한 무죄

---

2 1983. 2. 24. 제정(재판예규 제217호), 2018. 10. 25. 개정(재판예규 제1705호).

3 판결공시에 관한 피고인의 의견은 변론종결 이전에도 물을 수 있다(지침 §3③).

4 공시하기로 한 판결이 제1심 법원에서 확정된 때에는 판결확정일부터 2주일 이내에, 상급심 법
원에서 확정된 때에는 상급심 법원으로부터 송부서를 받은 날로부터 2주일 이내에 이를 공시한
다(지침 §7).

판결과 달리 면소판결의 경우에는 종전과 같이 법원의 재량으로 판결공시 취지 선고를 할 수 있도록 하였다. 무죄판결에 비하여 면소판결은 판결공시의 필요성 이 크지 않은 점을 고려한 것으로 보인다.

6   판결 공시절차에 관한 지침(위 재형 83-3)은 면소판결을 선고한 경우에는 피 고인의 의견을 물어 판결공시의 선고 여부를 결정할 수 있다고 규정하고 있다 (지침 §3②). 피고인에게 면소를 선고하면서 그 판결을 공시할 필요가 있다고 인 정하는 때에는 형사판결 주문 다음에 "피고인에 대한 판결의 요지를 공시한다." 고 표시하고, 판결주문과 함께 이를 선고한다(지침 §2②). 판결공시의 법원, 방 법, 시기는 무죄판결 공시의 경우와 동일하다.

〔이 도 행〕

〔이 도 행〕

제 3 절 형의 선고유예

[총 설]

Ⅰ. 의 의

1. 개 념

형법 제1편 제3장 제3절에 규정된 선고유예(the conditional release, Verwarnung mit Strafvorbehalt)는 공소사실이 유죄로 인정됨에도 사안이 경미하고 뉘우치는 정상이 뚜렷할 경우 법원이 일정기간 형의 선고를 유예하는 판결을 선고하고, 선고유예가 실효되지 않고 유예기간을 경과하면 당해 사건에 관하여 면소된 것으로 간주하는 제도를 말한다.   1

2. 구별개념

(1) 선고유예와 기소유예

선고유예(§59①)와 기소유예(검찰사건사무규칙 §115③(i))는 각각 공소사실, 피   2
의사실이 인정됨에도 제51조(양형의 조건) 각 호의 사항을 참작하여 형을 선고하지 않거나 기소를 하지 않기로 하는 제도라는 점에서 유사점이 있다. 그러나 선고유예는 일단 검사가 공소를 제기한 사건에 대하여 공소사실이 유죄로 인정됨에도 법원이 판결로써 형의 유예를 선고하는 제도라는 점에서, 수사단계에서 피의사실이 인정됨에도 검사가 소추가 필요하지 않다는 판단하에 처음부터 기소를 하지 않기로 하는 불기소처분의 하나인 기소유예와 구별된다.

(2) 선고유예와 집행유예

3　　우리 형법은 법원이 판결로써 선고하는 형의 유예제도로 선고유예와 집행
유예(§62①)를 두고 있다. 선고유예는 피고인에 대한 형의 선고 자체를 유예한
다는 점에서 형을 선고하면서 집행만을 유예하는 집행유예와는 그 법적 성격이
다르고, 각 제도가 추구하는 입법취지, 즉 형사정책적 목적도 차이를 갖는다고
할 수 있다. 이러한 차이로 인하여 형법은 선고유예와 집행유예에 관하여 그 요
건, 보호관찰과 같은 부과처분의 내용, 기간 경과의 효력, 유예의 실효 또는 취
소 요건 등을 다르게 규정하고 있다.

(3) 선고유예와 형의 면제

4　　선고유예와 형의 면제(형소 §321①, §322)는 유죄를 선고하는 판결임에도 현
실적으로 형이 선고되지 않는다는 점에서 유사점이 있다. 그러나 형의 선고유예
는 판결 선고 시에 선고유예가 실효될 경우 선고할 형을 결정하여 유죄판결의
이유 부분에 표시한다는 점에서, 처음부터 조건 없이 형을 선고하지 않기로 하
는 형의 면제와 구별된다.

II. 형사정책적 의의 및 법적 성질

1. 형사정책적 의의

5　　(1) 형의 선고유예는 뉘우치는 정상이 뚜렷하여 재범의 위험성이 낮은 피고
인에게 일정기간 형의 선고를 유예한 후 재범을 하지 않고 유예기간을 경과하
면 면소의 효과를 발생하게 함으로써, 형을 선고하지 않으면서도 피고인에 대한
형벌의 목적, 특히 피고인의 재범 방지라는 특별예방적 목적을 달성하고자 하는
데 제도적 의의가 있다. 사안이 경미한 범죄자에게 형의 선고를 하지 않음으로
써 피고인에게 처벌받았다는 오점을 남기거나 '형의 선고를 받은 사람'이라는
낙인을 찍지 않고 조속히 정상적인 시민으로 사회에 복귀할 수 있도록 하여 재
범을 방지하고자 한다는 것이다.[1] 형사사법이 형 선고로 받을 피고인의 타격과
부담을 고려하여 범죄자의 재사회화 이념 아래 도입한 제도,[2] 특별예방을 위한

---

[1] 김일수·서보학, 새로쓴 형법총론(12판), 607; 신동운, 형법총론(11판), 856.
[2] 배종대, 형법총론(18판), §190/1.

책임주의의 중대한 양보[3]라고도 평가된다.

대법원은 선고유예제도의 형사정책적 의의에 대하여 '범정이 경미한 초범자   **6**
에 대하여 형을 부과하지 않고 자발적인 개선과 갱생을 촉진시키고자 하는 제
도'라고 판시한 바 있다. 대법원은 위와 같은 제도의 취지 등을 고려할 때 집행
유예 판결을 선고받고 유예기간이 경과한 경우 그 집행유예 전과,[4] 제37조 후단
경합범 관계에 있는 범죄사실로 처벌받은 경우 그 전과[5]가 모두 제59조 제1항
단서에서 정한 선고유예의 결격사유인 전과에 해당한다고 보고 있다. 선고유예
제도가 특별예방을 위해 초범자에 대해서만 매우 제한적으로 적용되도록 도입
된 제도라는 입장을 취하고 있는 것으로 보인다.

(2) 선고유예제도가 갖는 이상적인 형사정책적 의의와는 별개로 실무에서   **7**
의 운용현황에 대하여는 선고유예가 피고인에 대한 재사회화프로그램으로 작용
한다기보다 은전의 수단으로 이용되고 있고, 그 적용기준이 매우 임의적이라는
비판이 제기되기도 한다.[6] 유사한 취지에서 선고유예가 공무원 등 특정 신분의
피고인이 그 신분을 유지할 수 있도록 상대적으로 자주 활용됨으로써 형사제재
수단으로서의 형평성을 잃고 있다는 지적도 있다.[7]

2. 법적 성질

공소사실을 유죄로 인정하지만 피고인에 대한 형 자체는 선고되지 않는다   **8**
는 점에서, 선고유예를 전형적인 의미의 형벌이나 형 집행의 변형이라고 보기는
어렵다. 그렇지만, 유죄판결의 일종으로 판결 선고 시 구체적인 형이 확정되고
그 형의 선고만이 유예될 뿐이라는 점에서 선고유예를 순수한 보안처분이라고
보기도 어려울 것이다. 따라서 학자들은 선고유예의 법적 성질을, ① 주로 형벌
과 보안처분 사이에 위치하는 독자적인 제3의 형사제재,[8] ② 특별예방 목적을

---

3 이재상·장영민·강동범, 형법총론(12판), §43/14.
4 대판 2003. 12. 26, 2003도3768.
5 대판 2010. 7. 8, 2010도931.
6 배종대, §190/2.
7 한영수, "선고유예제도의 정비방안", 21세기의 형벌과 양형, 한국형사법학회·한국형사정책연구
  원(2006), 118.
8 김일수·서보학, 607; 이형국·김혜경, 형법총론(6판), 628. 강동욱, 강의 형법총론(2판), 422; 김
  혜정·박미숙·안경옥·원혜욱·이인영, 형법총론(5판), 510은 '제3의 형사제재 내지 형법이 규정

고려한 형법 고유의 독자적인 제재[9] 등으로 설명하고 있다. 반면, ③ 선고유예
는 결국 유죄판결의 일종으로 보호관찰과 같은 보안처분과 결부될 수 있는 제
재이기도 하므로 광의의 '형 집행의 전환수단(diversion)'으로 이해해야 한다는 견
해,[10] ④ 징역, 금고, 벌금형 등 형벌과 관련하여 인정되는 선고유예, 특히 보호
관찰부 선고유예는 변형된 형태의 형벌로 해석할 수밖에 없다는 견해,[11] ⑤ 특
별예방 목적에서 인정하는 형선고의 단순한 변형[12] 등 그 법적 성질을 좀 더 형
벌의 성격에 가까운 것으로 파악하는 견해도 있다.

9   선고유예의 법적 성질을 어떻게 보는가는 선고유예의 요건이나 효과에 관
한 법률이 개정되었을 경우 제1조 적용 여부에 관한 결론에 영향을 미칠 수 있
을 것이다. 선고유예제도가 없던 구 형법 시행 당시의 범행에 대하여 구 형법에
규정되어 있는 형의 종류가 아닌 선고유예를 선고하는 것은 위법하다는 대법원
판례[13]가 있으나, 그 판시에 비추어 보면 선고유예의 법적 성질 또는 제1조 적
용 여부에 대하여 직접적으로 판단한 사안으로 보기는 어려워 보인다.[14]

III. 입법례 및 연혁

1. 입법례

(1) 영미법상 유예제도

10   선고유예제도는 영미법에서 유래한다. 영미에서는 범죄자의 교화와 갱생이
라는 특별예방 목적을 위하여 유죄를 인정하면서도 형의 선고를 유예하고 이와
결합하여 보호관찰을 실시하는 제도(probation)가 발전하여 왔다.

한 고유한 종류의 제재'라고 한다.
9 김성돈, 형법총론(5판) 831; 김신규, 형법총론 강의, 579; 성낙현, 형법총론(3판), 784; 손동권·김
재윤, 새로운 형법총론, §39/3; 이재상·장영민·강동범, §43/17; 정성근·박광민, 형법총론(전정
2판), 714; 정성근·정준섭, 형법강의 총론(3판), 473; 정웅석·최창호, 형법총론, 94; 최호진, 형법
총론(2판), 881; 주석형법 〔총칙(2)〕(3판), 497(이주원).
10 임웅, 형법총론(10정판), 698.
11 오영근, 형법총론(4판), 531.
12 이정원·이석배·정배근, 형법총론, 452.
13 대판 1955. 3. 4, 4287형상147.
14 주석형법 〔총칙(2)〕(2판), 567(윤남근); 주석형법 〔총칙(2)〕(3판), 497(이주원).

영국의 경우 1842년경부터 뉘우치는 정상이 뚜렷한 초범자와 소년범에 대하여 형의 선고를 유예하고, 보호관찰을 자원한 사람들의 보호감독을 받게 하기도 하면서, 경찰로 하여금 석방된 이후의 근황을 확인하도록 하는 조건부석방제도가 관습적으로 이루어졌다. 그 후 1887년 초범자보호관찰법(Probation of First Offenders Act), 1907년 범죄자보호관찰법(Probation of Offenders Act)이 제정되었다. 1907년 법은, 법원이 법률에 형이 확정되어 있는 경우가 아닌 한 모든 죄에 대하여 형의 선고에 갈음하여 보호관찰을 받을 것을 명할 수 있도록 규정하고 있다.

이러한 조건부석방제도가 미국에 계수되어 보호관찰제도와 결합되면서, 미국에서는 19세기 중반 무렵부터 피고인에게 형의 선고를 유예하는 판결을 선고하고 석방된 피고인에 대하여 직업을 알선하는 등 범죄자의 교화와 갱생을 돕는 제도가 실시되기 시작하였다.[15] 1878년 매사추세츠 주에서 세계 최초로 선고유예와 보호관찰을 결합한 실정법이 제정되어 보호관찰의 기초가 성립되었으며, 1962년 미국 모범형법전 제6장 제2조에 제도가 도입되었다.

'보호관찰과 결합한 형 선고 자체의 유예'라는 특성을 갖는 영미법상 유예(probation)제도는, 우리 형법이 규정하고 있는 형의 유예제도 중 집행유예제도보다는 선고유예제도와 그 성격이 더 유사한 것으로 보인다. 다만, 우리 형법상 선고유예제도는 선고 시에 선고할 형의 종류와 양을 확정하여 둔다는 점에서 영미법의 제도와 큰 차이가 있다고 할 수 있다. 판결 선고 시 선고할 형을 정하여 두는 것은, 유예기간이 경과한 후에 형을 다시 정하게 될 경우 유예기간 중의 태도가 양형에 미치는 영향을 배제하기 위한 것으로, 결국 우리 형법의 선고유예제도는 집행유예제도와 영미법상 유예(probation)제도의 중간에 위치하는 제도로 볼 수 있다고 설명되기도 한다.[16]

(2) 유럽

유럽에서는 형사법 개혁의 초점이 주로 단기자유형 폐해 시정에 맞추어짐으로써, 영미법상 유예제도의 영향을 받았으면서도 선고유예보다는 형의 집행

11

12

13

14

---

15 예컨대, 보스톤의 신발제조업자인 John Augustus가 1849년부터 법원에서 유죄로 인정된 많은 피고인의 신병을 인수하여 자신의 감독하에 두고 갱생시켰는데, probation이라는 용어도 그가 처음 사용하였다고 한다[주석형법 [총칙(2)](3판), 496(이주원)].

16 이재상·장영민·강동범, § 43/15.

만을 유예하는 집행유예제도가 주로 도입되었다. 현재 대륙법 국가 중에서는 독일과 프랑스가 선고유예제도를 두고 있다.

15　　　독일형법은 제59조에서, '형을 유보한 경고(Verwarnung mit Strafvorbehalt)'라는 표제하에 선고유예제도를 규정하고 있다. 독일형법에서 규정하고 있는 형사제재 중 가장 가벼운 제재로 180일수 이하의 벌금형을 선고하는 경우에 한정하여 일정한 요건하에 법원이 유죄선고와 함께 형을 정하고 형의 선고를 유보한다.[17] 이와 함께 법원은 1년 이상 3년 이하의 범위 내에서 보호관찰기간을 결정하여야 하고(독형§59a), 형의 선고를 유예받은 자가 유예된 형을 선고받지 않고 보호관찰기간을 경과한 경우에는 면소의 효과가 발생한다(독형§59b). 독일의 선고유예제도는 우리 형법의 선고유예제도와 가장 유사한 제도라 할 수 있다.

16　　　프랑스형법은 단순 선고유예(프형§132-60), 보호관찰부 선고유예(프형§132-63), 이행명령부 선고유예(프형§132-66) 등 다양한 선고유예제도를 규정하고 있다. 형의 선고를 일정기간 유예하였다가 그 기간 경과 후 형을 면제하거나 형을 선고하거나 다시 형의 선고를 유예하는 제도로서, 엄밀히 말하면 그 형태 및 성격에 있어서 우리 형법의 선고유예제도와는 차이를 갖는다고 할 수 있다.[18]

(3) 일본

17　　　일본은 전후 1961년의 개정형법준비초안[19]에서 이 제도가 제안되었다가 채

---

17 독일형법 제59조(선고유예의 요건) ① 법원은 180일수 이하의 벌금형을 선고하는 경우 다음 각호의 요건을 모두 충족하는 때에는 유죄를 선고하고 형을 정한 후 그 형의 선고를 유예할 수 있다.
　　1. 행위자가 형을 선고하지 않더라도 장래 재범하지 아니할 것으로 기대되는 경우
　　2. 범죄행위 및 행위자의 인격을 종합적으로 평가하여 형의 선고를 유예함이 타당하다고 인정할 만한 특별한 사정이 있는 경우
　　3. 법질서의 방위를 위하여 형의 선고가 요청되지 아니한 경우
　　② 행위자가 범행 이전 최근 3년 이내에 유죄판결을 받았거나 형의 선고유예를 받은 경우에는 특별한 사정이 없는 한 선고를 유예할 수 없다.
18 한창훈, "집행유예기간이 경과한 자에 대하여 선고유예가 가능한지 여부", 사법연수원 논문집 4 (2007), 248.
19 유죄의 선고로서 집행유예가 가진 법률적·사회적 영향을 피하기 위한 제도로서 집행유예 외에 별도로 선고유예제도를 도입하고, 형법 제1편 총칙 제11장 제84조 내지 제87조에서 선고유예에 대하여 규정하였다[刑法改正準備会, 改正刑法準備草案 附 同理由書, (1960, 12), 164-167]. 준비초안 제84조(선고유예의 요건) 전에 금고 이상의 형에 처해 지지 아니한 자에 대하여, 6월 이하의 징역 또는 금고, 3만 엔 이하의 벌금, 구류 또는 과료를 선고하는 경우에, 제47조에 규정한 형의 적용에 관한 일반기준의 취지를 고려하여 판결의 선고를 유보하는 것이 상당한 정상이 있는 때는, 6월 이상 2년 이하의 기간, 그 선고를 유예할 수 있다.

택되지 않으면서 집행유예제도만을 두고 있을 뿐 형의 선고유예제도를 도입하지 않고 있다.

2. 연　혁

우리나라의 구 형법에는 집행유예에 관한 규정만 있고 선고유예에 관한 규정은 없었는데, 1953년 9월 18일 제정된 형법은 제정 당시부터 형의 선고유예제도와 집행유예제도를 모두 채택하였다. 일본형법에는 형의 선고유예에 관한 조문이 없고, 앞서 본 바와 같이 영미법의 제도는 판결 시 선고할 형 자체를 정하지 않고 유예하고 있으며, 우리 형법상 선고유예제도가 독일이나 프랑스의 선고유예제도와도 그 요건 등에 있어서 차이점이 있다는 것을 고려하면, 우리 형법은 제정 당시 외국의 제도를 그대로 차용하지 않고 집행유예보다는 가벼운 나름의 독자적인 제도를 도입한 것으로 볼 수 있다.[20]

선고유예제도와 관련한 형법 개정은 2차례 있었는데, 1995년 12월 29일 형법 개정 시 피고인에 대하여 형의 선고를 유예하는 경우 보호관찰을 받을 것을 명할 수 있다는 규정(§59②)이 신설되었다. 영미법상 유예제도가 원래 보호관찰과 결합하여 발전한 제도임을 고려하면 보호관찰과의 결합을 통해 선고유예제도가 비로소 형사정책적 목적을 달성할 수 있을 것이라고 설명되는 등,[21] 위와 같은 법개정은 범죄인의 재사회화를 촉진하기 위한 선고유예제도의 효율적 운용을 위한 법개정으로 평가되고 있다.

2020년 12월 8일 형법 개정 시에는 제59조 제1항의 선고유예의 요건 중 하나인 '개전의 정상이 현저한 때'를 알기 쉬운 용어인 '뉘우치는 정상이 뚜렷할 때'로 변경하였다.

18

19

20

〔조 원 경〕

제85조(부수처분) 판결의 선고를 유예하는 때는 다음 부수처분을 할 수 있다.
　1. 판결의 선고가 유예된 자를 보호관찰에 붙이는 것
　2. 금액, 기간 또는 방법을 정하여 범죄로 생긴 손해의 배상을 명하는 것
20 이순욱, "선고유예의 실효에 관한 소고", 법학논총 37-2, 전남대학교 법학연구소(2017), 198.
21 이재상·장영민·강동범, §43/16.

제59조(선고유예의 요건)

① 1년 이하의 징역이나 금고, 자격정지 또는 벌금의 형을 선고할 경우에 제51조의 사항을 고려하여 뉘우치는 정상이 뚜렷할 때에는 그 선고를 유예할 수 있다. 다만, 자격정지 이상의 형을 받은 전과가 있는 사람에 대하여는 예외로 한다.

② 형을 병과할 경우에도 형의 전부 또는 일부에 대하여 그 선고를 유예할 수 있다.

[전문개정 2020. 12. 8.]

구 조문

제59조(선고유예의 요건) ① 1년 이하의 징역이나 금고, 자격정지 또는 벌금의 형을 선고할 경우에 제51조의 사항을 <u>참작하여</u> <u>개전의</u> 정상이 <u>현저한</u> 때에는 그 선고를 유예할 수 있다. <u>단,</u> 자격정지 이상의 형을 받은 전과가 있는 <u>자에</u> 대하여는 예외로 한다.

② 형을 병과할 경우에도 형의 전부 또는 일부에 대하여 그 선고를 유예할 수 있다.

I. 선고유예의 요건

1. 선고형 - 1년 이하의 징역이나 금고, 자격정지 또는 벌금형

1   (1) 1년 이하의 징역이나 금고, 자격정지 또는 벌금의 형을 선고할 경우에만 선고유예를 선고할 수 있다. 여기서 형은 법정형이 아닌 선고형을 의미하므로, 형의 선택, 법률상 가중 및 감경, 경합범 가중, 정상참작감경 과정을 거쳐 최종적으로 결정한 선고형의 형종과 형기를 기준으로 선고유예를 선고할 수 있는지가 정해진다. 선고형이 위 요건에 부합하고 제51조의 사항을 참작하여 뉘우치는 정상이 뚜렷할 때에는 범죄의 종류 및 보호법익 등에 구애됨이 없이 형

의 선고를 유예할 수 있다.[1]

(2) 본조 제1항 규정상 형의 선고를 유예할 수 있는 경우는 선고할 형이 1년   **2**
이하의 징역이나 금고, 자격정지 또는 벌금의 형인 경우에 한하므로, 구류형에
대하여는 선고를 유예할 수 없다.[2] 이에 대하여는, 구류가 형법상 벌금보다 가
벼운 형벌로 규정되어 있음에도 선고유예를 할 수 없다는 것은 형의 경중과 관
련하여 발생하는 모순으로서 이해하기 힘들다는 비판이 있고,[3] 구류나 과료는
벌금보다 가벼운 형벌이며 범인의 사회복귀라는 측면에서 선고유예제도의 확
대 운용이 바람직하므로, 피고인에게 유리한 유추해석은 허용되어야 한다는 관
점에서 구류·과료에 대한 선고유예를 인정하는 해석론이 타당하다는 견해도
있다.[4]

한편 벌금형에 대한 선고유예 시 상한의 제한이 없으므로 고액의 벌금을   **3**
선고할 경우에도 그 선고를 유예할 수 있는데, 이에 대하여는 입법론적으로 선
고유예의 경우에도 벌금형 상한의 제한을 두는 것이 필요하다는 견해도 있다.[5]

(3) 본조 제1항이 규정한 선고를 유예할 수 있는 형에 몰수와 추징은 규정   **4**
되어 있지 않다. 그런데 제49조 본문은 몰수는 타형에 부가하여 과한다고 규정
하고 있는바, 몰수는 형의 일종으로서 주형에 부가하여 과하는 부가형적 특성을
갖는 것으로 이해되고, 추징은 몰수와 법적 성질이 본질적으로 다르지 않다. 따
라서 주형을 선고하는 경우 몰수와 추징의 형에 대하여 선고를 유예할 수 있는
지, 반대로 주형을 선고유예하는 경우 몰수와 추징의 형에 대하여 선고를 유예
할 수 있는지 또는 선고를 유예하여야만 하는지가 문제되게 된다. 특히 제49조
단서는 행위자에게 유죄의 재판을 하지 않을 때에도 몰수의 요건이 있는 때에는
몰수만을 선고할 수 있다고 규정하여 일정한 경우 몰수형의 부가성에 대한 예외
를 인정하고 있으므로, 주형을 선고유예하는 경우라 하더라도 별도로 몰수·추징
을 선고할 수 있을지가 해석상 문제될 수 있다.

---

1 대판 1961. 1. 31, 4293형상962.
2 대판 1993. 6. 22, 93오1.
3 한영수, "구류형의 문제점 - 징역·금고·구류의 구분에 대한 비판과 함께", 비교형사법연구 4-2,
   한국비교형사법학회(2002), 217.
4 신동운, 형법총론(11판), 856.
5 손동권·김재윤, 새로운 형법총론, §39/11.

〔조 원 경〕   **421**

5　　　먼저 주형을 선고하는 경우, 본조 제1항은 몰수를 별개의 선고유예의 대상으로 규정하고 있지 않고, 몰수 또는 이에 갈음하는 추징은 부가형적 성질을 갖고 있을 뿐이므로, 주형에 대하여 선고를 유예하지 않으면서 이에 부가할 몰수·추징에 대하여서만 선고를 유예할 수는 없다는 것이 판례의 입장이다.[6]

6　　　반면에 주형을 선고유예하는 경우에 있어서, 대법원 판례는 본조 제1항에서 정한 '선고유예를 할 형'이라 함은 주형과 부가형을 포함한 처단형 전체를 의미하므로 주형을 선고유예하면서 부가형인 몰수·추징을 분리하여 선고하는 것은 위법하다는 입장[7]을 취하였다가, 전원합의체 판결[8]로서 주형을 선고유예하는 경우에도 몰수의 요건이 인정되는 때에는 부가형인 몰수만을 선고할 수 있다는 것으로 그 입장을 변경하였다. 주형을 선고유예하는 경우 부가형인 몰수나 몰수에 갈음한 부가형적 성질을 갖는 추징은 함께 선고유예할 수도 있고,[9] 그대로 선고할 수도 있다는 것이다.

7　　　임의적 몰수·추징이 아닌 필요적 몰수·추징 사안에서도 주형을 선고유예하는 경우라면 몰수·추징을 함께 선고유예할 수 있고,[10] 징역형과 벌금형을 필요적으로 병과하는 사안에서 징역형에 대하여는 형을 선고하고 벌금형에 대하여는 선고를 유예하는 경우라면 주형인 벌금형에 대한 부가형인 몰수·추징 역시 선고를 유예할 수 있다.[11]

8　　　정리하면, 몰수·추징은 주형의 부가형적 성격을 띠고 독자적인 선고유예를 허용하는 규정이 없으므로 주형을 선고하는 경우 몰수·추징만을 선고유예할 수는 없지만, 반대로 주형을 선고유예하는 경우에는 몰수·추징을 반드시 선고유예하여야 하는 것은 아니고, 부가성에 대한 예외를 인정하여 그 필요성이 인정되는 경우라면 선고유예하는 주형과 별도로 몰수·추징을 선고할 수 있다.

9　　　(4) 법인과 그 대표자에게 양벌규정이 적용되는 경우에는 대표자에 대하여 벌금형을 선고유예하면서 법인에 대하여는 선고를 유예하지 않고 벌금형을 선

6 대판 1979. 4. 10, 78도3098; 대판 1988. 6. 21, 88도551.
7 대판 1970. 6. 30, 70도993; 대판 1970. 7. 24, 70도1289.
8 대판 1973. 12. 11, 73도1133(전).
9 대판 1978. 4. 25, 76도2262; 대판 1980. 3. 11, 77도2027; 대판 1980. 12. 9, 80도584; 대판 1981. 4. 14, 81도614; 대판 1990. 4. 27, 89도2291.
10 대판 1978. 4. 25, 76도2262.
11 대판 1980. 12. 9, 80도584.

〔조 원 경〕

고할 수도 있다.[12]

2. 소극적 요건 — 자격정지 이상의 형을 받은 전과가 없을 것

(1) 형의 선고유예 판결을 선고받으려면 사형, 징역, 금고, 자격상실, 자격　　10
정지 형을 선고받은 전과가 없어야 한다. 자격정지 이상의 형을 받았다는 것은
자격정지 이상의 형에 처하는 확정판결을 받았다는 것을 뜻한다.

확정판결에 의하여 벌금형 이하의 형의 선고가 있었던 경우에는 형의 선고　　11
유예가 가능하다.

(2) 입법자는 위 규정을 통해 자격정지 이상의 전과가 없는 초범에 대하여　　12
만 선고유예가 가능하다는 입장을 밝힌 것으로 볼 수 있다.

선고유예의 소극적 요건에 관한 위 규정에 대하여는 그 요건이 지나치게　　13
엄격하다는 취지의 비판이 있다. 입법론적으로 과거의 모든 자격정지 이상의 전
과를 획일적으로 선고유예 결격사유로 할 것이 아니라 일정한 기간을 제한하여
그 기간 이내에 형의 전과가 없을 것을 결격요건으로 하는 것이 바람직하다는
견해,[13] 자격정지 이상의 전과자에게 선고유예를 전적으로 배제하는 현행 제도
는 지나치게 엄격하므로 독일의 경우처럼 3년 내 기간 동안 전과가 없어야 한
다(독형 § 59②)는 등과 같이 재범예측의 평가자료로서의 의미가 적은 오래된 전
과가 있는 사람에게는 선고유예가 가능하도록 하거나, 결격사유인 전과를 자격
정지가 아닌 자유형 이상의 전과로 제한하는 것으로 개선하는 것이 바람직하다
는 견해[14] 등이 주장되고 있다.

반면, 선고유예 제도는 특별예방의 목적을 위해 형벌의 응보나 일반예방의　　14
목적을 포기하는 것이고,[15] 행위불법과 책임이 통상의 경우에 비하여 현저히 가
벼운 경우에만 인정되는 제재라는[16] 측면에서, 자격정지 이상의 전과가 없을 것
을 소극적 요건으로 정한 것이라고 설명하는 등 위 규정의 타당성을 인정하는

---

12 대판 1995. 12. 12, 95도1893.
13 김성돈, 형법총론(5판), 833; 한영수, "선고유예제도의 정비방안", 21세기의 형벌과 양형(2006), 125-127.
14 손동권 · 김재윤, § 39/6.
15 오영근, 형법총론(4판), 533.
16 이재상 · 장영민 · 강동범, 형법총론(12판), § 43/20.

듯한 취지의 견해도 있다.

15   헌법재판소는 자격정지 이상의 형을 받은 전과가 있는 사람에 대하여 선고
유예를 할 수 없도록 규정하고 있는 본조 제1항 단서는 형사정책적인 목적을
실현하는 데 있어서 입법자의 광범위한 재량에 따른 결정의 결과로서 존중되어
야 하고, 이 규정이 평등권을 침해하거나 과잉금지의 원칙에 위반된다고는 볼
수 없다고 하여 그 합헌성을 인정하고 있다.[17]

16   (3) 자격정지 이상의 형을 선고받아 그 판결이 확정되기만 하였다면, 형을
선고받은 범행이 선고유예 여부가 문제되고 있는 범행 이전에 행해졌을 것을
요하지 않는다. 앞서 본 바와 같이 판례는, 선고유예가 주로 범정이 경미한 초
범자에 대하여 형을 부과하지 않고 자발적인 개선과 갱생을 촉진시키고자 하는
제도인 점, 형법은 선고유예의 예외사유를 '자격정지 이상의 형을 받은 전과'라
고만 규정하고 있을 뿐 그 전과를 범행 이전의 것으로 제한하거나 제37조 후단
경합범 규정상의 금고 이상의 형에 처한 판결에 의한 전과를 제외하고 있지 아
니한 점, 제39조 제1항은 경합범 중 판결을 받지 아니한 죄가 있는 때에는 그
죄와 판결이 확정된 죄를 동시에 판결할 경우와 형평을 고려하여 그 죄에 대하
여 형을 선고하여야 하는데 이미 판결이 확정된 죄에 대하여 금고 이상의 형이
선고되었다면 나머지 죄가 위 판결이 확정된 죄와 동시에 판결되었다고 하더라
도 선고유예가 선고되었을 수 없을 것인데 나중에 별도로 판결이 선고된다는
이유만으로 선고유예가 가능하다고 하는 것은 불합리한 점 등을 종합하여, 제39
조 제1항에 의하여 제37조 후단 경합범 중 판결을 받지 아니한 죄에 대하여 형
을 선고하는 경우, 제37조 후단에 규정된 금고 이상의 형에 처한 판결이 확정된
죄의 형도 선고유예의 결격사유인 전과에 포함된다고 보아야 하므로, 선고유예
판결을 선고할 수 없다고 한다.[18]

---

17 헌재 1998. 12. 24, 97헌바62, 98헌바28.
18 대판 2010. 7. 8, 2010도931(피고인에게 이 사건 범행 이후에 금고 이상의 형을 선고받아 판결
   이 확정된 전과가 있음에도, 이 사건 범죄사실이 위 전과 이전에 저질러진 것으로서 위 확정판
   결과 동시에 판결할 수 있는 가능성이 있는 것이었고, 위 범행 당시에 벌금형 외에 처벌받은 전
   력이 없고 위 범행과 그 후에 판결이 확정된 위 죄를 동시에 판결할 경우와의 형평성을 고려하
   여야 한다는 등의 이유로, 피고인에 대한 형의 선고를 유예한 원심 판단에 법리오해의 위법이
   있다고 한 사례).

(4) 형의 선고를 유예한 경우에는 형의 선고가 있었다고 할 수 없으므로 선 **17**
고유예 판결은 선고유예의 결격사유가 되는 전과가 아니다. 따라서 선고유예기간
이 경과한 경우뿐 아니라 선고유예기간 중에 있는 피고인에 대하여도 다시 형의
선고를 유예할 수 있다. 다만, 선고유예기간 중 범한 범행에 대해 판결을 선고하
는 경우라면 뉘우치는 정상이 뚜렷할 것이라는 실질적 요건이 갖추어졌다고 인정
하기는 어려울 것이다. 형 면제 판결을 선고받은 경우에도 역시 형의 선고가 있
었다고는 할 수 없으므로 이를 선고유예의 결격사유가 되는 전과로 볼 수 없다.

(5) 판례는, 선고유예가 주로 범정이 경미한 초범자에 대하여 형을 부과하 **18**
지 않고 자발적인 개선과 갱생을 촉진시키고자 하는 제도라는 점, 제61조가 유
예기간 중 자격정지 이상의 형에 처한 판결이 확정되거나 자격정지 이상의 형
에 처한 전과가 발각된 경우 등을 선고유예의 실효사유로 규정하고 있는 점 등
을 종합하여 보면, '자격정지 이상의 형을 받은 전과'라 함은 자격정지 이상의
형을 선고받은 범죄경력 자체를 의미하는 것이고, 그 형의 효력이 상실된 여부
는 묻지 않는 것으로 해석함이 상당하다고 보고, 따라서 형의 집행유예를 선고
받은 사람은 그 선고가 실효 또는 취소됨이 없이 정해진 유예기간을 무사히 경
과하여 형의 선고가 효력을 잃게 되었다고 하더라도 형의 선고의 법률적 효과
가 없어지는 것일 뿐 형의 선고가 있었다는 기왕의 사실 자체까지 없어지는 것
은 아니므로, 선고유예 결격사유인 '자격정지 이상의 형을 받은 전과가 있는 사
람'에 해당하여 선고유예를 선고할 수 없다고 한다.[19]

이와 같은 판례의 태도에 대하여는 선고유예제도의 특별예방 목적 및 선고 **19**
유예에 보호관찰을 부과할 수 있도록 한 형법 취지에 부합하지 않는 너무 엄격
한 해석이라는 비판이 제기되기도 하고,[20] 양형의 적정성, 법적 안정성 등을 감
안할 때 제61조에서 규정하는 '자격정지 이상의 형을 받은 전과'를 형을 선고받
았다는 사실적 의미의 전과가 아니라 아직 형 선고의 효력이 남아 있는 전과를
전제로 하는 것으로 해석하여 집행유예기간을 무사히 경과한 사람에 대하여는

---

19 대판 2003. 12. 26, 2003도3768; 대판 2017. 9. 12, 2017도10577; 대판 2018. 4. 10, 2018오1;
　대판 2022. 4. 14, 2020도18305. 위 2003도3768 판결 해설은 이승호, "집행유예의 선고를 받은
　후 그 유예기간을 무사히 경과한 경우 선고유예 결격사유인 '자격정지 이상의 형을 선고받은 전
　과'에 해당하는지 여부", 해설 48, 법원도서관(2004), 498-508.
20 정성근·박광민, 형법총론(전정2판), 717.

선고유예를 할 수 있다고 해석하는 것이 타당하다는 주장도 있다.[21] 또한, 법문
규정상으로는 집행유예기간이 경과한 전과에 대하여 판례와 같이 해석할 수밖
에 없지만, 입법론적으로는 형이 실효된 경우 선고유예를 허용하는 방향으로 선
고유예제도를 확대하는 것이 필요하다는 주장도 있다.[22]

20　　　　(6) 형의 실효 등에 관한 법률(이하, 형실효법이라 한다.)에 의하면 수형인이 자
격정지 이상의 형을 받지 않고 형의 집행을 종료하거나 그 집행이 면제된 날부
터 일정한 기간을 경과하면 그 형은 실효된다(형실효법 § 7①). 3년을 초과하는
징역·금고의 경우는 10년, 3년 이하의 징역·금고의 경우는 5년의 기간이 경과
하면 형이 실효된다. 형실효법이 정한 요건에 따라 형이 실효된 경우에도 이는
형의 선고의 법률적 효과가 없어진다는 의미일 뿐, 형의 선고가 있었다는 기왕
의 사실 자체의 모든 효과까지 소멸한다는 뜻은 아니므로, 위와 같은 형을 선고
받은 경우에는 선고유예 결격사유인, '자격정지 이상의 형을 받은 전과가 있는
경우'에 해당하여 선고유예를 선고할 수 없다.[23] 이에 대하여는, 앞서 본 집행유
예기간이 경과한 경우를 포함하여 형의 실효에 관한 요건이 충족되거나 일반사
면이 있는 경우 등과 같이 법문상 형의 선고가 효력을 상실한다고 규정되어 있
는 경우에는, 그 전과에 대해 피고인에게 불이익한 법적 효력을 부여하는 것은
실효를 규정한 법의 취지에 배치되는 것이므로, 선고유예를 선고할 수 있다고
보아야 한다는 견해가 있다.[24]

21　　　　(7) 외국 법원에서 선고받은 형은 원칙적으로 전과에 해당하지 않는 것으로
보아야 할 것이나, 외국 법원에서 금고 이상의 형을 선고받은 내국인이 국제수
형자이송법에 따라 국내에서 형의 집행을 받게 된 경우에는 외국판결도 국내
판결과 동일한 효력이 있으므로(동법 § 15) 선고유예의 결격사유가 된다고 할 것
이다.[25]

---

21 한영수, "집행유예기간이 경과한 자에 대한 선고유예", 형사판례연구 [13], 한국형사판례연구회,
　　박영사(2005), 231-233; 한창훈, "집행유예기간이 경과한 자에 대하여 선고유예가 가능한지 여
　　부", 사법연수원 논문집 4(2007), 253-255.
22 박상기·전지연, 형법학(총론·각론)(5판), 368.
23 대판 2004. 10. 15, 2004도4869.
24 주석형법 [총칙(2)](2판), 571(윤남근).
25 주석형법 [총칙(2)](3판), 504(이주원).

426　　　　　　　　　　　　　　　　　〔조 원 경〕

3. 실질적 요건 – 뉘우치는 정상이 뚜렷할 것

(1) 본조 제1항은 형의 선고를 유예할 수 있는 정상에 관하여 '제51조의 사항을 참작하여 뉘우치는 정상이 뚜렷할 때'라고 규정하고 있다. 뉘우치는[2020년 12월 8일 알기 쉬운 형법 개정 전에는 '개전(改悛)의'] 정상이 뚜렷한지 여부는 판결 선고 시를 기준으로 한다. 형의 선고를 유예할 양형인자에 관한 사실을 인정하는 데 있어서는 형사소송법에 정해진 절차와 방식에 따라 증거조사한 엄격한 증거에 의할 것이 요구되는 것은 아니다.

(2) 선고유예의 실질적 요건과 관련하여, 독일형법은 '형의 선고 없이도 장래 범죄를 저지르지 않을 것으로 기대되고, 범죄행위와 행위자인격에 대한 종합적인 평가 결과 형을 유예할 필요성이 있으며 법질서의 방위를 위해 형의 선고가 요구되지 아니하는 경우(독형 §59)'라고 자세히 규정하고 있는 반면, 우리 형법은 그 요건에 관하여 '뉘우치는 정상이 뚜렷할 때'라고만 규정하고 있다.

대법원은 뉘우치는 정상이 뚜렷할 때란 죄를 깊이 뉘우치고 있는 것을 의미하는 것으로서, 범죄사실을 부인하는 경우에는 죄를 뉘우친다고 할 수 없어 형의 선고유예를 할 수 없다[26]라는 입장을 취하고 있었다. '죄를 뉘우친다'라는 사전적 의미를 중시하면서, 범죄사실을 부인하는 경우에는 죄를 뉘우친다고 볼 수 없다는 판단을 함께 함으로써, 결국 범죄사실을 부인하는 경우에는 형의 선고유예를 할 수 없다는 결론을 내렸던 것이다.

그러나 대법원은 그 후 전원합의체 판결로써 위 결론을 변경하면서, 뉘우치는 정상이 뚜렷할 때라고 함은 "죄의 반성의 정도를 포함하여 널리 제51조가 규정하는 양형의 조건을 종합적으로 참작하여 볼 때 형을 선고하지 않더라도 피고인이 다시 범행을 저지르지 않으리라는 사정이 현저하게 기대되는 경우를 가리킨다."라고 판시함으로써, 뉘우치는 정상이 뚜렷할 때의 의미에 관한 해석을 달리 하였다.[27] 즉, 뉘우치는 정상이 뚜렷할 경우를 반드시 피고인이 죄를 깊이 뉘우치는 경우, 즉 주관적 사정으로 제한하여 해석하지 않고, 선고유예제도의 취지

22

23

24

25

---

26 대판 1999. 7. 9, 99도1635; 대판 1999. 11. 12, 99도3140.

27 대판 2003. 2. 20, 2001도6138(전). 본 판결 평석은 박미숙, "선고유예의 요건판단과 상고이유", 형사판례연구 [12], 한국형사판례연구회, 박영사(2004), 425-443; 오영근, "선고유예의 요건으로서 '개전의 정상이 현저한 때", 형사판례연구 [12], 202-215; 허일태, "자백거부와 선고유예 및 '개전의 정상'에 관한 상고심의 대상 여부", 형사판례연구 [11], 박영사(2003), 446-463.

를 고려하여 피고인이 '재범하지 않을 가능성이 큰 경우, 재범의 위험성이 낮은 경우'라고 해석한 것이다.

26   학자들 또한 대부분 그 의미를 '재범의 위험성이 없는 경우', 즉 선고유예제도의 취지를 고려한 객관적인 요건으로 해석하여야 한다는 입장을 취하고 있다.[28] 다만, 이와 같은 해석에 대하여는 '뉘우치는 정상이 뚜렷할 때'라는 문언에서 판례 및 통설과 같은 '재범의 위험성'이라는 객관적 요건을 도출하는 해석은 무리라는 전제에서, 현행 법규정하에서는 재범의 위험성이 있는 경우에도 피고인이 죄를 깊게 뉘우치면 선고유예를 할 수 있다고 해석할 수밖에 없으므로 입법론적으로 '뉘우치는 정상'과 관련지은 규정을 '재범의 위험성'과 관련지은 규정으로 대체하여야 한다는 견해[29]가 있는가 하면, 더 나아가 오히려 현행 법규정하에서는 재범의 위험성은 없지만 피고인이 잘못을 반성하고 있지 않은 경우에는 선고유예를 할 수 없다고 보는 것이 타당하다는 입장[30]도 있다. 결국 '뉘우치는'의 정상이라는 피고인의 주관적 내심의 의사를 기준으로 선고유예 요건을 판단하도록 하는 규정 자체가 법률요건으로 부적합하여 그 해석에 관하여 위와 같은 문제를 가져올 수밖에 없으므로, 입법론적으로 대법원 판시와 같이 '형을 선고하지 않더라도 피고인이 다시 범행을 저지르지 않으리라는 사정이 현저하게 기대되는 경우'를 선고유예의 요건으로 규정함으로써 위 문제를 해결할 수밖에 없다는 주장[31]이 제기되기도 한다.

27   (3) 대법원은 위와 같은 해석을 바탕으로 피고인이 범죄사실을 자백하지 않고 부인하는 경우에도 언제나 선고유예를 할 수 없다고 해석할 것은 아니라고 하여, 피고인이 범행을 부인하는 경우에도 재범의 가능성이 현저히 낮다면 형의

---

28 강동욱, 강의 형법총론(2판), 423; 김성돈, 832; 김신규, 형법총론 강의, 580; 김성천·김형준, 형법총론(6판), 503; 김일수·서보학, 새로쓴 형법총론(12판), 608; 김형만, 형법총론, 341; 김혜정·박미숙·안경옥·원혜욱·이인영, 형법총론(5판), 512; 박상기, 형법총론(9판), 562; 배종대, 형법총론(18판), § 190/4; 성낙현, 형법총론(3판), 785; 손동권·김재윤, § 39/5; 이재상·장영민·강동범, § 43/19; 이정원·이석배·정배근, 형법총론, 453; 이주원, 형법총론(3판), 530; 임웅, 형법총론(10정판), 699; 정성근·박광민, 716; 정성근·정준섭, 형법강의 총론(3판), 474; 정승환, 형법학 입문, § 25/43; 정웅석·최창호, 형법총론, 95; 최호진, 형법총론(2판), 882; 한상훈·안성조, 형법개론(3판), 355; 주석형법 [총칙(2)](3판), 500(이주원).

29 오영근, 532-533.

30 박철, "선고유예의 요건인 개전의 정상과 상고심의 심판범위", 21세기 사법의 전개; 송민 최종영 대법원장 재임기념, 박영사(2005), 547-548.

31 한영수(주 13), 122-124.

선고를 유예할 수 있는 것으로 판례의 입장을 변경하였다. 위와 같은 입장 변경에 대하여는 선고유예가 범인의 재사회화를 위한 제도적 장치로서 과거에 대한 반성 여부보다 미래를 향한 개선가능성을 중요하게 생각하고 있는 장치임을 고려한 바람직한 방향전환이라는 평가가 있다.[32]

(4) 뉘우치는 정상이 뚜렷한지 여부에 관한 판단은 법원의 재량에 맡겨져 있다고 할 수 있다. 형사소송법 제361조의5는 양형부당을 항소이유로 규정하고 있으므로 제1심의 양형에 관한 판단, 즉 선고유예에 있어서 제51조의 사항 및 뉘우치는 정상이 뚜렷한지 여부에 관한 판단은 항소심의 심판대상이 된다. 나아가 그 판단이 상고심의 심판대상이 되는지에 관하여, 앞서 본 2001도6138 전원합의체 판결의 다수의견은 제51조의 사항과 뉘우치는 정상이 뚜렷한지 여부에 관한 사항은 형의 양정에 관한 법원의 재량사항에 속하므로, 상고심으로서는 형사소송법 제383조 제4호에 의하여 사형·무기 또는 10년 이상의 징역·금고가 선고된 사건에서 형의 양정의 당부에 관한 상고이유를 심판하는 경우가 아닌 이상, 선고유예에 관하여 제51조의 사항과 뉘우치는 정상이 뚜렷한지 여부에 대한 원심 판단의 당부를 심판할 수 없다고 하였다.[33] 뉘우치는 정상이 뚜렷하지 않음에도 선고유예를 선고하였다는 것은 적법한 상고이유가 될 수 없다는 것인데, 이에 대하여는 '뉘우치는 정상이 뚜렷할 때'에 관한 판단은 기본적으로 하급심의 재량에 속한다고 할 것이지만 그 재량판단이 '현저하게 잘못된 경우'에는 선고유예의 요건에 관한 법리오해의 위법이 있는 것으로 보아 형사소송법 제383조 제1호의 '판결에 영향을 미친 법률위반이 있는 때'에 해당하여 상고심이 그 당부를 심판할 수 있다고 보아야 한다는 반대의견이 있었다. 상고심의 양형 통제를 확대하여야 할 필요성 및 '재범의 위험성'에 관한 판단은 단순한 사실판단의 문제가 아니라 법률해석의 문제로서 판결에 영향을 미친 잘못된 법률해석은 상고심의 심판대상이 될 수 있다는 해석론적 근거를 들어, 반대의견에 찬성하는 견해가 있다.[34]

28

---

32 신동운, 860.
33 같은 취지의 판결로 대판 2016. 12. 27, 2015도14375.
34 박미숙(주 27), 425-443; 오영근(주 27), 202-215; 임상규, "선고유예와 양형부당의 상고가능성", 계명법학 8(2004. 5), 257-278; 허일태(주 27), 455-462.

[조 원 경]

4. 형의 일부에 대한 선고유예

29   (1) 본조 제2항은 형을 병과할 경우 형의 전부 또는 일부에 대하여 그 선고를 유예할 수 있다고 규정하고 있다. 따라서 제37조 제2항 후단 경합범에 해당하여 2개 이상의 형을 선고하는 경우, 일부의 형에 대하여는 선고유예를 하고 나머지 형에 대하여는 실형 또는 집행유예를 선고할 수 있다. 또한 제37조 전단 경합범에서 일부 죄에 대하여는 징역형을 선택하고 나머지 죄에 대하여는 벌금형을 선택하는 경우, 1개의 죄에 대하여 필요적으로 징역형과 벌금형을 병과하는 경우[35]에도, 벌금형에 대하여 선고를 유예하면서 나머지 징역형에 대하여는 실형 또는 집행유예를 선고할 수 있다.

30   (2) 하나의 징역형의 일부에 대하여 집행유예를 선고할 수 있는지에 대하여는 학계의 입장이 나뉘고 있고, 대법원 판례는 하나의 자유형 중 일부에 대해서는 실형을, 나머지에 대해서는 집행유예를 선고할 수 없다는 입장을 취하고 있다.[36] 하나의 징역형 또는 벌금형의 일부에 대하여 선고유예를 할 수 있는지와 관련하여서는, 초범인 피고인이 전과 없이 사회에 복귀하도록 돕는다는 선고유예제도의 취지 등을 고려할 때 하나의 형을 분리하여 형의 일부만을 선고유예할 필요성이 인정되는 사안을 상정하기 어렵다는 점에서 별다른 논의가 이루어지지 않고 있는 것으로 보인다.

II. 선고유예의 판결

31   형의 선고를 유예한다는 것은 형의 선고를 보류한다는 것이 아니라 형의 선고를 유예하는 판결을 선고하는 것을 의미한다. 선고유예 판결의 주문 형식은 '피고인에 대하여 형의 선고를 유예한다.'이고, 선고유예가 실효되어 유예한 형을 선고할 경우에 대비하여 유예한 형과 부수처분을 판결이유에 명시하여야 한다.

32   형사소송법 제39조는 재판에 이유를 명시하여야 한다고 규정하고 있다. 선고

---

35 대판 1976. 6. 8, 74도1266.
36 대판 2007. 2. 22, 2006도8555. 본 판결 해설은 박길성, "1개의 형을 선고하면서 그 형기의 일부에 대해서는 실형을 선고하고 나머지 일부에 대해서만 집행유예를 선고하는 것이 가능한지 여부(소극)", 해설 70, 법원도서관(2007), 665-693.

유예 판결을 할 경우에도 선고가 유예된 형에 대한 판단을 하여야 하는 것이므로,[37] 판결이유에 선고형이 1년 이하의 징역·금고 또는 자격정지, 벌금에 해당한다는 사실, 형종과 형량을 정하여 명시하여야 하고,[38] 벌금형을 선고하는 경우에는 환형유치기간도 정하여야 한다.[39] 따라서 판결 주문에 형량이 표시되어 선고되지 않을 뿐, 판결이유의 기재는 형을 선고하는 유죄판결의 경우와 동일하다.

33   선고유예 판결은 범죄사실을 인정하는 유죄판결의 일종이므로 피고인은 선고유예 판결에 대하여 무죄를 다투는 취지로 상소할 수 있다.

34   제1심의 양형부당은 항소심의 심판대상이므로, 선고유예가 양형상 너무 가볍다는 검사의 항소 및 선고유예를 하지 않은 것이 양형상 너무 무겁다는 피고인의 항소 모두 가능하다. 불이익변경금지와 관련하여, 판례는 제1심의 징역형 선고유예 판결에 대하여 피고인만이 항소한 경우 항소심이 벌금형을 선고한 것은 제1심 판결의 형보다 무거운 형을 선고한 것으로서 불이익변경금지의 원칙에 반한다고 한다.[40]

〔조 원 경〕

---

37 대판 1993. 6. 11, 92도3437.
38 대판 1975. 4. 8, 74도618.
39 대판 1988. 1. 19, 86도2654.
40 대판 1966. 4. 6, 65도1261; 대판 1966. 6. 27, 66도1081; 대판 1984. 10. 10, 84도1489; 대판 1999. 11. 26, 99도3776.

제59조의2(보호관찰)

① 형의 선고를 유예하는 경우에 재범방지를 위하여 지도 및 원호가 필요한 때에는 보호관찰을 받을 것을 명할 수 있다.

② 제1항의 규정에 의한 보호관찰의 기간은 1년으로 한다.

[본조신설 1995. 12. 29.]

1   본조는 1995년 12월 29일 형법 개정 시 사회 내 처우제도를 활성화하여 재범을 방지하고 피고인의 재사회화를 촉진하기 위해 신설되었다.

2   형의 선고를 유예하는 경우 재범방지를 위하여 지도 및 원호가 필요한 때에는 보호관찰을 받을 것을 명할 수 있다(§ 59의2①). 보호관찰의 기간은 1년으로 정하여 있고(§ 59의2②), 그 기간은 선고유예 판결의 확정 시부터 진행한다. 집행유예의 경우 원칙적으로 집행유예의 기간을 보호관찰의 기간으로 정하고 있는 점과 구별된다.

3   보호관찰을 부가할지 여부는 법원이 재량에 따라 정하지만, 성폭력범죄의 처벌 등에 관한 특례법에서 정한 성폭력범죄를 범한 소년에 대하여 형의 선고를 유예하는 경우(성폭처벌 § 16①), 아동·청소년의 성보호에 관한 법률에서 정한 아동·청소년대상 성범죄를 범한 소년에 대하여 형의 선고를 유예하는 경우에는 반드시 보호관찰을 명하여야 한다(아청 § 21①). 또한 치료감호 등에 관한 법률에서 정한 심신장애인, 알코올 식음 습벽이 있거나 그에 중독된 자, 마약·향정신성의약품·대마 등 흡입 습벽이 있거나 중독된 자 등 치료명령대상자에 대하여 법원이 형의 선고를 유예하는 경우에는 1년의 범위 안에서 치료기간을 정하여 치료를 받을 것을 명할 수 있는데, 이 경우에는 1년의 보호관찰을 필요적으로 병과하여야 한다(치감 § 44의2)

4   집행유예와 달리 선고유예의 경우에는 보호관찰만을 함께 명할 수 있을 뿐이고, 집행유예 선고 시 부가할 수 있는 사회봉사명령 및 수강명령을 부과할 수 없다. 이에 대하여는 선고유예의 경우에도 사회복귀프로그램으로서 사회봉사명

432   〔조 원 경〕

령, 수강명령 등을 동시에 부과할 수 있게 하는 것이 입법론적으로 바람직하다는 견해도 있다.[1]

　　참고로, 2011년 형법(총칙) 일부개정법률안은 단기자유형의 폐해를 막기 위해 징역형의 유예제도의 활용빈도가 높아지는 경향에 따라 사회 내 처우의 수단을 다양화한다는 차원에서, 보호관찰 외에 사회봉사명령, 수강명령도 부과할 수 있도록 하였다(안 §55[2]).[3]

5

〔조 원 경〕

1　김성돈, 형법총론(5판), 833; 손동권·김재윤, 새로운 형법총론, §39/11; 한영수, "선고유예제도의 정비방안", 21세기의 형벌과 양형, 한국형사법학회·한국형사정책연구원(2006), 129-131.
2　안 제55조(선고유예의 조건) ① 형의 선고를 유예하는 경우에 재범방지를 위하여 지도와 원호(援護)가 필요할 때는 보호관찰, 사회봉사 또는 수강을 명할 수 있다.
　② 제1항에 따른 보호관찰의 기간은 1년으로 한다.
　③ 사회봉사명령 또는 수강명령은 선고유예기간 안에 집행한다.
3　법무부, 형법(총칙)일부개정법률안 제안 이유서(2011. 4), 63-64.

제60조(선고유예의 효과)
형의 선고유예를 받은 날로부터 2년을 경과한 때에는 면소된 것으로 간주한다.

Ⅰ. 선고유예 판결의 효력

1   선고유예기간 중 제61조에서 정한 일정한 사유가 발생하면 선고유예가 실효되어 유예된 형을 선고받게 된다는 것 외에 형법 조문상으로 선고유예 판결을 선고받은 것 자체를 특별히 불리한 사유로 정하고 있는 조문은 없다. 유기징역 또는 유기금고의 판결 선고를 받은 것이 아니므로 제43조(형의 선고와 자격상실, 자격정지) 제2항의 반대해석상 선고유예 판결을 받은 경우 형법상 자격정지의 효력도 발생하지 않는다.[1]

2   선고유예 판결은 형을 선고한 판결이 아니므로 선고유예 판결을 받은 경우 형의 선고를 전제 또는 요건으로 정하고 있는 법령은 적용되지 않는다. 영유아보육법 제48조 제1항 제3호는 자격취소처분의 요건으로 아동학대행위를 저질러 아동복지법 제71조 제1항 제1호에 따른 '처벌'을 받은 경우를 규정하고 있는데, 위 규정에서 말하는 '처벌'은 과벌에 해당하는 형의 선고가 있음을 당연한 전제로 한다고 새길 수 있으므로, 선고유예의 확정판결을 받았다는 사정은 이러한 '처벌'에 해당한다고 볼 수 없다는 것이 판례의 입장이다.[2]

3   그러나 경찰공무원법, 국가공무원법, 지방공무원법, 변호사법, 공증인법, 공인회계사법, 세무사법은 명시적으로 자격정지 또는 금고 이상의 형의 선고유예기간 중에는 각 경찰공무원, 국가공무원, 지방공무원, 변호사, 공증인, 공인회계사, 세무사 등의 자격을 취득할 수 없다고 규정하고 있다(경찰공무원법 §7②(vi), 국가공무원법 §33(v), 지방공무원법 §31(v), 변 §5(iii), 공증인법 §13(v), 공인회계사법 §4(iv),

---

1 주석형법 〔총칙(2)〕(3판), 509(이주원).
2 대판 2018. 4. 26, 2016두64371.

세무사법 § 4(ix)). 또한 이미 자격을 취득한 공무원 등이 선고유예를 받은 경우, 국가공무원법 등은 이를 모두 당연퇴직사유로 규정하고 있었으나, 헌법재판소가 이러한 규정들에 대하여 과잉금지의 원칙에 반하여 공무담임권을 침해한다는 이유로 위헌결정을 하였고,[3] 그 후 위 조항들에서 선고유예를 받은 경우는 당연퇴직사유에서 제외되었다가[예컨대, 지방공무원법(법률 제6786호, 2002. 12. 18. 일부개정)] 다시 범죄의 종류를 한정하여 특정 범죄를 범하여 선고유예를 받은 경우에만 그 직을 상실하도록 개정되었다.[4]

위와 같은 법령 등에서 정한 자격요건과 관련하여, 2018년 9월 18일 개정된 소년법은 "소년이었을 때 범한 죄에 의하여 형의 선고유예나 집행유예를 선고받은 경우, 자격에 관한 법령을 적용할 때에는 장래에 향하여 형의 선고를 받지 않은 것으로 본다."는 규정(소년 § 67①(ii))을 신설하였다. 아울러 소년법 부칙은 "제67조의 개정규정은 이 법 시행 전 소년이었을 때 범한 죄에 의하여 형의 집행유예나 선고유예를 받은 사람에게도 적용한다."라고 정하여(소년 부칙 § 2), 개정된 위 법조항을 소급하여 적용하도록 하고 있다.

성폭력범죄의 처벌 등에 관한 특례법(이하, 성폭력처벌법이라 한다.) 제42조, 제43조, 제45조는 성폭력처벌법 규정상 등록대상 성범죄로 '유죄판결이 확정된 자'의 신상정보 등록 및 신상정보 제출의무와 위 의무에 대한 법원의 고지의무에 관하여 규정하고 있다. 그런데 성폭력범죄에 대한 친고죄 조항이 삭제되면서 하

4

5

---

3 지방공무원(헌재 2002. 8. 29, 2001헌마788), 국가공무원(헌재 2003. 10. 30, 2002헌마684), 경찰공무원(헌재 2004. 9. 23, 2004헌가12).

4 지방공무원법 제61조 제1호 단서 후문, 국가공무원법 제68조 제1호 단서 후문, 경찰공무원법 제27조 단서 후문. 예컨대 지방공무원법의 경우, 위헌결정 후인 2002년 12월 18일 당연퇴직에 관한 지방공무원법 제61조가 "공무원이 제31조(주: 결격사유) 각호의 1에 해당할 때에는 당연히 퇴직한다. 다만, 동조제5호(주: 금고 이상의 형의 선고유예를 선고받고 그 선고유예기간 중에 있는 사람)에 해당할 때에는 그러하지 아니하다."로 개정되었으나, 2010년 3월 22일 개정으로 단서가 "다만, 같은 조 제5호는 「형법」 제129조부터 제132조까지 및 직무와 관련하여 「형법」 제355조 및 제356조에 규정된 죄를 범한 사람으로서 금고 이상의 형의 선고유예를 받은 경우만 해당한다."고 개정되었다가, 최종적으로 2022년 12월 27일 개정으로 제61조 제1호 단서 후문이 "제31조제5호는 「형법」 제129조부터 제132조까지, 「성폭력범죄의 처벌 등에 관한 특례법」 제2조, 「정보통신망 이용촉진 및 정보보호 등에 관한 법률」 제74조제1항제2호·제3호, 「스토킹범죄의 처벌 등에 관한 법률」 제2조제2호, 「아동·청소년의 성보호에 관한 법률」 제2조제2호 및 직무와 관련하여 「형법」 제355조 또는 제356조에 규정된 죄를 범한 사람으로서 금고 이상의 형의 선고유예를 받은 경우만 해당한다."로 개정되었다.

〔조 원 경〕

급심에서 경미한 성범죄에 대하여 선고유예를 하는 경우가 증가하게 되었고, 등록대상 성범죄에 대하여 ① 선고유예 판결을 하는 경우 신상정보 제출의무도 함께 유예하는 취지로 제출의무를 고지하는 실무례와 ② 선고유예의 경우에도 다른 유죄판결과 동일하게 제출의무를 고지하는 실무례가 나뉘게 되었다.[5] 대법원 판례[6]는 성폭력처벌법의 내용 및 형식, 그 취지와 선고유예 판결의 법적 성격 등에 비추어 보면, 등록대상자의 신상정보 제출의무는 법원이 별도로 부과하는 것이 아니라 등록대상 성범죄로 유죄판결이 확정되면 성폭력처벌법의 규정에 따라 당연히 발생하는 것이고, 위 법문 규정상 유죄판결에서 선고유예 판결이 제외된다고 볼 수 없으므로, 등록대상 성범죄에 대하여 선고유예 판결이 있는 경우에도 선고유예 판결이 확정되면 곧바로 피고인은 등록대상자가 되어 신상정보를 제출할 의무를 지게 되고, 법원은 성폭력처벌법 제42조 제2항에 따라 등록대상 성범죄에 대하여 선고유예 판결을 할 경우에도 등록대상자에게 등록대상자라는 사실과 신상정보 제출의무가 있음을 알려주어야 한다는 것으로 입장을 정리하였다(위 ②의 실무례). 다만, 선고유예 판결 확정 후 2년이 경과하여 면소된 것으로 간주되면 등록대상자로서 신상정보를 제출할 의무도 면하게 된다고 한다.

6   한편 전자장치 부착 등에 관한 법률상의 전자장치 부착청구에 관하여는, 성폭력범죄(전부 § 2(ii)) 사건에 대하여 선고유예를 선고하는 때에는 판결로 그 청구를 기각하여야 한다(전부 § 9④(iv)).

II. 선고유예기간 경과의 효력

7   선고유예기간은 2년으로 판결확정 시부터 진행한다. 판결 선고 시 1년 이상 5년 이하의 기간 사이에서 유예기간을 정해야 하는 집행유예와는 달리 법조문에 기간이 2년으로 규정되어 있으므로 선고유예기간을 별도로 정하여 선고할 필요는 없다.

8   선고유예를 받은 날로부터 2년이 경과하면 면소된 것으로 간주된다. 위 기

---

5 이현석, "선고유예 판결과 신상정보 제출의무의 발행시기", 해설 102, 법원도서관(2015), 567-568.
6 대판 2014. 11. 13, 2014도3564. 본 판결 해설은 이현석(주 5), 558-581.

간이 경과하면 법원의 별도의 선고나 결정 없이도 면소판결이 선고되어 확정된
것과 동일한 효력이 발생한다.

　　면소판결의 확정은 무죄판결과 구별되어야 하며, 이는 소추의 이익이 없음　　9
을 이유로 소송을 종결시키는 형식재판을 의미한다. 면소의 확정판결이 있으면
일사부재리의 효력이 발생하므로 동일성이 인정되는 범죄사실에 대하여 다시
소추·심판할 수 없고, 만일 공소가 제기되면 이에 대하여 면소판결을 하여야
한다.

　　앞서 본 바와 같이 국가공무원법 등은 공무원이 일정한 범죄로 형의 선고　　10
유예를 받는 경우를 당연퇴직사유로 규정하고 있는데, 당연퇴직제도는 결격사
유가 발생하는 것 자체에 의하여 임용권자의 의사표시 없이 결격사유에 해당하
게 된 시점에 당연히 그 공무원으로서의 신분을 상실하게 하는 제도이다. 당연
퇴직의 효력이 생긴 후에 당연퇴직사유가 소멸한다는 것은 있을 수 없으므로,
공무원이 각 법령에서 당연퇴직사유로 규정하고 있는 죄를 범하여 형의 선고유
예를 받은 경우에는 그 이후 선고유예기간이 경과하여 본조에 따라 면소된 것
으로 간주되었다 하더라도 이미 발생한 당연퇴직의 효력에는 영향을 미치지 않
는다.[7]

〔조 원 경〕

---

7 대판 1997. 7. 8, 96누4275; 대판 2002. 7. 26, 2001두205.

제61조(선고유예의 실효)

① 형의 선고유예를 받은 자가 유예기간 중 자격정지 이상의 형에 처한 판결이 확정되거나 자격정지 이상의 형에 처한 전과가 발견된 때에는 유예한 형을 선고한다.
② 제59조의2의 규정에 의하여 보호관찰을 명한 선고유예를 받은 자가 보호관찰기간중에 준수사항을 위반하고 그 정도가 무거운 때에는 유예한 형을 선고할 수 있다.

Ⅰ. 선고유예 실효의 의의

1　　　형의 선고유예는 재범의 위험성이 현저히 낮은 초범에게 전과 없이 사회에 복귀할 수 있는 기회를 주는 것이므로 선고유예기간 중 재범을 한 경우에는 유예된 형을 선고하여야 할 것이다. 나아가 형의 선고유예는 자격정지 이상의 전과가 없을 것을 요건으로 하므로, 형법은 범행시기와 관계 없이 선고유예기간 중에 자격정지 이상의 형을 선고한 판결이 확정되거나, 사후적으로 자격정지 이상의 형이 선고, 확정된 전과가 발견된 경우에도 선고유예가 실효되도록 하여 유예된 형을 선고하도록 규정하고(제1항) 있다. 또한, 1995년 12월 29일 형법 개정 시 선고유예에 부수한 보호관찰제도를 도입하면서 보호관찰 준수사항 위반의 정도가 무거운 경우에도 유예된 형을 선고할 수 있도록 하는 규정(제2항)을 함께 신설하였다.

II. 선고유예 실효의 요건

1. 선고유예기간 중일 것

선고유예기간 중 실효사유가 발생하여야 한다. 선고유예기간은 선고유예 판결이 확정된 때로부터 진행한다. 선고유예기간이 도과하여 버리면 면소 간주의 효력이 발생하므로(§60) 선고유예 실효의 문제는 발생하지 않는다. 2

선고유예기간 중 실효사유가 발생하였다 하더라도 그에 따라 유예된 형을 선고하는 법원의 결정이 확정되기 전에 2년의 선고유예기간이 도과한 경우에는 선고유예가 실효되지 않는다. 즉, 형의 선고유예를 받은 사람이 유예기간 중 자격정지 이상의 형에 처한 판결이 확정되더라도 검사의 청구에 의한 선고유예 실효 결정에 의하여 비로소 선고유예가 실효되는 것인데, 형의 선고유예의 판결이 확정된 후 2년을 경과한 때에는 제60조가 정하는 바에 따라 면소된 것으로 간주되고, 그와 같이 유예기간이 경과됨으로써 면소된 것으로 간주된 후에는 실효시킬 선고유예의 판결이 존재하지 아니하므로, 선고유예 실효의 결정을 할 수 없다 할 것이어서, 유예된 형을 선고한 결정이 확정되기 전으로서 즉시항고심 또는 재항고심 계속 중 선고유예기간이 경과하면 항고심 또는 재항고심은 제1심 또는 원심결정을 취소하고 검사의 청구를 기각하여야 한다.[1] 3

2. 필요적 실효사유 – 자격정지 이상의 형에 처한 판결이 확정되거나 전과가 발견된 경우

(1) 선고유예를 받은 자에 대하여 그 유예기간 중 자격정지 이상의 형에 처하는 판결이 확정된 때에는 법원은 유예한 형을 선고하여야 한다. 4

선고유예기간 중 자격정지 이상의 형에 처한 판결이 확정되면 된다. 확정판결의 범죄시기와 선고유예 판결이 선고된 범죄시기의 선후는 문제되지 않는다. 즉, 선고유예기간 개시 전 범행으로 인한 판결이 선고유예기간 중에 확정되어도 선고유예는 실효되게 된다. 집행유예의 경우, 2005년 7월 29일 개정 전 형법은 유예기간 중 금고 이상의 형의 선고를 받아 그 판결이 확정된 때 집행유예 5

---

1 대결 2007. 6. 28, 2007모348; 대결 2018. 2. 6, 2017모3459.

가 실효되는 것으로 규정하고 있었는데, 형법이 개정되면서 집행유예기간 중 고의로 범한 죄로 금고 이상의 실형을 선고받아 그 판결이 확정된 때에 집행유예가 실효되는 것으로 그 요건이 축소되었다. 실효 요건과 관련한 이러한 차이에 대하여 헌법재판소는, 선고유예기간 중 자격정지 이상의 형에 처한 판결이 확정된 경우를 선고유예의 실효사유로 규정한 것은 범죄자에 대한 적정한 형벌권의 행사를 도모하는 데에도 그 입법취지가 있고, 이러한 규정이 평등원칙, 책임주의원칙, 재판을 받을 권리, 법관의 양형결정권 등을 침해한다고 볼 수 없다고 하여 선고유예 실효 요건의 합헌성을 인정한 바 있다.[2]

6   이에 대하여는, 입법론적으로 재범방지라는 선고유예제도의 취지를 고려하면 집행유예의 경우와 마찬가지로 선고유예기간 중에 한 범행에 대하여 확정판결을 받았을 때에만 이를 실효사유로 규정하는 것이 타당하다는 견해가 있다.[3] 해석론적으로도, 벌금형의 집행유예가 도입된 이상 집행유예 실효 규정과의 형평성을 고려하여야 하고, 선고유예 이전에 범한 죄로 인해 선고유예 판결에서 유예된 형의 내용이 그대로 집행된다는 것은 불합리하며, 대법원 판례가 선고유예의 또다른 필요적 실효사유인 '전과 발견'에 대하여는 선고유예 판결 확정 이후의 발견으로 한정하는 제한적 해석을 하고 있는 것과 형평을 맞출 필요가 있고, 선고유예 실효 재판을 지연하기 위한 고의적 지연이나 남상소 등의 실무상 폐단 등을 고려하였을 때, 본조 제1항 전단이 규정하는 '유예기간 중 자격정지 이상의 형에 처한 판결이 확정된 경우'는 '유예기간 중 범한 죄로 자격정지 이상의 형에 처한 판결이 확정'된 경우로 제한적으로 해석하여야 한다는 견해도 있다.[4]

7   선고유예 판결은 형을 선고받은 전과라 할 수 없으므로 선고유예기간 중 다시 선고유예 판결을 선고받은 경우, 그 선고유예 판결은 자격정지 이상의 형을 선고하는 판결이 아니어서 먼저 받은 선고유예 판결이 실효되지 않는다.

8   (2) 형의 선고유예를 받은 자에게 자격정지 이상의 형에 처한 전과가 발견

---

2 헌재 2009. 3. 26, 2007헌가19.

3 정성근·박광민, 형법총론(전정2판), 718; 한영수, "선고유예제도의 정비방안", 21세기의 형벌과 양형, 한국형사법학회·한국형사정책연구원(2006), 132-133. 고의적 범행으로 인한 실형 선고를 필요적 실효사유로, 과실범이거나 집행유예 또는 벌금이 선고되는 경우를 임의적 실효사유로 규정할 필요가 있다고 한다.

4 이순욱, "선고유예의 실효에 관한 소고", 법학논총 37-2, 전남대학교 법학연구소(2017), 205-211.

된 때에도 법원은 유예한 형을 선고하여야 한다. 형법이 자격정지 이상의 형을 선고받은 전과가 없을 것을 특별한 요건으로 하여 예외적으로 형의 선고를 유예하도록 하고 있는 이상, 사후적으로 전과가 발견된 경우에도 그 유예된 형을 선고하도록 정한 것이다. 이에 대하여는 사후적으로 전과를 발견한 경우까지 선고유예 실효사유로 규정하는 것은 집행유예의 취소와 마찬가지로 너무 엄격하여 입법론적으로 개선을 요한다는 견해[5]가 있는 반면, 적정한 형벌권 행사를 위해서는 선고유예 요건을 갖추지 못한 것이 사후적으로 발견되었을 때에는 현행 제도처럼 유예된 형을 선고하도록 하는 것이 타당하다는 견해[6]도 있다.

본조 제1항에서 말하는 '전과가 발견된 때'라 함은 형의 선고유예의 판결이 확정된 후에 비로소 위와 같은 전과가 발견된 경우를 말하고, 그 판결확정 전에 이러한 전과가 발견되었던 경우에는 사후적으로 이를 실효사유로 볼 수 없으며, 이때 판결확정 전에 발견되었다고 함은 검사가 명확하게 그 결격사유를 안 경우만을 말하는 것이 아니라 당연히 그 결격사유를 알 수 있는 객관적 상황이 존재함에도 부주의로 알지 못한 경우도 포함된다는 것이 판례이다.[7] 즉 검사가 선고유예 판결 확정 이전에 발견할 수 있었던 전과를 과실로 발견하지 못하였다면, 이는 선고유예기간에 발견한 전과라 할 수 없으므로 이를 들어 유예된 형의 선고를 청구할 수 없다. 이러한 판례의 입장에 대하여는, 대법원이 이러한 해석을 통해 선고유예 실효규정의 적용범위를 제한하는 것으로 보인다고 이해하는 견해도 있다.[8]

9

3. 임의적 실효사유 – 보호관찰의 준수사항 위반 정도가 무거운 경우

(1) 보호관찰을 명한 선고유예를 받은 자가 보호관찰기간 중에 준수사항을 위반하고 그 정도가 무거운 때에는 유예한 형을 선고할 수 있다. 준수사항 위반 정도가 무거워 유예한 형을 선고할 것인지를 판단함에 있어서는 법원의 재량이 인정되는데, 그 위반행위의 내용 및 정도에 비추어 재범을 할 위험성이 인정되

10

---

5 김성돈, 형법총론(5판), 834; 배종대, 형법총론(18판), §190/7, §189/12; 이재상·장영민·강동범, 형법총론(12판), §43/24; 임웅, 형법총론(10정판), 701; 정성근·박광민, 718; 한영수(주 3), 134-135.
6 정영일, 형법강의 총론(2판), 386.
7 대결 2008. 2. 14, 2007모845.
8 이순욱(주 4), 207.

는지 여부가 일응의 기준이 될 수 있을 것이다. 입법론적으로는 보호관찰 위반 시 유예된 형을 선고하는 이외에 보호관찰의 내용을 변경한다든지 기간을 연장한다든지 하는 등으로 선고유예제도의 탄력성을 유지할 수 있는 완충장치가 필요하다는 견해도 있다.[9]

11   (2) 치료감호 등에 관한 법률에 따라 선고유예를 하면서 치료명령을 한 경우, 치료명령을 받은 사람은 보호관찰관의 지시에 따라 성실히 치료에 응하고 인지행동 치료 등 심리치료 프로그램을 성실히 이수하여야 하는데, 이를 위반하고 그 위반 정도가 무거운 경우에도 유예한 형을 선고할 수 있다(치감 § 44의2, § 44의5, § 44의8①).

III. 선고유예 실효의 절차

12   (1) 자격정지 이상의 형에 처한 판결이 확정되거나 전과가 발견되어 유예한 형을 선고하는 경우, 반드시 검사의 청구가 있어야 하고, 그 청구사건은 범죄사실에 대한 최종판결을 한 법원이 관할한다(형소 § 336①). 최종판결을 한 법원에 관할이 있으므로 합의부사건은 합의부가, 단독사건은 단독판사가 결정하게 된다. 보호관찰 등을 명한 형의 선고유예의 실효청구는 보호관찰소의 장의 신청에 의하여 검사가 청구하고(보호관찰 § 47①), 그 청구사건은 피고인의 현재지 또는 최후 주거지를 관할하는 법원이 관할한다(보호관찰 § 47②, 형소 § 335).

13   (2) 검사는 취소사유를 구체적으로 기재한 서면(형소규 § 149, § 150의2)과 취소사유가 있다는 것을 인정할 수 있는 자료(형소규 § 149의2, § 150의2)를 제출하여야 하고, 법원은 청구서 부본을 선고유예 선고를 받은 자에게 송달하여야 한다(형소규 § 149의3, § 150의2). 선고유예의 실효 여부는 결정에 의하므로 변론을 열 필요는 없으나, 선고유예를 받은 자 또는 대리인의 의견을 물은 후에 결정을 하여야 하는데(형소 § 335②), 그 의견을 묻기 위하여 필요한 경우 선고유예를 받은 자 또는 대리인의 출석을 명할 수 있다(형소규 § 150).

14   (3) 선고유예의 실효 결정 주문에는 유예된 형을 선고하는 취지와 선고되는

---

9 김성돈, 834; 한영수(주 3), 135-136.

형을 표시한다. 그 형식은 '피고인에 대한 ○○사건에 관하여 선고유예한 형을 선고한다. 피고인을 ○○에 처한다.'가 된다. 결정이유에는 범죄사실, 증거의 요지 및 법령의 적용을 명시하고 법률상 범죄성립 조각사유 또는 형의 가중, 감면 사유에 관한 주장에 대한 판단을 명시하며, 나아가 선고유예를 해제하는 이유를 명시하여야 한다(형소 §336① 단서, §323). 즉, 이전 선고유예판결의 이유 기재사항을 이기한 뒤 선고유예를 해제하는 이유를 기재한다. 새로운 판결을 하거나 법정에서 형을 선고하여야 하는 것은 아니고, '형을 선고하는 내용의 결정'을 고지하면 된다.

(4) 유예된 형을 선고하는 법원의 결정에 대하여는 즉시항고할 수 있다(형소 §335④, ③)

15

〔조 원 경〕

제 4 절 형의 집행유예

〔총 설〕

Ⅰ. 의 의

1. 개 념

1   우리 형법상 집행유예(Strafaussetzung der Bewährung)는 공소사실이 유죄로 인정되어 유죄판결의 형을 선고하면서도 정상을 참작하여 일정기간 형의 집행을 유예하는 판결을 선고하고, 집행유예가 실효되거나 취소되지 않고 유예기간을 경과하면 그 형의 선고가 효력을 잃도록 하는 제도를 말한다.

2. 구별개념

2   우리 형법은 법원이 판결로써 선고하는 형의 유예제도로 선고유예와 집행유예를 두고 있다. 집행유예는 형을 선고하되 그 집행만을 유예한다는 점에서 형의 선고 자체를 유보하는 선고유예와 구별된다. 집행유예는 형의 선고에 수반되는 불이익을 피할 수 없다는 점에서 선고유예와 큰 차이가 있다.[1] 형법은 선고유예와 집행유예에 관하여 그 요건, 보호관찰과 같은 부과처분의 내용, 기간 경과의 효력, 유예의 실효 또는 취소 요건 등을 다르게 규정하고 있다.

3   형의 집행유예는 처음부터 형의 집행이 유예된다는 점에서 형 집행 중 그 집행이 정지되는 형의 집행정지와 다르고, 일단 형을 선고한 판결이 확정된 후

---

[1] 신동운, 형법총론(11판), 868.

에 일정한 집행면제사유가 발생하면 그 집행력이 소멸하여 형의 집행이 면제되는 형의 집행면제와도 다르다. 형의 집행면제의 경우에는 그 사유가 있으면 별도의 판결 선고 없이 당연히 효력이 발생한다.

II. 형사정책적 의의 및 법적 성질

1. 형사정책적 의의

전통적으로 집행유예제도의 형사정책적 의의는, 형의 집행을 유예함으로써　　4
단기자유형의 폐해를 제거하고자 하는 형 대용제도로서의 의미와 집행유예가 실효될 수 있다는 심리강제를 담보로 재범을 방지하면서 범죄자의 자발적 갱생 실현을 촉진한다는 제도라는 두 가지 측면에서 논의되어 왔다. 즉, 단기자유형 만으로는 형벌의 위하적 효과를 통한 일반예방 목적이나 개선적 효과를 통한 특별예방 목적을 달성하기 어려울 뿐 아니라 오히려 형사시설 내에 있는 수감 자를 범죄환경에 오염시켜 범죄자의 사회복귀를 방해한다는 폐해가 있다는 점 이 지적되어 오면서, 형의 집행유예는 단기자유형 집행의 역효과를 막는 소극적 기능을 함과 동시에, 재범을 하면 집행유예가 실효되어 형이 집행될 것이라는 위하작용을 통하여 재범을 방지할 수 있다는 적극적인 형사정책적 효과도 있다 는 점이 강조되었다.[2] 집행유예제도는 단기자유형의 폐해를 방지하고 형 집행 을 받지 않으면서 사회에 복귀하는 길을 열어주는 특별예방적 제도로서 현대 형법에 있어서 가장 중요한 형사정책적 개선의 결과라고 평가되기도 한다.[3]

그런데 현행 집행유예제도의 형사정책적 의의와 관련하여, 우리 형법에서　　5
는 3년이라고 하는 비교적 장기의 징역·금고형에 대하여도 형의 집행을 유예하 는 것이 가능한데, 이러한 제도의 형사정책적 의의로서 단기자유형의 폐해 제거 를 주된 목적으로 드는 것은 적절하지 않다는 지적[4]과 함께, 집행유예의 특별예 방적 기능과 관련하여서도 재범을 하면 형의 집행을 받게 될 것이라는 위하작

---

2 주석형법 〔총칙(2)〕(2판), 589(윤남근).
3 Boclelmann/Volk S. 262; Lackner/Kuhl Vor §56 Rn.1; Maurach/Gossel/Zipf S. 505〔이재상·장 영민·강동범, 형법총론(12판), §43/1에서 재인용〕.
4 박상기·전지연, 형법학(총론·각론)(5판), 369; 주석형법 〔총칙(2)〕(2판), 589(윤남근).

용이 주는 재범방지적 기능보다는 집행유예와 유기적으로 결합된 보호관찰제도 및 그 내용 강화를 통해 피고인의 적극적인 개선·갱생을 도모하는 특별예방적 기능을 더 강조하여야 한다는 주장[5]이 대두되고 있다. 1995년 12월 29일 개정된 형법은 집행유예제도의 특별예방적 기능을 강화하기 위해 집행유예와 함께 부과하는 보호관찰 및 사회봉사·수강명령 제도를 도입하였다.

6　　　　한편, 최근에는 단기자유형에는 폐해만 있는 것이 아니라 일정한 범죄자에게 유용한 위하적 작용이 있다는 인식이 미국을 중심으로 점증하고 있다고 한다. 이러한 점을 반영한 제도가 미국에서 시행되고 있는 충격보호관찰(shock probation·parole), 분리선고(spilt sentencing) 제도로서, 범죄자에게 짧지만 매서운 충격적 자유형 집행을 받게 한 이후에 사회 내 처우를 행함으로써 형벌의 위하적 효과와 사회 내 처우의 장점을 모두 고려하고 있다는 것이다.[6]

2. 법적 성질

7　　　　집행유예의 법적 성질에 관한 견해는 ① 보안처분설, ② 형 집행의 변경설 및 ③ 제3의 형사제재설로 그 입장을 나누어 볼 수 있다. 우선 집행유예는 일반예방적 관점에서는 형 집행의 필요가 없고, 특별예방적 관점에서는 형벌 완화가 필요한 사안에서 자유형 집행을 변용하는 것으로서 형법의 제3의 원, 제3의 길(dritte Spur im Strafrecht)에 해당하는 독립된 형사제재제도라는 견해[7]가 있으나(위 ③설), 우리나라의 학자들은 대체로 집행유예를 형벌 선고를 전제로 하되 사회복귀를 돕기 위한 사회 내 처우, 외래적 처우라는 특수성을 갖는 일종의 '형 집행의 변형'으로 보고 있는 듯하다(위 ②설).[8]

8　　　　즉, ⓐ 집행유예에 반드시 보호처분이 결합되는 것이 아니므로 보안처분의 성격까지 가진다고 해석하기는 어렵고, 결국 사회적 처우라는 특수성을 가진 형

---

5 주석형법 [총칙(2)](2판), 589(윤남근).
6 손동권·김재윤, 새로운 형법총론, § 39/16; 주석형법 [총칙(2)](3판), 522(이주원).
7 김일수·서보학, 새로쓴 형법총론(12판), 597(형벌과 보안처분에 이은 제3원); 성낙현, 형법총론 (3판), 787(형벌과 보안처분의 복합적 성격).
8 김성돈, 형법총론(5판), 823; 김혜정·박미숙·안경옥·원혜욱·이인영, 형법총론(5판), 513; 박상기·전지연, 369; 이정원·이석배·정배근, 형법총론, 448; 정성근·정준섭, 형법강의 총론(3판), 477; 정웅석·최창호, 형법총론, 98; 박상기, 형의 집행유예에 관한 연구, 한국형사정책연구원 (1993), 104.

　　　　　　　　　　　　　　　〔조 원 경〕

집행의 변형으로써 사회복귀사상이 중요한 역할을 하고 있는 일종의 양형으로 평가하여야 한다는 견해,[9] ⓑ 조건부유죄판결제도를 채택하고 있는 우리나라의 집행유예는 자유형을 선고하고 그 집행만 유예하는 것이므로 사회 내 처우를 위한 집행방법의 변형으로 보아야 하고, 보호관찰을 명하는 경우에도 보호관찰은 집행유예의 재사회화 목적의 실효를 거두기 위한 방법으로서 보호관찰이 집행유예의 본질적 요소가 되는 것은 아니라는 견해[10] 등이 그러하다.

집행유예에 보호관찰 및 사회봉사·수강명령을 부과할 수 있게 되면서, 집행유예의 법적 성격을 나누어 설명하는 견해도 있다. ⓒ 보호관찰부 집행유예는 영미법상 유예제도와 같은 성격을 갖는 보안처분적 성격이 강한 제도로, 단순 집행유예는 변형된 형벌 집행으로, 사회봉사명령·수강명령 등이 독자적 제재수단이 된 경우에는 제3의 형사제재로 나누어 이해하면서 결국 현행법하에서는 집행유예를 변형된 형벌의 집행수단으로 보아야 한다는 견해,[11] ⓓ 집행유예를 책임형벌을 보완 내지 대체하는 순수한 보안처분으로 평가할 수는 없지만, 형 집행이 없으므로 순수한 형벌 기능을 가진 것으로 보기도 어렵고, 결국 집행방법을 사회 내에 석방하여 조건을 부과하는 것으로 변경하는 형 집행의 변형으로 보아야 할 것이지만, 사회봉사명령·수강명령과 결합되는 집행유예는 제3의 형사제재로 보아야 한다는 견해[12] 등이 그러하다.

집행유예의 법적 성질을 어떻게 보는가는, 집행유예의 요건이나 효과에 관한 법률이 개정되었을 경우 제1조 적용 여부 및 피고인이 상소한 사건에서 상소심 법원이 집행유예의 조건 등을 변경하는 경우 불이익변경금지의 원칙에 위배되는지 여부에 관한 결론에 영향을 미칠 수 있다.

9

10

---

9 이재상·장영민·강동범, §43/2.
10 정성근·박광민, 형법총론(전정2판), 719.
11 오영근, 형법총론(4판), 535.
12 손동권·김재윤, §39/13.

III. 입법례 및 연혁

1. 입법례

11   (1) 실형 선고를 유예하는 제도의 연혁적 배경을 살펴보면, 영미법과 대륙법의 접근방향이 서로 다른 것을 알 수 있다.

12   (2) 영미법계 국가에서는, 앞서 선고유예제도의 연혁에서 살펴본 바와 같이, 범죄자의 개선·갱생을 용이하게 함으로써 사회복귀를 유도하려는 제도적 목적에서 보호관찰과 결합된 형의 유예제도(probation)가 발전되어 왔다. 즉 형을 정하지 않고 유죄판결만 선고하여 보호관찰에 부치고, 보호관찰기간이 경과하면 형을 선고하지 않으며, 보호관찰이 실패하게 되면 별도의 형을 선고하는 것이다. 이러한 영미법의 제도에 대하여는, 피고인이 유죄판결을 선고받는 경우에도 명예와 사회복귀에 지장을 주는 형의 선고 자체를 하지 않는다는 점에서 장점을 가질 수 있으나, 유예가 취소되는 경우에 선고받을 형이 불명확하고, 행위책임보다도 행위 후의 태도에 의하여 다시 형이 결정되게 되므로 행위책임에 부합하지 않는다는 비판이 있을 수 있다.[13]

13   (3) 영미법의 유예제도는 19세기 후반부터 대륙법계 국가에 도입되었는데, 대륙법계 국가에서는 주로 단기자유형의 폐해를 방지하려는 제도적 목적하에서 보호관찰제도라는 역사적 기반 없이 조건부유죄판결제도와 조건부면제제도를 도입, 정착하여 왔다.

14   (4) 벨기에는 1888년, 프랑스는 1901년에 집행유예에 관한 법률을 제정하여 판결로써 형을 선고하고 유예기간 만료 시 판결의 효력을 상실케 하는 조건부유죄판결주의를 도입하였고, 포르투갈, 노르웨이, 스위스, 이탈리아 등이 같은 조건부유죄판결주의를 채택하였다. 이러한 조건부유죄판결주의는 판결 선고 시에 형벌을 선고한다는 점에서 피고인에게 불이익하다고 할 수 있으나, 집행유예 기간 중의 태도에 따라 형이 가중될 위험은 없다.[14]

15   현행 프랑스의 집행유예제도[15]는 단순 집행유예, 보호관찰부 집행유예, 사

---

13 이재상·장영민·강동범, § 43/3.
14 이재상·장영민·강동범, § 43/3.
15 프랑스, 독일, 일본, 미국, 영국의 입법례에 관하여는, 배용준, "집행유예에 관한 입법례 및 법무

회봉사명령부 집행유예로 나누어지는데, 그 유형에 따라 요건 및 효과를 달리 규정하고 있다. 단순 집행유예(프형 §132-29)는 전통적인 집행유예 모델로서 5년 이하의 구금형, 벌금형 또는 권리박탈형(몰수 제외) 등을 선고하는 경우에 허용되고, 보호관찰부 집행유예(프형 §132-40)는 피고인에 대한 교정적 측면을 더욱 강화한다는 취지로 도입되어 자연인에 대하여 중죄 또는 경죄로 인하여 5년 이하의 구금형을 선고하는 경우에 허용되며, 사회봉사명령부 집행유예(프형 §132-54)는 구금형의 대체적 징벌 제도로서 마지막으로 도입되어 자연인에 대하여 중죄 또는 경죄로 인하여 5년 이하의 구금형을 선고하는 경우에만 허용된다. 결격 요건과 관련하여, ① 범죄의 내용이 중죄, 경죄, 위경죄인지 여부, ② 피고인이 자연인인지 법인인지 여부, ③ 형벌의 내용 등에 따라 집행유예 결격사유가 다르나, 대체로 5년 이내에 구금형을 선고받은 경우를 단순 집행유예의 결격사유로 규정하고 있다(프형 §132-30, §130-33). 다만, 보호관찰부 집행유예와 사회봉사명령부 집행유예의 경우에는 교정적 측면의 강화라는 도입취지를 고려하여 결격사유 규정을 두고 있지 않다. 구금형에 대한 단순 집행유예와 보호관찰부 집행유예의 경우에는 일부 집행유예가 허용된다(프형 §132-31③, §132-42②). 집행유예가 취소되지 않은 채 유예기간이 경과하면 형 선고의 효력이 상실된 것으로 간주된다(프형 §132-35, §132-52①).

(5) 독일은 독자적 연혁에 따라 처음에는 형의 선고를 한 후 행정처분으로 그 형의 집행을 유예하고, 유예기간이 만료되면 행정기관이 사면권을 행사하여 그 형을 특사하는 조건부특사주의를 채용하였다. 1953년 법 개정에 따라 보호관찰을 받을 것을 조건으로 형의 집행유예를 선고할 수 있도록 하고 보호관찰기간이 만료되면 법원이 유예된 형의 집행을 면제하는 조건부면제제도를 도입하였다. **16**

현행 독일형법은 2년 이하 자유형을 선고하는 경우를 집행유예의 적용대상으로 하되, 이를 6월 미만, 6월 이상 1년 이하, 1년 초과 2년 이하로 나누어 호의적 사회진단, 법질서 수호, 특별한 사정의 각 요건 해당 여부를 심리하도록 규정하고 있다(독형 §56① 내지 ③). 집행유예의 경우에는 반드시 보호관찰을 붙 **17**

부 개정안 검토", 형사법 실무연구 123, 법원도서관(2012), 806-813 및 特集 刑の執行猶予の多角的檢討, 論究ジュリスト 14(2015. Summer), 有斐閣(2015), 4-115 참조.

〔조 원 경〕　　　　　　　　　　　　　　　　　　　**449**

이도록 되어 있고, 그 기간은 2년 이상 5년 이하이다(독형 §56a①). 보호관찰기간은 사후에 이를 법정 하한기간까지 단축하거나 그 경과 전에 법정 상한기간까지 연장할 수 있다(독형 §56a② 후문). 일부 집행유예를 불허하는 규정을 명시적으로 두고 있는 반면(독형 §56④), 전과를 요건으로 하는 집행유예의 결격사유를 규정하지 않고 다만 법관이 재량에 따라 집행유예 선고 여부를 판단함에 있어 피고인의 전력을 고려사항의 하나로 규정하도록 하고 있다(독형 §56① 후문). 집행유예가 취소되지 않은 채 유예기간이 경과하면 법원은 선고한 형을 면제한다(독형 §56g①).

18   (6) 일본은 1905년 법률로 형의 집행유예제도를 도입하면서 유예기간이 경과하면 유예된 형의 집행이 면제되도록 규정하였다가, 1907년 제정된 현행 형법에서 유예기간이 경과하면 형의 선고가 효력을 상실하는 조건부유죄판결주의로 제도를 변경하였다.

19   현행 일본형법에 의하면 3년 이하의 징역이나 금고[16] 또는 50만 엔 이하의 벌금형을 선고하는 경우 1년 이상 5년 이하의 기간 동안 형의 집행을 유예할 수 있다(일형 §25①). 원칙적으로 판결선고 시로부터 5년 이내에 금고 이상의 형에 처해진 경우를 집행유예 결격으로 규정하되(일형 §25①(ii)), 예외적으로 선고할 형이 1년 이하의 자유형이고 종전 전과의 형이 집행유예인 경우에는 1회에 한하여 재차 집행유예를 허용한다. 다만, 종전 집행유예가 보호관찰부 집행유예인 경우에는 재차 집행유예를 허용하지 않는다(일형 §25②). 집행유예가 취소되지 않은 채 유예기간이 경과하면 형의 선고는 효력을 잃는다(일형 §27).

20   한편, 일본은 2013년 6월 13일 형법 개정으로 형의 일부집행유예제도를 도입하였다.[17] 즉, 전에 금고 이상의 형에 처해진 적이 없는 사람 등 일정한 사람이 3년 이하의 징역 또는 금고의 선고를 받은 경우에, 범정의 경중 및 범인의 상황 그 밖의 정황을 고려하여 다시 범죄를 저지르는 것을 방지하기 위하여 필요하고, 또한 상당하다고 인정되는 때는 1년 이상 5년 이하의 기간 그 형의 일

---

16 참고로 2022년 6월 17일 일본형법 개정(법률 제67호)으로 징역형과 금고형이 '구금형'으로 단일화되어 형법전의 '징역', '구금', '징역 또는 구금'은 모두 '구금형'으로 개정되었고, 2025년 6월 1일 시행 예정이다.

17 일본의 형의 일부집행유예 제도에 대한 상세는 太田達也, 刑の一部執行猶予－犯罪者の改善更生と再犯防止, 慶應義塾大学出版会(2014) 참조.

450   〔조 원 경〕

부의 집행을 유예할 수 있도록 하였다(일형 §27의2①).

2. 연　혁

우리나라는 1953년 9월 18일 제정된 형법에서 집행유예기간이 경과하면 형 21
의 선고가 실효되도록 하는 조건부유죄판결주의를 도입하였다. 이에 대하여는
영미법처럼 유죄판결과 형 선고판결이 분리되어 있지 않는 우리 법제에서는 법
치국가 원리상 조건부유죄판결주의가 더 바람직하다거나,[18] 영미법상 유예제도
는 유예기간 중 형을 선고하여야 할 사유가 발생할 경우 선고될 형이 불명확하
여 범죄행위 후 피보호관찰자의 태도에 따라 형이 결정된다는 점에서 행위책임
주의에 적합하지 않고, 독일의 조건부면제제도는 유예기간이 경과한 후에도 형
선고의 효력이 인정된다는 점에서, 우리나라 형법이 취하고 있는 조건부유죄판
결주의가 바람직한 제도라는 견해가 있다.[19]

집행유예제도에 관한 우리 형법은 3차례 개정되었는데, ① 1995년 12월 29 22
일 형법 일부 개정 시 집행유예기간 중 적극적인 재사회화 조치를 강구하기 위
하여 법원이 형의 집행을 유예하는 경우 보호관찰 및 사회봉사·수강을 명할 수
있는 규정(§62의2)이 신설되었다. 범죄자의 자력갱생과 사회복귀를 위해 집행유
예제도가 효율적으로 운영되려면 보호관찰과의 유기적 결합이 요청된다는 점을
반영한 것이다.[20]

② 2005년 7월 29일 형법 일부 개정 시에는 집행유예 결격사유 및 취소사 23
유에 관한 조문을 개정하여 결격사유 및 취소, 실효사유의 요건을 축소하면서
보다 명확히 하였다.

③ 2016년 1월 6일 형법 일부 개정 시에는 500만 원 이하의 벌금형을 선고 24
하는 경우에도 집행유예가 가능하도록 집행유예 요건 규정이 개정되었다.

〔조 원 경〕

---

18 이재상·장영민·강동범, §43/4.
19 정성근·박광민, 719.
20 정성근·박광민, 719.

제62조(집행유예의 요건)

① 3년 이하의 징역 또는 금고 또는 500만 원 이하의 벌금의 형을 선고할 경우에 제51조의 사항을 참작하여 그 정상에 참작할 만한 사유가 있는 때에는 1년 이상 5년 이하의 기간 형의 집행을 유예할 수 있다. 다만, 금고 이상의 형을 선고한 판결이 확정된 때부터 그 집행을 종료하거나 면제된 후 3년까지의 기간에 범한 죄에 대하여 형을 선고하는 경우에는 그러하지 아니다. 〈개정 2005. 7. 29., 2016. 1. 6.〉

② 형을 병과할 경우에는 그 형의 일부에 대하여 집행을 유예할 수 있다.

Ⅰ. 의 의

1   본조는 집행유예의 요건을 정한 규정이다. 제1항은 집행유예를 할 수 있는 선고형과 정상참작 사유의 존재라는 적극적 요건과 집행유예기간(본문)과 집행유예를 선고할 수 없는 소극적 요건(단서)을 규정하고, 제2항은 형을 병과할 경우의 일부 집행유예에 관하여 규정하고 있다.

2   앞서 [총설]에서 살펴본 바와 같이, 본조 제1항은 2차례 개정되었다. 첫 번째인 2005년 7월 29일 형법 개정으로는 집행유예의 결격사유가 축소 변경되었다. 즉 종전에는 "단, 금고 이상의 형의 선고를 받아 집행을 종료한 후 또는 집행이 면제된 후로부터 5년을 경과하지 아니한 자에 대하여는 예외로 한다."라고 되어 있었는데, 현행과 같이, ① 결격사유의 기준시점을 '선고시점'이 아닌 '범행시점'으로 변경하였고, ② 결격기간이 시작되는 시점을 '집행을 종료한 후 또는 집행이 면제된 후'에서 '판결이 확정된 때'로 명확히 하였고, ③ 그 기간의 종료시점을 '5

년'에서 '3년'으로 단축하였다.[1] 두 번째인 2016년 1월 6일 형법 개정으로는 벌금형의 집행유예를 도입하였다[이에 대한 상세는 **II. 1. (3) 벌금형의 상한** 부분 참조].

II. 집행유예의 요건

1. 선고형 – 3년 이하의 징역 또는 금고의 형, 500만 원 이하의 벌금형

(1) 선고형 기준

3년 이하의 징역이나 금고의 형, 500만 원 이하 벌금의 형을 선고할 경우에만 집행유예를 선고할 수 있다. 여기서 형은 법정형이 아닌 선고형을 의미하므로,[2] 형의 선택, 법률상 가중 및 감경, 경합범 가중, 정상참작감경 과정을 거쳐 최종적으로 결정한 선고형의 형종과 형기를 기준으로 집행유예를 선고할 수 있는지가 정해진다.

(2) 징역·금고형의 상한

집행유예를 선고할 수 있는 징역 또는 금고형(자유형) 형기의 상한은 3년이다. 따라서 강도상해죄(§ 337. 무기 또는 7년 이상 징역)와 같이 법정형의 하한이 6년을 초과하는 범죄에 있어서는 정상참작감경을 하더라도 선고형의 하한이 3년을 초과하게 되어 법률상 감경사유가 없는 한 실형을 선고할 수밖에 없다. 이에 대하여 헌법재판소는, 법관의 양형판단재량권 특히 집행유예 여부에 관한 재량권은 제한될 수 없는 성질의 것이 아니므로, 강도상해죄를 범한 사람에 대하여 법률상 감경사유가 없는 한 집행유예의 선고가 불가능하도록 한 것이 사법권의 독립 및 법관의 양형판단재량권을 침해 내지 박탈하는 것으로서 헌법에 위반된다고 볼 수 없다고 판단한 바 있다.[3] 학계에서는, 집행유예를 선고할 수 있는 자유형 형기의 상한이 3년인 것에 대하여, 그 형기의 상한이 2년인 독일(독형 § 56①, ②)[4], 오스트리아나 18개월 이하인 스위스와 비교하였을 때 범위가 더 넓

3

4

---

1 주석형법〔각칙(2)〕(3판), 524-525(이주원).

2 대판 1989. 11. 28, 89도780(피고인에 대하여 징역 1년 6월의 형을 선고하면서 정상에 참작할 사유가 있다 하여 본조에 따라 그 형의 집행을 유예한 조치는 정당하다고 한 사례).

3 헌재 2001. 4. 26, 99헌바43.

4 독일형법 제56조(집행유예) ① 1년 이하의 자유형을 선고함에 있어 형의 선고 자체로 행위자에게 이미 위하의 목적을 달성하고 형 집행을 하지 않더라도 장래 행위자가 더 이상 범죄를 범하

어 형사정책적으로 더 선진화된 제도라고 평가하는 견해가 있는가 하면,[5] 단기 자유형의 폐해를 방지하고자 하는 집행유예제도의 취지에 비추어 너무 과도하므로 독일형법과 같이 그 상한을 2년 정도로 조정하는 것이 바람직하다는 견해[6]도 있다.

5   미결구금일수가 본형기간을 이미 초과한 경우에도 본형의 집행을 유예할 수 있는지 여부에 관하여, 대법원은 미결구금이 곧 형의 집행인 것은 아니므로 미결구금기간이 징역 또는 금고의 본형기간을 초과한다고 하여도 본형의 '집행'을 유예하는 데에는 아무런 지장이 없다고 한다.[7]

(3) 벌금형의 상한

6   2016년 1월 6일 개정 전 형법은 집행유예를 선고할 수 있는 선고형에 벌금형을 포함하고 있지 않았다. 벌금형의 집행유예제도의 도입 여부에 대하여는 찬·반론이 대립되어 왔다. 벌금형 집행유예제도의 도입을 반대하는 입장에서는, 벌금형에는 단기자유형의 폐해가 있다고 할 수 없고, 벌금형을 집행유예하면 형벌의 효과가 미미해지며, 벌금형의 경우 논의되는 경제적 불평등의 문제나 노역장유치에 따른 단기자유형의 문제는 벌금형의 연납·분납 제도, 벌금형 선고유예제도를 활성화하거나, 사회봉사명령으로 노역장유치 집행을 대신하는 등으로 해결할 수 있다는 등의 근거를 들어왔다. 반면, 벌금형 집행유예제도의 도입을 찬성하는 입장에서는, 벌금형 집행유예제도의 도입으로 범죄자의 경제력에 따른 형벌효과의 불평등을 해소할 수 있고, 노역장유치 시 단기자유형의 폐해가 발생하게 되는 것은 자유형의 경우와 동일하며, 경제력을 이유로 벌금형을 미납하는 경우 대체자유형을 집행당하는 사람이 자유형의 집행유예를 선고받은 사람보다 불리한 상황에 처할 수 있다는 점 등을 근거로 제시하여 왔

지 않을 것으로 기대되는 경우에 법원은 보호관찰을 조건으로 형의 집행을 유예한다. 이 경우 특히 형의 선고를 받은 자의 인격, 전력, 범죄 상황, 범행 후 태도, 생활태도 및 집행유예를 통해서 행위자에게 기대될 수 있는 효과 등이 고려되어야 한다.
② 법원은 범죄행위 및 형의 선고를 받는 자의 인격에 대한 종합적인 평가에 의하여 특별한 상황이 존재하는 경우에는 제1항의 조건하에서 2년 이하의 자유형의 집행에 대하여도 보호관찰을 조건으로 형의 집행을 유예할 수 있다. 그 결정에 있어 특히 범죄행위로 발생한 손해를 원상회복하기 위한 형의 선고를 받은 자의 노력도 고려되어야 한다.
5 김일수·서보학, 새로쓴 헌법총론(12판), 598.
6 손동권·김재윤, 새로운 형법총론, § 39/18.
7 대판 2008. 2. 29, 2007도9137.

다.[8]

　그런데 2016년 1월 6일 형법 개정으로 인하여 500만 원 이하의 벌금형을 　7
선고하는 경우에는 집행유예를 선고할 수 있게 되었다. 국회는 벌금형 집행유예
제도의 도입 이유에 대하여, "징역형에 대해 인정되는 집행유예가 징역형보다
상대적으로 가벼운 형벌인 벌금형에는 인정되지 않아 합리적이지 않다는 비판
이 제기되어 왔고, 벌금 납부능력이 부족한 서민의 경우 벌금형을 선고받아 벌
금을 납부하지 못할 시 노역장유치되는 것을 우려하여 징역형의 집행유예 판결
을 구하는 예가 빈번히 나타나는 등 형벌의 부조화 현상을 방지하고 서민의 경
제적 어려움을 덜어주기 위해 벌금형에 대한 집행유예를 도입할 필요가 있다.
다만, 고액 벌금형의 집행유예를 인정하는 것에 대한 비판적인 법 감정이 있는
점 등을 고려하여 500만 원 이하의 벌금형을 선고하는 경우에만 집행유예를 선
고할 수 있도록 규정하며, 아울러 벌금형을 선고받은 사실을 일정한 결격사유로
정하고 있는 법률이 다수 존재하고 벌금형의 집행유예가 도입됨에 따라 그러한
법률 역시도 정비가 필요한 점을 고려하여 공포 후 2년이 경과한 후에 시행하
도록 한다."[9]고 밝히고 있다.

　개정 형법은 집행유예 선고가 가능한 벌금형 상한을 500만 원으로 정하였 　8
으나, 이에 대하여는, 노역장 유치기간과 집행유예 선고가 가능한 자유형 형기
를 비교하여 볼 때 그 상한을 좀더 올릴 필요가 있다는 견해, 징역형의 집행유
예 상한선을 고려하였을 때 형벌의 부조화, 불균형 문제가 발생한다는 견해[10]
등 벌금형 상한을 좀더 증액하여야 한다는 비판이 제기되고 있다.

　한편, 벌금형에 대한 집행유예제도가 도입되면서,[11] 현재 실무상 벌금형 중 　9
상당한 비율이 약식명령으로 선고되고 있다는 점에서 벌금형의 집행유예를 약
식명령으로도 선고할 수 있어야 할 필요성이 대두된 한편, 현행 형사소송법에

---

8 하태훈·서보학·윤동호, 벌금형 집행유예 도입이 형사사법절차에 미칠 영향과 재판절차상 개선
　방안에 관한 연구, 고려대학교 산학협력단, 법원행정처(2017), 4.
9 국회 법제사법위원회, 형법 일부개정법률안(대안)(2015. 12), 제안이유.
10 배종대, 형법총론(18판), §189/3; 정영일, 형법강의 총론(2판), 388.
11 2023년 제1심 형사공판사건 중 판결(결정 포함)이 선고된 사건 중 벌금형에 대한 집행유예 선고
　는 구속의 경우 21,062명 중 3명에 불과하고, 불구속의 경우 209,133명 중 2,064명(1%)이다[법
　원행정처, 2024 사법연감, 771 (표 106) 형사공판사건 처리결과(제1심)].

따르면 형의 유예 선고는 판결로만 가능하다는 점에서 해석론상으로는 약식명령으로 벌금형의 집행유예를 선고할 수 있다고 단정지을 수 없어, 결국 벌금형의 집행유예 선고가 약식명령으로도 가능하도록 형사소송법 제448조 제2항을 개정할 필요가 있다는 주장이 있다.[12]

2. 소극적 요건 – 금고 이상의 형을 선고한 판결이 확정된 때부터 그 집행을 종료하거나 면제된 후 3년 이내에 범한 죄에 대하여 형을 선고하는 경우가 아닐 것

10   이는 집행유예의 소극적 요건 또는 결격사유에 해당한다(§62① 단서[13]). 2005년 7월 29일 개정 전 형법은 집행유예의 소극적 요건을 '금고 이상의 형의 선고를 받아 집행을 종료한 후 또는 집행이 면제된 후로부터 5년을 경과하지 않은 경우가 아닐 것'이라고 규정하고 있었다. 이러한 개정 전 요건에 대하여는, 판결을 선고하고자 하는 후범(後犯)의 범행시점은 고려하지 않고 선고 당시에 전범 전과의 형 집행 종료 또는 면제일로부터 일정기간이 경과하였는지 여부만을 요건으로 함으로써 이미 선고받은 범죄보다 선행하는 범죄에 대하여 집행유예를 할 수 없다는 점에서 집행유예제도의 취지와 상충된다는 비판이 있었다. 또한 재범 후 조기에 체포되어 재판을 받는 사람과 많은 시간이 경과된 후에 체포되어 재판을 받는 사람 사이의 형평성 문제가 제기되고, 집행유예 결격을 피하기 위하여 도피하거나 고의로 재판을 지연시키는 폐해 등이 발생한다는 문제점도 있었다.[14] 이에 개정 형법은 결격사유 요건을 축소하는 한편 보다 명확히 하여, 범행이 이루어진 시기를 기준으로 삼아 전범(前犯) 전과 판결이 확정된 때부

---

12 윤동호, "새로이 도입된 벌금형집행유예제도의 시행상 문제점과 개선안", 형사정책 28-2, 한국형사정책학회(2016), 67-69.

13 헌법재판소는 집행유예 결격조항에 대하여, ① 이는 재범자를 초범자에 비하여 엄하게 처벌하는 것이 재범방지의 한 방법이 된다는 판단하에 초범자나 과거의 범죄일로부터 상당한 기간이 지날 때까지 재범을 하지 아니한 사람에 한하여 집행유예를 할 수 있게 규정한 것으로서 그 내용이 합리적이므로 헌법 제11조 제1항의 평등원칙에 위반되지 않고, ② 금고 이상의 형이 확정된 전과를 피고인이 그 이후에 행한 범죄에 관한 형을 가중시키는 요소로 작용시키는 것이 아니라, 단지 후에 행한 범죄에 대한 형의 집행을 유예하지 못하는 요소로 작용시킬 뿐이므로, 피고인이 후에 행한 범죄와 관련한 책임주의를 위반하였다고 할 수도 없다는 이유로, 합헌결정을 하였다 (헌재 2019. 2. 28, 2018헌바8; 헌재 2021. 9. 30, 2020헌바62).

14 김성돈, 형법총론(5판), 825.

터 형 집행 종료 또는 면제일 후 일정기간 안에 범행이 이루어졌는지 여부를 요
건으로 함과 동시에 그 기간 요건을 3년으로 단축하였다. 결격기간을 5년에서
3년으로 단축한 것은 범죄인의 재사회화를 위한 집행유예제도의 활성화를 촉진
하기 위한 입법자의 의지로 해석되고 있다.[15]

개정 형법 부칙은 법 개정 이전에 행하여진 범죄에 대하여도 신법을 적용   11
하되, 다만 종전의 규정을 적용하는 것이 행위자에게 유리한 경우에는 구법을
적용한다고 규정하고 있다. 따라서 개정 전 형법 시행 중 범한 범죄에 대하여
형을 선고함에 있어, 종전의 형법을 적용하면 판결 선고 시에 형의 집행을 종료
한 후 이미 5년이 경과되어 집행유예 결격사유에 해당하지 아니하지만, 현행 형
법을 적용하면 형의 집행을 종료한 후 3년까지의 기간 중에 범한 죄이어서 집
행유예 결격사유에 해당하는 경우에는, 개정 전 형법을 적용하는 것이 피고인에
게 유리하므로 그 법률을 적용하여야 한다.[16]

(1) 금고 이상의 형을 선고한 판결의 확정

(가) 집행유예의 결격사유의 기준이 되는 판결은 '금고 이상의 형을 선고한   12
판결'이다. 금고 이상의 형은 금고형, 징역형, 사형을 의미한다. 형종이 금고 이
상이면 모두 집행유예의 결격사유가 되고 형기는 문제되지 않는다. 자격상실,
자격정지 등 금고형보다 가벼운 전과는 집행유예 선고에 장애가 되지 않는다.

(나) 금고 이상의 형의 선고가 있어야 하므로 형의 선고를 유예하는 판결이   13
확정되어 선고유예기간 중에 있는 피고인에 대하여는 집행유예를 선고할 수 있
다. 형 면제판결이 선고, 확정된 경우에도 형의 선고가 있었던 것이 아니므로
집행유예를 선고할 수 있다.

형을 선고한 판결이 확정되어야 하므로 금고 이상의 형을 선고받았다고 하   14
더라도 그 판결이 확정되지 않고 있는 동안에 범한 죄에 대하여는 다시 집행유
예를 선고할 수 있다.

(2) 집행유예기간 중에 범한 범죄에 대한 재차 집행유예 여부

'금고 이상의 형'에 집행이 유예된 형도 포함되는지, 즉 집행유예기간 중에   15
저지른 범죄에 대하여 다시 집행유예를 선고할 수 있는지에 대하여는 견해가

---

15 배종대, §189/5; 신동운, 형법총론(11판), 871.
16 대판 2008. 3. 27, 2007도7874.

대립하고 있다.

16　　① '금고 이상의 형'은 실형만을 의미하므로 집행유예기간 중의 범행에 대하여 집행유예기간 중이더라도 집행유예가 가능하다는 견해[17]는 그 논거로, ⓐ 죄형법정주의의 원칙상 형법규정은 엄격히 해석하여야 하고 의심스러울 때는 피고인에게 유리하게 해석하여야 하며, ⓑ '집행을 종료하거나 면제한 후'라는 문언에서 집행 종료 또는 집행 면제는 실형을 선고받아 현실적으로 집행절차를 거쳤음을 전제로 하는 개념이므로 본조 제1항 단서의 '금고 이상의 형'은 실형만을 의미한다고 봄이 상당하고, ⓒ 개정 형법 제63조는 집행유예의 실효요건으로 집행유예기간 중에 금고 이상의 '실형'을 선고받아 확정된 때를 규정하고 있는데, 이는 집행유예기간 중의 집행유예가 가능함을 전제로 실형을 선고받은 경우에만 집행유예가 실효됨을 의미하며, ⓓ 집행유예제도 본래의 취지가 자유형의 기계적인 집행으로 인한 폐단을 방지하고 특별예방의 형벌목적을 달성하려는 형사정책상의 고려에 있다면, 이를 실현하기 위해서라도 재차의 집행유예를 허용하여 법관의 양형의 재량범위를 확대하는 것이 타당하다는 점 등을 들고 있다. 현재 학계의 입장을 보면, 집행유예기간 중 범죄에 대하여도 다시 집행유예를 선고할 수 있다는 견해가 다수설인 것으로 보인다.

17　　반면에, ② 집행유예기간 중 범한 죄에 대하여는 집행유예를 다시 선고할 수 없다는 견해[18]는, ⓐ 종전 대법원 판례의 입장에 의하면 '금고 이상의 형'에는 집행유예가 당연히 포함되는 것으로 해석되는데, 이를 전제로 형법이 개정되었다고 보는 것이 타당하고, ⓑ 제63조는 '금고 이상의 실형'이라고 규정하는데 반하여 본조는 '금고 이상의 형'으로 규정하고 있어 양자가 명백히 구별되며, ③ 집행유예를 선고받은 사람이라도 중간에 집행유예가 취소되거나 실효되면 실형의 집행이 있을 것이고, 이 경우에는 본조 제1항 단서가 그대로 적용될 수 있어 그 '집행을 종료하거나 면제된 후'라는 문언이 반드시 금고 이상의 '실형'과 논리필연적으로 연결된다고는 볼 수 없고, ④ 실형선고를 받은 사람은 형 집행을 종료하고도 3년까지 집행유예 결격자가 되는데, 형 집행 문제가 해결되지도 않은

---

17 김성돈, 824-825; 김신규, 형법총론 강의, 575; 김일수·서보학, 600-601; 배종대, § 189/12; 신동운, 874-875; 정성근·박광민, 형법총론(전정2판), 722-723; 정웅석·최창호, 형법총론, 101.

18 성낙현, 형법총론(3판), 789; 손동권·김재윤, § 39/23; 정영일, 389.

집행유예기간 중에 있는 사람을 전자보다 우월하게 대우하는 것은 정의 및 일반예방의 형벌목적에 어긋난다는 점 등을 논거로 들고 있다.

판례는 형법 개정 후에도 형의 집행유예를 선고받고 그 유예기간이 경과하지 않은 경우에는 다시 집행유예를 선고할 수 없다는 입장을 취하고 있다(위 ②의 견해).[19] 아래와 같이 개정 전 형법에 대하여 취하고 있던 입장과 같은 해석이다.

형법이 개정되기 전 판례는 집행유예기간 중에는 새로 재판할 사건의 범죄행위와 먼저 집행유예 선고를 받은 범죄사실의 전후 관계와 무관하게 언제나 다시 집행유예를 선고할 수 없다는 입장[20]을 취하였다가, 원칙적으로는 형의 선고 시를 기준으로 집행유예기간 중에 다시 집행유예를 선고할 수는 없다고 하면서도,[21] 전원합의체 판결로써, 제37조 후단 경합범 관계에 있는 수죄가 전후로 기소되어 각각 별개의 절차에서 재판을 받게 된 결과 어느 하나의 사건에서 먼저 집행유예가 선고되어 그 형이 확정된 경우로서, 같은 절차에서 동시에 재판을 받았더라면 한꺼번에 집행유예의 선고를 받았으리라고 여겨지는 특수한 경우에는, 집행유예를 다시 선고할 수 있다는 입장(여죄설이라고도 함)[22]을 취하였다.[23]

다만, 범행이 이루어진 시기를 기준으로 집행유예 결격사유에 해당하는지를 정하도록 형법이 개정됨에 따라 개정 후 형법이 적용되는 사안에서는 위와 같은 제한적 해석은 필요 없게 되었고, 법률 규정 자체에 의해 위와 같은 경우는 집행유예 결격사유에 해당하지 않게 된다. 뒤에서 보듯이 집행유예기간 중에 범한 범죄라고 할지라도 집행유예가 실효 또는 취소됨이 없이 유예기간이 경과한 경우에는 형의 선고가 효력을 잃기 때문에 이에 대해서는 다시 집행유예의 선고가 가능

18

19

20

---

19 대판 2007. 2. 8, 2006도6196.

20 대판 1989. 9. 12, 87도2365(전)에 의하여 폐기된 판결로는 대판 1968. 7. 2, 68도720; 대판 1969. 6. 10, 69도669; 대판 1969. 10. 28, 68오26; 대판 1984. 6. 26, 83도2198; 대판 1989. 4. 11, 88도1155.

21 대판 1990. 11. 23, 90도1803.

22 대판 1989. 9. 12, 87도2365(전). 본 판결 해설과 평석은 박성철, "집행유예기간 중에 다시 집행유예을 선고할 수 있는 경우", 해설 12, 법원도서관(1990), 567-580; 백원기. "집행유예기간중 발각된 범죄에 대한 집행유예선고의 가능 여부", 형사판례연구 〔7〕, 한국형사판례연구회, 박영사(1999), 194-205.

23 같은 취지로는 대판 1989. 10. 10, 88도824; 대판 1991. 5. 10, 91도473; 대판 1992. 8. 14, 92도1246; 대판 2002. 2. 22, 2001도5891.

하므로,[24] 결국 판례에 따르면, 집행유예기간 중에 범한 죄에 대하여 형을 선고할
때 본조 제1항 단서 소정의 요건에 해당하는 경우란, 이미 집행유예가 실효 또는
취소된 경우와 그 선고 시점에 미처 유예기간이 경과하지 아니하여 형 선고의 효
력이 실효되지 아니한 채로 남아 있는 경우를 의미하게 된다.[25]

21   집행유예기간 중의 범죄에 대하여 다시 집행유예를 선고할 수 있도록 하여
야 하는지에 관한 입법론적 주장으로는, ① 집행유예기간 중의 범죄에 대하여
도 재차 집행유예 판결이 가능하도록 명확히 규정하여야 한다는 견해,[26] ② 해
석론적으로는 집행유예기간 중의 범죄에 대한 집행유예 선고는 어려우나 입법
론적으로는 이를 허용하는 것이 타당하다는 견해,[27] ③ 다시 범한 범죄가 자유
형 1년 이하에 해당하는 정도의 경미범죄인 경우 1차에 한하여 재차 집행유예
를 인정하는 정도의 입법론은 바람직하다는 견해[28] 등이 있다. 정부의 1992년
형법 일부개정법률안[29]이나 2011년 형법(총칙) 일부개정법률안[30]도 모두 1회에
한하여 정상을 참작하여 집행유예기간 중에 다시 집행유예를 할 수 있다는 조
문을 두고 있었다.

22   외국 입법례를 보면, 독일과 오스트리아 형법은 자유형을 선고받은 전과를
특별히 집행유예의 결격사유로 규정하고 있지 않다. 일본형법은 집행유예의 판
결을 선고받은 자가 1년 이하의 징역이나 금고의 형을 선고받고 정상에 특히
참작하여야 할 사유가 있는 때에는 다시 집행유예를 하는 것을 허용하고 있고
(일형§25②), 스위스형법은 행위 이전 5년 이내에 6월 이상의 자유형 또는 환형
유치 180일 이상의 벌금형을 선고받았을 때에는 특별히 유리한 상황이 존재하
였을 때에만 집행유예를 할 수 있다고 규정하고 있다(스위스형법§42②).

---

24 대판 2007. 7. 27, 2007도768.
25 대판 2007. 7. 27, 2007도768.
26 김성돈, 825; 김일수·서보학 601; 임웅, 형법총론(10정판), 694.
27 이재상·장영민·강동범, 형법총론(12판), §43/9.
28 손동권·김재윤, §39/24.
29 안 제62조(집행유예의 요건) ② 형의 집행유예를 받은 자에게 유예기간중에 범한 죄로 1년 이하
   의 징역이나 금고의 형을 선고하는 경우에 특히 정상에 참작할 만한 사유가 있는 때에는 1회에
   한하여 다시 그 형의 집행을 유예할 수 있다.
30 안 제58조(집행유예의 요건) ② 형의 집행유예를 받은 자에게 유예기간 중에 범한 죄로 1년 이
   하의 징역형을 선고하는 경우에 특히 정상에 참작할 만한 사유가 있을 때에는 한 차례에 한정하
   여 다시 형의 집행을 유예할 수 있다.

(3) 형 선고의 효력이 상실된 경우

금고 이상의 형을 선고받아 확정되었다고 하더라도 '형의 선고' 자체가 효   23
력을 상실한 경우에는 '금고 이상의 형을 선고'한 경우에 해당하지 않게 된다.
금고 이상의 형에 대한 집행유예를 선고받았지만 집행유예가 실효 또는 취소됨
이 없이 집행유예기간을 도과한 경우, 일반사면을 받은 경우, 특별사면으로 형
의 선고가 실효된 경우가 이에 해당한다.[31] 판례는 집행유예가 실효 또는 취소
됨이 없이 유예기간을 경과한 때에는, 형의 선고가 이미 그 효력을 잃게 되어
'금고 이상의 형을 선고'한 경우에 해당한다고 보기 어려울 뿐 아니라, 집행의
가능성이 더 이상 존재하지 아니하여 집행종료나 집행면제의 개념도 상정하기
어려우므로 본조 제1항 단서 소정의 요건에 해당하지 않는다고 할 것이어서, 집
행유예기간 중에 범한 범죄라고 할지라도 집행유예가 실효되거나 취소됨이 없
이 그 유예기간이 경과한 경우에는 그 범죄에 대해 집행유예의 선고가 가능하
다고 판시하고 있다.[32]

(4) 외국 판결의 경우

외국 법원에서 금고 이상의 형을 선고한 판결은 원칙적으로 집행유예의 결   24
격사유가 될 수 없으나, 외국 법원에서 금고 이상의 형을 선고받은 내국인이 국
제수형자이송법에 따라 국내에서 형의 집행을 받게 된 경우에는 외국판결도 국
내 판결과 동일한 효력이 있으므로(동법 § 15) 집행유예의 결격사유가 된다고 보
아야 할 것이다.[33]

(5) 집행의 종료 · 면제

(가) 형 집행의 종료라 함은 선고된 형의 집행을 받아 형기가 만료된 것을   25
말한다. 만기출소의 경우 형집행종료일은 출소 당일이다. 가석방이 된 경우에는
유기형에 있어서는 잔형기를 경과한 때 형의 집행을 종료한 것이 되고, 무기형

---

31 대판 2007. 2. 8, 2006도6196; 대판 2007. 6. 29, 2006도4852; 대판 2007. 7. 27, 2007도768.
32 대판 2007. 2. 8, 2006도6196. 본 판결 평석과 해설은 신동운, "집행유예기간 중의 집행유예 허
   용 여부 문제", 죄형법정원칙과 법원 I, 박영사(2023), 280-291; 최동렬, "형법 제62조 제1항 단
   서의 "금고 이상의 형을 선고한 판결"에 집행유예를 선고한 판결이 포함되는지 여부 및 집행유
   예 기간 중 재범한 피고인에 대하여 형을 선고할 때에 집행유예 기간이 이미 도과한 경우 재차
   집행유예의 선고가 가능한지 여부", 해설 70, 법원도서관(2007), 162-178.
33 주석형법 〔총칙(2)〕(2판), 596(윤남근).

에 있어서는 10년이 경과한 때 형의 집행을 종료한 것이 된다(§ 76①). 소년이 가석방된 경우에는 그 다음날부터 기산하여 잔형기(부정기형인 때에는 장기형의 잔형기)와 가석방 전에 집행을 받은 기간 중 짧은 기간이 만료하는 때에 형의 집행을 종료한 것으로 간주된다(소년 § 66).

26 　　(나) 형 집행의 면제라 함은 확정된 판결의 집행력이 소멸되어 형의 집행이 면제되는 것을 말한다. 형의 선고 후 집행이 면제되는 것을 의미하므로 처음부터 형 면제의 선고를 하는 형면제 판결과는 구별된다.

27 　　형의 집행이 면제되는 것은 재판 확정 후 법률의 변경에 의하여 그 행위가 범죄를 구성하지 않게 되어 형의 집행을 면제하는 경우(§ 1③), 형의 시효가 완성되어 형의 집행이 면제된 경우(§ 77), 특별사면으로 형의 집행이 면제된 경우(사면 § 5① 본문)를 의미한다. 위와 같은 집행면제 사유가 발생하면 별도의 판결 없이 당연히 그 효력이 발생한다.

(6) 판결 확정 시부터 집행의 종료·면제 후 3년 이내에 범한 죄가 아닐 것

28 　　(가) 금고 이상의 형을 선고받은 범죄와 제37조 후단 경합범 관계에 있는 범죄에 관하여는 이미 선고받은 형이 실형이라 하더라도 금고 이상의 형을 선고한 판결이 확정된 이후 범한 죄가 아니므로 집행유예를 선고할 수 있다. 다만, 범죄의 실행행위가 금고 이상의 형을 선고한 판결의 확정 전후에 걸쳐 있는 때에는 제37조 후단 경합범이 아니므로 집행유예가 허용되지 않는다.

29 　　형의 집행을 종료한다는 것은 형기 만료를 의미하므로 3년의 기간은 형기 종료일의 익일부터 기산한다. 형의 집행이 면제된 경우 3년의 기간을 계산함에 있어서는, 형 집행 면제가 법률의 변경으로 인한 것인 때에는 당해 법률의 효력이 발생한 날부터, 특별사면으로 인한 것인 때에는 석방일부터, 시효완성으로 인한 것인 때에는 시효완성일 다음날부터 기산함이 상당하다.[34]

30 　　(나) 살인, 강도, 강간, 약취유인 등 특정강력범죄의 처벌에 관한 특례법 제2조 소정의 특정강력범죄를 범하여 그 형의 집행을 종료하거나 면제받은 후 10년 이내에 다시 특정강력범죄를 범한 자에 대하여는 집행유예를 선고할 수 없다(특강 § 5). 특별법에 의하여 집행유예 결격기간이 10년으로 연장된 것인데, 위

---

34 주석형법 [총칙(2)](2판), 598(윤남근).

규정에 대하여는 결격기간이 너무 길다는 입법론적 비판[35]이 있다.

(다) 위 결격기간에 죄를 범한 경우에는 개정 전 형법과 달리 선고시점이　　31
언제가 되든지 무관하게 집행유예를 선고할 수 없다.

3. 정상에 참작할 만한 사유가 있을 것

(1) 본조 제1항은 "제51조의 사항을 참작하여 정상에 참작할 만한 사유가　　32
있는 때"라고 규정하고 있다. 제51조는 ① 범인의 연령, 성행, 지능과 환경, ②
피해자에 대한 관계, ③ 범행의 동기, 수단과 결과, ④ 범행 후의 정황 등을 양
형의 조건으로 규정하고 있다.

집행유예의 기준이 되는 정상에 대한 판단은 사실심 법원의 재량사항에 속　　33
한다. 사실심 법원은 전체적이고 종합적인 관점에서 양형조건을 모두 고려하여
그 집행을 유예하고 형을 선고하는 것만으로도 피고인에 대하여 충분한 경고가
이루어져 장래 재범을 하지 않을 것으로 인정할 수 있는지를 판단하여야 한다.[36]
그 판단기준 시기는 판결 선고 시이다. '뉘우치는 정상이 뚜렷할 때'라는 선고유
예 요건 규정과 마찬가지로 '정상에 참작할 만한 사유가 있을 때'라는 요건에 대
하여 그 판단기준이 불명확하므로 입법론적으로 '재범의 위험성이 없을 때'로
개정하는 것이 바람직하다는 견해가 제시되기도 한다.[37]

형사소송법 제361조 제5항은 양형부당을 항소이유로 규정하고 있으므로 제　　34
1심에서 한 집행유예 또는 실형의 선고가 과경 또는 과중하다는 사유는 항소심
의 심판대상이 될 수 있다. 그러나 형사소송법 제383조 제4호에 의하여 양형부
당을 이유로 한 상고는 사형, 무기 또는 10년 이상의 징역이나 금고가 선고된
사건에 한하여 허용되므로 집행유예 또는 실형 선고에 대한 양형부당 주장은
상고심의 심판대상이 될 수 없을 것이다.

(2) 집행유예의 기준이 되는 정상에 대한 판단은 법원의 재량에 맡겨져 있　　35
는데, 형의 집행이 유예되는 것은 사실상 형벌을 받지 않는 것이라는 사회적 인
식 등을 감안할 때 집행유예의 선고기준은 실제로 매우 중요한 의미를 가진다

---

35 김일수·서보학, 601.
36 김성돈, 823; 김일수·서보학, 598; 배종대, § 189/4; 이재상·장영민·강동범, § 43/7; 정성근·박
　　광민, 720; 정영일, 388.
37 오영근, 536.

고 할 수 있다. 2007년 1월 26일 법원조직법이 개정되어 2007년 4월 26일 출범
한 양형위원회가 2009년 5월 7일 최초로 제정한 이래 형사재판의 양형실무에
적용되고 있는 양형기준은 형종 및 형량기준과 별도로 집행유예 기준을 두고
있는데, 이와 같은 집행유예 양형기준은 집행유예에 관한 재량판단의 기준을 제
시함으로써 법관에 대한 판단지침을 제공해 줄 뿐만 아니라 피고인들에게도 부
과받은 형에 대한 타당한 근거를 제시할 수 있다는 점에서 큰 의미를 갖는다고
할 수 있다.[38] 집행유예 양형기준은 개별범죄유형별로 집행유예 결정과정에서
고려되어야 할 양형인자를 추출하고, 이를 주요긍정사유와 주요부정사유, 일반
긍정사유와 일반부정사유로 구분하였으며, 주요참작사유를 일반참작사유보다
중하게 고려하도록 하고, 실형 또는 집행유예에 대한 권고기준은 주요참작사유
에 대한 평가를 기초로 설정하고 있다.[39]

36   (3) 구체적 선고형량을 정할 때 고려한 양형인자를 형의 집행유예 여부를
결정할 때 다시 참작하더라도 동일한 양형인자의 이중평가금지의 원칙에 반하
지 않는다. 구체적 형량을 결정하는 관점과 기준이 형의 집행유예나 선고유예를
결정하는 관점, 기준과 일치하지 않기 때문이다.[40]

37   (4) 형의 집행을 유예할 양형인자에 관한 사실을 인정하는 데 있어서는 형
사소송법에 정해진 절차와 방식에 따라 증거조사한 엄격한 증거에 의할 것이
요구되지 않는다.

---

38 최석윤·이진국, "현행 양형기준상 집행유예기준의 개선방안", 형사법의 신동향 37호, 대검찰청
   (2012), 114.
39 양형위원회, 2024 양형기준 해설, Ⅳ. 집행유예 기준, 33-40 참조.
   ① 양형기준에 제시하고 있는 집행유예 기준은 단일범에 한하여 적용된다.
   ② 주요참작사유 가운데 긍정적 사유만 2개 이상 존재하거나 긍정적 사유와 부정적 사유의 개
      수를 비교하여 긍정적 사유가 2개 이상 더 많을 경우에는 집행유예를 권고한다.
   ③ 주요참작사유 가운데 부정적 사유만 2개 이상 존재하거나 긍정적 사유와 부정적 사유의 개
      수를 비교하여 부정적 사유가 2개 이상 더 많을 경우에는 실형을 권고한다.
   ④ 제시된 참작사유를 비교한 결과 집행유예 권고 또는 실형 권고에 해당하지만 일반참작사유
      가 다수 존재하는 경우에는 집행유예 참작사유를 종합적으로 비교평가하여 집행유예 여부를
      결정한다.
   ⑤ 제시된 참작사유를 비교한 결과 집행유예 권고 또는 실형 권고 어디에도 해당하지 않는 경우
      에도 집행유예 참작사유를 종합적으로 비교평가하여 집행유예 여부를 결정한다.
40 주석형법〔총칙(2)〕(2판), 605(윤남근).

〔조 원 경〕

4. 형의 일부에 대한 집행유예

(1) 본조 제2항은 형을 병과할 경우 그 형의 일부에 대하여 집행을 유예할 **38** 수 있다고 규정하고 있다. 따라서 제37조 전단 경합범 관계에 있는 수죄에 대하여 각 법정형의 형종이 서로 다른 경우 또는 법정형에서 서로 다른 형종을 선택하는 경우와 같이 형종이 다른 수개의 형을 선고하게 되는 경우에는, 그중 1개의 형에 대하여 집행유예를 선고할 수 있다. 1죄에 대하여 형법 또는 특별법에서 형을 필요적으로 병과하도록 규정하고 있는 경우에도 형종이 다른 수개의 형을 선고하게 되므로, 이 경우에도 그중 1개의 형에 대하여 집행유예를 선고할 수 있음은 물론이다. 형법 개정으로 인하여 500만 원 이하의 벌금형에 대하여 집행유예를 선고할 수 있게 되었으므로, 위와 같은 사안에서 징역형과 벌금형을 함께 선고하게 되면 징역형 또는 벌금형 중 1개의 형에 대해서만 집행유예를 선고할 수도 있다.

(2) 제37조 후단 경합범 관계에 있는 죄에 대하여는 제39조 제1항에 의하여 **39** 따로 형을 선고하여야 한다. 이 경우 하나의 판결로 두 개의 형을 선고하는 경우 그 두 개의 형은 각각 별개의 형이므로 본조 제1항에 정한 집행유예의 요건에 해당하면 그 각 형에 대하여 각각 집행유예를 선고할 수 있고, 그 두 개의 형 중 하나의 형에 대하여 실형을 선고하면서 다른 형에 대하여 집행유예를 선고하는 것도 우리 형법상 이러한 조치를 금하는 명문의 규정이 없는 이상 허용된다는 것이 판례이다.[41]

(3) 두 개의 형을 선고할 경우 일부에 대하여 집행을 유예하는 것에서 나아 **40** 가 단일형의 일부에 대하여 그 집행을 유예하는 것에 관하여는 이를 도입할 필요가 있는지에 관한 입법론적 논의가 있다.

먼저, ① 입법론적으로 단일형의 일부집행유예 도입을 검토하여야 한다는 **41** 견해[42]의 근거로는, ⓐ 제재수단을 다양화하여 탄력적 양형의 운용을 가능하게 함으로써 개별사건과 피고인의 특수성에 적합한 형벌을 선고할 수 있게 된다는 점, ⓑ 단기간의 구금을 통해 집행유예는 사실상 무죄라는 인식으로 인

---

41 대판 2001. 10. 12, 2001도3579.
42 김성돈, 825-826.

하여 약화된 법질서의 위하력과 일반예방효과를 강화할 수 있다는 점, ⓒ 중
장기형에 해당하는 범죄에 대한 집행유예의 확대로 중장기형의 집행을 축소할
필요가 있다는 점 등을 들 수 있다. 다만, 이 경우에도 제도의 도입이 단기자
유형의 확대로 이어지지 않도록 하는 방안이 동시에 마련되어야 함이 지적되
고 있다.[43]

42   반대로, ② 단일형의 일부집행유예 도입을 반대하는 견해는 그 근거로, ⓐ
형의 일부에 대하여 실형을 선고하는 것은 단기자유형의 폐해를 초래하게 되고
교도소 내 하위문화 접촉을 방지하고 본인의 책임 아래 규범합치적 생활능력을
향상시킨다는 집행유예제도의 근본 취지에 반한다는 점,[44] ⓑ 양형 불균형이
심화되고 양형의 예측가능성이 없어져 법적 안정성이 저해될 수 있다는 점, ⓒ
범죄 오염, 사회관계 단절 등의 폐해를 가진 단기자유형의 집행이 양산될 수
있다는 점, ⓓ 가석방제도와 중복되어 굳이 도입할 필요가 없다는 점 등을 들
고 있다.

43   외국의 입법례를 보면 독일형법은 명시적으로 형의 일부집행유예를 허용
하지 않고 있고(독형 § 56④), 프랑스형법은 단순 집행유예와 보호관찰부 집행유
예의 경우 일부집행유예를 허용하고 있다. 일본은 2013년 6월 13일 형법 개정
으로 형의 일부집행유예를 도입하였다. 즉, 전에 금고 이상의 형에 처해진 적
이 없는 사람 등 일정한 사람이 3년 이하의 징역 또는 금고의 선고를 받은 경
우에, 범정의 경중 및 범인의 상황 그 밖의 정황을 고려하여 다시 범죄를 저지
르는 것을 방지하기 위하여 필요하고, 또한 상당하다고 인정되는 때는 1년 이
상 5년 이하의 기간 그 형의 일부의 집행을 유예할 수 있도록 하였다(일형 § 27
의2①[45]).[46]

---

43 김성돈, 826.

44 김일수·서보학, 602.

45 일본형법 제27조의2(형의 일부의 집행유예) ① 다음에 게기한 자가 3년 이하의 징역 또는 금고
   의 선고를 받은 경우에 범죄의 경중 및 범인의 상황 그 밖의 정상을 고려하여 다시 범죄를 저지
   르는 것을 방지하기 위하여 필요하고, 또한 상당하다고 인정되는 때는 1년 이상 5년 이하의 기
   간 그 형의 일부의 집행을 유예할 수 있다.
   1. 전에 금고 이상의 형에 처해진 적이 없는 자
   2. 전에 금고 이상의 형에 처해진 적이 있더라도 그 집행을 종료한 날 또는 그 집행을 면제받
      은 날로부터 5년 이내에 금고 이상의 형에 처해진 적이 없는 자

46 일본의 일부집행유예에 대해서는 타츠야 오타/도중진 역, "일본에 있어서 '형의 일부집행유예'

입법론적 논의를 넘어 현행 형법의 해석만으로도 단일형의 일부에 대한 집 44
행유예가 가능한지에 대하여는, 명문의 규정상 해석론으로는 이를 인정하기 어
렵다는 견해가 대부분인 것으로 보인다.[47]

대법원 판례[48]도, 본조 제1항이 '형'의 집행을 유예할 수 있다라고만 규정하 45
고 있다 하더라도 이는 조문의 체계적 해석상 하나의 '형의 전부'에 대한 집행유
예에 관한 규정으로 보아야 하고, 하나의 자유형에 대한 일부집행유예에 관하여
는 그 요건, 효력 및 일부 실형에 대한 집행의 시기와 절차, 방법 등을 입법에
의해 명확하게 할 필요가 있으므로, 그 인정을 위해서는 별도의 근거 규정이 필
요하다는 이유에서, 현행 형법하에서 단일형의 일부에 대한 집행유예는 허용되
지 않는다는 입장이다.

Ⅲ. 집행유예의 선고

1. 선고의 방법

집행유예의 선고는 형의 선고와 동시에 하여야 하고(형소 §321②), 형을 선 46
고한 후 따로 집행유예를 선고하는 것은 허용되지 않는다.

형의 집행유예 판결을 선고할 경우 형벌로서의 효력은 약하게 느껴질 수밖 47
에 없으므로 법원으로서는 위하적 효력을 강화하기 위한 목적에서 집행을 유예
하는 선고형을 정함에 있어서 실형을 선고하는 경우보다 장기형을 선고하려 하
는 경향이 있을 수 있다. 그러나 형을 결정함에 있어서 모든 양형조건을 고려하
여 책임에 부합하는 형종과 형기를 정한 다음 그 선고형의 집행을 유예할 것인
지를 판단하는 절차를 거치게 되는 것이므로, 동일한 범행에 대하여 실형을 선
고할 경우보다 장기의 형을 선고할 타당한 이론적 근거가 없고, 더구나 집행유
예가 실효되거나 취소될 수 있다는 사정을 고려한다면 이와 같은 방법의 양형

제도의 의의와 과제", 피해자학연구 24-1, 한국피해자학회(2016), 76-90 참조.
47 김일수·서보학 601; 손동권·김재윤, §39/17; 오영근, 536, 537; 정영일, 390.
48 대판 2007. 2. 22, 2006도8555. 본 판결 해설은 박길성, "1개의 형을 선고하면서 그 형기의 일부
에 대해서는 실형을 선고하고 나머지 일부에 대해서만 집행유예를 선고하는 것이 가능한지 여부
(소극)", 해설 70, 법원도서관(2007), 665-693.

결정은 타당하지 않다 할 것이다.[49]

2. 집행유예의 기간

48   2년의 기간을 법정하고 있는 선고유예와 달리 집행유예의 기간은 1년 이상 5년 이하의 범위에서 법원이 재량으로 정할 수 있다. 재범 방지를 위한 심리강제 수단으로 형의 집행을 유예하는 제도의 취지상 실무상으로 집행유예기간은 선고형보다 장기로 선고되고 있다. 다만, 집행유예기간을 정할 때에는 범죄의 특성, 피고인의 사정 등을 고려하여 구체적 사안마다 재범 방지에 필요하다고 인정되는 기간을 정하여야 하고, 선고형에 기계적으로 비례하여 집행유예기간을 정하는 것은 바람직하지 않다 할 것이다.[50]

3. 집행유예기간의 기산일

49   형법에는 집행유예기간의 시기(始期)에 관한 명문의 규정이 없지만, 대법원 판례는 형사소송법 제459조가 "재판은 이 법률에 특별한 규정이 없으면 확정한 후에 집행한다."고 규정한 취지나 집행유예제도의 본질 등에 비추어 볼 때 집행유예를 함에 있어 그 집행유예기간의 시기는 집행유예를 선고한 판결 확정일로 하여야 한다고 본다. 법원이 판결 확정일 이후 시점을 임의로 집행유예기간의 시기로 선택할 수 없으므로, 제37조 후단 경합범에 관하여 징역형의 실형과 징역형의 집행유예를 함께 선고하면서 집행유예기간의 시기를 징역형 실형의 집행종료일로 임의로 정할 수는 없다고 하고 있고,[51] 재심절차에서 집행유예를 선고함에 있어 그 집행유예기간의 시기는 재심대상판결이 아닌 집행유예를 선고한 재심판결의 확정일이라고 한다.[52]

4. 집행유예 선고와 불이익변경금지

50   집행유예 판결 선고 시 불이익변경금지와 관련하여, ① 주형을 올리면서

---

49 주석형법 〔총칙(2)〕(2판), 607(윤남근).
50 주석형법 〔총칙(2)〕(2판), 608(윤남근).
51 대판 2002. 2. 26, 2000도4637.
52 대판 2019. 2. 28, 2018도13382.

실형을 집행유예로 변경하는 것,[53] ② 집행유예 판결의 주형을 낮추면서 실형을 선고하는 것,[54] ③ 주형을 유지하면서 집행유예기간을 증가하는 것,[55] ④ 실형을 집행유예하면서 벌금형을 추가하거나,[56] ⑤ 누락된 필요적 벌금형을 병과하는 것[57]은 모두 불이익변경금지의 원칙에 위배된다는 것이 판례이다. 따라서 ⑥ 재심대상사건에서 징역형의 집행유예를 선고하였는데 재심사건에서 원판결보다 형기를 단축하였지만 실형을 선고한 것은 불이익변경금지의 원칙에 위배된다.[58]

반면에 판례는, ① 징역형의 집행유예를 벌금형으로 변경하는 것,[59] ② 금고형의 실형을 같은 형기의 징역형의 집행유예로 변경하는 것,[60] ③ 형의 집행면제를 집행유예로 변경하는 것[61]은 불이익변경금지의 원칙에 반하지 않는다고 본다.

51

〔조 원 경〕

---

53 대판 1958. 8. 29, 4290형상57; 대판 1966. 12. 8, 66도1319(전); 대판 1977. 10. 11, 77도2713.
54 대판 1965. 12. 10, 65도826(전); 대판 1970. 3. 24, 70도33.
55 대판 1983. 10. 11, 83도2034.
56 대판 1970. 5. 26, 70도638; 대판 1981. 1. 27, 80도2977.
57 대판 2013. 12. 12, 2012도7198. 본 판결 해설은 우인성, "징역형의 형기를 유지한 채 집행유예하면서 누락된 필요적 벌금형을 병과한 경우 불이익변경금지원칙 위반인지 여부", 해설 98, 법원도서관(2014), 512-560.
58 대판 2016. 3. 24, 2016도1131.
59 대판 1966. 9. 27, 66도1026; 대판 1990. 9. 25, 90도1534.
60 대판 2013. 12. 12, 2013도6608. 본 판결 평석은 한승, "형기의 변경 없이 형의 종류를 중하게 바꾸어 집행유예를 선고하는 것이 불이익변경금지의 원칙에 위배되는지 여부", 고요한 정의의 울림: 신영철 대법관 퇴임기념 논문집, 사법발전재단(2015), 696-714.
61 대판 1963. 2. 14, 62도248; 대판 1985. 9. 24, 84도2972(전). 위 84도2972 전원합의체 판결 평석은 이기헌, "불이익변경금지의 내용", 형사판례연구 〔2〕, 한국형사판례연구회, 박영사(1993), 329-352.

제62조의2(보호관찰, 사회봉사·수강명령)

① 형의 집행을 유예하는 경우에는 보호관찰을 받을 것을 명하거나 사회봉사 또는 수강을 명할 수 있다.

② 제1항의 규정에 의한 보호관찰의 기간은 집행을 유예한 기간으로 한다. 다만, 법원은 유예기간의 범위내에서 보호관찰기간을 정할 수 있다.

③ 사회봉사명령 또는 수강명령은 집행유예기간내에 이를 집행한다.

[본조신설 1995. 12. 29.]

Ⅰ. 의 의

1. 개 념

1　　집행유예를 선고할 경우에는 보호관찰을 받을 것을 명하거나 사회봉사 또는 수강을 명할 수 있다(§62의2①).

2　　보호관찰은 죄를 지은 사람으로서 사회 내 처우가 필요하다고 인정되는 사람에게 보호관찰관의 지도를 받게 하면서 준수사항을 이행하도록 함으로써 재범을 방지하고 사회복귀를 촉진하고자 하는 제도이다.

3　　사회봉사명령은 유죄가 인정되는 성인 범죄자나 소년에게 자유형을 집행하는 대신 사회 내에서 생활하게 하면서 일정한 기간 내에 지정된 시간 동안 사회에 유용한 활동이나 급부를 제공하도록 의무지우는 제재를 말한다. 이 제도는 최근 여러 나라의 형사입법에서 새로운 형사정책프로그램으로서 자유형을 대체하는 독자적인 형벌의 일종(영국의 경우), 벌금 미납 시 대체형벌(독일의 경우) 또는 기소유예·선고유예·집행유예·가석방 등의 경우 부담부조건으로 부과되는

〔조 원 경〕

부수적 형사조치 등의 형식으로 활용되고 있다.[1]

　수강명령은 유죄판결을 받은 범인에게 자유형의 집행 대신에 일정시간 강의 또는 학습을 받도록 명하는 것을 말한다.　　　　　　　　　　　4

　보호관찰, 사회봉사·수강명령(이하, 보호관찰 등이라고도 한다.) 제도를 규율하는 기본법률로 보호관찰 등에 관한 법률(이하, 보호관찰법이라 한다.)이 제정되어 있다. 보호관찰법은 그 목적이 '죄를 지은 사람으로서 재범 방지를 위하여 보호관찰, 사회봉사, 수강 및 갱생보호 등 체계적인 사회 내 처우가 필요하다고 인정되는 사람을 지도하고 보살피며 도움으로써 건전한 사회 복귀를 촉진하고, 효율적인 범죄예방 활동을 전개함으로써 개인 및 공공의 복지를 증진함과 아울러 사회를 보호함'에 있다고 규정하고 있다(보호관찰 § 1).　　　　　　　　　　　5

2. 입법례 및 연혁

　(1) 현대적 의미의 보호관찰제도가 법제화된 것은 1878년 미국 메사추세츠 주에서이다. 선고유예와 보호관찰을 결합한 실정법이 제정됨으로써 보호관찰의 기초가 성립되었다 할 수 있다.　　　　　　　　　　　6

　현대적 형태의 사회봉사제도를 처음 실시한 나라는 영국이다. 사회봉사제도는 1972년 영국의 형사재판법(Criminal Justice Act)에 수용되어 1973년 1월 1일부터 독립된 형사제도로 시행되고 있고, 독일에서는 1924년 제국형법에서 벌금형 미납에 대한 환형처분의 대안으로서 처음 채택되었다가 1974년 형법시행법에 다시 규정되면서 각종 유예처분의 부가조건으로 수용되었다. 기소유예, 공판절차중지, 선고유예, 집행유예 등 각 단계에서 사회봉사명령을 할 수 있다는 것이 특색이다.[2]　　　　　　　　　　　7

　소년법에 규정된 수강명령제도의 모체는 영국의 Attendance Center Order라고 할 수 있다. 이는 비교적 비행성이 약한 21세 미만의 사람이 징역형을 선고할 수 있는 범죄를 범하여 유죄로 인정된 경우 징역형을 선고하지 않고 Attendance Center에 참석하여 강의, 훈련 또는 상담을 받도록 명하는 제도였다고 한다.[3]　　　　　　　　　　　8

1　김일수·서보학, 새로쓴 형법총론(13판), 604.

2　정성근·박광민, 형법총론(전정2판), 724.

3　정성근·박광민, 725-726.

9　　　　(2) 집행유예의 부수처분으로서 보호관찰 등에 관하여 보면, 독일형법은 집행유예를 선고할 경우 반드시 보호관찰을 붙이도록 규정하고 있다. 별도로 보호관찰기간을 정하고, 의무사항이나 준수사항의 내용을 정하며, 보호관찰관의 감독을 명할지 여부를 결정한다. 집행유예의 조건으로 치료명령(독형 § 56c③(i)), 피해회복명령(독형 § 56b①, ②(i)), 기금납부명령(독형 § 56b①(ii) 내지 (iv)), 가택구금 또는 외출제한명령(독형 § 56c③(ii))에 유사한 의무사항이나 준수사항을 부과할 수 있다. 프랑스형법은 보호관찰부 집행유예 및 사회봉사명령부 집행유예에 있어 치료명령(프형 § 132-45(iii)), 피해회복명령(프형 § 132-45(v)) 등 유사한 제도를 규정하고 있고, 일본형법은 보호관찰 외에는 별도의 사회 내 처우를 규정하고 있지 않다.

10　　　　(3) 우리나라의 보호관찰제도는 1963년 7월 31일 소년법의 개정에 의하여 소년범에 대한 보호처분으로 최초로 법제화되었다. 검찰에서는 비행청소년에 대한 선도조건부 기소유예처분의 조건으로 수강명령을 실시해 왔는데, 1988년 12월 31일 개정된 소년법에서 보호관찰처분을 받는 16세 이상의 소년에 대하여 사회봉사명령 또는 수강명령을 할 수 있도록 입법화하였으며, 1988년 보호관찰법(1988. 12. 31. 제정 법률 4059호. 1995. 1. 5. 법률 제4933호로 전부개정되면서 법률명이 「보호관찰등에관한법률」로 변경되었고, 2008. 12. 26. 법률 제9168호로 법률명이 「보호관찰 등에 관한 법률」로 변경됨)이 제정되어 1989년부터 시행되면서 실제로 소년범에게 보호관찰이 체계적으로 실시되게 되었고, 보호관찰과 결합하여 사회봉사명령과 수강명령을 부과할 수 있게 되었다. 1994년 1월 5일 제정된 성폭력범죄의처벌및피해자보호등에관한법률이 성폭력범죄자에 대한 보호관찰을 규정함으로써 보호관찰은 성인범에게까지 확대되었고, 1995년 12월 29일 모든 성인범에 대하여 보호관찰 및 사회봉사·수강을 명할 수 있도록 하는 형법개정안이 통과되어 1997년 1월 1일부터 시행되게 되었다.

11　　　　2009년 3월 25일 벌금 미납자의 사회봉사 집행에 관한 특례법이 제정되어 검사의 허가가 있으면 벌금 미납자에 대한 노역장유치를 사회봉사로 대신하여 집행할 수 있게 됨으로써 사회봉사제도는 우리 법제에서 부수적 형사조치 외에도 벌금 미납 시 대체형벌로서의 의미 또한 갖게 되었다.

12　　　　1995년 12월 29일 개정 형법이 집행유예의 조건으로 보호관찰 및 사회봉사명령·수강명령을 입법화한 것은 형벌 또는 보안처분과 비교하여 집행유예제도

472　　　　　　　　　　　　　　　　　　　　〔조 원 경〕

가 갖는 독자적인 의미를 한층 높인 조치라고 평가하는 견해가 있다.[4] 그리고 이러한 집행유예의 부수처분으로서 사회봉사명령·수강명령 외에도 원상회복명령, 치료명령, 집중보호관찰 등 다양한 사회 내 처우 프로그램을 도입할 필요가 있다는 주장[5]이 제기되기도 한다.[6]

3. 법적 성질

(1) 견해의 대립

보안처분은 행위자가 범한 불법에 대하여 책임에 근거하여 과하는 응보가 아니므로 형벌이라고 볼 수 없다. 그런데 집행유예·선고유예에 부수하는 보호관찰 등은 유죄판결의 일부로서 명하여지고, 특히 사회봉사명령은 단기자유형을 대체하는 사회 내 처우의 일종으로 이해된다는 점에서, 형법이 정하고 있는 집행유예의 부수처분으로서의 보호관찰과 사회봉사명령·수강명령의 법적 성질을 어떻게 볼 것인가에 관한 다양한 견해가 제시되고 있다. 즉 ① 현행법상의 모든 보호관찰은 형벌이 아닌 보안처분으로 보아야 한다는 견해,[7] ② 형법상 보호관찰 등과 같이 형벌을 보완하는 일체의 형사제재수단을 제3의 독자적 형사제재수단으로 이해하는 견해,[8] ③ 형법상 보호관찰은 특별예방을 지향하는 집행유예의 부수조치라는 견해,[9] ④ 형법상 보호관찰은 결국 유죄판결을 선고하면서 형벌에 결부되어 부과되는 것이므로 형벌집행의 변형으로 보는 것이 타당하다는 견해[10] 등이 제시되고 있다.

13

---

4 김일수, 서보학, 605.
5 김성돈, 형법총론(8판), 864; 손동권·김재윤, 새로운 형법총론, § 39/32.
6 2011년 정부 형법(총칙) 일부개정법률안은 집행유예의 조건으로 보호관찰, 사회봉사, 수강명령 외에 치료 또는 피해회복명령을 추가하고 있다(안 § 59①). ① 치료명령의 경우, 치료감호를 선고받을 정도에 이르지 않은 알코올중독자나 마약투여자에 대하여 외래통근 치료의 수단으로 재활을 돕도록 하기 위하여 추가하였고, ② 피해회복명령의 경우, 피해회복명령은 금전적 배상만이 아니라 정신적 위로 등 정신적 원상회복도 포함하는 개념으로 부작용이 없고, 피해회복명령으로 하여금 피해자 보호에 간접적으로 기여할 수 있도록 결과적 정의실현에 기회를 부여할 필요가 있으며, '회복적 사법'이라는 전세계적인 형사정책적 동향에도 발맞추어갈 필요가 있어 추가하였다[법무부, 형법(총칙)일부개정법률안 제안 이유서(2011. 4), 68].
7 박상기·전지연, 형법학(총론·각론)(5판), 384; 배종대, 형법총론(18판), § 196/16; 임웅·김성규·박성민, 형법총론(14정판), 712, 746; 정성근·박광민, 723.
8 손동권·김재윤, § 41/33; 정웅석·최창호, 형법총론, 103.
9 신동운, 형법총론(16판), 906.
10 김성돈, 863.

14   보호관찰 등의 법적 성질을 어떻게 보는가는 관련 법률이 개정되었을 경우 제1조 적용 여부 및 피고인이 상소한 사건에서 상소심 법원이 원심보다 피고인에게 불리하게 보호관찰 등 조건을 변경하는 경우 불이익변경금지 원칙에 위배되는지 여부에 대한 결론에 영향을 미칠 수 있다.

(2) 개정 법률의 소급효 여부

15   보호관찰 등에 관한 법령이 개정되어 행위시법과 재판시법이 다르게 된 경우 제1조가 적용되는지와 관련하여, ① 선고유예나 집행유예의 부수조치로서의 보호관찰에 대하여는 형벌에 준하는 성격을 인정하여 보호관찰을 도입한 신법의 소급효를 금지하여야 하는 반면, 가석방기간 또는 치료감호의 가종료나 만료 후에 가해지는 보호관찰은 보안처분의 성질을 가지므로 소급효금지의 원칙이 적용되지 않는다고 보아야 한다는 견해가 있다.[11] 또한, ② 보호관찰과 수강명령은 보안처분적 성격이 강한 반면 사회봉사명령은 일종의 강제노역으로서 단기자유형을 대체하는 사회 내 처우로 이해되고 있으므로 사회봉사명령에 한하여는 형벌과 유사하게 소급효금지의 원칙이 적용된다고 보아야 한다는 견해도 있다.[12]

16   대법원 판례는 본조에서 정한 보호관찰은 형벌이 아니라 보안처분의 성격을 갖는다고 판시하고, 이는 과거의 불법에 대한 책임에 기초하고 있는 제재가 아니라 장래의 위험성으로부터 행위자를 보호하고 사회를 방위하기 위한 합목적적인 조치이므로, 형법 개정 전의 행위에 대하여도 재판 시의 규정을 적용하여 보호관찰을 받을 것을 명할 수 있다는 입장을 취하고 있다.[13]

(3) 불이익변경금지 원칙의 위반 여부

17   불이익변경금지의 원칙과 관련하여서는, 보호관찰은 제41조가 규정하고 있는 형벌은 아니지만, 피고인만 상소한 사건에서 상소심 법원이 원심판결을 파기하면서 원심판결에 없는 보호관찰 등을 새로이 명하거나 보호관찰기간이나 사

---

11 신동운, 907.
12 주석형법 [총칙(2)](2판), 611(윤남근).
13 대판 1997. 6. 13, 97도703. 본 판결 평석은 김병운, "개정 형법 시행 이전에 죄를 범한 자에 대하여 개정 형법에 따른 보호관찰을 명할 수 있는지 여부", 형사재판의 제문제(3권), 박영사(2001), 25-33; 김태명, "보안처분의 소급효 문제 : 보안처분과 소급효금지의 원칙", 죄형법정원칙과 법원 Ⅰ, 박영사(2023), 71-85; 이재홍, "보호관찰과 형벌불소급의 원칙", 형사판례연구 〔7〕, 한국형사판례연구회, 박영사(1999), 18-37.

회봉사명령 · 수강명령의 시간을 연장하는 것은 불이익변경금지의 원칙에 위배되다고 보아야 한다는 견해가 있다.[14]

　　판례는 보호관찰과 사회봉사명령 · 수강명령을 달리 보는 입장을 취하고 있는 것으로 볼 수 있는데, 우선 ① 항소심이 제1심 판결에서 정한 형과 동일한 형을 선고하면서 보호관찰만을 붙인 경우에는 보호관찰은 형벌 그 자체가 아니라 보안처분의 성격을 가지는 것이므로 항소심의 형이 불이익하다고 볼 수 없다는 입장을 취하고 있다.[15] 그러나 ② 성폭력범죄의 처벌 등에 관한 특례법(이하, 성폭력처벌법이라 한다.)에 따라 병과하는 수강명령 또는 이수명령은 이른바 범죄인에 대한 사회 내 처우의 한 유형으로서 형벌 자체가 아니라 보안처분의 성격을 가지는 것이지만, 의무적 강의 수강 또는 성폭력 치료프로그램의 의무적 이수를 받도록 함으로써 실질적으로는 신체적 자유를 제한하는 것이 되므로, 원심이 제1심 판결에서 정한 형과 동일한 형을 선고하면서 새로 수강명령 또는 이수명령을 병과하는 것은 전체적 · 실질적으로 볼 때 피고인에게 불이익하게 변경한 것이므로 허용되지 않는다고 한다.[16]

18

14　주석형법〔총칙(2)〕(2판), 612(윤남근).

15　대판 2010. 2. 11, 2009도12967(권리행사방해죄의 피고인에게 징역 8월에 집행유예 2년과 80시간의 사회봉사명령 외에 보호관찰명령을 붙인 원심의 형이 제1심 판결이 선고한 형에 비하여 불이익하다고 볼 수 없다고 한 사례).

16　대판 2018. 10. 4, 2016도15961(피고인이 군인 신분에서 폭행, 모욕, 군인등강제추행, 군용물손괴, 특수폭행으로 기소되어 보통군사법원에서 진행된 제1심에서 징역 2년에 집행유예 3년의 유죄판결을 선고받고 위 판결에 대하여 피고인만이 항소하였는데, 항소심인 고등군사법원은 피고인이 예비역으로 전역하였음을 이유로 군용물손괴 부분을 제외한 나머지 공소사실을 원심으로 이송하면서, 군사법원법에 따라 여전히 신분적 재판권이 인정되는 군용물손괴 부분을 유죄로 인정하여 징역 1년에 집행유예 2년의 유죄판결을 선고하였고, 위 분리된 항소심 판결 확정 후 원심이 이송받은 공소사실 전부를 유죄로 인정하여 징역 1년에 집행유예 2년을 선고하면서 40시간의 성폭력 치료강의 수강명령을 병과한 사안에서, 집행을 유예한 징역형의 합산 형기가 동일하더라도 원심이 새로 수강명령을 병과한 것은 전체적 · 실질적으로 볼 때 피고인에게 불이익하게 변경한 것이어서 허용되지 않는다고 한 사례).

〔조　원　경〕　　　**475**

II. 보호관찰 등의 부과

1. 요　건

(1) 재량 부과

19　　　보호관찰 등은 형의 선고유예, 집행유예를 선고하는 피고인에 대하여 법원이 재량에 따라 부과한다. 보호관찰 등에 관한 적격성 판단의 고려요소로서는 피고인의 연령 및 사회복귀가능성, 가족관계, 마약중독이나 성범죄 등의 비행전력, 범죄의 내용, 일정한 범죄에 대한 사회적 인식, 피고인의 뉘우치는 사정 등을 들 수 있다. 기본적으로 피고인의 주관적 측면을 중시하여 부과조건도 피고인에 따라 개별화하여 부과하여야 할 것이다.

20　　　다만, 필요적으로 부과해야 하는 경우도 있다. 성폭력처벌법에서 정한 성폭력범죄를 범한 소년, 아동·청소년의 성보호에 관한 법률에서 정한 아동·청소년 대상 성범죄를 범한 소년에 대하여 형의 선고를 유예할 때에는 반드시 보호관찰을 명하여야 하고, 성폭력범죄를 범한 자, 아동·청소년대상 성범죄를 범한 자에게 유죄판결을 선고하거나 약식명령을 고지하는 경우에는 500시간의 범위에서 재범예방에 필요한 수강명령 또는 성폭력 치료프로그램의 이수명령을 병과하여야 한다(성폭처벌 § 16②, 아청 § 21②). 2011년 10월 8일 개정된 성폭력처벌법이 성폭력범죄를 범한 자에 대하여 유죄판결을 선고하는 경우에는 300시간의 범위에서 재범예방에 필요한 수강명령 또는 성폭력 치료프로그램의 이수명령을 병과할 수 있다고 규정함으로써 2011년 10월 8일 이후에 성폭력범죄를 범한 사람에 대하여는 실형을 선고하는 경우에도 수강명령을 병과할 수 있게 되었을 뿐 아니라,[17] 2012년 12월 18일 개정된 성폭력처벌법은 성폭력범죄를 범한 자에 대하여 유죄판결을 선고하는 경우에는 위와 같이 필요적으로 수강명령 또는 이수명령을 병과하여야 한다고 규정하고 있다[이에 대한 상세는 **주해 IX(각칙 6) 제 32장 [특별법 I, II]** 참조].

(2) 병과 여부

21　　　형법에 의한 보호관찰은 선고유예 또는 집행유예에 부가하여 부과할 수 있

---

17 대판 2013. 4. 11, 2013도1525. 본 판결 해설은 이현석, "선고유예 판결과 신상정보 제출의무의 발생시기", 해설 102, 법원도서관(2015), 558-581.

고, 사회봉사명령·수강명령은 집행유예에 부가하여서만 부과할 수 있다. 대법원 판례는 집행유예를 선고하는 경우 보호관찰과 사회봉사명령·수강명령을 둘이상 병과하여 동시에 부과할 수 있다고 해석하고 있는데,[18] 이에 대하여는 보안처분도 형사제재이므로 병과 가부에 대하여 입법론적으로 분명히 할 필요가 있다는 견해도 있다.[19]

2. 내 용

(1) 보호관찰의 기간 및 사회봉사·수강의 총시간

형의 집행을 유예하면서 보호관찰을 받을 것을 명하는 경우 원칙적으로 유예기간 동안 보호관찰을 받게 되나, 법원은 유예기간 내에서 그 기간을 따로 정할 수 있다(§62의2②). 형의 선고를 유예하면서 보호관찰을 하는 경우에는 그 기간이 1년으로 법정되어 있다(§59의2②). 보호관찰기간은 보호관찰을 명한 판결이 확정된 때부터 진행한다.   22

집행유예에 부가하여 명하는 사회봉사는 500시간, 수강은 200시간의 범위내에서 법원이 총시간을 정한다(보호관찰 §59①, 형소규 §147의2②). 사회봉사명령의 총시간은 대상자의 개선가능성, 성향, 범죄의 경중, 본형의 형기 및 집행유예기간, 미결구금일수 등을 종합적으로 고려하여 결정하되 집행의 편의를 위하여 8의 배수가 되는 시간으로 정한다(보호관찰 및 사회봉사명령 등에 관한 예규[20] §6).   23

(2) 보호관찰의 내용

보호관찰명령은 보호관찰기간 동안 바른 생활을 영위할 것을 요구하는 추   24

---

18 대판 1988. 4. 24, 98도98. 「형법 제62조의2 제1항은 "형의 집행을 유예하는 경우에는 보호관찰을 받을 것을 명하거나 사회봉사 또는 수강을 명할 수 있다."고 규정하고 있는바, 그 문리에 따르면, 보호관찰과 사회봉사는 각각 독립하여 명할 수 있다는 것이지, 반드시 그 양자를 동시에 명할 수 없다는 취지로 해석되지는 아니할 뿐더러, 소년법 제32조 제3항, 성폭력범죄의처벌및피해자보호등에관한법률 제16조 제2항, 가정폭력범죄의처벌등에관한특례법 제40조 제1항 등에는 보호관찰과 사회봉사를 동시에 명할 수 있다고 명시적으로 규정하고 있는바, 일반 형법에 의하여 보호관찰과 사회봉사를 명하는 경우와 비교하여 특별히 달리 취급할 만한 이유가 없으며, 제도의 취지에 비추어 보더라도, 범죄자에 대한 사회복귀를 촉진하고 효율적인 범죄예방을 위하여 양자를 병과할 필요성이 있는 점 등을 종합하여 볼 때, 형법 제62조에 의하여 집행유예를 선고할 경우에는 같은 법 제62조의2 제1항에 규정된 보호관찰과 사회봉사 또는 수강을 동시에 명할 수 있다고 해석함이 상당하다.」

19 임웅·김성규·박성민, 712.

20 재형 2003-9(대법원 예규 제905호, 2003. 9. 3. 제정).

상적 조건의 부과이거나 악행을 하지 말 것을 요구하는 소극적 부작위조건의 부과라는 특징을 갖는다.[21]

25   보호관찰 대상자는 보호관찰관의 지도·감독을 받으며 준수사항을 지켜야 한다. 보호관찰 대상자가 지켜야 할 준수사항에는 일반준수사항과 특별준수사항이 있는데, 일반준수사항은 보호관찰법이 규정하고 있는 준수사항으로서, 주거지에 상주하고 생업에 종사할 것, 범죄로 이어지기 쉬운 나쁜 습관을 버리고 선행을 하며 범죄를 저지를 염려가 있는 사람들과 교제하거나 어울리지 말 것, 보호관찰관의 지도·감독에 따르고 방문하면 응대할 것, 주거를 이전하거나 1개월 이상 국내외 여행을 할 때에는 미리 보호관찰관에게 신고할 것(보호관찰 §32①)이다. 법원은 판결의 선고를 하면서 일반준수사항 외에 범죄의 내용과 종류 및 본인의 특성을 고려하여 필요하면 보호관찰기간의 범위에서 기간을 정하여 특별히 지켜야 할 특별준수사항을 따로 과할 수 있고(보호관찰 §32③), 보호관찰소의 장의 신청 또는 검사의 청구에 따라 사후적으로 준수사항의 전부 또는 일부를 추가, 변경하거나 삭제할 수도 있다(보호관찰 §32④). 보호관찰법은 보호관찰대상자에 대하여 부과할 수 있는 특별준수사항으로, 야간 등 재범의 기회나 충동을 줄 수 있는 특정 시간대의 외출 제한(제1호), 재범의 기회나 충동을 줄 수 있는 특정 지역·장소의 출입 금지(제2호), 피해자 등 재범의 대상이 될 우려가 있는 특정인에 대한 접근 금지(제3호), 범죄행위로 인한 손해회복을 위한 노력(제4호), 일정한 주거가 없는 자에 대한 거주장소 제한(제5호), 사행행위에 빠지지 아니할 것(제6호), 일정량 이상의 음주를 하지 말 것(제7호), 마약 등 중독성 있는 물질을 사용하지 아니할 것(제8호), 마약류관리에 관한 법률상의 마약류 투약, 흡연, 섭취 여부에 관한 검사에 따를 것(제9호), 그 밖에 보호관찰 대상자의 재범 방지를 위하여 필요하다고 인정되어 대통령령으로 정하는 사항(제10호)을 규정하고 있고(보호관찰 §32③), 보호관찰법 시행령 제19조는 보호관찰법 제32조 제3항 제10호의 사항으로서 운전면허를 취득할 때까지 자동차(원동기장치자전거를 포함) 운전을 하지 않을 것, 직업훈련, 검정고시 등 학과교육 또는 성행개선을 위한 교육, 치료 및 처우 프로그램에 관한 보호관찰관의 지시에 따를 것, 범죄와 관련이 있

---

21 대결 2009. 3. 30, 2008모1116; 대판 2020. 11. 5, 2017도18291.

는 특정 업무에 관여하지 않을 것, 성실하게 학교수업에 참석할 것, 정당한 수입원에 의하여 생활하고 있음을 입증할 수 있는 자료를 정기적으로 보호관찰관에게 제출할 것, 흉기나 그 밖의 위험한 물건을 소지 또는 보관하거나 사용하지 아니할 것, 가족의 부양 등 가정생활에 있어서 책임을 성실히 이행할 것, 그 밖에 보호관찰 대상자의 생활상태, 심신의 상태, 범죄 또는 비행의 동기, 거주지의 환경 등으로 보아 보호관찰 대상자가 준수할 수 있고 자유를 부당하게 제한하지 아니하는 범위에서 개선·자립에 도움이 된다고 인정되는 구체적인 사항 등을 특별준수사항으로 부과할 수 있도록 규정하고 있다.

　　보호관찰은 형벌이 아닌 보안처분의 성격을 갖는 것으로서, 과거의 불법에 　　　26
대한 책임에 기초하고 있는 제재가 아니라 장래의 위험성으로부터 행위자를 보호하고 사회를 방위하기 위한 합목적적인 조치이다. 보호관찰은 위와 같은 형사정책적 견지에서 때로는 본래 개인의 자유에 맡겨진 영역이거나 또는 타인의 이익을 침해하는 법상 금지된 행위가 아니더라도 보호관찰 대상자의 특성, 그가 저지른 범죄의 내용과 종류 등을 구체적·개별적으로 고려하여 일정기간 동안 보호관찰 대상자의 자유를 제한하는 내용의 준수사항을 부과함으로써 대상자의 교화·개선을 통해 범죄를 예방하고 재범을 방지하려는 데에 그 제도적 의의가 있다. 다만, 법치주의와 기본권 보장의 원칙 아래에서 보호관찰 역시 자의적·무제한적으로 허용될 수 없음은 물론이다. 보호관찰은 필요하고도 적절한 한도 내에서 이루어져야 하며, 가장 적합한 방법으로 실시되어야 하므로(보호관찰 § 4 참조), 대상자가 준수할 수 있고 그 자유를 부당하게 제한하지 아니하는 범위 내에서 구체적으로 부과되어야 한다(보호관찰령 § 19⑧ 참조).[22]

　　판례는 구체적인 사안에서, 버스회사 노동조합 지부장인 피고인이 운전기 　　　27
사 신규 채용 내지 정년 도과 후 촉탁직 근로계약의 체결과 관련하여 취업을 원하거나 정년 후 계속 근로를 원하는 운전기사들로부터 청탁의 대가로 돈을 받아 이익을 취득하였고, 원심이 위 행위에 대해 근로기준법위반죄의 성립을 인정한 뒤, 피고인에 대하여 형의 집행을 유예함과 동시에 집행유예기간 동안 보호관찰을 받을 것을 명하면서 "보호관찰기간 중 노조지부장 선거에 후보로 출마하

---

22 대판 2010. 9. 30, 2010도6403.

거나 피고인을 지지하는 다른 조합원의 출마를 후원하거나 하는 등의 방법으로 선거에 개입하지 말 것"이라는 내용의 특별준수사항을 부과한 사안에서, 위와 같은 특별준수사항의 부과가 정당하다고 인정한 바 있다.[23]

28   전자장치 부착 등에 관한 법률(이하, 전자장치부착법이라 한다.) 제28조 제1항에 의하면, 법원은 특정범죄(성폭력범죄, 미성년자 대상 유괴범죄, 살인범죄, 강도범죄 및 스토킹범죄)(전부 §2(i))를 범한 자에 대하여 형의 집행을 유예하면서 보호관찰을 받을 것을 명할 때에는 보호관찰기간의 범위 내에서 기간을 정하여 준수사항의 이행 여부 확인 등을 위하여 전자장치 부착명령을 할 수 있다.[24] 판례는 위 부착명령에 관하여는 전자장치부착법 제31조가 부착명령 '청구사건'의 판결에 대한 상소에 관한 규정들인 전자장치부착법 제9조 제8, 9항을 준용하지 않고 있는 점, 보호관찰부 집행유예의 경우 보호관찰명령 부분만에 대한 일부상소는 허용되지 않는 점 등에 비추어, 부착명령은 보호관찰부 집행유예와 서로 불가분의 관계에 있는 것으로서 독립하여 상소의 대상이 될 수 없다고 하고, 특정범죄자에 대하여 집행유예를 선고할 경우 보호관찰을 받을 것을 함께 명할지 여부 및 구체적인 준수사항의 내용, 나아가 전자장치부착법 제28조 제1항에 따라 전자장치의 부착을 명할지 여부 및 그 기간 등에 대한 법원의 판단은 그 전제가 되는 집행유예의 선고와 일체를 이루는 것으로서, 보호관찰명령이나 부착명령이 관련 법령에서 정하고 있는 요건에 위반한 것이 아닌 한, 형의 집행유예를 선고하는 것과 마찬가지로 법원의 재량사항에 속한다[25]고 한다.

(3) 사회봉사·수강명령의 내용

29   앞서 본 보호관찰의 특징과 달리, 사회봉사·수강명령은 특정시간 동안의

---

23 대판 2010. 9. 30, 2010도6403.
24 대판 2011. 2. 24, 2010오1, 2010전오1(성폭력범죄를 범한 피고인에게 형의 집행을 유예하면서 보호관찰을 받을 것을 명하지 않은 채 위치추적 전자장치 부착을 명한 원판결 및 제1심 판결에 대하여 '비상상고'를 인용한 사례); 대판 2012. 2. 23, 2011도8124(현역 군인인 성폭력범죄 피고인에게 집행유예를 선고하는 경우 보호관찰법이 정한 군법 적용 대상자에 대한 특례 규정상 보호관찰을 명할 수 없어 보호관찰의 부과를 전제로 한 위치추적 전자장치의 부착명령 역시 명할 수 없는데도, 원심이 피고인에 대하여 전자장치의 부착을 명한 것은 위법하다고 한 사례); 대판 2014. 7. 24, 2014오1, 2014전오1(원판결이 피고인에 대하여 형의 집행을 유예하면서 보호관찰을 받을 것을 명하지 않은 채 전자장치를 부착할 것을 명한 것은 법령에 위반한 것으로서 피부착명령청구자에게 불이익한 때에 해당한다고 한 사례).
25 대판 2012. 8. 30, 2011도14257, 2011전도233.

〔조 원 경〕

적극적인 작위의무를 부과하는 명령이다.[26]

사회봉사명령의 작업 내용은 자연보호활동, 병원이나 사회복지시설에서의 30
봉사활동, 공공시설봉사활동, 대민지원봉사활동 등이다. 법원은 사회봉사를 명
하면서 총시간만을 정할 수도 있고, 봉사활동의 내용, 장소, 방법 등을 구체적으
로 지정할 수도 있다. 법원이 사회봉사의 내용을 추상적으로 정하였거나 아예
정하지 않은 경우에는 집행기관인 보호관찰관이 위임된 범위 내에서 재량으로
집행하게 된다. 판례는, 사회봉사는 형의 집행을 유예하면서 부가적으로 명하는
것이고 집행이 유예되는 형은 자유형에 한정되고 있는 점 등에 비추어, 법원이
형의 집행을 유예하는 경우 명할 수 있는 사회봉사는 자유형의 집행을 대체하
기 위한 것으로서 500시간 내에서 시간 단위로 부과될 수 있는 일 또는 근로활
동을 의미하는 것으로 해석되므로, 법원이 사회봉사명령으로서 피고인에게 일
정한 금원을 출연하거나 이와 동일시할 수 있는 행위를 명하는 것은 허용될 수
없다[27]고 한다.

수강명령의 내용은 일반적으로 약물·마약·알코올치료강의, 준법운전강의, 31
심리치료강의, 성폭력·가정폭력치료 강의 등이다. 법원은 사회봉사·수강명령
대상자가 사회봉사를 하거나 수강할 분야와 장소 등을 지정할 수 있다(보호관찰
§59②).

사회봉사·수강명령 대상자는 주거, 직업, 그 밖에 필요한 사항을 보호관찰 32
소의 장에게 신고하여야 하고, 준수사항을 지켜야 한다. 사회봉사·수강명령 대
상자가 지켜야 할 준수사항 역시 보호관찰법이 규정하고 있는 일반준수사항과
특별준수사항이 있는데, 일반준수사항은, 보호관찰관의 집행에 관한 지시에 따
를 것(제1호), 주거를 이전하거나 1개월 이상 국내외여행을 할 때에는 미리 보호
관찰관에게 신고할 것(제2호)이고(보호관찰 §62②), 법원은 판결의 선고를 할 때
본인의 특성을 고려하여 대통령령이 정하는 범위에서 사항 내에서 특별히 지켜
야 할 사항을 따로 과할 수 있다(보호관찰 §62③).

판례는, 보호관찰, 사회봉사·수강 또는 갱생보호는 당해 대상자의 교화·개 33
선 및 범죄예방을 위하여 필요하고도 상당한 한도 내에서 이루어져야 하며, 당

---

26 대결 2009. 3. 30, 2008모1116.
27 대판 2008. 4. 11, 2007도8373.

해 대상자의 연령·경력·심신상태·가정환경·교우관계 기타 모든 사정을 충분히 고려하여 가장 적합한 방법으로 실시되어야 하므로, 법원은 특별준수사항을 부과하는 경우 대상자의 생활력, 심신의 상태, 범죄 또는 비행의 동기, 거주지의 환경 등 대상자의 특성을 고려하여 대상자가 준수할 수 있다고 인정되고 자유를 부당하게 제한하지 아니하는 범위 내에서 개별화하여 부과하여야 한다는 점, 보호관찰기간은 집행을 유예한 기간으로 하고 다만, 법원은 유예기간의 범위 내에서 보호관찰기간을 정할 수 있는 반면, 사회봉사명령·수강명령은 집행유예기간 내에 이를 집행하되 일정한 시간의 범위 내에서 그 기간을 정하여야 하는 점, 보호관찰명령이 보호관찰기간 동안 바른 생활을 영위할 것을 요구하는 추상적 조건의 부과이거나 악행을 하지 말 것을 요구하는 소극적인 부작위조건의 부과인 반면, 사회봉사명령·수강명령은 특정시간 동안의 적극적인 작위의무를 부과하는 데 그 특징이 있다는 점 등에 비추어 보면, 사회봉사·수강명령대상자에 대한 특별준수사항은 보호관찰대상자에 대한 것과 같을 수 없고, 따라서 보호관찰대상자에 대한 특별준수사항을 사회봉사·수강명령대상자에게 그대로 적용하는 것은 적합하지 않다고 한다.[28] 이러한 취지에서 판례는, 앞서 살펴본 보호관찰법 제32조 제3항 제1호부터 제9호까지의 사항은 보호관찰 대상자에 한해 부과할 수 있을 뿐, 사회봉사명령·수강명령 대상자에 대해서는 부과할 수 없다고 한다.[29]

---

28 대결 2009. 3. 30, 2008모1116; 대판 2020. 11. 5, 2017도18291.

29 대판 2020. 11. 5, 2017도18291.「보호관찰 등에 관한 법률(이하 '보호관찰법'이라고 한다) 제32조 제3항은 법원 및 보호관찰 심사위원회가 판결의 선고 또는 결정의 고지를 할 때 보호관찰 대상자에게 "범죄행위로 인한 손해를 회복하기 위하여 노력할 것(제4호)" 등 같은 항 제1호부터 제9호까지 정한 사항과 "그 밖에 보호관찰 대상자의 재범 방지를 위하여 필요하다고 인정되어 대통령령으로 정하는 사항(제10호)"을 특별준수사항으로 따로 과할 수 있다고 규정하고 있다. 이에 따라 보호관찰 등에 관한 법률 시행령(이하 '시행령'이라고 한다) 제19조는 보호관찰 대상자에게 과할 수 있는 특별준수사항을 제1호부터 제7호까지 규정한 데 이어, 제8호에서 "그 밖에 보호관찰 대상자의 생활상태, 심신의 상태, 범죄 또는 비행의 동기, 거주지의 환경 등으로 보아 보호관찰 대상자가 준수할 수 있고 자유를 부당하게 제한하지 아니하는 범위에서 개선·자립에 도움이 된다고 인정되는 구체적인 사항"을 규정하고 있다. 나아가 보호관찰법 제62조는 제2항에서 사회봉사명령·수강명령 대상자가 일반적으로 준수하여야 할 사항을 규정하는 한편, 제3항에서 "법원은 판결의 선고를 할 때 제2항의 준수사항 외에 대통령령으로 정하는 범위에서 본인의 특성 등을 고려하여 특별히 지켜야 할 사항을 따로 과할 수 있다."라고 규정하고 있다. 이에 따라 시행령 제39조 제1항은 사회봉사명령·수강명령 대상자에 대한 특별준수사항으로 위 시행령 제19조를 준용하고 있다. 위 각 규정을 종합하면, 보호관찰법 제32조 제3항이 보호관찰 대상자

3. 집 행

(1) 집행기관

보호관찰 등의 집행기관은 보호관찰소이고(보호관찰 §15), 구체적으로 집행 34
사무를 처리하는 자는 보호관찰관으로(보호관찰 §16), 보호관찰 등 대상자의 주거
지를 관할하는 보호관찰소 소속 보호관찰관이 담당한다(보호관찰 §31). 사회봉사·
수강명령은 보호관찰관이 집행하나 국공립기관이나 그 밖의 단체에 그 집행의
전부 또는 일부를 위탁할 수 있다(보호관찰 §61).

(2) 집행시기

보호관찰은 법원의 판결이 확정된 때부터 시작되고, 그 기간은 보호관찰을 35
조건으로 형의 선고유예를 받은 사람은 1년(§59의2②), 보호관찰을 조건으로 형
의 집행유예를 선고받은 사람은 그 유예기간 또는 법원이 따로 정한 보호관찰
기간이다(§62의2②). 사회봉사·수강명령이 보호관찰과 병과된 때에는 보호관찰
기간 내에 집행하여야 하고(형소규 §147의2⑤), 보호관찰과 병과된 것이 아닌 사
회봉사명령·수강명령은 판결확정일부터 집행유예가 종료할 때까지 사이에 집
행하여야 한다(§62의2③).

(3) 준수사항·명령의 위반

보호관찰소장은 보호관찰 등의 대상자가 준수사항이나 명령을 위반하면 경 36
고를 하고(보호관찰 §38), 대상자가 도망을 하거나 소환에 불응하는 등 사유가 있
으면 구인할 수 있는데, 구인할 때에는 검사의 청구로 판사로부터 구인장을 발
부받아 보호관찰관이 집행하거나 부득이한 경우 사법경찰관리로 하여금 집행하
게 할 수 있다(보호관찰 §39).

보호관찰소장은 준수사항이나 명령위반 정도가 심한 경우 선고유예 실효청 37
구 신청, 집행유예 취소청구 신청을 하기 위하여 검사의 청구로 판사의 허가를
받아 보호관찰 등의 대상자를 유치할 수 있다. 유치기간은 판사의 유치허가를
받은 때로부터 20일이고, 법원은 1회에 한하여 그 기간을 연장할 수 있다(보호관
찰 §42, §43).

에게 과할 수 있는 특별준수사항으로 정한 "범죄행위로 인한 손해를 회복하기 위하여 노력할 것
(제4호)" 등 같은 항 제1호부터 제9호까지의 사항은 보호관찰 대상자에 한해 부과할 수 있을 뿐,
사회봉사명령·수강명령 대상자에 대해서는 부과할 수 없다.」

4. 종 료

(1) 보호관찰

38   보호관찰은 그 기간이 경과한 때, 선고유예가 실효되거나 집행유예가 실효·취소된 때 종료하게 되고(보호관찰 § 51①), 보호관찰 대상자가 보호관찰기간 중 금고 이상의 형의 집행을 받게 된 때에는 해당 형의 집행기간 동안 보호관찰 대상자에 대한 보호관찰기간이 계속 진행되며, 해당 형이 집행이 종료·면제되거나 보호관찰 대상자가 가석방된 경우 보호관찰 기간이 남아 있는 때에는 그 잔여기간 동안 보호관찰을 집행하게 된다(보호관찰 § 51②).

(2) 사회봉사·수강명령

39   사회봉사·수강명령은 그 집행을 완료한 때, 집행유예기간이 경과한 때, 집행유예의 선고가 실효되거나 취소된 때 종료하게 되고(보호관찰 § 63①), 사회봉사·수강명령 집행기간 중 금고 이상의 형의 집행을 받게 된 때에는 해당 형의 집행이 종료·면제되거나 사회봉사·수강명령 대상자가 가석방된 경우 잔여 사회봉사·수강명령을 집행하게 된다(보호관찰 § 63②).

〔조 원 경〕

제63조(집행유예의 실효)

집행유예의 선고를 받은 자가 유예기간 중 고의로 범한 죄로 금고 이상의 실형을 선고받아 그 판결이 확정된 때에는 집행유예의 선고는 효력을 잃는다. 〈개정 2005. 7. 29.〉

Ⅰ. 집행유예 실효의 의의

집행유예기간 중 일정한 사유가 발생하여 집행유예의 선고가 효력을 잃거나 또는 집행유예의 선고를 취소하는 결정이 있게 되면, 피고인에 대하여 유예된 형이 집행된다. 선고유예의 경우에는 일정한 사유가 발생하면 법원이 유예된 형을 선고하는 결정을 하는 선고유예의 실효(§61) 제도만이 규정되어 있으나, 집행유예의 경우에는, 일정한 사유가 발생하면 당연히 집행유예의 선고가 효력을 잃도록 하는 집행유예의 실효(§63)와 검사의 신청에 의해 법원의 결정에 의해 집행유예가 취소되는 집행유예의 취소(§64) 제도가 규정되어 있다.

집행유예기간 중 고의로 범한 죄로 금고 이상의 실형을 선고받아 그 판결이 확정되면 집행유예의 선고는 자동적으로 효력을 잃는다. 2005년 7월 29일 개정 전 형법은 "집행유예의 선고를 받은 자가 유예기간 중 금고 이상의 형의 선고를 받아 그 판결이 확정된 때에는 집행유예의 선고는 효력을 잃는다."라고 규정하고 있었다. 즉 개정 전 형법에 의하면, 집행유예 판결 확정 전에 범한 죄에 대하여도, 집행유예기간 중에 실형이 확정되면 집행유예가 실효되었다. 이에 대하여는, 범행시기 및 범행의 고의·과실 여부와 무관하게 판결 확정시기에 따라 집행유예의 실효 여부가 정해지는 것은 장래에 재범하지 않을 것을 조건으로 집행유예를 선고하는 제도의 취지와 모순된다는 비판이 있어왔다. 현행법에

〔조 원 경〕

의하면, '집행유예기간 중에 고의로 범한 죄에 대하여 유예기간 중에 실형이 선
고되어 확정된 경우'에만 집행유예가 실효되게 된다. 재범을 하면 유예된 형을
집행할 것이라는 경고효과를 통해 피고인의 재범을 방지하고 재사회화를 유도
하고자 하는 집행유예제도의 취지 및 목적에 맞추어 집행유예기간 중에 고의로
범한 죄에 대하여 형이 선고되어 확정되는 경우에만 집행유예를 실효하도록 정
한 것이다.

3   집행유예기간 중 재범을 이유로 한 집행유예의 취소 또는 실효에 관한 외
국 입법례를 보면, 독일형법과 프랑스형법은 이를 임의적 취소사유로 규정하고
있다. 즉 독일형법은 집행유예에 부가된 보호관찰기간 중 재범한 경우 집행유예
를 취소하되(독형 §56f①(i)), 의무·준수사항의 추가 부여, 보호관찰기간 또는 감
독·지도기간의 연장 등으로 충분한 경우에는 집행유예를 취소하지 않을 수 있
다고 규정하고 있다(독형 §56f②). 프랑스형법은 단순 집행유예에 대하여는 중죄
또는 경죄의 경우 5년 이내에, 위경죄의 경우 2년 이내에(프형 §132-35 내지 37),
보호관찰부 집행유예에 대하여는 보호관찰기간 중에 유죄판결을 받은 경우에
법원이 집행유예를 취소할 수 있다고 규정하면서, 일부 취소도 허용하고 있다
(프형 §132-47 내지 49). 반면, 일본형법은 범행시점을 불문하고 유예기간 중 자유
형의 실형 선고를 필요적 취소사유(일형 §26)로, 벌금형 선고를 임의적 취소사유
(일형 §26의2(i))로 규정하고 있다.

4   현행 집행유예의 실효 규정에 관한 입법론적 비판으로는, 집행유예를 선고
받은 범죄와 새로 판결을 선고받은 범죄행위 사이의 연관성 등을 도외시하고
유예기간 중 고의로 범한 죄로 실형이 선고·확정되었다고 하여 일률적으로 그
효력을 모두 상실하게 하는 것은 문제이므로, 이를 당연 실효사유가 아닌 임의
적 취소 사유로 규정하는 등 탄력적 제도 운영을 위해 요건을 완화하는 것이 필
요하다는 견해가 있다.[1] 반면에 현행 형법이 집행유예 실효 요건을 축소한 것과
관련하여, 집행유예 판결 선고 전의 범죄라 하더라도 집행유예 판결을 선고받은
범죄와 함께 재판받았다면 그 죄질상 실형이 선고되었을 사안이라면 집행유예
를 실효하게 하는 것이 상당하다는 비판도 있다.[2]

---

1 김성돈, 형법총론(5판), 829-830.
2 손동권·김재윤, 새로운 형법총론, §39/25.

II. 집행유예 실효의 요건

1. 집행유예기간 중에 고의로 범한 죄일 것

(1) 집행유예기간 중에 범한 죄에 대하여 형이 선고되어야 한다. 집행유예 5
기간은 집행유예를 선고한 판결이 확정된 때로부터 진행한다. 앞서 본 바와 같
이 개정 전 형법에 의하면, 집행유예의 선고가 확정된 죄와 법률상 동일한 절차
에서 심판을 받을 가능성이 있었던 제37조 후단 경합범 관계에 있는 다른 죄에
대하여 금고 이상의 실형을 선고한 판결이 그 집행유예기간 중에 확정되면, 먼
저 확정되었던 집행유예의 선고가 실효되었지만,[3] 집행유예기간 중에 범한 죄에
대하여 형이 선고된 경우만을 집행유예의 실효사유로 인정하도록 형법이 개정
되었으므로, 집행유예를 선고받은 범죄와 제37조 후단 경합범 관계에 있는 죄에
대하여는 집행유예기간 중에 실형이 선고·확정되었다고 하더라도 그 집행유예
가 실효되지 않는다. 다만 범죄의 실행행위가 집행유예 판결의 확정 전후에 걸
쳐 있는 때에는 제37조 후단 경합범이 아니므로, 집행유예가 실효된다고 보아야
한다.

(2) 고의로 범한 죄에 대하여 형이 선고되어야 하므로, 과실, 업무상과실, 6
중과실로 실형을 선고받았다고 하더라도 집행유예는 실효되지 않는다.

2. 금고 이상의 실형이 선고될 것

금고 이상의 실형을 선고받아야 하는데, 금고 이상의 형은 금고형 또는 징 7
역형을 의미한다. 현행 형법은 집행유예기간 중 금고 이상의 '실형'을 선고받아
야 한다고 규정하고 있다. 집행유예기간이 경과하기 전 그 유예기간 중에 저지
른 범죄에 대하여는, 그 집행유예 판결이 제62조 제1항 단서에서 정하는 집행유
예 결격사유에 해당하므로, 다시 집행유예를 선고하는 것이 허용되지 않는다고
해석하는 판례와 같은 입장에서는, 집행유예기간 중의 범죄에 대하여는 '실형'을
선고할 수밖에 없으므로 법조문상 '실형'이라는 용어가 특별한 의미를 갖는 것
은 아니라고 할 것이다.

---

3 대결 1997. 7. 18, 97모18.

8   개정 전 형법은 집행유예 실효사유로 '집행유예기간 중 금고 이상의 형의 선고를 받을 것'이라고 규정하고 있었다. 그런데 개정 전 형법이 적용되는 사안에서 판례는 원칙적으로 형의 선고 시를 기준으로 집행유예기간 중에는 범행시기와 무관하게 다시 집행유예를 선고할 수는 없다고 하면서, 제37조 후단 경합범 관계에 있는 수죄가 전후로 기소되어 각각 별개의 절차에서 재판을 받게 된 결과 어느 하나의 사건에서 먼저 집행유예가 선고되어 그 형이 확정된 경우로서 같은 절차에서 동시에 재판을 받았더라면 한꺼번에 집행유예의 선고를 받았으리라고 여겨지는 특수한 경우에만 집행유예를 다시 선고할 수 있다는 입장을 취하고 있었다(여죄설). 따라서 판례의 해석에 의하면, 개정 전 형법의 경우에도 집행유예기간 중 실형이 아닌 집행유예 판결이 선고됨으로써 먼저 선고된 집행유예 판결의 실효가 문제될 수 있는 경우는 제37조 후단 경합범 관계에 있는 여죄에 대하여 집행유예 판결을 선고할 수 있는 예외적인 경우만이 이에 해당하게 된다. 그리고 판례는 이러한 경우 나중의 집행유예 판결로 인하여 먼저 선고된 집행유예의 선고가 효력을 잃게 된다고 한다면, 수죄가 같은 절차에서 동시에 재판을 받아 한꺼번에 집행유예를 선고받을 수 있었던 경우와 비교하여 볼 때 현저히 균형을 잃게 되어 불합리한 결과가 되므로, 집행유예기간 중 여죄에 대하여 금고 이상의 형의 집행유예가 선고된 경우에는 예외적으로 개정 전 형법 규정에서 정하는 '금고 이상의 형의 선고'를 받은 것에 포함되지 아니한다고 보아 형의 실효사유가 되지 않는다고 하였다.[4]

9   판례의 태도에 의하면, 개정 전 형법이 적용되는 사안에서도, 집행유예기간 중 집행유예 판결이 적법하게 선고되면서 그 집행유예 판결이 앞선 집행유예 판결의 실효사유가 되는 사안을 상정하기는 어려운 것으로 보인다. 그럼에도 판례는 개정 전 본조가 정한 '금고 이상의 형의 선고를 받아'라는 의미는 집행유예 형의 선고도 포함한다고 하면서,[5] 집행유예기간 중에 있는 사람으로서 다시 집행유예를 선고할 수 있는 경우에 해당되지 아니함에도 이를 간과하여 다시 집행유예 판결이 선고되어 전자의 집행유예기간 중 후자의 집행유예 판결이 확정된 경우, '금고 이상의 형의 선고를 받아'라는 의미는 금고 이상의 형이 선고된

---

4 대결 1997. 10. 13, 96모118.
5 대결 1979. 9. 14, 79모30.

이상 그 형의 집행을 유예한 경우도 포함되므로, 후자의 판결 선고 당시 법원이나 검찰이 집행유예기간 중인 사실을 간과하였다고 하더라도 전자의 판결의 집행유예 선고는 실효된다고 하였다.[6] 결국 개정 전 형법에 의하면, 판례에 의할 때 집행유예기간 중 집행유예를 선고할 수 있는 예외적 경우가 아님에도 집행유예 판결이 선고·확정되었을 경우에도 그 판결로써 앞선 집행유예는 실효된다는 것이 판례의 태도라고 정리할 수 있을 것이다. 개정 형법이 적용되는 사안에서는, 법조문상 실형이 선고되지 않은 이상 집행유예 선고가 실효되지 않으므로, 잘못된 집행유예 판결의 선고·확정으로 인해 앞선 판결의 집행유예 선고가 실효된다고 볼 수는 없을 것이다.

3. 선고형이 확정될 것

본조는 '유예기간 중 고의로 범한 죄로 금고 이상의 실형을 선고받아 판결이 확정된 때' 집행유예가 실효된다고 규정하고 있다. 법문상으로 유예기간 중에 판결 확정까지 이루어져야 집행유예가 실효되는 것인지는 명확하지 않다. 그러나 판결 확정 전 집행유예기간이 경과하면 제65조에 의하여 형의 선고 자체가 효력을 잃는데 이미 실효된 형을 집행할 수 있다는 것은 논리적으로 부당하므로, 현행법상으로는 범행시점뿐 아니라 선고시점 및 확정시점 모두 집행유예기간 내에 있어야 집행유예 판결이 실효된다고 할 것이다.

10

III. 집행유예 실효의 효과

(1) 집행유예의 선고가 효력을 상실하게 되면 집행이 유예된 형이 실형으로 전환된다. 집행유예의 실효는 실효사유가 발생하면 당연히 그 효과가 발생하므로 실효에 대한 재판을 할 필요가 없다. 선고유예의 경우, 자격정지 이상의 형을 선고받게 되면 유예된 형을 선고하는 법원의 결정이 필요한 것(§61①)과 구별된다. 검사는 집행유예의 실효사유가 발생하면 바로 형의 집행을 지휘하게 되는데, 피고인은 검사의 형집행이 부당하다고 주장하여 집행유예를 선고한 법원

11

---

6 대결 1997. 4. 1, 96모109.

에 재판의 해석에 관한 이의신청을 하거나(형소 § 488), 형의 집행에 관한 검사의 처분이 부당하다고 주장하여 집행유예를 선고한 법원에 이의신청을 하여(형소 § 489), 검사의 집행지휘에 대하여 다툴 수 있다.

12   검사가 집행유예 실효사실을 알지 못하여 형의 집행을 하지 않는 경우에는 집행유예가 실효된 때로부터 형의 시효가 진행된다.

13   (2) 집행유예기간 중 금고 이상의 실형이 확정되고, 벌금형이 아닌 징역형 또는 금고형의 집행유예가 실효되게 되면, 실형을 선고한 수개의 판결이 존재하게 되므로 각 판결의 형기를 합산하여 형을 집행하게 된다.

14   (3) 2005년 8월 4일 폐지되기 전 구 사회보호법상 제5조는 보호감호 요건에 관하여 '금고 이상의 실형을 받고'라고 정하고 있고, 제6조는 "제5조에서 "실형"이라 함은 금고 이상의 형을 받아 그 전부 또는 일부의 집행을 받거나 면제된 경우의 형을 말한다."라고 규정하고 있었다. 판례는 구 사회보호법 제6조의 문언상 집행유예의 선고를 받은 사람이 그 유예기간 중 금고 이상의 형의 선고를 받아 판결이 확정됨으로써 집행유예의 선고가 실효되어 그 형을 종료한 경우는, 위 보호관찰 부과요건인 구 사회보호법 제6조 제1항의 '실형'에 해당한다고 보았다.[7] 또한 판례는, 집행유예의 실효로 집행되어야 할 형이 집행되지 않고 시효가 완성된 경우도 위 '실형을 받은 경우'에 해당한다고 본다.[8]

15   반면, 특정범죄 가중처벌 등에 관한 법률(이하, 특정범죄가중법이라 한다.) 제5조의4 제6항은 특정한 상습절도죄 등에 대한 가중처벌 요건에 관하여 "두 번 이상 실형을 선고받고"라는 규정을 두고 있는바, 판례는 형벌법규의 해석은 엄격하여야 하고 피고인에게 불리한 방향의 확장해석이나 유추해석은 허용되지 않는다는 입장에서, 처음부터 실형을 선고받은 것이 아니라 형의 집행유예를 선고받은 후 집행유예가 실효되거나 취소된 경우에는 이를 특정범죄가중법 제5조의4 제6항이 정하는 '실형을 선고받은' 경우에 포함된다고 볼 수 없다고 한다.[9] 집행유예가 실효되어 유예된 형이 집행된 경우를 보호관찰 부과요건으로서의 '실형을 받은 경우'와 특별법상 가중처벌을 위한 구성요건으로서의 '실형을 선고받은

---

7 대판 1981. 12. 8, 81도2742; 대판 1984. 2. 28, 83도3131, 83감도518.
8 대판 1987. 5. 26, 87감도55.
9 대판 2011. 5. 26, 2011도2749.

490   〔조 원 경〕

경우'에 해당한다고 볼 것인지와 관련하여 판례가 그 의미를 달리 해석하고 있음을 알 수 있다.

〔조 원 경〕

제64조(집행유예의 취소)

① 집행유예의 선고를 받은 후 제62조 단행의 사유가 발각된 때에는 집행유예의 선고를 취소한다. 〈개정 1995. 12. 29.〉
② 제62조의2의 규정에 의하여 보호관찰이나 사회봉사 또는 수강을 명한 집행유예를 받은 자가 준수사항이나 명령을 위반하고 그 정도가 무거운 때에는 집행유예의 선고를 취소할 수 있다. 〈신설 1995. 12. 29.〉

Ⅰ. 집행유예 결격사유를 원인으로 한 집행유예 취소(제1항)

1. 의 의

1   집행유예기간 중 일정한 사유가 발생하였을 경우 검사의 신청에 의한 법원의 결정이 있게 되면 집행유예가 취소된다. 본조 제1항은 그 취소요건으로 집행유예선고를 받은 후 제62조(집행유예의 요건) 제1항 단서의 집행유예 결격사유가 발각된 때에는 집행유예의 선고를 취소한다고 규정하고 있는데, 결격사유를 규정하고 있는 제62조 제1항 단서가 2009년 7월 25일 개정되면서 집행유예 취소요건을 정하고 있는 본조 제1항도 사실상 개정되게 되었다.

2   본조 제1항에 의한 집행유예의 취소는 집행유예의 실효(§63)와 달리 집행유예 판결 확정 후 일정한 사유가 발생하는 것을 조건으로 하는 것이 아니고, 집행유예의 결격사유가 있음에도 집행유예 판결이 확정된 경우 위법한 집행유예를 시정하려는 데 제도적 취지가 있다. 위 결격사유가 발각되면 집행유예의 선고는 필요적으로 취소된다. 학자들은 대부분 본조 제1항에 의한 집행유예의 필요적 취소 규정에 대하여 일사부재리의 원칙과 피고인의 진술거부권 보장, 형사

소송법상 입증책임의 원칙 등에 위배되고 집행유예제도의 특별예방적 기능이라는 형사정책적 방향과도 일치하지 않으므로, 입법론적으로 이를 폐지하는 것이 타당하다는 입장[1]을 취하고 있다.

　　독일형법과 프랑스형법은 전과의 사후 발각을 이유로 한 집행유예의 취소를 규정하지 않고 있으며, 일본형법은 전과의 사후발각을 이유로 한 집행유예의 취소를 규정하면서, 실형 전과인 경우와 집행유예 전과인 경우를 구분하여, 전자를 필요적 취소사유(일형 §26③)로, 후자를 임의적 취소사유(일형 §26의2③)로 규정하고 있다.

2. 요 건

(1) 집행유예의 선고를 받은 후 발각

(가) 발각의 시기

　　집행유예의 취소는 집행유예 판결이 확정된 때로부터 집행유예기간 중에만 이루어질 수 있다(시간적 한계). 집행유예 판결이 확정되기 전에는 상소에 의하여 그 위법을 시정할 수 있으므로 집행유예의 취소가 문제되지 않고, 집행유예기간이 경과한 후에는 집행유예 선고 자체가 실효되므로 제62조 제1항 단서 사유가 발각되었다 하더라도 집행유예를 취소할 수 없다.[2] 즉, 집행유예의 선고를 받은 후 그 선고가 실효 또는 취소됨이 없이 유예기간을 경과한 때에는 형의 선고는 효력을 잃는 것이고, 형의 선고가 효력을 잃은 후에는 집행유예의 선고를 취소할 수 없어 그대로 유예기간 경과의 효과가 발생하는데, 이는 원결정에 대한 집행정지의 효력이 있는 즉시항고 또는 재항고로 인하여 아직 그 집행유예의 선고 취소결정의 효력이 발생하기 전 상태에서 상소심에서 절차 진행 중에 그 집행유예기간이 그대로 도과한 경우에도 마찬가지이다. 따라서 집행유예기간 중 집행유예 취소 결정에 대한 즉시항고 또는 재항고심 계속 중 집행유예기간이 경과하면, 항고, 재항고심으로서는 원결정을 취소하고 집행유예 취소신청을 기

3

4

---

1 김성돈, 형법총론(5판), 830; 김일수·서보학, 새로쓴 형법총론(12판), 606; 배종대, 형법총론(18판), §189/17; 손동권·김재윤, 새로운 형법총론, §39/30; 이재상·장영민·강동범, 형법총론(12판), §43/13; 임웅, 형법총론(10정판), 697; 정성근·박광민, 형법총론(전정2판), 728; 정영일, 형법강의 총론(2판), 392.

2 대결 1999. 1. 12, 98모151.

각하여야 한다.[3]

(나) 발각의 주체 및 의미

5 　　집행유예를 선고받은 후 제62조 제1항 단서의 사유가 '발각'된 때라 함은 집행유예 선고의 판결이 확정된 후에 비로소 위와 같은 사유가 발각된 경우를 말하고, 그 판결확정 전에 결격사유가 발각된 경우에는 이를 취소할 수 없다.[4] 형사소송법 제335조 제1항에 의하면 집행유예의 취소는 검사가 청구하도록 되어 있으므로 집행유예의 결격사유가 되는 전과가 발각되었다는 것은 검사가 그러한 사실을 인지하였다는 것을 의미하는데, 이때 판결확정 전에 발각되었다고 함은 검사가 명확하게 그 결격사유를 안 경우만을 말하는 것이 아니라 당연히 그 결격사유를 알 수 있는 객관적 상황이 존재함에도 부주의로 알지 못한 경우도 포함된다는 것이 판례의 입장이다. 따라서 ① 집행유예를 선고한 판결의 확정 전에 이미 수사단계에서 검사가 집행유예 결격사유가 되는 전과의 존재를 당연히 알 수 있는 객관적 상황이 존재하였음에도 부주의로 알지 못한 경우,[5] ② 집행유예 판결 선고 전 공판단계에서 검사에게 이미 집행유예 전과가 발각되어 있었다고 볼 수 있는 경우[6] 등에는 집행유예의 선고를 취소할 수 없다. 집행유예 판결에 대하여 피고인만이 항소하였는데 검사의 항소기간이 도과하여 이미 항소할 수 없게 된 후 취소요건에 해당하는 그 이전의 전과가 발견된 경우, 그 항소심에서는 불이익변경금지의 원칙상 집행유예 판결이 유지되어야 하는데, 이 경우에는 집행유예 판결 확정 후의 발각이라 할 수 없으므로 집행유예의 취소청구도 할 수 없을 것이다.[7]

(2) 집행유예 결격사유의 발각

6 　　집행유예의 결격사유를 정한 제62조 제1항 단서에 위배되는 사유가 발각된 경우에 집행유예의 취소사유가 된다. 제62조 제1항 단서 이외의 사유로 위법한 집행유예 판결이 선고된 사실이 사후적으로 발견된다 하더라도 집행유예 취소

---

3 대결 2005. 8. 23, 2005모444; 대결 2016. 6. 9, 2016모1567; 대결 2023. 6. 29, 2023모1007.
4 대결 1982. 1. 19, 81모44; 대결 1986. 3. 25, 86모2.
5 대결 1976. 4. 14, 76모12; 대결 2001. 6. 27, 2001모135. 본 판결 해설은 노태악, "집행유예의 결격사유가 되는 전과의 발견과 집행유예선고의 취소", 해설 39, 법원도서관(2002), 381-393.
6 대결 1984. 1. 18, 83모58.
7 사법연수원, 법원실무제요 형사 [II](2022), 286.

사유는 되지 않는다. 앞서 본 집행유예의 결격사유에 대한 대법원 판례 입장과 마찬가지로 판례는, 집행유예의 취소사유가 되는 금고 이상의 형에는 집행유예 판결도 포함된다고 보아 집행유예 판결 선고 사실이 발각되면 집행유예 선고를 취소하여야 한다고 한다.[8] 다만 판례는, 두 사건의 범죄가 상호 경합관계에 있었음으로 인하여 동시에 심판될 수 있어서 서로 제62조 제1항 단서 사유가 될 수 없는 상태에 있었는데 각각 별개로 기소되어 각 적법하게 집행유예가 선고되어 그 판결이 다같이 상고심에 계속되었다가 각 때를 달리하여 상고가 기각되어 확정된 경우에는, 앞에 확정된 집행유예 판결이 후에 확정된 판결의 집행유예 선고에 대하여 집행유예의 취소사유가 될 수 없다고 한다.[9]

판례와 달리 제62조 제1항 단서 사유의 '금고 이상의 형의 판결'에 집행유예 판결이 포함되지 않는다고 해석하는 입장에서는, 마찬가지로 집행유예 판결의 발각은 집행유예의 취소사유에서도 제외되어야 한다고 해석하게 될 것이다.[10] 한편 발각된 집행유예 판결의 집행유예기간이 도과하여 형의 선고가 효력을 잃으면 그 판결은 집행유예 사유가 되지 않는다는 견해도 있으나,[11] 위 판례는 집행유예 취소 결정이 확정되기 전에 취소사유인 발각된 집행유예 판결에서 선고한 집행유예기간이 경과하였다 하더라도 집행유예 판결이 선고된 사실 자체가 없어지는 것은 아니므로 집행유예 취소사유가 되지 않는다고 볼 수 없다는 입장을 취하고 있다.

7

II. 보호관찰 준수사항 위반을 원인으로 한 집행유예 취소(제2항)

(1) 보호관찰이나 사회봉사 또는 수강을 명한 집행유예를 받은 자가 준수사항이나 명령을 위반하고 그 정도가 무거운 때에는 집행유예의 선고를 취소할 수 있다. 또한, 치료감호 등에 관한 법률에 따른 치료명령이 부가된 집행유예를 받은 사람이 정당한 사유 없이 치료기간 중에 치료감호법상의 준수사항을 위반

8

---

8 대결 1983. 2. 5, 83모1; 대결 1990. 8. 24, 89모36.
9 대결 1980. 2. 29, 79모42.
10 배종대, §189/15.
11 주석형법 [총칙(2)](2판), 624(윤남근).

하고 그 정도가 무거운 때에도 법원은 집행유예의 판결을 취소할 수 있다(치감
§44의8②). 이는 보호관찰 등 제도의 실효성을 확보하기 위한 것이다.

9   이에 대하여는, 준수사항 위반에 대하여 집행유예의 임의적 취소 제도만을
규정하고 있는 형법이 지나치게 가혹하여 피고인으로 하여금 사회복귀라는 목
표를 빠르게 포기하게 하는 결과를 가져온다고 비판하면서 입법론적으로 보호
관찰기간을 연장하거나, 준수사항을 변경하거나, 집행유예를 일부 취소하는 등
제도를 도입하여 유연성 있게 운영하는 방안이 필요하다는 견해[12]가 있다.[13] 독
일형법은 집행유예에 부가된 보호관찰기간 중 준수사항을 위반하는 경우 집행
유예를 취소하되(독형 §56f①), 의무·준수사항의 추가 부여, 보호관찰기간 또는
감독·지도기간의 연장 등으로 충분한 경우에는 집행유예를 취소하지 않을 수
있다(독형 §56f②)고 규정하고 있으며, 프랑스형법은 보호관찰부 집행유예의 경
우 준수사항 위반을 이유로 집행유예의 전부 또는 일부를 취소할 수 있는 것으
로 규정하고 있다(프형 §132-47①).

10   (2) 준수사항이나 명령 위반의 정도가 무거운 경우에 집행유예를 취소할 수
있다. 위반의 정도가 무거운 대표적인 예는 대상자가 재범을 한 경우라 할 수
있는데, 판례는 대상자가 준수사항이나 명령을 위반한 경우에 그 위반사실이 동
시에 범죄행위로 되더라도 기소나 재판의 확정 여부 등 형사절차와는 별도로
법원이 검사의 청구에 의하여 집행유예 취소의 요건에 해당하는가를 심리하여
준수사항이나 명령 위반사실이 인정되고 위반의 정도가 무거운 때에는 집행유
예를 취소할 수 있다고 한다.[14] 다만 아직 기소가 이루어지지 않았거나 재판이

---

12 김성돈, 830, 831; 손동권·김재윤, §39/32; 정성근·박광민, 728.
13 2011년의 정부의 형법(총칙) 일부개정법률안은 집행유예제도의 실효성을 확보하기 위하여 조건
   위반 시 집행유예의 전부를 취소하기 전에 중간단계로서 집행유예 조건의 추가, 변경 등 백업
   (back-up) 제재를 부과할 수 있는 가능성을 위해 "준수사항이나 명령을 추가·변경할 수 있다."
   는 내용을 추가하고, 집행유예의 취소는 조건의 위반 정도가 무거운 경우에만 가능하도록 하면
   서, '집행유예의 취소'로 되어 있던 표제도 '집행유예의 취소와 조건의 추가·변경'으로 하였다(안
   §61). 아울러 형벌권 존부의 범위에 관하여는 검사에게 거증책임이 있으므로 집행유예 결격사유
   가 사후에 발각된 경우를 피고인의 불이익으로 돌려서는 안된다는 이유로, "제62조 단행의 사유
   가 발각된 때"라는 사유를 삭제하였다[법무부, 형법(총칙)일부개정법률안 제안 이유서(2011. 4)].
   안 제61조(집행유예의 취소와 조건의 추가·변경) 제59조제1항에 따른 보호관찰명령, 사회봉사
   명령, 수강명령, 치료명령 또는 피해회복명령을 받은 자가 준수사항이나 명령을 위반한 경우에
   그 정도가 무거울 때는 집행유예를 취소하거나 준수사항이나 명령을 추가·변경할 수 있다.
14 대결 1999. 3. 10, 99모33.

확정되지 않은 상태에서 대상자가 재범사실을 적극적으로 다투고 있는 경우라면, 법원이 집행유예를 취소하는 결정을 함에 있어서는 사실관계 인정에 있어서 신중을 기하여야 할 것으로 생각된다. 대법원은 보호관찰대상자에게 부과할 수 있는 '재범의 기회나 충동을 줄 수 있는 장소에 출입하지 아니할 것'이라는 특별준수사항을 만연히 보호관찰대상자가 아닌 사회봉사·수강명령대상자에게 부과한 뒤 사회봉사·수강명령대상자의 준수사항 위반을 집행유예 취소사유로 삼는 것은 신중하여야 한다고 판시한 바 있다.[15] 또한 보호관찰이나 사회봉사 또는 수강명령은 각각 병과되는 것이므로, 사회봉사 또는 수강명령의 이행 여부가 보호관찰 준수사항 위반 여부나 정도를 평가하는 결정적 요소가 될 수는 없다고 한다.[16]

(3) 준수사항 또는 명령 위반을 이유로 한 집행유예 취소는 임의적인 것으로서 그 판단에 대한 법원의 재량이 인정된다.　　　　　　　　11

(4) 본조 제2항의 취소의 경우에도, 제1항의 경우와 마찬가지로 집행유예의　12
선고가 효력을 잃은 다음에는 제2항의 사유로 집행유예의 선고를 취소할 수 없는데, 이러한 법리는 원결정에 대한 집행정지 효력이 있는 즉시항고 또는 재항고로 말미암아 아직 집행유예의 선고 취소 결정의 효력이 발생하기 전의 상태에서 상소심 절차가 진행되는 중에 유예기간이 지난 경우에도 마찬가지이다.[17]

Ⅲ. 집행유예 취소의 절차

1. 취소청구 및 관할법원

집행유예의 선고를 받은 후 제62조 제1항 단서의 집행유예 결격사유가 발　13
각된 때에는 검사가 취소청구를 하고, 보호관찰, 사회봉사·수강명령을 조건으로 집행유예 선고를 받은 자가 그 준수사항이나 명령을 위반하고 정도가 무거운 때에는 보호관찰소의 장의 신청에 의하여 검사가 취소청구를 한다(보호관찰 §47①). 그 청구사건은 피고인의 현재지 또는 최후 주거지를 관할하는 법원이

---

15 대결 2009. 3. 30, 2008모1116.
16 대결 2010. 5. 27, 2010모446.
17 대결 2019. 3. 22, 2018모3217; 대결 2022. 8. 31, 2022모1466.

관할하고(보호관찰 § 47②, 형소 § 335), 사물관할에 대하여는 특별한 규정이 없으므로 법원조직법상의 일반원칙상 단독판사 관할에 속한다.

14   검사는 취소사유를 구체적으로 기재한 서면(형소규 § 149)과 취소사유가 있다는 것을 인정할 수 있는 자료(형소규 § 149의2)를 제출하여야 한다.

2. 심리 및 재판

15   법원은 청구서 부본을 지체 없이 집행유예 선고를 받은 자에게 송달하여야 한다(형소규 § 149의3). 집행유예의 취소 여부는 결정에 의하므로 변론을 열 필요는 없으나, 집행유예를 받은 자 또는 대리인의 의견을 물은 후에 결정을 하여야 하는데(형소 § 335②),[18] 그 의견을 묻기 위하여 필요한 경우 집행유예를 받은 자 또는 대리인의 출석을 명할 수 있다(형소규 § 150).

16   유예된 형을 선고하는 법원의 결정에 대하여는 즉시항고할 수 있다(형소 § 335④, ③).

Ⅳ. 집행유예 취소의 효과

17   집행유예를 취소하는 결정이 확정되면 집행이 유예된 형이 실형으로 전환되므로, 집행유예의 실효사유가 발생한 경우와 마찬가지로 검사가 형의 집행을 지휘하게 된다[§ 63(집행유예의 실효) 주해 부분 참조].

〔조 원 경〕

---

18 대결 2023. 6. 29, 2023모1007. 「집행유예 선고 취소결정이 가능한 시적 한계와 더불어 제1심과 항고심법원은 각기 당사자에게 의견 진술 및 증거제출 기회를 실질적으로 보장하여야 한다는 원칙이 적용되는 결과, 법원은 관련 절차를 신속히 진행함으로써 당사자의 절차권 보장과 집행유예 판결을 통한 사회 내 처우의 실효성 확보 및 적정한 형벌권 행사를 조화롭게 달성하도록 유의할 필요가 있다.」

제65조(집행유예의 효과)

집행유예의 선고를 받은 후 그 선고의 실효 또는 취소됨이 없이 유예기간을 경과한 때에는 형의 선고는 효력을 잃는다.

Ⅰ. 집행유예 판결의 효력

집행유예 판결이 확정된 후 집행유예기간 중에 제63조에서 정한 사유가 발생하여 집행유예가 실효되거나 제64조에서 정한 사유가 발생하여 집행유예를 취소하는 결정이 확정되면 유예된 형의 집행을 받게 된다.

경찰공무원법, 국가공무원법, 지방공무원법, 변호사법, 공증인법, 공인회계사법, 세무사법 등은 집행유예 판결 선고 자체와 관련한 결격사유를 두고 있다. 자격정지 이상의 형의 선고를 받은 경우(경찰공무원법 §7②(v)). 다만, 집행유예기간이 경과하면 결격사유에 해당하지 않게 됨), 금고 이상의 형의 집행유예를 선고받고 집행유예기간이 끝난 날부터 2년이 지나지 않은 경우(국가공무원법 §33(iv), 지방공무원법 §31(iv), 변 §5, 공증인법 §13(iv), 공인회계사법 §4(iii)), 금고 이상의 형의 집행유예를 선고받고 집행유예기간이 끝난 날부터 1년이 지나지 않은 경우(세무사법 §4(viii))에는 각 법령에 의한 자격을 취득할 수 없다. 또한 이미 자격을 취득한 공무원 등에 대하여 위 결격사유가 발생한 때에는, 이를 당연퇴직사유로 규정하고 있다(경찰공무원법 §21, 국가공무원법 §69, 지방공무원법 §61(i)).

위와 같은 법령 등에서 정한 자격요건과 관련하여, 2018년 9월 18일 개정된 소년법은 "소년이었을 때 범한 죄에 의하여 형의 선고유예나 집행유예를 선고받은 경우, 자격에 관한 법령을 적용할 때 장래에 향하여 형의 선고를 받지 않은 것으로 본다."는 규정(소년 §67①(ii))을 신설하였다. 이 규정은 소년이었을 때 범한 죄로 인하여 소년이 자포자기에 빠지지 않도록 공직 등 사회 진출에 제약을 가하지 않고 재기의 기회를 부여하기 위하여 마련한 특례조항이

〔조 원 경〕

499

다.[1] 아울러 소년법 부칙은 "제67조의 개정규정은 이 법 시행 전 소년이었을 때 범한 죄에 의하여 형의 집행유예나 선고유예를 받은 사람에게도 적용한다."(소년 부칙 §2)라고 정하여 개정된 위 법조항을 소급하여 적용하도록 하고 있다.

II. 집행유예기간 경과의 효력

4　　집행유예가 실효 또는 취소되지 않고 집행유예기간이 경과하면 형의 선고 는 효력을 잃는다.

5　　형의 선고가 효력을 잃는다는 의미는 형의 실효 등에 관한 법률(이하, 형실 효법이라 한다.)에 의한 형의 실효와 같이 형의 선고에 의한 법적 효과가 장래를 향하여 소멸한다는 취지이다. 앞서 본 바와 같이 형의 선고가 이미 그 효력을 잃게 되어 '금고 이상의 형을 선고'한 경우에 해당한다고 보기 어려울 뿐 아니라, 집행의 가능성이 더 이상 존재하지 아니하여 집행종료나 집행면제의 개념도 상정하기 어려우므로, 집행유예기간 중에 범한 범죄라고 할지라도 집행유예가 실효·취소됨이 없이 그 유예기간이 경과한 경우에는 다시 집행유예의 선고가 가능하다.[2] 또한, 그 전과는 형의 집행을 전제로 한 누범가중사유도 되지 않는다. 폭력행위 등 처벌에 관한 법률(이하, 폭력행위처벌법이라 한다.) 제2조 제3항, 특정범죄 가중처벌 등에 관한 법률(이하, 특정범죄가중법이라 한다.) 제5조의4 제5항은 특정범죄에 대한 누범 가중처벌 요건으로 '법령에서 정한 범죄로 (중략) 징역형을 받은 사람'이라는 규정을 두고 있는데, 집행유예기간이 경과하여 징역형의 선고가 효력을 잃은 경우 그 징역형 전과는 위 폭력행위처벌법 제2조 제3항 및 특정범죄가중법 제5조의4 제5항에서 말하는 '징역형을 받은 경우'에 해당하지 않게 된다.[3] 판례는 어느 전과의 징역형에 대하여 형실효법에서 정한 실효기간이 경과하기 전에 징역형의 집행유예 전과가 있었지만 그 집행유예가 실

---

1 헌재 2018. 1. 25, 2007헌가7.
2 대판 2007. 2. 8, 2006도6196. 본 판결 해설은 최동렬, "형법 제62조 제1항 단서의 "금고 이상의 형을 선고한 판결"에 집행유예를 선고한 판결이 포함되는지 여부 및 집행유예 기간 중 재범한 피고인에 대하여 형을 선고할 때에 집행유예 기간이 이미 도과한 경우 재차 집행유예의 선고가 가능한지 여부", 해설 70, 법원도서관(2007), 162-178.
3 대판 2010. 9. 9, 2010도8021; 대판 2016. 6. 23, 2016도5032; 대판 2023. 11. 30, 2023도10699.

　　　　　　　　　　　〔조 원 경〕

효 또는 취소되지 않고 유예기간이 경과하였고, 그 무렵 집행유예 이전의 징역형도 자체의 실효기간이 경과하였다면, 집행유예기간 이전의 징역형도 역시 실효되어 특정범죄가중법 제5조의4 제5항에서 정한 '징역형을 받은 경우'에 해당하지 않는다고 한다.[4]

그러나 형의 선고가 효력을 잃는다는 취지는 형의 선고의 법률적 효과가 없어진다는 것일 뿐 형의 선고가 있었다는 기왕의 사실 및 금고 이상의 형을 선고받은 전과 자체까지 없어진다는 뜻은 아니다. 따라서 집행유예기간이 경과하였다고 하더라도 금고 이상의 형을 선고받은 전과는 그대로 남으므로 집행유예를 선고받은 전과가 있는 사람에 대하여 집행유예기간이 경과하였다고 하더라도 선고유예를 할 수 없다는 것이 대법원 판례이다.[5] 이와 같은 판례의 태도에 대하여는 집행유예기간을 무사히 경과한 사람에 대하여는 선고유예를 할 수 있다고 해석하는 것이 타당하다는 비판이 있다.[6]

한편 집행유예기간이 경과한 후에도 집행유예 판결이 확정되기 전에 범한 죄와 그 판결 확정 이후의 죄는 제37조 후단의 경합범관계에 있게 되고,[7] 집행유예의 전과는 양형이나 상습성 인정의 자료로 사용될 수도 있다. 또한 대법원은 형의 집행종료 후 7년 이내에 집행유예의 판결을 받았다면 그 집행유예기간을 무사히 경과하고 7년을 채우더라도 제81조(형의 실효) 규정의 '형을 받음이 없이 7년을 경과한 때'에 해당한다고 볼 수 없어 위 규정에 의하여 형의 실효를 선고할 수 없다고 한다.[8] 국가공무원이 금고 이상의 형의 집행유예를 받아 당연퇴직한 후 집행유예기간이 경과하여 형의 선고가 효력을 잃게 되었다 하더라도 이미 발생한 당연퇴직의 효력에는 영향이 없다.[9]

앞서 본 바와 같이 집행유예기간 경과 후에도 법령상의 자격 취득과 관련

---

4 대판 2014. 9. 4, 2014도7088.

5 대판 2003. 12. 26, 2003도3768. 본 판결 해설 및 평석은 이승호, "집행유예의 선고를 받은 후 그 유예기간을 무사히 경과한 경우 선고유예 결격사유인 '자격정지 이상의 형을 선고받은 전과'에 해당하는지 여부", 해설 48, 법원도서관(2004), 498-508; 한영수, "집행유예기간이 경과한 자에 대한 선고유예", 형사판례연구 [13], 한국형사판례연구회, 박영사(2005), 218-235.

6 한영수(주 5), 231-233; 한창훈, "집행유예기간이 경과한 자에 대하여 선고유예가 가능한지 여부", 사법연수원 논문집 4(2007), 253-255.

7 대판 1984. 8. 21, 84도1297.

8 대결 1983. 4. 2, 83모8.

9 대판 2011. 3. 24, 2008다92022.

하여 일정기간 집행유예 전과로 인한 불이익이 유지되도록 하는 규정들이 있는데, 집행유예기간이 경과한 후 2년간은 공무원이나 변호사, 공증인, 공인중개사가 될 수 없고, 1년간은 세무사가 될 수 없다.

〔조 원 경〕

제 5 절 형의 집행

〔총 설〕

Ⅰ. 형의 집행 일반

1. 형 집행의 의의

형의 집행은 확정판결을 통하여 선고된 형을 국가권력에 의하여 강제적으   1
로 실현하는 작용 내지 과정을 말한다.[1] 재판의 집행 중에는 형의 집행 외에도
수사 및 공판 단계에서 이루어지는 각종 영장의 집행이나, 형 이외의 재판인 추
징·과태료·소송비용·비용배상·보석보증금몰수 등에 대한 집행도 포함된다.
하지만 재판의 집행 중에서 유죄판결에 기한 형의 집행이 가장 중요한 의미를
가진다. 생명형(사형), 자유형(징역, 금고, 구류), 재산형(벌금, 과료), 자격형(자격상실,
자격정지), 부가형(몰수) 등 형의 성질과 종류에 따라 형의 집행 방식은 달라진다.

---

1 김성돈, 형법총론(8판), 870(작용); 김일수·서보학, 새로쓴 형법총론(13판), 610(과정); 신동운,
  형법총칙(14판), 912(작용); 이형국·김혜경, 형법총론(7판), 634(과정); 임웅·김성규·박성민, 형
  법총론(14정판), 718(과정); 정성근·박광민, 형법총론(전정2판), 712(실현); 정성근·정준섭, 형법
  강의 총론(3판), 483(실현); 정영일, 형법총론(3판), 570(작용); 한상훈·안성조, 형법개론(3판),
  375(실현); 주석형법 〔각칙(2)〕(3판), 585(전승수).

2. 형 집행 관련 규정의 체계

2 　　형법 총칙 제3장 제5절(형의 집행)은 제66조(사형), 제67조(징역), 제68조(금고와 구류), 제69조(벌금과 과료)에서 형 집행 방식에 대한 기본적인 내용을 규정하고, 제70조(노역장 유치), 제71조(유치일수의 공제)에서는 노역장유치에 대해 규정하고 있으며, 형사소송법 제5편(재판의 집행)은 제459조(재판의 확정과 집행)부터 제493조(집행비용의 부담)까지 각각의 형 집행을 포함하여 재판의 집행에 대한 구체적 방식을 규정하고 있다.

3 　　구 행형법이 2007년 12월 21일 전부 개정된 형의 집행 및 수용자의 처우에 관한 법률(이하, 형집행법이라 한다.)은 교정시설(교도소·구치소 및 그 지소)에서 이루어지는 형 집행과 관련한 수형자의 처우 등에 관한 구체적인 내용을 규정하고 있다. 형의 집행과 행형의 관계에 관하여 일반적으로 자유형의 집행을 좁은 의미의 행형이라고 하나,[2] 자유박탈을 수반하는 징역, 금고, 구류, 노역장유치 집행을 포함하는 개념으로 행형이라는 용어를 사용하기도 한다.[3] 형의 집행이 형식적인 측면에 중점을 둔 것이라면, 행형은 실질적인 내용에 중점을 둔 것으로 볼 수 있다.[4] 따라서 행형은 개별적인 사람과 상황을 고려하여 특별예방 목적을 달성하는 데 가장 적합한 방식을 이용하게 된다.[5]

4 　　형집행법은 사형의 선고를 받아 그 형이 확정되어 교정시설에 수용된 사람을 '사형확정자', 징역형·금고형 또는 구류형의 선고를 받아 그 형이 확정되어 교정시설에 수용된 사람과 벌금 또는 과료를 완납하지 아니하여 노역장 유치명령을 받아 교정시설에 수용된 사람을 '수형자', 수형자·미결수용자·사형확정자 등 법률과 적법한 절차에 따라 교정시설에 수용된 사람을 '수용자'로 구분하고(형집§2), 수형자를 포함한 수용자 일반에 적용되는 처우의 내용과 수형자·미결수용자·사형확정자에게 각각 적용되는 처우의 내용을 구분하여 규정하고 있다.

5 　　벌금 미납자의 사회봉사 집행에 관한 특례법(이하, 벌금미납자법이라 한다.)은 벌금 미납자에 대한 노역장유치와 관련하여 경제적인 이유로 인한 노역장유치

---

2 배종대·홍영기, 형사정책, 홍문사(2019), 443.
3 김성돈, 870; 신동운, 912.
4 주석형법 [총칙(2)](2판), 631(조균석).
5 배종대·홍영기, 424.

를 최소화하기 위하여 사회봉사의 집행으로 벌금 납부를 대체할 수 있도록 하고 있다.

하위 법령인 법무부령으로는 형 집행에 관한 업무 중 사형과 자유형의 집행에 관한 사무의 구체적 방식과 절차를 규정하고 있는 「자유형등에 관한 검찰 집행사무규칙」(법무부령 제1058호, 시행 2023. 8. 21.)(이하, 자유형집행규칙이라 한다.), 벌금과 과료 등의 집행에 관한 사항을 정하고 있는 「재산형 등에 관한 검찰 집행사무규칙」(법무부령 제1057호, 시행 2023. 8. 1.)(이하, 재산형집행규칙이라 한다.), 몰수의 집행 등 압수물 관련 사무에 관한 사항을 정하고 있는 「검찰압수물사무규칙」(법무부령 제1077호, 시행 2024. 5. 14.)(이하, 압수물규칙이라 한다.)이 있다.

그 외에도 교정시설에 수용자의 수용기록 업무, 수용구분 등 업무에 관한 세부 사항을 규정하는 법무부예규로 「수용구분 및 이송·기록 등에 관한 지침」 (2022. 3. 2. 개정 법무부 예규 제1294호)이 있다. 형의 집행과 관련된 세부적인 운영 방식을 규정한 대검찰청예규로는 「자유형 확정자에 대한 형집행업무 처리 지침」[6], 「자유형 집행정지 업무 처리 지침」, 「재판이 일부 확정된 피고인에 대한 수형 사무 처리지침」[7], 「환자 등의 벌과금 분납·납부연기에 관한 업무지침」[8] 등이 있으며, 검찰에서는 구체적인 상황에 따른 형 집행 실무 운영에 참고하기 위하여 자유형집행 업무편람, 재산형집행 업무편람 등의 매뉴얼을 마련하여 형 집행 업무에 활용하고 있다.

3. 형 집행의 시기

(1) 재판 확정 후 집행

형을 선고한 재판은 특별한 규정이 없으면 확정된 후에 집행하는 것이 원칙이다(형소 §459). 재판이 상소나 그 밖의 통상적 불복의 방법에 의하여 다툴 수 없게 되어 그 내용을 변경할 수 없게 된 상태를 재판의 확정이라고 한다. 형을 선고한 재판은 불복이 허용되는 재판이므로 불복신청기간의 도과, 상소나 그 밖의 불복신청의 포기 또는 취하, 불복신청을 기각하는 재판의 확정 등에 의해

---

6 2015. 11. 4. 대검 예규 제814호.

7 제정 2002. 6. 4. 대검예규 공판 제328호, 개정 2022. 7. 19, 대검예규 제1296호.

8 제정 2018. 5. 11. 대검 예규 제949호, 개정 2022. 9. 30. 대검 예규 제1316호.

확정되고, 대법원 판결은 선고와 동시에 확정이 된다.[9]

9   형 집행의 시기는 형의 시효와 관계가 있고, 자유형의 경우 가석방심사 등 수형자의 처우와도 관계가 있으므로 신속하게 집행될 필요가 있다. 구금되어 있는 상태에서 자유형이 확정된 사람에 대한 형의 집행에는 특별한 문제가 없으나, 구금되어 있지 않은 상태에서 자유형이 확정된 사람에 대하여는 형을 선고한 재판이 확정되는 즉시 소환하고, 출석하지 않는 경우 구인하여 형을 집행할 필요가 있다.

10   다만, 재판이 확정된 경우라도 사형은 법무부장관의 명령이 있어야만 집행할 수 있고(형소 §463), 벌금과 과료는 판결확정일로부터 30일내에 납입하도록 되어 있으므로(§69① 본문), 30일내에는 노역장유치를 하거나 강제집행 등의 방식으로 형을 집행할 수는 없다.

11   또한 사형선고를 받은 사람이 심신의 장애로 의사능력이 없는 상태이거나 임신 중인 여자인 때에는 법무부장관의 명령으로 집행을 정지하고(형소 §469①),[10] 징역, 금고 또는 구류의 선고를 받은 자가 심신의 장애로 의사능력이 없는 상태에 있는 때에는 형의 집행을 정지해야 하므로(형소 §470①), 형의 집행을 정지한 사유가 해소된 이후에 비로소 형을 집행할 수 있다.

(2) 재판 확정 전 집행

12   재판은 확정된 후 집행하는 것이 원칙이지만, 예외적으로 확정 전에 집행이 허용되는 경우가 있다. 법원은 벌금, 과료 또는 추징의 선고를 하는 경우에 판결의 확정 후에는 집행할 수 없거나 집행하기 곤란할 염려가 있다고 인정한 때에는 직권 또는 검사의 청구에 의하여 벌금, 과료 또는 추징에 상당한 금액의 가납을 명할 수 있고(형소 §334①), 이와 같이 가납을 명한 판결은 판결이 확정되기 전이라도 즉시 집행할 수 있다(형소 §334④). 가납명령에 따른 재판의 집행을 형의 집행 그 자체로 이해하는 경우도 있으나,[11] 가납명령은 판결 확정 전에 벌금, 과료 등 재산형 자체를 집행하는 것은 아니고 향후 재산형 집행을

---

9 대결 1967. 6. 2, 67초22.

10 2020년 12월 8일 형사소송법 개정(2021. 12. 9. 시행) 전 구 조문은 "사형의 선고를 받은 자가 심신의 장애로 의사능력이 없는 상태에 있거나 잉태 중에 있는 여자인 때에는 법무부장관의 명령으로 집행을 정지한다."고 규정하였다.

11 주석형법 [총칙(2)](3판), 587(전승수).

위한 보전 방법에 해당하므로, 형의 집행 자체는 재판이 확정된 후 이루어지나 가납한 금액의 한도에서 형의 집행이 된 것으로 간주되는 것으로 보아야 한다 (형소 §481).[12]

4. 형 집행의 지휘

(1) 검사의 형 집행 지휘

형의 집행은 그 재판을 한 법원에 대응한 검찰청의 검사가 지휘한다(형소 460§① 본문). 상소의 재판 또는 상소의 취하로 하급법원의 재판을 집행할 경우에 는 상소법원에 대응한 검찰청의 검사가 지휘하나, 소송기록이 하급법원 또는 그 법원에 대응한 검찰청에 있는 때에는 그 검찰청의 검사가 지휘한다(형소 460§ ②).   **13**

형의 집행을 포함한 재판의 집행의 주체에 관한 입법유형으로는, ① 법원 의 권한으로 하는 입법례(법원주의)와 ② 검사의 권한으로 하는 입법례(검사주의) 가 있다. 우리나라는 위 형사소송법 규정과 같이 재판 집행의 신속성, 기동성에 대처하기 위해 검사가 형의 집행을 지휘하는 방식을 취하고 있다(검사주의). 검 찰청법도 검사는 공익의 대표자로서 재판 집행 지휘·감독의 직무와 권한이 있 다고 규정하고 있다(검찰청법 §4①(iv)). 실무상으로는 해당 검찰청의 검사 중 공 판부에 소속된 검사(또는 공판담당 검사)가 형 집행 지휘 업무를 담당한다.   **14**

검사의 지휘에 따른 구체적인 형의 집행은 형의 종류에 따라 교도관, 검찰 청 직원 등이 하게 된다. 법무부는 검찰, 행형 등에 관한 사무를 관장하며 법무 부장관 소속하에 지방교정청을 두고, 지방교정청장 소속하에 교도소 및 구치소 를 두어 사형, 자유형의 집행(행형)을 담당하고, 검찰청은 재산형의 집행을 담당 한다(정부조직법 §32, 법무부와 그 소속기관 직제 §2②, §3).   **15**

대검찰청 공판송무부에는 공판1과, 공판2과 및 집행과를 두고, 재산형을 제 외한 형과 보호처분의 집행에 대한 지휘·감독에 관한 사항은 공판2과장이, 재 산형의 집행에 대한 지휘·감독에 관한 사항은 집행과장이 각각 분장하고 있 다. 지방검찰청 및 지청에서는 집행과장이 재산형의 집행에 관한 사항을 분장 하고 있다(검찰청 사무기구에 관한 규정 §9, §17, §18). 다만 즉결심판 절차법에 따   **16**

---

12 대판 1977. 9. 28, 77도2288.

른 형의 집행은 검사의 지휘 없이 경찰서장이 하되, 그 집행 결과를 지체없이 검사에게 보고하여야 하고, 구류는 경찰서 유치장에서도 집행이 가능하며, 벌금, 과료, 몰수는 그 집행을 종료하면 지체없이 검사에게 이를 인계하도록 하고 있다(즉결 §18①).

(2) 형 집행 지휘의 방식

17   검사의 형 집행 지휘는 재판서 또는 재판을 기재한 조서의 등본 또는 초본을 첨부한 서면으로 하여야 한다(형소 §461① 본문). 사형과 자유형(이하, 자유형 등이라 한다.) 대한 검사의 형 집행지휘는 판결서등본 또는 재판을 기재한 조서의 등본을 첨부한 형집행지휘서에 의한다. 다만, 자유형의 경우 법원으로부터 판결서등본 또는 재판을 기재한 조서의 등본이 송달이 지체되는 경우에는 검사는 형집행지휘서에 재판결과통지서 또는 그 내용을 소명할 수 있는 자료를 첨부하여 자유형의 집행을 지휘할 수 있다(자유형집행규칙 §4①).

18   천재지변 등으로 인하여 재판서 원본이 멸실되어 등본 또는 초본의 작성이 불가능할 경우에는 범행, 형의 종류와 범위를 구체적으로 명확하게 할 수 있는 다른 증명자료를 첨부하여 집행지휘를 할 수 있다.[13] 공판정에서 선고한 형과 재판서에 기재된 형이 다른 경우에는 공판정에서 선고한 형을 기준으로 형의 집행을 지휘하여야 한다.[14] 재판장은 판결 선고절차에서 주문을 낭독한 이후라도 선고가 종료되기 전까지는 일단 낭독한 주문의 내용을 정정하여 다시 선고할 수 있으나, 재판서에 기재된 주문과 이유를 잘못 낭독하거나 설명하는 등 실수가 있거나 판결 내용에 잘못이 있음이 발견된 경우와 같이 특별한 사정이 있는 경우에만 변경 선고가 허용된다.[15]

19   형의 집행지휘서에는 형의 집행을 받을 자의 인적사항과 집행할 형의 종류

---

13 대결 1959. 12. 23, 4191형항22.
14 대결 1981. 5. 14, 81모8.
15 대판 2022. 5. 13, 2017도3884(제1심 재판장이 선고기일에 법정에서 '피고인을 징역 1년에 처한다.'는 주문을 낭독한 뒤 상소기간 등에 관한 고지를 하던 중 피고인이 '재판이 개판이야, 재판이 뭐 이 따위야.' 등의 말과 욕설을 하면서 난동을 부려 교도관이 피고인을 제압하여 구치감으로 끌고 갔는데, 제1심 재판장은 그 과정에서 피고인에게 원래 선고를 듣던 자리로 돌아올 것을 명하였고, 법정경위가 구치감으로 따라 들어가 피고인을 다시 법정으로 데리고 나오자, 제1심 재판장이 피고인에게 '선고가 아직 끝난 것이 아니고 선고가 최종적으로 마무리되기까지 이 법정에서 나타난 사정 등을 종합하여 선고형을 정정한다.'는 취지로 말하며 징역 3년을 선고한 사안에서, 위 변경 선고는 위법하다고 한 사례).

와 내용을 명확히 기재하여야 한다.

5. 형 집행 지휘의 촉탁

자유형이 확정된 피고인이 다른 검찰청의 관할구역안에 현주하는 사실이 발견된 때에는 검사는 재판집행촉탁서에 의하여 당해 검찰청의 검사에게 형의 집행지휘를 촉탁할 수 있고, 자유형이 확정된 피고인이 군사법원의 재판관할에 속하게 된 때에는 군검사에게 형의 집행지휘를 촉탁하여야 한다(자유형집행규칙 §18①). 위 재판집행촉탁서에는 판결등본·소재수사보고서·지문 및 사진 등 형의 선고를 받은 자를 특정하는 데 필요한 자료를 첨부하여야 한다(자유형집행규칙 §18②).

6. 형 집행의 순서

(1) 무거운 형 우선 집행

동일한 사람에 대해 2개 이상의 형을 집행하는 경우에 자격상실, 자격정지, 벌금, 과료와 몰수 외에는 무거운 형을 먼저 집행한다(형소 §462 본문).[16] 자격상실, 자격정지, 벌금, 과료와 몰수는 성질상 자유형과 동시에 집행하는 것이 가능하기 때문에 형 집행의 순서를 따로 정할 필요는 없으나, 그 외에 2개 이상의 자유형 등을 집행하는 경우에는 동시에 집행할 수 없기 때문에 집행할 순서를 정하여 지휘하여야 한다(형소 §462 본문, 자유형집행규칙 §16①). 그러나 유기징역 또는 유기금고에 자격정지를 병과한 때에는 징역 또는 금고의 집행을 종료하거나 면제된 날로부터 정지기간을 기산한다(§44②).

형법은 선고형의 경중에 대해 직접적으로 규정하고 있지는 않지만 제50조(형의 경중) 및 제41조(형의 종류)가 일반적인 형의 경중에 대해 규정하고 있으므로, 형 집행의 순서를 정할 때에도 위 기준을 유추적용하여 형의 경중을 정하게 된다.[17] 따라서 사형, 징역, 금고, 구류 순으로 무거운 형에서 가벼운 형이 되지만, 무기금고와 유기징역은 무기금고가 무거운 것으로 하고, 유기금고의 장기가

20

21

22

---

16 2020년 12월 8일 형사소송법 개정(2021. 12. 9. 시행) 전 구 조문은 "2이상의 형의 집행은 자격상실, 자격정지, 벌금, 과료와 몰수 외에는 그 중한 형을 먼저 집행한다."고 규정하였다.
17 주석형사소송법 IV(5판), 한국사법행정학회(2017), 727(양동철).

유기징역의 장기보다 길면 금고를 무거운 것으로 한다. 유기징역이나 유기금고와 같이 동일한 종류의 형이 수개 있는 경우에는 장기가 긴 것을 무거운 것으로 하고, 장기가 동일한 때에는 단기가 긴 것을 무거운 것으로 하지만, 법정형의 장·단기에 따라 형의 경중을 정하는 위 규정이 집행할 형인 선고형의 경중을 정할 때에도 그대로 적용되는 것은 아니다. 예를 들면, 법정형의 상한이 징역 10년인 죄에 대해 징역 1년이 선고되고, 법정형의 상한이 징역 3년인 죄에 대해 징역 2년이 선고되어 형을 집행하게 되는 경우에는, 법정형의 장기와 상관없이 후자의 선고형이 더 무거운 형이므로 우선 집행하게 된다.

(2) 형집행순서의 변경

23 형사소송법 제462조 본문에 따라 기본적으로 무거운 형을 우선 집행해야 하나, 검사는 소속장관의 허가를 얻어 무거운 형의 집행을 정지하고 다른 형의 집행을 할 수 있다(형소 § 462 단서). 여기의 소속장관은 법무부장관을 말하는 것이 아니라 형의 집행순서 변경지휘를 하는 검사의 소속검찰청의 장을 말하는 것으로 해석되고, 소속검찰청의 장에는 지방검찰청의 장인 검사장 외 지청의 장인 지청장도 포함되는 것으로 보며, 실무에서도 그와 같이 운영하고 있다.[18]

24 형의 집행순서 변경은 수형자 입장에서는 가석방 요건 충족 여부와 관련하여 실질적인 의미가 크고, 형 집행 기관의 입장에서는 형의 시효 중단과 관련하여 의미가 있다.

25 징역이나 금고의 집행 중에 있는 사람이 행상(行狀)이 양호하여 뉘우침이 뚜렷한 때에는 무기형은 20년, 유기형은 형기의 3분의 1을 경과한 후 행정처분으로 가석방을 할 수 있다(§ 72①).[19] 수개의 자유형 집행 중에 있는 수형자 입장에서는 무거운 형의 집행을 모두 마친 후 다른 형의 집행을 시작하는 것보다 집행 중인 형의 형기가 3분의 1이 되면 다른 형을 집행하여 그 형도 형기 3분의 1이 되도록 하는 것이 유리하다. 실무적으로 수형자가 가석방 혜택 등을 위하여 형집행순서 변경을 신청하면 교도소장은 재판 계속 중인 추가 사건이 있거나,

---

18 재산형 집행관련 지시 개선 시행(대검 집행과 - 1097, 2006. 5. 19.).
19 2020년 12월 8일 형법 개정(2021. 12. 9. 시행) 전 구 조문은 "징역 또는 금고의 집행 중에 있는 자가 그 행상이 양호하여 개전의 정이 현저한 때에는 무기에 있어서는 20년, 유기에 있어서는 형기의 3분의 1을 경과한 후 행정처분으로 가석방을 할 수 있다."고 규정하였다.

고액 벌금 미납자가 벌금 납부를 회피하기 위한 수단으로 악용하거나, 검사의 형집행순서 변경 불허 결정 후 사정변경 없이 재신청하는 경우 등이 아니라면 관할 검찰청에 형집행순서변경신청을 하고, 검사도 이를 적극적으로 고려하여 형의 집행순서 변경 여부를 결정하고 있다. 그렇지만 형의 집행순서 변경이 항상 수형자의 이익을 위한 것은 아니고, 무거운 형의 집행 중에 가벼운 형의 시효가 완성되는 것을 방지하기 위해서 형의 집행순서를 변경할 수도 있다.[20]

26
　　자유형과 벌금형이 병과 선고되거나 자유형의 집행 중 다른 범죄로 벌금형이 선고된 수형자에 관하여 검사가 노역장유치의 집행을 지휘하는 때에는, 소속 검찰청의 장의 허가를 받아 자유형의 집행을 정지하고, 먼저 노역장유치의 집행을 지휘하여야 한다(자유형집행규칙 §39① 본문). 이러한 경우, 검사의 노역장유치의 집행지휘는 자유형의 집행을 정지하고 먼저 노역장유치의 집행을 지휘한다는 뜻을 기재한 노역장유치집행지휘서에 의한다(자유형집행규칙 §39②). 자유형과 벌금형은 집행순서를 정할 필요 없이 동시에 집행이 가능하나, 벌금을 납입하지 아니하여 노역장유치를 하는 경우에는 집행의 순서를 정할 필요가 있는데, 항상 자유형을 우선 집행하게 되면 자유형이 집행되는 동안 벌금형의 시효가 완성되는 경우가 발생하므로 노역장유치의 집행을 먼저 하게 되는 것이다. 다만, 자유형을 먼저 집행하여도 벌금형에 관한 형의 시효가 완성되지 아니할 것이 명백한 때에는 자유형을 먼저 집행할 수 있다(자유형집행규칙 §39① 단서). 2개 이상의 벌금형에 관한 노역장유치 집행의 순서도 무거운 것을 우선 집행하는 것이 원칙이지만, 자유형뿐만 아니라 노역장유치 집행 중에 다른 노역장유치 집행 지휘 사건에 대한 형의 시효가 완성되는 경우에도 노역장유치 집행순서를 변경하여 집행하게 된다.

27
　　검사가 형의 집행순서를 변경하고자 할 때에는 형집행순서 변경서를 작성하여 소속검찰청의 장의 허가를 받아야 하고, 2개 이상의 노역장유치의 집행을 지휘한 후 그 집행순서를 변경하고자 하는 때에도 또한 같다(자유형집행규칙 §38①). 형집행순서 변경은 수형자의 수용시설 소재지 관할 지방검찰청 또는 지청 검사가 지휘하되, 서울구치소의 경우에는 서울중앙지방검찰청 검사가 이를 지휘하고(자유형집행규칙 §38④), 검사의 형집행순서의 변경지휘는 형집행순서변경지휘

---

20 주석형사소송법 IV(5판), 728(양동철).

서에 의하여 하는데, 검찰청의 집행사무담당직원은 이를 형의 집행 중에 있는 자가 재소하고 있는 구치소 또는 교도소의 장에게 송부하여야 한다(자유형집행규칙 §38②, ③).

7. 형 집행의 불능

28　　검사는 형의 시효가 완성된 때, 형의 선고를 받은 자에 관하여 사면이 있는 때와 형의 선고를 받은 자가 사망한 때에는 형집행불능결정서에 의하여 형집행불능결정을 하여야 한다(자유형집행규칙 §7①). 재산형의 경우에도 자유형 등의 경우와 마찬가지로 시효가 완성된 경우, 형의 선고를 받은 납무의무자가 사망한 경우, 사면이 있는 경우 등에는 집행불능결정을 하여야 하나(재산형집행규칙 §25①), 몰수 또는 조세, 전매 기타 공과에 관한 법령에 의하여 재판한 벌금 또는 추징은 그 재판을 받은 자가 재판확정후 사망한 경우에도 그 상속재산에 대하여 집행할 수 있다(형소 §478). 법인에 대하여 벌금, 과료, 몰수, 추징 등을 명한 경우에 법인이 해산되어 청산종결의 등기를 한 경우에는 집행 불능 결정의 사유가 되나, 그 재판확정 후 합병에 의하여 소멸한 때에는 합병 후 존속한 법인 또는 합병에 의하여 설립된 법인에 대하여 집행할 수 있다(형소 §479). 재산형의 불능결정 사유에는 위와 같이 그 사유가 발생하는 경우 반드시 불능결정을 하여야 하는 절대적 불능사유 외에도 반드시 불능결정을 하여야 하는 것은 아니지만 불능결정을 할 수도 있는 상대적 불능사유도 있다. 검사는 법인인 납부의무자가 사실상 해산되어 자력이 없는 경우나 외국인인 납부의무자 또는 내국인으로서 해외이주자인 납부의무자가 출국하여 재입국할 가능성이 없는 경우에는 집행 불능 결정을 할 수 있다(재산형집행규칙 §25②).

II. 자격형의 집행

1. 자격형 집행의 의의

29　　형법은 자격형으로 자격상실과 자격정지를 두고 있다(§41(iv), (v)). 자격상실은 일정한 자격을 상실시키는 형이고, 자격정지는 일정한 자격의 전부 또는 일

부를 일정기간 동안 정지시키는 형이다.

　자격상실은 형법각칙의 개별 범죄의 법정형으로 별도로 규정되어 있지는　　　**30**
않다. 사형, 무기징역 또는 무기금고의 판결은 받은 자는 공무원이 되는 자격,
공법상의 선거권과 피선거권, 법률로 요건을 정한 공법상의 업무에 관한 자격,
법인의 이사, 감사 또는 지배인 기타 법인의 업무에 관한 검사역이나 재산관리
인이 되는 자격이 상실된다(§ 43①). 자격정지에는 유기징역 또는 유기금고의 판
결을 받은 자에 대해 그 형의 집행이 종료하거나 면제될 때까지 공무원이 되는
자격, 공법상의 선거권과 피선거권, 법률로 요건을 정한 공법상의 업무에 관한
자격, 법인의 이사, 감사 또는 지배인 기타 법인의 업무에 관한 검사역이나 재
산관리인이 되는 자격이 정지되는 당연정지(§ 43②)와 개별 범죄의 법정형에 선
택형 또는 병과형으로 규정된 선고정지(§ 44)가 있다.[21]

　예를 들면, 자격정지는 공무원의 직무에 관한 죄 중 직무유기(§ 122), 직권남　　**31**
용권리행사방해(§ 123), 뇌물수수(§ 129) 등에서는 선택형으로, 직권남용체포, 직권
남용감금(§ 124), 독직폭행, 독직가혹행위(§ 125) 등에서는 필요적 병과형으로, 수
뢰후부정처사(§ 131①, ④) 등에서는 임의적 병과형으로 규정되어 있다.

　유기징역 또는 유기금고에 자격정지를 병과한 때에는 징역 또는 금고의 집　　**32**
행을 종료하거나 면제된 날로부터 정지기간을 기산한다(§ 44②). 형의 집행정지
나 가석방에 의하여 석방되더라도 이는 형의 집행종료 또는 면제가 아니므로
자격상실이나 자격의 당연정지가 이 기간 중에 회복되는 것은 아니지만, 가석방
기간이 경과된 경우, 사면에 의하여 형이 실효되거나 형의 집행이 면제된 경우
또는 감형에 의하여 형기가 단축된 경우에는 자격이 회복된다.[22] 자격의 선고정
지가 된 경우에도 사면에 의한 복권이 가능하고, 피해자의 손해를 보상하고 자

21　제43조 제2항의 자격의 당연정지 규정에 대해 헌법재판소는, 유기징역 또는 유기금고의 판결을
　　받아 그 형의 집행유예기간 중인 자의 공법상의 선거권에 관한 부분은 위헌결정을 하고, 유기징
　　역 또는 유기금고의 판결을 받아 그 형의 집행이 종료되지 아니한 자의 공법상의 선거권에 관한
　　부분은 헌법불합치결정을 하였다[헌재 2014. 1. 28, 2012헌마409·510, 2013헌마167(병합)]. 이
　　에 따라 2016년 1월 6일 형법이 개정되어 제43조 제2항에 "다만, 다른 법률에 특별한 규정이 있
　　는 경우에는 그 법률에 따른다."는 단서를 신설하였다. 다른 법률에 특별한 규정이 있는 대표적
　　인 예로는, 선거권이 없는 자를 규정한 공직선거법 제18조 제1항 제2호("1년 이상의 징역 또는
　　금고의 형의 선고를 받고 그 집행이 종료되지 아니하거나 그 집행을 받지 아니하기로 확정되지
　　아니한 사람. 다만, 그 형의 집행유예를 선고받고 유예기간 중에 있는 사람은 제외한다")가 있다.
22　주석형법 [총칙(2)](3판), 593(전승수).

격정지 이상의 형을 받음이 없이 정지기간의 2분의 1을 경과한 때에는 본인 또는 검사의 신청에 의하여 자격의 회복을 선고할 수도 있다(§82).

2. 자격형 집행의 방법

33　　자격형은 일정한 자격을 박탈하거나 일정기간 동안 자격을 정지시키는 형이므로 사형, 자유형, 재산형과는 달리 자격형을 집행하기 위해서 형의 선고를 받은 자를 상대로 적극적인 집행행위를 할 필요는 없다.

34　　자격상실 또는 자격정지의 선고를 받은 자에 대하여는 이를 수형자원부에 기재하고 지체없이 그 등본을 형의 선고를 받은 자의 등록기준지와 주거지의 시(구가 설치되지 아니한 시)·구·읍·면장(도농복합형태의 시에 있어서는 동지역인 경우에는 시·구의 장, 읍·면지역인 경우에는 읍·면의 장)에게 송부하여야 한다(형소 §476). 자격상실은 별도의 판결 선고가 있는 것이 아니라 사형, 무기징역 또는 무기금고의 판결을 받으면 일정한 자격이 당연히 상실되는 것이므로(§43①), '자격상실 또는 자격정지의 선고를 받은 자'는 '사형, 무기징역 또는 무기금고의 판결을 선고받아 자격이 상실된 자 또는 자격정지의 선고를 받은 자'로 해석된다.

35　　형의 실효 등에 관한 법률(이하, 형실효법이라 한다.)은 자격정지 이상의 형을 받은 수형인을 기재한 명부로서 검찰청 및 군검찰부에서 관리하는 것을 수형인명부라 하고, 자격정지 이상의 형을 받은 수형인을 기재한 명표로서 수형인의 등록기준지 시·구·읍·면 사무소에서 관리하는 것을 수형인명표라 한다(형실효 §2(ii), (iii)). 지방검찰청 및 그 지청과 보통검찰부에서는 자격정지 이상의 형을 선고한 재판이 확정되면 지체 없이 그 형을 선고받은 수형인을 수형인명부에 기재하여야 하고(형실효 §3), 지방검찰청 및 그 지청과 보통검찰부에서는 자격정지 이상의 형을 선고받은 수형인에 대한 수형인명표를 작성하여 수형인의 등록기준지 시·구·읍·면 사무소에 송부하여야 한다고 규정하고 있으므로(형실효 §4) 형사소송법의 수형자원부는 형실효법의 수형인명부를 의미하고, 수형자원부의 등본은 수형인명표를 의미하는 것으로 이해된다.[23]

23　주석형사소송법 IV(5판), 759(양동철).

Ⅲ. 몰수형의 집행

1. 몰수형 집행의 의의

몰수형에 대한 판결이 선고되어 확정되고, 확정된 판결이 집행되면 몰수물의 소유권은 국고로 귀속된다.[24] 확정 당시에 몰수물이 이미 압수되어 있는 경우에는 집행은 문제되지 않으며 검사의 처분만이 남아 있을 뿐이고, 몰수물이 압수되어 있지 않은 경우에는 몰수형 선고를 받은 자로부터 몰수물의 점유를 취득하여야 하는데, 이를 몰수형의 집행이라고 보는 견해가 있다.[25] 하지만 판결 확정 시 몰수물의 압수 여부에 따라 몰수형의 집행과 몰수물의 처분이 구별된다기보다는 몰수물의 압수 여부를 불문하고 검사는 몰수형에 대해 집행을 지휘하지만 몰수물이 이미 압수되어 있는지 여부에 따라서 검사의 구체적인 처분 내용이 달라진다고 이해하는 것이 타당하다. 몰수물이 압수되어 있는 경우에는 몰수형 집행이 이루어진 상태에서 검사가 처분을 하는 것이고, 몰수물이 압수되어 있지 않은 경우에는 몰수형 집행을 위해 검사가 처분을 하고, 그 후 몰수물이 압수되어 몰수형이 집행되면 몰수물이 이미 압수되어 있던 경우와 마찬가지로 검사가 다시 몰수물에 대한 처분을 하게 된다.

판례도 "검사의 몰수판결 집행업무란 몰수를 명한 판결이 확정된 후 검사의 집행지휘에 의하여 몰수집행을 하는 것을 뜻하는 것으로 몰수물이 압수되어 있는 경우에는 집행지휘만으로 집행이 종료되게 되며, 몰수물이 압수되어 있지 아니한 경우에는 검사가 몰수선고를 받은 자에게 그 제출을 명하고, 이에 불응할 경우 몰수집행명령서를 작성하여 집달관에게 강제집행을 명하는 방법으로 집행하는 것"이라고 본다.[26]

36

37

---

24 대법원은 관세법위반 사건에서 "몰수한다는 판결이 확정되었다면 그 물품이 이미 검사에 의하여 압수되고 있는 한 그 판결의 확정과 동시에 그 범칙물품은 국고귀속이 되는 것이니 다른 범인과의 관계에 있어서도 실질상 몰수한 거와 마찬가지라고 할 것"이라고 하여(대판 1980. 8. 26, 80도620), 압수된 몰수물에 대해서는 검사의 집행지휘 자체가 필요 없다는 입장으로 이해될 여지가 있다. 그러나 판결이 확정되면 당연히 검사가 집행지휘를 하므로 이를 전제로 확정과 동시에 국고귀속이 된다고 표현한 것으로 볼 수 있다.

25 주석형법 〔총칙(2)〕(2판), 637(조균석); 주석형법 〔총칙(2)〕(3판), 590(전승수).

26 대판 1995. 5. 9, 94도2990.

2. 몰수형의 집행

38   몰수물이 이미 압수되어 있는 경우에는 몰수형의 집행을 위한 별도의 추가적인 조치는 필요하지 않다. 실무상 검사는 몰수형의 집행 지휘와 함께 몰수물의 처분에 대해 명령을 한다. 검사가 재판에 의한 몰수의 집행을 할 경우에는 검찰청의 압수물사무담당직원은 재판서의 원본 등을 조사하고 압수표에 검사가 하여야 할 명령의 요지를 기재하고 소속과장의 확인을 받아 검사에게 제출하고, 검사는 이를 확인한 후 처분명령란에 날인하고, 압수표를 압수물사무담당직원에게 반환하여야 한다(압수물규칙 § 23①, ③).

39   몰수의 재판은 검사의 명령에 의하여 집행하고, 이러한 검사의 명령은 집행력 있는 채무명의와 동일한 효력이 있다(형소 § 477①, ②). 몰수 재판의 집행에는 민사집행법의 집행에 관한 규정을 준용하고, 국세징수법에 따른 국세체납처분의 예에 따라 집행할 수도 있으며, 검사는 재판을 집행하기 위하여 필요한 조사를 할 수 있고, 이 경우 공무소 기타 공사단체에 조회하여 필요한 사항의 보고를 요구할 수 있다(형소 § 477③ 내지 ⑤, § 199②). 정부는 2013년 11월 12일 몰수·추징 집행의 실효성 강화를 위해 검사가 몰수·추징의 집행을 위하여 필요하면 관계인의 출석 요구, 과세정보의 제공 요청, 금융거래 정보의 제공 요청 및 영장에 의한 압수·수색·검증 등을 할 수 있도록 하는 내용의 형사소송법 일부개정법률안을 19대 국회에 제출하였으나 임기만료로 폐기된 바 있다.[27]

---

27 몰수와 관련된 부분은 아래와 같이 형사소송법에 제477조의3을 신설하는 내용이었다.
　　안 제477조의3(몰수·추징의 집행을 위한 검사의 처분) ① 검사는 몰수·추징의 집행을 위하여 필요하다고 인정되면 그 목적에 필요한 최소한의 범위에서 다음 각 호의 처분을 할 수 있다. 다만, 범인 외의 자에 대한 제4호 및 제5호의 처분은 제3항에 따른 영장이 있어야 한다.
　　1. 관계인의 출석 요구 및 진술의 청취
　　2. 서류나 그 밖의 물건의 소유자·소지자 또는 보관자에 대한 제출 요구
　　3. 「특정 금융거래정보의 보고 및 이용 등에 관한 법률」제7조제1항에 따른 특정금융거래정보의 제공 요청
　　4. 「국세기본법」제81조의13에 따른 과세정보의 제공 요청
　　5. 「금융실명거래 및 비밀보장에 관한 법률」제4조제1항에 따른 금융거래의 내용에 대한 정보 또는 자료의 제공 요청
　　6. 그 밖의 공공기관 또는 단체에 대한 사실조회나 필요한 사항에 대한 보고 요구
　　② 제1항의 자료제공 요청에 대하여 해당 기관은 군사, 외교, 대북관계 등 국가안위에 중대한 영향을 미치는 경우를 제외하고는 다른 법률을 근거로 이를 거부할 수 없다.
　　③ 검사는 제1항의 몰수·추징의 집행을 위하여 필요한 경우 지방법원 판사에게 청구하여 발부

검사는 몰수물이 압수되어 있지 아니한 때에는 몰수의 선고를 받은 자에게 40
몰수물제출명령서에 의하여 몰수물의 제출을 명하여야 하고(압수물규칙 §40①),
몰수물 제출명령에 응하지 아니한 때에는 검사는 몰수집행명령서를 작성하여
집행관에게 강제집행을 명하여야 한다(압수물규칙 §40②). 몰수의 선고를 받은 자
로부터 몰수물의 제출이 있거나 강제집행에 의하여 집행관으로부터 몰수물을
인계받은 때에는 압수물사무담당직원은 압수물수리절차를 취하고, 압수물 처분
절차에 따라 처리하여야 한다(압수물규칙 §40③).

3. 몰수물의 처분

몰수물은 검사가 처분하여야 한다(형소 §483). 종래에는 "몰수물은 검사가 41
공매에 의하여 처분하여야 한다."고 규정하였으나, 몰수물의 처분방법을 공매에
한정할 이유가 없으므로 1995년 12월 29일 형사소송법을 위와 같이 개정하였
다. 몰수물의 구체적인 처분 방법은 압수물규칙 제28조 이하에 규정되어 있다.

(1) 공매

검사는 몰수물이 유가물인 때에는 공매에 의하여 국고납입 처분을 하여야 42
한다. 다만, 몰수물이 위험물이거나, 파괴 또는 폐기할 물건인 때에는 그러하지
아니하다(압수물규칙 §28①).

(2) 폐기

검사는 몰수물이 무가물(경제적 가치가 없는 물건)이거나 유가물인 몰수물이라 43
고 하더라도 위험물(제1호), 노후·파손 등으로 공매할 수 없는 자동차·선박·항
공기 또는 건설기계(제2호), 파괴 또는 폐기해야 할 상당한 이유가 있는 그 밖의
물건(제3호)인 경우에는 폐기처분하여야 한다(압수물규칙 §29①).

(3) 국고납입

검사는 몰수물이 환가대금, 통화, 유가증권, 외국환인 때에는 국고납입 처 44
분을 하여야 한다(압수물규칙 §§30-34). 몰수물인 유가증권이 당좌수표·여행자수
표·어음 등과 같이 추심을 필요로 하는 것인 때에는 발행기관에·추심을 의뢰하
여야 한다(압수물규칙 §33④). 몰수물이 외국환인 때에는 외국환을 외국환취급은

받은 영장에 의하여 압수·수색 또는 검증을 할 수 있다.

행에 매각하여 매각대금을 국고에 납입하고, 외국환취급은행이 매입을 거절하는 때에는 계속 보관하거나 폐기하거나 기타 상당한 처분을 할 수 있다(압수물규칙 §34③ 내지 ⑥).

(4) 인계

45　　검사는 몰수물이 마약류, 총기류, 포약류 및 수류탄, 문화재류 등인 경우에는 국고납입하거나 폐기하지 않고 관련 기관에 인계 또는 기타의 처분을 하여야 하고(압수물규칙 §35), 검찰실무자료로서 적당하다고 인정되는 몰수물에 관하여는 검찰실무자료요지서를 작성하여 대검찰청에 인계처분할 수 있다(압수물규칙 §37).

46　　검사는 국가보안법위반사건의 몰수물과 국가보안법 제15조 제2항[28]의 규정에 의하여 국고귀속된 압수물에 관하여는 국가정보원장에게 통보하여야 하고, 국가정보원장으로부터 송부요청을 받은 때에는 당해 물건을 국가정보원장에게 인계하여야 한다(압수물규칙 §38). 몰수금품 등 처리에 관한 임시특례법 제2조는 북한괴뢰집단 및 그 구성원(제1호), 북한괴뢰집단에 동조하는 반국가단체 및 그 구성원(제2호), 제1호 및 제2호에 규정된 자로부터 지령을 받아 활동을 하는 자(제3호), 북한괴뢰집단에 동조하여 반국가적인 활동을 하는 자(제4호)로부터 몰수한 무기류, 통신기재, 장비, 그 밖의 물품과 유가증권, 통화 등 공작금품으로서 확정판결에서 몰수되거나 국가보안법 제15조 제2항 및 제22조에 따라 국고귀속 명령된 것을 몰수금품으로 정의한다. 국가정보원장은 몰수금품 중 첩보공작상 또는 공익상 필요하다고 인정되는 금품의 일부 또는 전부를 국무회의의 심의를 거쳐 대통령의 승인을 얻어 이를 직접사용 또는 처분할 수 있다.

(5) 특별처분

47　　검사는 특히 필요하다고 인정할 때에는 몰수물이 인계 대상인 경우를 제외하고는 유가물인 때 공매에 의하여 국고납입하거나, 무가물인 때 폐기처분하지 않고 상당한 처분을 할 수 있다(압수물규칙 §36).

---

28 국가보안법 제15조(몰수·추징) ② 검사는 이 법의 죄를 범한 자에 대하여 소추를 하지 아니할 때에는 압수물의 폐기 또는 국고귀속을 명할 수 있다.

4. 몰수집행불능 및 몰수물처분불능

검사는 몰수의 집행 또는 몰수물의 처분이 불가능하게 된 때에는 몰수집행 **48**
불능결정 또는 몰수물처분불능결정을 하여야 한다(압수물규칙 §45①). 몰수의 집
행 또는 몰수물의 처분이 불가능하게 되는 경우는 몰수물이 소실되거나, 도난,
분실 등으로 사실상 집행이나 처분이 불가능하게 된 경우를 말한다.[29] 몰수물이
압수되어 있지 아니한 때에는 몰수의 선고를 받은 자에게 몰수물제출을 명하는
등 집행을 하게 되는데, 이때 이미 몰수물이 멸실된 경우에는 몰수집행불능결정
을 하고, 압수가 된 이후 검사가 처분을 하기 전에 멸실된 경우에는 몰수물처분
불능결정을 한다(압수물규칙 §45).

5. 몰수물의 교부

몰수를 집행한 후 3월 이내에 그 몰수물에 대하여 정당한 권리있는 자가 **49**
몰수물의 교부를 청구한 때에는 검사는 파괴 또는 폐기할 것이 아니면 이를 교
부하여야 하고, 몰수물을 처분한 후 청구가 있는 경우에는 공매에 의하여 취득
한 대가를 교부하여야 한다(형소 §484). 몰수를 선고한 판결의 효력은 원칙적으
로 몰수의 원인이 된 사실에 관하여 유죄의 판결을 받은 피고인에 대한 관계에
서 그 물건을 소지하지 못하게 하는 데 그치고, 그 사건에서 재판을 받지 아니
한 제3자의 소유권에 어떤 영향을 미치는 것은 아니기 때문이다.[30]

몰수물이나 공매에 의하여 취득한 대가의 교부 절차는 압수물에 대한 환부 **50**
나 환가대금의 환부 절차에 관한 규정을 준용하여 처리한다(압수물규칙 §46).

〔서 효 원〕

---

29 주석형사소송법 IV(5판), 775(양동철).
30 대판 1966. 12. 27, 66다1703; 대판 1999. 5. 11, 99다12161.

제66조(사형)

사형은 교정시설 안에서 교수(絞首)하여 집행한다.

〔전문개정 2020. 12. 8.〕

구 조문

제66조(사형) 사형은 <u>형무소내에서</u> <u>교수하여</u> 집행한다.

Ⅰ. 서 설

1. 취 지

1   제41조 제1호는 사형을 형의 종류 중 하나로 규정하고 있고, 본조는 사형의 집행장소를 '교정시설'로, 집행방법을 '교수(絞首)'로 정하고 있다.

2   사형은 시대와 나라에 따라 다양한 방법으로 집행되었다. 중세에 일반인에 대한 범죄억제 효과를 극대화하기 위해 공개적으로 사형 집행을 하던 것과 달리, 현대에는 종교적 전통을 이유로 한 중동지역 국가들을 제외하면 공개적으로 사형 집행을 하는 나라는 거의 없다. 현재 사형을 집행하는 방법은 사형제도를 두고 있는 나라마다 다양하나, 우리 형법은 사형 집행 방법으로 교수형을 정하고 있으며, 군형법은 사형 집행 방법으로 총살을 정하고 있다(군형 §3).[1]

─────────────

1 군형법 제3조(사형 집행) 사형은 소속 군 참모총장 또는 군사법원의 관할관이 지정한 장소에서 총살로써 집행한다.

우리나라는 1997년 12월 30일 23명에 대한 사형 집행을 마지막으로 현재까지 사형 집행이 이루어지고 있지 않아 국제엠네스티는 우리나라를 실질적 사형 폐지 국가로 분류하고 있다. 2019년 8월 기준으로 사형 판결이 확정되었으나 집행이 이루어지지 않은 사형확정자는 법무부가 관리하는 56명과 국방부가 관리하는 4명, 합계 60명이 있다.[2]

2. 사형제도의 위헌성 여부

사형제는 이탈리아 형법학자인 베카리아가 1764년 「범죄와 형벌」을 통해 사형제 폐지를 주장한 이후 인도적인 측면이나 실증적 효과면에서 많은 비판을 받고 있으나, 인류 역사상 가장 오랜 역사를 가진 형벌의 하나로서 범죄에 대한 근원적 응보방법이나 효과적인 일반예방법으로 인식되어 왔다. 우리나라에서는 고조선시대의 8조법금에 규정된 이래 현재에 이르기까지 하나의 형벌로 인정되고 있다.[3]

사형제도에 대해서는 위헌성 논란이 있는데[이에 대한 상세는 §41(**형의 종류**) **II. 1. (3) 사형제도의 위헌성** 부분 참조], 헌법재판소는 1996년과 2010년 두 차례에 걸쳐서 사형제도의 합헌성을 확인한바 있다.

1996년 사건의 청구인은 살인과 특수강간 등의 혐의로 기소되어 제1심 및 항소심에서 사형을 선고받고 대법원에 상고를 함과 동시에 살인죄에 대한 법정형의 하나로서 사형을 규정한 제250조 제1항, 사형을 형의 종류의 하나로서 규정한 제41조 제1호, 사형 집행의 방법을 규정한 본조, 사형 집행의 장소를 규정한 구 행형법 제57조 제1항에 대한 위헌 여부 심판의 제청을 하였으나, 대법원이 이를 기각하자 헌법소원심판을 청구하였다. 이 사건에서 헌법재판소는, 본조와 구 행형법 제57조 제1항 부분은 사형이라는 형벌의 집행의 방법과 장소를 정하는 규정에 불과하므로 그 위헌 여부에 따라 관련 소송사건의 재판의 주문이나 내용 및 효력에 관한 법률적 의미가 달라지게 되는 경우라고 할 수 없어 재판의 전제성이 인정되지 아니한다는 이유로 각하하고, 형의 종류의 하나로서

3

4

5

6

---

2 박형민·김대근, 사형확정자의 생활 실태와 특성, 한국형사정책연구원(2019), 10. 최근 보도에 따르면, 1998년부터 2023년 6월까지 사형집행이 아닌 병사, 자살 등 그 밖의 사유로 사망한 사형확정자는 총 12명이고, 2023년 6월 14일 현재 남아 있는 사형확정자 수는 군에서 관리하고 있는 4명을 포함하여 59명이라고 한다(연합뉴스 2023. 10. 1. 자).

3 헌재 1996. 11. 28, 95헌바1.

사형을 규정하고 있는 제41조 제1호에 대해서는 우리 헌법은 사형에 대하여 정면으로 이를 허용하거나 부정하는 명시적인 규정을 두고 있지 아니하지만, 헌법 제12조 제1항이 "모든 국민은 … 법률과 적법절차에 의하지 아니하고는 처벌·보안처분 또는 강제노역을 받지 아니한다."고 규정하는 한편, 헌법 제110조 제4항이 "비상계엄하의 군사재판은 … 법률이 정하는 경우에 한하여 단심으로 할 수 있다. 다만, 사형을 선고한 경우에는 그러하지 아니하다."고 규정함으로써 적어도 문언의 해석상으로는 간접적이나마 법률에 의하여 사형이 형벌로서 정해지고 또 적용될 수 있음을 인정하고 있는 것으로 보았다.[4]

7   2010년 사건의 청구인은 2회에 걸쳐 4명을 살해하고, 그중 3명의 여성을 추행한 범죄사실로 구속기소되어 제1심에서 사형을 선고받은 후 광주고등법원에 항소하고, 항소심 재판 계속 중 제250조 제1항, 사형제도를 규정한 형법 제41조 제1호 등에 대하여 위헌법률심판제청신청을 하였고, 광주고등법원은 위헌이라고 의심할 만한 상당한 이유가 있다며 위헌법률심판제청결정을 하였다. 이 사건에서 헌법재판소는, 이전과 마찬가지로 제41조 제1호가 헌법에 위반되지 아니한다고 판단하면서 사형제도가 위헌인지 여부와 형사정책적인 고려 등에 의하여 사형제도를 법률상 존치시킬 것인지 폐지할 것인지의 문제는 서로 구분되어야 하고, 유럽의 선진 각국을 비롯하여 사형제도를 폐지한 대다수의 국가에서 헌법해석을 통한 헌법재판기관의 위헌결정이 아닌 헌법개정이나 입법을 통하여 사형제도의 폐지가 이루어졌다는 점은 시사하는 바가 크다고 보았다. 또한 사형제도 자체의 위헌성 여부를 심사하는 것과 사형을 법정형으로 규정하고 있는 개별 형벌조항의 위헌성 여부를 심사하는 것도 구분되어야 하므로, 사형제도 자체가 위헌이라고 선언되려면, 잔혹한 방법으로 수많은 인명을 살해한 연쇄살인범이나 테러범, 대량학살을 주도한 자, 계획적이고 조직적으로 타인의 생명을 박탈한 살인범 등 타인의 생명을 박탈한 범죄 중에서도 극악한 범죄 및 이에 준하는 범죄에 대한 어떠한 사형 선고조차도 모두 헌법에 위반된다고 인정할 수 있어야 하고, 극악한 범죄 중 극히 일부에 대하여서라도 헌법질서 내에서 사형이 허용될 수 있다고 한다면, 사형제도 자체가 위헌이라고 할 수는 없고, 사형

---

4 헌재 1996. 11. 28, 95헌바1.

이 허용되는 범죄유형을 어느 범위까지 인정할 것인지가 문제될 뿐이며, 이는 개별 형벌조항의 위헌성 여부의 판단을 통하여 해결할 문제라고 보았다.[5]

헌법재판소는 1996년 사건에서는 7(합헌) : 2(위헌)의 의견으로 합헌결정을 **8** 하였고, 2010년 사건에서는 5(합헌) : 4(일부위헌 포함 위헌)의 의견으로 합헌결정을 하였다. 현재 헌법재판소에는 제41조 제1호 등에 대한 헌법소원 사건이 심리 중(2019헌바59)에 있으므로 헌법재판소가 사형제의 합헌성 여부에 대해 세 번째로 판단을 하게 될 것으로 보이는데, 그 결과가 주목되는 상황이다.

대법원 역시 사형제도가 헌법에 위반되지는 않지만 법관이 사형을 선고함 **9** 에 있어서는 고려할 수 있는 모든 양형의 조건들을 엄격하고도 철저히 심리하여 의문의 여지가 없을 정도로 사형의 선고가 정당화될 수 있을 때에만 비로소 그 사형의 선고가 허용된다는 입장을 누차 확인하고 있다.[6]

3. 사형제도의 존폐론

사형제도에 대해서는 존폐의 논란이 있는데[이에 대한 상세는 §41(**형의 종류**) **10** **II. 5. 사형존폐론** 부분 참조], 입법부인 국회에는 15대 국회부터 시작하여 21대 국회에 이르기까지 사형 폐지에 관한 특별법안이 매번 발의되어 논의가 된 적도 있었으나, 21대 국회까지 발의된 법안은 모두 임기만료로 폐기되었다.

사형존치론은 사형제도가 헌법에 위반되지 않고, 범죄에 대한 위하력이 있 **11** 어 흉악범죄 등을 예방할 수 있으며, 국민의 법감정이 사형 존치를 바라고 있고, 사형을 대체할 수 있는 형벌이 없다는 등을 이유로 한다. 사형폐지론은 사형제도가 비인도적이고 인간의 존엄성을 침해하여 위헌 소지가 있고, 범죄예방 효과는 입증되지 않았고, 정치적으로 남용될 우려가 있고, 오판으로 인한 구제가 불가능하다는 점 등을 이유로 하고 있다.

정부는 2011년 형법(총칙) 일부개정법률안을 성안하면서 사형의 존치 여부 **12** 에 대해서 논의를 하였으나, 사형제도가 국민감정에 미치고 있는 영향력을 감안했을 때 사형제도를 폐지할 경우 미치게 될 사회적 파장의 크기 때문에 폐지론을 관철시키는데 현실적 한계가 있고, 사실상 폐지국이라고 하는 점 때문에 법률

---

5 헌재 2010. 2. 25, 2008헌가23.
6 대판 2016. 2. 19, 2015도12980(전); 대판 2023. 7. 13, 2023도2043 등.

적으로 폐지해야 할 시급한 이유가 없다는 점 등을 고려하여 사형을 존치시켰고, 절대적 종신형 제도는 사형 폐지를 전제로 한 대안으로서 의미가 있는 것이므로 사형제도를 존치시키는 이상 절대적 종신형 제도를 도입하지 않기로 하였다.[7]

13   이와 같이 사형제도는 현재까지는 존속이나 폐지 여부에 논란이 많아 헌법 재판소에서 위헌결정을 내리지 않는 이상 폐지하는 방향으로 입법적인 결단을 내리기는 어려워 상당 기간 존치될 가능성이 높으나, 향후 법정형으로 사형을 규정한 개별 형벌조항을 축소하는 방식의 개정은 계속적으로 이루어질 것으로 보인다.[8] 국제적인 추세와 국회의 논의 상황 등을 고려하면 향후 우리나라에서 도 전체적인 방향성은 사형제를 폐지하는 쪽이 우세할 것으로 예상된다.[9] 결국 우리나라에서 사형제와 관련된 논의의 중심은 미래의 어느 시점에 이르러 사형 제를 폐지할 것인지와 사형제를 폐지하는 상황이 되면 사형을 대체하여 절대적 종신형을 도입할 것인지 아니면 상대적 종신형을 도입하거나 무기징역의 가석 방 요건을 엄격히 할 것인지 등으로 옮겨가게 될 것으로 보인다.

II. 사형확정자의 수용

1. 사형확정자에 대한 구인

14   사형 선고를 받은 자가 구금되지 아니한 때에는 검사는 형을 집행하기 위 하여 이를 소환하여야 하고, 소환에 응하지 아니한 때에는 형집행장을 발부하여 구인하여야 하며, 도망하거나 도망할 염려가 있는 때 또는 현재지를 알 수 없는

---

7 법무부, 형법(총칙)일부개정법률안 제안 이유서(2011. 4), 47.

8 헌법재판소는 구 군형법 제53조 제1항이 상관살해죄에 대하여 사형만을 유일한 법정형으로 규 정하는 것은 범죄의 중대성 정도에 비하여 심각하게 불균형적인 과중한 형벌을 규정함으로써 죄 질과 그에 따른 행위자의 책임 사이에 비례관계가 준수되지 않아 인간의 존엄과 가치를 존중하 고 보호하려는 실질적 법치국가의 이념에 어긋나고, 형벌체계상 정당성을 상실하여 헌법에 위반 된다고 판단하였다(헌재 2007. 11. 29, 2006헌가13).

9 헌법재판소도 위헌·합헌의 논의를 떠나 사형을 형벌로서 계속 존치시키는 것이 반드시 필요하고 바람직한 것인가에 대한 진지한 찬반의 논의도 계속되어야 하고, 한 나라의 문화가 고도로 발전 하고 인지가 발달하여 평화롭고 안정된 사회가 실현되는 등 시대상황이 바뀌어 생명을 빼앗는 사 형이 가진 위하에 의한 범죄예방의 필요성이 거의 없게 된다거나 국민의 법감정이 그렇다고 인식 하는 시기에 이르게 되면 사형은 곧바로 폐지되어야 하며, 그럼에도 불구하고 형벌로서 사형이 그대로 남아 있다면 당연히 헌법에도 위반되는 것으로 보아야 한다는 의견을 밝힌바 있다(헌재 1996. 11. 28, 95헌바1).

때에는 소환함이 없이 형집행장을 발부하여 구인할 수 있다(형소 §473). 사형 선고를 받는 자는 기본적으로 중대 범죄를 저지른 경우에 해당하여 구속 상태에서 수사 및 재판이 진행되고 판결이 확정되는 것이 보통이므로, 현실적으로는 구금되지 아니한 사형확정자가 발생할 가능성은 거의 없다.

2. 사형확정자의 수용

(1) 사형확정자 수용의 법적 성질

형법이나 형사소송법에는 사형확정자에 대한 사형집행 시까지의 수용에 대한 별도 규정이 없다. 사형확정자에 대한 수용은 자유형의 집행이나 판결선고 전의 미결구금은 아니고, 법이 정하는 바에 따른 사형집행을 위한 독특한 구금이라고 볼 수 있다.[10] 따라서 사형이 무기징역으로 특별감형이 되었다고 하더라도 사형의 판결 확정일에 소급해서 무기징역형으로 확정된 것으로 보아 무기징역형의 형기기산일을 사형의 확정판결일로 인정할 수도 없고, 사형집행 대기 기간이 미결구금이나 형의 집행기간으로 변경된다고 볼 수도 없다.[11] 사형확정자에 대한 수용의 성질에 대해서는 사형집행에 필연적으로 부수하는 구금절차로 사형집행 절차의 일환으로서 사형집행 행위의 일부를 구성하는 것으로 보는 것이 일반적이다.[12] 이에 대해서는, 사형집행을 위하여 필수적으로 부수되는 전치절차로서 형법이 형벌의 내용으로 정한 일종의 독특한 구금행위일 뿐이므로 이러한 수용은 사형집행 행위와 단절된 별개의 구금행위라고 보는 견해도 있다.[13]

(2) 독거수용의 원칙

사형확정자는 교도소 또는 구치소에 수용한다(형집 §11①(iv)). 사형확정자는 독거수용하되, 자살방지, 교육·교화프로그램, 작업, 그 밖의 적절한 처우를 위하여 필요한 경우에는 법무부령으로 정하는 바에 따라 혼거수용할 수 있다(형집 §89①). 법무부령인 형의 집행 및 수용자의 처우에 관한 법률(이하, 형집행법이라 한다.) 시행규칙 제150조는 사형확정자는 사형집행시설이 설치되어 있는 교정시

15

16

---

10 헌재 2009. 10. 29, 2008헌마230.
11 대결 1991. 3. 4, 90모59.
12 주석형법 [총칙(2)](2판), 647(조균석); 주석형법 [총칙(2)](3판), 597(전승수).
13 김영철·조현욱, "사형의 장기미집행과 형의 시효에 관한 규정의 부조화", 일감법학 29, 건국대학교 법학연구소(2014), 145.

설에 수용하되, 교도소 수용 중 사형이 확정된 사람, 교도소에서 교육·교화프로 그램 또는 신청에 따른 작업을 실시할 필요가 있다고 인정되는 사람은 교도소 에 수용하고, 구치소 수용 중 사형이 확정된 사람, 교도소에서 교육·교화프로그램 또는 신청에 따른 작업을 실시할 필요가 없다고 인정되는 사람은 구치소에 수용하되, 수용관리 또는 처우상 필요한 경우에는 사형집행시설이 설치되지 않은 교정시설에 수용할 수 있다(형집규 §150①). 사형확정자의 심리적 안정 도모 또는 교정시설의 안전과 질서유지를 위하여 특히 필요하다고 인정하는 경우에는 교도소에 수용할 사형확정자를 구치소에 수용하거나, 구치소에 수용할 사형확정자를 교도소에 수용할 수 있다(형집규 §150②). 사형확정자와 소년수용자를 같은 교정시설에 수용하는 경우에는 서로 분리하여 수용한다(형집규 §150③). 사형확정자의 자살·도주 등의 사고를 방지하기 위하여 필요한 경우에는 사형확정자와 미결수용자를 혼거수용할 수 있고, 사형확정자의 교육·교화프로그램, 작업 등의 적절한 처우를 위하여 필요한 경우에는 사형확정자와 수형자를 혼거수용할 수 있다(형집규 §150④).

3. 사형확정자에 대한 처우

17   사형확정자는 중범죄자이기 때문에 종래에는 수용질서 확립에 중점을 두고 수용과 처우를 할 필요성에 주목하였으나, 사형이 장기간 집행되지 않는 상태에서 사형확정자가 자살을 하는 경우도 발생하는 등 현재는 오히려 적극적 처우의 필요성에 관심을 둘 필요가 있는 상황이다.

18   구 행형법은 사형확정자의 처우에 대해 별도의 규정을 두지 않고, 시행령 제170조에서 "사형의 확정판결을 받은 자에 대하여는 미결수용자에 관한 규정을 준용한다."고만 규정하였다. 그 후 제정된 형집행법은 사형확정자를 수용자에 포함시켜 그 처우에 대해서는 제2편 수용자의 처우에 관한 규정을 적용하되 제10장에서 사형확정자의 처우에 대해서 별도로 제89조(사형확정자의 수용), 제90조(개인상담 등), 제91조(사형의 집행) 3개의 조문을 두었다. 교정시설의 장은 사형확정자의 심리적 안정 및 원만한 수용생활을 위하여 교육 또는 교화프로그램을 실시하거나 신청에 따라 작업을 부과할 수 있고, 사형확정자에 대한 교육·교화프로그램, 작업, 그 밖의 처우에 필요한 사항은 법무부령으로 정한다(형집 §90,

형집령 §§ 151-156).

한편 2016년 12월 2일 개정된 형집행법 제88조는 형사사건으로 수사 또는 **19**
재판을 받고 있는 수형자와 사형확정자에 대하여는 미결수용자에 대한 규정인
형집행법 제82조(사복착용), 제84조(변호인과의 접견 및 편지수수) 및 제85조(조사 등
에서의 특칙)를 준용하도록 하고 있다.[14]

군의 사형확정자는 군교정시설에 있는 미결수용실에 수용한다[군에서의 형의 **20**
집행 및 군수용자의 처우에 관한 법률(이하, 군형집행법이라 한다.) §77①]. 군의 사형확
정자도 독거수용함을 원칙으로 하되, 자살방지 또는 교화, 작업 등을 위하여 필
요한 경우에는 국방부령으로 정하는 바에 따라 혼거수용할 수 있다(군형집행법
§77②). 소장은 사형확정자의 심리적 안정 및 원만한 수용생활을 위하여 본인의
신청에 따라 심리상담 또는 종교상담을 받게 하거나 작업을 부과할 수 있다(군
형집행법 §77③).

Ⅲ. 사형 집행의 절차

1. 사형판결 확정보고

사형을 선고한 판결이 확정된 때에는 판결선고법원에 대응하는 검찰청의 **21**
장은 지체없이 상급검찰청의 장을 거쳐 법무부장관에게 판결문등본을 첨부하여
피고인의 인적사항, 죄명, 심급별 판결내용(선고연월일·선고법원·형명·형기), 수용
되어 있는 교도소를 보고하여야 하고, 검사는 사형을 선고한 판결이 확정된 피
고인이 판결확정 시에 구금되어 있는 경우에는 지체없이 사형수가 재소하고 있
는 구치소 또는 교도소의 장에게 사형수에 관한 판결서등본 송부서에 판결서등
본과 사형수 심신상황조회서를 첨부하여 송부하여야 한다[자유형등에 관한 검찰집
행사무규칙(이하, 자유형집행규칙이라 한다.) §8①, ②].

---

14 헌법재판소는 구 형집행법 제88조가 형사재판의 피고인으로 출석하는 수형자에 대하여 사복착용
  을 허용하는 형집행법 제82조를 준용하지 아니한 것이 공정한 재판을 받을 권리 등을 침해한다
  는 이유로 헌법불합치결정을 하였다(헌재 2015. 12. 23, 2013헌마712). 위 결정은 사형확정자에
  대한 것은 아니었으나, 사형확정자의 경우도 수형자와 동일한 방식으로 개정되었다.

2. 사형집행 구신 및 소송기록의 제출

22   사형을 선고한 판결이 확정한 때에는 검사는 지체없이 소송기록을 법무부
장관에게 제출하여야 한다(형소 §464). 사형을 선고한 판결이 확정된 때에는 판
결선고법원에 대응하는 검찰청의 장, 소송기록이 있는 법원에 대응하는 검찰청
의 장 또는 소송기록이 있는 검찰청의 장은 판결확정일로부터 4개월 이내에 상
급검찰청의 장을 거쳐 법무부장관에게 사형집행구신서에 따라 사형집행을 구신
(具申)하여야 한다(자유형집행규칙 §9①). 사형집행을 구신하는 경우에는 소송기록,
판결서등본, 가족관계등록부, 판결서에 기재된 인적사항과 가족관계등록부의 기
재가 서로 다른 경우에는 사실조사보고서, 사형수심신상황조회 회답서를 첨부
하여야 한다(자유형집행규칙 §9②).

23   사형집행을 구신할 때에는 미리 상소권회복 청구, 재심청구, 비상상고신청
또는 특별사면등 집행에 장애가 되거나 될 수 있는 사유가 있는지의 여부를 조사
하여야 하고(자유형집행규칙 §9③), 사형집행구신 전에 재심청구가 있는 때에는 그
절차가 종료될 때까지의 기간은 사형집행구신 기간에 포함하지 아니하나, 제1차
재심청구후 6월 이내에 재심개시결정이 없거나 제2차 또는 그 이상의 재심청구가
있는 때에는 그 절차의 종료여부에 불구하고 사형집행을 구신하여야 한다(자유형
집행규칙 §9④).

3. 법무부장관의 사형집행명령

24   사형은 법무부장관의 명령에 의하여 집행한다(형소 §463). 이는 형의 집행지
휘는 검사가 하도록 하는 일반규정(형소 §460)에 대한 특칙으로, 사형 집행에 있어
서는 법무부장관이 별로도 명령을 하도록 하여 집행에 신중을 기하기 위함이다.
법무부장관은 사형을 선고한 판결이 확정된 날로부터 6월 이내에 사형집행명령을
하여야 하고(형소 §465①), 상소권회복의 청구, 재심의 청구 또는 비상상고의 신청
이 있는 때에는 그 절차가 종료할 때까지의 기간은 위 기간에 산입하지 아니한다
(형소 §465②). 법무부장관의 사형집행명령 기간을 6개월로 정한 위 규정은 훈시규
정으로 해석하는 것이 일반적이나,[15] 형사소송법상 형의 집행에 관한 규정을 형

---

15 주석형법 〔총칙(2)〕(3판), 600(전승수); 주석형사소송법 IV(5판), 한국사법행정학회(2017), 735

선고 전 단계인 수사과정, 공판절차과정을 규정한 형사소송법의 다른 규정과 성
질을 구분할 이유가 없고, 형이 확정된 후 자유형, 벌금형 등의 집행이 신속하게
이루어지는 것과의 형평성에 비추어 훈시규정으로 볼 수 없다는 견해도 있다.[16]
21대 국회에는 강간살인 등 흉악범죄나 존속살해 등 반인륜범죄를 저질러 사형이
확정된 자에 대해서는 판결이 확정된 날부터 6개월 내 사형 집행을 의무화는 내
용의 형사소송법 개정안(의안번호 제2101217호)이 발의되기도 하였다.

4. 검사의 사형집행지휘

법무부장관이 사형의 집행을 명한 때에는 5일 이내에 집행하여야 한다(형소   25
§466). 검사는 법무부장관으로부터 사형집행의 명령이 있는 날로부터 5일 이내
에 형집행지휘서에 의하여 사형수가 재소하고 있는 구치소 또는 교도소의 장에
게 사형집행을 지휘하여야 한다(자유형집행규칙 §10①).

검사는 사형수가 재소하고 있는 구치소 또는 교도소에 사형집행의 설비가   26
없는 경우에는 구치소 또는 교도소의 장에게 이송지휘서에 의하여 사형집행의
설비가 있는 구치소 또는 교도소로 사형수를 이송할 것을 지휘하여야 하고, 사
형수의 이송이 완료된 때에는 검사는 사형수를 이송받은 구치소 또는 교도소의
소재지를 관할하는 검찰청의 검사에게 판결서의 등본을 송부하고, 이송의 뜻을
통지하여야 한다(자유형집행규칙 §11①, ②). 검사는 사형수를 이송한 후 법무부장
관의 사형집행명령이 있는 때에는 사형수를 이송받은 구치소 또는 교도소의 소
재지를 관할하는 검찰청의 검사에게 재판집행촉탁서에 의하여 사형집행지휘를
촉탁하여야 한다(자유형집행규칙 §12).

검사는 사형집행의 구신 또는 사형집행명령이 있은 후 사형수에 관하여 재   27
심청구·상소권회복청구·특별사면이나 감형의 신청 또는 상신이 있는 때에는
지체없이 그 사실을 법무부장관에게 보고하고, 촉탁한 검찰청의 검사에게 통지
하여야 하며, 촉탁한 검찰청의 검사가 법무부장관의 지휘를 받은 때에는 지체없
이 이를 사형집행의 지휘를 촉탁받은 검찰청의 검사에게 통지하여야 한다(자유
형집행규칙 §13①, ②).

(양동철).

16 남선모, "사형부집행에 따른 문제점 고찰", 법학연구 43, 한국법학회(2011), 177.

Ⅳ. 사형 집행의 방법

1. 사형 집행의 장소

28　　사형은 교정시설의 사형장에서 집행한다(형집 § 91①). 형법은 사형은 교정시설 안에서 교수(絞首)하여 집행한다고 규정하고 있다(§ 66).

29　　2020년 12월 8일 형법 개정(2021. 12. 9. 시행) 이전에는 "사형은 형무소내에서 교수하여 집행한다."고 규정하였으나, 이는 형법 제정 당시의 호칭에 따른 것으로 '형무소'라는 호칭은 더 이상 사용하지 않기 때문에 현재 상황에 맞게 용어를 변경하였다.

2. 사형 집행의 방법

30　　형법은 사형 집행의 방법을 교수형으로 정하고 있다.[17] 사형 집행의 방법은 시대와 나라에 따라 다양하지만 대체로 교살(교수형), 총살, 참수, 전기살, 가스살, 주사살 등의 방법이 주로 이용된다. 조선시대에는 교수형과 참수형 외 능지처참 등 잔인한 집행방법이 있었고, 참수 후 많은 사람들이 볼 수 있도록 머리를 매다는 효수(梟首)나, 참수 후 시체를 길거리에 버리는 기시(棄市) 등도 행해졌다.[18] 우리나라에서 사형 집행의 방법이 교수형으로 정해진 것은 1894년 갑오경장 이후로, 1905년 형법대전에서 사형은 교(絞)로 한다고 규정하였고, 형법 제정 이후 현재까지 동일한 방법으로 유지되고 있다.

31　　사형은 교정시설의 사형장에서 교수하여 집행하는데, 공휴일과 토요일에는 사형을 집행하지 아니한다(형집 § 91②). 구체적인 집행 방법으로는 인정신문, 사형수의 유언, 종교의식을 거친 후, 얼굴을 가리는 천인 용수를 씌우고, 포승으로 발목과 무릎을 묶고 두 팔도 겨드랑이에 붙여서 묶은 다음 커튼을 열고 교수장으로 이동하여 직사각형 판자 위에 앉힌 다음 천장의 도르래에 매달려 있는 밧줄 올가미를 잡아당겨 목에 걸고 집행 버튼을 누르면 발밑이 꺼지고, 목이 매달리게 된다.[19]

17　군형법 제3조는 "사형은 소속 군 참모총장 또는 군사법원의 관할관이 지정한 장소에서 총살로써 집행한다."고 규정하고 있다.

18　주석형법 〔총칙(2)〕(3판), 595(전승수).

19　조갑제, "사형집행의 실제와 「억울하다」는 유언", 형사정책 1, 한국형사정책학회(1986), 366.

법무부령인 교도관직무규칙[20] 제44조에는 사형집행은 상관의 지시를 받은 교정직 교도관이 하여야 한다고 규정하고 있다.[21] 교정시설의 장은 사형을 집행하였을 경우에는 시신을 검사한 후 5분이 지나지 아니하면 교수형에 사용한 줄을 풀지 못한다(형집령 §111). 집행을 하는 과정에서 밧줄이 끊어지거나, 목에서 올가미가 벗겨지거나, 밧줄 길이를 길게 하여 바닥에 몸이 닿는 등의 사정으로 1회에 사망하지 아니하는 경우가 있을 수 있지만 이러한 경우는 재차 집행하게 된다.[22]

3. 사형 집행의 참여

사형의 집행에는 검사와 검찰청서기관과 교도소장 또는 구치소장이나 그 대리자가 참여하여야 하고(형소 §467①, 자유형집행규칙 §10②), 검사 또는 교도소장 또는 구치소장의 허가가 없으면 형의 집행 장소에 들어가지 못한다(형소 §467②).   32

사형의 집행에 참여한 검찰서기관 또는 수사서기관은 사형집행조서를 작성하고, 검사와 구치소 또는 교도소의 장이나 그 대리자와 함께 서명·날인하여야 한다(형소 §468, 자유형집행규칙 §10③). 자유형집행규칙 별표 서식 제12호 사형집행조서는 상단에는 사형이 집행된 사람의 인적사항(등록기준지, 주거, 성명, 교도소 수용, 생년월일, 만 나이)의 기재를, 하단에는 사행집행일을 기재하고 사형 현장에서 검찰청 검사, 서기관, 교도소 교정관이 서명날인하도록 되어 있고, 중단에는 아래와 같은 내용이 기재되어 있다.   33

　위의 사람에 대하여 　.　.　.　 법원에서 죄로 선고한 사형의 판결이 확정되어, 　.　.　. 법무부장관으로부터 그 형집행명령이 있었으므로, 　.　.　. 시 위의 교도소 내 현장에서 검찰청 검사 　 , 검찰청 서기관 　 및 교도소장 이 참여하고 다음과 같이 집행한다.

---

20 제정 1963. 1. 10. 법무부령 제56호, 개정 2023. 1. 11. 법무부령 제1045호.
21 사형제 위헌론은 사형제도는 양심에 반하여 법규정에 의하여 사형을 언도해야 하는 법관은 물론 양심에 반하여 직무상 어쩔 수 없이 사형의 집행에 관여하는 자들의 양심의 자유와 인간으로서의 존엄과 가치를 침해하는 비인간적인 형벌이라고 본다(헌재 1996. 11. 28, 95헌바1 중 재판관 김진우의 위헌의견, 헌재 2010. 2. 25, 2008헌가23 중 재판관 목영준의 위헌의견).
22 조균석, "사형확정자의 수용과 사형집행", 법학논집 13-2, 이화여대 법학연구소(2009), 62.

교도소장은 수형자를 확인한 후 위의 확정판결에 따라 사형을 개시할 것을 알리고 현장에서 교수의 방법으로 집행한다. 교도소 의무관   은 교수절명 후 사망을 검시하고 다시 5분이 경과한 후 포승을 푼다.

이 형 집행은 같은 날   시   분에 착수하여 같은 날   시   분에 끝난다.

4. 사형 집행의 보고 및 사망 알림

34   사형집행을 지휘한 검사가 소속하는 검찰청의 장은 사형집행이 종료된 때에는 지체없이 그 사실을 상급검찰청의 장을 거쳐 법무부장관에게 보고하여야 한다(자유형집행규칙 § 14①).

35   소장은 사형확정자가 사망하면 다른 수용자가 사망한 경우와 마찬가지로 그 사실을 즉시 그 가족(가족이 없는 경우에는 다른 친족)에게 알려야 하고(형집 § 127), 친족 또는 특별한 연고가 있는 사람이 그 시신 또는 유골의 인도를 청구하는 경우에는 인도하여야 한다(형집 § 128①). 사망한 사실을 알게 된 사람이 그 시신을 인수하지 아니하거나 시신을 인수할 사람이 없으면 임시로 매장하거나 화장 후 봉안하여야 하고, 다만, 감염병 예방 등을 위하여 필요하면 즉시 화장하여야 하며, 그 밖에 필요한 조치를 할 수 있다(형집 § 128②). 임시로 매장하거나 화장하여 봉안한 후 2년이 지나도록 시신의 인도를 청구하는 사람이 없을 때에는 임시로 매장한 경우는 화장 후 자연장을 하거나 일정한 장소에 집단으로 매장하고, 화장하여 봉안한 경우는 자연장을 한다(형집 § 128③). 또한, 사형의 집행이 있는 때에는 교도소장은 지체 없이 교도소 소재지의 시·읍·면의 장에게 사망의 통보를 하여야 한다(가족관계의 등록에 관한 법률 § 88①).

V. 사형의 집행정지

36   사형선고를 받은 사람이 심신의 장애로 의사능력이 없는 상태이거나 임신 중인 여자인 때에는 법무부장관의 명령으로 집행을 정지하고, 심신장애의 회복 또는 출산 후에 법무부장관의 명령에 의하여 형을 집행한다(형소 § 469). 검사는 사형수심신상황조회결과 사형수에 관하여 사형집행의 정지사유가 있다고 인정될 때에는 지체없이 법무부장관에게 보고하고 그 지휘를 받아야 하고, 사형집행

의 정지사유가 해소되었다고 인정될 때에도 그 사유가 해소된 일자를 명백히 하여 법무부장관에게 보고하고 지휘를 받아야 한다(자유형집행규칙 §28①). 법무부장관으로부터 사형집행의 정지명령이 있는 때에는 검사는 형집행정지결정서에 의하여 형의 집행정지 결정을 하고, 형집행정지지휘서에 의하여 형집행정지를 지휘하여야 하며, 집행사무담당직원은 형집행정지지휘서를 사형수가 재소하고 있는 구치소 또는 교도소의 장에게 송부하여야 한다(자유형집행규칙 §28②).

사형을 선고한 판결이 확정된 상태에서 사형확정자에게 집행정지 사유가 있음이 확인되면 사형 집행을 정지해야 하므로, 법무부장관의 사형집행명령 여부나, 임신 시기와는 무관하게 집행을 정지한다. 사형 집행이 정지되었다고 해서 교정시설에서 석방이 되는 것은 아니지만 소장은 적절한 치료를 위하여 필요하다고 인정하면 교정시설 밖에 있는 의료시설에서 진료를 받게 할 수 있다(형집 §37①). **37**

일정한 사유가 있는 경우 사형 집행을 일시적으로 정지하는 사형의 집행정지와는 달리 사형제 폐지의 전단계로 사형집행유예나 보류 제도의 도입 필요성을 주장하는 견해가 있다.[23] 사형집행유예를 채택하고 있는 나라는 중국이 유일한데, 우리나라에서도 1992년 형법 개정 논의 과정에서 사형집행보류 또는 사형집행연기 제도 도입 여부에 대한 논의가 있었다. 사형 판결을 하면서 사형의 집행을 연기한다는 취지의 선고를 하면 3년 내지 5년이 지나 판결확정 후의 사정을 고려하여 사형을 집행할 필요가 있다고 인정되는 경우가 아니면 무기징역 또는 무기금고의 형으로 변경하도록 하자는 의견이 있었으나, 사형에 대해서만 보류제도를 두는 것은 다른 종류의 형벌과 균형이 맞지 않고, 재판의 집행이 검사의 권한에 속하고 집행법원을 두지 않고 있는 체제에서 사형의 집행 여부를 어디서 어떻게 결정해야 할 것인가는 물론 사형을 무기징역 또는 무기금고로 변경할 것인가의 여부에 대한 기준이 명확하지 않다는 이유 등으로 채택되지는 않았다.[24] **38**

〔서 효 원〕

---

23 하태훈, "한국에서의 사형집행유예제도에 관한 논의", 비교형사법연구 9-2, 한국비교형사법학회 (2007), 709.
24 법무부, 형법개정법률안 제안이유서(1992. 10), 50.

제67조(징역)

징역은 교정시설에 수용하여 집행하며, 정해진 노역(勞役)에 복무하게 한다.
[전문개정 2020. 12. 8.]

구 조문

제67조(징역) 징역은 <u>형무소내</u>에 <u>구치하여</u> <u>정역</u>에 복무하게 한다.

Ⅰ. 서 설

1. 취 지

1　　　본조는 제41조 제2호에 규정된 징역의 집행 장소와 방법을 규정하고 있다. 형법상 자유형에는 징역, 금고, 구류가 있으며, 징역은 교정시설에 수용하여 신체의 자유를 박탈하는 방식으로 집행한다는 점에서는 금고, 구류와 동일하다. 형의 집행 및 수용자의 처우에 관한 법률(이하, 형집행법이라 한다.) 제2조 제2호도 징역형·금고형 또는 구류형의 선고를 받아 그 형이 확정되어 교정시설[1]에 수용된 사람과 벌금 또는 과료를 완납하지 아니하여 노역장 유치명령을 받아 교정시설에 수용된 사람을 모두 '수형자'로 정의하고 있다. 다만, 징역은 금고, 구류와 달리 정해진 노역에 복무할 의무가 있다는 점에서 구별된다. 징역과 금고는

---

1 교도소·구치소 및 그 지소를 말한다(형집 §2(i)).

무기 또는 유기로 하되 유기의 경우는 그 기간이 1개월 이상 30년 이상이고, 유기징역 또는 유기금고에 대하여 형을 가중하는 때에는 50년까지로 한다(§42). 구류는 그 기간이 30일 미만이라는 점(§46)에서 징역 및 금고와 차이가 있다.

징역형의 집행은 수형자를 일정한 장소에 구금하여 사회로부터 격리하고 그 자유를 박탈하여 정해진 노역을 가함으로써 범죄에 대한 응보를 하는 것을 목적 중 하나로 하므로 신체적 자유가 당연히 속박된다.[2] 그러나 수형자를 구금하는 목적은 수형자를 일정한 장소에 구금하여 사회로부터 격리시켜 그 자유를 박탈함과 동시에 그의 교화·갱생을 도모하는 것에도 있으므로,[3] 수형자를 상대로 기술교육을 실시하여 건전한 국민사상과 근로정신을 함양하도록 교정·교화시키고 있다.[4] 형집행법 제1조도 "이 법은 수형자의 교정교화와 건전한 사회복귀를 도모하고, 수용자의 처우와 권리 및 교정시설의 운영에 관하여 필요한 사항을 규정함을 목적으로 한다."고 규정한다.

2. 국제수형자이송

2003년 12월 31일 제정된 국제수형자이송법에 따르면, 외국에서 자유형을 선고받아 그 형이 확정되어 형집행 중인 대한민국 국민을 외국으로부터 인도받아 그 자유형을 집행하는 것을 '국내이송'이라 한다(국제수형자이송법 §2(ii)). 국내이송에 의하여 국내이송대상 수형자에게 선고된 자유형을 국내에서 집행함에 있어서 그 외국법원의 판결은 대한민국 법률에 의한 대한민국 법원의 판결과 동일한 효력이 있는 것으로 본다(국제수형자이송법 §15). 외국에서 선고되어 확정된 자유형이 징역에 상당하는 형인 때에는 형법 제67조의 규정에 의하여 집행하며, 금고에 상당하는 형인 때에는 형법 제68조에 의하여 집행하되(국제수형자이송법 §16③), 국내이송수형자에 대한 가석방·사면·감형 등 자유형의 집행에 관하여 필요한 사항은 형법 및 형집행법 등 대한민국의 관련 법률이 정하는 바에 의한다(국제수형자이송법 §17).

국제수형자이송법은 대한민국과 외국 간에 조약이 체결되어 있을 것을 전제

2

3

4

---

2 헌재 2013. 9. 26, 2011헌마398.
3 헌재 1998. 8. 27, 96헌마398.
4 헌재 2008. 5. 29, 2005헌마137 등.

하는데(국제수형자이송법 §3), 우리나라도 국제수형자이송과 관련한 다자간 조약[5] 및 양자간 조약[6]을 체결하고 있으며, 조약 대상국을 점차 확대하고 있다. 2009년부터 2018년까지 10년간 국내이송 현황을 살펴보면 총 68명의 국내이송이 이루어졌는데, 일본 33명, 중국 19명, 미국 12명, 베트남, 몽골, 태국, 쿠웨이트가 각 1명이 있었다.[7]

5　　　　국내이송은 외국에서 자유형이 선고·확정된 범죄사실이 대한민국의 법률에 의하여 범죄를 구성할 것(제1호), 외국에서 선고된 자유형의 판결이 확정될 것(제2호), 국내이송대상수형자가 국내이송에 동의할 것(제3호)의 요건이 갖추어진 때에 한하여 실시할 수 있다(국제수형자이송법 §11①). 국내이송수형자에 대하여 외국에서 선고된 자유형을 집행 중인 때와 그 자유형의 집행을 종료하거나 집행을 하지 아니하기로 확정된 때에는 동일한 범죄사실에 대하여 공소를 제기할 수 없으나(국제수형자이송법 §18), 법무부장관은 국내이송의 요건이 갖추어져 있더라도 대한민국의 안전과 질서 유지, 공공의 이익, 국내이송대상수형자의 선도·교화 및 사회복귀의 용이성 등을 종합적으로 고려하여 이송의 필요성이 없다고 판단하면 국내이송을 하지 아니한다(국제수형자이송법 §12①). 법무부장관은 선고국의 양형이 지나치게 가벼운 경우 등 대한민국에서도 국내이송대상수형자

---

5 우리나라는 유럽평의회(Council of Europe)의 국제수형자이송에 관한 다자간 협약으로 1983년 3월 21일 프랑스 스트라스부르크에서 서명되어 1985년 7월 1일 발효된 「수형자의 이송에 관한 협약」(Convention on the Transfer of Sentenced Persons)에 2005년 7월 20일 가입서를 기탁하여 60번째 당사자국으로 가입하였으며, 2005년 11월 1일 발효되었다. 2024년 7월 기준 위 협약의 가입국은 유럽평의회 회원국인 45개국(알바니아, 안도라, 아르메니아, 오스트리아, 아제르바이잔, 벨기에, 보스니아헤르체고비나, 불가리아, 크로아티아, 사이프러스, 체코, 덴마크, 에스토니아, 핀란드, 프랑스, 조지아, 독일, 그리스, 헝가리, 아이슬란드, 아일랜드, 이탈리아, 라트비아, 리히텐슈타인, 리투아니아, 룩셈부르크, 몰타, 몬테네그로, 네덜란드, 노르웨이, 폴란드, 포르투갈, 몰도바, 루마니아, 산마리노, 세르비아, 슬로바키아, 슬로베니아, 스페인, 스웨덴, 스위스, 마케도니아, 튀르키예, 우크라이나, 영국)과 유럽평의회 비회원국 25개국(호주, 바하마, 볼리비아, 브라질, 캐나다, 칠레, 코스타리카, 에콰도르, 가나, 바티칸시국, 온두라스, 인도, 이스라엘, 일본, 모리셔스, 키르기스스탄, 멕시코, 몽골, 파나마, 대한민국, 러시아, 통가, 트리니다드토바고, 미국, 베네수엘라)이다.
6 2020년 6월 기준 몽골, 중국, 베트남, 인도, 태국, 홍콩, 쿠웨이트와 조약을 체결하여 발효된 상태이고, 키르기스스탄, 카자흐스탄과는 조약을 체결하고 국회의 비준 동의를 거쳤으며 발효 절차를 진행 중이다.
7 같은 기간 동안 국외이송은 총 25명이었으며, 미국 9명, 몽골 4명, 러시아 3명, 캐나다 2명, 영국 2명, 일본, 터키, 독일, 프랑스, 태국 각 1명이다.

의 범죄를 소추할 필요가 있다고 인정되는 경우에는 국내이송을 실시하지 않을 수 있다.[8] 이 경우에는 향후에 우리 형법에 따라 별도로 처벌하면서 형법 제7조가 적용된다.[9]

II. 징역형 집행의 절차

1. 징역형 집행 절차 일반

징역형 집행은 형 집행의 일반적인 절차에 따라 이루어진다. 형을 선고한 판결이 확정되면 검사가 지휘하여 집행하게 된다(형소 §459, §460①).   6

본조는 교정시설에 수용하여 징역형을 집행하도록 규정하고 있다. 2020년   7
12월 8일 형법 개정(2021. 12. 9. 시행) 전에는 "징역은 형무소내에 구치하여 정역에 복무하게 한다."로 규정되어 있었다. 형무소는 1953년 형법 제정 당시 시행 중이던 구 행형법에 따른 명칭으로 1961년에 행형법을 개정하면서 응보형주의에 중심이 있는 형무소라는 명칭을 교도주의 이념에 맞추어 교도소로 변경하였으나, 형법에는 이러한 개정이 반영되지 못한 상태로 형무소라는 명칭이 남아 있었던 것이다. 2011년 4월 정부가 국회에 제출한 형법(총칙) 일부개정법률안은 징역형과 금고형을 징역형으로 단일화하면서 종래의 금고형 대상자에게도 정해진 노역이 당연히 부과될 수 있는 문제점이 생기지 않도록 하고, 징역형을 선고받게 될 수형자에 대한 정해진 노역 부과를 탄력적으로 하기 위해 "징역은 교정시설에 수용하여 집행하며, 필요한 경우 교정처우를 행한다."로 규정하였으나(안 §64①),[10] 18대 국회 임기만료로 폐기되었다.[11]

법무부장관은 교정시설의 설치 및 운영에 관한 업무의 일부를 법인 또는   8

---

8 서범정, "국제수형자이송법 해설", 법조 591, 법조협회(2015), 319.
9 헌법재판소는 외국에서 형 집행 중인 대한민국 국민의 조속한 사회복귀를 도모하기 위한 국제수형자이송법의 목적과 그 제도의 인도주의적 취지는 형법 제7조에 대한 판단에 있어서도 고려할 필요가 있다고 본다(헌재 2015. 5. 28, 2013헌바129).
10 법무부, 형법(총칙)일부개정법률안 제안 이유서(2011. 4), 71.
11 1992년 정부 제출 형법개정법률안은 징역형과 금고형을 별도로 규정한 현행 형법의 태도를 유지하면서 "징역은 교정시설에 수용하여 작업을 하게 하고 기타 필요한 교정처우를 행한다."고 규정하였다(안 §68).

개인에게 위탁할 수 있고, 위탁을 받을 수 있는 법인 또는 개인의 자격요건, 교
정시설의 시설기준, 수용대상자의 선정기준, 수용자 처우의 기준, 위탁절차, 국
가의 감독, 그 밖에 필요한 사항은 따로 법률로 정한다(형집 §7). 이에 따라
2000년 1월 28일 제정된 법률이 민영교도소 등의 설치·운영에 관한 법률(이하,
민영교도소법이라 한다.)이며, 2003년 2월 법무부는 기독교 계통의 재단법인 아가
페와 '교도소 설치·운영 등 교정업무 위탁계약'을 체결하였고, 2010년 12월 국
내 최초이자 현재까지는 유일한 민영교도소인 소망교도소가 개소하여 운영되고
있다.[12] 민영교도소등[13]에 수용된 수용자는 형집행법에 따른 교도소등에 수용된
것으로 보며(민영교도소법 §24), 민영교도소법은 민영교도소등에 수용된 자에 관
하여 성질상 허용되지 아니하는 경우나 위탁 계약으로 달리 정한 경우 외에는
형집행법을 준용하고 있다(민영교도소법 §40).

2. 검사의 집행지휘

9   징역형을 선고한 판결이 확정되면 검사는 판결서등본 또는 재판을 기재한 조
서의 등본을 첨부한 형집행지휘서로 형 집행을 지휘한다(형소 §459, §460①, §461,
자유형집행규칙 §4① 본문). 검사의 집행지휘로 교도소에 수용하여 징역형의 집행
이 시작되고, 수형자는 원칙적으로 징역형의 집행이 종료될 때까지 구금된다.
징역형을 선고한 판결이 확정된 때 대상자가 이미 교정시설에 구금되어 있는지
여부에 따라 구체적인 집행지휘의 방식과 절차에는 차이가 있다.

(1) 구금되어 있는 상태에서 징역형이 확정된 경우

10   구금된 자에 대해 징역형이 확정되면 검사는 형집행지휘서를 해당 구치소
또는 교도소의 장에게 송부하여야 한다(자유형집행규칙 §5). 구금되어 있는 상태
에서 징역형이 확정이 되는 경우에는, 구속 기소되어 재판을 받은 경우 외에도
불구속 상태에서 재판을 받다가 선고 시 법정구속이 되는 경우도 포함된다.

11   법무부장관이 국내이송대상수형자를 국내이송하려면 서면으로 관계 검사장

---

12 소망교도소에 대한 상세는 권수진 외, 형사정책과 사법제도에 관한 평가 연구(XV) - 민영교도소
   운영 10년의 성과 분석 및 발전방안, 한국형사법무정책연구원(2021) 참조.
13 '민영교도소등'은 교정법인, 즉 법무부장관으로부터 교정업무를 포괄적으로 위탁받아 교도소·소
   년교도소 또는 구치소 및 그 지소(이하, '교도소등'이라 한다)를 설치·운영하는 법인(민영교도소
   법 §2(iii))이 운영하는 교도소등을 말한다(민영교도소법 §2(iv)).

등에게 국내이송을 명하여야 한다(국제수형자이송법 §13①). 검사장등은 지체없이 소속 검사로 하여금 국내이송에 필요한 조치를 취하도록 명하여야 한다(국제수형자이송법 §14①). 국내이송에 필요한 조치를 명령받은 검사는 지체없이 국내이송 집행장을 발부하여 외국으로부터 국내이송대상수형자를 인도받고 그 자유형의 집행을 지휘하여야 한다(국제수형자이송법 §14③). 국내이송집행장에는 외국의 재판서 등본 또는 초본이나 그 밖에 판결이 선고되었음을 증명할 수 있는 서류를 첨부하여야 하고(국제수형자이송법 §14④), 국내이송집행장은 형집행장과 동일한 효력이 있다(국제수형자이송법 §14⑤).

(2) 구금되어 있지 않은 상태에서 징역형이 확정된 경우

징역형을 선고한 판결이 확정되었으나 선고를 받은 자가 구금되어 있지 않은 경우에는 검사는 형을 집행하기 위하여 소환하여야 한다(형소 §473①). 통상 피고인이 불출석한 상태에서 재판이 진행되어 징역형을 선고한 판결이 확정된 경우[소송촉진 등에 관한 특례법 §23, 소송촉진 등에 관한 특례규칙(대법원규칙 제3163호, 일부개정 2024. 10. 4.) §19], 불구속 기소 또는 구속 기소 이후 구속취소결정이 있거나 보석 허가 등의 사유로 불구속 상태에서 재판이 진행되고 징역형의 선고 시에도 법정구속이 되지 않은 경우, 징역형에 대한 선고유예가 실효되어 유예된 형이 선고되어 확정된 경우 등이 이에 해당한다.

「자유형 확정자에 대한 형집행업무 처리 지침」[14](이하, 지침이라 한다.)에 따르면, 구금되어 있지 아니한 상태에서 징역형이 확정된 사람에 대하여는 그 형이 확정되는 즉시 소환하여야 하고(지침 §3), 형집행 대상자 또는 그 변호인에게 전화 등을 이용하여 신속하게 소환 통보를 하여야 한다(지침 §4①). 형집행 대상자를 소환하는 때에는 소환 통보를 한 그 다음날 일과시간 이내(휴일인 경우 18:00 까지)에 출석하도록 하여야 한다(지침 §5). 형집행 대상자가 출석의 연기를 요청한 경우에는 생명을 보전하기 위한 급박한 치료가 필요한 때, 가족(본인 및 배우자의 직계존속을 포함)이 사망한 때, 직계비속의 혼례가 있는 때 등에 한해 3일의 한도 내에서 출석의 연기를 허가할 수 있다(지침 §7①). 형집행 대상자가 소환 통보 당시 업무 등의 사유로 국외에 체류하는 때에는 7일 이내의 기간을 정하

12

13

---

14 2015. 11. 4. 제정, 대검찰청예규 제814호.

여 조속히 귀국할 것을 요구하여야 한다(지침 §8).

14   검사는 형집행 대상자가 소환에 응하지 아니한 때에는 형집행장을 발부하여 구인하여야 한다(형소 §473②). 형집행 대상자가 도망하거나 도망할 염려가 있는 때 또는 현재지를 알 수 없는 때에는 소환함이 없이 형집행장을 발부하여 구인할 수 있다(형소 §473③). 형집행장은 구속영장과 동일한 효력이 있고(형소 §474②), 형집행장의 집행에는 피고인의 구속에 관한 규정을 준용한다(형소 §475). 이런 점에서, 형집행장은 형집행을 위하여 검찰청으로 구인하기 위한 구인영장의 성질을 가지며, 형집행에 따른 수용은 구속의 한 유형인 구금에 해당한다고 볼 수 있다.[15] 형집행을 위한 소환 및 구인을 할 때에는 관할 검찰청으로 소환 또는 구인을 하여야 하고, 형집행 대상자가 질병 등으로 거동이 불편할 경우 등 관할 검찰청으로 소환 또는 구인하기 적절하지 아니한 경우에는 곧바로 관할 구치소 또는 교도소로 소환 또는 구인할 수 있으며, 형집행 대상자를 관할 검찰청으로 소환 또는 구인한 때에는 검사는 형집행 대상자의 신원, 건강상태 등을 확인한 후 관할 구치소 또는 교도소로 형집행을 지휘한다(지침 §9, §10).

15   2022년 2월 3일 형사소송법 제85조가 개정되어 구속영장을 집행함에는 피고인에게 반드시 이를 제시하고 그 사본을 교부하여야 한다.[16] 형집행장의 집행에는 피고인의 구속에 관한 규정을 준용하므로(형소 §475), 2022년 2월 3일부터는 형집행 대상자에 대해 형집행장을 발부하여 구인할 때에도 형집행장 원본을

---

15 대판 2024. 5. 23, 2021도6357(전). 「형사소송법이 재판의 집행에 관하여, '사형, 징역, 금고 또는 구류의 선고를 받은 자가 구금되지 아니한 때에는 검사는 형을 집행하기 위하여 이를 소환하여야 하고, 소환에 응하지 아니한 때에는 검사는 형집행장을 발부하여 구인하여야 한다.'(제473조 제1항 및 제2항)고 규정하고 있거나, "형집행장은 구속영장과 동일한 효력이 있다."(제474조 제2항), '형집행장의 집행에는 피고인의 구속에 관한 규정을 준용한다.'(제475조), '노역장유치의 집행에는 형의 집행에 관한 규정을 준용한다.'(제492조)라고 정하고 있는 것에도 주목하여 보면, 형사소송법은 형 집행에 따른 수용(收容)도 '구속'의 한 유형인 '구금'에 해당하는 것으로 구성하고 있는바, 형사소송법상의 '구속'이 반드시 수사와 재판을 위한 신병 확보라는 기능적 개념에만 한정되는 것이 아님을 알 수 있다. 적어도 필요적 국선변호인 선정사유에 해당하는지 여부를 판단함에 있어서 '구속'의 한 유형인 '구금'의 개념을 '해당 사건과의 관련성 유무'나 '유죄판결의 확정 전후'로 구별해서 이해하여야 할 뚜렷한 이유를 찾기 어렵다.」
16 구 형사소송법 제85조 제1항은 "구속영장을 집행함에는 피고인에게 반드시 이를 제시하여야 하며 신속히 지정된 법원 기타 장소에 인치하여야 한다."고 규정하였으나, 2022년 2월 3일 개정된 형사소송법 제85조 제1항은 "구속영장을 집행함에는 피고인에게 반드시 이를 제시하고 그 사본을 교부하여야 하며 신속히 지정된 법원 기타 장소에 인치하여야 한다."로 개정되어 영장 사본의 교부의무가 부과되었다.

제시하고, 사본을 교부하여야 한다(형소 §475, §85①).[17] 구속영장을 소지하지 아니한 경우에 급속을 요하는 때[18]에는 피고인에 대하여 공소사실의 요지와 영장이 발부되었음을 고하고 집행할 수 있고(형소 §475, §85③) 위 집행을 완료한 후에는 신속히 구속영장을 제시하고 그 사본을 교부하여야 한다(형소 §475, §85④).

(3) 판결 선고 이후의 사정으로 징역형의 집행이 필요한 경우

구금되어 있지 아니한 상태에서 징역형에 대한 집행유예가 실효되거나 취소된 경우, 형집행정지결정으로 석방된 사람에 대하여 형집행정지의 취소결정이 있는 경우, 가석방의 실효 또는 취소로 잔여형기를 집행하여야 할 경우에도 구금되어 있지 않은 상태에서 징역형이 확정된 경우와 마찬가지로 징역형의 집행을 위해 교도소에 구금하는 절차가 필요하고, 집행사무담당직원은 위와 같은 형집행 대상자를 형미집행자명부에 기재하여 관리한다(자유형집행규칙 §6①).

제63조에 따라 집행유예의 선고를 받은 사람이 유예기간 중 고의로 범한 죄로 금고 이상의 실형을 선고받아 그 판결이 확정된 때에는 집행유예의 선고는 효력을 잃고, 검사는 형집행유예의 실효지휘서에 따라 형의 집행유예 실효지휘를 한다(자유형집행규칙 §19①). 검사는 집행유예의 선고를 받은 후 금고 이상의 형을 선고한 판결이 확정된 때부터 그 집행을 종료하거나 면제된 후 3년이 경과되지 아니하였다는 사실이 발각된 때나 보호관찰이나 사회봉사 또는 수강을 명한 집행유예를 받은 자가 준수사항이나 명령을 위반하고 그 정도가 무거운 때에는 형집행유예 취소청구서에 따라 법원에 집행유예 취소를 청구하고, 법원의 집행유예선고취소결정이 확정된 때에는 검사는 형집행지휘서에 의하여 지체 없이 그 형의 집행을 지휘하여야 한다(자유형집행규칙 §20①, ②). 형집행정지 취소 결정이 있는 때에는 검사는 형집행정지자를 소환하여 인적사항을 확인하고 잔형집행을 지휘하여야 하는데, 형집행정지자에 관한 잔형의 집행은 판결서등본 또는 재판을 기재한 조서의 등본을 첨부한 잔형집행지휘서에 의한다(자유형집행규칙 §34). 징역형의 가석방이 제74조에 따라 실효되거나 제75조에 따라 취소되

16

17

---

17 실무상 형집행장이 발부되어 지명수배된 상태에서 경찰에 검거된 경우에, 검찰은 경찰에 형집행장을 팩스로 전송하고 신병을 인계받아 형집행장 원본을 제시하고, 사본을 교부한다.

18 여기서 형집행장의 제시 없이 구인할 수 있는 '급속을 요하는 때'란 애초 사법경찰관리가 적법하게 발부된 형집행장을 소지할 여유가 없이 형집행의 상대방을 조우한 경우 등을 가리킨다(대판 2013. 9. 12, 2012도2349).

는 경우에 검사의 잔형집행지휘에 따라 잔형을 집행하게 된다(형집령 § 263). 위와 같은 경우에는 구금되어 있지 않은 상태에서 징역형이 확정된 경우와 마찬가지로 형집행 대상자를 소환 또는 구인하여 집행하게 된다.

18   형미집행자 또는 잔형집행대상자로서 집행할 형기가 1일인 경우 형집행장에 의하여 구인되거나 자진출석한 때에는 형을 집행한 것으로 본다(자유형집행규칙 § 17⑥).

3. 집행지휘의 순서

19   자유형의 성질상 여러 개의 징역형을 동시에 집행할 수는 없으므로 검사는 2개 이상의 징역형 집행을 동시에 지휘할 때에는 집행할 순서를 정하여 지휘하여야 한다(자유형집행규칙 § 16①). 검사가 징역형의 집행 중에 다른 징역형의 집행을 지휘할 때에는 집행중인 형에 계속하여 집행할 뜻을 명백히 하여 지휘하여야 한다(자유형집행규칙 § 16②).

20   2개 이상의 징역형 집행은 무거운 형을 먼저 집행하는 것이 원칙이나, 검사는 형의 집행순서를 변경할 수 있다(형소 § 462). 소년범에 대해 다수의 부정기형이 선고되는 경우에는 장기가 긴 것을 무거운 형으로 보아 우선 집행한다. 형의 집행순서 변경은 각 형의 집행시기에 상관없이 가능하므로, 하나의 징역형을 집행하는 중에 다른 징역형을 우선 집행하는 것도 가능하다. 형의 집행순서 변경은 수형자 입장에서는 가석방과 관련하여 의미가 있고, 실무상 검사도 가석방 요건을 충족시키기 위해 형집행순서변경신청이 있는 경우에는 적극적으로 집행순서 변경을 지휘하고 있다(상세는 앞의 **제5절 [총설] I. 6. 형 집행의 순서** 부분 참조).

4. 제37조 후단 경합범과 형의 집행

21   제37조 후단 경합범은 그 죄와 판결이 확정된 죄에 대하여 제37조 전단 경합범으로 동시에 판결할 수 있었음에도 그렇게 하지 못함으로 인하여 동시에 판결한 경우에 비하여 피고인에게 불리할 수 있기 때문에 형평성과 관련한 문제가 생긴다. 제37조 후단 경합범을 어떻게 처리할지는 기본적으로 입법정책에 달려 있다. 형 선고 단계에서 이를 고려할 것인지, 형 집행 단계에서 이를 고려할 것인지, 형 선고 단계나 형 집행 단계에서 이를 고려할 때 어떠한 방식으로

이를 고려할 것인지 모두 입법자의 의사에 따라야 한다.[19]

　　구 형법(2005. 7. 29. 법률 제7623호로 개정되기 전의 것) 제39조 제1항은 제37조 　　　　　　22
후단 경합범의 처벌과 관련하여 "경합범중 판결을 받지 아니한 죄가 있는 때에
는 그 죄에 대하여 형을 선고한다."고 규정하고, 제39조 제2항은 "전항에 의한
수개의 판결이 있는 때에는 전조〔주: §38(경합범과 처벌례)〕의 예에 의하여 집행한
다."고 규정하였다. 대법원은 구 형법 제39조 제2항의 의미에 대하여, "전조의
예에 의하여 집행한다 함은 그 각 판결이 선고한 형기를 위 법조의 예에 의하여
경감집행한다는 취지가 아니고, 그 각 판결의 선고형을 합산한 형기를 위 법조
의 예에 의하여 그 경합범 중 가장 중한 죄에 정한 법정형의 장기에 그 2분의1
을 가중한 형기 범위내에서 집행한다는 취지"라고 보았다.[20] 구 형법 제39조 제
2항, 제1항, 제38조 제1항 제1호는 경합범관계에 있는 사건에 관하여 수개의 형
이 선고·확정된 경우에는 경합범의 처벌례에 의하여 집행하도록 되어 있으므로
그중 무거운 형이 사형 또는 무기징역이나 무기금고인 때에는 그 형만을 집행
할 수 있을 뿐 몰수나 벌금, 과료 이외의 다른 형은 집행하지 아니함이 그 규정

---

19 대판 2019. 4. 18, 2017도14609(전). 〔피고인이 마약류 관리에관한법률위반(향정)죄의 범죄사실
　　로 징역 4년을 선고받아 그 판결이 확정되었는데, 위 판결확정 전에 향정신성의약품을 1회 판매
　　하고 1회 판매하려다 미수에 그쳤다는 내용의 마약류관리에관한법률위반(향정) 공소사실로 기소
　　된 사안에서, 법정형인 무기 또는 5년 이상의 징역 중에서 유기징역을 선택하고 제37조 후단 경
　　합범에 대한 감경과 작량감경을 한 원심으로서는 제56조 제4호 내지 제6호 및 제55조 제1항 제
　　3호에 따른 처단형인 징역 1년 3개월부터 11년 3개월까지의 범위 내에서 형을 정했어야 하는데
　　도, 이와 달리 제37조 후단 경합범에 대하여 제39조 제1항에서 정한 감경을 할 때에는 제55조
　　제1항이 적용되지 않는다는 전제에서 위와 같은 법률상 처단형의 하한을 벗어난 징역 6개월을
　　선고한 원심의 판단에 법리오해의 잘못이 있다고 한 사례〕. 「후단 경합범에 따른 감경을 새로운
　　유형의 감경이 아니라 일반 법률상 감경의 하나로 보고, 후단 경합범에 대한 감경에 있어 형법
　　제55조 제1항에 따라야 한다고 보는 것은 문언적·체계적 해석에 합치될 뿐 아니라 입법자의 의
　　사와 입법연혁 등을 고려한 목적론적 해석에도 부합한다. (중략) 한편 형법 제39조 제1항 전문
　　이 "경합범 중 판결을 받지 아니한 죄가 있는 때에는 그 죄와 판결이 확정된 죄를 동시에 판결
　　할 경우와 형평을 고려하여 그 죄에 대하여 형을 선고한다."라고 규정한 것은 기존에 후단 경합
　　범에 대하여 형의 집행단계에서 전단 경합범과 형평을 고려해 오던 것을 형의 선고단계에서 형
　　평을 고려하여 형을 정한다는 취지를 밝힌 것일 뿐 후단 경합범에 대하여 동시에 판결할 경우와
　　완벽하게 형평을 기할 수 있도록 감경 한도의 제한 없이 감경할 수 있다는 뜻을 선언하는 것으
　　로 볼 수는 없다.」
　　　본 판결 해설은 홍은표, "후단 경합범에 대하여 형법 제39조 제1항에 따라 형을 감경함에 있
　　어 제55조 제1항의 감경한도 이하로 감경할 수 있는지 여부", 해설 120, 법원도서관(2019),
　　549-577.
20 대결 1967. 3. 6, 67초6.

의 취지이므로 경합범에 해당하는 무기징역형이 사후에 징역 20년 형으로 감형되었다 하더라도 그 감형된 형만을 집행할 수 있을 뿐 몰수나 벌금, 과료 이외의 다른 형인 징역형은 집행할 수 없었다.[21]

23　　2005년 7월 29일 개정된 형법은 제39조 제2항을 삭제하고, 제39조 제1항에서 "경합범중 판결을 받지 아니한 죄가 있는 때에는 그 죄와 판결이 확정된 죄를 동시에 판결할 경우와 형평을 고려하여 그 죄에 대하여 형을 선고한다. 이 경우 그 형은 감경 또는 면제할 수 있다."고 규정하고 있다. 따라서 현재는 제37조 후단 경합범의 경우에도 2개 이상의 징역형 집행에 대한 일반원칙에 따라 순차로 집행을 하는 것으로 해석되므로 무기징역형이 징역 20년 형으로 감형된 경우 다른 징역 2년 6월의 형도 집행하여야 할 것이다.[22] 다만, 위 형법 개정 전에 이미 선고받은 형의 경우에는 부칙 제2조[23]에 따라 행위자에게 유리한 종전 규정이 적용될 수 있다.[24]

24　　경합범에 의한 판결을 선고를 받은 자가 경합범 중의 어떤 죄에 대하여 사면 또는 형의 집행이 면제된 때에는 검사는 최종판결을 한 법원에 나머지 다른 죄에 대하여 다시 형을 정하도록 청구하여야 하고(§ 39③, 형소 § 336①), 위 형의 집행에 있어서는 이미 집행한 형기를 통산한다(§ 39④).

5. 집행의 종료

25　　징역형은 형기종료일에 집행이 종료된다(§ 86). 형기종료에 따른 석방은 형기종료일에 하여야 한다(형집 § 124②). 형기종료일은 형기의 기산일로부터 확정

---

21 대결 2006. 5. 29, 2006모135(경합범관계에 있는 각 죄에 대하여 각 2년 6월의 징역형과 무기징역형이 별도로 선고·확정된 경우에는, 위 무기징역형이 사후에 징역 20년으로 감형되었다고 하더라도 징역 2년 6월의 형 집행으로 복역한 형기를 감형된 징역 20년의 형기에 통산할 수 없다고 판단한 원심결정을 수긍한 사례).

22 주석형법 [총칙(2)](2판), 636(조균석).

23 부칙(1995. 12. 29) 제2조(일반적 적용례) 이 법 시행 전에 행하여진 죄에 대하여도 적용한다. 다만, 종전의 규정을 적용하는 것이 행위자에게 유리한 경우에는 그러하지 아니하다.

24 구 자유형집행규칙 제16조 제2항 단서 부분(다만, 유기의 징역 또는 금고의 형의 집행중에 무기의 징역 또는 금고의 형의 집행을 지휘하는 경우에 형법 제39조 제2항의 적용이 있는 때에는 무기의 징역 또는 금고의 형의 집행을 지휘함과 동시에 별지 제22호서식에 의한 형집행정지 지휘서에 의하여 유기의 징역 또는 금고의 형의 집행정지를 지휘하여야 한다.)은 형법 제39조 제2항이 삭제된 후에는 구 형법이 적용되는 예외적인 경우에만 의미가 있는 규정이었는데, 2023년 8월 21일 자유형집행규칙의 개정으로 삭제되었다.

된 징역형의 기간을 더한 후에 형기에 산입되는 미결구금일수 등을 빼는 방식으로 정해진다.

Ⅲ. 징역형 집행의 내용

1. 작업의무의 부과

징역은 형이 확정된 사람을 교정시설에 수용하고 정해진 노역에 복무하게 하는 방법으로 집행한다(§67). 징역형이 선고되어 확정된 사람은 자신에게 부과된 작업과 그 밖의 노역을 수행하여야 할 의무가 있다(형집 §66).   26

징역형은 수형자에게 작업의무를 부과함으로써 구치된 수형자의 자유의 박탈을 가중하는 측면이 있다. 그러나 구체적 집행에 있어서는 수형자의 교정교화와 건전한 사회복귀를 도모하는 것을 목적으로 하고, 작업을 통하여 수형자가 사회생활에 적응하는 능력을 함양할 수 있도록 처우하는 것을 원칙으로 한다. 작업 내용이 건전한 사회복귀를 위하여 기술을 습득하고 근로의욕을 고취하는 데에 적합할 것을 요구하고 있는 점 등에 비추어 보면, 작업의무 부과의 주된 취지는 수형자의 교정교화와 사회복귀에 있다고 보아야 한다.[25]   27

2. 수형자의 처우

징역형의 선고를 받아 그 형이 확정되어 교정시설에 수용된 사람 등 수형자에 대하여는 교육·교화프로그램, 작업, 직업훈련 등을 통하여 교정교화를 도모하고 사회생활에 적응하는 능력을 함양하도록 처우하여야 한다(형집 §55). 교   28

---

25 헌법재판소는 본조가 청구인의 신체의 자유를 침해하는지 여부가 문제된 사안에서, 본조는 수형자의 교정교화와 건전한 사회복귀를 도모하고, 노동의 강제를 통하여 범죄에 대한 응보 및 일반예방에 기여하기 위한 것으로서 그 목적이 정당하고, 수단의 적합성도 인정되며, 교도소에서의 작업시간 및 그 강도 등이 과중하다고 볼 수 없고, 생산성 없이 육체적 고통만 부과하는 내용의 작업은 배제되고 기술을 습득할 수 있는 직업 훈련을 통하여 재사회화를 위한 실질적인 교육이 이루어지며, 일정 정도의 작업장려금을 지급받아 노동의 가치를 인정받을 수 있다는 점 등에 비추어 볼 때, 신체의 자유에 대한 제한을 최소화하는 방식으로 집행되고 있으며, 작업이 강제됨으로써 제한되는 수형자의 개인적 이익에 비하여 징역형 수형자 개개인에 대한 재사회화와 이를 통한 사회질서 유지 및 공공복리라는 공익이 더 크므로 법익의 균형성도 인정된다는 이유로, 본조가 신체의 자유를 침해하지 아니한다고 보았다(헌재 2012. 11. 29, 2011헌마318).

[서효원]

정시설의 장은 미결수용자로서 자유형이 확정된 사람에 대하여는 검사의 집행지휘서가 도달된 때부터 수형자로 처우할 수 있다(형집령 §82①).

29   형집행법은 제2편에서 수형자를 포함한 수용자[26] 일반에 적용되는 처우에 대해 규정하고 있는데, 제1장 수용, 제2장 물품지급, 제3장 금품관리, 제4장 위생과 의료, 제5장 접견·편지수수(便紙授受) 및 전화통화, 제6장 종교와 문화, 제7장 특별한 보호 순으로 정하고 있다. 제8장에서는 수형자에게 적용되는 처우를 별도로 규정하면서 제1절 통칙, 제2절 분류심사, 제3절 교육과 교화프로그램, 제4절 작업과 직업훈련, 제5절 귀휴에 대해 정하고 있다.

30   교정시설의 장은 분류처우위원회의 의결에 따라 수형자의 개별적 특성에 알맞은 교육·교화프로그램, 작업, 직업훈련 등의 처우에 관한 개별처우계획을 수립하여 시행하고, 수형자가 스스로 개선하여 사회에 복귀하려는 의욕이 고취되도록 개별처우계획을 정기적으로 또는 수시로 점검하여야 한다(형집 §56). 수형자는 분류심사의 결과에 따라 그에 적합한 교정시설에 수용되며, 개별처우계획에 따라 그 특성에 알맞은 처우를 받는다(형집 §57①). 수형자의 처우등급은 기본수용급,[27] 경비처우급,[28] 개별처우급으로 구분하며(형집규 §72), 교정시설의 장은 기본적으로 수형자를 기본수용급별·경비처우급별로 구분하여 수용하여야 한다(형집규 §83).

31   교정시설은 도주방지를 위한 수용설비 및 계호의 정도에 따라 개방시설,[29] 완화경비시설,[30] 일반경비시설,[31] 중(重)경비시설[32]로 구분하는데(형집 §57②), 경

---

26 '수용자'란 수형자·미결수용자·사형확정자 등 법률과 적법한 절차에 따라 교정시설, 즉 교도소·구치소 및 그 지소에 수용된 사람을 말한다(형집 §2(i)).

27 성별·국적·나이·형기 등에 따라 수용할 시설 및 구획 등을 구별하는 기준으로 기본수용급은 여성수형자, 외국인수형자, 금고형수형자, 19세 미만의 소년수형자, 23세 미만의 청년수형자, 65세 이상의 노인수형자, 형기가 10년 이상인 장기수형자로 구분한다(형집규 §73).

28 도주 등의 위험성에 따라 수용시설과 계호의 정도를 구별하고, 범죄성향의 진전과 개선정도, 교정성적에 따라 처우수준을 구별하는 기준으로 개방처우급, 완화경비처우급, 일반경비처우급, 중경비처우급으로 구분한다(형집규 §74①).

29 도주방지를 위한 통상적인 설비의 전부 또는 일부를 갖추지 아니하고 수형자의 자율적 활동이 가능하도록 통상적인 관리·감시의 전부 또는 일부를 하지 아니하는 교정시설(형집 §57②(i)).

30 도주방지를 위한 통상적인 설비 및 수형자에 대한 관리·감시를 일반경비시설보다 완화한 교정시설(형집 §57②(ii)).

31 도주방지를 위한 통상적인 설비를 갖추고 수형자에 대하여 통상적인 관리·감시를 하는 교정시설(형집 §57②(iii)).

32 도주방지 및 수형자 상호 간의 접촉을 차단하는 설비를 강화하고 수형자에 대한 관리·감시를

비처우급에 따라 수형자가 수용될 시설이나 작업기준이 달라지게 된다(형집규 §74). 수형자에 대한 처우는 교화 또는 건전한 사회복귀를 위하여 교정성적에 따라 상향 조절될 수 있으며, 특히 그 성적이 우수한 수형자는 개방시설에 수용되어 사회생활에 필요한 적정한 처우를 받을 수 있다(형집 §57③). 이때의 교정 성적은 수형자의 수용생활 태도, 상벌 유무, 교육 및 작업의 성과 등을 종합적으로 평가한 결과를 말한다(형집령 §84①).

3. 수형자의 작업

수형자는 자신에게 부과된 작업과 그 밖의 노역을 수행하여야 할 의무가 있으나(형집 §66), 수형자에게 부과하는 작업은 건전한 사회복귀를 위하여 기술을 습득하고 근로의욕을 고취하는 데에 적합한 것이어야 한다(형집 §65①). 수형자에게 작업을 부과하려면 나이·형기·건강상태·기술·성격·취미·경력·장래생계, 그 밖의 수형자의 사정을 고려하여야 한다(형집 §65②). 19세 미만의 수형자에게 작업을 부과하는 경우에는 정신적·신체적 성숙 정도, 교육적 효과 등을 고려하여야 한다(형집령 §90). 1일의 작업시간(휴식·운동·식사·접견 등 실제 작업을 실시하지 않는 시간은 제외)은 8시간을 초과할 수 없으나(형집 §71①), 취사·청소·간병 등 교정시설의 운영과 관리에 필요한 작업의 1일 작업시간은 12시간 이내로 하고(형집 §71②), 1주의 작업시간은 52시간을 초과할 수 없지만, 수형자가 신청하는 경우에는 1주의 작업시간을 8시간 이내의 범위에서 연장할 수 있으며(형집 §71③), 19세 미만 수형자의 작업시간은 1일에 8시간을, 1주에 40시간을 초과할 수 없다(형집 §71④). 수용자의 작업일과는 수용자일과시간표에 의하고, 19세 미만의 수용자는 주 5시간 범위 내에서, 19세 이상의 수용자는 주 10시간 범위 내에서 연장 작업을 시킬 수 있다(교도작업운영지침[33] §10①, ②). 정해진 노역의 복무는 수형자의 의무이지만 정해진 노역에 복무하지 않았더라도 교정시설 내에서 구금된 상태가 계속되면 징역형이 집행된 것으로 본다.[34]

32

엄중히 하는 교정시설(형집 §57②(iv)).

33 제정 2008. 12. 19. 법무부예규 제838호, 개정 2023. 2. 6. 법무부예규 제1315호.

34 정해진 노역의 복무와 징역형의 집행 여부가 쟁점이 된 경우는 아니지만 작업수입을 국고수입으로 하는 내용의 구 행형법 제39조 제1항(현 형집 §73①)에 대해 헌법소원을 청구한 사건에서 헌법재판소는, 청구인은 자신이 국가보안법위반으로 징역형을 선고받은 양심범이므로 교도작업

33 교도작업은 교정시설의 수용자에게 부과하는 작업을 말하는데[교도작업의 운영 및 특별회계에 관한 법률(이하, 교도작업법이라 한다.) §2(i)], 교도작업의 종류에는 직영작업,[35] 위탁작업,[36] 노무작업,[37] 도급작업[38]이 있고, 구체적인 작업의 시행 및 운영에 관하여 필요한 사항은 교도작업운영지침에 규정되어 있다.

34 교도작업을 통해 발생하는 작업수입은 국고수입으로 하고(형집 §73①), 민영교도소에 수용된 경우도 마찬가지로 작업수입은 국고수입으로 한다(민영교도소법 §26). 교정시설의 장은 수형자의 근로의욕을 고취하고 건전한 사회복귀를 지원하기 위하여 법무부장관이 정하는 바에 따라 작업의 종류, 작업성적, 교정성적, 그 밖의 사정을 고려하여 수형자에게 작업장려금을 지급할 수 있다(형집 §73②). 작업장려금은 석방할 때 본인에게 지급하는 것이 원칙이나 본인의 가족생활 부조, 교화 또는 건전한 사회복귀를 위하여 특히 필요하면 석방 전이라도 그 전부 또는 일부를 지급할 수 있다(형집 §73③). 수형자의 작업은 징역형 집행의 일부인 정해진 노역에 해당하므로 작업장려금을 노무 제공에 대한 반대급부로 볼 수는 없다.[39] 작업장려금은 입법정책적인 판단에 따라 국가가 수형자에게 지급하는 것이므로 지급 여부와 지급액에 광범위한 재량이 인정되지만, 형사정책적인 관점에서 작업장려금의 지급 확대는 수형자의 사회복귀 지원 등에 있어서 긍정적 의미가 크다.[40]

35 교도작업특별회계 운영지침[41](이하, 운영지침이라 한다.)에 따르면 노무제공에

을 할 수 없다고 하여 교도소장의 작업지시를 거부하고 출소할 때까지 작업을 하지 않았으므로 수형자가 작업을 하여 발생하는 수입에 관한 처리를 규정한 구 행형법 제39조 제1항에 의하여 기본권을 침해받은 바가 없어 자기관련성이 없다고 보아 심판청구를 각하하였다(헌재 1998. 2. 27, 96헌마179).

35 민간기업의 참여 없이 교도작업제품을 생산하는 작업(교도작업법 시행규칙 §6①(i)).
36 교도작업에 참여한 민간기업을 통하여 교도작업제품을 생산하는 작업(교도작업법 시행규칙 §6①(ii)).
37 수용자의 노무를 제공하여 교도작업제품을 생산하는 작업(교도작업법 시행규칙 §6①(iii)).
38 국가와 제3자 간의 공사 도급계약에 따라 수용자에게 부과하는 작업(교도작업법 시행규칙 §6①(iv)).
39 주석형법 [총칙(2)](3판), 611(전승수).
40 형집행법 제73조 제2항의 "수형자에게 작업장려금을 지급할 수 있다."를 "수형자에게 작업장려금을 지급하여야 한다."로 개정하여 장업장려금의 지급을 의무화할 필요가 있다는 견해도 있다[남선모, "소년수형자 작업 처우의 개선에 관한 연구", 소년보호연구 31-3, 한국소년정책학회(2018), 151].
41 제정 2008. 12. 19. 법무부예규 제839호, 개정 2024. 2. 14. 법무부예규 제1337호.

대한 작업장려금은 일반작업장려금과 특별작업장려금으로 구분된다(운영지침 §64). 일반작업장려금은 작업의 종류·성적·등급을 참작하여 모든 취업수용자에게 지급하는 장려금을 말하고, 특별작업장려금은 교도작업 등을 성실히 수행하고 기능이 우수하거나 장기간 취업한 수용자의 사회복귀를 촉진하기 위하여 지급하는 작업장려금을 말한다(운영지침 §3(ii), (iii)). 작업장려금 지급을 위한 작업구분은 기술숙련도 및 작업 내용의 경중 기타 사정을 참작하여 생산작업, 비생산작업으로 구분하고(운영지침 §65①), 작업성적등급은 상, 중, 하의 3등급으로 하며(운영지침 §66①), 작업장려금의 계산을 위한 기준이 되는 작업장려금 1일 지급기준표에 따르면 생산작업 중 직영 개방지역작업을 하는 상 등급의 경우 1일 15,000원, 비생산작업으로 직업훈련 중인 하 등급의 경우 1일 900원으로 책정되어 있다(운영지침 §73① [별표 7]). 특별작업장려금은 8년 이상 취업한 수용자로서 신제품개발, 품질 및 생산성향상, 원가 절감 등 교도작업 발전에 공로가 있는 자 중 전국기능경기대회에서 장려상 이상 수상자, 지방기능경기대회에서 금상 이상 수상자, 교도작업제안에서 장려상 이상 수상자, 교정작품전시회 공예부문 금상 이상 수상자나, 5년 이상 취업하고 일반작업장려금 계산고의 누계액이 1,000만원 이상인 자에 대하여 지급할 수 있다(운영지침 §88, §89).

형집행법에서 정하는 작업장려금 외에 입법론으로는 수형자의 노동에 상응한 대가를 국가가 임금으로 지급하는 형태의 작업임금제 도입 여부에 대해서도 논의가 있으나, 이에 대해서는 교도작업은 징역형 내용의 일부이고 행형비용을 제외하면 실제 수형자에게 돌아갈 임금액이 작업장려금보다 많다고 보기도 어렵고,[42] 실업자와의 균형상 적절하지 않다거나,[43] 형벌 기능을 무력화시킬 우려가 있다는 등의 비판이 있다.[44]

36

---

42 주석형법 [총칙(2)](2판), 658(조균석).
43 남선모(주 40), 150.
44 박상기·손동권·이순래, 형사정책(12판), 한국형사정책연구원(2019), 468.

Ⅳ. 징역형의 집행정지

1. 징역형 집행정지의 의의

37   징역형의 집행정지는 일정한 사유가 발생했을 때 형의 집행을 정지시키는 것이므로 판결이 확정되기 이전에 구속의 효과를 잠정적으로 정지하는 구속집행정지와 구별된다. 형의 집행 자체가 정지된다는 측면에서 형의 집행 중인 수형자를 외부의료시설에서 입원시키는 경우와도 차이가 있다(형집 §37①, 형집령 §57). 징역형의 집행정지는 징역형의 집행 중에 있는 경우 외에 징역형의 집행에 착수하기 이전에도 가능하다고 보는 것이 일반적이다.[45] 형집행정지제도를 둔 취지를 고려하면 집행 중에 사유가 발생한 경우와 집행 이전에 사유가 발생한 경우를 달리 볼 이유가 없으므로, 일반론으로는 집행에 착수하기 이전에도 형집행정지가 가능하다고 볼 수 있다. 필요적 집행정지 사유가 아닌 임의적 집행정지 사유가 있는 경우에는, 집행에 착수조차 못할 상황인지 집행에 착수한 상태에서 집행정지를 검토해도 충분한 상황인지를 구체적으로 판단할 필요가 있다.

2. 징역형의 집행정지 사유

38   징역형의 집행정지 사유에는 필요적 집행정지 사유와 임의적 집행정지 사유가 있다. 징역의 선고를 받은 자가 심신의 장애로 의사능력이 없는 상태에 있는 때에는 형을 선고한 법원에 대응한 검찰청 검사 또는 형의 선고를 받은 자의 현재지를 관할하는 검찰청 검사의 지휘에 따라 심신장애가 회복될 때까지 형의 집행을 정지한다(형소 §470①).[46] 이는 필요적 집행정지 사유로 징역형 집행의 취지를 이해할 수 없을 정도로 의사능력이 없는 상태에 있는 사람에 대한 형 집행은 수형자의 교정교화라는 징역형의 목적과 배치되기 때문이다.[47] 필요적 집행정지 사유가 있어 형의 집행을 정지한 경우에는 검사는 형의 선고를 받은 자를 감호의무자 또는 지방공공단체에 인도하여 병원 기타 적당한 장소에 수용하게 할 수 있고(형소 §470②), 형의 집행이 정지된 자는 위와 같은 처분이 있을 때까지

---

45 주석형법 [총칙(2)](3판), 608(전승수).
46 사형의 경우에도, 심신의 장애로 의사능력이 없는 상태에 있으면 법무부장관의 명령으로 집행을 정지한다(형소 §469①).
47 주석형사소송법 Ⅳ(5판), 743(양동철).

교도소 또는 구치소에 구치하되 그 기간은 형기에 산입하게 된다(형소 §470③).

임의적 집행정지 사유는 형사소송법 제471조에 규정되어 있는데, 징역형의   39
선고를 받은 자가 ① 형의 집행으로 인하여 현저히 건강을 해하거나 생명을 보
전할 수 없을 염려가 있는 때(제1호), ② 연령 70세 이상인 때(제2호), ③ 잉태 후
6월 이상인 때(제3호), ④ 출산 후 60일을 경과하지 아니한 때(제4호), ⑤ 직계존
속이 연령 70세 이상 또는 중병이나 장애인으로 보호할 다른 친족이 없는 때(제
5호), ⑥ 직계비속이 유년으로 보호할 다른 친족이 없는 때(제6호), ⑦ 기타 중대
한 사유가 있는 때(제7호)에는 소속 고등검찰청검사장 또는 지방검찰청검사장의
허가를 얻어 형을 선고한 법원에 대응한 검찰청검사 또는 형의 선고를 받은 자
의 현재지를 관할하는 검찰청검사의 지휘에 의하여 형의 집행을 정지할 수 있
다. 위 ① 및 ⑦의 사유에 해당하는지 여부는 검사가 그 책임하에 규범적으로
직권 판단한다.[48]

실무상으로는 잉태나 출산을 이유로 형 집행정지를 하거나, 직계존속이 사망   40
하면 장례를 위하여 제7호를 근거로 형 집행정지를 하는 경우가 일부 있으나,[49]
질병 등을 이유로 하는 제1호 사유에 따른 형집행정지가 대부분이다.

3. 징역형의 집행정지 절차

(1) 형집행정지의 건의·신청

구치소 또는 교도소의 장, 형의 선고를 받은 사람 또는 관계인으로부터 형   41
사소송법 제470조 또는 제471조에 규정된 사유로 형집행정지 건의 또는 신청이
있는 경우에 검사는 그 사유를 조사하여야 한다(자유형집행규칙 §29① 전문). 이때
의 관계인에는 배우자, 부모, 자녀 및 변호인 등이 포함될 수 있다.

(2) 검사의 조사

검사는 구치소 또는 교도소에 출장하여 현장 조사를 하되, 필요한 때에는   42
구치소 또는 교도소의 의무관 또는 다른 의사로 하여금 감정을 하게 해야 하는
데(자유형집행규칙 §29① 후문), ① 형의 선고를 받은 사람의 생명에 대한 급박한

---

48 대판 2017. 11. 9, 2014도15192(위 ①의 사유).
49 이 경우 형집행법에 따른 귀휴의 요건을 충족하는 경우 교정시설의 장이 귀휴를 허가할 수도 있
  으며, 귀휴기간은 형집행정지와 달리 형집행기간에 포함된다(형집 §77).

위험의 우려가 있어 집행정지 여부를 긴급히 결정할 필요가 있는 경우(제1호), ② 자유형집행정지의 허가를 받지 못한 사람이 사정 변경이 없음에도 불구하고 다시 자유형집행정지를 신청하는 등 자유형집행정지 사유가 없는 것이 명백한 경우(제2호), ③ 감염병 확산이나 그에 준하는 재난 발생으로 구치소 또는 교도소로 출장하기 어려운 경우(제3호)의 어느 하나에 해당하는 사유로 현장 조사가 어려운 경우에는, 화상 또는 전화 등 비대면 방식으로 대상자의 상태를 확인하고 현장 조사를 하지 않을 수 있다(자유형집행규칙 § 29②). 조사를 마친 후 검사는 의사의 감정서를 첨부한 현장 조사 결과보고서를 작성하여 소속 검찰청의 장에게 보고하고 형집행정지의 허가를 받아야 한다(자유형집행규칙 § 29③). 형사소송법 제471조 제1항 제1호에 근거한 형의 집행정지와 관련하여서는 형집행정지 대상자의 의무기록, 진단서, 진료기록부 등 진료기록을 확보하여 형집행정지의 적정성 여부를 판단하는 자료로 사용하여야 하고, 검사는 공중보건의나 의료자문위원 등 의사와 함께 현장 조사를 실시하거나 환자의 상태가 기록되어 있는 진료기록 등을 복수의 의료자문위원에게 송부하여 그 결과를 참고하여 현장 조사 결과 및 의사의 소견, 검사 의견 등을 기재한 검토보고서를 작성하여야 한다(자유형 집행정지 업무 처리 지침[50] § 3, § 3의2).

(3) 형집행정지 심의위원회

43　　　　형사소송법 제471조 제1항 제1호의 형집행정지 및 그 연장에 관한 사항을 심의하기 위하여 각 지방검찰청에 형집행정지 심의위원회를 둔다(형소 § 471의2①). 형집행정지 심의위원회는 종래 대검찰청예규인 「자유형 집행정지 업무 처리 지침」에 따라 실무적으로 운영되던 제도가 '여대생 청부살인 교사범 형집행정지 사건' 등을 계기로 2015년 7월 31일 형사소송법에 규정되면서 법률상 제도가 되었다. 형집행정지 심의위원회는 위원장 1명을 포함한 10명 이내의 위원으로 구성하고, 위원은 학계, 법조계, 의료계, 시민단체 인사 등 학식과 경험이 있는 사람 중에서 각 지방검찰청 검사장이 임명 또는 위촉하며(형소 § 471의2②), 심의위원회의 구성 및 운영 등은 법무부령인 자유형집행규칙에 규정되어 있다. 형집행정지 심의위원회 위원은 검찰 내부위원 및 외부위원으로 구성되는데, 외부위원

50　2013. 7. 9. 개정, 대검찰청예규 제652호.

중에서는 의사의 자격을 가진 위원이 1명 이상 포함되어야 한다(자유형집행규칙 § 29의2②). 실무적으로는 의사의 자격을 가진 위원이 2인 이상 회의에 참석하도록 하고 있다(자유형 집행정지 업무 처리 지침 § 10③).

심의위원회는 형집행정지 또는 연장 여부의 적정성을 심의하기 위하여 위원장이 소집하여 개최하는데, 생명에 대한 급박한 위험 등으로 인하여 형집행정지 여부를 긴급히 결정할 필요가 있는 경우에는 사후에 심의위원회를 개최할 수도 있다(자유형집행규칙 § 29의5). 심의위원회는 위원 과반수의 출석으로 개의하고, 출석 위원 과반수의 찬성으로 의결한다(자유형집행규칙 § 29조의6①).   44

(4) 형집행정지의 결정

검사로부터 현장 조사 결과보고를 받은 소속검찰청의 장은 형집행정지에 관한 가부의 허가를 하여야 하는데(자유형집행규칙 § 29③), 형사소송법 제471조 제1항 제1호의 형집행정지 및 그 연장에 관한 사항으로 형집행정지 심의위원회의 심의가 필요한 사안인 경우에는 심의위원회 위원장이 심의결과를 소속 지방검찰청 검사장에게 보고하여야 하고(자유형집행규칙 § 29조의6②), 지방검찰청 검사장은 보고받은 심의결과를 고려하여 형집행정지 또는 연장 여부를 결정한다(자유형집행규칙 § 29조의6③).   45

2013년 12월 17일 개정된 자유형집행규칙 제29조 제4항에 따라 지방검찰청의 검사장은 형집행정지를 허가하는 경우 형집행정지 목적 달성에 필요한 범위에서 아래 조건 중 하나 이상의 조건을 붙일 수 있는데, ① 의료기관 등으로 주거를 제한하고, 이를 변경할 필요가 있는 경우에는 검사의 지시에 따를 것(제1호), ② 의료기관 등으로 주거를 제한한 경우 외출·외박을 금지하며, 치료 목적 등으로 부득이하게 외출·외박이 필요할 경우, 검사의 지시에 따를 것(제2호), ③ 치료를 위하여 의료기관을 이용하는 경우, 치료에 반드시 필요한 범위를 초과하여 시설이나 용역을 제공받지 아니할 것(제3호)과 같은 조건을 붙인다.   46

실무상 치료를 위한 형집행정지의 경우, 주거지를 입원병원으로 제한하되, 형집행정지자에 대한 적절한 관찰과 점검을 위해 형집행정지자가 지정한 병원 외의 다른 병원에서는 그 치료목적을 달성할 수 없는 경우가 아니라면 가급적 관할 검찰청에 인접한 의료시설을 진료병원으로 제한하기도 한다. 형집행정지 기간은 필요 최소한의 기간으로 하되 기본적으로 3개월이 넘지 않도록 하고, 치   47

료가 불가능하고 여명이 많지 않은 경우에도 6개월을 넘지 않도록 하며, 형집행
정지의 연장이 필요한 경우에는 정지기간 만료 7일전까지 형집행정지연장 신청
을 하여야 한다는 부가 조건을 부여하여 연장 사유의 존속 여부를 검토할 수 있
도록 한다(자유형 집행정지 업무 처리 지침 § 4③).

48   검사는 형집행정지 결정 또는 연장 결정 시에 집행사무 담당직원으로 하여
금 형집행정지 신청사건 기록을 보관하고 있는 검찰청의 피해자지원담당관에게
형집행정지 결정 등 그 사실을 통보토록 하여야 하고, 각 청 피해자지원담당관
은 즉시 피해자 통지 대상 여부를 확인한 후, 형집행정지 결정 등 사실을 통지
하여야 하며, 피해자가 이의를 제기한 경우, 집행사무 담당직원으로 하여금 그
내용을 파악하도록 하여 향후 연장 또는 취소 심사시 고려될 수 있도록 하여야
한다(자유형 집행정지 업무 처리 지침 § 18의5).

(5) 형집행정지의 지휘

49   소속검찰청의 장의 형집행정지의 허가가 있는 때에는 검사는 형집행정지
결정서에 의하여 형의 집행정지 결정을 하고, 형집행정지 지휘서에 의하여 형집
행정지를 지휘하여야 하며, 수형자가 재소하고 있는 구치소 또는 교도소의 장에
게 송부하여야 한다(자유형집행규칙 § 30①, § 28②). 형 집행정지 기간은 형의 집행
기간에 산입되지 않고(§ 84②), 형의 시효도 정지된다(§ 79①).

(6) 형집행정지자에 대한 관찰

50   검사는 형집행정지자에 관하여 그 주거지를 관할하는 경찰서장으로 하여금
매월 1회 이상 형집행정지 사유의 존속 여부 및 조건 준수 여부를 관찰하여 보
고하게 하여야 하고, 경찰서장의 관찰과는 따로 집행사무담당직원으로 하여금
형집행정지 사유의 존속 여부 및 조건 준수 여부를 조사하여 보고하게 할 수 있
다(자유형집행규칙 § 32①). 검사 및 집행사무 담당직원은 형집행정지자에 대한 방
문 일시 등이 사전에 유출되지 않도록 기밀을 유지하여야 한다(자유형 집행정지
업무 처리 지침 § 16③). 검사는 특히 사회의 이목을 끈 사건의 관련자, 사회적 유
력자, 중요 경제사범, 조직폭력사범 등은 중요사건으로 분류하여 수시로 점검하
고 형집행정지가 잔형집행면탈 목적으로 악용되는 사례가 없도록 하여야 한다
(자유형 집행정지 업무 처리 지침 § 17).

4. 형집행정지결정의 취소

형집행정지자에 대한 관찰 결과 형집행정지 사유가 해소되거나, 도망한 때, 51
도망하거나 죄증을 인멸할 염려가 있다고 믿을 만한 충분한 이유가 있는 때, 소
환을 받고도 정당한 사유 없이 출석하지 아니한 때, 피해자, 당해 사건의 재판
에 필요한 사실을 알고 있다고 인정되는 자 또는 그 친족의 생명·신체·재산에
해를 가하거나 가할 염려가 있다고 믿을 만한 충분한 이유가 있는 때, 형집행정
지결정 시 정한 조건을 위반한 때에는 형집행정지결정을 취소한다(자유형집행규
칙 §33①, 검찰사건사무규칙 §86⑤, 형소 §209, §102②). 다만, 형집행정지자가 주거
지를 이탈하여 소재불명인 경우 검사는 그 소재불명이 명백한 형집행정지의 취
소 사유로 인정되는 때에 한하여 형집행정지를 취소하여야 한다(자유형집행규칙 §
33②). 형집행정지 취소 결정이 있는 때에는 검사는 잔형집행을 지휘하여야 한
다(자유형집행규칙 §34①).

5. 형집행불능결정

형집행정지자가 사망한 경우에는 검사는 형집행정지결정을 취소할 것이 아 52
니라 사법경찰관의 보고서, 사망진단서, 제적등본 등 사망 사실을 소명하는 자
료를 첨부하여 집행불능결정을 하여야 한다(자유형집행규칙 §33③).

〔서 효 원〕

제68조(금고와 구류)

금고와 구류는 교정시설에 수용하여 집행한다.

〔전문개정 2020. 12. 8.〕

구 조문

제68조(금고와 구류) 금고와 구류는 <u>형무소</u>에 <u>구치</u>한다.

Ⅰ. 취　지

1　　본조는 제41조 제3호, 제7호에 규정된 금고 및 구류의 집행 장소와 방법을 규정하고 있다. 금고, 구류는 징역과 마찬가지로 자유형에 포함된다(형소 § 470). 형의 집행 및 수용자의 처우에 관한 법률(이하, 형집행법이라 한다.)에서도 징역형·금고형·구류형의 선고를 받아 교정시설에 수용된 사람을 모두 포함하여 수형자로 정의하고 있다(형집 § 2(ii)). 금고와 구류는 정해진 노역의 의무가 부과되지 않는다는 점에서 징역과 차이가 있고, 구류는 1일 이상 30일 미만의 기간 동안만 부과될 수 있다는 점에서도 징역과 차이가 있으나(§ 46), 형집행법에 따르면 금고형 또는 구류형의 집행 중에 있는 사람에 대하여도 신청에 따라 작업을 부과할 수는 있다(형집 § 67).

Ⅱ. 금고형의 집행

1. 금고형 집행의 절차

2　　금고형의 집행은 교도작업이 의무적으로 부과되지 않는다는 점을 제외하면 징역형의 집행과 기본적으로 동일하다. 따라서 금고형을 선고한 판결이 확정되

면 검사가 지휘하여 집행하게 된다(형소 §459, §460①). 자유형등에 관한 검찰집행사무규칙(이하, 자유형집행규칙이라 한다.)에 따르면, 검사는 판결서등본 또는 재판을 기재한 조서의 등본을 첨부한 형집행지휘서로 형 집행을 지휘한다(자유형집행규칙 §4 본문). 구금되어 있는 상태에서 금고형이 확정된 경우에는 형집행지휘서를 해당 구치소 또는 교도소의 장에게 송부하여야 하고(자유형집행규칙 §5), 구금되어 있지 않은 상태에서 금고형이 확정된 경우에는 검사가 형을 집행하기 위하여 소환하여야 하고, 형집행 대상자가 소환에 응하지 아니한 때에나 형집행 대상자가 도망하거나 도망할 염려가 있는 때 또는 현재지를 알 수 없는 때에는 소환함이 없이 형집행장을 발부하여 구인할 수 있다(형소 §473②, ③). 구금되지 아니한 상태에서 금고형에 대한 집행유예가 실효되거나 취소된 경우, 형집행정지결정으로 석방된 사람에 대하여 형집행정지 취소 결정이 있는 경우, 가석방의 실효 또는 취소로 잔여형기를 집행하여야 할 경우에도 구금되어 있지 않은 상태에서 금고형이 확정된 경우와 마찬가지로 금고형의 집행을 위해 교도소에 구금하는 절차가 필요하다(자유형집행규칙 §6①).

2. 금고형 집행의 내용

금고형의 선고를 받아 그 형이 확정되어 교정시설에 수용된 사람 등 수형자에 대하여는 교육·교화프로그램, 작업, 직업훈련 등을 통하여 교정교화를 도모하고 사회생활에 적응하는 능력을 함양하도록 처우하여야 하고(형집 §55), 교정시설의 장은 미결수용자로서 자유형이 확정된 사람에 대하여는 검사의 집행지휘서가 도달된 때부터 수형자로 처우할 수 있다(형집령 §82①).

정부가 국회에 제출한 1992년 형법 일부개정법률안은 징역형과 금고형을 구별하는 태도를 유지하면서 금고와 구류에 있어서도 교정시설에 수용하는 이외에 수형자의 갱생 내지 사회복귀를 위하여 필요한 처우를 행하는 것이 당연하다는 전제에서 "금고와 구류는 교정시설에 수용하여 필요한 교정처우를 행한다."(안 §69)고 규정하였다. 금고형의 수형자 가운데는 교정처우를 기대할 수 없는 사람이 있으므로 교정처우를 행하는 것을 교정기관의 재량에 맡기도록 해야한다는 의문이 제기될 수도 있으나, 교정처우는 형의 집행에 당연히 수반되어야

한다는 고려에서 교정처우를 행한다고 규정한 것이다.[1]

5   정부가 국회에 제출한 2011년 형법(총칙) 일부개정법률안은 실무상 금고형을 선고받은 경우에도 수형자 대부분이 신청에 의하여 정역에 복무하고 있어서 금고를 둘 실익이 없으며, 교도소 내의 노동이 징벌이 아니라 교정수단이라는 인식의 전환이 이루어지고 있다는 점과 세계적으로도 징역형으로 단일화되고 있는 추세라는 점을 고려하여 징역과 금고를 단일화하여,[2] "징역은 교정시설에 수용하여 집행하며, 필요한 경우 교정처우를 행한다."(안 § 64①)고 규정하였다.[3]

6   형집행법에 따르면 금고형의 집행 중에 있는 사람에 대하여도 신청에 따라 작업을 부과할 수 있다(형집 § 67). 수형자에게 부과하는 작업은 건전한 사회복귀를 위하여 기술을 습득하고 근로의욕을 고취하는 데에 적합한 것이어야 한다(형집 § 65①). 수형자에게 작업을 부과하려면 나이·형기·건강상태·기술·성격·취미·경력·장래생계, 그 밖의 수형자의 사정을 고려하여야 한다(형집 § 65②)는 점은 징역형의 경우와 마찬가지이다. 다만, 교정시설의 장은 형집행법 제67조에 따라 작업이 부과된 수형자가 작업의 취소를 요청하는 경우에는 그 수형자의 의사, 건강 및 교도관의 의견 등을 고려하여 작업을 취소할 수 있다(형집령 § 93). 신청에 따른 작업은 '청원작업'이라고도 하는데,[4] 신청에 따른 작업의 경우에는 30일 이내의 작업 정지가 징벌의 한 종류로 규정되어 있다(형집 § 108(viii)).

3. 그 밖의 사항

7   2 이상의 금고형 또는 징역형의 집행 지휘의 순서, 제37조 후단 경합범과

---

1 법무부, 형법개정법률안 제안이유서(1992. 10), 83.

2 일본의 경우, 2022년 6월 13일 형법을 개정하여 우리나라와 같이 징역형과 구금형으로 나누어져 있던 자유형을 각 폐지하고 '구금형'을 창설하여 자유형을 단일화하였는데, 개정 형법은 2025년 6월 1일부터 시행 예정이다.
  일본형법 제12조(구금형) ① 구금형은 무기 및 유기로 하고, 유기금고형은 1일 이상 20년 이하로 한다.
  ② 구금형은 형사시설에 구치한다.
  ③ 구금형에 처해진 자에게는 개선갱생을 도모하기 위하여 필요한 작업을 하도록 하거나 필요한 지도를 할 수 있다.

3 법무부, 형법(총칙)일부개정법률안 제안이유서(2011. 4), 48.

4 구 행형법은 청원작업이라는 용어를 사용하였으나, 현행 형집행법은 '신청에 따른 작업'으로 표현하고 있다(형집 § 67).

형의 집행, 형집행정지, 형집행의 종료 등은 징역형의 집행과 절차 및 내용이 동일하다[§67(**징역**) **주해** 부분 참조].

Ⅲ. 구류형의 집행

구류형의 집행 절차는 기본적으로는 다른 자유형인 징역형, 금고형과 동일 하다. 구류의 기간이 1일 이상 30일 미만으로 제한된다는 점을 제외하면 집행 방법에 있어서도 금고형과 차이가 없고, 신청에 따라 작업을 할 수 있다는 점에 서도 금고형과 다르지 않다.

구류를 현행 형법과 마찬가지로 형벌의 한 종류로 존치시킬지 여부에 대해 서는 계속 논란이 있다.[5] 정부가 1992년 형법 일부개정법률안을 마련하는 과정 에서 구류는 주로 경범죄에 대한 제재이므로 경범죄 처벌법에서 규정하면 충분 하고 형벌의 종류에서 삭제하는 것이 경미범죄의 비범죄화라는 이념에 부합한 다는 의견이 제시되었으나, 경범죄 처벌법이 형벌을 과하는 형사절차로 마련되 어 있고 범칙금을 과하기 위한 통합적인 질서위반법이나 이에 대한 권리구제절 차가 정비되지 않은 단계에서 구류를 형벌의 종류에서 제외할 수 없다는 것이 다수의견이 되어 구류를 존치시키기로 하였다(안 §69).[6] 정부가 2011년 형법(총 칙) 일부개정법률안을 마련하는 과정에서도 구류의 존치 여부가 논의되었고, 단 기자유형의 폐해를 시정하기 위해 구류를 폐지하되 독일과 같이 1월 이상의 자 유형으로 자유형을 완전히 단일화하기로 하는 의견이 우세하였지만, 재론한 결 과 구류가 짧지만 날카롭고 위협적이라는 형사정책적 효과를 거두면서도 전과 기록에 남지 않고 집행유예 결격사유에도 해당하지 않는 등 피고인에게 여전히 유리하다는 점을 고려하여, "구류는 교정시설에 수용하여 집행한다."(안 §64②) 고 규정하여 결국 존치시키게 되었다.[7]

형법상으로는 공연음란(§245), 폭행(§260①), 과실치상(§266), 협박(§283①),

8

9

10

---

5 20대 국회에도 구류를 폐지하는 내용의 형법 개정법률안이 발의되었으나(의안번호 제9178호) 임기만료로 폐기되었다.
6 법무부, 형법개정법률안 제안이유서(1992. 10), 52.
7 법무부, 형법(총칙)일부개정법률안 제안 이유서(2011. 4), 49.

자동차등불법사용(§331의2), 편의시설부정이용(§348의2)에만 구류가 법정형으로 규정되어 있다. 그 외 경범죄 처벌법 제3조, 집회 및 시위에 관한 법률 제23조, 제24조, 예비군법 제15조, 민방위기본법 제35조 내지 제38조, 도로교통법 제153조 내지 제157조, 성매매 알선 등 행위의 처벌에 관한 법률 제21조, 산림보호법 제54조, 국민기초생활보장법 제49조, 제50조, 한부모가족지원법 제29조, 가정폭력범죄의 처벌 등에 관한 특례법 제63조, 초·중등교육법 제67조, 아동학대범죄의 처벌 등에 관한 특례법 제59조, 공항시설법 제67조의2, 경찰제복 및 경찰장비의 규제에 관한 법률 제12조 등 특별법의 법정형에도 구류가 있다.

11   즉결심판에 관한 절차법(이하, 즉결심판법이라 한다.)은 구류의 집행과 관련하여 형법 및 형집행법에 대한 예외를 규정하고 있다. 즉결심판법에 따른 형의 집행은 경찰서장이 하고 그 집행결과를 지체없이 검사에게 보고하여야 하며, 구류는 경찰서유치장·구치소 또는 교도소에서 집행하며 구치소 또는 교도소에서 집행할 때에만 검사가 이를 지휘한다(즉심§18①, ②). 그 밖에 즉결심판법 제17조는 구류와 관련하여 유치명령이라는 별도의 절차를 규정하고 있다. 이는 벌금이 아닌 구류에 대한 유치명령으로 선고와 동시에 집행력을 갖는 등 형법 제69조 제1항 단서에서 규정하고 있는 유치명령과 다르고, 즉결심판에 대하여 정식재판을 청구하더라도 유치명령의 효력이 정지되지는 않는다. 판사는 구류의 선고를 받은 피고인이 일정한 주소가 없거나 또는 도망할 염려가 있을 때에는 5일을 초과하지 아니하는 기간 경찰서유치장(지방해양경찰관서의 유치장을 포함)에 유치할 것을 명령할 수 있고, 집행된 유치기간은 본형의 집행에 산입하되, 유치명령의 기간은 선고기간을 초과할 수는 없다(즉심§17①, ②). 구류형의 집행정지는 사전에 검사의 허가를 얻어야 한다(즉심§18④). 즉결심판 절차 자체에 대한 문제 외에 경찰서유치장에서 구류를 집행하는 경우에는 교정시설에 수용된 경우와 비교할 때 각종 교정처우나 신청에 의한 작업이 불가능하다는 점에서도 문제가 있으므로 경찰서유치장은 제한적으로만 형 집행 장소로 운용할 필요가 있다.

12   경찰서관서에 설치된 유치장은 교정시설의 미결수용실로 보아 형집행법을 준용하도록 되어 있고(형집§87), 종래 즉결심판법에 따른 유치명령이나 형 집행 외에도 경찰서 유치장이 소위 '대용감방' 형태로 미결수용자에 대한 단기 구금시설로 사용되는 경우가 있어 인권침해 논란이 있었다. 법무부는 2020년 상반

기에 대용감방에 수용되어 있는 미결수용자를 교정시설로 인수할 예정이라고 밝힌바 있고,[8] 2020년 8월 20일경 속초경찰서 유치장을 마지막으로 현재는 더 이상 경찰서 유치장을 '대용감방'으로 운영하지 않고 있다.

〔서 효 원〕

---

8 법무부 보도자료에 따르면, 2020년 1월 기준으로 영동, 남원, 거창, 속초경찰서 4곳의 유치장이 대용감방으로 남아 있었다.

제69조(벌금과 과료)

① 벌금과 과료는 판결확정일로부터 30일내에 납입하여야 한다. 단, 벌금을 선고할 때에는 동시에 그 금액을 완납할 때까지 노역장에 유치할 것을 명할 수 있다.
② 벌금을 납입하지 아니한 자는 1일 이상 3년 이하, 과료를 납입하지 아니한 자는 1일 이상 30일 미만의 기간 노역장에 유치하여 작업에 복무하게 한다.

Ⅰ. 재산형 집행 일반

1　　본조 제1항은 제41조 제6호, 제8호에 규정된 벌금, 과료의 납입 기한과 벌금 납입을 위한 유치명령에 대해 규정하고, 본조 제2항은 벌금, 과료에 대한 노역장 유치기간의 범위를 정하고 있다. 벌금은 감경하는 경우에는 5만 원 미만으로 할 수 있으나, 기본적으로는 5만 원 이상이며(§45), 과료는 2천 원 이상 5만 원 미만인 점에서 차이가 있다(§47). 벌금액의 상한에는 제한이 없기 때문에 특정범죄 가중처벌 등에 관한 법률(이하, 특정범죄가중법이라 한다.) 제8조의2 제2항과 같이 공급가액 등의 합계액에 부가가치세의 세율을 적용하여 계산한 세액의 2배 이상 5배 이하의 벌금을 병과하는 배수벌금이 규정되어 있는 경우, 수십 억 원에서 수백억 원에 이르는 고액 벌금형이 선고되는 경우도 있다.[1] 형사소송법과 재산형 등에 관한 검찰집행사무규칙(이하, 재산형집행규칙이라 한다.)은 형벌인

---

1 헌재 2019. 11. 28, 2018헌바219, 2019헌바127(병합)은 필요적 배수벌금 병과를 규정하고 있는 특정범죄가중법 제8조의2 제2항이 헌법에 위반되지 아니한다고 판단하였다.

벌금, 과료 외에도 집행 방법이 유사한 추징, 과태료, 소송비용 및 비용배상을 '벌과금등'이라 하고, 벌과금등의 재판의 집행을 '재산형등 집행'으로 통칭한다(형소 §477, 재산형집행규칙 §2).

벌금형은 자유형의 집행에 따르는 사회생활 중단이나 범죄오염 등 형벌 집행에 따른 부정적인 영향을 배제할 수 있고, 국가의 수용부담을 완화시켜 형 집행비용도 감소시킬 수 있으며, 자본주의 사회에서 재산이 가지는 의미를 고려할 때 상당한 위하력도 있는 형벌이라는 장점이 있다. 현재는 실무상 가장 높은 비중을 차지하고 있는 형벌로 사실상 주형으로서 지위를 누리고 있지만, 선고받는 사람의 재산 상태에 따라 형벌의 효과가 달라지는 불평등이 발생한다는 문제점[2]도 지적되고 있다.

형법 및 형사소송법에 규정된 벌금 및 노역장유치제도와 집행 관련 규정은 1953년 형법 제정 및 1954년 형사소송법 제정 이후 50년 이상 별다른 개정 없이 유지되어 왔으나, 2000년대 이후에 제도의 문제점과 개선 필요성에 대한 주장이 계속되면서 다수의 관련 법률 제·개정이 이루어졌다.

① 2007년 6월 1일 벌금형 등을 체납처분의 예에 따라 집행할 수 있도록 하는 내용으로 형사소송법 제477조 제4항 등이 개정되어 2008년 1월 1일부터 시행되었다. ② 2009년 3월 25일 벌금 미납자의 사회봉사 집행에 관한 특례법이 제정되어 2009년 9월 26일부터 시행되고 있다. ③ 2014년 5월 14일 벌금액이 1억 원 이상인 경우 노역장유치의 최소 일수를 정하는 내용으로 형법 제70조 제2항이 개정되었다. ④ 2016년 1월 6일 500만 원 이하 벌금형에 대한 집행유예를 도입하는 내용으로 형법 제62조 제1항이 개정되어 2018년 1월 7일부터 시행되었고, 역시 2016년 1월 6일에 벌금형의 분할 납부, 납부 연기에 대한 법률상 근거를 마련하는 내용 등으로 형사소송법 제477조 제6항이 신설되어 2018년 1월 7일부터 시행되었다. ⑤ 2017년 12월 12일 벌금형 등의 시효를 3년에서 5년으로 연장하는 내용으로 형법 제78조가 개정되었다.

정부가 2011년 국회에 제출한 형법(총칙) 일부개정법률안은 과료가 벌금과

2 일본 판례는 벌금형에 있어 빈부 정도에 따른 고통의 차이는 형벌에 의한 사회질서유지라는 대국적 측면에서 어쩔 수 없는 차이로서 합리적인 근거가 있다면서, 합헌판결을 하였다[最判 昭和 25(1950). 6. 27. 刑集 4·6·958].

〔서 효 원〕

금액의 다과에서만 차이가 날 뿐 재산의 박탈이라는 실체면에서는 물론 납입기간, 집행, 미납 시의 노역장유치 등 절차면에서도 아무런 차이가 없으므로 범죄를 중죄, 경죄로 구분하지 않는 체제하에서는 존치할 이유가 없고, 그 대상 범죄의 경중에 따라 벌금형이나 과태료로 비범죄화하면 충분하다는 이유로 과료를 폐지하였다.[3] 형법상 과료가 법정형으로 규정되어 있는 죄는 구류가 법정형으로 규정되어 있는 범죄(공연음란, 폭행, 과실치상, 협박, 자동차등불법사용, 편의시설부정이용) 외에는 점유이탈물횡령죄가 유일하고, 경범죄 처벌법 제3조, 집회 및 시위에 관한 법률 제23조, 제24조, 예비군법 제15조 등 구류가 법정형으로 규정되어 있는 일부 범죄에 대해서만 과료가 규정되어 있다. 현실적으로 과료가 선고되는 경우는 매우 드물다. 1995년 12월 29일 형법 개정으로 벌금과 과료를 5만 원을 기준으로 나누었으나, 그 후 30년 가까이 지난 현재 우리나라의 경제 발전 상황을 고려할 때 5만 원 미만 재산형의 형벌 효과에 대해서는 의문이 있다. 입법론적으로는 과료의 폐지와 과태료 전환을 통한 비범죄화가 논의될 필요가 있다.[4]

6   벌금과 과료의 집행 방법은 형법이 아닌 형사소송법 제477조 내지 제481조에 규정되어 있고, 구체적인 집행 절차는 법무부령인 재산형집행규칙에 규정되어 있다. 형사소송법 제492조는 노역장유치의 집행에는 형의 집행에 관한 규정을 준용하도록 하고 있으므로 기본적으로는 징역형의 집행에 관한 규정이 준용된다.

II. 벌금형과 과료형의 집행

1. 벌과금의 집행 일반

7   벌과금을 선고한 재판이 확정되면 검사의 명령에 의하여 집행하는데(형소 §477①),[5] 이 명령은 집행력 있는 채무명의와 동일한 효력이 있다(형소 §477②).

---

3 법무부, 형법(총칙)일부개정법률안 제안 이유서(2011. 4), 50.
4 예컨대, 제18대 국회의 임기만료로 정부가 제출한 형법 일부개정법률안은 폐기되었고, 제19대 국회에서도 과료를 폐지하는 내용의 형법 일부개정법률안이 의원입법 형식으로 발의되었으나(의안번호 제1903593호) 임기만료로 폐기되었다.
5 검사집행지휘의 원칙을 규정한 형사소송법 제460조와 검사의 명령으로 집행한다는 내용의 형사소송법 제477조 제1항의 관계에 대해서는, 학설상 ① 집행지휘설과 ② 명령설의 입장이 있다.

벌과금의 집행은 민사집행법의 집행에 관한 규정을 준용하되, 집행 전에 재판의 송달을 요하지 아니한다(형소 § 477③). 2007년 6월 1일 개정 형사소송법은 민사집행법에 따른 집행 외에 국세징수법에 따른 국세체납처분의 예에 따라 집행할 수 있는 규정을 신설하였다(형소 § 477④). 이에 따라 검사가 벌과금등에 관하여 강제집행을 할 때에는 집행명령서를 작성하여 집행관에게 집행을 명하거나 법원에 부동산 강제 경매신청을 하는 등 필요한 조치를 하거나(재산형집행규칙 § 17), 국세체납처분의 예에 따라 압류를 하고 공매에 부칠 수 있다(재산형집행규칙 § 17의2).

벌과금은 납부의무자가 경제적인 능력이 없어서 가족 등 제3자가 사실상의 납부 부담을 지게 되는 경우가 있다고 하더라도 형벌로서 일신전속적인 성질을 가지고 있는 것이므로 대납이 허용되지 않는다. 납부의무자가 사망을 하면 더 이상 집행을 할 수 없으며, 원칙적으로 상속이 되지도 않는다. 예외적으로 조세, 전매 기타 공과에 관한 법령에 의하여 재판한 벌금 또는 추징은 그 재판을 받은 자가 재판확정후 사망한 경우에는 그 상속재산에 대하여 집행할 수 있고(형소 § 478), 법인에 대하여 벌과금을 명한 경우에 법인이 그 재판확정후 합병에 의하여 소멸한 때에는 합병후 존속한 법인 또는 합병에 의하여 설립된 법인에 대하여 집행할 수 있다(형소 § 479).

8

2. 집행시기

(1) 납부기한

일반적으로 형을 선고한 재판이 확정되면 검사의 지휘로 집행을 할 수 있지만, 벌과금은 판결확정일로부터 30일의 납부기한이 주어진다(§ 69①). 따라서 벌금과 과료를 명한 판결이 확정되더라도 30일 동안은 집행을 하거나, 미납을 이유로 노역장유치를 할 수 없다.

9

위 ①의 집행지휘설은 재산형의 집행도 사형이나 자유형의 집행과 마찬가지로 검사의 집행지휘가 필요하고, 형사소송법 제477조 제1항은 강제집행의 경우 검사의 명령이 집행력 있는 채무명의의 효력을 갖는다는 것을 규정한 데 지나지 않는다고 본다. 위 ②의 명령설은 형사소송법 제477조 제1항은 형사소송법 제460조의 예외규정으로 재산형의 집행에는 검사의 집행지휘를 요하지 아니하고 검사의 명령에 의해 집행하는 것이라고 본다. 명령설에는 ⓐ 검사가 납부의무자에 대하여 명령한다는 의미에서 직접명령설과 ⓑ 검찰직원이나 집행관 등 집행기관에 명령하여 집행한다는 간접명령설이 있으나, 재산형의 집행도 다른 형과 마찬가지로 검사의 집행지휘에 따라 형을 집행하는 것으로 이해할 수 있다[이에 대한 상세는 주석형법 [총칙(2)][(2판), 665(조균석)].

(2) 가납판결

10   가납판결은 벌금, 과료 또는 추징의 선고를 하는 경우에 판결의 확정 후에
는 집행할 수 없거나 집행하기 곤란한 염려가 있다고 인정한 때에 직권 또는 검
사의 청구에 의하여 피고인에게 벌금, 과료 또는 추징에 상당한 금액의 가납을
명하는 것으로 형의 선고와 동시에 판결로써 선고하며, 판결이 확정되지 않더라
도 즉시 집행할 수 있다(형소 § 334). 실무상 검사는 법원에 벌금, 과료, 추징을
청구할 경우 원칙적으로 형사소송법 제334조 제1항에 따른 가납명령을 청구하
고 있고, 법원에서도 대부분 가납판결을 하고 있지만, 신속한 벌금, 과료 또는
추징의 집행 확보라는 가납판결제도의 취지에 따라 집행이 이루어지기 보다는
판결 확정 전에 납부의무자가 자진 납부를 하고자 할 때 납부절차의 편의를 제
공하는 정도에 머물러 있다.[6] 가납은 벌금, 과료 또는 추징 그 자체의 확정 전
의 집행을 명하는 것은 아니고, 벌금, 과료 또는 추징에 상당한 금액의 납부를
명하는 것이므로, 헌법상 재산권에 관한 규정 또는 죄형법정주의에 관한 규정
등에 위배된다고 볼 수 없다.[7] 가납재판을 집행한 후 벌금, 과료 또는 추징의
재판이 확정된 때에는 가납한 금액의 한도에서 형의 집행이 된 것으로 간주되
고(형소 § 481), 제1심가납의 재판을 집행한 후에 제2심가납의 재판이 있는 때에
는 제1심재판의 집행은 제2심가납금액의 한도에서 제2심재판의 집행으로 간주
한다(형소 § 480). 제1심에서 가납이 명하여진 재판이 상급심에서 변경되어 집행
할 금액이 없거나 제2심의 가납금액이 제1심의 가납판결에 따라 집행한 금액보
다 적은 경우에는 제2심의 가납금액을 초과하는 납입 부분에 대해서는 환급하
여야 한다(재산형집행규칙 § 33).

11   가납판결은 임의적으로 할 수 있으나, 부정수표 단속법 제6조 전단은 "이
법에 따라 벌금을 선고하는 경우 「형사소송법」 제334조 제1항에 따른 가납판결
을 하여야 하며"라고 규정하여, 필요적으로 가납판결을 하도록 하고 있다. 구속
피고인에 대해서 벌금이나 과료를 과하는 판결이 선고된 때에는 구속영장은 효
력을 잃지만(형소 § 331), 부정수표 단속법 제6조 후단은 "구속된 피고인에 대하
여는 같은 법 제331조에도 불구하고 벌금을 가납할 때까지 계속 구속한다."고

---

6 조광훈, "가납판결 집행에 관한 연구", 법조 600, 법조협회(2006), 282.
7 대판 1977. 9. 28, 77도2288.

규정하고 있다.

　　현재는 재산형집행규칙으로 개정된 구 검찰징수사무규칙(2003. 10. 20. 법무 **12**
부령 제539호로 개정되기 전은 것) 제34조는 검사가 형 집행의 효율화와 납부의무자
의 편의를 도모하기 위하여 필요하다고 인정될 때에는 벌금, 과료 또는 추징의
재판을 구할 피의자에게 그 벌금, 과료 또는 추징에 상당하는 금액의 전부 또는
일부를 예납할 것을 고지할 수 있도록 하였고, 제37조에서 검사와 징수사무담당
직원은 피의자의 의사에 반하여 예납을 강제하여서는 아니된다고 규정하였다.
하지만 예납제도에 대해서는 법률상 근거 미비 등으로 인한 위헌 논란과 강제
예납의 가능성으로 인한 인권침해의 비판이 제기되어 2003년 5월 1일 운영을
중단하였고, 2003년 10월 20일 검찰징수사무규칙의 개정으로 벌과금 예납제도
는 폐지되었다.[8]

(3) 유치명령

　　유치명령은 벌금을 선고할 때 완납할 때까지 노역장에 유치할 것을 명하는 **13**
것이다(§ 69① 단서). 노역장유치는 벌금 외 과료에 대해서도 가능하나(§ 69②), 유치
명령은 벌금에 대해서만 가능하고, 판결이 확정되면 30일의 기간이 주어지지 않고
즉시 노역장에 유치를 할 수 있다는 점에서 노역장유치와 차이가 있으나, 가납판
결이 있더라도 유치명령까지 판결 확정 전에 집행력이 부여되는 것은 아니다. 즉
결심판에 관한 절차법 제17조에서 규정한 유치명령은 구류와 관련하여 선고와 동
시에 집행력을 갖는 것으로 형법 제69조 제1항에서 규정한 유치명령과는 다르다.

3. 집행절차

(1) 벌과금의 조정

　　재산형등 집행 사무 담당직원은 법원으로부터 벌과금등에 관한 재판결과통 **14**
지서를 송부받거나 다른 법률에 따라 다른 기관으로부터 재판결과통지서 등 형
의 집행을 위한 서류를 인계받은 때에는 재판결과통지서, 판결문, 약식명령, 그
밖의 결정의 정본(正本) 또는 등본에 따라 다음 각 호의 구분에 따른 장부 또는
서류에 그 내용을 적고, 벌과금등에 관한 재판 상황을 항시 파악하고 있어야 한

---

8 관세법 제311조 제2항은 관세청장이나 세관장은 통고처분을 받는 자가 벌금이나 추징금에 상당
　한 금액을 예납하려는 경우에는 이를 예납시킬 수 있다고 규정하고 있다.

다(재산형집행규칙 §5① 본문). 실무상으로는 2010년 7월 12일부터 형사사법정보시스템(KICS)이 개발되어 형사사법정보시스템의 일부인 재산형집행시스템에 전산입력하는 방식으로 처리되고 있다(재산형집행규칙 §5① 단서). 재산형등 집행 사무 담당직원은 ① 벌과금등에 관한 재판이 확정된 경우(제1호), ② 벌금형의 집행유예가 실효 또는 취소된 경우(제2호), ③ 벌금형의 선고유예가 실효된 경우(제3호)에는 지체 없이 벌과금등을 조사·결정하여야 하는데, 이를 '벌과금의 조정'이라고 한다(재산형집행규칙 §6①). 벌과금등을 조정할 때에는 전산입력 방식으로 벌과금원표를 작성하여야 하고(재산형집행규칙 §6②), 벌금 또는 과료에 관한 재판에서 재판 선고 및 고지 전의 구금일수를 산입하여야 할 때에는 미결구금산입일수 등 주요 내용을 전산입력하여야 한다(재산형집행규칙 §6③). 실무상 벌과금원표의 내용을 입력할 때에는 재판서의 내용에만 의존하지 않고 피의자신문조서 등 수사기록도 검토하여 필요한 사항을 입력하도록 하고 있다. 재산형등 집행 사무 담당직원은 벌과금등을 조정하였을 때에는 재판서 원본의 사건번호란과 피고인란 오른쪽 여백에 재판확정 및 벌과금 조정 확인인을 찍고, 징제번호를 적은 후 주무과장의 확인을 받고(재산형집행규칙 §6④), 벌과금등 조정 원부를 출력하여 소속 과장을 거쳐 검사의 지휘인을 받아야 한다(재산형집행규칙 §7).

(2) 납부명령 및 납부독촉

15   검사는 벌과금등이 조정되었을 때에는 납부의무자가 즉시 납부한 경우를 제외하고는 벌과금 납부명령서 및 영수증에 따라 납부할 것을 명하여야 한다(재산형집행규칙 §10① 본문). 실무상으로는 정확한 납부안내를 위해 벌과금 납부명령서를 출력할 경우, 해당 납부의무자에게 납부안내 문자메시지(MMS)가 자동으로 발송되고 있다. 검사는 벌과금등이 납부기한까지 납부되지 아니한 경우에는 납부의무자에게 벌과금 납부독촉서(1차)를 발급하고, 벌과금 납부독촉서(1차) 기한까지 납부되지 아니한 경우에는 벌과금 납부독촉서(2차)를 발급하여 벌과금등의 납부를 독촉하여야 한다(재산형집행규칙 §11). 실무상 2008년 8월 1일부터 납부명령 시 납부기한은 납부명령서 출력일로부터 15일, 1차 납부독촉은 15일, 2차 이후 납부독촉은 '즉시'로 통일하여 납부명령과 납부독촉이 이루어지고 있다.[9]

---

9 벌과금 납부기한 및 벌금지명수배 입력시점에 관한 지시(대검 집행과 - 1530, 2008. 7. 25.).

(3) 사실조회

검사는 재산형 재판을 집행하기 위하여 필요한 조사를 할 수 있고, 이 경우 형사소송법 제199조 제2항이 준용되므로 공무소 기타 공사단체에 조회하여 필요한 사항의 보고를 요구할 수 있다(형소 §477⑤). 종래에는 수사의 경우와 달리 법률상 근거는 없이 벌과금 집행을 위하여 법무부령인 구 검찰징수사무규칙 제13조 제1항에서 관계기관에 대하여 납부의무자의 소재, 자력유무 기타 필요한 사항을 조회할 수 있다고 규정하여 사실조회에 어려움이 있었으나, 2007년 6월 1일 형사소송법 개정으로 재산형 집행을 위한 사실조회의 법률상 근거가 명확하게 되었다. 검사가 사실조회를 하거나 그 회답을 받았을 때에는 재산형등 집행 사무 담당직원은 그 내용을 전산입력하여야 한다(재산형집행규칙 §13②). 실무상 주민조회, 이동통신사의 전화가입자 조회, 인터넷 회선 가입조회, 차적 조회, 출입국사실 조회 등 다양한 사실조회 방법이 활용되고 있다.

16

(4) 수납

종래에는 검찰청에서 벌과금을 직접 수납하였으나, 현재는 원칙적으로 직접 수납은 하지 않고 있다.[10] 벌과금의 금융기관 수납체제 전환의 여건이 마련되었고, 납부자의 편의 제고 및 수납 관련 인력 절감 등을 이유로 직접 수납을 중단한 것이다. 다만, 벌과금등에 관한 재판의 선고 또는 고지가 있은 후 벌과금등이 조정되기 전에 납부의무자로부터 벌과금등의 납부신청 또는 송부가 있는 경우(재산형집행규칙 §33의2), 형집행장이 발부되어 검거된 사람 또는 노역장 유치 집행 중인 사람의 가족 등이 직접 방문하여 납부를 원하는 경우(제1호), 그 밖에 금융기관에 납부하기가 곤란한 경우 등 부득이한 사유가 있는 경우(제2호)에는 검찰청에서 현금으로 수납할 수 있다(재산형집행규칙 §14).

17

실무상 납부의무자는 납부명령서에 따라 금융기관에 납부하거나, 금융기관에 가지 않고 인터넷을 통하여 납부명령서에 기재되어 있는 전자납부번호를 이용하여 금융결제원의 인터넷 지로사이트(www.giro.or.kr)를 통해 납부를 하거나, 금융기관의 인터넷뱅킹, ATM을 이용하여 납부를 하고 있으며, 가상계좌번호를 이용하여 납부하는 것도 가능하다.

18

---

10 벌과금 직접수납 중단에 따른 업무처리지침 시달(대검 집행과 - 1532, 2009. 6. 19.).

(5) 형집행장 발부, 지명수배 및 해제

19   벌금 또는 과료를 완납하지 못한 자에 대한 노역장유치의 집행에는 형의 집행에 관한 규정을 준용하므로(형소 §492), 검사는 형집행장을 발부하여 구인할 수 있다(형소 §473). 검사가 형집행장을 발부하였을 때에는 재산형등 집행 사무 담당직원은 전산입력의 방식에 따라 형집행장 발부부를 작성하여야 한다(재산형 집행규칙 §21). 실무상 형집행장은 재산형집행시스템에서 전산 출력하여 작성하고, 출력한 형집행장(보관용)은 PDF파일로 변환한 후 재산형집행스시템에 업로드를 해두고 있다.

20   형집행장이 발부되어 구인을 할 수 있더라도 납무의무자의 소재가 발견되지 않는 경우에는, 검사는 지명수배를 할 수 있다(재산형집행규칙 §21의2). 실무상 지명수배 입력 대상은 1차 납부독촉서의 납부기한이 경과된 벌금 또는 과료 미납자로서 형집행장이 발부된 사람으로 한다.[11] 검사는 벌금 또는 과료가 완납된 경우, 벌금 또는 과료의 납부의무자가 검거되거나 자발적으로 노역장유치의 집행에 따른 경우 등 일정한 사유로 지명수배 필요성이 없어진 경우 즉시 지명수배를 해제해야 하고(재산형집행규칙 §21의3①), 감염병 확산이나 재난 발생 등 일시적으로 노역장유치 집행을 중지할 상당한 이유가 있는 경우에는 소속 검찰청의 장의 허가를 받아 벌금 또는 과료의 납부의무자에 대한 지명수배를 해제할 수 있다(재산형집행규칙 §21의3②).

(6) 강제집행 또는 체납처분

21   강제집행은 검사가 납부명령 및 납부독촉을 하였으나 납부 자력이 있음에도 불구하고 벌과금을 자진해서 납부하지 않는 경우에 민사집행법 규정을 준용하여 벌과금을 집행하는 절차이다(형소 §477③). 유체동산에 대한 강제집행의 경우에는 검사가 집행명령서를 작성하여 집행관에게 집행을 명하고, 채권 기타 재산권의 경우에는 집행법원에 채권압류와 추심명령 또는 전부명령을 신청하여 집행하게 된다. 부동산이나 등록된 자동차, 건설기계, 항공기, 공장저당법에 의한 공장재단 등은 법원에 강제경매를 신청하고 민사집행법에 따라 강제경매절차가 진행되어 배당금을 교부받을 때 집행이 종료된다. 강제집행절차의 진행 중

---

11 벌과금 납부기한 및 벌금지명수배 입력시점에 관한 지시(대검 집행과 - 1530, 2008. 7. 25.).

이라도 납부의무자로부터 벌과금등의 전부 또는 일부를 납부받았을 때에는 검사는 강제집행절차 취소(변경) 결정서에 따라 지체 없이 그 강제집행절차를 취소하거나 변경하여야 한다(재산형집행규칙 §18).

2007년 6월 1일 개정 형사소송법은 민사집행법에 따른 집행 외에 국세징수법에 따른 국세체납처분의 예에 따라 집행할 수 있는 규정을 신설하였다(형소 §477④). 이에 따라 검사는 국세체납처분의 예에 따라 압류를 하고 공매에 부칠수 있고, 압류한 재산의 공매에 전문 지식이 필요하거나 그 밖의 특수한 사정이 있어 직접 공매하기에 적당하지 아니하다고 인정될 때에는 공매대행 의뢰서에 따라 한국자산관리공사로 하여금 대행하게 할 수 있다(재산형집행규칙 §17의2②). 체납처분의 구체적인 절차는 「벌과금 체납처분 규정」[12]에서 정하고 있는데, '체납자'는 벌과금을 납부기한까지 납부하지 아니하여 벌과금 납부 독촉서를 받고도 지정된 기한까지 벌과금을 완납하지 아니한 자를 말하고(벌과금 체납처분 규정 §2(ii)), '체납처분'은 벌과금 집행을 위하여 체납자의 재산에 대하여 실현하는 강제집행절차를 말한다(벌과금 체납처분 규정 §2(iii)). 검사는 체납처분의 진행 중에 납부의무자로부터 벌과금등의 전부를 납부받았을 때에는 압류를 해제하여야 하고, 일부를 납부받았을 때에는 압류재산의 전부 또는 일부에 대하여 압류를 해제할 수 있다. 다만, 한국자산관리공사에 공매대행을 의뢰 중인 경우에는 공매대행 취소(변경) 의뢰서에 따라, 집행관이 집행 중인 경우에는 압류재산 집행취소(변경) 명령서에 따라 지체 없이 그 절차를 취소하거나 변경하여야 한다(재산형집행규칙 §18의2).

4. 분할납부, 납부연기, 신용카드 등 납부

(1) 분할납부, 납부연기

종래 벌과금의 분할납부, 납부연기는 법무부령인 재산형집행규칙에 근거를 두고 시행되고 있었다. 2016년 1월 6일 형사소송법 개정으로 제477조 제6항에 벌금, 과료, 추징, 과태료, 소송비용 또는 비용배상의 분할납부, 납부연기 및 납부대행기관을 통한 납부 등 납부방법에 필요한 사항은 법무부령으로 정한다는

22

23

---

12 제정 대검 예규 집행 422호, 2007. 10. 15., 개정 대검 예규 집행 1315호, 2022. 9. 30.

규정이 신설되어 법률상 근거가 마련되었다.

24　　　납부의무자가 벌과금등의 분할납부 또는 납부연기를 받으려면 분할납부(납
부연기) 신청서를 제출하여야 하고, 재산형등 집행 사무 담당직원은 분할납부 또
는 납부연기를 신청한 자가 「국민기초생활 보장법」에 따른 수급권자(제1호), 국
민기초생활 보장법」에 따른 차상위계층 중 「의료급여법」에 따른 의료급여대상
자, 「한부모가족지원법」에 따른 지원대상자, 자활사업 참여자(제2호), 장애인(제3
호), 본인 외에는 가족을 부양할 사람이 없는 사람(제4호), 불의의 재난으로 피해
를 당한 사람(제5호), 납부의무자 또는 그 동거 가족이 질병이나 중상해로 1개월
이상의 장기 치료를 받아야 하는 경우 그 납부의무자(제6호), 「채무자 회생 및
파산에 관한 법률」에 따른 개인회생절차 개시결정자(제7호), 「고용보험법」에 따
른 실업급여수급자(제8호), 그 밖의 부득이한 사유가 있는 사람(제9호) 중 어느 하
나에 해당하는지를 조사한 후 관련 자료를 첨부하여 소속 과장을 거쳐 검사의
허가를 받아야 한다(재산형집행규칙 § 12①). 검사는 대상자의 경제적 능력, 벌과금
등의 액수, 분할납부 또는 납부연기 시 이행 가능성, 노역장 유치 집행의 타당
성 등을 고려하여 분할납부 또는 납부연기의 필요성이 있다고 인정되는 경우에
는 이를 허가할 수 있다(재산형집행규칙 § 12②). 분할납부 또는 납부연기 기한은 6
개월 이내로 하되, 해당 분할납부 또는 납부연기의 사유가 소멸되지 아니하는
경우 3개월의 범위에서 그 기한을 2회에 한하여 연장할 수 있으나(재산형집행규칙
§ 12④), 검사는 분할납부 또는 납부연기의 허가를 받은 사람이 정당한 사유 없
이 2회에 걸쳐 허가 내용을 이행하지 아니한 경우에는 이를 취소할 수 있다(재
산형집행규칙 § 12⑤). 실무상 분할납부를 허가할 때에는 6개월의 범위 내에서 미
납액을 매월 균등하게 납부하도록 하고 있다.

25　　　형집행장에 의하여 구인된 벌과금미납자가 노역을 감당하기 어려운 건강상
태라고 판단되는 경우에도 검사는 벌과금 분할납부나 납부연기를 허가할 수 있
다(재산형집행규칙 § 12②). 재산형집행 담당자는 질병이나 중상해로 1개월 이상
장기치료를 받아야 하는 벌과금미납자, 노역장 유치로 현저히 건강을 해할 우려
가 있는 질병을 앓고 있는 벌과금미납자, 교정기관 내 의료시설에서 시술 및 치
료가 어려운 질병과 상해가 있는 벌과금미납자, 타인에게 감염시킬 우려가 있는
질병을 앓았거나 앓고 있는 벌과금미납자, 심혈관질환 및 이와 유사한 질병으로

입원치료 후 퇴원한 사람으로서 상당기간 건강상태의 관찰이 필요한 벌과금미납자, 그 밖에 질병·음주 등으로 신체적·정신적인 건강상태를 종합하여 볼 때 즉각적인 노역장 유치집행을 하기 어려운 상태로 판단되는 벌과금미납자에 해당한다고 판단되는 경우, 벌과금미납자로부터 벌과금 분할납부 또는 납부연기 신청서를 제출받아 형집행 전담검사에게 보고한다. 형집행 전담검사는 벌과금미납자 및 그 가족과의 면담, 의사 등 의료전문가의 자문, 제출된 자료 등을 통하여 노역장 유치집행의 타당성을 검토하여 벌과금 분할납부 또는 납부연기의 필요성이 있다고 인정되는 경우 이를 허가할 수 있다(환자 등의 벌과금 분납·납부연기에 관한 업무지침[13] § 2, § 3①, ②).

2021년 1월 21일 재산형집행규칙 및 환자 등의 벌과금 분납·납부연기에 관한 업무지침의 개정으로 벌과금미납자의 신청이 없더라도 형집행 전담검사는 질병이나 음주 등으로 신체적, 정신적인 건강상태가 즉각적인 노역장 유치집행을 하기 어려운 상태로 판단되는 사람으로 500만 원 이하의 벌과금미납자에 대하여 직권으로 벌과금의 분할납부 또는 납부연기를 결정할 수 있게 되었다(재산형집행규칙 § 12③, 환자 등의 벌과금 분납·납부연기에 관한 업무지침 § 3③). 형집행 전담검사는 벌과금의 분할납부 또는 납부연기를 허가 또는 직권 결정하는 경우 벌과금미납자에게 벌과금 일부에 대하여 즉시 납부를 명할 수 있고 서약서 등을 받을 수 있다(환자 등의 벌과금 분납·납부연기에 관한 업무지침 § 3④).

실무상 벌금미납자가 노역을 감당하기 어려운 건강상태라고 판단되는 경우, '건강상태 질문서'를 작성하도록 하여 이를 분할납부 또는 납부연기를 허가 또는 직권 결정하는데 기초자료로 활용하고, 분할납부 또는 납부연기 결정 시 벌금미납자를 석방하고, 그 벌금미납자가 구호대상자에 해당하는 경우에는 경찰에 보호조치를 의뢰한다.[14]

(2) 신용카드 등 납부

2016년 1월 6일 개정 형사소송법 제477조 제6항에 납부대행기관을 통한 납부 등 납부방법에 필요한 사항은 법무부령으로 정한다는 규정이 신설(공포 후 2년이 경과한 날부터 시행)되었다. 법무부령인 재산형집행규칙 제15조의2 제1항에

26

27

28

---

13 제정 대검 예규 제949호, 2018. 5. 11., 개정 대검 예규 제1316호, 2022. 9. 30.
14 노역수형 무능력 벌금미납자 분납·납부연기 절차 개선사항 알림(대검 집행과 - 1088, 2021. 4. 7.).

따르면 납부의무자는 국세징수법 제12조 제1항 제3호[15] 및 같은 법 시행령 제9조 제4항[16]에 따른 국세납부대행기관을 통하여 벌과금등을 신용카드 및 직불카드 등으로 납부할 수 있다. 신용카드등으로 벌과금을 납부하는 경우에는 벌과금등 납부대행기관의 승인일을 납부일로 본다(재산형집행규칙 §15의2②). 벌과금등 납부대항기관은 납부의무자로부터 신용카드등에 의한 벌과금등 납부 대행용역의 대가로 납부대행수수료를 받을 수 있으며, 납부대행수수료 등 그 밖의 사항은 국세납부대행수수료의 예에 따른다(재산형집행규칙 §15의2③).[17]

29   구체적인 납부 방식으로는 금융결제원의 인터넷 지로사이트에 접속하여 납부수단을 신용카드나 체크카드로 선택하면 되고, 할부결제를 하면 실질적인 분할납부나 납부연기의 효과를 얻을 수도 있다.

5. 벌금 미납자의 사회봉사집행

(1) 제도의 취지

30   경제적인 이유로 벌금을 낼 수 없는 벌금 미납자의 노역장유치로 인한 구금을 최소화하기 위해 노역장유치를 사회봉사로 대신하여 집행할 수 있도록 2009년 3월 25일 벌금 미납자의 사회봉사 집행에 관한 특례법(이하, 벌금미납자법이라 한다.)이 제정되어 2009년 9월 26일부터 시행되고 있다.[18] 벌금미납자법에 따르면, 법원으로부터 벌금을 선고받아 확정되었는데도 그 벌금을 내지 아니한

---

15 국세징수법 제12조(납부의 방법) ① 국세 또는 강제징수비는 다음 각 호의 방법으로 납부한다.
   (1. 2호 생략)
   　3. 대통령령으로 정하는 바에 따라 지정된 국세납부대행기관(이하 "국세납부대행기관"이라 한다)을 통해 처리되는 다음 각 목의 어느 하나에 해당하는 결제수단
   　　가. 「여신전문금융업법」 제2조제3호에 따른 신용카드 또는 같은 조 제6호에 따른 직불카드
   　　(나, 다목 생략)
16 국세징수법 시행령 제9조(납부의 방법) ④ 법 제12조제1항제3호 각 목 외의 부분에서 "대통령령으로 정하는 바에 따라 지정된 국세납부대행기관"이란 정보통신망을 이용하여 신용카드, 직불카드, 통신과금서비스 등(이하 이 조에서 "신용카드등"이라 한다)에 의한 결제를 수행하는 기관으로서 시설, 업무수행능력 등을 고려하여 기획재정부령으로 정하는 바에 따라 국세납부대행기관으로 지정받은 자를 말한다.
17 납부대행수수료에 대한 고시(국세청고시 2024-19호)에 따르면 신용카드는 납부액의 0.8%, 체크카드는 납부액의 0.5%가 납부대행수수료이므로, 납부할 벌금이 100만 원인 경우 신용카드로 결제할 금액은 100만 8천 원이 된다.
18 이에 대한 상세는 안성훈·박정일, 벌금대체 사회봉사제도의 시행 성과와 발전방안, 한국형사정책연구원(2011) 참조.

사람을 '벌금 미납자', 보호관찰관이 지정한 일시와 장소에서 공공의 이익을 위하여 실시하는 무보수 근로를 '사회봉사'라고 한다(벌금미납자법 §2).

(2) 신청 대상자 및 신청 시기

대통령령으로 정한 금액 범위 내의 벌금형이 확정된 벌금 미납자는 검사의 납부명령일부터 30일 이내에 주거지를 관할하는 지방검찰청의 검사에게 사회봉사를 신청할 수 있다. 다만, 검사로부터 벌금의 일부납부 또는 납부연기를 허가받은 자는 그 허가기한 내에 사회봉사를 신청할 수 있다(벌금미납자법 §4①). 검사의 '납부명령일부터 30일 이내'는 사회봉사 신청의 종기를 규정한 것으로 이때의 납부명령일은 납부명령이 벌금미납자에게 '고지된 날'을 의미하므로 결국 벌금 미납자가 사회봉사의 대체집행을 신청할 수 있는 기간은 벌금형이 확정된 때(시기)부터 검사의 납부명령이 벌금미납자에게 고지된 날로부터 30일이 되는 날(종기)이다.[19]

31

2009년 벌금미납자법 제정 이후 상당 기간 동안 벌금미납자법 시행령에서 정한 사회봉사 신청이 가능한 벌금형의 금액은 300만 원이었으나, 2020년 1월 7일 시행령이 개정되어 현재는 500만 원으로 상향되었다(벌금미납자법 시행령 §2). 선고되는 벌금형을 기준으로 500만 원 이하인 경우가 전체 벌금형 선고 사건 중 건수 기준으로 약 97%에 이르므로 현재는 대부분의 벌금형 선고자가 사회봉사를 신청할 수 있다. 다만, ① 징역 또는 금고와 동시에 벌금을 선고받은 사람(제1호), ② 제69조 제1항 단서에 따라 법원으로부터 벌금 선고와 동시에 벌금을 완납할 때까지 노역장에 유치할 것을 명받은 사람(제2호), ③ 다른 사건으로 형 또는 구속영장이 집행되거나 노역장에 유치되어 구금 중인 사람(제3호), ④ 사회봉사를 신청하는 해당 벌금에 대하여 법원으로부터 사회봉사를 허가받지 못하거나 취소당한 사람으로 사회봉사 불허가 사유가 소멸하지 않은 사람(제4호)인 경우에는, 사회봉사를 신청할 수 없다(벌금미납자법 §4②). 실무상 미납 벌금이 여러 건 있어 합계 벌금액이 대통령령으로 정하는 500만 원을 초과하는 경우라도, 각 건별로 500만 원 이하를 충족하는 경우에는 사회봉사 신청 대상에서 배제하지 않고 있다.

32

---

19 대결 2013. 1. 16, 2011모16.

(3) 검사의 청구 및 법원의 허가

33   사회봉사를 신청하는 벌금 미납자는 판결문 또는 약식명령서 사본, 소득금액 증명서 또는 소득이 없어 소득 신고를 하지 않은 경우에는 그 사실을 확인할 수 있는 자료, 재산세 납부증명서, 국민기초생활 보장법에 따른 수급권자인 경우 그 사실을 확인할 수 있는 자료, 그 밖에 일정한 수입원이나 재산이 없음을 확인할 수 있는 자료를 첨부하여 신청서를 제출하여야 한다(벌금미납자법 시행령 §3).

34   검사는 7일 이내에 사회봉사의 청구 여부를 결정하여야 하고, 사회봉사의 신청을 기각한 때에는 지체 없이 신청인에게 서면으로 알려야 하며, 사회봉사의 신청을 기각하는 검사의 처분에 대한 이의신청에 관하여는 형사소송법 제489조를 준용한다(벌금미납자법 §4④, ⑤, ⑥).

35   법원은 검사로부터 사회봉사 허가 청구를 받은 날부터 14일 이내에 벌금 미납자의 경제적 능력, 사회봉사 이행에 필요한 신체적 능력, 주거의 안정성 등을 고려하여 사회봉사 허가 여부를 결정한다(벌금미납자법 §6①). 법원은 ① 벌금 미납자법 제4조 제1항에 따른 벌금의 범위를 초과하거나 신청 기간이 지난 사람이 신청을 한 경우(제1호), ② 제4조 제2항에 따라 사회봉사를 신청할 수 없는 사람이 신청을 한 경우(제2호), ③ 정당한 사유 없이 법원의 출석 요구나 자료제출 요구를 거부한 경우(제3호), ④ 신청인이 일정한 수입원이나 재산이 있어 벌금을 낼 수 있다고 판단되는 경우(제4호)에는 허가하지 아니한다(벌금미납자법 §6②). 법원은 사회봉사를 허가하는 경우 벌금 미납액에 의하여 계산된 노역장 유치기간에 상응하는 사회봉사시간을 산정하여야 한다(벌금미납자법 §6④). 예를 들면 벌금액이 100만 원이고, 10만 원을 1일로 환산하여 노역장 유치기간을 정하도록 한 경우라면, 노역장 유치기간이 10일이므로 사회봉사시간을 1일 8시간으로 계산하면 총 사회봉사시간은 80시간이 된다.

(4) 사회봉사의 집행

36   사회봉사 대상자는 법원으로부터 사회봉사 허가의 고지를 받은 날부터 10일 이내에 사회봉사 대상자의 주거지를 관할하는 보호관찰소의 장에게 주거, 직업, 특기, 최종 학력, 특정 분야 근무경력 및 자격증 등을 신고하여야 한다(벌금미납자법 §8①, 동 시행령 §6). 사회봉사는 보호관찰관이 집행하는데, 보호관찰관은 그 집행의 전부 또는 일부를 국공립기관이나 그 밖의 단체 또는 시설의 협력

을 받아 집행할 수 있다(벌금미납자법 § 9①). 보호관찰관은 사회봉사 대상자의 성격, 사회경력, 범죄의 원인 및 개인적 특성 등을 고려하여 사회봉사의 집행분야를 정하여야 한다(벌금미납자법 § 10①). 사회봉사는 1일 9시간을 넘겨 집행할 수 없고, 예외적으로 사회봉사의 내용상 연속집행의 필요성이 있어 보호관찰관이 승낙하고 사회봉사 대상자가 분명히 동의한 경우에만 연장하여 집행할 수 있으며, 이 경우에도 1일 총 13시간을 초과할 수는 없다(벌금미납자법 § 10②, 동 시행령 § 8②). 사회봉사는 평일 주간에 집행하는 것을 원칙으로 하나, 사회봉사 대상자의 동의 또는 신청을 받아 사회봉사 대상자의 생업, 학업, 질병 등을 고려하여 야간 또는 공휴일에 집행할 수 있다(벌금미납자법 시행령 § 8①). 사회봉사의 집행은 사회봉사가 허가된 날부터 6개월 이내에 마쳐야 하나, 보호관찰관은 특별한 사정이 있으면 검사의 허가를 받아 6개월의 범위에서 한 번 그 기간을 연장하여 집행할 수 있다(벌금미납자법 § 11).

(5) 사회봉사의 종료

사회봉사의 집행을 마친 경우, 사회봉사 대상자가 벌금을 완납한 경우, 사회봉사 허가가 취소된 경우, 사회봉사 대상자가 사망한 경우에는 사회봉사가 종료된다(벌금미납자법 § 15). 사회봉사를 전부 또는 일부 이행한 경우에는 집행한 사회봉사시간에 상응하는 벌금을 낸 것으로 본다(벌금미납자법 § 13). 사회봉사 대상자는 사회봉사의 이행을 마치기 전에 벌금의 전부 또는 일부를 낼 수 있고(벌금미납자법 § 12①), 사회봉사 대상자가 미납벌금의 일부를 낸 경우 검사는 법원이 결정한 사회봉사시간에서 이미 납입한 벌금에 상응하는 사회봉사시간을 공제하는 방법으로 남은 사회봉사시간을 다시 산정하여 사회봉사 대상자와 사회봉사를 집행 중인 보호관찰소의 장에게 통보하여야 한다(벌금미납자법 § 12⑤). 사회봉사 대상자가 주거지 관할 보호관찰소에 사회봉사 신고를 하지 않은 경우, 기간 내에 사회봉사를 마치지 아니한 경우, 정당한 사유 없이 준수사항을 위반하거나 구금 등의 사유로 사회봉사를 계속 집행하기에 적당하지 아니하다고 판단되는 경우에는 보호관찰소의 장의 신청에 의하여 검사는 사회봉사 허가의 취소를 법원에 청구하고(벌금미납자법 § 14①), 법원은 청구가 있는 날부터 14일 이내에 사회봉사 취소 여부를 결정한다(벌금미납자법 § 14④ 본문). 사회봉사 허가가 취소된 사회봉사 대상자는 취소통지를 받은 날부터 7일 이내에 남은 사회봉사시간에

37

해당하는 미납벌금을 내야 하며, 그 기간 내에 미납벌금을 내지 아니하면 노역
장에 유치한다(벌금미납자법 § 14⑦).

6. 집행 절차 정지 및 집행 불능 결정

38   검사는 벌과금등 조정 후 1년이 지난 벌금 또는 과료에 대하여 민사집행법
에 따른 압류금지물 및 압류금지채권 외에 달리 강제집행할 재산이 없거나 압
류물을 현금화하여도 집행비용 외에 남을 것이 없을 것으로 예상되는 경우로서,
납부의무자가 법인 또는 소년이거나 형사소송법 제470조 및 제471조에 따른 형
집행 정지 사유가 있는 경우에는 재산형등 집행 절차 정지처분을 할 수 있고(재
산형집행규칙 § 24의2②), 이때 기간을 정하여 정지처분을 할 수도 있다(재산형집행
규칙 § 24의2③). 검사는 재산형등 집행 절차 정지처분을 한 벌과금등에 대하여
① 재산형등 집행 절차 정지 사유가 소멸된 경우(제1호), ② 납부의무자가 납부
신청을 한 경우(제2호), ③ 재산형등 집행 절차 정지처분의 기간이 만료된 경우
(제3호), ④ 재산형등 집행 불능 결정의 사유가 생긴 경우(제4호) 재산형등 집행
재산형등 집행 절차 정지처분 취소서에 따라 재산형등 집행 절차 정지처분을
취소하여야 한다(재산형집행규칙 § 24의3①).

39   검사는 ① 시효가 완성된 경우(제1호), ② 형사소송법 제478조에 따라 상속재
산에 관하여 집행할 수 있는 경우는 제외하고 납부의무자가 사망한 경우(제2호),
③ 형사소송법 제479조에 따라 합병 후 존속한 법인 또는 합병으로 설립된 법인
에 대하여 집행할 수 있는 경우는 제외하고 납부의무자인 법인이 해산되어 청산
종결의 등기를 한 경우(제3호), ④ 사면이 있는 경우(제4호)에는 재산형등 집행 불
능 결정서에 관련 자료를 첨부하여 재산형등 집행 불능 결정을 하여야 한다(재산
형집행규칙 § 25①). 그 외에 검사는 법인인 납부의무자가 사실상 해산되어 자력이
없는 경우(제1호)나 외국인인 납부의무자 또는 내국인으로서 해외이주자인 납부
의무자가 출국하여 재입국할 가능성이 없는 경우(제2호)에 재산형등 집행 불능
결정을 할 수 있다(재산형집행규칙 § 25②). 재산형등 집행 절차 정지처분의 취소와
동시에 재산형등 집행 불능의 결정을 할 경우에는, 재산형등 집행 절차 정지처분
취소 및 재산형등 집행 불능 결정서에 따라 재산형등 집행 절차 정지처분의 취
소와 재산형등 집행 불능의 결정을 하여야 한다(재산형집행규칙 § 24의3① 단서).

7. 벌금형 집행 수단 확대 관련 논의

현재 벌금 미납자에 대해 노역장유치를 통해 심리적으로 벌금 납부를 강제 **40**
할 수 있지만, 고액 벌금 미납자인 경우에는 오히려 노역장유치를 선호하는 경
우가 발생하고 있다. 2007년 6월 1일 형사소송법 개정으로 제477조 제5항에 수
사 중인 사건과 마찬가지로 재산형 집행을 위하여 필요한 조사를 할 수 있도록
규정한 것처럼, 고액 벌금 미납자가 노역장유치를 통해 벌금 납부를 회피하는
것을 방지하기 위하여 수사 단계에서 인정되는 증거 확보 수단을 벌금 재판의
집행을 위해서 도입할 것인지에 대한 논의가 있다.

정부는 2016년 12월 20일 제20대 국회에 고액 벌금 미납자에 대한 벌금형 **41**
집행의 실효성을 높이기 위하여 과세정보나 특정금융거래정보의 제공 등을 관
계기관에 요청할 수 있도록 하고, 필요한 경우 지방법원 판사에게 청구하여 발
부받은 영장에 의하여 압수·수색 또는 검증을 할 수 있도록 하는 등 벌금형의
집행 절차를 개선하기 위한 형사소송법 일부개정법률안(의안번호 제2004483호)을
제출하였으나, 임기만료로 폐기되었다.[20] 형의 집행은 유죄가 확정된 사람을 대
상으로 하는 것이므로 혐의 유무가 불분명한 수사 단계에서도 인정되는 증거
확보 수단을 형의 집행 단계에서 인정하더라도 기본권 침해의 문제 발생 소지

---

20 정부가 제출한 형사소송법 일부개정법률안은 아래와 같은 내용으로 제477조의2를 신설하는 것
  이다.
  안 제477조의2(고액 벌금 집행을 위한 검사의 처분 등)
  ① 검사는 500만원을 초과하는 벌금의 재판을 집행하기 위하여 필요하다고 인정되면 그 목적에
  필요한 최소한의 범위에서 다음 각 호의 처분을 할 수 있다. 다만, 범인 외의 자에 대한 제4호
  및 제5호의 처분은 제3항에 따른 영장이 있어야 한다.
    1. 관계인의 출석 요구 및 진술의 청취
    2. 서류나 그 밖의 물건의 소유자·소지자 또는 보관자에 대한 제출 요구
    3. 「특정 금융거래정보의 보고 및 이용 등에 관한 법률」 제7조제1항에 따른 특정금융거래정
      보의 제공 요청
    4. 「국세기본법」 제81조의13에 따른 과세정보의 제공요청
    5. 「금융실명거래 및 비밀보장에 관한 법률」 제4조제1항에 따른 금융거래의 내용에 대한 정
      보 또는 자료의 제공 요청
  ② 제1항제3호부터 제5호까지의 자료제공 요청을 받은 해당 기관은 군사, 외교, 대북관계 등 국
  가안위에 중대한 영향을 미치는 경우을 제외하고는 다른 법률을 근거로 이를 거부할 수 없다.
  ③ 검사는 제1항에 따른 벌금의 재판을 집행하기 위하여 필요한 경우 지방법원 판사에게 청구하
  여 발부받은 영장에 의하여 압수·수색 또는 검증을 할 수 있다.
  ④ (생략)

는 크지 않다. 입법정책적으로는 고액 벌금형을 포함하여 자유형의 경우에도 형의 집행 수단을 확대하는 방향으로 개선을 검토할 필요성이 있다.[21]

Ⅲ. 노역장유치

1. 노역장유치제도의 취지

42   본조 제1항 단서는 벌금을 선고할 때에 그 금액을 완납할 때까지 노역장에 유치할 것을 명할 수 있도록 하는 유치명령을 규정하고, 본조 제2항은 벌금 또는 과료를 납입하지 아니한 자에 대해 노역장에 유치하여 작업에 복무하도록 하는 노역장유치를 규정하고 있다. 양자 모두 판결 선고와 동시에 선고하고, 노역장에 유치하는 방식으로 집행한다는 점은 동일하다. 그러나 전자의 유치명령은 벌금에 대하여만 임의적으로 선고가 가능하지만, 후자의 노역장유치는 벌금 또는 과료에 모두에 필요적으로 선고하여야 한다는 점에서 다르고, 유치명령은 판결이 확정되기만 하면 즉시 집행할 수 있다는 점에서 본조 제1항 본문에 따라 판결확정일부터 30일이 경과하여야만 집행할 수 있는 노역장유치와 차이가 있다. 실무상 전자의 유치명령은 거의 활용되지 않고 있으며,[22] 통상 노역장유치라고 하면 본조 제2항에 따른 노역장유치를 말하는 것이 일반적이다.

43   노역장유치제도는 벌금형의 집행이 철저하게 이루어지지 않을 경우 형벌의 목적을 달성할 수 없고 국가형벌권과 법질서에 대한 경시풍조가 발생할 수 있으므로 벌금형의 효율적인 집행을 위한 방안으로 마련된 것이다.[23] 벌금형은 단기자유형의 집행으로 인한 폐해를 방지하면서도 상당한 위하력이 있는 형벌이라는 장점 때문에 널리 활용되고 있지만, 벌금을 납입하지 못하는 경우에 노역

---

21 2019년 12월 31일 개정된 통신비밀보호법 제13조는 수사 또는 형의 집행을 위하여 필요한 경우 전기통신사업자 통신사실 확인자료제공을 요청할 수 있도록 하면서 수사를 위하여 실시간 추적 자료나 특정한 기지국에 대한 통신사실확인자료가 필요한 경우에는 보충성 등을 추가적인 요건으로 요구하나, 형의 집행을 위한 경우에는 그러한 제한을 두지 않고 있다.

22 1992년 정부가 제출한 형법개정법률안은 판결이 확정된 후에는 노역장유치를 하면 되므로 별도의 유치명령을 둘 필요가 없고, 벌금이 확정되기 전에는 가납명령에 의하면 충분하다는 이유로 본조 제1항 단서의 유치명령을 삭제하였다[법무부, 형법개정법률안 제안이유서(1992. 10), 84].

23 헌재 2011. 9. 29, 2010헌바188, 2011헌바91·151(병합).

장유치를 하게 되면 결국 벌금형의 집행이 단기자유형의 집행과 실질적으로 동일하게 되는 문제점이 있다.

　　헌법재판소는 노역장유치제도와 관련하여 벌금을 납부하지 않았다고 하여 　　44
벌금 미납자를 노역장에 유치하여 신체를 구금하는 것이 과잉금지의 원칙에 반하여 신체의 자유를 제한하는 것은 아닌지 여부가 문제된 사안에서, 벌금의 철저한 징수를 통하여 벌금형의 형벌효과를 유지, 확보하기 위한 것으로서 입법목적의 정당성이 인정되고, 노역장유치는 벌금납입을 대체 혹은 강제할 수 있는 유효한 수단이라는 점에서 수단의 적합성도 갖추었다고 보았으며, 일정한 요건을 충족할 때에는 노역장유치를 사회봉사명령으로 대신하여 집행할 수 있고, 벌금의 분납·연기 신청이 가능하며, 노역장 유치기간이 제한되어 있는 점 등을 감안하면 피해의 최소성의 원칙에 반한다고 볼 수도 없고, 노역장유치를 통하여 벌금형의 집행율을 제고하고 형벌의 목적을 달성하려는 공익은 노역장유치자가 입게 되는 불이익에 비하여 현저히 작다고 할 수 없어 법익 균형성에도 위배된다고 할 수 없어, 과잉금지의 원칙에 위배되지 않는다고 판단하였다. 또한 헌법재판소는 위 사안에서, 노역장유치자와 경제적 능력이 있는 자, 1일 환산금액이 다른 자, 일반수형자와 비교할 때 평등의 원칙에 반하는 것이 아닌지에 대해 벌금납입능력에 따른 노역장유치 가능성의 차이는 벌금형이라는 재산형이 가지고 있는 본질적인 성격에서 비롯된 것일 뿐이므로 경제적 능력이 없는 자와 능력이 있는 자를 차별한다고 볼 수 없고, 1일 환산금액은 법원이 벌금 총액 및 피고인의 경제적 능력 등을 고려하여 결정하는 것이므로 차별이 발생한다고 볼 수 없으며, 벌금미납에 따른 노역장유치는 벌금형의 집행을 엄정히 하여 국가형벌권과 법질서를 확립하기 위한 것으로 벌금 미납자에 대해서는 벌금형보다 무거운 형태로 형벌 집행 방법을 변경할 필요성이 인정되는 점 및 벌금 미납자는 벌금을 납부할 수 있는 기회가 주어졌음에도 벌금을 납부하지 아니한 것이라는 점 등을 감안하여, 벌금 미납자를 사실상 자유형이 선고된 일반수형자와 동일하게 구금한다고 하여 합리적 이유가 없다고 할 수 없어, 평등의 원칙에 위반되지 않는다고 판단하였다.[24]

---

24 헌재 2011. 9. 29, 2010헌바188, 2011헌바91·151(병합).

2. 법적 성질

45   노역장유치의 법적 성질에 대해서는 ① 대체자유형에 해당한다는 견해와
② 재산형의 특별한 집행 방법이라는 견해가 있다.[25] 다수설은 노역장유치가
대체자유형에 해당하기 때문에 징역 또는 금고와 같은 자유형과 마찬가지로 노
역장유치에도 가석방이 허용된다는 위 ①의 입장이다.[26] 위 ②의 재산형의 특
별한 집행 방법이라고 보는 견해는 노역장유치를 재산형의 납입을 강제 또는
대체하기 위한 이중적 기능을 가지는 수단으로 보고 있다.[27]

46   헌법재판소는 노역장유치의 법적 성격에 대하여, "노역장유치는 벌금형 등
에 대한 환형처분이라는 점에서 노역형, 즉 강제노동 자체를 내용으로 하는 형
벌과는 구별된다."고 하고,[28] "벌금형에 대한 노역장 유치는 이미 형벌을 받은
사건에 대해 또 다시 형을 부과하는 것이 아니라 단순한 형벌 집행 방법의 변경
에 불과한 것이다."라고 하면서도,[29] "벌금형에 부수적으로 부과되는 환형처분
으로서 그 실질은 신체의 자유를 박탈하여 징역형과 유사한 형벌적 성격을 가
지고 있으므로, 형벌불소급원칙의 적용대상이 된다."고[30] 보았다.[31]

47   제41조가 노역장유치를 형의 종류로 규정하고 있지 않고, 단지 노역장 유치
집행을 함에 있어서 형의 집행에 관한 규적을 준용하는 것에 불과하므로(형소
§492) 해석상 노역장유치 자체를 형의 집행으로 보기는 어렵다. 노역장유치는
재산형의 특별한 집행 방법으로 벌금 납입을 대체하거나 납입에 대한 심리적

---

25 노역장유치에 관한 다양한 견해와 입법례에 대해서는 주석형법 〔총칙(2)〕(2판), 672-677(조균
    석); 이기헌・최병각, 노역장유치제도에 관한 연구, 한국형사정책연구원(1997), 25-28 참조.

26 김성돈, 형법총론(8판), 873; 김일수・서보학, 새로쓴 형법총론(13판), 611; 이재상・장영민・강동
    범, 형법총론(12판), §43/29; 임웅, 형법총론(13정판), 722; 주석형법 〔총칙(2)〕(3판).

27 주석형법 〔총칙(2)〕(2판), 677(조균석); 주석형법 〔총칙(2)〕(3판), 630(전승수); 이기헌・최병각,
    노역장유치제도에 관한 연구, 25.

28 헌재 2011. 9. 29, 2010헌바188, 2011헌바91・151(병합).

29 헌재 2010. 7. 29, 2008헌바88.

30 헌재 2017. 10. 26, 2015헌바239, 2016헌바177(병합).

31 일본 판례 중에는 ① "노역장유치는 이른바 환형처분으로 그 본형에 준해야 할 것이고, 자유형
    이 과해진 경우와 아무런 차이가 없다."고 판시하기도 하고[最判 昭和 26(1951). 10. 16. 刑集
    5・11・2249], ② "환형처분을 정한 형법 제18조의 규정은 벌금의 특별한 집행 방법을 정한 것으
    로, 벌금형의 효과를 다하기 위한 규정이다."[最判 昭和 25(1950). 6. 7. 刑集 4・6・956]라고 판
    시하기도 한다.

압박을 강제하는 수단으로 보는 것이 타당하다(위 ②의 견해).[32] 노역장유치에 대한 가석방 허용 여부, 형벌불소급의 원칙 적용 여부, 불이익변경금지와의 관계 등은 노역장유치의 법적 성질에 따라 일률적으로 판단할 것은 아니고, 관련 법률과 제도의 내용을 구체적으로 파악하여 개별적으로 판단할 필요가 있다. 역대 국회에 현재의 총액벌금제를 일수벌금제로 변경하는 것을 전제로, 노역장유치 제도를 폐지하고 대체자유형을 도입하는 내용의 형법 일부개정법률안이 발의되기도 하였으나 성사되지 못하였다.[33]

3. 노역장유치의 대상

노역장유치의 대상은 벌금 또는 과료의 판결확정일로부터 30일내에 납입하지 않은 자이다(§69① 본문). 추징금 미납자는 노역장유치를 할 수 없다.[34] 형사소송법 제334조에 따른 가납명령이 있더라도 이는 벌금, 과료 또는 추징에 대한 것이므로 판결이 확정되기 전에 노역장유치를 할 수는 없다. 판결이 확정되었으나 납부기한 30일이 지나지 않은 상황에서 납부대상자가 노역장유치를 원하는 경우에는 노역장유치가 가능한지 문제될 수 있다. 실무상 본인의 승낙을 전제하더라도 납부기한 이전에 노역장유치를 하는 것은 노역장유치 집행의 공정성이나 적정성 확보에 논란이 있을 수 있고, 승낙의 임의성 여부에 대해서도 향후 다툼이 발생할 소지가 있으므로 노역장유치를 하지 않는다. 다만 외국인보호소에서 보호 중인 외국인에 대하여는 유치집행이 장기간 지연됨으로써 오히려 인권침해 등의 문제가 발생할 우려가 있으므로, 벌금형이 확정된 후 30일이 경과하지 않더라도 외국인이 노역장유치를 서면으로 요청하는 경우에는 외국인보호

48

---

32 주석형법 [총칙(2)](2판), 675(조균석)는 우리 형법 제정 당시 환형처분을 폐지하고 노역장유치를 특별한 집행 방법으로 전환하였음을 명백히 한 일본형법과 같은 제도를 도입하였다는 점에서도 노역장유치는 대체자유형이 아닌 특별한 집행 방법으로 이해할 수 있다고 한다.

33 예컨대 20대 국회의 경우, 형법 일부개정법률안(의안번호 제2018264호)은 현행 형법 제69조 제2항 및 제70조를 삭제하고, "제70조(대체자유형등) ① 법원은 벌금형이 확정된 벌금 미납자가 벌금을 납입하기 어렵다고 인정되는 경우 검사의 신청 또는 직권으로 벌금 납입을 대신하여 자유형 또는 사회봉사(이하 "대체자유형등"이라 한다.)를 하게 할 수 있다. 이 경우 대체자유형등 1일은 벌금형 1일에 해당한다."는 등을 신설하는 내용이다.

34 주석형법 [총칙(2)](2판), 678(조균석)은 입법론으로 벌금 미납자와의 형평성, 집행의 실효성과 법감정 등을 고려할 때 적극적으로 검토할 필요가 있다고 한다.

소 등으로부터 신병을 인계받아 즉시 노역장유치를 하고 있다.[35]

49   벌금 또는 과료를 '납입하지 아니한 자'의 의미를 완납할 자력이 없어서 납입하지 아니하는 자로 해석하고 납부능력이 있는 경우에는 강제집행을 하여야 하고 노역장유치를 해서는 안 된다는 견해가 있다.[36] 법문상 납부능력을 고려하고 있지 아니하므로 벌금을 납입하지 않은 자에는 납입할 능력이 없어서 납입하지 못하는 자와 납입할 능력은 있으나 납입하지 않는 자가 모두 포함된다고 보아야 한다.[37] 벌금 납부 자력이 있지만 자발적으로 납입을 하지 않는 경우에는 노역장유치를 하기보다 가능하다면 재산형의 본질에 따른 형의 집행을 할 필요가 있다. 특히, 고액 벌금 미납자의 경우에는 자력 유무를 확인하여 강제집행이나 체납처분을 통한 집행의 필요성이 크다. 하지만 대부분의 벌금 미납자는 노역장유치를 통한 심리적 압박으로 납부를 강제할 수 있고, 소액 벌금형 집행을 위해 납입자력 유무까지 확인하여 강제집행을 반드시 선행하도록 하는 것은 현실적이라고 보기도 어렵다.

50   소년법 제62조(환형처분의 금지)는 18세 미만인 소년에게는 노역장유치 선고를 하지 못하도록 하고 있으므로, 18세 미만인 소년에 대해 벌금 또는 과료를 선고한 후 미납자가 18세 이상이 되더라도 노역장유치에 관한 판결이 없어 노역장유치를 할 수는 없다. 재산형의 일신전속적인 성질에 비추어 상속인에 대한 노역장유치는 허용되지 않는다. 법인도 성질상 노역장유치의 대상이 될 수 없으며, 판결 주문에 법인에 대한 노역장유치의 선고가 있더라도 집행불능에 그친다.[38]

4. 노역장유치의 기간

51   벌금 미납자에 대해서는 1일 이상 3년 이하, 과료 미납자에 대해서는 30일

---

35 보호 외국인에 대한 노역장유치 집행 관련 지시(대검 집행과 - 3564, 2014. 11. 5.) 및 보호 외국인에 대한 노역장유치 집행 관련 추가 지시(대검 집행과 - 3766, 2014. 11. 13.).

36 한영수, 행형과 형사사법, 세창출판사(2000), 216; 조대환, "노역장유치 집행절차에 관한 소고", 법조 498, 법조협회(1998), 20. 일본형법 제18조(노역장유치) 제1항(벌금), 제2항(과료)은 벌금 또는 과료를 '완납할 수 없는 자'라고 규정하고 있어, 완납할 자력을 자력은 있으나 이를 납부하지 아니한 자에 대해서는 강제집행의 방법에 의하여 징수하여야 할 뿐 일본형법 제18조는 적용할 수 없다[明治 40(1907) 법조회(法曹会) 결의]고 한다[大塚 外, 大コン(3版)(1), 394(新矢悦二)].

37 주석형법 [총칙(2)](2판), 679(조균석); 주석형법 [총칙(2)](3판), 631(전승수).

38 대판 1963. 7. 11, 63오3.

미만의 기간 노역장에 유치한다(§69②). 2014년 5월 14일 형법 개정으로 벌금의 경우 3년 이하의 범위에서, 선고하는 벌금이 1억원 이상 5억원 미만인 경우에는 300일 이상, 5억원 이상 50억원 미만인 경우에는 500일 이상, 50억원 이상인 경우에는 1천일 이상의 노역장 유치기간을 정하여야 한다(§70①).

벌금 또는 과료를 일부 납부한 경우에는 유치기간의 일수에 비례하여 납입 금액에 해당하는 일수를 빼고(§71), 벌금 또는 과료의 선고를 받았으나 판결 선고전에 구금되어 있었던 경우에는 구금일수 전부를 벌금이나 과료에 관한 유치기간에 산입한다. 이 경우 구금일수 1일은 벌금이나 과료에 관한 유치기간의 1일로 계산한다(§57). 판결선고 후 판결확정 전 구금일수(판결선고 당일의 구금일수를 포함) 및 상소기각 결정 시에 송달기간이나 즉시항고기간 중의 미결구금일수도 전부를 본형에 산입하며, 구금일수의 1일을 벌금이나 과료에 관한 유치기간의 1일로 계산한다(형소 §482). 18세 미만인 소년에 대해서는 노역장유치 선고를 하지 못하지만, 판결선고 전 구속되었거나 소년법 제18조 제1항 제3호의 소년분류심사원에 위탁하는 임시조치가 있었던 경우에는 구속 또는 위탁의 기간에 해당하는 기간은 노역장에 유치된 것으로 보아 형법 제57조를 적용할 수 있다(소년 §62). 이와 같은 미결구금일수는 벌과금 조정 과정에서 확인하게 된다(재산형집행규칙 §6③).

52

벌금 또는 과료를 포함한 2개 이상의 형이 병과된 경우에는 미결구금일수를 어느 형에 산입하여야 하는지가 문제될 수 있다. 기본적으로 자유형과 재산형이 병과된 경우에는 무거운 형인 자유형에 먼저 산입을 하고, 잔여일수가 있으면 재산형에 산입을 하면 된다. 선고된 자유형이 집행을 유예한 형인 경우에는 장래에 있어 집행 여부가 불확실한 자유형에 미결구금일수를 산입하면 실질적으로는 미결구금일수 산입의 효과를 얻지 못하는 경우가 발생할 수 있으므로, 집행되는 재산형에 먼저 산입하고 잔여일수가 있으면 자유형에 산입한다. 부정수표 단속법 제6조에 따라 벌금을 선고하면서 가납판결을 하고, 구속된 피고인에 대하여 벌금을 가납할 때까지 계속 구속한 경우에도 다른 미결구금의 경우와 달리 볼 이유가 없으므로, 선고된 자유형이 집행을 유예한 형인 경우에는 재산형에 구금일수를 산입한다.[39]

53

---

39 2개 이상의 형이 병과된 경우 미결구금일수 산입에 관한 지시(대검 공판송무과 - 1055, 2010. 1. 18.).

5. 노역장유치의 집행 및 집행정지

54   노역장유치의 집행에는 형의 집행에 관한 규정을 준용한다(형소 §492). 형집행법은 벌금 또는 과료를 완납하지 아니하여 노역장 유치명령을 받아 교정시설에 수용된 사람도 징역형 등을 선고받아 그 형이 확정되어 교정시설에 수용된 사람과 마찬가지로 '수형자'로 파악하며(형집 §2(ii)), 부과된 작업과 그 밖의 노역을 수행하여야 할 의무가 있다(형집 §66).

55   노역장유치의 집행에는 형의 집행에 관한 규정이 준용되므로 형의 집행지휘(형소 §460), 집행지휘의 방식(형소 §461)에 따라 검사는 노역장 유치 집행지휘서에 따라 노역장 유치 집행을 지휘한다(재산형집행규칙 §20①). 다른 사건으로 구금되어 있는 상태가 아니면 형의 집행을 위한 소환을 하고, 소환에 응하지 아니한 때에는 형집행장을 발부하여 구인한다(형소 §473). 검사가 벌금 또는 과료의 납부의무자에 대하여 형집행장을 발부하였을 때에는 재산형등 집행 사무 담당 직원은 형집행장 발부부를 전산입력하여 작성한다(재산형집행규칙 §21). 형집행장은 구속영장과 동일한 효력이 있고(형소 §474②), 형집행장의 집행에는 피고인의 구속에 관한 규정을 준용하므로(형소 §475), 형집행장의 집행은 검사의 지휘에 의하여 사법경찰관리가 집행한다(형소 §81). 사법경찰관리가 노역장유치의 집행을 위하여 구인을 하려면 검사가 발부한 형집행장을 상대방에게 제시하고 그 사본을 교부하여야 한다(형소 §85①). 형집행장을 소지하지 아니한 경우에 급속을 요하는 때에는 형집행 사유와 형집행장이 발부되었음을 고하고 집행할 수 있다(형소 §85③). 이 경우 집행을 완료한 후에는 신속히 형집행장을 제시하고 그 사본을 교부하여야 한다(형소 §85④).[40] 사법경찰관리가 벌금 미납으로 인한 노역장유치 집행의 상대방에게 형집행 사유와 더불어 벌금 미납으로 인한 지명수배 사실을 고지하였더라도 특별한 사정이 없는 한 그러한 고지를 형집행장이 발부되어 있는 사실도 고지한 것이라거나 형집행장이 발부되어 있는 사실까지도 포함하여 고지한 것이라 볼 수는 없다.[41]

---

40 실무상 벌금 미납으로 지명수배된 사람이 경찰에 검거된 후 검찰에 신병이 인계되기 전에 벌금을 납부하는 경우, 형집행장 원본을 제시하고 사본을 교부할 시간적 여유가 없고 이를 위해 벌금 납부자의 석방을 지체할 수도 없으므로, 현실적으로는 경찰에 형집행장을 팩스 등으로 송부하고 벌금 납부자에게 사본을 교부하는 방식을 취할 수밖에 없다.

41 대판 2017. 9. 26, 2017도9458(경찰관 P가 도로를 순찰하던 중 벌금 미납으로 지명수배된 피고

실무상 1차 납부독촉서의 납부기한이 경과된 벌금 또는 과료 미납자에 대해서는 형집행장을 발부하고 지명수배를 입력하게 되고, 지명수배에 의하여 체포된 자는 검찰청으로 인치하고, 판결문, 벌과금등원표, 전산조회 등으로 미납자의 인적사항 및 유치 대상 금액을 정확히 확인한 후 교도소 또는 구치소에 유치하게 된다. 노역장 유치기간이 종료되면 종료일에 교정시설의 장이 석방하고 (§86, 형집 §123, §124②), 노역장 유치의 집행을 마쳤을 때는 구치소 또는 교도소의 장은 유치 집행종료 보고서에 따라 지체 없이 검사에게 보고한다(재산형집행규칙 §20②). 검사는 노역장 유치의 집행을 개시하기 전에 납부의무자가 벌금 또는 과료를 완납하였을 때에는 집행 지휘를 취소하며(재산형집행규칙 §22①), 노역장 유치의 집행 중에 벌금 또는 과료를 완납하였을 때에는 석방을 지휘하여야 한다(재산형집행규칙 §2②). 미결수용자에 대해 벌금형의 시효가 임박하는 등 벌금형을 집행할 필요가 있는 경우에는 미결수용자의 영치금에 대하여 법원에 채권압류 및 전부명령을 신청하여 집행하거나, 영차금에 대하여 집행관에게 집행명령을 하여 집행을 하는 방법이 있고, 영치금에 대한 집행이 여의치 않은 경우에는 노역장유치 집행을 하고 노역장 유치기간은 미결구금일수로 산입하지 않는 방식을 취할 수도 있다. 노역장유치 중에 별건으로 구속영장이 발부되어 미결수용자가 되는 경우에 노역장유치 집행을 정지하지 않고 계속 집행을 한 경우에도 추후 미결구금일수를 본형에 따로 산입할 수 있을지 문제되나, 형의 집행과 구속영장의 집행이 경합하고 있는 경우에는 구속 여부와 관계없이 피고인 또는 피의자는 형의 집행에 의하여 구금을 당하고 있는 것이어서, 구속은 관념상은 존재하지만 사실상은 형의 집행에 의한 구금만이 존재하는 것에 불과하므로 미결구금 기간을 본형에 통산할 필요가 없다.[42]

노역장유치의 집행에 형의 집행에 관한 규정이 준용되므로 형사소송법 제 57

인과 조우하게 되어 벌금 미납 사실을 고지하고 벌금납부를 유도하였으나 피고인이 이를 거부하자 벌금 미납으로 인한 노역장유치의 집행을 위하여 구인하려 하였는데, 피고인이 이에 저항하여 P의 가슴을 양손으로 수차례 밀침으로써 벌금수배자 검거를 위한 경찰관의 공무집행을 방해하였다는 내용으로 기소된 사안에서, 피고인에 대하여 확정된 벌금형의 집행을 위하여 형집행장이 이미 발부되어 있었으나, P가 피고인을 구인하는 과정에서 형집행장이 발부되어 있는 사실은 고지하지 않았던 사정에 비추어 P의 위와 같은 직무집행은 위법하다고 보아 공소사실을 무죄로 판단한 원심판결이 정당하다고 한 사례).
42 대판 2001. 10. 26, 2001도4583.

470조, 제471조의 자유형집행의 정지사유가 있는 경우에는 노역장집행정지 결정을 할 수 있다. 노역장유치 집행정지 절차는 자유형 집행정지 절차와 마찬가지로 집행정지의 건의 또는 신청, 검사의 조사, 집행정지 심의위원회를 거쳐 집행 정지 여부를 결정하고, 집행정지 지휘 후에는 집행정지자에 대한 관찰이 이루어지며, 집행정지 사유가 해소되는 등의 이유가 있으면 집행정지결정을 취소하고, 집행정지자가 사망하면 집행불능 결정을 하게 된다. 노역장유치 집행정지를 결정하였다고 하더라도 정지 대상자의 재산에 대한 강제집행은 여전히 가능하다. 벌금 또는 약식명령이 확정되어 미납인 상태에서 노역장유치 집행이 되면 정식재판청구권 회복 신청을 하는 경우가 있는데, 형사소송법 제458조에 따라 정식재판의 청구에도 준용되던 구 형사소송법 제348조 제1항은 "상소권회복의 청구가 있는 때에는 법원은 전조의 결정을 할 때까지 재판의 집행을 정지하는 결정을 하여야 한다."고 규정하고 있어 집행정지결정을 받기 위해 정식재판청구권 회복 신청을 악용하는 경우가 빈번하였다. 2007년 6월 1일 형사소송법 제348조 제1항의 개정으로 현재는 "상소권회복의 청구가 있는 때에는 법원은 전조의 결정을 할 때까지 재판의 집행을 정지하는 결정을 할 수 있다."고 규정하여, 정식재판청구권 회복으로 인한 집행정지제도 악용의 소지가 줄어들었다.

6. 노역장유치와 불이익변경금지

58　　　　불이익변경금지의 원칙은 형의 선고가 피고인에게 실질적으로 불이익하게 변경되는 것을 금지하는 것으로(형소 §368), 형 선고와 동시에 선고되는 노역장유치의 경우에도 적용된다(§70①, 형소 §321②). 따라서 피고인이 항소한 사건에서 벌금액은 동일하나 노역장 유치기간이 길어진 때에는 피고인에게 불이익하게 변경된 것으로 볼 수 있다.[43] 상소심에서 벌금은 감액되었으나 미납 시 노역장 유치기간이 길어진 경우에는 불이익변경 여부가 논란이 될 수 있다. 판례는 피고인에 대한 벌금형이 제1심보다 감경되었다면 비록 그 벌금형에 대한 노역장 유치기간이 제1심보다 더 길어졌다고 하더라도 전체적으로 보아 형이 불이익하게 변경되었다고 할 수는 없고,[44] 피고인에 대한 벌금형이 제1심보다 감경

---

43 대판 1976. 11. 23, 76도3161.
44 대판 1977. 9. 13, 77도2124; 대판 1981. 10. 24, 80도2325; 대판 2000. 11. 24, 2000도3945.

되었을 뿐만 아니라 그 벌금형에 대한 노역장 유치기간도 줄어든 경우라면 노역장유치 환산의 기준 금액이 제1심의 그것보다 낮아졌다고 하더라도 형이 불이익하게 변경된 것은 아니라는[45] 입장이다.

〔서 효 원〕

---

45 대판 2000. 11. 24, 2000도3945.

제70조(노역장 유치)

① 벌금 또는 과료를 선고할 때에는 이를 납입하지 아니하는 경우의 노역장 유치기간을 정하여 동시에 선고하여야 한다. 〈개정 2020. 12. 8.〉

② 선고하는 벌금이 1억원 이상 5억원 미만인 경우에는 300일 이상, 5억원 이상 50억원 미만인 경우에는 500일 이상, 50억원 이상인 경우에는 1천일 이상의 노역장 유치기간을 정하여야 한다. 〈개정 2020. 12. 8.〉

[제목개정 2020. 12. 8.]

구 조문

제70조(노역장유치) ① 벌금이나 과료를 선고할 때에는 납입하지 아니하는 경우의 유치기간을 정하여 동시에 선고하여야 한다.

② 선고하는 벌금이 1억원 이상 5억원 미만인 경우에는 300일 이상, 5억원 이상 50억원 미만인 경우에는 500일 이상, 50억원 이상인 경우에는 1,000일 이상의 유치기간을 정하여야 한다.

Ⅰ. 취   지

1　　본조 제1항은 노역장유치를 선고하는 시기를 규정하고, 제2항은 제69조 제2항의 범위에서 선고하는 벌금에 따른 최소 노역장 유치기간을 정하고 있다. 본조 제2항은 2014년 5월 14일 형법 개정으로 신설된 조항으로, 종래 노역장 유치기간은 제69조 제2항의 범위에서 법관의 재량으로 정하였으나 고액 벌금 미납자의 소위 '황제노역'[1] 논란이 발생하자 이에 대한 대응으로 신설되었다.

1　특정범죄가중처벌등에관한법률위반(조세)죄 등으로 징역 2년 6월에 집행유예 2년, 벌금 약 254억 원을 선고받고 뉴질랜드로 출국했던 전 대주그룹 회장이 2014년 3월 22일 귀국하여 벌금 미

II. 노역장유치 선고 시기와 방법

1. 선고 시기

벌금 또는 과료를 선고할 때에는 납입하지 않는 경우의 노역장 유치기간을 　2
정하여 판결로 동시에 선고하여야 한다(§ 70①, 형소 § 321②). 약식절차는 지방법
원의 관할사건에 관하여 검사의 청구가 있는 때에 공판절차 없이 약식명령으로
벌금, 과료 또는 몰수의 형을 과하는 절차이다(형소 § 448). 약식절차에 의하여 형
을 선고하는 재판인 약식명령은 형식적으로는 결정과 유사한 성질을 가지고 있
지만 실질적으로는 형벌을 선고하는 판결이며, 정식재판의 청구기간이 경과하
거나 청구의 취하 또는 청구기각의 결정이 확정되면 확정판결과 동일한 효력이
있다(형소 § 457①). 실무상 벌금이 선고되는 사건의 대부분은 약식명령에 의한
것인데, 약식명령으로 벌금 또는 과료를 과하는 경우에는 약식명령 발령과 동시
에 노역장 유치기간을 정하여야 한다.

2. 표시방법

형법은 노역장 유치기간을 표시하는 방식에 대해 별도로 정하고 있지 않다. 　3
판결 선고 시 노역장 유치기간의 표시방법으로는 ① 환형률 표시방법과 ② 유
치기간 표시방법이 있다. 위 ①의 환형률 표시방법에 따른 판결 주문은 "피고인
을 벌금 3,000,000원에 처한다. 피고인이 위 벌금을 납입하지 아니하는 경우
100,000원을 1일로 환산한 기간 피고인을 노역장에 유치한다."와 같은 방식이
다. ②의 유치기간 표시방법에 따른 판결 주문은 "피고인을 벌금 3,000,000원에
처한다. 피고인이 위 벌금을 납입하지 아니하는 경우 30일간 피고인을 노역장
에 유치한다."와 같은 방식이다. 실무는 통상 위 ①의 환형률 표시방법에 따르
고 있으며,[2] 이에 따르면 벌금을 일부 납부한 경우 납입금액에 상당한 일수를
빼는 계산을 할 때 편리한 장점이 있다.

납액에 대한 노역장유치 집행을 하는 과정에서, 위 사건의 노역장유치 1일 환산금액이 5억 원에
달하는 사실이 알려져서 논란이 발생하였다.
2 사법연수원, 형사판결서(2023년도 법학전문대학원 형사재판실무 II), 사법발전재단(2023), 41.

Ⅲ. 노역장 유치기간 산정

1. 유치기간 산정 방법

4   노역장 유치기간은 제69조 제2항에 따라 벌금의 경우 1일 이상 3년 이하로, 과료의 경우 1일 이상 30일 미만의 범위에서 법관의 재량으로 정한다.[3] 노역장 유치기간의 산정에는 위 제한이 있을 뿐이므로 징역형과 벌금형 가운데서 벌금형을 선택하여 선고하면서 그에 대한 노역장 유치기간을 환산한 결과 선택형의 하나로 되어 있는 징역형의 장기보다 유치기간이 더 길 수 있게 되었다 하더라도 이를 위법이라고 할 수는 없다.[4] 징역과 벌금형이 병과된 경우에 벌금형의 노역장 유치기간이 3년을 넘지 않는다면 징역형의 기간보다 길다 하더라도 위법이라 할 수 없다.[5]

5   고액 벌금 등의 예외적인 경우를 제외하면 2004년경부터 2013년까지는 노역장유치 1일 환산 금액을 5만원으로 정하는 것이 통상적인 실무례였으나, 2014년 상반기에 각급 법원에서 물가수준과 일용노임 상승분을 반영하여 1일 환산 금액을 10만 원으로 상향하는 방식으로 실무를 운영하기 시작하였고, 그 후 현재까지 이와 같은 방식으로 실무가 정착되어 유지되고 있다. 제69조 제2항에 따라 벌금액이 아무리 다액이더라도 3년을 초과하는 노역장 유치기간을 정할 수는 없으므로, 고액 벌금의 경우 환형률 표시방법에 따라 노역장 유치기간을 정하는 경우에는 1일 환산금액도 통상적인 경우와 달리 10만 원을 초과한 액수로 정하게 된다.

2. 최소 유치기간 도입 경위

6   이른바 '황제노역' 사건이 언론을 통해 알려지자 고액 벌금 미납자가 노역장유치를 통해서 결과적으로 단기간에 고액의 벌금을 탕감받는 것에 대한 비판들이 나오게 되었다. 이는 통상 노역장유치 1일 환산금액이 10만 원인데, 고액 벌금 사건의 경우 1일 환산금액이 많게는 수억 원에 이르기 때문에 형평에 반

---

3 대판 1970. 11. 24, 70도1813.
4 대판 2000. 11. 24, 2000도3945.
5 대판 1971. 3. 30, 71도251.

한다는 것이다. 이러한 문제 발생의 근본적인 이유는 형법에 노역장 유치기간의 상한만 규정되어 있고, 구체적인 기간 산정과 이에 따른 1일 환산금액 결정은 전적으로 법관의 재량에 맡겨져 있었기 때문이다. 19대 국회에 노역장 유치기간의 상한을 폐지 또는 상향하거나, 1일 환산금액의 상한을 제한하거나, 벌금액에 따라 1일 환산금액의 상한을 달리 정하는 등 다양한 내용의 형법개정안이 발의되었다. 국회 논의 과정에서 구체적 사건별로 참작할 사유가 다르기 때문에 기본적으로 법관의 양형재량을 법률로 과도하게 제한하는 것은 바람직하지 않다는 의견도 있었지만, 그동안 법원에서 노역장유치 기준을 적정하지 설정하지 못하였고 개정에 대한 국민적 요구가 있는 상황임을 감안하여, 벌금액에 따른 최소 노역장 유치기간을 정하는 내용으로 본조 제2항이 신설되었다.

　　본조 제2항이 과잉금지의 원칙에 반하여 신체의 자유를 침해하는지 여부가 7 문제된 사안에서 헌법재판소는, "벌금에 비해 노역장유치기간이 지나치게 짧게 정해지면 경제적 자력이 충분함에도 고액의 벌금 납입을 회피할 목적으로 복역하는 자들이 있을 수 있으므로, 벌금 납입을 심리적으로 강제할 수 있는 최소한의 유치기간을 정할 필요가 있다. 또한 고액 벌금에 대한 유치기간의 하한을 법률로 정해두면 1일 환형유치금액 간에 발생하는 불균형을 최소화할 수 있다. 노역장유치조항은 주로 특별형법상 경제범죄 등에 적용되는데, 이러한 범죄들은 범죄수익의 박탈과 함께 막대한 경제적 손실을 가하지 않으면 범죄의 발생을 막기 어렵다. 노역장유치조항은 벌금 액수에 따라 유치기간의 하한이 증가하도록 하여 범죄의 경중이나 죄질에 따른 형평성을 도모하고 있고, 노역장유치기간의 상한이 3년인 점과 선고되는 벌금 액수를 고려하면 그 하한이 지나치게 장기라고 보기 어렵다. 또한 노역장유치조항은 유치기간의 하한을 정하고 있을 뿐이므로 법관은 그 범위 내에서 다양한 양형요소들을 고려하여 1일 환형유치금액과 노역장유치기간을 정할 수 있다."고 보아, 헌법에 위반되지 아니한다고 판단하였다.[6]

---

6 헌재 2017. 10. 26, 2015헌바239, 2016헌바177(병합).

3. 제70조 제2항의 적용범위

8   2014년 5월 14일 개정된 본조 제2항에 따르면, 선고하는 벌금이 1억 원 미만인 경우에는 종전과 마찬가지로 법관의 재량에 따라 노역장 유치기간을 정하면 되지만, 벌금이 1억 원 이상 5억 원 미만인 경우에는 300일 이상, 5억 원 이상 50억 원 미만인 경우에는 500일 이상, 50억 원 이상인 경우에는 1천일 이상의 노역장 유치기간을 정하여야 한다. 결국 벌금 1억 원 이상 5억 원 미만에 노역장 유치기간이 300일인 경우 1일 환산액은 333,333원에서 1,666,666원이 되고, 벌금 5억 원 이상 50억 원 미만에 노역장 유치기간이 500일인 경우 1일 환산액은 1,000,000원에서 10,000,000원이 되며, 벌금 50억 원 이상에 노역장 유치기간 1,000일인 경우 1일 환산액은 5,000,000원 이상이 된다.

9   2014년 5월 14일 개정된 형법 부칙 제2조 제1항은 본조 제2항의 개정규정은 이 법 시행 후 최초로 공소가 제기되는 경우부터 적용한다고 하여, 위 형법 개정 이전에 범행을 하였지만 공소제기는 개정 이후에 된 경우에도 최소 노역장 유치기간이 적용되도록 하였다. 이에 대하여 헌법재판소는, "형벌불소급원칙에서 의미하는 '처벌'은 형법에 규정되어 있는 형식적 의미의 형벌 유형에 국한되지 않으며, 범죄행위에 따른 제재의 내용이나 실제적 효과가 형벌적 성격이 강하여 신체의 자유를 박탈하거나 이에 준하는 정도로 신체의 자유를 제한하는 경우에는 형벌불소급원칙이 적용되어야 한다. 노역장유치는 그 실질이 신체의 자유를 박탈하는 것으로서 징역형과 유사한 형벌적 성격을 가지고 있으므로 형벌불소급원칙의 적용대상이 된다. 노역장유치조항은 1억 원 이상의 벌금형을 선고받는 자에 대하여 유치기간의 하한을 중하게 변경시킨 것이므로, 이 조항 시행 전에 행한 범죄행위에 대해서는 범죄행위 당시에 존재하였던 법률을 적용하여야 한다. 그런데 부칙조항은 노역장유치조항의 시행 전에 행해진 범죄행위에 대해서도 공소제기의 시기가 노역장유치조항의 시행 이후이면 이를 적용하도록 하고 있으므로, 이는 범죄행위 당시 보다 불이익한 법률을 소급 적용하도록 하는 것으로서 헌법상 형벌불소급원칙에 위반된다."고 판단하였다.[7] 따라서 현재는 2014년 5월 14일 형법 개정 이전에 발생한 범행에 대해서는 공소제기

---

7 헌재 2017. 10. 26, 2015헌바239, 2016헌바177(병합).

시점과 상관없이 본조 제2항이 적용되지 아니하므로, 법관은 최소 노역장 유치 기간의 제한을 받지 않고 노역장 유치기간을 정할 수 있다.[8]

〔서 효 원〕

---

8 헌법재판소의 결정에 따라 2020년 10월 20일 형법이 일부 개정되어 형법 부칙 제2조 제1항 중 "공소가 제기되는 경우부터"가 "저지른 범죄부터"로 변경되었다.

제71조(유치일수의 공제)

벌금이나 과료의 선고를 받은 사람이 그 금액의 일부를 납입한 경우에는 벌금 또는 과료액과 노역장 유치기간의 일수(日數)에 비례하여 납입금액에 해당하는 일수를 뺀다.

〔전문개정 2020. 12. 8.〕

구 조문

제71조(유치일수의 공제) 벌금 <u>또는</u> 과료의 선고를 받은 <u>자가</u> 그 <u>일부를</u> 납입한 <u>때에는</u> 벌금 또는 과료액과 <u>유치기간의</u> <u>일수에</u> 비례하여 납입금액에 <u>상당한</u> 일수를 <u>제한다.</u>

I. 유치일수의 공제

1   본조는 벌금이나 과료의 선고를 받은 사람이 그 금액의 일부를 납입한 경우에는 납입금액에 해당하는 일수를 노역장 유치기간에서 빼도록 하고 있다. 검사가 노역장유치 집행을 지휘하였으나, 집행 전에 벌금 또는 과료를 완납하면 노역장 유치 집행 지휘를 취소하여야 하고〔재산형 등에 관한 검찰 집행사무규칙(이하, 재산형집행규칙이라 한다.) § 22①〕, 노역장 유치의 집행 중에 벌금 또는 과료를 완납하였을 때에는 석방지휘를 하여야 한다(재산형집행규칙 § 22②). 벌금 또는 과료의 일부만 납입한 경우에는 최초에 선고된 노역장유치일수 중 납입하지 않은 금액에 해당하는 일수만큼만 노역장유치를 하게 된다. 노역장유치의 집행을 지휘한 후 벌금 또는 과료의 일부가 납부되었을 때에 검사는 노역장 유치 변경지휘서에 따라 변경지휘를 하여야 한다(재산형집행규칙 § 23).

II. 단수금액에 대한 처리

판결 선고 시 실무상으로 통상 환형률 표시방법에 따라 노역장 유치기간을 산정한다.[1] 환형률 표시방법에 의하면 하루에 미달하는 단수금액이 나오지 않도록 환형률을 조정하는 것이 보통이나,[2] 전체 벌금액이 1일 환산금액으로 나누어 떨어지지 않아 단수금액이 나올 경우에는 그 처리에 관하여 기재[3]를 하고 있다.[4] 벌금 또는 과료의 선고를 받은 사람이 전액이 아닌 1일 환산금액에 미달하는 금액만 납부하여 단수금액이 발생한 경우, 판결서에 단수금액을 1일로 한다는 기재가 있으면 그에 따라 집행할 수 있다.

판결 선고 시에는 단수금액이 발생하지 않도록 선고하고 그에 따라 단수금액의 처리에 대해서도 별도의 기재가 없었으나, 집행 과정에서 일부만 납부한 경우에는 1일 환산금액에 미달하는 금액에 대해서 노역장유치를 할 수 있는지 문제된다.[5] 예를 들면 벌금액 100만 원을 선고하면서 10만 원을 1일로 환산하여 노역장 유치기간을 정하도록 하였는데 5만 원만 납부한 경우, 노역장 유치기간이 9일인지 10일인지의 문제가 발생한다.

재산형집행규칙 제22조 제4항 본문은 노역장유치의 집행을 할 때에 유치기간 1일로 환산되는 벌금 또는 과료액보다 적은 잔액이 있는 경우에는 그에 대한 유치의 집행은 하지 아니한다고 규정하고 있다. 다만, 노역장유치 중인 사람이 그 집행을 면하려고 나머지 기간에 해당하는 벌금 또는 과료액을 한꺼번에 납부하려는 경우에는 그로부터 유치기간 1일로 환산되는 벌금 또는 과료액보다 적은 잔액도 집행하여야 한다(재산형집행규칙 §22④ 단서). 이에 대해서는 노역장유치 집행 중인 사람과의 형평성에 문제가 있고, 고의적으로 단수금액을 납입하지 아니

2

3

4

---

1 환형률 표시방법에 따른 판결 주문은 "피고인이 위 벌금을 납입하지 아니하는 경우 100,000원을 1일로 환산한 기간 피고인을 노역장에 유치한다."와 같다.
2 사법연수원, 형사판결서(2023년도 법학전문대학원 형사재판실무 II), 사법발전재단(2023), 41.
3 판결 주문은 "다만, 단수금액은 이를 1일로 한다." 또는 "다만, 단수금액은 버린다."와 같은 방식을 취한다.
4 일본형법 제18조 제6항은 "그 일수에 1일 미만의 단수가 생긴 때는 이를 1일로 한다."고 규정하고 있다.
5 판결에서 상정하고 있는 단수금액에 대한 처리는 집행 과정에서 일부 납입으로 인해 단수금액이 발생한 경우를 전제한 것은 아니므로 해석상 논란의 여지는 있으나, 실무상 단수금액이 발생한 사유를 구분하여 집행하고 있지는 않다.

〔서 효 원〕

하는 사람에 의한 악용 소지를 막기 위해 단수금액은 1일로 공제하지 아니하고 유치 집행하는 것이 바람직하므로 재산형집행규칙의 개정이 필요하다는 의견도 있다.[6]

〔서 효 원〕

6 주석형법 〔총칙(2)〕(2판), 690(조균석).

〔서 효 원〕

제 6 절　가석방

〔총 설〕

Ⅰ. 개 념

가석방(假釋放)은 자유형을 집행받고 있는 사람이 행상(行狀)이 양호하여 뉘우침이 뚜렷한 때에 형기만료 전에 조건부로 수형자를 석방하고 그것이 실효 또는 취소됨이 없이 일정한 기간을 경과한 때에는 형의 집행을 종료한 것으로 간주하는 제도이다.[1] 이와 같이 범죄 또는 비행으로 시설에 수용된 사람을 수용기간 만료 전에 석방하는 제도로 형법의 가석방제도 이외에도 피치료감호자에 대한 가종료제도(치감 § 22), 보호소년에 대한 임시퇴원제도(보호소년 § 44)가 있다.

세계의 주요 국가들이 가석방제도를 운용하고 있는데, 그 대상, 요건, 조건 유무 등과 관련하여 다양한 형태가 존재한다. 사회복귀과정을 돕기 위하여 보호관찰, 가택구금 등과 같은 일정한 조건을 부여하는 조건부 가석방과 단순한 가석방이 있고, 조건을 부여하는 경우에도 그 기간을 잔형기로 하는 경우와 사회적응에 필요한 만큼의 기간으로 조정하는 경우가 있다. 또한, 일정한 가석방 요건 심사를 통한 재량적 가석방과 일정한 형기를 복역한 사람에 대한

1

2

---

1 강동욱, 강의 형법총론(3판), 442; 김성돈, 형법총론(5판), 837; 김성천·김형준, 형법총론(6판), 507; 김일수·서보학, 새로쓴 형법총론(12판), 611; 김형만, 형법총론, 342; 박상기·전지연, 형법학(총론·각론)(5판), 374; 배종대, 형법총론(18판), § 191/1; 성낙현, 형법총론(3판), 790; 손동권·김재윤, 새로운 형법총론, § 40/1; 신동운, 형법총론(10판), 855; 오영근, 형법총론(4판), 540; 이재상·장영민·강동범, 형법총론(12판), § 43/25; 이형국·김혜경, 형법총론(7판), 648; 임웅, 형법총론(10전정판), 704; 정성근·박광민, 형법총론(전정2판), 728; 정성근·정준섭, 형법강의 총론(3판), 485; 정영일, 형법강의 총론(3판), 397; 정웅석·최창호, 형법총론, 108; 최호진, 형법총론(2판), 884.

필요적 가석방이 있다. 예를 들어, 미국은 연방과 주에 따라 가석방 없는 종신형, 가석방위원회의 재량판단에 의한 가석방, 필요적 가석방, 보호관찰과 같은 조건부 가석방 등이 운용되고 있고, 영국은 선고형량에 따라 필요적인 단순가석방과 보호관찰조건부 가석방이 있으며, 독일[2]은 유기자유형과 무기자유형을 구별하여 요건을 달리 하면서 보호관찰조건부 가석방과 단순가석방이 실시되고 있다.[3]

3   또한 가석방 심사 및 결정주체에 의하여도 구분되는데, 우리나라와 같이 가석방심사위원회의 심사를 거쳐 법무부장관이 행정처분으로 행하는 경우, 독일과 같이 법원 내 형집행재판부의 결정에 의하여 사법처분으로 행하는 경우, 미국의 가석방위원회, 일본의 지방갱생보호위원회 등과 같이 행정이나 사법과는 독립된 조직이 심사를 행하는 경우가 있다.[4]

II. 연 혁

1. 외국의 가석방제도[5]

4   가석방제도는 18세기말 영국이 구금장소의 부족으로 식민지인 오스트레일리아 노포크 섬(Norfolk Island)에 유형을 선고받은 죄수들을 이송하고 조건부 사면을 하면서 시작된 것으로 본다.[6] 오스트레일리아 유형지 총독은 조건부로 죄수들의 형기를 감면하여 석방증(Ticket of Leave)을 발부하였고, 석방증의 조건을 위반한 경우 다시 원래의 형기로 투옥되었는데 이것이 가석방허가증제도의 기원이다.[7]

5   이후 1840년 '가석방의 아버지'로 알려진 알렉산더 마코노키(Alexander Maconochie)는 노포크 섬 총독으로 임명된 후 선행·작업에 대한 점수보상제도와 수형자가 완전한 자유에 익숙해질 수 있게 하는 단계적 분류제도를 실시하였다.

---

2 남선모·이인곤, "현행 가석방제도의 발전방안에 관한 비교법적 고찰", 법학연구 53, 한국법학회 (2014), 244-246.
3 주석형법 [총칙(3)](3판), 644(전승수).
4 주석형법 [총칙(3)](3판), 644-645(전승수).
5 이에 관한 상세는 주석형법 [총칙(2)](2판), 692-694(조균석); 주석형법 [총칙(2)](3판), 645-647 (전승수) 참조.
6 Alexander B. Smith·Louis Berlin, Introduction to Probation and Parole(1979), 108-109.
7 오영근, "범죄인의 사회내처우에 관한 연구", 서울대학교 박사학위논문(1988), 109-110.

1단계는 엄격한 구금단계, 2단계는 공공작업장에서의 노역단계, 3단계는 제한된 지역 안에서의 자유 허용단계, 4단계는 일정한 조건하에 수형자 스스로 선택한 곳에서 생활하도록 허가하는 석방증 발급단계, 5단계는 자유의 완전한 회복이다.[8] 이는 영국에서 유형제도가 폐지될 때까지 실시되었고, 1853년 수형자가 가출소허가증을 받고 석방된 후 경찰에 의하여 감독을 받게 하는 강제노역법(English Penal Servitude Act)을 통과시켰다. 1854년 아일랜드 교도소장인 월터 크로프톤(Walter Crofton)은 마코노키가 실시한 제도를 바탕으로 1단계 독거수용, 2단계 잡거수용, 3단계 개선의 징후가 있는 수용자를 개방시설로 이송, 4단계 석방허가증을 받은 사람을 일정한 조건하에 석방하되 경찰에 의한 감독의 4단계의 처우를 실시하였다. 한편 4단계의 경우, 더블린 지역 거주자는 석방수용자 감독관이라는 직함을 가진 민간고용인에 의한 지도 및 가정방문을 받았다. 이러한 중간교도소, 원조, 감독의 개념은 현대 가석방제도에 기여한 바가 크다.[9]

이러한 영국의 가석방제도 발전은 미국에도 영향을 미쳤는데, 1869년 뉴욕에서 최초의 부정기형법률이 통과하였고, 1876년 엘마이라 교도소(Elmira Reformatory)가 개원하면서 관리자인 브록웨이(Zebulon Brockway)는 사회로 복귀할 준비가 되었다고 판단되는 수형자들을 가석방(Parole)에 의하여 석방하기 시작하였다. 부정기형, 점수제, 6개월 동안의 보호관찰기간, 가석방자에 대한 감독 및 조건을 위반한 경우 재구금 등 오늘날 가석방제도와 본질적으로 유사한 제도를 시행하였다.[10] 이러한 시스템은 다른 주에서도 도입하여 1942년에는 미국의 모든 주와 연방정부가 가석방제도를 수용하였다.[11]

프랑스를 비롯한 유럽 국가들도 19세기 중엽에 가석방제도를 채택하였는데 보호관찰이 수반되지 않는 단순한 조건부 가석방을 시행하는 것이 일반적이었다.[12] 일본[13]도 1880년 구 형법에 가출옥을 규정하면서 가석방제도를 채택하였

---

8 Alexander B. Smith·Louis Berlin, 109.

9 Howard Abandinsky, Probation and Parole: theory and practice(2012), 120-121.

10 Alexander B. Smith·Louis Berlin, 110.

11 조준현, "가석방절차와 가석방대상자에 대한 사회복귀준비에 대한 비교제도론적 검토", 교정연구 38호, 한국교정학회(2008), 36.

12 신진규, 범죄학 겸 형사정책, 법문사(1987), 688; 허주욱, 교정학(증보판), 박영사(2013), 692.

13 일본의 가석방 제도의 상세는 太田達也, 仮釈放の理論 - 矯正・保護の連携と再犯防止, 慶應義塾大学出版会(2017) 참조.

는데, 초기에는 보호관찰이 수반되지 않는 단순한 조건부 가석방을 시행하다가 1949년 범죄자예방갱생법을 제정하여 보호관찰제도가 결합된 가석방제도를 운영하고 있다.[14]

2. 우리나라의 가석방제도[15]

8   우리나라는 삼국시대에 대사(大赦) 또는 특사(特赦)라는 제도를 시행하여 왕의 등극 등 국가경사가 있거나 재해가 심할 때 왕명으로 죄를 사면하거나 죄수를 석방하였다. 고려와 조선시대에는 귀휴, 특사, 휼형(恤刑) 제도 중 보방(保放) 제도를 실시하여 유배자가 친상을 당하면 귀휴시키고, 70세 이상 또는 15세 이하의 도형, 유형자 등의 형을 감면해주었다. 구 한말인 1905년 형법대전이 시행되었는데, 그중 보방규칙(保放規則)에 수형자를 형기 중 석방하는 오늘날 귀휴 또는 가석방과 유사한 제도를 규정하였고, 일제강점기에는 일본형법이 적용되어 가출옥이 실시되었다. 해방 후 미군정 시기에는 1948년 우량수형자 석방령(남조선 과도정부 법령 제172호)에 의하여 미국의 선시제도(good time system)를 도입하였으나 정착되지 못하였고 1953년 형법이 제정되면서 폐지되었다.[16]

9   현재와 같은 가석방제도는 1953년 형법이 제정되면서 바로 도입되었다. 1969년 6월 30일 종전의 가석방심사위원회규정을 전부개정하였고, 1978년 7월 4일 가석방 심사 등에 관한 규칙을 제정하였다. 1989년 7월 1부터 가퇴원된 소년수용자, 가출소된 피보호감호자, 가석방된 소년수형자에 대하여 보호관찰을 시행하다가 1995년 12월 19일 형법 개정으로 보호관찰 규정이 추가되어 가석방된 성인범에 대하여도 보호관찰을 확대실시하였다. 1996년 12월 12일 행형법 개정으로 각 교도소에 설치된 가석방심사위원회를 폐지하고 법무부에 가석방심사위원회를 설치·운영하도록 하는 규정을 정비하였다. 2007년 12월 21일 행형법과 행형법 시행령이 형의 집행 및 수용자의 처우에 관한 법률(이하, 형집행법이

---

14 장규원·진수명·이상용, 가석방 심사체계 정비방안에 관한 연구, 한국형사정책연구원(1998), 86-88; 김철호, "우리나라와 일본 가석방제도의 비교분석", 범죄방지포럼 7, 한국범죄방지재단(2000), 107-108.

15 이에 관한 상세는 주석형법 [총칙(2)](2판), 695-696(조균석); 주석형법 [총칙(2)](3판), 647-648(전승수) 참조.

16 주석형법 [총칙(3)](3판), 647(전승수).

라 한다.) 및 형집행법 시행령으로 각 개정되었고, 가석방 심사 등에 관한 규칙은 2008년 12월 19일 형집행법 시행규칙의 일부 조항으로 새로 제정되었다.

Ⅲ. 법적 근거와 법적 성격

1. 법적 근거

가석방에 관한 현행 관련법령은 형법, 소년법, 형집행법·시행령·시행규칙, 보호관찰 등에 관한 법률(이하, 보호관찰법이라 한다.)·시행령·시행규칙이 있고, 성인 수형자와 소년 수형자를 구별하여 이원적으로 규정하고 있다. 성인 수형자에 대하여는 형법 및 형집행법에서, 소년 수형자에 대하여는 소년법 및 보호관찰법에서 규정하고 있다. 그리고 하위법령으로 대통령령인 가석방자관리규정,[17] 법무부예규인 가석방심사위원회 운영지침,[18] 가석방 업무지침[19]이 있다.

                                                                       10

2. 법적 성격

가석방의 법적 성격에 대하여는 종래부터 ① 은사설, ② 행정처분설(특별예방설, 형의 개별화설), ③ 사회방위설(일반예방설, 구체적 정의설), ④ 행형제도설(사회내처우설), ⑤ 형집행작용설 등 여러 학설이 있다.

                                                                       11

위 ①의 은사설은 모범적인 수형생활을 한 수형자에 대하여 은혜로서 부여되는 일종의 포상으로 보는 견해이다. ②의 행정처분설은 수형자가 출소 후 사회에 적응할 전망이 있으면 형 집행 중이라도 가석방을 함으로써 형벌의 개별화를 강조하고 자유형의 폐해를 방지하기 위한 제도로 보는 견해로, 형법이 행정처분의 일종으로 규정한 것(§72①)을 근거로 본다.[20] ③의 사회방위설은 가석방을 사회방위적 관점에서 접근하여 가석방 후 보호관찰이나 재수용 가능성에

                                                                       12

---

17 1962년 3월 22일 가석방자단속규정으로 처음 제정되었다가, 1992년 12월 14일(가석방자관리규정(대통령령 제13779호)으로 명칭이 바뀐 뒤, 여러 차례 개정되었다(개정 2022. 6. 30. 대통령령 제32737호, 시행 2022. 7. 1.).

18 제정 2002. 4. 15. 예규보일 제592호, 개정 2016. 1. 1. 법무부예규 제1101호(시행 2016. 1. 1.).

19 제정 2005. 3. 4. 법무부예규 제723호, 개정 2020. 12. 31. 법무부예규 제1274호(시행 2021. 1. 4.).

20 박상기, 형법총론(9판), 573(가석방은 행정처분인 점이 특색이다); 박상기·전지연, 374(가석방은 특별예방적 목표를 염두에 둔 제도이다).

중점을 두는 견해이다. ④의 행형제도설은 가석방을 누진처우의 최종단계로서
행형의 한 단계로 보고 수형자의 갱생을 위하여 모든 수형자에게 출소 후 사회
복귀를 위한 도움이 필요하다고 보는 견해이다.

13   다수설은 위 ⑤의 형집행작용설로서 가석방은 수형자의 사회복귀를 위하여
형집행의 일부를 포기하는 것으로 잔여형기에 대한 집행방법의 변형에 해당한
다고 보는 견해이다.[21]

14   가석방이 국가의 완전재량에 의한 것으로 볼 수 없으므로 은사설은 타당하지
않고 오늘날 이 견해를 취하는 입장은 없다.[22] 행정처분설, 사회방위설, 행형제도
설은 가석방의 주체 및 기능을 반영한다는 점에서 타당한 주장이나,[23] 법적 성격
은 다수설에 따라 형집행작용이라 할 것이다(위 ⑤의 형집행작용설). 가석방은 수형
자를 석방하는 것이 법관의 판결이 아니라 행정처분에 의한다는 점에서만 집행유
예와 다를 뿐 취지나 목표가 집행유예와 실질적으로 다르지 않다는 점에서, 수형
자의 사회복귀를 위한 잔여형기에 대한 집행방법의 변형으로 보는 것이 타당하다.

IV. 기 능

15   가석방은 불필요한 형집행기간을 단축함으로써 수형자의 사회복귀를 용이
하게 하고, 형집행에 있어서 수형자의 사회복귀를 위한 자발적이고 적극적인 노
력을 촉진한다는 특별예방사상을 실현하기 위한 제도이다.[24]

16   가석방의 기능은 첫째 수형자의 개선의지 촉구, 둘째 범죄자의 재통합 및
재범방지, 셋째 교도소 내 질서유지, 넷째 양형 불균형의 간접적 시정, 다섯째
교정시설 수용인원 조정 및 국가경비 절감이다.

17   우선 첫째로, 가석방은 수형자에게 자신의 노력으로 조기석방이 가능하다
는 생존의욕을 불러일으켜 자기개선의 노력을 촉구하는 기능을 갖는다.[25]

---

21 강동욱, 442; 김성돈, 838; 김일수·서보학, 611; 오영근, 540; 이재상·장영민·강동범, §43/26;
    임웅, 704; 정성근·박광민, 729; 정영일, 397.
22 김성돈, 838.
23 손동권·김재윤, §40/4.
24 이재상·장영민·강동범, 642.
25 장영민·탁희성, 가석방의 실태와 효율적 운용방안에 관한 연구, 한국형사정책연구원(1993), 31.

둘째, 가석방은 범죄자가 교도소 생활로부터 감독하에 일정 정도의 자유를 가지는 지역사회에서의 생활로 순조롭게 옮겨갈 수 있는 수단을 제공한다. 즉, 수형자들이 사회 내에서 올바른 사회적응을 할 수 있도록 형기 종료 전 일정 조건하에서 자유를 허용해줌으로써 구금생활의 부작용을 완화하고 사회의 건전한 구성원으로 돌아오게 하여 재범을 막을 수 있다.[26]

18

셋째, 수형생활이 양호하고 뉘우침이 뚜렷한 수형자에게 가석방을 인정함으로써 수형자들은 수형생활을 바르게 하려고 노력하게 되고, 따라서 교도소 내 질서가 유지될 수 있다.[27]

19

넷째, 가석방 심사 시 가석방 대상자의 전과 등 범죄행위에 관한 면과 교정시설 내에서의 태도뿐만이 아니라 선고형량의 적절성도 부수적으로 고려됨으로써 법관이 선고한 양형의 부당한 불균형이 시정될 수 있다.[28]

20

마지막으로, 형기종료까지 형집행을 모두 마쳐야 한다는 제약으로 사회에 조기 복귀할 수 있음에도 계속 구금하는 것은 개인적인 이익의 손실뿐만 아니라 국가적으로도 경비의 낭비를 초래한다. 정기형을 엄격하게 집행할 경우 교정시설이 부족하게 되어 교도소의 과밀화 현상이 초래되어 교정정책이 실효를 거두기 어렵게 되는 점도 있다.[29] 특히, 우리나라는 교도소 과밀화 문제가 교정정책이 직면해 있는 중요문제 중 하나이다.

21

V. 운영 현황

[표 1]은 2013년부터 2022년까지 가석방 신청인원과 허가인원을 대비하여 그 허가율을 나타낸 것으로, 아동 및 여성을 대상으로 강력사건이 증가함에 따라 국민의 불안감이 증폭되자 보다 엄정한 형 집행과 가석방의 제한을 요구하는 사회적 분위기에 맞추어 가석방 신청 및 허가인원이 감소하는 추세를 보였으나, 2016년부터 수용인원 급증으로 인한 교정시설 과밀화 해소를 위해 모범

22

---

26 장영민·탁희성, 가석방의 실태와 효율적 운영방안에 관한 연구, 31-32.
27 장영민·탁희성, 가석방의 실태와 효율적 운영방안에 관한 연구, 32.
28 장영민·탁희성, 가석방의 실태와 효율적 운영방안에 관한 연구, 32.
29 장영민·탁희성, 가석방의 실태와 효율적 운영방안에 관한 연구, 33.

수형자, 사회적 약자(환자, 장애인, 고령자 및 외국인) 및 생계형 범죄자에 대한 가석방을 확대 시행하여 가석방 허가 인원이 다시 증가하고 있음을 알 수 있다. 다만, 허가율은 2019년부터 현저하게 감소하고 있다.

23   [표 2]는 2013년부터 2022년까지 가석방자의 전과횟수별 인원을 나타낸 것으로, 매년 전체 가석방자 중 초범 비율이 80% 전후로 가장 높고 2022년에도 81.0%로 대다수를 차지하고 있다.

24   [표 3]은 2011년부터 2020년까지 연도별 가석방자의 형의 집행률을 나타낸 것으로,[30] 전체적으로 볼 때 가석방자의 형 집행률이 대부분 70% 이상이고, 70% 미만의 형 집행률의 경우는 매우 적은 것으로 나타나고 있다. 가석방자의 형 집행률이 대부분 70% 이상인 현실은 가석방의 법정요건과 큰 차이가 있음을 확인할 수 있다. 다만, 2016년부터 가석방 확대 시행과 맞물려 형 집행률이 다소 낮아지고 있음을 알 수 있다.

[표 1] 성인수 가석방 허가율

[단위: 명, %]

연도 \ 구분	신청인원	허가		불허가	
		인원	비율	인원	비율
2013	6,903	6,148	89.1	755	10.9
2014	6,298	5,361	85.1	937	14.9
2015	6,216	5,480	88.2	736	11.8
2016	7,474	7,126	95.3	348	4.7
2017	8,797	8,247	93.7	550	6.3
2018	9,384	8,667	92.4	717	7.6
2019	11,328	8,139	71.8	3,189	28.2
2020	12,203	7,876	64.5	4,327	35.5
2021	13,035	9,354	71.8	3,681	28.2
2022	13,794	10,281	74.5	3,513	25.5

출처: 법무연수원, 2023 범죄백서(2024), 459. [표 III-80]

---

30 2023 범죄백서에는 해당 통계가 등재되어 있지 않아 2021 범죄백서의 통계를 인용한다.

[표 2] 성인수 가석방자의 전과횟수별 인원

[단위: 명(%)]

연도＼전과	계	초범	재범	3범 이상
2013	6,148(100)	5,052(82.2)	1,054(17.1)	42(0.7)
2014	5,361(100)	4,536(84.6)	785(14.6)	40(0.8)
2015	5,480(100)	4,662(85.1)	768(14.0)	50(0.9)
2016	7,126(100)	6,042(84.8)	1,026(14.4)	58(0.8)
2017	8,247(100)	6,856(83.1)	1,300(15.8)	91(1.1)
2018	8,667(100)	6,753(77.9)	1,701(19.6)	213(2.5)
2019	8,139(100)	6,395(78.6)	1,555(19.1)	189(2.3)
2020	7,876(100)	6,442(81.8)	1,297(16.5)	137(1.7)
2021	9,354(100)	7,766(83.0)	1,389(14.8)	199(2.2)
2022	10,281(100)	8,324(81.0)	1,574(15.3)	383(3.7)

출처: 법무연수원, 2023 범죄백서(2024), 462. [표 III-83]

[표 3] 성인수 가석방자의 형집행률

[단위: 명(%)]

연도＼형의 집행률	계	50% 미만	60% 미만	70% 미만	80% 미만	90% 미만	90% 이상
계	70,672 (100)	39 (0.1)	15 (0.0)	168 (0.2)	8,956 (12.7)	41,782 (59.1)	19,712 (27.9)
2011	7,065 (100)	-	-	3 (0.0)	759 (10.7)	4,654 (65.9)	1,649 (23.3)
2012	6,444 (100)	-	1 (0.0)	-	548 (8.5)	3,953 (61.4)	1,942 (30.1)
2013	6,148 (100)	-	-	1 (0.0)	469 (7.6)	3,786 (61.6)	1,892 (30.8)
2014	5,361 (100)	-	-	-	433 (8.1)	3,197 (59.6)	1,731 (32.3)
2015	5,480 (100)	-	-	-	293 (5.3)	3,075 (56.1)	2,112 (38.6)
2016	7,126 (100)	-	-	5 (0.1)	926 (13.0)	3,849 (54.0)	2,346 (32.9)
2017	8,247 (100)	-	-	17 (0.2)	1,494 (18.1)	4,795 (58.1)	1,941 (23.5)
2018	8,667 (100)	39 (0.4)	11 (0.2)	67 (0.8)	1,496 (17.3)	4,976 (57.4)	2,078 (23.9)
2019	8,139 (100)	-	3 (0.0)	74 (0.9)	1,630 (20.0)	4,380 (53.8)	2,052 (25.2)
2020	7,876 (100)	-	-	50 (0.6)	1,323 (16.8)	4,449 (56.5)	2,054 (26.1)

출처: 법무연수원, 2021 범죄백서(2022), 464.

〔박 정 난〕　　　　　**607**

25   [표 4]는 가석방 인원과 형기종료 석방인원을 비교하여 나타낸 것으로, 사면
등을 제외한 전체 수용자 석방인원 대비 가석방률은 2000년까지는 평균 30%에
미치지 못하였으나, 2021년 34.4%, 2022년 38.5%로 크게 증가하였다.

26   [표 5]는 출소사유별 재복역인원 현황을 나타낸 것으로, 형기종료의 재복역
율보다 가석방자의 재복역률은 현저히 낮음을 확인할 수 있다. 이는 가석방 허
가요건과 무관하지는 않으나 가석방이 수형자의 개선과 사회복귀에 긍정적인
효과가 있는 것으로 추정할 수 있다.

[표 4] 가석방인원(소년수 포함)과 형기종료 석방인원

[단위: 명, %]

구분 연도	가석방인원	형기종료 석방인원	가석방률
2013	6,201	16,374	27.5
2014	5,394	17,191	23.9
2015	5,507	19,187	22.3
2016	7,157	21,357	25.1
2017	8,275	23,324	26.2
2018	8,693	21,759	28.5
2019	8,174	21,092	28.0
2020	7,911	19,688	28.7
2021	9,390	17,910	34.4
2022	10,310	16,497	38.5

출처: 법무연수원, 2023 범죄백서(2024), 464. [표 III-84]

[표 5] 출소사유별 재복역인원

[단위: 명(%)]

출소연도 (조사연도)	출소사유	계	형기종료	가석방	감호종료	보호감호 가출소	사면
2013 (2017)	출소인원	22,121	15,888	6,202	–	18	13
	재복역인원	5,471 (24.7)	5,057 (31.8)	406 (6.5)	–	7 (38.9)	1 (7.7)
2014 (2018)	출소인원	22,484	16,801	5,392	–	10	281
	재복역인원	5,780 (25.7)	5,389 (32.1)	363 (6.7)	–	2 (20.0)	26 (9.3)

출소연도 (조사연도)	출소사유	계	형기종료	가석방	감호종료	보호감호 가출소	사면
2015 (2019)	출소인원	24,356	18,269	5,507	–	23	557
	재복역인원	6,486 (26.6)	6,024 (32.9)	404 (7.3)	–	7 (30.4)	51 (9.2)
2016 (2020)	출소인원	27,917	20,230	7,156	–	53	478
	재복역인원	7.039 (25.2)	6,495 (32.1)	489 (6.8)	–	13 (24.5)	42 (8.8)
2017 (2021)	출소인원	30,702	22,062	8,275	–	42	323
	재복역인원	7,551 (24.6)	7,004 (31.7)	495 (6.0)	–	12 (28.6)	40 (12.4)
2018 (2022)	출소인원	29,469	20,740	8,693	–	26	10
	재복역인원	7,004 (23.8)	6,362 (30.7)	630 (7.2)	–	7 (26.9)	5 (50.0)

출처: 법무연수원, 2023 범죄백서(2024), 514. [표 III-118]

〔박 정 난〕

제72조(가석방의 요건)
① 징역이나 금고의 집행 중에 있는 사람이 행상(行狀)이 양호하여 뉘우침이 뚜렷한 때에는 무기형은 20년, 유기형은 형기의 3분의 1이 지난 후 행정처분으로 가석방을 할 수 있다.
② 제1항의 경우에 벌금이나 과료가 병과되어 있는 때에는 그 금액을 완납하여야 한다.
[전문개정 2020. 12. 8.]

구 조문
제72조(가석방의 요건) ① 징역 또는 금고의 집행 중에 있는 <u>자가</u> <u>그 행상이</u> 양호하여 <u>개전의 정이 현저한 때에는</u> <u>무기에 있어서는</u> 20년, <u>유기에 있어서는</u> 형기의 <u>3분의 1을 경과한 후</u> 행정처분으로 가석방을 할 수 있다.
② <u>전항의</u> 경우에 <u>벌금 또는 과료의 병과가</u> 있는 때에는 그 금액을 완납하여야 한다.

Ⅰ. 가석방의 대상자

1　　가석방의 대상자는 징역 또는 금고의 집행 중에 있는 사람이다. 성인뿐만 아니라 소년수형자도 포함되고, 징역 또는 금고는 유기형, 무기형을 불문한다. 형의 집행 중이어야 하므로 집행유예 중이거나 형 집행정지로 석방된 사람, 집행 중 도주한 사람은 제외된다. 사형 집행 대기 중인 사람은 포함되지 않으나, 사면이나 감형 등으로 징역 또는 금고형으로 변경되면 가석방의 대상자가 될 수 있다.

2　　징역 또는 금고의 자유형 이외의 형벌에 대하여는 가석방이 허용되지 않는데, 벌금 미납자를 노역장유치한 경우 가석방이 허용되는가가 문제된다. 이에

　　　　　　　　　　　　　　〔박 정 난〕

대해서는, ① 가석방 대상자를 징역 또는 금고의 집행 중인 사람으로 명문으로 제한하였으므로, 벌금형의 환형처분인 노역장유치에 대하여는 가석방이 인정되지 않는다는 견해가 있다.[1] 그러나 ② 다수설은 노역장유치는 대체자유형으로 자유형을 선고받은 사람에 비하여 벌금형을 선고받은 사람을 불이익하게 처우해야 할 이유가 없다는 점에서 이를 긍정한다.[2]

현행 형법에 의하면 모든 무기 수형자에 대하여 가석방이 가능하여 절대적 종신형을 두고 있지 않은데, 이에 대하여 ① 장기간 사형집행이 없고 재범 방지 차원에서 가석방 심사기준을 세분화하여 운영하는 점 등을 고려할 때 무기징역형 수형자는 가석방이 허용되지 않도록 관련법을 개정할 필요가 있다는 견해,[3] ② 무기 수형자에 대하여 가석방을 인정하는 등 대상자를 널리 인정하는 것은 가석방을 남용하여 재범의 기회를 부여하는 것이라는 비판적 견해[4]가 있다.

한편 헌법재판소는, "절대적 종신형제도는 사형제도와는 또다른 위헌성 문제를 야기할 수 있고 현행 법제하에서도 가석방제도의 운영 여하에 따라 사회로부터 영구적 격리가 가능한 절대적 종신형과 상대적 종신형의 각 취지를 살릴 수 있는 점 등을 고려하면 현행 무기형제도가 절대적 종신형을 따로 두고 있지 않은 것이 형벌체계상 정당성과 균형을 상실하여 헌법상 평등원칙이나 책임원칙에 반한다고 볼 수 없다."라고 판시하였다.[5]

3

4

---

1 정영일, 형법총론(3판), 575; 주석형법 〔총칙(2)〕(2판), 704(조균석); 주석형법 〔총칙(3)〕(3판), 658(전승수).
2 강동욱, 강의 형법총론(3판), 443; 김성돈, 형법총론(5판), 837; 김성천·김형준, 형법총론(6판), 508; 김일수·서보학, 새로쓴 형법총론(12판), 611; 김형만, 형법총론, 343; 박상기·전지연, 형법학(총론·각론)(5판), 375; 배종대, 형법총론(18판), §191/3; 성낙현, 형법총론(3판), 791; 손동권·김재윤, 새로운 형법총론, §40/6; 오영근, 형법총론(4판), 541; 이재상·장영민·강동범, 형법총론(12판), §43/29; 이형국·김혜경, 형법총론(7판), 648; 임웅, 형법총론(10전정판), 705; 정성근·박광민, 형법총론(전정2판), 730; 정성근·정준섭, 형법강의 총론(3판), 486; 정웅석·최창호, 형법총론, 109; 최호진, 형법총론(2판), 885.
3 남선모·이인곤, "미국 가석방제도에 기초한 현행제도의 실효성 확보에 관한 연구", 성균관법학 26-1(2014), 152.
4 허주욱, 교정학, 박영사(2013), 696.
5 헌재 2010. 2. 25, 2008헌가23.

II. 가석방의 요건

1. 형식적 요건

5   가석방은 무기형은 20년, 유기형은 그 형기의 3분의 1을 경과해야 가능하도록 최소한의 복역기간이 형법에 규정되어 있다. 그러나 소년법에는 소년수형자에 대하여 이 요건을 완화하여 무기형은 5년, 유기형은 3년, 부정기형은 단기의 3분의 1이 지나야 가석방이 가능하도록 규정되어 있다(소년 § 65). 여기서 형기는 선고형을 의미하고, 다만 사면 등에 의하여 감형된 때에는 감형된 형이 기준이 된다.[6]

6   (1) 사형이 무기형으로 감형된 경우 감형된 형인 무기형을 기준으로 20년이 경과하여야 하는데, 판결 확정 후 사형집행을 위하여 대기한 구금기간을 형 집행기간에 산입할 것인지가 문제되는데, 학설[7]과 판례, 헌법재판소 결정례는 이를 부정한다.

7   대법원은, "사형집행을 위한 구금은 미결구금도 아니고 형의 집행기간도 아니며 이 사건과 같은 특별감형은 형을 변경하는 효과만 있을 뿐이고 이로 인하여 형의 선고에 의한 기성의 효과는 변경되지 아니하므로 특별감형이 있다 하여 이 사건 사형의 판결확정일에 소급해서 무기징역형이 확정된 것으로 보아 위 무기징역형의 형기기산일을 위 사형의 확정판결일로 인정할 수도 없고 위 사형집행대기기간이 미결구금이나 형의 집행기간으로 변경된다고 볼 여지도 없으며, 또한 특별감형은 범죄의 정상, 본인의 성행, 장래의 생계 기타 참고될 사항 외에 수형 중의 행장도 조사하여 이루어지는 것으로서 사형집행 대기기간까지 참작하여 위와 같이 무기징역으로 감형되었다고 보여지므로, 사형집행대기기간을 처음부터 무기징역을 받은 경우와 동일하게 가석방요건 중의 하나인 형의 집행기간에 다시 산입할 수는 없다."라고 판시하였다.[8]

8   또한 헌법재판소도, "사형집행 대기기간이 가석방 형집행 요건기간에 산입되지 아니한 결과, 무기징역형으로 감형된 자가 그때까지 구금의 일수를 가석방 형집행 요건기간에 산입받지 못하는 사실상의 불이익을 입는다고 하더라도, 가

---

6 김성돈, 838; 김일수 · 서보학, 611; 배종대, § 191/3; 손동권 · 김재윤, § 40/6; 오영근, 541; 이재상 · 장영민 · 강동범, § 43/30; 임웅, 705; 정성근 · 박광민, 730.

7 김성돈, 838; 손동권 · 김재윤, § 40/7; 오영근, 541.

8 대결 1991. 3. 4, 90모59.

〔박 정 난〕

석방 제도의 취지, 사면법에 따른 특별감형의 법적 효과, 선고형에 따라 교정시
설에서 시행되어야 할 개별적 처우의 특성을 비롯한 가석방 제도에 대한 입법
자의 형사정책적 판단을 감안하면, 위와 같은 사실상 불이익으로 인한 차별적
결과가 발생하였다고 하더라도 이를 두고 불합리한 차별 입법을 하였다고 보기
는 어려우므로, 청구인의 평등권을 침해하였다고 할 수 없다."라고 결정하였다.[9]

　　(2) 유기형은 형기의 3분의 1을 경과하여야 하는데, 기준을 획일화한 것이　　　　　9
타당한지 논의가 있고, 죄질에 따라 가석방을 결정하는 것은 옳지 않고 특별예
방적 목적을 고려하는 것이 우선되어야 한다는 견해가 있다.[10] 각국의 입법례는
다양한데, 프랑스의 경우 초범은 3개월, 누범은 6개월을 기준으로 하고, 영국의
경우 4년 미만의 유기자유형은 2분의 1, 4년 이상의 자유형은 3분의 2를 기준으
로 하고, 독일의 경우 2월 이상의 유기자유형은 3분의 2, 6월 이상의 유기자유
형은 2분의 1, 무기자유형은 15년을 기준으로 하고 있다.[11]

　　(3) 수개의 독립된 자유형이 선고된 경우에 형기의 3분의 1을 경과하였는가　　　　　10
를 어떻게 판단할 것인지가 문제된다. 즉, 각 형을 분리하여 검토할 것인지, 수
개의 형을 종합하여 판단할 것인지 등이 문제된다.

　　① 다수설은 수형자를 석방하여 자유 속에서 선행을 할 기회를 준다는 가　　　　　11
석방의 형사정책적 목표에 비추어 종합하여 가석방의 요건을 판단하는 것이 타
당하다고 주장한다.[12] 한편, ② 가석방제도의 목적에 비추어 수개의 형 중 가장
무거운 형을 기준으로 계산하여야 한다는 견해도 있다.[13] 그러나 ③ 형집행의
순서에 관하여 규정한 형사소송법 제462조가 형의 집행은 항상 확정된 '각 형'
을 기준으로 함을 원칙으로 밝히고 있는 점에 비추어 볼 때, 본조 제1항의 '형
기'도 '각 형의 형기'를 의미한다고 할 것이므로 '각 형'의 형기를 모두 3분의 1
이상 경과한 후가 아니면 가석방이 불가능하다는 견해[14]가 타당하다.

　9 헌재 2009. 10. 29, 2008헌마230.
　10 강동범·이강민, "가석방 활성화를 위한 체계적 정비방안", 교정연구 27-2, 한국교정학회(2017), 10.
　11 남선모·이인곤, "현행 가석방제도의 발전방안에 관한 비교법적 고찰", 법학연구 53, 한국법학회
　　　(2014), 244-245; 강동범·이강민(주 10), 10.
　12 김성돈, 838; 김일수·서보학, 612; 배종대, §191/3; 손동권·김재윤, §40/7; 오영근, 542; 이재상·
　　　장영민·강동범, §43/30; 임웅, 705; 정성근·박광민, 730.
　13 정영일, 574.
　14 주석형법 〔총칙(2)〕(2판), 708(조균석).

12   헌법재판소도 가석방 요건의 '형기'는 '각 형의 형기를 합산한 형기'나 '최종
적으로 집행되는 형의 형기'를 의미하는 것이 아니라 언제나 '각 형의 형기'를
의미하고, 그 당연한 귀결로서 수개의 형이 확정된 수형자에 대하여는 각 형의
형기를 모두 3분의 1 이상씩 경과한 후가 아니면 가석방이 불가능하다고 판시
하면서, 이 경우 수개의 형을 선고받은 수형자가 1개의 형을 선고받은 수형자에
비하여 불이익을 받을 우려가 있다는 비판이 있을 수 있으나, 형사소송법 제462
조 단서 조항에 따라 검사가 형집행의 순서를 바꾼다면 각 개별형의 형기를 합
산한 형기의 3분의 1만을 경과한 시점에서도 각 개별형에 대하여 가석방하는
것이 가능하게 되므로 반드시 불이익한 처우를 받게 된다고 보기도 어렵다고
판시하였다.[15]

13   (4) 외국에서 징역 또는 금고형을 선고받아 그 형이 집행 중인 대한민국 국
민을 외국으로부터 인도받아 자유형을 집행하는 경우, 외국에서 집행된 기간을
가석방자격의 취득을 위한 기간에 산입하여야 하는지 문제된다. 국제수형자이
송법에 의하여 국내에 이송된 국내이송수형자에 대한 가석방에 관하여 필요한
사항은 우리나라의 관련 법률이 적용되고(동법 § 17), 국내에서 집행할 자유형 형
기는 외국에서 확정된 형기로 하며(동법 § 16①), 외국에서 구금되거나 형이 집행
된 기간, 국내 이송에 소요된 기간을 형기에 산입한다(동법 § 16②). 그리고 외국
에서 형의 전부 또는 일부의 집행을 받은 자에 대하여는 집행된 형의 전부 또는
일부를 선고하는 형에 산입한다(§ 7).[16]

14   (5) 가석방의 요건을 충족하더라도 벌금 또는 과료의 병과가 있는 때에는
그 금액을 완납하여야 한다(§ 72②). 이 경우에 벌금 또는 구류에 관한 유치기간
에 산입된 판결선고 전 구금일수는 그에 해당하는 금액이 납입된 것으로 간주
한다(§ 73②). 이에 대하여는 벌금 또는 과료의 완납을 가족 등에게 전가시킬 가
능성이 크므로 입법론적으로 재고를 요한다는 견해가 있다.[17]

---

15 헌재 1995. 3. 23, 93헌마12.
16 주석형법 〔총칙(3)〕(3판), 663(전승수).
17 오영근, 542.

2. 실질적 요건

가석방의 실질적 요건은 행상(行狀)이 양호하여 뉘우침이 뚜렷해야 한다.   15

(1) 본조 제1항은 2020년 12월 8일 개정(법률 제17571호, 2021. 12. 9. 시행)되   16
기 전에는 실질적 요건으로 '행상이 양호하여 개전의 정이 현저한 때에는'이라
고 규정되어 있었다. 위 2020년 형법 개정에서는 일본식 표현이나 어려운 한자
어 등 법률용어를 국민의 눈높이에 맞추어 알기 쉬운 우리말로 변경하고 법률
문장의 내용을 정확히 전달하고자 하는 취지로 형법조문의 일부 표현들이 변경
되었는데, 가석방의 실질적 요건인 '행상이 양호하여 개전의 정이 현저한 때에
는'을 '행상이 양호하여 뉘우침이 뚜렷한 때에는'으로 변경한 것이다.

(2) 행상이란 일반적으로는 품행의 의미로 사용되나, 가석방 요건에 있어서   17
는 교정시설 내에서의 교정성적을 의미한다. 행상이 양호하여 뉘우침이 뚜렷하
다는 점에 대하여 형의 집행 및 수용자의 처우에 관한 법률(이하, 형집행법이라 한
다.) 시행규칙 제245조 제1항에서는 '교정성적이 우수하고 뉘우치는 빛이 뚜렷하
여 재범의 위험성이 없다고 인정하는 경우'라고 구체적으로 규정하고 있다. 통
설도 수형자가 규율을 준수하고 회오(悔悟)하고 있어 형벌을 집행하지 않아도 다
시 죄를 범하지 않을 것이라는 진단이 가능한 경우를 의미하고, 이는 순수히 특
별예방적 관점을 기준으로 해야 한다고 설명한다.[18] 이에 대하여 행상 양호나
뉘우침이 뚜렷한 것보다는 가석방자들이 사회에서 재범을 하지 않는 것이 더
중요하기 때문에 입법론적으로 재범의 위험성이 없을 것을 요건으로 하여야 한
다는 견해가 있다.[19] 형법상 선고유예의 요건에 비슷한 표현인 '뉘우치는 정상
이 뚜렷할 때'가 규정되어 있는데(§59①) 그 의미에 대하여 대법원 판례[20]는, "반
성의 정도를 포함하여 널리 형법 제51조가 규정하는 양형의 조건을 종합적으로
참작하여 볼 때 형을 선고하지 않더라도 피고인이 다시 범행을 저지르지 않으

---

18 김성돈, 839; 김일수·서보학, 612; 손동권·김재윤, §40/8; 이재상·장영민·강동범, §43/31; 임웅,
  706; 정성근·박광민, 730.

19 오영근, 542.

20 대판 2003. 3. 20, 2001도6138(전). 본 판결 평석은 박미숙, "선고유예의 요건판단과 상고이유",
  형사판례연구 [12], 한국형사판례연구회, 박영사(2004), 425-443; 오영근, "선고유예의 요건으로
  서 '개전의 정상이 현저한 때", 형사판례연구 [12], 202-215; 허일태, "자백거부와 선고유예 및
  '개전의 정상'에 관한 상고심의 대상 여부", 형사판례연구 [11], 박영사(2003), 446-463.

리라는 사정이 현저하게 기대되는 경우를 가리킨다고 해석할 것이다."라고 판시
하고 있어, 이를 참고할만하다.

18   (3) 행상이 양호하여 뉘우침이 뚜렷하다는 요건은 추상적인 개념이다. 따라
서 실제로 가석방을 하는 경우에는 자의적인 결정과 가석방이 위축되는 것을
피하기 위해서라도 이를 보다 구체화·객관화할 필요가 있다. 이와 관련하여 교
정시설의 장은 수형자의 가석방 적격심사신청을 위하여 사전조사를 실시하는데,
① 신원에 관한 사항(건강상태, 정신 및 심리 상태, 책임감 및 협동심, 경력 및 교육 정도,
노동 능력 및 의욕, 교정성적, 작업장려금 및 작업상태 등), ② 범죄에 관한 사항(범행 시
의 나이, 형기, 범죄횟수, 범죄의 성질·동기·수단 및 내용, 범죄 후의 정황, 공범관계, 피해 회
복 여부, 범죄에 대한 사회의 감정 등), ③ 보호에 관한 사항(동거할 친족·보호자 및 고용
할 자의 성명·직장명·나이·직업·주소·생활 정도 및 수형자와의 관계, 가정환경, 접견 및 전
화통화 내역, 가족의 수형자에 대한 태도·감정, 석방 후 돌아갈 곳, 석방 후의 생활계획 등)이
사전조사사항이다(형집규 § 246). 또한, 형집행법 시행규칙 제252조 내지 255조에서
가석방위원회가 적격심사할 때 누범자, 범죄동기, 사회의 감정, 재산범과 관련하
여 중첩적으로 심사하거나 유의해야 하는 사항을 구체적으로 규정하고 있으며,
가석방 업무지침은 가석방 적격심사신청 기준을 무기수형자, 관리사범, 장기수형
자, 보호사범, 제한사범, 교통사범, 일반사범의 각 유형별로 달리하고 있다.

19   실무상 '행상의 양호'를 판단하는 객관적 기준이 되는 것은 교정성적과 그에
따른 수형자의 처우등급이다.[21] 그리고 재범위험성에 관한 실무상 객관적 판단
자료는 2012년 3월 법무부 교정본부에서 자체적으로 개발한 교정재범예측지표
(Co-REPI. Correctional Recidivism Prediction Index)가 있다. 이는 성별, 죄명, 피해자, 범
죄 시 정신상태, 본건 및 과거 징벌횟수, 이전범죄 전체형기, 동일유사죄명, 최초
형확정 연령대, 집행유예 등 실효횟수, 부적절한 동거횟수, 학창시절 처벌경험, 입
소 전 직업, 입소 전 경제상태 및 거주상태, 정신병원 치료경력, 학력, 출소 후 재
범환경, 공권력에 대한 태도, 특정요인별 재범 가능성, 교정심리검사 비행성향 및
포기성향 등 전체 23개 문항과 할당점수 및 등급판단 기준을 제시하고 있다.[22] 그

---

21 장영민·탁희성, 가석방의 실태와 효율적 운용방안에 관한 연구, 한국형사정책연구원(1993), 50;
    장규원·진수명·이상용, 가석방 심사체제 정비방안에 관한 연구, 한국형사정책연구원(1998), 130.
22 주석형법 〔총칙(3)〕(3판), 667(전승수).

〔박 정 난〕

러나 이에 대하여는 교정재범예측지표가 모든 범죄에 적용되는 것이 아니고, 판단내용도 입소 전 생활에 관한 사항 등으로 주로 구성되어 장래 출소 후 재범위험성을 판단하는 데 무리가 있고, 이미 양형과정에서 충분히 고려된 사항으로 이중평가의 위험성도 있으며, 뉘우침이 없는 사람이 이러한 요건을 의도적으로 충족하여 가석방을 유도할 수도 있다는 문제를 배제할 수 없다는 비판적 견해[23]도 있다.[24]

(4) 소년수형자에 대하여는 교정시설의 장의 의뢰로 보호관찰소의 장이 환경조사를 하여 교정시설의 장에게 통보하여야 하며(보호관찰 §26), 보호관찰소의 장은 이 조사결과에 따라 환경개선활동을 하여 그 실시결과를 보호관찰심사위원회에 통보하도록(보호관찰 §27) 되어 있는데, 소년수형자에 대한 가석방을 심사·결정함에 있어서는 이들 자료가 실질적 요건 해당 여부를 판정하는 데 활용된다.

III. 가석방의 절차

1. 가석방 심사·결정기관의 구조

(1) 가석방의 절차는 ① 가석방 신청, ② 가석방 심사, ③ 가석방 허가의 3단계로 되어 있고, 각 담당기관은 ①은 각 교정시설의 장이고, ②는 성인수형자에 대하여는 가석방심사위원회, 소년수형자에 대하여는 보호관찰심사위원회이며, ③은 법무부장관으로 행정기관이 담당하고 있다. 이러한 3단계 구조를 통하여 가석방 심사의 공정성과 투명성이 담보되고 있다고 하겠으나, 한편으로 지나치게 엄격한 여과과정 때문에 가석방이 소극적으로 운용될 여지가 있다는 비판도 있다.[25]

가석방 신청은 각 교정시설의 장만 그의 재량에 의하여 할 수 있고, 수형자

20

21

22

---

23 강동범·이강민(주 10), 11; 박미랑, "가석방 심사에 있어 재량권과 평가기준에 관한 고찰", 교정연구 67, 한국교정학회(2015), 164-165.

24 교정재범예측지표에 대한 상세는 윤정숙, 수형자 경비처우급 분류지표 및 교정재범예측지표 개선방안 연구, 한국형사·법무정책연구원(2021) 참조.

25 한영수, 보호관찰의 형사사법체계상 지위 및 문제점에 관한 연구, 한국보호관찰학회(2002), 136.

에게 이를 신청할 권리가 없다. 어떤 수형자가 본조 제1항에 규정된 요건을 갖추었다고 하더라도 그것만으로 가석방을 요구할 수 있는 주관적 권리를 취득하거나 행형당국이 가석방을 하여야 할 법률상 의무를 부담하게 되는 것은 아니다.[26]

23   형법이나 소년법은 가석방 심사 또는 허가기관을 구체적으로 명시하고 있지 않다. 형법은 제73조의2에서 '가석방을 허가한 행정관청'이란 표현을 쓰고 있을 뿐이다. 가석방심사 및 허가기관을 명시하고 있는 법률은 형집행법 제119조, 제122조와 보호관찰 등에 관한 법률 제23조, 제25조이다. 가석방 심사기관은 성인수형자와 소년수형자로 이원화되어 있는데, 성인수형자에 대하여는 법무부장관 소속 가석방심사위원회, 소년수형자에 대하여는 관할 보호관찰심사위원회가 심사한다. 가석방 허가기관은 법무부장관이다. 그리고 성인수형자의 경우 가석방 허가 행정관청이 보호관찰을 받을 필요가 없다고 인정한 때를 제외하고는 가석방기간 중 보호관찰이 부과되는데, 보호관찰의 필요성 판단은 보호관찰심사위원회에서 담당한다(보호관찰 § 24①).

24   이러한 이원화된 심사구조에 대하여는 가석방심사위원회와 보호관찰심사위원회의 구조 내지 인적 구성에 거의 차이가 없고, 심사체계의 이원화에 따른 기준의 중첩, 절차의 복잡 등으로 심사의 효율성을 저하시키므로 심사기관을 일원화할 필요가 있다는 주장이 적지 않다.[27]

25   (2) 가석방의 절차를 행정기관이 담당하고 있는 현체제에 대하여 법원이 가석방 심사의 주체로서 사법처분을 하는 모델을 도입해야 한다는 주장이 있다.[28] 그러나 사법처분이라고 항상 공정성과 형평성을 담보하는 것은 아니고, 행정처분으로도 충분히 가능하며, 형 집행의 효율성 확보에 있어서 행정처분이 적절하다. 또한, 법원이 선고한 형을 집행하는 행정기관은 형 집행방법을 선택할 수 있어 가석방은 형 집행방법의 변경에 해당할 뿐 사법권을 침해하거나 삼권분립에 반하지 않는다. 그리고 행정처분으로 재판 선고에 의하여 확정된 형을 부정

---

26 헌재 2013. 4. 9, 2013헌마139; 헌재 2014. 9. 17, 2014헌마712; 헌재 2016. 1. 12, 2015헌마1201.
27 강동범·이강민(주 10), 12; 원혜욱, "현행 가석방제도에 대한 비판적 고찰: 성인수형자를 중심으로", 교정연구 47, 한국교정학회(2010), 47; 이강민, "가석방 심사체계의 문제점과 개선방안", 분쟁해결과 법 2, 이화여자대학교 법과대학 BK21 연구팀, 74-79.
28 김일수·서보학, 611; 정승환·신은영, "가석방의 사법처분화 방안 연구", 형사정책 23-2, 한국형사정책학회(2011), 217.

기화하는 것이 죄형법정주의에 위반되는지와 관련하여, 가석방에 의하여 시설 내 처우에서 사회 내 처우로 구금상태가 완화되어 수형자에게 이익이 되는 점에 비추어 죄형법정주의의 위반이라고도 볼 수 없다.[29]

2. 성인수형자에 대한 가석방 절차

(1) 가석방 심사 신청

가석방에는 매월 실시하는 일반가석방과 국경일(삼일절·석탄일·광복절·교정의 날·성탄절)에 실시하는 특별가석방이 있는데, 성인수형자가 가석방의 요건을 모두 충족한 때에 교도소장은 가석방심사위원회에 가석방 적격심사를 신청하여야 한다(형집 § 121①). 구체적으로는 가석방 적격심사신청 기준에 해당하는 수형자에 대하여 교도소 내의 분류처우위원회에서 가석방예비심사를 한 후 신청대상자로 의결하면(가석방 업무지침 §§ 14-16) 가석방심사위원회에 적격심사신청을 한다. 이때 교도소장은 가석방 적격심사신청서에 가석방 적격심사 및 신상조사표를 첨부하여야 하고(형집규 § 250①), 대상자로 선정된 날로부터 5일 이내에 위원회에 가석방 적격심사신청을 하여야 한다(형집규 § 250②).

(2) 가석방 심사

성인수형자의 가석방은 법무부 장관 소속의 가석방심사위원회가 담당한다(형집 § 119). 가석방심사위원회는 법무부차관을 위원장으로 하는 중앙기관이며, 위원장을 포함하여 5인 이상 9인 이하의 위원으로 구성되고, 위원은 판사·검사·변호사·법무부 소속 공무원 및 교정에 관한 학식과 경험이 풍부한 사람 중에서 법무부장관이 임명 또는 위촉하도록 되어 있다(형집 § 120①, ②). 종전에는 각 교정기관별로 가석방심사위원회가 구성되어 있었으나, 가석방심사의 공정성과 형평성을 도모하기 위하여 제5차 행형법 개정(1996. 12. 12. 법률 제5175호)에 의해 법무부 직속의 중앙기관이 되게 하였다.[30]

가석방심사위원회는 가석방의 적격 여부를 심사하기 위하여 수형자의 나이, 범죄동기, 죄명, 형기, 교정성적, 가석방 후의 생계능력, 생활환경, 재범의 위험

26

27

28

---

29 허주욱, 교정학, 717; 강동범·이강민(주 10), 13; 이보녕, "현행 가석방제도의 현상과 개선방안(하)", 교정 223, 교정협회(1994), 45.

30 주석형법 〔총칙(3)〕(3판), 672-673(전승수).

성, 그 밖에 필요한 사정을 고려하여야 한다(형집 §121②). 구체적인 가석방 적격
심사사항에 관하여는 형집행법 시행규칙 제252조에서 제255조까지 정하고 있는
데, 누범자에 대한 심사, 범죄동기에 대한 심사, 사회의 감정에 대한 심사, 재산
범에 대한 심사로 구성되어 있다. 가석방심사위원회는 가석방 적격결정을 하였
으면 5일 이내에 법무부장관에게 가석방 허가를 신청하여야 한다(형집 §122①).

(3) 가석방 허가

29   법무부장관은 가석방심사위원회의 가석방 허가신청이 적정하다고 인정하면
이를 허가할 수 있다(형집 §122②). 교정시설의 장은 수형자를 가석방하는 때에
는 이를 선고한 후 주거지, 관할경찰서 또는 보호관찰소에 출석할 기한 등을 기
록한 가석방증을 가석방자에게 교부하여야 한다(형집규 §259).

30   가석방되는 사람에 대한 보호관찰의 심사와 결정은 보호관찰심사위원회에
서 담당한다(보호관찰 §24). 그 절차 및 보호관찰의 내용에 대하여는 **제73조의2
(가석방의 기간 및 보호관찰)** 부분에서 상술한다.

3. 소년수형자에 대한 가석방 절차

(1) 가석방 심사 신청

31   소년수형자에 대하여는 소년법 제65조의 기간을 경과하면 소년수형자를 수
용하고 있는 수용기관의 장이 관할 보호관찰심사위원회에 그 사실을 통보하여
야 한다(보호관찰 §21①). 가석방이 가능한 시점부터 보호관찰심사위원회가 해당
소년수형자에 대해 관심을 가지고 주도적으로 가석방심사를 준비할 수 있도록
하기 위해서이다.[31] 또한 수용기관의 장은 기간경과통보서를 송부한 후 소년수
형자를 다른 수용기관에 이송한 경우에는 이송통지서를 작성하여 관할심사위원
회에 송부하여야 하고, 이송통지서를 송부받은 위원회는 지체 없이 기간경과통
보서를 새로 관할을 맡은 심사위원회에 송부하여야 한다(보호관찰규 §15①, ②).

32   교정시설의 장은 소년수형자에 대하여 교정성적이 양호하고 재범의 위험성
이 없다고 인정되는 때에는 관할 보호관찰심사위원회에 가석방의 심사를 신청
할 수 있다(보호관찰 §22①). 가석방심사의 대상자를 선정함에 있어, 수용기관의

---

31 주석형법 〔총칙(2)〕(2판), 716(조균석).

장의 의뢰로 보호관찰소에서 실시한 환경조사(보호관찰 §26)와 환경개선활동(보호관찰 §27)의 결과를 고려하여야 하고, 소년수형자의 신상에 관한 사항, 범죄 및 비행에 관한 사항, 교정성적 등을 종합적으로 고려하여야 한다(보호관찰령 §9).

(2) 가석방 심사

소년수형자에 대한 가석방은 보호관찰심사위원회에서 심사하여 결정한다 **33** (보호관찰 §23①). 보호관찰심사위원회는 각 고등검찰청 소재지 등 대통령령이 정하는 지역에 설치하도록 되어 있으며(보호관찰 §5②), 이에 따라 현재 6개 고등검찰청 소재지에 보호관찰심사위원회가 설치되어 있다. 보호관찰심사위원회의 위원장은 검사장 또는 고등검찰청 소속 검사 중에서 법무부장관이 임명하도록 되어 있고, 위원은 판사·검사·변호사·보호관찰소장·지방교정청장·교도소장·소년원장 및 보호관찰에 관한 지식과 경험이 풍부한 자 중에서 법무부장관이 임명 또는 위촉하며, 위원장을 포함하여 모두 5명 이상 9명 이하의 위원으로 구성한다(보호관찰 §7① 내지 ③).

보호관찰심사위원회는 수용기관의 장의 신청이 없는 경우에도 직권으로 **34** 가석방의 적부를 심사하여 결정할 수 있고(보호관찰 §23②), 이 경우 심사대상자를 수용하는 기관의 장의 의견을 들어야 한다(보호관찰령 §10). 보호관찰심사위원회는 가석방의 적부를 심사하여 결정하는 경우에 ① 뉘우치는 빛이 뚜렷할 것, ② 자립·갱생의 의욕이 인정될 것, ③ 재범의 염려가 없다고 인정될 것. ④ 사회의 감정이 가석방을 용인한다고 인정될 것 등의 사항을 종합적으로 판단하여야 한다(보호관찰령 §11). 보호관찰심사위원회는 보호관찰의 필요성 여부도 함께 심사하여야 한다(보호관찰 §23③).

(3) 가석방 허가

보호관찰심사위원회는 가석방이 적합하다고 결정한 경우 법무부장관에게 **35** 가석방허가신청을 하여야 하고, 법무부장관은 보호관찰심사위원회의 결정이 정당하다고 인정되면 가석방을 허가할 수 있다(보호관찰 §25).

〔박 정 난〕

제73조(판결선고 전 구금과 가석방)
① 형기에 산입된 판결선고 전 구금일수는 가석방을 하는 경우 집행한 기간에 산입한다.
② 제72조 제2항의 경우에 벌금이나 과료에 관한 유치기간에 산입된 판결선고 전 구금일수는 그에 해당하는 금액이 납입된 것으로 본다.
[전문개정 2020. 12. 8.]

구 조문
제73조(판결선고전구금과 가석방) ① 형기에 산입된 <u>판결선고전구금의 일수는</u> 가석방에 있어서 <u>집행을 경과한</u> 기간에 산입한다.
② <u>벌금 또는</u> 과료에 관한 유치기간에 산입된 <u>판결선고전</u> 구금일수는 전조 제2항의 경우에 있어서 그에 해당하는 금액이 납입된 것으로 <u>간주한다.</u>

Ⅰ. 취 지

1　　　본조는 가석방을 위한 최소 복역기간 및 병과된 벌금 또는 과료의 완납을 판단함에 있어 판결선고 전 구금일수의 산입에 관한 규정이다. 제1항은 판결선고 전 구금일수의 형집행기간 산입에 관한 규정이고, 제2항은 벌금 또는 과료의 유치기간에 산입된 미결구금일수에 관한 규정이다. 제2항은 형법 제정 시 정부 초안에는 없었으나 국회심의과정에서 추가되었는데,[1] 미결구금은 자유를 박탈하는 점에서 자유형의 집행과 차이가 없음을 고려한 것이고, 재산형인 벌금과 과료의 경우 산입된 유치기간에 상응하는 액수만큼 감액하여 집행되기 때문이다.

2　　　한편 2020년 12월 8일 개정된 형법(법률 제17571호, 2021. 12. 9. 시행)에 따라

1　형법 제·개정 자료집, 한국형사정책연구원(2009), 174[제16회 국회임시회의 속기록 제11호(1953. 6. 27.)].

일본식 표현이나 어려운 한자어 등 법률용어를 국민의 눈높이에 맞추어 알기 쉬운 우리말로 변경하고 법률문장의 내용을 정확히 전달하고자 하는 취지로 형법조문의 일부 표현들이 변경되었는데, 본조도 그 표현이 일부 수정되었다.

II. 형기에 산입된 미결구금일수

형기는 선고형을 의미하고, 선고형에 산입된 판결선고 전 구금일수는 가석방에 있어서 집행을 경과한 일수에 산입한다. 본조 제1항과 같은 규정이 없었던 구 형법과 일본형법의 해석을 둘러싸고 가석방에 있어 형기의 3분의 1을 계산할 때, 형기에 산입된 미결구금일수를 어떻게 산입할 것인지에 대하여 견해가 둘로 나뉘었다. ① 제1설은 '형기'를 '선고형'으로 보아 미결구금일수를 집행을 경과한 기간에 산입하여야 한다는 견해이고, ② 제2설은 '형기'를 '현실적으로 집행하여야 할 기간'으로 보아 미결구금일수를 선고형에서 공제한 것이 '형기'라는 견해이다. 형법은 입법적으로 논란을 해소하여 수형자에게 유리하도록 제1설과 같이 규정하였다.[2]

예를 들어보면,[3] 미결구금일수 3개월이 산입된 징역 3년형이 선고되어 2015. 5. 1. 형이 집행되었다. 제1설에 따르면, 선고형의 3분의 1, 즉 1년이 되는 2016. 4. 30.에서 미결구금일수 3개월을 산입한 2016. 1. 31. 24시까지 9개월 간 집행하면 가석방이 가능하다. 제2설에 따르면 2015. 5. 1.부터 3년 후인 2018. 4. 30. 24시가 집행만료일이 되는데, 미결구금일수 3개월은 현실적으로 형이 집행된 기간이 아니므로 이를 공제하면 2018. 1. 31.까지가 '형기'에 해당하고, 2015. 5. 1.부터 형기인 2년 9개월의 3분의 1인 11개월이 경과한 2016. 3. 31.까지 복역하여야 가석방이 가능하다. 즉, 위 제1설이 제2설보다 2개월이 유리하게 되는 것이다.[4]

무기형은 제57조의 명문규정 및 그 성질상 판결선고 전 구금일수를 산입하지 않는다. 한편 무기형이 감형되어 유기형이 된 경우, 무기형 선고 시에는 문

3

4

5

---

2 주석형법 [총칙(2)](2판), 720(조균석).
3 주석형법 [총칙(2)](2판), 720(조균석); 주석형법 [총칙(2)](3판), 677(전승수) 사례 참조.
4 주석형법 [총칙(3)](3판), 677(전승수).

제되지 않았던 미결구금일수를 감형된 형기에 산입하여야 하는지 문제가 된다. ① 처음부터 자유형을 선고받은 사람과의 형평상 미결구금일수를 산입하여야 한다는 견해도 있을 수 있으나, ② 이를 산입하여야 하는 명문의 규정이 없는 한 산입하는 것은 무리라고 할 것이다.[5]

Ⅲ. 노역장 유치기간에 산입된 미결구금일수

6   가석방을 할 경우 벌금 또는 과료의 병과가 있는 때에는 완납하여야 하는 데(§72②), 벌금 또는 과료에 관한 노역장 유치기간에 산입된 판결선고 전 구금 일수는 그에 해당하는 금액이 납입된 것으로 간주된다(§73②).

〔박 정 난〕

---

5 주석형법 〔총칙(2)〕(2판), 705(조균석); 주석형법 〔총칙(2)〕(3판), 677(전승수).

제73조의2(가석방의 기간 및 보호관찰)

① 가석방의 기간은 무기형에 있어서는 10년으로 하고, 유기형에 있어서는 남은 형기로 하되, 그 기간은 10년을 초과할 수 없다.

② 가석방된 자는 가석방기간 중 보호관찰을 받는다. 다만, 가석방을 허가한 행정관청이 필요가 없다고 인정한 때는 그러하지 아니하다.

[본조신설 1995. 12. 29.]

I. 취 지

본조는 가석방의 기간과 가석방에 붙이는 보호관찰에 관한 규정으로, 1995년 12월 29일 형법 개정(법률 제5057호)으로 신설되었다. 가석방기간에 관한 제1항은 1996년 7월 1일부터 시행되었고, 보호관찰에 관한 제2항은 보호관찰 등에 관한 법률(1996. 12. 12. 법률 제5178호)(이하, 보호관찰법이라 한다.)이 시행된 1997년 1월 1일부터 시행되었다.

개정 전 형법은 가석방의 효과에 관한 제76조 제1항에서 가석방의 기간을 간접적으로 규정하였다. 개정 전 제76조 제1항이 "가석방의 처분을 받은 후 처분의 실효 또는 취소됨이 없이 무기형에 있어서는 10년, 유기형에 있어서는 잔형기를 경과한 때에는 형의 집행을 종료한 것으로 간주한다."고 규정하여 가석방의 효과와 관련하여 간접적으로 가석방기간을 나타내고 있었음에 비하여, 본조는 이 부분을 따로 떼어 직접적으로 가석방기간을 규정하였다. 다만, 유기형의 가석방기간이 10년을 초과할 수 없다는 규정을 추가하였다. 이것은 유기형의 가석방기간이 무기형의 그것보다 길지 않도록 하기 위한 것이다.[1]

1

2

---

1 법무부, 개정 형법·형사소송법 해설(1996), 12.

〔박 정 난〕　　　　　　　　**625**

3   본조 제2항은 가석방된 자는 원칙적으로 가석방기간 동안 당연히 보호관찰
이 개시되도록 규정하면서, 예외적으로 가석방을 허가한 행정관청의 재량으로
보호관찰을 붙이지 않을 수 있도록 규정하고 있다. 필요적 보호관찰을 원칙으로
한다는 점에서, 보호관찰을 임의적인 것으로 규정한 선고유예나 집행유예와는
구별된다. 예외적인 단서조항을 둔 것은 가석방에 있어서도 범죄의 성질이나 수
형자의 성격에 비추어 보호관찰이 불필요하다고 인정되는 경우까지 보호관찰을
강요할 필요는 없다는 점이 고려되었기 때문이다.[2] 성폭력범죄의 처벌 등에 관
한 특례법 제18조 제8항에도 성폭력범죄자로서 가석방되는 자에 대하여 원칙적
으로 보호관찰이 부과됨을 규정하고 있다.

II. 가석방의 기간

4   가석방기간은 무기형에서는 10년, 유기형에서는 남은 형기로 하되, 그 기간
은 10년을 초과할 수 없다(§73의2①). 유기형의 경우에는 원칙적으로 잔형기주
의를 채택하면서, 무기형과의 균형을 두기 위하여 그 최대기간을 10년으로 제한
하고 있다.

5   소년의 경우는 가석방 전에 집행을 받은 기간과 동일한 기간을 가석방기간
으로 하되, 소년법 제59조의 형기(18세미만의 소년에 대하여 사형이나 무기형에 처할
경우의 유기징역 15년) 또는 소년법 제60조 제1항의 규정에 의한 장기의 기간(법정
형 장기 2년 이상의 유기형에 해당하는 죄를 범하여 부정기형을 선고하는 경우)이 먼저 경
과한 때에는 그 기간을 가석방기간으로 한다는 특례를 두고 있다(소년 §66).

III. 보호관찰

1. 보호관찰 필요성에 대한 심사 및 결정

6   가석방되는 자에 대한 보호관찰의 필요성 여부는 보호관찰심사위원회가 심
사하여 결정한다(보호관찰 §24).

---

2 법무부, 개정 형법·형사소송법 해설(1996), 13.

교정시설의 장은 가석방심사위원회에 가석방 적격심사신청을 하는 때에는 그 심사대상자가 성인인 경우, 그 신청과 동시에 가석방 적격심사신청 대상자의 명단과 신상조사서를 관할 보호관찰심사위원회에 보내야 한다(보호관찰 §28①). 보호관찰심사위원회는 명단과 신상조사서를 받으면 해당 성인수형자를 면담하여 직접 환경조사사항(보호관찰 §26②), 석방 후 재범 위험성 및 사회생활에 대한 적응 가능성 등에 관한 보호관찰 사안조사를 한다. 이 경우 보호관찰심사위원회는 보호관찰 사안조사를 보호관찰소장에게 의뢰하여 할 수도 있다(보호관찰 §28②).

7

보호관찰심사위원회는 보호관찰 사안조사 결과를 고려하여 가석방되는 자에 대하여 보호관찰의 필요성 여부를 심사하여 결정한다(보호관찰 §24①). 보호관찰심사위원회는 심사한 결과, 보호관찰이 필요 없다고 결정한 경우에는 결정서에 관계서류를 첨부하여 법무부장관에게 이에 대한 허가를 신청하여야 하며, 법무부장관은 심사위원회의 결정이 정당하다고 인정하면 이를 허가할 수 있다(동법 §25).

8

소년수형자에 대하여는 가석방 적부는 물론 보호관찰의 필요성 여부도 보호관찰심사위원회가 심사·결정하지만(보호관찰 §23), 최종적인 결정권은 성인수형자와 마찬가지로 법무부장관이 가지고 있다(보호관찰 §25).

9

2. 보호관찰의 기간

가석방자는 가석방기간 중 보호관찰을 받으므로 보호관찰의 기간은 가석방기간과 같다(보호관찰 §30(iii)). 따라서 형집행기간이 길면 상대적으로 가석방기간이 짧아지고, 그에 따라 보호관찰을 받는 기간도 짧아진다.

10

3. 보호관찰의 집행

보호관찰은 가석방된 때부터 시작되고, 보호관찰 대상자는 10일 이내에 주거, 직업, 생활계획, 그 밖에 필요한 사항을 관할 보호관찰소장에게 신고하여야 한다(보호관찰 §29, 보호관찰령 §16). 보호관찰의 집행은 보호관찰소의 관장업무이고, 실제 보호관찰은 대상자의 주거지 관할 보호관찰소 소속 보호관찰관이 담당한다(보호관찰 §15, §31).

11

한편 전자장치 부착 등에 관한 법률(이하, 전자장치부착법이라 한다.) 제22조 제

12

1항에 의하면, 전자장치 부착명령 판결을 선고받지 않은 성폭력범죄, 미성년자 대상 유괴범죄, 살인 및 강도범죄, 스토킹범죄 등 특정 범죄자로서 가석방되어 보호관찰을 받게 된 자에 대하여 준수사항의 이행을 확인하기 위하여 가석방기간 동안 전자장치를 부착하도록 되어 있다. 다만, 보호관찰심사위원회가 전자장치 부착이 필요하지 않다고 결정하는 경우에는 예외로 하고 있다. 또한 동조 제2항에 의하면 보호관찰심사위원회는 특정 범죄자가 아니더라도 가석방되어 보호관찰을 받게 된 자에 대하여 준수사항의 이행을 확인하기 위하여 대상자의 범죄내용, 개별적 특성 등을 고려하여 가석방기간의 일부 또는 전부 기간 동안 전자장치를 부착하도록 결정할 수 있다. 즉 특정 범죄자는 필요적 전자장치 부착대상자, 일반범죄자는 임의적 전자장치 부착대상자인 것이다.

13   가석방 전자감독 대상자가 전자장치를 신체에서 임의로 분리, 손상, 전파 방해 또는 수신자료의 변조, 그 밖의 방법으로 효용을 해한 경우에는 7년 이하의 징역 또는 2천만 원 이하의 벌금에 처한다(전부 § 38①).

14   한편 일반범죄자에 대한 전자장치 부착에 대해서는, 일반범죄 가석방자 중 전자장치 부착대상자를 선정하는 중요 고려사항이 재범의 위험성인데 특정 범죄자와 비교할 때 재범의 위험성이 높지 않고, 위치추적 방식의 전자감시를 일반범죄자에게까지 실시하는 것은 비례의 원칙에 위반된다는 비판이 있다.[3]

〔박 정 난〕

---

3 김지선, "현행 가석방 전자감독에 대한 비판적 검토", 교정연구 31-3, 한국교정학회(2021), 15-21.

제74조(가석방의 실효)
가석방 기간 중 고의로 지은 죄로 금고 이상의 형을 선고받아 그 판결이 확정된 경우에 가석방처분은 효력을 잃는다.
[전문개정 2020. 12. 8.]

구 조문
제74조(가석방의 실효) 가석방중 금고 이상의 <u>형의 선고를 받아</u> 그 판결이 확정된 <u>때에는 가석방처분은 효력을 잃는다. 단 과실로 인한 죄로 형의 선고를 받았을 때</u> <u>에는 예외로 한다.</u>

Ⅰ. 취 지

　본조는 가석방의 실효에 관한 규정으로, 일정한 사유가 있는 경우 별도 조치 없이 가석방의 효력이 상실된다는 점에서 가석방의 취소와 구별된다. 가석방 제도의 취지상 가석방자가 다시 범죄를 저지를 경우에 그 효력을 상실시킴으로써 재범을 방지할 목적으로 규정된 조문이다.

1

　형법제정 시 정부초안에는 본문만 있었으나 국회 심의과정에서 과실범은 고의가 아닌 부주의에서 비롯된 것이므로 과실범까지 포함하는 것은 가혹하다는 이유로 단서가 추가되었다.[1]

2

　본조는 이전에는 "가석방 중 금고 이상의 형의 선고를 받아 그 판결이 확정된 때에는 가석방처분은 효력을 잃는다. 단 과실로 인한 죄로 형의 선고를 받았을 때에는 예외로 한다."라고 규정되어 있었는데, 2020년 12월 8일 형법을 개정하면서 본문과 단서를 합하여 단일화되었다.

3

---

1 형법 제·개정 자료집, 한국형사정책연구원(2009), 175[제16회 국회임시회의 속기록 제11호(1953. 6. 27.)].

II. 가석방 실효의 사유

4 　　가석방기간 중 고의범으로 금고 이상의 형을 선고받아 그 판결이 확정되어야 한다.

5 　　첫째, '가석방기간 중'은 가석방이 허가되어 석방된 뒤 형기가 만료하기까지의 기간, 즉 남은 형기 기간을 말한다. 둘째, '고의로 지은 죄'로 '금고' 이상의 형을 선고받아야 한다. 여기서 형은 선고형을 말한다. 셋째, 형의 선고와 판결 확정이 모두 가석방기간 중에 있어야 한다. 가석방 전에 형이 선고되어 가석방기간 중에 그 판결이 확정되거나 가석방기간 중에 형이 선고되어 잔형기까지 형이 확정되지 아니한 경우는 실효사유에 해당하지 아니한다.

6 　　위 2020년 형법 개정 이전에는 가석방기간 중에 범한 범죄이어야 하는지가 문제되었으나, 가석방기간 중 지은 범죄로 명확히 개정됨으로써 이에 관하여 더 이상 논란의 여지가 없다.

III. 가석방 실효의 효과

7 　　가석방의 실효사유가 발생하면 별도의 절차 없이 당연히 가석방의 효력이 상실된다. 따라서 무기형에 있어서는 다시 무기로, 유기형에 있어서는 남은 형기를 집행하여야 한다. 남은 형기 기간은 가석방을 실시한 다음 날부터 원래 형기의 종료일까지이고, 남은 형기 집행 기산일은 가석방 실효로 인하여 교정시설에 수용된 날부터 한다(형집규 § 263⑤).

8 　　각 지방검찰청장, 경찰서장, 교정시설의 장은 가석방 실효사실을 알았을 때는 지체 없이 석방시설의 장에게 통보하여야 하며, 통보받은 석방시설의 장은 지체 없이 법무부장관에게 보고하여야 한다(가석방자관리규정 § 18). 교정시설의 장은 가석방이 실효된 것을 알게 된 경우에는 지체 없이 남은 형기 집행에 필요한 조치를 취하고 법무부장관에 가석방실효자 남은 형기 집행보고서를 송부하여야 하고(형집규 § 263②), 가석방실효자가 교정시설에 수용되지 않은 사실을 알게 된 때에는 관할 지방검찰청 검사 또는 관할 경찰서장에게 구인하도록 의뢰하여야 한다(형집규 § 263③).

〔박 정 난〕

630   〔박 정 난〕

제75조(가석방의 취소)

가석방의 처분을 받은 자가 감시에 관한 규칙을 위배하거나, 보호관찰의 준수사항을 위반하고 그 정도가 무거운 때에는 가석방처분을 취소할 수 있다.

[전문개정 1995. 12. 29.]

Ⅰ. 취　지

본조는 가석방의 취소에 관한 규정으로, 가석방의 취소는 일정한 사유가 있는 경우 취소처분을 통하여 가석방의 효력을 상실시키는 것이다. 가석방의 취소는 일정한 사유가 있는 경우 바로 효력이 상실되는 가석방의 실효와 달리 행정관청의 처분에 의하여 효력이 상실된다.

가석방의 취소는 허가관청인 법무부장관의 권한에 속하고, 필요적이 아니라 임의적이다. 가석방의 취소는 가석방자가 지도, 감독 등에 관한 규칙을 중대하게 위반한 경우 그 효력을 상실시킴으로써 가석방자에 대한 지도, 감독 및 원호를 통한 사회적응력을 높이고 재범을 방지하기 위한 취지를 가지고 있다. 1995년 12월 29일 형법을 개정하면서 가석방 취소사유로 보호관찰 준수사항을 위반한 경우를 추가하였다.[1]

1　주석형법 〔총칙(3)〕(3판), 686(전승수).

II. 가석방 취소의 사유

1. 감시에 관한 규칙 위배

3　　　　가석방자에 대한 가석방기간 중의 감호에 관하여 규정한 법령으로 대통령령인 가석방자관리규정(이하, 규정이라 한다.)[2]이 있는데, 이는 보호관찰이 붙지 아니한 가석방자(비보호관찰 대상자)를 대상으로 한 감시에 관한 규칙이라 할 수 있다.[3] 보호관찰이 붙은 가석방자(보호관찰 대상자)에 대하여는 보호관찰에 관한 법령에 따라 보호관찰소장의 감호를 받는다.

4　　　　보호관찰이 붙지 아니한 가석방자는 가석방기간 중 그의 주거지를 관할하는 경찰서(지구대 포함)의 장(이하, 경찰서장이라 한다.)의 보호와 감호를 받아야 한다(규정§3). 가석방증에 기재된 기한 내의 관할 경찰서 출석의무(규정§5), 종사할 직업 등 생활계획의 신고의무(규정§6), 관할 경찰서장의 비행 예방지도 및 출입제한명령 등 조치(규정§7), 국내 주거이전 및 1개월 이상 여행 신고의무(규정§10), 국외이주 및 1개월 이상 여행 신고의무(규정§13), 국외이주 등 중지의 신고의무(규정§15), 국외여행자의 귀국신고의무(규정§16) 등의 제한을 받는다. 따라서 가석방자는 가석방기간 중 이러한 감호에 관한 규칙을 준수하여야 하고, 관할 경찰서장의 명령 또는 조치를 따라야 하며, 이를 위반한 때에는 본조에 따라 가석방이 취소될 수 있다(형집규§260).

5　　　　가석방 취소사유에 대한 심사는 가석방심사위원회에서 하고, 이에 대한 결정은 법무부장관의 권한에 속한다(형집규§261①, ②). 가석방심사위원회는 심사 시 가석방자가 가석방자관리규정 등 법령을 위반한 경위, 위반이 사회에 미치는 영향, 가석방 기간 동안의 생활태도, 직업의 유무와 종류, 생활환경 및 친족과의 관계, 그 밖의 사정을 고려하여야 한다(형집규§262①).

2. 보호관찰 준수사항의 중대한 위반

6　　　　보호관찰을 받는 가석방자(소년수형자를 포함)는 보호관찰관의 지도·감독을

2　개정 2022. 6. 30. 대통령령 제32737호, 시행 2022. 7. 1.
3　1997년부터 성인수형자의 가석방에 대한 보호관찰제도가 시행되면서 가석방자관리규정은 보호관찰을 받지 아니하는 가석방자에 대하여만 적용하도록 규정하였다(가석방자관리규정§2).

받으며 준수사항을 지키고 스스로 건전한 사회인이 되도록 노력하여야 한다(보호관찰 §32①). 보호관찰 대상자가 가석방기간(보호관찰기간) 중 준수사항을 위반하고 그 정도가 무거워 보호관찰을 계속함이 적합하지 아니하다고 판단되는 때에는 보호관찰심사위원회의 심사와 결정으로 가석방을 취소할 수 있다(보호관찰 §48①).

보호관찰 준수사항에는 일반준수사항과 본인의 특성 등을 고려하여 특별히 부가한 특별준수사항이 있다. 먼저 일반준수사항은, ① 주거지에 상주하고 생업에 종사할 것, ② 범죄로 이어지기 쉬운 나쁜 습관을 버리고 선행을 하며 범죄를 저지를 염려가 있는 사람들과 교제하거나 어울리지 말 것, ③ 보호관찰관의 지도·감독 및 방문하면 응대할 것, ④ 주거를 이전하거나 1개월 이상의 국내외 여행을 할 때에는 미리 보호관찰관에게 신고할 것 등이다(보호관찰 §32②). 그리고 특별준수사항은, ① 야간 등 재범의 기회나 충동을 줄 수 있는 특정 시간대의 외출 제한, ② 재범의 기회나 충동을 줄 수 있는 특정 지역·장소의 출입금지, ③ 피해자 등 재범의 대상이 될 우려가 있는 특정인에 대한 접근 금지, ④ 범죄행위로 인한 손해를 회복하기 위하여 노력할 것, ⑤ 일정한 주거가 없는 자에 대한 거주장소 제한, ⑥ 사행행위에 빠지지 아니할 것, ⑦ 일정량 이상의 음주를 하지 말 것, ⑧ 마약 등 중독성 있는 물질을 사용하지 아니할 것, ⑨ 마약류관리에 관한 법률상의 마약류 투약, 흡연, 섭취 여부에 관한 검사에 따를 것, ⑩ 그 밖에 보호관찰 대상자의 재범 방지를 위하여 필요하다고 인정되어 대통령령으로 정하는 사항이다(보호관찰 §32③). 여기서 대통령령으로 정하는 사항은 무면허 운전 금지, 교육·치료 및 처우 프로그램에 관한 보호관찰관의 지시이행, 범죄 관련 업무 종사금지, 성실한 수업 참석, 정당한 수입원 입증자료 제출, 흉기 등 보관금지, 가정생활 책임의 성실 이행, 그 밖에 보호관찰 대상자의 생활상태, 심신의 상태, 범죄 또는 비행의 동기, 거주지의 환경 등으로 보아 보호관찰 대상자가 준수할 수 있고 자유를 부당하게 제한하지 아니하는 범위에서 개선·자립에 도움이 된다고 인정되는 구체적인 사항 등이다(보호관찰령 §19).

가석방 취소사유인 보호관찰 준수사항의 위반은 단순히 위반 사실만으로 부족하고 위반 정도가 무거워야 하고, 단순히 징벌 내지는 제재로서 이용하기보다는 시설 내 처우와 보호관찰에 의한 사회 내 처우를 종합적으로 비교 검토

〔박 정 난〕

하여 대상자의 개선·갱생과 사회의 안전 확보를 조화시키는 방향으로 신중하게 가석방 취소 여부를 판단할 필요가 있다.[4]

III. 가석방 취소의 절차

1. 감시에 관한 규칙을 위배한 경우

9   이에 대한 취소절차는 형의 집행 및 수용자의 처우에 관한 법률 시행규칙 제261조 이하에 규정되어 있다. 가석방한 교도소장 또는 가석방자를 수용하고 있는 교도소장은 가석방 취소사유에 해당하는 사실이 있음을 알게 되거나 관할 경찰서장으로부터 통보를 받은 때에는 지체 없이 가석방심사위원회의 심사를 신청하여야 한다(형집규 §261①). 이때 교도소장은 당해 분류처우위원회의 의결을 거쳐야 하며, 가석방 취소가 상당하다고 인정되는 긴급한 사유가 있는 경우에는 위 의결을 거치지 않고 유선으로 취소신청을 할 수 있다(가석방 업무지침 §72①). 가석방기간 중 재범(과실범 제외)으로 교정시설에 수용된 경우에는 형 확정 후 가석방을 실효시키는 것이 원칙이나, 형 확정 이전 가석방기간이 종료될 것으로 예상되는 경우 반드시 가석방 취소 심사신청을 하여야 한다(가석방 업무지침 §70①).

10   가석방심사위원회의 심사 결과 가석방을 취소함이 타당하다고 결정한 때에는, 위원장은 지체 없이 법무부장관에게 가석방의 취소를 신청하여야 한다(형집규 §261②). 소장은 가석방을 취소하는 것이 타당하다고 인정되는데 긴급한 사유가 있을 때에는 위원회의 심사를 거치지 아니하고 전화, 전산망 또는 그 밖의 통신수단으로 법무부장관에게 가석방 취소를 신청할 수 있다(형집규 §261③).

11   가석방심사위원회가 가석방 취소의 신청 여부를 심사함에는 가석방자가 가석방자관리규정을 위반하게 된 경위, 규정위반이 사회에 미치는 영향, 가석방기간 동안의 생활 태도, 직업의 유무와 종류, 생활환경 및 친족과의 관계, 그 밖의 사정을 고려하여 심사하여야 하며(형집규 §262①), 필요하면, 가석방자를 위원회에 출석하게 하여 진술을 들을 수 있다(형집규 §262②).

12   법무부장관은 가석방의 처분을 취소하였을 때에는 가석방자의 주거지를 관

---

4 주석형법 〔총칙(2)〕(2판), 730(조균석).

할하는 지방검찰청 검사장 또는 교정시설의 장이나 가석방 취소 당시 가석방자를 수용하고 있는 교정시설의 장에게 통보하여 남은 형을 집행하게 하여야 한다(규정 §19①). 가석방이 취소된 때에는 교정시설의 장은 지체 없이 남은 형기 집행에 필요한 조치를 취하고 법무부장관에게 가석방취소자 남은 형기 집행보고서를 송부하여야 한다(형집규 §263①). 교도소장은 가석방이 취소된 사람이 교정시설에 수용되지 아니한 사실을 알게 된 때에는 관할 지방검찰청 검사 또는 관할경찰서장에게 구인하도록 의뢰해야 하며, 의뢰를 받은 검사 또는 경찰서장은 즉시 구인하여 당해 교도소장에게 인계하여야 한다(형집규 §263③, ④).

2. 보호관찰 준수사항을 중대하게 위반한 경우

이에 대한 취소절차는 보호관찰 등에 관한 법률(이하, 보호관찰법이라 한다.)에 따른다. 보호관찰심사위원회는 보호관찰소의 장의 신청에 의하여 또는 직권으로 가석방의 취소를 심사하여 결정할 수 있다(보호관찰 §48①). 보호관찰심사위원회의 심사 결과, 가석방을 취소함이 적절하다고 결정한 경우에는 법무부장관에게 이에 대한 허가를 신청하여야 하며, 법무부장관은 그 결정이 정당하다고 인정되면 이를 허가할 수 있다(보호관찰 §48②).   13

보호관찰소의 장은 보호관찰 대상자가 준수사항을 위반하였거나 위반하였다고 의심할 상당한 이유가 있고, 주거부정, 소환불응, 도주 또는 도주염려의 경우 관할 지방검찰청 검사에게 신청하여 검사의 청구로 관할 지방법원 판사의 구인장을 발부받아 대상자를 구인할 수 있고(보호관찰 §39①), 긴급한 사정이 있는 경우에는 긴급구인도 가능하다(보호관찰 §40①). 그리고 보호관찰소의 장은 가석방 취소 신청이 필요하다고 인정될 경우 구인한 보호관찰 대상자를 수용기관 또는 소년분류심사원에 유치할 수 있다. 다만 구인한 때로부터 24시간 내에 검사에게 신청하여 48시간 이내의 검사 청구로 관할 지방법원 판사의 허가를 받아야 하고(보호관찰 §42①, ②), 유치기간은 구인한 날로부터 20일이지만, 취소 심사에 필요한 경우 10일의 범위에서 한 차례 유치기간 연장허가를 받을 수 있다(보호관찰 §43①, ②).   14

가석방이 취소된 때에는 수용기관의 장은 보호관찰대상자를 지체 없이 수용기관에 재수용하여야 한다(보호관찰령 §34①). 재수용을 위하여 필요한 경우 관할   15

지방검찰청 또는 지청의 검사에게 구인을 의뢰할 수 있다(보호관찰령 § 34②).

Ⅳ. 가석방 취소의 효과

16　　　가석방이 취소되었을 경우에는 가석방자를 재수용하여 남은 형기를 집행한다. 가석방이 취소된 사람을 수감하여 집행하는 경우는 검사의 남은 형기 집행지휘서에 의한다. 남은 형기 기간은 가석방을 실시한 다음 날부터 원래 형기 종료일까지이고, 남은 형기 집행 기산일은 가석방 취소로 인하여 교정시설에 수용된 날부터 한다(형집규 § 263⑤).

17　　　보호관찰법 제42조에 의하여 유치된 사람에 대하여 가석방이 취소된 경우에는 유치기간을 형기에 산입한다(보호관찰 § 45).

〔박 정 난〕

제76조(가석방의 효과)
① 가석방의 처분을 받은 후 그 처분이 실효 또는 취소되지 아니하고 가석방기간을 경과한 때에는 형의 집행을 종료한 것으로 본다. 〈개정 1995. 12. 29.〉
② 전2조의 경우에는 가석방중의 일수는 형기에 산입하지 아니한다.

I. 가석방의 효과

가석방의 직접적인 효과는 수형자의 석방이다. 이때의 석방은 가석방의 허가서류가 교도소에 도착한 후 12시간 이내에 행해져야 한다. 다만, 그 서류에서 가석방일시를 지정한 경우 그에 따른다(형집 § 124①). 가석방된 후 가석방처분의 실효 또는 취소됨이 없이 가석방기간을 경과한 때에는 형의 집행을 종료한 것으로 본다(§ 76①). 이 경우 형 집행을 종료한 것으로 간주함에 그치고 집행유예와 같이 선고의 효력이 없어지는 것은 아니며, 유죄판결 자체의 효력에 아무런 영향을 미치지 않는다. **1**

소년 수형자의 경우에는 유기형에 있어서 가석방 전에 집행을 받은 형기만큼의 기간을 경과한 때에는 형의 집행을 종료한 것으로 하며, 소년법 제59조의 형기 또는 제60조 1항의 규정에 의한 장기의 기간이 먼저 경과한 때에는 그때에 형의 집행을 종료한 것으로 한다는 특례를 두고 있다(소년 § 66). **2**

가석방기간 중에는 아직 형의 집행이 종료된 것이 아니므로 가석방기간 중에 죄를 범하여도 제35조 소정의 누범으로 되지는 않는다.[1] 그러나 가석방된 후 취소됨이 없이 잔형기를 경과한 후의 범죄는 누범에 해당한다. **3**

2개 이상의 유기형에 관하여 가석방이 허용된 경우, 누범 가중과 관련하여 가석방기간의 진행순서가 문제된다는 의견이 있으며, 이에 대하여는 무거운 형의 잔형기가 먼저 진행한다는 견해(제1설)와 가석방이 허가된 당시 집행을 받고 **4**

---

1 대판 1976. 9. 14, 76도2071.

있던 형의 잔형기가 먼저 진행한다는 견해(제2설)가 있을 수 있다. 그러나 2개 이상의 독립하여 선고된 유기형의 집행 중 가석방이 허가된 경우에, 제73조의2 (가석방의 기간 및 보호관찰) 제1항의 해석상 가석방기간은 각 선고된 형의 남은 형기를 모두 합한 기간으로 하되 10년을 초과할 수 없고, 그 기간이 경과하지 않은 이상 잔형기의 진행순서에 상관없이 가석방 효과가 발생하지 않으므로 누범에 해당하지 않는다.[2]

Ⅱ. 가석방의 실효·취소와 형기 산입

5   가석방이 실효·취소된 경우에는 가석방 중의 일수는 형기에 산입하지 아니한다(본조 ①). 즉, 가석방된 다음 날부터 가석방이 실효·취소되어 구금된 전일까지의 일수는 형기에 산입되지 아니한다. 형의 집행 및 수용자의 처우 등에 관한 법률 시행규칙 제263조 제5항에도 가석방 취소자 및 실효자의 잔형기간은 가석방을 실시한 다음 날부터 원래 형기의 종료일까지로 하고, 잔형집행 기산일은 가석방의 취소 또는 실효로 인하여 교정시설에 수용된 날부터 한다고 규정되어 있다.

〔박 정 난〕

---

2 주석형법 〔총칙(3)〕(3판), 694(전승수).

제 7 절 형의 시효

〔총 설〕

Ⅰ. 형의 시효 일반

형의 시효는 형을 선고받아 확정된 사람에 대하여 그 형의 집행을 받지 않   **1**
고 일정한 기간이 경과하면 그 형의 집행을 면제하는 제도를 말한다(§77). 형사
법상의 시효(형사시효)에는 형의 시효와 공소시효가 있다. 형의 시효는 형법 제1
편 제3장 제7절 제77조 내지 제80조에서 규정하고 있고, 공소시효는 형사소송
법 제2편 제2장 제249조 내지 제253조의2에서 규정하고 있다. 형의 시효와 공
소시효에 대해 이를 구별하는 다양한 설명 방식이 있으나, 형의 시효는 이미 확
정된 형벌의 집행권을 소멸시키는 제도이나, 공소시효는 미확정 형사사건에 대
한 공소권을 소멸시켜 형벌권 행사를 위한 형사소추에서 배제시키는 제도라고
보는 것이 일반적이다.

형의 시효와 구별되는 형사시효로는 공소시효 외에도 형사소송법 제249조   **2**
제2항에서 규정하는 의제공소시효 또는 재판시효가 있다. 이는 공소가 제기된
범죄에 대해 판결의 확정이 없이 25년을 경과하면 공소시효가 완성되는 것으로
간주하는 제도로 확정된 형벌의 집행권이 문제되는 형의 시효와는 다르고, 공소
제기를 전제하므로 공소권이 소멸되는 공소시효와도 다르다.

형의 시효가 완성되면 형의 집행이 면제되나(§77), 공소시효가 완성되면 검   **3**
사는 공소권없음 불기소처분을 하고(검찰사건사무규칙 §115③(iv) 마목), 기소된 경
우에는 면소 판결 대상이 된다(형소 §326(iii)). 형의 시효 기간은 선고형을 기준
으로 정해지나(§78), 공소시효의 기간은 법정형을 기준으로 정해진다(형소 §249).

〔서 효 원〕   **639**

형법은 형의 시효에 대해서는 시효의 정지 외 시효의 중단도 인정하고 있으나 (§80), 형사소송법은 공소시효에 대해서는 공소시효의 정지만을 규정하고 있다 는 점에서도 차이가 있다(형소 §253).

4　　　형의 시효는 형집행상의 문제이므로 형법에 규정하고, 공소시효는 소송상 의 문제이므로 형사소송법에 규정하는 것으로 볼 수도 있으나,[1] 형의 시효와 공 소시효를 규정하는 방식에 관한 입법례는 다양하다. 우리나라, 일본, 프랑스 등 과 같이 형의 시효는 형법에, 공소시효는 형사소송법에 규정하는 국가가 있는 반면, 독일, 오스트리아, 스위스 등과 같이 형의 시효와 공소시효를 모두 형법에 규정하는 국가도 있다.

5　　　공소권 행사와 관련된 형사시효에 대해 공소시효라는 용어를 사용하는 것 에 상응하여, 확정된 형에 대한 집행권 행사와 관련된 형사시효에 대해서는 '형 의 시효' 대신 '집행시효'라는 용어를 사용하는 것이 논리적이라는 견해가 있 다.[2] 향후 형벌 외 보안처분도 형법전에 통합되는 방향으로 입법이 이루어지는 경우에는, 보안처분과 관련된 시효까지 포함하는 개념으로 '집행시효'라는 용어 사용을 고려할 수 있을 것이다.[3]

II. 형사시효의 근거

6　　　형사시효의 근거는 형의 시효보다는 주로 공소시효와 관련하여 논의되어 왔 다. 형사시효의 근거와 관련된 학설로는 크게 ① 실체법설, ② 소송법설, ③ 병 합설이 있다.[4]

7　　　위 ①의 실체법설은 범죄가 발생한 이후 시간이 흐름에 따라 형벌 자체의 필요성이 약화되거나 사라진다는 것이다. 시간이 흐르는 동안 행위자 내면의 심

1　오영근, 형법총론(4판), 544.
2　박학모, 형의 시효 및 소멸제도에 관한 연구, 한국형사정책연구원(2010), 35.
3　2011년 정부 제출 형법(총칙) 일부개정법률안은 보안처분을 형법에 통합하면서도 형벌과 관련된 형의 시효(안 §75)와 보호수용 또는 치료수용과 관련된 수용의 시효(안 §83의18)를 별도의 조 문에서 따로 규정하였다.
4　이에 대한 상세는 박학모, 형의 시효 및 소멸제도에 관한 연구, 19-31; 홍영기, "형사법상 시효의 정당화근거", 형사법연구 23, 한국형사법학회(2005), 199-201.

리 변동으로 범인의 개선이 추측되므로 뒤늦게 처벌하는 것은 형벌의 목적에 반한다거나(개선추측설), 행위자가 그동안 형벌을 대신할 정도의 충분한 사회적·심리적 고통을 겪어 형벌의 부과가 필요 없게 되었다거나(고통설), 시일의 경과로 형의 선고·집행에 대한 사회적 규범감정이 완화 내지 감소되어 시일의 경과로 고정화된 사회적 생활관계를 존중할 필요가 있다(규범감정완화설5)는 견해 등이 여기에 속한다.

위 ②의 소송법설은 범죄의 실체적 가벌성은 시간이 지나더라도 불변하지만 국가의 형벌권 행사에 장애가 발생한다는 것으로, 시간의 경과에 따라 증거가 소실되어 입증이 곤란하게 되어 오판의 위험이 커질 수 있다거나(죄증소멸설), 시간의 흐름에 따라 형사사법의 부담이 커지므로 소송경제적인 측면에서 시효를 인정해야 한다는 견해 등이 있다.

위 ③의 병합설 또는 경합설은 실체법설과 소송법설의 근거들을 결합하여 시효의 근거를 찾는 견해로, 형벌의 필요성 약화에 시효의 본질이 있는 한편 증거의 소실이나 오판의 위험성을 방지에도 근거가 있다거나, 형벌권은 실체법과 소송법적인 성격을 모두 갖고 있어 시간적으로 이를 배제하는 것도 양 법영역에 걸쳐있다는 것이다.

헌법재판소는 공소시효제도에 대하여, "시간의 경과에 의한 범죄의 사회적 영향이 약화되어 가벌성이 소멸되었다는 주된 실체적 이유에서 일정한 기간의 경과로 국가가 형벌권을 포기함으로써 결과적으로 국가형벌권의 소멸과 공소권의 소멸로 범죄인으로 하여금 소추와 처벌을 면하게 함으로써 형사피의자의 법적 지위의 안정을 법률로서 보장하는 형사소송조건에 관한 제도이다. 비록 절차법인 형사소송법에 규정되어 있으나 그 실질은 국가형벌권의 소멸이라는 점에서 형의 시효와 마찬가지로 실체법적 성격을 갖고 있는 것이다."6라고 하여, 위 ①의 실체법설의 입장에 가까운 것으로 보이는 내용을 판시하기도 하였다. 그러나 이후에, "형사소송법이 일정한 기간의 경과를 이유로 범인에 대한 처벌을

8

9

10

---

5 강동욱, 강의 형법총론(3판), 446; 김일수·서보학, 새로쓴 형법총론(13판), 614; 박상기, 형법총론(9판), 577; 성낙현, 형법총론(3판), 793; 손동권·김재윤, 새로운 형법총론, §40/17; 유기천, 형법학 총론강의(개정판), 101; 이재상·장영민·강동범, 형법총론(12판), §44/2; 이형국·김혜경, 형법총론(7판), 635; 정성근·박광민, 형법총론(전정2판), 732; 정웅석·최창호, 형법총론, 112.
6 헌재 1993. 9. 27, 92헌마284.

면제하는 공소시효제도를 채택하고 있는 근본취지는, 다른 시효제도와 마찬가지로 일정한 기간의 경과에 따른 사실상태의 존중, 다시 말하면 법적 안정성을 고려함에 있다고 할 것이다. 즉 공소시효제도의 존재이유는, 오랜 동안 형사상의 소추권이 행사되지 않았다는 것은 결국 국가가 소추권의 행사를 게을리 한 것에 다름아닌데도 그 불이익을 오로지 범인만이 감수하여야 한다는 것은 부당하다는 점, 유죄의 증거이든 무죄의 증거이든 오랜 기간의 경과로 증거가 산일(散逸)됨으로써 공정한 재판을 기대하기 어렵다는 점, 시간의 경과에 따라 범죄의 사회적 영향력이 미약해질 뿐만 아니라 많은 경우 범인의 범행에 대한 후회나 처벌에 대한 불안 등으로 오랜 기간 동안 범인이 처벌을 받은 것과 비슷한 상태가 계속되어 형벌이 기대하는 범인의 인격의 변화가 기대될 수 있음에 반하여, 처벌한다고 하더라도 형벌이 기대하는 범인에 대한 형벌의 감화력을 기대하기 어렵다는 점, 오래 전의 범죄에 대한 수사나 재판의 필요를 면제함으로써 국가의 부담의 경감을 도모할 수 있다는 점 등을 들 수 있을 것이다."[7]라고 하거나, "시간의 경과로 인하여 범죄의 사회적 관심이 미약해져 가벌성이 감소하고, 범인이 장기간 도피생활을 하면서 정신적 고통을 받은 점과 증거가 산일되어 공정한 재판을 하기 어렵다는 점 등을 근거로 하여, 범인이 범죄 후 일정한 기간 기소되지 아니함으로써 형성된 사실상의 상태를 존중하여 법적 안정을 도모하고 형벌권의 적정을 기하려는 데 그 존재이유가 있다."[8]고 하여, 주로 위 ③의 병합설의 입장에서 공소시효제도의 근거를 찾는 것으로 보인다.

III. 형사시효의 연혁

1. 형사시효의 입법사[9]

11　　형사시효는 로마법에서 유래하였다. 형사시효는 기원 전 16년의 법례(lex Julia)에서 시작되었으나, 초창기에는 일종의 고소권의 시효로 일정시간이 지나면 고소

7　헌재 1995. 1. 20, 94헌마246.

8　헌재 2017. 11. 30, 2016헌바157.

9　이에 대한 상세는 박학모, 형의 시효 및 소멸제도에 관한 연구, 32; 백형구, "형의 시효", 사법행정 27-7, 한국사법행정학회(1986), 28; 홍영기, "시효이론의 역사적 전개와 그 평가", 법사학연구 37, 한국법사학회(2008), 241-244.

권이 소멸하는 것으로 보는 방식이었다. 형벌의 시효가 제도화된 Diocletianus법(284-305년)에 따르면 일반적 범죄는 5년, 중범죄는 20년의 시효기간이 적용되었고, 존속살해, 배교죄 등은 시효가 배제되었다. 로마법에 규정된 시효는 오늘날의 공소시효에 해당하는 것으로 형의 시효는 없었으나, 집행하지 아니하는 기간이 길어지면 이를 재차 요청할 때에 집행하게 되는데, 이에 대해 30년의 시효기간이 정해져 있어서 형의 시효와 비슷한 역할을 한 것으로 알려져 있다.

    게르만법에서는 13세기까지 사인소추에 적용되는 소추기간의 제한 외에 형사시효는 존재하지 않았고, 그 이후 캐논법 등에서도 형사시효는 없었다. 17세기에 이르러 독일의 각 주에서 시효와 관련된 입법이 진행되었으나, 18세기 계몽주의 시대에는 시효제도에 반대하는 의견들도 많아 시효제도가 폐지되거나 제한되는 주들도 있었다. 형의 시효는 1791년 프랑스형법에서 공소시효와 함께 형사시효로 자리를 잡았다. 프랑스에서는 1808년 치죄법이 이를 계수한 이래 오늘날까지 형의 시효와 공소시효가 일반적인 법적 제도로 받아들여지고 있다. 독일의 제국형법(1871년) 시대에는 공소시효 외에 형의 시효도 규정하고 있었다. 제3제국 시절에 광범위한 형벌권의 확장이 진행되며 1936년 형법에서 공소시효가 폐지되기도 하였으나, 2차 세계대전 이후 다시 형법에 규정된 시효 규정이 개정을 거치면서 현재까지 이어지고 있다.

2. 우리나라의 형사시효

    우리나라에서는 1912년 조선형사령에 의하여 일본의 형법과 형사소송법이 적용되면서 형사시효제도가 도입되었다. 1953년 제정 형법 및 1954년 제정 형사소송법에도 구 형법 및 구 형사소송법과 마찬가지로 각각 형의 시효와 공소시효가 규정된 이후 이러한 형태의 형사시효제도의 체계가 현재까지 유지되고 있다.

    형법상 형의 시효는 제정 이후 4차례 개정이 있었다. ① 2014년 5월 14일 개정으로 제79조 제2항에 형의 집행을 받지 아니한 자가 형의 집행을 면할 목적으로 국외에 있는 기간 동안은 진행되지 아니한다는 시효의 정지 사유가 신설되었다. ② 2017년 12월 12일 개정으로 제78조 제5호인 3년 미만의 징역이나 금고 또는 5년 이상의 자격정지의 시효기간이 5년에서 7년으로, 제6호의 5년 미만의 자격정지, 벌금, 몰수 또는 추징의 시효기간이 3년에서 5년으로 변경되었

12

13

14

다. ③ 2020년 12월 8일 개정으로 제77조(형의 시효의 효과), 제78조(형의 시효의 기간)의 일부 규정이 알기 쉬운 용어로 변경되었다. ④ 2023년 8월 8일 개정으로 종래 30년이던 사형의 시효기간이 삭제되어 사형은 형의 시효가 배제되게 됨에 따라 제77조, 제78조, 제80조(시효의 중단)를 개정하고, 제79조의 제목을 '시효의 정지'에서 '형의 시효의 정지'로, 제80조의 제목을 '시효의 중단'에서 '형의 시효의 중단'으로 각 변경하였다.

15   형사소송법상 공소시효는 제정 이후 5차례 개정이 있었다. ① 1961년 9월 1일 형사소송법 제249조 제2항에 의제공소시효가 신설되고, 제253조 제1항에 공소기각 외에 관할위반의 재판이 확정된 때에도 다시 공소시효가 진행한다고 개정되었다. ② 1995년 12월 29일 형사소송법 제253조 제3항에 형사처분을 면할 목적으로 국외에 있는 경우 그 기간 동안 공소시효가 정지되도록 하는 규정이 신설되었다. ③ 2007년 12월 21일 형사소송법 제249조 제1항 및 제2항의 공소시효 기간을 늘리는 개정이 있었다. ④ 2015년 7월 31일 형사소송법 제253조의2에 사람을 살해한 범죄로 사형에 해당하는 범죄에 대해 공소시효의 적용을 배제하는 규정을 신설하였다. ⑤ 2024년 2월 13일 피고인이 형사처분을 면할 목적으로 국외에 있는 경우 그 기간 동안 제249조 제2항에 따른 재판시효(25년)의 진행을 정지하는 규정을 신설하였다.

16   형법과 형사소송법 외에 그동안 각종 특별법의 제·개정으로 형사시효와 관련되는 규정들이 많이 신설되었다. 형사시효와 관련된 특별법 규정의 대부분은 형의 시효가 아닌 공소시효를 정지, 연장, 배제하는 내용으로 이루어져 있으나,[10]

---

10 예컨대, 아동·청소년의 성보호에 관한 법률(이하, 청소년성보호법이라 한다.) 제20조를 들 수 있다.
  청소년성보호법 제20조((공소시효에 관한 특례) ① 아동·청소년대상 성범죄의 공소시효는 「형사소송법」 제252조제1항에도 불구하고 해당 성범죄로 피해를 당한 아동·청소년이 성년에 달한 날부터 진행한다.
  ② 제7조의 죄는 디엔에이(DNA)증거 등 그 죄를 증명할 수 있는 과학적인 증거가 있는 때에는 공소시효가 10년 연장된다.
  ③ 13세 미만의 사람 및 신체적인 또는 정신적인 장애가 있는 아동·청소년에 대하여 다음 각 호의 죄를 범한 경우에는 제1항과 제2항에도 불구하고 「형사소송법」 제249조부터 제253조까지 및 「군사법원법」 제291조부터 제295조까지에 규정된 공소시효를 적용하지 아니한다.
    1. 「형법」 제297조(강간), 제298조(강제추행), 제299조(준강간, 준강제추행), 제301조(강간등 상해·치상), 제301조의2(강간등 살인·치사) 또는 제305조(미성년자에 대한 간음, 추행)의 죄
    2. 제9조 및 제10조의 죄

2007년 12월 21일 제정된 국제형사재판소 관할 범죄의 처벌 등에 관한 법률 제6조는 집단살해죄 등에 대하여 공소시효를 배제하는 내용 외에, 형법 제77조부터 제80조까지의 형의 시효에 관한 규정을 적용하지 아니한다는 형의 시효 배제 규정도 두고 있다.

〔서 효 원〕

---

  3. 「성폭력범죄의 처벌 등에 관한 특례법」 제6조제2항, 제7조제2항·제5항, 제8조, 제9조의 죄
④ 다음 각 호의 죄를 범한 경우에는 제1항과 제2항에도 불구하고「형사소송법」 제249조부터 제253조까지 및 「군사법원법」 제291조부터 제295조까지에 규정된 공소시효를 적용하지 아니한다.
  1. 「형법」 제301조의2(강간등 살인·치사)의 죄(강간등 살인에 한정한다)
  2. 제10조제1항 및 제11조제1항의 죄
  3. 「성폭력범죄의 처벌 등에 관한 특례법」 제9조제1항의 죄

제77조(형의 시효의 효과)

형(사형은 제외한다)을 선고받은 사람에 대해서는 시효가 완성되면 그 집행이 면제된다. 〈개정 2023. 8. 8.〉

[전문개정 2020. 12. 8.]

구 조문(2020. 12. 8. 개정 전)

제77조(시효의 효과) <u>형의 선고를 받은 자는 시효의 완성으로 인하여 그 집행이 면제된다.</u>

Ⅰ. 취 지

1   본조는 형의 시효가 완성되었을 때의 효과에 대해 규정하고 있다. 의용형법 제31조는 "형의 언도를 받은 자는 시효로 인하여 그 집행의 면제를 받는다."고 규정하였으나, 현행 형법은 의미를 명확히 하기 위하여 "시효가 완성되면 그 집행이 면제된다."로 규정하였다.[1]

2   한편, 형의 시효 외에 보안처분에 대한 시효는 형법이 아닌 관련 보안처분을 규정한 개별 법률에 별도로 규정하고 있다. 치료감호 등에 관한 법률(이하, 치료감호법이라 한다.) 제46조[2]는 치료감호의 시효, 성폭력범죄자의 성충동 약물치료에

---

1 2021년 12월 9일부터 시행된 개정 형법(2020. 12. 8. 법률 제17571호)은 표제를 '형의 시효의 효과'로 변경하여 제77조가 형의 시효에 대한 규정임을 명확히 하고, 일본식 표현인 '시효의 완성으로 인하여'를 알기 쉬운 우리말 표현인 '시효가 완성되면'으로 개정하였다.

2 치료감호법 제46조(치료감호의 시효) ① 피치료감호자는 그 판결이 확정된 후 집행을 받지 아니하고 다음 각 호의 구분에 따른 기간이 지나면 시효가 완성되어 집행이 면제된다.
  1. 제2조제1항제1호 및 제3호에 해당하는 자의 치료감호: 10년
  2. 제2조제1항제2호에 해당하는 자의 치료감호: 7년
  ② 시효는 치료감호의 집행정지 기간 또는 가종료 기간이나 그 밖에 집행할 수 없는 기간에는 진행되지 아니한다.
  ③ 시효는 피치료감호자를 체포함으로써 중단된다.

관한 법률(이하, 성충동약물치료법이라 한다.) 제21조[3]는 치료명령의 시효, 전자장치 부착 등에 관한 법률(이하, 전자장치부착법이라 한다.) 제21조[4]는 부착명령의 시효를 정하고 있다. 국제형사재판소 관할 범죄의 처벌 등에 관한 법률(이하, 국제형사범 죄법이라 한다.) 제6조[5]는 집단살해죄 등에 대하여는 형의 시효에 관한 형법의 규 정을 적용하지 아니한다고 하여 형의 시효를 배제하고 있다.

종전에는 사형도 형의 시효의 대상이 되는 형에 포함되었으나, 적정한 공소 권 행사 및 형사사법절차의 공백을 방지하기 위하여 2023년 8월 8일 형법 개 정으로 사형은 그 대상에서 제외하였다[이에 대한 상세는 §78(**형의 시효의 기간**) 부분 참조].

3

II. 형의 시효의 적용범위

형의 시효의 대상이 되는 형은 제41조에 규정된 형의 종류 중 사형과 자격 상실을 제외한 징역, 금고, 자격정지, 벌금, 구류, 과료이다. 사형은 앞서 본대로 적정한 공소권 행사 및 형사사법절차의 공백을 방지하기 위하여 그 대상에서 제외하였고, 자격상실은 사형, 무기징역 또는 무기금고를 선고한 판결이 확정되 면 당연히 효력이 발생하므로 추가적인 형의 집행 행위를 전제하는 형의 시효 가 적용될 여지가 없다. 추징은 형의 종류에 속하는 것은 아니지만 몰수하기 불 능한 때에 그 가액을 추징하는 것이므로(§48②) 몰수에 준하여 시효의 적용 대 상으로 하고 있다. 공무원범죄에 관한 몰수 특례법(이하, 공무원범죄몰수법이라 한 다.) 제9조의4도 추징에 대한 시효를 규정하고 있다.[6]

4

---

3 성충동약물치료법 제21조(치료명령의 시효) ① 치료명령을 받은 사람은 그 판결이 확정된 후 집 행을 받지 아니하고 함께 선고된 피고사건의 형의 시효 또는 치료감호의 시효가 완성되면 그 집 행이 면제된다.
　② 치료명령의 시효는 치료명령을 받은 사람을 체포함으로써 중단된다.
4 전자장치부착법 제21조(부착명령의 시효) ① 피부착명령자는 그 판결이 확정된 후 집행을 받지 아니하고 함께 선고된 특정범죄사건의 형의 시효가 완성되면 그 집행이 면제된다.
　② 부착명령의 시효는 피부착명령자를 체포함으로써 중단된다.
5 국제형사범죄법 제6조(시효의 적용 배제) 집단살해죄등에 대하여는 「형사소송법」 제249조부터 제253조까지 및 「군사법원법」 제291조부터 제295조까지의 규정에 따른 공소시효와 「형법」 제 77조부터 제80조까지의 규정에 따른 형의 시효에 관한 규정을 적용하지 아니한다.
6 공무원범죄몰수법 제9조의4(몰수·추징의 시효) 특정공무원범죄에 관한 몰수·추징의 시효는

5   노역장 유치(§ 70)는 벌금 또는 과료를 납입하지 아니할 때 집행하는 환형처
분이므로 그 자체가 시효의 대상이 되지는 않는다. 벌금 또는 과료에 대한 시효
가 완성되면 노역장 유치의 집행도 할 수 없으나, 이는 노역장 유치의 시효가
완성되었기 때문이 아니라 벌금 또는 과료의 시효 완성에 따른 효과이다. 과태
료의 제재는 범죄에 대한 형벌이 아니므로 그 성질상 처음부터 공소시효나 형
의 시효의 적용 대상은 아니다.[7]

6   형의 시효가 적용되는 형은 판결에 의하여 선고된 형 외에도 약식명령으로
고지된 벌금, 과료, 몰수(형소 § 448①) 및 즉결심판절차에 의하여 선고된 벌금,
구류, 과료(즉심 § 2)도 포함된다. 약식명령은 정식재판의 청구기간이 경과하거나
그 청구의 취하 또는 청구기각의 결정이 확정된 때에는 확정판결과 동일한 효
력이 있다(형소 § 457). 즉결심판은 정식재판청구기간의 경과, 정식재판청구권의
포기 또는 그 청구의 취하, 정식재판청구를 기각하는 재판이 확정된 때에 확정
판결과 동일한 효력이 생긴다(즉심 § 16).

III. 형의 시효 완성의 효과

7   형의 시효의 기간이 경과되면 시효가 완성되고, 시효 완성의 효과로 형의 집
행이 면제된다. 시효의 완성으로 형의 집행 면제라는 법률상 효과가 당연히 발생
하므로 형의 집행 면제를 위한 재판이나 별도의 처분 절차가 필요하지는 않다.[8]
자유형등에 관한 검찰집행사무규칙(이하, '자유형집행규칙'이라 한다.) 및 재산형 등에
관한 검찰집행사무규칙(이하, '재산형집행규칙'이라 한다.)에 따라 실무상 검사는 형의
시효가 완성된 때에는 형집행불능결정서로 형집행불능결정을 하여 확정된 형의
집행이 면제되었음을 명확히 하고 있다(자유형집행규칙 § 7①, 재산형집행규칙 § 25①).

8   형의 시효가 완성되면 형의 집행권 자체가 소멸하는 것이므로, 그 후에 집
행 대상자가 시효 완성의 효과를 포기하고 자발적으로 자유형 등의 집행에 응

「형법」제78조에도 불구하고 10년으로 한다.

7 대결 2000. 8. 24, 2000마1350.

8 강동욱, 강의 형법총론(3판), 447; 박상기, 형법총론(9판), 578; 손동권·김재윤, 새로운 형법총론,
§ 40/19; 이재상·장영민·강동범, 형법총론(12판), § 44/5; 이형국·김혜경, 형법총론(7판), 635; 정
성근·박광민, 형법총론(전정2판), 732; 최호진, 형법총론(2판), 889.

하겠다고 하거나 벌금 등을 납부하겠다고 하더라도 이미 시효가 완성된 형을 집행할 수는 없다. 시효 완성의 효과로 형의 집행이 면제되더라도 그 효력은 장래를 향하여 발생하는 것이므로, 형 선고의 효력에는 영향을 미치지 않는다. 따라서 무기징역, 무기금고형의 시효가 완성되었다고 하여 자격상실이 된 사람의 자격이 다시 회복되는 것은 아니다. 형의 미집행자에 대한 형 집행권의 소멸은 형의 집행 종료로 인한 형 집행권의 소멸과는 차이가 있지만, 형의 집행이 면제된 사람은 형의 집행을 종료한 사람과 유사한 법적 지위에 있게 된다. 금고 이상의 형을 받아 형의 시효가 완성된 경우에는, 형의 집행 종료일에 상응하여 시효의 완성일이 형집행의 면제일에 해당하므로 시효완성일의 다음 날이 누범기간(§35①), 집행유예 결격기간(§62① 단서), 형의 실효기간(§81)의 기산일이 된다.

〔서 효 원〕

제78조(형의 시효의 기간)

시효는 형을 선고하는 재판이 확정된 후 그 집행을 받지 아니하고 다음 각 호의 구분에 따른 기간이 지나면 완성된다. 〈개정 2017. 12. 12., 2020. 12. 8., 2023. 8. 8.〉

　　1. 삭제〈2023. 8. 8.〉

　　2. 무기의 징역 또는 금고: 20년

　　3. 10년 이상의 징역 또는 금고: 15년

　　4. 3년 이상의 징역이나 금고 또는 10년 이상의 자격정지: 10년

　　5. 3년 미만의 징역이나 금고 또는 5년 이상의 자격정지: 7년

　　6. 5년 미만의 자격정지, 벌금, 몰수 또는 추징: 5년

　　7. 구류 또는 과료: 1년

[제목개정 2020. 12. 8.]

구 조문(2020. 12. 8. 개정 전)

제78조(시효의 기간) 시효는 형을 선고하는 재판이 확정된 후 그 집행을 <u>받음이 없이 다음의 기간을 경과함으로</u> 인하여 완성된다.

　　1. <u>사형은 30년</u>

　　2. 무기의 징역 또는 금고는 20년

　　3. 10년 이상의 징역 또는 금고는 15년

　　4. 3년 이상의 징역이나 금고 또는 10년 이상의 자격정지는 10년

　　5. 3년 미만의 징역이나 금고 또는 5년 이상의 자격정지는 7년

　　6. 5년 미만의 자격정지, 벌금, 몰수 또는 추징은 5년

　　7. 구류 또는 과료는 1년

I. 취지 및 연혁

본조는 형의 시효 완성의 요건과 형의 종류에 따른 시효기간에 대해 규정 1
하고 있다. 의용형법은 사형, 징역, 금고, 벌금, 구류, 과료, 몰수에 대한 형의
시효기간만 규정하였으나, 제정형법은 이에 더하여 자격정지와 추징에 대해서
도 시효를 정하였다.[1] 형법 및 형사소송법이 제정된 이후 형사시효 중 형사소송
법에 규정된 공소시효의 기간은 늘어나거나 배제되는 등 수차례의 개정이 있었
으나, 형법에 규정된 형의 시효의 기간은 상당 기간 변화가 없었다. 공소시효는
법정형을 기준으로 하고, 형의 시효는 선고형을 기준으로 하는 차이가 있지만,
공소시효는 미확정인 형벌권의 소멸사유이나 형의 시효는 확정된 형벌권의 소
멸사유이므로 형의 시효기간이 공소시효기간에 비해 대체로 장기이다.[2]

그런데 그동안 형사소송법상 공소시효의 기간을 개정하면서 형법상 형의 2
시효의 기간은 개정하지 않아 기간의 역전 현상이 발생하게 되자 2017년 12월
12일 형의 시효의 기간을 규정한 본조를 개정하였다. 2017년 12월 12일 형법 개
정으로 5년 미만의 자격정지, 벌금, 몰수 또는 추징에 대한 형의 시효를 3년에서
5년으로 연장하고, 3년 미만의 징역이나 금고 또는 5년 이상의 자격정지에 대한
형의 시효를 5년에서 7년으로 연장하는 방식으로 형의 경중에 따라 시효를 단
계적으로 규정하여 형 집행의 실효성을 높이고, 형법상 형의 시효와 형사소송법
상 공소시효 간의 균형을 맞추었다.

---

1 1992년 정부 제출 형법 일부개정법률안은 자격정지는 일정한 자격의 전부 또는 일부를 정지하
면 족하며 별도의 집행절차가 필요 없어 시효를 인정할 필요가 없다는 이유로, 몰수는 재판이
확정되면 몰수물은 국고에 귀속하는 것이므로 몰수의 시효를 인정할 때에는 소유권에 기한 물권
적 청구권을 소멸시효에 걸리게 하는 부당한 결과를 초래하며 시효를 인정하지 않아도 법률관계
가 불명확하게 될 위험이 없다는 이유로 시효의 대상인 형의 범위에서 제외하였다[법무부, 형법
개정법률안 제안이유서(1992. 10), 90-91]. 2011년 정부 제출 형법(총칙) 일부개정법률안은 금고
형을 징역형으로 단일화하고, 과료형을 폐지하였으며, 형의 종류에서 자격정지와 몰수를 삭제한
점을 반영하여 이에 대한 형의 시효도 각각 삭제하였으며, 몰수와 추징에 대한 시효는 별도로 규
정하는 방식을 취하였다[법무부, 형법(총칙)일부개정법률안 제안 이유서(2011. 4), 46-50, 82].
몰수에 대해서는 1992년 정부 제출 형법 일부개정법률안과 마찬가지로 몰수가 확정된 때에는
그 대상이 국고에 귀속됨을 명문으로 선언하는 규정을 둘 것인지에 대해 논의가 있었으나, 몰수
재산의 성격에 따라 집행 방법이나 소유권 이전 시기 등 몰수가 확정된 구체적인 사안마다 많이
다를 수 있기 때문에 일률적으로 몰수의 국고귀속을 선언하는 규정을 신설하지 않기로 하였다
[법무부, 형법(총칙)일부개정법률안 제안 이유서(2011. 4), 83].
2 백형구, "형의 시효", 사법행정 27-7, 한국사법행정학회(1986), 29.

[서 효 원]

3   2020년 12월 8일 형법 개정(2021. 12. 9. 시행) 이전에는 본조가 "그 집행을 받음이 없이 다음의 기간을 경과함으로 인하여 완성된다."고 규정되어 있었으나, 현재는 알기 쉬운 우리말 표현으로 개정하여 "그 집행을 받지 아니하고 다음 각 호의 구분에 따른 기간이 지나면 완성된다."고 규정되었고, 각 호도 콜론(:)을 사용하여 "사형은 30년"을 "사형: 30년"과 같은 방식으로 읽기 쉽게 표기하였다.

4   2023년 8월 8일 형법 개정으로 종래 30년이던 사형의 시효기간이 삭제되어 사형에 대해서는 형의 시효가 배제되었다. 이처럼 사형에 대한 형의 시효가 배제된 것은, 첫째, 개정 전 형법은 사형을 선고하는 재판이 확정된 후 그 집행을 받지 아니하고 30년이 지나면 사형의 시효가 완성된다고 규정하고 있어 사형을 선고받고 수용 중인 사람의 경우 사형의 시효가 진행되는지 여부에 대해 해석상 논란[3]이 있어,[4] 사형을 선고받고 수용 중인 사람에 대해서는 시효의 적용이 배제된다는 점을 명확히 할 필요가 있었고, 둘째, 형사소송법은 2015년 7월 31일 개정으로 사람을 살해한 범죄로서 사형에 해당하는 범죄의 경우 공소시효의 적용이 배제되어 형의 시효제도와 공소시효제도 간의 불균형을 바로잡을 필요가 있었기 때문이다.[5]

---

3 본조의 '그 집행을 받지 아니하고'를 '형을 선고한 재판의 집행을 받지 아니하고'로 이해하면, 사형확정자를 교정시설에 수용하고 있는 것도 재판의 집행을 위한 것이므로 재판을 집행하는 것으로 볼 수 있다. 그러나 이를 '사형의 집행을 받지 아니하고'로 본다면, 사형의 집행을 실제 하지 않는다면 형의 시효가 진행되는 것으로 보게 될 것이다. 예컨대, 헌법재판소나 대법원이 사형제도를 합헌으로 보고 있고 사형집행에 아무런 장애사유가 없음에도 사형을 집행하지 않고 교정시설 내에 수용하는 것은 형의 시효의 정지나 중단 사유에도 해당하지 않으므로, 입법적으로 사형에 대한 시효가 배제되지 않는 한 형의 시효가 진행되는 것으로 보아야 한다는 견해[김영철·조현욱, "사형의 장기미집행과 형의 시효에 관한 규정의 부조화 - 사형은 곧 징역 30년? - ", 일감법학 29, 건국대학교 법학연구소(2014), 146]도 있었다.

4 우리나라는 1997년 12월 30일 사형을 집행한 뒤 그 후로는 사형을 집행하고 있지 않는데, 사형확정자 중 최장기간 수용자는 1993년 11월 23일 건조물방화치사죄 등의 혐의로 사형이 확정된 사람으로, 만일 사형을 선고받고 수용 중인 사람에 대해서도 형의 시효가 적용된다고 하면 2023년 11월 22일 사형의 시효가 완성되어 석방해야 하는 현실적인 문제가 발생하게 되자, 위와 같이 2023년 8월 8일 형법을 개정하여 사형에 대하여 형의 시효를 배제한 것이다. 위 개정법률 부칙 제2조(사형의 시효 폐지에 관한 적용례)는 "제77조, 제78조제1호 및 제80조의 개정규정은 이 법 시행 전에 사형을 선고받은 경우에도 적용한다."과 규정하여, 위와 같은 논란을 해소하였다.

5 국회 법제사법위원회, 형법 일부개정법률안(대안), 제안이유(2023. 7. 17).

II. 형의 시효 완성의 요건

형의 시효가 완성되기 위한 요건으로는 우선 형을 선고한 재판이 확정되어   5
야 하고, 형의 집행을 받지 아니하고 각각의 형에 대해 규정된 시효기간이 지나
야 한다.

형을 선고한 재판이 확정되어야 형을 집행할 수 있으므로 재판의 확정되기   6
전에는 형의 시효가 진행되지 않는다. 약식명령이나 즉결심판도 형을 선고한 판
결과 마찬가지로 확정판결과 동일한 효력을 가지게 될 때부터 집행이 가능하다.

형의 집행을 받지 아니하고 시효기간이 지나면 시효가 완성되므로 형의 집   7
행 중에는 시효기간이 진행되지 않는다. 시효기간 중에 시효가 정지되면 정지기
간을 제외하고 다시 시효기간을 계산하여야 하고(§ 79), 형의 집행으로 시효가
중단된 후 도주하는 등 시효 진행 사유가 발생하면 처음부터 다시 시효기간을
경과하여야 한다(§ 80).

III. 형의 시효의 기간

1. 시효기간 일반

형의 시효의 기간은 형의 종류와 형기의 장단에 따라 다르다. 형의 시효의   8
기간을 정하는 기준이 되는 형은 선고형이다. 이 점에서 법정형을 기준으로 시
효의 기간을 정하는 공소시효와 다르다.[6] 미결구금일수가 있더라도 미결구금일
수를 산입하기 이전의 선고형을 기준으로 형의 시효의 기간을 정한다. 선고형이
부정기형인 경우, 형의 시효의 기간은 장기를 기준으로 한다. 사면법에 따라 감
형이 이루어진 경우에는, 감형된 형의 종류와 형기를 기준으로 형의 시효의 기
간을 정한다.

동일한 사람을 상대로 2개 이상의 형이 선고된 경우에는 각각의 선고형을   9
기준으로 형의 시효의 기간을 계산한다. 따라서 수개의 자유형이 선고되거나 자
유형과 재산형이 병과되어 선고된 경우에도, 가장 무거운 형을 기준으로 전체 형
의 시효의 기간을 계산하는 것이 아니라 각각의 선고형에 따라 개별적으로 형

---

6 주석형법 〔총칙(2)〕(2판), 745(조균석); 주석형법 〔총칙(2)〕(3판), 703(전승수).

의 시효의 기간을 계산해야 한다.

2. 형의 종류별 시효기간

(1) 사형 - 배제

10   종래 사형의 시효기간은 30년이었으나(구 §78(i)), 앞서 살펴본 대로 2023년 8월 8일 개정으로 형의 시효의 대상에서 제외되었다.

11   참고로 일본에서는 제국은행사건(강도살인 사건)으로 사형 판결을 받은 피고 인이 1955년 5월 7일 판결이 확정되었으나, 그 후 30년이 경과하도록 사형 집 행이 되지 않은 상태로 구금되어 있자 사형에 대한 30년의 시효가 경과되었다 고 주장한 사건이 발생하였다.[7] 일본 최고재판소는 일본형법 제11조 제2항[8]의 구치는 사형의 집행행위에 필요적으로 부수하는 선행절차이므로, 사형확정재판 을 받은 사람이 위 규정에 근거하여 구치되어 있는 동안은 확정재판의 집행이 계속 중인 상태에 있는 것으로서 사형의 시효는 진행하지 않는다고 보았다.[9]

(2) 무기징역 또는 금고

12   무기징역 또는 무기금고의 시효기간은 20년이다(§78(ii)). 무기징역 또는 무 기금고의 공소시효는 15년이다. 이와 관련하여, 인간의 존엄과 가치를 근원적으 로 부정하는 흉악한 범죄와 이에 대한 엄중한 처벌 필요성은 시간의 흐름과 함 께 과거화·역사화되지 않아 독일형법에서 무기자유형(독형 §79②), 보안감호 및 무기 보안관찰(독형 §79④)에 대한 집행시효를 배제하는 규정을 두고 있는 것처 럼, 우리나라도 무기자유형에 대해 끝까지 형벌권 행사의 가능성을 열어두기 위 해 집행시효가 배제될 필요성이 있다는 견해가 있다.[10] 현재 국제형사재판소 관 할 범죄의 처벌 등에 관한 법률(이하, 국제형사범죄법이라 한다.) 제6조는 집단살해 죄 등에 대하여는 공소시효와 형의 시효를 배제하고 있다. 집단살해죄 등은 국 제형사범죄법 제8조부터 제14조까지의 죄를 말하는데(동법 §2(i)), 집단살해죄(동

---

7 2010년 4월 27일 일본형법의 개정으로 현재는 사형에 대해서는 형의 시효가 배제되었다(일형 §31).

8 일본형법 제11조 제2항은 "사형의 언도를 받은 자는 집행될 때까지 형사시설에 구치한다."라고 규정하고 있다.

9 最決 昭和 60(1985). 7. 19. 判時 1158·28.

10 박학모, 형의 시효 및 소멸 제도에 관한 연구, 한국형사정책연구원(2010), 50.

법 § 8), 인도에 반한 죄(동법 § 9), 사람에 대한 전쟁범죄(동법 § 10), 재산 및 권리
에 대한 전쟁범죄(동법 § 11), 인도적 활동이나 식별표장 등에 관한 전쟁범죄(동법
§ 12), 금지된 방법에 의한 전쟁범죄(동법 § 13), 금지된 무기를 사용한 전쟁범죄
(동법 § 14)가 이에 속한다. 집단살해죄 등의 법정형에는 사형, 무기징역 외 징역
1년 이상, 3년 이상, 5년 이상, 7년 이상의 유기징역에 해당하는 범죄도 있으나,
이에 대해 모두 공소시효와 형의 시효를 배제하고 있으므로 집단살해죄 등의
범위 내에서는 사형, 무기징역형, 유기징역형의 시효가 모두 배제되어 있다.

(3) 유기징역 또는 금고

유기징역 또는 유기금고의 시효기간은 선고형의 장단에 따라 달라진다. 10년   13
이상인 경우에는 15년(§ 78(iii)), 3년 이상 10년 미만인 경우에는 10년(§ 78(iv)), 3년
미만인 경우에는 7년이다(§ 78(v)).

죄를 범할 당시 18세 미만인 소년에 대하여 사형 또는 무기형으로 처할 경   14
우에는 15년의 유기징역으로 하므로 형의 시효는 15년이 된다(소년 § 59). 19세 미
만인 소년이 법정형으로 장기 2년 이상의 유기형에 해당하는 죄를 범한 경우에
는 그 형의 범위에서 장기와 단기를 정하여 선고하는데(소년 § 60①), 부정기형인
경우 형의 시효 기간은 장기를 기준으로 한다. 이 경우 장기는 10년, 단기는 5년
을 초과하지 못하므로 형의 시효는 장기 10년인 경우에는 15년, 장기 3년 이상
10년 미만인 경우에는 10년, 장기 2년 이상 3년 미만인 경우에는 7년이 된다.

(4) 자격정지

자격정지의 시효기간도 선고형의 장단에 따라 달라진다. 10년 이상인 경우   15
에는 10년(§ 78(iv)), 5년 이상 10년 미만인 경우에는 7년(§ 78(v)), 5년 미만인 경
우에는 5년이다(§ 78(vi)). 자격정지는 자격정지를 선고한 재판이 확정되면 자유
형이나 재산형의 집행과 달리 별도의 추가적인 절차가 필요 없이 바로 집행할
수 있으므로 현실적으로 형의 시효가 완성되는 경우를 상정하기는 어렵다.

(5) 벌금, 몰수 또는 추징

벌금, 몰수 또는 추징의 시효기간은 5년이다(§ 78(vi)). 종래 벌금에 해당하는   16
범죄의 공소시효는 3년, 벌금형의 시효도 3년이었으나, 2007년 12월 21일 형사소
송법 개정으로 벌금에 해당하는 범죄의 공소시효가 5년이 되었고(형소 § 249①(v)),
2017년 12월 12일 형법 개정으로 형의 시효도 5년이 되었다. 공무원범죄에 관한

몰수 특례법(이하, 공무원범죄몰수법이라 한다.) 제9조의4는 특정공무원범죄에 관한 몰수·추징의 시효를 10년으로 하고 있다. 특정공무원범죄는 뇌물죄, 국고 등 손실과 관련된 횡령죄 등을 말한다.[11]

(6) 구류 또는 과료

17 구류 또는 과료의 시효기간은 1년이다(§ 78(vii)).

Ⅳ. 형의 시효의 기간의 계산

1. 시효기간의 계산방법

18 시효기간의 초일은 시간을 계산함이 없이 1일로 산정하고(§ 85), 형의 시효는 연으로 정한 기간이므로 연 단위로 계산한다(§ 83).

2. 시효의 기산일

(1) 재판확정일이 기산일인 경우

19 형의 시효는 재판의 확정일부터 기산한다(§ 78). 상고기각되어 형이 확정되는 경우에는 상고기각 판결선고일이 재판의 확정일이므로 형의 시효 기산일이 된다. 상소기간 도과로 확정된 경우에는 상소기간이 경과한 다음 날 확정되므로 그 날이 시효의 기산일이 된다. 예를 들면, 2022. 7. 10. 판결이 선고되었다면 상소기간은 7일이므로 2022. 7. 17.이 상소기간의 만료일이고, 그 다음 날인 2022. 7. 18.에 확정되어 그 날부터 시효가 진행된다. 실무상 피고인이 상소를 포기하고 검사가 상소하지 아니하여 판결이 확정되는 경우에 형식적 판결확정

---

11 공무원범죄몰수법 제2조(정의) 이 법에서 사용하는 용어의 뜻은 다음과 같다.
  1. "특정공무원범죄"란 다음 각 목의 어느 하나에 해당하는 죄[해당 죄와 다른 죄가 「형법」 제40조에 따른 상상적 경합(想像的 競合) 관계인 경우에는 그 다른 죄를 포함한다]를 말한다.
    가. 「형법」 제129조부터 제132조까지의 죄
    나. 「회계관계직원 등의 책임에 관한 법률」 제2조제1호·제2호 또는 제4호(같은 조 제1호 또는 제2호에 규정된 사람의 보조자로서 그 회계사무의 일부를 처리하는 사람만 해당한다)에 규정된 사람이 국고(國庫) 또는 지방자치단체에 손실을 입힐 것을 알면서도 그 직무에 관하여 범한 「형법」 제355조의 죄
    다. 「특정범죄가중처벌 등에 관한 법률」 제2조 및 제5조의 죄
  2. (이하 생략)

일은 상소기간이 만료한 다음 날이지만, 피고인의 입장에서 상소포기서를 제출한 때 사실상 판결이 확정된 것으로 보아 상소포기서 제출일을 형의 시효의 기산점으로 계산한다.

약식명령은 정식재판의 청구기간이 경과하거나 그 청구의 취하 또는 청구기각의 결정이 확정된 때에는 확정판결과 동일한 효력이 있고(형소 §457), 즉결심판은 정식재판의 청구기간의 경과, 정식재판청구권의 포기 또는 그 청구의 취하, 정식재판청구를 기각하는 재판이 확정된 때에 확정판결과 동일한 효력이 생기므로(즉심 §16) 이때부터 시효가 기산된다.

(2) 재판확정일이 기산일이 아닌 경우

사형확정자가 구금 중에 도주를 하거나, 자유형의 집행 중에 수형자가 도주한 경우에는 도주일이 시효기간의 기산일이 된다.

형의 집행을 정지한 경우에는 집행정지기간의 만료일이 시효기간의 기산일이고, 기간을 정하지 않은 집행정지의 경우에는 집행정지를 취소한 날부터 시효기간을 기산한다.

형의 집행유예가 실효되면 집행유예가 실효된 날이 시효기간의 기산일이 되고, 형의 집행유예를 취소한 경우에는 그 취소결정의 확정일부터 시효가 기산된다. 가석방이 실효되거나 취소되는 경우에도 가석방이 실효되거나 취소된 날 가석방처분은 효력을 잃어 이때부터 형의 시효가 기산된다. 보호관찰심사위원회는 가석방된 사람이 있는 곳을 알 수 없어 보호관찰을 계속할 수 없을 때에는 보호관찰소의 장의 신청을 받거나 직권으로 보호관찰을 정지하는 결정을 할 수 있고, 정지결정을 한 날부터 형기의 진행이 정지되나(보호관찰 §53①, ④) 형의 시효는 가석방 취소일을 기준으로 기산된다.[12]

3. 시효의 완성일

형의 시효는 시효기간의 최종일 24시에 완성된다. 민법은 기간의 말일이 토요일 또는 공휴일에 해당한 때에는 기간은 그 익일로 만료한다고 규정하고 있고(민 §161), 형사소송법도 기간의 말일이 공휴일 또는 토요일에 해당하는 날

20

21

22

23

24

---

12 주석형법 〔총칙(2)〕(3판), 707(전승수).

은 기간에 산입하지 아니한다고 규정하고 있다(형소 § 66③ 본문). 형의 시효와 관련해서는 최종일이 공휴일 또는 토요일에 해당하는 경우에 시효의 완성일에 대해서는 명문의 규정이 없어 해석상 논란의 여지가 있다. 형법은 형의 시효기간의 초일은 시간을 계산함이 없이 1일로 산정하고 있고(§ 85), 형사소송법은 공소시효가 공휴일 또는 토요일에도 완성될 수 있다고 규정하고 있는 점(형소 § 66③ 단서)에 비추어 보면, 형사시효의 기간은 형 집행 대상자나 피의자에게 유리하게 해석할 필요가 있으므로 공휴일 또는 토요일에 시효가 완성될 수 있다고 보는 것이 타당하다.[13]

〔서 효 원〕

---

13 주석형법 〔총칙(2)〕(2판), 749(조균석); 주석형법 〔총칙(2)〕(3판), 707(전승수).

제79조(형의 시효의 정지)

① 시효는 형의 집행의 유예나 정지 또는 가석방 기타 집행할 수 없는 기간은 진행되지 아니한다. 〈개정 2014. 5. 14.〉

② 시효는 형이 확정된 후 그 형의 집행을 받지 아니한 사람이 형의 집행을 면할 목적으로 국외에 있는 기간 동안은 진행되지 아니한다. 〈신설 2014. 5. 14., 2023. 8. 8.〉

[제목개정 2023. 8. 8.]

Ⅰ. 취지 및 연혁

본조는 형의 시효의 정지사유와 정지기간에 대해 규정한다. 시효의 정지 제도는 국가가 형의 집행을 할 수 없는 기간 동안 시효가 진행되어 완성되는 것을 방지하기 위한 것이다. 형의 시효가 정지되는 경우에는 그 사유가 발생한 기간 동안만 시효의 진행이 정지되었다가 그 사유가 해소되면 다시 잔여 시효기간이 진행된다. 이러한 점에서 이미 경과한 시효기간의 효과를 상실시키는 시효의 중단과는 구별된다. 시효가 중단된 경우에는 다시 시효 진행 사유가 발생하더라도 종전에 진행된 시효기간에 이어서 시효가 계속 진행되는 것이 아니라 처음부터 다시 시효를 기산하게 된다.

1

1995년 12월 29일 형사소송법의 개정으로 범인이 형사처분을 면할 목적으로 국외에 있는 경우 그 기간 동안 공소시효를 정지하는 규정이 신설되었다(형소 §253③). 공소시효와 달리 형의 시효에 대하여는 형의 집행을 피하기 위해 국외로 도피한 경우에 시효가 진행되는 문제가 있어 이를 입법적으로 개선할 필요가 있다는 지적이 있었다. 2014년 5월 14일 형법 개정으로 본조 제2항이 신

2

설되어 현재는 형의 집행을 면할 목적으로 국외에 있는 기간 동안은 시효가 정지된다.

3   2023년 8월 8일 사형에 대한 형의 시효를 배제하는 내용의 형법 개정을 하면서, 본조의 표제를 '시효의 정지'를 '형의 시효의 정지'로 변경하여 용어를 명확히 하였고, 본조 제2항의 '자가'를 '사람이'로 개정하였다.

II. 형의 시효의 정지사유와 정지기간

1. 형의 집행유예

4   형의 집행을 유예하는 판결이 선고되어 확정된 경우에는 집행유예의 성질상 형을 집행할 수 없으므로 형의 시효도 진행되지 아니한다. 그 후 집행유예가 실효되거나 취소되는 경우에 형의 시효가 진행되나, 집행유예 선고의 실효 또는 취소 없이 유예기간을 경과하면 형의 선고가 효력을 잃게 되므로 형의 시효가 문제될 여지가 없다.

2. 형의 집행정지

5   형을 선고한 판결이 확정된 후 형의 집행을 정지한 경우에는 집행정지의 성질상 형을 집행할 수 없으므로 그 기간 동안은 형의 집행기간에 산입되지 않고 형의 시효도 진행되지 아니한다. 형의 집행을 정지할 때 정지기간을 정한 경우에는 그 기간 만료일까지 시효의 진행이 정지되고, 기간을 정하지 않은 집행정지의 경우에는 집행정지를 취소한 날부터 시효가 진행되므로 취소일 전 날까지가 정지기간이 된다.

(1) 자유형의 집행정지

6   자유형(징역, 금고 또는 구류)의 집행정지 사유에는 필요적 집행정지 사유와 임의적 집행정지 사유가 있으며 어느 사유에 따른 집행정지 결정이라도 형의 시효는 정지된다.

7   필요적 집행정지는 징역의 선고를 받은 자가 심신의 장애로 의사능력이 없는 상태에 있는 때에 검사의 지휘에 의하여 심신장애가 회복될 때까지 형의 집

행을 정지하는 것이다(형소 § 470①). 임의적 집행정지는 자유형의 선고를 받은 자가 형의 집행으로 인하여 현저히 건강을 해하거나 생명을 보전할 수 없을 염려가 있는 때, 연령 70세 이상인 때, 잉태 후 6월 이상인 때, 출산 후 60일을 경과하지 아니한 때, 직계존속이 연령 70세 이상 또는 중병이나 장애인으로 보호할 다른 친족이 없는 때, 직계비속이 유년으로 보호할 다른 친족이 없는 때, 기타 중대한 사유가 있는 때에 검사의 지휘에 의하여 형의 집행을 정지하는 것을 말한다(형소 § 471).

2개 이상의 자유형을 집행하는 경우에는 무거운 형을 먼저 집행하는 것이 **8** 원칙이나 집행순서를 변경할 수도 있다(형소 § 462). 무거운 자유형을 먼저 집행하는 경우에는 가벼운 자유형에 관하여 당연히 집행정지의 효력이 발생하고,[1] 형 집행 순서를 변경하는 경우에는 집행 중인 무거운 자유형의 집행을 정지하고, 다른 형을 집행하게 되는 것이므로 무거운 자유형의 시효는 정지된다.

자유형과 벌금형은 집행순서를 정할 필요 없이 동시에 집행이 가능하므로 **9** 자유형이 집행되는 동안 벌금형의 시효가 정지되지는 않는다. 이 경우 나중에 집행하는 벌금형에 대한 시효가 완성되는 것을 방지하기 위해서는 집행순서를 변경하여 형의 시효가 임박한 벌금형에 대한 노역장 유치집행을 우선하게 된다(형소 § 462 단서). 이때 검사는 자유형의 집행을 정지하고 먼저 노역장유치의 집행을 지휘하게 된다(자유형등에 관한 검찰집행사무규칙 § 39①). 2개 이상의 벌금형에 관한 노역장유치 집행의 경우에도 1개의 벌금형에 대한 노역장유치 집행 중에 다른 벌금형에 대한 시효가 정지되지 않으므로 시효의 완성 전에 집행을 하기 위해서는 노역장유치 집행의 순서를 변경할 필요가 있다.

(2) 상소권회복의 청구

상소할 수 있는 자는 자기 또는 대리인이 책임질 수 없는 사유로 인하여 상 **10** 소의 제기기간내에 상소를 하지 못한 때에는 상소권회복의 청구를 할 수 있다(형소 § 345).[2] 상소권회복의 청구가 있는 때에는 법원은 청구의 허부에 관한 결

---

1 주석형법 〔총칙(2)〕(2판), 752(조균석); 주석형법 〔총칙(2)〕(3판), 710(전승수).
2 2007년 6월 1일 형사소송법 개정 전에는 "상소권회복의 청구가 있는 때에는 법원은 전조의 결정을 할 때까지 재판의 집행을 정지하는 결정을 하여야 한다."는 필요적 집행정지 규정이었다. 그러나 약식명령이 확정되었으나 벌금을 납부하지 않아 노역장유치 집행된 자가 상소권회복의 청구를 하고 형의 집행을 정지하는 결정을 받아 석방된 후 소재불명이 되는 사례가 많아 임의적

정을 할 때까지 재판의 집행을 정지하는 결정을 할 수 있으므로(형소 §348①), 이 경우에도 형의 시효는 정지된다.

(3) 재심의 청구와 재심개시결정

11　　재심의 청구는 형의 집행을 정지하는 효력은 없지만, 재심청구를 관할하는 법원에 대응한 검찰청검사는 재심청구에 대한 재판이 있을 때까지 형의 집행을 정지할 수 있다(형소 §428). 법원은 재심개시결정을 할 경우 결정으로 형의 집행을 정지할 수 있다(형소 §435②).[3] 소송촉진 등에 관한 특례법에 따른 재심의 경우에는 재심 청구가 있을 때에는 법원은 재판의 집행을 정지하는 결정을 하여야 한다(동법 §23의2①, ②). 이와 같이 재심 절차에서 검사 또는 법원의 결정으로 형의 집행이 정지되는 경우에도 형의 시효는 정지된다.

3. 가석방

12　　가석방은 자유형의 집행을 받고 있는 사람에 대해 일정한 조건하에서 형기 종료 전에 석방하는 제도이므로, 그 성질상 가석방기간 동안 형기는 진행되나 실제로 형을 집행할 수는 없어 형의 시효도 진행되지 않고 정지된다. 가석방기간 중에 가석방이 실효되거나 취소되면 형의 시효가 진행되나, 가석방 처분이 실효 또는 취소되지 아니하고 가석방기간을 경과한 때에는 형의 집행을 종료한 것으로 보므로 형의 시효가 문제될 여지가 없다(§76①).

4. 기타 집행할 수 없는 기간

13　　형의 시효의 정지사유인 '기타 집행할 수 없는 기간'은 천재지변 등 불가항력적인 사유로 형을 집행할 수 없는 기간[4]을 말한다.[5] 형의 선고를 받아 확정된

집행정지로 개정되었다.

3　1995년 12월 29일 형사소송법 개정 전에는 "재심개시의 결정을 할 때에는 결정으로 형의 집행을 정지하여야 한다."는 필요적 집행정지 규정이었다.

4　강동욱, 강의 형법총론(3판), 447; 김성돈, 형법총론(5판), 842; 김성천·김형준, 형법총론(6판), 511; 김일수·서보학, 새로쓴 형법총론(13판), 615; 박상기, 형법총론(9판), 578; 성낙현, 형법총론(3판), 794; 손동권·김재윤, 새로운 형법총론, §40/20; 이재상·장영민·강동범, 형법총론(12판), §44/6; 이형국·김혜경, 형법총론(7판), 635; 정성근·박광민, 형법총론(전정2판), 733; 최호진, 형법총론(2판), 888; 주석형법 〔총칙(2)〕(3판), 711(전승수); 박학모, 형의 시효 및 소멸제도에 관한 연구, 한국형사정책연구원(2010), 67.

5　1992년 정부 제출 형법 일부개정법률안은 "기타 법령에 의하여 집행하지 아니하는 기간"으로 제

사람이 도주하거나 소재불명이 되어 사실상 형을 집행할 수 없게 되는 경우는 불가항력적인 사유로 볼 수 없고,[6] 형의 시효가 진행되는 전형적인 경우에 불과하다.

치료감호와 형이 병과된 경우에는 치료감호를 먼저 집행하나, 이 경우 치료 감호의 집행기간은 형 집행기간에 포함된다(치감 §18). 피치료감호자를 치료감호 시설에 수용하는 기간은 원칙적으로 15년을 초과할 수 없고(치감 §16②)[7] 치료감 호의 집행기간이 형의 집행기간에 포함되므로 치료감호의 집행기간 동안 형의 시효가 진행된다고 하더라도 시효가 완성되는 경우를 상정하기는 어려워 논의의 실익이 크지는 않지만, 치료감호기간은 법률에 따라 형을 집행할 수 없는 기간이므로 시효가 정지된다고 보아야 한다. 그러나 동일한 사건에 대해 치료감호와 형이 병과된 경우가 아니라 자유형의 집행 중에 별도의 사건으로 치료감호를 선고받아 집행하는 경우에는 치료감호 집행 중이라는 사유만으로 형의 시효가 정지된다고 볼 수는 없고, 형사소송법 제470조 제1항 또는 제471조 제1항의 사유로 형 집행정지 결정을 하는 경우에만 형의 시효도 정지된다.[8] **14**

재산형에 대한 분할납부, 납부연기를 허가한 경우에도 시효가 정지되는지 여부가 문제될 수 있다. 분할납부의 경우에는 일부라도 납부가 되면 시효가 중단되나, 실무상 납부연기를 허가한 경우에는 시효의 정지사유로 보지는 않는다. **15**

5. 집행 회피 목적 국외 체류

형이 확정된 후 그 형의 집행을 받지 아니한 사람이 형의 집행을 면할 목적으로 국외에 있는 기간 동안은 형의 시효가 진행되지 아니한다.[9] 이 시효 정지 **16**

한하여 도주하거나 소재불명인 경우 외에 천재지변에 의하여 집행할 수 없는 때에도 시효가 정지되지 않는 것으로 규정하였다(안 §82).

6　강동욱, 447; 김성돈, 842; 김성천·김형준, 511; 김일수·서보학, 615; 박상기, 578; 손동권·김재윤, §40/20; 이재상·장영민·강동범, §44/6; 정성근·박광민, 733; 주석형법 〔총칙(2)〕(3판), 711 (전승수).

7　살인범죄를 저질러 치료감호를 선고받은 피치료감호자가 살인범죄를 다시 범할 위험성이 있고 계속 치료가 필요하다고 인정되는 경우에는 법원은 치료감호시설의 장의 신청에 따른 검사의 청구로 3회까지 매회 2년의 범위에서 기간을 연장하는 결정을 할 수 있다(치감 §16③).

8　주석형법 〔총칙(2)〕(3판), 712(전승수).

9　2011년 정부 제출 형법(총칙) 일부개정법률안은 형확정자가 국외로 출국할 경우 사실상 형의 집행이 곤란하다는 점, 실제로 국외 체류로 인한 형미집행자의 비율이 증가 추세에 있다는 점과

사유는 형이 확정된 후에 집행을 면할 목적으로 국외로 출국한 경우에 한정되지 않고, 형이 확정되기 전부터 국외로 출국한 상태에서 형이 확정된 이후에도 집행을 면할 목적으로 계속 국외에 체류하는 경우에도 적용된다.[10] 형의 집행을 면할 목적은 오로지 형의 집행을 면할 목적만으로 국외체류하는 것에 한정되는 것은 아니고, 여러 국외체류 목적 중 형의 집행을 면할 목적이 포함되어 있으면 충분하다. 이는 공소시효 정지사유와 관련된 대법원의 입장이나,[11] 형의 시효의 정지사유에 대해서도 동일한 해석이 가능하다.

Ⅲ. 형의 시효의 정지 효과

17　　형의 시효의 정지사유가 있으면 형의 시효가 진행되지 않으므로 그 기간은 시효기간에 산입되지 않는다. 시효의 정지사유가 있는 동안은 시효의 진행이 멈추지만 시효의 중단사유가 있는 경우와는 달리 이미 진행된 시효기간에는 영향을 미치지 않으므로 시효의 정지사유가 해소되면 경과된 시효기간을 제외한 남은 시효기간이 계속 진행되게 된다.

18　　형의 집행유예는 판결이 확정된 때부터 형의 시효가 정지되고, 형의 집행정지와 가석방은 실제로 형이 집행되고 있는 상태에서 이루어지는 것이기 때문에, 시효의 정지사유가 발생하기 전에 시효가 진행되는 경우를 상정하기 어렵다는

이를 방치할 경우 국민의 건전한 준법의식을 해하거나 국가형벌권이 형해화될 수 있다는 점 등을 감안하여 형의 집행력 강화를 위하여 "시효는 형을 집행받지 아니한 자가 국외에 있는 기간 동안은 진행되지 아니한다."는 규정(안 § 76②)을 신설하는 내용을 담고 있었다[법무부, 형법(총칙)일부개정법률안 제안 이유서(2011. 4), 76-77].

10　주석형법 [총칙(2)](3판), 712(전승수).

11　대판 2022. 12. 1, 2019도5925. 「공소시효 정지에 관한 형사소송법 제253조 제3항의 입법 취지는 범인이 우리나라의 사법권이 실질적으로 미치지 못하는 국외에 체류한 것이 도피의 수단으로 이용된 경우에 체류기간 동안 공소시효 진행을 저지하여 범인을 처벌할 수 있도록 하고 형벌권을 적정하게 실현하는 데 있다. 따라서 위 규정이 정한 '형사처분을 면할 목적'은 국외 체류의 유일한 목적으로 되는 것에 한정되지 않고 범인이 가지는 여러 국외 체류 목적 중에 포함되어 있으면 족하다. 범인이 국외에 있는 것이 형사처분을 면하기 위한 방편이었다면 '형사처분을 면할 목적'이 있었다고 볼 수 있고, 위 '형사처분을 면할 목적'과 양립할 수 없는 범인의 주관적 의사가 명백히 드러나는 객관적 사정이 존재하지 않는 한 국외 체류기간 동안 '형사처분을 면할 목적'은 계속 유지된다.」

본 판결 해설은 어재원, "국외여행허가의무 위반으로 인한 병역법 위반죄의 공소시효 기산점", 해설 134, 법원도서관(2023), 343-368.

견해가 있다.[12] 현실적으로 시효의 정지사유 발생 전에 시효가 진행되지 않는 경우가 대부분이긴 하나, 형의 집행정지 기간이 지나거나 집행정지 결정이 취소되어 형의 시효가 진행되는 상황에서 다른 사유로 형 집행정지 결정이 있다거나, 국내에서 도주하여 형의 시효가 진행되는 상황에서 형의 집행을 면할 목적으로 국외로 출국하는 등과 같이 형의 정지사유 발생 이전에 형의 시효가 일부 진행되는 경우도 발생할 수 있다.[13] 형 집행정지의 결정이 취소되거나 귀국하는 등 시효의 정지사유가 해소되면 종전에 진행된 시효기간을 포함하여 시효가 진행된다.

〔서 효 원〕

---

12 백형구, "형의 시효", 사법행정 27-7, 한국사법행정학회(1986), 31.
13 주석형법 〔총칙(2)〕(2판), 754(조균석); 주석형법 〔총칙(2)〕(3판), 713(전승수).

제80조(형의 시효의 중단)
시효는 징역, 금고 및 구류의 경우에는 수형자를 체포한 때, 벌금, 과료, 몰수와 추징의 경우에는 강제처분을 개시한 때에 중단된다.
[전문개정 2023. 8. 8.]

Ⅰ. 취 지

1   본조는 형의 시효의 중단사유에 대해 규정하고 있다. 즉 형의 시효는 징역, 금고 및 구류의 경우에는 수형자를 체포한 때, 벌금, 과료, 몰수 및 추징의 경우에는 강제처분을 개시한 때에 중단된다. 2023년 8월 8일 형법 개정으로 형의 시효의 대상에서 사형을 제외하였음은 **제78조(형의 시효의 기간)** 부분에서 살펴본 바와 같다. 시효의 중단은 이미 경과한 시효기간의 효과를 상실시키는 것이므로 시효의 중단 이후 다시 시효가 진행되는 사유가 발생하더라도 시효가 정지된 경우와 달리 종전에 진행되었던 시효와는 별개로 처음부터 다시 시효의 기간을 계산하게 된다.

2   형사소송법은 공소시효에 대해서는 정지사유만 규정하고(형소 § 253 등) 중단사유를 두고 있지 않지만, 형법은 형의 시효에 대해서는 정지사유 외에 중단사유도 규정하고 있다.

Ⅱ. 형의 시효의 중단사유

1. 수형자 체포

3   자유형(징역, 금고, 구류)의 경우에는 수형자를 체포한 때 시효가 중단된다. 형의 집행 및 수형자의 처우에 관한 법률(이하, 형집행법이라 한다.)상 수형자는 징역

형·금고형 또는 구류형의 선고를 받아 그 형이 확정되어 교정시설에 수용된 사람과 벌금 또는 과료를 완납하지 아니하여 노역장 유치명령을 받아 교정시설에 수용된 사람을 말한다(형집 § 2(ii)). 그러나 본조에서 말하는 수형자는 교정시설에 수용된 사람이 아닌 교정시설에 수용하여 집행할 형의 확정자(2023. 8. 8. 개정으로 사형확정자는 제외)로서 노역장유치 대상자는 제외되므로, 형집행법상 수형자의 의미와 동일하지는 않다.

시효의 중단사유인 '체포'는 사형 또는 자유형의 집행을 위하여 대상자의 신체를 구속하는 것을 말한다.[1] 따라서 형 집행 대상자가 소환에 불응하여 형집행장을 발부하고 강제로 구인하여 형을 집행하게 되는 경우 외에도, 형 집행을 위한 소환에 응하여 형을 집행하게 되는 경우에도 시효는 중단된다. 시효의 중단사유인 체포는 형 집행 그 자체와는 구별되므로, 형 집행을 위해 체포된 사람이 교도소로 호송되는 중에 도주하였더라도 시효가 계속 진행되는 것이 아니라 체포로 인하여 시효는 일단 중단되었다가 도주하여 다시 처음부터 시효가 진행되는 것이다.[2]   **4**

집행할 형이 수개인 경우에는 체포의 이유가 된 형에 대해서만 시효가 중단되므로 집행할 형의 종류에 따라 시효의 중단 여부가 달라질 수 있다. 예를 들면 2개 이상의 징역형이나 징역형과 금고형, 징역형과 구류형 등 수개의 자유형을 집행하기 위하여 체포된 경우라면 체포는 자유형 전부의 집행을 위한 것이므로 자유형 전부의 시효가 중단된다고 볼 수 있으나, 집행할 형이 징역형과 벌금형인 경우 체포는 재산형에 대한 시효의 중단사유는 아니므로 벌금형에 대한 시효는 중단되지 아니한다.   **5**

자유형의 집행을 위한 체포인 경우에만 시효가 중단되므로, 형집행 대상자가 도주죄(§ 145①, § 146)나 다른 사건의 피의자로 체포되는 경우에는 검사의 형집행지휘가 있기 전에 사실상 체포가 되었다는 사유만으로는 시효가 중단되지 않지만, 형의 집행 중 도주한 경우 교도관은 도주 후 72시간 이내에 그를 체포할 수 있고(형집 § 103①), 이 경우에는 체포로 형의 시효가 중단된다.[3]   **6**

---

1 1992년 정부 제출 형법 일부개정법률안은 '체포'를 '구속'으로 변경하는 내용을 포함하고 있었다(안 § 83①).
2 백형구, "형의 시효", 사법행정 27-7, 한국사법행정학회(1986), 32.
3 백형구(주 2), 32.

2. 강제처분 개시

(1) 강제처분 개시의 의의

7　　벌금, 과료, 몰수와 추징의 경우에는 강제처분을 개시한 때에 시효가 중단된다. 형의 시효의 중단사유인 '강제처분'의 개시는 '집행행위'의 개시를 의미한다. 집행행위에는 ① 검사의 집행명령에 의한 강제집행(형소 § 477③), ② 국세체납처분의 예에 따른 집행(형소 § 477④), ③ 노역장유치의 집행(형소 § 492) 등이 있다.

8　　집행행위가 개시되면 형의 시효가 중단되나, 검사가 납부의무자에게 납부명령이나 납부독촉을 하는 것만으로는 집행행위의 개시로 볼 수 없고, 검사의 집행명령이나 노역장유치 집행지휘만으로는 집행행위의 개시가 있었다고 할 수 없다.[4] 그러나 시효의 중단은 집행행위가 개시되는 것으로 충분하므로 압류물을 환가하여도 집행비용 외에 잉여가 없다는 이유로 집행불능이 되었다고 하더라도 이미 발생한 시효중단의 효력이 소멸하지는 않는다.[5] 또한 집행관이 압류할 물건을 찾지 못하여 집행불능이 된 경우나 동산을 압류하였으나 제3자가 그 소유권을 주장하며 제3자 이의의 소를 제기하여 압류가 취소된 경우에도, 마찬가지로 시효중단의 효력이 소멸하지 않는다.[6]

(2) 일부 납부

9　　형 집행 대상자가 임의로 벌금, 과료, 추징의 일부를 납부하거나 몰수대상물의 일부를 제출하여 집행기관이 이를 수령한 경우에는, 이로써 집행행위가 개시된 것으로 보아 그 재산형의 시효가 중단된다.[7] 임의로 납부한 경우도 강제처

---

4 백형구(주 2), 32.

5 대결 1992. 12. 28, 92모39.

6 대판 2001. 7. 27, 2001두3365(추징금의 시효는 검사의 집행명령에 따라 집행관이 강제처분인 집행행위를 개시함으로써 중단되고, 이러한 집행행위는 유체동산 압류 시 압류할 유체동산을 찾기 위해 추징금 납부의무자의 주거를 수색함으로써 이미 개시되므로 그 때 시효중단의 효력은 발생한다고 하면서, 위와 같이 추징금의 시효중단 법리에 관하여 판시한 사례).

7 대결 2001. 8. 23, 2001모91(서울지방검찰청 소속 공무원이 벌금 미납자의 주거지를 찾을 수 없자 연고지로 파악된 장인의 집을 방문하여 장인에게 벌금의 일부라도 납부할 것을 종용하였고, 이에 장인이 자신의 이름으로 벌금 3,185,000,000원 중 불과 2만 원을 우체국 통상환증서로 우편송부하자, 서울지방검찰청은 이를 벌금 일부를 납부한 것으로 처리한 사안에서, 위 사정만으로 위 벌금 미납자가 임의로 벌금을 일부 납부한 것으로는 보기 어렵고, 이미 형의 시효가 완성되었다는 취지로 판시한 사례).

　본 결정 해설은 박재필, "형사소송법 제489조 소정의 '재판의 집행에 관한 검사의 처분에 대한 이의신청'의 대상 및 벌금의 일부 납부와 형시효중단의 법리", 해설 39, 법원도서관(2001), 504-516.

분의 개시에 포함되는지 해석상 논란이 있을 수 있다. 시효의 중단사유인 '강제처분의 개시'는 '집행행위의 개시'를 의미하고, 납무의무자가 자발적으로 납부를 하지 아니하여 강제적인 집행행위를 개시하는 것을 시효의 중단사유로 규정하고 있으므로, 그러한 집행행위에 앞서 임의로 일부를 납부하여 수령하는 것은 당연히 시효의 중단사유에 해당한다고 본다.[8] 벌금의 일부 납부란 수형자 본인이 스스로 벌금을 일부 납부한 경우, 즉 벌금의 일부를 수형자 본인 또는 그 대리인이나 사자(使者)가 수형자 본인의 의사에 따라 이를 납부한 경우를 말하는 것이고, 수형자 본인의 의사와는 무관하게 제3자가 이를 납부한 경우는 시효의 중단사유인 일부 납부에 포함되지 않는다.[9]

(3) 검사의 집행명령에 따른 강제집행

[10] 벌금, 과료, 몰수, 추징의 재판은 검사의 명령에 의하여 집행하는데(형소§477①), 강제집행은 검사가 납부명령 및 납부독촉을 하였으나 납부 자력이 있음에도 불구하고 자진해서 납부하지 않는 경우에 민사집행법 규정을 준용하여 벌과금을 집행하는 절차이다(형소§477③).

[11] 유체동산에 대한 강제집행의 경우에는 검사가 집행명령서를 작성하여 집행관에게 집행을 명하고, 채권 기타 재산권의 경우에는 집행법원에 채권압류와 추심명령 또는 전부명령을 신청하여 집행하게 된다. 부동산이나 등록된 자동차, 건설기계, 항공기, 공장저당법에 의한 공장재단 등은 법원에 강제경매를 신청하고 민사집행법에 따라 강제경매절차를 진행한다.

(가) 유체동산

[12] 유체동산에 대해 강제집행을 하는 경우에는, 검사의 집행명령서를 집행관이 수령하는 때에 강제처분의 개시가 있는 것으로 볼 수 있다.[10] 집행관이 그 후 상당한 기간이 경과하기 전에 집행에 착수하지 못하면 시효중단의 효력이 없지만, 다가구주택 등 호수가 특정되지 아니하고 폐문부재하여 집행을 하지 못하였더라도 그 후 상당한 기간 내에 다시 호수를 알아 낸 다음 집행에 착수하였다면 시효가 중단된 것으로 볼 수 있다.[11]

---

8 박재필(주 7), 514.
9 대결 2001. 8. 23, 2001모91.
10 대결 2000. 9. 19, 99모140.
11 대결 2006. 1. 7, 2004모524. 본 결정 해설은 김용관, "유체동산 경매의 방법으로 추징형을 집행

(나) 채권

13   채권에 대한 강제집행의 방법으로 벌금형[12]이나 추징형[13]을 집행하는 경우
에는, 검사의 집행명령서에 기하여 '법원에 채권압류명령을 신청하는 때'에 강제
처분인 집행행위의 개시가 있는 것으로 보아 특별한 사정이 없는 한 그때 시효
중단의 효력이 발생한다.[14] 시효중단의 효력이 발생하기 위하여 집행행위가 종
료되거나 성공하였음을 요하지 아니하고, 수형자에게 집행행위의 개시사실을
통지할 것도 요하지 아니한다. 일응 수형자의 재산이라고 추정되는 채권에 대하
여 압류신청을 한 이상 피압류채권이 존재하지 아니하거나 압류채권을 환가하
여도 집행비용 외에 잉여가 없다는 이유로 집행불능이 되었다고 하더라도 이미
발생한 시효중단의 효력이 소멸하지는 않는다.[15] 그리고 채권에 대한 압류의 효
력은 압류채권자가 압류명령의 신청을 취하하거나 압류명령이 즉시항고에 의하
여 취소되는 경우 또는 채권압류의 목적인 현금화절차가 종료할 때(추심채권자가
추심을 완료한 때 등)까지 존속하는데, 이처럼 채권압류의 집행으로 압류의 효력이
유지되고 있는 동안에는 특별한 사정이 없는 한 추징형의 집행이 계속되고 있
는 것으로 보아야 하고, 한편으로 피압류채권이 법률상 압류금지채권에 해당하
더라도 재판으로서 압류명령이 당연무효는 아니므로 즉시항고에 의하여 취소되
기 전까지는 역시 추징형의 집행이 계속되고 있는 것으로 보아야 한다.[16]

(다) 부동산 등

14   부동산이나 등록된 자동차, 건설기계, 항공기, 공장저당법에 의한 공장재단
등에 대한 강제집행에 있어서는, 강제경매개시결정이 있는 때 시효가 중단된다.
형 집행 대상자의 부동산에 대하여 제3자가 강제경매를 신청하여 경매절차가

하는 경우 시효 중단의 시점", 해설 62, 법원도서관(2006), 350-361.

12 대결 2009. 6. 25, 2008모1396. 본 결정 해설은 김우수, "가. 벌금형의 시효중단 사유로서의 '강제
   처분 개시'의 의미, 나. 검사의 징수명령에 의해 수형자의 예금채권에 대하여 압류신청을 한 경
   우, 비록 그 예금채권이 사실상 휴면예금이거나 액수가 극히 적은 금액이었다고 하더라도 이미
   발생한 시효중단의 효력이 소멸하지 않는다고 본 사례", 해설 80, 법원도서관(2009), 673-688.

13 대결 2023. 2. 23, 2021모3227.

14 형 집행 대상자가 채권압류 사실을 통지받지 못한 경우에 민법 제176조에 의하여 채권압류는 시
   효중단의 효력이 없다고 볼 수 있는지 문제되나, 형의 시효 중단 규정은 형의 집행을 확보하기
   위해 별도로 둔 규정으로 민법 제176조를 적용하는 것은 적절하지 않다[김우수(주 12), 684].

15 대결 2009. 6. 25, 2008모1396; 대결 2023. 2. 23, 2021모3227.

16 대결 2023. 2. 23, 2021모3227.

진행 중인 경우에는, 집행법원에 배당요구를 한 때를 시효의 중단 시점으로 보아야 한다.[17]

(4) 국세체납처분의 예에 따른 집행

2007년 6월 1일 개정 형사소송법은 민사집행법에 따른 집행 외에 국세징수법상 국세체납처분의 예에 따라 집행할 수 있는 규정을 신설하였다(형소 §477④). 이에 따라 검사는 국세체납처분의 예에 따라 압류를 하고 공매에 부칠 수 있다. 압류한 재산의 공매에 전문 지식이 필요하거나 그 밖의 특수한 사정이 있어 직접 공매하기에 적당하지 아니하다고 인정될 때에는 공매대행 의뢰서에 따라 한국자산관리공사로 하여금 대행하게 할 수 있다(재산형 등에 관한 검찰 집행사무규칙 §17의2②). 체납자는 벌과금을 납부기한까지 납부하지 아니하여 벌과금 납부 독촉서를 받고도 지정된 기한까지 벌과금을 완납하지 아니한 사람을 말하고, 체납처분은 벌과금 집행을 위하여 체납자의 재산에 대하여 실현하는 강제집행절차를 말한다(벌과금 체납처분 규정[18] §4). 체납자의 재산에 대하여 체납처분의 예에 따라 압류를 하면 시효가 중단된다.[19] 국세기본법은 국세징수권의 소멸시효를 규정하면서 납부고지, 독촉, 교부청구, 압류(국세징수법 §56①(v), (vi)[20]의 사유로 압류를 즉시 해제하는 경우는 제외)를 소멸시효의 중단사유로 규정하고 있다(국세기본법 §28①). 재산형을 국세체납처분의 예에 따라 집행할 수는 있지만 국세징수권에 대한 소멸시효 중단사유를 모두 형의 시효 중단사유로 보기는 어렵고, 집행행위의 개시로 볼 수 있는 압류 시에 시효가 중단되는 것으로 본다.

(5) 노역장유치의 집행

검사의 노역장유치 집행지휘만으로는 집행행위의 개시로 볼 수 없으므로 현실적으로 유치 집행의 착수가 있어야 강제처분이 개시된다. 벌금미납자를 검거하였으나 건강 악화 등의 사유로 노역장유치 집행이 곤란하여 교정시설에서

15

16

---

17 대검 집행과 61168-434, 1995. 6. 30.
18 제정 2007. 10. 15. 대검 예규 집행 422호, 개정 2022. 9. 30. 대검 예규 집행 1315호.
19 주석형법 〔총칙(2)〕(3판), 720(전승수).
20 국세징수법 제57조(압류 해제의 요건) ① 관할 세무서장은 다음 각 호의 어느 하나에 해당하는 경우 압류를 즉시 해제하여야 한다.
　　5. 제41조(주: 압류금지재산)에 따른 압류금지재산을 압류한 경우
　　6. 제3자의 재산을 압류한 경우

집행을 하지 않는 경우 시효의 중단 여부가 문제될 수 있다. 실무상 벌금의 일부라도 납부를 받아 시효가 명확히 중단되도록 하는 방식으로 처리하기도 하나, 납부능력이 없는 경우라도 검거 당일 또는 구인일수를 통산액으로 공제 처리하고 있으며,[21] 이 경우에도 현실적인 유치집행의 착수는 있는 것으로 볼 수 있으므로 시효는 중단된다.

Ⅲ. 형의 시효의 중단 효과

17　시효가 중단되면 새롭게 시효의 전 기간이 경과되어야 시효가 완성된다.[22]

18　자유형의 집행 중 도주하여 형의 시효가 진행되는 경우, 잔형이 아닌 선고형을 기준으로 제78조에 따라 정해진 시효기간이 경과하여야 한다. 이와 마찬가지로 도주 중에 체포가 되어 시효가 중단된 상황에서 형 집행 중 다시 도주하였더라도 형의 시효기간은 잔형이 아닌 최초의 선고형을 기준으로 한다.

19　벌금이나 추징금을 일부 납부하거나 강제처분이 개시되어 시효가 중단된 경우에도 벌금이나 추징금 전부에 대해 시효중단의 효과가 미치므로, 미납 벌금이나 추징금에 대한 시효는 강제처분이 종료한 때 다시 처음부터 진행된다. 강제처분이 종료되어 다시 시효가 진행하는 시점은 집행관에 의하여 유체동산의 매각이 된 다음 국가에게 교부할 금액이 교부된 때이다.[23] 법원이 집행기관인 경우에는 채권에 대한 추심명령은 채권자가 추심완료를 신고하였을 때, 전부명령은 그 명령이 확정된 때에 강제집행이 종료한 때로 보는 것이 실무이다.

〔서 효 원〕

---

21 노역장유치집행 탄력적 운용방안 시행관련 실무지침 시달(대검 집행과 61168-320. 1998. 12. 9.).
22 강동욱, 강의 형법총론(3판), 448; 김성돈, 형법총론(5판), 842; 김성천·김형준, 형법총론(6판), 511; 김일수·서보학, 새로쓴 형법총론(13판), 615; 박상기, 형법총론(9판), 578; 성낙현, 형법총론(3판), 795; 이재상·장영민·강동범, 형법총론(12판), § 44/7; 이형국·김혜경, 형법총론(7판), 636; 정성근·박광민, 형법총론(전정2판), 733; 정웅석·최창호, 형법총론, 113; 최호진, 형법총론(12판), 889; 주석형법 〔총칙(2)〕(3판), 721(전승수).
23 대결 2000. 9. 19, 99모140.

제 8 절 형의 소멸

〔총 설〕

Ⅰ. 형의 소멸 일반

형법 제3장 제8절은 형의 소멸이라는 표제 아래 제81조에서 형의 실효, 제 1
82조에서 복권에 대하여 규정하고 있다. 형법은 조문 편제상 재판상 형의 실효
와 재판상 복권이 형의 소멸과 관련된 것으로 규정하고 있다. 그 외에 형의 소
멸을 직접 언급한 규정이나 형의 소멸과 형의 실효, 복권의 관계에 대한 규정은
없어서 이와 관련된 다양한 해석이 있다.[1]

이에 대해서는 ① 형의 실효를 형의 선고가 있었다는 사실에 따르는 불이 2
익을 소멸시키는 제도로 설명하면서 형의 선고에 따르는 불이익을 소멸시키는
제도라는 의미에서 형의 실효를 형의 소멸과 동일한 내용으로 파악하는 견해,[2]
② 형의 실효가 형의 소멸에 포함됨을 전제로 형의 소멸은 형 선고의 판결에
의하여 발생한 형벌 집행권 또는 법률적 효력을 소멸시키거나 자격을 회복시키
는 제도라는 견해[3]도 있으나, ③ 형의 소멸은 유죄판결의 확정에 의하여 발생한
형의 집행권을 소멸시키는 제도로, 형의 실효, 복권과 구별되는 개념으로 이해
하는 것이 다수설이다.[4] 다만 다수설과 같이 형의 소멸을 형의 실효, 복권과는

---

1 형의 소멸의 의의를 둘러싼 다양한 논의에 대해서는 주석형법 〔총칙(2)〕(2판), 762-765(조균석)
  참조.
2 신동운, 형법총론(16판), 940.
3 주석형법 〔총칙(2)〕(2판), 765(조균석). 류전철, "형의 실효의 법률상 효과와 사실상 효과", 법학
  논총 33-3, 전남대 법학연구소(2013), 222는 형의 소멸제도로서 형의 실효라고 표현하고 있다.
4 강동욱, 강의 형법총론(3판), 448; 김성돈, 형법총론(5판), 843, 김일수·서보학, 새로쓴 형법총론
  (12판), 616; 배종대, 형법총론(18판), §193/1; 성낙현, 형법총론(3판), 795; 이재상·장영민·강동
  범, 형법총론(12판), §44/10; 임웅, 형법총론(10정판), 709; 정웅석·최창호, 형법총론, 114; 최호

구별되는 개념으로 이해한다면, 형법 제3장 제8절의 표제인 '형의 소멸'은 해당 내용을 적절하게 표현하지 못하고 있는 것이므로 '형의 효과의 소멸 및 자격회복'이나 '형의 실효와 복권' 등으로 표제를 개정할 필요가 있다는 견해가 있다.[5] 형의 소멸이나 형의 실효는 유죄의 확정판결이 있은 다음에 그 집행권이나 전과를 소멸시킨다는 점에서 검사의 형벌청구권을 소멸시키는 공소시효와는 다르다.

3　　　　형벌에 관한 법률관계가 소멸되는 사유는 ① 형 집행권을 소멸시키는 경우와 ② 형 집행 이후 형 선고에 따른 효과를 소멸시키는 경우로 나눌 수 있다. 위 ①의 형 집행권을 소멸시키는 사유로는, ⓐ 형의 집행 종료, ⓑ 수형인의 사망, ⓒ 가석방기간의 경과, ⓓ 형의 시효 완성, ⓔ 특별사면 등이 있고, 위 ②의 형의 선고에 따른 효과를 소멸시키는 사유로는 ⓐ 형의 실효, ⓑ 집행유예기간의 경과, ⓒ 일반사면 등이 있다. 형의 실효와 복권은 형의 집행 종료 등으로 형벌 집행권이 이미 소멸되었더라도 전과 사실은 그대로 남아 형 선고의 효과가 완전히 소멸되지 않으면 여러 가지 자격에 제한을 받게 되는 점을 고려하여 전과 사실을 말소시켜 자격을 회복시키는 것으로 범죄인의 갱생과 사회복귀를 용이하게 하는 데 제도의 취지가 있다.

4　　　　형의 실효사유는 크게 ① 재판상 형의 실효(§81), ② 법률상 형의 실효(형실효§7), ③ 사면법에 따른 일반사면(사면§5)으로 나눌 수 있으며, ④ 집행유예기간 경과(§65)의 경우에도 형 선고의 효력이 상실되므로 형의 실효사유의 하나로 이해할 수 있다.[6] 형의 실효는 아니지만 치료감호에 대해서는 재판상 치료감호의 실효와 법률상 치료감호의 실효가 치료감호 등에 관한 법률(이하, 치료감호법이라 한다.) 제48조에 규정되어 있다.[7]

진, 형법총론(2판), 889; 이주원, "형의실효등에관한법률에 의한 형의 실효가 판결에 미치는 영향", 법조 569, 법조협회(2004), 215.

5　주석형법 [총칙(2)](2판), 765(조균석).

6　대판 2010. 9. 9, 2010도8021. 「형법 제65조는 "집행유예의 선고를 받은 후 그 선고의 실효 또는 취소됨이 없이 유예기간을 경과한 때에는 형의 선고는 효력을 잃는다"고 정하고 있고, 여기서 "형의 선고가 효력을 잃는다"는 의미는 형실효법에 의한 형의 실효와 같이 형의 선고에 의한 법적 효과가 장래에 향하여 소멸한다는 취지이다.」

7　치료감호법(치료감호의 실효) ① 치료감호의 집행을 종료하거나 집행이 면제된 자가 피해자의 피해를 보상하고 자격정지 이상의 형이나 치료감호를 선고받지 아니하고 7년이 지났을 때에는 본인이나 검사의 신청에 의하여 그 재판의 실효(失效)를 선고할 수 있다. 이 경우 「형사소송법」 제337조를 준용한다.

　　　　　　　　　　　　　　〔서 효 원〕

정부 제출 1992년 형법 일부개정법률안 및 2011년 형법(총칙) 일부개정법 5
률안은 제8절의 표제는 '형의 소멸'로 유지하되,[8] 제81조에 해당하는 조문에 재
판상 형의 실효 외에 형의 실효 등에 관한 법률(이하, 형실효법이라 한다.)에 규정
되어 있는 법률상 형의 실효도 포함하여 형법에 규정하는 방식을 취하면서 재
판상 형의 실효기간을 단축하였다.[9] 이는 동일한 효과를 발생시키는 제도를 두
개의 법률에 나누어 규정하는 것이 바람직하지 않다는 판단에 따른 것이었다.[10]

II. 형벌에 관한 법률관계의 소멸사유

1. 형의 집행권 소멸사유

(1) 형의 집행 종료

형벌의 종류나 집행 방법에 차이가 있는 것과 상관없이 형의 집행이 종료 6
되면 형의 집행권은 당연히 소멸한다. 형 집행의 종료는 형 집행권이 소멸되는
가장 기본적이면서 일반적인 사유에 해당한다.

(2) 수형인의 사망

형벌의 일신전속적인 성질로 인하여 제41조에 규정된 형을 받은 사람인 수 7
형인(형실효 § 2(i))이 사망한 경우에는, 형의 종류, 형의 집행 전인지 여부를 불문

---

② 치료감호의 집행을 종료하거나 집행이 면제된 자가 자격정지 이상의 형이나 치료감호를 선
  고받지 아니하고 10년이 지났을 때에는 그 재판이 실효된 것으로 본다

8 1992년 형법 일부개정법률안은 제82조의 조문 표제 '복권'을 '자격의 회복'으로 변경하고, 2011년
  형법(총칙) 일부개정법률안은 자격정지 삭제와 함께 제82조에 해당하는 조문은 삭제하였다.

9 2011년 안 제78조(형의 실효) ① 형의 선고는 형의 집행을 종료하거나 그 집행이 면제된 날부터
  징역 이상의 형을 받지 아니하고 다음 각 호의 구분에 따른 기간을 경과한 경우에 그 효력을 잃
  는다. 다만, 구류는 형의 집행을 종료하거나 그 집행이 면제된 경우에 효력을 잃는다.
    1. 3년을 넘는 징역: 10년
    2. 3년 이하의 징역: 5년
    3. 벌금: 2년
  ② 징역의 경우에는 다음 각 호의 요건을 모두 갖추었을 때 본인 또는 검사의 신청에 의하여 형
  선고의 효력을 잃게 할 수 있다.
    1. 제1항제1호 또는 제2호에 따른 기간의 2분의 1이 경과하였을 것
    2. 피해배상이나 그 밖에 정상에 참작할 만한 사유가 있을 것
    3. 사회복귀에 필요하다고 인정될 것

10 법무부, 형법(총칙)일부개정법률안 제안 이유서(2011. 4), 78.

하고 형의 집행권이 소멸한다. 검사는 자유형등에 관한 검찰집행사무규칙(이하, 자유형집행규칙이라 한다.), 재산형 등에 관한 검찰 집행사무규칙(이하, 재산형집행규칙이라 한다.)에 따라 형집행불능결정서 또는 재산형등 집행 불능 결정서에 관련 자료를 첨부하여 형집행불능결정을 하게 된다(자유형집행규칙 §7①, ②, 재산형집행규칙 §25①). 다만, 몰수 또는 조세, 전매 기타 공과에 관한 법령에 의하여 재판한 벌금 또는 추징은 그 재판을 받은 자가 재판확정후 사망한 경에에는 그 상속재산에 대하여 집행할 수 있고(형소 §478), 법인에 대하여 벌금, 과료, 몰수, 추징, 소송비용 또는 비용배상을 명한 경우에 법인이 그 재판확정후 합병에 의하여 소멸한 때에는 합병후 존속한 법인 또는 합병에 의하여 설립된 법인에 대하여 집행할 수 있다(형소 §479).

(3) 가석방기간의 경과

8   가석방의 처분을 받은 후 그 처분이 실효 또는 취소되지 아니하고 가석방기간을 경과한 때에는 형의 집행을 종료한 것으로 본다(§76). 따라서 가석방기간이 경과한 경우에도 형의 집행을 종료한 경우와 마찬가지로 형의 집행권은 소멸된다.

(4) 형의 집행면제

9   형의 시효가 완성되면 형의 집행이 면제되고(§77), 특별사면이 있으면 형의 집행이 면제되며(사면 §5①(ii)), 재판확정 후 법률의 변경에 의하여 그 행위가 범죄를 구성하지 아니하는 때에도 형의 집행이 면제된다(§1③). 형의 집행면제는 형을 선고한 판결이 확정된 이후에 형의 집행을 면제하는 것이므로 형에 대한 선고 자체가 없는 형의 면제와는 구별된다. 형법은 임의적 또는 필요적 형 면제 사유로 정당방위(§21②), 자구행위(§23②), 중지범(§26), 불능범(§27), 판결을 받지 아니한 경합범(§39①), 자수, 자복(§52), 자수 등 특례(§90, §101, §111, §120, §153, §175, §213)를 규정하고 있다.[11] 특별사면은 형을 선고받은 자 중 특정한 사람에

---

11 종래에는 친족상도례(§328①)도 형 면제 사유로 되어 있었으나, 헌법재판소는 2024년 6월 24일 ① 친족상도례 규정 중 '직계혈족, 배우자, 동거친족, 동거가족 또는 그 배우자 간의 형면제 조항(§328①)에 대하여, 경제적 이해를 같이하거나 정서적으로 친밀한 가족 구성원 사이에서 발생하는 수인 가능한 수준의 재산범죄에 대한 형사소추 내지 처벌에 관한 특례의 필요성을 긍정하면서도, 일률적 형면제로 인하여 구체적 사안에서 형사피해자의 재판절차진술권을 형해화하는 경우가 발생할 수 있는 점을 인정하여 입법자에게 입법개선을 명하는 적용중지(2025년 12월 31

대하여 대통령이 행하는 것으로 형의 집행이 면제되고, 특별한 사정이 있을 때에는 이후 형 선고의 효력을 상실하게 할 수 있다(사면 §5①(ii)). 따라서 특별사면은 형의 집행권이 소멸되는 사유이면서 형의 실효사유도 될 수도 있다.

2. 형의 실효, 복권 및 사면

(1) 형의 실효

형의 실효는 형의 선고에 따른 법률상의 효과를 소멸시키는 제도이다. 형의   10
실효에는 ① 재판상 형의 실효(§81), ② 법률상 형의 실효(형실효 §7)가 있으며,
③ 사면법에 따른 일반사면의 경우에도 형 선고의 효력이 상실된다(사면 §5①(i)).

집행유예를 선고받은 후 그 선고의 실효 또는 취소됨이 없이 유예기간을   11
경과한 때에는 형의 선고가 효력을 잃는데, 대법원은 집행유예의 효과에 관한
제65조에 대하여, '형의 선고가 효력을 잃는다'는 의미는 형실효법에 의한 형의
실효와 같이 형의 선고에 의한 법적 효과가 장래에 향하여 소멸한다는 취지라
고 하여, 형실효법에 따른 형의 실효와 동일한 효과를 가지는 것으로 보고 있
다.[12] 선고유예기간의 경과나 집행유예기간의 경과를 형의 소멸사유로 보는 견
해도 있다.[13] 그러나 선고유예는 형의 선고 자체가 유예되었다가 선고유예를 받
은 날로부터 2년을 경과한 때에는 면소된 것으로 간주하는 제도이므로(§65), 형
선고가 전제되는 형 집행권이 발생할 여지가 없다.[14] 집행유예는 성질상 형의

일 시한) 헌법불합치결정을 하고(헌재 2024. 6. 24, 2020헌마468 등), ② 위 친족 이외의 친족
간의 상대적 친고죄 조항(§328②)에 대하여, 형사피해자의 재판절차진술권 침해 여부가 문제되
지 않으므로 합헌결정을 하였다(헌재 2024. 6. 24, 2023헌바449).

12 대판 2010. 9. 9, 2010도8021[집행유예형의 선고가 효력을 잃는 경우 그 전과를 구 특정범죄 가
중처벌 등에 관한 법률(이하, 특정범죄가중법이라 한다.) 제5조의4 제5항에서 정한 '징역형을 받
은 경우'로 볼 수 없다고 한 사례]; 대판 2014. 9. 4, 2014도7068(어느 전과의 징역형의 실효기
간이 경과하기 전에 징역형의 집행유예 전과가 있었으나 집행유예가 실효 또는 취소되지 않고
유예기간이 경과하였고, 그 무렵 집행유예 이전의 징역형도 그 자체의 실효기간이 경과한 경우,
집행유예 이전의 징역형이 특정범죄가중법 제5조의4 제5항에서 정한 '징역형을 받은 경우'에 해
당하지 않는다고 한 사례); 대판 2016. 6. 23, 2016도5032(징역형의 실효기간이 경과하기 전에
별도의 집행유예 선고가 있었으나 집행유예가 실효 또는 취소됨이 없이 유예기간이 경과하였고
그 무렵 집행유예 전에 선고되었던 징역형도 자체의 실효기간이 경과한 경우, 그 징역형이 폭력
행위 등 처벌에 관한 법률 제2조 제3항의 '징역형을 받은 경우'에 해당하지 않는다고 한 사례).
13 김성돈, 842; 김일수·서보학, 616; 임웅, 709.
14 주석형법 〔총칙(2)〕(2판), 769(조균석).

집행 자체가 유예되어 집행유예기간 중에는 형 집행권 행사가 제한되고 유예기간을 경과하면 형의 선고 효력이 상실되는 것이므로 형의 소멸사유라기보다 형의 실효사유로 보는 것이 타당하다.

(2) 복권

12 복권은 형의 선고에 따라 제한된 자격을 회복시키는 제도이다. 복권에는 ① 자격정지의 선고를 받은 자가 피해자의 손해를 보상하고 자격정지 이상의 형을 받음이 없이 정지기간의 2분의 1을 경과한 때에 본인 또는 검사의 신청에 의하여 자격의 회복을 선고하는 재판상 복권(§82)과 ② 형의 선고로 인하여 법령에 따른 자격이 상실되거나 정지된 자를 대상으로 형 선고의 효력으로 인하여 상실되거나 정지된 자격을 회복하는 사면법에 따른 복권(사면§3(iii), §5①(v))이 있다. 사면법에 따른 복권에는 ⓐ 대통령령으로 하는 일반에 대한 복권(사면§8)과 ⓑ 대통령이 행하는 특별복권(사면§9)이 있다.

(3) 사면

13 사면은 국가원수가 법률 적용의 획일성이 가져오는 부작용을 회피하고, 형 집행의 구체적 타당성을 확보하여 범죄자의 개선과 사회복귀 및 사회질서의 유지를 도모하기 위하여 형벌권을 소멸시키거나 그 효력을 감경시키는 제도이다.[15]

14 사면법은 사면, 감형 및 복권에 관한 사항을 규정한다(사면§1). 일반사면, 죄 또는 형의 종류를 정하여 하는 감형 및 일반에 대한 복권은 대통령령으로 한다. 이 경우 일반사면은 죄의 종류를 정하여 한다(사면§8). 특별사면, 특정한 자에 대한 감형 및 복권은 대통령이 한다(사면§9).

15 죄를 범한 자를 대상으로 하는 일반사면은 형 선고의 효력이 상실되며, 형을 선고받지 아니한 자에 대하여는 공소권이 상실된다. 다만, 특별한 규정이 있을 때에는 예외로 한다(사면§5①(i)). 형을 선고받은 자를 대상으로 하는 특별사면은 형의 집행이 면제된다. 다만, 특별한 사정이 있을 때에는 이후 형 선고의 효력을 상실하게 할 수 있다(사면§5①(ii)).

16 형을 선고받은 자를 대상으로 하는 감형 중 일반에 대한 감형은 특별한 규정이 없는 경우에는 형을 변경하고, 특정한 자에 대한 감형은 형의 집행을 경감

---

15 주석형법 [총칙(2)](2판), 768(조균석).

하되, 특별한 사정이 있을 때에는 형을 변경할 수 있다(사면 §5①(iii)(iv)).

사면법에서 정하는 복권은 형의 선고로 인하여 법령에 따른 자격이 상실되 17
거나 정지된 자를 대상으로 하나, 형의 집행이 끝나지 아니한 자 또는 집행이
면제되지 아니한 자에 대하여는 하지 아니한다(사면 §3(iii), §6).

형의 선고에 따른 기성(既成)의 효과는 사면, 감형 및 복권으로 인하여 변경 18
되지 아니한다(사면 §5②).

〔서 효 원〕

제81조(형의 실효)

징역 또는 금고의 집행을 종료하거나 집행이 면제된 자가 피해자의 손해를 보상하고 자격정지 이상의 형을 받음이 없이 7년을 경과한 때에는 본인 또는 검사의 신청에 의하여 그 재판의 실효를 선고할 수 있다.

Ⅰ. 취 지

1   본조는 형의 재판상 실효에 대해 규정하고 있다. 형의 실효는 형벌을 받은 자에 대해 형의 선고에 따른 법률상의 효과를 소멸시켜 자격제한 등의 불이익으로부터 벗어나도록 하여 사회복귀를 돕는 제도이다.[1] 형의 실효에는 재판상 형의 실효 외에도 법률상 형의 실효(형실효 §7)가 있으며, 사면법에 따른 일반사면의 경우에도 형 선고의 효력이 상실된다(사면 §5①(i)).

---

1 강동욱, 강의 형법총론(3판), 449; 김성돈, 형법총론(5판), 843; 김성천·김형준, 형법총론(6판), 511; 김일수·서보학, 새로쓴 형법총론(13판), 616; 박상기, 형법총론(9판), 580; 손동권·김재윤, 새로운 형법총론, §40/22; 이재상·장영민·강동범, 형법총론(12판), §44/10; 이형국·김혜경, 형법총론(7판), 637; 정성근·박광민, 형법총론(전정2판), 734; 정웅석·최창호, 형법총론, 114-115; 최호진, 형법총론(2판), 890; 한상훈·안상조, 형법개론(3판), 383; 주석형법 [총칙(2)](3판), 728 (전승수); 박학모, 형의 시효 및 소멸에 관한 연구, 한국형사정책연구원(2010), 81.

II. 재판상 형의 실효의 요건

1. 징역 또는 금고의 집행 종료나 면제

재판상 형의 실효 대상자는 징역 또는 금고의 집행을 종료하거나 집행이 2
면제된 자이다. 징역 또는 금고의 집행이 종료된 경우에만 재판상 형의 실효 대
상이 되므로, 유기징역이나 유기금고 외에 무기징역이나 무기금고도 대상이 될
수 있다. 벌금, 구류, 과료의 형은 집행을 종료하거나 면제되면 법률상 형의 실
효 대상에는 포함되나(형실효 §7① 단서), 재판상 형의 실효 대상에는 포함되지
않는다.

징역 또는 금고의 집행 종료에는 실제로 구금되어 형의 집행을 종료한 경 3
우뿐만 아니라 형의 집행을 종료한 것으로 보는 경우도 포함된다. 가석방의 처
분을 받은 후 그 처분이 실효 또는 취소되지 아니하고 가석방기간을 경과한 때
에는 형의 집행을 종료한 것으로 보고(§76①), 징역 또는 금고를 선고받은 소년
이 가석방된 후 그 처분이 취소되지 아니하고 가석방 전에 집행을 받은 기간과
같은 기간이 지난 경우에는 형의 집행을 종료한 것으로 하므로(소년 §66 본문),
이 경우에도 재판상 형의 실효의 대상이 된다.

형의 시효 완성(§77), 특별사면(사면 §5①(ii)), 재판확정 후 법률의 변경에 의 4
하여 그 행위가 범죄를 구성하지 아니하는 때(§1③) 등은 징역 또는 금고의 집
행이 면제되는 경우에 해당한다.

형의 집행 중에 있거나 형이 집행되지 않은 상태에서 형의 시효가 진행되 5
고 있는 자는 형의 집행을 종료하거나 면제된 자가 아니므로 재판상 형의 실효
의 대상자가 될 수 없다.

2. 피해자의 손해 보상

재판상 형의 실효는 피해자의 손해를 보상하는 것을 요건으로 한다. 6

범죄행위로 직접적인 피해를 입은 사람이 위 피해자에 속함에는 의문이 없 7
지만, 범죄자의 사회복귀를 용이하게 하기 위해 재판상 형의 실효제도를 둔 취
지를 고려할 때 피해자의 범위를 지나치게 제한적으로 해석할 필요는 없다. 따
라서 확정된 판결의 범죄사실에 피해자로 적시되어 있지 않더라도 별도로 실질

[서 효 원]

적인 피해자가 존재하는 경우에는 이러한 피해자도 재판상 형의 실효의 요건에
서 말하는 피해자에 속하므로, 이와 같은 실질적 피해자에 대한 손해 보상이 이
루어졌다면 피해자의 손해 보상 요건은 충족한 것이다. 사기죄에서 실제로 돈을
출자한 사람과 돈을 전달한 사람이 다른 경우 출자자에게 피해를 보상하고 원
만히 합의하였다면, 재판상 형의 실효에서 말하는 피해 보상의 요건을 충족한
다.[2] 절도죄의 장물이 피해자에게 환부된 경우에는 피해자와 별도의 합의가 이
루어지지 않았다고 하더라도 피해 보상의 요건을 충족하는 것으로 볼 수 있다.[3]
국가보안법위반죄, 도주죄, 내란죄 등 주로 국가적 법익을 침해하는 범죄의 경
우에는, 범죄의 성질상 피해자에 대한 피해 보상을 상정하기 어려우므로 재판상
형의 실효의 요건으로 피해자의 손해 보상이 요구되지 않는다.[4]

8   피해자의 손해 보상의 시기에는 제한이 없으므로 형 집행의 종료 전후를
묻지 않는다. 따라서 수사 단계나 판결 선고 전에 손해를 보상하거나, 형의 집
행 중에 손해 보상을 하는 것도 재판상 형의 실효의 요건인 피해자의 손해 보상
에 해당한다.[5]

3. 실효기간의 경과

(1) 중단 사유 없이 실효기간 7년의 경과

9   재판상 형의 실효를 신청하기 위해서는 자격정지 이상의 형을 받음이 없이
7년을 경과하여야 한다. 자격정지 이상의 '형을 받음이 없이'는 '형이 확정됨이
없이'로 해석되므로, 7년 이내에 자격정지 이상의 형에 대한 선고가 있더라도
7년을 경과하여 형이 확정되는 경우에는 재판상 형의 실효의 요건은 충족하는
것으로 본다.[6]

10   실효기간 7년을 경과하기 전에 징역 또는 금고의 집행유예가 선고되어 확
정되었으나, 집행유예가 실효되거나 취소됨이 없이 유예기간을 경과하여 그 형
의 선고가 효력을 상실한 경우에 실효기간의 경과라는 요건을 충족한 것인지

---

2 서울형사지결 1992. 6. 23, 92로12.
3 대결 1969. 4. 17, 69초1590.
4 주석형법 [총칙(2)](2판), 775(조균석); 주석형법 [총칙(2)](3판), 732(전승수).
5 주석형법 [총칙(2)](2판), 775(조균석); 주석형법 [총칙(2)](3판), 732(전승수).
6 주석형법 [총칙(2)](2판), 773(조균석); 주석형법 [총칙(2)](3판), 729(전승수).

여부가 문제될 수 있다. 대법원은 형의 집행종료 후 7년 이내에 집행유예의 판결을 받고 그 기간을 무사히 경과하여 7년을 채우더라도 제81조의 '형을 받음이 없이 7년을 경과'하는 때에 해당하지 아니하여 형의 실효를 선고할 수 없다고 하나,[7] 법률상 형의 실효와 관련하여서는 어느 전과의 징역형의 실효기간이 경과하기 전에 징역형의 집행유예 전과가 있었지만 그 집행유예가 실효 또는 취소되지 않고 그 유예기간이 경과하였고, 그 무렵 집행유예 이전의 징역형도 그 자체의 실효기간이 경과하였다면, 집행유예 이전의 징역형도 역시 실효된다고 보아,[8] 재판상 형의 실효와 법률상 형의 실효를 구별하여 중단사유를 달리 보는 듯한 태도를 취하고 있다. 이에 대하여, ① 재판상 형의 실효와 관련하여 집행유예기간의 경과 또는 일반사면 등에 의하여 그 형의 선고가 효력을 상실한 경우에는 형을 받은 경우가 아니라는 이유로 실효기간이 중단되지 않지만, 실효기간이 경과된 후에 집행유예기간이 경과된 경우에는 실효의 요건을 충족하지 못한다는 견해[9]와 ② 법률상 형의 실효와 관련하여 실효기간 내에 집행유예의 선고를 받고 그 기간 내에 확정된 때에는 그 종전형은 실효되지 않는다는 견해[10]가 있다.

재판상 형의 실효와 법률상 형의 실효는 그 요건을 일부 달리하고 있으나, 실효기간의 중단사유에 대해서는 사실상 동일하게 규정하고 있다.[11] 따라서 실효기간 중에 자격정지 이상의 형에 대한 집행유예를 선고한 판결이 확정되고 그 유예기간이 경과된 경우의 효과에 대해서도 통일적으로 해석할 필요가 있다. 실효기간 중에 집행유예기간이 경과하였다면 '자격정지 이상의 형을 받음이 없이'에 해당한다고 보는 것이 수형자에게 유리한 해석이기는 하나, 실효기간 완성에 임박하여 집행유예형을 선고받아 아직 그 유예기간이 경과하지 않은 경우에는 실효기간이 완성되지 않는다고 보면서 실효기간 진행 초반에 집행유예형을

11

---

7 대결 1983. 4. 2, 83모8.

8 대판 2014. 9. 4, 2014도7088.

9 주석형법 [총칙(2)](2판), 773(조균석).

10 이주원, "형의실효등에관한법률에 의한 형의 실효가 판결에 미치는 영향", 법조 569, 법조협회 (2004), 221.

11 재판상 형의 실효를 정하는 본조는 "자격정지 이상의 형을 받음이 없이"로 규정하고, 법률상 형의 실효를 정하는 형의 실효 등에 관한 법률 제7조 제1항은 "자격정지 이상의 형을 받지 아니하고"로 규정하고 있다.

선고받아 그 유예기간이 경과한 경우에는 실효기간이 완성되었다고 보아 형의 실효기간 진행에서 유리하게 해석하는 것은 형평성에 문제가 있다.[12] 징역 또는 금고의 집행유예 역시 자격정지 이상의 형에 해당하므로 집행유예를 선고한 판결이 확정된 경우라면, 집행유예기간의 경과 여부와 상관없이 실효기간이 중단되는 것으로 해석할 필요가 있다.[13]

(2) 실효기간의 기산일

12   실효기간의 기산을 형 집행의 종료일 또는 면제일부터 할 것인지, 아니면 그 다음날부터 할 것인지에 대해 여러 견해가 있다. ① 종료일 또는 면제일 당일부터 기산하는 것이 실효기간을 1일 앞당겨 수형자에게 유리하므로 타당한 해석이라는 견해,[14] ② 형사소송법 제66조 제1항에서 초일을 산입하지 않는 것을 원칙으로 하면서 시효와 구속기간을 예외로 규정하고 있는 점에 비추어 기간 계산의 일반원칙에 따라 그 다음날부터 기산하는 것이 타당하다는 견해,[15] ③ 형집행 종료의 경우와 형집행 면제의 경우를 나누어 형집행 종료의 경우는 수형의 최종일에는 아직 집행이 종료된 상태가 아니므로 수형최종일의 익일을 기산점으로 하고, 형집행이 면제되는 경우는 형 집행 면제 사유별로 구분하여 형의 시효는 시효기간 만료일을 경과하여야 완성되므로 만료일의 익일이 기산일이 되고, 특별사면의 경우는 대통령의 명령일, 재판확정 후 법률의 변경의 경우는 법률이 변경되어 효력이 발생하는 날이 기산일이 된다는 견해[16]가 있다. 형의 집행 종료 또는 형집행의 면제 사유에 따라 기산일을 달리 정하는 견해도 설득력이 있으나, 법률상 형의 실효를 정하고 있는 형의 실효 등에 관한 법률(이하, 형실효법이라 한다.) 제7조 제1항은 "형의 집행을 종료하거나 그 집행이 면제된

---

12 오히려 실효기간이 얼마 지나지도 않은 상태에서 자격정지 이상의 형을 선고받은 사람에 대해서는 실효기간의 완성을 늦추는 것이 형의 실효 제도를 둔 취지에도 부합한다.

13 대결 1983. 4. 2, 83모8. 「형법 제65조가 정하는 집행유예의 선고를 받은 후 그 선고의 실효 또는 취소됨이 없이 집행유예기간을 경과한 때에는 형의 선고는 효력을 잃는다는 취의는 형의 선고의 법률적 효과가 없어진다는 것일 뿐 형의 선고가 있었다는 기왕의 사실 자체까지 없어진다는 뜻이 아니므로 위 전단의 집행유예기간을 무사히 경과하여 형의 선고자체가 효력을 상실함으로써 형법 제81조가 정하는 7년의 기간이 경과한 것이라는 소론 논지는 독자적 견해에 지나지 아니하여 채용할 수 없다.」

14 백형구, "형의 실효와 복권", 월간고시(1986. 11.), 72.

15 이주원(주 10), 222.

16 주석형법 〔총칙(2)〕(2판), 772(조균석).

날부터"로 기산일을 정하고 있고, 형의 집행과 시효기간의 초일은 1일로 산입하고, 형기종료일에 석방을 하도록 규정하는 제85조, 제86조의 취지를 고려하여, 재판상 형의 실효의 경우에도 형기종료일이나 집행면제일을 기산일로 하여 실효기간이 진행되는 것으로 통일적으로 해석할 필요가 있다(위 ①의 견해).

(3) 실효기간 중단 후 형의 실효

실효기간 진행 중에 자격정지 이상의 형이 확정되어 실효기간이 중단되더　　13
라도 그 이후에 다시 실효기간이 진행되어 형의 실효 요건을 충족할 수 있다. 이때 실효기간이 다시 기산되는 시점에 대해서는, ① 자격정지 이상의 형이 확정되어 실효기간이 중단된 시점부터 다시 7년의 실효기간이 진행된다는 견해, ② 실효기간 중단사유가 없었을 때 7년의 실효기간이 완성되는 시점에서 다시 7년의 실효기간이 진행된다는 견해, ③ 실효기간의 중단사유가 되었던 형의 집행이 종료하거나 면제가 된 시점에서 7년의 실효기간이 진행된다는 견해[17] 등이 있을 수 있다. 형의 실효는 일정한 기간 동안 자격정지 이상의 형이 확정되지 않는 경우에 인정되는 제도이므로, 그 요건을 충족하지 못한 경우에는 실효기간의 중단사유가 되었던 나중 형의 집행이 종료하거나 면제된 시점에서부터 다시 실효기간이 진행된다고 보는 것이 타당하다(위 ③의 견해).[18]

판례는 법률상 형의 실효와 관련하여, 형실효법의 입법취지로 보아 과거 2　　14
번 이상의 징역형을 받은 자가 자격정지 이상의 형을 받음이 없이 마지막 형의 집행을 종료한 날로부터 10년이 경과한 때에는 그 마지막 이전의 형도 모두 실효되는 것으로 본다.[19]

---

17 주석형법 〔총칙(2)〕(2판), 774(조균석); 주석형법 〔총칙(2)〕(3판), 731(전승수).
18 징역 또는 금고에 대한 집행유예형의 경우도 실효기간이 중단되고, 다시 실효기간이 진행되어야 한다는 견해에 따르면, 집행유예기간이 경과한 시점이 아니라 집행을 유예하는 판결이 확정된 시점을 기준으로 새롭게 실효기간이 진행되는 것으로 보아야 할 것이다.
19 대판 1983. 9. 13, 83도1840, 83감도339 등.

III. 재판상 형의 실효의 절차

1. 형의 실효 신청

15   재판상 형의 실효를 신청할 수 있는 신청권자는 형의 선고를 받은 본인 또는 검사이다. 별도의 규정은 없으나 변호인도 본인의 대리인으로서 형의 실효를 신청할 수 있는 것으로 해석된다.[20]

16   형의 실효를 신청하는 방식에 대해서는 규정상 제한은 없으나, 그 성질에 비추어 절차의 명확성을 도모하기 위하여 서면으로 신청할 필요가 있다고 본다. 신청서에는 신청의 취지와 이유를 명시하고, 실효의 선고를 구하는 형을 특정할 필요가 있다. 신청의 취하를 부정할 이유는 없으므로 신청 이후 재판이 있을 때까지는 신청의 취하도 가능하다.[21]

2. 법원의 재판

17   재판상 형의 실효에 대한 관할 법원은 실효 대상인 형을 선고한 사건에 관한 기록이 보관되어 있는 검찰청에 대응하는 법원이다(형소 §337①). 검찰보존사무규칙(이하, 보존규칙이라 한다.)에 따르면, 사건기록은 제1심법원에 대응하는 검찰청에서 보존하는 것이 원칙이다(보존규칙 §5①). 형을 선고하는 재판이 확정된 사건기록은 형의 시효가 완성될 때까지 보존하되, 구류 또는 과료의 형이 선고된 경우에는 3년간 보존한다(보존규칙 §8①). 다만, 형법 제2편 제1장·제2장 및 제129조부터 제133조까지의 죄, 국가보안법위반의 죄, 특정범죄 가중처벌 등에 관한 법률 제2조·제3조의 죄 및 국제상거래에 있어서 외국공무원에 대한 뇌물방지법 제3조 제1항의 죄의 사건기록으로, 사형, 무기의 징역 또는 금고의 형이 확정된 사건기록과 국내외적으로 중대한 사건 기록은 영구보존(제1호), 10년 이상의 유기의 징역 또는 금고의 형이 확정된 사건기록은 영구보존(제2호), 10년 미만의 유기의 징역 또는 금고의 형이 확정된 사건기록은 준영구보존(제3호)하며(보존규칙 §8③), 이에 따라 보존기간이 영구·준영구·30년에 해당하는 사건기록은 제1심법원에 대응하는 검찰청이 아닌 대검찰청에서 보존한다(보존규칙 §5④).

---

20 주석형법 [총칙(2)](2판), 775(조균석).
21 주석형법 [총칙(2)](2판), 776(조균석).

형의 실효에 대한 선고는 결정으로 하고(형소 § 337②), 신청을 인용하는 결 　18
정에 대해서는 불복할 수 없으나, 신청을 각하하는 결정에 대하여는 즉시항고를
할 수 있다(형소 § 337③).

Ⅳ. 법률상 형의 실효

1. 취 지

법률상 형의 실효는 형의 선고를 받은 자가 형의 집행을 종료하거나 그 집 　19
행이 면제된 날부터 자격정지 이상의 형을 받지 아니하고 일정기간이 경과한
때에 법률 규정에 따라 형이 당연히 실효되는 것을 말한다. 현행법은 법률상 형
의 실효를 형법에 규정하지 않고, 1980년 12월 18일 제정된 형실효법에서 규정
하고 있다.

법률상 형의 실효는 전과자의 정상적인 사회복귀를 용이하게 하기 위해 인 　20
정되는 제도로, 재판상 형의 실효와 달리 대상자의 신청이나 법원의 재판 등 별
도의 절차 없이 법률에서 정하는 요건만 충족하면 형이 실효된다.

2. 대 상

법률상 형의 실효 대상인 형은 징역, 금고, 벌금, 구류 또는 과료이다(형실효 　21
§ 7). 법률상 형의 실효는 재판상 형의 실효와 마찬가지로 무기형은 대상에 포함
되고, 사형은 대상에서 제외되나, 재판상 형의 실효와 달리 벌금, 구류 또는 과
료도 실효의 대상이 된다.

3. 형의 집행 종료나 면제 후 실효기간의 경과

법률상 형의 실효는 형의 집행을 종료하거나 그 집행이 면제된 날부터 자 　22
격정지 이상의 형을 받지 아니하고 일정기간이 경과하여야 한다는 점에서는 재
판상 형의 실효와 동일하나, 재판상 형의 실효와 달리 피해자의 손해를 보상할
것을 요건으로 하지 않는다.

(1) 형의 집행 종료나 면제

23 징역 또는 금고의 집행 종료에는 실제로 구금되어 형의 집행을 종료한 경우뿐만 아니라 형의 집행을 종료한 것으로 보는 경우도 포함되므로, 가석방의 처분을 받은 후 그 처분이 실효 또는 취소되지 아니하고 가석방기간을 경과한 때(§76①), 징역 또는 금고를 선고받은 소년이 가석방된 후 그 처분이 취소되지 아니하고 가석방 전에 집행을 받은 기간과 같은 기간이 지난 경우(소년§66 본문)도 형의 실효의 대상이 된다. 형의 시효 완성(§77), 특별사면(사면§5①(ii)), 재판 확정 후 법률의 변경에 의하여 그 행위가 범죄를 구성하지 아니하는 때(§1③) 등 형의 소멸사유가 집행이 면제되는 경우에 해당한다는 점은 재판상 형의 실효의 경우와 같다.

(2) 실효기간의 경과

24 법률상 형의 실효의 경우도 재판상 형의 실효와 마찬가지로 자격정지 이상의 형이 확정되지 아니하고 실효기간이 경과하여야 한다.

25 징역 또는 금고에 대한 실효기간을 7년으로 정하는 재판상 형의 실효와 달리 법률상 형의 실효는 실효기간을 형의 종류와 경중에 따라 달리 정하고 있다. 법률상 형의 실효기간은 3년을 초과하는 징역·금고는 10년, 3년 이하의 징역·금고는 5년, 벌금은 2년이고, 구류와 과료는 형의 집행을 종료하거나 그 집행이 면제된 때에 그 형이 실효된다(형실효§7①). 1993년 8월 5일 개정 전 형실효법 제7조는 징역 또는 금고는 형의 경중에 관계없이 10년, 벌금은 3년, 구류·과료는 1년의 실효기간을 규정하였으나, 전과자의 사회복귀를 촉진하기 위하여 실효기간을 단축시켰다.

26 하나의 판결로 여러 개의 형이 선고된 경우에는 각 형의 집행을 종료하거나 그 집행이 면제된 날부터 가장 무거운 형에 대한 실효기간이 경과한 때에 형의 선고는 효력을 잃는다. 다만, 3년을 초과하는 징역, 금고에 해당하는지 여부를 판단할 때에는 징역과 금고는 같은 종류의 형으로 보고 각 형기를 합산한다(형실효§7②). 제37조 후단의 경합범 등에 해당하여 범죄사실별로 분리되어 형이 선고되는 경우에는, 각 형의 집행을 종료하거나 그 집행이 면제된 날부터 가장 무거운 형에 대한 실효기간이 경과하여야 각 형이 실효된다. 법률상 형의 실효의 대상인 형과 실효의 대상이 아닌 자격정지형이 병과된 경우의 실효기간은,

자격정지형의 집행 여부와 관계없이 실효의 대상이 되는 형의 집행종료 또는 면제일을 기준으로 실효기간이 진행된다.[22]

징역 또는 금고에 대한 실효기간의 기산일이나, 벌금이나 과료를 납부하지 27 못하여 노역장유치로 집행이 행하진 경우의 기산일은 재판상 형의 실효의 경우와 마찬가지로 최종일로 보는 견해와 익일로 보는 견해가 있다. 벌금이나 과료의 납부로 형이 집행되는 경우에는 납부 즉시 형의 집행이 종료되므로 벌금의 경우 실효기간이 즉시 진행되고, 과료의 경우는 바로 형이 실효된다.

V. 형의 실효의 효과

1. 일반적 효과

재판상 형의 실효나 법률상 형의 실효가 있으면 형의 선고에 따르는 법적 28 효과가 장래에 향하여 소멸된다.[23] 형의 실효의 효력은 형의 선고 시로 소급하지 않고, 형의 선고로 인한 기성의 효과나 형의 선고가 있었다는 기왕의 사실 자체가 없어지는 것도 아니다. 형의 실효가 있더라도 소급하여 자격을 회복하거나,[24] 형의 선고에 의하여 이미 상실한 어떤 권리를 소급적으로 회복시켜 주는 것도 아니다.[25]

본조에 따른 재판상 형의 실효나 형실효법 제7조에 따른 법률상 형의 실효가 29 있으면 수형인명부의 해당란을 삭제하고, 수형인명표를 폐기한다(형실효 §8①(i)). 형의 집행유예기간이 경과한 때, 자격정지기간이 경과한 때, 일반사면이나 형의 선고의 효력을 상실하게 하는 특별사면 또는 복권이 있을 때도 마찬가지이다. 형실효법에서 정의하는 '수형인'이란 형법 제41조에 규정된 형을 받은 자를 말하고, '수형인명부'란 자격정지 이상의 형을 받은 수형인을 기재한 명부로서 검찰청 및 군검찰부에서 관리하는 것을 말하며, '수형인명표'란 자격정지 이상의 형을 받은 수형인을 기재한 명표로서 수형인의 등록기준지 시·구·읍·면사무

---

22 주석형법 〔총칙(2)〕(2판), 779(조균석).
23 대판 1983. 9. 13, 83도1840, 83감도339; 대판 2010. 9. 9, 2010도8021 등.
24 대판 1974. 5. 14, 74누2.
25 대판 1991. 5. 14, 90누3720.

소에서 관리하는 것을 말한다(형실효 § 2(i) 내지 (iii)).

30   '전과기록'이란 수형인명부, 수형인명표 및 범죄경력자료를 말하고, '범죄경력자료'는 벌금 이상의 형의 선고, 면제 및 선고유예, 보호감호, 치료감호, 보호관찰, 선고유예의 실효, 집행유예의 취소, 벌금 이상의 형과 함께 부과된 몰수, 추징, 사회봉사명령, 수강명령 등의 선고 또는 처분에 해당하는 사항에 관한 자료를 말한다(형실효 § 2(v), (vii)). 전과기록 중 범죄경력자료는 형의 선고가 있었다는 사실 자체를 기록한 자료에 해당하기 때문에 형이 실효되더라도 말소되지 아니한다.[26]

31   형의 실효가 실질적으로 의미를 가지는 경우는 각각의 법률이 전과의 존재를 요건으로 규정하고 있고, 그 전과가 형의 선고가 있었다는 기왕의 사실과 관련된 것이 아니라 법적인 효과와 관련된 것으로 평가되는 때이다. 대법원은 법률의 규정 방식에 따라 사실과 관련된 것으로 보거나 법적 효과와 관련된 것으로 구별하지 않고 각각의 법률이 전과를 요건으로 규정한 목적과 취지를 고려하여 개별적으로 판단하고 있는 것으로 보인다.

2. 누범전과에 해당하는지 여부

32   금고 이상의 형을 선고받아 그 집행이 종료되거나 면제된 후 3년 내에 금고 이상에 해당하는 죄를 지은 사람은 누범으로 처벌하고, 누범의 형은 그 죄에 대하여 정한 형의 장기의 2배까지 가중한다(§ 35). 특정강력범죄[27]로 형(刑)을 선

---

26 주석형법 〔총칙(2)〕(3판), 734(전승수).
27 특정강력범죄의 처벌에 관한 특례법 제2조(적용범위) ① 이 법에서 "특정강력범죄"란 다음 각 호의 어느 하나에 해당하는 죄를 말한다.
    1. 「형법」제2편제24장 살인의 죄 중 제250조[살인·존속살해(尊屬殺害)], 제253조[위계(僞計) 등에 의한 촉탁살인(囑託殺人)등] 및 제254조(미수범. 다만, 제251조 및 제252조의 미수범은 제외한다)의 죄
    2. 「형법」제2편제31장 약취(略取), 유인(誘引) 및 인신매매의 죄 중 제287조부터 제291조까지 및 제294조(제292조제1항의 미수범은 제외한다)의 죄
    3. 「형법」제2편제32장 강간과 추행의 죄 중 제301조(강간등 상해·치상), 제301조의2(강간등 살인·치사)의 죄 및 흉기나 그 밖의 위험한 물건을 휴대하거나 2명 이상이 합동하여 범한 제297조(강간), 제297조의2(유사강간), 제298조(강제추행), 제299조(준강간·준강제추행), 제300조(미수범) 및 제305조(미성년자에 대한 간음, 추행)의 죄
    4. 「형법」제2편제32장 강간과 추행의 죄, 「성폭력범죄의 처벌 등에 관한 특례법」제3조부터 제10조까지 및 제15조(제13조의 미수범은 제외한다)의 죄 또는 「아동·청소년의 성보호에

고받고 그 집행이 끝나거나 면제된 후 3년 이내에 다시 특정강력범죄를 범한 경우에는 그 죄에 대하여 정하여진 형의 장기(長期) 및 단기(短期)의 2배까지 가중한다(특강 §3).

재판상 형의 실효기간 7년이나, 법률상 형의 실효기간 5년 또는 10년이 누 33
범기간 3년보다 장기이므로 대부분의 경우에는 실효된 형과 누범 해당 여부가 문제되지 않지만, 누범기간 중에 범행을 하였으나 누범기간 계산의 전제가 된 형이 실효된 이후에 비로소 공소제기되어 처벌되는 경우(공소시효가 형의 실효 기간보다 장기인 범죄의 경우)에는, 누범 해당 여부가 문제될 수 있다.

이에 대해서는, ① 형의 실효는 이미 받은 형 선고의 효력이 장래에 향하여 34
소멸되는 것일 뿐 형의 선고가 있었다는 기왕의 사실 그 자체까지 없어지는 것은 아니므로 누범전과에 해당하여 누범 가중을 할 수 있다는 견해[28]와 ② 형의 실효의 사실상 효과를 인정하는 경우에는 형의 실효제도의 취지에 부합하지 않는다고 보는 견해[29]가 있다. 현행법의 해석으로는 형의 집행 종료나 면제 이후 일정기간이 지나기 전에 죄를 범한 경우 가중처벌이 필요하다는 입법적 결단에 따라 누범 규정을 두고 있는 이상, 시간의 경과에 따라 누범기간 적용의 기준이 되는 형이 실효되었다는 이유로 누범에 해당되지 않는다고 보기는 어렵다(위 ① 의 견해).[30]

재판상 형의 실효나 법률상 형의 실효와는 달리 일반사면은 실효기간 경과 35

관한 법률」제13조의 죄로 두 번 이상 실형을 선고받은 사람이 범한 「형법」제297조, 제297조의2, 제298조부터 제300조까지, 제305조 및 「아동·청소년의 성보호에 관한 법률」제13조의 죄

5. 「형법」제2편제38장 절도와 강도의 죄 중 제333조(강도), 제334조(특수강도), 제335조(준강도), 제336조(인질강도), 제337조(강도상해·치상), 제338조(강도살인·치사), 제339조(강도강간), 제340조(해상강도), 제341조(상습범) 및 제342조(미수범. 다만, 제329조부터 제331조까지, 제331조의2 및 제332조의 미수범은 제외한다)의 죄

6. 「폭력행위 등 처벌에 관한 법률」제4조(단체 등의 구성·활동)의 죄

② 제1항 각 호의 범죄로서 다른 법률에 따라 가중처벌하는 죄는 특정강력범죄로 본다.

28 주석형법 〔총칙(2)〕(2판), 781(조균석); 이주원(주 10), 222.

29 류전철, "형의 실효의 법률상 효과와 사실상 효과", 법학논총 33-3, 전남대학교 법학연구소(2013), 230.

30 2011년 정부 제출 형법(총칙) 일부개정법률안은 상습범과 누범규정은 책임주의의 원칙에 반한다는 지적에 따라 독일, 스위스 등 대륙법계의 입법례에 따라 상습범과 누범을 삭제하는 대신 사회방위를 위한 보안처분제도를 형법에 편입하였다〔법무부, 형법(총칙)일부개정법률안 제안 이유서(2011. 4), 7〕.

를 요하지 않고 사면이 있으면 즉시 형이 실효되는 것이므로 사면 이전에 범한 죄인지 사면 이후에 범한 죄인지에 따라 누범 여부가 달라진다. 누범기간 중 사면 이전에 범한 죄는 이후에 누범 적용의 전제가 되는 금고 이상의 형이 실효되더라도 누범에 해당하나,[31] 누범기간 중 사면 이후에 범한 죄는 누범 적용의 전제가 되는 금고 이상의 형 자체가 사면으로 실효된 상태에서 범한 것이므로 누범에 해당하지 않는다.[32]

3. 제37조 후단 경합범 여부

36   판결이 확정되지 아니한 수개의 죄 또는 금고 이상의 형에 처한 판결이 확정된 죄와 그 판결 확정 전에 범한 죄를 경합범이라 하며(§37), 이 중 금고 이상의 형에 처한 판결이 확정된 죄와 그 판결 확정 전에 범한 죄를 제37조 후단 경합범이라고 한다.[33] 경합범 중 판결을 받지 아니한 죄가 있는 때에는 그 죄와 판결이 확정된 죄를 동시에 판결할 경우와 형평을 고려하여 그 죄에 대하여 형을 선고한다(§39① 본문).

37   그런데 금고 이상의 형에 처한 판결이 확정된 이후 그 형이 실효된 경우에도 그 판결 확정 전에 범한 죄가 판결이 확정된 죄와 제37조 후단의 경합범관계에 있게 되는 것인지 여부가 문제될 수 있다. 대법원은 제37조 후단에서 말하는 판결이 확정된 죄라 함은 수개의 독립한 죄 중의 어느 죄에 대하여 확정판결이 있었던 사실 자체를 의미하고, 그 확정판결이 있은 죄의 형 집행 종료 여부, 형의 집행유예 실효 여부는 묻지 않으므로 제65조에 의하여 집행유예를 선고한

---

31 사면법 제5조(사면 등의 효과) 제2항은 "형의 선고에 따른 기성(旣成)의 효과는 사면, 감형 및 복권으로 인하여 변경되지 아니한다."고 규정하고 있다.

32 대법원은 공소제기된 살인죄가 누범에 해당하는지 여부가 문제된 사안에서, "본건 범죄 이전에 피고인이 저지른 업무방해죄는 1963. 12. 14 공포된 각령 1,678호 일반사면령에 의하여 사면되었으므로 위 업무방해에 대한 형의 선고의 효력이 상실되었음이 명백함에도 불구하고 원심이 피고인에 대하여 누범가중하여 처단한 제1심 판결을 유지한 것은 법률적용에 있어 잘못을 저지른 위법이 있다."고 보았다(대판 1964. 3. 31, 64도34).

33 2004년 1월 20일 형법 개정으로 제37조 후단 경합범 성립의 전제가 되는 "판결이 확정된 죄"가 "금고 이상의 형에 처한 판결이 확정된 죄"로 변경되었다. 위 개정 이전에는 금고 이상의 형 외에 벌금형 등 형의 종류에 관계 없이 판결이 확정되면 그 판결 확정 전에 범한 죄는 제37조 후단의 경합범이 되었으나, 형법 개정으로 금고 이상의 형이 아닌 벌금형 등에 처한 판결이 확정되더라도 그 판결 확정 전에 범한 죄가 제37조 후단의 경합범에는 해당하지 않는다.

확정판결에 의한 형의 선고가 그 효력을 잃었다 하더라도 제37조 후단의 판결
이 확정된 죄에 해당한다고 해석한다.[34] 대법원은 같은 취지에서, 일반사면으로
형의 선고의 효력이 상실된 경우에도 제37조 후단의 판결이 확정된 죄에 해당
한다고 본다.[35]

    제37조 후단의 경합범 여부가 문제되는 경우에, 확정된 유죄 판결이 형 선   38
고의 법률상 효과에 해당하지 않고 사실상 효과에 해당한다고 보는 점에 대해
서 의문을 제기하는 견해도 있다.[36] 그러나 사면법은 형의 선고에 따른 기성(旣
成)의 효과는 사면으로 인하여 변경되지 아니한다고 규정하고 있을 뿐만 아니라
(사면 § 5②), 형법 제39조 제1항은 판결을 받지 아니한 죄가 있는 때에는 그 죄
와 판결이 확정된 죄를 동시에 판결할 경우와 형평을 고려하여 그 죄에 대하여
형을 선고하도록 하는 등 제37조 후단의 경합범에 대해서는 판결 확정 전에 범
한 죄를 이미 판결이 확정된 죄와 동시에 판결할 수 있었다는 사실상의 관계에
따라 그 형을 감경 또는 면제할 수도 있도록 효과를 부여하고 있다(§ 39① 단서).[37]
전과자의 조속한 사회복귀를 위한 형의 실효를 제37조 후단 경합범의 성립 여부
를 판단함에 있어서 피고인에게 불리한 방향으로 해석할 근거로 볼 이유는 없다.
형의 실효가 있더라도 형의 선고라는 기왕의 사실 자체가 없어지는 것이 아니므
로 제37조 후단의 경합범이 성립한다는 대법원의 입장이 타당하다고 본다.[38]

4. 집행유예 결격 여부

    제62조 제1항은 3년 이하의 징역이나 금고 또는 500만 원 이하의 벌금의   39
형을 선고할 경우에 제51조의 사항을 참작하여 그 정상에 참작할 만한 사유가

---

34 대판 1984. 8. 21, 84도1297.
35 대판 1996. 3. 8, 95도2114.
36 류전철(주 29), 231.
37 대판 2014. 3. 27, 2014도469.「형법 제37조 후단 및 제39조 제1항의 문언, 입법 취지 등에 비
    추어 보면, 아직 판결을 받지 아니한 죄가 이미 판결이 확정된 죄와 동시에 판결할 수 없었던
    경우에는 형법 제37조 후단의 경합범 관계가 성립할 수 없고 형법 제39조 제1항에 따라 동시에
    판결할 경우와 형평을 고려하여 형을 선고하거나 그 형을 감경 또는 면제할 수도 없다고 해석함
    이 타당하다.」
    본 판결 평석은 최병각, "사후적 경합범에 대한 고찰", 형사판례연구 〔24〕, 한국형사판례연구
    회, 박영사(2016), 259-290.
38 주석형법 〔총칙(2)〕(2판), 782(조균석); 이주원(주 10), 230.

있는 때에는 1년 이상 5년 이하의 기간 형의 집행을 유예할 수 있다고 규정하고 있다(§ 62① 본문).[39] 다만, 금고 이상의 형을 선고한 판결이 확정된 때부터 그 집행을 종료하거나 면제된 후 3년까지의 기간에 범한 죄에 대하여 형을 선고하는 경우에는 그러하지 아니하다(§ 62① 단서).

40   금고 이상의 형에 대한 재판상 형의 실효기간(7년)과 법률상 형의 실효기간(5년 또는 10년)이 집행유예 결격기간(3년)보다 장기이므로 일반적으로 실효된 형과 집행유예의 결격 여부는 문제되지 않는다. 그러나 특정강력범죄의 처벌에 관한 특례법(이하, 특정강력범죄법이라 한다.)에서 정하는 특정강력범죄로 형을 선고받고 그 집행이 끝나거나 면제된 후 10년이 지나지 아니한 사람이 다시 특정강력범죄를 범한 경우에는 형의 집행을 유예하지 못하므로(특강 § 5), 특정강력범죄로 3년 이하의 징역형을 선고받고 5년의 기간이 경과하여 법률상 형의 실효가 되거나, 3년을 초과하는 징역형을 선고받고 7년이 경과하여 재판상 형의 실효가 선고된 다음 다시 특정강력범죄를 범한 경우에 집행유예를 선고할 수 있는지 여부가 문제될 수 있다.

41   집행유예 결격기간의 특례를 정한 특정강력범죄법 제5조가 특례 적용의 전제가 되는 특정강력범죄의 범위를 '3년을 초과하는 형을 선고받고 그 집행이 끝나거나 면제된 후 10년이 지나지 아니한 사람' 또는 '특정강력범죄로 형을 선고받고 그 집행이 끝나거나 면제된 후 형이 실효되지 아니하고 10년이 지나지 아니한 사람' 등으로 제한하고 있지 않으므로, 특정강력범죄로 3년 이하의 징역형을 선고받아 법률상 형이 실효되거나 3년 초과의 징역형을 선고받고 재판상 형이 실효된 사람도 특정강력범죄법 제5조의 집행유예 결격기간의 특례 규정이 적용된다고 해석될 여지가 있다. 하지만 형이 실효되면 이미 형 선고의 효력이 장래를 향해 상실되어 더 이상 특정강력범죄로 형을 선고받은 사람으로 볼 수 없으므로 집행유예 결격기간의 특례 규정이 적용되지 않는다고 보아야 한다. 따라서 특정강력범죄로 형을 선고받고 그 집행이 끝나거나 면제된 후 형이 실효되었다면, 10년이 지나지 아니한 사람이라도 집행유예를 선고할 수 있다.[40]

---

39 2016년 1월 6일 형법 일부 개정으로 3년 이하의 징역이나 금고 외에 500만 원 이하의 벌금에 대해서도 집행유예가 허용되었다(공포 후 2년이 경과한 2018. 1. 7.부터 시행).
40 주석형법 〔총칙(2)〕(2판), 783(조균석); 주석형법 〔총칙(2)〕(3판), 738(전승수); 이주원(주 10), 231.

재판상 형의 실효나 법률상 형의 실효 외에 일반사면으로 형이 실효되는 **42** 경우에도 형 선고의 효력은 장래를 향해 상실되어 집행유예 결격 전과에 해당하지 않게 된다. 따라서 일반사면으로 금고 이상의 형이 실효되었다면, 그 형의 집행을 종료하거나 면제된 후 3년까지의 기간 내에 범한 죄라고 하더라도 집행유예 선고가 가능하다.[41]

5. 선고유예 결격 여부

제59조 제1항은 1년 이하의 징역이나 금고, 자격정지 또는 벌금의 형을 선 **43** 고할 경우에 제51조의 사항을 고려하여 뉘우치는 정상이 뚜렷할 때에는 그 형의 선고를 유예할 수 있다고 규정하고 있다(§59① 본문). 다만, 자격정지 이상의 형을 받은 전과가 있는 사람에 대해서는 선고유예를 할 수 없으므로(§59① 단서), 자격정지 이상의 형을 선고받아 그 형이 실효된 경우에는 선고유예가 가능한지 여부가 문제될 수 있다.

대법원은 제59조 제1항 단서의 자격정지 이상의 형을 받은 전과는 자격정 **44** 지 이상의 형을 선고받은 범죄경력 자체를 의미하는 것이므로 그 형의 효력이 상실되었는지 여부는 묻지 않는 것으로 해석함이 상당하고, 형이 실효되어 형 선고의 법률적 효과가 없어지더라도 형의 선고가 있었다는 기왕의 사실 자체의 모든 효과까지 소멸하는 것은 아니므로 형이 실효되더라도 자격정지 이상의 형을 받은 전과가 있는 경우에 해당하여 선고유예를 할 수 없다고 본다.[42] 이와 마찬가지로 대법원은, 형의 집행유예를 선고받은 사람이 정해진 유예기간을 무사히 경과하여 형의 선고가 효력을 잃게 되는 경우에도 형의 선고의 법률적 효과가 없어진다는 것일 뿐, 형의 선고가 있었다는 기왕의 사실 자체까지 없어지는 것은 아니므로 선고유예 결격사유인 자격정지 이상의 형을 받은 전과가 있는 자에 해당한다고 본다.[43]

---

41 주석형법 〔총칙(2)〕(2판), 783(조균석); 주석형법 〔총칙(2)〕(3판), 739(전승수); 이주원(주 10), 231.

42 대판 2004. 10. 15, 2004도4869; 대판 2007. 5. 11, 2005도5756.

43 대판 2003. 12. 26, 2003도3768. 본 판결 해설 및 평석은 이승호, "집행유예의 선고를 받은 후 그 유예기간을 무사히 경과한 경우 선고유예 결격사유인 '자격정지 이상의 형을 선고받은 전과'에 해당하는지 여부", 해설 48, 법원도서관(2004), 498-508; 한영수, "집행유예기간이 경과한 자에 대한 선고유예", 형사판례연구 〔13〕, 한국형사판례연구회, 박영사(2004), 218-235.

〔서 효 원〕 **695**

45 이에 대해서는 자격정지 이상의 형을 선고받더라도 그 형이 실효되어 형선고의 효력이 상실된 경우에는 선고유예의 자격이 회복된다는 견해가 있다.44 형이 실효된 경우 형의 선고가 있었다는 기왕의 사실 자체가 없어지는 것은 아니더라도 형의 선고에 기한 법적 효과는 장래를 향하여 소멸되므로 선고유예를 할 수 있다고 해석하는 것이 형의 실효 제도를 둔 입법 취지에 부합한다고 볼 여지가 있다. 그러나 이는 선고유예제도를 두면서도 자격정지 이상의 형을 받은 전과가 있는 사람에 대해서는 선고유예를 배제한 입법 취지를 우선 고려할 필요가 있고, 형이 실효되더라도 종전에 유죄판결을 받은 사실 자체를 의미하는 '전과'의 존부에는 영향을 미치지 않아 여전히 '자격정지 이상의 형을 받은 전과가 있는 사람'에 해당하므로 선고유예는 허용되지 않는다고 본다.45

6. 양형자료 또는 상습성 인정의 자료로 사용 가능 여부

46 실효된 형을 양형자료 또는 상습성 인정의 자료로 사용하는 것이 허용되는지 여부도 문제될 수 있다.46 형이 실효되더라도 과거에 형의 선고가 있었다는 기왕의 사실 자체가 사라지는 것은 아니므로 형이 실효되더라도 형의 선고 사실 자체는 피고인에게 불리한 양형자료나 상습성 인정의 자료로 사용할 수 있다.47

7. 형사특별법상 가중처벌 구성요건 해당 여부

(1) 특정범죄 가중처벌 등에 관한 법률 제5조의4 제5항

47 특정범죄 가중처벌 등에 관한 법률(이하, '특정범죄가중법'이라 한다.) 제5조의4 제5항48은 형법 제329조부터 제331조까지, 제333조부터 제336조까지 및 제340

---

44 주석형법 [총칙(하)], 384(박재윤).
45 주석형법 [총칙(2)](2판), 783(조균석); 주석형법 [총칙(2)](3판), 739(전승수); 이주원(주 10), 238.
46 대법원은 상습성 내지 속벽을 인정하는 자료에는 아무런 제한이 없다는 전제에서 소년법상의 보호처분을 받은 사실도 상습성 인정의 자료가 될 수 있다고 본다[대판 1973. 7. 24, 73도1255(전); 대판 1990. 6. 26, 90도887]. 다만 전자장치 부착 등에 관한 법률 제5조 제1항 제3호에서 부착명령청구 요건으로 정한 '성폭력범죄를 2회 이상 범하여(유죄의 확정판결을 받은 경우를 포함한다)'에 '소년보호처분을 받은 전력'은 포함되지 않는다고 보았다[대판 2012. 3. 22, 2011도15057, 2011전도249(전)].
47 주석형법 [총칙(2)](2판), 784(조균석); 주석형법 [총칙(2)](3판), 740(전승수). 일본 판례도 같은 입장이다[最判 昭和 29(1954). 3. 11. 刑集 8·3·270].
48 특정범죄가중법 제5조의4(상습 강도·절도죄 등의 가중처벌) ⑤ 「형법」 제329조부터 제331조까

조·제362조의 죄 또는 그 미수죄로 세 번 이상 징역형을 받은 사람이 다시 이들 죄를 범하여 누범(累犯)으로 처벌하는 경우를 가중처벌하는 규정을 두고 있다. 특정범죄가중법 제5조의4 제1항, 제6항 등에 대한 헌법재판소의 위헌결정[49]에 따라 2016년 1월 6일 관련 규정에 대한 삭제 등 일부 개정이 있었으나, 특정범죄가중법 제5조의4 제5항은 기본적으로 구 특정범죄가중법의 구성요건을 그대로 유지하되 법정형을 일부 하향하는 방식으로 개정되었다.

대법원은 구 특정범죄가중법 제5조의4 제5항과 관련하여, "형의 실효 등에 관한 법률 제7조 제1항은 수형인이 자격정지 이상의 형을 받음이 없이 형의 집행을 종료하거나 그 집행이 면제된 날부터 같은 항 각 호에서 정한 기간이 경과한 때에는 그 형은 실효된다고 규정하고 있으며, 같은 항 제2호에서 3년 이하의 징역·금고형의 경우는 그 기간을 5년으로 정하고 있다. 위 규정에 따라 형이 실효된 경우에는 형의 선고에 의한 법적 효과가 장래에 향하여 소멸되므로 그 전과를 특정범죄 가중처벌 등에 관한 법률 제5조의4 제5항에서 정한 징역형의 선고를 받은 경우로 볼 수 없다."고 보았다.[50]

이는 특정범죄가중법 제5조의4 제5항의 적용 대상인 절도나 강도로 "세 번 이상 징역형을 받은 사람"인지 여부를 판단할 때 형의 실효 여부와 상관없이 세 번 이상 징역형을 선고받았다는 기왕의 사실 자체만 있으면 되는지 또는 당해 절도나 강도에 대한 판결 선고 시를 기준으로 법률적 효과가 사라지지 않은 징역형이 세 번 이상 존재하여야 하는지의 문제이다.[51] "세 번 이상 징역형을 받

48

49

지, 제333조부터 제336조까지 및 제340조·제362조의 죄 또는 그 미수죄로 세 번 이상 징역형을 받은 사람이 다시 이들 죄를 범하여 누범(累犯)으로 처벌하는 경우에는 다음 각 호의 구분에 따라 가중처벌한다.

　　1. 「형법」 제329조부터 제331조까지의 죄(미수범을 포함한다)를 범한 경우에는 2년 이상 20년 이하의 징역에 처한다.

　　2. 「형법」 제333조부터 제336조까지의 죄 및 제340조제1항의 죄(미수범을 포함한다)를 범한 경우에는 무기 또는 10년 이상의 징역에 처한다.

　　3. 「형법」 제362조의 죄를 범한 경우에는 2년 이상 20년 이하의 징역에 처한다.

49　헌재 2015. 2. 26, 2014헌가16; 헌재 2015. 11. 26, 2013헌바343.

50　대판 2002. 10. 22, 2002감도39[본 판결 해설은 이재영, "형이 실효된 경우 그 전과를 특정범죄가중처벌등에관한 법률 제5조의4 제5항 소정의 징역형의 선고를 받은 경우로 볼 수 있는지 여부", 해설 43, 법원도서관(2003), 832-843]; 대판 2010. 3. 25, 2010도8[본 판결 평석은 김정원, "형의 실효의 법률적 효과", 형사판례연구 [19], 한국형사판례연구회, 박영사(2011), 1-36]; 대판 2010. 9. 9, 2010도8021; 대판 2014. 9. 4, 2014도7088.

51　대법원은 징역형의 집행유예기간이 경과된 경우에도 집행유예의 효과에 관한 제65조에서 '형의

은 사람"이라는 문구 자체에 대한 문언 해석으로는 양쪽 모두 가능한 것으로 보
인다.[52] 그런데 위 처벌 규정은 "세 번 이상 징역형을 받은 사람이 다시 이들
죄를 범하여 누범(累犯)으로 처벌하는 경우"에 절도죄나 장물죄는 2년 이상 20년
이하의 징역으로 가중처벌하고 강도죄는 무기 또는 10년 이상의 징역으로 가중
처벌하는 것이므로, 반복된 절도죄 등에 대한 엄벌의 필요성을 감안하더라도 실
효된 형까지 포함시켜 가중처벌 규정의 적용 범위를 확대하는 해석은 바람직하
지 않다. 실효된 형은 법적 효과가 장래를 향하여 소멸되므로 위 처벌 규정에
말하는 징역형에서는 제외된다고 보는 것이 타당하다.[53]

(2) 폭력행위 등 처벌에 관한 법률 제2조 제3항, 제3조 제4항

50   폭력행위 등 처벌에 관한 법률(이하, 폭력행위처벌법이라 한다.) 제2조 제3항은
이 법을 위반하여 2회 이상 징역형을 받은 사람이 다시 제2항에 규정된 폭행죄
등을 범하여 누범(累犯)으로 처벌할 경우를 가중처벌하고,[54] 제3조 제4항은 이

선고가 효력을 잃는다'는 의미는 형실효법에 의한 형의 실효와 같이 형의 선고에 의한 법적 효
과가 장래에 향하여 소멸한다는 취지이므로, 위 규정에 따라 형의 선고가 효력을 잃는 경우에도
그 전과는 특정범죄가중법 제5조의4 제5항에서 정한 '징역형을 받은 경우'로 볼 수 없다고 한다
(대판 2010. 9. 9, 2010도8021).

52 아래 폭력행위 등 처벌에 관한 법률 제2조 제3항 또는 제3조 제4항의 "이 법을 위반하여 2회 이
상 징역형을 받은 사람이 다시 다음 각 호에 규정된 죄를 범하여 누범으로 처벌할 경우" 및 도
로교통법 제148조의2 제1항의 "제44조제1항 또는 제2항을 2회 이상 위반한 사람"에 대한 해석
에서도 마찬가지이다.

53 주석형법 〔총칙(2)〕(3판), 735(전승수).

54 폭력행위처벌법 제2조(폭행 등) ② 2명 이상이 공동하여 다음 각 호의 죄를 범한 사람은 「형법」
각 해당 조항에서 정한 형의 2분의 1까지 가중한다.
  1. 「형법」 제260조제1항(폭행), 제283조제1항(협박), 제319조(주거침입, 퇴거불응) 또는 「형법」
     제366조(재물손괴 등)의 죄
  2. 제260조제2항(존속폭행), 제276조제1항(체포, 감금), 제283조제2항(존속협박) 또는 제324조
     제1항(강요)의 죄
  3. 「형법」 제257조제1항(상해)·제2항(존속상해), 제276조제2항(존속체포, 존속감금) 또는 제
     350조(공갈)의 죄
  ③ 이 법(「형법」 각 해당 조항 및 각 해당 조항의 상습범, 특수범, 상습특수범, 각 해당 조항의
  상습범의 미수범, 특수범의 미수범, 상습특수범의 미수범을 포함한다)을 위반하여 2회 이상 징역
  형을 받은 사람이 다시 제2항 각 호에 규정된 죄를 범하여 누범(累犯)으로 처벌할 경우에는 다
  음 각 호의 구분에 따라 가중처벌한다.
  1. 제2항제1호에 규정된 죄를 범한 사람: 7년
  2. 제2항제2호에 규정된 죄를 범한 사람: 1년 이상 12년 이하의 징역
  3. 제2항제3호에 규정된 죄를 범한 사람: 2년 이상 20년 이하의 징역
  ④ 제2항과 제3항의 경우에는 「형법」 제260조제3항 및 제283조제3항을 적용하지 아니한다.

법을 위반하여 2회 이상 징역형을 받은 사람이 다시 특수폭행죄 등의 죄를 범하여 누범으로 처벌할 경우를 가중처벌한다.[55] 위 규정은 2명 이상이 공동으로 폭행죄 등을 반복적으로 저지르는 경우 및 단체 또는 다중의 위력을 보이거나 위험한 물건을 휴대하여 폭행죄 등을 반복적으로 저지르는 경우를 가중처벌하는 규정이다.[56] 폭력행위처벌법에 규정된 "이 법을 위반하여 2회 이상 징역형을 받은 사람"의 해석에 관해서도 위 특정범죄가중법 제5조의4 제5항의 "세 번 이상 징역형을 받은 사람"에 대한 해석과 마찬가지로 실효된 징역형을 제외하고 2회 이상 징역형을 받은 사람에 대해서만 가중처벌 규정이 적용된다고 보는 것이 타당하다.[57]

(3) 도로교통법 제148조의2 제1항

(가) 구 도로교통법 제148조의2 제1항 규정과 연혁

구 도로교통법(2018. 12. 24. 법률 제16037호로 개정되고, 2020. 6. 9. 법률 제17371호로 개정되기 전의 것) 제148조의2 제1항은 제44조 제1항 또는 제2항[58]을 2회 이

51

---

55 폭력행위처벌법 제3조(폭행 등) ④ 이 법(「형법」 각 해당 조항 및 각 해당 조항의 상습범, 특수범, 상습특수범, 각 해당 조항의 상습범의 미수범, 특수범의 미수범, 상습특수범의 미수범을 포함한다)을 위반하여 2회 이상 징역형을 받은 사람이 다시 다음 각 호의 죄를 범하여 누범으로 처벌할 경우에는 다음 각 호의 구분에 따라 가중처벌한다.
  1. 「형법」 제261조(특수폭행)(제260조제1항의 죄를 범한 경우에 한정한다), 제284조(특수협박)(제283조제1항의 죄를 범한 경우에 한정한다), 제320조(특수주거침입) 또는 제369조제1항(특수손괴)의 죄: 1년 이상 12년 이하의 징역
  2. 「형법」 제261조(특수폭행)(제260조제2항의 죄를 범한 경우에 한정한다), 제278조(특수체포, 특수감금)(제267조제1항의 죄를 범한 경우에 한정한다), 제284조(특수협박)(제283조제2항의 죄를 범한 경우에 한정한다) 또는 제324조제2항(강요)의 죄: 2년 이상 20년 이하의 징역
  3. 「형법」 제258조의2제1항(특수상해), 제278조(특수체포, 특수감금)(제276조제2항의 죄를 범한 경우에 한정한다) 또는 제350조의2(특수공갈)의 죄: 3년 이상 25년 이하의 징역
56 헌법재판소는 구 폭력행위처벌법 제3조 제1항 중 "흉기 기타 위험한 물건을 휴대하여 형법 제260조제1항(폭행), 제283조제1항(협박), 제366조(재물손괴등)의 죄를 범한 자"에 관한 부분에 대하여, 형법과 같은 구성요건을 정하면서도 법정형만 상향한 것은 형벌체계의 정당성과 균형을 잃어 헌법의 기본원리에 위배되고 평등의 원칙에 위반된다는 이유로 위헌으로 결정하였다(헌재 2015. 9. 24, 2014헌바154, 398, 2015헌가3, 9, 14, 18, 20, 21, 25). 헌법재판소의 위헌결정에 따라 위헌결정 대상조항을 포함하여 이와 유사한 가중처벌 조항이 2016년 1월 6일 폭력행위처벌법 개정으로 일괄 정비되었다.
57 대판 2016. 6. 23, 2016도5032. 「형의 실효 등에 관한 법률에 따라 형이 실효된 경우에는 형의 선고에 의한 법적 효과가 장래를 향하여 소멸하므로 형이 실효된 후에는 그 전과를 폭력행위처벌법 제2조 제3항에서 말하는 '징역형을 선고받은 경우'라고 할 수 없다.」
58 도로교통법 제44조(술에 취한 상태에서의 운전 금지) ① 누구든지 술에 취한 상태에서 자동차등

상 위반한 사람(자동차등 또는 노면전차를 운전한 사람으로 한정)은 2년 이상 5년 이하의 징역이나 1천만 원 이상 2천만 원 이하의 벌금에 처한다고 규정하여, 2회 이상 음주운전 또는 음주측정거부를 하는 경우를 가중처벌하였다.

52   이는 구 도로교통법(2018. 12. 24. 법률 제16037호로 개정되기 전의 것) 제148조의2 제1항이 제44조 제1항을 2회 이상 위반한 사람(자동차등 또는 노면전차를 운전한 사람으로 한정)으로서 다시 같은 조 제1항을 위반하여 술에 취한 상태에서 자동차등 또는 노면전차를 운전한 사람(총 3회 이상 음주운전)을 1년 이상 3년 이하의 징역이나 500만 원 이상 1천만 원 이하의 벌금으로 가중처벌하던 것을 음주운전으로 인한 사회적 피해가 증가하고 있는 상황에서 처벌이 가볍다는 지적을 반영하여 2018년 12월 24일 개정으로 총 2회 이상 음주운전이나 음주측정거부를 하는 경우부터 가중처벌하고, 법정형을 상향한 것이었다.

(나) 구 도로교통법 제148조의2 제1항에 대한 대법원과 헌법재판소의 판단

(a) 대법원

53   대법원은 구 도로교통법(2011. 6. 8. 법률 제10790호로 개정되고, 2018. 12. 24. 법률 제16037호로 개정되기 전의 것) 제148조의2 제1항과 관련하여 실효된 형도 포함하여 2회 이상 음주운전을 한 사람으로 볼 수 있는지 여부에 대하여, "형의 실효 등에 관한 법률 제7조 제1항이 그 각 호의 형을 받은 사람이 자격정지 이상의 형을 받지 아니하고 형의 집행을 종료하거나 그 집행이 면제된 날부터 그 각 호에 정해진 기간이 경과한 때에 그 형은 실효된다고 규정한 취지는 집행유예 기간이 경과한 때에는 형의 선고는 효력을 잃는다고 규정한 형법 제65조와 마찬가지로 그저 형의 선고의 법률적 효과가 없어진다는 것일 뿐, 형의 선고가 있었다는 기왕의 사실 자체의 모든 효과까지 소멸한다는 것은 아니고, 또한 사면법 제5조 제1항 제1호가 일반사면으로 형 선고의 효력이 상실된다고 규정한 취

(「건설기계관리법」 제26조제1항 단서에 따른 건설기계 외의 건설기계를 포함한다. 이하 이 조, 제45조, 제47조, 제50조의3, 제93조제1항제1호부터 제4호까지 및 제148조의2에서 같다), 노면전차 또는 자전거를 운전하여서는 아니 된다.
② 경찰공무원은 교통의 안전과 위험방지를 위하여 필요하다고 인정하거나 제1항을 위반하여 술에 취한 상태에서 자동차등, 노면전차 또는 자전거를 운전하였다고 인정할 만한 상당한 이유가 있는 경우에는 운전자가 술에 취하였는지를 호흡조사로 측정할 수 있다. 이 경우 운전자는 경찰공무원의 측정에 응하여야 한다.

지도 형의 선고의 법률적 효과가 없어진다는 것일 뿐, 형의 선고가 있었다는 기왕의 사실 자체의 모든 효과까지 소멸한다는 것은 아니다. 따라서 형의 실효 등에 관한 법률 제7조 제1항 각 호에 따라 형이 실효되었거나 사면법 제5조 제1항 제1호에 따라 형 선고의 효력이 상실된 구 도로교통법 제44조 제1항 위반 음주운전 전과도 도로교통법 제148조의2 제1항 제1호의 "도로교통법 제44조 제1항을 2회 이상 위반한 것에 해당된다."고 보았다.[59]

2회 이상 음주운전 등에 해당하는지 여부는 형의 실효 여부나 유죄의 확정판결을 받았는지와 상관없이 2회 이상 음주운전 등을 한 사실 자체가 있는지를 기준으로 판단할 필요가 있다.[60] 따라서 음주운전 등으로 소년보호처분을 받거나, 기소유예를 받은 전력도 포함되며 실효된 형이라도 음주운전을 하였다는 사실이 인정되는 이상 위 처벌 규정의 2회 이상 음주운전에 포함된다.[61]

(b) 헌법재판소

헌법재판소는 2021년 11월 25일 구 도로교통법(2018. 12. 24. 법률 제16037호로 개정되고, 2020. 6. 9. 법률 제17371호로 개정되기 전의 것) 제148조의2 제1항 중 '제44조 제1항을 2회 이상 위반한 사람'에 관한 부분에 대해 책임과 형벌 간의 비례원칙에 위반된다는 등의 이유로 위헌결정을 하였다.[62] 그러나 헌법재판소도 도로교통법 제44조 제1항을 위반한 전력은 제44조 제1항을 위반하여 음주운전을 하였던 사실이 인정되는 전력을 의미하는 것이고, 그 위반 전력에 대하여 형의 선고나 유죄의 확정판결이 있어야 하는 것은 아니라는 해석을 전제로 심판대상 조항의 위헌 여부를 판단하였다.

헌법재판소는 2022년 5월 26일 구 도로교통법(2020. 6. 9. 법률 제17371호로 개정된 것) 제148조의2 제1항 중 '제44조 제1항 또는 제2항을 1회 이상 위반한 사

54

55

56

---

59 대판 2012. 11. 29, 2012도10269.

60 대법원은 2회 이상 음주운전 등을 가중처벌하는 도로교통법 개정 전의 음주운전 전력도 2회 이상에 포함되는지 여부에 대하여, 위 법조항 시행 전 구 도로교통법 제44조 제1항 또는 제2항을 위반한 전과도 포함된다고 보았다(대판 2020. 8. 20, 2020도7154).

61 대판 2012. 11. 29, 2012도10269의 원심은 "이 사건 법조항에서 정한 '2회 이상 음주운전 금지 규정을 위반한 경우'에 형실효법에 의하여 실효된 음주운전 전력은 제외된다고 해석하는 경우 반복적 음주운전을 가중처벌하려는 입법목적을 충분히 달성할 수 없게 된다."고 판시하였다(서울고판 2012. 8. 9, 2012노1259).

62 헌재 2021. 11. 25, 2019헌바446, 2020헌가17, 2021헌바77(병합).

〔서 효 원〕 **701**

람으로서 다시 같은 조 제1항을 위반한 사람'에 관한 부분과 구 도로교통법(2018. 12. 24. 법률 제16037호로 개정되고, 2020. 6. 9. 법률 제17371호로 개정되기 전의 것) 제148조의2 제1항 및 도로교통법(2020. 6. 9. 법률 제17371호로 개정된 것) 제148조의2 제1항 중 각 '제44조 제1항을 1회 이상 위반한 사람으로서 다시 같은 조 제2항을 위반한 사람'에 관한 부분도 책임과 형벌 사이의 비례성을 인정하기 어렵다는 등의 이유로 위헌결정을 하였다.[63] 헌법재판소는 심판대상조항과 관련하여 전범(前犯)을 이유로 아무런 시간적 제한 없이 무제한 후범(後犯)을 가중처벌하는 예는 발견하기 어렵고, 공소시효나 형의 실효를 인정하는 취지에도 부합하지 않는다고 보았으나, 이 역시 실효된 형도 2회 이상 음주운전 등에 해당한다는 법률 해석을 전제로 심판대상조항의 위헌 여부를 판단한 것으로 볼 수 있다.

(다) 도로교통법 제148조의2 제1항의 개정

57　　　　위 헌법재판소의 위헌결정에 따라 2023년 1월 3일 위 조항이 개정되었는데, "다시 같은 조 제1항 또는 제2항을 위반한 사람"에 "형이 실효된 사람도 포함한다"고 명확히 규정하였고, 혈중알코올농도의 수준에 따라 그 형을 차별화하였다.[64]

〔서 효 원〕

---

63 헌재 2022. 5. 26, 2021헌가30, 31, 2022헌가9(병합); 헌재 2022. 5. 26, 2021헌가32, 2022헌가3, 5(병합).

64 도로교통법 제148조의2(벌칙) ① 제44조제1항 또는 제2항을 위반(자동차등 또는 노면전차를 운전한 경우로 한정한다. 다만, 개인형 이동장치를 운전한 경우는 제외한다. 이하 이 조에서 같다)하여 벌금 이상의 형을 선고받고 그 형이 확정된 날부터 10년 내에 다시 같은 조 제1항 또는 제2항을 위반한 사람(형이 실효된 사람도 포함한다)은 다음 각 호의 구분에 따라 처벌한다. 〈개정 2023. 1. 3.〉

　1. 제44조제2항을 위반한 사람은 1년 이상 6년 이하의 징역이나 500만원 이상 3천만원 이하의 벌금에 처한다.

　2. 제44조제1항을 위반한 사람 중 혈중알코올농도가 0.2퍼센트 이상인 사람은 2년 이상 6년 이하의 징역이나 1천만원 이상 3천만원 이하의 벌금에 처한다.

　3. 제44조제1항을 위반한 사람 중 혈중알코올농도가 0.03퍼센트 이상 0.2퍼센트 미만인 사람은 1년 이상 5년 이하의 징역이나 500만원 이상 2천만원 이하의 벌금에 처한다.

제82조(복권)

자격정지의 선고를 받은 자가 피해자의 손해를 보상하고 자격정지 이상의 형을 받음이 없이 정지기간의 2분의 1을 경과한 때에는 본인 또는 검사의 신청에 의하여 자격의 회복을 선고할 수 있다.

Ⅰ. 취 지

본조는 재판상 복권에 대해 규정하고 있다. 복권은 형의 선고로 실효되거나 정지된 자격을 회복시켜 범죄인의 사회복귀를 돕는 제도이다.[1] 복권에는 ① 자격정지의 선고를 받은 자를 대상으로 하는 재판상 복권(§82)과 ② 형의 선고로 인하여 법령에 따른 자격이 상실되거나 정지된 자를 대상으로 하는 사면법에 따른 복권이 있다(사면 §3(ⅲ), §5①(ⅴ)).　1

형의 실효에는 재판상 형의 실효, 사면법에 따른 형의 실효 외에 형의 실효 등에 관한 법률(이하, 형실효법이라 한다.)에서 정하는 법률상 형의 실효도 있으나, 현행법상 복권에는 재판상 복권과 사면법에 따른 복권 외에 법률상 복권은 규정하고 있지 않다.　2

---

1 강동욱, 강의 형법총론(3판), 450; 김성돈, 형법총론(5판), 844; 김성천·김형준, 형법총론(6판), 512; 김일수·서보학, 새로쓴 형법총론(13판), 617; 박상기, 형법총론(9판), 580; 손동권·김재윤, 새로운 형법총론, §40/25; 이재상·장영민·강동범, 형법총론(12판), §44/13; 이형국·김혜경, 형법총론(7판), 638; 정성근·박광민, 형법총론(전정2판), 735; 최호진, 형법총론(2판), 890; 주석형법 〔총칙(2)〕(3판), 743(전승수).

II. 재판상 복권

1. 대상 및 요건

(1) 대상

3   재판상 복권은 자격상실된 자도 대상이 되는 사면법에 따른 복권과 달리 자격정지의 선고를 받은 자만을 대상으로 한다(§ 82). 따라서 사형, 무기징역 또는 무기금고의 판결을 선고받아 자격이 상실된 자에 대해서는 재판상 복권이 허용되지 않는다.

4   '자격정지의 선고를 받은 자'는 자격정지의 선고를 받아 판결이 확정된 자를 의미하므로 자격정지가 선고되었으나 그 판결이 확정되기 전에는 재판상 복권이 허용되지 않는다.[2] 판결이 확정되어야 비로소 형이 집행되어 자격정지기간이 기산되므로 재판상 복권의 요건인 자격정지기간의 2분의 1 경과라는 요건도 당연히 판결의 확정을 전제하고 있기 때문이다.

(2) 요건

5   재판상 복권은 자격정지의 선고를 받은 자가 피해자의 손해를 보상하고, 자격정지 이상의 형을 받음이 없이 정지기간의 2분의 1을 경과하여야 한다.

(가) 피해자의 손해 보상

6   재판상 복권의 요건인 피해자의 손해 보상은 재판상 형의 실효의 경우와 마찬가지로 범죄행위로 직접적인 피해를 입은 사람 외에 실질적 피해자에 대한 손해 보상을 하는 경우에도 피해자의 피해 보상 요건을 충족한 것으로 볼 수 있다. 뇌물죄와 같이 국가적 법익을 침해하는 범죄는 성질상 피해자에 대한 피해 보상을 상정하기 어려우므로 피해자의 손해 보상이 요구되지 않는다.[3] 손해 보상의 시기에는 제한이 없으므로 판결선고 전인 수사 및 재판 단계에서 보상을 하거나 판결확정 후에 보상하는 것 모두 가능하다.[4]

(나) 중단 사유 없이 자격정지기간의 2분의 1의 경과

7   재판상 복권의 요건인 '자격정지 이상의 형을 받음이 없이'는 '자격정지 이

---

2 주석형법 [총칙(2)](2판), 786(조균석).
3 주석형법 [총칙(2)](3판), 745(전승수).
4 주석형법 [총칙(2)](2판), 787(조균석).

상의 형을 선고받아 확정됨이 없이'를 의미하므로 정지기간의 2분의 1을 경과하기 전에 자격정지 이상의 형이 선고되더라도 기간 경과 후에 확정되었다면 위 요건을 충족한다.

자격정지형은 형의 선고를 받은 자를 상대로 적극적인 집행행위가 필요하지는 않으므로 정지기간의 기산일은 자격정지형이 선고된 판결의 확정일이 된다. 유기징역 또는 유기금고에 자격정지를 병과한 때에는 징역 또는 금고의 집행을 종료하거나 면제된 날로부터 정지기간을 기산한다(§44②). **8**

자격정지기간 2분의 1이 경과하기 전에 자격정지 이상의 형이 확정되었으나 그 형이 집행유예기간의 경과나 일반사면 등으로 실효된 경우에도 요건을 충족하는 것인지 여부가 문제될 수 있다. 이에 대해서는, ① 그 형이 실효된 경우에는 형을 받은 경우가 아니므로 요건을 충족한다는 견해[5]가 있고, ② 대법원이 재판상 형의 실효의 중단사유와 관련하여 집행유예기간이 경과되어 형 선고의 효력을 잃는다는 의미는 형 선고의 법률적 효과가 없어진다는 것일 뿐 형의 선고가 있었다는 기왕의 사실 자체까지 없어진다는 뜻이 아니라고 보는 것[6]을 근거로, 재판상 복권의 경우에도 자격정지 이상의 형이 선고되어 확정된 이상 요건을 충족하지 않는다고 해석할 여지가 있다는 견해[7]가 있다. 이는 재판상 형의 실효에서 살펴본 것과 마찬가지로 자격정지기간의 2분의 1이 경과하기 전에 자격정지 이상의 형에 대한 집행유예가 선고되어 확정되었다면, 집행유예기간 경과나 일반사면 여부와 상관없이 요건을 충족하지 못하는 것으로 해석된다. **9**

2. 절 차

(1) 복권 신청

재판상 복권의 신청권자, 신청 방식 등의 절차는 재판상 형의 실효의 경우와 동일하다. **10**

복권을 신청할 수 있는 자는 자격정지형의 선고를 받은 본인 또는 검사이다. 별도의 규정은 없으나 변호인도 본인의 대리인으로서 복권을 신청할 수 있 **11**

---

5 주석형법 〔총칙(2)〕(2판), 787(조균석).
6 대결 1983. 4. 2, 83모8.
7 주석형법 〔총칙(2)〕(3판), 745(전승수).

는 것으로 해석된다. 복권을 신청하는 방식에 대해 규정상 제한은 없으나, 그 성질에 비추어 절차의 명확성을 도모하기 위하여 서면으로 신청할 필요가 있다. 신청서에는 신청의 취지와 이유를 명시하고, 복권을 구하는 형을 특정하여야 한다. 신청의 취하를 부정할 이유는 없으므로 신청 이후 재판이 있을 때까지는 신청의 취하도 가능하다.[8]

(2) 법원의 재판

12   재판상 복권에 관한 관할 법원은 자격정지의 형을 선고한 사건에 관한 기록이 보관되어 있는 검찰청에 대응하는 법원이다(형소 § 337③). 사건기록은 제1심법원에 대응하는 검찰청에서 보존하는 것이 원칙이다(검찰보존사무규칙 § 5①).

13   법원은 기본적으로 신청인이 제출한 자료를 바탕으로 심리하되, 필요한 경우에는 직권으로 조사할 수도 있다.[9]

14   복권의 선고는 결정으로 하고(형소 § 337②), 신청을 인용하는 결정에 대해서는 불복할 수 없으므로 결정의 고지 시에 복권이 확정된다. 신청을 각하하는 결정에 대하여는 즉시항고를 할 수 있다(형소 § 337③).

3. 효 과

(1) 자격의 회복

15   자격의 회복을 선고하는 재판이 확정되면 정지된 자격이 회복된다. 복권이 있으면 이러한 내용이 전과기록에도 반영되어야 하므로, 지방검찰청 및 군검찰부에서 관리하는 수형인명부의 해당란을 삭제하고(형실효 § 8①(iv)), 지방검찰청 및 그 지청과 보통검찰부에서는 수형인명표를 송부한 관서에 그 사실을 통지하여 수형인명표가 폐기되도록 한다(형실효 § 4②(iv)). 전과기록 정리는 자격의 회복을 선고하는 재판에 따른 행정상 조치에 불과하므로 전과기록에 반영되었는지 여부와 상관없이 복권을 선고하는 재판이 확정되면 정지된 자격은 회복된다.

(2) 복권의 장래효

16   재판상 복권으로 인한 효력은 장래를 향해서만 효력을 가지므로 자격정지의 형 선고로 공무원의 직에서 퇴직한 경우 복권이 되더라도 당연히 복직이 되

---

8 주석형법 〔총칙(2)〕(2판), 787(조균석).
9 주석형법 〔총칙(2)〕(3판), 746(전승수).

는 것은 아니다.[10]

재판상 복권이 있더라도 자격정지의 형을 선고받았다는 기왕의 사실 자체   17
가 부정되는 것은 아니므로 자격정지의 형을 선고받은 사실을 양형상 불이익한
자료로 삼을 수는 있다.[11]

III. 사면법에 의한 복권

1. 대상 및 요건

사면법에 의한 복권은 형의 선고로 인하여 법령에 따른 자격이 상실되거나   18
정지된 자를 대상으로 대통령의 명으로 상실되거나 정지된 자격을 회복하는 것
을 말한다(사면 §3(iii), §5①(v)). 사면법에 의한 복권은 재판상 복권과 달리 자격
이 상실된 자도 대상이 될 수 있고, 대통령이 복권을 명한다(헌 §79①, 사면 §9).
사면법에 의한 복권은 죄 또는 형의 종류를 정하여 대통령령으로 하는 일반복
권과 특정한 자에 대해 대통령이 명하는 특별복권이 있다(사면 §8, §9).

복권은 형의 집행이 끝나지 아니한 자 또는 집행이 면제되지 아니한 자에   19
대하여는 하지 아니한다(사면 §6).

2. 절 차

죄 또는 형의 종류를 정하여 하는 일반복권은 대통령령으로 하고(사면 §8),   20
특정한 자에 대한 특별복권은 법무부장관이 상신하여 대통령이 한다(사면 §9,
§10①). 특정한 자에 대한 복권 상신의 적정성을 심사하기 위하여 법무부장관
소속으로 사면심사위원회를 둔다(사면 §10의2①). 사면심사위원회의 심사과정 및
심사내용과 관련하여 위원의 명단과 경력사항은 임명 또는 위촉한 즉시 공개하
고, 심의서는 해당 특별사면 등(특별사면, 특정한 자에 대한 감형 및 복권)을 행한 후

---

10 주석형법 〔총칙(2)〕(2판), 788(조균석).
11 대판 1981. 4. 14, 81도513. 「복권은 사면의 경우와 같이 형의 언도의 효력을 상실시키는 것이
   아니고, 다만 형의 언도의 효력으로 인하여 상실 또는 정지된 자격을 회복시킴에 그치는 것이므
   로 동 피고인에 대하여 소론 복권이 있었다고 하더라도 동 피고인의 그 전과사실을 누범가중 사
   유에 해당한다.」

〔서 효 원〕   **707**

부터 즉시 공개한다. 회의록은 해당 특별사면 등을 행한 후 5년이 경과한 때부터 공개하되, 심의서와 회의록의 내용 중 개인의 신상을 특정할 수 있는 부분은 삭제하나 국민의 알권리를 충족할 필요가 있는 등의 사유가 있는 경우에는 사면심사위원회가 달리 의결할 수 있다(사면 §10의2⑤).

21 검찰총장은 직권으로 또는 형의 집행을 지휘한 검찰청 검사의 보고 또는 사건 본인의 출원에 의하여 법무부장관에게 특정한 자에 대한 복권을 상신할 것을 신청할 수 있다(사면 §15①). 복권을 사건 본인이 출원하는 경우에는 형의 집행을 지휘한 검찰청의 검사를 거쳐야 한다(사면 §18). 검사가 사건 본인이 복권을 출원하는 서류를 접수하였을 때에는 형의 집행이 끝난 후 또는 집행이 면제된 후의 사건 본인의 태도, 현재와 장래의 생계, 그 밖에 참고가 될 사항을 조사하여 그에 대한 의견을 첨부하여 검찰총장에게 송부하여야 한다(사면 §19). 검찰총장이 복권의 상신을 신청하는 신청서에는 판결서의 등본 또는 초본, 형의 집행이 끝나거나 집행이 면제된 것을 증명하는 서류 등을 첨부하여야 한다(사면 §16). 검찰총장의 복권 상신 신청은 형의 집행이 끝난 날 또는 집행이 면제된 날부터 3년이 지나지 아니하면 하지 못한다(사면 §15②). 특정한 자격에 대한 복권을 출원하는 경우에는 회복하려는 자격의 종류를 분명히 밝혀야 한다(사면 §17). 법무부장관은 특정한 자에 대한 복권 상신의 이유가 없다고 인정할 때에는 그 사유를 검찰총장에게 통지한다(사면 §20①).

22 법무부장관은 대통령으로부터 특정한 자에 대한 복권의 명이 있을 때에는 검찰총장에게 복권장을 송부한다(사면 §21). 검찰총장은 복권장을 접수하였을 때에는 관계 검찰청의 검사를 거쳐 지체 없이 사건 본인에게 내주고, 사건 본인이 수감되어 있을 때에는 교정시설의 장을 거친다(사면 §22). 사건 본인이 형의 집행을 지휘한 검찰청의 관할구역이 아닌 곳에 거주하는 경우에는 복권장의 부여를 그의 거주지를 관할하는 검찰청의 검사에게 촉탁할 수 있고(사면 §24), 검사가 복권장을 사건 본인에게 내주었을 때에는 지체 없이 법무부장관에게 보고하여야 한다(사면 §26).

3. 효 과

23 사면법에 의한 복권이 있으면 형 선고의 효력으로 인하여 상실되거나 정지

된 자격을 회복하나, 복권이 있더라도 형의 선고에 따른 기성의 효과는 변경되지 아니한다(사면 §5①(ii), ②).

복권이 있을 때에는 형의 집행을 지휘한 검찰청의 검사는 판결원본에 그   24
사유를 적어야 하고, 복권에 관한 서류는 소송기록에 철한다(사면 §25). 사면법에 의한 복권이 있을 때에도 재판상 복권의 경우와 마찬가지로 수형인명부의 해당란을 삭제하고, 수형인명표를 폐기한다(형실효 §8①(iv)).

〔서 효 원〕

제4장 기 간

제83조(기간의 계산)
연(年) 또는 월(月)로 정한 기간은 연 또는 월 단위로 계산한다.
[전문개정 2020. 12. 8.]

구 조문
제83조(기간의 계산) 연 또는 <u>월로써</u> 정한 기간은 <u>역수에 따라</u> 계산한다.

Ⅰ. 취 지

본조는 형법상 기간의 계산은 역법적 계산법에 따르도록 하고 있다. 형법에서 말하는 역(曆)은 태양력(그레고리우스력)을 말한다. 일정한 기간을 계산할 때에 인위적으로 더하거나 빼지 아니하고 순간에서 순간까지 계산하는 방법인 자연적 계산법과 달리 역법적 계산법은 기간 계산이 월 또는 연 단위로 이루어지게 된다.

구 형법 제83조는 "연 또는 월로서 정한 기간은 역수에 따라 계산한다."고 규정하였으나, 일본식 표현이나 어려운 한자어 등의 법률용어들을 알기 쉬운 우리말로 변경하는 내용으로 2020년 12월 8일 형법이 일부 개정되어 2021년 12월 9일부터 시행된 현행 형법은 "역수에 따라 계산한다."는 의미를 이해하기 쉽도록 "연 또는 월 단위로 계산한다."고 표현하고 있다.

구 형사소송법 제66조 제2항도 "연 또는 월로서 정한 기간은 역서에 따라

1

2

3

계산한다."고 규정하였으나, 2020년 12월 8일 형사소송법 일부 개정으로 2021년 12월 9일부터 시행된 현행 형사소송법은 "연 또는 월로 정한 기간은 연 또는 월 단위로 계산한다."로 규정한다. 다만, 민법 제160조 제1항은 여전히 "기간을 주, 월 또는 연으로 정한 때에는 역(曆)에 의하여 계산한다."고 규정하여 표현 방식에 차이가 있으나 모두 역법적 계산법을 나타내는 것이다.

4   헌법재판소는 자유형의 '연월'을 역수에 따라 계산하도록 하면서 윤달이 있는 해에 형집행 대상이 되는 경우에 형기를 감하여 주는 보완규정을 두지 않은 본조가 과잉금지의 원칙에 위반하여 신체의 자유를 침해하는지 여부가 문제된 사안에서, "징역형 또는 금고형의 선고와 형기 계산을 '연월' 단위로 하도록 한 것은 형의 종류에 있어 '일' 단위로서 1일 이상 30일 미만인 구류형과는 달리 징역형 또는 금고형은 '월' 단위 이상을 전제로 하여 1개월 이상 30년 이하로 하도록 하고 있기 때문이며, 이처럼 월 단위 이상을 기준으로 형을 정하는 경우에 기간 산정의 명확성과 편의성을 도모하기 위해 형기 계산에 있어 역법적 계산법에 따르도록 한 것으로 태양력의 오차를 시정하기 위한 윤달이 주기적으로 생성되고, 형기를 연월로 정하는 이상 실제 복역일수에 차이가 생길 수밖에 없으나, 2월이 형기에 포함되지 않은 경우에 비하여 1, 2일 덜 복역하게 되는 등 결과적으로 수형자에게 일반적으로 유리하거나 불리하다고 볼 수 없다는 점에 비추어 볼 때 윤달이 있는 해에 형집행 대상이 되는 경우에 관하여 형기를 감하여 주는 보완규정을 두지 않았다고 하더라도 신체의 자유를 침해하지 아니한다."고 판단하였다.[1]

II. 적용 범위

5   본조의 역법적 계산법은 연 또는 월로 정한 기간에 대해 적용된다. 일(日)로 정한 기간에 대해서는 특별한 언급이 없으나, 실제 행위가 발생한 날을 해당 기간 계산에 산입할지 여부에 대해 제85조는 형의 집행과 시효기간의 초일은 시간을 계산함이 없이 1일로 산정한다고 별도로 규정하고 있으므로, 일로 정한 기

---

1 헌재 2013. 5. 30, 2011헌마861.

간의 경우에는 자연적 계산법이나 역법적 계산법 어느 방법에 따르더라도 기간의 계산 결과는 동일하다. 형사소송법은 시(時)로 계산하는 것은 즉시(即時)부터 기산하도록 하고 있으나(형소 §66①), 형법에는 시로 정하는 기간은 없다.

형법상 연 또는 월 단위로 정한 기간은 제42조의 징역 또는 금고의 기간이 대표적이고, 연 단위로 정한 기간은 제35조의 누범기간, 제62조 제1항 집행유예의 요건 관련 결격기간, 제78조의 형의 시효기간 등이 있으며, 일 단위로 정한 기간은 제46조의 구류의 기간, 제57조의 판결선고 전 구금일수의 통산, 제69조 제2항 및 제70조 제2항의 노역장 유치기간 등이 있다. **6**

Ⅲ. 계산 방법

(1) 연 또는 월로 정한 기간은 역수에 따라 연 또는 월 단위로 계산하므로 기산일의 몇 시, 몇 분, 몇 초부터 계산할 것인지는 문제되지 않는다. 연 또는 월을 구성하는 일수에 차이가 있더라도 그러한 차이와 상관없이 연 또는 월 단위로 계산하는 것이 역법적 계산법이다. 예를 들어, 동일하게 징역 6개월을 선고받은 사람이라도 상반기인 1. 1.부터 6개월을 계산하면 6. 30.이 종료일이 되어 실제 복역일수는 181일이 되나(윤년의 경우는 182일), 하반기인 7. 1.부터 6개월을 계산하면 12. 31.이 종료일이 되어 실제 복역일수는 184일이 되어 복역일수에 3일이 차이날 수 있다. **7**

(2) 연 또는 월의 초일이 기산일인 때에는 그 기간의 말일이 종료일이 된다. 예를 들어, 2019년 2월 1일 0시부터 1개월을 기산하게 되는 경우에는 2019년 2월 28일이 종료일이 되고, 윤년인 2020년 2월 1일 0시부터 1개월을 기산하게 되는 경우에는 2020년 2월 29일이 종료일이 된다. 그 외의 날이 기산일인 때에는 최후의 연 또는 월에서 기산일에 해당한 날의 전일로 기간이 종료한다. 예를 들어, 2020년 2월 2일을 기산일로 1개월의 기간을 계산하면 2020년 3월 1일이 종료일이 되는 것이다. 최후의 월에 해당 일이 없는 때에는 그 월의 말일을 종료일로 한다(민 §160③, 수용구분 및 이송·기록 등에 관한 지침[2] §49②). 예를 들어 **8**

---

2 제정 2008. 12. 8. 법무부예규 제820호, 개정 2022. 3. 2. 법무부예규 제1294호.

2020년 1월 31일을 기산일로 1개월의 기간을 계산하면 2020년 2월 30일이 존재하지 아니하므로 2020년 2월 29일이 종료일이 되는 것이고, 2019년 1월 31일을 기산일로 1개월의 기간을 계산하면 2019년 2월 28일이 종료일이 되는 것이다.

9   (3) 형기는 연 또는 월 단위로 정해지지만 형 집행 중에 형집행정지나 가석방 등으로 이미 집행한 기간이나 잔형기를 계산해야 하는 경우에는 연 또는 월과 일을 혼합하여 계산할 필요가 있다. 이 경우는 먼저 역법적 계산법에 따라 연 또는 월을 계산하고, 남은 일수는 일 단위로 계산하게 된다.

〔서 효 원〕

제84조(형기의 기산)

① 형기는 판결이 확정된 날로부터 기산한다.

② 징역, 금고, 구류와 유치에 있어서는 구속되지 아니한 일수는 형기에 산입하지 아니한다.

Ⅰ. 취 지

본조는 제1항에서 형기의 기산일에 대해 규정하고, 제2항은 자유형이나 노역장유치 집행에 있어서 실제로 구속되지 아니한 일수는 형기에 산입하지 아니한다는 내용을 규정하고 있다. 본조 제2항은 내용상 형기의 계산에 관한 규정이고, 제1항의 형기의 기산도 형기의 계산에 포함된다는 점에서 조문의 제목을 '형기의 계산'으로 하는 것이 더 적절하다는 견해가 있다.[1]

1

Ⅱ. 형기의 기산일

1. 판결의 확정일

본조 제1항은 형기의 기산일을 판결확정일로 규정한다. 본조 제1항에서 말하는 형기는 징역형, 금고형, 구류형과 같은 자유형의 형기를 의미한다고 보는 것이 일반적이며,[2] 형기가 없는 사형, 재산형, 부가형의 경우에는 형기가 문제되지 않는다.[3] 자유형 중 형의 종료일이 정해져 있지 않은 무기징역이나 무기금고

2

---

1 주석형법 [총칙(2)](2판), 797(조균석).
2 정성근·박광민, 형법총론(전정2판), 735; 주석형법 [총칙(2)](3판), 754(전승수).
3 주석형법 [총칙(2)](3판), 754(전승수).

의 경우에는 형기 자체가 없거나 형기의 기산일을 정할 필요가 없는 것은 아닌
지 의문이 있을 수 있으나, 무기자유형의 경우에도 가석방의 요건 등과 관련하
여서는 형기가 문제된다(§72①).

3   판결의 확정은 판결이 상소나 그 밖의 통상적 불복의 방법에 의하여 다툴
수 없게 되어 그 내용을 변경할 수 없게 된 상태를 말한다. 자유형을 선고한 판
결은 불복이 허용되는 재판이므로 불복신청기간의 도과, 상소나 그 밖의 불복신
청의 포기 또는 취하, 불복신청을 기각하는 재판의 확정 등에 의해 판결이 확정
된다. 대법원 판결은 불복이 허용되지 아니하므로 선고와 동시에 확정이 된다.[4]
실무상으로는 상고심의 상고기각결정은 피고인에게 상고기각결정서가 도달한
날에 확정되는 것으로 보고, 그날로부터 형기를 기산한다[수용구분 및 이송·기록
등에 관한 지침[5](이하, 지침이라 한다.) §48③].

4   즉결심판은 정식재판의 청구기간의 경과, 정식재판청구권의 포기 또는 그
청구의 취하에 의하여 확정판결과 동일한 효력이 생기고, 정식재판청구를 기각
하는 재판이 확정된 때에도 확정판결과 동일한 효력이 생기므로(즉심 §16), 구류
형을 선고한 즉결심판도 확정판결과 동일한 효력이 생기는 날부터 형기를 기산
한다.

2. 형기의 기산일

5   자유형등에 관한 검찰집행사무규칙(이하, 자유형집행규칙이라 한다.) 제5조에
따라 구금된 자에 대해 자유형이 확정되면 검사는 형집행지휘서를 해당 구치소
또는 교도소의 장에게 송부하여야 하는데, 판결확정일에 형집행지휘가 이루어
지지 않았다고 하더라도 형기의 기산일은 형집행지휘일이 아닌 판결확정일이
다. 검사가 형집행지휘서에 형기의 기산일을 잘못 기재한 경우에는 형의 집행을
받는 자가 법원에 형의 집행에 관한 이의신청을 할 수 있다(형소 §489).

6   구금되어 있는 상태에서 자유형을 선고한 판결이 확정된 경우에는 본조 제
1항에 따라 판결확정일로부터 형기가 기산됨이 명백하다. 그런데 구금되어 있
지 않은 상태에서 자유형을 선고한 판결이 확정된 경우에는, 형집행을 위한 소

---

4 대결 1967. 6. 2, 67초22.
5 제정 2008. 12. 8. 법무부예규 제820호, 개정 2022. 3. 2. 법무부예규 제1294호.

환 및 구인 절차를 거쳐 자유형을 집행하게 된다. 이 경우 실제로 구금이 되는 날부터 형기를 기산하여야 하는지, 아니면 판결확정일로부터 형기는 기산되나 본조 제2항에 따라 실제 구속되지 아니한 일수는 형기에 산입이 되지 않는 것으로 보아야 하는지 문제될 수 있다. 어느 견해에 따르더라도, 판결확정일로부터 실제 형 집행개시 전까지는 형기에 산입되지 않는다는 점은 동일하므로 논의의 실익이 크지 않다. 헌법재판소는 본조 제2항에서 뜻하는 '구속되지 아니한 일수'란 수형자가 자유형의 집행 중 특별한 사유로 구속되지 아니한 일수로서 도주기간, 형의 집행정지기간, 가석방기간 등을 뜻하는 것으로, '형의 집행이 개시되기 전'의 사유를 문제삼고 있는 청구인에게는 적용되지 아니한다고 하여 본조 제2항은 형의 집행을 개시한 후를 전제로 적용된다고 본다.[6]

집행 중인 형이 변경되었을 경우에 변경된 신형의 기산일은 구형의 기산일에 소급한다(지침 §48⑤). 2개 이상의 형을 계속 집행할 경우에는, 먼저 집행한 형기종료일의 다음 날을 다음 형 집행의 초일로 한다. 먼저 집행 중인 형에 대하여 벌금 납부, 정식재판청구권회복결정 등에 의해 석방 사유가 발생한 때에는 석방일을 다음 집행할 형의 초일로 한다(지침 §48⑥, ⑩). 미결구금 상태에서 석방 사유가 발생한 수용자에게 다른 형을 집행할 경우에도 마찬가지이다(지침 §48⑧).   7

III. 형기에 산입하지 않는 기간

1. 적용 범위

본조 제2항은 자유형(징역형, 금고형, 구류형)과 노역장유치에 적용된다. 노역장유치에는 형의 집행에 관한 규정을 준용하고(형소 §492), 형의 집행의 초일은 시간을 계산함이 없이 1일로 산정하므로(§85), 노역장유치의 경우도 집행개시일은 시간을 계산함이 없이 1일로 산정된다. 구금되지 않은 상태에서 판결이 확정되어 판결확정일과 실제 형집행개시일이 다른 경우도 본조 제2항의 적용 대상인지에 대해 견해의 대립은 있으나, 이 경우는 판결확정일과 실제 형집행 개시일 사이의 기간이 형기에 산입되지 않는 것이 아니라 실제 형집행 개시일이 형   8

---

6 헌재 2013. 5. 30, 2011헌마861.

기의 기산일이 되는 것으로 보아야 한다.

2. 구속되지 아니한 일수

9   본조 제2항에서 말하는 형기에 산입되지 아니하는 구속되지 아니한 일수는
수형자가 자유형의 집행 중 특별한 사유로 구속되지 아니한 일수로서, 대표적인
예는 수형자가 형의 집행 중에 도주한 기간, 형의 집행정지기간이나 가석방 결
정으로 석방된 기간을 말한다.[7]

10   형집행정지, 가석방 등 법령에 의하여 석방된 당일은 형기에 산입하지만,
도주한 당일은 형기에 산입하지 않는다(지침 § 51②). 형집행정지가 종료되어 재
집행되는 날과 가석방이 실효되거나 취소되어 잔형을 집행하는 날은 형기에 산
입되고, 도주한 수형자가 형집행장에 의하여 다시 수감된 경우에는 형집행장을
집행한 날은 형기에 산입된다.

11   심신장애로 의사능력이 없는 상태에 있어서 검사의 지휘에 따라 형의 집행
을 정지하는 경우에는 감호의무자 또는 지방공공단체에 인도하여 병원 기타 적
당한 장소에 수용하게 할 수 있는데, 이와 같은 처분이 있을 때까지 교도소 또는
구치소에 구치한 기간은 형기에 산입한다(형소 § 470). 형집행정지된 자가 형의 집
행 및 수용자의 처우에 관한 법률 제125조에 따라 질병이나 그 밖에 피할 수 없
는 사정으로 귀가하기 곤란하여 본인의 신청으로 일시적으로 교정시설에 수용
되었을 경우 그 수용기간은 형기에 산입하지만, 무연고 또는 가족들의 신병인수
거절로 인해 외부 의료시설에 입원중인 경우에 그 기간은 형기에 산입하지 않
는다(지침 § 51⑥).

12   가석방 중 금고 이상의 형의 선고를 받아 그 판결이 확정된 때에는 가석방
처분은 실효된다(§ 74). 가석방의 처분을 받은 자가 감시에 관한 규칙을 위배하
거나, 보호관찰의 준수사항을 위반하고 그 정도가 무거운 때에는 가석방처분을
취소할 수 있다(§ 75). 가석방이 실효되거나 취소된 경우에는 가석방 중의 일수
는 형기에 산입하지 아니한다(§ 76②). 보호관찰소의 장은 보호관찰을 조건으로
한 가석방에 대해 취소 신청을 하기 위해 필요하다고 인정되면 보호관찰 대상

---

7 헌재 2013. 5. 30, 2011헌마861.

자를 수용기관 또는 소년분류심사원에 구인한 날부터 20일까지 유치할 수 있다 (보호관찰 §43①). 이 때 유치된 사람에 대하여 가석방이 취소된 경우에는 그 유치기간을 형기에 산입한다(보호관찰 §45).

3. 형기에 산입하는 기간

수형자가 교도소 또는 구치소 이외의 장소에 수용되어 있는 기간도 형기에는 산입된다. 예를 들어 교정시설의 장은 수형자에 대한 적절한 치료를 위하여 필요하다고 인정하면 교정시설 밖에 있는 외부의료시설에서 진료를 받게 할 수 있고, 정신질환 치료를 위하여 필요하다고 인정하면 법무부장관의 승인을 받아 치료감호시설로 이송할 수 있는데(형집 §37), 외부의료시설이나 치료감호시설에서 진료나 치료를 받는 기간은 성질상 교정시설에서 구금되어 있는 것과 동일하게 평가할 수 있으므로 형기에 산입된다. 교정시설의 장이 수형자의 수용·작업·교화·의료, 그 밖의 처우를 위하여 필요하거나 시설의 안전과 질서유지를 위하여 필요하다고 인정하여 수형자를 다른 교정시설로 이송하는 기간도 마찬가지로 형기에 산입된다(형집 §20). 수사 및 재판 등을 이유로 출정하는 기간도 교도관의 통제가 계속되어 있는 기간이므로 성질상 형기에 산입된다. 13

교정시설의 장은 6개월 이상 형을 집행받은 수형자로서 그 형기의 3분의 1이 지나고 교정성적이 우수한 사람이 가족 또는 배우자의 직계존속이 위독한 때(제1호), 질병이나 사고로 외부의료시설에의 입원이 필요한 때(제2호), 천재지변이나 그 밖의 재해로 가족, 배우자의 직계존속 또는 수형자 본인에게 회복할 수 없는 중대한 재산상의 손해가 발생하였거나 발생할 우려가 있는 때(제3호), 그 밖에 교화 또는 건전한 사회복귀를 위하여 법무부령으로 정하는 사유가 있는 때(제4호)에는 1년 중 20일 이내의 귀휴를 허가할 수 있고(형집 §77①), 가족 또는 배우자의 직계존속이 사망한 때(제1호), 직계비속의 혼례가 있는 때(제2호)에는 5일 이내의 특별귀휴를 허가할 수 있는데(형집 §77②) 위와 같은 귀휴기간은 사실상 구속되어 있지 않은 기간이지만 형집행정지 결정이 있는 경우와는 달리 형집행기간에는 포함된다(형집 §77③). 14

교정시설의 장은 교정시설의 안에서 천재지변이나 그 밖의 사변에 대한 피난의 방법이 없는 경우에는 수형자를 다른 장소로 이송할 수 있고, 이송이 불가 15

능하면 수용자를 일시 석방할 수 있다(형집 § 102②, ③). 일시 석방된 사람은 석
방 후 24시간 이내에 교정시설 또는 경찰관서에 출석하여야 하는데(형집 § 102④),
석방 후 24시간 이내에 출석한 경우에는 석방된 기간은 형기에 산입한다.[8] 교도
작업의 일환으로 수형자가 교도관의 계호 없이 교정시설 밖으로 나가서 작업을
하게 되는 외부통근 기간도 형기에는 산입된다.

〔서 효 원〕

---

8 주석형법 〔총칙(2)〕(2판), 802(조균석); 주석형법 〔총칙(2)〕(3판), 758(전승수).

제85조(형의 집행과 시효기간의 초일)
형의 집행과 시효기간의 초일은 시간의 계산함이 없이 1일로 산정한다.

I. 취 지

본조는 형의 집행과 형의 시효기간을 계산할 때에는 시간의 계산함이 없이 **1**
초일을 1일로 산정하도록 한다. 민법은 기간을 일, 주, 월 또는 연으로 정한 때
에는 그 기간이 오전 영시로부터 시작하는 때 외에는 기간의 초일은 산입하지
않도록 하여 초일 불산입을 원칙으로 하고(민 §157), 형법상 기간도 법령에 따로
정하는 바가 없으면 이에 따른다(민 §155). 형사소송법도 기간의 계산에 관하여
일, 월 또는 연으로써 계산하는 것은 원칙적으로 초일을 산입하지 않도록 한다
(형소 §66① 본문).

형법은 형의 집행과 형의 시효기간을 계산할 때에는 수형자 또는 형확정자 **2**
에게 유리하게 초일 불산입의 원칙에 대한 예외를 규정하고 있고, 형사소송법도
공소시효와 구속기간은 시간을 계산함이 없이 1일로 산정하여 피의자에게 유리
하게 초일 불산입의 원칙에 대한 예외를 규정하고 있다(형소 §66① 단서).

II. 형의 집행의 초일

형집행의 초일은 시간의 계산함이 없이 1일로 산정한다. 형집행의 초일은 **3**
형집행의 개시일을 말하는데, 구금되어 있는 상태에서 형이 확정된 경우에는 판
결확정일이 되고, 구금되어 있지 않은 상태에서 형이 확정된 경우에는 소환이나
형집행장의 집행으로 실제로 형의 집행이 시작되는 날을 말한다. 노역장유치의
집행에는 형의 집행에 관한 규정을 준용하므로 노역장유치의 경우에도 집행의

〔서 효 원〕　　　　　　**721**

초일을 1일로 산정한다(형소 §492).

4   수용구분 및 이송·기록 등에 관한 지침[1](이하, 지침이라 한다.)에 따르면, 2개 이상의 형을 계속 집행할 경우에는 먼저 집행한 형기종료일의 다음 날을 다음 형 집행의 초일로 하나(지침 §48⑥), 먼저 집행한 형의 실제 미결구금일수가 형기를 초과하여 집행할 형기가 없는 경우에는 나중에 집행할 형의 기산일은 먼저 집행한 형의 확정일로 한다(지침 §48⑦). 2개 이상의 형을 계속 집행할 경우 벌금 납부, 정식재판청구권 회복결정 등에 의해 먼저 집행 중인 형에 대하여 석방 사유가 발생한 때에는 석방일을 다음형 집행의 초일로 한다(지침 §48⑩).

5   미결구금상태에서 구속취소나 기소유예 등 석방 사유가 발생한 수용자에게 다른 형을 집행하여야 할 경우에는 석방일을 다음 형 집행의 초일로 하고(지침 §48⑧), 사면 확정자가 집행해야 할 다른 형이 있는 경우 사면일을 다음형 집행의 초일로 한다(지침 §48⑨).

6   형 집행의 초일 산입의 취지는 형집행정지가 종료되어 재집행되는 날과 가석방이 실효되거나 취소되어 잔형을 집행하는 경우 및 도주한 수형자가 형집행장에 의하여 다시 수감된 경우에도 동일하므로, 시간의 계산함이 없이 1일로 산정한다.[2]

III. 형의 시효기간의 초일

1. 적용 범위

7   형의 시효는 재판의 확정일로부터 기산하는데(§78), 형확정자에 대한 형의 시효기간의 초일은 시간의 계산함이 없이 1일로 산정한다. 피의자에 대한 공소시효는 범죄행위 종료일로부터 진행하는데(형소 §252①), 이 경우도 초일은 시간을 계산함이 없이 1일로 산정한다(형소 §66①).

8   형의 집행 중 수형자가 도주한 경우에 도주일은 형기에는 산입되지 아니하나 도주일이 시효의 기산일이 되므로 1일로 산정한다. 형의 집행정지의 경우에

---

1 제정 2008. 12. 8. 법무부예규 제820호, 개정 2022. 3. 2. 법무부예규 제1294호.
2 주석형법 [총칙(2)](2판), 804(조균석).

는 집행정지기간 만료일이 시효기간의 기산일이 되고, 집행정지를 취소한 경우에는 집행정지를 취소한 날이 시효의 기산일이 되어 1일로 산정한다. 형의 집행유예가 실효 또는 취소된 경우에는 실효 또는 취소된 날이 시효의 기산일이 되고, 가석방이 실효되거나 취소된 경우에도 실효 또는 취소된 날이 시효의 기산일이 되어 1일로 산정한다.

2. 유추적용이 문제되는 경우

선고유예기간이나 집행유예기간의 기산일에 대한 명문의 규정은 없으나, 재판의 집행에 관한 형사소송법 제459조의 규정 취지나 집행유예제도의 본질 등에 비추어 보면, 유예기간의 기산일은 재판확정일로 보아야 한다.[3] 본조에서 형확정자에 대한 형의 시효기간 초일을 시간의 계산함이 없이 1일로 산정하도록 규정하고 있으므로 선고유예나 집행유예기간의 기산일인 재판확정일도 형확정자에게 유리하게 1일로 계산하여야 한다.[4] 1992년 정부 제출 형법 일부개정법률안 제112조 제1항은 "형의 집행과 시효기간의 초일은 시간의 계산함이 없이 1일로 계산한다. 형의 선고유예와 집행유예의 기간의 경우에도 같다."고 규정하여 이를 명확히 하였다.

제35조의 누범기간은 금고 이상의 형을 받아 그 집행을 종료하거나 면제를 받은 후 3년이다. 누범기간 적용과 관련하여 피고인에게 유리하게 형기종료일이나 면제일을 기산일로 보아 1일로 산정하여야 한다는 견해도 있으나,[5] 법문상 집행을 종료하거나 면제를 받은 '후' 3년으로 되어 있으므로 형기종료일의 다음 날을 누범기간의 기산일로 보아야 한다.[6]

〔서 효 원〕

---

3 대판 2002. 2. 26, 2000도4637.
4 주석형법 〔총칙(2)〕(2판), 805(조균석).
5 이에 대한 상세는 주석형법 〔각칙(2)〕(2판), 805(조균석) 참조.
6 대구고판 1986. 12. 10, 86노1347. 일본 판례도 같은 입장이다〔最判 昭和 57(1982). 3. 11. 刑集 36・3・253〕.

제86조(석방일)
석방은 형기종료일에 하여야 한다.

Ⅰ. 취 지

1   본조는 형기종료에 따른 수형자 석방은 형기종료일에 하여야 한다고 규정하여 형기종료일 이후의 구금은 불법 구금임을 명확히 하고 있다.[1] 입법례 중 일본형법은 형기가 종료된 경우 석방은 그 종료일의 익일에 하도록 규정하고 있다(일형 §24②). 이는 형의 집행은 형기종료일의 24시까지 집행을 하여야 하는데 심야에 석방하여야 하므로 석방사무에 지장이 있고, 수형자의 안전이라는 측면에도 문제가 있을 수 있다는 점을 고려한 것이다. 하지만 우리나라는 이와 달리 수형자에게 유리하게 형기종료일에 석방을 하도록 하고 있으므로 결과적으로 형기종료일에는 24시간 미만으로 구금된다.

Ⅱ. 석방일

2   형기종료에 따른 석방은 형기종료일에 하여야 한다(§86, 형집 §124②). 실무상으로는 수용구분 및 이송·기록 등에 관한 지침[2](이하, '지침'이라 한다.)에 따라 형기종료일은 기산일로부터 역(曆)에 따라 형기를 적산(積算)하여 미결통산일수 등을 공제하지 않은 형기종료일(이하, 가종료일이라 한다.)을 정한 후, 가종료일에 미결통산일수, 집행제기간, 감형기간의 순으로 공제하여 정한다(지침 §49①). 집

---

1 2011년 정부 제출 형법(총칙) 일부개정법률안 제86조의2(석방일)는 "형기만료에 따른 석방은 형기종료일에 하여야 한다."고 규정하여 석방의 내용을 명확히 하였다.
2 제정 2008. 12. 8. 법무부예규 제820호, 개정 2022. 3. 2. 법무부예규 제1294호.

724   〔서 효 원〕

행제기간(執行濟期間)은 실제로 형이 집행된 기간을 말하는데, 형집행정지로 집행이 정지된 경우에 발생할 수 있다. 형기종료일의 구체적인 계산방법에 대해서는 지침 [별지 제5호] 내지 [별지 제7호]에서 상세하게 규정하고 있다.[3]

　　예를 들어 징역 1년의 판결이 확정되고, 미결구금일수가 70일이며, 형기기산일이 2019. 9. 1.인 경우에 형기종료일을 계산하면, 형기기산일인 2019. 9. 1.에 형기 1년을 역에 따라 적산하면 2020. 9. 1.이 되고, 여기에서 구속기간 초일을 공제하면 2020. 8. 31.의 가종료일을 얻을 수 있다. 가종료일에서 미결구금일수 70일을 공제하면, 2020. 6. 22.이 형기종료일이 된다.

3

　　이 사례에서 2020. 4. 15.에 형집행정지가 되고 2020. 6. 10.에 재입소를 한 경우라면, 재입소일인 2020. 6. 10.을 재입기산일로 하여 징역 1년을 역에 따라 적산하면 2021. 6. 10.이 되고, 여기에서 구속기간 초일을 공제하면 2021. 6. 9.의 가종료일을 얻을 수 있으며, 가종료일에서 미결구금일수 70을 공제하고 집행제기간(형기기산일인 2019. 9. 1.부터 형집행정지일인 2020. 4. 15.까지) 7개월 15일을 역에 따라 공제하면, 형기종료일은 2020. 8. 16.이 된다. 집행제기간도 역에 따라 연, 월, 일 순으로 계산한다(지침 §50①).

4

Ⅲ. 석방의 절차

1. 석방의 준비

　　형기종료 예정자는 석방 1개월 전에 그 형기계산의 정확성, 추가 사건 유

5

---

3 지침 [별지 제5호] 형기종료일 계산방법 중 계산 공식

| 형기기산일 | + | 형기 | = | A |

역(曆)에 따라 적산(積算)

| A | − | 1일 | = | B(가종료일) |

구속기간의 초일은 형기에 산입되므로

| B(가종료일) | − | 미결구금일수, 집행제기간, 감형기간 | = | 형기종료일 |

무, 형집행유예 실효 여부, 노역장유치 여부 등을 확인하여야 한다(지침 § 43①). 교정시설의 장은 형기종료로 석방될 수형자에 대하여는 석방 10일 전까지 석방 후의 보호에 관한 사항을 조사하여야 하고(형집령 § 142), 수형자의 건전한 사회 복귀를 위하여 필요하다고 인정하면 석방 전 3일 이내의 범위에서 석방예정자 를 별도의 거실에 수용하여 장래에 관한 상담과 지도를 할 수 있다(형집령 § 141).

2. 석방자의 보호

6   교정시설의 장은 피석방자가 질병이나 그 밖에 피할 수 없는 사정으로 귀가 하기 곤란한 경우에 본인의 신청이 있으면 일시적으로 교정시설에 수용할 수 있 다(형집 § 125). 피석방자에게 귀가에 필요한 여비 또는 의류가 없으면 법무부장관 이 정하는 범위에서 이를 지급하거나 빌려 줄 수 있고(형집 § 126), 귀가 여비 또 는 의류를 빌려준 경우에는 특별한 사유가 없으면 이를 회수한다(형집령 § 145).

7   교정시설의 장은 수형자를 석방하는 경우 특히 필요하다고 인정하면 한국 법무보호복지공단에 그에 대한 보호를 요청할 수 있고(형집령 § 144), 석방될 수 형자의 재범방지, 자립지원 및 피해자 보호를 위하여 필요하다고 인정하면 해당 수형자의 수용이력 또는 사회복귀에 관한 의견을 그의 거주지를 관할하는 경찰 관서나 자립을 지원할 법인 또는 개인에게 통보할 수 있다. 다만, 법인 또는 개 인에게 통보하는 경우에는 해당 수형자의 동의를 받아야 한다(형집 § 126의2).

3. 석   방

8   형기종료자에 대하여는 형집행지휘서, 재판서 등을 세밀히 검토하여 대조한 후 석방하여야 한다(지침 § 43③). 실무상 교정시설의 장은 형기 종료자를 석방할 때에는 형기종료일 05:00 이후에 석방한다. 다만, 질병 등으로 그 생명에 위험을 가져올 급박한 사유가 있을 때에는 석방 시간을 일부 조정하여 실시할 수 있다 (지침 § 43②). 형기 종료에 따른 석방이 아닌 사면, 가석방, 형의 집행면제, 감형 에 따른 석방은 그 서류가 교정시설에 도달한 후 12시간 이내에 하여야 한다. 다 만, 그 서류에서 석방일시를 지정하고 있으면 그 일시에 한다(형집 § 124).

〔서 효 원〕

사항색인

(용어 옆의 §과 고딕 글자는 용어가 소재한 조문(또는 총설)의 위치를, 옆의 명조 숫자는
방주번호를 나타낸다. 예컨대, [2-총-4]는 '제2장 제4절 [총설]'을, [3-총]은 '제3장 [총설]'을 나타낸다.)

판례색인

(용어 옆의 §과 고딕 글자는 용어가 소재한 조문(또는 총설)의 위치를, 옆의 명조 숫자는
  방주번호를 나타낸다. 예컨대, [2-총-4]는 '제2장 제4절 [총설]'을, [3-총]은 '제3장 [총설]'을 나타낸다.)

[헌법재판소]

헌재 1989. 7. 14, 88헌가5 ············· [3-총]/57
헌재 1993. 9. 27, 92헌마284 ········· [3-총-7]/10
헌재 1995. 1. 20, 94헌마246 ······· [3-총-7]/10
헌재 1995. 2. 23, 93헌바43 등 ················
················· [2-총-4]/7 13
헌재 1995. 3. 23, 93헌마12 ··········· §72/12
헌재 1995. 11. 30, 94헌가3 ············· §48/4
헌재 1996. 11. 28, 95헌바1 ················
······ [3-총]/22, §41/37 38, §66/4 6 13 31
헌재 1997. 11. 27, 92헌바28 ········· [3-총]/31
헌재 1998. 2. 27, 96헌마179 ··········· §67/32
헌재 1998. 5. 28, 96헌바83 ············ [3-총]/8
헌재 1998. 8. 27, 96헌마398 ··········· §67/2
헌재 1998. 12. 24, 97헌바62, 98헌바28 ········
················· §59/15
헌재 2001. 4. 26, 99헌바43 ············· §62/4
헌재 2002. 8. 29, 2001헌마788 ········· §60/3
헌재 2002. 10. 31, 2001헌바68 ················
················· [2-총-4]/7, §35/3 31
헌재 2003. 6. 26, 2002헌가14(합헌) ············
················· [3-총]/31
헌재 2003. 10. 30, 2002헌마684 ········· §60/3
헌재 2004. 9. 23, 2004헌가12 ········· §60/3
헌재 2007. 11. 29, 2006헌가13 ········ §66/13
헌재 2008. 5. 29, 2005헌마137 등 ······· §67/2
헌재 2008. 11. 27, 2006헌바94 ········· §35/24
헌재 2008. 12. 26, 2005헌바16 ················
················· §35/9 25 26 27
헌재 2008. 12. 26, 2005헌바30 ········· §48/4
헌재 2008. 12. 26, 2006헌바16 ········· §35/26
헌재 2008. 12. 26, 2007헌가10 등 ················

················· §35/25 26 28 35
헌재 2009. 3. 26, 2007헌가19 ··········· §61/5
헌재 2009. 6. 25, 2007헌바25 ··········· §57/2
헌재 2009. 10. 29, 2008헌마230 ················
················· §41/81, §66/15, §72/8
헌재 2010. 2. 25, 2008헌가20 ········· §35/40
헌재 2010. 2. 25, 2008헌가23 ················
················· §41/37 39, §66/7 31, §72/4
헌재 2010. 7. 29, 2008헌바88 ··········· §69/46
헌재 2010. 9. 30, 2009헌바116 ········· §35/26
헌재 2011. 5. 26, 2009헌바63 등 ················
················· [2-총-4]/7 13
헌재 2011. 9. 29, 2010헌바188, 2011헌바91·
151(병합) ··········· §69/43 44 46
헌재 2012. 5. 31, 2010헌아292 ········· §42/22
헌재 2012. 5. 31, 2011헌바15 등 ················
················· §35/21 22
헌재 2012. 11. 29, 2011헌마318 ················
················· [3-총]/22, §67/27
헌재 2012. 12. 27, 2011헌바89 결정 ············
················· [3-총]/124
헌재 2013. 4. 9, 2013헌마139 ··········· §72/22
헌재 2013. 5. 30, 2011헌마861 ················
················· §42/21, §83/4, §84/6 9
헌재 2013. 8. 29, 2011헌마408 ········· §42/11
헌재 2013. 9. 26, 2011헌마398 ········· §67/2
헌재 2013. 10. 24, 2012헌바278 ········· §52/4
헌재 2014. 1. 28, 2012헌마409·510, 2013헌마
167(병합) ··········· §44/7, [3-총-5]/30
헌재 2014. 9. 17, 2014헌마712 ········· §72/22
헌재 2015. 2. 26, 2014헌가16 등 ················
················· [2-총-5]/142 261, §81/47

[편집대표]

조균석 서울남부지방검찰청 차장검사, 한국형사판례연구회 회장
일본 케이오대학 법학부 특별초빙교수·대동문화대학 비상근강사
이화여자대학교 법학전문대학원 명예교수 (현)

[편집위원]

이상원 법학박사, 서울고등법원 판사(헌법재판소 파견), 대법원 재판연구관
미국 버클리대학 연수, 한국형사소송법학회 회장
서울대학교 법학전문대학원 교수, 대법원 양형위원회 위원장 (현)

김성돈 법학박사, 경북대학교 법과대학 부교수, 한국형사법학회 회장
독일 막스플랑크 외국 및 국제형법연구소 객원연구교수
성균관대학교 법학전문대학원 교수 (현)

강수진 서울중앙지방검찰청 검사
미국 하버드대학 로스쿨 LL.M., 공정거래위원회 송무담당관
고려대학교 법학전문대학원 교수, 대법원 양형위원회 위원 (현)

[집 필 재]

이상원 제2장 제4절 서울고등법원 판사(헌법재판소 파견), 대법원 재판연구관
제5절 서울대학교 법학전문대학원 교수 (현)

이동희 제3장 법학박사(일본 고베대학), 일본 동지사대학 로스쿨 객원교수
총설 한국비교형사법학회 회장, 경찰대학교 교수 (현)

최 환 제3장 제1절 대법원 재판연구관, 부산고등법원 고법판사
(제41조 –제49조) 대법원 양형위원회 상임위원 (현)

이도행 제3장 제1절 대법원 양형위원회 운영지원단장, 수원지방법원 부장판사
(제50조) 대법원 재판연구관 (현)
제2절

조원경 제3장 대법원 재판연구관, 수원지방법원 부장판사
제3절 제4절 김앤장 법률사무소 변호사 (현)

서효원 제3장 제5절 법무부 형사법제과 검사, 부산지방검찰청 형사3부장검사
제7절 제8절 법무부 행정소송과장 (현)
제4장

박정난 제3장 법학박사(서울대학교), 인천지방검찰청 검사,
제6절 연세대학교 법학전문재학원 교수 (현)

(2024년 11월 30일 현재)

형법주해 III - 총칙 (3)

초 판발행   2024년 11월 30일

편집대표   조균석
펴낸이   안종만 · 안상준

편 집   장유나
기획/마케팅   조성호
표지디자인   이수빈
제 작   고철민 · 김원표

펴낸곳   (주) **박영사**
                서울특별시 금천구 가산디지털2로 53, 210호(가산동, 한라시그마밸리)
                등록 1959. 3. 11. 제300-1959-1호(倫)
전 화   02)733-6771
f a x   02)736-4818
e-mail   pys@pybook.co.kr
homepage   www.pybook.co.kr
ISBN   979-11-303-4280-1 94360
                979-11-303-4106-4 94360(세트)

copyright©조균석, 2024, Printed in Korea

* 파본은 구입하신 곳에서 교환해 드립니다. 본서의 무단복제행위를 금합니다.

정 가   75,000원

형법주해 [전 12권]